山东省统计局

SHANDONGSHENGTONGJIJU

党组书记、局长　杜昌祚

山东省统计局是省政府主管统计和国民经济核算工作的职能部门，担负着对经济和社会发展情况进行统计调查、统计分析，提供统计资料、实行统计监督的任务。省统计局内设国民经济综合统计处、核算处、工业交通统计处、固定资产投资统计处、贸易统计处、社会科技统计处等13个职能处室，以及计算中心、普查中心、粮农中心、统计干部培训中心、机关服务中心等5个事业单位。同时，还有国家统计局在我省设立的城市社会经济调查队、农村社会经济调查队和企业调查队。省城调队主要负责市场物价和城镇居民生活情况抽样调查，以及城市化进程监测等。省农调队主要负责农业经济核算和粮食产量、畜牧业、农民收入、农村固定资产投资等情况的抽样调查。省企调队主要负责规模以下工业抽样调查、企业景气监测、企业集团统计等工作。

局理论中心组正在进行政治学习

今年以来，省统计局认真贯彻落实省委工作会议精神，牢固树立"为经济和社会发展服务是统计工作第一要务"的指导思想，坚持解放思想，转变观念，与时俱进，开拓创新，以服务全省经济社会大发展为目标，以加快统计制度方法改革为重点，以实事求是、提高统计数据质量为己任，克服困难，努力进取，一手抓"非典"防治，一手抓统计业务工作，紧紧围绕党和政府的中心工作，围绕领导和社会关注的热点、难点问题，开展了一系列统计调查，为省委、省政府和社会各界提供了大量富有参考价值的统计信息和分析报告，在宏观决策和管理中发挥了重要作用，为全省新一轮经济社会大发展做出了积极贡献。省统计局被省直机关工委授予"文明机关"荣誉称号，多项工作受到国家统计局、省委、省政府及有关部门的充分肯定和表彰奖励。

文明机关

中共山东省委省直机关工作委员会

山东统计年鉴

SHANDONG STATISTICAL YEARBOOK

2003

总第 15 期

山东省统计局　编

中国统计出版社
China Statistics Press

(京)新登字 041 号

图书在版编目(CIP)数据

山东统计年鉴.2003/山东省统计局编.—北京:中国统计出版社,2003.7
ISBN 7-5037-4083-3
Ⅰ.山…
Ⅱ.山…
Ⅲ.统计资料—山东—2003—年鉴
Ⅳ.C832.52-54
中国版本图书馆 CIP 数据核字(2003)第 037960 号

山东统计年鉴—2003

作　　者/山东省统计局
责任编辑/蔡启新　张定新
E-mail/yearbook@stats.gov.cn
封面设计/刘永奇
出版发行/中国统计出版社
通信地址/北京市西城区三里河月坛南街 75 号　中国统计出版社
邮　　编/100826
电　　话/(010)63262295
印　　刷/山东省统计局印务中心　山东新华印刷厂
经　　销/新华书店
开　　本/889×1194 毫米　1/16
字　　数/165 万字
印　　张/46
印　　数/1-3000 册
版　　别/2003 年 8 月第 1 版
版　　次/2003 年 8 月第 1 次印刷
书　　号/ISBN 7-5037-4083-3/F.1599
定　　价/220.00 元
鲁临广登字〔2003〕第 28 号

编 辑 说 明

一、《山东统计年鉴》是一部全面反映山东省国民经济和社会发展情况的资料性年刊，是认识和研究山东省情、制定政策、指导国民经济发展的重要资料和历史性的工具书。

二、《2003 山东统计年鉴》收录了 2002 年度山东省国民经济和社会发展方面的统计数据，分二十一个部分：行政区划和自然资源、综合、人口、从业人员和劳动报酬、固定资产投资、能源、财政金融、价格、居民生活、城市建设、农林牧渔业、工业、建筑业、交通运输和邮电通讯业、批发零售贸易业和餐饮业、对外经济贸易旅游和开发区情况、教育科技文化、卫生体育民政司法测绘标准计量环保、企业基本情况、企业景气调查基本情况、县（市、区）主要经济指标。并附有各省市区主要经济指标、部分国际统计资料、第二次基本单位普查资料、山东省统计局工作大事记、主要统计指标解释等。

三、本《年鉴》所列各项指标，除《政府工作报告》和《统计公报》使用的数字为快报数或初步统计数外，其他均为正式年报数字，凡与本《年鉴》数字不符的一律以本《年鉴》为准。

四、本《年鉴》在编辑中，根据现行国家统计制度，对统计指标概念、口径、范围、计算方法、计算价格等，均作了统一调整，并分别在各部分的简要说明、主要指标解释或表末加以注释。各表中价值量指标，凡未加说明的，均按当年价格计算。

五、本年鉴各部分插页中，对于各部分的编辑单位、编委、编辑、校对人员及联系电话均作了说明，凡未加说明的部分均由综合处整理提供。

六、在编印过程中，由于时间紧和编者水平限制，难免存在不足之处，恳请广大读者提出宝贵意见，以便改进、提高。

《山东统计年鉴－2003》编辑委员会

山东省出版总社

山东省出版总社成立于1951年。1999年12月由中宣部和新闻出版总署批准，组建山东出版集团，与总社一套机构两个牌子，列为全国六个出版试点集团之一，性质是事业单位企业化管理。全系统共有152个独立法人单位，集编辑、印刷、发行、物资供应、外贸及教学科研于一体，对省、市、县新华书店实行一体化管理。其中有12个事业单位，140个企业单位，共有干部职工16000余人。

多年来，总社系统坚持党的新闻出版方针，坚持“三为”方向，坚持社会效益第一，实施精品战略，出版了一批精品图书。先后有70多种图书获得“国家图书奖”、“中国图书奖”、“五个一工程奖”，没有出版一本有政治问题和宣扬色情、暴力等不健康内容的书籍。目前，全系统年出书3000种左右，实现销售收入60余亿元，利润近4亿元，总资产近50亿元，其中净资产22亿多元，主要指标均位居全国同行业前列。

经过多年的发展，总社的图书、音像、期刊基本实现了办公、编辑、生产管理和信息传输计算机网络化，印刷实现了激光照排、电子充色、胶印和彩印的现代化，发行正在积极向连锁经营过渡，已经具备了较强的自我发展能力，形成了出版物门类齐全、结构均衡、布局合理的现代综合出版体系。

近年来出版的获国家图书奖的图书

出版总社大楼

近年来出版过的精品图书

山东省工商行政管理局

党组书记、局长　李华理

2002年，全省工商系统在省委、省政府和国家工商总局的正确领导下，以"三个代表"重要思想为指导，开拓创新，真抓实干，各项工作都取得了新的成效。

（一）突出重点，统筹兼顾，各项执法工作成绩显著。

集贸市场专项整治、取缔报废汽车拆解拼装市场和整治汽车(摩托车)零配件市场是今年全系统的一项重要工作。据统计，全省9743处集贸市场全部进行了拉网式清查，其中2处国家级、58处省级和282处市级重点市场进行了重点整治，共关闭安全隐患市场18处，注销空壳市场128处，依法取缔无照经营4.2万户，拔掉"钉子户"1100户，补办营业执照2.2万户，查处假冒伪劣商品11504件，案值6394万元。通过整治，全省集贸市场购销两旺，秩序良好。对我省的集贸市场专项整治工作，国务院联合督查组、国家工商总局都给予了充分肯定。

（二）提高效率，优化环境，服务地方经济，发展成效明显。

按照省政府"提速"会议的要求，借鉴兄弟省市的做法，省局及时制定出台了33条"提速"意见。全系统按照省局的部署，以监管促发展，放宽政策，降低门槛，简化手续，提高效率，转变作风，优质服务，做了大量卓有成效的工作。另外，我们还成功地组织举办了多起全省乃至全国性的大型活动，扩大了全省工商行政管理工作的社会影响，提升了工商行政管理机关的社会地位。

（三）深化改革，注重建设，干部队伍素质和经费保障能力明显提高。

山东省工商行政管理局办公大楼

王军民副省长参加全省工商局长读书会

全面完成8项机构改革任务。按照省编办批准的《山东省市和县市区工商行政管理局机构改革实施意见》，除按规定设置机构外，市、县两级都设了高半格的企业注册局和公平交易局，对基层工商所进行调整规范。

高度重视干部教育培训工作。认真组织实施了全系统行政执法资格考试，核发了执法证件，规范了行政执法人员的主体资格。通过教育培训，干部队伍的文化结构明显改善，执法水平明显提高。

大力加强党风廉政建设。各级认真落实党风廉政建设责任制，在全系统形成了责任明确、体系健全，齐抓共管的格局，省委对我局的责任制落实情况全面考核后，给予了充分肯定。围绕“提速”要求，充分运用明察暗访这一有效手段，全面开展了效能监察工作，并针对存在的问题，狠抓整改，使广大干部特别是各级领导干部廉洁自律意识普遍增强，行业作风进一步好转。

全力做好系统财务装备工作。在各地改善经济环境的形势下，全系统勇于克服困难，严格履行职责，推进执法到位，罚没收入与去年持平，行政性收费同比增长超过10%。全系统各级协会、学会、中心、事务所不断强化服务意识，都取得了很大的成绩；各级文秘、保密、档案、信访、统计、信息、宣传、调研等工作都做出了积极的努力；后勤保障和离退休老干部工作不断改善条件，服务水平又上了一个新的台阶。

明年是全面贯彻落实党的十六大精神的第一年，开好局、起好步，意义重大。明年工作总的指导思想是：以党的十六大精神为指导，按照“三个代表”的要求，继续突出整顿和规范市场经济秩序、政府“提速”、队伍与基层建设三个重点，进一步创新市场监管机制，推进职能到位，努力开创新世纪、新阶段全省工商行政管理工作新局面，为全省经济发展营造公平竞争、规范有序的市场环境，为全面建设小康社会作出应有的贡献。

2002年各市县工商局长参加全省工商行政管理工作会议现场

工商行政执法人员在检查市场

山东省国家税务局

开拓创新　奋发有为

--2002年全省国税工作取得了显著成绩

2002年是我国加入WTO后的第一年，是党的十六大胜利召开并作出重要战略部署的一年。山东国税系统在国家税务总局和省委、省政府的正确领导下，以组织收入为中心，坚持税收经济观，融会贯通地做好依法治税、从严治队和科技加管理“三篇文章”，狠抓“三基”建设，深化规范化管理，大力推进税收信息化，各项工作取得了显著的成绩。

(一)迎难而上，挖潜增收，圆满完成了税收收入任务

2002年，全省国税系统坚持“依法征税，应收尽收，坚决不收‘过头税’”的组织收入原则，按照抓早、抓紧、抓实的组织收入要求，加强领导，科学调度，向管理、清欠、稽查要收入，积极克服生产企业出口“免、抵、退”税办法、农产品扣除率提高等政策性减收较多和胜利油田减收较大的影响，迎难而上，真抓实干，全年共组织税收收入727.9亿元，比上年增长8.86%，增收59.23亿元；剔除海关代征后，国内税收收入完成610.28亿元，比上年增长9%，增收50.39亿元，圆满完成了全年国税收入任务，为全国税收收入的超收和全省财政连续16年收支平衡做出了应有的贡献。

(二)突出重点，狠抓“三基”，进一步深化规范化管理

2002年，全省国税系统以“三基”建设为切入点，强化措施，狠抓落实，着力解决国税工作中深层次的矛盾和问题。在健全和完善各项基本制度的基础上，依托信息化手段，强化监督，科学考核，严格奖惩；按照信息化加专业化的要求，进一步理顺了岗责体系，规范了业务流程，确保了新征管机制的有效运转。上述措施，促进了干部队伍整体素质、基础管理水平和新征管机制运行质量的提高。

(三)规范执法，强化监督，有力地促进了依法治税

一年来，全省国税系统以学习贯彻新《征管法》及其实施细则为契机，内外并举，以内促外，打治结合，大力开展执法检查和执法监察，规范了税收执法程序和行为，加大税务稽查力度，深入开展了对重点税种、重点行业的专项检查和专项整治，有力地打击了各类涉税违法犯罪行为，整顿和规范了税收秩序，有力地推进了依法治税工作。

团结奋进的省国税局领导班子

黄可华副省长走访慰问国税干部

(四)巩固成果，深化应用，大力推进了税收信息化

全省国税系统按照总局提出的“一推、两用、三个优化、四个提高”的总体要求，围绕提高CTAIS主体软件的应用水平和运行质量，以深化应用为重点，积极稳妥地推广应用了一些新的辅助软件，提高了税收信息化的整体效能；加大了防伪税控开票和认证子系统的推行力度，进一步提高了金税工程二期的运行质量，一般纳税人防伪税控覆盖面达到75%。

(五)服从大局，服务经济，全面落实各项税收优惠政策

全省国税系统积极服务于经济发展大局，在大力组织税收收入的同时，积极贯彻落实各项税收优惠政策，有力支持了我省高新技术、外经外贸和民营经济三大亮点的发展，积极促进了我省经济结构调整和产业结构优化。全省国税系统2002年共落实各项税收优惠政策189亿元，其中，办理出口免抵退税共计116亿元；办理各项流转税税收优惠35亿元、企业所得税优惠11亿元，落实涉外税收优惠27亿元。

(六)转变作风，从严治队，树立了国税部门良好形象

全省国税系统按照总局关于加强税务系统作风建设和省政府关于提高行政效率、优化发展环境的要求，深入开展“抓党风、促政风、带行风”活动，进一步简化办税程序，下放审批权限，提高工作效率；进一步加强党风廉政建设，严把思想认识、选人用人、权力运行、领导决策、责任追究5个关口，完善了以党风廉政建设责任制为核心的各项规章制度，落实了“两权”监督制约措施，加大了从源头上预防和治理腐败的工作力度；坚持“两手抓、两手都要硬”的方针，广泛开展文明创建活动，精神文明建设硕果累累，成绩斐然。全年，全省国税系统受各级表彰的文明单位有463个，获省部级以上荣誉称号的先进集体93个，先进个人21人。

省局戴子钧局长深入基层调研

国税干部在开展税收稽查

山东省水利厅厅长、党组书记　宋继峰

辉煌的山东水利

农业节水灌溉

水是人类生存的生命线，是经济发展和社会进步的生命线，是实现可持续发展的的重要物质基础。新中国成立后，特别是党的十三届四中全会以来，全省人民在省委、省政府的正确领导下，坚持大干，开拓进取，已初步建立了全省水利工程体系，对促进全省经济发展和社会进步发挥了至关重要的作用。

防洪除涝工程体系。对32条大中河道和近百条重要支流进行了程度不同的治理，修建拦河闸700余座，修筑堤防8000余公里，沿海修建防潮堤1245公里，修建大中型水库167座、小型水库4899座，1989年以来，全省防洪除涝减灾效益累计达到1600多亿元。

农业灌溉工程体系。拥有万亩以上灌区762处，30万亩以上大型灌区65处，全省有效灌溉面积达到7300万亩，旱涝保收田面积达到5460万亩。全省已建立5个国家级节水示范市、25个国家级节水示范县、11个省级节水示范县和450个节水示范项目，各种形式的节水灌溉面积发展到5000多万亩，农业年节水达50亿立方米。

城乡供水工程体系。输水距离长达265公里的跨流域调水工程——引黄济青工程已累计向青岛和沿途工农业送水22亿立方米。全省已建设城市及工业供水工程98处，乡镇供水工程1946处、各类人畜饮水工程3万多项，累计解决了1021万人的吃水困难。

水土保持工程体系。修建各类水土保持工程70多万项，治水改土2000多万亩，累计治理水土流失面积3.75万平方公里，占全部水土流失面积的59%。对1000多个小流域实施了综合治理，形成了“一河清泉水，一条经济带，一根产业链，一道风景线”的治理模式，加快了山区农民脱贫致富奔小康的步伐，产生了显著的经济、社会和生态效益。

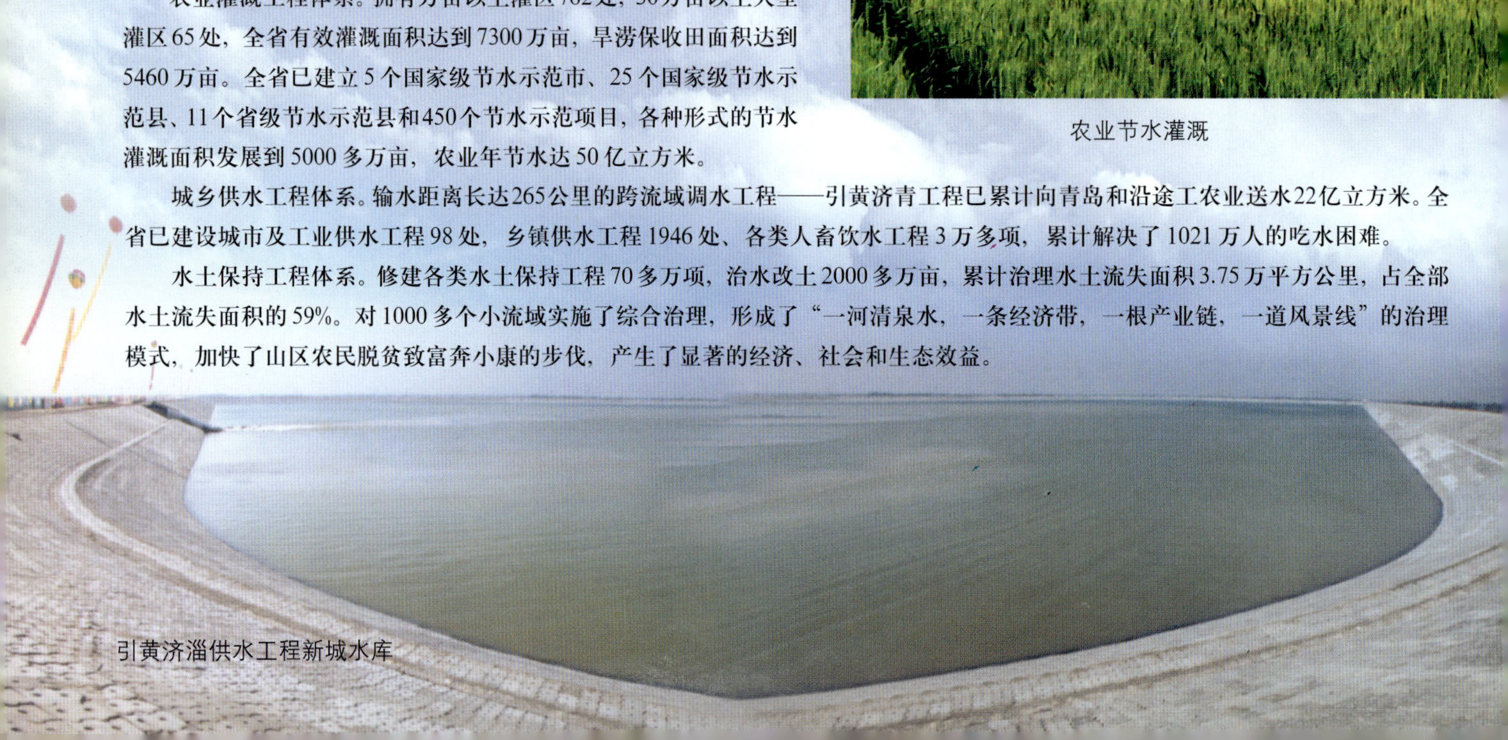

引黄济淄供水工程新城水库

济南铁路局

济南铁路局地处华东，东临沿海，西依中原，管内营业里程2850.6公里，主要干线为京沪线中段491.5公里，京九线中段277.5公里，陇海线东端354公里。另有胶济、蓝烟、菏日线分别连接青岛、烟台、日照三港，是东部经济发展和外贸运输的重要通道。管内铁路跨及山东全境和江苏、安徽、河南三省部分地区，辐射148个市、县，运输吸引范围人口约11000万。现有车站322个，其中特等站4个（济南市、济南西、徐州北、青岛），一等站9个（兖州、日照、徐州、徐州西、淄博、青岛西、烟台、潍坊、东风）。徐州北、济南西、青岛西为三大编组站，其中徐州北为三级十场的路网性编组站，有调作业量居全路第一位。

全局现有职工144840人，共有8个分局级大口单位：济南、青岛、徐州分局和客运公司、工程集团公司、物资工业总公司、工电大修处、教委。基层单位178个，独立运输站段72个。局直单位18个：包括济铁公安局、检察分院、中级法院、党校、勘测设计咨询公司等。

山东省旅游局

扬帆青岛

泰山十八盘

2002年，山东旅游业继续保持强劲发展势头。全省接待国内游客9573万人次，实现国内旅游收入571.5亿元；接待入境游客97.68万人次，实现国际旅游（外汇）收入4.73亿美元；全省旅游总收入610.75亿元。同比增长23.54%，相当于全省GDP的5.79%,超额完成了年初确定的发展目标，进一步确定了旅游业作为支柱产业的地位。

多年来，省委、省政府高度重视旅游业的发展，大力培育旅游业主导产业，特别是1998年以来，山东旅游业发展更是突飞猛进，五年迈出四大步，每年增加100亿元旅游总收入；旅游总收入1999年突破300亿元，2000年突破400亿元，2001年接近500亿元，2002年突破600亿元。

2002年是山东旅游发展史上至关重要的一年，综合全年旅游业发展的情况，主要有以下几个突出特点：一、旅游发展大环境进一步优化。2002年，从省委、省政府到各级党委、政府对旅游工作越来越重视和支持。全社会发展旅游的热情空前高涨，对建设旅游主导产业的信心和决心更加坚定。二、市场开拓高潮迭起。围绕“走近孔子，扬帆青岛”主题，突出推介“山水圣人”和“黄金海岸”两大品牌，大力宣传山东旅游整体形象。开展民俗、修学、高尔夫、美食等专项旅游。在海内外主要新闻媒体做旅游形象广告。策划并组织实施泰山包装、国际歌会、“和平颂”国际青少年文化艺术节、国际儿童电影节等大型旅游活动。赴日本、韩国、东南亚进行大型促销举办高层次、大规模中日旅游友好交流活动。在台湾市场开展“捆绑式”系统营销，取得突出成效。与重点客源国媒体和大旅行商联合招徕客源。国内市场与海外市场开发有机结合；突出区域特色，开发环渤海旅游区、沿黄旅游带和长江、珠江三角洲等重点市场。三、资源开发和项目建设取得新突破。聘请专家编制《山东旅游发展五年执行计划》。百万元大奖向海外征集旅游大项目创意方案。以省政府和国家旅游局的名义举办〈高端与大型活动〉旅游高层论坛。重点建设“山水圣人”与“黄金海岸”两条主线上的观光、生态、旅游、度假项目、依托山岳、湖泊的休闲健身项目。重点城市食物、购物、游乐项目和富有地方特色的民俗文化项目。四、市场整顿成效显著。针对旅游市场的突出问题，全省各级旅游部门严厉打击旅游市场违法、违规行为。推行导游记分制，聘请旅游义务监督员，建立健全旅游质检机构，向社会公布旅游投诉电话。全省旅游投诉明显减少，市场秩序有了明显好转。

在新的一年里，山东旅游将迎来新一轮大发展的黄金时期，我们将以十六大精神为指针，以资源开发、市场开拓为重点，创新体制，完善机制，扩大开放，提升素质，加快建设旅游主导产业，实现由旅游大省向旅游强省的跨越，为全面建设小康社会做出新贡献。

济南趵突泉

烟台蓬莱阁

淄博殉马坑

潍坊风筝博物馆

微山湖万亩荷花

山东省建设厅

2002年，全省建设系统以“三个代表”重要思想和党的十六大精神为指导，认真贯彻落实省委、省政府的各项工作部署，以实施城市化战略为总抓手，以提高城市规划建设管理和经营水平为重点，以体制机制创新和规范市场秩序为主线，以加强行风建设、提高行政效率为保障，着力推进各项工作落实，建设事业保持了快速健康发展的好势头，有力地促进了全省的经济增长和社会进步。

认真落实“三高”要求，城镇规划建设管理工作取得新进展。抓好规划修编，推行“阳光规划”。组织了山东半岛城市群规划编制招投标，指导进行了威海城镇体系规划和东营、日照、龙口、胶南等城市总体规划的调整，省里下达的154项重点规划项目均已启动。调度了全省237个中心镇的规划编制和评审情况，目前190个中心镇的总体规划由乙级以上规划设计单位编制，121个中心镇的总体规划由省专家委员会评审。各地普遍实施了一批城市建设骨干工程，如济南泉城路和经十东路改造、青岛东西快速路和海滨景观步行道、淄博柳泉路改造、烟台滨海景区等，对于增强城市功能、改善城市景观具有重要作用。

认真落实省委、省政府“1.22”现场会精神，积极协调指导和配合有关部门，完成了济南机场环境整治，开展了济南火车站广场及周边地区环境整治，实施了省会城市灯光夜景工程。

深入整顿和规范建筑市场，质量安全管理和建筑业结构调整见到新成效。整顿和规范建筑市场秩序工作向纵深推进。对严肃查处转包和违法分包、违反法定程序和制度、规避招标和假招标、违反强制性标准等问题作了重点部署。

认真贯彻落实政府提速的各项要求。减少行政审批方面，在去年由106项精简到28项的基础上，今年又减少14项，兑现了再压减审批事项50%的承诺。创新工作机制，在建设厅机关实行了首接首问责任制、AB角制、公示制和信息网络服务制，并推广到全省各级建设行政主管部门。在城乡建设管理的各个领域全面推行“一站式”服务，17城市现已建立近30个服务大厅，实行办公、审批、交易场所一个窗口对外的一条龙服务。

全省城市规划建设管理工作会议与会人员参观青岛市“98111”服务热线中心（左三为山东建设厅厅长杨焕彩）

张店区沣水镇城东村居民住宅

威海市海滨南路夜景

中心广场夜景

截至2002年底，全省共设城市48个，其中地级市17个，县级市31个，县城60个，建制镇1225个，城镇人口3266万人，城市化水平达到40 .3%。2002年全省城建固定资产投资完成1833009万元，同比增长41.58%。2002年全省城建资金总支出1899204万元，其中固定资产投资支出1393547万元，占总支出的73.38%；维护支出302164万元，占15.91%；用于偿还国内贷款缴纳税费116343万元，占6.13%。全省住宅建设完成投资400.2亿元，竣工面积2356.9万平米，城市人均居住面积达到24平方米。全省城市供水综合生产能力1258.10万立方米/日，全社会供水总量23.83亿立方米，城市用水普及率为64.15%。全省实有营运车辆15584辆（包括电车），非农业人口每万人拥有公共交通车辆9.59标台，出租汽车达到49790辆。全省共有18个城市有管道煤气，所供气总量为536021.73万立方米，非农业用气总人口共计1501.87万人，非农业人口用气普及率达到93.21%。全省有46个城市有集中供热设施，供热能力，蒸汽16015吨/小时，热水18613兆瓦，供热面积17059.18万平方米，其中，住宅供热面积12680.04万平方米，集中供热普及率31.07%。系统内城市实有道路长度17472.21公里，非农业人口拥有道路面积人均17.38平方米。全社会园林绿地面积67613.8公顷，非农业人口人均占有公共绿地面积9.74平方米，建成区绿化覆盖率达到32.98%。污水处理厂集中处理率达到40.22%，无害化处理率为77.26%。

山东齐鲁会计师

董事长：刁云涛

山东齐鲁会计师事务所有限责任公司作为山东省内最大的会计师事务所之一，经过三年来的励精图治，已经成长为一家服务范围广、专业化程度高的集团化中介服务机构，基本上形成了“多元化、规模化、规范化”的发展模式。

公司现有员工200多名，其中具有注册会计师、注册资产评估师、注册税务师、注册造价工程师等各类资格的专业人才占78%，常年审计、评估、咨询等客户600余家，涉及金融、保险、电力、电信、烟草、交通、煤炭、冶金、化工、机械、纺织、电子、轻工、医药、农业以及新闻、出版等行业和部门。公司具有国有大型企业审计、金融企业审计、股份制企业改造审计、工程造价咨询（建设部甲级）、税务代理、管理咨询、资产评估、土地估价、房地产评估、国际质量认证咨询等各种执业资格，并与具有证券审计资格的会计师事务所合作开展上市公司的审计、评估等业务。

山东齐鲁会计师事务所有限责任公司秉承公正、自律、诚信、高效的经营理念，倡导团结进取、严谨高效、务实创新的企业精神，在依法承办经济鉴证类业务的同时，进一步向企业的管理咨询、财务咨询、税收筹划、国际质量认证等方向延伸，优质高效地为社会各界提供全方位、专业化的服务和支持。

“我们的专业经验与社会共享，我们的价值与社会共同实现”。山东齐鲁会计师事务所有限责任公司愿与国内外朋友真诚合作，为中国经济的繁荣昌盛做出贡献。

团结、务实、高效的领导班子

资深咨询师正在进行咨询指导

地址：济南济大路5号
电话：0531-2613759　2956158
传真：0531-2613723
邮政编码：250002
http:www.qlrh.com

事务所有限责任公司

齐鲁瑞华企业形象战略共识营营员合影

参与主办2002年度注册税务师考试考前培训班

山东齐鲁会计师事物所改制三周年总结大会隆重而热烈

我们的专业经验与社会共享

我们的价值与社会共同实现

NG GROUP
E NEW
CENTURY

新世纪的鲁能集团

鲁能集团办公楼

鲁能集团是一家产权多元化、集团化发展的现代企业集团。截止到2001年底总资产达到420亿元，2001年实现总收入232亿元，利税29亿元。“鲁能”品牌1999年评估价值428亿元，是全国知名品牌。

鲁能集团以一、二次能源产业、房地产业、金融产业为核心业务，高新技术、物资贸易、体育产业等为多元化发展的一般业务。现拥有发电装机426.54万千瓦；正在陕北和山西王曲、河曲等地开发建设煤电一体化项目，成为国家实施西电东送工程北通道的重要电源基地。在北京、重庆、宜宾、海南、上海、济南、青岛等地建成和开发多处具有一定影响的大型房地产项目。参股华夏银行、交通银行，分别是湘财证券和蔚深证券的第一股东，控股经营英大国际信托投资公司、山东金穗期货公司、鲁能保险代理公司，在全国首家以非金融机构身份发起成立了合丰基金管理公司，具有银行、信托、证券、基金、期货、保险代理等完备的金融功能；控股经营“鲁能泰山”、“京西旅游”、“金马集团”三家上市公司。鲁能集团被中国企业联合会、中国企业家协会评为“2000年度中国十大最具影响力企业”，在2002年“中国企业500强”中位居第45位。“鲁能”商标被评为2000年“中国最高认知率商标”和“2001年中国十大公众认知商标”。

中共中央政治局常委、吴官正同志、原山东省省长李春亭同志、国家电力公司党组副书记、副总经理刘振亚同志视察鲁能集团。

山东省委书记张高丽同志视察鲁能高科技企业。

电源产业是鲁能集团的核心产业之一

进入临床的脐血生物工程项目

鲁能开发建设的房地产项目

鲁能科技园

山东省科技厅

山东省科技厅厅长　姜代晓

山东省科技厅是主管全省科技工作的政府职能部门。近年来，在省委、省政府的正确领导下，全省科技工作认真贯彻“三个代表”重要思想，高举科技第一生产力的旗帜，坚持与时俱进，开拓创新，科技事业取得了跨越发展，科技进步对经济社会发展的决定性作用日益显现。

一是科技综合实力显著提高。2003年我省获国家科技奖励的项目数量继续名列全国首位，实现了自1992年以来的“十连冠”。10年来，共获国家科技奖励392项，其中特等奖1项，一等奖14项，累计实现新增产值2160亿元，新增利税438亿元，节创汇7.8亿美元。全省累计专利申请93833件，授权54088件，均居全国第三位。

二是高新技术产业蓬勃发展。全省高新技术产业产值占规模以上工业总产值的比重达到16.98%，比去年提高2.31个百分点。民营科技企业发展到8515家。建立了14个国家“863”计划成果产业化基地（全国共84个）。全省培育出30多种市场占有率居全国第一位的高新技术产品。

三是高新技术嫁接改造传统产业成效显著。我省作为首批国家制造业信息化工程示范省，启动实施了“山东省制造业信息化工程”，有200多家企业参与示范试点。建立了21家国家级CAD应用示范企业，5家国家“863”计划CIMS应用示范企业，工程设计和机械行业的骨干企业CAD普及率达到90%以上，重点企业45%的生产设备达到国际、国内先进水平。

四是高新区建设取得重大进展。省级以上高新区发展到15家，建设省级以上经济技术开发区65个、民营科技园区72家、各类农业科技示范园区2000多家。

五是国内外科技合作实现新突破。省政府与中国工程院全面合作两年来，搭建起了烟台果蔬会、荣成海博会、淄博陶博会、济南信博会等四个国际联合创新平台。加强了与独联体国家的合作，建立了中俄、中白、中乌高科技合作基地，许多项目已进入产业化阶段并呈现出良好的发展前景。

六是重大科技示范工程取得明显成效。实施农业良种产业化开发工程，累计引进和选育动植物品种（系）300多个，全省良种覆盖率达到99%以上，良种统一供种率达到80%以上；十大高新技术产品开发工程研究开发的27个高新技术产品，已有12个项目实现了产业化；实施可持续发展科技示范工程，在城市大气污染治理、矿区资源、水资源综合利用、苦咸水淡化等领域取得了良好的生态、经济和社会效益；6个省级以上可持续发展实验区带动了人口、资源与环境的协调发展。

目　　录

特　　载

统 计 表

一、行政区划和自然资源

二、综　　合

三、人　　口

四、从业人员和劳动报酬

五、固定资产投资

六、能　源

七、财政、金融

八、价　格

九、居民生活

十、城市建设

十一、农林牧渔业

十二、工　　业

十三、建　筑　业

十四、交通运输邮电通讯业

十五、批发零售贸易和餐饮业

十六、对外经济贸易旅游和经济开发区

十七、教育、科技、文化

十八、卫生、体育、民政、司法、测绘、标准计量、环境保护

十九、企业基本情况

二十、企业景气调查基本情况

二十一、县、市、区主要经济指标

CONTENTS

ESPECIALLY PRINTED HERE ARE

CHAPTER 4 EMPLOYMENT AND PAYMENT FOR LABOUR

CHAPTER 5 INVESTMENT IN FIXED ASSETS

CHAPTER 6 PRODUCTION AND CONSUMPTION OF ENERGY

CHAPTER 7 GOVERNMENT FINANCE AND BANKING

CHAPTER 8 PRICE

CHAPTER 9 RESIDENTS' LIVELIHOOD

CHAPTER 10 CITY CONSTRUCTION

CHAPTER 11 FARMING, FORESTRY, ANIMAL HUSBANDRY ANDFISHERY

CHAPTER 12 INDUSTRY

CHAPTER 13 CONSTRUCTION

CHAPTER 14 TRANSPORTATION, POSTAL AND TELECOMMUNICATION SERVICES

CHAPTER 15 WHOLESALE, RETAIL SALES AND CATERINGSERVICE

CHAPTER 16 FOREIGN TRADE, TOURISM AND THE SPECIAL – ECONOMIC – ZONE

CHAPTER 17 EDUCATION, SCIENCE, CULTURE

CHAPTER 18 HEALTH CARE, SPORTS, CIVIL ADMINISTRATION AND JUDICATURE MAPPING, STANDARD MEASUREMENT AND ENVIRONMENT PROTECTION

CHAPTER 19 BASIC STATISTICS OF ENTERPRISES

CHAPTER 20 BASIC STATISTICS OF BUSINESS CONDITION SURVEY

CHAPTER 21 MAJOR STATISTICS OF COUNTIES(CITIES AND DISTRICTS AT COUNTY LEVEL)

APPENDICES:

政府工作报告

——2003年3月27日在山东省第十届
人民代表大会第一次会议上

山东省代省长 韩寓群

各位代表：

我代表省人民政府，向大会作政府工作报告，请予审议，并请省政协委员和其他列席会议的同志提出意见。

一、过去五年工作的回顾

过去五年是我省跨世纪发展的重要时期。五年来，在党中央、国务院和中共山东省委的正确领导下，本届政府团结依靠全省各族人民，高举邓小平理论伟大旗帜，认真学习实践"三个代表"重要思想，深入贯彻落实党的十五大、十六大和省七次、八次党代会精神，解放思想，抢抓机遇，齐心协力，艰苦奋斗，圆满完成了省九届人大一次会议确定的目标任务，全省各项事业蓬勃发展，改革开放和现代化建设取得巨大成就。

综合经济实力迈上新台阶。面对1997年亚洲金融危机带来的严峻形势，全省上下坚决贯彻执行中央关于扩大内需的方针，千方百计扩大投资、扩大消费、扩大出口，国民经济持续快速健康发展，胜利完成了"九五"计划和"十五"计划前两年的任务，全省国内生产总值、金融机构存款余额、工业销售收入突破万亿"大关"，实现了历史性突破。2002年，全省国内生产总值达到10552亿元，比1997年增加3902亿元，按可比价格计算年均增长10.6%；人均国内生产总值达到11643元，比1997年增加4053元，按目前汇率折算达到1407美元。到2002年底，全省各类金融机构本外币存款余额10658亿元，贷款余额8937亿元，分别比1997年增长1.1倍和98.5%。2002年，全省规模以上工业实现销售收入11037.3亿元，比1997年增长94%，实现利税1163.6亿元、利润625.3亿元，分别比1997年增长1.1倍和1.9倍。全省地方财政收入达到610亿元，比1997年增加306亿元，按可比口径计算年均增长17.5%。

经济结构调整取得明显成效。坚持以经济结构调整为主线，在发展中调整，在调整中提高，经济整体素质和效益明显改善，综合竞争力进一步增强。产业结构调整取得重大进展，一二三产业比例由1997年的18:47.9:34.1调整为2002年的13.2:50.3:36.5。农业在连续四年干旱和农产品价格下跌的困难条件下，保持稳定发展，产业化水平进一步提高，优质高效农产品增加，粮经作物比例由1997年的66:34调整为2002年的57:43。农村二三产业发展和劳动力转移步伐加快，非农收入占农民纯收入的比重由43%提高到56.7%。轻工、纺织、机械、冶金等传统产业得到改造提升，企业资产规模扩大，产品结构优化。2002年全省规模以上工业企业资产总额达到11902.5亿元，比1997年增加3952.8亿元；30多种产品市场占有率居全国第一位，29个品牌获国家驰名商标称号。"抓大放小"成效突出，一批核心竞争力较强的大企业迅速发展壮大，中小企业活力增强。2002年全省年营业收入过10亿的工业企业集团达到139家，比1997年增加99家，过100亿的10家，增加7家。第三产业进入快速增长阶段，信息、旅游、房地产、金融保险、现代物流、社区服务业等呈现良好发展势头。商品市场繁荣活跃，2002年实现社会消费品零售总额3181.9亿元，比1997年增加1267.7亿元，年均增长10.7%。2002年，我们突出抓了外经外贸、高新技术、民营经济三个亮点，经济结构调整步伐加快，成效明显。全省经济外向度达到26.6%，高新技术产品产值占规模以上工业总产值的比重达到17%，非公有制经济增加值占国内生产总值的比重达到36.5%，均比上年有较大幅度提高。

经济发展基础和环境不断改善。注重发挥投资对拉动经济增长、增强发展后劲的作用，积极争取国债资金，深化投融资体制改革，投资力度不断加大。五年累计完成全社会固定资产投资13141.6亿元，超过改革开放以来前20年的总和，其中2002年完成3512亿元，投资率达到33.3%，实现历史性突破。五年基本建设投资4099亿元，建成项目1.4万个；技术改造投资3539亿元，完成项目1.8万个。交通、水利、通信、电力等基础设施建设成绩显著，制约经济发展的"瓶颈"因素得到有效缓解。烟台汽车、济南重汽等一批关系全局的重大重组改造项目取得突破性进展。公路建设五年投资756亿元，到2002年底，全省公路通车里程达到7.4万公里，其中高速公路2411公里，比1997年增加1958公里，实现了省会与各市驻地高速贯通。铁路通车里程达到2709公里，年客货发送量分别比1997年增长21.3%和31.6%。港口年吞吐量达到2.2亿吨，集装箱年吞吐量377万标箱、青岛港跨入亿吨大港行列，成为我国重要的枢纽港。民航五年间新辟航线82条，新增航班301班，航空客货年吞吐量达到569万人次和11.2万吨，分别比1997年增长69.3%和1倍。水利建设五年投资248亿元，完成18座大型病险水库的除险加固、10条大型骨干河道的治理，建成一大批抗旱供水工程。信息化基础设施建设五年投资100亿元，建成高速宽带网，全省固定和移动电话用户达到2900万户，互联网用户279万户，行政村全部开通了程控电话，远程教育、远程医疗等开始起步。能源建设继续得到加强。2002年全省发电装机容量达到2515万千瓦，原煤产量达到13066万吨，分别比1997年增加865万千瓦和3972万吨。投入176亿元完成农村电网改造，城乡生活用电实现了同网同价。

社会主义市场经济体制基本建立。坚持整体推进、重点突破，各项改革不断深化，市场配置资源的基础性作用进一步增强。国有经济布局调整有较大进展，以公有制为主体、多种所有制经济共同发展的格局基本形成。国有企业改革脱困三年目标如期实现，投资主体多元化和现代企业制度建设步伐加快。86.7%的国有企业进行了公司制改革，95%的国有中小企业实行了多种形式改制。全省境内外上市公司由1997年的35家增加到72家，直接融资从145亿元增加到519.5亿元。设立国有资产经营公司48个，对56户大企业实行了国有资产授权经营。商品和要素市场快速发展，市场体系逐步完善，整顿和规范市场经济秩序取得显著成效。农村税费改革在试点的基础上全面展开，有效减轻了农民负担。粮食、棉花流通体制改革深入推进，市场化价格形成机制基本形成。推行了"收支两条线"和部门预算、国库集中支付、政府采购制度，加大了财政转移支付力度。积极防范和化解金融风险，妥善进行了农村基金会整顿和场外股票交易清理工作。顺利完成新一轮政府机构改革，2002年又实施了政府工作提速，深化了行政审批制度改革，进一步促进了政府职能的转变和行政效率的提高。经济国际化水平不断提高。积极应对我国加入世贸组织带来的机遇和挑战，着力增强利用"两个市场、两种资源"的能力，加大招商引资力度，加快出口商品结构调整和多元化市场开拓，加强投资环境建设，全方位、多层次、宽领域的对外开放格局基本形成。开放型经济迅速发展，全省进出口总额年均增长14.1%，其中出口年均增长14.2%；累计批准利用外资项目1.3万个，实际利用外资219.3亿美元；世界500强企业来我省投资的增加到107家。对外交往继续扩大，与160多个国家和地区进行了交往交流，友城关系发展到111对。境外投资、对外承包工程和劳务合作迈出新的步伐。落实对外商的国民待遇，改进对外商投资企业的服务，认真处理外商投诉，对外开放的软环境不断改善。2002年，面对世界经济不景气和技术壁垒增加等不利因素，进一步加大工作力度，克服多方面困难，外经外贸取得显著成绩。全年进出口总额339.4亿美元，比上年增长17.2%，其中出口211.2亿美元，增长16.5%；实际利用外资达到65.2亿美元，增长47.8%。

城市化进程进一步加快。城市的区域经济中心作用增强，小城镇发展迅速，全省城市化水平由1997年的34.1%提高到2002年的40.3%，年均提高1.2个百分点。全面强化城市的规划、建设、管理和经营，加强城市基础设施建设和环境综合整治，城市承载能力提高，城市面貌明显改善。2002年全省城市污水处理率达到40%，建成区绿化覆盖率33.5%，分别比1997年提高25.1和2.6个百分点。城市住宅建设五年投资1315亿元，竣工面积10045万平方米，城市居民居住条件大为改善。积极探索经营城市的路子，多元化拓宽城建资金渠道，2002年城市政府土地收益达到128亿元。

实施科教兴鲁战略成效显著。科技创新能力增强，五年共取得重要科技成果1.7万个，申请专利5万多件，实施重大科技攻关项目297项，获国家科技奖134项，建立了15个省级以上高新技术产业开发区，重大科技示范工程取得明显成效。产学研结合取得新进展。省财政投入6.8亿元资金，扶持高新技术和产业化。加强了企业为主体的技术开发体系建设，全省建成国家级企业技术中心36家、省级148家。与中国工程院、中国科学院、北京大学、清华大学等单位建立了全面合作关系，与俄罗斯、白俄罗斯、乌克兰等国家联合建立了高科技合作基地，科技合作与交流进一步扩大。各级各类教育加快发展，办学质量和效益不断提高。素质教育稳步推进，提前完成"普九"任务，顺利实现"两基"目标。加大危房改造和校舍规范化建设力度，中小学办学条件大为改善。高等教育发展迈上新台阶，2002年普通高校招生规模达到21.9万人，在校生规模由1997年的17.6万人增加到58.4万人，增长2倍多。职业教育、成人教育进一步发展，民办教育取得新的突破。

可持续发展能力不断增强。计划生育工作卓有成效，人口保持低速增长，自然增长率连续五年稳定在5‰左右，人口素质提高。耕地总量实现动态平衡，矿产资源乱开滥采现象得到有效控制。环境综合治理效果明显，按时完成国家下达的"一控双达标"任务，推行清洁生产和循环经济，环境质量有较大改善。建成污水和垃圾处理厂43个，清理整顿"五小"企业889家。开展入海河流污染治理及海岸工程综合整治，近岸海域水质好转。加大林木资源保护力度，开展植树造林"三大工程"，五年累计造林78.5万公顷，森林覆盖率达到18.8%，治理水土流失面积1.04万平方公里。建成自然保护区65个，国家级生态示范区6个，省级生态功能保护区3个，生态建设与保护取得新进展。

人民生活总体上达到小康水平。城乡居民收入逐年增加，生活条件不断改善。2002年，城镇居民人均可支配收入7615元，农民人均纯收入2954元，扣除价格因素年均分别增长9.4%和5.2%。城乡居民储蓄余额达到5806亿元，年均增长15.6%。城镇居民和农民人均住房使用面积分别达到18.8和25.6平方米，90.4%的城镇居民拥有了住房产权。电脑、汽车开始进入居民家庭。电话普及率达到每百人32部。人均寿命73.4岁。城镇社会保障体系基本建成，"两个确保"得到进一步巩固，"三条保障线"制度逐步完善。五年安置357万城镇新增劳动力就业，下岗职工再就业100.3万人，城镇登记失业率控制在3.6%以内。加大对欠发达地区的帮扶力度，圆满完成"四五"扶贫攻坚计划，2000年实现贫困县整体脱贫。解决了128万历史性缺水人口饮水困难，农村自来水普及率提高到57.6%。

精神文明建设、民主法制建设和各项社会事业全面发展。深入学习邓小平理论和"三个代表"重要思想，广泛开展爱国主义、集体主义、社会主义思想教育，科学精神得到弘扬，人民群众的思想道德和科学文化素质不断提高，涌现出一批闪烁着时代精神的先进典型。民主政治建设得到加强，全社会法制意识不断增强，依法治省、依法行政进一步推进，村民自治制度在农村普遍推行。实施社会主义精神文明"精品工程"，29部文艺、理论等作品获全国"五个一"工程奖，群众文化建设成效显著。新闻出版、广播影视社会效益和经济效益明显提高。卫生体制改革不断深化，城乡医疗卫生条件逐步改善。群众体育活动日益普及，竞技体育成绩突出，体育健儿在奥运会上实现了金牌零的突破，在亚运会和全运会上屡创佳绩。国防后备力量建设和"双拥共建"工作迈出新步伐，军政、军民团结更加巩固。人防建设、防震减灾继续得到加强。气象服务水平有新的提高。妇女儿童和残疾人事业受到全社会的重视。少数民族经济进一步发展，民族宗教和侨务、对台工作不断加强。档案、史志工作取得新的成绩。廉政建设和反腐败斗争不断深入，从源头上预防和治理腐败取得新的进展。正确处理人民内部矛盾，依法严厉打击严重刑事犯罪和经济犯罪，社会治安综合治理不断加强，社会保持稳定。

各位代表！过去五年很不平凡，成绩来之不易。回顾五年历程，我们深切感到，山东能有今天经济蓬勃发展、社会和谐稳定、人民安居乐业的大好局面，是在党中央、国务院和省委正确领导下，全省人民学习实践邓小平理论和"三个代表"重要思想的结果，是9000多万齐鲁儿女集体智慧和辛勤劳动的结果。在此，我代表省人民政府，向全省工人、农民、知识分子、干部，向给予政府工作大力支持和有效监督的人大代表、政协委员、各民主党派、工商联、无党派人士和社会团体，向大力支援山东建设的驻鲁人民解放军、武警部队、公安干警和中央驻鲁单位，向关心支持山东发展的香港特别行政区同胞、澳门特别行政区同胞、台湾同胞、海外侨胞和国际友人，致以崇高的敬意和衷心的感谢！

各位代表！五年的实践进一步证明，要卓有成效地推进改革开放和现代化建设，必须坚持高举邓小平理论伟大旗帜，努力学习实践"三个代表"重要思想，坚定不移地贯彻党在社会主义初级阶段的基本理论、基本路线、基本纲领和基本经验；必须坚持解放思想、实事求是、与时俱进、开拓创新，把中央指示精神同山东实际相结合，遵循经济发展客观规律，从实际出发创造性地开展工作；必须坚持发展是第一要务，用发展的办法解决前进中的问题，用市场经济的手段抓经济工作，用创新的精神培植发展新优势；必须不断深化改革、扩大开放，革除一切影响发展的弊端，吸取一切人类文明进步的成果，不断为经济社会发展注入生机与活力；必须紧紧抓住结构调整这条主线，着力解决制约经济发展的突出矛盾，促进产业结构、区域结构、城乡结构、所有制结构不断优化；必须正确处理改革、发展、稳定的关系，把握好改革力度、发展速度和社会可承受程度的统一；必须大力营造干事创业的良好环境，充分调动、保护、发挥各方面的积极性，尊重群众的首创精神，团结一心思发展，心情舒畅干工作，集中精力抓落实；必须坚持三个文明建设统一部署、整体推进，走可持续发展道路，处理好速度与结构、质量、效益，经济与人口、资源、环境的关系，实现人与自然的和谐、经济与社会的协调发展。

各位代表！五年来我们的确取得了很大成就，同时也要清醒地看到，在前进道路上还面临不少困难和问题，主要表现在，思想解放不够，特别是我们各级政府领导的思想观念与市场经济发展的客观要求还不尽适应；经济体制和运行机制中许多深层次的矛盾尚未得到有效解决；经济结构调整的步子不够大，经济国际化程度不够高，外经外贸与先进省市相比存在较大差距；高新技术、民营经济、第三产业发展不够快，区域经济发展不够协调，整体经济素质和运行质量有待进一步提高；农业抗御自然灾害的能力较差，农民收入增长缓慢；社会保障体系不够健全，社会保障能力不强，城镇就业压力很大；投资环境有待进一步改善，整顿和规范市场经济秩序任重道远；政府工作中官僚主义、形式主义、弄虚作假、铺张浪费等现象仍然存在；一些地方和部门对廉政建设的制度、规定执行不严，落实不好，腐败现象还时有发生。对这些问题，我们必须高度重视，采取有力措施认真加以解决，不断把各项工作推向前进。

二、今后五年的目标任务

党的十六大确立了全面建设小康社会的奋斗目标，为我国现代化建设指明了方向。山东作为沿海经济大省，要紧紧抓住今后二十年重要战略机遇期，努力发展得更快更好。省委、省政府提出，力争到2010年全省国内生产总值达到2万亿元以上，人均超过2万元，沿海有条件的地方率先基本实现现代化；2020年全省国内生产总值达到4万亿元以上，人均超过5000美元，达到世界中等收入国家目前的水平，总体上基本实现现代化，成为经济持续繁荣、科技教育发达、生态环境优良、社会文明进步、人民生活富裕的地区，展现“大而强、富而美”的崭新形象。实现上述宏伟目标，今后五年是关键，必须在优化结构和提高效益的前提下，继续保持较高的发展速度，力争国内生产总值年均增长10%以上，到2007年达到17000亿元，比2000年翻一番，人均国内生产总值超过2200美元，力争比2000年翻一番。在经济快速增长的同时，科技、教育、文化、卫生等各项社会事业同步发展，社会保障能力大大增强，劳动就业比较充分，城乡面貌和生态环境明显改善，人民群众生活水平显著提高，为全面建设小康社会奠定坚实的基础。

各位代表！当前，在党的十六大精神鼓舞下，全国各地正在掀起新一轮发展热潮，势如千帆竞发，百舸争流。我们既面临良好发展机遇，也面临严峻的挑战。做好今后五年的工作，在新的起点上实现更快更好的发展，我们要坚持以邓小平理论和“三个代表”重要思想为指导，全面贯彻落实党的十六大、全国人大十届一次会议和省八次党代会精神，围绕建设“大而强、富而美”社会主义新山东的宏伟目标，坚定不移地贯彻实施科教兴鲁、经济国际化、城市化和可持续发展四大战略，坚定不移地贯彻实施“三个坚持、三个关键、三个亮点、六个变化”的工作方针，把功夫下在扎扎实实抓落实上，并在抓落实的过程中不断有所创新、有所发展、有所前进。在工作指导上要注意把握好以下几点：第一，把解放思想、实事求是、与时俱进贯穿于改革与发展的全过程。实践在不断发展，思想解放永无止境。要坚决冲破一切妨碍发展的思想观念，坚决改变一切束缚发展的做法和规定，坚决革除一切影响发展的体制障碍，彻底从“左”的、旧的思想干扰和小富即安、小成即满的心态中解脱出来，弘扬大胆实践、勇于创新、不甘人后、奋勇争先的精神，以思想的不断解放、观念的不断更新，推动改革开放实现新突破，经济社会实现大发展。第二，以只争朝夕的精神抓好发展这个“第一要务”。发展是硬道理，是解决所有问题的关键。我省经济总量位居全国前列，但人均占有水平与先进省市相比还有较大差距，形势逼人，不进则退。全省上下必须居安思危，切实增强机遇意识、忧患意识、竞争意识，增强压力感、紧迫感、责任感，牢牢把握发展主题，聚精会神搞建设，一心一意谋发展，努力使全省经济发展得更快更好，确保在全国经济大格局中占据应有的地位，为全国经济发展作出更多的贡献。第三，紧紧抓住抓好结构调整这条主线。结构的调整优化，关系经济素质、竞争能力、发展后劲的提高。要以调整为总抓手，坚持有所为有所不为，抓住有利时机，发挥比较优势，加快产业升级，完善所有制结构，优化区域经济布局，努力培植发展新优势。第四，切实把实现和维护人民群众的根本利益作为一切工作的出发点和归宿。自觉坚持全心全意为人民服务的宗旨，一切以人民高兴不高兴、满意不满意、赞成不赞成为准则，权为民所用，情为民所系，利为民所谋，尊重和维护群众的民主权利，关心群众的冷暖疾苦，实实在在地为群众办实事、办好事，让群众充分享受改革发展的成果，努力实现共同富裕。第五，更好地维护社会稳定的大局。稳定是改革和发展的前提。要正确处理改革、发展、稳定的关系，探索建立维护社会稳定的长效机制，在社会稳定中推进改革发展，通过改革发展保持社会稳定。第六，注重社会主义物质文明、政治文明和精神文明建设的协调发展。把坚持党的领导、人民当家作主和依法治省有机统一起来，充分发扬民主，大力推进法治，弘扬和培育民族精神，加强先进文化建设，促进中国特色社会主义经济、政治和文化全面发展。

各位代表！山东资源丰富，经济基础雄厚，发展潜力巨大。山东人民勤劳智慧，特别能吃苦，特别能战斗，特别能奉献。我们坚信，有党中央、国务院和省委的坚强领导，有历届省委、省政府奠定的良好基础，只要我们倍加顾全大局，倍加珍视团结，倍加维护稳定，充分调动一切积极因素，就一定能够开创改革开放和现代化建设的新局面，为实现中华民族的伟大复兴作出更大的贡献！

三、今后五年的工作重点

（一）切实抓好“重中之重”，努力增加农民收入。全面建设小康社会，难点和重点在农村。要切实把解决农村、农业、农民问题作为经济工作的重中之重，统筹城乡经济社会发展，更多地关注农村，关心农民，支持农业，以增加农民收入为中心，促进农业和农村工作再上新水平。

加快发展现代农业。适应国内外市场变化，以提高农业产业化、标准化、国际化水平为重点，加快农业科技进步，推进专业化、规模化生产，进一步提高农业产出效益和综合竞争力。加大农业结构调整力度，在确保粮食安全的前提下，大力发展优质、高效、生态、安全农业，把畜牧业和海洋水产业培植成为支柱产业；以水果、蔬菜、花卉和奶业、水产珍品为重点，建设优势农产品产业带；高度重视林业发展，把黄河两岸和黄河三角洲地区建成我省重要的林业基地。推进农业产业化经营，延长产业链，大力支持农业龙头企业发展，加强基地建设，积极发展代表农民切身利益的合作经济组织，创新龙头企业与农民的联结机制。在重点扶植现有100家龙头企业的基础上，再培植壮大一批龙头企业。推进农业标准化生产，从产品源头抓起，建立健全统一规范、与国际接轨的农产品质量标准体系、疫病防治体系、检验检测体系和市场监管体系，加快无公害农产品和无规定动物疫病区等标准化基地建设。推进农业国际化进程，加快引进国外资金、技术、管理和人才，积极采用国际技术标准，建设好农产品出口加工基地。加大国际市场开拓，提高农业国际竞争力。完善农业科技创新和技术推广体系，支持农业院校、科研院所与龙头企业加强联合，开展农业科研攻关和技术推广服务，深入实施良种产业化、绿色证书、青年农民培训工程。办好农业科技示范园区，加快农业科技成果转化。健全农业社会化服务体系，逐步完善农业综合信息网络。拓宽农业投资渠道，鼓励民间资本、工商资本和外商资本参与农业开发。

积极推进农村劳动力转移。加快农村劳动力向非农产业和城镇转移，是解决“三农”问题的根本途径。要坚持科学规划，合理布局，以县城和中心镇为重点，多渠道、多形式筹集资金，配套完善基础设施，大力发展二三产业，增强对农村劳动力的吸纳能力。加快城镇户籍制度、土地制度和住房、就业、医疗、教育等方面的改革，为农民进城消除体制和政策障碍。统筹考虑小城镇发展与园区建设，引导乡镇企业向小城镇聚集。积极开展对农村劳动力的教育培训工作，尽快提高农村劳动力的素质。加强对农村劳动力转移的组织、管理、协调，引导农村劳动力合理有序的流动，切实保护农民工的合法权益。

切实加强对农业和农民的支持与保护。落实党的农村政策，长期稳定并不断完善以家庭承包为基础、统分结合的双层经营体制。有条件的地方可以按照依法、自愿、有偿的原则，探索建立土地流转机制，发展规模经营。深化农村税费改革，坚决制止“三乱”，减轻农民负担。要真心实意地为农民办实事、解难题，突出抓好“路、水、电、医、学”五个方面，不断改善农民的生产生活条件。争取用三到五年时间，基本实现所有行政村通柏油路，基本解决缺水地区农村人畜饮水困难的问题。全面完善农村电网改造，支持农村搞好沼气化试点。推进农村养老、医疗、最低生活保障等社会保障制度建设。加快农村新型合作医疗试点步伐，逐步解决农民看病难的问题。采取减免课本费、学杂费等措施，解决贫困儿童辍学问题，让所有适龄儿童都能入校学习，健康成长。从今年起财政新增的教育、卫生、文化等事业经费主要用于农村。

（二）抓住关键重点突破，开创外经外贸工作新局面。我省与发达省市相比，最大的差距在外经外贸，最大的发展潜力也在外经外贸。进入新世纪，经济全球化趋势不断增强，区域经济一体化进程加快，国际产业调整与转移步伐加快。我国以稳定的社会环境、快速的经济增长、丰富的人力资源和广阔的市场前景，成为全球资本最有吸引力的地区之一。我们必须紧紧抓住这一有利时机，把扩大对外开放作为加速发展的“点睛之笔”来抓，让外经外贸这个“亮点”尽快亮起来。

把招商引资作为扩大对外开放的突破口。大规模招商引资，对于扩大投资规模、加快产业升级、提高技术和管理水平、增强市场竞争实力，作用大、效果好。要把招商引资作为事关经济发展全局的大事来抓。东部沿海地区的青、烟、威等市，要充分利用地缘优势和经济互补性强、合作基础好的有利条件，加速与日韩的合资合作，积极构建山东与日韩“产业协作区”，承接国际产业转移，显著提高利用外资的规模和质量。中西部地区要加速优化投资环境，高度重视人才培养，努力提高产业配套能力，积极扩大利用外资规模。无论东部沿海还是中西部地区，都要敞开大门，大开绿灯，铺平道路，为外资进入创造尽可能好的条件。突出抓好省内大企业与世界500强的战略性合作，适应跨国公司运营特点，与国有经济布局调整相结合，推出一批优质国有资产让外资并购或重组。要加快金融、保险、物流、旅游、中介等服务贸易的对外开放，在新兴领域利用外资上实现突破。要进一步加快各类经济园区建设，创新体制，完善功能，突出特色，着力提高产出效益，充分发挥经济园区在招商引资中的骨干作用。要建立招商引资责任制，建立专业化招商队伍，不断提高招商引资工作的水平和实效。

把发展加工贸易作为扩大对外贸易的突破口。我省对外贸易总量偏小、机电产品所占比重偏低，主要原因是加工贸易发展不快。今后五年，要尽快扩大对外贸易规模，必须突出抓好加工贸易，力争全省加工贸易出口比重每年提高2个百分点以上。要以东部沿海、胶济铁路沿线和各类经济园区为重点，大力引进国外先进技术、关键设备和原材物料，搞好上下游产品配套，延伸生产链条，形成一批特色产品集聚区，实现大进大出。东部沿海地区要强化工作力度，尽快建成面向日韩和欧美的加工制造业基地。中西部地区要积极创造环境，充分发挥比较优势，扶持一批加工贸易大户，培植对外贸易新的增长点。要进一步调整优化出口商品结构，加快发展机电产品和高新技术产品出口，积极培植出口资源，加大国际认证，培育品牌，力争机电产品和高新技术产品出口每年增长30%。继续高度重视扩大传统骨干产品出口、进一步提高农副产品、纺织品加工的档次和质量，增强国际竞争力。加快市场多元化步伐，推动我省产品进入跨国公司全球采购和连锁营销网络，巩固和深度开拓传统市场；综合运用货物贸易、服务贸易、投资贸易等方式，全方位开拓新兴市场。

把加速"走出去"作为扩大对外经贸合作的突破口。鼓励具有比较优势的各类企业走出国门，兴办境外带料加工贸易项目、资源开发项目和境外专业商品市场，选择投资环境好、有合作基础的国家和地区，建立相对集中的投资区域；推动省内大企业承揽国外承包工程大项目，带动原材料、劳动力和技术设备输出。强化"山东以外都是外"的观念，深入开展与兄弟省市区的经济技术合作，抓好北京奥运会、上海世博会和西部大开发所带来的巨大商机，主动加强与长江三角洲、珠江三角洲和其他经济区域的对接与合作，推动更多的企业走出去，拓展发展空间。

把优化环境作为扩大对外开放的根本措施。要搞好政策环境、法制环境、基础设施环境、生活环境、服务环境建设，营造亲商、安商、富商的良好氛围，让投资者进得来、留得下、能赚钱，愿意扩大投资。政府各个部门都要制定和完善为外商服务的具体措施，在全省形成规范化、制度化、符合国际惯例的服务网络。加强外经贸、金融、税务、海关、检验检疫等部门的协调配合，进一步推进"大通关"建设，为出口企业提供优质高效服务。

（三）调整优化所有制结构，放手发展民营经济。毫不动摇地巩固和发展公有制经济，毫不动摇地支持和引导非公有制经济发展，提高市场化程度，增强发展活力。

调整优化国有经济布局。除国家明确规定的行业和领域外，国有资本要通过多种形式从一般竞争性领域退出，重点进入基础性、公益性、先导性等领域，着力提高国有资产的质量，增强对整个经济发展的引导和调控能力。要以推行股份制为主，发展混合所有制经济，舍得拿出优质资产和大中型企业对外招商、合资合作、转让股份，争取用三年左右的时间，使国有经济结构战略性调整取得显著成效。

深化国有资产管理体制改革。适应发展市场经济的要求，调整转变政府管理国有资产的职能。按照管资产和管人、管事相结合，权利、义务和责任相统一的原则，组建国有资产管理机构和国有资产授权经营公司，理顺产权关系，明确国有资产出资人，推进政企分开、所有权和经营权分离，建立绩效考核奖惩激励机制，提高国有资产运营效率，实现保值增值。探索建立行政和事业单位国有资产运营机构，加强对非经营性国有资产的管理，盘活行政和事业单位非经营性国有资产。

放开搞活国有企业。加快国有企业股份制改造，放开股权比例，推进投资主体多元化。按照建立现代企业制度的要求，大力推进规范的公司制改革，完善法人治理结构。加快国有企业战略性重组，在国有资产有进有退中实现企业资本结构、组织结构的优化，培育一批有自主知识产权、主业突出、核心竞争力强的大型企业集团。中小企业发展意义重大，要进一步放开搞活，引导其向专精特新方向发展。加大措施，拓宽劣势企业退出市场的渠道。

放手发展民营经济。民营经济目前仍是我省经济发展中的薄弱环节。要实现经济的快速增长，增强发展后劲，必须坚定不移地鼓励、引导和支持民营经济加快发展步伐，通过五年的努力，力争非公有制经济占到全省经济总量的半壁江山。要为民营经济营造良好的发展氛围，扫除一切制约发展的思想障碍，做到思想上放心；废除一切限制发展的歧视性政策，做到政策上放宽；革除一切落后的管理手段和行为，做到工作上放手。要加大对民营经济的政策扶持，做到在市场准入上与国有经济一视同仁，不限经营范围，不限经营方式，不限发展比例；在税费征收上与国有经济一视同仁，公平税赋，依法计征，严禁乱摊派；在政策监督上与国有经济一视同仁，依法管理，搞好服务。完善金融服务，认真解决民营企业融资难的问题。支持民营企业投资参与国有企业重组改造，支持民营企业投资参股基础设施、新型服务业和大型制造业领域，支持民营企业通过上市融资和资本运营膨胀规模，培育一批在全国有地位、有影响的大型民营企业集团。各市县都要依托各类园区发展民营企业，或建设民营经济园区，吸引民营企业进区入园发展，形成新的聚集效应。

（四）培育现代产业体系，大力发展高新技术。走新型工业化道路，以信息化带动工业化，以工业化促进信息化，抓住新一轮国际产业调整与转移的机遇，发挥比较优势，加快产业升级，进一步增强经济整体素质和国际竞争力。要在不断提高第一产业综合竞争力的基础上，进一步加快发展二三产业，使三次产业比例尽快达到先进省市的水平。

加快建设现代制造业强省。充分利用我省制造业的雄厚基础，以高新技术产业为先导，以优势企业为依托，积极承接发达国家和地区的产业转移，选择优势领域重点突破，努力使我省制造业的总量规模、技术水平和市场占有率有较大提高。一要大力发展高新技术产业，重点培育电子信息、生物技术、新材料3大高新技术产业，突出发展高性能计算机及外围设备、软件、高速宽带网络与通信技术及产品、化学合成药、基因工程药、电子新材料、化工新材料等10大类高新技术产品。力争高新技术产业产值占规模以上工业总产值比重提高到25%以上。二要积极采用高新技术和先进适用技术改造传统产业，重点改造轻工、纺织服装、化工、机械、建材、冶金6大行业，突出抓好36大类骨干产品。加快重大项目建设，强化名牌效应，做大做强汽车、船舶、电子信息、石油化工、家电、服装、食品等7大优势产品链，打造“山东制造”的国际品牌。加速淘汰浪费资源、污染严重的落后生产能力。三要强化以大企业集团、最终产品为龙头的专业化分工协作，重点扶持有发展潜力的大型企业集团，加强资本运作，提高国际化经营水平，强化自主创新，增强核心竞争力，逐步发展成为跨国公司。以各类开发区、工业园区为依托，大力发展专业化企业群，提高产业协作水平。四要加强高新技术园区建设，进一步办好高新技术产业开发区、民营科技企业示范区、大学科技园、农业科技示范园区，完善基础设施配套服务功能，形成较强的吸引力和聚集力。要充分发挥高等院校在科技创新中的作用，吸引国内外著名高校来山东兴办大学科技园和研发基地。鼓励和支持大企业集团与高等院校开展技术交流与合作，联合创建不同类型的孵化基地，加快大企业工业园、特色工业园的发展。将齐鲁软件园尽快建成国内一流的软件基地。

推进国民经济和社会信息化。加快信息服务基础设施建设和升级改造，建设结构合理、互连互通的高速宽带网络，形成信息高速公路。以大中型企业为重点，全面应用信息技术，提高设计、生产、经营管理信息化水平。加强信息资源开发和利用，推进信息技术在商务、政务、社区等各领域的广泛应用。积极推广计算机及网络教育，普及信息化知识和技能。加速发展信息产业，全面提高信息产业研发和制造水平。

全面提升服务业素质。大力发展现代物流、连锁经营，加快重点批发市场的培育和改造，突出抓好综合超市、购物中心、仓储式商场和第三方物流等多业态发展。在科学规划的基础上，加快新的旅游资源开发和旅游基础设施建设，推出一批黄金旅游线路，建设一批高水平旅游重点项目。推进旅游市场化运作，加强旅游产业管理，加快旅行社改革改组步伐，提高服务质量和服务水平。加快发展房地产业，推进住房制度改革，培育良好的住房消费环境。深化文化管理体制改革，大力发展以报业、广播、出版为重点的文化产业。积极推进金融改革和发展，拓展金融产品，改进金融服务，加强金融监管与风险防范，提升金融企业整体竞争力，改善金融投资环境，率先建成省级金融安全区和诚实守信区。加快商业性保险业务发展，拓展保险品种，健全保险体系。稳步发展虚拟经济。加快社区服务设施建设，建立健全社区服务网络。

（五）不断优化发展环境，积极扩大投资规模。坚持扩大内需的方针，充分发挥市场的主导作用、政府的引导作用和企业的投资主体作用，进一步启动和扩大民间投资，建立投资稳定增长的内在机制，确保投资率稳定在30%以上，争取五年投资规模达到2万亿元，增强投资对经济增长的持续拉动力。

下大气力解决水资源“瓶颈”制约。重点搞好南水北调东线山东段、胶东引黄调水、黄河堤防建设、沂沭泗洪水东调南下二期、水库除险加固5大工程建设，完成骨干河道和重要湖泊治理任务。放活经营权限，大力发展民营水利，动员全社会力量参与水利建设，健全多元化、多层次、多渠道的市场化水利投融资机制。坚持城乡水资源统筹规划，严格取水许可制度，积极推广先进节水技术，全面推行定额供水、分类计价、超用累进加价制度，重视发挥经济杠杆的调节作用，加快建设节水型社会，使农业用水实现零增长或负增长，城市和工业节水达到全国领先水平。经过五年努力，在全省形成“T”型调水大动脉，实现黄河水、长江水、当地水的联合调度。开源和节流并举，使全省水资源紧缺的状况得到有效缓解。

强化重大项目的支撑带动。按照规划适度超前、建设量力而行、强化系统配套、讲求综合效益的原则，坚持政府导向与企业行为相结合，建立完善重大建设项目的策划、实施和储备机制，确保每年竣工投产一批、开工建设一批、争取储备一批。进一步强化交通、通信、能源建设，突破空港和城市基础设施两个薄弱环节。扩建改造青岛、济南机场，提高现代化水平。五年投资680亿元，完善“五纵四横一环”的高等级公路网络，新增高速公路1400公里。强化青岛、烟台、日照港的综合物流功能，搞好威海、龙口、岚山港的专业化建设，构建结构合理、功能配套的现代化港口群。搞好胶济铁路电气化改造，加快烟大铁路轮渡建设，构建陆海大通道。投资555亿元，加强和完善信息基础设施，建设第三代移动通信系统，提升通信网络技术层次、管理水平和服务质量。优化煤炭生产布局，五年新增能力2100万吨。合理布局火电，加快建设抽水蓄能电站，开工建设海阳核电站，超前发展500千伏主网，进一步完善城乡电网。加强城市道路和供水、供电、供气建设，集中资金建设一批污水处理厂和中水回用管网，提高基础设施配套水平和运营效率。集中力量建设一批关系长远发展的重大项目，积极推动青岛炼油项目建设，尽快实现烟台经济型轿车、济南重型汽车的规模化生产，大力支持青岛汽车发展，加快海西湾修造船基地、黄河三角洲林纸一体化、海水淡化、巨野煤田开发等项目建设。要深化投融资体制改革，拓宽重点建设资金渠道，引导企业面向资本市场直接融资，面向国际市场寻求合作伙伴，积极吸引跨国公司战略投资，积极吸引省外企业特别是大型民营企业来我省投资设厂。坚决防止低水平重复建设，避免无序竞争和盲目发展。

大力推进生态环境建设。全面启动生态省建设，努力实现经济社会与人口、资源、环境的协调发展。加大国土资源的保护力度，建立政府管理与市场化运作相结合的国土资源配置机制，不断提高国土资源的合理开发和利用水平。加强土地资源保护，确保全省耕地占补平衡和耕地总量动态平衡。强化城乡污染治理，以控制污染物排放总量为主线，以治理水污染和大气污染为重点，全面加强生态环境保护和环境监管，努力改善环境质量。以小流域治理为重点，加大水土流失综合治理力度。积极探索循环经济发展模式，建设一批循环经济型企业、生态工业园区和生态城市。坚持全民搞绿化，大力植树造林，继续抓好封山育林、平原绿化、绿色通道建设3大重点工程，加速山区、黄河滩区退耕还林，力争全省森林覆盖率每年提高1个百分点。

树立和维护“诚信山东”良好形象。推进资本市场的改革开放和稳定发展，加快发展产权、土地、劳动力、技术等要素市场，支持社会中介组织和中介服务的发展。强化市场监管制度建设，切实加强监督管理，规范行业行为。加快完善市场化价格形成机制，推行价格决策听证制度、价格审批和价格行政处罚集体审议制度。打破行业垄断和地区封锁，建立维护统一开放、竞争有序的市场体系，保证各类市场主体公平竞争。继续整顿规范市场经济秩序，集中整治严重危害社会、侵犯群众切身利益的突出问题，依法严厉打击制售假冒伪劣商品和偷税骗税、逃废债务、逃汇骗汇、走私贩私等不法行为。面向个人、企业、中介组织和政府，建立信用网络，强化信用监督，健全社会信用体系，营造诚实守信的社会环境。

（六）加速城市化进程，促进区域经济协调发展。实施积极的城市化战略，强化城市的区域经济中心地位，以发展半岛城市群、推进中西部地区工业化和壮大县域经济为重点，推动地区间的资源整合，实现优势互补、共同发展。

完善城镇体系。大力推进大城市和特大城市建设，积极合理地发展中小城市，择优培育重点中心镇。济南、青岛要加快向现代化城市迈进，完善和增强城市功能，提高吸引力、辐射力和带动力。济南要加快现代化省会城市建设步伐。青岛要更好地发挥龙头带动作用。各市驻地和基础较好的县级市要不断增强经济实力，提升城市特色、形象和品位，更好地发挥区域中心作用。县城和中心镇也要因地制宜，量力而行，加快产业聚集和建设步伐。各类城市都要坚持高起点规划、高标准建设、高效能管理、高水平经营，理顺规划管理体制，依法强化规划的管理，建立市场化、社会化、多元化的城市建设投融资机制，使城市发展走上良性循环轨道。

促进半岛城市群的崛起。在现代交通、通信条件下，城市集群在对外开放和经济发展中的作用日益突出。我省沿海和胶济铁路沿线的济南、青岛、烟台等8个城市，区位优势明显，发展基础较好，经济联系密切，要增强全局意识和协作观念，坚决打破地区分割，消除市场壁垒和体制性障碍，建立协商对话、协作行动机制，通过建设规划统筹、基础设施共享、产业互补配套，推进人口、资金、物资、技术、信息的加速集聚，提高资源配置效率，形成现代产业和高素质人力资源集中、综合服务功能完备、科技文化创新能力较强的城市群，强化整体优势，增强集群竞争力，在更高水平上参与国内外竞争与合作，成为全国区域经济中最具发展活力的地区之一，在全省更好地发挥辐射带动作用。

大力推进中西部地区工业化进程。我省中西部地区要充分发挥资源丰富、基础产业比较雄厚、基础设施条件较好的优势，加快工业发展，千方百计把资金引进来，把项目引进来，把人才引进来，把劳动力转移出去，努力实现财政增长、就业扩大、农民增收。要加大资源开发力度，重点培植骨干产业和优势企业，放开手脚发展民营经济，把推进工业化与城镇化结合起来，把各类园区建设与优化城镇布局结合起来。尽快将资源优势转化为发展优势。要着力改善投资环境，全方位扩大对内对外开放，吸引更多的国内外企业前来投资发展，积极培育新的经济增长点。进一步加强东西协作，支持东部一般加工业和劳动密集型产业西移，东部企业向西部延伸产业链条。加大对欠发达地区的扶持，在财政转移支付和基础设施建设、对口支援等方面向欠发达地区倾斜。重视和关心革命老区的改革与发展。继续推进扶贫开发，巩固扶贫成果。

增强县域经济发展活力。把壮大县域经济作为统筹城乡经济发展、促进区域经济协调发展的重要结合点，摆在突出位置来抓。从今年开始，分期分批扩大县级经济和社会管理权限。首批选择30个发展基础好、潜力大的县市，按照“能放都放”的总体原则，把省级经济管理权限下放到县市，放手让它们发展得更快更好。同时选择30个经济基础相对薄弱的县，采取政策扶持、对口帮扶、启动内力相结合，促使加快发展。

继续推进“海上山东”建设和黄河三角洲开发。充分发挥我省海洋科研力量雄厚的优势，大力发展海洋经济，实施科技兴海，把海洋生物工程作为发展高新技术产业的重点，以此带动海洋工业、海水养殖及加工业和海上旅游的加快发展。黄河三角洲开发潜力巨大，前景广阔。要高水平完善基础设施，拉长石油工业产品链，加快发展林业、生态农业、生态旅游业，逐步把黄河三角洲建成现代制造业基地。

（七）优先发展科技教育，繁荣各项社会事业。走经济与科技相结合的路子，依靠科技进步和提高劳动者素质，提高经济增长质量和效益，增强综合竞争力。

大力推进科技进步。进一步强化科技是第一生产力的观念，增强科技对经济社会发展的支撑作用。深化科技体制改革，三年内基本完成科研单位改制工作。加快完善以企业为主体的技术创新体系和以大学、科研单位为主体的知识创新体系。加强产学研结合，建设一批居国内领先水平的企业技术中心、重点实验室、工程技术研究中心和公共技术服务平台。突出重点，搞好重大科技项目攻关，形成若干具有自主知识产权的核心技术。支持重点企业大力引进国外先进的工艺技术和设备，实现技术水平的跨越式发展。多渠道推进国内外科技合作与交流。加强知识产权保护和管理，培育和健全技术市场，完善技术产权交易机制和科技中介服务体系。改革科技投融资体制，加大科技投入，发展风险投资。完善科技进步法规和政策，建立对科技创新工作的激励约束机制。加快民营科技企业发展。

加快教育事业的发展与提高。坚持把教育放在优先发展的战略位置。全面深化素质教育，巩固提高"普九"成果，在有条件的地区普及高中段教育。继续重视高等教育的发展，积极稳妥地扩大办学规模，完善办学体制，优化院校布局和学科设置，深化高校人事、分配制度改革和后勤服务社会化改革，支持重点大学引进高水平人才，加强重点学科建设，不断提高办学质量和水平。高标准、高质量搞好济南等地的大学园区建设。积极发展职业教育、成人教育，多形式培养高素质的劳动者和实用型人才。进一步促进民办教育发展。加强教师队伍建设。多渠道吸引教育投资，加大各级政府对教育的投入，促进教育事业快速健康发展。

加强人才队伍建设。牢固确立人才是第一资源的观念，深化人事制度改革，建立广纳群贤、人尽其才、才尽其用、充满活力的选人用人机制。要充分发挥现有人才的作用，充分调动省内各大专院校、科研单位的积极性。重视做好高校毕业生的就业工作。加大人才资源开发力度，着力做好人才培养工作，加快技工尤其是高级技工人才的培养。大力引进高层次人才，重点引进学科带头人、拔尖创新人才和懂技术会经营善管理的复合型人才。积极吸引海内外人才来山东创业发展。实行柔性人才政策，建立有效的人才激励机制，落实知识、技术、管理等生产要素参与分配的政策规定，努力营造尊重劳动、尊重知识、尊重人才、尊重创造的社会氛围。

促进文化、卫生、体育等各项社会事业发展。坚持"二为"方向和"双百"方针，发展社会主义先进文化，加快文化大省建设。深化文化体制改革，繁荣文艺创作，不断丰富群众文化生活。重视发展社会科学，加强对经济和社会发展重大问题的研究。深化医疗卫生体制改革，发展社区卫生服务，完善医疗卫生服务体系，促进现代中医药发展。广泛开展全民健身运动，发展体育产业，积极备战2004年奥帆赛、2005年十运会，提高竞技体育水平。支持青岛做好承办北京2008年奥帆赛项目的准备工作。做好人口和计划生育工作，重点抓好薄弱村帮促和流动人口计划生育管理，鼓励晚婚晚育，促进优生优育，稳定低生育水平。进一步做好档案、气象、防震、减灾救灾、文物保护等项工作。关心支持妇女儿童、残疾人事业，重视做好老龄工作。积极引导宗教与社会主义社会相适应，依法管理宗教事务，支持少数民族经济和教育等各项事业发展。进一步抓好对台工作和侨务工作。抓好首届史志编修完善，启动续修新志。加强全民国防教育，搞好国防动员、人民防空、交通战备和民兵预备役建设，深入开展争创双拥模范城活动，积极为当地驻军做好生活保障和服务，做好军队转业干部、退役士兵安置和拥军优属工作，增进军政军民团结。

（八）积极做好就业和社会保障工作，不断提高人民生活水平。牢固树立以人为本的发展理念，进一步建立完善就业和社会保障体系，让人民群众共享经济发展和社会进步的成果。

千方百计扩大就业。就业是民生之本。要把改善创业环境和增加就业岗位作为政府的重要职责，建立健全促进就业的政府责任体系、政策法规体系、管理服务体系，形成促进就业再就业的长效机制。城市区级政府和街道办事处要把解决就业问题作为主要职责，认真抓好。实施积极的就业政策，立足发展经济解决就业问题。支持大型企业主辅分离，兴办第三产业，把下岗分流、减员增效与实施再就业工程结合做好。支持有条件的民营企业兴办劳动密集型企业，并根据容纳劳动力数量给予减赋等政策支持。大力发展安置人员多、成本较低的社区经济。引导全社会转变就业观念，推行灵活多样的就业形式，支持劳动者自谋职业和自主创业。要切实抓好中央和省促进再就业各项优惠扶持政策的贯彻落实，实施再就业援助行动，健全劳动力中介服务网络，完善就业培训体系，重视做好困难群体的再就业工作。

建立健全社会保障体系。加大对社会保障的投入，多渠道筹集和积累社会保障基金。坚持社会统筹和个人账户相结合，完善城镇职工基本养老保险和基本医疗保险制度。扩大养老、失业和医疗等社会保险覆盖面，逐步把非公有制经济从业人员纳入社会保险范围。全面落实按实得收入核定城市困难家庭的政策，把符合条件的亏损企业职工、停产半停产企业职工和城市贫困居民全部纳入最低生活保障，切实做到应保尽保。

改善城乡居民生活条件。努力增加城乡居民收入，按照劳动、资本、技术和管理等生产要素按贡献参与分配的原则，进一步完善按劳分配为主体、多种分配方式并存的分配制度，扩大中等收入者比重，提高低收入者收入水平，合理调节少数垄断性行业的过高收入，取缔非法收入，保护合法的劳动收入和非劳动收入。采取有力措施，解决企业拖欠职工工资问题，坚决制止企业克扣民工工资的现象，切实维护劳动者的合法权益。发展城乡社会救济和社会福利事业，鼓励个人和单位积极参与支持社会救助活动，关心帮助弱势群体和困难群众，为他们排忧解难。

（九）依法治省与以德治省相结合，推动三个文明建设协调发展。坚持"两手抓，两手都要硬"的方针，加强民主法制建设，推动社会主义物质文明、政治文明、精神文明协调发展。

加强社会主义民主政治建设。各级政府要自觉接受同级人民代表大会及其常委会的监督，支持人民政协履行职能，主动加强与各民主党派、工商联、人民团体、无党派人士的联系，充分发挥工会、共青团、妇联等组织的桥梁纽带作用，广泛听取各方面的意见和建议。进一步扩大基层民主，完善以职工代表大会为主要形式的企业民主管理制度，普遍推行村务公开、厂务公开和政务公开，扩大公民有序的政治参与。积极推进司法体制改革，加强司法监督，维护司法公正。加强法制宣传教育，拓宽和规范法律服务，积极开展法律援助。健全完善监督制约机制，加强对行政执法活动的监督，规范行政行为，提高执法水平，确保法律、法规、规章的全面正确实施。

广泛开展社会主义思想道德教育。用邓小平理论和"三个代表"重要思想武装广大干部群众，深入开展爱国主义、集体主义和社会主义教育，大力弘扬团结统一、爱好和平、勤劳勇敢、自强不息的伟大民族精神。认真贯彻落实《公民道德建设实施纲要》，大力宣传爱国守法、明礼诚信、团结友善、勤俭自强、敬业奉献的道德规范，倡导社会公德、家庭美德和职业道德。加强科普宣传，提倡科学、文明、健康的生活方式。广泛开展群众性精神文明创建活动。

全力维护社会稳定。正确处理人民内部矛盾，坚持工作重心下移，分级负责，努力把问题解决在萌芽状态，解决在基层。重视做好人民来信来访工作。继续加强社会治安综合治理，坚决打击敌对势力、敌对分子的渗透破坏活动，坚决打击各种刑事犯罪分子，坚决打击"法轮功"邪教组织的破坏活动，扫除"黄、赌、毒"等社会丑恶现象，维护良好的社会秩序。积极防范化解金融风险，维护经济安全。高度重视安全生产，防止重大恶性事故和重大治安灾害事故，确保人民生命财产安全。

（十）深化行政管理体制改革，建设廉洁、勤政、务实、高效的人民政府。更新观念，转变职能，全面加强政府自身建设，不断提高依法管理经济社会事务的能力和水平。

加快政府职能转变。按照中央部署，适时开展行政管理体制和政府机构改革，推进政资分开、政企分开、政事分开和政社分开，尽快形成行为规范、运转协调、公正透明、廉洁高效的行政管理体制。逐步理顺政府与企业、市场与社会的关系，推动政府职能转到经济调节、市场监管、社会管理、公共服务上来，该管的事情一定管好，不该管的事情坚决放开。建设"责任政府"，加强政府工作责任落实和监督力度，强化政府权力与责任的统一，完善责任追究和监督制度，做到一项工作由一个部门主管，谁管的事情谁负责，谁出了问题追究谁的责任，杜绝都管或都不管的现象。建设"阳光政府"，完善重大决策的规则和程序，完善人民建议征集制度，完善重大事项社会公示制度、社会听证制度、专家咨询制度，自觉接受社会监督和舆论监督，提高决策的透明度和公众参与度。今后，省政府全体扩大会议将邀请民主党派、社会团体和群众代表参加；省政府常务会议，可邀请人大代表、政协委员和有关专家参加；所有政府投资、政府采购都要实行市场化运作，重大投资、采购项目都要进行公开招标。

切实转变工作作风。各级政府和全体公务员要务必保持谦虚谨慎、不骄不躁的作风，务必保持艰苦奋斗的作风，牢记宗旨，勤政为民，用心、用智、用力把山东的事情办好，对山东人民负责。要切实增强群众观念，从"父母官"的交椅上走下来，老老实实做人民的公仆，脑子里想着群众，感情上贴近群众，行动上深入群众，工作上依靠群众，对关系群众根本利益的大事要全力办好，群众关注的热点难点问题抓紧解决，贪图虚名、劳民伤财的事情坚决不办。切实防止和克服官僚主义、形式主义，下决心精简会议和文件，腾出时间调查研究，解决实际问题。省政府及部门负责同志下基层，要轻车简从，不要层层陪同、前呼后拥，内部调研不作公开报道。把抓落实作为转变作风的关键环节，各项工作都要细化目标，分解任务，落实责任，务求实效。大力倡导求真务实、埋头苦干、真抓实干、少说多做，说实话、办实事、求实效。廉政是政府的第一形象。要从严治政，加强廉政建设，深入开展反腐败斗争。进一步抓好领导干部廉洁自律、查处大案要案、纠正部门和行业不正之风等项工作。坚持标本兼治、综合治理的方针，教育、惩治、监督和制度建设相结合，切实从源头上预防和治理腐败。全面落实廉政建设责任制，形成防止和惩治腐败的合力。对腐败分子要坚决依法严惩，决不手软。

全面加强公务员队伍建设。各级公务员特别是领导干部，要认真学习马列主义、毛泽东思想、邓小平理论和"三个代表"重要思想，加强思想品德修养，提高政治素质。刻苦学习现代经济、科技、法律等方面的知识，掌握新形势下为人民服务的过硬本领。增强公仆意识、大局意识和创新意识，讲大局、讲团结、讲奉献，清清白白做人，勤勤恳恳工作，公公正正办事，努力做到思想坚定、业务精通、作风优良，为加快改革与发展多作贡献。

千里之行，始于足下。全面贯彻党的十六大精神，实现今后五年的奋斗目标，今年必须开好头、起好步，务求初战必胜。建议今年宏观调控的预期目标为：国内生产总值增长10%，地方财政收入增长12%，全社会固定资产投资增长20%，社会消费品零售总额增长11%，外贸出口增长12%，实际利用外资增长20%，城镇居民人均可支配收入和农民人均纯收入分别增长8%和5%。实际工作中要力争发展得更快更好。要加大抗旱措施，加强农田水利工程配套建设，千方百计夺取全年农业丰收，增加农民收入。要集中精力抓好工业产品结构调整，加大企业技术改造力度，力争完成技改投资1200亿元，提高企业技术创新水平，推进重大装备类产品和技术的开发。要集中力量办好重要的招商招展活动，重点扶持电子信息、纺织服装、家电、船舶、集装箱等产品扩大出口，组建一批以贸易为龙头或以产业为龙头的大型外贸企业集团，积极开展县级外贸出口上台阶活动。要继续扩大投资、扩大消费，确保重大建设项目顺利实施，完善促进消费的政策，降低电价，拓宽信用消费领域，培植新的消费热点。要认真做好增收节支工作，坚持依法治税，加强重点税源的监控和管理，堵塞跑冒滴漏；拓宽聚财渠道，加强非税收入管理，重点抓好国有股股利、国有资产转让收入和城市公用设施产权转让收入、土地资产收益等收缴；清理、规范财政支出范围，大力压缩一般性行政支出，按照保工资、保稳定、保法定支出的顺序，优先保证工资按时发放，足额安排好社会保障资金和救灾解困资金。要切实解决好群众的实际困难，力争城镇实现就业和再就业80万人以上，城镇登记失业率控制在4%以内，进一步扩大城镇养老、医疗和失业保险等社会保险覆盖面，强化社会保险费的征缴和支出管理。要加强救灾和扶贫工作，保证受灾群众的基本生活需要，有恢复生产的能力和条件。完成全年的目标任务，全省上下必须以十六大精神统一认识，凝聚人心，始终保持昂扬向上的精神状态，不屈不挠的顽强斗志，按照抓准、抓早、抓紧、抓实、抓好的要求，层层建立责任制，确保把各项工作任务落到实处，抓出成效，干出水平。

各位代表！党的十六大绘制了全面建设小康社会的宏伟蓝图，省八次党代会确定了我省今后20年发展的奋斗目标。展望未来，前景十分美好，我们对前途充满了必胜的信心。我们坚信，只要紧密团结在以胡锦涛同志为总书记的党中央周围，高举邓小平理论伟大旗帜，全面贯彻“三个代表”重要思想，在中共山东省委的坚强领导下，齐心协力，开拓进取，任何艰难险阻都不能阻挡我们前进的步伐，建设“大而强、富而美”社会主义新山东的宏伟目标一定要实现，也一定能够实现

2002年山东省国民经济和社会发展统计公报

山东省统计局

2003年2月26日

2002年在省委、省政府的正确领导下，全省人民坚持以邓小平理论和“三个代表”重要思想为指导，全面贯彻落实党的十六大精神，积极应对国际国内形势的新变化，按照“四大战略”和“三个坚持”、“三个关键”、“三个亮点”、“六个变化”的工作思路，开拓创新，真抓实干，国民经济持续快速健康发展，各项社会事业全面进步，人民生活质量继续提高，较好地完成了全年经济和社会发展的各项任务。

一、综　　合

经济持续快速健康发展，结构进一步优化。初步测算，全省国内生产总值首次突破万亿元大关，实现10552.06亿元，按可比价格计算，比上年增长11.6%，这标志着我省综合经济实力跃升到新的台阶。第一产业实现增加值1390.00亿元，增长2.5%；第二产业实现增加值5309.54亿元，增长14.8%；第三产业实现增加值3852.52亿元，增长10.6%。三次产业结构由上年14.4:49.3:36.3变化为13.2:50.3:36.5，第一产业比重下降了1.2个百分点，第二、三产业比重分别上升了1.0和0.2个百分点。人均国内生产总值11643元(按现价汇率折算为1407美元)，按可比价格计算，比上年增长11.0%。

宏观经济景气保持高位运行。反映企业家对宏观经济环境信心与预期的企业家信心指数全年平均为132.6，比上年提高0.2点；反映企业综合生产经营状况和经济效益的景气指数分别为132.6和114.5，比上年提高2.4和6.5点。

各项改革取得新进展。国有大中型企业改革取得明显成效，全省111户重点国有企业已规范改制的101户，占91%，企业正逐步成为自主经营、自负盈亏的市场主体和经营实体。国有中小企业改革取得很大成绩，95%中小企业进行了各种形式的改革，其中60%进行了产权制度改革。股份制改革工作进展顺利，至年末全省已批准成立股份公司808家，总股本621.8亿股。农村税费制度改革在试点的基础上全面展开。实施政府工作提速，政府职能进一步转变，行政效率明显提高。

非公有制经济健康发展。非公有制经济实现增加值占国内生产总值的比重为36.5%，比上年提高3.9个百分点。其中，个体业户和私营企业163.7万户，从业人员551.2万人，个体、私营经济实现增加值比重为29.1%，比上年提高3个百分点。

社会经济发展中存在的主要困难和问题是：经济结构调整任务艰巨，企业效益增长的基础尚不稳固，现代服务业发展较慢，区域经济发展还不平衡；农民收入增长不快，城乡居民收入差距有所扩大；就业压力较大，社会保障体系有待完善，保障水平有待提高等。

二、农　　业

农业经济结构进一步调整，农林牧渔业全面发展，农产品竞争力不断提高，农村基础设施条件进一步改善。受种植面积调整和自然灾害严重的双重影响，粮、棉、油、园林水果等农产品减产。蔬菜生产仍是我省种植业调整优化的重点，全年种植面积增加，产量提高。全年农林牧渔业实现总产值2526.1亿元，比上年增长1.1%。其中，农业1420.9亿元，下降2.5%；林业48.3亿元，下降4.5%；畜牧业698.4亿元，增长6.8%；渔业358.5亿元，增长2.3%。各业占农林牧渔业的比重分别为：农业56.3%，比上年下降0.8个百分点；林业1.9%，与上年持平；畜牧业27.6%，提高0.9个百分点，畜牧业生产成为2002年拉动全省农业经济增长的重要因素；渔业14.2%，下降0.1个百分点。

林业生产平稳发展。全年共造林152.6千公顷，比上年增长12.8%，其中：用材林43.7千公顷，经济林80.1千公顷，防护林27.7千公顷。幼林抚育面积429.1千公顷，育苗面积53.0千公顷。退耕造林面积39.2千公顷。全年板栗产量17.2万吨，比上年增长5.2%，核桃产量0.79万吨，增长26.3%。

农村基础设施和生产条件不断改善。全年农村用电量238.3亿千瓦小时，比上年增长11.6%。化肥施用量(折纯)433.9万吨，增长1.2%。有效灌溉面积4797.4千公顷，其中节水灌溉面积1733.0千公顷，增长3.5%。农村基础设施建设进一步增强，在村村通电的基础上，通车、通电话、通自来水的村所占比重提高。通汽车村数达8.4万个,占村总数比重达到97.0%;通电话的村数8.7万个,比重为99.9%;自来水受益村数达到4.7万个,比重为53.8%。

主要农产品产量如下:

指　　标	单位	绝对值	比上年增长%
粮　食	万吨	3292.7	-11.5
夏　粮	万吨	1547.3	-6.5
秋　粮	万吨	1745.4	-15.5
棉　花	万吨	72.2	-7.5
油　料	万吨	340.4	-9.8
蔬　菜	万吨	8335.4	10.3
果用瓜、水果	万吨	2207.5	-1.6
生猪年末存栏	万头	2883.0	4.1
牛年末存栏	万头	1018.9	1.2
羊年末存栏	万只	3039.5	4.6
肉　类	万吨	626.9	5.3
猪牛羊肉	万吨	421.1	5.4
禽　肉	万吨	193.3	5.7
禽　蛋	万吨	399.4	5.4
奶　类	万吨	116.8	29.1
水产品	万吨	695.0	1.3
海　水	万吨	598.3	2.6
淡　水	万吨	96.7	-6.1

农业机械化程度稳步提高。年末农用机械总动力达8155.6万千瓦,比上年增长6.1%。其中,农用排灌动力机械2183.4万千瓦,增长2.9%;联合收割机达6.2万台,增长11.3%;农机总值394.0亿元,增长6.6%;农用运输车200.7万辆,增长11.1%。设施农机、畜牧机械发展较快,全省田园管理机0.7万台,电动卷帘机1.0万台,分别增长13.3%和43.9%,农用飞机13架,增长30%。

三、工　　业

工业生产持续快速增长。国有和年产品销售收入500万元以上的非国有工业企业(以下简称规模以上工业企业)发展到13469家,全年实现工业增加值3502.4亿元,比上年增长17.3%。其中:国有及国有控股工业增加值1590.0亿元,增长17.7%;集体工业增加值599.7亿元,增长15.2%;股份制工业增加值1537.1亿元,增长20.1%;股份合作制工业增加值105.3亿元,增长17.6%;外商及港澳台商投资工业增加值501.9亿元,增长16.4%;其它经济类型工业增加值197.7亿元,增长35.6%。重工业生产快于轻工业,轻、重工业分别实现工业增加值1366.0亿元、2136.4亿元,增长16.8%和18.4%。大中型工业企业实现工业增加值2254.5亿元,增长15.7%。全年规模以下工业企业实现工业增加值增长7.0%。

高新技术产业快速发展。规模以上高新技术产业实现工业增加值469.4亿元,增长21.6%,增幅比上年提高3.5个百分点。高新技术产业产值占规模以上工业总产值的比重为17.0%,比上年提高2.3个百分点。

工业主要产品产量如下:

产　　品	单位	绝对值	比上年增长%
原　煤	万吨	13066.0	15.1
纱	万吨	142.3	26.1
机制纸	万吨	428.8	32.9
塑料制品	万吨	84.5	10.2
水　泥	万吨	8238.7	21.0
平板玻璃	万重量箱	1924.4	-0.7
钢	万吨	1000.7	34.8
汽　车	万辆	10.8	49.9
摩托车	万辆	69.4	-39.5
家用电冰箱	万台	420.6	17.6
房间空气调节器	万台	358.7	5.6
电子计算机	万部	2.6	99.2
微型电子计算机	万部	43.6	11.9
彩色电视机	万部	561.8	35.3
发电量	亿千瓦时	1250.0	13.2

工业品出口稳步攀升,全年实现出口交货值1546.6亿元,增长21.8%。

工业产销衔接良好。全年工业产品销售率达97.8%,比上年提高0.02个百分点,其中国有工业产销率达到99.1%,提高0.5个百分点。

工业经济效益全面提高。全年规模以上工业实现产品销售收入11037.3亿元,比上年增长21.0%;实现利润625.3亿元,增长12.9%;实现利税1163.6亿元,增长12.1%;亏损面为13.1%,下降0.7个百分点。工业经济效益综合指数137.7,比上年提高3.4点。地方工业呈现良好发展势头,实现产品销售收入9649.7亿元、利润489.9亿元、利税893.4亿元,分别增长23.3%、25.8%和20.7%。

支柱行业拉动作用明显。在39个工业行业大类中,除石油和天然气开采业受价格因素影响工业增加值比上年略有下降外,其余38个行业大类均呈增势,有15个行业的增加值超过百亿元,合计实现增加值2679.4亿元,占全部的76.5%。全年实现利润超过28亿元的行业大类为石油和天然气开采业、食品加工业、电力蒸汽热水生产供应业、纺织业、化学原料及制品业、非金属矿物制品业、电器机械及器材制造业七个行业,合计实现利润342.6亿元,占全部的54.8%。

四、固定资产投资和建筑业

固定资产投资快速增长。全年全社会完成固定资产投资3512.0亿元,比上年增长25.1%,增幅比上年提高14.7个百分点。投资率为33.3%,比上年提高3.6个百分点。国有及其他经济类型投资2329.3亿元,增长28%,其中国有单位投资1232.5亿元,增长4%,联营股份制、外商港澳台等其他经济类型投资1096.9亿元,增长65.5%;城乡集体投资761.4亿元,增长17.7%;个体私营投资421.2亿元,增长23.7%。在国有及其他经济类型投资中,基本建设投资1091.4亿元,增长27.3%;更新改造投资637.6亿元,增长22.2%;房地产开发投资390.5亿元,增长31.3%。

投资结构不断优化。在国有及其他经济类型投资中,第一产业投资45.5亿元,比上年增长41.9%;第二产业投资1069.9亿元,增长30.6%,其中煤炭工业增长33%,冶金工业增长68.6%,化工工业增长36.4%,机电工业增长65.5%,轻纺工业增长51.1%;第三产业投资1213.9亿元,增长25.9%,其中房地产业投资增长35.5%、城市公用服务业投资增长41.4%,文教卫生广播福利业投资增长45.1%,运输邮电通信业增长0.4%,商业饮食供销仓储业增长17.4%,科研综合服务业增长19.4%,金融保险业下降60.5%。在农村投资中,第一产业投资139.8亿元,增长7.6%;第二产业投资426.2亿元,增长11.2%;第三产业投资335.5亿元,增长10.4%。

房地产开发投资继续保持快速增长。全省房地产开发企业1549家,完成房地产开发投资390.5亿元,比上年增长31.3%,其中:商业营业用房投资增长37.5%,住宅投资增长31.7%,办公楼投资增长20.6%。商品房在建规模5064.4万平方米,增长20.9%,其中住宅面积占80.4%;房屋竣工面积1942.8万平方米,增长24.8%,其中住宅占81.3%。销售商品房面积1439.1万平方米,增长18.9%,其中销售住宅1262.9万平方米,占87.8%,居民个人购买住宅1163.1万平方米,占住宅销售总量的92.1%。

"鲁房景气指数"在利好空间运行。反映我省房地产开发市场景气状况的"鲁房景气指数"年末达到106.8,比上年提高3.5点。从指数波动幅度看,全年各月波动幅度较小,房地产运行比较稳健。

建筑业生产稳定增长,经济效益不断好转。全省资质五级及以上建筑企业4536家,实现增加值312.4亿元,增长13.6%;实现利税74.8亿元,增长16.0%。国有及国有控股企业优势明显,全年实现增加值118.4亿元,增长21.8%;实现利税19.7亿元,增长26.0%。施工项目招标投标推行面进一步提高,全年招标投标推行面为57.4%,比上年提高4.5个百分点。

五、国内贸易

消费品市场繁荣稳定。全年共实现社会消费品零售总额3181.9亿元,比上年增长12.2%。城镇消费品市场活跃,全省县及县以上城镇零售额2306.7亿元,增长13.5%;县以下农村零售额875.2亿元,增长9.0%,城镇零售额增长快于农村4.5个百分点。

批发零售贸易业、餐饮业零售额保持较快增长。批发零售贸易业实现零售额2100.1亿元,比上年增长15.1%,拉动零售总额增长9.7个百分点,市场份额达66.0%,比上年提高1.6个百分点。餐饮业实现零售额372.6亿元,增长19.1%,增幅继续居各行业之首,拉动零售总额增长2.1个百分点,市场份额达11.7%,比上年提高0.7个百分点。

各类商品销售呈增长势头,通讯器材、汽车等大类商品成为市场销售的亮点。全年吃的商品零售额增长21.9%,其中饮料类增长22.3%,烟酒类增长16.7%;穿的商品增长6.9%,其中服装类增长10.3%,鞋帽类增长6%;用的商品增长13.2%,其中通讯器材类增长97.2%,汽车类增长53.7%,电子出版物及音像制品类增长46.4%,家用电器和音像制品类增长7.2%。吃、穿、用商品的比重分别为17.8%、15.8%和66.4%。

各种经济类型零售额呈不同的发展态势。国有及国有控股单位零售额增速放慢,实现零售额587.6亿元,比上年增长7%,市场份额由上年的19.4%下降为18.5%;个体、私营经济零售额快速增长,实现零售额1733.6亿元,增长16.4%,市场份额由上年的52.5%提高到54.5%;其他经济类型零售额增长8.1%。

批发零售贸易企业整体经济效益较好。全年规模以上批发零售贸易企业实现商品销售收入净额1698.7亿元,比上年增长8.8%;实现利润总额13.6亿元,增长1.4倍,其中批发企业实现利润总额11.8亿元,增长2倍,零售企业实现利润总额1.7亿元,下降3.7%。亏损面为32.3%,比上年扩大3.1个百分点。毛利率为7.5%,比上年减少0.15个百分点。

六、对外经济

进出口贸易增长较快。全年实现进出口总额339.4亿美元,比上年增长17.2%。出口211.2亿美元,增长16.5%,其中一般贸易108.9亿美元,增长19.3%,加工贸易101.1亿美元,增长13.8%。进口128.2亿美元,增长18.4%。贸易顺差82.9亿美元,比上年增长13.6%。

利用外资大幅度增长。全年新签利用外资项目4072项,比上年增长33.2%;合同外资额118.6亿美元,增长64.2%;实际利用外资65.2亿美元,增长47.8%。其中外商直接投资合同额113.1亿美元,实际利用外商直接投资55.9亿美元,分别增长68.2%和54.3%;新批对外借款合同金额3.0亿美元,实际借款6.6亿美元,分别增长11.9%和8.2%。

对外承包和劳务合作取得新进展。全年直接签定对外承包和劳务合作合同1380份,比上年下降11.0%;签定合同额13.4亿美元,增长28.2%;实现营业额8.3亿美元,增长48.7%;外派各类劳务人员2.2万人次,增长5%。平均每个项目合同额由上年的67.5万美元上升为97.2万美元。

境外投资发展迅速。全年新批到境外投资企业(机构)69家,投资额2.2亿美元,增长64.1%,其中中方投资1.8亿美元,占投资总额的81.2%。至年末,全省累计完成境外投资7.3亿美元,其中中方投资5.7亿美元,占投资总额的78.6%,投资境外企业分布在92个国家和地区。

开发区发展进一步加快。全年各类国家级和省级开发区实现工业增加值733.0亿元,比上年增长53.8%;实现财政收入91.8亿元,增长44.7%;实现出口交货值61.9亿美元,增长38.2%;进口40.6亿美元,增长45.5%;实际利用外资19.1亿美元,增长22.3%。高新技术开发区实现技工贸总收入1326.8亿元,增长42.9%。

七、交通、邮电和旅游

交通运输生产及基础建设继续稳步增长。年末全省高速公路通车里程2411公里,比上年末增加334公里。全年公路旅客运输量和周转量10.0亿人、427.9亿人公里,比上年增长5.0%和9.8%;水路旅客运输量和周转量1112万人、4.8亿人公里,分别增长12.7%和下降1.9%。公路货物运输量9.2亿吨、周转量477亿吨公里,分别增长9.3%和11.2%;水路货物运输量4116万吨、周转量1655亿吨公里,分别下降24.7%和51.5%。沿海港口货物吞吐量2.2亿吨,增长14.0%。中央与地方铁路旅客发送量4418.8万人次,下降4.7%;旅客周转量302亿人公里,增长4.4%;货物发送1.6亿吨,增长8.0%,货物周转量1165.5亿吨公里,增长8.0%。其中省地方铁路全年发送货物927.0万吨,周转量5.1亿吨公里,分别增长21.5%和10.1%。地方铁路建设中,大(家洼)莱(州)龙(口)线已完成全线铺轨。

年末民用汽车拥有量150.6万辆,比上年增长12.8%,其中私人轿车21.9万辆,增长31.0%,私人轿车占轿车总量的50.5%。

航空业持续发展。全年航空货邮量达到11.2万吨,比上年增长21.0%;客运量569.3万人次,增长14.9%。

邮电通信业快速增长。全年完成邮电业务总量315.2亿元,比上年增长21.6%,其中,电信业务总量283.6亿元,增长23.2%;邮政业务总量31.6亿元,增长8.9%。年末长途电路14.5万路,长途自动交换机容量50.9万路端。年末固定电话用户达到1786.9万户,移动电话用户1112.7万户,电话普及率达到32部/百人,互联网用户279.3万户。

旅游业快速发展。全年实现旅游总收入610.8亿元,比上年增长23.5%。接待海外游客97.7万人次,增长17.9%,其中外国人74.1万人次、香港同胞11.4万人次、澳门同胞1.3万人次、台胞10.9万人次;实现国际旅游(外汇)收入4.7亿美元,增长23.6%。接待国内游客9573万人次,增长18.4%;实现国内旅游收入571.5亿元,增长23.5%。

八、财政、金融、证券和保险

地方财政收支同步增长。全年实现地方财政收入610.2亿元,按可比口径增长25.3%。其中增值税(25%部分)和营业税分别增长10.9%和26.9%,个人所得税和企业所得税按可比口径分别增长12.6%和8.2%。非税收入中行政性收费增长33.8%。地方财政支出860.6亿元,增长14.2%。重点支出得到保障,教育、科技、农业、城市维护费分别增长18.2%、18.2%、16.5%和12.8%。

金融健康平稳运行。各项存款快速增长,至年末金融机构各项存款余额10247.8亿元,比年初增加1765.7亿元,比上年多增686亿元。其中,企业存款余额2737.1亿元,比年初增加511.8亿元,多增290亿元;居民储蓄存款余额5805.7亿元,比年初增加746.4亿元,多增148.7亿元。各项贷款继续保持增势,信贷结构不断优化。年末金融机构各项贷款余额8536.6亿元,比年初增加1482.5亿元,比上年多增666.1亿元。短期贷款增加843.1亿元,多增333.4亿元;农业贷款增加200.1亿元,多增21.2亿元;个人消费信贷余额513.1亿元,比年初增加238.2亿元,多增117.5亿元。住房、汽车是信贷投放重点,余额分别为351.3亿元和86.5亿元,分别比年初增加158.5亿元和52.2亿元。

证券市场继续发展。全年有7家公司发行新股,7家公司实施配股,共筹集资金59.5亿元。至年末,全省已有上市公司72家、股票79只,其中在沪深两市有68家公司,直接融资累计已达519.5亿元。企业境外上市工作呈现出良好的发展势头,全年境外上市筹集资金折合人民币14亿元,累计筹集资金达128亿元。大力培植上市后备资源,已有70多家公司进入上市辅导期。

保险业日益兴旺。全年实现保费收入223.8亿元,比上年增长46.1%,其中,财产险保费收入55.3亿元,增长13.0%,占24.7%;人身险保费收入168.5亿元,增长61.6%,占75.3%。全年财产险业务支付赔款30.0亿元,赔付率为54.2%;人身险业务支付赔款和给付15.7亿元。至年末,已有11家全国性保险公司在山东设立分支机构,保险公司分支机构615个,从业人员17万人。

九、科学技术

全年共取得各类重要科技成果3018项。荣获国家科技进步奖 26 项。授予山东省科学技术奖 482 项，其中：省科学技术最高奖 2 项，省自然科学奖 27 项，省技术发明奖 16 项，省科技进步奖 434 项，省国际科学技术合作奖 3 项。全年共组织实施省级以上火炬计划项目 145 项，其中国家级 90 项。星火计划成绩斐然，共组织实施省级以上星火计划 239 项，其中国家级 99 项，总投资 27.5 亿元。全年专利申请量 12855 件，比上年增长 15.1%；授权专利 7294 件。科技人员素质逐步提高，全省共有两院院士 31 人，比上年增加 2 人。技术市场日益活跃。年末各类技术贸易机构达到 13770 个，增长 8.0%；从业人员 22.3 万人，其中科技人员 7.1 万人。全年签订技术合同 19263 项，增长 8.0%；合同金额达 34.7 亿元，增长 7.8%；技术交易额 29.6 亿元，增长 15.2%。

质量技术监督继续加强。全年对 2.5 万家企业的 4.5 万批产品进行了监督检查，抽样合格率达 89%。13 个企业的 15 个产品被评为“中国名牌”。296 个产品通过了采用国际标准和国外先进标准验收，47 个产品使用采标标志，采标产品累计 6437 个，使用标志产品累计 563 个。制修订地方标准 32 项。全省 2727 家企业取得质量体系认证证书，824 家企业的 5347 个产品获得产品质量认证证书。

气象现代化水平进一步提高。济南、滨州、烟台、临沂四部新一代天气雷达都已建成，其中滨州、济南两部雷达已投入业务运行。大气监测自动化建设系统进展顺利，全省 23 个基本、基准站和 17 个一般站都已建成并投入业务运行。增雨防雹工作水平不断提高，全年组织了 17 个人工增雨飞行日，组织高炮、火箭增雨防雹作业 294 次，减少了因灾造成的损失。

十、教育、文化、卫生和体育

教育改革逐步深化。全省普通高等院校招生、在校生规模继续扩大。26 个培养研究生单位共招收研究生 6595 人，比上年增长 22.8%；在校研究生 15882 人，增长 33.7%。全省普通高等教育共招生 21.9 万人，比上年增加 3.5 万人。其中：本科招生 9 万人，增加 1.4 万人；专科招生 12.9 万人，增加 2.1 万人。全省普通高等教育在校生 58.4 万人，比上年增加 13.4 万人。其中：本科在校生 30 万人，增加 6.6 万人；专科在校生 28.4 万人，增加 6.8 万人。全省普通高中招生和在校生人数明显增加。高中招生 58 万人，在校学生达 146.9 万人，分别比上年增加 10.2 万人和 22.8 万人。初中招生 143.7 万人，在校学生 542.2 万人，分别比上年减少 29.5 万人和 35.8 万人。小学招生 107.3 万人，增加 5.9 万人；在校学生 662.6 万人，减少 36.6 万人。小学毕业生升学率 99.9%。全省幼儿园 1.6 万所，在园幼儿数 142 万人，比上年增加 4.5 万人。全省 139 所特殊教育学校在校生 1.7 万人。成人高等学历教育共招生 11.1 万人，比上年增加 0.8 万人。各类成人高等学历教育共有在校学生 31.7 万人，比上年增加 6.1 万人；各类成人中等专业学校在校学生 10.1 万人；各类成人技术培训学校共培训 605 万人次，其中农民技术培训 547.4 万人次。全年扫除文盲 5.3 万人。

文化广电事业继续发展。至年末，全省拥有各种艺术表演团体 121 个，艺术表演场所 105 个，公共图书馆 136 个，群众艺术馆、文化馆 159 个，档案馆 188 个，其中国家综合档案馆 157 个，国家综合档案馆馆藏总量 580 万卷。全年共出版各类图书 4867 种、报纸 154 种、杂志 284 种。全省共有市级以上广播电台 18 座、电视台 18 座，县级广播电视台 73 座。全省广播电台平均每日播音时间达到 1280 小时 08 分，电视台平均每周播出时间 7930 小时 38 分。广播、电视人口覆盖率分别达 93.5%和 91.0%。

卫生保健服务网络不断完善。预计年末全省拥有卫生机构 1.75 万所，其中医院、卫生院 2980 所，卫生防疫防治机构 360 所，妇幼保健机构 150 所。各类卫生机构拥有床位 22.1 万张，比上年增加 0.3 万张。全省卫生技术人员 32.2 万人，增加 0.4 万人。其中：医生 15.4 万人，增加 0.5 万人；护师、护士 9.8 万人，增加 0.3 万人。

体育事业成绩突出。在世界杯和世界锦标赛中，有 9 名运动员获得 13 项世界冠军。在第十四届亚运会上，有 53 名运动员参加了 21 个大项的比赛，是参加亚运会人数最多的一次，获 24 人次冠军、10 人次亚军、17 人次季军，有 4 人破 6 项世界纪录、2 人 2 次破亚洲纪录，取得了历史最好成绩。在全运会项目的全国最高水平比赛中，获 26.5 枚金牌，居全国第四位；获 1645.5 分，居全国第五位。职业化球类项目的俱乐部比赛综合水平处于全国先进省市行列。

十一、环境保护、城市建设

环境污染治理取得新成果。全年完成限期治理项目 1024 个，完成投资额 19.5 亿元。国家第二期“绿色工程”规划项目竣工验收 31 个，共投资 16.4 亿元；在建的 88 个项目中，已完成投资 30.1 亿元。全年共审批项目 10646 个，环境影响评价制度执行率达 99.96%。新增废水实际处理能力 6.5 万吨/日，废气实际处理能力 1259 万标立方米/时。

生态环境保护得到加强。全省已建成各类自然保护区 65 处，面积 96.3 万公顷，占土地面积的 6.1%。建立生态示范区 6 个，面积 81.7 万公顷，全部为国家级生态示范区。建成生态功能保护区 15 个，面积 71.8 万公顷。全省农业秸秆禁烧区面积为 459.3 万公顷，禁烧区内秸秆综合利用率为

74.8%。

城市环境空气质量得到改善。17个市政府驻地城市空气中二氧化硫、二氧化氮年日均值均符合国家二级标准，二氧化硫年日均值比上年下降了6.7%。城市道路交通噪声等效声级平均值67.8分贝，区域环境噪声昼间平均值53.8分贝。

环境科技支持能力有新的提高。全年共完成36项科研课题，8项环境科学研究获省级以上科技进步奖。43家企业通过了清洁生产审核。43家企业通过了ISO14000环境管理体系认证。

环境监测能力得到加强，监测网络进一步完善。全年完成了8个空气自动站和6个水质自动站的建设并投入运行，完成了244家重点废水污染源的在线监控系统建设。深入开展了环境空气、河流湖库、近岸海域和污染源监测，定期发布全省环境状况公报和重点城市空气质量周报、日报、预报、重点流域排污总量控制监测公报，全年获取省控以上有效监测数据100万个以上。

城市基础设施建设成效显著。全年城市建设完成投资155亿元，比上年增长32.5%。新建14座污水处理厂，累计已建成55座污水处理厂；新增城市道路800万平方米、自来水供水能力50万立方米/日、用气人口50万、污水处理能力65万吨/日、垃圾处理能力1650吨/日、园林绿地1500公顷、供热面积600万平方米、公交运营车辆900标台。烟尘控制区和噪声达标区建设进一步加强，全省共建成烟尘控制区219个，面积2114.7平方公里；共建成环境噪声达标区270个，面积为1667.3平方公里。

十二、价　　格

价格和收费改革取得新进展。制定和调整了小麦、烤烟、桑蚕茧等重要农产品价格，实行了城乡居民生活用电同价，提高了城市供水价格，降低了部分政府定价药品价格，制定和调整了成品油、民用燃料及城市公交等公用事业价格。全年全省居民消费价格总水平比上年下降0.7%，其中服务项目价格上涨0.3%，消费品价格下降1.0%。分城乡看，全省城市居民消费价格总水平下降1.3%，农村下降0.1%。分商品类别看，对价格总水平影响最大的食品类价格比上年下降0.3%，其中肉禽及其制品下降0.7%，鲜菜下降1.1%，水产品下降4.2%，鲜蛋上涨3.3%，鲜果上涨9.4%。烟酒及用品上涨0.9%，居住上涨1.7%。工业消费品价格降多升少，总体水平仍在低位运行，其中衣着类下降2.9%，家庭设备用品及维修服务下降2.0%，交通及通讯工具下降2.2%，娱乐教育文化用品及服务下降1.0%，医疗保健和个人用品下降1.6%。农业生产资料价格比上年上涨0.3%。

工业品价格总水平下降。全年工业品出厂价格比上年下降1.2%，其中轻工业产品出厂价格下降2.5%，重工业产品出厂价格下降0.3%；生产资料出厂价格下降1.2%，生活资料出厂价格下降1.5%。企业原材料购进价格下降1.3%。固定资产投资价格上升1.1%。其中，建筑安装工程价格上升2.3%，设备工器具价格下降2.7%，其他费用价格上升4.1%。

房地产价格上升。全年房屋销售价格比上年上升5.5%，其中商品房销售价格上升5.2%。房屋租赁价格下降0.2%，土地交易价格上升3.7%。

十三、人口、人民生活和社会保障

人口保持低速增长。据全省人口变动抽样调查推算，年末全省总人口9082万人，人口出生率为11.17‰，死亡率6.62‰，自然增长率4.55‰。城镇人口占总人口的比重为40.3%。

城镇居民生活质量进一步提高。全年城镇居民人均可支配收入达7614.5元，按可比口径计算，比上年增长14.5%，其中工薪收入6702.7元，增长12.1%。人均消费性支出为5596.3元，增长6.6%。其中，食品消费支出1927.6元，增长6.5%；衣着消费支出751.8元，增长7.4%；设备用品服务支出397.0元，下降12.1%；医疗保健支出407.6元，增长24.5%；交通通讯支出538.4元，增长24.0%；娱乐文教服务支出929.2元，增长12.2%，其中，教育支出514.9元，增长10.5%。全省城镇居民人均住房使用面积18.8平方米。年末每百户城镇居民家庭拥有家用汽车1.1辆、摩托车44.3辆、影碟机52.0台、空调器42.7台、微波炉27.7台、电脑23.4台、移动电话74.4部。

农民生活逐步改善。全年农民人均纯收入达2954.0元，比上年增长5.3%，其中工资性收入1056.7元，增长9.4%。生活消费支出1997.8元，增长4.9%。其中，食品支出838.3元，增长4.4%；衣着支出130.3元，增长7.0%；居住支出335.7元，下降7.1%；家庭设备用品及服务支出96.3元，增长5.3%；医疗保健支出127.6元，增长11.0%；交通和通讯支出155.8元，增长17.0%；文教娱乐用品及服务支出256.3元，增长14.4%。全省农民人均居住面积为25.6平方米，比上年增加1.0平方米。年末每百户农民家庭拥有家用汽车0.5辆、摩托车47.4辆、影碟机20.6台、空调器1.3台、微波炉1.1台、电脑1.0台、移动电话14.6部。

两个确保进一步巩固。年末在中心企业下岗职工3万人，比上年末减少4.5万人，全年筹集下岗职工生活保障资金3.8亿元,进中心签协议的下岗职工全部领到了基本生活费,并且代缴了社会保险费。年末企业离退休人员163.2万人,全年支付离退休金138.2亿元,养老金社会化发放率达到100%。企业离退休人员养老金基本做到了按时足额发放。

养老保险制度不断完善。年末企业养老保险参保人员641.8万人,缴纳养老保险金149.7亿元,收缴率达到97.6%;机关事业单位养老保险参保人数195.9万人,交纳养老保险金59.8亿元,收缴率为98.8%,年末离退休人员42.2万人,全年支付离退休金58.8亿元。农村养老保险参保人数1089.9万人,基金积累38.5亿元,领取养老保险金人数30.4万人,累计发放1.85亿元。

失业保险作用增强。年末失业保险参保人数达到701万人,全年领取失业保险金人数达到42.8万人,失业保险金支出14亿元,失业保险已成为下岗失业人员基本生活的主要保障形式。

医疗保险制度改革积极稳妥推进。至年末,全省医疗保险参保缴费人数突破600万人。以基本医疗制度为主、各类补充保障措施为辅的多层次医疗保障体系全面建立。全省参加工伤保险社会统筹人数278.2万人,参加生育保险社会统筹人数323.2万人。

就业再就业工作扎实推进。年末全省县以上机关企事业单位在岗职工人数为765.0万人,比上年减少5.5万人,在岗职工平均工资11362元,增长13.5%。年末城镇登记失业人员39.7万人,登记失业率为3.6%。劳动保障部门开办公益性职业介绍机构826家,社会开办的中介机构383家。全年通过劳动力市场求职登记的达到142万多人次,实现就业74万多人。全年共有2.3万下岗职工实现了再就业,下岗职工再就业率为31%。

企业工资分配宏观调控能力提高。全面实施了工资指导线制度,扩大了劳动力市场工资指导价位覆盖范围,全省8个城市发布了劳动力市场工资指导价位。最低工资标准由原来的260-370元提高到290-410元。400多户企业实行了年薪制。

社会福利、社会救济工作成绩显著。社会救助制度不断规范和完善,城乡低保工作有了较大进展。全省最低生活保障救助人数为93.8万人,比上年增长24.2%。其中:城镇57.1万人,比上年增长34%;农村36.7万人,比上年增长11.6%。社会福利收养性单位(含敬老院)3106个,床位11.6万张,比上年增加0.3万张,收养9.6万人。社会福利企业2455个,安置残疾人员5.2万人。

注:1.本公报所列各项数字均为初步统计数。

2.国内生产总值、各产业增加值绝对数按当年价格计算,增长速度按可比价格计算。

3.至2002年末,全省共17个地级市,31个县级市,48个市辖区,60个县,372个街道办事处,294个乡,1253个镇,8个区公所。

2002 年山东统计工作综述

2002 年，在省委、省政府和国家统计局的正确领导下，全省统计系统认真贯彻“三个代表”重要思想和党的十六大精神，根据国家统计局的部署，围绕各级党委、政府的中心工作，与时俱进，开拓创新，在实现统计数据上报提速、推进制度方法改革、加强基层基础建设、提高统计服务水平、加快统计信息化进程、优化干部队伍素质等方面取得了新的进展。

一、顺利实施统计数据上报提速工作

根据省政府“提高行政效率、优化发展环境”的总体部署和调整统计数据上报时间的通知要求，省统计局制定了《统计数据上报提速实施方案》，在全省组织实施了主要统计数据上报提速工作。对地方财政收支、进出口总额、实际利用外资、规模以上工业经济、固定资产投资及社会消费品零售总额等六大类指标提前 5 - 10 天上报，满足了党政领导及时掌握经济运行态势、迅速作出决策反映的要求。各级统计部门按照统计数据提速上报的要求，顾全大局，通力合作，加班加点，克服困难，按时保质地完成了提速上报的目标任务。

二、统计制度方法改革取得新进展

按照“紧跟形势、反映发展、满足需要、服务决策”的统计工作理念，围绕我省实施“四大战略”、发展“三个亮点”和建设“大而强、富而美”的社会主义新山东的目标，加快了统计制度方法改革步伐。

一是制定实施了《山东省非公有(民营)经济统计核算制度》，比较准确地反映所有制结构调整的状况。

二是改进完善了现行科技统计报表制度，初步建立了全省高新技术产业统计监测制度。

三是改革了固定资产投资统计制度，农村 500 万元以上固定资产投资项目纳入月度统计，城镇集体、私营和个体固定资产投资季报调整为月报。

四是调整了月度工业生产发展速度和工业产品销售率增减幅度计算方法；适应实施城市化战略需要，建立了全省城市化发展水平综合评价制度。

五是结合联网直报工作，进行了第二轮工业企业“一套表”试点，部分市开展了“一套表”模式试运行。

三、圆满完成各项统计调查任务

在顺利完成各项常规性调查的同时，围绕“三个亮点”和经济热点、改革难点、社会焦点问题，开展快速调查和专项调查，特别是三支调查队发挥了机动灵活、反应迅速的“轻骑兵”作用。

——如期完成了第二次基本单位普查的登记、查遗补漏、质量评估工作，共抽查法人单位 1900 多个，产业活动单位 800 多个、600 多户个体工商户，较好地检验了普查登记数据质量；认真组织数据处理工作，先后组织进行了数据录入、审核、汇总、输出等试点，解决了数据录入中存在的问题，发布了普查主要数据公报。

——第五次人口普查和 R&D 资源清查的后续工作进展顺利。正在研究建立“人口地理信息系统”和“基本单位地理信息系统”，青岛市率先开发的人口地理信息系统，已经通过了国家著作权登记；公布了 R&D 资源清查主要数据公报，完成了清查资料的编印工作，对清查工作先进集体和先进个人进行了表彰。

——第二次第三产业普查准备工作已经全面启动，省政府发出了《关于开展第二次第三产业普查的通知》，成立了普查领导小组并召开了第一次会议。

四、深入开展统计基层基础工作规范化建设

为了贯彻落实省政府《关于进一步加强统计基层基础工作的通知》，省局及时制定下发了具体实施意见，强化配套措施，在全省部署开展了“统计基层基础工作规范化建设年”活动，各级各专业还组织完成了相关的自查、抽查工作。部分市还出台了各专业规范化建设实施细则，使这项活动开展得扎实有效。通过各级各部门和各单位的共同努力，乡镇和村级统计工作进一步加强，城市调查网络进一步健全，企业统计基础工作进一步规范，源头数据质量进一步提高。

五、统计服务水平不断提高

全省统计系统充分发挥统计信息咨询职能，为各级召开党代会、人代会和政协会议以及迎接十六大召开等提供了大

量统计数据和分析资料；紧紧围绕“三个亮点”，跟踪监测经济社会发展中的热点、难点、焦点问题，开展调查分析和统计监测，对17市经济社会发展、城市化水平、高新技术产业发展等进行了综合评价和监测，拓展了统计服务领域；在统计分析方面加大了与外省市间的比较研究力度；统计部门在全省月度经济运行情况通报工作中发挥了信息主渠道作用；通过定期召开新闻发布会、利用报刊杂志和网络等加大信息咨询和宣传力度，满足各方面需求，进一步提高了服务水平。一年来，省统计局共向省委、省政府报送统计分析168篇，其中18篇被省领导批示。共向省委、省政府报送信息1287条，采用574条次，在省直部门信息采用竞争激烈的情况下，省统计局被省委办公厅、省政府办公厅采用的信息数量均居省直部门第一名。省委书记、省长张高丽多次批示指出，统计局是重要的经济综合部门，对统计局的分析预测给予充分肯定和高度评价，希望继续做好工作，当好政府的参谋。各市也写出了大量有价值的分析报告，充分发挥了统计的信息咨询职能。

六、统计法制和统计管理工作进一步加强

一是统计普法力度进一步加大。各级普遍成立了统计“四五”普法领导小组。全省培训统计人员7万多人次，培训统计执法检查员2500余人。

二是统计执法稳步推进。制定了《山东省〈统计执法检查证〉管理办法》。各市也开展了大规模的统计执法检查。进一步加大了对统计违法行为的查处力度，全年全省立案查处各类统计违法案件3200件。

三是统计管理登记有了新进展。全省注册、变更登记单位2万多家；个体工商户统计管理登记试点工作进展顺利。认真开展了部门统计调查项目清理审核工作，共对112个部门的431个国家项目和91个省级项目进行了审核、清理和规范。

七、统计信息化建设成效显著

一是统计信息网络工作建设步伐加快。通过加大投资力度，将省局到国家局的网络带宽提高到3兆，顺利实现了全国统计局长会议的直播；调整服务器资源配置，保证全省统计信息的正常传递；全省已有93%的县（市）实现了与省、市的联网，部分市已实现省－市－县－乡四级联网。

二是办公自动化建设进展顺利，办公自动化系统正逐步推广应用；部分专业已实现或基本实现网上直报。

三是数据库开发和维护取得新进展，全省宏观经济数据库建设已着手进行。

八、统计队伍建设取得新的成绩

各级统计部门十分重视干部培养选拔工作。省统计局进行了第七次副处级职位竞争上岗，一批优秀年轻干部脱颖而出，得到提拔任用。各市局也通过竞争上岗，选拔任用了一批德才兼备的领导干部，培养了一批局级干部，有的区县统计局长还被提任到区县领导岗位。完成了对全省三支调查队领导干部的年度考核，考察任免了部分基层调查队队长、副队长。举办了基层局队长培训班，就领导科学、统计学原理、调查技能、统计法制、经济分析、WTO知识等进行专题培训，取得较好效果。调查队网络建设进一步加强，成立3支市级农调队，新建了一批市、县级城调队。

全省统计系统的党建和纪检监察工作开展得扎实有效。政务后勤、财务管理、统计学会、统计科研和统计宣传等工作也取得了显著成绩。

统计工作中也存在一定的问题和不足。一是统计制度方法改革相对滞后，服务业统计及核算工作相对薄弱；二是统计基层基础工作仍比较薄弱，少数地方和单位在统计数据上弄虚作假的现象仍未根除；三是统计信息化建设发展很不平衡，数据库开发利用滞后；四是统计精品意识和服务质量有待提高；五是依法治统的社会环境还需要进一步改善，统计违法案件查处难的问题仍然存在。

2003年是全面贯彻落实党的十六大精神的第一年，省统计局将高举邓小平理论伟大旗帜，全面贯彻“三个代表”重要思想，以党的十六大精神为指导，解放思想，实事求是，与时俱进，开拓创新，努力把全省统计工作推向新阶段。

一、行政区划和自然资源

ADMINISTRATIVE DIVISION AND NATURAL RESOURCES

简要说明：

一、本篇主要包括我省行政区划、自然状况和自然资源的开发和利用情况等。

二、行政区划资料由省民政厅提供。

三、自然资源包括土地面积、山脉、河流、湖泊、海洋、气象状况，分别由省国土资源厅和省气象局提供。

1－1 行政区划一览表

（2002 年）

地　区	区市县数	区市县名称	街道办事处（个）	乡（个）	镇（个）
济南市	6区1市3县	历下区　市中区　槐荫区　天桥区　历城区　长清区　章丘市　平阴县　济阳县　商河县	54	27	65
青岛市	7区5市	市南区　市北区　四方区　李沧区　黄岛区　崂山区　城阳区　胶州市　即墨市　平度市　胶南市　莱西市	93		85
淄博市	5区3县	张店区　淄川区　博山区　临淄区　周村区　桓台县　高青县　沂源县	22	9	77
枣庄市	5区1市	市中区　薛城区　峄城区　台儿庄区　山亭区　滕州市	16	2	44
东营市	2区3县	东营区　河口区　垦利县　利津县　广饶县	6	13	23
烟台市	4区7市1县	芝罘区　福山区　莱山区　牟平区　龙口市　莱阳市　莱州市　蓬莱市　招远市　栖霞市　海阳市　长岛县	44		95
潍坊市	4区6市2县	潍城区　寒亭区　坊子区　奎文区　青州市　诸城市　寿光市　安丘市　高密市　昌邑市　临朐县　昌乐县	34	10	147
济宁市	2区3市7县	市中区　任城区　曲阜市　兖州市　邹城市　微山县　鱼台县　金乡县　嘉祥县　汶上县　泗水县　梁山县	18	39	96
泰安市	2区2市2县	泰山区　岱岳区　新泰市　肥城市　宁阳县　东平县	10	15	61
威海市	1区3市	环翠区　文登市　荣成市　乳山市	14		52
日照市	1区2县	东港区　五莲县　莒县	6	8	39
莱芜市	2区	莱城区　钢城区	5	1	14
临沂市	3区9县	兰山区　罗庄区　河东区　郯城县　苍山县　莒南县　沂水县　蒙阴县　平邑县　费　县　沂南县　临沭县	11	33	136
德州市	1区2市8县	德城区　乐陵市　禹城市　陵　县　平原县　夏津县　武城县　齐河县　临邑县　宁津县　庆云县	10	34	80
聊城市	1区1市6县	东昌府区　临清市　阳谷县　莘　县　茌平县　东阿县　冠　县　高唐县	12	42	74
滨州市	1区6县	滨城区　惠民县　阳信县　无棣县　沾化县　博兴县　邹平县	9	19	57
菏泽市	1区8县	牡丹区　曹　县　定陶县　成武县　单　县　巨野县　郓城县　鄄城县　东明县	8	42	108

注：全省共17个地级市，31个县级市，48个市辖区，60个县，372个街道办事处，294个乡，1253个镇，8个区公所。

1－2 人口和自然资源

（2002年）

类别	2002年
一、人　口	
年底人口总数	9082万人
人口密度	580人/平方公里
二、土　地	
全省土地面积	1567.2万公顷(15.67万平方公里)
全省土地面积中各类土地所占比重	
1.中　山	0.84%
2.低　山	14.67%
3.丘　陵	13.19%
4.山间谷地	5.64%
5.山前倾斜地	12.94%
6.山前平原	9.16%
7.湖沼平原	4.35%
8.滨海低地	2.82%
9.滩　涂	2.52%
10.河滩高地	4.56%
11.决口扇形地	2.99%
12.冲积平原	19.01%
13.洼地	4.07%
14.现代黄河三角洲	3.24%
三、矿　产	
已发现矿产种类	150种
已探明储量的矿产种类	81种
能源矿产	7种
金属矿产	24种
非金属矿产	47种
水气矿产	3种
四、森　林	
森林覆盖率	18.8%
五、水文、水利	
1.多年平均水资源总量	306亿立方米
#地表水资源量	193.9亿立方米
2.多年平均地下水资源量	152.6亿立方米
3.水面养殖面积	55.29万公顷
淡水养殖面积	26.29万公顷
海水养殖面积	29.00万公顷
4.大陆海岸线长度	3024公里

注：本表中人口指标系抽样调查数。

1-3 主要湖泊、河流基本情况

（2002年）

湖泊名	面积（平方公里）	蓄水量（亿立方米）	河流名	面积（平方公里）	河长（公里）
小计	**1494.6**	**23.53**	徒骇河	13136.6	446.5
微山湖	531.7	7.78	沂河	10909.9	287.5
昭阳湖	337.1	4.29	马颊河	10638.4	448.0
独山湖	144.6	1.84	小清河	10498.8	233.0
南阳湖	211.0	3.39	大汶河	9069.0	211.0
东平湖	167.0	3.14	潍河	6493.2	233.0
麻大湖	110.0	0.97	沭河	6161.4	263.0
白云湖	16.2	0.28	大沽河	4161.9	179.9
青沙湖	11.1	0.16	弥河	3847.5	206.0

1-4 主要山脉高度

（2002年）

山名	标高（米）	山名	标高（米）
泰山	1532	马耳山	707
蒙山	1156	龙须崮	707
崂山	1133	凤凰山	648
鲁山	1108	四海山	625
沂山	1032	鏊子崮	616
徂徕山	1028	黑山	612
昆嵛山	923	珂楼埠山	577
九顶山	834	大山	560
艾山	814	伟德山	554
牙山	806	招虎山	550
大泽山	737	孟良崮	536
摩天岭	735	布山	447

1-5 主要城市平均气温

（2002年）　　单位：摄氏度(℃)

城市名	一月	二月	三月	四月	五月	六月
济南	2.5	7.0	11.8	15.9	20.6	26.3
青岛	2.7	4.8	8.0	12.3	16.7	20.7
淄博	2.8	7.0	11.9	16.3	21.3	26.3
枣庄	3.2	6.1	11.0	15.5	19.4	25.5
东营	1.2	5.2	9.7	14.7	20.2	24.1
烟台	1.9	4.6	8.9	13.3	18.4	21.9
潍坊	-0.2	3.2	8.6	13.6	18.6	23.3
济宁	2.0	6.1	11.2	15.5	20.0	26.3
泰安	1.2	4.9	10.3	14.9	19.7	25.7
威海	1.5	4.0	8.4	12.5	17.8	21.4
日照	2.5	4.5	8.7	13.5	17.3	21.4
莱芜	1.3	5.3	10.2	14.9	19.7	24.9
临沂	1.9	4.9	10.1	14.7	18.8	24.2
德州	2.5	6.4	11.1	15.5	21.3	25.6
聊城	1.4	5.7	10.7	14.7	20.0	25.8
滨州	0.1	4.2	9.5	14.5	20.1	24.4
菏泽	2.5	6.9	11.7	15.3	19.6	26.4

城市名	七月	八月	九月	十月	十一月	十二月	全年
济南	28.6	26.9	21.7	14.7	6.7	-0.8	15.2
青岛	25.3	25.2	22.5	15.0	7.5	1.9	13.6
淄博	28.6	27.2	22.8	14.9	6.4	-0.3	15.4
枣庄	28.2	26.9	22.3	15.6	8.1	2.1	15.3
东营	27.4	26.5	22.1	13.6	5.0	-0.5	14.1
烟台	25.4	24.8	22.6	14.1	6.5	1.7	13.7
潍坊	26.7	25.4	20.9	13.4	4.3	-1.0	13.1
济宁	28.3	26.9	21.5	15.1	6.7	0.9	15.0
泰安	27.9	25.8	20.8	13.8	5.6	-0.3	14.2
威海	24.7	24.4	22.0	13.8	6.1	1.6	13.2
日照	26.1	25.6	22.4	15.0	7.4	1.9	13.9
莱芜	27.3	25.6	21.0	13.4	5.6	-0.6	14.1
临沂	27.4	26.1	21.4	14.4	6.8	1.4	14.3
德州	28.5	27.3	21.7	13.7	5.2	-1.0	14.8
聊城	27.9	26.7	20.6	13.9	5.2	-0.9	14.3
滨州	27.3	25.9	21.1	13.0	4.1	-1.7	13.5
菏泽	27.7	26.6	20.9	14.5	6.5	0.3	14.9

1-6 主要城市降水量

（2002年）　　单位:毫米

城市名	一月	二月	三月	四月	五月	六月
济南	3.5		6.6	29.5	138.2	75.1
青岛	16.4	0.2	19.3	52.8	61.9	58.0
淄博	3.8		10.2	21.4	101.6	91.1
枣庄	8.3	4.5	15.2	155.5	115.2	62.2
东营	2.2		4.8	24.7	57.2	79.0
烟台	18.0		14.2	49.9	84.6	35.4
潍坊	9.1		11.4	37.4	92.7	60.6
济宁	7.0	0.2	4.9	17.3	103.2	59.0
泰安	3.6		3.0	21.3	83.8	46.6
威海	8.9	0.9	17.9	51.3	86.3	26.7
日照	5.6	2.0	20.8	66.3	74.3	92.8
莱芜	6.4		13.3	17.1	77.4	96.6
临沂	5.5	3.0	19.6	82.7	124.0	64.3
德州	0.9	0.4	3.5	17.6	37.0	101.4
聊城	6.5	0.1	2.5	26.8	44.5	91.0
滨州	0.2		6.2	14.0	58.6	46.5
菏泽	4.2		11.0	17.7	118.4	32.9

城市名	七月	八月	九月	十月	十一月	十二月	全年
济南	28.3	91.7	53.9	11.4		18.4	456.6
青岛	115.5	29.2	35.5	18.1	6.8	10.9	424.6
淄博	71.0	24.2	22.7	25.2	7.5	9.6	388.3
枣庄	115.1	99.1	20.9	4.9	2.1	17.5	620.5
东营	124.3	40.6	25.3	25.2	0.6	4.7	388.6
烟台	64.3	84.3	31.0	51.5	14.2	5.3	452.7
潍坊	60.8	11.2	15.8	19.5	3.1	8.5	330.1
济宁	23.5	11.5	44.1	23.2		21.7	315.6
泰安	77.8	19.3	20.3	7.4		10.8	293.9
威海	197.2	93.4	30.8	58.6	23.3	9.2	604.5
日照	130.3	57.1	27.8	4.2	7.6	15.7	504.5
莱芜	40.5	98.7	25.1	34.6	1.7	12.5	423.9
临沂	139.3	82.8	33.3	1.9	2.4	15.7	574.7
德州	33.4	62.8	40.3	14.2		10.7	322.2
聊城	49.5	41.6	35.2	2.3		18.9	318.9
滨州	43.6	60.5	28.3	24.0	0.3	3.8	286.0
菏泽	82.0	32.2	42.8	12.4	0.3	36.1	390.0

1-7 主要城市日照时间

（2002 年）

单位：小时

城市名	一月	二月	三月	四月	五月	六月
济南	183.2	177.0	224.5	228.3	211.9	175.0
青岛	191.2	202.2	210.3	200.7	184.9	172.7
淄博	193.7	205.3	232.0	244.4	235.8	204.2
枣庄	193.5	189.7	208.0	214.6	191.4	229.1
东营	197.3	202.0	229.1	250.9	261.2	229.8
烟台	194.9	198.0	244.5	262.8	256.3	260.4
潍坊	175.5	180.8	219.9	216.3	221.2	211.1
济宁	200.6	176.7	202.4	235.9	216.1	256.2
泰安	192.6	181.0	236.1	249.7	234.3	214.1
威海	191.7	207.4	252.0	272.2	278.5	288.5
日照	205.1	203.9	197.1	189.0	191.2	189.2
莱芜	184.8	173.8	213.3	231.8	205.8	169.0
临沂	182.9	179.3	192.7	202.6	194.1	197.1
德州	199.5	197.1	239.6	245.2	240.8	203.2
聊城	177.8	163.2	209.8	203.5	178.1	181.0
滨州	183.3	188.1	216.6	239.0	242.4	198.3
菏泽	178.4	166.9	196.3	190.6	193.3	208.0

城市名	七月	八月	九月	十月	十一月	十二月	全年
济南	241.1	244.6	213.8	200.4	187.3	94.9	2382.0
青岛	164.8	177.3	234.3	192.4	193.6	122.2	2246.6
淄博	251.7	238.5	218.6	211.4	203.1	96.5	2535.2
枣庄	224.6	224.9	211.7	179.7	184.5	83.4	2335.1
东营	257.5	264.3	251.1	214.9	219.7	138.3	2716.1
烟台	204.7	234.3	265.5	187.7	173.6	138.7	2621.4
潍坊	237.7	252.7	234.6	213.4	217.1	117.5	2497.8
济宁	278.6	242.2	217.6	198.1	207.8	88.2	2520.4
泰安	266.3	243.7	226.7	213.8	191.1	107.5	2556.9
威海	224.6	224.2	262.3	202.1	179.8	164.5	2747.8
日照	206.3	228.2	236.2	194.4	205.1	152.8	2398.5
莱芜	217.3	204.7	205.9	170.6	177.8	98.3	2253.1
临沂	212.3	238.7	217.4	175.2	195.5	123.4	2311.2
德州	254.3	271.2	236.5	211.1	200.9	81.7	2581.1
聊城	194.4	215.9	209.2	191.4	160.0	55.0	2139.3
滨州	241.3	245.8	217.0	189.8	204.5	127.1	2493.2
菏泽	224.2	213.8	213.9	174.9	169.8	74.2	2204.3

二、综 合

GENERAL SURVEY

简要说明：

一、本篇包括国民经济综合资料和国民经济核算资料。

二、国民经济综合资料中国民经济总量、速度、结构、比例数据均来自本年鉴各篇。

三、国民经济核算资料主要包括国内生产总值年度数据。

国内生产总值及其产业构成的资料，是由山东省统计局国民经济核算处根据不同产业部门的特点和资料来源情况而采用不同的方法计算的。有的部门以生产法计算的增加值为准，有的部门以收入法计算的增加值为准，最后将各产业部门增加值求和得到国内生产总值，这一结果是国内生产总值的标准数据。按支出法计算的国内生产总值等于最终消费、资本形成总额、货物和服务净出口（净流出）之和，由于资料来源等原因它与按生产法、收入法计算的国内生产总值不一定相等，两者的差额称为统计误差。为了避免在应用时产生混乱，国家统计局国民经济核算司对生产法、收入法和支出法国内生产总值及增长指数的名称作了如下规定：按生产法和收入法计算的国内生产总值简称为国内生产总值；按生产法和收入法计算的国内生产总值的增长指数简称为国内生产总值增长指数；按支出法计算的国内生产总值称为支出法国内生产总值。

本统计年鉴公布的国民经济核算资料，最后一年数据不是最终数，还会发生变动；如果遇到普查年，在能够获得更为详细的基础资料的情况下，国内生产总值的历史数据也会发生变动。1995 年，根据国家统计局的文件精神，依据第一次全省第三产业普查结果，对国内生产总值的历史数据做了调整，年鉴中的数据是调整以后的数据。表中所列分地区的数据来自各市统计局的国内生产总值年度报表资料，各地区数据相加不等于全省总计。

四、本篇资料中，“2－1”至“2－5”表由综合处整理，其余各表均由核算处整理提供。

编辑单位：核算处

编　　委：何光一

编　　辑：彭丽芳

校　　对：山军勇

电　　话：6129477

2-1 平均每天社会经济活动

类别	单位	1995年	1996年	1997年	1998年	1999年	2000年	2001年	2002年
一、全省每天创造的财富									
国内生产总值	万元	137050	163299	182192	196224	209921	234039	258584	289097
工业总产值	万元	244020	250044	273538	289840	306725	342727	363764	427083
农林牧渔业总产值	万元	45977	53757	56392	59576	60355	62859	67232	69207
地方财政收入	万元	4904	6621	8340	9655	11082	12704	15704	16718
布	万米	847	782	802	612	629	756	886	1083
原煤	万吨	24.2	24.6	24.9	24.6	24.6	22.0	29.3	35.8
发电量	万千瓦时	20253	21727	23396	22570	24946	27542	29289	34248
原油	万吨	8.2	8.0	7.7	7.5	7.3	7.3	7.3	7.3
钢	吨	10660	12262	14332	15871	17076	17408	19797	27415
二、全省每天消费量									
城乡居民消费总量	万元	46253	54636	65328	69990	77312	84925	92675	98117
社会消费品零售额	万元	38362	46347	52444	58279	63289	69751	77669	87175
三、其他经济活动									
各种运输工具客运人数	万人	99.8	107.4	118.4	139.5	162.6	181.2	193.1	204.5
住宅竣工面积	平方米	40033	37007	39005	54381	67794	60659	63311	74420
四、全省人口变动和婚姻									
出生人口	人	2337	2532	2708	2795	2690	2644	2740	2767
死亡人口	人	1539	1615	1596	1477	1522	1547	1534	1644
结婚对数	对	1847	1977	2019	1973	2035	1853	1859	1813
离婚对数	对	132	147	157	159	159	167	170	160

2-2 国民经济主要比例关系

单位:%

类　　别	1995年	1996年	1997年	1998年	1999年	2000年	2001年	2002年
一、国内生产总值比例								
第一产业	20.2	20.1	18.0	17.0	15.9	14.8	14.4	13.2
第二产业	47.4	47.2	47.9	48.3	48.4	49.7	49.3	50.3
第三产业	32.4	32.7	34.1	34.7	35.7	35.5	36.3	36.5
二、国内支出总额比例								
#最终消费	50.6	50.9	49.7	49.3	49.7	48.0	48.6	47.6
资本形成	45.9	46.9	48.3	48.4	47.7	49.2	47.8	46.8
三、人口比例								
按性别分								
男	50.9	50.9	50.9	50.9	50.9	50.8	50.8	50.8
女	49.1	49.1	49.1	49.1	49.1	49.2	49.2	49.2
按农业非农业分								
农业人口	75.1	74.1	73.8	74.1	74.0	73.2	72.1	71.0
非农业人口	24.9	25.9	26.2	25.9	26.0	26.8	27.9	29.0
四、社会从业人员比例								
第一产业	57.4	47.5	47.7	47.3	44.4	43.1	42.5	41.4
第二产业	25.9	22.2	22.0	20.7	22.7	22.5	22.6	23.1
第三产业	16.7	30.3	30.3	32.0	32.9	34.4	34.9	35.5
五、农林牧渔业总产值比例								
农　业	50.2	50.0	50.0	50.0	57.0	56.7	57.1	56.2
林　业	2.2	2.3	2.2	2.3	2.0	2.1	1.9	1.9
牧　业	33.0	33.5	33.4	33.3	26.0	26.1	26.7	27.6
渔　业	14.6	14.2	14.4	14.4	15.0	15.1	14.3	14.2
六、工业总产值中轻重工业比例								
轻工业	49.4	49.7	49.3	48.3	48.0	47.7	48.5	48.9
重工业	50.6	50.3	50.7	51.7	52.0	52.3	51.5	51.1
七、国有固定资产投资比例								
基本建设	53.0	55.2	54.9	58.9	59.8	56.4	55.7	61.2
更新改造	29.3	29.1	27.5	24.1	22.9	24.4	30.0	25.5
其他投资	9.1	8.7	10.6	9.9	8.8	11.6	5.6	6.4
房地产开发	8.6	7.0	7.0	7.1	8.6	7.6	8.7	6.9
八、地方财政收入占国内生产总值的比重	**3.6**	**4.1**	**4.6**	**4.9**	**5.3**	**5.4**	**6.1**	**5.8**
九、财政支出比例								
#基建支出	6.5	6.9	5.7	6.5	5.9	4.8	5.4	5.1
文教卫生科学事业费	30.2	28.8	27.9	27.2	26.4	27.4	25.7	26.6
十、金融机构存款余额比例								
#企业存款	25.6	26.4	27.2	26.1	26.3	27.8	27.1	26.7
储蓄存款	64.2	65.6	63.5	64.9	62.6	59.8	59.6	56.7
财政存款	0.8	0.6	0.5	0.8	0.8	1.0	1.3	1.3

2-3 国民经济和社会发展主要指标占全国的比重

类　　别	单　位	2001年			2002年		
		山　东	全　国	山东占全国比　重(%)	山　东	全　国	山东占全国比　重(%)
一、人口与就业							
年底总人口	万人	9041	127627	7.1	9082	128453	7.1
从业人员	万人	5475.3	73025	7.5	5527.0	73740	7.5
二、土地面积	**万平方公里**	**15.67**	**960**	**1.6**	**15.67**	**960**	**1.6**
三、工农业总产值							
规模以上工业总产值	亿元	9377.4	95449.0	9.8	11497.5	110410.8	10.4
农林牧渔业总产值	亿元	2454.0	26179.6	9.4	2526.1	27390.8	9.2
四、国内生产总值	**亿元**	**9438.3**	**97314.8**	**9.7**	**10552.1**	**102397.9**	**10.3**
第一产业	亿元	1359.5	15411.8	8.8	1390.0	14883.3	9.3
第二产业	亿元	4654.5	48750.0	9.5	5309.5	52981.9	10.0
第三产业	亿元	3424.3	33153.0	10.3	3852.5	34532.8	11.2
五、人均国内生产总值	**元**	**10465**	**7651**		**11645**	**7997**	
六、主要工农业产品产量							
粮　食	万吨	3720.6	45264.0	8.2	3292.7	45705.8	8.4
棉　花	万吨	78.1	532.0	14.7	72.2	491.6	14.7
油　料	万吨	377.3	2865.0	13.2	340.4	2897.2	11.7
肉　类	万吨	595.4	6333.9	9.4	627.0	6586.5	9.5
水产品	万吨	686.1	4381.3	15.7	695.0	4564.5	15.2
烤　烟	万吨	8.1	204.5	4.0	8.3	213.5	3.9
原　油	万吨	2668.0	16396.0	16.3	2671.5	16700.0	16.0
原　煤	万吨	10687.8	116000.0	9.2	13066.0	138000.0	9.5
发电量	亿千瓦时	1069.1	14808.0	7.2	1250.0	16540.0	7.6
水　泥	万吨	6925.0	66104.0	10.5	8238.0	72500.0	11.4
布	亿米	32.4	290.0	11.2	39.5	322.4	12.3
家用电冰箱	万台	357.5	1351.3	26.5	420.6	1598.9	26.3
家用洗衣机	万台	314.5	1341.6	23.4	358.6	1587.1	22.6
彩色电视机	万台	373.7	4093.7	9.1	450.1	5155.0	8.7
原　盐	万吨	712.3	3411.0	20.9	727.7	3284.0	22.2
化　肥	万吨	423.9	3383.0	12.5	456.1	3791.0	12.0
钢	万吨	722.6	15163.0	4.8	1000.7	18155.0	5.5
平板玻璃	万重量箱	1809.2	20964.0	8.6	1924.4	22801.0	8.4
房间空调器	万台	335.5	2333.6	14.4	358.7	3135.1	11.4
化学纤维	万吨	47.2	841.4	5.6	52.1	991.2	5.3

2－3续表

类　　别	单　位	2001年			2002年		
		山　东	全　国	山东占全国比　重(%)	山　东	全　国	山东占全国比　重(%)
七、固定资产投资							
全社会固定资产投资额	亿元	2807.8	37213.5	7.5	3509.3	43201.6	8.1
#基本建设	亿元	857.5	14820.1	5.8	1101.5	17251.3	6.4
更新改造	亿元	521.6	5923.8	8.8	649.5	6584.2	9.9
房地产开发	亿元	297.4	6344.1	4.7	391.2	7736.4	5.1
八、运输、邮电							
货物周转量	亿吨公里	4675.5	47591	9.8	3040.8	50867	6.0
旅客周转量	亿人公里	594.3	13155	4.5	642.9	14126	4.6
沿海主要港口货物吞吐量	万吨	19298	142634	13.5	22036	166628	13.2
邮电业务总量	亿元	259.2	4556	5.7	307.6	5546	5.5
九、财政金融							
地方财政收入	亿元	573.2	7803.3	7.3	610.2	8523.9	7.2
地方财政支出	亿元	753.8	13134.6	5.7	860.7	15255.9	5.6
城乡居民储蓄存款余额	亿元	5063.8	73762	6.9	5805.7	86910.7	6.7
十、外贸外经旅游							
进出口总额	亿美元	289.6	5096.5	5.7	339.4	6207.7	5.5
进口总额	亿美元	108.3	2435.5	4.4	128.3	2952.0	4.3
出口总额	亿美元	181.3	2661.0	6.8	211.2	3255.7	6.5
实际利用外资	亿美元	42.5	496.8	8.6	65.2	550.1	11.9
旅游外汇收入	亿美元	3.8	177.9	2.1	4.7	203.9	2.3
十一、国内贸易							
社会消费品零售额	亿元	2834.9	37595.0	7.5	3181.9	40910.5	7.8
十二、价格指数							
商品零售物价指数	%	100.0	99.2		98.8	98.7	
居民消费价格指数	%	101.8	100.7		99.3	99.2	
十三、人民生活							
在岗职工工资总额	亿元	773.9	11831	6.5	868.4	13161	6.6
在岗职工平均工资	元	10007	10870		11374	12422	
城镇居民人均可支配收入	元	7101	6860		7615	7703	
农民人均纯收入	元	2805	2366		2954	2476	
十四、教育、卫生							
高等学校在校生数	万人	44.9	719.1	6.2	58.4	903.4	6.5
中等专业学校在校生	万人	31.1	458.0	6.8	31.4	456.4	6.9
医院、卫生院床位数	万张	21.8	297.6	7.3	21.9	291.1	7.5
专业卫生技术人员数	万人	31.8	450.8	7.1	31.2	427.0	7.3
医生数	万人	14.9	210.0	7.1	13.5	184.4	7.3

2－4 国民经济和社会发展主要指标

类别	单位	1995年	1996年	1997年	1998年	1999年	2000年	2001年	2002年
一、人口									
年底总人口	万人	8705	8738	8785	8838	8883	8997	9041	9082
按性别分									
男	万人	4429	4452	4483	4513	4537	4562	4584	4607
女	万人	4272	4295	4327	4359	4385	4413	4440	4463
按农业非农业分									
农业人口	万人	6531	6484	6500	6575	6600	6566	6507	6435
非农业人口	万人	2170	2263	2310	2296	2322	2409	2517	2634
人口密度	人/平方公里	556	558	561	564	567	574	577	580
二、从业人员和劳动工资									
年末从业人员	万人	5208.2	5227.9	5256.1	5287.6	5314.2	5442.3	5475.3	5527.0
第一产业	万人	2516.7	2487.9	2510.5	2499.0	2358.6	2343.1	2328.6	2286.2
第二产业	万人	1170.8	1160.4	1157.9	1097.5	1203.0	1223.9	1236.2	1279.4
第三产业	万人	1520.7	1579.6	1587.7	1691.1	1752.6	1875.1	1910.6	1961.4
农村从业人员	万人	3587.3	3600.9	3620.0	3626.2	3644.5	3617.1	3589.9	3578.3
#农业劳动者	万人	2503.9	2475.1	2497.5	2487.0	2346.8	2271.1	2127.6	2135.0
城镇从业人员	万人	1620.9	1627.0	1636.1	1661.4	1669.7	1825.2	1885.4	1948.6
城镇私营	万人	28.6	39.1	50.1	78.4	87.6	105.3	117.8	152.2
城镇个体	万人	75.9	87.8	101.6	125.9	165.8	110.0	110.8	122.5
职工年末人数	万人	917.4	930.7	937.7	836.8	809.1	790.1	770.5	764.8
#国有单位	万人	650.1	661.2	665.6	595.1	566.7	542.1	519.5	493.5
工资总额	亿元	464.1	532.7	580.4	575.4	620.1	695.1	773.9	868.4
#国有单位	亿元	357.8	414.2	450.0	444.4	475.9	524.4	577.7	630.5
平均工资	元	5145	5809	6241	6854	7656	8772	10007	11374
#国有单位	元	5585	6356	6817	7469	8389	9656	11067	12777
三、国民经济核算									
国内生产总值	亿元	5002.34	5960.42	6650.02	7162.20	7662.10	8542.44	9438.31	10552.06
第一产业	亿元	1010.13	1200.17	1195.00	1215.81	1221.00	1268.57	1359.49	1390.00
第二产业	亿元	2372.67	2810.72	3185.05	3457.03	3705.44	4244.40	4654.51	5309.54
工业	亿元	2113.34	2500.07	2830.05	3052.44	3251.77	3737.38	4092.24	4629.54
建筑业	亿元	259.33	310.65	355.00	404.59	453.67	507.02	562.27	680.00
第三产业	亿元	1619.54	1949.53	2269.97	2489.36	2735.66	3029.47	3424.31	3852.52
#交通运输仓储邮电通信业	亿元	297.71	364.71	424.36	442.20	490.90	553.17	668.49	667.75
批发零售贸易餐饮业	亿元	439.79	528.40	599.06	665.33	720.56	785.68	891.34	1047.83
人均国内生产总值	元	5758	6834	7590	8128	8673	9555	10465	11645
支出法计算的国内生产总值									
#最终消费	亿元	2479.05	2997.89	3293.88	3533.34	3809.13	4099.74	4582.61	5021.15
居民消费	亿元	1688.25	1994.23	2384.46	2554.64	2821.87	3099.76	3382.64	3581.27
政府消费	亿元	790.80	1003.66	909.42	978.70	987.26	999.98	1199.97	1439.88
资本形成总额	亿元	2247.58	2761.80	3202.30	3463.15	3652.95	4200.61	4513.32	4940.67
#固定资产形成总额	亿元	1481.10	1777.05	2044.45	2347.02	2662.95	3200.77	3570.59	4261.94
居民消费水平	元	1943	2287	2722	2899	3194	3467	3751	3952
农村居民	元	1342	1558	1868	1998	2188	2352	2555	2681
城镇居民	元	3788	4376	5124	5450	6060	6572	6923	7145

2－4 续表 1

类　　别	单 位	1995 年	1996 年	1997 年	1998 年	1999 年	2000 年	2001 年	2002 年
四、固定资产投资									
全社会固定资产投资额	亿元	1320.97	1558.01	1792.22	2056.97	2222.17	2542.65	2807.79	3509.29
# 国有经济	亿元	611.92	691.76	773.30	938.73	1043.13	1153.65	1157.44	1237.16
个体经济	亿元	140.54	202.65	241.76	274.20	310.64	353.93	384.06	487.31
# 基本建设	亿元	382.06	461.43	519.21	658.47	717.78	773.78	857.52	1101.52
更新改造	亿元	211.04	237.24	263.45	283.49	309.70	398.60	521.61	649.51
房地产开发	亿元	121.10	103.28	107.77	131.92	173.61	223.29	297.35	391.16
五、能　源									
能源生产总量	万吨标煤	10762.35	10705.27	10630.25	10436.05	10331.25	9657.36	11560.58	13258.26
原　煤	万吨标煤	6305.32	6392.56	6496.14	6412.17	6425.10	5741.96	7634.32	9333.02
原　油	万吨标煤	4294.76	4159.57	4002.01	3901.51	3807.55	3822.49	3811.52	3816.52
天燃气	万吨标煤	156.04	144.62	121.67	122.09	89.01	83.54	103.34	91.07
水　电	万吨标煤	1.55	0.97	0.69	0.28	0.73	0.76	1.08	1.14
六、财　政									
地方财政收入	万元	1790025	2416742	3044232	3523912	4044829	4636788	5731793	6102242
地方财政支出	万元	2758656	3589836	4233342	4878175	5500034	6130774	7537781	8606484
# 基本建设	万元	179597	248334	239629	318452	325120	295068	409608	440415
城市维护费	万元	163339	226014	281070	367382	351390	388802	485770	547982
支援农业支出	万元	224793	276556	367611	377198	402651	411914	478933	557939
文教科学卫生事业费	万元	832336	1032168	1182892	1325393	1453237	1677928	1936046	2290732
七、金　融									
金融机构存款余额	万元	34243843	42938411	51346379	57554782	65629934	74711987	85017294	102477704
# 企业存款	万元	8776853	11317043	13982754	15010890	17250542	20771967	23079030	27371337
财政存款	万元	263884	239414	246182	441380	507618	764478	1140353	1318673
农业存款	万元	656439	829448	852300	883521	1084540	1351492	1613431	2050450
储蓄存款	万元	21971982	28177108	32611120	37353766	41098425	44667153	50637936	58057165
金融机构贷款余额	万元	31289040	36802427	46637287	51067900	56799537	62090468	70176588	85365991
# 工业贷款	万元	6487091	7658151	9214066	9795567	10391030	9938023	11472037	13466479
农业贷款	万元	1516858	2474472	3177039	4189496	4435895	5281785	7071209	9073641
商业贷款	万元	8850079	10289962	11786724	12097868	12657508	11249154	12227300	12561986
基建贷款	万元	1808678	2081536	2780310	3879386	5563931	7315876	8373434	11343636
技改贷款	万元	2013439	2531164	2536443	2522862	2522178	2678175	2854302	1111118
八、价格指数									
居民消费价格总指数	上年＝100	117.6	109.6	102.8	99.4	99.3	100.2	101.8	99.3
商品零售物价总指数	上年＝100	114.2	107.0	100.8	97.1	97.1	98.6	100.0	98.8
农村工业品零售价格总指数	上年＝100	117.6	105.6	99.9	97.7	98.5	98.4	100.8	99.9
九、居民生活									
农民生活									
人均年末生活用房面积	平方米	21.56	22.32	23.16	23.91	25.07	23.61	24.60	25.59
人均总收入	元	2626.96	3246.92	3468.72	3561.87	3645.89	3880.98	4161.97	4330.42
人均纯收入	元	1715.09	2086.31	2292.12	2452.83	2549.56	2659.20	2804.51	2953.97
人均总支出	元	2301.34	2955.16	2855.26	2782.48	2845.88	3036.20	3326.79	3438.78
# 购置生产性固定资产	元	56.70	68.33	84.34	93.23	97.36	107.85	101.70	92.40
生活消费支出	元	1338.46	1652.51	1626.27	1595.09	1679.75	1770.75	1904.95	1997.83
城镇居民生活									
人均全年可支配收入	元	4264.08	4890.24	5190.79	5380.08	5808.96	6489.97	7101.08	7614.50

2－4续表2

类　　别	单位	1995年	1996年	1997年	1998年	1999年	2000年	2001年	2002年
人均全年消费性支出	元	3285.48	3770.99	4040.64	4143.96	4515.05	5022.00	5252.42	5596.39
人均全年非消费支出	元	566.40	725.52	730.68	1079.40	1082.04	1037.04	1132.91	1904.83
人均净存入银行款	元	263.16	216.48	254.16	69.21	30.96	147.78	436.00	592.51
人均年末手存现金	元	283.27	330.88	362.78	398.98	471.77	535.45	574.06	585.71
年末人均居住面积	平方米	12.35	12.13	12.70	12.82	13.10	13.75	14.17	18.62
十、农林牧渔业									
农林牧渔业总产值	亿元	1678.16	1962.12	2058.32	2174.54	2202.95	2294.35	2453.96	2526.05
农　业	亿元	931.89	1090.64	1137.19	1219.85	1254.87	1300.44	1401.34	1420.88
#种植业	亿元	922.96	1078.05	1107.33	1184.65	1232.44	1280.12	1385.22	1402.81
林　业	亿元	41.81	49.97	49.86	45.91	44.93	47.62	47.22	48.25
牧　业	亿元	433.62	512.60	550.58	583.40	572.95	599.17	654.71	698.44
渔　业	亿元	270.84	308.91	320.69	325.38	330.20	347.12	350.69	358.48
主要农产品产量									
粮　食	万吨	4245.00	4332.70	3852.20	4264.80	4269.00	3837.70	3720.60	3292.70
棉　花	万吨	47.10	37.20	35.40	41.30	39.20	59.00	78.10	72.20
油　料	万吨	315.00	309.30	240.90	335.60	320.50	356.90	377.30	340.40
肉　类	万吨	394.42	405.52	460.64	497.90	524.49	560.15	595.44	626.99
禽　蛋	万吨	247.15	267.30	294.30	322.00	349.06	366.22	379.04	399.40
奶　类	万吨	36.98	41.14	45.82	53.98	61.29	70.47	90.43	116.75
水产品	吨	5234832	5866931	6102938	6505106	6950476	6982259	6860957	6950136
十一、工　业									
工业总产值	亿元	8906.60	9126.63	9984.12	10579.17	11195.46	12509.53	13277.37	15588.53
#国有经济	亿元	2600.54	2423.77	2513.03	2177.73	2058.49	2474.49	1223.49	1377.03
集体经济	亿元	1840.75	2380.09	2512.01	2206.64	2218.99	2393.99	2078.33	2348.82
按轻重工业分									
轻工业	亿元	4403.84	4540.14	4926.50	5110.02	5373.71	5964.70	6437.42	7630.45
重工业	亿元	4502.76	4586.49	5057.61	5469.15	5821.75	6544.83	6839.96	7958.08
十二、交通运输邮电									
铁路通车里程	公里	2048	2620	2721	2658	2672	2672	2709	2709
公路通车里程	公里	54243	57271	59260	64145	67847	70686	71128	74029
#晴雨通车	公里	52702	55882	58028	63142	67055	70038	70701	73665
客运量	万人	36425	39199	43218	50904	59350	66128	70497	74626
铁　路	万人	3414	2854	3071	3223	3670	3840	3723	3566
公　路	万人	32317	35611	39234	46467	54817	61466	65787	69948
水　路	万人	694	734	913	868	863	822	987	1112
客运周转量	百万人公里	35097	35344	40060	45229	51828	54873	59432	64294
铁　路	百万人公里	17418	15317	17277	18327	20568	22180	23373	24644
公　路	百万人公里	17449	19696	22347	24599	28846	32358	35573	39173
水　路	百万人公里	230	331	436	483	414	335	486	477
货运量	万吨	66546	70664	72780	76813	80212	92483	99464	107454
铁　路	万吨	9256	10226	10368	10224	10553	11253	12426	13624
公　路	万吨	55669	58270	60340	64716	67696	76778	81574	89714
水　路	万吨	1621	2168	2072	1867	1956	4452	5464	4116
货运周转量	百万吨公里	112655	122849	126093	118753	127304	403315	467545	304075
铁　路	百万吨公里	69857	71385	73323	65877	73588	79964	84815	92525

2-4 续表 3

类别	单位	1995年	1996年	1997年	1998年	1999年	2000年	2001年	2002年
公路	百万吨公里	26397	30559	31915	34322	35350	40575	41143	46009
水路	百万吨公里	16401	20895	20855	18513	18330	282776	341587	165541
邮路总长度	万公里	10.47	13.40	15.06	15.10	18.53	16.95	15.93	16.47
函件	万件	38789	35112	32859	33114	35138	32878	31400	51496
报刊期发数	万份	1180	1020	996	1147	1568	1701	1324	972
电信业务总量	万元	537135	697719	957400	1338886	1411800	1865000	2300200	2759820
长话电路	路	40634	54179	67834	98760	163381	222500	108000	146470
长途电话	万次	55755	61409	79719	97077	96553	96010	101682	99470
市内电话	万户	165.8	227	283.5	346.7	413.8	547	661	790
农村电话	万户	46.1	80	128.6	179.6	283.8	559	827	950
十三、国内贸易									
社会消费品零售总额	亿元	1442.67	1691.66	1914.19	2127.17	2310.06	2545.90	2834.92	3181.90
市	亿元	839.30	1001.53	1179.87	1304.88	1418.25	1573.03	1758.40	2011.49
县	亿元	161.80	172.05	188.19	204.93	221.82	243.59	273.67	295.25
县以下	亿元	441.58	518.09	546.13	617.36	669.99	729.28	802.84	875.16
按行业分									
批零贸易业	亿元	933.17	1083.28	1220.00	1328.39	1452.14	1618.70	1824.98	2100.10
餐饮业	亿元	118.08	148.91	167.28	198.78	226.67	265.40	312.80	372.61
制造业	亿元	177.58	215.26	239.06	272.27	277.04	280.26	283.74	280.94
农业生产者	亿元	143.81	155.96	198.57	224.62	243.95	259.54	277.66	283.89
其他行业	亿元	70.04	88.26	89.29	103.11	110.27	122.00	135.73	144.36
十四、对外贸易和旅游									
对外贸易									
进出口总值	万美元	1395007	1616394	1753631	1661740	1827094	2498998	2896313	3394175
出口总值	万美元	816101	918298	1085888	1034705	1157909	1552905	1812899	2111511
一般贸易	万美元	460278	449683	483895	458607	541405	746563	913253	1089063
补偿贸易	万美元	5198	4323	2692	1617	257	807	91	200
来料加工装配贸易	万美元	77503	130565	185156	172262	218625	293008	310013	341530
进料加工贸易	万美元	270177	331035	410664	396013	394880	507050	579125	669958
其他贸易	万美元	2945	2016	3481	6206	2742	5477	10417	10760
进口总值	万美元	578906	698096	667743	627035	669185	946093	1083414	1282664
利用外资									
合同项目个数	个	5035	2223	1681	1434	1745	2733	3058	4072
#外商直接投资	个	2709	2175	1597	1366	1717	2728	3047	4065
合同外资金额	万美元	532980	633894	454145	367072	421333	561066	715880	1186072
#外商直接投资	万美元	462521	539797	328037	221866	311087	507435	672040	1130680
实际利用外资金额	万美元	326698	339426	358447	361036	374464	381243	424886	652124
#外商直接投资	万美元	260719	259041	250044	222262	246878	297119	362093	558603
对外承包工程和劳务合作									
合同个数	个	672	880	966	1296	1116	1250	1580	1380
合同金额	万美元	38604	52005	57654	73703	67729	61601	104622	134098
营业额	万美元	18274	28933	36315	46508	63615	45229	55913	83133
年末在外人数	人	16217	23355	26626	29121	30979	35028	36489	43554
旅游									
接待海外旅游人数	人次	450944	531616	585017	608054	622033	723145	828664	976841

2-4 续表 4

类　　别	单 位	1995 年	1996 年	1997 年	1998 年	1999 年	2000 年	2001 年	2002 年
#外国人	人次	304280	363661	344374	371671	417911	480090	592413	741366
港澳台胞	人次	140144	157758	227836	222547	196880	243055	236251	235475
旅游外汇收入	万美元	15400	19649	20377	21950	26522	31513	38240.7	47248.5
人民币对主要外币年平均汇价(中间价)									
100 美元	人民币 元	835.07	831.42	828.98	827.91	827.96	827.72	827.70	827.70
100 日元	人民币 元	8.92	7.64	6.86	6.35	8.07	7.39	6.81	6.62
100 港元	人民币 元	107.96	107.51	107.09	106.88	106.53	106.08	106.08	106.07
十五、教　育									
普通高等学校									
学校数	所	49	49	48	49	52	58	65	75
招生数	人	55611	56544	56950	62994	82410	124817	183553	218719
毕业生数	人	52083	47835	50141	51477	49612	49687	69583	94697
在校学生数	人	160398	169184	175920	187473	213679	303826	449360	583601
教职工数	人	50829	51490	50374	50261	49624	54910	64362	72408
#专任教师	人	19932	20079	20414	20581	21252	24764	30902	37412
中等专业学校									
学校数	所	244	255	252	254	251	243	200	165
招生数	人	95442	105468	112348	114956	122331	93493	92215	115941
毕业生数	人	58680	78496	90545	99483	106740	103629	110827	111333
在校学生数	人	258801	289827	311161	327031	344062	333184	310508	314135
教职工数	人	36084	38030	38458	39160	39274	37241	28002	27005
#专任教师	人	18211	19898	20291	20949	21311	20409	15607	15369
普通中学									
学校数	所	5073	4820	4693	4635	4586	4575	4684	4648
招生数	万人	167.06	169.69	178.19	201.28	222.20	234.18	220.94	201.65
毕业生数	万人	118.14	122.97	141.95	159.91	164.88	167.96	188.59	205.62
在校学生数	万人	470.46	512.22	541.38	571.54	620.43	678.60	702.18	689.17
教职工数	人	358301	375463	392365	404824	414538	430754	451014	461898
#专任教师	人	279301	294849	310926	322785	333884	350353	359665	369664
技工学校									
学校数	所	312	312	305	305	302	279	278	249
招生数	人	70251	77595	74054	55668	50896	48008	53283	83186
毕业生数	人	65457	62981	65310	59292	71460	66546	55769	49634
在校学生数	人	169023	185253	192675	188493	161531	137718	132122	165386
教职工数	人	38891	37747	35160	33806	28871	24484	23152	22190
#专任教师	人	13948	13778	14059	14035	14531	14066	16060	13072
小　学									
学校数	所	47068	40458	37377	34480	29453	26017	21342	19590
招生数	万人	205.33	194.37	183.70	146.34	116.04	104.48	101.36	107.26
毕业生数	万人	154.07	152.29	155.59	173.92	191.40	195.12	176.17	144.10
在校学生数	万人	940.36	971.86	990.19	951.34	870.72	774.88	699.19	662.59
教职工数	人	456568	463651	468548	467987	451063	440161	422905	414600
#专任教师	人	422989	429345	434671	435156	418828	408200	390374	383816
成人高等学校									
学校数	所	53	53	53	46	40	40	34	29

2－4续表5

类　　别	单位	1995年	1996年	1997年	1998年	1999年	2000年	2001年	2002年
招生数	人	61032	59850	65775	73618	87117	82423	103165	111023
毕业生数	人	55764	65204	74017	61603	61611	70810	57373	69723
在校学生数	人	198934	194454	185029	198780	221161	219977	255775	316605
教职工数	人	13159	13308	14096	13023	14335	14090	13911	11797
#专任教师	人	6037	6495	6925	6557	7131	7084	6841	6182
十六、科　技									
重要科技成果									
成果数量	项	3251	3388	3507	3558	3688	3728	3112	3018
#农　业	项	702	709	737	614	557	575	494	452
工　业	项	1524	1599	1517	1515	1270	1289	1138	1117
医　卫	项	529	596	701	812	1140	1112	1034	1026
国际领先先进水平	项	466	471	456	724	744	599	506	486
国内领先先进水平	项	2272	2353	2678	2516	2737	2861	2439	2371
省内领先先进水平	项	513	564	373	318	207	182	167	161
专利情况									
申请量	件	4624	6125	6523	7597	8589	10019	11168	12855
授权量	件	2861	2630	2907	4127	6536	6962	6724	7294
实施量	件	2098	1959	2313	2482	2834	2936	6429	7715
创产值	亿元	97.33	191.68	212.59	233.75	249.9	298.61	214.77	251.43
创外汇	万美元	23700	22500	28800	42300	27000	27900	22457	27875
许可合同数	份	418	455	486	510	642	648	584	786
交易额	万元	3844	4148	7997	8136	9116	9252	12336	28667
创利税	亿元	14.97	30.66	34.89	39.07	40.95	52.28	41.23	37.96
十七、卫生、文化									
卫生机构床位数	张	200241	199816	206475	207733	213264	214809	218108	218857
卫生技术人员数	人	270558	286450	293922	300738	307716	314685	318080	312326
#医生数	人	119353	128142	130156	132917	138910	144907	148713	134815
文化(艺术)馆									
机构数	个	158	159	158	158	158	159	159	156
人　数	人	3265	3237	3264	3252	3194	3055	2975	2935
文化站									
机构数	个	2363	2466	2482	2494	2493	2422	1912	1866
人　数	人	3117	3286	3177	3339	3293	3304	2943	3019
艺术表演团体									
机构数	个	118	118	118	118	117	118	121	121
人　数	人	6170	6090	6148	6170	6077	5943	5990	6030
剧场(院)									
机构数	个	115	111	107	107	107	105	105	104
人　数	人	2783	2727	2652	2577	2544	2473	2444	2434
图书馆									
机构数	个	130	131	131	131	133	133	136	140
人　数	人	2318	2359	2471	2536	2555	2506	2503	2559
博物馆									
机构数	个	56	54	54	56	57	59	66	70
人　数	人	1462	1522	1562	1422	1663	1633	1611	1566

2－5 国民经济和社会发展主要指标增长速度

单位：%

类别	1995年	1996年	1997年	1998年	1999年	2000年	2001年	2002年
一、人口								
年底总人口	0.39	0.38	0.54	0.60	0.51	1.28	0.49	0.45
按性别分								
男	0.50	0.52	0.70	0.67	0.53	0.55	0.48	0.50
女	0.61	0.54	0.75	0.74	0.60	0.64	0.61	0.52
按农业非农业分								
农业人口	-0.65	-0.72	0.25	1.15	0.38	-0.52	-0.90	-1.11
非农业人口	4.38	4.29	2.08	-0.61	1.13	3.75	4.48	4.65
人口密度	0.54	0.36	0.54	0.53	0.53	1.23	0.52	0.52
二、从业人员和劳动工资								
年末从业人员	18.85	0.38	0.54	0.60	0.50	2.41	0.61	0.94
第一产业	-0.98	-1.14	0.91	-0.46	-5.62	-0.66	-0.62	-1.82
第二产业	6.63	-0.89	-0.22	-5.22	9.61	1.74	1.00	3.49
第三产业	104.81	3.87	0.51	6.51	3.64	6.99	1.89	2.66
农村从业人员	0.79	0.38	0.53	0.17	0.50	-0.75	-0.75	-0.32
#农业劳动者	-1.05	-1.15	0.91	-0.42	-5.64	-3.23	-6.32	0.35
城镇从业人员	97.00	0.38	0.56	1.55	0.50	9.31	3.30	3.35
城镇私营	57.14	36.71	28.13	56.49	11.73	20.21	11.87	29.20
城镇个体	23.41	15.68	15.72	23.92	31.69	-33.66	0.73	10.56
职工年末人数	5.16	1.45	0.75	-10.76	-3.31	-2.35	-2.48	-0.74
#国有单位	5.01	1.71	0.67	-10.59	-4.77	-4.34	-4.17	-5.00
工资总额	24.52	14.78	8.95	-0.86	7.77	12.09	11.34	12.21
#国有单位	23.21	15.76	8.64	-1.24	7.09	10.19	10.16	9.14
平均工资	18.60	12.91	7.44	9.82	11.70	14.58	14.08	13.66
#国有单位	17.50	13.80	7.25	9.56	12.32	15.10	14.61	15.45
三、国民经济核算								
国内生产总值	14.15	12.24	11.24	10.84	10.14	10.50	10.05	11.55
第一产业	8.94	6.60	0.47	5.65	4.70	3.80	4.20	2.45
第二产业	15.11	14.05	12.99	11.97	12.22	12.39	11.34	14.75
工　业	15.08	14.00	12.98	11.97	12.30	12.64	11.63	14.15
建筑业	15.40	14.51	13.08	12.04	11.38	9.94	9.26	19.25
第三产业	15.86	12.65	14.40	11.55	9.33	10.34	10.69	10.63
#交通运输仓储邮电通信业	18.55	14.68	13.06	9.74	11.42	11.24	20.02	0.39
批发零售贸易餐饮业	16.94	13.72	14.98	9.40	11.54	10.81	12.88	13.49
人均国内生产总值	13.80	11.80	10.75	10.20	9.88	9.19	9.09	11.00
居民消费水平	12.64	8.62	11.45	9.07	10.16	7.66	7.73	6.75
农村居民	9.95	7.29	11.94	8.61	10.27	7.02	7.74	5.37
城镇居民	11.47	6.44	10.18	9.81	10.36	7.17	5.34	5.36
四、固定资产投资								
全社会固定资产投资额	19.22	17.94	15.03	14.77	8.03	14.42	10.43	24.98
#国有经济	13.83	13.05	11.79	21.39	11.12	10.60	0.33	6.89
个体经济	18.65	44.19	19.30	13.42	13.29	13.94	8.51	26.88
#基本建设	16.47	20.77	12.52	26.82	9.01	7.80	10.82	28.45
更新改造	23.38	12.41	11.05	7.61	9.25	28.71	30.86	24.52

2－5续表1　　单位：%

类　　别	1995年	1996年	1997年	1998年	1999年	2000年	2001年	2002年
房地产开发	18.05	－14.72	4.35	22.41	31.60	28.62	33.11	31.55
五、能　源								
能源生产总量	1.29	－0.53	－0.70	－1.83	－1.00	－6.52	19.71	14.69
原　煤	13.39	1.38	1.62	－1.29	0.20	－10.63	32.96	22.25
原　油	－12.12	－3.15	－3.79	－2.51	－2.41	0.39	－0.29	0.13
天燃气	－10.21	－7.32	－15.87	0.35	－27.09	－6.15	23.70	－11.87
水　电	－46.37	－37.42	－28.87	－59.42	160.71	4.11	42.11	5.56
六、财　政								
地方财政收入	32.93	35.01	25.96	15.76	14.78	14.63	23.62	25.30
地方财政支出	26.10	30.13	17.93	15.23	12.75	11.47	22.95	14.18
#基本建设	77.99	38.27	－3.51	32.89	2.09	－9.24	38.82	7.52
城市维护费	34.26	38.37	24.36	30.71	－4.35	10.65	24.94	12.81
支援农业支出	27.52	23.03	32.92	2.61	6.75	2.30	16.27	16.50
文教科学卫生事业费	15.31	24.01	14.60	12.05	9.65	15.46	15.38	18.32
七、金　融								
金融机构存款余额	35.75	25.39	19.58	12.09	14.03	13.84	13.79	20.54
#企业存款	41.70	28.94	23.55	7.35	14.92	20.41	11.11	18.60
财政存款	2.33	－9.27	2.83	79.29	15.01	50.60	49.17	15.64
农业存款	25.90	26.36	2.76	3.66	22.75	24.61	19.38	27.09
储蓄存款	37.29	28.24	15.74	14.54	10.02	8.68	13.37	14.65
金融机构贷款余额	24.14	17.62	26.72	9.50	11.22	9.32	13.02	21.64
#工业贷款	19.36	18.05	20.32	6.31	6.08	－4.36	15.44	17.39
农业贷款	35.59	63.13	28.39	31.87	5.88	19.07	33.88	28.32
商业贷款	19.78	16.27	14.55	2.64	4.63	－11.13	8.70	2.74
基建贷款	22.44	15.09	33.57	39.53	43.42	31.49	14.46	35.47
技改贷款	17.20	25.71	0.21	－0.54	－0.03	6.19	6.58	－61.07
八、价格指数								
居民消费价格总指数	17.6	9.6	2.8	－0.6	－0.7	0.2	1.8	－0.7
商品零售物价总指数	14.2	7.0	0.8	－2.9	－2.9	－1.4	0.0	－1.2
农村工业品零售价格总指数	17.6	5.6	－0.1	－2.3	－1.5	－1.6	0.8	－0.1
九、居民生活								
农民生活								
人均年末生活用房面积	1.94	3.53	3.76	3.24	4.85	－5.82	4.19	4.02
人均总收入	33.00	23.60	6.83	2.69	2.36	6.45	7.24	4.05
人均纯收入	29.96	21.64	9.86	7.01	3.94	4.30	5.46	5.33
人均总支出	37.69	28.41	－3.38	－2.55	2.28	6.69	9.57	3.37
#购置生产性固定资产	88.94	20.51	23.43	10.54	4.43	10.77	－5.70	－9.14
生活消费支出	34.42	23.46	－1.59	－1.92	5.31	5.42	7.58	4.88
城镇居民生活								
人均全年可支配收入	23.80	14.68	6.15	3.65	7.97	11.72	9.42	7.23
人均全年消费性支出	24.68	14.78	7.15	2.56	8.95	11.23	4.59	6.55
人均全年非消费支出	29.10	28.09	0.71	47.73	0.24	－4.16	9.24	68.14
人均净存入银行款	16.03	－17.74	17.41	－72.77	－55.27	377.33	195.03	35.90
人均年末手存现金	23.56	16.81	9.64	9.98	18.24	13.50	7.21	2.03

2－5续表2　　　　单位:%

类　别	1995年	1996年	1997年	1998年	1999年	2000年	2001年	2002年
年末人均居住面积	3.96	－1.78	4.70	0.94	2.18	4.96	3.05	31.40
十、农林牧渔业								
农林牧渔业总产值	8.89	7.29	4.69	9.90	5.50	3.90	4.00	1.10
农　业	7.49	8.19	2.51	20.24	4.40	4.00	4.10	－2.49
#种植业	8.00	7.71	－0.20	11.00	6.60	4.41	4.80	－2.81
林　业	3.90	16.41	0.60	－4.00	0.20	6.20	－6.20	－4.50
牧　业	13.00	6.00	10.60	11.60	6.80	5.40	7.40	6.80
渔　业	7.80	6.70	2.50	4.90	7.20	0.50	－1.40	2.30
主要农产品产量								
粮　食	3.76	2.07	－11.09	10.71	0.10	－10.10	－3.05	－11.50
棉　花	－15.74	－21.02	－4.84	16.67	－5.08	50.51	32.37	－7.55
油　料	－6.89	－1.81	－22.11	39.31	－4.50	11.36	5.72	－9.78
肉　类	16.43	2.81	13.59	8.09	5.34	6.80	6.30	5.30
禽　蛋	2.66	8.15	10.10	9.41	8.40	4.92	3.50	5.37
奶　类	13.96	11.25	11.38	17.81	13.54	14.98	28.32	29.11
水产品	9.68	12.07	4.02	6.59	6.85	0.46	－1.74	1.30
十一、工　业								
工业总产值	23.10	16.27	12.10	11.54	11.88	17.92	10.58	13.93
#国有经济	15.26	5.86	6.10	－10.39	－0.28	6.16	－45.63	14.39
集体经济	9.00	24.21	8.38	－9.33	－0.11	17.65	－14.21	7.21
按轻重工业分								
轻工业总产值	26.96	22.36	11.93	8.65	8.87	19.96	11.94	15.89
重工业总产值	22.10	10.42	12.29	14.60	10.78	15.91	8.88	22.20
十二、交通运输邮电								
铁路通车里程	0.00	27.93	3.85	－2.32	0.53	0.00	1.38	0.00
公路通车里程	8.00	5.58	3.47	8.24	5.77	4.18	0.63	4.08
#晴雨通车	8.92	6.03	3.84	8.81	6.20	4.45	0.95	4.19
客运量	5.30	7.62	10.25	17.78	16.59	11.42	6.61	5.86
铁　路	－4.82	－16.40	7.60	4.95	13.87	4.63	－3.05	－4.22
公　路	6.82	10.19	10.17	18.44	17.97	12.13	7.03	6.32
水　路	10.69	5.76	24.39	－4.93	－0.58	－4.75	20.07	12.66
客运周转量	－1.49	0.70	13.34	12.90	14.59	5.88	8.31	8.18
铁　路	－4.68	－12.06	12.80	6.08	12.23	7.84	5.38	5.44
公　路	1.89	12.88	13.46	10.08	17.26	12.17	9.94	10.12
水　路	3.60	43.91	31.72	10.78	－14.29	－19.08	45.07	－1.85
货运量	16.37	6.19	2.99	5.54	4.43	15.30	7.55	8.03
铁　路	－0.03	10.48	1.39	－1.39	3.22	6.63	10.42	9.64
公　路	19.76	4.67	3.55	7.25	4.60	13.42	6.25	9.98
水　路	12.34	33.74	－4.43	－9.89	4.77	127.61	22.73	－24.67
货运周转量	11.06	9.05	2.64	－5.82	7.20	216.81	15.93	－34.96
铁　路	4.66	2.19	2.71	－10.16	11.71	8.66	6.07	9.09
公　路	14.43	15.77	4.44	7.54	3.00	14.78	1.40	11.83
水　路	41.08	27.40	－0.19	－11.23	－0.99	1442.70	20.80	－51.54
邮路总长度	7.83	27.98	12.39	0.27	22.72	－8.53	－6.02	3.39

2－5续表3 单位:%

类别	1995年	1996年	1997年	1998年	1999年	2000年	2001年	2002年
函件	7.99	－9.48	－6.42	0.78	6.11	－6.43	－4.50	64.00
报刊期发数	20.16	－13.56	－2.35	15.16	36.70	8.48	－22.16	－26.59
电信业务总量	32.95	29.90	37.22	39.85	5.45	32.10	23.34	19.98
长话电路	－14.61	33.33	25.20	45.59	65.43	36.18	－51.46	35.62
长途电话	5.76	10.14	29.82	21.77	－0.54	－0.56	5.91	－2.18
市内电话	95.52	36.91	24.89	22.29	19.35	32.19	20.84	19.52
农村电话	140.10	73.54	60.75	39.66	58.02	96.97	47.94	14.87
十三、国内贸易								
社会消费品零售总额	26.87	17.26	13.15	11.13	8.60	10.21	11.35	12.24
市	33.18	19.33	17.81	10.60	8.69	10.91	11.78	14.39
县	0.09	6.33	9.38	8.90	8.24	9.81	12.35	7.89
县以下	27.88	17.33	5.41	13.04	8.53	8.85	10.09	9.01
按行业分								
批零贸易业	22.20	16.09	12.62	8.88	9.32	11.47	12.74	15.08
餐饮业	43.54	26.11	12.34	18.83	14.03	17.09	17.86	19.12
制造业	32.04	21.22	11.06	13.89	1.75	1.16	1.24	－0.99
农业生产者	34.45	8.45	27.32	13.12	8.61	6.39	6.98	2.24
其他行业	40.61	26.01	1.17	15.48	6.94	10.64	11.25	6.36
十四、对外贸易和旅游								
对外贸易								
进出口总值	44.87	15.87	8.49	－5.24	9.95	36.77	15.90	17.19
出口总值	39.03	12.52	18.25	－4.71	11.91	34.11	16.74	16.47
一般贸易	24.06	－2.30	7.61	－5.23	18.05	37.89	22.33	19.25
补偿贸易	2.93	－16.83	－37.73	－39.93	－84.11	214.01	－88.72	119.78
来料加工装配贸易	90.71	68.46	41.81	－6.96	26.91	34.02	5.80	10.17
进料加工贸易	60.37	22.53	24.05	－3.57	－0.29	28.41	14.21	15.68
其他贸易	60.23	－31.54	72.67	78.28	－55.82	99.74	90.20	3.29
进口总值	54.00	20.59	－4.35	－6.10	6.72	41.38	14.51	18.39
利用外资								
合同项目个数	6.07	－55.85	－24.38	－14.69	21.69	56.62	11.89	33.16
#外商直接投资	－25.78	－19.71	－26.57	－14.46	25.70	58.88	11.69	33.41
合同外资金额	－14.66	18.93	－28.36	－19.17	14.78	33.16	27.59	65.68
#外商直接投资	－12.10	16.71	－39.23	－32.37	40.21	63.12	32.44	68.25
实际利用外资金额	－3.95	3.90	5.60	0.72	3.72	1.81	11.45	53.48
#外商直接投资	2.82	－0.64	－3.47	－11.11	11.08	20.35	21.87	54.27
对外承包工程和劳务合作								
合同个数	63.50	30.95	9.77	34.16	－13.89	12.01	26.40	－12.66
合同金额	21.08	34.71	10.86	27.84	－8.11	－9.05	69.84	28.17
营业额	49.52	58.33	25.51	28.07	36.78	－28.90	23.62	48.68
年末在外人数	57.63	44.02	14.01	9.37	6.38	13.07	4.17	19.36
旅游								
接待海外旅游人数	39.98	17.89	10.05	3.94	2.30	16.26	14.59	17.88
#外国人	53.72	19.52	－5.30	7.93	12.44	14.88	23.40	25.14
港澳台胞	18.68	12.57	44.42	－2.32	－11.53	23.45	－2.80	－0.33

2－5 续表 4

单位:%

类　　别	1995 年	1996 年	1997 年	1998 年	1999 年	2000 年	2001 年	2002 年
旅游外汇收入	43.93	27.83	3.51	7.72	20.83	18.82	21.35	23.56
人民币对主要外币年平均汇价(中间价)								
100 美元	－3.11	－0.44	－0.29	－0.13	0.01	－0.03	0.00	0.00
100 日元	5.75	－14.43	－10.15	－7.45	27.14	－8.48	－7.85	－2.70
100 港元	－3.20	－0.42	－0.39	－0.20	－0.33	－0.42	0.00	－0.01
十五、教　育								
普通高等学校								
学校数	0.00	0.00	－2.04	2.08	6.12	11.54	12.07	15.38
招生数	1.04	1.68	0.72	10.61	30.82	51.46	47.06	19.16
毕业生数	3.22	－8.16	4.82	2.66	－3.62	0.15	40.04	36.09
在校学生数	2.40	5.48	3.98	6.57	13.98	42.19	47.90	29.87
教职工数	2.61	1.30	－2.17	－0.22	－1.27	10.65	17.21	12.50
# 专任教师	2.43	0.74	1.67	0.82	3.26	16.53	24.79	21.07
中等专业学校								
学校数	0.41	4.51	－1.18	0.79	－1.18	－3.19	－17.70	－17.50
招生数	6.47	10.50	6.52	2.32	6.42	－23.57	－1.37	25.73
毕业生数	15.51	33.77	15.35	9.87	7.29	－2.91	6.95	0.46
在校学生数	16.29	11.99	7.36	5.10	5.21	－3.16	－6.81	1.17
教职工数	2.90	5.39	1.13	1.83	0.29	－5.18	－24.81	－3.56
# 专任教师	3.91	9.26	1.98	3.24	1.73	－4.23	－23.53	－1.52
普通中学								
学校数	－6.56	－4.99	－2.63	－1.24	－1.06	－0.24	2.38	－0.77
招生数	8.01	1.57	5.01	12.96	10.39	5.39	－5.65	－8.73
毕业生数	1.13	4.09	15.43	12.65	3.11	1.87	12.28	9.03
在校学生数	10.14	8.88	5.69	5.57	8.55	9.38	3.47	－1.85
教职工数	3.66	4.79	4.50	3.18	2.40	3.91	4.70	2.41
# 专任教师	4.02	5.57	5.45	3.81	3.44	4.93	2.66	2.78
技工学校								
学校数	1.96	0.00	－2.24	0.00	－0.98	－7.62	－0.36	－10.43
招生数	3.60	10.45	－4.56	－24.83	－8.57	－5.67	10.99	56.12
毕业生数	44.31	－3.78	3.70	－9.21	20.52	－6.88	－16.19	－11.00
在校学生数	1.83	9.60	4.01	－2.17	－14.30	－14.74	－4.06	25.18
教职工数	－1.17	－2.94	－6.85	－3.85	－14.60	－15.20	－5.44	－4.16
# 专任教师	3.90	－1.22	2.04	－0.17	3.53	－3.20	14.18	－18.61
小　学								
学校数	－7.39	－14.04	－7.62	－7.75	－14.58	－11.67	－17.97	－8.21
招生数	－0.40	－5.34	－5.49	－20.34	－20.71	－9.96	－2.99	5.82
毕业生数	0.68	－1.16	2.17	11.78	10.05	1.94	－9.71	－18.20
在校学生数	5.00	3.35	1.89	－3.92	－8.47	－11.01	－9.77	－5.23
教职工数	1.78	1.55	1.06	－0.12	－3.62	－2.42	－3.92	－1.96
# 专任教师	1.95	1.50	1.24	0.11	－3.75	－2.54	－4.37	－1.68
成人高等学校								
学校数	0.00	0.00	0.00	－13.21	－13.04	0.00	－15.00	－14.71
招生数	－25.00	－1.94	9.90	11.92	18.34	－5.39	25.17	7.62

2－5 续表 5　　单位：%

类　　别	1995 年	1996 年	1997 年	1998 年	1999 年	2000 年	2001 年	2002 年
毕业生数	81.13	16.93	13.52	－16.77	0.01	14.93	－18.98	21.53
在校学生数	1.30	－2.25	－4.85	7.43	11.26	－0.54	16.27	23.78
教职工数	0.85	1.13	5.92	－7.61	10.07	－1.71	－1.27	－15.20
#专任教师	2.81	7.59	6.62	－5.31	8.75	－0.66	－3.43	－9.63
十六、科　技								
重要科技成果								
成果数量	4.43	4.21	3.51	1.45	3.65	1.08	－16.52	－3.02
#农　业	0.86	1.00	3.95	－16.69	－9.28	3.23	－14.09	－8.50
工　业	2.49	4.92	－5.13	－0.13	－16.17	1.50	－11.71	－1.85
医　卫	5.59	12.67	17.62	15.83	40.39	－2.46	－7.01	－0.77
国际领先先进水平	12.02	1.07	－3.18	58.77	2.76	－19.49	－15.53	－3.95
国内领先先进水平	6.62	3.57	13.81	－6.05	8.78	4.53	－14.75	－2.79
省内领先先进水平	－9.36	9.94	－33.87	－14.75	－34.91	－12.08	－8.24	－3.59
专利情况								
申请量	－9.19	32.46	6.50	16.46	13.06	16.65	11.47	15.11
授权量	8.08	－8.07	10.53	41.97	58.37	6.52	－3.42	8.48
实施量	－6.67	－6.63	18.07	7.31	14.18	3.60	118.97	20.00
创产值	39.26	96.94	10.91	9.95	6.91	19.49	－28.08	17.07
创外汇	－33.24	－5.06	28.00	46.88	－36.17	3.33	－19.51	24.13
许可合同数	－16.90	8.85	6.81	4.94	25.88	0.93	－9.88	34.59
交易额	－10.46	7.91	92.79	1.74	12.05	1.49	33.33	132.38
创利税	42.84	104.81	13.80	11.98	4.81	27.67	－21.14	－7.93
十七、卫生、文化								
卫生机构床位数	0.75	－0.21	3.33	0.61	2.66	0.72	1.54	0.34
卫生技术人员数	2.60	5.87	2.61	2.32	2.32	2.26	1.08	－1.81
#医生数	4.14	7.36	1.57	2.12	4.51	4.32	2.63	－9.35
文化(艺术)馆								
机构数	0.64	0.63	－0.63	0.00	0.00	0.63	0.00	－1.89
人　数	2.13	－0.86	0.83	－0.37	－1.78	－4.35	－2.62	－1.34
文化站								
机构数	－1.01	4.36	0.65	0.48	－0.04	－2.85	－21.06	－2.41
人　数	8.15	5.42	－3.32	5.10	－1.38	0.33	－10.93	2.58
艺术表演团体								
机构数	0.00	0.00	0.00	0.00	－0.85	0.85	2.54	0.00
人　数	－4.31	－1.30	0.95	0.36	－1.51	－2.21	0.79	0.67
剧场(院)								
机构数	－2.54	－3.48	－3.60	0.00	0.00	－1.87	0.00	－0.95
人　数	－3.30	－2.01	－2.75	－2.83	－1.28	－2.79	－1.17	－0.41
图书馆								
机构数	3.17	0.77	0.00	0.00	1.53	0.00	2.26	2.94
人　数	2.75	1.77	4.75	2.63	0.75	－1.92	－0.12	2.24
博物馆								
机构数	3.70	－3.57	0.00	3.70	1.79	3.51	11.86	6.06
人　数	3.10	4.10	2.63	－8.96	16.95	－1.80	－1.35	－2.79

2-6 1952-2002年国内生产总值

单位:亿元

年份	国内生产总值	第一产业	第二产业	工业	建筑业	第三产业	#交通运输仓储邮电通信业	#批发零售贸易餐饮业	人均国内生产总值(元)
1952	43.41	28.55	7.87	7.38	0.49	6.99	1.01	2.72	91
1953	45.79	28.23	9.30	8.74	0.56	8.26	1.20	3.22	94
1954	52.98	32.48	10.98	10.38	0.60	9.52	1.31	3.92	106
1955	57.78	35.52	11.42	10.81	0.61	10.84	1.40	4.62	113
1956	63.13	35.67	16.34	14.98	1.36	11.12	1.44	4.53	121
1957	61.39	31.95	17.59	16.62	0.97	11.85	1.61	4.38	116
1958	72.97	33.94	23.73	21.29	2.44	15.30	3.28	4.88	135
1959	75.96	28.73	27.86	25.16	2.70	19.37	4.55	5.56	141
1960	71.37	20.61	31.07	28.11	2.96	19.69	5.38	4.68	135
1961	63.40	26.44	20.19	19.04	1.15	16.77	4.02	3.64	121
1962	64.38	30.42	16.91	15.90	1.01	17.05	3.89	3.93	120
1963	67.61	33.47	19.09	17.65	1.44	15.05	2.84	3.16	123
1964	71.66	33.05	23.43	21.74	1.69	15.18	3.25	2.64	128
1965	86.25	42.24	28.96	25.99	2.97	15.05	3.67	2.00	152
1966	97.58	46.99	34.44	31.34	3.10	16.15	3.98	2.67	169
1967	99.44	46.71	35.43	32.78	2.65	17.30	3.92	3.66	168
1968	99.34	44.46	37.43	34.72	2.71	17.45	3.77	3.77	165
1969	108.17	50.16	39.56	36.22	3.34	18.45	3.99	4.15	175
1970	126.31	52.23	53.71	50.16	3.55	20.37	4.84	4.69	199
1971	139.69	56.33	61.50	57.65	3.85	21.86	5.45	4.49	215
1972	146.52	59.11	63.22	58.57	4.65	24.19	6.07	4.51	221
1973	154.33	61.92	65.99	60.67	5.32	26.42	6.15	6.31	229
1974	130.81	59.19	47.44	42.70	4.74	24.18	5.15	4.60	191
1975	166.19	65.54	75.31	69.76	5.55	25.34	5.63	4.77	240
1976	179.58	68.88	84.70	78.23	6.47	26.00	6.27	4.40	242
1977	207.07	79.01	95.34	88.05	7.29	32.72	7.81	3.92	293
1978	225.45	75.06	119.35	108.53	10.82	31.04	8.27	3.29	316
1979	251.60	91.12	127.68	114.67	13.01	32.80	9.50	4.18	350
1980	292.13	106.43	146.11	130.55	15.56	39.59	10.07	6.39	402
1981	346.57	132.21	155.41	138.09	17.32	58.95	13.18	16.56	472
1982	395.38	154.07	166.05	147.10	18.95	75.26	14.10	22.39	531
1983	459.83	185.57	178.75	159.15	19.60	95.51	17.12	32.07	611
1984	581.56	222.13	239.27	214.20	25.07	120.16	22.25	37.97	765
1985	680.46	235.96	293.07	259.42	33.65	151.43	28.22	46.14	887
1986	742.05	252.73	313.21	274.80	38.41	176.11	34.03	49.85	956
1987	892.29	287.31	384.57	341.31	43.26	220.41	47.45	60.58	1131
1988	1117.66	331.94	497.10	435.51	61.59	288.62	55.50	86.71	1395
1989	1293.94	359.14	579.65	513.97	65.68	355.15	66.55	108.51	1595
1990	1511.19	425.29	635.98	568.25	67.73	449.92	81.87	132.83	1815
1991	1810.54	521.85	745.90	663.90	82.00	542.79	98.97	161.00	2122
1992	2196.53	534.62	999.11	889.59	109.52	662.80	120.18	200.93	2556
1993	2779.49	596.63	1358.94	1204.58	154.36	823.92	141.35	234.84	3222
1994	3872.18	775.03	1900.46	1700.31	200.15	1196.69	214.36	325.90	4473
1995	5002.34	1010.13	2372.67	2113.34	259.33	1619.54	297.71	439.79	5758
1996	5960.42	1200.17	2810.72	2500.07	310.65	1949.53	364.71	528.40	6834
1997	6650.02	1195.00	3185.05	2830.05	355.00	2269.97	424.36	599.06	7590
1998	7162.20	1215.81	3457.03	3052.44	404.59	2489.36	442.20	665.33	8128
1999	7662.10	1221.00	3705.44	3251.77	453.67	2735.66	490.90	720.56	8673
2000	8542.44	1268.57	4244.40	3737.38	507.02	3029.47	553.17	785.68	9555
2001	9438.31	1359.49	4654.51	4092.24	562.27	3424.31	668.49	891.34	10465
2002	10552.06	1390.00	5309.54	4629.54	680.00	3852.52	667.75	1047.83	11645

注:本表按当年价格计算。

2－7 1952－2002年国内生产总值指数

（以1952年为100）

年份	国内生产总值	第一产业	第二产业	工业	建筑业	第三产业	#交通运输仓储邮电通信业	#批发零售贸易餐饮业
1953	102.06	92.72	127.81	128.52	117.66	113.71	114.20	113.81
1954	116.35	104.66	148.48	150.01	124.30	130.99	120.36	139.49
1955	127.37	115.59	155.24	157.08	126.52	146.98	122.03	162.78
1956	142.34	116.06	236.43	234.35	279.67	151.70	131.71	159.48
1957	137.42	101.54	261.87	264.46	226.56	154.55	147.34	146.35
1958	163.10	107.63	349.36	334.59	572.27	199.42	300.18	162.84
1959	169.46	90.25	410.15	396.19	625.95	249.49	412.45	183.18
1960	149.12	63.57	394.56	375.07	681.97	251.59	483.52	152.90
1961	116.45	65.20	269.01	264.12	325.16	170.48	354.66	79.65
1962	113.45	69.63	214.78	213.01	235.90	184.44	348.77	97.13
1963	125.96	81.85	245.26	239.79	322.22	180.92	264.30	92.37
1964	140.27	84.55	311.46	306.74	378.29	193.06	306.35	82.87
1965	171.10	107.06	404.77	385.51	691.36	197.89	369.70	61.56
1966	199.04	122.27	499.41	484.55	724.06	213.54	402.79	83.60
1967	203.66	121.54	538.46	536.30	585.98	207.92	334.28	112.00
1968	201.66	112.18	564.68	562.74	607.08	209.62	321.24	115.34
1969	217.47	124.70	596.92	588.18	744.77	222.28	340.35	127.53
1970	251.57	129.03	752.78	747.34	831.54	261.02	454.06	150.18
1971	290.84	135.35	1004.36	1013.62	911.28	266.74	513.50	143.99
1973	332.34	145.82	1179.86	1177.94	1265.14	323.55	582.45	203.05
1974	279.76	139.52	854.22	838.81	1129.26	296.66	488.97	148.17
1975	361.53	154.32	1364.79	1372.46	1321.35	310.66	533.76	153.62
1976	380.33	161.73	1450.64	1448.22	1539.24	318.46	593.81	141.50
1977	423.35	185.34	1551.60	1542.06	1733.65	376.74	740.12	126.27
1978	466.15	174.26	1945.24	1904.43	2572.05	379.68	782.31	105.76
1979	496.92	188.62	2067.79	2001.56	3049.68	395.25	885.89	132.28
1980	557.74	207.14	2315.51	2229.94	3573.92	470.07	925.40	199.37
1981	589.92	220.50	2388.45	2326.50	3370.21	524.93	908.00	387.16
1982	656.29	244.25	2522.20	2440.03	3760.48	667.66	967.93	521.74
1983	747.38	283.23	2712.63	2644.02	3807.49	825.90	1145.64	728.19
1984	877.20	334.95	3191.41	3084.78	4788.30	951.85	1363.77	789.94
1985	977.29	342.15	3780.23	3612.28	6172.12	1094.06	1577.75	875.57
1986	1038.37	339.93	4184.71	4028.78	6471.47	1189.35	1778.44	884.06
1987	1181.98	364.91	4898.20	4786.17	6727.09	1392.02	2319.26	1004.65
1988	1330.20	364.00	6007.64	5850.16	8490.93	1526.21	2271.25	1203.97
1989	1383.01	361.63	6431.18	6348.01	8057.04	1568.18	2273.98	1258.15
1990	1455.62	380.98	6891.01	6855.85	7986.14	1578.37	2222.36	1223.68
1991	1668.43	434.89	7852.31	7880.80	8429.37	1830.91	2583.05	1426.20
1992	1950.56	435.54	10095.71	10200.91	10167.51	2129.35	2987.30	1695.18
1993	2377.34	462.11	13180.96	13327.49	13186.24	2580.77	3425.84	1931.83
1994	2763.90	495.84	15481.04	15671.80	15303.95	3111.89	4125.27	2251.93
1995	3154.99	540.17	17820.23	18035.11	17660.76	3605.44	4890.28	2633.41
1996	3541.16	575.82	20323.97	20560.03	20223.34	4061.53	5608.17	2994.71
1997	3939.19	578.53	22964.05	23228.72	22868.55	4646.39	6340.60	3443.35
1998	4366.20	611.22	25712.85	26004.55	25647.08	5183.51	6880.82	3882.38
1999	4808.93	639.95	28854.96	29203.11	28565.72	5667.13	7666.61	4330.41
2000	5313.87	664.27	32430.09	32894.38	31405.15	6253.11	8528.34	4798.53
2001	5847.91	692.17	36107.66	36720.00	34313.27	6921.57	10235.71	5416.58
2002	6523.35	709.13	41433.54	41915.88	40918.57	7657.33	10275.63	6147.28

注：本表按可比价格计算。

2－7续表 （以上年为100）

年份	国内生产总值	第一产业	第二产业	工业	建筑业	第三产业	#交通运输仓储邮电通信业	#批发零售贸易餐饮业
1953	102.06	92.72	127.81	128.52	117.66	113.71	114.20	113.81
1954	114.00	112.88	116.17	116.72	105.64	115.20	105.39	122.56
1955	109.47	110.44	104.55	104.71	101.79	112.21	101.39	116.70
1956	111.75	100.41	152.30	149.19	221.05	103.21	107.93	97.97
1957	96.54	87.49	110.76	112.85	81.01	101.88	111.87	91.77
1958	118.69	106.00	133.41	126.52	252.59	129.03	203.73	111.27
1959	103.90	83.85	117.40	118.41	109.38	125.11	137.40	112.49
1960	88.00	70.44	96.20	94.67	108.95	100.84	117.23	83.47
1961	78.09	102.57	68.18	70.42	47.68	67.76	73.35	52.09
1962	97.42	106.79	79.84	80.65	72.55	108.19	98.34	121.94
1963	111.03	117.55	114.19	112.57	136.59	98.09	75.78	95.10
1964	111.36	103.30	126.99	127.92	117.40	106.71	115.91	89.71
1965	121.98	126.62	129.96	125.68	182.76	102.50	120.68	74.29
1966	116.33	114.21	123.38	125.69	104.73	107.91	108.95	135.80
1967	102.32	99.40	107.82	110.68	80.93	97.37	82.99	133.97
1968	99.02	92.30	104.87	104.93	103.60	100.82	96.10	102.98
1969	107.84	111.16	105.71	104.52	122.68	106.04	105.95	110.57
1970	115.68	103.47	126.11	127.06	111.65	117.43	133.41	117.76
1971	115.61	104.90	133.42	135.63	109.59	102.19	113.09	95.88
1972	108.35	103.03	112.04	111.56	121.08	110.99	111.75	100.75
1973	105.46	104.57	104.85	104.17	114.66	109.29	101.50	139.93
1974	84.18	95.68	72.40	71.21	89.26	91.69	83.95	72.97
1975	129.23	110.61	159.77	163.62	117.01	104.72	109.16	103.68
1976	105.20	104.80	106.29	105.52	116.49	102.51	111.25	92.11
1977	111.31	114.60	106.96	106.48	112.63	118.30	124.64	89.24
1978	110.11	94.02	125.37	123.51	148.38	100.78	105.70	83.76
1979	106.60	108.24	106.30	105.10	118.57	104.10	113.24	125.08
1980	112.24	109.82	111.98	111.41	117.19	118.93	104.46	150.72
1981	105.77	106.45	103.15	104.33	94.30	111.67	98.12	194.19
1982	111.25	110.77	105.60	104.88	111.58	127.19	106.60	134.76
1983	113.88	115.96	107.55	108.36	101.25	123.70	118.36	139.57
1984	117.37	118.26	117.65	116.67	125.76	115.25	119.04	108.48
1985	111.41	102.15	118.45	117.10	128.90	114.94	115.69	110.84
1986	106.25	99.35	110.70	111.53	104.85	108.71	112.72	100.97
1987	113.83	107.35	117.05	118.80	103.95	117.04	130.41	113.64
1988	112.54	99.75	122.65	122.23	126.22	109.64	97.93	119.84
1989	103.97	99.35	107.05	108.51	94.89	102.75	100.12	104.50
1990	105.25	105.35	107.15	108.00	99.12	100.65	97.73	97.26
1991	114.62	114.15	113.95	114.95	105.55	116.00	116.23	116.55
1992	116.91	100.15	128.57	129.44	120.62	116.30	115.65	118.86
1993	121.88	106.10	130.56	130.65	129.69	121.20	114.68	113.96
1994	116.26	107.30	117.45	117.59	116.06	120.58	120.42	116.57
1995	114.15	108.94	115.11	115.08	115.40	115.86	118.55	116.94
1996	112.24	106.60	114.05	114.00	114.51	112.65	114.68	113.72
1997	111.24	100.47	112.99	112.98	113.08	114.40	113.06	114.98
1998	110.84	105.65	111.97	111.97	112.04	111.55	109.74	109.40
1999	110.14	104.70	112.22	112.30	111.38	109.33	111.42	111.54
2000	110.50	103.80	112.39	112.64	109.94	110.34	111.24	110.81
2001	110.05	104.20	111.34	111.63	109.26	110.69	120.02	112.88
2002	111.55	102.45	114.75	114.15	119.25	110.63	100.39	113.49

2－8 1952－2002年国内生产总值构成

单位：%

年份	国内生产总值	第一产业	第二产业	工业	建筑业	第三产业	#交通运输仓储邮电通信业	#批发零售贸易餐饮业
1952	100	65.77	18.13	17.00	1.13	16.10	2.33	6.27
1953	100	61.65	20.31	19.09	1.22	18.04	2.62	7.03
1954	100	61.31	20.72	19.59	1.13	17.97	2.47	7.40
1955	100	61.47	19.77	18.71	1.06	18.76	2.42	8.00
1956	100	56.50	25.88	23.73	2.15	17.62	2.28	7.18
1957	100	52.04	28.65	27.07	1.58	19.30	2.62	7.13
1958	100	46.51	32.52	29.18	3.34	20.97	4.49	6.69
1959	100	37.82	36.68	33.12	3.56	25.50	5.99	7.32
1960	100	28.88	43.53	39.38	4.15	27.59	7.54	6.56
1961	100	41.70	31.85	30.03	1.82	26.45	6.34	5.74
1962	100	47.25	26.27	24.70	1.57	26.48	6.04	6.10
1963	100	49.50	28.24	26.11	2.13	22.26	4.20	4.67
1964	100	46.12	32.70	30.34	2.36	21.18	4.54	3.68
1965	100	48.97	33.58	30.13	3.45	17.45	4.26	2.32
1966	100	48.16	35.29	32.12	3.17	16.55	4.08	2.74
1967	100	46.97	35.63	32.96	2.67	17.40	3.94	3.68
1968	100	44.76	37.68	34.95	2.73	17.56	3.80	3.80
1969	100	46.37	36.57	33.48	3.09	17.06	3.69	3.84
1970	100	41.35	42.52	39.71	2.81	16.13	3.83	3.71
1971	100	40.32	44.03	41.27	2.76	15.65	3.90	3.21
1972	100	40.34	43.15	39.98	3.17	16.51	4.14	3.08
1973	100	40.12	42.76	39.31	3.45	17.12	3.98	4.09
1974	100	45.25	36.27	32.64	3.63	18.48	3.94	3.52
1975	100	39.44	45.31	41.97	3.34	15.25	3.39	2.87
1976	100	38.36	47.16	43.56	3.60	14.48	3.49	2.45
1977	100	38.16	46.04	42.52	3.52	15.80	3.77	1.89
1978	100	33.29	52.94	48.14	4.80	13.77	3.67	1.46
1979	100	36.22	50.75	45.58	5.17	13.03	3.78	1.66
1980	100	36.43	50.02	44.69	5.33	13.55	3.45	2.19
1981	100	38.15	44.84	39.84	5.00	17.01	3.80	4.78
1982	100	38.97	42.00	37.21	4.79	19.03	3.57	5.66
1983	100	40.36	38.87	34.61	4.26	20.77	3.72	6.97
1984	100	38.20	41.14	36.83	4.31	20.66	3.83	6.53
1985	100	34.68	43.07	38.12	4.95	22.25	4.15	6.78
1986	100	34.06	42.21	37.03	5.18	23.73	4.59	6.72
1987	100	32.20	43.10	38.25	4.85	24.70	5.32	6.79
1988	100	29.70	44.48	38.97	5.51	25.82	4.97	7.76
1989	100	27.75	44.80	39.72	5.08	27.45	5.14	8.39
1990	100	28.14	42.09	37.60	4.48	29.77	5.42	8.79
1991	100	28.82	41.20	36.67	4.53	29.98	5.47	8.89
1992	100	24.34	45.49	40.50	4.99	30.17	5.47	9.15
1993	100	21.47	48.89	43.34	5.55	29.64	5.09	8.45
1994	100	20.02	49.08	43.91	5.17	30.90	5.54	8.42
1995	100	20.19	47.43	42.25	5.18	32.38	5.95	8.79
1996	100	20.13	47.16	41.95	5.21	32.71	6.12	8.87
1997	100	17.97	47.90	42.56	5.34	34.13	6.38	9.01
1998	100	16.98	48.27	42.62	5.65	34.75	6.17	9.29
1999	100	15.94	48.36	42.44	5.92	35.70	6.41	9.40
2000	100	14.85	49.69	43.75	5.94	35.46	6.48	9.20
2001	100	14.40	49.32	43.36	5.96	36.28	7.08	9.44
2002	100	13.17	50.32	43.88	6.44	36.51	6.33	9.93

注：本表按当年价格计算。

2-9 国 内 生 产 总 值

单位:亿元

分　　组	2001 年	2002 年	2002 年为 2001 年%
国内生产总值	**9438.31**	**10552.06**	**111.6**
第一产业	1359.49	1390.00	102.5
第二产业	4654.51	5309.54	114.8
工　业	4092.24	4629.54	114.2
建筑业	562.27	680.00	119.3
第三产业	3424.31	3852.52	110.6
农林牧渔服务业	23.18	25.50	111.1
地质勘查业、水利管理业	23.21	25.47	106.2
交通运输、仓储及邮电通信业	668.49	667.75	100.4
交通运输和仓储业	530.58	493.94	95.0
邮电通信业	137.91	173.81	121.6
批发和零售贸易、餐饮业	891.34	1047.83	113.5
金融保险业	465.38	457.20	101.6
房地产业	376.26	429.32	112.8
社会服务业	218.14	300.49	124.9
卫生、体育和社会福利业	133.64	149.27	113.2
教育、文艺及广播电影电视业	249.32	298.76	121.0
科学研究和综合技术服务业	34.50	40.69	119.1
国家机关、政党机关和社会团体	301.72	344.35	114.2
其他行业	39.13	65.89	126.3
支出法计算的国内生产总值中			
一、最终消费	4582.61	5021.15	110.6
#居民消费	3382.64	3581.27	107.2
农村居民	1673.56	1737.93	105.2
城镇居民	1709.08	1843.34	109.2
二、资本形成总额	4513.32	4940.67	109.7
三、货物和服务净出口	342.38	590.24	148.3

注:本表中绝对数按当年价格计算,指数按可比价格计算。

2－10 1978－2002年支出法计算的国内生产总值

单位:亿元

年份	国内生产总值(支出法)	#最终消费	居民消费	政府消费	#资本形成总额	#固定资产形成总额
1978	225.45	143.67	120.59	23.08	77.08	62.32
1979	251.60	155.83	133.42	22.41	81.05	65.45
1980	292.13	188.26	161.67	26.59	95.27	71.31
1981	346.57	212.91	181.79	31.12	100.41	81.95
1982	395.38	257.12	221.77	35.35	126.52	102.30
1983	459.83	285.15	242.31	42.84	142.59	121.09
1984	581.56	318.40	264.67	53.73	192.49	153.86
1985	680.46	365.69	297.92	67.77	253.68	195.39
1986	742.05	410.40	330.87	79.53	279.80	230.54
1987	892.29	481.01	377.18	103.83	371.44	293.40
1988	1117.66	592.91	471.31	121.60	458.97	335.12
1989	1293.94	700.93	522.40	178.53	537.52	333.27
1990	1511.19	807.32	588.46	218.86	638.78	412.59
1991	1810.54	914.36	667.63	246.73	815.00	555.76
1992	2196.53	1078.95	780.50	298.45	1045.40	758.28
1993	2735.68	1263.34	907.58	355.76	1374.89	1024.84
1994	3810.03	1889.34	1321.60	567.74	1784.62	1229.55
1995	4895.26	2479.05	1688.25	790.80	2247.58	1481.10
1996	5894.82	2997.89	1994.23	1003.66	2761.80	1777.05
1997	6625.08	3293.88	2384.46	909.42	3202.30	2044.45
1998	7162.20	3533.34	2554.64	978.70	3463.15	2347.02
1999	7662.10	3809.13	2821.87	987.26	3652.95	2662.95
2000	8542.44	4099.74	3099.76	999.98	4200.61	3200.77
2001	9438.31	4582.61	3382.64	1199.97	4513.32	3570.59
2002	10552.06	5021.15	3581.27	1439.88	4940.67	4261.94

注:本表按当年价格计算。

2－11 各市国内生产总值

单位:亿元

地　　区	国内生产总值			第一产业增加值			第二产业增加值		
	2001 年	2002 年	2002 年为 2001 年%	2001 年	2002 年	2002 年为 2001 年%	2001 年	2002 年	2002 年为 2001 年%
济南市	1066.16	1200.83	113.2	97.17	98.74	102.7	443.16	509.09	114.7
青岛市	1316.08	1518.17	114.6	143.22	145.94	104.2	648.74	764.97	116.9
淄博市	702.09	780.00	113.0	47.43	48.33	102.0	406.14	452.87	114.3
枣庄市	276.82	313.86	113.1	43.83	45.75	104.0	138.23	162.20	116.4
东营市	501.52	540.30	111.5	32.00	32.96	106.2	404.98	417.37	111.0
烟台市	979.50	1115.00	114.1	132.24	136.03	102.9	503.18	578.03	115.7
潍坊市	802.00	895.00	112.5	149.27	150.42	101.7	368.82	423.57	116.0
济宁市	650.02	743.50	114.0	118.52	122.10	104.1	288.00	341.00	117.8
泰安市	448.02	515.20	113.9	74.12	75.81	102.1	201.90	246.19	118.8
威海市	627.10	703.50	114.5	87.02	90.11	104.6	330.18	388.71	117.4
日照市	234.27	261.43	112.6	52.06	53.38	103.6	94.04	108.25	116.2
莱芜市	125.36	141.90	113.0	13.96	14.39	103.0	64.00	73.72	114.6
临沂市	623.15	702.13	112.7	116.78	119.65	103.5	297.31	335.34	114.2
德州市	407.43	460.50	112.6	90.63	93.00	102.8	187.80	221.00	117.0
聊城市	318.54	375.50	114.2	93.70	96.11	102.3	138.36	172.92	119.2
滨州市	306.50	340.60	113.0	62.91	62.72	99.2	152.09	173.10	117.6
菏泽市	225.72	249.84	110.1	107.87	110.49	103.4	62.89	78.26	120.3

注:本表绝对额按当年价格计算,速度按可比价格计算。

2－11 续表

单位:亿元

地　　区	# 工业增加值			第三产业增加值			人均国内生产总值(元)	
	2001 年	2002 年	2002 年为 2001 年%	2001 年	2002 年	2002 年为 2001 年%	2001 年	2002 年
济南市	356.73	410.98	115.2	525.83	593.00	113.9	18842	20994
青岛市	578.23	680.96	117.0	524.12	607.26	114.7	17581	20160
淄博市	369.20	408.46	114.8	248.52	278.80	113.0	17156	18966
枣庄市	120.54	141.00	115.6	94.76	105.91	112.5	7708	8687
东营市	366.78	374.75	111.0	64.54	89.97	117.2	29015	30966
烟台市	463.56	526.50	114.5	344.08	400.94	115.9	15060	17131
潍坊市	329.82	379.25	116.0	283.91	321.01	113.5	9488	10570
济宁市	250.50	292.00	117.0	243.50	280.40	114.5	8240	9348
泰安市	171.90	207.29	117.5	172.00	193.20	113.0	8267	9458
威海市	309.05	359.71	116.0	209.90	224.68	114.0	25380	28433
日照市	79.08	91.35	116.8	88.17	99.80	114.0	8476	9421
莱芜市	53.90	63.00	115.4	47.40	53.79	113.8	10158	11467
临沂市	252.81	285.50	114.6	209.06	247.14	115.9	6211	6974
德州市	163.29	193.00	117.4	129.00	146.50	113.2	7572	8497
聊城市	117.90	148.22	119.1	86.48	106.47	119.5	5734	6712
滨州市	130.09	147.10	118.0	91.50	104.78	115.0	8466	9361
菏泽市	53.93	67.06	119.5	54.96	61.09	111.9	2647	2904

2-12 各市国内生产总值构成

单位:%

地区	国内生产总值		第一产业		第二产业		第三产业	
	2001 年	2002 年	2001 年	2002 年	2001 年	2002 年	2001 年	2002 年
济南市	100.0	100.0	9.1	8.2	41.6	42.4	49.3	49.4
青岛市	100.0	100.0	10.9	9.6	49.3	50.4	39.8	40.0
淄博市	100.0	100.0	6.8	6.2	57.8	58.1	35.4	35.7
枣庄市	100.0	100.0	15.8	14.6	49.9	51.7	34.3	33.7
东营市	100.0	100.0	6.4	6.1	80.7	77.2	12.9	16.7
烟台市	100.0	100.0	13.5	12.2	51.4	51.8	35.1	36.0
潍坊市	100.0	100.0	18.6	16.8	46.0	47.3	35.4	35.9
济宁市	100.0	100.0	18.2	16.4	44.3	45.9	37.5	37.7
泰安市	100.0	100.0	16.5	14.7	45.1	47.8	38.4	37.5
威海市	100.0	100.0	13.9	12.8	52.7	55.3	33.4	31.9
日照市	100.0	100.0	22.2	20.4	40.2	41.4	37.6	38.2
莱芜市	100.0	100.0	11.1	10.1	51.1	52.0	37.8	37.9
临沂市	100.0	100.0	18.7	17.0	47.7	47.8	33.6	35.2
德州市	100.0	100.0	22.2	20.2	46.1	48.0	31.7	31.8
聊城市	100.0	100.0	29.4	25.6	43.4	46.0	27.2	28.4
滨州市	100.0	100.0	20.5	18.4	49.6	50.8	29.9	30.8
菏泽市	100.0	100.0	47.8	44.2	27.9	31.3	24.3	24.5

注:本表按当年价格计算。

2－13 1978－2002年居民消费水平及指数

年份	绝对额(元)			指数(上年＝100)			指数(1978年＝100)		
	全省居民	农村居民	城镇居民	全省居民	农村居民	城镇居民	全省居民	农村居民	城镇居民
1978	169	136	529	110.00	113.89	97.50	100.00	100.00	100.00
1979	185	150	544	106.06	106.71	101.65	106.06	106.71	101.65
1980	223	181	632	107.62	106.29	110.81	114.14	113.42	112.64
1981	247	203	662	109.73	109.68	105.69	125.25	124.40	119.05
1982	298	259	642	111.29	116.18	96.15	139.39	144.53	114.46
1983	322	285	633	108.70	111.81	96.32	151.52	161.60	110.25
1984	348	310	642	106.67	107.17	99.83	161.62	173.18	110.06
1985	388	338	737	104.69	102.82	105.49	169.20	178.07	116.11
1986	426	373	795	106.27	107.19	102.68	179.81	190.87	119.22
1987	478	415	933	102.25	101.28	107.68	183.86	193.32	128.37
1988	588	494	1160	104.95	101.89	105.56	192.96	196.97	135.51
1989	644	514	1277	72.25	91.95	101.89	139.41	181.11	138.07
1990	698	563	1310	137.32	104.04	92.18	191.44	188.43	127.28
1991	780	617	1501	105.54	104.21	107.05	202.05	196.36	136.25
1992	909	667	1893	108.50	102.48	115.32	219.22	201.23	157.12
1993	1052	760	2150	110.14	108.18	106.29	241.45	217.69	167.01
1994	1527	1058	3079	115.31	113.16	112.48	278.41	246.34	187.85
1995	1943	1342	3788	112.64	109.95	111.47	313.60	270.85	209.39
1996	2287	1558	4376	108.62	107.29	106.44	340.64	290.60	222.88
1997	2722	1868	5124	111.45	111.94	110.18	379.64	325.30	245.57
1998	2899	1998	5450	109.07	108.61	109.81	414.07	353.30	269.66
1999	3194	2188	6060	110.16	110.27	110.36	456.14	389.59	297.59
2000	3467	2352	6572	107.66	107.02	107.17	491.08	416.94	318.93
2001	3751	2555	6923	107.73	107.74	105.34	529.04	449.21	335.96
2002	3952	2681	7145	106.75	105.37	105.36	564.73	473.33	353.97

注:本表绝对额按当年价格计算,指数按可比价格计算。

2－14 各市居民消费水平及指数

地区	绝对额(元)						2002年为2001年%		
	全体居民		农村居民		城镇居民		全体居民	农村居民	城镇居民
	2001年	2002年	2001年	2002年	2001年	2002年			
济南市	4928	5544	2468	2657	8944	9158	114.1	107.7	104.5
青岛市	4920	5349	3011	3274	8222	8828	109.0	108.8	107.9
淄博市	4037	4074	2828	2841	6341	6450	109.3	106.1	112.7
枣庄市	3679	3903	2752	2926	5751	6062	105.9	106.1	105.1
东营市	4602	4970	2389	2569	7667	8168	109.9	107.8	109.2
烟台市	4446	4698	3265	3230	7897	8791	104.4	97.9	109.9
潍坊市	3513	3656	2430	2525	6987	7062	104.4	104.5	101.1
济宁市	2982	3190	2200	2253	5387	5916	107.6	103.6	109.7
泰安市	3706	3897	2406	2420	6720	7255	105.9	101.5	108.5
威海市	5196	5790	3281	3633	8131	8803	113.0	111.7	110.3
日照市	3225	3547	2361	2645	5915	6288	111.5	110.8	111.1
莱芜市	3574	3992	2333	2697	6184	6615	113.0	117.0	108.2
临沂市	2444	2852	1828	2098	5227	6062	116.9	115.0	116.2
德州市	1859	1977	1256	1203	4437	4791	106.3	95.8	108.0
聊城市	2015	2318	1446	1565	4598	5415	110.6	105.6	111.2
滨州市	3142	3564	2552	2925	6746	7284	114.0	115.2	108.3
菏泽市	1730	1801	1389	1406	3604	3936	104.4	101.5	109.5

注:本表绝对数按当年价格计算,指数按可比价格计算。

三、人　口

POPULATION

简要说明：

一、本篇资料反映我省人口方面的基本情况，包括全省 17 个市的主要人口统计数据、历年人口数、(非)农业人口数、人口出生率、死亡率、自然增长率。另外，我们还对建国以来进行的五次人口普查主要数据进行了比较。

二、本篇的 5 张表均由山东省统计局人口与就业处整理提供。其中：表 3－3 为五次人口普查主要数据，表 3－4、3－5 是 2002 年公安户籍统计数据。

三、2000 年人口普查的对象是具有中华人民共和国国籍，并在中华人民共和国境内常住的人。人口普查采用常住人口登记的原则，每个人必须在常住地进行登记，一个人只能在一个地方进行登记。普查登记的标准时间是 2000 年 11 月 1 日零时，2000 年人口普查数据均为这个时点的常住人口数据。

四、2000 年人口普查数据不包括解放军现役军人。

编辑单位：人口处
编　　委：马建奎
编　　辑：孙　靖
校　　对：孙　靖
电　　话：6129600

3-1 历 年 总 人 口

单位:万人

年 份	总人口	按性别分		按农业非农业分		人口密度 (人/平方公里)
		男	女	农业人口	非农业人口	
1949	(4549)	(2199)	(2350)	(4289)	(260)	290
1952	(4827)	(2392)	(2435)	(4538)	(289)	308
1953	(4924)	(2450)	(2474)	(4620)	(304)	314
1954	(5052)	(2520)	(2532)	(4732)	(320)	322
1955	(5174)	(2587)	(2587)	(4796)	(378)	330
1956	(5256)	(2627)	(2629)	(4871)	(385)	335
1957	(5373)	(2694)	(2679)	(4936)	(437)	343
1958	(5422)	(2719)	(2703)	(4810)	(612)	346
1959	(5373)	(2713)	(2660)	(4794)	(579)	343
1960	(5188)	(2597)	(2591)	(4642)	(546)	331
1961	(5265)	(2631)	(2634)	(4804)	(461)	336
1962	(5426)	(2718)	(2708)	(5015)	(411)	346
1963	(5585)	(2804)	(2781)	(5151)	(434)	356
1964	(5606)	(2816)	(2790)	(5161)	(445)	358
1965	(5711)	(2866)	(2845)	(5258)	(453)	364
1966	(5851)	(2940)	(2911)	(5398)	(453)	373
1967	(5968)	(2999)	(2969)	(5514)	(454)	381
1968	(6086)	(3060)	(3026)	(5631)	(455)	388
1969	(6265)	(3147)	(3118)	(5808)	(457)	400
1970	(6441)	(3241)	(3200)	(5966)	(475)	411
1971	(6568)	(3311)	(3257)	(6038)	(530)	419
1972	(6683)	(3368)	(3315)	(6157)	(526)	426
1973	(6793)	(3428)	(3365)	(6251)	(542)	434
1974	(6876)	(3471)	(3405)	(6327)	(549)	439
1975	(6971)	(3524)	(3447)	(6408)	(563)	445
1976	(7038)	(3561)	(3477)	(6455)	(583)	449
1977	(7099)	(3592)	(3507)	(6507)	(592)	453
1978	(7160)	(3624)	(3536)	(6533)	(627)	457
1979	(7232)	(3660)	(3572)	(6570)	(661)	462
1980	(7296)	(3694)	(3602)	(6605)	(691)	466
1981	(7395)	(3750)	(3645)	(6659)	(736)	472
1982	(7494)	(3806)	(3688)	(6720)	(774)	478
1983	(7564)	(3847)	(3717)	(6753)	(811)	483
1984	(7637)	(3887)	(3750)	(6701)	(936)	487
1985	7711(7695)	(3922)	(3773)	(6676)	(1017)	492
1986	7818(7776)	(3967)	(3810)	(6797)	(979)	499
1987	7958(7889)	(4029)	(3860)	(6844)	(1045)	508
1988	8061(8009)	(4092)	(3917)	(6702)	(1307)	514
1989	8160(8181)	(4181)	(4000)	(6698)	(1483)	521
1990	8493(8424)	(4299)	(4125)	(6846)	(1578)	542
1991	8570(8534)	(4352)	(4182)	(6884)	(1650)	547
1992	8610(8580)	(4373)	(4207)	(6819)	(1761)	549
1993	8642(8620)	(4392)	(4228)	(6724)	(1896)	551
1994	8671(8653)	(4407)	(4246)	(6574)	(2079)	553
1995	8705(8701)	(4429)	(4272)	(6531)	(2170)	556
1996	8738(8747)	(4452)	(4295)	(6484)	(2263)	558
1997	8785(8810)	(4483)	(4327)	(6500)	(2310)	561
1998	8838(8872)	(4513)	(4359)	(6575)	(2296)	564
1999	8883(8922)	(4537)	(4385)	(6600)	(2322)	567
2000	8997(8975)	(4562)	(4413)	(6566)	(2409)	574
2001	9041(9024)	(4584)	(4440)	(6507)	(2517)	577
2002	9082(9069)	(4606)	(4463)	(6435)	(2634)	580

注:2000年为人口普查数,其余年份均为人口抽样调查数,括号内为公安户籍人口数。

3－2 历年人口出生率、死亡率、自然增长率

年份	出生率（‰）	死亡率（‰）	自然增长率（‰）	出生人口数（万人）	死亡人口数（万人）	自然增长人数（万人）
1949	(28.10)	(12.20)	(15.90)			
1952	(31.50)	(12.20)	(19.30)			
1953	(32.60)	(12.10)	(20.50)	(160)	(59)	(101)
1954	(37.70)	(11.70)	(26.00)	(188)	(58)	(130)
1955	(37.30)	(13.70)	(23.60)	(191)	(70)	(121)
1956	(32.70)	(12.10)	(20.60)	(171)	(63)	(108)
1957	(35.80)	(12.10)	(23.70)	(190)	(64)	(126)
1958	(25.00)	(12.80)	(12.20)	(135)	(69)	(66)
1959	(20.90)	(18.20)	(2.70)	(113)	(98)	(15)
1960	(19.50)	(23.60)	(－4.10)	(103)	(125)	(－22)
1961	(21.40)	(18.40)	(3.00)	(113)	(97)	(16)
1962	(38.10)	(12.40)	(25.70)	(204)	(66)	(138)
1963	(44.20)	(11.80)	(32.40)	(244)	(65)	(179)
1964	(36.90)	(12.00)	(34.90)	(206)	(67)	(139)
1965	(35.50)	(10.20)	(25.30)	(201)	(58)	(143)
1966	(34.50)	(9.90)	(24.60)	(200)	(57)	(143)
1967	(30.00)	(9.00)	(21.00)	(177)	(53)	(124)
1968	(38.00)	(8.00)	(30.00)	(229)	(48)	(181)
1969	(30.40)	(6.60)	(23.80)	(191)	(41)	(150)
1970	(33.89)	(7.34)	(26.55)	(215)	(47)	(168)
1971	(29.01)	(7.81)	(21.20)	(189)	(51)	(138)
1972	(27.60)	(7.66)	(19.94)	(183)	(51)	(132)
1973	(23.89)	(6.94)	(16.95)	(161)	(47)	(114)
1974	(20.95)	(7.23)	(13.72)	(143)	(49)	(94)
1975	(21.56)	(7.53)	(14.03)	(149)	(52)	(97)
1976	(18.46)	(7.63)	(10.83)	(129)	(53)	(76)
1977	(16.96)	(7.24)	(9.72)	(120)	(51)	(69)
1978	(16.80)	(6.50)	(10.30)	(119)	(46)	(73)
1979	(16.94)	(6.15)	(10.79)	(122)	(44)	(78)
1980	(13.91)	(6.40)	(7.51)	(101)	(47)	(54)
1981	(16.48)	(6.41)	(10.07)	(121)	(47)	(74)
1982	(17.05)	(6.10)	(10.95)	(127)	(45)	(82)
1983	15.10(12.76)	6.73(5.87)	8.37(6.89)	114(96)	51(44)	63(52)
1984	13.80(12.99)	5.80(6.03)	8.00(6.96)	104(99)	44(46)	60(53)
1985	15.12(11.75)	6.64(5.90)	8.48(5.85)	116(90)	51(45)	65(45)
1986	19.90(14.71)	7.28(5.86)	12.62(8.85)	156(114)	57(46)	99(68)
1987	23.35(17.43)	7.07(5.64)	16.28(11.79)	184(137)	56(44)	128(93)
1988	17.54(17.95)	6.04(5.95)	11.50(12.00)	140(143)	48(47)	92(96)
1989	16.88(18.87)	5.70(5.51)	11.18(13.36)	137(153)	46(45)	91(108)
1990	18.21(26.10)	6.96(6.02)	11.25(20.08)	152(217)	58(50)	94(167)
1991	15.40(16.39)	6.54(5.73)	8.86(10.66)	131(139)	56(49)	75(90)
1992	11.43(10.95)	6.88(6.02)	4.55(4.93)	98(94)	59(52)	39(42)
1993	10.49(9.47)	6.76(5.84)	3.73(3.63)	90(81)	58(50)	32(31)
1994	9.69(9.31)	6.67(5.99)	3.02(3.32)	84(80)	58(52)	26(28)
1995	9.82(9.66)	6.47(5.83)	3.35(3.83)	85(84)	56(51)	29(33)
1996	10.60(10.33)	6.76(6.04)	3.84(4.29)	92(90)	59(53)	33(37)
1997	11.28(10.84)	6.65(5.90)	4.63(4.94)	99(95)	58(52)	41(43)
1998	11.58(11.52)	6.12(5.95)	5.46(5.57)	102(102)	54(53)	48(49)
1999	11.08(10.23)	6.27(5.72)	4.81(4.51)	98(91)	55(51)	43(40)
2000	10.75(11.38)	6.29(6.70)	4.46(4.68)	97(102)	56(60)	40(42)
2001	11.12(9.93)	6.24(5.46)	4.88(4.47)	100(89)	56(49)	44(40)
2002	11.17(10.20)	6.62(5.86)	4.55(4.34)	101(92)	60(53)	41(39)

注：2000年为人口普查数，其余年份均为人口抽样调查数，括号内为公安户籍人口数。

3-3 第一、二、三、四、五次人口普查主要数据

项　　　目	单　位	第一次人口普查(1953.7.1)	第二次人口普查(1964.7.1)	第三次人口普查(1982.7.1)	第四次人口普查(1990.7.1)	第五次人口普查(2000.11.1)
一、总人口	**人**	**48876548**	**55496219**	**74419054**	**84392104**	**89971789**
按性别分						
男	人	24311397	27904495	37737424	42913185	45542060
女	人	24565151	27591724	36681630	41478919	44429729
二、总户数	**户**	**11097668**	**12770814**	**17390448**	**21975648**	**27320402**
家庭户	户			17335456	21874449	26709328
平均家庭户规模	人			4.20	3.75	3.22
三、民　　族						
民族个数	个	17	32	39	54	56
汉族人口	人	48624003	55200442	74011440	83886204	89339046
少数民族人口	人	252386	295464	407408	505900	632743
四、市镇人口	**人**	**3579208**	**7175677**	**14190511**	**23076729**	**34325909**
五、各种文化程度人口						
大　　学	人			263176	822863	3000752
高　　中	人			4387201	6033615	9946434
初　　中	人			13169660	21254691	32973455
小　　学	人			25108087	30611980	29469810
文盲半文盲	人			20457244	14256068	7654312
(15周岁及以上)						
六、在业人口	**人**			**40097853**	**50772124**	**54774086**
七、不在业人口	**人**			**11224180**	**11171614**	**16171024**

注:第五次人口普查数据为机器汇总数据。

3－4 各市人口自然变动情况

（2002 年）

地区	出生率（‰）	死亡率（‰）	自然增长率（‰）	出生人口（人）	死亡人口（人）	自然增长人口（人）
全省总计	**10.20**	**5.86**	**4.34**	**922341**	**530087**	**392254**
济南市	10.02	6.33	3.69	57317	36234	21083
青岛市	10.57	6.65	3.92	75361	47394	27967
淄博市	10.42	5.68	4.74	42851	23377	19474
枣庄市	8.67	4.35	4.32	31340	15698	15642
东营市	11.12	5.26	5.86	19400	9185	10215
烟台市	7.71	6.91	0.80	49820	44696	5124
潍坊市	9.30	6.26	3.04	78735	52999	25736
济宁市	9.72	5.63	4.09	77310	44808	32502
泰安市	12.49	6.58	5.91	68034	35850	32184
威海市	6.65	7.31	－0.65	16450	18083	－1633
日照市	10.18	5.83	4.35	28247	16169	12078
莱芜市	10.10	6.57	3.53	12499	8130	4369
临沂市	10.18	5.54	4.64	102530	55784	46746
德州市	11.82	5.50	6.32	64038	29812	34226
聊城市	9.95	4.79	5.16	55646	26825	28821
滨州市	10.86	6.20	4.66	39537	22555	16982
菏泽市	11.99	4.94	7.05	103226	42488	60738

注：本表为公安户籍统计数字。

3－5 各市人口数和总户数

（2002 年）

地区	总人口（人）	按性别分（人）		按农业非农业分（人）		年末总户数（户）
		男	女	非农业人口	农业人口	
全省总计	**90693156**	**46065861**	**44627295**	**26341264**	**64351892**	**27120562**
济南市	5750081	2905811	2844270	2858303	2891778	1701023
青岛市	7156537	3619778	3536759	3131337	4025200	2296746
淄博市	4120348	2076566	2043782	1775712	2344636	1326456
枣庄市	3622467	1879268	1743199	1145856	2476611	1047850
东营市	1753957	890857	863100	758481	995476	562236
烟台市	6467217	3261259	3205958	2183357	4283860	2204942
潍坊市	8474665	4294545	4180120	2175317	6299348	2502704
济宁市	7967668	4085144	3882524	2068229	5899439	2185093
泰安市	5464133	2778169	2685964	1675901	3788232	1608614
威海市	2476178	1250518	1225660	1032886	1443292	873450
日照市	2775179	1406747	1368432	695459	2079720	913002
莱芜市	1238763	630961	607802	416656	822107	400112
临沂市	10084460	5162876	4921584	1977796	8106664	3039143
德州市	5436018	2746532	2689486	1187505	4248513	1530417
聊城市	5613113	2831811	2781302	1126388	4486725	1558351
滨州市	3647886	1844250	1803636	810646	2837240	1071164
菏泽市	8644486	4400769	4243717	1321435	7323051	2299259

注：本表为公安户籍统计数字。

四、从业人员和劳动报酬

EMPLOYMENTAND

PAYMENTFORLABOR

简要说明：

一、本篇资料主要反映山东省2002年劳动经济和社会保障方面的基本情况。包括历年劳动工资基本情况、从业人员及在岗职工人数、从业人员劳动报酬及在岗职工工资总额、在岗职工平均工资、单位从业人员变动情况、城乡劳动力资源配置情况、城镇从业人员(不含非正规就业、自由职业者等)等。

二、本篇资料主要来源

单位从业人员和劳动报酬情况是根据国家统计调查制度搜集汇总的资料。4－3、4－4和4－18表中的城镇私营、个体从业人员资料来源于省工商行政管理局年报，4－19、20、21、22、23、24表是根据省劳动和社会保障厅有关处室提供的资料整理的。4－2表(2002年城乡劳动力资源配置情况)是根据2002年劳动统计年报，2002年人口变动情况抽样调查、省统计局农调队、省中小企业办公室、省工商行政管理局有关年报资料整理而成的。

三、调查范围、调查方法和使用的分类标准

(一)调查范围：劳动统计报表的调查范围为辖区内县及县以上全部独立核算的企业、事业和机关单位，不包括乡镇企业、私营企业和个体工商户。

(二)分类标准：单位隶属关系采用国家标准《GB12404—90》，国民经济行业划分采用国家标准《GBT4754—94》，企业、事业和机关的划分是按其执行的会计制度类型划分，单位经济类型是按登记注册类型划分。

(三)调查方法：全面调查和抽样调查相结合的方法。

四、本篇中的历史资料，自1998年起，根据现行的统计报表制度改为在岗职工口径，之前各个年份仍为全部职工口径。

编辑单位：人口处

编　　委：马建奎

编　　辑：倪化桥

校　　对：倪化桥

电　　话：6129600

4－1 历年劳动工资基本情况

年份	职工年末人数（万人）	#国有单位	#城镇集体单位	职工工资总额（亿元）	#国有单位	#城镇集体单位	职工平均工资（元）	国有单位	城镇集体单位	其他单位
1952	75.1	75.1		2.7	2.7		362	362		
1953	79.2	79.2		3.3	3.3		404	404		
1954	86.4	86.4		3.6	3.6		429	429		
1955	91.4	91.4		4.1	4.1		459	459		
1956	128.4	128.4		6.2	6.2		516	516		
1957	126.9	126.9		7.1	7.1		550	550		
1958	274.8	274.8		8.8	8.8		480	480		
1959	234.8	234.8		11.6	11.6		478	478		
1960	246.1	246.1		12.4	12.4		501	501		
1961	201.9	201.9		11.3	11.3		510	510		
1962	187.8	150.8	37.0	9.5	9.5		563	563		
1963	190.1	147.0	43.1	9.1	9.1		603	603		
1964	196.0	152.9	43.1	9.5	9.5		624	624		
1965	203.4	157.4	46.0	9.6	9.6		616	616		
1966	213.0	163.4	49.6	9.7	9.7		604	604		
1967	223.1	169.9	53.2	9.9	9.9		589	589		
1968	234.6	177.7	56.9	10.1	10.1		579	579		
1969	243.3	182.8	60.5	10.4	10.4		579	579		
1970	269.9	205.8	64.1	11.0	11.0		564	564		
1971	309.3	230.9	78.4	12.0	12.0		551	551		
1972	331.4	242.1	89.3	13.7	13.7		574	574		
1973	328.8	244.5	84.3	14.0	14.0		573	573		
1974	333.3	248.2	85.1	14.5	14.5		581	581		
1975	357.9	263.3	94.6	15.0	15.0		585	585		
1976	383.2	278.2	105.0	15.3	15.3		568	568		
1977	393.4	278.4	115.0	16.0	16.0		577	577		
1978	469.9	353.5	116.4	26.0	20.5	5.5	566	597	472	
1979	485.2	368.5	116.7	30.0	23.8	6.2	632	664	537	
1980	514.0	389.9	124.1	37.1	29.2	7.9	745	774	654	
1981	539.6	410.6	129.0	39.6	31.2	8.4	755	782	667	
1982	560.4	427.0	133.4	42.2	33.2	9.0	769	797	679	
1983	570.7	437.0	133.7	44.2	35.0	9.2	789	818	696	
1984	596.7	418.3	178.4	57.1	42.2	14.9	985	1037	864	
1985	619.1	438.2	180.9	66.8	50.0	16.8	1110	1170	938	
1986	649.5	461.4	187.3	82.7	62.7	19.9	1313	1401	1057	1128
1987	684.6	490.3	193.0	94.4	72.2	22.0	1428	1516	1158	1465
1988	733.7	528.3	203.7	125.1	96.9	27.9	1782	1909	1449	1951
1989	739.4	533.4	203.1	139.6	108.8	30.3	1920	2067	1529	1905
1990	767.6	553.9	209.0	161.9	126.2	34.8	2150	2315	1707	2218
1991	803.4	580.0	216.2	179.8	139.8	38.4	2292	2463	1826	2394
1992	837.9	604.0	224.2	214.3	167.7	44.2	2601	2823	2002	2614
1993	857.2	619.5	213.4	266.2	208.7	49.4	3149	3410	2352	3482
1994	872.4	619.1	201.3	372.7	290.4	59.4	4338	4753	2999	4580
1995	917.4	650.1	200.1	464.1	357.8	72.3	5145	5585	3668	5299
1996	930.7	661.2	198.6	532.7	414.2	78.2	5809	6356	3980	5850
1997	937.7	665.6	190.9	580.4	450.0	79.7	6241	6817	4186	6373
1998	836.8	595.1	132.7	575.4	444.4	61.6	6854	7469	4558	6346
1999	809.1	566.7	119.1	620.1	475.9	60.1	7656	8389	4988	6882
2000	790.1	542.1	103.9	695.1	524.4	58.8	8772	9656	5585	7771
2001	770.5	519.5	92.0	773.9	577.7	58.0	10007	11067	6234	8731
2002	764.8	493.5	82.0	868.4	630.5	59.5	11374	12777	7129	9561

4－2 城乡劳动力资源配置情况

（2002 年）　　单位：万人

类别	数量			构成		
	总计	城镇	乡村	总计	城镇	乡村
一、总人口	**9082.00**	**3661.86**	**5420.14**	**100.00**	**40.32**	**59.68**
#年末 16 岁及以上全部人数	7154.30	2965.48	4188.82	78.77	32.65	46.12
劳动年龄内人口	5881.26	2537.18	3344.08	64.76	27.94	36.82
二、年末劳动力资源总数	**6809.40**	**2866.64**	**3942.76**	**74.98**	**31.56**	**43.41**
#1.当年新增加的劳动力资源	177.57	69.78	107.79	1.96	0.77	1.19
2.不计入劳动力资源的人数	349.50	98.84	250.66	3.85	1.09	2.76
3.机械变动差额地区调整数(+、-)	4.60		4.60	0.05		0.05
三、经济活动人口	**5652.32**	**2066.62**	**3585.70**	**62.24**	**22.76**	**39.48**
#劳动年龄内经济活动人口	5187.02	1965.21	3221.81	57.11	21.64	35.47
从业人员	**5526.95**	**1948.62**	**3578.33**	**60.86**	**21.46**	**39.40**
按就业身份分						
在岗职工	764.85	764.85		8.42	8.42	
乡镇企业从业人员	326.82		326.82	3.60		3.60
私营业主	44.98	32.18	12.80	0.50	0.35	0.14
个体户主	146.14	63.13	83.01	1.61	0.70	0.91
私营企业从业人员	208.37	120.05	88.32	2.29	1.32	0.97
个体从业人员	151.72	59.37	92.35	1.67	0.65	1.02
农业劳动者	2135.02	93.52	2041.50	23.51	1.03	22.48
其他从业人员	1749.05	815.52	933.53	19.26	8.98	10.28
按经济类型分						
国有经济	504.49	504.49		5.55	5.55	
集体经济	236.07	83.93	152.14	2.60	0.92	1.68
私营经济	253.35	152.23	101.12	2.79	1.68	1.11
个体经济	297.86	122.49	175.37	3.28	1.35	1.93
联营经济	7.85	2.00	5.85	0.09	0.02	0.06
股份合作	36.64	12.25	24.39	0.40	0.13	0.27
有限责任公司	153.54	71.04	82.50	1.69	0.78	0.91
股份有限公司	67.48	40.76	26.72	0.74	0.45	0.29
外商投资	70.57	50.13	20.44	0.78	0.55	0.23
港、澳、台投资	28.76	13.98	14.78	0.32	0.15	0.16
其　　他	3870.34	895.32	2975.02	42.62	9.86	32.76
按国民经济行业分						
农、林、牧、渔业	2286.16	184.32	2101.84	25.17	2.03	23.14
采　掘　业	87.45	65.75	21.70	0.96	0.72	0.24
制　造　业	760.72	348.86	411.86	8.38	3.84	4.53
电力、煤气及水的生产和供应业	32.11	27.60	4.51	0.35	0.30	0.05
建　筑　业	399.15	107.97	291.18	4.39	1.19	3.21
地质勘查业、水利管理业	6.53	4.58	1.95	0.07	0.05	0.02
交通运输、仓储及邮电通信业	343.44	143.01	200.43	3.78	1.57	2.21
批发和零售贸易、餐饮业	708.50	395.25	313.25	7.80	4.35	3.45
金融、保险业	56.18	53.38	2.80	0.62	0.59	0.03
房地产业	12.36	9.63	2.73	0.14	0.11	0.03
社会服务业	452.72	349.45	103.27	4.98	3.85	1.14
卫生、体育和社会福利业	52.32	41.52	10.80	0.58	0.46	0.12
教育、文化艺术和广播电影电视业	119.90	119.23	0.67	1.32	1.31	0.01
科学研究和综合技术服务业	13.06	12.10	0.96	0.14	0.13	0.01
国家机关、政党机关和社会团体	115.07	79.36	35.71	1.27	0.87	0.39
其　　他	81.28	6.61	74.67	0.89	0.07	0.82
失业人员	**125.37**	**118.00**	**7.37**	**1.38**	**1.30**	**0.08**
#劳动年龄内失业人口	124.24	117.06	7.18	1.37	1.29	0.08
四、非经济活动人口	**1157.08**	**800.02**	**357.06**	**12.74**	**8.81**	**3.93**
#16 岁以上在校学生	390.67	347.80	42.87	4.30	3.83	0.47
离退休人员	236.17	201.62	34.55	2.60	2.22	0.38
家务劳动者	451.95	183.28	268.67	4.98	2.02	2.96

注：各项构成均是占年末总人口比重。

4－3 历年从业人员年末人数

单位:万人

年份	从业人员年末人数	第一产业	第二产业	第三产业	农村从业人员	#农业劳动者	城镇从业人员	#城镇私营	#城镇个体
1949	1859.3				1745.3	1483.5	114.0		
1950	1840.8				1724.8	1465.6	116.0		
1951	1884.2				1764.2	1499.5	120.0		
1952	1897.2				1770.2	1504.7	127.0		
1953	1885.7				1736.7	1476.2	149.0		
1954	1874.7				1712.7	1455.8	162.0		
1955	1959.7				1788.7	1520.4	171.0		
1956	1824.0				1648.0	1384.3	176.0		
1957	2150.4				1961.4	1567.8	189.0		
1958	2155.3				1821.1	1346.8	334.2		
1959	2033.2				1727.6	1076.4	305.6		
1960	1958.2				1663.6	1246.9	294.6		
1961	1936.1				1706.2	1492.2	229.9		
1962	1981.2				1799.2	1662.7	182.0		4.5
1963	2027.8				1849.7	1792.7	178.1		3.6
1964	2099.8				1919.2	1861.4	180.6		
1965	2146.0								
1966	2199.0								
1967	2219.0								
1968	2254.0								
1969	2274.0								
1970	2606.0								
1971	2752.0								
1972	2744.0	2362.1	217.9	164.0	2412.7	2350.0	331.3		
1973	2869.1	2485.6	220.2	163.3	2540.3	2475.0	328.8		
1974	2894.0								
1975	2925.0								
1976									
1977									
1978	2969.8	2350.9	366.6	252.3	2499.7	2330.8	470.1		0.2
1979									
1980	3117.5	2458.1	382.5	276.9	2595.6	2439.5	521.9		8.0
1981	3192.4	2508.2	389.0	295.2	2650.9	2489.3	541.5		1.9
1982	3270.0	2520.8	442.2	307.0	2707.0	2502.3	563.0		2.5
1983	3795.1	2950.8	465.8	378.5	3216.3	2932.7	578.8		3.6
1984	3563.7	2509.1	528.8	525.8	2955.6	2491.4	608.2		6.7
1985	3561.1	2438.6	705.3	417.2	2926.5	2769.7	634.6		9.7
1986	3651.2	2431.1	776.0	444.1	2990.0	2414.4	661.2		11.7
1987	3765.7	2422.6	848.2	494.9	3065.3	2405.9	700.4		15.9
1988	3887.1	2474.5	905.1	507.5	3133.5	2457.0	753.6		
1989	3940.3	2527.6	902.6	510.1	3182.5	2510.4	757.8		
1990	4043.2	2585.7	922.5	535.0	3254.3	2570.0	788.9		21.3
1991	4219.3	2708.0	958.7	552.6	3388.3	2691.2	831.0	2.2	25.5
1992	4302.6	2705.1	1000.8	596.7	3431.2	2687.9	871.4		
1993	4379.3	2689.9	1070.4	619.0	3439.4	2676.6	939.9		
1994	4382.1	2541.6	1098.0	742.5	3559.3	2530.4	822.8	18.2	61.5
1995	5208.2	2516.7	1170.8	1520.7	3587.3	2503.9	1620.9	28.6	75.9
1996	5227.9	2487.9	1160.4	1579.6	3600.9	2475.1	1627.0	39.1	87.8
1997	5256.1	2510.5	1157.9	1587.7	3620.0	2497.5	1636.1	50.1	101.6
1998	5287.6	2499.0	1097.5	1691.1	3626.2	2487.0	1661.4	78.4	125.9
1999	5314.2	2358.6	1203.0	1752.6	3644.5	2346.8	1669.7	87.6	165.8
2000	5442.3	2343.3	1223.9	1875.1	3617.1	2271.1	1825.2	105.3	110.0
2001	5475.3	2328.6	1236.2	1910.5	3589.9	2200.5	1885.4	117.8	110.8
2002	5527.0	2286.2	1279.4	1961.4	3578.3	2135.0	1948.6	152.2	122.5

4-4 历年从业人员构成

单位:%

年份	从业人员年末人数	第一产业	第二产业	第三产业	农村从业人员	#农业劳动者	城镇从业人员	#城镇私营	#城镇个体
1949	100				93.87	79.79	6.13		
1950	100				93.70	79.62	6.30		
1951	100				93.63	79.58	6.37		
1952	100				93.31	79.31	6.69		
1953	100				92.10	78.28	7.90		
1954	100				91.36	77.66	8.64		
1955	100				91.27	77.58	8.73		
1956	100				90.35	75.89	9.65		
1957	100				91.21	72.91	8.79		
1958	100				84.49	62.49	15.51		
1959	100				84.97	52.94	15.03		
1960	100				84.96	63.68	15.04		
1961	100				88.13	77.07	11.87		
1962	100				88.73	82.00	8.98		0.22
1963	100				91.22	88.41	8.78		0.18
1964	100				91.40	88.65	8.60		
1965	100								
1966	100								
1967	100								
1968	100								
1969	100								
1970	100								
1971	100								
1972	100	86.08	7.94	5.98	87.93	85.64	12.07		
1973	100	86.63	7.67	5.69	88.54	86.26	11.46		
1974	100								
1975	100								
1976	100								
1977	100								
1978	100	79.16	12.34	8.5	84.17	78.48	15.83		0.01
1979	100								
1980	100	78.85	12.27	8.88	83.26	78.25	16.74		0.26
1981	100	78.57	12.19	9.25	83.04	77.98	16.96		0.06
1982	100	77.09	13.52	9.39	82.78	76.52	17.22		0.08
1983	100	77.75	12.27	9.97	84.75	77.28	15.25		0.09
1984	100	70.41	14.84	14.75	82.94	69.91	17.07		0.19
1985	100	68.48	19.81	11.72	82.18	77.78	17.82		0.27
1986	100	66.58	21.25	12.16	81.89	66.13	18.11		0.32
1987	100	64.33	22.52	13.14	81.40	63.89	18.60		0.42
1988	100	63.66	23.28	13.06	80.61	63.21	19.39		
1989	100	64.15	22.91	12.95	80.77	63.71	19.23		
1990	100	63.95	22.82	13.23	80.49	63.56	19.51		0.53
1991	100	64.18	22.72	13.10	80.30	63.78	19.70	0.05	0.60
1992	100	62.87	23.26	13.87	79.75	62.47	20.25		
1993	100	61.42	24.44	14.13	78.54	61.12	21.46		
1994	100	58.00	25.06	16.94	81.22	57.74	18.78	0.42	1.40
1995	100	48.32	22.48	29.20	68.88	48.08	31.12	0.55	1.46
1996	100	47.59	22.20	30.21	68.88	47.34	31.12	0.75	1.68
1997	100	47.76	22.03	30.21	68.87	47.52	31.13	0.95	1.93
1998	100	47.26	20.76	31.98	68.58	47.03	31.42	1.48	2.38
1999	100	44.38	22.64	32.98	68.58	44.16	31.42	1.65	3.12
2000	100	43.05	22.49	34.46	66.46	41.73	33.54	1.99	2.01
2001	100	42.53	22.58	34.89	65.56	38.86	34.43	2.15	2.02
2002	100	41.36	23.15	35.49	64.74	38.63	35.26	2.75	2.22

注:各年的分项均是占从业人员年末人数的比重。

4－5 国有单位从业人员及劳动报酬

（2002 年）

类别	从业人员年末人数（人）	从业人员劳动报酬（万元）	平均劳动报酬（元）
总计	**5044856**	**6378085**	**12631**
一、按隶属关系分			
中央	788577	1501830	18926
省、自治区、直辖市	630667	972880	15442
市属（地区）	995621	1315344	13073
县及县以下	2621263	2576928	9868
其他	8728	11103	12755
二、按企业、事业、机关分			
企业	2503191	3131279	12431
#地方	1805762	1785469	9830
#省属	462581	665059	14382
事业	1793788	2284369	12803
#地方	1725042	2173615	12669
#省属	107971	206285	19255
机关	747877	962437	12892
#地方	716747	906068	12663
#省属	60115	101536	16794
三、按国民经济行业分			
农、林、牧、渔业	75145	66935	8866
采掘业	517625	888123	17233
制造业	910574	860745	9355
电力、煤气及水的生产和供应业	167037	260891	15704
建筑业	140831	143754	10085
地质勘查业、水利管理业	45447	53247	11702
交通运输、仓储及邮电通讯业	274210	461692	16692
批发和零售贸易、餐饮业	262264	196663	7340
金融、保险业	144291	243043	16905
房地产业	35995	47619	13206
社会服务业	183776	202105	11006
卫生、体育和社会福利业	294529	443287	15176
教育、文化艺术及广播电影电视业	1099968	1342030	12278
科学研究和综合技术服务业	56000	94891	16909
国家机关、政党机关和社会团体	792076	1019586	12909
其他行业	45088	53474	11776

4－6 城镇集体单位从业人员及劳动报酬

（2002 年）

类别	从业人员年末人数（人）	从业人员劳动报酬（万元）	平均劳动报酬（元）
总计	**839339**	**607447**	**7111**
一、按企业、事业、机关分			
企业	761878	533322	6867
事业	73763	71057	9650
机关	3698	3068	7953
二、按国民经济行业分			
农、林、牧、渔业	6886	6865	10050
采掘业	40665	25914	6401
制造业	343309	230227	6635
电力、煤气及水的生产和供应业	2945	2198	7469
建筑业	118960	99504	8007
地质勘查业、水利管理业	67	51	7611
交通运输、仓储及邮电通讯业	19039	12211	6358
批发和零售贸易、餐饮业	149247	74425	4815
金融、保险业	53300	60389	11339
房地产业	2729	2790	10474
社会服务业	19940	15991	7716
卫生、体育和社会福利业	52304	51784	9938
教育、文化艺术及广播电影电视业	10313	9974	9664
科学研究和综合技术服务业	1006	1231	11642
国家机关、政党机关和社会团体	1550	1289	8368
其他行业	17079	12606	7347

4－7 其他单位从业人员及劳动报酬

（2002 年）

类　　别	从业人员年末人数（人）	从业人员劳动报酬（万元）	平　均劳动报酬（元）
总　计	**1935385**	**1876042**	**9825**
一、按登记注册类型分			
（一）内　资	1294269	1201764	9355
股份合作	122496	86570	7055
联营经济	19906	22314	10887
#国有联营	9988	11330	11342
集体联营	1486	1197	9011
有限责任公司	710433	679989	9668
#国有独资	142906	196582	13849
股份有限公司	407583	389035	9587
其　他	33851	23856	7384
（二）港澳台商投资	139825	137669	9874
（三）外商投资	501291	536609	11055
二、按企业、事业分			
企　业	1932388	1872021	9819
事　业	2997	4021	13362
三、按国民经济行业分			
农、林、牧、渔业	3707	3308	8561
采 掘 业	70602	80278	12036
制 造 业	1482488	1338988	9147
电力、煤气及水的生产和供应业	27001	51624	19243
建 筑 业	85036	88673	10609
地质勘查业、水利管理业	238	236	9945
交通运输、仓储及邮电通讯业	33637	54940	16281
批发和零售贸易、餐饮业	119831	103220	8617
金融、保险业	46251	69338	15472
房地产业	12868	17094	12674
社会服务业	46089	55415	12227
卫生、体育和社会福利业	285	285	9073
教育、文化艺术及广播电影电视业	2020	3678	18754
科学研究和综合技术服务业	3160	4116	14642
国家机关、政党机关和社会团体			
其他行业	2172	4850	22269

4－8 单位从业人员变动情况

（2002年）　　单位：人

分　组	本年增加人数	从农村招收	从城镇招收	录用的复员转业退伍军人	录用的大中专技工学校毕业生	调入人数	#由外省调入	其他
总　计	**658838**	**197513**	**75628**	**20633**	**118478**	**172481**	**2368**	**74105**
一、国有单位	**283189**	**39225**	**24399**	**14776**	**71498**	**101621**	**1437**	**31670**
企　业	162557	32443	18638	8459	32381	48384	664	22252
#地　方	113969	30504	13837	6283	25704	25596	313	12045
#省　属	19953	696	1136	1359	8492	2596	120	5674
事　业	86580	5944	4244	2910	32213	34312	627	6957
#地　方	84059	5791	4186	2806	31482	33372	535	6422
#省　属	7004	264	379	263	2920	2317	213	861
机　关	34052	838	1517	3407	6904	18925	146	2461
#地　方	33164	761	1441	3346	6566	18636	136	2414
#省　属	1257	75	126	151	228	659	15	18
二、城镇集体单位	**47459**	**12507**	**6373**	**1495**	**7229**	**7679**	**71**	**12176**
三、其他单位	**328190**	**145781**	**44856**	**4362**	**39751**	**63181**	**860**	**30259**

4－8续表　　（2002年）　　单位：人

类　别	本年减少人数	离休退休退职	开除除名辞退	终止解除合同	离开本单位仍保留劳动关系的职工	调出人数	#调至外省	其他
总　计	**700090**	**89185**	**65468**	**140428**	**149415**	**165461**	**3234**	**90133**
一、国有单位	**366337**	**61664**	**18642**	**48683**	**90797**	**112872**	**1965**	**33679**
企　业	258385	29398	14552	43445	76473	68439	924	26078
#地　方	171270	24944	12464	35450	45056	38472	575	14884
#省　属	25211	6097	933	5020	7339	4403	436	1419
事　业	74044	23775	3504	4298	7011	29853	930	5603
#地　方	70585	22314	3136	4070	6706	29030	827	5329
#省　属	5369	2135	174	716	434	1549	284	361
机　关	33908	8491	586	940	7313	14580	111	1998
#地　方	32673	8124	511	850	7031	14243	104	1914
#省　属	2451	769	102	108	734	664	16	74
二、城镇集体单位	**95631**	**11868**	**6623**	**19913**	**29753**	**15547**	**80**	**11927**
三、其他单位	**238122**	**15653**	**40203**	**71832**	**28865**	**37042**	**1189**	**44527**

4－9 国民经济各部门在岗职工年末人数

（2002 年） 单位：人

行 业 名 称	总 计	国有单位	城镇集体单位	其他单位
总 计	**7648492**	**4935068**	**819976**	**1893448**
农、林、牧、渔业	84262	74149	6443	3670
采 掘 业	627022	516527	40369	70126
制 造 业	2716154	905781	338734	1471639
电力、煤气及水的生产和供应业	195609	165941	2914	26754
建 筑 业	335303	136843	114003	84457
地质勘查业、水利管理业	45685	45382	67	236
交通运输、仓储及邮电通讯业	317467	266674	17848	32945
批发和零售贸易、餐饮业	521699	256942	147044	117713
金融、保险业	186587	115051	49407	22129
房地产业	50163	35310	2722	12131
社会服务业	243384	179061	19787	44536
卫生、体育和社会福利业	340117	288931	50913	273
教育、文化艺术及广播电影电视业	1074275	1062278	10137	1860
科学研究和综合技术服务业	57763	53935	1000	2828
国家机关、政党机关和社会团体	788883	787333	1550	
其他行业	64119	44930	17038	2151

4－10 国民经济各部门在岗职工工资总额

（2002 年） 单位：万元

行 业 名 称	总 计	国有单位	城镇集体单位	其他单位
总 计	**8684001**	**6304892**	**594649**	**1784460**
农、林、牧、渔业	76017	66381	6439	3197
采 掘 业	992508	887622	25808	79078
制 造 业	2374173	858625	228402	1287146
电力、煤气及水的生产和供应业	313847	260207	2174	51466
建 筑 业	324190	141218	94967	88005
地质勘查业、水利管理业	53478	53197	51	230
交通运输、仓储及邮电通讯业	519541	455526	11412	52603
批发和零售贸易、餐饮业	368311	194918	73569	99824
金融、保险业	318873	218123	57355	43395
房地产业	64538	46761	2780	14997
社会服务业	267605	199105	15889	52611
卫生、体育和社会福利业	489918	438814	50832	272
教育、文化艺术及广播电影电视业	1336013	1323118	9877	3018
科学研究和综合技术服务业	97819	92813	1226	3780
国家机关、政党机关和社会团体	1017048	1015760	1288	
其他行业	70122	52704	12580	4838

4－11 国民经济各部门在岗职工平均工资

（2002 年）　　单位：元

行业名称	总计	国有单位	城镇集体单位	其他单位
总计	**11374**	**12777**	**7129**	**9561**
农、林、牧、渔业	9030	8975	10076	8354
采掘业	15991	17261	6422	11937
制造业	8762	9385	6656	8868
电力、煤气及水的生产和供应业	16130	15773	7470	19284
建筑业	9545	10185	8039	10620
地质勘查业、水利管理业	11692	11708	7611	9808
交通运输、仓储及邮电通讯业	16290	16983	6408	15994
批发和零售贸易、餐饮业	6924	7439	4830	8490
金融、保险业	17088	18932	11598	19776
房地产业	12982	13251	10474	12740
社会服务业	10997	11144	7729	11925
卫生、体育和社会福利业	14518	15319	10026	9003
教育、文化艺术及广播电影电视业	12541	12561	9740	16630
科学研究和综合技术服务业	16964	17150	11671	15149
国家机关、政党机关和社会团体	12933	12941	8375	
其他行业	11068	11958	7348	22388

4－12 各市全部在岗职工年末人数

（2002 年）　　单位：人

地区	全部在岗职工年末人数	第一产业	第二产业	第三产业	农林牧渔业	采掘业	制造业
全省总计	**7648492**	**84262**	**3874088**	**3690142**	**84262**	**627022**	**2716154**
济南市	726247	4730	340298	381219	4730	5112	254872
青岛市	1042424	6312	623956	412156	6312	5579	558215
淄博市	483631	2514	303476	177641	2514	38614	232039
枣庄市	330077	4682	171789	153606	4682	80273	73348
东营市	308092	4821	220352	82919	4821	160160	38459
烟台市	641225	12290	341458	287477	12290	48392	239191
潍坊市	593495	7920	289904	295671	7920	9135	246269
济宁市	575572	4658	289895	281019	4658	122456	132248
泰安市	470121	6002	265726	198393	6002	121548	113352
威海市	338842	3122	208106	127614	3122	4055	182448
日照市	166260	1864	68903	95493	1864	1945	52582
莱芜市	132484	1890	88107	42487	1890	9329	69104
临沂市	473855	10660	173963	289232	10660	16622	128664
德州市	317922	2312	132652	182958	2312	678	103331
聊城市	329831	3487	146470	179874	3487		120956
滨州市	231717	2298	117103	112316	2298	2074	105758
菏泽市	350059	4700	81952	263407	4700	1050	61031

4－12 续表 1　　(2002 年)　　单位:人

地　　区	电力、煤气及水的生产和供应业	建筑业	地质勘查业、水利管理业	交通运输、仓储及邮电通信业	批发和零售贸易、餐饮业	金融、保险业	房地产业
全省总计	**195609**	**335303**	**45685**	**317467**	**521699**	**186587**	**50163**
济南市	19021	61293	6948	24456	58794	22033	8576
青岛市	16574	43588	2258	46667	59485	23203	12037
淄博市	13404	19419	1855	9406	33128	11173	2481
枣庄市	8928	9240	1200	6498	22561	6813	2893
东营市	1972	19761	1327	5870	10581	4316	626
烟台市	19286	34589	2353	32109	36278	19091	5041
潍坊市	15387	19113	2825	14301	40463	15181	3037
济宁市	18428	16763	2747	17211	41741	12904	2334
泰安市	10758	20068	3231	11262	41041	8713	1745
威海市	9841	11762	823	6463	24851	7335	3586
日照市	5373	9003	586	11773	15873	4264	1127
莱芜市	3589	6085	165	2293	6240	2802	459
临沂市	11993	16684	4937	13510	39266	13712	2530
德州市	12830	15813	2151	8477	21607	9952	564
聊城市	11834	13680	1229	10151	21817	8662	1631
滨州市	4589	4682	1948	3380	13057	5819	459
菏泽市	11802	8069	3833	10502	31979	10431	971

4－12 续表 2　　(2002 年)　　单位:人

地　　区	社会服务业	卫生、体育和社会福利业	教育、文化艺术及广播电影电视业	科学研究和综合技术服务业	国家机关、政党机关和社会团体	其他行业
全省总计	**243384**	**340117**	**1074275**	**57763**	**788883**	**64119**
济南市	34498	36953	98296	16294	69513	4858
青岛市	56847	35756	100028	10311	62502	3062
淄博市	10008	17914	50038	2818	37486	1334
枣庄市	9749	13161	43237	1276	33316	12902
东营市	7418	5886	22277	382	23817	419
烟台市	21412	27534	82836	5397	53023	2403
潍坊市	14757	32643	109117	3256	56956	3135
济宁市	16737	25624	87416	2884	69443	1978
泰安市	11559	19505	65327	2133	32580	1297
威海市	14095	11127	34474	1816	21583	1461
日照市	2790	7618	28485	1025	21558	394
莱芜市	2067	4362	13146	663	10261	29
临沂市	12209	26569	97243	2611	72785	3860
德州市	7464	15488	57460	1540	56321	1934
聊城市	6661	17294	56936	1018	52494	1981
滨州市	1800	12862	36678	742	34447	1124
菏泽市	10959	26057	87944	2231	76951	1549

4－13 各市全部在岗职工工资总额

（2002 年）　　　　单位：万元

地　　区	全部在岗职工工资总额	第一产业	第二产业	第三产业	农林牧渔业	采掘业	制造业
全省总计	**8684001**	**76017**	**4004718**	**4603266**	**76017**	**992508**	**2374173**
济南市	1036912	6343	394275	636294	6343	5382	287893
青岛市	1469245	7528	671701	790016	7528	3486	586531
淄博市	584549	3173	341091	240285	3173	49399	248380
枣庄市	303011	3171	159283	140557	3171	99482	41296
东营市	590711	4721	466395	119595	4721	397585	38427
烟台市	774120	12997	346542	414581	12997	62329	209606
潍坊市	587758	7171	246103	334484	7171	7998	201420
济宁市	623605	3971	335347	284287	3971	201515	90300
泰安市	432459	4946	237092	190421	4946	135758	72395
威海市	342507	3188	172056	167263	3188	2377	143427
日照市	157403	1269	48194	107940	1269	1327	31666
莱芜市	149502	1882	99249	48371	1882	8076	77665
临沂市	428761	8878	125133	294750	8878	14749	81642
德州市	242681	1294	92840	148547	1294	948	62564
聊城市	294095	1492	114923	177680	1492		89310
滨州市	210983	1760	88263	120960	1760	1238	76032
菏泽市	246235	2234	50809	193192	2234	859	31259

4－13 续表 1　　　　（2002 年）　　　　单位：万元

地　　区	电力、煤气及水的生产和供应业	建筑业	地质勘查业、水利管理业	交通运输、仓储及邮电通信业	批发和零售贸易、餐饮业	金融、保险业	房地产业
全省总计	**313847**	**324190**	**53478**	**519541**	**368311**	**318873**	**64538**
济南市	36011	64989	11197	50320	54677	47422	13572
青岛市	30945	50739	2983	108097	74628	60060	19557
淄博市	24167	19145	2169	16002	22845	21178	3022
枣庄市	13564	4941	1283	7846	9833	9381	2749
东营市	3333	27050	1975	8202	11031	8133	964
烟台市	34597	40010	2348	53581	30399	29535	6388
潍坊市	21045	15640	2591	19562	26668	17097	3419
济宁市	33909	9623	3011	19940	20061	19103	2442
泰安市	16074	12865	3323	12464	16814	10890	2231
威海市	15060	11192	1095	8514	18689	10503	3391
日照市	6671	8530	741	24522	8842	5165	1153
莱芜市	8305	5203	196	3248	3655	4828	372
临沂市	15499	13243	4426	13485	22929	19895	2280
德州市	18778	10550	2284	8861	10514	15028	570
聊城市	15248	10365	1568	12912	11070	15644	1360
滨州市	6786	4207	2263	5147	7841	8724	417
菏泽市	13855	4836	3451	13106	13890	15310	522

4－13续表2 (2002年) 单位:万元

地区	社会服务业	卫生、体育和社会福利业	教育、文化艺术及广播电影电视业	科学研究和综合技术服务业	国家机关、政党机关和社会团体	其他行业
全省总计	**267605**	**489918**	**1336013**	**97819**	**1017048**	**70122**
济南市	48292	73294	170665	31981	125513	9361
青岛市	85193	73309	194099	22797	141575	7718
淄博市	9449	30092	75487	3589	54466	1986
枣庄市	7307	15087	41147	1535	36765	7624
东营市	5889	8990	34314	786	38761	550
烟台市	23577	44894	128524	8341	83568	3426
潍坊市	13610	42223	129646	4468	71670	3530
济宁市	14359	33314	92341	3881	74003	1832
泰安市	9271	23982	69605	2991	37241	1609
威海市	15163	16295	52287	2698	36326	2302
日照市	2730	9208	29931	1191	24051	406
莱芜市	2196	5216	14848	868	12916	28
临沂市	9821	34266	98880	3485	81315	3968
德州市	5079	13838	43158	1541	46532	1142
聊城市	4973	20466	55282	1529	51077	1799
滨州市	1447	16495	40323	940	36513	850
菏泽市	6004	22768	58936	2216	55605	1384

4－14 各市全部在岗职工平均工资

(2002年) 单位:元

地区	总计	第一产业	第二产业	第三产业	农林牧渔业	采掘业	制造业
全省总计	**11374**	**9030**	**10364**	**12488**	**9030**	**15991**	**8762**
济南市	14171	13135	11465	16614	13135	11106	10935
青岛市	14114	11279	10868	18980	11279	6084	10614
淄博市	12082	12555	11232	13530	12555	12978	10643
枣庄市	9191	7499	9282	9137	7499	12441	5608
东营市	19282	9817	21187	14692	9817	24741	10168
烟台市	12032	10640	10080	14429	10640	12875	8704
潍坊市	9845	9051	8387	11314	9051	8804	8123
济宁市	10838	8594	11549	10140	8594	16538	6747
泰安市	9264	8218	9074	9546	8218	11638	6364
威海市	10230	10260	8372	13257	10260	5902	8000
日照市	9305	6729	6717	11301	6729	6739	5855
莱芜市	11309	10291	11263	11451	10291	8584	11274
临沂市	9101	8312	7274	10220	8312	9121	6463
德州市	7698	5639	7012	8228	5639	14060	6102
聊城市	8972	4239	7891	9948	4239		7522
滨州市	9433	7667	8062	10812	7667	5956	7878
菏泽市	7027	4729	6116	7358	4729	8072	5056

4－14续表1　　(2002年)　　单位:元

地区	电力、煤气及水的生产和供应业	建筑业	地质勘查业、水利管理业	交通运输、仓储及邮电通信业	批发和零售贸易、餐饮业	金融、保险业	房地产业
全省总计	**16130**	**9545**	**11692**	**16290**	**6924**	**17088**	**12982**
济南市	19030	11429	16161	20396	8852	21237	15807
青岛市	18720	11743	13013	22822	11887	26054	16572
淄博市	18541	9965	11619	16790	6801	19504	12182
枣庄市	15228	5419	10337	12057	4361	13447	9533
东营市	16928	13746	14808	14458	10529	18956	15597
烟台市	18110	11274	9992	16575	8160	15413	12483
潍坊市	13730	7428	9149	13500	6412	11216	11257
济宁市	18317	5938	11029	11685	4762	14781	10576
泰安市	15048	6365	10192	10748	3993	12294	13063
威海市	15477	8979	13420	12934	7637	14750	9748
日照市	12426	8257	12770	20811	5475	12196	10342
莱芜市	23381	8293	11848	14569	5904	16753	8187
临沂市	12869	7561	8878	9913	5724	14584	9080
德州市	14682	6428	10595	10622	5160	14996	10397
聊城市	13046	6807	12870	12690	5079	18335	8530
滨州市	14752	6678	11401	15072	5939	15048	9225
菏泽市	11735	5762	9128	12384	4284	14583	5445

4－14续表2　　(2002年)　　单位:元

地区	社会服务业	卫生、体育和社会福利业	教育、文化艺术及广播电影电视业	科学研究和综合技术服务业	国家机关、政党机关和社会团体	其他行业
全省总计	**10997**	**14518**	**12541**	**16964**	**12933**	**11068**
济南市	13896	20038	17486	19519	18305	19353
青岛市	14660	20591	19506	22182	22714	24684
淄博市	9569	16989	15132	12738	14467	14866
枣庄市	7488	11512	9477	12297	11051	5915
东营市	9078	15436	15458	20843	16346	13285
烟台市	11034	16452	15719	15600	15790	14094
潍坊市	9114	13080	12014	13790	12574	11394
济宁市	8495	13029	10668	13429	10684	9017
泰安市	8104	12353	10673	14002	11469	12604
威海市	10817	14592	15453	14988	16969	15602
日照市	10051	12235	10509	11816	11180	9847
莱芜市	10632	12258	11325	13114	12664	9724
临沂市	8175	12993	10279	13456	11256	9423
德州市	6816	8970	7614	10010	8297	5911
聊城市	7596	12036	9793	15179	9764	9078
滨州市	8523	12961	11121	12562	10594	7532
菏泽市	5539	8812	6795	9958	7204	9105

4－15 各市按登记类型分的在岗职工人数及构成

（2002 年）

地区	在岗职工人数（人）	国有单位	城镇集体单位	其他单位	在岗职工人数构成（%）	国有单位	城镇集体单位	其他单位
全省总计	**7648492**	**4935068**	**819976**	**1893448**	**100**	**64.52**	**10.72**	**24.76**
济南市	726247	468349	90924	166974	100	64.49	12.52	22.99
青岛市	1042424	426219	67792	548413	100	40.89	6.50	52.61
淄博市	483631	340304	54549	88778	100	70.36	11.28	18.36
枣庄市	330077	260183	49582	20312	100	78.83	15.02	6.15
东营市	308092	234402	31840	41850	100	76.09	10.33	13.58
烟台市	641225	369023	66406	205796	100	57.55	10.36	32.09
潍坊市	593495	367927	62519	163049	100	62.00	10.53	27.47
济宁市	575572	445806	50238	79528	100	77.45	8.73	13.82
泰安市	470121	300194	74941	94986	100	63.86	15.94	20.20
威海市	338842	139975	51006	147861	100	41.31	15.05	43.64
日照市	166260	106197	9823	50240	100	63.87	5.91	30.22
莱芜市	132484	54061	34063	44360	100	40.81	25.71	33.48
临沂市	473855	346753	38521	88581	100	73.18	8.13	18.69
德州市	317922	238052	42963	36907	100	74.88	13.51	11.61
聊城市	329831	224268	36663	68900	100	67.99	11.12	20.89
滨州市	231717	188172	20236	23309	100	81.21	8.73	10.06
菏泽市	350059	293292	33512	23255	100	83.79	9.57	6.64

4－16 各市按登记类型分的在岗职工工资总额及平均工资

（2002 年）

地区	总计		国有单位		城镇集体单位		其他单位	
	工资总额（万元）	平均工资（元）	工资总额（万元）	平均工资（元）	工资总额（万元）	平均工资（元）	工资总额（万元）	平均工资（元）
全省总计	**8684001**	**11374**	**6304892**	**12777**	**594649**	**7129**	**1784460**	**9561**
济南市	1036912	14171	763054	16210	74672	8188	199186	11729
青岛市	1469245	14114	811865	18574	74221	10142	583159	10988
淄博市	584549	12082	462496	13610	40515	7320	81538	9199
枣庄市	303011	9191	267938	10304	26558	5411	8515	4139
东营市	590711	19282	509744	21739	39162	12498	41805	10313
烟台市	774120	12032	522256	14126	54313	8050	197551	9581
潍坊市	587758	9845	421538	11420	44840	6942	121380	7433
济宁市	623605	10838	527687	11845	27061	5404	68857	8626
泰安市	432459	9264	313484	10464	34679	4600	84296	9181
威海市	342507	10230	177626	12720	37522	7260	127359	8877
日照市	157403	9305	117746	11063	7469	6403	32188	6304
莱芜市	149502	11309	60824	11253	30242	8951	58436	13174
临沂市	428761	9101	344815	9943	23003	6020	60943	7074
德州市	242681	7698	190482	8086	23795	5442	28404	7899
聊城市	294095	8972	211768	9459	22214	5939	60113	9040
滨州市	210983	9433	180970	10146	14303	6566	15710	6680
菏泽市	246235	7027	214312	7322	17418	5113	14505	6136

4－17 各市单位从业人员和构成

（2002 年）

地区	单位从业人员年末人数（人）	第一产业	第二产业	第三产业	单位从业人员构成（%）	第一产业	第二产业	第三产业
全省总计	**7819580**	**85738**	**3907073**	**3826769**	**100**	**1.10**	**49.97**	**48.93**
济南市	741645	4756	342935	393954	100	0.64	46.24	53.12
青岛市	1063676	6361	630821	426494	100	0.60	59.31	40.09
淄博市	488084	2514	304114	181456	100	0.52	62.31	37.17
枣庄市	335588	4689	172608	158291	100	1.40	51.43	47.17
东营市	313166	5239	220528	87399	100	1.67	70.42	27.91
烟台市	666979	12319	346035	308625	100	1.85	51.88	46.27
潍坊市	601794	7958	290481	303355	100	1.32	48.27	50.41
济宁市	586843	4684	293496	288663	100	0.80	50.01	49.19
泰安市	476895	6005	266175	204715	100	1.26	55.81	42.93
威海市	341908	3132	209462	129314	100	0.92	61.26	37.82
日照市	171951	1869	69646	100436	100	1.09	40.50	58.41
莱芜市	133360	1890	88549	42921	100	1.42	66.40	32.18
临沂市	494585	10669	174984	308932	100	2.16	35.38	62.46
德州市	323751	2355	133194	188202	100	0.73	41.14	58.13
聊城市	338178	3882	147030	187266	100	1.15	43.48	55.37
滨州市	236818	2310	119071	115437	100	0.98	50.28	48.74
菏泽市	361361	5106	84935	271320	100	1.41	23.50	75.09

4－18 各市城镇从业人员

（2002 年）　　单位：万人

地区	总计	国有单位	城镇集体单位	其他单位	内资	港澳台投资	外商投资	城镇私营	城镇个体
全省总计	**1056.6**	**504.5**	**83.9**	**193.5**	**129.4**	**14.0**	**50.1**	**152.2**	**122.5**
济南市	101.6	47.7	9.3	17.2	13.9	0.9	2.4	18.0	9.4
青岛市	154.1	43.5	6.9	56.0	20.8	3.1	32.1	32.0	15.7
淄博市	62.2	34.4	5.5	8.9	7.5	0.6	0.9	8.1	5.3
枣庄市	44.2	26.5	5.0	2.0	1.1	0.7	0.3	4.5	6.2
东营市	42.1	23.7	3.2	4.4	4.1	0.1	0.1	5.4	5.4
烟台市	95.0	38.2	6.9	21.6	12.9	3.2	5.6	18.4	9.9
潍坊市	83.4	37.5	6.3	16.3	13.0	1.2	2.2	14.2	9.1
济宁市	74.3	45.4	5.2	8.0	7.0	0.5	0.5	6.4	9.3
泰安市	54.6	30.3	7.5	9.9	9.2	0.3	0.4	3.7	3.2
威海市	42.6	14.2	5.1	14.8	9.9	1.0	4.0	5.2	3.3
日照市	21.9	10.9	1.0	5.2	4.7	0.2	0.3	2.5	2.3
莱芜市	18.1	5.4	3.4	4.4	4.2	0.1	0.2	1.3	3.6
临沂市	78.6	36.2	4.0	9.3	8.1	0.7	0.5	13.5	15.6
德州市	45.1	24.2	4.3	3.8	3.5	0.2	0.1	5.5	7.3
聊城市	44.6	23.2	3.7	6.9	6.0	0.8	0.1	2.5	8.3
滨州市	27.9	19.1	2.2	2.3	1.7	0.5	0.2	2.2	2.1
菏泽市	45.6	30.1	3.7	2.3	1.9		0.3	3.0	6.5

注：城镇从业人员总计中不包括非正规就业、自由职业者等。

4－19 离休、退休、退职人员人数

（2002 年）　　　　单位:人

类　　别	离休、退休退职人员	#女　性	离休人员	退休人员	领取定期生活费的退职人员
总　　计	**2005227**	**749153**	**130318**	**1830820**	**44089**
一、企　　业	**1496280**	**604190**	**61293**	**1408620**	**26367**
（一）内资企业	1480623	596810	60992	1393465	26166
国有企业	816330	304263	40167	763510	12653
集体企业	335779	161496	10514	317198	8067
其他企业	328514	131051	10311	312757	5446
（二）港、澳、台商投资企业	6923	3255	84	6742	97
（三）外商投资企业	8734	4125	217	8413	104
二、事　　业	**345945**	**106081**	**37366**	**299938**	**8641**
三、机　　关	**163002**	**38882**	**31659**	**122262**	**9081**

4－20 离休、退休、退职人员保险福利费用

（2002 年）　　　　单位:万元

类　　别	合　　计	离 休 金	退 休 金	退职生活费	医疗卫生费	其　　他
总　　计	**2123827**	**250465**	**1664029**	**14429**	**124373**	**70531**
一、企　　业	**1359191**	**115237**	**1092924**	**8596**	**86024**	**56410**
（一）内资企业	1344329	114443	1080063	8496	85401	55926
国有企业	815706	76029	635920	4046	58799	40912
集体企业	252789	18298	219607	2038	7792	5054
其他企业	275834	20116	224536	2413	18809	9960
（二）港、澳、台商投资企业	6680	168	5939	46	368	159
（三）外商投资企业	8182	626	6922	54	255	325
二、事　　业	**74870**	**421256**	**3105**	**21559**	**9750**	
三、机　　关	**234096**	**60358**	**149849**	**2728**	**16790**	**4371**

4－21 各市离休、退休、退职人员人数

（2002 年）　　　　单位：人

地区	离休、退休退职人员	#女性	离休人员	退休人员	领取定期生活费的退职人员
全省总计	**2005227**	**749153**	**130318**	**1830820**	**44089**
济南市	251128	123054	14173	232330	4625
青岛市	399300	194835	13967	380435	4898
淄博市	130229	49224	8281	116872	5076
枣庄市	78556	23803	4176	73794	586
东营市	54778	13284	2526	52027	225
烟台市	186920	69755	15201	170548	1171
潍坊市	169819	57766	10925	148770	10124
济宁市	125538	38792	9205	112132	4201
泰安市	104702	23771	6298	96539	1865
威海市	53335	18975	4843	48435	57
日照市	26776	7662	2492	22736	1548
莱芜市	29296	7294	1662	27534	100
临沂市	81019	34091	9113	71705	201
德州市	76740	24791	6129	67427	3184
聊城市	71950	23764	6131	63349	2470
滨州市	48115	11972	5561	40660	1894
菏泽市	76389	21127	7039	67829	1521

4－22 各市离休、退休、退职人员保险福利费用

（2002年）　　　　单位：万元

地　　区	合　计	离休金	退休金	退职生活费	医疗卫生费	其　他
全省总计	**2123827**	**250465**	**1664029**	**14429**	**124373**	**70531**
济南市	265600	33981	199150	3349	21593	7527
青岛市	412135	39646	358058	2274	4936	7221
淄博市	121597	16680	100863	741	3313	
枣庄市	81255	7304	64040	264	7648	1999
东营市	98272	5534	78992	107	12118	1521
烟台市	214795	30114	166601	854	13177	4049
潍坊市	173998	19046	130664	1399	17172	5717
济宁市	158410	16956	113118	1524	16672	10140
泰安市	112185	10122	84209	653	12283	4918
威海市	61555	9908	50029	26		1592
日照市	27659	4173	20507	452	1888	639
莱芜市	30129	2379	25834	40	1315	561
临沂市	86943	17006	69850	87		
德州市	58488	7928	47796	936	708	1120
聊城市	63051	8620	50254	619	1703	1855
滨州市	49294	9917	34378	789	3123	1087
菏泽市	62634	8495	48204	224	5659	52

4-23 各市各险种参保人数

（2002年）

单位:万人

地区	企业基本养老保险	机关事业养老保险	医疗保险	失业保险	工伤保险	生育保险
全省总计	**641.8**	**195.9**	**625.3**	**701.2**	**277.7**	**322.8**
济南市	58.8	17.0	16.7	61.0	50.8	44.8
青岛市	86.8	12.0	125.0	72.1	59.3	59.3
淄博市	37.0	11.3	35.8	41.3	26.6	0.5
枣庄市	18.8	8.8	24.1	29.5	13.1	13.1
东营市	6.4	5.0	35.1	7.3	0.7	5.5
烟台市	62.5	17.8	76.2	64.9	5.3	30.1
潍坊市	46.6	21.7	50.6	60.0	40.0	18.6
济宁市	37.9	18.3	47.8	54.7	10.6	40.2
泰安市	27.9	11.1	35.5	41.0	5.7	27.9
威海市	26.9	7.7	29.1	26.2	21.1	24.2
日照市	11.2	6.1	8.8	13.6	10.4	10.2
莱芜市	9.7	3.0	8.3	12.3	2.0	6.1
临沂市	25.9	19.8	35.7	37.1	12.2	19.5
德州市	16.1	8.6	25.2	21.5	8.3	11.8
聊城市	18.8	7.4	17.0	23.5	1.8	1.8
滨州市	13.2	5.9	15.2	13.7	8.3	9.2
菏泽市	19.2	12.0	20.5	20.6	1.6	

4-24 1997-2002年全省各险种参保人数

单位:万人

年份	企业基本养老保险	机关事业养老保险	医疗保险	失业保险	工伤保险	生育保险
1997	492.50		112.80		163.30	243.70
1998	578.90		224.10	525.00	226.50	241.00
1999	598.40	170.70	216.10	624.00	249.70	265.40
2000	612.60	179.70	255.50	715.00	279.40	325.50
2001	640.40	189.40	490.20	702.00	285.50	331.80
2002	641.80	195.90	625.30	701.20	277.70	322.80

五、固定资产投资

INVESTMENT IN FIXED ASSETS

简要说明：

一、固定资产投资统计的范围包括：基本建设投资，更新改造投资，房地产开发投资，其他固定资产投资，农村集体固定资产投资，城镇工矿区私人建房投资，农村个人固定资产投资。

二、固定资产投资统计资料来源为：农村集体和农村个人固定资产投资资料由省统计局农村经济调查队根据乡村社会经济调查资料整理提供，除此以外的固定资产投资统计资料均由省统计局固定资产投资统计处整理提供。

三、固定资产投资统计的调查方法：除农村集体和农村个人固定资产投资统计采用抽样调查方法外，其他均为全面统计报表。

四、本篇资料中"5－23农村固定资产投资"表由省农调队农经处整理提供，资料来源于2002年乡村社会经济调查年报，是对全省42个调查县、市的200个调查乡镇、780个调查村、4200个调查户的汇总推算资料，本表编辑马明霞。

编辑单位：投资处

编　　委：王光锋

编　　辑：李炳先

校　　对：李炳先

电　　话：6129479

5-1 1978-2002年全社会固定资产投资总额

单位:亿元

年份	固定资产投资额	国有经济	集体经济	#城镇	其他经济	个体经济	#农村
1978	41.87	29.27	8.42	1.78		4.18	3.98
1979	61.35	31.62	18.97	1.55		10.76	10.41
1980	69.97	35.83	22.24	3.12		11.90	11.47
1981	79.60	29.63	32.08	3.27		17.89	17.28
1982	85.00	43.29	23.38	4.38		18.33	17.46
1983	96.46	49.11	19.19	3.76		28.16	26.48
1984	140.15	67.09	25.29	5.01		47.77	44.43
1985	194.33	100.42	30.21	8.64		63.70	58.51
1986	223.08	121.95	43.09	11.95		58.04	52.32
1987	297.77	155.65	78.75	17.84		63.37	56.05
1988	369.82	192.20	100.97	35.46		76.65	64.83
1989	305.54	162.30	69.68	19.68		73.56	62.00
1990	335.66	185.44	71.51	18.63		78.71	67.47
1991	439.82	234.04	104.73	25.06		101.05	85.73
1992	601.50	343.17	186.43	42.27		71.90	54.19
1993	892.48	476.26	245.90	49.90	64.88	105.44	83.05
1994	1108.00	537.59	318.42	56.42	133.54	118.45	92.30
1995	1320.97	611.92	383.97	51.62	184.55	140.54	113.13
1996	1558.01	691.76	484.79	79.79	178.81	202.65	166.14
1997	1792.22	773.30	569.70	60.15	207.46	241.76	198.68
1998	2056.97	938.73	610.20	66.70	233.84	274.20	227.00
1999	2222.17	1043.13	635.55	82.72	232.85	310.64	228.43
2000	2542.65	1153.65	679.48	108.63	355.59	353.93	254.11
2001	2807.79	1157.44	688.61	134.92	577.68	384.06	263.35
2002	3509.29	1237.16	812.65	196.78	972.17	487.31	285.64

5-2 1978-2002年全社会固定资产投资构成

单位:%

年 份	固定资产投资额	国有经济	集体经济	#城 镇	其他经济	个 体	#农 村
1978	100.0	69.9	20.1	4.2		10.0	9.5
1979	100.0	51.5	30.9	2.5		17.6	17.0
1980	100.0	51.2	31.8	4.5		17.0	16.4
1981	100.0	37.2	40.3	4.1		22.5	21.7
1982	100.0	50.9	27.5	5.1		21.6	20.5
1983	100.0	50.9	19.9	3.9		29.2	27.5
1984	100.0	47.9	18.0	3.6		34.1	31.7
1985	100.0	51.7	15.5	4.5		32.8	30.1
1986	100.0	54.7	19.3	5.4		26.0	23.5
1987	100.0	52.3	26.4	6.0		21.3	18.8
1988	100.0	52.0	27.3	9.6		20.7	17.5
1989	100.0	53.1	22.8	6.4		24.1	20.3
1990	100.0	55.2	21.3	5.6		23.5	20.1
1991	100.0	53.2	23.8	5.7		23.0	19.5
1992	100.0	57.1	31.0	7.0		11.9	9.0
1993	100.0	53.4	27.6	5.6	7.2	11.8	9.3
1994	100.0	48.5	28.7	5.1	12.1	10.7	8.3
1995	100.0	46.3	29.1	3.9	14.0	10.6	8.6
1996	100.0	44.4	31.1	5.1	11.5	13.0	10.7
1997	100.0	43.1	31.8	3.4	11.6	13.5	11.1
1998	100.0	45.6	29.7	3.3	11.4	13.3	11.0
1999	100.0	46.9	28.6	3.7	10.5	14.0	10.3
2000	100.0	45.4	26.7	4.3	14.0	13.9	10.0
2001	100.0	41.2	24.5	4.8	20.6	13.7	9.4
2002	100.0	35.3	23.1	5.6	27.7	13.9	8.1

5－3 1978－2002年按性质分的全社会固定资产投资及构成

年份	全社会投资额（亿元）	基本建设	更新改造	房地产投资	其他投资	占全社会固定资产投资额的比重（%）			
						基本建设	更新改造	房地产投资	其他投资
1978	41.87	24.97	4.30		12.60	59.6	10.3		30.1
1979	61.35	24.91	6.70		29.74	40.6	10.9		48.5
1980	69.97	26.95	8.89		34.13	38.5	12.7		48.8
1981	79.60	18.08	11.55		49.97	22.7	14.5		62.8
1982	85.00	26.95	16.33		41.72	31.7	19.2		49.1
1983	96.46	24.77	18.73		52.96	25.7	19.4		54.9
1984	140.15	33.55	14.48		92.12	23.9	10.3		65.8
1985	194.33	48.65	21.20		124.48	25.0	10.9		64.1
1986	223.08	62.11	26.43		134.54	27.8	11.8		60.4
1987	297.77	77.93	37.66		182.18	26.2	12.6		61.2
1988	369.82	98.45	59.84		211.53	26.6	16.2		57.2
1989	305.54	85.62	43.67		176.25	28.0	14.3		57.7
1990	335.66	95.21	45.01	9.20	186.24	28.4	13.4	2.7	55.5
1991	439.82	111.97	62.57	16.14	249.14	25.5	14.2	3.7	56.6
1992	601.50	174.71	85.84	37.48	303.47	29.0	14.3	6.2	50.5
1993	892.48	239.46	129.63	60.97	462.42	26.8	14.5	6.8	51.9
1994	1108.00	328.02	171.05	102.58	506.35	29.6	15.4	9.3	45.7
1995	1320.97	382.06	211.04	121.10	606.77	28.9	16.0	9.2	45.9
1996	1558.01	461.43	237.24	103.28	756.06	29.6	15.2	6.6	48.6
1997	1792.22	519.21	263.45	107.77	901.79	29.0	14.7	6.0	50.3
1998	2056.97	658.47	283.49	131.92	983.09	32.0	13.8	6.4	47.8
1999	2222.17	717.78	309.70	173.61	1021.08	32.3	13.9	7.8	46.0
2000	2542.65	773.78	398.60	223.29	1146.98	30.4	15.7	8.8	45.1
2001	2807.79	857.52	521.61	297.35	1131.31	30.5	18.6	10.6	40.3
2002	3509.29	1101.52	649.51	391.16	1367.10	31.4	18.5	11.1	39.0

5－4 历年国有单位固定资产投资总额

单位:万元

年 份	固定资产投资额	基本建设投资额	更新改造投资额	其他单位投资额	房地产开发投资额
1949	1400	1400			
1950	3845	3845			
1951	6420	6420			
1952	13086	13086			
1953	22694	22694			
1954	22124	22124			
1955	19822	19822			
1956	41674	41674			
1957	39403	39403			
1958	106434	106434			
1959	122193	122193			
1960	149717	149717			
1961	41458	41458			
1962	32879	22200	10679		
1963	59602	39833	19769		
1964	65477	51791	13686		
1965	61800	49349	12451		
1966	80639	62488	18151		
1967	62495	53129	9366		
1968	55521	52894	2627		
1969	67755	64075	3680		
1970	99198	95330	3868		
1971	132498	120797	11701		
1972	148002	139810	8192		
1973	172999	157439	15560		
1974	138800	127525	11275		
1975	203530	179758	23772		
1976	200277	189379	10898		
1977	181795	167272	14523		
1978	292654	249690	42964		
1979	316174	249139	67035		
1980	358316	269454	88862		
1981	296282	180760	115522		
1982	432870	269533	163337		
1983	491140	247703	187281	56156	
1984	670905	335541	144834	190530	
1985	1004205	486524	212021	305660	
1986	1219520	621110	264283	334127	
1987	1556494	779285	376594	400615	
1988	1922020	984475	598375	339170	
1989	1622956	856183	436651	330122	
1990	1854397	952106	450050	360266	91975
1991	2340380	1119732	625707	433591	161350
1992	3431687	1747127	858400	451390	374770
1993	4762573	2394571	1296276	461994	609732
1994	5375888	2748482	1466563	597191	563652
1995	6119194	3241592	1791702	556496	529404
1996	6917577	3818093	2009959	598737	490788
1997	7732979	4248919	2128094	817225	538741
1998	9387285	5530671	2263152	929150	664312
1999	10431282	6233178	2390439	915682	891983
2000	11536545	6508519	2816436	1332939	878651
2001	11574423	6444464	3472267	650282	1007410
2002	12371596	7572549	3151238	793764	854045

5－5 1995－2002年新增固定资产

单位:万元

类　别	1995 年	1996 年	1997 年	1998 年	1999 年	2000 年	2001 年	2002 年
总　计	**6216742**	**6667650**	**8461435**	**8730604**	**10317187**	**13464585**	**12666208**	**16045896**
按登记注册类型分								
内　资	5470911	5980640	7324551	7923900	9083887	12341411	11688613	14816368
国　有	4654442	4993953	6286871	6687788	7347532	9626597	7400695	7745956
集　体	515583	642022	518159	543090	706256	801844	958058	1281357
联　营	9846	13958	45612	26936	81144	62576	175671	173115
股份制	269102	303042	453297	615715	897807	1567622	2625431	4420018
其　他	21938	27665	20612	50371	51148	282772	528758	1195922
港澳台商投资	256852	179300	173241	215687	206441	275062	474757	489175
# 合资经营	121780	109194	106870	109395	143826	203945	215783	267749
合作经营	25043	810	16050	47958	17324	12296	57127	23500
独　资	110029	69296	50321	53507	38547	56531	179025	165423
外商投资	488979	507710	963643	591017	1026859	848112	502838	740353
# 合资经营	371687	343237	484604	282972	830742	179323	229196	259106
合作经营	48984	25676	23322	31815	10300	547334	15914	20020
独　资	68308	138797	455717	186300	169739	116286	235085	358995
按报表种类分								
基本建设	2781635	2842018	4574931	4233625	5058681	7003613	5267239	6307011
# 国　有	2465584	2425373	3760533	3726305	3976292	5768836	4239652	4469798
更新改造	1575815	1874068	1841823	2404791	2659496	3009852	3786607	4253797
# 国　有	1334456	1629402	1485042	1808265	2031169	2241514	2166138	1991485
其他投资	1073945	1241531	1163281	1134638	1293070	1985816	1850206	2983628
# 国　有	460693	532976	557289	647096	667218	922631	393958	587116
房地产开发	785347	710033	881400	957550	1305940	1465304	1762156	2501460
# 国　有	393709	406202	484007	506122	672853	693616	600947	697557

注:本表不含农村投资和城镇私人建房投资。

5-6 固定资产投资额

（2002年）　　　　单位：万元

分　组	总　计	基本建设	更新改造	其他投资	房地产业开发
总　计	**25631378**	**11015232**	**6495102**	**4209395**	**3911649**
一、按登记注册类型分					
内　资	23468992	10304594	5918294	3723444	3522660
国　有	11803747	7413112	2816313	736838	837484
集　体	1638318			1300922	337396
股份合作	298702			135373	163329
国有联营	51079	37500	11280	500	1799
集体联营	30825			14441	16384
国有与集体联营	253220	39074	214146		
其他联营	44634	12839	22190	6375	3230
国有独资公司	516770	121937	323645	56426	14762
其他有限责任公司	5010913	2009466	1518916	384375	1098156
股份有限公司	2096073	565812	1006945	159795	363521
其　他	1724711	104854	4859	928399	686599
港澳台投资	910622	233586	274558	116943	285535
合资经营	486328	80183	164608	39964	201573
合作经营	48378	5934	9861	3031	29552
独　资	329341	143381	80787	56328	48845
股份有限	46575	4088	19302	17620	5565
外商投资	1251764	477052	302250	369008	103454
合资经营	516456	256995	100757	81392	77312
合作经营	45477	25686	5072	2577	12142
独　资	576672	192466	95742	276224	12240
股份有限	113159	1905	100679	8815	1760
二、按隶属关系分					
中　央	3617775	1881120	1633389	10797	92469
省（自治区，直辖市）	3204403	1717399	908719	339879	238406
地区（州，盟，省辖市）	5724994	2774981	1440684	392854	1116475
县（旗，县级市）	7981259	3725639	2000711	1098293	1156616
其　他	5102947	916093	511599	2367572	1307683
三、按建设性质分					
#新　建	7859455	5550149	611679	1697627	
扩　建	9417749	4075006	3985376	1357367	
改　建	3397249	831073	1676416	889760	
单纯建造生活设施	371246	255467	2000	113779	
迁　建	199706	141145	44953	13608	
恢　复	4068	2248	1070	750	
单纯购置	470256	160144	173608	136504	

5－6续表　　(2002年)　　单位:万元

分组	总计	基本建设	更新改造	其他投资	房地产业开发
四、按项目规模分					
#基本建设大中型	1479544	1479544			
基本建设小型	9375544	9375544			
更改限上项目	869570		869570		
其他	9995071	160144	5625532	4209395	
五、按建设阶段分					
#筹建	18507	18507			
本年正式施工	11520224	10652267	867957		
本年收尾	167424	165811	1613		
全部停缓建	18503	18503			
单纯购置	160144	160144			
六、按国民经济行业门类分					
农、林、牧、渔业	170452	88541	24252	57659	
采掘业	2013213	763870	1127637	121706	
制造业	7806457	2161227	3471243	2173987	
电力、煤气及水的生产和供应业	2030488	1439827	515147	75514	
建筑业	393611	255438	32215	105958	
地质勘查业、水利管理业	316498	305244	7511	3743	
交通运输、仓储及邮电通信业	3334200	1800860	984133	549207	
批发和零售贸易、餐饮业	729027	398063	53544	277420	
金融、保险业	50991	37171	6636	7184	
房地产业	4080414	98564	2048	68153	3911649
社会服务业	1512828	1131260	187255	194313	
卫生、体育和社会福利业	247950	231509	6913	9528	
教育、文化艺术及广播电影电视业	890864	796133	15112	79619	
科学研究和综合技术服务业	79789	73680	3600	2509	
国家机关、政党机关和社会团体	1755481	1295070	48806	411605	
其他行业	219115	138775	9050	71290	
七、按农轻重分					
农业	170452	88541	24252	57659	
轻工业	3928540	1135366	1551461	1241713	
以农产品为原料的工业	2880627	795202	1173040	912385	
以非农产品为原料的工业	1047913	340164	378421	329328	
重工业	7921618	3229558	3562566	1129494	
采掘工业	1996621	760720	1114195	121706	
原材料工业	3230505	1653302	1284276	292927	
制造工业	2694492	815536	1164095	714861	

注:本表不含农村投资和城镇私人建房投资。

5－7 国有单位固定资产投资额

（2002年）　　单位:万元

分　组	总　计	基本建设	更新改造	其他投资	房地产业开　发
总　计	**12371596**	**7572549**	**3151238**	**793764**	**854045**
按建设性质分					
#新　建	3904534	3474600	355410	74524	
扩　建	4461072	2882168	1439085	139819	
改　建	2554166	780744	1212356	561066	
按国民经济行业门类分					
农、林、牧、渔业	77638	62220	15418		
采掘业	535906	248714	199369	87823	
制造业	2005217	639037	1360738	5442	
电力、煤气及水的生产和供应业	1240201	791706	441689	6806	
建筑业	288753	228012	28049	32692	
地质勘查业、水利管理业	316498	305244	7511	3743	
交通运输、仓储及邮电通信业	2907846	1596100	820882	490864	
批发和零售贸易、餐饮业	224847	202093	20515	2239	
金融、保险业	34098	27660	4718	1720	
房地产业	898472	43093	1334		854045
社会服务业	1263406	1018818	170144	74444	
卫生、体育和社会福利业	230172	220951	6913	2308	
教育、文化艺术及广播电影电视业	772224	749889	15112	7223	
科学研究和综合技术服务业	69884	65881	3600	403	
国家机关、政党机关和社会团体	1379431	1259122	46396	73913	
其他行业	127003	114009	8850	4144	
按农轻重分					
农　业	77638	62220	15418		
轻工业	1061425	435456	624160	1809	
以农产品为原料的工业	765722	297409	467779	534	
以非农产品为原料的工业	295703	138047	156381	1275	
重工业	2719899	1244001	1377636	98262	
采掘工业	528486	248564	192099	87823	
原材料工业	1587387	819765	761449	6173	
制造工业	604026	175672	424088	4266	

5－8 基本建设投资效益情况

指标名称	单 位	1995年	1996年	1997年	1998年	1999年	2000年	2001年	2002年
一、固定资产交付使用率									
本年完成投资额	亿元	382.06	461.43	519.21	658.47	717.78	773.78	857.52	1101.52
本年新增固定资产	亿元	278.16	284.20	457.49	423.36	505.87	700.36	526.72	630.70
固定资产交付使用率	%	72.8	61.6	88.1	64.3	70.5	90.5	61.4	57.3
二、建成项目投产率									
本年施工项目	个	4995	5218	5143	6064	5422	5054	4930	5483
本年建成投产项目	个	2713	2779	2726	3288	3168	2782	2450	2423
建成项目投产率	%	54.3	53.3	53.0	54.2	58.4	55.0	49.7	44.2
三、房屋建筑面积竣工									
本年房屋施工面积	万平方米	2468.0	2423.6	2635.2	3209.7	3002.0	3861.2	3029.5	4234.5
本年房屋竣工面积	万平方米	1192.8	1189.9	1229.2	1575.2	1662.4	1487.2	1536.7	1936.9
房屋面积竣工率	%	48.3	49.1	46.6	49.1	55.4	38.5	50.7	45.7
四、建设周期									
计划总投资	亿元	1402.80	1714.82	1883.24	2106.33	2360.79	2557.54	2224.12	2972.50
本年完成投资额	亿元	382.06	461.43	519.21	658.47	717.78	773.78	857.52	1101.52
建设周期	年	3.7	3.7	3.6	3.2	3.3	3.3	2.6	2.7

5－9 更新改造投资效益情况

指标名称	单 位	1995年	1996年	1997年	1998年	1999年	2000年	2001年	2002年
一、固定资产交付使用率									
本年完成投资额	亿元	211.04	237.24	263.45	283.49	309.70	398.60	521.61	649.51
本年新增固定资产	亿元	157.58	187.41	184.18	240.48	265.95	300.99	378.66	425.38
固定资产交付使用率	%	74.7	79.0	69.9	84.8	85.9	75.5	72.6	65.5
二、建成项目投产率									
本年施工项目	个	2978	2839	2659	2562	3137	2408	3331	3202
本年建成投产项目	个	1926	1855	117.21	1701	2169	1695	2109	1705
建成项目投产率	%	64.7	65.3	64.7	66.4	69.1	70.4	63.3	53.2
三、房屋建筑面积竣工									
本年房屋施工面积	万平方米	762.5	707.2	550.8	501.7	498.12	481.8	489.8	689.3
本年房屋竣工面积	万平方米	480.8	386.2	298.8	240.3	370.33	323.7	260.4	354.3
房屋面积竣工率	%	63.1	54.6	54.2	47.9	74.3	67.2	53.2	51.4
四、建设周期									
计划总投资	亿元	460.46	613.08	638.43	705.66	763.05	776.67	914.30	1196.91
本年完成投资额	亿元	211.04	237.24	263.45	283.49	309.70	398.60	521.61	649.51
建设周期	年	2.2	2.6	2.4	2.5	2.5	1.9	1.8	1.8

5-10 施工和竣工项目个数

(2002年)　　单位:个

分组	施工项目个数	#基本建设	#更新改造	竣工项目个数	#基本建设	#更新改造
总计	**15089**	**5483**	**3202**	**6812**	**2423**	**1705**
一、按登记注册类型分						
内资	13828	5147	2869	6342	2308	1511
国有	6415	4093	1604	2906	1928	823
集体	1633			831		
股份合作	193			91		
国有联营	14	5	4	5	1	3
集体联营	21			9		
国有与集体联营	54	10	44	40	6	34
其他联营	51	13	30	19	6	10
国有独资公司	158	26	120	77	10	67
其他有限责任公司	2107	665	620	744	233	343
股份有限公司	962	262	439	388	96	227
其他	2220	73	8	1232	28	4
港澳台投资	495	104	149	172	35	77
合资经营	263	46	91	86	18	48
合作经营	29	5	6	9	1	5
独资	187	50	42	70	14	19
股份有限	16	3	10	7	2	5
外商投资	766	232	184	298	80	117
合资经营	269	108	79	111	43	46
合作经营	21	7	5	9	4	3
独资	449	116	81	162	33	55
股份有限	27	1	19	16		13
二、按隶属关系分						
中央	845	305	516	435	132	299
省(自治区,直辖市)	794	384	277	320	124	170
地区(州,盟,省辖市)	2492	1046	726	870	424	311
县(旗,县级市)	5748	2971	1268	2658	1433	704
其他	5210	777	415	2529	310	221
三、按建设性质分						
#新建	5230	2652	263	2397	1029	80
扩建	5158	1897	1701	2724	876	899
改建	2102	313	1205	1215	174	708
单纯建造生活设施	701	543	5	412	317	5
迁建	131	75	26	58	26	11
恢复	8	3	2	6	1	2
单纯购置						

5－10续表　　(2002年)　　单位:个

分　组	施工项目个数	#基本建设	#更新改造	竣工项目个数	#基本建设	#更新改造
四、按项目规模分						
#基本建设大中型	31	31		1	1	
基本建设小型	5452	5452		2422	2422	
更改限上项目	49		49	11		11
其　他	7798		3153	4378		1694
五、按建设阶段分						
#筹建						
本年正式施工	5428	5380	48	2434	2423	11
本年收尾	100	99	1			
全部停缓建	4	4				
单纯购置						
六、按国民经济行业门类分						
农、林、牧、渔业	173	100	10	87	47	5
采掘业	320	58	228	165	13	137
制造业	5861	1262	1899	3023	440	980
电力、煤气及水的生产和供应业	598	246	327	231	80	141
建筑业	319	149	26	169	66	13
地质勘查业、水利管理业	147	129	14	71	63	7
交通运输、仓储及邮电通信业	887	339	305	439	150	169
批发和零售贸易、餐饮业	787	353	49	468	192	34
金融、保险业	86	49	18	47	25	9
房地产业	1867	57	10	48	22	2
社会服务业	870	432	236	448	183	166
卫生、体育和社会福利业	249	221	6	118	102	3
教育、文化艺术及广播电影电视业	960	812	37	474	395	24
科学研究和综合技术服务业	65	53	2	24	21	
国家机关、政党机关和社会团体	1742	1133	29	926	582	14
其他行业	158	90	6	74	42	1
七、按农轻重分						
#农　业	173	100	10	87	47	5
轻工业	3285	723	908	1697	273	467
以农产品为原料的工业	2272	479	616	1189	190	318
以非农产品为原料的工业	1013	244	292	508	83	149
重工业	3494	843	1546	1722	260	791
采掘工业	300	55	211	153	11	127
原材料工业	1174	291	673	584	95	363
制造工业	2020	497	662	985	154	301

注:本表不含农村投资和城镇私人建房投资。

5-11 新增固定资产

（2002年）　　　　单位:万元

分　组	总　计	基本建设	更新改造	其他投资	房地产业开　发
总　计	**16045896**	**6307011**	**4253797**	**2983628**	**2501460**
一、按登记注册类型分					
内　资	14816368	5970552	3850995	2699432	2295389
国　有	7369624	4359277	1781710	553255	675382
集　体	1092865			877062	215803
股份合作	175162			96878	78284
国有联营	22676	8900	11280	500	1996
集体联营	13330			12564	766
国有与集体联营	135896	27343	108553		
其他联营	37219	8070	11812	9062	8275
国有独资公司	353656	101621	198495	33361	20179
其他有限责任公司	3007999	1042421	995279	273551	696748
股份有限公司	1412019	357738	740035	109471	204775
其　他	1195922	65182	3831	733728	393181
港澳台投资	489175	124784	147188	60847	156356
合资经营	267749	47249	67011	19877	133612
合作经营	23500	1700	9261	1681	10858
独　资	165423	74447	53694	29169	8113
股份有限	32503	1388	17222	10120	3773
外商投资	740353	211675	255614	223349	49715
合资经营	259106	109896	75991	48300	24919
合作经营	20020	15611	3372	1037	
独　资	358995	86168	79148	170573	23106
股份有限	102232		97103	3439	1690
二、按隶属关系分					
中　央	2529890	1245548	1200392	2571	81379
省(自治区,直辖市)	1831676	843134	599119	286402	103021
地区(州,盟,省辖市)	3394941	1584421	876585	255326	678609
县(旗,县级市)	5044438	2188984	1255503	711241	888710
其　他	3244951	444924	322198	1728088	749741
三、按建设性质分					
#新　建	4619407	3051321	359657	1208429	
扩　建	5987494	2415580	2639170	932744	
改　建	2171852	437151	1068121	666580	
单纯建造生活设施	271817	209267	2888	59662	
迁　建	101333	56465	33805	11063	
恢　复	3708	1033	1925	750	
单纯购置	388825	136194	148231	104400	

5－11 续表　　(2002 年)　　单位:万元

分　　组	总　计	基本建设	更新改造	其他投资	房地产业开　　发
四、按项目规模分					
#基本建设大中型	783632	783632			
基本建设小型	5387185	5387185			
更改限上项目	594046		594046		
其　他	6779573	136194	3659751	2983628	
五、按建设阶段分					
#筹　建	10610	10610			
本年正式施工	6612643	6020210	592433		
本年收尾	140410	138797	1613		
全部停缓建	1200	1200			
单纯购置	136194	136194			
六、按国民经济行业门类分					
农、林、牧、渔业	106238	48629	21214	36395	
采掘业	1466589	595345	788410	82834	
制造业	4934639	1242023	2152280	1540336	
电力、煤气及水的生产和供应业	826789	476964	309495	40330	
建筑业	305322	198036	28118	79168	
地质勘查业、水利管理业	205982	197993	4799	3190	
交通运输、仓储及邮电通信业	2350257	1187747	749856	412654	
批发和零售贸易、餐饮业	498909	234754	38879	225276	
金融、保险业	42601	29555	6019	7027	
房地产业	2597832	45470	3448	47454	2501460
社会服务业	736891	507408	111251	118232	
卫生、体育和社会福利业	189812	176500	6103	7209	
教育、文化艺术及广播电影电视业	518766	458373	7064	53329	
科学研究和综合技术服务业	18374	17443	500	431	
国家机关、政党机关和社会团体	1148631	835655	23896	289080	
其他行业	98264	55116	2465	40683	
七、按农轻重分					
#农　业	106238	48629	21214	36395	
轻工业	2579338	726133	962475	890730	
以农产品为原料的工业	1888452	484937	769361	634154	
以非农产品为原料的工业	690886	241196	193114	256576	
重工业	4648679	1588199	2287710	772770	
采掘工业	1454167	592345	778988	82834	
原材料工业	1542936	536709	852722	153505	
制造工业	1651576	459145	656000	536431	

注:本表不含农村投资和城镇私人建房投资。

5－12 房地产开发投资与土地开发投资

（2002年）

指标名称	单位	总计	内资	#国有	港澳台投资	外商投资
累计完成投资	万元	7094296	6145259	1971789	697960	251077
累计新增固定资产	万元	3683303	3306833	1269245	276798	99672
未完工程累计投资	万元	2942161	2420066	615313	390911	131184
本年计划投资	万元	5249886	4739265	1260638	381206	129415
本年完成投资	**万元**	**3911649**	**3522660**	**854045**	**285535**	**103454**
#商品房建设投资额	万元	2992877	2684810	702816	219188	88879
土地开发投资额	万元	266882	235732	48091	26304	4846
按构成分						
建筑工程	万元	2564933	2312770	585073	177019	75144
安装工程	万元	291234	258721	94536	24131	8382
设备工器具购置	万元	44522	36660	3489	6688	1174
#购置旧设备	万元	905	905			
其他费用	万元	1010960	914509	170947	77697	18754
#旧建筑物购置费	万元	9596	9596			
土地购置费	万元	732396	676011	104164	45156	11229
按工程用途分						
住宅	万元	2761831	2513569	666382	170761	77501
#别墅、高档公寓	万元	114907	99610	20951	8355	6942
经济适用房	万元	315493	307648	145318	6493	1352
办公楼	万元	158485	131646	36389	23947	2892
商业营业用房	万元	474953	409996	65678	52672	12285
其他	万元	516380	467449	85596	38155	10776
本年新增固定资产	万元	2501460	2295389	697557	156356	49715
本年完成开发土地面积	**平方米**	**14175879**	**12765615**	**2633136**	**1239515**	**170749**
待开发土地面积	平方米	6135367	5538588	634752	516779	80000
本年购置土地面积	平方米	23855984	21894119	4030546	1573194	388671
竣工房屋住宅套数	套	170126	159750	53898	7087	3289
#别墅、高档公寓	套	3050	2604	402	406	40
经济适用房	套	32630	32342	20630	120	168
拆迁还建竣工房屋面积	平方米	1252618	1210703	345259	41600	315
统建代建竣工房屋面积	平方米	1055251	806922	449252	158616	89713
公益性建筑竣工面积	平方米	273352	243202	210974	30000	150
年末从业人员职工人数	人	69386	65192	21876	3086	1108
全年从业人员劳动报酬	万元	85763	79736	26402	4577	1450

5－13 房屋建筑面积和价值

（2002 年）

项目	单位	总计	#国有	基本建设	#大中型项目	更新改造
本年施工房屋面积	平方米	120684263	48553990	42344901	1632253	6892578
#住宅	平方米	59531760	22813681	12470688	219327	486344
本年竣工房屋面积	平方米	55903845	22464058	19369090	1111672	3542528
#住宅	平方米	27163270	11417365	6641486	170000	306879
本年竣工房屋价值	万元	5111227	2012974	1673127	64203	306397
#住宅	万元	2455141	934258	500642	21184	22149

5－13 续表

（2002 年）

项目	单位	#限额以上项目	其他投资	#国有	房地产业开发	#国有
本年施工房屋面积	平方米	775394	18973614	365109	52473170	13658614
#住宅	平方米		4480411	201551	42094317	11853086
本年竣工房屋面积	平方米	269259	11095744	194993	21896483	6499456
#住宅	平方米		2405547	85025	17809358	5742186
本年竣工房屋价值	万元	31264	883663	20961	2248040	635089
#住宅	万元		186648	5655	1745702	522331

注：本表不含农村投资和城镇私人建房投资。

5－14 商品房屋销售与出租情况

（2002年）　　　　单位：平方米

类　别	实际销售	#销售给个　人	预　售	出　租	#销售给个　人	空　置	#空置一年以上	实　际销售额（万元）	#销售给个　人
总　计	**16958362**	**15273729**	**4671298**	**621514**	**222124**	**5606706**	**1668277**	**2721410**	**2454765**
按工程用途分									
住　宅	14822344	13691454	4031477	89108	31409	4020373	1011092	2275344	2130856
#别墅、高档公寓	392089	390583	172090	6765	375	135022	72437	164492	163828
经济适用房	2464231	2253405	500082	4200		452531	85804	310715	284387
办公楼	245509	42812	116410	84734	19952	198515	92423	81184	13588
商业营业用房	1614299	1400392	488525	407824	170513	1190522	468046	339002	295143
其　他	276210	139071	34886	39848	250	197296	96716	25880	15178
按登记注册类型分									
内　资	15619802	14059816	4304600	473298	209198	4878726	1356548	2405457	2178309
国　有	4826363	4310300	1006381	113868	28172	1524858	580740	697149	624608
集　体	1939551	1736509	214193	124295	98999	470572	181991	238134	214605
股份合作	682830	641717	445074	21381	1381	161676	43906	103718	99574
国有联营	17976	17976				19166	13666	2966	2966
集体联营	11722	11722	18783			5746	2500	1524	1524
国有与集体联营									
其他联营	13946	13946				10931	10931	3845	3845
国有独资公司	73105	61285	42392			37066	34059	15700	13844
其他有限责任公司	3960869	3631945	1040119	61854	12406	1280735	289501	683047	626171
股份有限公司	1441941	1422081	400935	94582	59200	388505	100431	251477	248199
其　他	2651499	2212335	1136723	57318	9040	979471	98823	407897	342973
港澳台投资	860881	760289	221680	144616	11726	560217	232449	223001	186602
合资经营	629352	530396	142248	115476	11299	371144	149758	149964	114680
合作经营	110975	110975	21363			48498	45498	46911	46911
独　资	106754	105118	58069	29140	427	140575	37193	23108	21993
股份有限	13800	13800						3018	3018
外商投资	477679	453624	145018	3600	1200	167763	79280	92952	89854
合资经营	355266	343211	90258	3600	1200	99162	60707	71854	70196
合作经营			53000						
独　资	111413	110413	1760			68601	18573	20008	19658
股份有限	11000							1090	

5－15 房地产开发经营情况

（2002 年）　　单位：万元

类别	总计	内资	#国有	港澳台投资	外商投资
一、实收资本合计	**2273687**	**1837512**	**533561**	**318649**	**117526**
#国家资本	300764	266305	209926	28155	6304
二、年末资产负债情况					
资产总计	11321320	9426718	3262937	1292444	602158
固定资产累计折旧	146105	121540	45165	19624	4941
#本年折旧	29519	25871	7123	2533	1115
负债总计	8840288	7324116	2714609	1018926	497246
所有者权益合计	2481032	2102602	548328	273518	104912
三、损益情况					
1.经营收入总计	2961758	2620568	812572	238201	102989
(1)土地转让收入	31902	22287	9913	9615	
(2)商品房屋销售收入	2681975	2363663	688561	215729	102583
#销售给个人	2427889	2169271	624307	171079	87539
#商品住宅销售收入	2235399	1999366	629877	153062	82971
#销售给个人	2109700	1885829	580890	144921	78950
(3)房屋出租收入	13569	9534	2490	3883	152
(4)其他收入	234312	225084	111608	8974	254
2.经营成本	2363694	2083106	657511	202198	78390
3.销售费用	61102	48340	11844	7566	5196
4.经营税金及附加	145120	128781	38823	11226	5113
5.其他业务利润	11056	9816	3849	525	715
6.管理费用及财务费用	267963	225301	87252	28288	14374
7.投资收益及营业外收入	8614	8133	2836	272	209
8.营业外支出	14234	9107	4304	2003	3124
9.利润总额	129315	143882	19523	－12283	－2284

5-16 固定资产投资财务拨款情况

（2002年） 单位：万元

类别	总计	#国有	基本建设	#大中型项目	更新改造
本年资金来源合计	**27088971**	**12534754**	**11180073**	**1444349**	**6536404**
上年末结余资金	1390522	618212	479535	65795	189914
本年资金来源小计	**25698449**	**11916542**	**10700538**	**1378554**	**6346490**
国家预算内资金	1003670	975572	845594	121650	93945
国内贷款	4782482	2630676	2310387	454941	1145921
债券	33516	33476	25768		7748
利用外资	1114472	90241	523854	171579	184465
自筹资金	15264164	6900253	6030598	572460	4733122
中央各部门自筹	119875	109999	46568	4000	72987
省自筹	324305	284897	166685	12500	71675
地(市)自筹	569969	536769	480957	26370	31234
县自筹	951192	846457	737415	23000	124192
企、事业单位自有资金	12656949	5023691	4598973	506590	4433034
其他资金来源	3500145	1286324	964337	57924	181289
本年各项应付款合计	**2869991**	**1541059**	**1229656**	**119578**	**541425**

5-16续表 （2002年） 单位：万元

类别	#限额以上项目	其他投资	#国有	房地产业开发	#国有
本年资金来源合计	**954213**	**4244402**	**722342**	**5128092**	**1070888**
上年末结余资金	64935	80371	2752	640702	121731
本年资金来源小计	**889278**	**4164031**	**719590**	**4487390**	**949157**
国家预算内资金	13385	64131	62731		
国内贷款	253762	406348	88175	919826	163642
债券					
利用外资	3156	365143		41010	1600
自筹资金	612895	2945364	488341	1555080	318153
中央各部门自筹		320			
省自筹	36060	85945	84615		
地(市)自筹		57778	53311		
县自筹	9000	89585	56623		
企、事业单位自有资金	567835	2711736	293792	913206	219713
其他资金来源	6080	383045	80343	1971474	465762
本年各项应付款合计	**48042**	**318663**	**113998**	**780247**	**180107**

注：本表不含农村投资和城镇私人建房投资。

5－17 各市地固定资产投资额

(2002年)　　单位:万元

地区	投资总额	基本建设	更新改造	其他投资	房地产业开发
全省总计	**25631378**	**11015232**	**6495102**	**4209395**	**3911649**
济南市	3317265	1374648	726372	451646	764599
青岛市	3683623	1190945	707261	748941	1036476
淄博市	1351482	356346	443388	297170	254578
枣庄市	625982	322401	85428	125486	92667
东营市	1970017	819794	916557	111299	122367
烟台市	2742067	1356417	370645	596395	418610
潍坊市	1577971	494635	750875	152000	180461
济宁市	1416234	750132	369753	143012	153337
泰安市	1037511	562187	204781	208121	62422
威海市	1311838	490287	403144	172071	246336
日照市	615261	384503	91399	85715	53644
莱芜市	415159	230109	86745	77419	20886
临沂市	1338985	516486	289981	379075	153443
德州市	1273499	554965	401620	202942	113972
聊城市	868493	378786	108110	224596	157001
滨州市	773558	381053	266396	81872	44237
菏泽市	483103	221988	72867	151635	36613

注:本表不含农村投资和城镇私人建房投资。

5－18 各市施工、竣工项目个数和新增固定资产

(2002年)

地区	施工项目个数(个)	#基本建设	#更新改造	竣工项目个数(个)	#基本建设	#更新改造	新增固定资产(万元)	#基本建设	#更新改造
全省总计	**15089**	**5483**	**3202**	**6812**	**2423**	**1705**	**16045896**	**6307011**	**4253797**
济南市	1649	529	410	617	193	170	1782396	603847	446217
青岛市	2168	540	345	633	134	135	2090074	589757	331474
淄博市	964	205	450	583	119	334	930847	200692	292692
枣庄市	479	191	92	177	79	20	375800	180738	44956
东营市	528	285	105	302	178	64	1405519	607185	604022
烟台市	1415	518	259	594	213	163	1458213	642480	277972
潍坊市	952	381	330	480	185	208	1282440	414855	627530
济宁市	871	358	217	320	122	95	1105629	562776	283497
泰安市	637	355	68	232	132	26	666503	317604	147557
威海市	1084	290	306	568	151	197	845251	253459	262504
日照市	446	199	57	209	112	26	327351	161778	53826
莱芜市	165	104	25	61	43	8	180210	69550	70281
临沂市	1312	524	144	892	344	85	913670	339011	192693
德州市	621	240	135	287	99	42	504880	150463	145676
聊城市	780	270	66	419	121	34	539849	207739	64000
滨州市	478	268	108	223	125	56	622643	319324	183634
菏泽市	517	213	75	212	70	42	336836	179006	54228

注:本表不含农村投资和城镇私人建房投资。

5－19 各市房屋建筑面积和价值

（2002 年） 单位：平方米

地区	施工建筑面积	#住宅	竣工建筑面积	#住宅	竣工价值（万元）	#住宅
全省总计	**120684263**	**59531760**	**55903845**	**27163270**	**5111227**	**2455141**
济南市	16155550	8835944	6676130	3562012	752048	450645
青岛市	23102313	11483395	9396931	4387916	931563	431652
淄博市	7158349	3914258	3728788	2158844	303727	146849
枣庄市	2735844	1449781	1551560	772180	128625	57968
东营市	4613714	2265715	2545240	1294979	235042	106254
烟台市	12880198	5464685	5728707	2462455	563934	224696
潍坊市	6590132	3373076	3133426	1558648	294302	138852
济宁市	5999073	2971966	2517842	1494571	197275	122197
泰安市	5021890	2547953	2497092	1248962	203075	84350
威海市	9080201	4909330	3805760	1960256	372833	203910
日照市	3120423	1454081	1537109	726490	123890	61054
莱芜市	1429155	618039	632242	328381	50808	21793
临沂市	6639788	2945924	3690377	1842401	298571	150002
德州市	4092451	1887578	2233797	1027831	218770	94786
聊城市	6145263	3066678	3170143	1173445	230016	75491
滨州市	3625186	1400521	1838950	721776	128665	55533
菏泽市	2116761	878020	1116415	397022	70633	25253
一、基本建设	**42344901**	**12470688**	**19369090**	**6641486**	**1673127**	**500642**
济南市	5714791	2031616	2098607	767840	168317	54226
青岛市	3842902	339760	1527569	200961	142160	14842
淄博市	1981580	584697	1017893	387585	97626	29398
枣庄市	858494	184938	490351	104538	41055	7585
东营市	2057479	667492	1190920	463608	115906	36741
烟台市	4201685	722161	1940849	390235	208169	31514
潍坊市	2751202	1050621	1232769	498713	113676	42400
济宁市	2582428	930350	761393	393250	69483	45697
泰安市	2460910	910570	1467073	588825	124483	41917
威海市	3357406	854525	1023835	248130	98432	18856
日照市	1403194	510745	567914	238130	50521	18896
莱芜市	958385	335795	330891	168703	24259	8146
临沂市	2733842	842301	1510732	668186	111945	44172
德州市	1731526	580209	820993	313260	78431	24371
聊城市	1980164	622092	1315461	371930	93150	22276
滨州市	2566509	848177	1363809	543787	91461	41757
菏泽市	1020257	389823	621136	248704	37403	13992

注：本表不含农村投资和城镇私人建房投资。

地　　区	施　工 建筑面积	#住　宅	竣　工 建筑面积	#住　宅	竣工价值 (万元)	#住　宅
二、更新改造	**6892578**	**486344**	**3542528**	**306879**	**306397**	**22149**
济 南 市	1004374	11200	591803	1200	55425	60
青 岛 市	1522478	187405	462797	102581	45493	6337
淄 博 市	647876	55901	290500	55901	24464	3245
枣 庄 市	71785	3080	61395	2600	4543	200
东 营 市	180890	2490	94555	1290	12406	102
烟 台 市	395056	2000	232025	2000	17106	200
潍 坊 市	640901	7200	363126	900	37135	50
济 宁 市	272176	7947	100740	4147	7208	245
泰 安 市	207308	10011	133610		12878	
威 海 市	497364	9900	410458	3200	29255	360
日 照 市	150358	8455	101566	2455	5421	110
莱 芜 市	19100		15900		3550	
临 沂 市	199640	22250	114289		7889	
德 州 市	349591	125900	251736	98000	19837	9260
聊 城 市	313218	20090	131857	20090	12176	1230
滨 州 市	256047	8415	94061	8415	6690	512
菏 泽 市	128591	4100	75669	4100	4121	238
三、房地产开发	**52473170**	**42094317**	**21896483**	**17809358**	**2248040**	**1745702**
济 南 市	7187957	5935790	2625709	2416468	412295	354462
青 岛 市	14169846	10746587	5372895	3966931	592581	401820
淄 博 市	3404083	2883573	1721289	1480059	123380	101640
枣 庄 市	1458447	1214963	733302	627542	64694	47894
东 营 市	2089320	1545913	1015270	788661	85016	65454
烟 台 市	5219316	3933883	2110231	1676333	210160	161606
潍 坊 市	2650459	2149783	1265477	1019448	118955	92941
济 宁 市	2555902	1952373	1442983	1075140	101838	74663
泰 安 市	1453390	1200064	546423	454895	34769	27809
威 海 市	4434796	3834989	1697581	1519262	190583	170152
日 照 市	795127	712850	371541	339254	34576	31742
莱 芜 市	292270	250147	176920	146947	17100	12827
临 沂 市	1713979	1524166	948706	849714	96931	84376
德 州 市	1278613	1073530	645145	519532	67419	52711
聊 城 市	2684039	2208865	853922	656073	66420	43757
滨 州 市	549376	505916	200209	159394	17304	12585
菏 泽 市	536250	420925	168880	113705	14019	9263

5-20 各市国有单位施工、竣工项目个数和新增固定资产

（2002 年）

地区	施工项目个数（个）	#基本建设	#更新改造	竣工项目个数（个）	#基本建设	#更新改造	新增固定资产（万元）	#基本建设	#更新改造
全省总计	**6587**	**4124**	**1728**	**2988**	**1939**	**893**	**7745956**	**4469798**	**1991485**
济南市	838	437	261	271	163	81	896556	389110	261995
青岛市	627	345	212	184	108	73	689583	371009	207177
淄博市	506	167	294	353	102	233	523129	184216	167905
枣庄市	249	153	60	79	65	10	245298	152832	23843
东营市	226	205	8	163	147	5	260899	173659	14922
烟台市	533	283	196	270	143	127	705711	399218	232286
潍坊市	422	266	110	206	127	72	434538	269022	103813
济宁市	486	315	133	188	117	65	592016	455313	63869
泰安市	375	283	39	136	105	15	498958	281232	99193
威海市	354	189	122	176	96	80	392058	190503	131994
日照市	191	164	11	105	94	6	180971	135821	20121
莱芜市	92	72	16	43	36	5	111680	58281	47704
临沂市	504	403	70	314	267	42	384972	229482	128539
德州市	327	202	94	131	91	31	273422	120663	125799
聊城市	294	228	32	131	107	19	199902	115183	36948
滨州市	316	237	50	139	108	24	507333	299639	149066
菏泽市	228	165	11	96	60	5	171145	137868	5273

5-21 各市商品房开发情况

（2002 年）　　单位：平方米

地区	房屋施工面积	房屋竣工面积	房屋竣工价值（万元）	实际销售面积	预售面积	空置面积	出租面积	实际销售额（万元）
全省总计	**52473170**	**21896483**	**2248040**	**16958362**	**4671298**	**621514**	**5606706**	**2721410**
济南市	7187957	2625709	412295	1946098	405992	63136	531864	408920
青岛市	14169846	5372895	592581	4269016	1734610	191626	1294412	933031
淄博市	3404083	1721289	123380	1333148	258375	91149	350064	173485
枣庄市	1458447	733302	64694	539643	175449	817	288750	60136
东营市	2089320	1015270	85016	681227	539887	5378	366190	89254
烟台市	5219316	2110231	210160	1716949	161235	149167	952520	256724
潍坊市	2650459	1265477	118955	1053077	160110	21163	110292	114883
济宁市	2555902	1442983	101838	701267	135610	3930	115278	99277
泰安市	1453390	546423	34769	450028	100547	8554	120226	43501
威海市	4434796	1697581	190583	1226550	191286	14739	833616	206672
日照市	795127	371541	34576	402788	76703	2500	145603	51032
莱芜市	292270	176920	17100	153894			45774	21425
临沂市	1713979	948706	96931	751747	31353	7355	238013	86713
德州市	1278613	645145	67419	615384	85988	3300	72074	73238
聊城市	2684039	853922	66420	622176	442522	43000	97996	56806
滨州市	549376	200209	17304	221986	95661	6000	18253	21958
菏泽市	536250	168880	14019	273384	75970	9700	25781	24355

5－22 新增生产能力

（2002 年）

生产能力（或效益）名称	单位	新增生产能力	基本建设	更新改造	其他投资
原煤开采	万吨/年	132	75	47	10
焦　炭	万吨/年	14		8	6
天然原油开采	万吨/年	279	145	134	
天然气管输	公里	60		60	
	亿立方米/年	1		1	
石油加工:蒸馏设备能力	处理万吨/年	35		35	
	套	2		2	
裂化设备能力	处理万吨/年	45		45	
	套	1		1	
#催化裂化设备	套	1		1	
	处理万吨/年	45		45	
焦化设备能力	万吨/年	50		50	
	套	1		1	
催化重整设备能力	万吨/年	41		41	
	套	2		2	
油罐容量	万立方米	16	10	6	
生　铁	万吨/年	66		66	
炼　钢	万吨/年	7		7	
连铸坯	万吨/年	60		60	
#方坯连铸(含矩形坯)	万吨/年	60		60	
粗　铜	吨/年	20			20
钢　材	万吨/年	60	7	46	7
按加工工艺分:#热轧钢材	万吨/年	45	5	35	5
#冷加工钢材	万吨/年	13		11	2
#挤压钢材	万吨/年	2	2		
按品种分:#线材	万吨/年	35		35	
#特厚钢板	万吨/年	10	5		5
#焊接钢管	万吨/年	1		1	
铜加工	吨/年	5000			5000
#铜管材	吨/年	5000			5000
镍冶炼	吨/年	1000	1000		
铝加工	吨/年	426			426
工业锅炉	蒸吨	1500		1500	
发电机组容量	万千瓦	187	157	26	4
火力发电	万千瓦	187	157	26	4
输电线路长度(11 万伏及以上)	公里	256	119	137	
变电设备能力(11 万伏及以上)	万千伏安	102	57	45	
水　泥	万吨/年	425		305	120
平板玻璃	万重量箱/年	620	80	540	

注:本表不含农村投资和私人建房投资。

生产能力（或效益）名称	单位	新增生产能力	基本建设	更新改造	其他投资
釉面砖	万平方米	320			320
墙地砖	万平方米	6760	860	850	5050
卫生陶瓷	万件/年	100			100
耐火材料制品	吨/年	12100		10600	1500
石墨及炭素制品	吨/年	500		500	
胶合板	万立方米/年	29			29
纤维板	万立方米/年	12		2	10
刨花板	万立方米/年	11		10	1
人造板装饰加工板	万立方米/年	6	5		1
家　具	万件/年	68	18		50
合成氨	吨/年	130560		30000	100560
农用氮、磷、钾化学肥	吨/年	159050	1000	101000	57050
氮　肥	吨/年	140550	1000	89000	50550
磷　肥	吨/年	6700		200	6500
钾　肥	吨/年	11800		11800	
化学农药原药	吨/年	6730		5580	1150
乙　烯	吨/年	40500	500	40000	
精甲醇	吨/年	40	20		20
油　漆	吨/年	5610	3500	2110	
染　料	吨/年	4900		3300	1600
塑料树脂及共聚物	吨/年	1469	300	1169	
合成橡胶	吨/年	340			340
合成纤维聚合物	吨/年	164800	163000	1800	
轮胎外胎	万条/年	115	18	7	90
轮胎内胎	万条/年	1540	1500	10	30
化学原料药	吨/年	1927		1727	200
化学药制剂：注射液	万支/年	5210		210	5000
片　剂	万片/年	328585	102000	126584	100001
输　液	万瓶/年	17000			17000
胶囊剂	万粒/年	178000	50000	128000	
医药中间体	吨/年	11499	8199	3300	
中成药	吨/年	2821		2000	821
交流电动机制造	万千瓦/年	275	10	240	25
大中型变压器	万千伏安	46			46
电力电缆	公里	290		180	110
光纤通讯电缆	芯公里	500			500
全塑市话电缆	万对公里	40		40	
金属切削机床制造	台/年	425		300	125
锻压机械	吨/年	325			325
起重机械	吨/年	8100			8100

生产能力（或效益）名称	单位	新增生产能力	基本建设	更新改造	其他投资
输送机械	吨/年	700	700		
泵	台/年	369710	710		369000
风　机	台/年	64460			64460
装载机	台/年	8			8
矿山设备制造	吨/年	5800	5500		300
石油钻采设备	吨/年	100	100		
建筑机械制造	台/年	12160	5000	1000	6160
汽车制造	辆/年	54400	53000	1200	200
载货汽车制造	辆/年	200		200	
客车制造	辆/年	500		500	
轿车制造	辆/年	50000	50000		
其它汽车制造	辆/年	3700	3000	500	200
摩托车制造	辆/年	11500			11500
修造船坞	万载重吨/年	1		1	
电视机	万部/年	10		10	
#彩色电视机	万部/年	10		10	
VCD 盘	万张/年	1200		1200	
集成电路	万块/年	202	202		
电子计算机外部设备	台/年	600		600	
#打印设备	部/年	600		600	
化学纤维	吨/年	12280	4400	6000	1880
#合成纤维	吨/年	2500		2500	
粘胶纤维	吨/年	1920		1000	920
棉纺锭	锭	171080	6300	159580	5200
棉布织机	台	646		248	398
棉印染布	万米/年	8850	3050	3219	2581
毛纺锭	锭	2000			2000
桑蚕缫丝机	绪	1600		1600	
原　盐	万吨/年	23	10	13	
食用植物油	日处理原料:吨	411		120	291
	日精炼油:吨	131		32	99
肉加工品	吨/年	26950	7000	8700	11250
#熟肉加工	吨/年	4060	2500	1500	60
饼　干	吨/年	4500		3500	1000
乳制品	吨/年	3360	160	2200	1000
奶　粉	吨/年	1060	60		1000
其他乳制品	吨/年	2300	100	2200	
酒	万吨/年	22	6	16	
啤　酒	万吨/年	19	4	15	
白　酒	万吨/年	2	1	1	
其他酒	万吨/年	1	1		

生产能力（或效益）名称	单位	新增生产能力	基本建设	更新改造	其他投资
冷冻饮品	吨/年	1500	100		1400
软饮料	吨/年	47684	30000	7328	10356
#瓶　装(或罐装)饮用水	吨/年	13715		4915	8800
方便主食品	吨/年	7352			7352
卷　烟	箱/年	15000		15000	
机制纸浆	万吨/年	12		12	
机制纸	万吨/年	45	1	31	14
机制纸板	万吨/年	39	5	23	11
鞣制皮革(折合牛皮)	万张/年	3		3	
轻　革	万平方米/年	420		103	317
皮　鞋	万双/年	79		8	71
服　装	万件/年	3200	301	166	2734
塑料制品	万吨/年	7		3	4
日用陶瓷器	万件/年	1749	600	999	150
日用玻璃制品	万吨/年	2	1	2	
缝纫机	架/年	300000	300000		
家用冷冻箱	万台/年	60		60	
房间空气调节器	万台/年	49		45	4
排油烟机	万台/年	2		2	
移动电话机(手持机)	部/年	1000000	1000000		
移动通信基站设备	信道/年	1355	1206	149	
程控交换机	万线/年	260	207	53	
电话单机	万部/年	2		2	
新建铁路主线正线交付运营里程	公里	89	76		13
新建公路	公里	895	444		452
#高速公路	公里	194	109		85
一级公路	公里	128	66		62
二级公路	公里	197	44		152
改建公路	公里	2637	1231	289	1117
#一级公路	公里	340	242	44	55
二级公路	公里	1680	719	65	896
新建独立公路桥梁	延长米	2014	565		1449
	座	5	3		2
新(扩)建港口码头	年吞吐量:万吨	1164	164	1000	
	泊位:个	4	2	2	
#新(扩)建沿海港口码头	年吞吐量:万吨	1164	164	1000	
	泊　位:个	4	2	2	
船舶购置	艘	25		25	
	载重量:吨位	5488		5488	
	载客量:客位	678		678	
	拖轮功率:千瓦	3234		3234	

5－22 续表 4　　（2002 年）

生产能力（或效益）名称	单位	新增生产能力	基本建设	更新改造	其他投资
新(扩)建客、货运站	个	6	1		5
	平方米	34800	4000		30800
长途电缆线路长度	公里	651	260	391	
耕地面积	万亩	1	1		
造林面积	万亩	6	5	1	
水库容量(总库容)	亿立方米	1	1		
有效灌溉面积	万亩	62	62		
除涝面积	万亩	5	5		
商业石油库	万立方米	3	2		1
商业冷藏库	万吨	6	1	1	5
水产冷藏库	万吨	5		3	1
粮食仓库	万公斤	52050	47550		4500
	平方米	124113	115345		8768
高等院校:学生席位	个	42352	42352		
建筑面积	平方米	521503	521503		
中等学校:学生席位	个	79494	70817	800	7877
建筑面积	平方米	721754	673519	3380	44855
小学校:学生席位	个	21848	16708	4860	280
建筑面积	平方米	125217	107255	16412	1550
其他学校:学生席位	个	2994	2974	20	
建筑面积	平方米	36614	36324	290	
文化馆	平方米	7358	7358		
医院病床	张	4656	3926	230	500
宾馆、旅馆、招待所客房数	间	548	398		150
	平方米	21648	14888		6760
城市自来水供水能力	万吨/日	41	31	5	5
城市自来水管道长度	公里	203	128	70	5
城市天然气储气能力	万立方米/日	68		68	
城市液化石油气储气能力	吨	400			400
城市供热能力:蒸汽	吨/小时	920	200	480	240
热水	兆瓦/小时	745	291	373	81
城市公共交通车辆购置	辆	935	608	282	45
城市道路扩建长度	公里	647	372	143	131
城市道路扩建面积	万平方米	1131	631	318	183
城市排水管道铺设长度	公里	319	158	78	83
城市污水处理能力	万吨/日	93	86	7	
城市永久性桥梁	座	36	28	8	
城市防洪堤长度	公里	21	21		

5-23 农村固定资产投资额

（2002年）

类别	单位	总计	非农户	农户
一、本年新增固定资产原值	**万元**	**8873530**	**6031586**	**2841944**
二、本年固定资产投资完成额	**万元**	**9015158**	**6158717**	**2856441**
（一）按投资来源分				
国家资金	万元	92032	92032	
国内贷款	万元	752646	705057	47589
利用外资	万元	207048	207048	
自筹资金	万元	7804762	5006537	2798225
其他资金	万元	158670	148043	10627
（二）按投资构成分				
建筑工程	万元	4560899	2711598	1849301
#水　利	万元	269856	218818	51038
房　屋	万元	3648614	1926038	1722576
#住　宅	万元	1862692	300966	1561726
安装工程	万元	161065	161065	
设备工器具购置	万元	3733772	2898522	835250
#生产设备	万元	3125807	2542337	583470
其　它	万元	559422	387532	171890
（三）按投资方向分				
农　业	万元	1399235	680359	718876
采掘业	万元	27814	27814	
制造业	万元	3934280	3913469	20811
电力煤气及水的生产和供应业	万元	107875	107875	
建筑业	万元	192163	192163	
地质勘探业水利管理业	万元	5873	5873	
交通运输业仓储及邮电通讯业	万元	618501	336255	282246
批发零售贸易餐饮业	万元	164622	147011	17611
金融保险业	万元	8427	8427	
房地产业	万元	150571	150571	
社会服务业	万元	62802	62802	
卫生体育和社会福利事业	万元	46114	46114	
教育文化艺术及广播电影电视业	万元	114019	114019	
科学研究和综合技术服务业	万元	17691	17691	
国家机关政党机关社会团体	万元	148439	148439	
其他行业	万元	2016733	199836	1816897
（四）按具体投资项目分				
房　屋	万元	3648614	1926038	1722576
#住　宅	万元	1862692	300966	1561726
道　路	万元	454135	433543	20592
桥　梁	万元	16207	16207	
设　备	万元	3733772	2898522	835250
水　利	万元	269856	218818	51038
其　它	万元	892574	665589	226985
三、本年施工房屋面积	**万平方米**	10530	3558	6972
#住　宅	万平方米	7007	796	6211
当年新开工	万平方米	8584	2712	5872
四、本年竣工房屋面积	**万平方米**	10328	3461	6867
#住　宅	万平方米	6842	748	6094
五、本年竣工房屋投资完成额	**万元**	3564709	1856529	1708180
#住　宅	万元	1843254	294335	1548919

六、能　源

ENERGY

简要说明：

一、本篇包括的主要内容有：历年能源生产、消费及品种构成，能源生产和消费弹性系数，综合能源平衡表和主要能源品种的单项平衡表。

二、本篇资料取自山东省统计局工交处编制的全省能源平衡表。地区能源平衡表的编制范围为辖区内除解放军总后勤部、工程兵以外的全部生产和消费能源的单位。

三、关于数据口径与计算的说明

1. 一次能源生产量与工业统计数字一致。

2. 行业分类采用现行统一的国民经济行业分类国家标准。

3. 能源生产与消费弹性系数分别以能源生产、消费增长速度与国内生产总值增长速度相比求得。

4. 能源平衡表中，进口量和出口量采用海关统计数据。进口量中包括我省轮船飞机在国外加油量，出口中包括外国轮船飞机在我国加油量。电力折算标准煤系数按平均发电煤耗计算。

5. 表中“煤碳”均指“原煤”。

编辑单位：工交处
编　　委：谭　杰
编　　辑：王占戈
校　　对：王占戈
电　　话：6129420

6-1 历年一次能源生产总量

单位:万吨标煤

年份	能源生产总量	原煤	原油	天燃气	水电
1949	120.79	120.79			
1950	158.65	158.65			
1951	188.86	188.86			
1952	258.58	258.58			
1953	259.01	259.01			
1954	293.72	293.72			
1955	342.73	342.73			
1956	386.58	386.58			
1957	440.37	440.37			
1958	981.18	981.02	0.16		
1959	1646.72	1645.97	0.75		
1960	1929.23	1928.04	1.05		0.14
1961	1280.47	1279.96	0.39		0.12
1962	1041.29	1041.17	0.01		0.11
1963	1103.55	1103.31	0.08		0.16
1964	1140.40	1140.10	0.10		0.20
1965	1362.94	1242.89	119.81		0.24
1966	1610.35	1418.18	192.12		0.05
1967	1505.04	1318.82	186.18		0.04
1968	1757.83	1450.32	307.48		0.03
1969	1512.19	1093.60	418.58		0.01
1970	2383.80	1716.18	667.59		0.03
1971	2776.74	1888.33	888.12		0.29
1972	3147.97	1993.40	1154.20		0.37
1973	3384.38	1836.04	1547.89		0.45
1974	2890.71	1021.88	1796.11	71.96	0.76
1975	4555.04	2036.54	2388.62	128.62	1.26
1976	5013.70	2382.91	2500.65	128.88	1.26
1977	5387.37	2727.99	2502.71	155.88	0.79
1978	5901.83	2928.71	2781.49	190.46	1.17
1979	6075.07	3170.21	2697.14	205.49	2.23
1980	5873.37	3064.71	2616.94	189.00	2.72
1981	5392.54	2950.42	2301.75	138.72	1.65
1982	5505.80	3040.71	2335.21	129.41	0.47
1983	5898.00	3132.28	2625.00	139.79	0.93
1984	6696.54	3258.96	3288.36	148.17	1.05
1985	7531.89	3516.00	3861.74	151.89	2.26
1986	8046.80	3642.79	4215.52	185.94	2.55
1987	8511.34	3798.47	4514.38	197.24	1.25
1988	8918.29	3970.94	4757.61	188.73	1.01
1989	9038.69	4067.83	4765.07	205.35	0.44
1990	9262.21	4282.54	4786.70	191.39	1.58
1991	9269.98	4282.53	4793.22	191.25	2.98
1992	9508.88	4535.86	4780.24	191.92	0.86
1993	9875.38	4519.97	5171.83	182.08	1.50
1994	10624.88	5560.85	4887.14	173.78	2.89
1995	10762.35	6305.32	4294.76	156.04	1.55
1996	10705.27	6392.56	4159.57	144.62	0.97
1997	10630.25	6496.14	4002.01	121.67	0.69
1998	10436.05	6412.17	3901.51	122.09	0.28
1999	10331.25	6425.10	3807.55	89.01	0.73
2000	9657.36	5741.96	3822.49	83.54	0.76
2001	11560.58	7634.32	3811.52	103.34	1.08
2002	13258.26	9333.02	3816.52	91.07	1.14

6-2 1979-2002年能源生产、能源消费弹性系数

年份	能源生产弹性系数				能源消费弹性系数			
	能源生产比上年增长（%）	电力生产比上年增长（%）	能源生产弹性系数	电力生产弹性系数	能源消费比上年增长（%）	电力消费比上年增长（%）	能源消费弹性系数	电力消费弹性系数
1979	1.69	9.68	0.15	0.84	0.02	11.03		0.95
1980	-3.33	8.78		0.55	0.62	5.96	0.03	0.40
1981	-8.17	4.58		0.25	-12.23	6.13		0.33
1982	2.12	4.62	0.15	0.33	21.98	6.06	1.56	0.43
1983	7.11	7.26	0.44	0.44	-13.50	7.43		0.46
1984	13.53	8.33	0.51	0.31	7.34	12.43	0.27	0.47
1985	12.46	10.83	0.73	0.63	-12.67	8.70		0.51
1986	6.83	14.46	0.75	1.59	7.34	11.02	0.81	1.22
1987	5.79	10.62	0.29	0.52	13.68	9.68	0.68	0.48
1988	4.78	14.41	0.19	0.57	5.73	8.04	0.23	0.32
1989	1.36	10.58	0.09	0.67	4.84	7.17	0.31	0.45
1990	2.46	6.33	0.15	0.38	3.46	9.76	0.21	0.58
1991	0.52	11.20	0.03	0.57	3.05	9.75	0.15	0.49
1992	2.14	14.06	0.16	0.66	1.92	13.92	0.09	0.65
1993	-0.14	7.85		0.30	-1.07	7.77		0.29
1994	8.27	10.95	0.21	0.28	13.09	10.50	0.33	0.29
1995	6.13	9.09	0.21	0.31	10.58	9.48	0.36	0.32
1996	-2.77	7.28		0.38	3.12	7.51	0.16	0.39
1997	1.52	7.68	0.13	0.66	-0.02	7.38		0.64
1998	-1.81	-7.09			12.70	-1.19	1.10	
1999	-1.01	14.84		0.58	0.22	14.57	0.87	0.53
2000	-6.52	9.91		0.55	-9.17	10.12		0.56
2001	1.71	8.33	0.17	0.82	10.41	10.94	1.03	0.58
2002	4.68	12.36	0.40	1.07	18.06	12.42	1.56	1.07

6－3 一次能源生产量及构成

类　别	单　位	1996 年	1997 年	1998 年	1999 年	2000 年	2001 年	2002 年
能源生产总量(折标准煤)	**万吨标准煤**	**10703.26**	**10629.10**	**10436.60**	**10331.25**	**9657.36**	**11560.58**	**13258.26**
构　成								
原　煤	%	59.73	61.12	61.44	62.19	59.46	66.04	70.39
原　油	%	38.86	37.65	37.38	36.85	39.58	32.97	28.79
电　力	%	0.01	0.01	0.01	0.01	0.01	0.01	0.01

6－4 能源消费量及构成

类　别	单　位	1996 年	1997 年	1998 年	1999 年	2000 年	2001 年	2002 年
一、一次能源消费量(折标准煤)	**万吨标准煤**	**10117.67**	**10128.81**	**10028.80**	**10104.56**	**9977.11**	**11649.88**	**13121.91**
构　成								
原　煤	%	78.48	77.53	78.53	76.99	74.09	76.87	81.84
原　油	%	20.13	21.56	20.64	22.28	25.36	21.80	17.73
电　力	%	0.01	0.01	0.01	0.01	0.01	0.01	0.01
二、终端能源消费量(折标准煤)	**万吨标准煤**	**6077.02**	**5919.30**	**6852.14**	**6814.85**	**6885.48**	**8373.86**	**8255.16**
构　成								
原　煤	%	39.20	38.59	47.02	46.76	31.23	32.98	37.81
油　品	%	23.76	21.84	17.08	18.02	24.03	19.16	18.99
电　力	%	16.11	17.76	14.16	14.53	17.86	22.90	18.31
其　他	%	20.87	21.81	21.74	20.69	26.88	24.96	24.89

6-5 平均每天各种能源消费量

类　　别	单　位	1996 年	1997 年	1998 年	1999 年	2000 年	2001 年	2002 年
合　　计	**吨标准煤**	**346813**	**352838**	**341706**	**340988**	**356303**	**403426**	**473063**
煤　　炭	吨	304569	301200	302083	298387	283513	343495	411922
焦　　炭	吨	11151	11070	8393	9161	11639	12629	11381
原　　油	吨	39059	41878	39698	40482	48526	48711	44609
燃 料 油	吨	8832	8006	7095	7707	9432	7435	7412
汽　　油	吨	5319	6072	5439	4652	5165	5176	4845
煤　　油	吨	828	1018	1432	1333	1322	1356	1150
柴　　油	吨	8613	9564	8180	7896	9421	9113	6814
液化石油汽	吨	1011	1517	1446	1462	1680	1512	1973
电　　力	万千瓦时	21829	23439	21723	22068	27411	32745	33699

6-6 平均每人年生活用能源

类　　别	单　位	1996 年	1997 年	1998 年	1999 年	2000 年	2001 年	2002 年
合　　计	**千克标准煤**	**41.86**	**36.53**	**45.06**	**49.53**	**47.45**	**48.16**	**64.26**
煤　　炭	千克	32.08	19	35.52	34.16	30.98	41.97	41.95
汽　　油	千克							
煤　　油	千克	2.36	2.90	3.53	3.25	2.63	2.60	2.05
柴　　油	千克							
液化石油汽	千克	1.71	2.53	2.34	2.86	2.85	2.93	4.34
电　　力	千瓦小时	102.22	113.81	85.41	125.83	134.98	154.82	157.52

6-7 分品种生活能源年消费总量

类　　别	单　位	1996 年	1997 年	1998 年	1999 年	2000 年	2001 年	2002 年
合　　计	**万吨标准煤**	**366.20**	**321.86**	**399.79**	**440.04**	**430.77**	**511.16**	**583.57**
煤　　炭	万吨	280.60	170.44	315.16	303.44	281.25	379.44	380.97
汽　　油	万吨							
煤　　油	万吨	20.61	26.26	31.28	28.86	23.85	23.52	18.62
柴　　油	万吨							
液化石油汽	万吨	14.94	22.36	20.77	25.41	25.83	26.48	39.40
电　　力	亿千瓦时	89.42	100.27	75.78	111.78	122.55	130.38	143.06

6-8 单项能源平衡表

(2002 年)

类　　　别	原　煤 (万吨)	洗精煤 (万吨)	其它洗煤 (万吨)	煤制品 (万吨)	焦　炭 (万吨)	焦炉煤气 (亿立方米)	其它煤气 (亿立方米)
一、可供本地区消费的能源量	**15030.07**	**-1909.55**	**-188.32**		**39.32**		
1.年初库存量	1509.62	30.41	18.61		38.19		
2.一次能源生产量	13065.97						
3.回收能							
4.外省(区.市)调入量	3046.41	492.82	307.18		70.21		
5.进口量							
6.我轮、机在外国加油量							
7.本省(区、市)调出量(-)	-1568.96	-618.58	-479.14		-22.56		
8.出口量(-)		-1758.58					
9.外轮、机在我国加油量(-)							
10.年末库存量(-)	-1022.97	-55.62	-34.97		-46.52		
二、加工转换投入(-)产出(+)量	**-10504.19**	**2423.17**	**297.41**	**0.68**	**376.82**	**12.10**	**1.46**
1.火力发电	-5162.86	-80.71	-106.32			-0.04	
2.供　热	-990.01		-72.78				
3.洗选煤	-4276.82	3003.65	476.51				
4.炼　焦	-26.79	-466.40			350.25	10.11	
5.炼　油							
6.制　气	-46.99	-33.37			29.83	2.03	1.46
#焦炭再投入量(-)					-3.26		
7.煤制品加工	-0.72			0.68			
三、损失量	**160.86**						
#运输和输配损失	160.86						
四、终端消费量	**4370.11**	**516.88**	**106.23**	**0.68**	**412.16**	**12.10**	**1.46**
(一)第一产业	526.31						
1.农、林、牧、渔业	526.31						
(二)第二产业	3106.76	516.88	106.23		411.42	12.10	1.46
1.工业	2685.18	516.88	106.23		402.16	12.10	1.46
#用作原料、材料		102.35	25.91		200.12		
2.建筑业	421.58				9.26		
(三)第三产业	356.07			0.68	0.74		
1.交通运输、仓储及邮电通迅业	120.38				0.48		
2.批发和零售贸易业、餐饮业	153.11				0.26		
3.其他	82.58			0.68			
(四)生活消费	380.97						
城　镇	312.66						
乡　村	68.31						
五、平衡差额	**-5.09**	**-3.26**	**2.86**		**3.98**		
六、消费量合计	**15035.16**	**1097.36**	**285.33**	**0.68**	**415.42**	**12.14**	**1.46**

6－8 续表 1　　　　　　　　　　　　（2002 年）

类　　别	原　油（万吨）	汽　油（万吨）	煤　油（万吨）	柴　油（万吨）	燃料油（万吨）	液　化石油气（万吨）	炼厂干气（万吨）
一、可供本地区消费的能源量	**1623.13**	**－43.33**	**0.11**	**－147.59**	**－44.03**	**9.41**	
1.年初库存量	72.18	82.15	0.58	68.16	22.56	0.26	
2.一次能源生产量	2671.51					9.63	
3.回收能							
4.外省（区、市）调入量	62.18			9.26			
5.进口量	285.32			62.26			
6.我轮、机在外国加油量				9.23	28.62		
7.本省（区、市）调出量（－）	－1236.58	－70.36		－225.68	－35.68		
8.出口量（－）	－175.16				－18.69		
9.外轮、机在我国加油量（－）					－10.26		
10.年末库存量（－）	－56.32	－55.12	－0.69	－70.82	－30.58	－0.48	
二、加工转换投入（－）产出（＋）量	**－1528.92**	**223.17**	**43.26**	**391.61**	**285.76**	**60.42**	**15.84**
1.火力发电	－14.98	－0.65		－10.02	－20.33		
2.供　热		－0.68		－0.09	－4.81		
3.洗选煤							
4.炼　焦							
5.炼　油	－1513.94	223.82	43.26	401.72	310.90	62.60	15.84
6.制　气						－2.18	
#焦炭再投入量（－）							
7.煤制品加工							
三、损失量	**20.15**				**9.22**		
#运输和输配损失	20.15				9.22		
四、终端消费量	**79.16**	**176.18**	**41.97**	**238.61**	**236.18**	**69.83**	**15.84**
（一）第一产业		7.66		50.23			
1.农、林、牧、渔业		7.66		50.23			
（二）第二产业	78.08	61.47	20.18	102.10	214.23	30.43	15.84
1.工业	65.27	52.18	18.32	86.27	211.68	21.75	15.84
#用作原料.材料	5.11	7.17		8.96	6.87	3.25	6.88
2.建筑业	12.81	9.29	1.86	15.83	2.55	8.68	
（三）第三产业	1.08	107.05	3.17	86.28	21.95		
1.交通运输、仓储及邮电通迅业	0.96	41.23		29.78	18.29		
2.批发和零售贸易业、餐饮业	0.12	16.27	3.17	19.99	3.66		
3.其　他		49.55		36.51			
（四）生活消费			18.62			39.40	
城　镇						32.18	
乡　村			18.62			7.22	
五、平衡差额	**－5.10**	**－3.66**	**1.18**	**－5.41**	**－3.67**		
六、消费量合计	**1628.23**	**176.83**	**41.97**	**248.72**	**270.54**	**72.01**	**15.84**

6－8续表2 （2002年）

项目	天然气（亿立方米）	其它石油制品（万吨）	其它焦化产品（万吨）	热力（万百万千焦）	电力（亿千瓦小时）	其它能源（万吨标准煤）
一、可供本地区消费的能源量	**4.63**	**－7.80**	**5.04**		**0.37**	**38.96**
1.年初库存量						
2.一次能源生产量	7.50				0.88	
3.回收能						38.96
4.外省（区、市）调入量		1.86	8.26			
5.进口量						
6.我轮、机在外国加油量						
7.本省（区、市）调出量（－）	－2.87	－9.66	－3.22		－0.56	
8.出口量（－）						
9.外轮、机在我国加油量（－）						
10.年末库存量（－）						
二、加工转换投入（－）产出（＋）量		**360.91**	**19.01**	**23529.58**	**1227.45**	**－15.92**
1.火力发电				3709.25	1192.85	－15.92
2.供　热		－56.35		19820.33	34.60	
3.洗选煤						
4.炼　焦			18.12			
5.炼　油		417.26				
6.制　气			0.89			
#焦炭再投入量（－）						
7.煤制品加工						
三、损失量						
#运输和输配损失						
四、终端消费量	**4.63**	**353.11**	**24.05**	**23529.58**	**1230.02**	**23.04**
（一）第一产业					51.12	
1.农、林、牧、渔业					51.12	
（二）第二产业	1.28	353.11	24.05	23439.03	947.39	23.04
1.工　业	1.28	353.11	24.05	23072.25	937.92	23.04
#用作原料.材料	0.99	302.66	24.05			
2.建筑业				366.78	9.47	
（三）第三产业				90.55	88.45	
1.交通运输、仓储及邮电通迅业					13.24	
2.批发和零售贸易业、餐饮业					26.46	
3.其　他				90.55	48.75	
（四）生活消费	3.35				143.06	
城　镇	3.35				65.44	
乡　村					77.62	
五、平衡差额					**－2.20**	
六、消费量合计	**4.63**	**409.46**	**24.05**	**23529.58**	**1230.02**	**38.96**

6-9 电 力 平 衡 表

单位:万吨标煤

类　　别	1990 年	1995 年	1996 年	1997 年	1998 年	1999 年	2000 年	2001 年	2002 年
一、可供本地区消费的能源量	**3.21**	**4.60**	**4.91**	**2.46**	**3.22**	**0.59**	**0.61**	**0.55**	**0.45**
#一次能源生产量	0.02	0.41	0.79	0.56	0.76	0.73	0.76	0.88	1.14
回收能									
外省(区、市)调入量	3.23	4.19	4.31	2.01	2.74				
进口量									
我轮、机在外国加油量									
本省(区、市)调出量(-)	0.04		0.19	0.11	0.28	0.14	0.15	-0.33	-0.69
出口量(-)									
外轮、机在我国加油量(-)									
二、加工转换投入(-)产出(+)量	**446.70**	**736.16**	**792.21**	**853.39**	**974.40**	**1119.03**	**1229.95**	**1364.47**	**1508.54**
火力发电	446.70	732.38	787.68	848.84	968.65	1108.94	1207.10	1332.26	1466.01
供　热		3.78	4.53	4.55	5.75	10.09	22.85	32.21	42.52
洗选煤									
炼　焦									
炼　油									
制　气									
#焦炭再投入量(-)									
煤制品加工									
三、损失量									
#运输和输配损失									
四、终端消费量	**448.69**	**741.07**	**796.76**	**855.54**	**974.46**	**1116.51**	**1229.60**	**1360.20**	**1511.69**
(一)第一产业	34.49	42.81	46.17	49.11	64.06	63.92	66.27	59.48	62.83
1.农、林、牧、渔业	34.49	42.81	46.17	49.11	64.06	63.92	66.27	59.48	62.83
(二)第二产业	356.05	577.39	614.61	640.80	776.46	840.33	925.33	1038.67	1164.34
1.工　业	353.25	571.27	607.95	634.08	769.99	831.16	916.07	1028.77	1152.70
#用作原料、材料									
2.建筑业	2.80	6.12	6.66	6.72	6.46	9.17	9.25	9.90	11.64
(三)第三产业	20.60	41.33	46.56	65.36	40.82	74.88	87.39	98.67	108.71
1.交通运输、仓储及邮电通迅业	5.10	7.57	8.52	24.43	20.67	12.07	14.53	15.83	16.27
2.批发和零售贸易业、餐饮业	5.30	11.87	13.01	14.99	7.57	22.48	25.62	33.41	32.52
3.其　他	10.20	21.89	25.03	25.03	12.57	40.34	47.24	49.43	59.91
(四)生活消费	37.55	79.54	89.42	100.27	93.13	137.38	150.61	163.38	175.82
城　镇	21.04	36.22	41.49	46.18	37.63	63.61	71.54	76.10	80.43
乡　村	16.51	43.32	47.93	54.09	55.50	73.76	79.07	87.28	95.39
五、平衡差额		**-0.31**	**0.36**	**0.31**	**3.16**	**3.11**	**0.96**	**4.82**	**-2.70**
六、消费量合计	**448.69**	**741.07**	**796.76**	**855.54**	**974.46**	**1116.51**	**1229.60**	**1360.20**	**1511.69**

七、财 政、金 融

GOVERNMENT FINANCE AND BANKING

简要说明：

财政部分：

一、本篇反映了全省财政收支状况，资料来源于省财政厅财政总决算表。全省财政总决算由省级财政决算和地市级财政决算汇总而成。

二、有关财政收支方面的资料，主要来源于决算收支总表，决算收入明细表、决算支出明细表和根据这些表的数据进行加工整理而成。

金融部分：

一、反映了全省金融机构信贷收支情况。

二、本部分资料均来自中国人民银行济南分行的统计报表资料。

7－1 1950－2002年地方财政收入

单位:万元

年份	地方财政收入	#各项税收	#工商税收
1950	44253	35209	13844
1951	70001	55119	27913
1952	76284	62545	38950
1953	79758	69895	49715
1954	88446	78100	55843
1955	89333	79914	55350
1956	103099	88883	64134
1957	107262	92112	67360
1958	211004	105306	79658
1959	247460	122645	85857
1960	263795	113956	88502
1961	165664	87347	62205
1962	125506	96577	70263
1963	151111	93026	71810
1964	155357	100322	80181
1965	164766	100184	78136
1966	187716	105124	78893
1967	190489	109172	83795
1968	200665	117893	90336
1969	198303	120536	94448
1970	309438	167361	139035
1971	411058	174508	149778
1972	430416	191095	165707
1973	449172	206727	180565
1974	269542	163550	139694
1975	459668	233132	204907
1976	496749	270119	240545
1977	559590	313898	282400
1978	641286	327465	300729
1979	569948	322814	300078
1980	481097	335362	308145
1981	511850	368177	341841
1982	492888	416477	390612
1983	504050	428911	399641
1984	536022	484039	453624
1985	675316	638230	601797
1986	621535	567351	541455
1987	727901	652813	610879
1988	826814	825681	768616
1989	1009416	973118	922076
1990	1091082	1058745	1007673
1991	1285184	1145170	1091142
1992	1393225	1287334	1227004
1993	1943978	1908554	1757265
1994	1346611	1264642	991172
1995	1790025	1635139	1238744
1996	2416742	2156333	1575814
1997	3044232	2648693	1917073
1998	3523912	3019024	2236660
1999	4044829	3429430	2499740
2000	4636788	3929022	2787157
2001	5731793	4883422	3031757
2002	6102242	4950266	3548198

注:本表中1994年以来的财政收入及分组均系新口径数,与历史资料不可比。

7－2 1950－2002年地方财政支出

单位:万元

年份	地方财政支出	#基本建设	#城市维护费	#支援农业支出	#文教科学卫生事业费	#行政管理费
1950	10281	556	79	266		4704
1951	15965	3221	490	364		7357
1952	31886	8860	245	735		8332
1953	32272	5719	263	433		9548
1954	33657	6505	245	1447		9381
1955	31143	4023	209	1954		9868
1956	47155	13244	107	3484		12695
1957	49164	10522	201	4770		11790
1958	120740	75087	67	4468		12461
1959	158857	78459	22	16116		14162
1960	239314	98855	82	23717		14571
1961	135988	19073	69	27392		13612
1962	63594	6560	334	9526		11753
1963	79714	10271	1018	12029		13054
1964	89615	17557	1535	12620		13212
1965	95407	18711	1807	10048		13144
1966	104100	24115	1690	10425		13691
1967	102007	33442	1669	9728		12064
1968	88752	31016	1719	7476		12264
1969	113952	49590	1756	7683		12669
1970	142528	70447	1805	8389		14245
1971	159105	67943	1743	11247		17779
1972	188907	82551	1621	15603		19336
1973	194872	66635	2419	21980		18541
1974	191061	56996	2005	24284		18435
1975	212560	52389	2194	26906		21241
1976	214205	48383	2579	29119		22899
1977	226136	48648	2610	32399		24449
1978	319044	83503	3750	40221		26553
1979	316239	69982	9535	41812	77298	31908
1980	300736	46680	9484	38422	90951	39017
1981	255341	32150	13144	28754	94093	39200
1982	294482	32395	17044	37525	110039	45512
1983	324119	39875	18184	38058	122536	52391
1984	389763	51801	22063	39512	144038	69508
1985	512953	55562	39340	42453	174126	70091
1986	679384	63375	47595	49892	208135	79655
1987	752168	48880	48156	57550	219751	83423
1988	940725	59630	63024	78301	278458	114421
1989	1136714	55472	75062	102293	324427	98493
1990	1238530	78060	76532	111848	354574	107220
1991	1320610	73926	80209	116383	390775	121071
1992	1456988	85542	89276	141474	457972	158948
1993	1883646	115922	104912	163489	536522	208572
1994	2187683	100904	121656	176277	721820	269520
1995	2758656	179597	163339	224793	832336	315337
1996	3589836	248334	226014	276556	1032168	402325
1997	4233342	239629	281070	367611	1182892	456970
1998	4878175	318452	367382	377198	1325393	501269
1999	5500034	325120	351390	402651	1453237	544497
2000	6130774	295068	388802	411914	1677928	622058
2001	7537781	409608	485770	478933	1936046	743144
2002	8606484	440415	547982	557939	2290732	900217

7－3 地方财政收支情况

单位:万元

类　　别	1997 年	1998 年	1999 年	2000 年	2001 年	2002 年
地方财政收入	**3044232**	**3523912**	**4044829**	**4636788**	**5731793**	**6102242**
# 工商税收类	1917073	2236660	2499740	2787157	3031757	3548198
# 增值税	617844	701402	782176	896895	1002918	1112319
营业税	622148	752239	789669	876638	926921	1176414
农牧业税和耕地占用税类	250978	252069	275101	323614	360555	531382
企业所得税类	484919	468054	631666	818659	1491110	783934
国有企业计划亏损补贴类	－63718	－49225	58284	－63177	－88303	－64039
专项收入类	140277	157410	172862	195281	216762	243128
所得税退税类	－4277	－269	－1221	－408		
地方财政支出	**4233342**	**4878175**	**5500034**	**6130774**	**7537781**	**8606484**
# 基本建设支出类	239629	318452	325120	295068	409608	440415
企业挖潜改造类	251500	310392	356619	395370	523941	444414
科学事业费和科技三项费用类	81334	98337	115206	131002	160685	189917
流动资金类	13307	2860	3338	683	2970	2000
支援农村生产支出类	127832	111017	118580	200354	232254	158919
农林水利气象等部门的事业费类	173176	186817	211082	211560	246679	299780
工业交通等部门的事业费类	39480	31640	31178	45107	79048	81824
城市维护费类	281070	367382	351390	388802	485770	547982
文教卫生事业费类	1147918	1289690	1417746	1639385	1890618	2237676
抚恤和社会福利救济费类	109341	121311	137890	155043	175993	234287
国防支出类	2846	3186	3877	3840	3152	6519
行政管理费类	456970	501269	544497	622058	743144	900217
公检法司支出类	228125	288817	322909	379550	441382	535235
政策性补贴类	171775	200655	256147	188804	212299	192817
支援不发达地区类	7737	15437	15957	11686	12492	10973
专项支出类	155464	150415	164255	181155	193398	225840

7－4 1979－2002年财政支出中用于文、教、科、卫的支出

单位:万元

年份	合计	文体广播事业费	教育事业费	科学事业费	卫生经费	科技三项经费
1979	80348	9219	43077	4141	20098	3813
1980	93350	9974	53296	4060	23290	2730
1981	95577	9791	54453	4094	24965	2274
1982	111630	11702	62804	4335	29737	3052
1983	125430	14353	67656	5040	33667	4714
1984	145710	18779	77533	6738	37382	5278
1985	175562	22631	97565	6513	44117	4736
1986	209611	29869	114757	8056	50910	6019
1987	225197	30555	125465	7053	56678	5446
1988	284003	39108	161889	10205	67256	5545
1989	333489	43029	187894	10535	82969	9062
1990	363035	48165	202060	11646	92703	8461
1991	401036	54145	225118	12757	98755	10261
1992	470129	61127	271681	14629	110310	12382
1993	568801	70133	337052	16678	129131	15807
1994	738553	84780	464330	22340	150028	17075
1995	856648	112065	523754	22551	173966	24312
1996	1066333	124463	670721	27256	209728	34165
1997	1229252	154418	753374	34974	240126	46360
1998	1388027	150517	886208	35703	252965	62634
1999	1532952	159272	999902	35491	258572	79715
2000	1770387	175745	1181042	38543	282598	92459
2001	2051303	206502	1377529	45428	306587	115257
2002	2427593	274203	1627761	53056	335712	136861

7－5 各市地方财政收入

（2002年） 单位:万元

地　区	地方财政收入	增值税	营业税	个人所得税	城市维护建设税	农业五税	其他各项收入
全省总计	**6102242**	**1112319**	**1176414**	**310934**	**373978**	**618134**	**2510463**
济南市	662511	91669	174012	40354	49743	31241	275492
青岛市	1007193	208687	306369	56207	74819	66711	294400
淄博市	331482	72140	53369	12202	32512	19438	141821
枣庄市	135092	21486	14011	4679	13603	13250	68063
东营市	186805	20385	45366	9690	35718	9278	66368
烟台市	452311	95911	94459	16709	27372	49265	168595
潍坊市	382791	79165	49566	14796	27623	62961	148680
济宁市	392691	65638	49467	11656	24945	58815	182170
泰安市	237676	33383	27801	6382	13619	34202	122289
威海市	286470	41797	38922	8365	14139	54517	128730
日照市	103994	14734	18604	2867	4602	20247	42940
莱芜市	63471	14682	9215	1796	7501	5082	25195
临沂市	263125	37743	37378	12936	11503	55688	107877
德州市	193698	18804	20179	8292	10982	33882	101559
聊城市	166562	27095	25550	7451	8996	33156	64314
滨州市	142989	29717	17713	5357	9311	22864	58027
菏泽市	136145	15624	15712	4355	5332	47537	47585

7-6 各市地方财政支出

（2002年）　　单位:万元

地　区	地方财政支出	基本建设支出	支援农村生产支出	农林水利气象等部门事业费	教育事业费	社会保障补助支出	行政管理费	公检法司支出	其他各项支出
全省总计	**8606484**	**440415**	**158919**	**299780**	**1627761**	**277783**	**900217**	**535235**	**4366374**
济南市	775046	16399	12915	21052	114491	37498	85668	59536	427487
青岛市	1243880	198502	14963	24026	215564	51340	126855	79117	533513
淄博市	398829		5741	12520	82950	11264	48146	24362	213846
枣庄市	209200	25	8299	7185	42257	3391	31933	18938	97172
东营市	225721	20	10014	10782	34310	2571	25315	13012	129697
烟台市	648516		11053	23469	123539	7781	64603	36854	381217
潍坊市	526313	15018	12629	20364	152363	29559	69356	25162	201862
济宁市	516412	2030	12063	21358	109727	9512	71858	32311	257553
泰安市	330410		4187	13935	66093	5316	32782	18687	189410
威海市	382813	30	8803	13014	60247	5091	32930	18029	244669
日照市	147896	20	1855	6170	35344	3912	19284	8008	73303
莱芜市	82435	15	1856	4080	18928	616	10733	5676	40531
临沂市	448166	30	6227	27822	111311	4916	57071	32618	208171
德州市	312728		22112	16279	71061	5381	44485	15816	137594
聊城市	288924	35	6730	14537	65655	6639	54664	21468	119196
滨州市	239431		4655	9262	49484	6268	30875	12153	126734
菏泽市	286056		6134	14246	66386	5022	46008	21498	126762

7－7 1952－2002年金融机构存款余额

单位:万元

年份	存款余额	# 企业存款	# 财政存款	# 农业存款	# 储蓄存款
1952	27761	13282	10177	101	4201
1953	37503	14033	16399	428	6643
1954	37953	14230	12829	996	9898
1955	66543	12862	38541	2255	12885
1956	59508	17058	17275	6299	18876
1957	66853	13671	21811	10970	20401
1958	119815	30097	42900	12408	34410
1959	174223	22237	94119	22061	35806
1960	152412	26747	60237	29408	36020
1961	154397	35419	65453	28048	25477
1962	147935	41050	53695	15974	20691
1963	155443	45826	56502	14924	25872
1964	157531	46288	62306	18604	30271
1965	173968	52426	65917	18600	37025
1966	203942	51901	83799	25528	42714
1967	249023	78115	92748	33202	44958
1968	266821	85320	93774	40114	47613
1969	271167	82682	105564	38148	44773
1970	539978	97982	355104	41358	45534
1971	564186	81566	374227	54081	54312
1972	523844	81483	324625	54677	63059
1973	617913	90537	397042	52709	77625
1974	528596	111890	271985	60467	84254
1975	722193	142258	417459	67018	95458
1976	765045	160536	419241	76113	109155
1977	782107	123030	460033	66737	132307
1978	900037	130437	556357	68941	144302
1979	966157	180407	483552	106625	195573
1980	1189283	236035	508844	151545	292859
1981	1489036	313525	587961	150207	391637
1982	1688534	345908	668732	141051	507309
1983	2094338	383650	759591	161896	730080
1984	2736912	555998	862225	219139	1001698
1985	2745277	792906	200421	190082	1301760
1986	3548078	966248	246026	215254	1755596
1987	4666177	1183126	281148	248386	2424184
1988	5605856	1371615	244001	266333	3265247
1989	7246567	1544788	118179	276931	4291525
1990	9340575	1976484	153542	335938	5754706
1991	11636250	2845002	159394	404736	7216749
1992	14482703	3893897	114525	443904	8841510
1993	18166260	4648492	159034	492086	11182415
1994	25225337	6194052	257887	521413	16003992
1995	34243843	8776853	263884	656439	21971982
1996	42938411	11317043	239414	829448	28177108
1997	51346379	13982754	246182	852300	32611120
1998	57554782	15010890	441380	883521	37353766
1999	65629934	17250542	507618	1084540	41098425
2000	74711987	20771967	764478	1351492	44667153
2001	85017294	23079030	1140353	1613431	50637936
2002	102477704	27371337	1318673	2050450	58057165

7－8 1952－2002年金融机构贷款余额

单位:万元

年份	贷款余额	#工业贷款	#农业贷款	#商业贷款	#基建贷款	#技改贷款
1952	15674	2786	3796	9092		
1953	44486	2584	6082	35820		
1954	92049	5722	8051	78276		
1955	140448	6580	11898	121970		
1956	162892	12195	34271	116426		
1957	168720	10248	33183	125289		
1958	349843	59095	56826	233922		
1959	465430	117950	55414	292066		
1960	539109	178222	78879	282008		
1961	505425	119466	77270	308689		
1962	414574	72815	75921	265838		
1963	335573	39091	79662	216820		
1964	336843	33558	82586	220699		
1965	389927	41769	86353	261805		
1966	467671	56561	91222	319888		
1967	524989	82522	92431	350036		
1968	573970	104699	92497	376774		
1969	622424	143203	96513	382708		
1970	669092	136735	97501	434856		
1971	673315	172035	56895	444385		
1972	709712	178014	58874	472824		
1973	801467	181583	58446	555619		5819
1974	833605	225297	63227	538531		6550
1975	917553	235441	69972	607077		5063
1976	1029329	282332	101031	639958		6008
1977	1208633	323841	122037	754734		8021
1978	1337139	352225	135620	839518		9776
1979	1466235	380356	139174	937043		9662
1980	1830524	460647	159684	1152911	17371	39911
1981	2140886	516093	192615	1290950	61972	79256
1982	2404139	526317	176643	1499807	74723	126649
1983	2766247	533738	223442	1751147	105723	152197
1984	3600417	715015	560072	2086788	51276	164064
1985	4495372	892195	630616	2497221	120045	222036
1986	5674241	1231050	939709	2749057	132846	464954
1987	6698881	1530695	1240573	2932338	252011	348332
1988	7754020	1894337	1528611	3239649	360158	488191
1989	9413406	2279606	782795	3637710	352348	513105
1990	11677376	3023434	936869	4179923	499006	595666
1991	14280093	3570738	1130450	4737915	736741	868499
1992	17205544	4033468	1389718	5360085	916789	1124986
1993	20791075	4795134	1568072	6225867	1243646	1342356
1994	25204369	5434972	1118700	7388355	1477151	1718007
1995	31289040	6487091	1516858	8850079	1808678	2013439
1996	36802427	7658151	2474472	10289962	2081536	2531164
1997	46637287	9214066	3177039	11786724	2780310	2536443
1998	51067900	9795567	4189496	12097868	3879386	2522862
1999	56799537	10391030	4435895	12657508	5563931	2522178
2000	62090468	9938023	5281785	11249154	7315876	2678175
2001	70176588	11472037	7071209	12227300	8373434	2854302
2002	85365991	13466479	9073641	12561986	11343636	1111118

7-9 金融机构信贷收支情况

单位:万元

类　　别	2002年末余额	比2001年末增加额
一、各项存款	**102477704**	**17657128**
1.企业存款	27371337	5117717
(1)活期存款	18757525	3111673
(2)定期存款	8613812	2006044
2.财政存款	1318673	178321
3.储蓄存款	58057165	7464182
(1)活期储蓄	15295466	3226933
(2)定期储蓄	42761699	4237249
4.农业存款	2050450	436119
5.信托存款	61638	-11896
6.委托存款	3285085	556541
二、各项贷款	**85365991**	**14825024**
1.短期贷款	53252443	8430888
(1)工业贷款	13466479	2401534
(2)商业贷款	12561986	360118
#农副产品贷款	4961853	135472
(3)建筑业贷款	1288836	641337
(4)农业贷款	9073641	2000536
(5)乡镇企业贷款	5154290	256328
(6)三资企业贷款	1725619	15726
(7)私营企业及个体贷款	659237	249475
(8)其他短期贷款	9322355	2505834
2.中期流动资金贷款	3988185	-135423
3.中长期贷款	21069438	4522658
(1)基本建设贷款	11343636	1360833
(2)技术改造贷款	1111118	37535
(3)其他中长期贷款	8614684	3124290
4.信托贷款		-4763
5.融资租赁	6946	-3147
6.委托贷款	2886025	389027
7.其它贷款	4162955	1625784

7-10 国家银行信贷收支情况

单位:万元

类　　别	2002年末余额	比2001年末增加额
一、各项存款	**62807239**	**9421229**
1.企业存款	15486385	1879661
(1)活期存款	11941615	1365739
(2)定期存款	3544770	513922
2.财政存款	1304861	172581
3.机关团体存款	3655353	1295355
4.储蓄存款	38942760	5041465
(1)活期储蓄	10940159	2246812
(2)定期储蓄	28002601	2794653
5.农业存款	128010	23558
6.其他存款	3289870	1008609
二、各项贷款	**53223695**	**7307632**
1.短期贷款	29377060	3622654
(1)工业贷款	10263470	1558577
(2)商业贷款	10957853	117533
#农副产品贷款	4961780	135427
(3)建筑业贷款	995371	561195
(4)农业贷款	818177	56691
(5)乡镇企业贷款	1412504	163768
(6)三资企业贷款	1124045	-90895
(7)私营企业及个体贷款	297401	133847
(8)其他短期贷款	3508239	1121938
2.中期流动资金贷款	3316948	-443111
3.中长期贷款	18589652	3511919
(1)基本建设贷款	11100041	1368382
(2)技术改造贷款	1007023	7907
(3)其他中长期贷款	6482588	2135630
4.票据融资	1418671	616933
5.各项垫款	521364	-763

7－11 金融机构现金收支情况

单位:万元

类　　别	2002年	2002年比2001年增减(%)
收入合计	**266341586**	**13.34**
一、商品销售收入	31048038	16.15
二、服务业收入	11307542	18.27
三、税款收入	1444788	11.95
四、城乡个体经营收入	9858529	16.40
五、储蓄存款收入	182438007	16.78
六、其他金融机构收入	853686	－18.93
七、居民归还贷款收入	8066645	39.68
八、汇兑收入	3059548	－9.19
九、有价证券收入	574454	－37.02
十、其他收入	17690350	－18.11
#兑换外币收入	80840	37.28
支出合计	**266344770**	**13.72**
一、工资性支出	13838717	6.09
1.国家工资及奖金支出	7194678	1.05
2.国家对个人其他支出	2252860	3.59
3.部队存款支出	361602	－0.70
4.其他单位工资性支出	4029577	19.05
二、农副产品采购支出	7959631	22.99
三、工矿及其他产品采购支出	3944046	30.98
四、行政企事业管理费支出	11614342	17.22
五、城乡个体经营支出	11629773	23.53
六、储蓄存款支出	186357177	16.52
七、其他金融机构支出	719343	－2.65
八、居民提取贷款支出	8564416	38.25
九、汇兑支出	3043285	－5.10
十、有价证券支出	407796	－33.26
十一、其他支出	18266244	－15.72
#兑换外币支出	89422	84.04

7-12 国家银行现金收支情况

单位:万元

类　　别	2002年	2002年比2001年增减（%）
收入合计	**166724211**	**6.22**
一、商品销售收入	20357318	8.46
二、服务业收入	8168369	16.85
三、税款收入	948358	12.61
四、城乡个体经营收入	2248836	17.20
五、储蓄存款收入	121135247	10.45
六、其他金融机构收入	730910	-19.14
七、居民归还贷款收入	927814	19.74
八、汇兑收入	2814130	-9.53
九、有价证券收入	330587	-48.45
十、其他收入	9062642	-32.07
#兑换外币收入	80556	36.58
支出合计	**167761074**	**6.20**
一、工资性支出	10637111	2.81
1.国家工资及奖金支出	6168690	-1.31
2.国家对个人其他支出	1726324	3.69
3.部队存款支出	351484	-0.37
4.其他单位工资性支出	2390613	15.02
二、农副产品采购支出	5617344	26.44
三、工矿及其他产品采购支出	2222638	36.50
四、行政企事业管理费支出	8136928	12.86
五、城乡个体经营支出	3184358	16.75
六、储蓄存款支出	124305719	10.05
七、其他金融机构支出	623828	-1.77
八、居民提取贷款支出	900336	38.09
九、汇兑支出	2803028	-6.04
十、有价证券支出	265764	-44.37
十一、其他支出	9064020	-34.79
#兑换外币支出	84507	79.18

八、价　　格

PRICE

简要说明：

消费价格：

一、目前，我省在流通和消费领域编制的价格指数主要包括居民消费价格指数、商品零售价格指数和农业生产资料价格指数。

二、价格指数统计由省城市社会经济调查队组织实施，各市县城市社会经济调查队依据国家统计局统一制定的价格统计调查制度向基层采集原始数据汇总后上报。

三、编制居民消费价格、商品零售价格和农业生产资料价格指数是采用分层抽样调查方法取得的，即在全省选取不同经济区域和分布合理的地区以及有代表性的商品作为样本，对市场价格进行经常性的调查，以样本推断总体。目前，全省抽选出调查市、县25个。编制过程分几个步骤：

1.调查市、县和调查点的选择。按照大中小兼顾以及地区分布合理原则，采用划类选择法抽选价格调查市、县。价格调查点的选定是以代表性为原则选择品种齐全、零售额较大的中心市场、农贸市场和服务网点作为价格调查点。

2.代表商品和代表规格品的选择。代表商品是选择那些消费量大、价格变动有代表性的商品，商品集团和服务项目基本上是国家统一规定。代表规格品的确定：一是消费量大；二是价格变动趋势和变动程度有较强的代表性，即选中规格品的价格变动特征与未选中规格品之间价格变动的相关性愈高愈好；三是选中的规格品之间，性质相隔愈远愈好，价格变动特征的相关性愈低愈好；四是选中的工业消费品必须是合格产品，产品包装上有注册商标、产地、规格、等级等标识。

3.价格调查方法。采用定点、定时、定人直接到调查点登记调查，同时聘用辅助调查员协助登记调查。对价格变动频繁的每月必须正式调查登记6次，价格比较稳定的每月调查1－2次。

4.权数的确定。居民消费价格指数的计算权数是根据城乡居民家庭消费支出，商品零售价格指数的计算权数是根据全社会商品零售额统计确定的。

生产价格：

一、本价格指数资料，反映生产和投资环节的价格变动趋势和变动幅度。主要包括工业品出厂价格指数、原材料购进价格指数、固定资产投资价格指数。

二、价格指数统计由国家统计局城市社会经济调查总队组织实施。工业产品出厂价格及原材料购进价格指数资料，由16个市城调队和聊城市统计局依据国家统计局统一制定的价格统计调查制度向工业调查企业采集原始数据上报省队后汇总而成，价格指数代表性进一步提高，资料更趋全面；固定资产投资价格，由省队直接抽中的调查企业依据国家统一制定的价格统计调查制度采集原始数据上报省队后汇总而成。房地产价格调查由16个市城调队依据国家统计局统一制定的房地产价格统计调查制度向房地产调查企业采集原始数据上报省队后汇总而成。

三、工业产品出厂价格及原材料购进价格指数资料，采用重点调查与典型调查相结合的方法统计，重点调查将全部国有企业和年销售收入500万元以上的非国有企业列为调查对象，采用主观选择的方法选择调查企业；典型调查是把年销售收入500万元以下的非国有企业作为抽样对象，采用随机抽样的调查方法。固定资产投资价格指数资料，采用重点调查与典型调查相结合的方法，调查范围包括抽中的各种经济类型的工业、建筑业企业及建设单位。房地产价格指数资料，采用重点调查与典型调查相结合的方法，调查方式采用报表与走访相结合的方式。

编辑单位：省城队消价处	省城队生价处
编　　委：范坤文	刘　敏
编　　辑：赵学功	杨延斌
校　　对：赵学功	杨延斌
电　　话：6129453	6129832

8－1 居民消费和商品零售价格总指数

（2002 年）

类别	居民消费价格总指数			商品零售价格总指数			农业生产资料价格总指数
	全省	城市	农村	全省	城市	农村	
以 1950 年价格为 100	502.5	520.7		407.1	412.5	370.1	251.0
以 1952 年价格为 100	443.1	460.1		350.7	361.5	335.5	259.3
以 1957 年价格为 100	408.3	428.3		319.5	297.0	307.6	242.0
以 1965 年价格为 100	402.3	416.9		304.9	322.0	293.6	269.3
以 1970 年价格为 100	412.6	428.0		309.7	330.8	298.4	297.7
以 1978 年价格为 100	412.1	427.7	386.8	310.0	329.4	299.0	322.5
以 1980 年价格为 100	390.0	409.8	362.9	296.3	320.1	285.9	319.3
以 1985 年价格为 100	336.1	347.1	309.2	267.6	285.8	259.7	271.1
以 1990 年价格为 100	206.4	222.1	191.3	167.2	172.7	164.5	179.4
以 1995 年价格为 100	112.6	114.9	110.7	99.2	98.3	100.8	94.0
以上年价格为 100	99.3	98.7	99.9	98.8	98.5	99.7	100.3

8－2 历年居民消费价格总指数

年份	以1950年为100	以1952年为100	以1978年为100	以1990年为100	以1995年为100	以上年为100
1952	113.2					102.2
1953	116.9	103.3				103.3
1954	120.9	106.8				103.4
1955	120.8	106.7				99.9
1956	121.7	107.5				100.7
1957	122.9	108.6				101.0
1958	122.4	108.2				99.6
1959	123.1	108.9				100.6
1960	123.7	109.4				100.5
1961	131.5	116.3				106.3
1962	132.2	116.9				100.5
1963	130.5	115.4				98.7
1964	127.6	112.9				97.8
1965	124.8	110.4				97.8
1966	123.2	109.0				98.7
1967	123.3	109.1				100.1
1968	123.1	108.9				99.8
1969	123.0	108.8				99.9
1970	121.7	107.6				98.9
1971	121.6	107.5				99.9
1972	121.6	107.5				100.0
1973	121.4	107.3				99.8
1974	121.3	107.2				99.9
1975	121.5	107.4				100.2
1976	121.7	107.6				100.2
1977	121.5	107.4				99.8
1978	121.9	107.7				100.3
1979	122.8	108.5	100.7			100.7
1980	128.9	113.9	105.7			105.0
1981	131.2	116.0	107.6			101.8
1982	132.4	117.0	108.6			100.9
1983	135.6	119.8	111.2			102.4
1984	137.6	121.6	112.9			101.5
1985	149.6	132.2	122.7			108.7
1986	156.3	138.1	128.2			104.5
1987	169.1	149.5	138.7			108.2
1988	200.7	177.4	164.7			118.7
1989	235.5	208.1	199.1			117.3
1990	243.5	215.2	199.7			103.4
1991	255.4	225.7	209.5	104.9		104.9
1992	272.8	241.1	223.7	112.0		106.8
1993	307.4	271.7	252.2	126.3		112.7
1994	379.4	335.3	311.2	155.8		123.4
1995	446.1	394.3	365.9	183.2		117.6
1996	489.0	432.1	401.1	200.8	109.6	109.6
1997	502.6	443.2	412.3	206.4	112.7	102.8
1998	499.6	440.5	409.8	205.2	112.0	99.4
1999	496.1	437.4	406.9	203.8	111.2	99.3
2000	497.1	438.3	407.7	204.2	111.4	100.2
2001	506.0	446.2	415.0	207.9	113.4	101.8
2002	502.5	443.1	412.1	206.4	112.6	99.3

8－3 历年城市居民消费价格总指数

年 份	以1930－1936年平均价格为100	以1952年为100	以1978年为100	以1980年为100	以1990年为100	以1995年为100	以上年为100
1949	260.9						
1952	302.2						102.2
1953	312.2	103.3					103.3
1954	322.8	106.8					103.4
1955	322.5	106.7					99.9
1956	324.8	107.4					100.7
1957	328.0	108.5					101.0
1958	326.7	108.1					99.6
1959	328.7	108.7					100.6
1960	330.3	109.2					100.5
1961	351.2	116.2					106.3
1962	352.9	116.8					100.5
1963	348.3	115.2					98.7
1964	341.0	112.8					97.8
1965	333.5	110.3					97.8
1966	329.2	108.9					98.7
1967	329.5	109.0					100.1
1968	328.8	108.8					99.8
1969	328.5	108.7					99.9
1970	324.9	107.4					98.9
1971	324.6	107.4					99.9
1972	324.6	107.4					100.0
1973	323.9	107.2					99.8
1974	323.6	107.1					99.9
1975	324.2	107.3					100.2
1976	324.9	107.5					100.2
1977	324.3	107.3					99.8
1978	325.2	107.6					100.3
1979	329.7	109.1	101.4				101.4
1980	339.3	112.3	104.3				102.9
1981	346.4	114.6	106.5	102.1			102.1
1982	347.4	115.0	106.9	102.4			100.3
1983	345.3	114.3	106.2	101.8			99.4
1984	350.5	116.0	107.8	103.3			101.5
1985	381.4	126.2	117.3	112.4			108.8
1986	400.5	132.5	123.2	118.0			105.0
1987	436.9	144.6	134.4	128.8			109.1
1988	526.9	174.4	162.1	155.3			120.6
1989	609.6	201.7	187.5	179.7			115.7
1990	625.5	207.0	192.4	184.4			102.6
1991	664.3	219.8	204.3	195.8	106.2		106.2
1992	721.4	238.7	221.9	212.6	115.3		108.6
1993	826.7	273.6	254.3	243.7	132.1		114.6
1994	1036.7	343.1	318.9	305.6	165.7		125.4
1995	1210.9	400.7	372.5	356.9	193.6		116.8
1996	1338.0	442.8	411.6	394.4	213.9	110.5	110.5
1997	1380.8	457.0	424.8	407.0	220.7	114.0	103.2
1998	1376.7	455.6	423.5	405.8	220.0	113.7	99.7
1999	1376.7	455.6	423.5	405.8	220.0	113.7	100.0
2000	1393.2	461.1	428.6	410.7	222.6	115.1	101.2
2001	1408.5	466.2	433.3	415.2	225.0	116.4	101.1
2002	1390.2	460.1	427.7	409.8	222.1	114.9	98.7

8-4 历年商品零售价格总指数

年份	以1930-1936年平均价格为100	以1952年为100	以1978年为100	以1980年为100	以1990年为100	以1995年为100	以上年为100
1949	257.0						
1952	303.6						100.4
1953	315.2	103.8					103.8
1954	325.0	107.0					103.1
1955	325.6	107.2					100.2
1956	327.9	108.0					100.7
1957	333.5	109.8					101.7
1958	333.8	109.9					100.1
1959	337.1	111.0					101.0
1960	338.8	111.6					100.5
1961	358.4	118.1					105.8
1962	359.9	118.5					100.4
1963	362.7	119.5					100.8
1964	358.0	117.9					98.7
1965	349.4	115.1					97.6
1966	347.7	114.5					99.5
1967	348.0	114.7					100.1
1968	348.0	114.7					100.0
1969	346.6	114.2					99.6
1970	343.8	113.3					99.2
1971	343.5	113.2					99.9
1972	342.5	112.8					99.7
1973	342.2	112.7					99.9
1974	341.8	112.6					99.9
1975	342.2	112.7					100.1
1976	342.5	112.8					100.1
1977	342.2	112.7					99.9
1978	343.5	113.2					100.4
1979	349.0	115.0	101.6				101.6
1980	359.5	118.5	104.6				103.0
1981	365.6	120.5	106.4	101.7			101.7
1982	367.8	121.2	107.1	102.3			100.6
1983	363.0	119.7	105.6	101.0			98.7
1984	367.0	121.0	106.8	102.1			101.1
1985	398.2	131.3	115.9	110.8			108.5
1986	416.1	137.2	121.1	115.8			104.5
1987	450.6	148.6	131.2	125.4			108.3
1988	536.3	176.8	156.1	149.2			119.0
1989	626.9	206.7	182.5	174.4			116.9
1990	636.9	210.0	185.4	177.2			101.6
1991	668.1	220.3	194.5	185.9	104.9		104.9
1992	709.5	233.9	206.6	197.4	111.4		106.2
1993	782.6	258.0	227.8	217.7	122.9		110.3
1994	941.5	310.4	274.1	261.9	147.8		120.3
1995	1075.2	354.5	313.0	299.1	168.8		114.2
1996	1150.6	378.9	334.9	320.1	180.6	107.0	107.0
1997	1159.8	381.9	337.6	322.7	182.0	107.9	100.8
1998	1126.2	370.8	327.8	313.3	176.7	104.8	97.1
1999	1093.5	360.0	318.3	304.2	171.6	101.8	97.1
2000	1078.2	355.0	313.8	299.9	169.2	100.4	98.6
2001	1078.2	355.0	313.8	299.9	169.2	100.4	100.0
2002	1065.3	350.7	310.0	296.3	167.2	99.2	98.8

注:本表已根据现行价格调查统计制度予以调整,均不包括农业生产资料部分。

8-5 历年农村工业品零售价格总指数

年份	以1930-1936年平均价格为100	以1952年为100	以1978年为100	以1980年为100	以1990年为100	以1995年为100	以上年为100
1949	256.2						
1952	294.8						98.4
1953	295.4	100.2					100.2
1954	299.5	101.6					101.4
1955	299.2	101.5					99.9
1956	296.2	100.5					99.0
1957	299.8	101.7					101.2
1958	296.8	100.7					99.0
1959	296.2	100.5					99.8
1960	297.1	100.8					100.8
1961	304.8	103.4					102.6
1962	308.1	104.5					101.1
1963	310.6	105.3					100.8
1964	305.9	103.7					98.5
1965	295.8	100.3					96.7
1966	291.4	98.8					98.5
1967	285.3	96.7					97.9
1968	284.7	96.5					99.8
1969	282.7	95.8					99.3
1970	281.0	95.2					99.4
1971	277.1	93.9					98.6
1972	275.2	93.2					99.3
1973	274.4	92.9					99.7
1974	273.6	92.6					99.7
1975	273.3	92.5					99.9
1976	273.3	92.5					100.0
1977	273.0	92.4					99.9
1978	272.5	92.2					99.8
1979	272.8	92.3	100.1				100.1
1980	273.3	92.5	100.3				100.2
1981	274.4	92.9	100.7	100.4			100.4
1982	276.3	93.6	101.4	101.1			100.7
1983	275.5	93.3	101.1	100.8			99.7
1984	283.2	95.9	103.9	103.6			102.8
1985	293.1	99.3	107.5	107.2			103.5
1986	302.8	102.6	111.1	110.7			103.3
1987	317.6	107.6	116.5	116.1			104.9
1988	361.4	122.5	132.6	132.1			113.8
1989	432.5	146.6	158.7	158.1			117.9
1990	445.5	151.0	163.5	162.8			103.0
1991	458.4	155.4	168.2	167.5	102.9		102.9
1992	472.2	160.1	173.2	172.5	106.0		103.0
1993	513.3	174.0	188.3	187.5	115.2		108.7
1994	599.0	203.1	219.7	218.8	134.4		116.7
1995	704.4	238.8	258.4	257.3	158.1		117.6
1996	743.8	252.2	272.9	271.7	167.0	105.6	105.6
1997	743.1	251.9	272.6	271.4	166.8	105.5	99.9
1998	726.0	246.1	266.3	265.2	163.0	103.1	97.7
1999	715.1	242.4	262.3	261.2	160.6	101.6	98.5
2000	703.7	238.5	258.1	257.0	158.0	100.0	98.4
2001	709.3	240.4	260.2	259.1	159.3	100.8	100.8
2002	708.6	240.2	259.9	258.8	159.1	100.7	99.9

8－6 历年全省农业生产资料价格总指数

年　份	以1950年为100	以1952年为100	以1978年为100	以1990年为100	以1995年为100	以上年为100
1952	97.0					102.2
1953	99.5	102.6				102.6
1954	110.3	113.7				110.8
1955	103.8	107.0				94.1
1956	103.7	107.0				100.0
1957	103.4	106.7				99.7
1958	100.2	103.4				96.9
1959	100.0	103.2				99.8
1960	100.9	104.1				100.9
1961	107.5	110.9				106.5
1962	106.8	110.1				99.3
1963	100.4	103.5				94.0
1964	95.8	98.7				95.4
1965	92.7	95.5				96.8
1966	90.8	93.5				97.9
1967	85.6	88.2				94.3
1968	85.1	87.7				99.4
1969	84.3	86.9				99.1
1970	84.2	86.8				99.9
1971	80.9	83.4				96.1
1972	80.3	82.7				99.2
1973	79.9	82.2				99.5
1974	79.2	81.6				99.1
1975	79.2	81.6				100.0
1976	79.2	81.6				100.0
1977	79.2	81.6				100.0
1978	78.5	80.9				99.1
1979	78.6	81.0	100.1			100.1
1980	78.6	81.0	100.1			100.0
1981	79.9	82.4	101.8			101.7
1982	80.8	83.3	102.9			101.1
1983	82.9	85.5	105.6			102.6
1984	88.9	91.7	113.2			107.2
1985	92.5	95.5	117.8			104.1
1986	94.4	97.5	120.3			102.1
1987	99.9	103.2	127.3			105.8
1988	114.6	118.4	146.0			114.7
1989	135.5	139.9	172.6			118.2
1990	139.8	144.4	178.1			103.2
1991	142.6	147.3	181.7	102.0		102.0
1992	144.6	149.4	184.2	103.4		101.4
1993	161.4	166.7	205.6	115.4		111.6
1994	200.3	206.9	255.1	143.2		124.1
1995	267.0	275.8	340.1	190.9		133.3
1996	281.7	291.0	358.8	201.4	105.5	105.5
1997	272.1	281.1	346.6	194.6	101.9	96.6
1998	261.8	270.4	336.5	187.2	98.0	96.2
1999	249.0	257.2	320.0	178.0	93.2	95.1
2000	245.8	253.9	315.8	175.7	92.0	98.7
2001	250.2	258.5	321.5	178.9	93.7	101.8
2002	251.0	259.3	322.5	179.4	94.0	100.3

8－7 居民消费价格分类指数

（2002 年，以上年价格为 100）

商品类别	全省	城市	农村
居民消费价格总指数	**99.3**	**98.7**	**99.9**
非食品价格指数	99.2	98.5	99.8
服务项目价格指数	100.3	99.7	100.9
扣除鲜菜鲜果总指数	99.2	98.5	99.8
消费品价格指数	99.0	98.4	99.7
一、食品	**99.7**	**99.2**	**100.3**
1.粮食	98.2	97.7	98.8
大米	94.9	94.3	95.8
面粉	99.3	99.1	99.5
粮食制品	98.5	98.2	98.4
其它	101.1	100.6	101.9
2.淀粉及薯类	99.0	98.0	99.9
淀粉及薯类	99.0	98.0	99.9
3.干豆类及豆制品	97.2	96.0	97.9
干豆	92.5	90.1	93.8
豆制品	98.7	97.5	99.7
4.油脂	99.4	97.8	100.2
植物油脂	99.3	97.8	100.3
植物油制品	97.4	97.3	97.4
其它	102.4	91.9	102.5
5.肉禽及其制品	99.3	97.6	100.8
(1)食用畜肉及副产品	98.7	96.7	100.6
猪肉	95.3	95.0	95.7
牛肉	107.7	106.9	107.9
羊肉	105.8	105.6	105.9
畜肉副产品	96.3	95.3	96.8
其它	97.8	96.9	98.7
(2)禽	101.6	99.3	103.3
鸡	102.5	98.4	105.5
鸭	105.4	107.1	104.7
其它	96.1	98.0	94.0
(3)肉禽加工制品	98.8	99.7	98.3
畜肉制品	99.0	99.3	98.9
禽制品	98.5	100.2	97.5
6.蛋	102.8	103.5	102.2
鲜蛋	103.3	103.5	103.0
蛋制品	99.5	102.9	98.6
7.水产品	95.8	95.9	95.7
(1)鱼	95.9	96.9	95.3
淡水鱼	92.6	94.5	91.8
海水鱼	99.6	99.2	99.8
(2)其它水产品	95.9	95.7	96.6
其它水产品	95.9	95.7	96.6
8.菜	98.4	96.2	100.9
鲜菜	98.9	96.3	102.7
干菜及菜制品	96.4	96.3	96.6
9.调味品	107.2	107.6	106.3
盐	114.4	112.8	115.2
酱油	100.1	101.5	99.4
醋	100.3	101.6	99.0
味精	99.8	99.4	100.0
其它	114.4	111.7	124.4
10.糖	98.5	99.4	98.1
食糖	93.9	98.8	92.0
糖果	101.3	102.3	100.9
巧克力制品	99.3	99.1	99.7
糖制小食品	98.4	97.6	100.1
11.茶及饮料	98.4	98.1	98.9
(1)茶叶	100.6	101.2	100.2
茶叶	100.6	101.2	100.2
(2)饮料	97.4	97.1	98.0
固体饮料	97.2	96.4	100.2
液体饮料	95.7	95.5	96.0
冷冻饮品	100.8	101.9	99.5
12.干鲜瓜果	107.4	108.5	105.9
鲜果	109.4	110.6	107.1
干(坚)果及瓜果制品	102.6	101.5	103.7
13.糕点饼干面包	98.7	99.2	98.2
糕点	98.5	98.6	98.4
饼干	99.0	99.1	98.9
面包	98.8	100.7	96.2
14.奶及奶制品	98.5	98.6	97.6
鲜奶	98.8	98.9	98.0
奶粉	96.9	96.1	97.7
其它	98.4	98.9	95.2
15.在外用膳食品	99.8	99.7	100.1
主食	99.8	99.3	100.6
炒菜	99.7	99.8	99.5
地方小吃	100.5	99.9	100.9
16.其它食品及食品加工服务	97.7	96.4	99.0
其它食品	97.2	96.3	98.5
食品加工服务费	100.0	98.8	100.1
二、烟酒及用品	**100.9**	**101.2**	**100.8**
1.烟草	102.0	102.4	101.8
国产卷烟	102.0	102.9	101.7
进口卷烟	100.9	100.7	100.3
其它	102.0	105.6	102.0
2.酒	100.2	100.6	100.1
白酒	100.7	101.0	100.6
果酒	98.8	99.2	98.9
啤酒	99.4	99.8	99.1
其它	100.1	100.9	99.9
3.吸烟饮酒用品	99.3	99.1	100.3
吸烟用品	99.7	99.6	100.2
饮酒用品	99.0	98.7	100.4
三、衣着	**97.1**	**96.2**	**98.7**
1.服装	96.8	96.3	98.0
(1)男式服装	96.4	95.8	98.6
大衣	96.9	96.0	98.6
毛线衣	99.3	101.8	96.7
夹克衫	97.5	97.7	97.9
衬衫	95.5	93.6	101.5
裤子	94.1	92.8	99.1
西服	97.9	97.4	100.6
运动衫裤	101.6	101.8	100.0
内衣	99.9	99.9	100.5
羽绒衣	84.6	82.0	95.7
其它	93.7	90.4	99.7
(2)女式服装	96.4	96.5	97.1
大衣	95.1	94.5	98.4
毛线衣	99.5	101.0	96.1
羽绒衣	83.8	83.6	87.8
套装	97.1	92.5	101.2
衬衫	98.6	97.8	99.8

(2002年,以上年价格为100)

商品类别	全省	城市	农村
裙子	96.8	96.2	97.2
裤子	95.6	94.9	97.7
运动衫裤	97.6	97.1	99.2
内衣	102.6	103.0	99.0
其它	101.1	103.8	98.1
(3)儿童服装	98.7	98.0	98.9
套装	98.9	96.8	99.9
裤子	98.6	98.9	98.1
裙子	97.6	98.5	97.0
其它	100.8	99.0	100.9
2.衣着材料	99.0	98.1	99.6
棉布	98.8	96.1	99.9
棉花化纤混纺布	101.0	100.6	101.1
化纤布	99.3	98.8	99.7
毛织品	94.8	93.3	96.8
丝织品	99.6	98.3	100.5
毛线	99.2	99.9	98.7
其它	100.3	100.3	100.1
3.鞋袜帽	97.0	95.2	99.5
(1)鞋	96.6	95.0	99.2
男鞋	96.8	95.4	98.9
女鞋	95.6	94.5	98.5
童鞋	99.0	96.5	100.4
(2)袜子	100.2	98.5	101.2
男袜	100.7	100.1	101.1
女袜	99.9	96.9	101.2
(3)帽子	99.3	101.0	98.5
男帽	100.5	103.6	99.4
女帽	97.9	99.1	97.3
4.衣着加工服务	101.3	102.6	99.7
缝纫	99.9	99.8	100.0
清洗	102.9	104.8	99.2
四、家庭设备用品及维修服务	**98.0**	**97.5**	**98.6**
1.耐用消费品	96.6	95.8	98.0
(1)家具	97.9	96.1	99.6
成套家具	98.8	99.2	98.5
床	97.7	95.2	99.8
桌	95.7	93.3	99.1
椅	97.1	95.2	99.9
沙发	98.3	96.9	100.3
其它	99.8	99.4	99.8
(2)家庭设备	95.8	95.6	96.1
洗衣机	96.5	96.2	97.1
电风扇	94.5	96.3	94.2
电冰箱(柜)	96.8	97.0	96.6
抽排油烟机	97.4	97.0	98.0
空调器	93.9	94.0	91.8
热水器	97.5	97.3	97.8
微波炉	91.9	91.2	93.2
电炊具	95.9	96.1	95.8
钟	100.1	99.5	100.1
其它	97.2	97.1	98.1
2.室内装饰品	99.6	98.8	100.6
纺织装饰品	100.2	98.8	102.0
装饰灯具	98.9	98.4	99.2
其它	99.0	99.0	99.3
3.床上用品	98.9	99.0	98.7
毛毯	98.7	100.3	98.6
床单	99.2	100.4	98.8
床罩	97.9	98.1	97.7
被套	98.6	98.0	99.2
其它	99.3	99.4	98.8
4.家庭日用杂品	98.4	97.8	99.1
茶具	99.7	100.5	99.4
餐具	99.9	100.1	99.7
厨具	99.9	98.9	100.4
家用工具	100.2	100.1	100.2
洗涤用品	96.6	96.3	97.9
其它	98.0	97.9	98.2
5.家庭服务及加工维修服务	104.9	106.0	100.6
家庭服务	102.1	106.9	101.4
加工维修服务费	105.0	105.9	99.7
五、医疗保健和个人用品	**98.4**	**97.0**	**99.5**
1.医疗保健	97.9	96.2	99.3
(1)医疗器具及用品	99.1	100.3	99.0
医疗器具及用品	99.1	100.3	99.0
(2)中药材及中成药	95.5	94.6	96.6
中药材	96.4	95.7	97.2
中成药	94.3	93.4	95.8
(3)西药	94.8	93.5	95.9
胃药	95.7	94.3	97.1
感冒药	96.8	95.1	98.7
抗菌药针剂	95.8	96.9	94.9
抗菌药片剂	91.1	87.5	94.3
止泻药	91.9	91.1	92.6
外用药	96.3	92.2	99.2
心血管病用药	94.3	96.0	92.8
其它	94.7	92.8	95.9
(4)保健器具及用品	99.4	99.3	99.6
保健器具	100.3	100.9	99.8
滋补保健用品	98.9	98.8	99.2
(5)医疗保健服务	104.4	102.7	105.5
挂号费	100.2	100.3	100.2
注射费	100.0	99.9	100.2
检查费	99.0	99.4	98.8
手术费	109.4	105.8	112.7
住院费	107.1	102.9	108.5
理疗费	100.2	100.1	100.2
其它	94.5	101.8	91.7
2.个人用品及服务	99.4	98.8	99.7
(1)化妆美容用品	99.2	99.4	98.7
化妆美容器具	99.8	100.8	98.4
化妆品	99.1	99.2	98.9
(2)卫生用品	97.9	96.5	99.5
洗发用品	96.4	94.7	98.4
洗浴用品	96.9	95.5	99.5
其它	99.8	99.4	100.1
(3)个人饰品	99.4	99.1	99.6
首饰	99.5	99.9	98.7
皮件	99.2	97.8	100.4
手表	100.0	100.7	99.9
领带	99.9	99.9	99.9
其它	99.9	99.4	100.0
(4)个人服务	100.3	101.3	100.1
美容	99.2	100.2	99.0
理(烫)发	101.1	101.9	100.9
其它	99.4	100.5	99.4
六、交通和通讯	**97.8**	**97.7**	**97.8**

8－7续表2　　（2002年，以上年价格为100）

商品类别	全省	城市	农村
1.交通	99.7	100.4	99.1
(1)交通工具	97.5	96.3	97.9
摩托车	94.9	94.2	95.5
自行车	99.2	100.0	99.1
汽车	96.7	96.9	96.6
其它	98.1	96.5	99.2
(2)车用燃料及零配件	98.9	98.8	99.1
汽油	98.3	98.8	98.1
柴油	100.2	98.4	101.2
零配件	97.1	97.6	96.6
其它	102.8	103.3	102.7
(3)车辆使用及维修	99.4	99.4	99.4
驾驶证	99.0	98.9	99.0
保险费	99.2	98.6	99.7
停车费	99.3	100.0	98.0
车辆修理服务	99.8	99.8	99.9
其它	100.0	100.0	100.0
(4)市区公共交通	105.4	104.6	109.2
公共汽车票	107.1	108.1	100.2
出租汽车	99.0	98.9	99.6
其它	127.4	101.1	132.1
(5)城市间交通	100.4	100.6	100.2
飞机票	96.7	94.1	99.8
火车票	101.4	102.3	100.0
长途汽车	100.4	100.6	100.3
其它	100.7	101.8	100.5
2.通信	95.4	95.2	95.8
(1)通信工具	81.6	79.3	84.6
固定电话机	86.7	91.7	86.7
移动电话机	72.4	72.0	75.6
BP机	79.7	89.0	76.2
其它	93.4	93.2	94.1
(2)通信服务	99.6	99.5	99.7
市内电话通话费	100.0	99.9	100.0
长途电话通话费	93.5	93.2	93.9
月租费	101.7	101.2	103.5
信件邮寄	100.0	100.0	100.0
包裹邮寄	101.2	100.0	101.4
其它	99.9	100.0	99.8
七、娱乐教育文化用品及服务	**99.0**	**98.3**	**99.6**
1.文娱用耐用消费品及服务	91.1	89.3	93.6
电视机	89.2	89.4	89.1
影碟机	89.7	88.5	90.8
摄像机	98.7	93.9	100.0
照相机	98.4	98.2	98.7
音响	95.3	95.2	95.3
收音(录)机	98.3	99.6	98.1
电脑	86.3	85.2	97.3
修理服务费	98.3	99.0	97.5
其它	96.9	98.9	93.4
2.教育	100.6	100.9	100.5
(1)教材及参考书	100.4	102.1	98.3
工具书	102.2	104.1	99.9
教材	99.0	101.0	96.9
参考书	101.9	102.5	100.1
(2)学杂托幼费	100.6	100.8	100.5
义务教育杂费	100.7	101.4	100.4
其它教育学杂费	100.6	100.4	100.8
托幼费	100.4	101.2	99.4
3.文化娱乐用品	100.3	100.4	99.7
(1)文化娱乐	99.0	98.9	99.3
乐器	100.1	100.1	100.2
音响光盘和磁带	98.3	97.5	99.2
照相胶卷	96.9	97.1	96.4
录像磁带和视盘	95.9	95.8	95.5
儿童玩具	99.2	99.1	99.3
纸张用品	100.5	100.8	100.2
文具	99.2	98.8	99.8
体育用品	100.5	100.6	100.2
其它	99.2	97.6	102.1
(2)书报杂志	100.7	100.8	100.1
书籍	98.8	98.3	100.0
报纸	104.6	105.4	100.5
杂志	100.1	100.1	100.1
(3)文娱费	102.2	101.9	100.7
录像电影票	104.6	107.2	99.9
公园门票	103.6	101.2	105.8
有线电视	100.8	100.9	98.1
健身活动	102.5	102.8	100.0
其它	98.7	98.5	100.0
4.旅游及外出	96.2	96.5	99.9
旅行社收费	96.4	96.4	100.0
宾馆住宿	94.8	94.3	99.8
其它住宿	100.0	100.6	100.0
八、居住	**101.7**	**102.1**	**101.3**
1.建房及装修材料	98.2	98.8	98.1
木材	99.7	102.2	99.2
砖	95.9	98.5	95.6
水泥	100.0	100.1	100.0
涂料	98.8	99.6	98.7
胶合板	96.8	97.6	96.7
玻璃	98.1	98.1	98.1
粘胶	99.0	98.3	99.2
油漆	100.3	99.0	100.4
其它	97.5	98.1	96.6
2.租房	101.3	101.3	101.1
房租	101.7	101.6	111.2
其它费用	100.2	100.3	100.0
3.自有住房	95.4	93.6	99.2
房屋贷款利率	93.0	93.0	87.3
维护修理费用	99.2	100.2	99.0
其它	100.1	95.6	100.4
4.水、电、燃料	110.2	110.1	109.3
水	112.9	113.5	108.5
电	111.6	116.6	105.8
液化石油气	92.1	93.9	89.5
管道燃气	106.6	106.2	100.9
其它燃料	115.5	109.2	116.9

8-8 商品零售价格分类指数

(以上年价格为100)

商品类别	2001年			2002年		
	全省	城市	农村	全省	城市	农村
商品零售价格总指数	**100.0**	**99.5**	**100.7**	**98.8**	**98.5**	**99.7**
食品类	102.8	103.0	102.5	100.1	100.0	100.5
粮　食	101.3	100.7	102.1	98.8	98.9	98.8
细　粮	101.1	100.3	102.3	99.0	99.1	98.7
粗　粮	102.5	104.2	101.4	98.1	96.7	99.0
油脂类	92.4	95.6	87.9	98.1	96.3	101.8
肉禽蛋	106.9	107.3	106.0	100.9	100.9	101.0
水产品	100.3	101.5	98.3	94.5	94.4	94.9
鲜　菜	105.4	104.3	107.8	98.7	98.8	98.3
干　菜	99.4	97.9	101.5	99.1	98.8	99.6
鲜　果	100.1	99.0	101.9	108.8	108.8	108.6
其他食品类	101.9	101.3	103.2	100.2	100.4	100.2
食　糖	112.5	112.2	112.8	95.4	99.3	90.5
奶及奶制品	99.6	99.4	100.3	100.8	101.5	98.4
饮食业	101.5	101.9	100.7	99.4	99.2	100.2
主　食	97.8	96.3	99.8	99.8	99.5	100.4
饮料、烟酒类	101.0	100.5	101.7	101.0	100.7	101.7
饮　料	99.4	99.2	99.6	100.2	100.0	100.6
烟　酒	101.6	101.1	102.2	101.3	101.0	102.0
服装、鞋帽类	98.0	97.2	99.1	98.3	97.8	99.4
服　装	97.9	97.4	98.6	98.1	97.6	99.4
纺织品类	99.1	98.3	100.3	99.0	98.7	99.6
棉　布	99.2	97.1	100.7	99.5	99.6	99.3
棉花化纤混纺布	99.6	95.9	102.7	98.6	97.6	100.0
中、西药品类	97.9	96.9	99.5	95.7	95.4	96.5
中　药	102.6	102.0	103.5	96.5	95.9	98.0
西　药	95.5	94.2	97.6	94.5	94.2	95.5
医疗用品	98.3	97.8	99.2	99.9	100.3	98.4
化妆品类	97.8	97.0	99.2	99.5	99.1	100.5
书报、杂志类	106.6	104.2	108.4	101.6	101.3	102.7
文化体育用品类	98.0	97.2	99.4	98.3	98.1	98.8
文化用品	97.7	96.8	99.3	97.7	97.3	98.9
体育用品	98.9	98.3	99.8	99.6	99.9	98.5
日用品类	99.1	98.8	99.5	99.2	98.9	100.1
一般日用品	98.7	98.5	99.1	99.5	99.3	100.4
家具类	99.3	98.9	99.9	98.6	98.2	99.8
日用杂品	99.8	99.9	99.8	99.2	99.0	99.8
家用电器类	93.0	91.2	97.1	93.7	93.0	96.2
首饰类	94.9	95.5	93.3	100.7	101.6	98.4
燃料类	105.5	105.0	106.2	104.3	103.1	107.2
建筑装璜材料类	100.7	100.8	100.7	100.4	100.9	99.4
机电产品类	96.8	98.3	95.2	96.1	97.1	93.5

8－9 1995－2002年商品零售价格指数

（以上年价格为100）

商品类别	1995年	1996年	1997年	1998年	1999年	2000年	2001年	2002年
商品零售价格总指数	**114.2**	**107.0**	**100.8**	**97.1**	**97.1**	**98.6**	**100.0**	**98.8**
食品类	124.1	111.0	99.7	95.5	96.4	98.0	102.8	100.1
粮　食	134.0	109.7	93.0	91.5	96.9	90.8	101.3	98.8
细　粮	132.7	108.6	93.1	91.6	98.3	88.8	101.1	99.0
粗　粮	144.9	119.9	92.9	90.5	88.0	104.0	102.5	98.1
油脂类	107.6	89.5	108.0	101.3	90.0	90.4	92.4	98.1
肉禽蛋	121.9	108.0	104.5	92.8	89.5	96.2	106.9	100.9
水产品	111.8	104.2	107.6	96.1	92.2	105.4	100.3	94.5
鲜　菜	130.6	128.5	92.5	99.2	104.7	105.4	105.4	98.7
干　菜	126.0	117.3	100.7	95.0	97.3	98.4	99.4	99.1
鲜　果	119.1	108.4	90.0	92.5	104.4	95.0	100.1	108.8
其他食品类	126.0	112.1	103.9	99.3	98.0	99.2	101.9	100.2
食　糖	131.3	97.2	98.8	94.9	91.1	100.6	112.5	95.4
奶及奶制品	132.1	110.4	103.0	99.6	99.4	98.5	99.6	100.8
饮食业	123.0	107.7	103.7	98.2	98.2	99.8	101.5	99.4
主　食	125.8	111.9	101.6	97.1	98.3	98.1	97.8	99.8
饮料、烟酒类	108.7	105.0	103.7	99.8	98.3	98.7	101.0	101.0
饮　料	111.3	106.3	104.3	100.6	99.1	99.6	99.4	100.2
烟　酒	107.5	104.5	103.5	99.5	98.0	98.3	101.6	101.3
服装、鞋帽类	116.3	107.5	102.5	98.0	96.7	100.0	98.0	98.3
服　装	114.7	105.9	102.6	97.1	96.6	99.8	97.9	98.1
纺织品类	112.8	106.1	100.9	99.4	96.7	98.5	99.1	99.0
棉　布	132.2	108.3	102.1	99.3	98.7	97.8	99.2	99.5
棉花化纤混纺布	111.3	105.9	99.6	98.0	96.4	99.0	99.6	98.6
中、西药品类	110.2	111.6	104.6	103.4	100.0	99.6	97.9	95.7
中　药	107.3	119.5	110.3	107.2	103.6	104.0	102.6	96.5
西　药	111.4	106.9	101.0	101.3	97.4	97.0	95.5	94.5
医疗用品	113.8	108.9	103.8	100.8	100.5	98.3	98.3	99.9
化妆品类	115.5	109.6	102.7	101.0	99.8	97.0	97.8	99.5
书报、杂志类	109.5	134.5	114.3	103.1	104.1	102.5	106.6	101.6
文化体育用品类	106.6	106.1	100.9	99.1	98.6	98.3	98.0	98.3
文化用品	105.4	105.9	100.1	98.9	98.4	98.1	97.7	97.7
体育用品	109.9	106.2	103.1	99.7	99.1	99.0	98.9	99.6
日用品类	108.1	104.3	102.0	98.2	97.1	97.3	99.1	99.2
一般日用品	109.1	104.7	101.6	98.1	98.2	97.0	98.7	99.5
家具类	103.9	102.9	102.6	99.2	96.4	96.8	99.3	98.6
日用杂品	113.6	105.5	101.9	96.6	95.5	99.2	99.8	99.2
家用电器类	101.7	98.6	96.8	94.9	95.2	94.0	93.0	93.7
首饰类	101.4	99.6	98.7	91.3	93.0	94.9	94.9	100.7
燃料类	111.8	106.1	104.7	96.5	97.8	115.7	105.5	104.3
建筑装璜材料类	105.7	101.0	100.0	97.0	98.6	99.2	100.7	100.4
机电产品类	97.3	95.2	95.6	94.3	95.2	96.4	96.8	96.1

8－10 工业品出厂价格总指数

（2002 年）

类　　别	价格指数(以上年同期价格为 100)				
	全年平均	一 季 度	二 季 度	三 季 度	四 季 度
全部工业品	**98.8**	**97.1**	**97.9**	**98.8**	**101.2**
轻工业	97.5	96.9	97.2	97.8	98.3
以农产品为原料	97.7	97.1	97.3	97.9	98.5
以非农产品为原料	97.1	96.2	96.7	97.6	97.9
重工业	99.7	97.2	98.5	99.6	103.4
采　掘	111.7	104.2	105.4	110.5	126.6
原　料	97.7	91.9	96.5	99.0	103.5
加　工	97.8	98.5	98.0	97.3	97.3
生产资料	98.8	96.4	97.6	99.0	102.4
采　掘	111.9	105.6	106.4	110.6	124.8
原　料	96.8	90.7	95.4	98.2	102.9
加　工	97.1	97.1	96.9	97.1	97.5
生活资料	98.5	98.5	98.6	98.5	98.5
食　品	99.4	98.8	99.7	99.5	99.7
衣　着	98.4	100.7	98.3	96.9	97.6
一般日用品	98.5	98.4	97.8	99.0	98.6
耐用消费品	96.7	96.3	97.0	96.9	96.6
按工业部门分					
冶金工业	97.5	95.4	96.3	97.7	100.6
电力工业	100.2	100.9	99.9	98.8	101.0
煤炭及炼焦工业	115.2	128.4	116.9	111.3	104.3
石油工业	102.2	80.7	91.9	104.5	131.5
化学工业	97.8	94.7	97.4	98.3	100.9
机械工业	97.2	97.6	97.6	97.0	96.7
建筑材料工业	99.1	99.0	99.9	99.0	98.5
森林工业	95.2	97.4	93.8	94.5	95.3
食品工业	99.4	98.8	99.6	99.5	99.7
纺织工业	92.8	90.1	91.3	93.5	96.3
缝纫工业	98.5	100.7	98.4	97.3	97.7
皮革工业	101.0	104.1	99.1	100.3	100.4
造纸工业	97.8	97.2	96.8	99.4	97.6
文教艺术用品工业	100.8	102.9	99.1	100.4	100.8
其它工业	99.4	97.5	96.7	102.1	101.2
按工业行业分					
煤炭采选业	115.5	129.0	117.3	111.4	104.1
煤炭开采业	115.7	130.3	117.0	111.4	104.1
煤炭洗选业	114.3	123.0	118.7	111.5	103.9
石油和天然气开采业	112.2	82.0	94.8	111.9	160.3
#天然原油开采业	112.2	82.0	94.8	111.9	160.3

8－10续表1　　　　　　　　　　（2002年）

类　　别	价格指数(以上年同期为100)				
	全年平均	一 季 度	二 季 度	三 季 度	四 季 度
黑色金属矿采选业	106.2	105.6	108.9	108.3	102.0
#铁矿采选业	106.2	105.6	108.9	108.3	102.0
有色金属矿采选业	102.7	95.8	103.8	106.5	104.8
#重有色金属采选业	93.1	87.5	91.2	95.3	98.5
贵金属矿采选业	102.8	95.8	103.8	106.5	104.8
非金属矿采选业	102.8	98.7	102.6	104.6	105.2
土砂石开采业	106.4	101.0	104.6	108.2	111.9
化学矿采选业	101.9	99.6	102.9	103.6	101.5
采盐业	97.3	94.9	97.3	98.0	99.1
其他非金属矿采选业	102.7	98.8	103.8	105.3	102.8
食品加工业	98.8	96.9	98.5	99.6	100.0
#粮食及饲料加工业	97.2	97.7	98.6	96.2	96.4
植物油加工业	97.6	89.9	94.3	100.7	105.6
屠宰及肉类蛋类加工业	97.7	97.4	97.1	98.5	98.0
水产品加工业	102.2	100.3	103.2	103.5	101.7
盐加工业	102.8	103.9	104.2	101.4	101.7
其他食品加工业	99.0	98.7	98.8	99.2	99.4
食品制造业	98.8	99.3	98.5	98.0	99.4
糕点、糖果制造业	99.0	100.3	98.5	98.5	98.9
乳制品制造业	99.8	99.5	100.3	99.6	99.7
罐头食品制造业	101.1	99.4	101.2	101.9	101.9
发酵制品业	95.6	97.9	95.1	95.2	94.2
调味品制造业	99.9	101.5	101.8	100.2	96.2
其他食品制造业	98.8	98.9	98.1	97.5	100.8
饮料制造业	99.4	101.0	99.4	98.5	98.7
酒精及饮料酒制造业	99.6	101.0	99.3	98.7	99.3
软饮料制造业	98.3	101.2	99.8	96.7	95.3
制茶业	98.1	93.5	100.6	100.0	98.3
其他饮料制造业	99.0	100.0	100.0	98.0	98.1
烟草加工业	107.1	109.8	113.7	104.8	100.2
#烟叶复烤业	105.9	103.4	110.7	104.8	104.8
卷烟制造业	107.2	110.1	113.8	104.8	100.0
纺织业	93.9	91.3	92.9	94.1	97.2
#棉纺织业	92.8	89.1	91.0	93.8	97.2
毛纺织业	95.2	97.5	97.1	93.6	92.5
麻纺织业	100.4	100.0	66.7	100.0	101.4
丝绢纺织业	88.5	91.0	86.9	88.1	88.0
针织品业	99.3	97.2	101.3	97.0	101.6
服装及其他纤维制品制造业	98.4	103.6	96.6	97.6	95.7
#服装制造业	98.4	104.3	96.1	97.7	95.5
制帽业	110.6	78.6	114.7	72.7	102.7
制鞋业	97.3	98.7	97.8	96.6	96.2

8－10续表2　　　　　　　　　　　　　　　　　　　(2002年)

类　　　　别	价格指数(以上年同期为100)				
	全年平均	一 季 度	二 季 度	三 季 度	四 季 度
皮革、毛皮、羽绒及其制品业	100.7	103.7	98.9	100.3	99.8
#制革业	101.9	103.4	101.8	101.1	101.1
皮革制品制造业	101.2	104.5	98.8	100.8	100.9
羽毛(绒)加工及制品业	93.0	96.5	94.2	94.1	87.3
木材加工及竹、藤、棕、草制品业	93.0	97.1	91.2	91.4	92.4
#人造板制造业	97.0	99.9	95.4	95.4	97.4
木制品业	84.6	91.7	82.3	82.6	82.0
家具制造业	98.2	98.8	97.8	98.0	98.1
#木制家具制造业	98.1	98.7	97.6	97.8	98.2
金属家具制造业	98.2	102.6	102.6	95.6	92.1
其他家具制造业	98.9	99.1	99.3	99.6	97.8
造纸及纸制品业	97.8	97.2	96.8	99.5	97.5
纸浆制造业	105.3			97.2	113.3
造纸业	97.1	95.7	96.1	99.5	97.1
纸制品业	100.8	104.3	99.7	99.8	99.3
印刷业、记录媒介的复制	97.8	64.1	97.6	98.5	98.3
#印刷业	97.8	64.1	97.6	98.5	98.3
文教体育用品制造业	102.2	106.7	99.7	102.0	100.3
#文化用品制造业	102.0	103.2	100.8	101.1	102.8
体育用品制造业	105.6	120.4	100.5	100.8	100.8
乐器及其他文娱用品制造业	102.8	100.0	102.3	103.9	104.8
玩具制造业	100.0	100.7	98.2	103.2	98.0
石油加工及炼焦业	94.3	80.8	90.1	98.8	107.7
#原油加工业	93.6	78.7	89.6	98.2	107.9
石油制品业	94.6	83.4	89.2	99.4	106.5
炼焦业	109.4	112.7	106.5	107.6	110.7
化学原料及化学制品制造业	98.9	94.2	98.6	99.7	103.1
基本化学原料制造业	96.7	91.0	96.5	98.4	100.7
化学肥料制造业	103.7	108.2	105.9	100.9	99.5
化学农药制造业	92.7	97.9	90.4	90.2	92.1
有机化学产品制造业	100.0	88.1	98.2	102.0	111.6
合成材料制造业	96.6	82.0	95.7	98.6	110.1
专用化学产品制造业	96.9	95.3	95.1	100.8	96.6
日用化学产品制造业	97.6	96.4	97.2	98.2	98.6
医药制造业	97.1	95.6	96.8	98.0	98.0
化学药品原药制造业	96.1	94.1	93.8	100.0	96.4
化学药品制剂制造业	96.2	95.7	96.3	95.9	96.8
中药材及中成药加工业	100.3	100.5	100.0	100.1	100.7
动物药品制造业	99.8	100.0	99.0	100.0	100.0
生物制品业	97.9	87.8	99.5	101.3	102.7
化学纤维制造业	94.9	91.5	91.8	95.0	101.2
纤维素纤维制造业	83.6	80.9	80.5	85.0	88.0
合成纤维制造业	94.3	87.6	92.5	95.5	101.4
渔具及渔具材料制造业	111.0	128.7	99.8	103.9	111.6
橡胶制品业	97.2	98.0	97.3	96.1	97.3
#轮胎制造业	97.6	98.3	97.2	97.2	97.6
力车胎制造业	98.4	96.5	98.8	99.5	98.8

类别	价格指数(以上年同期为100)				
	全年平均	一季度	二季度	三季度	四季度
橡胶板、管、带制造业	95.2	96.2	97.1	93.7	94.0
橡胶零件制品业	96.6	98.9	97.6	94.2	95.5
再生橡胶制造业	95.6	95.5	93.3	96.0	97.5
橡胶靴鞋制造业	93.4	95.7	93.5	91.9	92.7
日用橡胶制品业	96.7	95.2	97.4	92.7	101.9
其他橡胶制品业	100.8	104.3	103.4	87.6	104.7
塑料制品业	97.7	96.0	96.5	98.2	100.3
#塑料薄膜制造业	93.3	92.0	92.7	93.0	95.4
塑料板、管、棒材制造业	96.6	94.2	93.5	97.0	101.8
塑料丝、绳及编织品制造业	97.6	95.2	97.3	98.9	98.9
泡沫塑料及人造革、合成革制造业	108.0	107.5	107.2	108.0	109.0
塑料包装箱及容器制造业	98.6	96.6	97.2	99.2	101.3
日用塑料杂品制造业	100.0	100.0	100.0	100.0	100.0
非金属矿物制品业	98.8	98.9	99.7	98.7	98.0
水泥制造业	102.1	101.6	104.9	102.0	99.7
水泥制品和石棉水泥制品业	96.3	97.0	93.6	96.8	97.9
砖瓦、石灰和轻质建筑材料制造业	98.4	98.0	98.9	97.9	98.8
玻璃及玻璃制品业	95.6	94.6	95.9	95.1	97.0
陶瓷制品业	97.9	97.8	98.7	98.4	96.6
耐火材料制品业	99.5	103.6	95.7	100.0	98.9
石墨及碳素制品业	100.6	100.6	102.1	99.8	100.0
矿物纤维及其制品业	95.6	93.8	100.1	94.7	93.7
其他类未包括的非金属矿物制品业	98.6	105.4	96.1	96.6	96.3
黑色金属冶炼及压延加工业	97.8	96.1	94.9	97.0	103.3
炼铁业	101.9	103.1	98.9	98.8	106.6
炼钢业	101.0	103.5	100.5	96.6	103.2
钢压延加工业	96.5	93.4	93.4	96.6	102.6
铁合金冶炼业	101.4	101.3	101.3	101.3	101.7
有色金属冶炼及压延加工业	93.8	89.2	92.0	94.2	99.8
#重有色金属冶炼业	87.6	85.0	86.6	87.0	91.6
轻有色金属冶炼业	93.4	86.9	90.1	94.0	102.6
贵金属冶炼业	109.6	103.6	111.5	112.2	111.3
有色金属压延加工业	93.9	91.8	93.8	94.1	96.1
金属制品业	97.3	95.9	97.1	97.8	98.3
#金属结构制造业	93.1	90.0	94.0	93.9	94.4
铸铁管制造业	101.0	103.9	101.1	99.0	99.9
工具制造业	99.0	99.6	99.4	98.0	99.2
集装箱和金属包装物品制造业	96.3	93.4	95.6	97.6	98.6
金属丝绳及其制品业	95.6	95.8	95.2	96.1	95.3
建筑用金属制品业	98.9	98.4	99.2	98.3	99.9
日用金属制品业	96.7	92.8	95.4	99.8	98.6
其他金属制品业	96.5	95.7	96.4	96.8	97.3
普通机械制造业	98.8	99.3	99.6	98.6	97.8
#锅炉及原动机制造业	97.7	96.0	98.5	99.7	96.5
金属加工机械制造业	100.7	100.1	100.5	101.4	100.9
通用设备制造业	98.9	100.9	99.2	97.8	97.7
轴承、阀门制造业	96.4	98.2	96.0	95.0	96.4

8－10续表4　　(2002年)

类别	价格指数(以上年同期为100)				
	全年平均	一季度	二季度	三季度	四季度
其他通用零部件制造业	99.3	101.2	102.5	96.8	96.8
铸锻件制造业	99.1	98.9	98.9	99.0	99.5
专用设备制造业	97.4	97.5	96.9	96.9	98.3
#冶金、矿山、机电工业专用设备	98.8	94.7	97.5	101.3	101.6
石化及其他工业专用设备制造业	97.0	98.1	96.8	95.9	97.0
轻纺工业专用设备制造业	98.5	97.4	99.5	98.9	98.1
农、林、牧、渔、水利业机械制造业	96.4	97.1	94.8	95.4	98.3
医疗器械制造业	101.1	96.1	110.0	98.9	99.3
其他专用设备制造业	98.9	99.4	98.2	99.4	98.5
交通运输设备制造业	99.6	99.6	100.3	99.2	99.4
#铁路运输设备制造业	102.6	108.1	104.6	98.3	99.4
汽车制造业	99.7	99.2	100.5	99.2	99.9
摩托车制造业	95.9	92.8	96.6	97.9	96.4
自行车制造业	97.8	99.4	98.7	98.3	94.6
船舶制造业	101.2	105.0	100.4	100.3	99.0
交通运输设备修理业	99.2	100.0	98.6	100.2	98.2
电气机械及器材制造业	96.6	95.9	97.3	96.5	96.5
#电机制造业	97.1	96.0	98.7	97.0	96.7
输配电信控制设备制造业	93.1	94.0	91.5	92.2	94.7
电工器材制造业	95.4	96.0	95.5	95.0	95.3
日用电器制造业	97.6	96.4	99.0	97.9	97.4
照明器具制造业	94.8	90.4	96.0	95.4	95.8
其他电气机械制造业	98.1	98.8	99.5	97.6	96.4
电子及通信设备制造业	93.3	95.9	93.2	93.2	91.0
#通信设备制造业	96.5	96.2	96.4	96.7	96.6
广播电视设备制造业	99.4	96.3	101.2	100.0	100.0
电子计算机制造业	99.3	102.1	98.7	100.0	96.3
电子器件制造业	99.5	98.6	100.6	99.1	99.8
电子元件制造业	86.0	94.6	88.4	83.9	77.2
日用电子器具制造业	91.4	91.8	89.3	92.2	92.5
仪表及文化、办公用机械制造业	99.3	98.9	101.3	98.6	98.2
#通用仪器仪表制造业	99.2	99.4	102.5	97.5	97.5
专用仪器仪表制造业	99.4	94.6	100.2	102.4	100.2
计量器具制造业	98.3	97.9	96.1	99.2	100.2
钟表制造业	100.3	98.8	99.6	103.4	99.5
其他制造业	98.7	98.1	97.4	99.4	99.9
工艺美术品制造业	99.2	98.9	98.7	99.3	99.9
日用杂品制造业	98.0	95.4	99.9	98.4	98.2
其他生产、生活用品制造业	94.1	91.8	84.5	100.0	100.0
电力、蒸气、热水生产供应业	102.1	100.9	101.7	102.3	103.4
电力生产业	99.3		98.7	98.3	100.6
电力供应业	99.9	99.1	99.8	100.3	100.3
蒸气、热水生产供应业	103.1	101.7	102.6	103.3	105.0
煤气生产和供应业	102.2	104.6	102.6	100.8	100.8
#煤气供应业	102.2	104.6	102.6	100.8	100.8
自来水的生产和供应业	104.5	104.7	104.6	104.9	104.0
#自来水供应业	104.5	104.7	104.6	104.9	104.0

8－11 原材料、燃料、动力购进价格总指数

（2002 年）

类别	价格指数(以上年同期价格为 100)				
	全年平均	一季度	二季度	三季度	四季度
全部原材料	**98.7**	**96.9**	**97.8**	**99.0**	**101.1**
燃料、动力类	106.0	104.5	106.2	104.8	108.6
黑色金属材料类	99.1	98.2	98.6	99.2	100.3
# 钢材	98.1	96.1	96.8	99.3	100.4
其它	99.6	99.3	99.6	99.1	100.3
有色金属材料和电线类	97.7	93.9	97.0	99.4	100.4
化工原料类	97.5	95.3	97.0	98.5	99.2
木材及纸浆类	98.9	97.5	97.1	100.2	100.7
建筑材料及非金属矿类	98.2	98.4	97.8	98.4	98.4
其它工业原材料及半成品类	97.3	97.3	96.1	97.1	98.7
农副产品类	97.5	92.5	95.7	98.7	103.1
纺织原料类	94.2	91.8	93.1	94.6	97.3

8－12 固定资产投资价格指数

（以上年同期价格为 100）

项目	2001 年	2002 年	项目	2001 年	2002 年
固定资产投资价格指数	**101.4**	**101.1**	化工材料	98.7	100.3
建筑安装工程类	**103.2**	**102.3**	电料	98.4	100.6
直接工程费	103.5	102.1	其它材料	98.7	101.0
材料费	102.7	100.5	人工费	106.6	103.3
钢材	101.8	100.9	机械使用费	102.2	107.6
木材	114.3	106.1	间接工程费	101.1	103.1
水泥	103.8	99.3	**设备工器具购置类**	**97.1**	**97.3**
地方材料	106.7	98.1	**其它费用类**	**102.1**	**104.1**

8-13 房地产价格指数

（2002年）

类别	价格指数(以上年同期价格为100)				
	全年平均	一季度	二季度	三季度	四季度
房屋销售价格总指数	**105.5**	**104.3**	**105.2**	**105.4**	**107.1**
商品房	105.2	104.0	103.9	105.9	107.0
住宅	105.4	104.2	103.8	106.2	107.5
经济适用房	105.2	103.9	104.0	106.3	106.5
普通住宅	105.3	104.4	103.5	105.7	107.6
多层住宅	105.6	105.2	103.7	105.8	107.5
高层住宅	104.5	102.3	102.5	105.1	108.1
豪华住宅	106.6	103.9	105.3	109.1	108.1
别墅	109.3	109.2	104.9	112.1	111.1
高档公寓	106.0	103.4	105.3	108.4	107.0
非住宅	104.1	103.0	104.4	104.5	104.6
写字楼	106.8	108.4	104.2	104.4	110.3
商业用房	103.3	100.7	104.8	104.6	103.1
其它	102.2	101.6	101.0	100.8	105.3
公房	102.2	104.1	101.2	101.5	102.1
#住宅	102.2	104.1	101.2	101.5	102.1
私房	108.1	105.2	110.8	106.3	110.1
住宅	108.5	105.2	111.9	106.6	110.3
非住宅	106.0	105.2	105.3	104.5	109.0
房屋租赁价格总指数	**99.8**	**100.2**	**99.4**	**99.9**	**99.6**
住宅	100.5	100.8	100.3	101.0	100.0
公房	101.8	102.0	103.0	100.9	101.1
私房	99.5	99.7	98.1	101.0	99.0
办公用房	98.8	100.1	96.4	99.6	99.1
高标准写字楼	93.5	99.9	83.3	93.9	96.9
普通办公用房	100.3	100.1	100.3	101.2	99.7
商业用房	100.0	100.3	99.9	100.3	99.4
厂房、仓库	98.5	98.7	99.0	96.1	100.1
工业厂房	97.8	97.6	99.9	92.8	100.9
仓库	99.3	100.1	97.8	100.2	99.2
土地交易价格总指数	**103.7**	**102.8**	**104.0**	**102.7**	**105.3**
居民住宅用地	104.0	101.9	104.8	103.5	105.6
豪华住宅用地	103.8	104.9	105.7	102.5	102.0
普通住宅用地	104.1	101.9	104.8	103.5	106.1
工业用地	102.6	103.2	102.2	102.2	102.9
商业、旅游、娱乐用地	104.4	104.4	105.5	102.2	105.3
其它用地	104.5	101.6	103.0	102.7	110.5

九、居民生活

RESIDENTS' LIVELIHOOD

简要说明:

城市居民生活:

2002 年,城市居民生活调查开始执行新的调查制度方法,与 1997 年以来的调查制度方法相比,指标体系及口径范围变动较大。新的调查制度方法精简了吃、穿、用等消费层次较低的指标,增添了能反映改革发展趋势并体现城市居民生活新特点的就业、社会保障、交通通讯、文化娱乐教育、居住等指标内容,重新界定了可支配收入、消费支出等主要指标的口径范围,调整了收入、支出、消费的分类构成,职工收入不再按所有制分类,并将实物收入改为非现金收入。

一、本资料反映我省城镇居民生活状况,包括家庭基本情况、人口就业情况、居民收支情况、居住及耐用消费品拥有情况、消费性支出情况等。新制度用"家庭总收入"取代"实际收入",不再包含"出售财物收入"。可支配收入的新老口径对比为:新的可支配收入等于老的可支配收入扣除出售财物收入和个人交纳的社会保障支出两项。居住项目下的"居住面积"调整为"总使用面积",取消了"每户居住房间"指标。

二、城镇居民消费性支出包括八大类:食品、衣着、设备用品及服务、医疗保健、交通和通讯、娱乐文教服务、居住、杂项商品和服务。各类不再含服务支出,原每类的服务支出项统归类到新增指标"服务性消费支出"中。

三、本部分数据来源于全省 26 个调查市、县共计 2650 户城镇居民家庭的抽样调查汇总资料。

四、资料数据缺少部分是由于制度方法变动,指标口径不一致,数据无法获取造成的。

五、年人均指标是按全部家庭人口进行平均的。如,年人均工资及补贴收入是职工工资及补贴收入总额按全部家庭人口的平均数,而不是按职工人数计算的职工平均工资。其他指标类同。

农村居民生活:

一、资料来源于省农村社会经济调查队的农村住户调查。内容包括农村居民家庭基本情况、人口与就业情况、生产结构与技术应用情况、总收入和纯收入情况、总支出情况、现金收支情况、生活消费现金支出情况、主要农产品出售情况、食品消费情况、商品购买情况、粮食收支情况等。

二、农村住户调查是按照国家农调总队的要求,采取多阶段、随机起点、对称等距的抽样方法抽选调查样本。抽样时一般分为县抽村、村抽户几个阶段。但从 2000 年起,改为省直接抽村、村抽户的方法。

农村住户调查的抽样框编制以近三年的农民人均纯收入为有关标识,按高低顺序排队,再以近三年人口为辅助资料进行累计,计算抽样距离,采用随机起点对称等距抽样方法,抽选调查村。村抽选调查户时,则利用全村各户的上年人均纯收入作为有关标识,按高低顺序排队,以家庭常住人口作为辅助资料,逐户累计,计算抽样距离,采用随机起点、对称等距抽样方法抽选调查户。

农村住户调查的样本单位包括 42 个县、420 个调查村、4200 个调查户,占全省总县数的 31%。

三、农村住户调查要求抽样误差不得超过正负 3%。为保证农村住户调查资料的正确性,国家统计局农调总队为调查户设置了两本账,现金账和实物账,每个调查村聘请了一名辅助调查员帮助做好记账工作,并及时进行核实。国家统计局农调总队对农村住户调查网点实行样本轮换制度,每四年为一个周期。

农村住户调查资料实行账页超级汇总方式,即由县队人员将调查户记的现金账和实物账逐户逐笔录入计算机后,直接上报省队,再由省队将分户资料进行汇总生成全省资料。

编辑单位:省城队住户处　　省农队住户处

编　　委:秦红梅　　王象永

编　　辑:王启东　　金立娟

校　　对:王启东　　金立娟

电　　话:6129461　　6129455

9－1 居民物质文化生活提高情况

类　　别	单位	1996 年	1997 年	1998 年	1999 年	2000 年	2001 年	2002 年
一、城乡居民收入								
农民人均纯收入	元	2086.3	2292.1	2452.8	2549.6	2659.2	2804.5	2954.0
职工平均工资	元	5809	6241	6854	7656	8772	10007	11374
城镇居民人均可支配收入	元	4890.2	5190.8	5380.1	5809.0	6490.0	7101.1	7614.5
二、每人每年生活消费								
城镇居民								
粮　食	千克	85.70	71.50	67.20	66.84	63.57	63.10	71.11
食用植物油	千克	4.90	4.90	5.00	4.56	4.93	4.70	4.60
肉　类	千克	21.50	21.70	21.50	22.44	19.48	22.60	21.43
农村居民								
粮　食	千克	240.73	240.33	232.37	245.74	235.38	235.73	234.82
食用植物油	千克	4.56	5.24	4.85	4.79	7.32	6.70	6.71
肉　类	千克	9.98	10.65	11.07	13.01	15.03	12.72	13.14
居民消费水平	元	2287	2722	2899	3194	3467	3751	3952
城镇居民	元	4376	5124	5450	6060	6572	6923	7145
农村居民	元	1558	1868	1998	2188	2352	2555	2681
三、平均每人居住面积								
城　镇	平方米	12.13	12.70	12.82	13.10	13.75	14.17	18.62
农　村	平方米	22.32	23.16	23.91	25.07	23.61	24.60	25.59
四、储　蓄								
年末城乡居民储蓄存款余额	亿元	2817.71	3261.11	3735.38	4109.84	4466.72	5063.79	5805.72
人均储蓄存款余额	元	3224.66	3712.09	4226.50	4626.64	4964.67	5600.92	6392.55
五、文　化								
城镇居民每百人拥有彩色电视机	台	30.12	31.75	33.82	35.49	37.20	38.19	38.19
农村居民每百人拥有电视机	台	26.05	26.48	27.50	28.98	28.48	29.71	30.61
六、教　育								
学龄儿童入学率	%	99.48	99.62	99.60	99.61	99.78	99.73	99.82
每万人口拥有大学生数(在校生)	人	19.40	20.02	21.28	24.12	33.77	49.70	64.26
七、卫　生								
每万人口拥有病床数	张	22.86	23.50	23.58	24.07	23.88	24.12	24.10
每万人口拥有医生数	人	14.66	15.16	15.08	15.68	16.11	16.45	14.84
八、就　业								
城镇每一就业者负担人数(包括本人)	人	1.59	1.58	1.59	1.62	1.66	1.68	1.70
农村每一就业者负担人数(包括本人)	人	1.50	1.49	1.48	1.48	1.46	1.47	1.44

9－2 主要年份城镇居民家庭基本情况

年 份	调查户数（户）	平均每户家庭人口（人）	平均每户就业人口（人）	国有单位职工	集体单位职工	其他经济单位职工	平均每一就业者负担人数	平均每户离退休人数	平均每户无收入者人数
1963	230	5.15	1.64				3.14		
1964	230	5.26	1.61	1.49	0.12		3.26		
1978	380	4.37	2.20	1.76	0.44		1.99		
1980	380	4.35	2.50	1.99	0.50		1.74		
1981	380	4.19	2.45	1.96	0.48		1.71		
1982	430	4.07	2.42	1.93	0.48		1.68		
1983	430	3.97	2.37	1.95	0.41		1.68		
1984	430	3.93	2.35	1.97	0.37		1.67	0.12	
1985	900	3.57	2.10	1.54	0.50		1.70	0.25	
1986	1630	3.54	2.05	1.45	0.56		1.72	0.15	
1987	1730	3.53	2.05	1.60	0.41		1.72	0.17	
1988	1830	3.51	2.06	1.58	0.43		1.71	0.17	1.27
1989	2080	3.43	2.01	1.58	0.40		1.71	0.20	1.21
1990	2180	3.38	2.00	1.61	0.36		1.69	0.21	1.16
1991	2180	3.31	1.98	1.60	0.34		1.67	0.20	1.12
1992	2180	3.26	1.98	1.61	0.32		1.65	0.22	1.05
1993	2080	3.24	1.96	1.62	0.31		1.65	0.24	1.04
1994	2080	3.21	1.96	1.62	0.31	0.01	1.64	0.24	1.00
1995	2050	3.19	1.96	1.63	0.29	0.01	1.63	0.23	1.00
1996	2050	3.16	1.99	1.65	0.29	0.03	1.59	0.17	1.00
1997	2100	3.17	2.01	1.66	0.30	0.03	1.58	0.16	1.00
1998	2300	3.14	1.98	1.65	0.27	0.04	1.59	0.17	0.99
1999	2400	3.12	1.93	1.60	0.25	0.06	1.62	0.20	0.99
2000	2500	3.10	1.87	1.50	0.25	0.08	1.66	0.23	0.99
2001	2450	3.06	1.82	1.46	0.22	0.08	1.68	0.25	0.98
2002	2650	3.02	1.78	1.36	0.16	0.13	1.70	0.28	0.94

9－2续表

年份	人均全年可支配收入（元）	人均全年消费性支出（元）	人均全年非消费支出（元）	人均净存入银行款（元）	人均年末手存现金（元）	年末人均居住面积（平方米）	平均每户居住房间（间）
1963	208.38	199.60		5.16	6.09	3.72	1.60
1964	211.10	207.20		2.37	5.58	3.80	1.60
1978	391.45	340.00		11.00		5.40	2.00
1980	448.21	396.00		19.29	14.72	5.70	2.10
1981	495.48	450.36		8.53	18.71	6.10	2.10
1982	524.90	455.28		24.48	22.32	6.11	2.10
1983	537.03	472.92		29.80	24.78	6.65	2.30
1984	638.64	520.91		49.29	54.35	6.90	2.30
1985	747.56	667.13		10.30	51.08	7.77	2.40
1986	853.50	751.34		23.28	63.29	9.15	2.80
1987	987.11	812.54		85.96	56.51	9.61	2.60
1988	1163.46	1025.78		0.98	72.09	9.96	2.60
1989	1349.16	1160.52		25.44	93.48	10.25	2.60
1990	1466.22	1229.28		128.64	123.19	10.05	2.61
1991	1687.56	1407.12		99.00	123.49	10.49	2.62
1992	1974.48	1598.88	151.44	131.40	159.86	10.80	2.59
1993	2515.08	1946.88	270.12	103.56	188.36	11.20	2.62
1994	3444.36	2635.20	438.72	226.80	229.26	11.88	2.65
1995	4264.08	3285.48	566.40	263.16	283.27	12.35	2.71
1996	4890.24	3770.99	725.52	216.48	330.88	12.13	2.61
1997	5190.79	4040.64	730.68	254.16	362.78	12.70	2.65
1998	5380.08	4143.96	1079.40	69.21	398.98	12.82	2.62
1999	5808.96	4515.05	1082.04	30.96	471.77	13.10	2.68
2000	6489.97	5022.00	1037.04	147.78	535.45	13.75	2.69
2001	7101.08	5252.42	1132.91	436.00	574.06	14.17	2.69
2002	7614.50	5596.39	1904.83	592.51	585.71	18.62	

9－3 城镇居民年人均主要指标

类　　别	单　位	1997年	1998年	1999年	2000年	2001年	2002年
一、调查户数	户	**2100**	**2300**	**2400**	**2500**	**2450**	**2650**
二、家庭人口数	人	**3.17**	**3.14**	**3.12**	**3.10**	**3.06**	**3.02**
＃就业人口数	人	2.01	1.98	1.93	1.87	1.82	1.78
＃国有集体职工人数	人	1.96	1.92	1.85	1.75	1.68	1.52
三、期初手存现金	元	**253.69**	**302.28**	**339.01**	**332.71**	**423.50**	**398.69**
四、可支配收入	元	**5190.79**	**5380.08**	**5808.96**	**6489.97**	**7101.08**	**7614.50**
五、实际收入	元	**5217.12**	**5414.17**	**5840.54**	**6521.60**	**7141.16**	**8158.13**
＃国有集体职工收入	元	4435.76	4492.13	4742.61	5158.15	5503.84	
1.工资性收入	元	4195.33	4255.27	4503.51	4897.12	5256.13	
＃奖金	元	427.92	381.92	381.79	369.29	411.06	
2.非工资收入	元	240.43	236.86	239.10	261.03	247.72	
六、储蓄、借贷收入	元	**1085.52**	**1506.14**	**1633.83**	**1645.48**	**1571.50**	**2067.36**
七、实际支出	元	**4773.12**	**5225.99**	**5598.14**	**6060.42**	**6386.11**	**7501.22**
＃消费支出	元	4040.64	4143.96	4515.05	5022.00	5252.41	5596.39
(一)食品	元	1655.10	1642.13	1675.75	1744.09	1801.34	1927.60
1.粮食	元	193.05	172.23	168.85	152.05	152.35	173.71
2.油脂	元	49.30	50.28	43.28	43.91	39.07	37.57
3.肉禽及制品	元	349.42	335.89	311.53	326.32	327.81	332.13
4.蛋类	元	93.77	88.92	85.98	72.16	72.01	74.56
5.水产品	元	99.76	101.73	112.42	121.93	127.42	120.65
6.菜类	元	150.40	138.88	142.43	143.26	146.50	158.53
7.烟草	元	56.27	57.55	56.87	56.27	53.58	58.77
8.酒和饮料	元	102.89	106.68	114.89	120.87	119.01	125.50
9.干鲜瓜果	元	124.58	113.42	122.41	120.26	121.40	160.55
10.奶及奶制品	元	45.41	53.59	66.39	84.25	106.58	130.10
(二)衣着	元	674.46	581.02	613.32	665.62	700.29	751.80
1.服装	元	383.51	343.57	385.61	434.02	476.53	523.84
2.衣着材料	元	98.32	68.15	55.96	46.23	35.09	24.04
(三)家庭设备用品及服务	元	383.12	429.45	550.71	561.15	522.36	396.97
＃日用耐用消费品	元	236.28	274.15	375.24	379.73	340.58	228.69
(四)医疗保健	元	180.20	188.13	219.79	322.60	327.49	407.69
(五)交通与通讯	元	221.86	255.53	272.59	353.61	411.29	538.50
(六)娱乐、教育、文化服务	元	452.91	531.49	599.43	712.42	777.79	929.12
1.文娱耐用消费品	元	105.94	148.08	136.76	172.76	168.53	292.85
2.教育	元	239.38	271.28	342.36	405.76	466.14	514.92
3.文化娱乐	元	107.59	112.14	120.31	133.90	143.11	121.34
(七)居住	元	285.66	326.49	371.62	395.26	441.46	459.71
(八)杂项商品与服务	元	187.16	189.72	211.84	267.24	270.38	184.98
八、储蓄借贷支出	元	**1420.57**	**1597.62**	**1743.47**	**1903.92**	**2175.98**	**2556.12**
九、期末手存现金	元	**362.78**	**398.98**	**471.77**	**535.45**	**574.06**	**585.71**

9－4 城镇居民家庭年人均现金收支

（2002 年）　　　　单位：元

类别	总计	最低 10%	#更低 5%	低 10%	较低 20%	中间 20%	较高 20%	高 10%	最高 10%	#更高 5%
一、期初手存现金	**398.69**	**226.82**	**201.09**	**220.82**	**290.33**	**415.79**	**483.54**	**575.62**	**683.01**	**739.61**
二、家庭总收入	**8158.13**	**2392.90**	**1697.06**	**4011.93**	**5460.06**	**7336.80**	**9597.68**	**12663.04**	**21225.27**	**26861.62**
#可支配收入	7614.50	2147.94	1446.13	3736.81	5075.06	6820.34	8924.26	11836.78	20104.24	25595.16
（一）工薪收入	6702.95	2054.59	1416.51	3353.35	4741.93	6220.31	8125.85	10369.26	15668.39	18701.98
1.工资及补贴收入	6622.60	2002.61	1360.83	3303.45	4671.59	6165.22	8063.65	10290.59	15386.54	18339.70
2.其他劳动收入	80.35	51.98	55.69	49.90	70.35	55.09	62.20	78.67	281.85	362.27
（二）经营净收入	155.09	113.69	112.76	142.66	86.30	129.23	150.54	197.49	418.24	781.19
（三）财产性收入	79.12	11.29	13.49	20.61	21.38	39.77	48.33	112.70	507.58	886.40
1.利息收入	15.18	3.08	2.95	2.60	3.71	11.48	14.22	39.30	59.76	73.76
2.股息与红利收入	41.85	3.00	2.53	1.32	3.97	9.62	14.74	43.40	371.01	685.89
3.保险收益	0.65			0.48	0.04		1.29		3.91	8.09
4.其它投资收入	1.05	0.09	0.19	0.03	0.45	1.64	0.92	0.02	5.01	5.69
5.出租房屋收入	19.00	4.79	7.19	14.74	13.10	15.87	16.30	28.00	60.79	106.79
6.知识产权收入	0.10						0.53			
7.其他财产性收入	1.30	0.32	0.64	1.44	0.11	1.15	0.32	1.98	7.11	6.17
（四）转移性收入	1220.97	213.33	154.30	495.32	610.44	947.49	1272.97	1983.58	4631.05	6492.05
1.养老金或离退休金	924.12	142.35	82.70	407.87	511.44	835.58	1087.49	1683.08	2612.97	2797.11
2.社会救济收入	5.75	12.68	11.17	10.88	5.91	3.29	2.12	1.63	8.43	7.13
3.辞退金	4.98								58.15	122.32
4.赔偿收入	0.18							1.95		
5.保险收入	14.29	8.42	6.53	12.07	13.78	8.28	6.49	5.95	66.47	123.87
#失业保险金	10.01	8.42	6.53	11.63	13.68	7.64	6.08	5.82	19.85	39.96
6.赡养收入	50.51	15.75	19.25	13.53	24.97	30.71	51.21	67.40	231.21	358.24
7.捐赠收入	149.51	13.57	12.81	19.39	23.05	34.65	80.60	152.75	1220.27	2267.99
8.亲友搭伙费	4.06	0.75		1.51	2.06	6.11	3.48	6.64	10.12	8.07
9.提取住房公积金	17.59					0.29	0.62	1.32	201.88	424.03
10.记帐补贴	24.93	17.64	20.11	24.23	21.17	21.80	25.21	34.84	40.47	51.08
11.其他转移性收入	25.05	2.17	1.74	5.83	8.06	6.78	15.75	28.03	181.06	332.23
三、出售财物收入	**17.48**	**45.63**	**4.81**	**34.23**	**21.33**	**9.29**	**3.91**	**9.38**	**9.65**	**11.97**
1.出售住房收入	12.35	41.48		25.34	17.73	6.09		1.46		
2.出售其他物品收入	5.13	4.15	4.81	8.89	3.61	3.20	3.91	7.92	9.65	11.97
四、借贷收入	**2067.36**	**1249.35**	**1312.39**	**940.92**	**1132.57**	**1764.20**	**2082.55**	**3539.07**	**5935.46**	**8230.84**
1.提取储蓄存款	1586.27	912.00	1002.41	738.50	876.49	1285.64	1755.43	2700.21	4394.25	5919.64
2.借入款	274.10	264.51	224.70	133.03	143.55	290.01	90.89	542.05	876.27	1229.48
3.收回借出款	48.88	19.74	35.40	6.70	23.55	38.64	43.87	65.32	219.43	429.92
4.收回储蓄性保险本	2.21			0.17	0.66	1.03	2.59	3.75	11.66	16.80
5.兑售有价证券	5.53						7.25	34.91	10.92	
6.收回投资本金	4.89	5.48	10.96		0.24	2.43	16.12	2.23	4.88	10.27
7.住房贷款	38.33			19.20	25.25	40.81	30.58		195.95	343.97
8.汽车贷款	5.14								60.06	126.32
9.教育贷款										
10.其他贷款	3.72	2.65	4.71	2.05	3.30	3.10	4.68		11.51	21.99
11.其他借贷收入	98.29	44.97	34.22	41.27	59.51	102.54	131.16	190.60	150.54	132.44

9－4续表 （2002年） 单位:元

类　　别	总计	最低 10%	#更低 5%	低 10%	较低 20%	中间 20%	较高 20%	高 10%	最高 10%	#更高 5%
五、家庭总支出	**7501.22**	**3639.46**	**3351.65**	**4322.45**	**5357.14**	**7112.55**	**8619.23**	**10950.98**	**16399.38**	**19947.77**
(一)消费支出	5596.39	2878.97	2693.87	3492.55	4271.38	5433.99	6528.48	7803.34	10883.49	12618.72
#服务性消费支出	1419.27	687.56	649.49	845.41	1057.65	1376.68	1613.78	2026.74	2975.14	3348.12
1.食　品	1927.60	1184.98	1111.07	1384.99	1610.01	1932.75	2214.09	2479.87	3088.11	3417.90
2.衣　着	751.80	326.20	300.54	421.51	536.79	749.94	914.19	1110.18	1493.11	1661.64
3.家庭设备用品及服务	396.97	170.34	159.54	184.80	255.31	365.06	531.15	572.69	885.31	1170.92
4.医疗保健	407.69	214.19	225.07	247.81	286.08	453.13	465.24	490.45	829.07	991.93
5.交通和通信	538.50	229.92	208.29	290.02	399.95	504.05	589.06	728.42	1349.34	1630.72
6.教育文化娱乐服务	929.12	427.67	371.17	544.78	689.58	837.51	1129.97	1290.68	2016.26	2347.88
7.居　住	459.71	243.40	235.23	312.92	359.40	419.26	481.62	824.25	823.20	964.63
8.杂项商品和服务	184.98	82.26	82.97	105.71	134.25	172.32	203.16	306.80	399.10	433.10
(二)购房与建房支出	503.43	250.15	149.91	172.66	160.61	450.65	413.60	987.58	1896.24	3203.57
1.购　房	456.21	203.30	56.26	167.21	159.33	425.40	410.13	897.88	1577.54	2788.08
2.建　房	47.22	46.85	93.64	5.44	1.27	25.25	3.47	89.70	318.70	415.50
(三)转移性支出	902.71	283.36	277.86	407.87	564.96	740.94	1046.48	1410.58	2658.83	3084.45
1.交纳的个人收入税	21.53	0.78	1.00	2.34	6.17	8.20	18.88	43.35	123.99	183.11
2.捐赠支出	517.47	192.30	193.24	278.85	369.22	483.33	600.86	808.60	1177.64	1284.24
3.购买彩票	16.58	8.07	6.93	8.89	11.86	17.01	21.25	23.88	29.39	34.87
4.赡养支出	285.64	63.00	55.55	88.29	146.38	179.40	312.89	455.65	1167.16	1373.36
#在外就学子女费用	160.91	23.32	24.77	44.66	74.61	93.19	144.03	259.12	787.54	951.09
5.各种非储蓄性保险支出	22.55	10.51	13.09	12.66	10.37	20.35	43.41	18.94	42.16	39.75
#车辆保险支出	0.39			0.18	0.09	1.14	0.47		0.28	0.43
6.其他转移性支出	38.94	8.71	8.05	16.83	20.95	32.65	49.20	60.16	118.49	169.12
(四)财产性支出	1.53	0.44	0.20	0.81	2.55	0.50	1.33	1.42	4.25	8.76
1.非生产性利息支出	0.79	0.12		0.09	1.86	0.12	0.37	0.60	2.65	5.49
2.其　他	0.73	0.32	0.20	0.73	0.69	0.37	0.96	0.82	1.60	3.26
(五)社会保障支出	497.16	226.54	229.82	248.55	357.65	486.47	629.34	748.06	956.57	1032.27
1.个人交纳的养老基金	209.44	148.31	180.32	133.66	170.57	214.46	245.67	264.60	325.78	351.02
2.个人交纳的住房公积金	208.34	46.49	29.70	74.03	125.05	188.39	281.13	369.40	498.82	548.90
3.个人交纳的医疗基金	51.95	21.10	14.25	28.43	42.83	56.08	66.22	71.23	80.69	78.21
4.个人交纳的失业基金	21.63	7.38	4.62	10.49	14.80	21.74	28.13	34.89	41.47	45.91
5.其他社会保障支出	5.81	3.26	0.94	1.94	4.40	5.80	8.19	7.93	9.80	8.23
六、借贷支出	**2556.12**	**501.20**	**392.37**	**767.98**	**1232.03**	**1904.96**	**2829.67**	**4715.63**	**9290.36**	**12865.34**
1.存入储蓄款	2178.78	402.01	268.47	598.58	1040.47	1598.46	2473.32	4029.98	7955.10	10915.25
2.借出款	47.89	10.85	17.97	16.31	25.62	38.93	27.94	106.17	193.67	228.59
3.归还借款	78.03	25.35	28.99	36.99	55.15	60.60	63.19	99.75	304.52	448.97
4.储蓄性保险支出	117.19	20.20	32.11	39.00	50.77	95.12	142.50	277.25	326.29	454.50
5.购买有价证券	32.65	6.30	7.10	4.37	6.83	20.61	27.35	33.69	204.53	294.89
6.其它投资支出	18.79	3.35	5.38	0.02	8.40	23.73	18.04	7.48	89.81	188.89
7.归还住房贷款	31.69	3.78	4.03	41.59	8.73	31.64	38.76	45.23	80.65	129.10
8.归还汽车贷款	1.87				0.71	1.49		7.82	8.20	5.48
9.归还教育贷款	0.15								1.75	
10.归还其他贷款	3.80	0.25	0.50	0.57	6.57	6.27	1.18	1.39	8.32	7.84
11.其他借贷支出	45.28	29.11	27.82	30.55	28.77	28.12	37.37	106.88	117.51	191.83
七、期末手存现金	**585.71**	**267.62**	**234.60**	**355.35**	**447.52**	**562.64**	**714.38**	**891.03**	**1072.69**	**986.10**

9-5 城镇居民家庭年人均食品类消费支出

(2002年)　　单位:元

类别	总计	最低 10%	#更低 5%	低 10%	较低 20%	中间 20%	较高 20%	高 10%	最高 10%	#更高 5%
消费支出	**5596.27**	**2878.93**	**2693.82**	**3492.50**	**4271.29**	**5433.93**	**6528.45**	**7803.20**	**10883.38**	**12618.71**
#服务性消费支出	1419.23	687.56	649.50	845.38	1057.61	1376.66	1613.77	2026.69	2975.09	3348.09
#食品类	**1927.57**	**1184.98**	**1111.05**	**1384.96**	**1609.97**	**1932.74**	**2214.08**	**2479.84**	**3088.09**	**3417.89**
(一)粮油类	249.40	215.79	213.81	232.76	242.95	249.44	265.13	265.00	276.63	271.06
1.粮　食	173.71	151.77	148.76	161.07	168.06	174.72	189.06	182.18	185.34	181.91
(1)大　米	26.03	22.06	21.15	24.96	25.01	26.22	27.60	28.83	27.95	27.27
(2)面　粉	24.87	30.27	30.75	28.76	25.38	22.77	23.32	23.08	22.15	20.70
(3)其他粮食	6.25	5.01	4.76	5.37	5.92	6.49	6.55	7.54	7.08	6.08
(4)粮食制品	116.56	94.43	92.10	101.97	111.75	119.23	131.59	122.72	128.16	127.86
2.淀粉及薯类	13.96	12.20	11.98	12.75	13.86	14.14	13.95	15.89	15.52	15.15
3.干豆类及豆制品	24.15	18.79	19.12	21.14	22.37	24.02	26.17	27.47	31.37	28.59
4.油脂类	37.57	33.03	33.95	37.80	38.66	36.56	35.96	39.46	44.41	45.41
(1)食用植物油	37.43	32.89	33.81	37.67	38.53	36.48	35.72	39.37	44.22	45.25
(2)食用动物油	0.15	0.15	0.14	0.13	0.13	0.08	0.24	0.09	0.19	0.16
(二)肉禽蛋水产品类	527.34	327.41	310.71	401.31	459.14	532.92	597.51	667.73	786.68	817.16
1.肉　类	262.98	160.80	151.40	202.39	234.60	270.40	299.54	320.83	377.27	385.69
(1)猪　肉	144.31	101.34	95.17	122.54	136.12	148.70	159.53	165.69	179.03	173.24
(2)牛　肉	12.21	8.16	6.24	11.34	11.39	11.60	12.25	13.40	20.48	20.95
(3)羊　肉	14.31	8.05	7.50	10.75	13.19	14.82	15.51	17.48	22.23	22.71
(4)其他肉	2.60	2.18	2.06	2.21	3.29	2.30	2.81	2.14	2.63	3.43
(5)肉制品	89.55	41.06	40.43	55.54	70.60	92.98	109.43	122.11	152.90	165.35
2.禽　类	69.15	46.00	43.82	53.94	62.21	71.16	77.28	85.43	94.36	100.77
(1)鸡	32.44	26.72	24.84	28.40	31.68	32.33	34.09	36.29	39.16	41.70
(2)鸭	1.74	0.68	0.58	1.07	1.54	2.67	1.90	2.10	1.53	1.85
(3)其他禽类	0.61	0.34	0.21	0.33	0.49	0.45	0.99	0.84	0.91	1.23
(4)禽制品	34.35	18.27	18.20	24.13	28.50	35.72	40.29	46.20	52.77	56.00
3.蛋　类	74.56	70.35	68.21	73.04	74.26	74.11	73.74	77.31	82.60	80.57
(1)鲜　蛋	70.06	68.49	66.40	70.40	71.15	69.90	69.02	70.11	71.68	67.65
(2)蛋制品	4.50	1.86	1.81	2.64	3.11	4.21	4.72	7.20	10.93	12.92
4.水产品类	120.65	50.26	47.28	71.94	88.06	117.25	146.96	184.16	232.44	250.13
(1)鱼	49.42	28.82	25.84	36.76	42.75	46.72	57.35	65.71	79.02	86.50
(2)虾	30.52	9.20	8.42	16.47	20.02	28.32	37.83	50.70	68.28	76.63
(3)其他水产品	28.38	8.19	8.91	13.20	18.10	30.90	34.06	52.71	53.75	59.93
(4)水产制品	12.32	4.04	4.10	5.51	7.19	11.31	17.71	15.04	31.38	27.07
(三)蔬菜类	158.53	123.60	116.68	134.71	143.26	160.49	175.17	186.82	198.12	191.57
1.鲜　菜	147.37	117.67	111.07	127.38	133.70	147.86	162.65	172.88	181.05	172.91
2.干　菜	5.24	2.22	1.86	3.20	4.30	5.39	6.55	6.79	8.95	9.91

9－5续表 (2002年) 单位:元

类别	总计	最低10%	#更低5%	低10%	较低20%	中间20%	较高20%	高10%	最高10%	#更高5%
3.菜制品	5.92	3.71	3.75	4.13	5.25	7.24	5.96	7.14	8.12	8.75
(四)调味品	24.28	17.98	17.18	21.68	22.28	24.12	26.57	28.43	31.22	30.56
(五)糖烟酒饮料类	201.08	110.32	97.31	138.08	159.25	194.55	235.97	266.93	364.98	442.30
1.糖类	16.81	8.57	9.16	9.67	13.08	15.99	20.30	22.47	33.47	41.75
2.烟草类	58.77	37.25	34.65	44.54	46.88	55.20	67.89	77.91	100.66	125.14
3.酒类	82.34	45.47	36.48	57.85	66.30	80.97	92.88	103.62	156.26	189.24
(1)白酒	50.72	28.94	21.18	35.27	39.05	50.32	55.98	64.59	100.81	120.64
(2)果酒	4.31	0.76	0.88	1.71	2.40	3.53	6.15	6.60	11.98	14.20
(3)啤酒	25.57	15.24	14.04	19.29	23.61	25.54	28.29	30.73	39.89	49.82
(4)其他酒	1.74	0.52	0.38	1.58	1.23	1.59	2.45	1.69	3.58	4.58
4.饮料	43.16	19.03	17.01	26.02	33.00	42.39	54.91	62.92	74.59	86.18
(1)碳酸饮料	6.61	3.75	3.48	4.49	4.66	6.81	8.35	9.46	10.29	12.06
(2)果蔬饮料	3.27	1.02	1.07	1.57	2.59	3.37	3.95	4.94	6.33	7.35
(3)瓶装饮用水	7.20	2.88	3.32	3.31	4.09	6.50	10.82	11.98	13.64	15.36
(4)茶叶	16.44	6.65	5.46	11.51	13.67	15.47	19.36	24.45	29.03	33.72
(5)咖啡可可粉	0.73	0.29	0.20	0.13	0.50	0.58	1.00	1.58	1.42	1.37
(6)其他饮料	8.91	4.44	3.47	5.01	7.49	9.66	11.42	10.50	13.88	16.32
(六)干鲜瓜果类	160.55	89.16	85.58	109.83	130.55	159.24	185.72	227.04	264.31	284.77
1.鲜果	96.91	53.64	53.13	64.52	80.25	99.04	111.07	136.01	155.04	160.76
2.鲜瓜	27.93	19.87	17.54	24.01	23.79	27.99	32.67	34.62	35.32	35.29
3.干果	8.76	3.49	3.13	5.59	6.92	8.18	10.45	14.73	15.10	18.02
4.瓜果制品	4.55	1.52	1.28	2.16	3.34	4.33	5.67	7.23	9.47	11.19
5.坚果及果仁	22.41	10.63	10.50	13.55	16.26	19.70	25.86	34.46	49.38	59.51
(七)糕点、奶及奶制品	190.58	104.16	97.42	128.50	161.48	199.40	225.36	260.25	276.67	285.27
1.糕点	60.48	33.63	32.53	42.71	52.48	61.96	70.84	82.21	86.66	88.42
2.奶及奶制品	130.10	70.53	64.89	85.79	109.00	137.44	154.52	178.04	190.02	196.84
(1)鲜乳品	99.19	49.38	42.84	64.72	82.97	105.02	118.03	142.08	143.80	145.27
(2)奶粉	7.46	7.39	8.81	5.34	7.20	8.69	7.17	6.93	9.16	9.57
(3)酸奶	9.13	4.87	4.92	4.84	7.15	9.27	11.53	12.11	15.82	16.17
(4)其他奶制品	14.33	8.88	8.32	10.90	11.68	14.46	17.78	16.91	21.24	25.84
(八)其他食品	69.51	33.20	30.23	40.65	53.27	68.33	84.95	96.25	131.37	132.66
#半成品	7.33	2.86	2.55	3.49	5.60	6.86	8.55	11.21	16.29	15.44
(九)饮食服务	346.31	163.37	142.14	177.45	237.79	344.25	417.70	481.41	758.11	962.54
1.食品加工服务费	1.23	0.73	0.53	0.81	0.87	1.08	1.34	3.03	1.48	1.50
2.在外饮食	345.08	162.64	141.60	176.64	236.92	343.17	416.36	478.37	756.63	961.03
(1)购自食堂	50.58	26.59	32.52	34.09	40.08	49.74	63.06	68.76	82.07	84.36
(2)购自饮食业	290.19	134.71	107.73	140.18	194.15	290.00	345.49	407.15	663.93	858.61
(3)在亲友家搭伙支出	4.31	1.34	1.36	2.37	2.70	3.44	7.81	2.46	10.63	18.06

9－6 城镇居民家庭年人均非食品类消费支出

（2002 年）　　　　单位:元

类　　别	总计	最低 10%	# 更低 5%	低 10%	较低 20%	中间 20%	较高 20%	高 10%	最高 10%	# 更高 5%
非食品类	**3668.75**	**1693.97**	**1582.76**	**2107.55**	**2661.32**	**3501.27**	**4314.45**	**5323.39**	**7795.29**	**9200.82**
一、衣　着	**751.81**	**326.20**	**300.51**	**421.51**	**536.81**	**749.95**	**914.20**	**1110.17**	**1493.13**	**1661.69**
(一)服　装	523.84	205.36	190.87	276.61	351.32	519.32	640.20	796.86	1121.12	1253.95
1.男士服装	232.47	81.22	72.88	129.05	151.86	228.93	283.23	363.93	506.67	551.36
2.女士服装	254.07	102.57	96.92	123.48	170.05	249.07	314.39	386.07	552.55	633.38
3.童　装	37.31	21.57	21.07	24.09	29.41	41.32	42.57	46.86	61.90	69.21
(二)衣着材料	24.04	15.61	15.32	19.08	21.88	24.25	26.57	29.53	34.22	37.32
(三)鞋　类	156.49	79.89	70.38	97.87	123.87	157.77	187.77	220.20	266.40	292.71
(四)其他衣着用品	35.59	18.46	17.69	21.48	30.24	37.48	42.73	47.28	55.25	59.85
(五)衣着加工服务费	11.85	6.89	6.24	6.47	9.51	11.13	16.93	16.31	16.13	17.86
二、家庭设备用品及服务	**396.96**	**170.33**	**159.53**	**184.82**	**255.28**	**365.06**	**531.15**	**572.68**	**885.29**	**1170.91**
(一)耐用消费品	228.69	85.28	77.44	84.08	123.19	201.75	322.56	329.12	596.89	840.33
1.家　具	69.92	31.13	37.50	14.65	44.69	57.13	92.34	94.91	203.80	261.60
(1)成套家具	20.84	13.48	8.65	1.42	9.94	15.30	34.03	32.77	51.99	56.28
(2)其他家具	49.08	17.64	28.85	13.23	34.75	41.83	58.31	62.15	151.81	205.31
2.家庭设备	158.77	54.15	39.94	69.42	78.50	144.62	230.22	234.21	393.09	578.73
(1)洗衣机	14.94	4.86	6.54	4.52	6.77	8.25	19.39	24.61	56.42	88.78
(2)电风扇	1.85	0.96	0.76	3.33	1.25	1.67	2.32	1.55	2.32	1.49
(3)电冰箱	22.35	8.23		3.15	7.07	18.88	44.17	43.51	38.30	52.31
(4)冰　柜	2.54				0.97	5.34	1.11	3.46	8.44	15.78
(5)微波炉	7.12	1.14		1.64	4.17	9.01	8.62	14.33	13.34	9.52
(6)空调器	53.86	17.26	11.46	20.57	23.44	40.90	86.71	60.71	166.05	270.13
(7)电炊具	2.05	0.99	1.25	1.01	1.39	1.61	3.13	2.76	4.22	3.33
(8)淋浴热水器	22.20	6.62		12.81	16.03	21.33	25.76	41.87	42.01	64.97
(9)排油烟机	7.53	2.67	2.73	5.61	3.60	8.64	10.01	9.59	15.35	20.70
(10)吸尘器	0.62				0.07	1.14	0.72	0.54	2.13	3.48
(11)消毒碗柜	0.32			0.72		0.10	0.40	1.02	0.59	
(12)洗碗机										
(13)饮水机	1.72	0.57	0.53	1.06	1.05	2.25	1.82	2.28	3.62	3.31
(14)取暖器	2.07	0.91	1.11	1.11	1.65	2.26	1.06	1.90	7.84	
(15)其　他	19.60	9.96	15.57	13.88	11.04	23.23	25.00	26.08	32.46	44.94
(二)室内装饰品	15.51	3.70	5.37	8.38	10.34	12.04	22.15	22.33	38.05	53.15
1.纺织装饰品	7.11	1.81	2.79	5.21	6.38	4.82	7.14	9.39	20.91	33.44
2.装饰灯具	3.69	0.66	0.63	0.95	2.62	2.76	6.01	8.53	5.35	4.70
3.其他装饰品	4.71	1.23	1.95	2.22	1.35	4.47	9.00	4.41	11.79	15.01
(三)床上用品	23.42	11.55	10.96	13.87	15.65	20.65	32.81	34.34	43.32	46.12
(四)家庭日用杂品	109.30	61.85	58.75	71.40	92.11	106.44	133.90	144.00	173.81	192.36
1.厨、餐、茶具	18.47	8.43	6.47	11.52	14.52	16.70	25.71	24.58	31.02	31.54
2.家用工具	1.43	0.49	0.44	0.54	2.02	1.76	1.74	1.38	0.87	0.66
3.家居清洁用品	17.89	11.02	10.33	13.87	18.12	19.42	19.11	20.07	22.54	24.72

9-6续表1 (2002年) 单位:元

类别	总计	最低 10%	#更低 5%	低 10%	较低 20%	中间 20%	较高 20%	高 10%	最高 10%	#更高 5%
4.其他日用杂品	71.50	41.92	41.50	45.47	57.45	68.56	87.34	97.97	119.37	135.44
(五)家具材料	3.30	2.34	0.06	0.75	2.24	5.76	3.31	6.20	1.39	1.64
(六)家庭服务	16.74	5.61	6.96	6.34	11.76	18.42	16.42	36.69	31.83	37.32
1.家政服务	9.23	2.70	4.04	2.76	5.66	6.89	8.45	28.45	21.25	26.24
2.加工维修服务费	7.51	2.91	2.92	3.57	6.09	11.53	7.97	8.25	10.58	11.08
三、医疗保健	**407.68**	**214.19**	**225.07**	**247.80**	**286.07**	**453.11**	**465.24**	**490.44**	**829.06**	**991.93**
(一)医疗器具	2.71	0.11	0.21	1.42	2.35	3.31	2.79	1.89	7.76	6.98
(二)保健器具	5.48	1.12	0.90	2.25	2.06	4.86	4.82	18.70	12.38	17.06
(三)药品费	245.49	133.88	137.28	155.20	188.33	259.62	296.11	297.28	438.95	518.94
(四)滋补保健品	22.69	3.51	4.18	9.42	9.13	22.15	25.22	43.01	70.99	56.70
(五)医疗费	127.21	70.73	80.20	77.72	82.74	156.29	132.05	125.28	293.50	382.81
(六)其　他	4.10	4.84	2.30	1.79	1.47	6.88	4.25	4.29	5.48	9.44
四、交通和通讯	**538.50**	**229.91**	**208.28**	**290.02**	**399.94**	**504.06**	**589.08**	**728.41**	**1349.32**	**1630.71**
(一)交　通	237.72	97.79	90.19	111.54	173.47	207.99	227.36	285.19	775.83	1057.32
1.家庭交通工具	77.79	24.03	13.89	20.72	61.94	62.61	47.50	37.48	404.64	651.12
(1)摩托车	30.38	16.71	7.36	3.04	20.42	35.17	14.46	12.43	150.68	137.46
(2)自行车	14.37	6.16	5.62	11.92	12.84	13.45	18.43	15.95	22.96	29.63
(3)助力车	7.22			4.20	6.39	11.76	11.16	3.41	6.70	14.09
(4)家用汽车	23.84				20.30		2.24		223.42	469.92
(5)其他交通工具	2.00	1.17	0.90	1.56	1.99	2.23	1.22	5.69	0.89	0.02
2.车辆用燃料及零配件	23.06	13.90	15.68	19.32	22.59	27.13	23.32	22.51	31.02	23.15
(1)燃　料	15.27	9.83	10.99	14.05	15.24	15.07	16.09	16.07	21.50	15.82
(2)零配件	5.24	3.63	4.34	4.11	5.31	4.89	6.02	5.53	7.27	4.50
(3)其　他	2.56	0.45	0.35	1.15	2.04	7.18	1.21	0.91	2.25	2.83
3.交通工具服务支出	20.31	11.07	11.73	11.95	16.94	17.36	15.98	33.92	53.16	74.94
(1)维修费	11.48	7.85	7.71	8.71	10.45	11.96	11.63	14.04	17.94	20.43
(2)车辆使用税费	4.54	1.01	0.44	0.82	2.71	2.44	1.83	7.97	25.66	44.29
(3)其它车辆使用费用	4.29	2.20	3.58	2.42	3.78	2.96	2.52	11.91	9.57	10.23
4.交通费	116.55	48.78	48.89	59.56	72.00	100.89	140.56	191.28	287.00	308.10
(1)飞　机	2.90			0.63	0.34	1.14	1.46	1.13	25.07	25.12
(2)火　车	19.45	8.59	8.71	9.49	9.92	13.22	21.17	35.55	62.91	66.83
(3)长途汽车	24.82	15.94	15.90	17.42	17.07	22.68	30.91	40.12	39.43	48.43
(4)市内公共交通	38.71	16.00	15.86	18.60	27.46	38.07	47.30	62.83	76.90	77.98
(5)出租汽车费	25.84	5.99	5.68	8.71	13.76	21.31	34.58	47.06	70.63	83.23
(6)其他交通费	4.83	2.26	2.74	4.71	3.44	4.46	5.14	4.59	12.07	6.51
(二)通　信	300.77	132.12	118.09	178.47	226.47	296.07	361.72	443.22	573.49	573.39
1.通信工具	73.04	17.31	19.45	26.02	44.00	65.33	90.48	120.45	202.76	195.83
(1)电话机	3.32	1.72	1.24	1.83	4.17	2.17	3.06	5.18	6.47	6.68
(2)移动电话	68.22	14.41	16.41	21.87	39.25	61.37	86.66	111.51	194.55	187.43
(3)寻呼机	0.42	0.13		0.11	0.23	0.35	0.12	2.56	0.19	0.40

9-6 续表 2　　　　(2002 年)　　　　单位:元

类　　别	总计	最低 10%	# 更低 5%	低 10%	较低 20%	中间 20%	较高 20%	高 10%	最高 10%	# 更高 5%
(4)传真机	0.07			0.63						
(5)其他通信工具	1.02	1.04	1.81	1.58	0.34	1.45	0.64	1.20	1.55	1.32
2.通信服务	227.73	114.81	98.63	152.45	182.47	230.74	271.25	322.77	370.73	377.55
(1)电信费	220.83	110.66	96.14	149.65	178.56	224.81	262.76	310.88	354.43	364.81
(2)邮　费	2.50	1.15	0.34	0.59	1.46	1.60	2.86	3.48	9.46	4.10
(3)其　他	4.40	3.00	2.15	2.21	2.45	4.33	5.62	8.42	6.84	8.64
五、教育文化娱乐服务	**929.11**	**427.68**	**371.20**	**544.77**	**689.57**	**837.52**	**1129.98**	**1290.65**	**2016.22**	**2347.86**
(一)文化娱乐用品	292.85	114.70	86.88	149.89	177.00	237.57	402.45	417.12	734.20	978.42
1.彩色电视机	36.19	15.81	11.05	12.97	26.88	29.25	49.76	24.30	112.62	157.77
2.影碟机	8.04	2.37		2.51	3.69	7.21	12.03	11.10	22.53	37.31
3.录放像机	0.37				0.04	1.25			1.23	
4.家用电脑	79.90	39.95	21.39	27.84	23.25	53.78	142.10	118.75	214.91	272.70
(1)整机电脑	88.19	38.63	19.62	51.22	28.38	58.38	158.67	116.52	225.26	291.49
(2)计算机外部设备	1.34	1.24	1.64		0.10	0.51	1.42	2.37	6.92	14.32
(3)各种零配件及耗材	2.64	0.08	0.15	0.11	0.36	3.45	2.00	11.43	4.82	5.46
5.组合音响	1.62				0.73		1.94	4.15	8.32	12.59
6.录音机	3.86	1.04	0.67	1.55	2.69	2.12	5.43	5.23	12.36	16.54
7.摄像机	3.41						6.08	7.53	18.03	16.41
8.照相机	2.62				1.41	4.72	2.32	0.68	10.03	19.28
9.钢　琴	12.45			8.70	15.05	8.29		29.24	46.68	98.18
10.其他中高档乐器	2.64	3.23	5.24		2.69	2.55	1.38	4.21	6.46	11.39
11.健身器材	3.91				0.75	0.23	6.44	21.60	5.67	3.78
12.电子辞典	1.65	0.28	0.55	0.43	0.82	3.34	2.47	0.61	2.30	3.81
13.音像制品及软件	4.45	1.48	1.46	2.13	2.72	3.67	6.32	7.56	9.69	9.18
14.体育用品	0.96	0.45	0.69	0.56	0.54	1.02	1.19	2.31	1.08	1.34
15.书报杂志	49.13	20.79	17.86	31.66	37.84	45.56	63.64	68.28	90.08	99.05
16.纸张文具	14.88	11.73	11.17	11.82	15.15	15.11	16.41	15.06	17.95	19.21
17.其他文娱用品	54.50	17.56	16.76	26.22	37.16	50.90	64.95	84.95	132.18	161.32
(二)文化娱乐服务	121.34	32.33	29.70	49.88	68.60	117.48	171.08	184.03	284.01	356.63
1.参观游览	29.72	6.27	6.11	9.90	16.93	32.82	54.80	39.54	41.47	37.77
2.健身活动	1.06	0.15	0.01	0.28	0.53	0.90	2.32	1.17	1.93	3.63
3.团体旅游	44.05	1.75	1.71	10.50	14.53	34.40	62.95	78.02	156.42	225.86
4.其它文娱活动	37.47	15.94	13.85	22.78	28.33	39.37	41.20	54.69	74.60	77.78
5.文娱用品修理服务费	9.04	8.21	8.02	6.43	8.29	10.00	9.81	10.61	9.59	11.59
(三)教　育	514.92	280.65	254.63	345.00	443.97	482.47	556.45	689.50	998.01	1012.80
1.教　材	31.52	25.39	20.91	26.00	30.05	28.81	34.02	40.76	40.75	48.49
(1)课本及参考书	26.23	21.41	19.48	23.58	26.94	24.81	28.79	26.08	31.70	36.23
(2)教育软件	1.13	0.19	0.30	0.26	0.64	0.31	0.63	6.70	1.77	3.10
(3)其它教材	4.15	3.79	1.14	2.16	2.47	3.68	4.60	7.98	7.28	9.16
2.教育费用	483.40	255.26	233.71	319.00	413.92	453.66	522.43	648.74	957.26	964.32

类　　别	总计	最低 10%	#更低 5%	低 10%	较低 20%	中间 20%	较高 20%	高 10%	最高 10%	#更高 5%
(1)非义务教育学杂费	209.07	99.82	85.29	152.78	167.91	186.42	202.00	276.80	517.26	426.20
(2)义务教育学杂费	101.45	95.22	94.82	82.36	109.75	92.20	110.11	86.55	131.25	173.52
(3)托幼费	29.87	18.09	24.58	26.46	34.60	31.00	32.86	30.65	27.30	34.83
(4)成人教育费	39.94	5.04	5.12	14.75	22.14	35.97	60.21	81.60	78.93	85.40
(5)家教费	7.79	1.73	0.90	2.68	5.94	7.03	10.43	9.33	20.70	8.11
(6)培训班	44.28	16.66	16.36	18.54	29.10	55.79	59.37	75.40	54.83	74.33
(7)学校住宿费	8.20	2.08	0.16	2.74	6.35	5.79	12.01	10.78	21.70	21.79
(8)其　他	42.80	16.64	6.50	18.69	38.13	39.47	35.44	77.62	105.29	140.15
六、居　住	**459.71**	**243.39**	**235.21**	**312.90**	**359.39**	**419.27**	**481.64**	**824.24**	**823.18**	**964.62**
(一)住　房	135.96	48.77	63.08	76.16	76.58	97.53	115.85	366.76	357.87	470.30
1.租赁房房租	12.62	14.28	17.71	14.34	12.62	14.41	7.22	20.01	8.49	13.03
2.自有房租金折算										
3.住房装潢支出	95.06	24.29	32.58	44.61	39.79	60.41	78.49	280.12	306.00	402.17
4.维修用建筑材料	22.46	8.29	10.74	16.06	14.94	18.17	25.30	58.50	32.19	44.82
5.其　他	5.82	1.91	2.05	1.15	9.22	4.53	4.84	8.13	11.19	10.27
(二)水电燃料及其他	309.84	185.18	167.21	228.65	272.35	310.67	349.26	434.11	439.33	465.20
1.水	25.66	17.74	15.04	20.29	23.70	26.37	27.65	31.80	34.56	37.28
2.电	120.21	73.04	69.79	87.61	104.30	124.08	137.34	157.95	172.26	179.40
3.燃　料	97.20	81.45	75.61	93.58	94.87	96.73	104.37	98.37	111.12	113.31
(1)煤　炭	31.05	34.78	29.12	45.81	33.65	28.38	26.76	24.80	23.94	18.58
(2)液化石油气	31.68	28.11	29.14	28.36	32.31	32.55	32.13	33.52	33.77	31.53
(3)管道煤气	25.28	15.42	12.76	16.94	20.61	24.15	29.74	36.42	40.45	41.38
(4)其他燃料	9.19	3.14	4.60	2.47	8.29	11.65	15.74	3.62	12.95	21.83
4.其　他	66.78	12.94	6.77	27.17	49.48	63.49	79.89	145.98	121.39	135.20
(三)居住服务费	13.90	9.44	4.93	8.09	10.47	11.07	16.53	23.38	25.98	29.12
1.物业管理费	4.48	2.05	0.87	3.12	3.54	4.38	4.42	6.19	10.11	13.18
2.维修服务费	4.01	2.16	1.04	2.37	3.17	2.44	6.47	8.18	4.14	3.69
3.其　它	5.42	5.24	3.02	2.61	3.76	4.24	5.64	9.00	11.73	12.25
七、杂项商品和服务	**184.98**	**82.26**	**82.96**	**105.73**	**134.25**	**172.31**	**203.16**	**306.79**	**399.10**	**433.10**
(一)杂项商品	128.93	55.66	56.52	72.92	92.89	123.64	139.93	236.40	254.31	289.59
1.金银珠宝饰品	18.31	6.51	6.69	11.23	10.26	16.98	15.52	50.82	36.75	52.15
2.手　表	2.44	0.69	0.87	2.67	1.06	2.54	2.02	5.31	5.35	6.71
3.理发美容用具	1.55	0.49	0.46	0.89	0.80	1.61	2.22	2.85	2.52	2.43
4.化妆品	52.24	19.78	19.44	26.15	38.25	53.86	62.26	85.53	98.87	102.47
5.其他杂品	54.40	28.19	29.05	31.98	42.52	48.66	57.90	91.88	110.80	125.82
(二)服　务	56.05	26.60	26.45	32.80	41.37	48.67	63.23	70.39	144.79	143.51
1.旅馆住宿费	8.04	1.34	0.89	2.24	3.52	7.86	10.89	11.36	25.40	31.46
2.理发洗澡费	16.05	9.99	9.79	11.31	13.68	14.93	18.61	19.82	28.39	30.46
3.美容费	6.50	0.91	1.00	1.19	3.57	4.69	9.86	11.47	18.86	15.82
4.其他服务	25.46	14.35	14.77	18.06	20.59	21.19	23.87	27.74	72.14	65.77

9－7 城镇居民家庭年人均食品类消费数量

（2002 年）　　　　单位：千克

类　　别	总计	最低 10%	#更低 5%	低 10%	较低 20%	中间 20%	较高 20%	高 10%	最高 10%	#更高 5%
粮　食	71.11	69.99	70.49	72.30	73.14	69.16	72.86	70.00	67.81	64.38
(1)大　米	12.85	11.20	10.87	12.53	12.49	12.81	13.53	14.08	13.50	13.03
(2)面　粉	14.96	19.82	20.57	18.07	15.71	13.50	13.43	12.96	12.01	11.13
(3)其他粮食	2.80	2.29	2.10	2.34	2.78	2.86	2.88	3.50	3.07	2.60
(4)粮食制品	40.49	36.68	36.95	39.36	42.15	39.99	43.02	39.45	39.23	37.62
淀粉及薯类	7.80	7.77	7.83	7.74	7.97	7.75	7.42	8.61	7.64	7.35
油脂类	4.62	4.66	4.81	5.07	4.99	4.35	4.20	4.46	4.83	4.86
(1)食用植物油	4.60	4.63	4.78	5.05	4.97	4.34	4.16	4.45	4.82	4.85
(2)食用动物油	0.02	0.03	0.02	0.02	0.02	0.01	0.04	0.01	0.02	0.01
肉　类	21.43	14.47	13.87	17.46	19.92	22.03	23.82	24.84	28.50	28.68
(1)猪　肉	14.14	10.39	9.93	12.26	13.53	14.55	15.39	15.89	17.15	16.48
(2)牛　肉	0.88	0.59	0.45	0.83	0.81	0.84	0.88	0.96	1.47	1.50
(3)羊　肉	0.95	0.58	0.54	0.73	0.92	0.97	1.03	1.10	1.39	1.45
(4)其他肉	0.24	0.24	0.23	0.21	0.31	0.21	0.25	0.20	0.21	0.27
(5)肉制品	5.21	2.67	2.72	3.42	4.34	5.46	6.27	6.68	8.27	8.97
禽　类	5.80	4.45	4.26	5.01	5.55	5.88	6.15	6.70	7.18	7.53
(1)鸡	3.62	3.23	3.06	3.40	3.65	3.57	3.66	3.87	4.08	4.20
(2)鸭	0.14	0.06	0.05	0.09	0.13	0.22	0.15	0.18	0.11	0.13
(3)其他禽类	0.06	0.05	0.02	0.03	0.05	0.04	0.07	0.06	0.09	0.11
(4)禽制品	1.98	1.11	1.13	1.49	1.73	2.05	2.26	2.59	2.90	3.09
蛋　类	16.07	15.69	15.28	16.07	16.19	15.93	15.79	16.32	16.90	16.26
(1)鲜　蛋	15.52	15.45	15.04	15.74	15.78	15.42	15.21	15.44	15.69	14.90
(2)蛋制品	0.55	0.25	0.24	0.34	0.41	0.51	0.58	0.88	1.21	1.37
水产品类(1)鱼	5.96	4.15	3.85	4.97	5.46	5.64	6.64	7.35	8.43	9.11
(2)虾	1.28	0.51	0.47	0.82	0.95	1.22	1.58	1.94	2.36	2.51
(3)其他水产品	2.77	1.19	1.32	1.75	2.22	3.01	3.32	4.08	4.25	4.41
(4)水产制品	12.32	4.04	4.10	5.51	7.19	11.31	17.71	15.04	31.38	27.07
鲜　菜	103.97	97.76	95.41	99.08	99.07	103.21	107.43	111.16	116.35	109.52
干　菜	0.18	0.09	0.08	0.12	0.17	0.19	0.22	0.19	0.26	0.28
酒　类	10.59	7.58	7.05	8.72	10.19	10.58	11.29	11.61	15.14	17.85
(1)白　酒	2.87	2.27	2.05	2.33	2.65	2.96	2.91	2.97	4.52	4.98
(2)果　酒	0.26	0.06	0.07	0.11	0.16	0.23	0.36	0.42	0.60	0.66
(3)啤　酒	7.32	5.18	4.88	6.13	7.29	7.26	7.83	8.06	9.76	11.89
(4)其他酒	0.14	0.06	0.04	0.14	0.09	0.14	0.18	0.17	0.25	0.32
碳酸饮料	1.40	0.78	0.73	0.93	0.97	1.43	1.83	1.99	2.17	2.54
果蔬饮料	0.62	0.21	0.23	0.33	0.52	0.63	0.72	0.95	1.18	1.35
瓶装饮用水	13.25	6.42	6.27	8.40	8.46	12.02	19.18	20.60	21.44	23.23
茶　叶	0.25	0.15	0.13	0.21	0.24	0.23	0.26	0.29	0.40	0.40
咖啡可可粉	0.02				0.01	0.01	0.02	0.05	0.03	0.02
鲜　果	41.16	28.18	27.95	31.52	36.94	41.79	45.40	52.78	56.76	58.07
鲜　瓜	28.47	24.49	23.11	28.25	26.30	28.30	30.76	31.03	31.64	30.58
干　果	0.86	0.42	0.38	0.69	0.81	0.83	0.97	1.16	1.23	1.30
瓜果制品	0.46	0.18	0.16	0.25	0.36	0.44	0.54	0.75	0.88	1.04
坚果及果仁	2.71	1.60	1.64	1.98	2.21	2.61	2.97	3.70	4.86	5.63
糕　点	5.91	4.07	3.96	4.69	5.54	6.06	6.65	7.11	7.37	7.62
奶及制品(1)鲜乳品	26.92	14.64	12.86	18.48	23.22	29.25	31.56	37.28	35.25	35.83
(2)奶　粉	0.29	0.31	0.37	0.23	0.30	0.34	0.28	0.24	0.31	0.33
(3)酸　奶	1.84	1.01	1.04	1.02	1.47	1.83	2.32	2.37	3.18	3.06

9－8 城镇居民非食品类消费数量

（2002年）

类　　别	单　位	总计	最低 10%	#更低 5%	低 10%	较低 20%	中间 20%	较高 20%	高 10%	最高 10%	#更高 5%
服　装	件/人	7.61	4.95	4.84	5.48	6.46	8.00	8.48	9.74	11.35	11.99
男士服装	件/人	2.99	1.84	1.72	2.32	2.52	3.11	3.31	3.98	4.47	4.47
女士服装	件/人	3.47	2.21	2.15	2.38	2.96	3.56	3.97	4.50	5.27	5.79
童　装	件/人	1.14	0.89	0.97	0.78	0.99	1.33	1.20	1.26	1.61	1.74
鞋　类	双/人	2.99	2.56	2.50	2.48	2.81	3.07	3.21	3.29	3.60	3.79
洗衣机	台/万户	123.31	59.02	63.01	66.40	75.65	99.78	132.04	163.42	393.94	618.25
电风扇	台/万户	194.91	81.16	74.12	387.35	151.30	155.65	198.07	176.32	322.32	131.83
电冰箱	台/万户	99.44	40.58		14.76	37.83	99.78	185.69	189.22	161.16	200.02
冰　柜	台/万户	19.89				3.78	43.90	8.25	30.10	67.15	127.29
微波炉	台/万户	119.33	11.07		29.51	90.78	163.63	136.17	210.72	205.92	136.38
空调器	台/万户	167.06	88.54	70.42	59.02	83.22	155.65	259.96	206.42	416.32	668.26
电炊具	台/万户	115.35	47.96	70.42	70.09	121.04	87.80	152.68	167.72	192.49	136.38
淋浴热水器	台/万户	194.91	51.65		184.45	136.17	171.62	235.20	301.03	393.94	481.87
排油烟机	台/万户	139.22	66.40	63.01	114.36	75.65	171.62	152.68	167.72	264.12	327.31
吸尘器	台/万户	15.91				3.78	19.96	20.63	21.50	53.72	81.83
消毒碗柜	台/万户	7.96			18.45		7.98	4.13	17.20	13.43	
洗碗机	台/万户										
饮水机	台/万户	91.49	40.58	51.89	81.16	83.22	99.78	82.53	94.61	165.63	231.84
取暖器	台/万户	55.69	55.34	55.59	55.34	56.74	55.88	37.14	77.41	85.06	
摩托车	辆/万户	67.62	44.27	22.24	7.38	64.30	83.81	33.01	21.50	268.60	222.75
自行车	辆/万户	608.59	368.90	303.91	767.31	563.59	510.86	697.36	537.56	908.75	1122.85
助力车	辆/万户	31.82			29.51	34.04	43.90	53.64	17.20	26.86	54.55
家用汽车	辆/万户	3.98				7.56		4.13		13.43	27.28
电话机	部/万户	210.82	184.45	170.49	213.96	162.65	155.65	226.95	387.04	277.55	381.86
移动电话	部/万户	521.08	118.05	151.95	169.69	366.90	474.94	697.36	808.49	1271.36	1059.21
寻呼机	部/人								0.01		0.01
传真机	部/万户				7.38						
彩色电视机	台/万户	163.09	73.78	66.71	73.78	132.39	147.67	202.19	141.92	420.80	568.25
影碟机	台/万户	119.33	29.51		51.65	68.09	131.71	169.18	124.71	295.46	472.78
录放像机	台/万户	7.96					19.96			26.86	
整机电脑	台/万户	159.11	59.02	33.36	92.22	68.09	107.76	297.10	180.62	371.56	454.60
组合音响	台/万户	11.93				11.35		20.63	43.00	35.81	45.46
录音机	台/万户	175.02	51.65	37.06	136.49	166.43	115.74	235.20	227.92	331.27	436.41
摄像机	架/万户	7.96						8.25	25.80	35.81	31.82
照相机	架/万户	35.80				22.70	75.83	41.26	21.50	58.20	90.92
钢　琴	架/万户	7.96			7.38	15.13	7.98		21.50	26.86	59.10
其他中高档乐器	件/人	19.89	33.20	25.94		15.13	23.95	16.51	17.20	62.67	63.64
健身器材	件/人								0.01		
电子辞典	部/人						0.01	0.01		0.01	0.01
水	吨/人	18.71	13.52	10.92	15.38	17.88	19.39	20.34	21.64	23.15	24.58
电	度/人	240.63	143.97	137.04	173.24	208.13	249.02	277.53	313.76	347.36	363.15
煤　炭	千克/人	124.17	141.39	120.87	189.11	137.18	105.63	106.10	97.73	100.87	85.76
液化石油气	千克/人	12.54	11.83	12.29	11.42	13.36	12.81	12.35	12.97	12.20	11.06
管道煤气	立方米/人	23.12	14.32	10.71	15.74	19.02	22.16	27.36	32.38	36.47	37.00
手　表	只/人	0.04	0.02	0.01	0.04	0.03	0.03	0.04	0.06	0.07	0.08

9－9 城镇居民家庭年人均非现金收入

（2002 年）　　　　单位：元

类别	总计	最低 10%	#更低 5%	低 10%	较低 20%	中间 20%	较高 20%	高 10%	最高 10%	#更高 5%
非现金(实物与服务)收入总计	**217.21**	**69.35**	**76.29**	**92.93**	**109.32**	**178.92**	**247.14**	**336.03**	**722.92**	**987.55**
一、食　品	**147.94**	**51.36**	**56.60**	**67.36**	**75.51**	**115.45**	**168.56**	**267.12**	**453.04**	**586.11**
(一)粮油类	34.43	14.07	13.51	17.65	22.76	29.54	40.35	49.09	92.68	120.85
1.粮　食	10.89	6.21	6.18	7.12	7.12	8.42	11.52	16.82	28.86	40.14
2.淀粉及薯类	0.65	0.40	0.34	0.39	0.70	0.30	0.65	0.73	1.83	1.42
3.干豆类及豆制品	0.29	0.23	0.06	0.10	0.20	0.17	0.22	0.64	0.84	0.70
4.油脂类	22.62	7.23	6.93	10.04	14.74	20.64	27.96	30.90	61.14	78.59
(二)肉禽蛋水产品类	35.56	9.18	8.99	13.92	15.21	25.67	41.21	77.62	112.02	144.74
1.肉　类	9.78	3.37	3.40	4.72	4.32	7.01	12.48	16.30	31.22	41.86
2.禽　类	2.41	0.86	0.97	1.34	1.56	2.28	2.36	3.09	7.50	10.56
3.蛋　类	4.97	1.57	1.80	2.42	3.17	4.82	6.00	6.90	12.94	13.70
4.水产品类	18.39	3.39	2.82	5.43	6.16	11.57	20.37	51.32	60.35	78.62
(三)蔬菜类	2.25	1.12	1.40	0.75	1.27	1.46	2.05	2.31	10.17	15.47
(四)调味品	0.84	0.22	0.10	0.21	0.21	0.42	1.02	1.46	3.86	4.69
(五)糖烟酒饮料类	29.58	8.04	9.39	11.03	14.00	26.85	33.63	48.24	96.06	113.50
1.糖　类	0.46	0.07	0.01	0.21	0.28	0.49	0.42	0.79	1.41	2.33
2.烟草类	4.96	1.11	0.66	0.81	1.47	6.08	5.09	9.25	16.13	19.04
3.酒　类	19.88	4.50	5.71	8.50	10.47	17.46	23.18	31.08	63.22	73.68
4.饮料类	4.28	2.35	3.00	1.52	1.79	2.82	4.94	7.11	15.30	18.45
(六)干鲜瓜果类	6.16	1.91	2.21	2.43	3.51	4.30	6.45	10.70	21.69	30.77
(七)糕点、奶及奶制品	8.55	2.37	2.08	4.12	4.50	7.49	11.35	14.19	22.16	27.70
1.糕点	3.14	0.99	0.61	1.88	1.94	2.97	4.17	4.39	7.15	7.46
2.奶及奶制品	5.42	1.39	1.47	2.24	2.56	4.52	7.18	9.79	15.01	20.23
(八)其他食品	7.34	0.78	1.21	2.75	1.61	6.20	8.31	7.86	35.54	49.42
(九)饮食服务	23.22	13.67	17.70	14.51	12.43	13.51	24.18	55.67	58.87	78.96
1.食品加工服务费	0.07				0.07		0.06	0.39	0.12	0.26
2.在外饮食	23.15	13.67	17.70	14.51	12.36	13.51	24.12	55.29	58.75	78.70
二、衣　着	**13.25**	**2.54**	**3.66**	**5.25**	**7.32**	**12.64**	**12.81**	**17.41**	**49.53**	**64.77**
(一)服　装	10.88	2.34	3.34	4.55	5.88	10.44	10.11	13.24	42.34	59.05
(二)衣着材料	0.43	0.03			0.25	0.60	0.72	0.19	1.14	0.22
(三)鞋　类	1.26	0.14	0.27	0.38	0.81	0.90	1.23	2.47	4.54	3.58

9-9 续表 (2002年) 单位:元

类别	总计	最低 10%	#更低 5%	低 10%	较低 20%	中间 20%	较高 20%	高 10%	最高 10%	#更高 5%
(四)其他衣着用品	0.66	0.03	0.05	0.31	0.38	0.62	0.76	1.49	1.51	1.92
(五)衣着加工服务费	0.02					0.08		0.02		
三、家庭设备用品及服务	**15.83**	**2.49**	**2.44**	**4.20**	**4.12**	**18.57**	**9.14**	**8.94**	**92.25**	**161.46**
(一)耐用消费品	12.05	0.60		2.89	1.90	15.06	5.01	3.08	81.58	147.60
(二)室内装饰品	0.34				0.08	1.05	0.10	0.32	0.80	1.52
(三)床上用品	0.98	0.44	0.53	0.33	0.43	0.70	1.62	1.17	2.81	3.63
(四)家庭日用杂品	2.42	1.44	1.89	0.98	1.66	1.75	2.32	4.38	7.01	8.72
(五)家具材料	0.02	0.01	0.03		0.04				0.05	
(六)家庭服务	0.02					0.02	0.09			
四、医疗保健	**6.24**	**1.63**	**1.62**	**2.97**	**4.68**	**4.48**	**2.45**	**3.66**	**35.47**	**60.52**
(一)医疗器具	0.05								0.60	1.26
(二)保健用品	0.35			0.35	0.49	0.20	0.14	0.17	1.47	0.83
(三)药品费	1.23			0.31	0.16	0.12	0.26	0.15	12.53	21.20
(四)滋补保健品	1.18	0.13		0.21	0.04	0.56	0.69	0.90	9.47	16.84
(五)医疗费	1.04				0.99		0.05	0.40	9.19	18.73
(六)其　他	2.38	1.50	1.62	2.10	3.00	3.60	1.31	2.04	2.21	1.66
#医疗基金	2.25	1.41	1.44	2.06	2.81	3.47	1.25	2.00	1.81	0.82
五、交通和通讯	**3.51**	**0.61**	**0.12**	**2.25**	**0.63**	**3.47**	**5.12**	**1.03**	**14.96**	**16.92**
(一)交　通	1.02			1.45	0.28	0.44	1.54	0.29	4.57	9.56
(二)通　信	2.49	0.61	0.12	0.81	0.35	3.03	3.57	0.74	10.39	7.36
六、教育文化娱乐服务	**12.99**	**1.02**	**1.67**	**0.85**	**9.26**	**9.97**	**16.56**	**23.17**	**40.81**	**63.64**
(一)文化娱乐用品	2.82	0.65	0.92	0.19	1.48	0.90	3.73	4.30	13.03	16.96
(二)文化娱乐服务	9.54	0.30	0.59	0.59	6.62	8.10	12.55	18.60	26.78	44.68
(三)教　育	0.62	0.07	0.15	0.06	1.17	0.98	0.29	0.27	1.00	2.00
七、居　住	**2.55**	**1.04**	**0.83**	**1.44**	**1.09**	**0.94**	**3.23**	**2.89**	**11.38**	**7.06**
(一)住　房	0.04			0.07	0.12			0.02	0.08	
(二)水电燃料及其他	2.10	1.04	0.83	0.50	0.97	0.81	2.05	2.87	10.53	7.06
(三)居住服务费	0.42			0.88		0.14	1.17		0.76	
八、杂项商品和服务	**14.92**	**8.65**	**9.35**	**8.60**	**6.70**	**13.39**	**29.28**	**11.80**	**25.49**	**27.07**
(一)杂项商品	3.92	1.60	1.93	3.80	1.66	3.16	4.36	5.72	11.48	13.28
(二)服　务	10.99	7.05	7.42	4.80	5.04	10.23	24.92	6.08	14.01	13.79

9－10 城镇居民家庭年末耐用品百户拥有量

（2002 年）

类　　别	单位	总计	最低 10%	# 更低 5%	低 10%	较低 20%	中间 20%	较高 20%	高 10%	最高 10%	# 更高 5%
成套家具	套	85.57	78.41	80.96	85.31	89.23	86.50	87.22	80.17	86.07	82.31
摩托车	辆	44.28	42.33	40.73	41.01	47.08	48.69	41.40	41.40	43.48	47.46
自行车	辆	188.01	196.60	198.78	197.50	202.02	190.27	182.98	168.43	165.78	162.99
助力车	辆	5.20	7.26	4.35	2.53	3.62	4.36	6.26	6.45	7.30	10.11
家用汽车	辆	1.08			0.70	1.88	0.87	0.16	0.20	4.19	1.32
洗衣机	台	89.35	74.29	74.69	82.99	84.80	89.27	97.37	96.06	98.16	96.53
电风扇	台	178.17	186.81	188.44	190.90	189.37	185.02	168.20	167.31	149.86	145.53
电冰箱	台	89.25	69.38	66.84	84.07	83.89	93.59	94.39	95.09	101.22	100.39
冰　柜	台	15.04	12.06	13.81	8.49	10.96	13.86	16.96	21.16	25.62	24.53
彩色电视机	台	117.11	108.40	104.02	106.01	113.70	118.08	121.80	120.64	129.58	131.33
影碟机	台	52.01	39.52	35.97	45.66	50.71	56.76	55.48	51.75	57.65	58.33
录音机	台	62.81	56.45	63.28	51.23	58.68	63.72	65.93	74.41	69.70	67.70
录放像机	台	20.38	11.20	7.06	12.17	17.96	21.05	22.30	25.65	32.82	34.48
家用电脑	台	23.35	6.08	4.71	8.62	15.01	24.21	31.48	37.23	41.31	43.56
组合音响	套	20.59	9.93	8.65	12.10	20.39	21.65	22.91	25.84	28.63	34.31
摄像机	架	2.21	0.20		0.57	1.82	1.00	2.62	3.60	7.10	7.92
照相机	架	53.41	28.93	25.10	32.97	42.50	55.52	61.28	75.13	80.07	85.46
钢　琴	架	2.64	0.25		1.90	1.19	1.92	3.74	6.33	4.40	7.65
其他中高档乐器	件	8.61	6.39	5.39	4.69	6.79	7.51	9.61	13.62	13.84	17.76
微波炉	台	27.72	13.81	12.78	11.30	18.39	24.85	36.37	46.15	47.95	52.91
空调器	台	42.72	18.28	15.89	23.46	29.50	41.02	51.83	60.35	82.76	90.54
取暖器	台	28.11	16.39	20.47	21.21	25.70	31.14	31.14	33.52	34.50	29.72
电炊具	台	76.26	51.02	47.86	61.80	73.07	76.61	83.21	90.17	95.21	93.26
淋浴热水器	台	61.39	35.51	39.01	47.54	51.59	65.74	70.36	76.80	79.98	84.93
排油烟机	台	79.38	54.37	57.27	67.49	77.28	81.25	87.19	89.31	92.27	90.64
消毒碗柜	台	4.55	1.24		0.08	2.83	3.65	6.26	9.76	9.17	9.99
洗碗机	台	0.78				0.05	1.54	1.31		2.10	1.10
饮水机	台	53.29	36.36	33.97	36.65	50.09	51.04	63.93	62.70	68.17	62.91
吸尘器	台	15.18	3.76	3.16	4.66	11.69	15.26	18.80	24.03	28.56	34.85
健身器材	套	4.60	1.55	1.83	0.76	3.84	4.79	6.03	4.82	9.85	12.24
普通电话	部	96.36	82.92	80.89	90.82	96.52	99.77	99.30	99.77	99.27	99.41
移动电话	部	74.40	38.79	32.53	49.67	61.77	75.55	87.86	98.68	108.75	112.31
传真机	部	0.28	0.21		0.21		0.31	0.67		0.43	0.44

9－11 各调查市县城镇居民年人均主要指标

（2002 年）

单位:元

市县名称	期初手存现金	可支配收入	家庭总收入	工薪收入	工资及补贴收入	其他劳动收入	经营净收入	财产性收入	转移性收入
全省	**398.69**	**7614.50**	**8158.13**	**6702.95**	**6622.60**	**80.35**	**155.09**	**79.12**	**1220.97**
济南市	472.15	10094.13	10826.38	8545.91	8479.02	66.88	88.44	63.50	2128.53
青岛市	483.78	8720.82	9637.79	6843.12	6691.77	151.35	134.87	47.41	2612.40
淄博市	380.26	7855.62	8157.56	4909.77	4735.15	174.62	305.86	128.90	2813.04
枣庄市	226.76	6480.47	6856.34	6222.78	6151.79	70.99	327.39	20.38	285.79
东营市	447.34	9143.89	10468.93	9058.62	9045.14	13.47	319.38	86.67	1004.27
烟台市	757.55	8868.52	9780.19	8420.97	8291.95	129.02	259.01	83.45	1016.76
潍坊市	451.96	7538.02	8045.95	6631.72	6568.06	63.66	161.24	77.32	1175.67
济宁市	464.58	7285.38	7638.26	6798.01	6652.75	145.26	98.97	50.59	690.68
泰安市	316.10	7369.20	7883.89	6582.42	6582.42		42.40	144.03	1115.04
威海市	515.34	9390.28	10106.61	9276.66	9200.77	75.90	106.89	157.07	565.98
日照市	371.72	7423.47	7916.20	6591.15	6484.19	106.96	316.21	77.99	930.84
莱芜市	384.18	7424.69	8244.24	7414.27	7402.62	11.65	29.58	153.63	646.75
临沂市	457.30	8043.15	8603.55	7615.15	7607.49	7.67	32.95	127.75	827.69
德州市	295.78	6394.41	6787.03	6089.71	6058.52	31.19	52.45	88.81	556.05
滨州市	386.06	7372.75	7889.50	6704.83	6651.18	53.65	293.60	106.43	784.64
菏泽市	215.74	5571.83	5909.99	5257.18	5178.48	78.70	81.28	57.75	513.78
文登市	424.77	8114.93	8283.05	7616.56	7376.02	240.54		40.92	625.57
诸城市	157.22	6006.00	6405.66	5558.95	5556.95	2.00	230.97	16.45	599.29
青州市	332.78	6856.64	7236.30	5774.68	5730.21	44.48	137.51	67.27	1256.84
微山县	308.73	5459.04	5814.07	5155.79	5135.25	20.53		24.44	633.84
临清市	206.79	5496.82	5747.06	4118.98	4118.98		212.15		1415.94
费县	161.56	5260.54	5597.57	5341.05	5227.74	113.31		26.36	230.16
利津县	523.50	7301.15	7712.10	7020.87	7000.87	20.00	190.35	104.35	396.53
武城县	283.79	5205.37	5265.21	2985.48	2903.00	82.48	676.77	8.91	1594.05
东阿县	168.79	5238.06	5549.72	5080.76	5076.78	3.98		2.61	466.35
巨野县	237.84	4357.46	4472.12	4076.70	3954.44	122.26	10.30	37.60	347.53

市县名称	出售财物收入	借贷收入	家庭总支出	消费支出	食品	衣着	家庭设备用品及服务	医疗保健	交通和通信
全　省	**17.48**	**2067.36**	**7501.22**	**5596.39**	**1927.60**	**751.80**	**396.97**	**407.69**	**538.50**
济南市	16.89	3871.77	10084.81	7818.33	2575.21	806.68	585.36	613.86	876.10
青岛市	3.45	2593.82	9714.07	7343.99	2974.36	828.22	412.06	502.35	706.99
淄博市	17.57	1667.04	7399.64	5689.09	1940.04	590.45	349.43	619.29	466.81
枣庄市	0.57	392.50	5082.65	4145.73	1476.25	736.45	276.57	194.48	468.27
东营市	0.29	1582.52	9475.00	6350.61	1860.49	1438.84	372.85	324.99	539.56
烟台市	3.19	4301.80	9724.30	7173.20	2538.55	1130.91	357.55	507.47	557.01
潍坊市	4.41	1213.91	7076.63	5638.64	1947.33	826.91	361.42	338.39	473.37
济宁市	1.14	1687.08	7168.05	4989.78	1773.90	560.69	412.47	404.64	389.37
泰安市	2.03	1461.29	7026.06	5442.68	1894.30	677.47	458.61	557.73	414.13
威海市	0.41	1961.73	8965.82	6714.66	1946.70	1162.54	415.61	439.50	794.29
日照市	118.30	2752.65	7790.67	5315.70	1740.21	732.98	494.74	295.22	574.16
莱芜市	115.12	1239.76	7002.52	5482.83	1880.78	717.76	425.57	418.63	553.30
临沂市	5.96	1060.31	7384.11	5484.93	1834.07	785.21	396.27	283.34	564.58
德州市	0.67	2376.69	6845.35	4790.63	1641.07	642.99	413.02	277.15	431.25
滨州市	0.27	4819.89	7623.80	5246.65	1789.80	662.88	449.42	327.49	501.43
菏泽市	0.28	2010.06	5783.00	4371.51	1510.97	642.34	368.11	289.76	502.22
文登市	4.08	1847.83	7619.05	6017.85	1446.80	1081.31	421.58	410.98	834.07
诸城市	0.06	837.40	5328.29	4290.15	1507.80	711.96	278.90	250.66	494.90
青州市	59.39	2340.93	6362.23	4914.73	1569.03	684.26	309.66	406.46	488.14
微山县	25.51	562.49	5379.46	3953.30	1354.05	576.28	314.27	212.63	357.20
临清市	27.37	483.46	4855.11	3683.91	1396.42	379.62	215.75	351.71	343.45
费　县	1.92	786.56	4694.08	3671.79	1258.82	603.71	411.56	106.03	337.67
利津县		4321.27	8889.50	4671.00	1331.41	729.38	497.44	330.82	433.08
武城县	5.37	516.65	3890.43	3232.67	1238.76	373.54	256.25	262.49	323.91
东阿县	1.92	539.26	4651.49	3360.92	1306.42	560.42	231.70	230.31	307.10
巨野县	0.62	1221.64	4595.52	3321.58	1169.62	443.97	360.41	183.99	357.46

市县名称	教育文化娱乐服务	居住	杂项商品和服务	购房与建房支出	转移性支出	财产性支出	社会保障支出	借贷支出	期末手存现金
全省	**929.12**	**459.71**	**184.98**	**503.43**	**902.71**	**1.53**	**497.16**	**2556.12**	**585.71**
济南市	1414.02	691.28	255.82	878.21	783.82	0.30	604.16	4408.44	693.26
青岛市	1034.65	657.99	227.37	664.66	848.43	2.69	854.30	2399.44	606.84
淄博市	963.19	634.08	125.80	464.53	960.43		285.59	1961.91	861.45
枣庄市	606.29	228.61	158.82	0.01	575.82	1.05	360.04	1966.90	428.97
东营市	1302.28	230.35	281.25	923.64	915.56	0.09	1285.10	2487.14	543.67
烟台市	1235.02	541.24	305.46	663.71	1051.10		836.28	4191.16	939.16
潍坊市	950.54	581.29	159.39	201.69	777.48		458.81	1834.33	805.27
济宁市	849.49	454.23	145.00	420.27	1423.21		334.79	2102.78	520.23
泰安市	899.73	368.38	172.32	319.11	811.99		452.29	2151.07	484.90
威海市	978.89	680.63	296.50	557.43	1004.94	6.95	681.84	3031.73	586.55
日照市	892.82	446.80	138.78	1016.94	979.12	15.74	463.17	2705.56	658.32
莱芜市	867.31	459.82	159.65	45.95	683.99	3.29	786.46	2360.39	620.90
临沂市	955.13	424.16	242.17	374.18	1043.58	0.44	480.98	2165.94	573.57
德州市	734.94	471.21	178.99	712.94	991.38	1.62	348.80	2273.78	336.76
滨州市	1012.83	315.48	187.32	1097.34	808.30	6.38	465.12	5109.01	362.90
菏泽市	651.97	242.61	163.53	319.99	771.45		320.04	2078.65	277.03
文登市	1116.84	469.04	237.21	561.22	879.73	0.71	159.54	2380.19	560.48
诸城市	628.96	264.05	152.93	196.26	455.91	6.53	379.44	1894.74	177.32
青州市	820.82	483.93	152.42	259.11	842.04	0.01	346.35	3050.93	564.44
微山县	612.50	390.08	136.30		1117.85		308.30	953.71	443.19
临清市	521.78	386.56	88.63	175.71	746.43	0.04	249.03	762.39	847.18
费县	593.21	304.62	56.17		696.13	2.39	323.76	1630.13	223.40
利津县	1031.45	178.22	139.20	2354.58	1472.72	0.43	390.77	3081.87	585.51
武城县	419.32	315.80	42.60		614.45	3.47	39.83	1820.29	360.31
东阿县	423.96	211.46	89.57		994.87		295.70	1364.34	243.87
巨野县	508.42	176.33	121.38	557.05	644.01		72.89	1001.64	342.15

9－12 1978－2002年农民家庭主要指标

年　份	调查户数（户）	调查户常住人口（人）	平均每户常住人口（人）	平均每户整半劳力（人）	人均年末生活用房面积（平方米）
1978	715	4126	5.77	2.54	9.81
1979	732	4138	5.65	2.67	9.91
1980	825	4649	5.64	2.70	10.98
1981	827	4538	5.49	2.63	10.03
1982	1529	7849	5.13	2.54	10.64
1983	1438	7266	5.05	2.85	12.50
1984	1558	7730	4.96	2.86	14.54
1985	4000	18896	4.72	2.84	15.13
1986	4200	19667	4.68	2.85	15.74
1987	4200	19339	4.60	2.86	16.48
1988	4200	19074	4.54	2.86	17.34
1989	4200	18749	4.46	2.85	17.96
1990	4200	18486	4.40	2.82	18.48
1991	4200	18241	4.34	2.77	19.87
1992	4200	17886	4.26	2.75	19.31
1993	4200	17494	4.17	2.77	20.64
1994	4200	17239	4.10	2.76	21.15
1995	4200	17089	4.07	2.78	21.56
1996	4200	16847	4.01	2.68	22.32
1997	4200	16574	3.95	2.65	23.16
1998	4200	16379	3.90	2.64	23.91
1999	4200	16116	3.84	2.60	25.07
2000	4200	15918	3.79	2.60	23.61
2001	4200	15671	3.73	2.54	24.60
2002	4200	15569	3.71	2.58	25.59

注：1978年至1980年的生活用房面积中包括生产用房。

9－12续表

年份	平均每人全年总收入（元）	平均每人全年纯收入（元）	平均每人全年总支出（元）	#购置生产性固定资产	#生活消费支出
1978	134.58	114.56	116.57		93.69
1979	184.66	159.81	157.41		128.01
1980	240.98	210.23	204.75		165.34
1981	282.07	251.62	247.90	8.99	202.12
1982	343.99	299.95	296.21	17.87	230.02
1983	500.68	360.64	428.14	22.23	264.38
1984	554.61	394.99	461.31	18.11	287.24
1985	592.50	408.12	521.50	18.71	321.98
1986	644.65	449.27	570.40	14.81	364.56
1987	740.61	517.69	639.75	16.36	406.34
1988	857.76	583.74	780.24	23.72	482.11
1989	939.57	630.56	841.95	21.05	513.10
1990	994.36	680.18	878.27	18.14	547.05
1991	1152.02	764.04	1037.81	29.79	612.99
1992	1241.82	802.90	1121.22	27.81	655.69
1993	1413.69	952.74	1210.98	29.48	724.49
1994	1975.12	1319.73	1671.34	30.01	995.72
1995	2626.96	1715.09	2301.34	56.70	1338.46
1996	3246.92	2086.31	2955.16	68.33	1652.51
1997	3468.72	2292.12	2855.26	84.34	1626.27
1998	3561.87	2452.83	2782.48	93.23	1595.09
1999	3645.89	2549.56	2845.88	97.36	1679.75
2000	3880.98	2659.20	3036.20	107.85	1770.75
2001	4161.97	2804.51	3326.79	101.70	1904.95
2002	4330.42	2953.97	3438.78	92.40	1997.83

9－13 农村住户家庭基本情况

类　　别	单位	2001 年	2002 年	类　　别	单位	2001 年	2002 年
一、调查户数	**户**	**4200**	**4200**	6.社会服务业	元/人	10.31	8.96
(一)户　别				7.文教卫生业	元/人	1.55	16.85
1.个体工商户	户	217	241	8.其　他	元/人	38.09	35.74
2.乡村干部户	户	521	476	(二)主要生产性固定资产数量			
3.个体工商和乡村干户	户	83	72	1.房屋及建筑物	平方米/人	3.85	4.57
4.五保户	户	4	6	2.汽　车	台/百户	1.44	1.71
5.其他户	户	3375	3405	3.大中型拖拉机	台/百户	3.65	3.87
(二)家庭结构				4.小型和手扶拖拉机	台/百户	25.75	28.86
1.单身或夫妇	户	343	392	5.机动脱粒机	台/百户	4.54	4.35
2.夫妇与一个孩子	户	1236	1218	6.收割机	台/百户	2.50	2.43
3.夫妇与两个孩子	户	1439	1423	7.农用动力机械	台/百户	31.90	32.75
4.夫妇与三个以上孩子	户	436	415	8.胶轮大车	架/百户	28.45	27.47
5.单亲与孩子	户	85	87	9.水　泵	台/百户	41.43	45.17
6.三代同堂	户	574	583	10.役　畜	头/百户	26.95	25.79
7.其　他	户	87	82	11.产品畜	头/百户	43.19	47.31
(三)参加专业性合作经济组织户	户	51	67	**三、土地经营情况**			
(四)参加合作医疗社会保障的户	户	640	683	(1)耕地面积	亩/人	1.46	1.46
二、期末生产性固定资产拥有情况				#自留地面积	亩/人	0.05	0.04
(一)生产性固定资产原值	元/人	1442.97	1626.64	(2)山地面积	亩/人	0.03	0.04
1.农　业	元/人	1059.96	1170.19	(3)园地面积	亩/人	0.08	0.07
#房屋及建筑物	元/人	233.56	273.28	(4)牧草地面积	亩/人		
役畜及产品畜	元/人	153.68	176.60	(5)养殖水面面积	亩/人		
大中型铁木农具	元/人	66.88	69.99	**四、耕地流转情况**			
农林牧渔业机械	元/人	581.06	621.77	(1)年初经营耕地面积	亩/人	1.44	1.45
2.工　业	元/人	73.52	116.98	(2)年内转入耕地面积	亩/人	0.04	0.04
#房屋及建筑物	元/人	25.49	35.66	(3)年内转出耕地面积	亩/人	0.03	0.04
生产设备	元/人	45.49	73.82	(4)年末经营耕地面积	亩/人	1.45	1.44
3.建筑业	元/人	6.65	8.11	**五、期末住房情况**			
4.交通运输业	元/人	203.05	214.22	(一)住房面积	平方米/人	24.60	25.59
5.批发和零售贸易、餐饮业	元/人	49.84	55.59	#租用住房面积	平方米/人	0.09	0.07

9－13续表

类　　别	单位	2001年	2002年	类　　别	单位	2001年	2002年
(二)住房价值	元/平方米	194.22	214.2	3.火　炕	户	1668	1812
(三)住房类型				(五)燃料使用情况			
1.楼房面积	平方米/人	1.63	2.10	1.液化气	户	208	231
2.砖瓦平房面积	平方米/人	20.45	20.78	2.煤　炭	户	1300	1305
3.其　他	平方米/人	2.47	2.61	3.柴　草	户	2653	2646
(四)住房结构				**九、期末主要耐用消费品拥有情况**			
1.钢筋混泥土结构面积	平方米/人	3.46	4.25	1.大型家具	件/百户	289.83	315.33
2.砖木结构面积	平方米/人	18.84	19.03	2.洗衣机	台/百户	17.07	19.74
3.其　他	平方米/人	2.31	2.30	3.电风扇	台/百户	155.55	162.81
六、期内新建(购)住房情况				4.电冰箱	台/百户	17.69	20.02
(一)新建(购)住房面积	平方米/人	1.27	1.00	5.空调机	台/百户	0.98	1.29
(二)新建(购)住房价值	元/平方米	253.29	267.19	6.抽油烟机	台/百户	2.81	3.64
(三)新建(购)住房类型				7.吸尘器	台/百户	0.24	0.33
1.楼房面积	平方米/人	0.24	0.25	8.微波炉	台/百户	0.57	1.07
2.砖瓦平房面积	平方米/人	0.98	0.72	9.热水器	台/百户	5.79	6.90
3.其　他	平方米/人	0.03	0.03	10.自行车	辆/百户	180.29	182.62
(四)新建(购)住房结构				11.摩托车	台/百户	42.83	47.36
1.钢筋混泥土结构面积	平方米/人	0.40	0.37	12.汽车(生活用)	台/百户	0.52	0.52
2.砖木结构面积	平方米/人	0.84	0.62	13.电话机	部/百户	58.33	67.05
3.其　他	平方米/人		0.01	14.移动电话	部/百户	8.71	14.62
七、期内新建(购)住房资金来源				15.寻呼机	台/百户	5.21	4.14
(一)自　筹	元/人	259.68	246.34	16.彩色电视机	台/百户	56.26	64.33
(二)银行、信用社贷款	元/人	11.22	4.05	17.黑白电视机	台/百户	54.57	49.24
(三)其　他	元/人	42.19	21.43	18.录放像机	台/百户	3.69	3.29
八、居住条件				19.摄像机	台/百户	0.21	0.31
(一)住房有卫生设备的户数	户	4098	4110	20.影碟机	台/百户	15.57	20.60
(二)生活用电数量	度/户	209.46	235.94	21.组合音响	台/百户	7.19	8.86
(三)使用安全饮用水的户数	户	3427	3531	22.收录机	台/百户	18.93	20.14
(四)有取暖设备的户数	户	2136	2358	23.照相机	架/百户	5.02	5.38
#1.空　调	户	10	11	24.家用计算机	台/百户	0.64	1.02
2.暖　气	户	458	535	25.中高档乐器	件/百户	0.07	0.19

9－14 农村住户人口与就业情况

类别	单位	2001年	2002年	类别	单位	2001年	2002年
一、家庭常住人口	**人**	**15671**	**15569**	(8)批发和零售贸易餐饮业	人	267	288
(1)6岁及以下	人	696	663	(9)金融保险业	人	9	7
(2)7－15岁	人	2680	2332	(10)房地产业	人	5	3
(3)16－60岁	人	11412	11661	(11)社会服务业	人	325	332
(4)61岁及以上	人	883	913	(12)卫生体育和社会福利业	人	50	46
二、在校学生人数	**人**	**3388**	**3276**	(13)教育文化艺术及广播电影电视	人	118	123
#7－15岁在校学生人数	人	2524	2214	(14)科学研究和综合技术服务业	人	4	4
三、整半劳动力数量	**人**	**10687**	**10850**	(15)国家机关政党机关社会团体	人	44	44
#整劳动力	人	7722	7576	(16)其　他	人	548	639
四、劳动力文化程度				**六、劳动力就业地点**			
(1)不识字或识字很少	人	610	596	(1)乡　内	人	9482	9722
(2)小学程度	人	2612	2655	(2)县内乡外	人	638	602
(3)初中程度	人	5630	5703	(3)省内县外	人	390	398
(4)高中程度	人	1470	1516	(4)国内省外	人	176	117
(5)中　专	人	302	320	(5)国　外	人		2
(6)大专及以上	人	63	60	**七、劳动力是本地乡镇企业职工的**	人	**385**	**631**
五、劳动力就业情况				**八、主要从业地区在乡以外的劳动力**	人	**1178**	**1434**
(1)农　业	人	8283	8081	#累计外出从业6个月以上	人	826	846
(2)采掘业	人	79	78	**九、劳动力年内从事各种行业时间**			
(3)制造业	人	504	690	(1)从事农业的时间	月	75935.80	74960.60
(4)电力煤气及水的生产供应业	人	28	18	(2)从事非农产业的时间	月	32017.80	35905.50
(5)建筑业	人	269	322	(3)外出从业的时间	月	9710.80	10081.70
(6)地质勘探业水利管理业	人	3	3	**常住人口中外出从业过的劳动力**	人	**1178**	**1434**
(7)交通运输仓储及邮电通讯业	人	150	163	**常住人口中大半从业时间在外的劳动力**	人	**786**	**836**

9－15 农村住户总收入和纯收入

单位:元/人

类　　别	2001年	2002年	类　　别	2001年	2002年
一、总收入	**4161.97**	**4330.42**	(四)转移性收入	**186.58**	**202.98**
(一)工资性收入	**965.67**	**1056.70**	1.家庭非常住人口寄回	27.63	32.22
1.在非企业组织中得到收入	241.13	261.33	2.亲友赠送	80.76	85.04
2.在本地企业中得到收入	328.76	350.06	#农村外部亲友赠送	16.14	18.57
#在本地乡企得到收入	190.34	200.05	3.调查补贴	23.36	24.64
(1)在第一产业得到收入	65.15	47.73	4.救济金	0.55	1.21
(2)在第二产业得到收入	196.53	217.83	5.救灾款	0.07	0.17
(3)在第三产业得到收入	67.08	84.49	6.保险年金	1.44	1.52
3.常住人口外出从业得到收入	237.29	272.48	7.退休金	13.43	16.06
(1)在第一产业从业得到收入	18.60	24.01	8.抚恤金	2.45	2.47
(2)在第二产业从业得到收入	148.88	161.71	9.其　他	36.88	39.64
(3)在第三产业从业得到收入	69.82	86.76	二、全年家庭纯收入	**2804.51**	**2953.97**
4.其他	158.50	172.82	#现金纯收入	2227.64	2495.60
(二)家庭经营收入	**2976.42**	**3018.51**	实物纯收入	576.87	458.37
1.农业收入	1751.94	1687.42	(一)工资性纯收入	**965.67**	**1056.70**
#种植业收入	1728.17	1666.25	1.在非企业组织中劳动得到的收入	241.13	261.33
2.林业收入	41.95	47.97	2.在本地企业中劳动得到的收入	328.76	350.06
3.牧业收入	614.67	657.43	3.常住人口外出从业得到的收入	237.29	272.48
4.渔业收入	27.17	25.26	4.其　他	158.50	172.82
5.工业收入	121.13	143.13	(二)家庭经营纯收入	**1705.29**	**1728.70**
6.建筑业收入	47.41	53.08	1.农业收入	1091.70	1039.57
7.交通、运输和邮电业收入	117.09	124.90	#种植业收入	1080.55	1026.00
8.批发零售贸易、餐饮业收入	119.62	148.00	2.林业收入	28.49	36.96
9.社会服务业收入	38.83	38.68	3.牧业收入	168.41	182.45
10.文教卫生业收入	5.58	11.38	4.渔业收入	17.76	18.75
11.其他家庭经营收入	91.04	81.25	5.工业收入	77.24	95.48
(三)财产性收入	**33.30**	**52.23**	6.建筑业收入	36.66	42.25
1.利　息	8.35	7.93	7.交通、运输和邮电业收入	89.61	97.68
2.股　息	1.07	0.38	8.批发和零售贸易、餐饮业收入	78.19	104.01
3.租　金	9.48	9.77	9.社会服务业收入	32.52	32.69
4.红　利	0.25	0.78	10.文教卫生业收入	4.78	8.19
5.土地征用补偿	8.97	18.29	11.其他家庭经营收入	79.91	70.67
6.其　他	5.18	15.07	(三)财产性纯收入	**33.30**	**52.23**
			(四)转移性纯收入	**100.24**	**116.34**

9－16 农村住户总支出

单位:元/人

类　　别	2001 年	2002 年	类　　别	2001 年	2002 年
总 支 出	**3326.79**	**3438.78**	**(五)生活消费支出**	**1904.95**	**1997.83**
(一)家庭经营费用支出	**1020.55**	**1064.28**	1.食品消费支出	802.61	838.26
1.农业生产	531.04	532.30	#(1)主食	234.67	231.01
#种植业	520.89	526.05	(2)副食	324.15	335.05
2.林业生产	10.83	9.05	(3)其他食品	168.19	171.17
3.牧业生产	358.93	390.26	(4)在外饮食	67.23	93.59
4.渔业生产	7.56	5.35	2.衣着消费	121.85	130.34
5.工业生产	34.79	40.77	3.居住消费	361.36	335.65
6.建筑业生产	8.52	9.27	#住房装饰	13.74	15.62
7.交通、运输和邮电业	21.72	23.13	4.家庭设备、用品及服务	91.42	96.30
8.批发和零售贸易、餐饮业	32.75	37.37	5.医疗保健	114.94	127.59
9.社会服务业	4.99	5.09	6.交通通讯消费	133.12	155.77
10.文教卫生业	0.63	2.72	7.文教娱乐用品及服务	224.07	256.28
11.其他家庭经营支出	8.80	8.98	8.其他商品和服务消费	55.58	57.63
(二)购置生产性固定资产支出	**101.70**	**92.40**	**(六)财产性支出**	**10.52**	**10.91**
(三)生产性固定资产折旧	**96.20**	**108.44**	1.非生产性贷款利息	1.51	1.19
(四)税费支出	**154.38**	**117.09**	2.其　他	9.00	9.72
1.缴纳生产税	21.08	69.29	**(七)转移性支出**	**134.69**	**156.27**
第一产业	16.73	65.84	1.寄给或带给家庭非常住人口	8.56	10.17
第二产业	1.59	1.10	2.赠送亲友	100.87	124.16
第三产业	2.75	2.35	#赠送农村外部亲友	6.46	7.15
2.缴纳其他直接税	1.86	2.00	3.缴纳保险费	10.77	14.07
3.村提留	46.22	13.45	4.缴纳罚款	2.30	0.34
4.乡统筹	53.51	11.72	5.其　他	12.18	7.53
5.其他各项收费	31.71	20.64			

9-17 农村住户现金收支

单位:元/人

类别	2001年	2002年
一、期内现金收入	**3362.19**	**3697.15**
(一)工资性收入	**957.90**	**1054.21**
1.在非企业组织中得到收入	240.37	260.63
2.在本地企业中得到收入	325.55	348.87
#在本地乡企得到收入	187.64	199.08
(1)在第一产业得到的收入	64.89	47.46
(2)在第二产业得到的收入	194.06	216.96
(3)在第三产业得到的收入	66.60	84.45
3.常住人口外出从业得到收入	233.55	271.91
(1)在第一产业从业得到收入	18.14	24.00
(2)在第二产业从业得到收入	146.22	161.15
(3)在第三产业从业得到收入	69.19	86.76
4.其　他	158.42	172.79
(二)家庭经营收入	**2194.53**	**2404.29**
1.出售产品的收入	1663.89	1808.11
(1)出售农业产品收入	1027.73	1100.81
#种植业	1027.73	1091.73
(2)出售林业产品收入	32.43	36.88
(3)出售牧业产品收入	551.10	620.82
(4)出售渔业产品收入	25.63	19.87
(5)出售工业产品的收入	16.34	18.12
(6)出售其他产品的收入	10.66	11.63
2.工业加工费	104.79	125.01
3.建筑业	47.41	53.08
4.交通运输	117.09	124.90
5.批发和零售贸易、餐饮业	119.62	148.00
6.社会服务业	38.83	38.68
7.文教卫生业	5.58	11.38
8.其他家庭经营收入	80.38	69.62
(三)财产性收入	**38.30**	**47.33**
1.利　息	8.35	7.93
2.股　息	1.07	0.38
3.租　金	9.48	9.77
4.红　利	0.25	0.78
5.土地征用补偿	8.97	18.29
6.其　他	10.18	10.17
(四)转移性收入	**171.47**	**191.31**
1.家庭非常住人口寄回或带回	27.37	31.45
2.亲友赠送	78.54	81.59
#农村外部亲友赠送	13.92	15.12
3.调查补贴	22.83	23.56
4.救济金	0.55	1.21
5.救灾款	0.07	0.17
6.保险年金收入	1.44	1.52
7.退休金	13.43	16.06
8.抚恤金	2.45	2.47
9.其　他	24.79	33.29
二、非收入所得	**563.10**	**546.96**
1.从银行信用社得到的贷款	50.29	58.47
2.借入款	204.89	167.79
3.收回借出款	74.70	69.63
4.从银行信用社取回存款	207.82	223.30
5.收回投资款	4.30	3.25
6.出售财产得款	19.43	20.04
7.一次性工伤补贴	0.26	3.24
8.保险公司赔付	1.39	1.24
9.其　他		
三、期内现金支出	**2885.42**	**3041.34**
(一)生产费用支出	**952.91**	**1037.62**

9－17续表

单位:元/人

类　　别	2001年	2002年	类　　别	2001年	2002年
1.家庭经营费用支出	851.21	945.22	**(三)生活消费支出**	**1639.27**	**1723.37**
(1)农业生产支出	467.01	508.75	**(四)财产性支出**	**10.52**	**10.91**
#种植业支出	456.92	502.51	1.非生产性贷款利息支出	1.51	1.19
(2)林业生产支出	10.82	9.05	2.其　他	9.00	9.72
(3)牧业生产支出	254.45	294.77	**(五)转移性支出**	**133.28**	**152.89**
(4)渔业生产支出	7.56	5.34	1.寄给或带给家庭非常住人口	8.54	10.10
(5)工业生产支出	34.16	40.77	2.赠送亲友支出	99.58	123.08
(6)建筑业生产支出	8.52	9.27	#赠送农村外部亲友	5.17	6.07
(7)交通运输支出	21.69	23.12	3.支付保险费支出	10.77	14.07
(8)批发和零售贸易、餐饮业	32.60	37.37	4.缴纳罚款	2.30	0.34
(9)社会服务业支出	4.98	5.09	5.其　他	12.09	5.31
(10)文教卫生业	0.63	2.72	**四、非消费性现金支出**	**579.54**	**600.29**
(11)其他经营支出	8.79	8.98	1.归还银行信用社贷款	34.93	43.84
2.购置生产性固定资产支出	101.70	92.40	2.借出款	75.19	60.60
#房屋及建筑物	2.50	2.57	3.归还借款	122.85	122.48
大中型铁木农具	0.82	0.85	4.存入银行信用社	337.16	368.83
农林牧渔业机械	33.62	33.69	5.购买股票支出	0.90	0.74
工业机械	2.50	0.94	6.支出投资额	8.50	3.79
运输机械	33.06	29.52	7.其　他		
役　畜	8.84	10.93	**五、期末金融资产余额**	**2077.38**	**2428.94**
产品畜	8.21	7.54	1.债　券	1.91	0.06
(二)税费支出	**149.44**	**116.56**	2.股　票	13.62	9.27
1.缴纳生产税	20.88	68.86	3.银行存款	1408.97	1683.80
第一产业	16.54	65.43	4.手存现金	637.30	721.39
第二产业	1.59	1.09	5.其　他	15.57	14.40
第三产业	2.75	2.34	**六、期末债务余额**	**227.39**	**227.27**
2.缴纳其他直接税	1.86	2.00	1.银行、信用社贷款	55.67	60.88
3.村提留	43.90	13.38	2.乡村集体组织、企业借款	4.30	6.21
4.乡统筹	51.13	11.67	3.个人借(欠)款	160.22	153.83
5.其他各项收费	31.67	20.64	4.其　他	7.19	6.34

9－18 农村住户生活消费现金收支

单位:元/人

类　　别	2001年	2002年	类　　别	2001年	2002年
农村住户生活消费现金支出	**1639.27**	**1723.37**	四、家庭设备、用品及服务	**91.31**	**96.03**
一、食　品	**545.23**	**571.10**	(一)耐用消费品	**37.49**	**43.38**
(一)主　食	**33.24**	**34.00**	1.家具	18.23	23.39
1.粮　食	16.36	18.01	2.家庭设备	13.72	15.58
2.粮食复制品	16.87	16.00	3.其他	5.53	4.40
(二)副　食	**274.51**	**271.85**	(二)床上用品	**7.06**	**6.57**
1.蔬　菜	43.85	45.45	(三)家庭日用杂品	**41.72**	**41.64**
2.豆制品	8.37	8.22	1.日用小五金	4.19	3.15
3.油脂类	27.78	26.61	2.日用百货	24.67	25.24
4.食　糖	4.60	4.27	3.其他	12.85	13.25
5.肉、禽及其制品	103.56	108.84	(四)设备用品加工修理费	**2.71**	**2.42**
6.蛋　类	35.16	35.26	(五)其他	**2.33**	**2.02**
7.水产品	26.66	22.68	五、医疗保健	**114.94**	**127.59**
8.调味品	13.75	11.24	(一)医疗卫生保健用品	**63.30**	**62.68**
9.其　他	10.79	9.28	(二)医疗保健服务费	**41.90**	**48.44**
(三)其他食品	**161.89**	**164.21**	(三)医疗卫生保健设备	**0.27**	**0.46**
1.烟草类	46.20	43.38	(四)其他	**9.47**	**16.01**
2.酒　类	50.71	49.92	六、交通和通讯	**133.12**	**155.77**
3.饮料类	11.03	10.94	(一)交通工具	**41.11**	**50.60**
4.干鲜果品	25.73	26.84	(二)通讯工具	**9.64**	**9.18**
5.糖果糕点	14.01	14.40	(三)交通费	**17.20**	**20.73**
6.奶和奶制品	4.72	6.65	1.客运交通费	15.63	19.58
7.罐头类	0.11	0.07	2.运费	1.56	1.15
8.其　他	9.38	12.02	(四)邮电费	**45.39**	**56.55**
(四)在外饮食	**67.23**	**93.59**	(五)交通、通讯工具修理费	**8.94**	**9.87**
(五)食品加工费	**8.36**	**7.44**	(六)动力燃料及其他	**10.85**	**8.85**
二、衣　着	**120.29**	**128.45**	七、文化教育、娱乐用品及服务	**224.07**	**256.28**
(一)服　装	**51.36**	**62.82**	(一)文化教育、娱乐用品	**45.63**	**45.35**
(二)衣着材料	**14.44**	**11.53**	1.文化教育娱乐用机电消费品	27.65	27.17
(三)鞋、帽、袜类	**36.62**	**35.68**	2.书、报、杂志	9.19	9.40
(四)衣着加工费	**2.77**	**2.18**	3.纸张、文具	2.88	3.13
(五)其　他	**15.11**	**16.24**	4.其他用品	5.92	5.66
三、居　住	**354.73**	**330.52**	(二)文化教育、娱乐服务	**178.44**	**210.93**
(一)住　房	**257.33**	**233.64**	1.学杂费	165.66	199.64
1.建筑材料	183.69	146.43	2.技术培训费	4.42	4.79
2.住房装饰、装修	13.74	15.62	3.文娱费	1.98	1.69
3.房　租	0.65	2.67	4.用品加工修理服务费	0.71	0.81
4.其　他	59.25	68.93	5.其他	5.67	4.00
(二)电　费	**43.69**	**36.58**	八、其他商品和服务	**55.58**	**57.63**
(三)水　费	**2.26**	**1.97**	(一)商品性支出	**12.18**	**11.97**
(四)燃　料	**48.02**	**50.86**	1.化妆品	2.44	2.42
1.煤　炭	35.68	38.77	2.首饰饰品	1.53	1.68
2.液化气(煤气、天然气)	8.41	9.06	3.其他	8.20	7.87
3.柴　草	0.37	0.09	(二)服务支出	**43.40**	**45.66**
4.其　他	3.56	2.93	1.旅店住宿费	0.36	0.55
(五)其　他	**3.42**	**7.46**	2.殡殓费	7.27	7.59
			3.其他	35.77	37.52

9－19 农村住户主要农产品出售

类别	单位	2001年	2002年
一、出售粮食数量	公斤/人	375.90	406.04
金额	元/人	391.29	407.99
#1.小麦数量	公斤/人	154.33	151.43
金额	元/人	159.17	155.66
优质小麦数量	公斤/人	74.58	79.91
金额	元/人	76.80	81.98
2.稻谷数量	公斤/人	9.17	5.67
金额	元/人	12.10	7.95
优质稻谷数量	公斤/人	7.32	4.98
金额	元/人	9.80	6.97
3.玉米数量	公斤/人	187.59	229.31
金额	元/人	187.98	220.09
优质玉米数量	公斤/人	69.78	105.71
金额	元/人	72.72	105.38
4.豆类数量	公斤/人	7.39	3.93
金额	元/人	15.13	8.25
5.薯类数量	公斤/人	15.08	13.31
金额	元/人	14.60	13.40
二、出售棉花数量	公斤/人	15.42	14.39
金额	元/人	111.55	143.17
三、出售油料数量	公斤/人	28.62	26.40
金额	元/人	67.40	60.91
四、出售麻类数量	公斤/人	0.08	0.05
金额	元/人	0.53	0.33
五、出售糖料数量	公斤/人		0.01
金额	元/人		0.02
六、出售烟叶数量	公斤/人	1.00	0.99
金额	元/人	7.99	9.12
七、出售蔬菜数量	公斤/人	265.99	334.83
金额	元/人	259.69	293.69
八、出售水果数量	公斤/人	82.53	73.16
金额	元/人	94.31	98.38
#苹果数量	公斤/人	50.59	46.84
金额	元/人	55.08	62.32
九、出售茶叶数量	公斤/人	…	…
金额	元/人	0.34	0.14
十、出售木材数量	立方米/人	0.03	0.03
金额	元/人	11.97	15.27
十一、出售牧业产品			
#1.出售肉猪数量	头/人	0.41	0.46
金额	元/人	224.30	244.21
2.出售肉牛数量	头/人	0.04	0.04
金额	元/人	54.66	68.93
3.出售菜羊数量	头/人	0.15	0.13
金额	元/人	18.23	21.92
4.出售家禽数量	只/人	9.97	11.78
金额	元/人	89.30	124.94
5.出售猪肉数量	公斤/人	0.08	0.05
金额	元/人	0.55	0.37
6.出售牛肉数量	公斤/人	0.03	
金额	元/人	0.30	
7.出售羊肉数量	公斤/人	0.01	0.01
金额	元/人	0.06	0.11
8.出售蛋类数量	公斤/人	11.71	12.92
金额	元/人	46.31	55.42
9.出售羊毛数量	公斤/人	0.01	…
金额	元/人	0.05	0.03
10.出售羊绒数量	公斤/人	…	…
金额	元/人	0.29	0.16
11.出售牛羊奶数量	公斤/人	5.15	5.41
金额	元/人	8.03	8.87
12.出售猪皮数量	张/人	…	
金额	元/人	0.01	
13.出售牛皮数量	张/人		
金额	元/人		
14.出售羊皮数量	张/人	…	…
金额	元/人	0.07	0.04
15.出售兔毛、绒数量	公斤/人	0.03	0.03
金额	元/人	2.49	1.94
16.出售蚕茧数量	公斤/人	1.32	1.20
金额	元/人	20.44	15.64
17.出售蜂蜜数量	公斤/人	…	
金额	元/人	0.02	
十二、出售水产品数量	公斤/人	3.25	3.34
金额	元/人	25.63	19.87
#1.鱼类数量	公斤/人	1.54	1.10
金额	元/人	9.16	7.37
2.虾、贝、蟹类数量	公斤/人	0.23	0.22
金额	元/人	2.32	1.87
3.藻类数量	公斤/人	…	
金额	元/人	0.02	

9－20 农村住户食品消费情况

类　　别	单位	2001年	2002年	类　　别	单位	2001年	2002年
一、粮　食	**公斤/人**	**235.73**	**234.82**	#1.猪　肉	公斤/人	7.56	7.58
#1.小　麦	公斤/人	178.67	183.81	2.牛　肉	公斤/人	0.26	0.24
2.稻　谷	公斤/人	4.38	4.38	3.羊　肉	公斤/人	0.22	0.22
3.玉　米	公斤/人	38.25	35.03	4.家　禽	公斤/人	2.61	2.64
4.薯　类	公斤/人	5.72	5.02	5.肉禽制品	公斤/人	1.75	1.77
二、豆类及豆制品	**公斤/人**	**6.53**	**5.75**	**七、蛋类及蛋制品**	**公斤/人**	**11.39**	**11.47**
#1.大　豆	公斤/人	2.79	2.61	**八、奶和奶制品**	**公斤/人**	**0.98**	**1.55**
2.杂　豆	公斤/人	0.23	0.22	**九、水产品**	**公斤/人**	**4.52**	**3.88**
三、蔬菜及菜制品	**公斤/人**	**96.44**	**108.00**	1.鱼　类	公斤/人	3.31	2.99
#1.根茎块花类	公斤/人	27.32	29.57	2.虾、贝、蟹类	公斤/人	0.36	0.36
2.菜瓜类	公斤/人	5.88	6.34	3.藻　类	公斤/人	0.10	0.09
3.茄果类	公斤/人	13.24	15.76	4.其　他	公斤/人	0.75	0.44
4.白菜类	公斤/人	32.83	37.43	**十、食　糖**	**公斤/人**	**1.15**	**1.16**
5.绿叶菜类	公斤/人	12.55	14.31	**十一、酒和饮料**	**公斤/人**	**15.22**	**14.13**
6.其他鲜菜	公斤/人	3.39	3.62	#1.白　酒	公斤/人	5.96	5.58
7.干菜类	公斤/人	0.40	0.24	2.啤　酒	公斤/人	5.86	5.77
8.菜制品	公斤/人	0.81	0.71	3.果　酒	公斤/人	0.12	0.11
四、调味品	**公斤/人**	**1.30**	**5.78**	4.不含酒精饮料	公斤/人	2.58	2.25
五、油脂类	**公斤/人**	**7.16**	**7.18**	**十二、糖　果**	**公斤/人**	**0.58**	**0.57**
(1)植物油	公斤/人	6.70	6.71	**十三、糕　点**	**公斤/人**	**2.82**	**2.67**
(2)动物油	公斤/人	0.46	0.47	**十四、水果及水果制品**	**公斤/人**	**31.70**	**26.92**
六、肉禽及其制品	**公斤/人**	**12.72**	**13.14**	**十五、坚果及果仁制品**	**公斤/人**	**0.95**	**0.75**

9－21 农村住户商品购买情况

类　　别	单位	2001年	2002年	类　　别	单位	2001年	2002年
一、购买食品	**元/人**	**469.33**	**469.74**	18.糖果	公斤/人	0.58	0.57
1.粮食(原粮)	公斤/人	10.84	11.35	金额	元/人	2.19	1.87
金额	元/人	13.47	13.13	19.卷烟	盒/人	30.13	26.65
2.食用植物油	公斤/人	4.78	4.58	金额	元/人	45.45	42.78
金额	元/人	25.73	24.69	20.酒	公斤/人	12.05	11.54
3.动物油	公斤/人	0.45	0.39	金额	元/人	50.71	49.92
金额	元/人	2.05	1.91	#啤酒	公斤/人	5.86	5.77
4.蔬菜	公斤/人	42.97	44.82	金额	元/人	13.71	13.62
金额	元/人	42.15	43.50	21.茶叶	公斤/人	0.59	0.34
5.豆制品	公斤/人	3.23	2.75	金额	元/人	8.14	7.87
金额	元/人	5.86	5.35	22.水果	公斤/人	13.29	12.40
6.猪肉	公斤/人	7.51	7.39	金额	元/人	16.81	18.26
金额	元/人	65.71	64.86	23.鲜奶	公斤/人	0.50	0.84
7.牛肉	公斤/人	0.26	0.20	金额	元/人	1.76	3.37
金额	元/人	2.97	2.46	24.奶制品	公斤/人	0.48	0.39
8.羊肉	公斤/人	0.20	0.16	金额	元/人	2.96	3.28
金额	元/人	2.63	2.25	25.罐头	公斤/人	0.04	0.02
9.家禽	公斤/人	2.29	2.29	金额	元/人	0.11	0.07
金额	元/人	14.77	17.77	**二、购买衣着和床上用品**	**元/人**	**124.53**	**132.78**
10.鲜蛋	公斤/人	8.78	8.54	1.棉布	米/人	0.55	0.53
金额	元/人	34.94	35.06	金额	元/人	3.56	2.92
11.淡水鱼类	公斤/人	1.47	1.39	2.棉布服装	件/人	0.18	0.14
金额	元/人	6.66	6.91	金额	元/人	3.98	3.34
12.淡水虾贝蟹类	公斤/人	0.03	0.03	3.化纤布	米/人	0.73	0.58
金额	元/人	0.22	0.22	金额	元/人	8.00	6.46
13.海水鱼类	公斤/人	1.85	1.59	4.化纤布服装	件/人	0.83	0.91
金额	元/人	10.20	8.56	金额	元/人	24.01	30.62
14.海水虾贝蟹类	公斤/人	0.33	0.33	5.毛料	米/人	0.04	0.02
金额	元/人	2.69	2.86	金额	元/人	0.92	0.55
15.海水藻类	公斤/人	0.10	0.09	6.毛料服装	件/人	0.05	0.05
金额	元/人	0.30	0.26	金额	元/人	3.03	2.44
16.食糖	公斤/人	1.15	1.16	7.皮料	米/人	...	...
金额	元/人	4.60	4.27	金额	元/人	0.07	0.03
17.糕点	公斤/人	2.82	2.65	8.皮料服装	件/人	0.01	
金额	元/人	11.83	12.54	金额	元/人	3.33	1.68

9－21 续表 1

类别	单位	2001 年	2002 年	类别	单位	2001 年	2002 年
9.鞋帽类金额	元/人	36.62	35.68	3.钢材	公斤/户	28.96	18.44
10.床上用品金额	元/人	7.06	6.57	金额	元/户	63.95	41.21
三、购买文化体育用品	**元/人**	**45.61**	**45.33**	维修房屋用钢材	公斤/户	1.66	0.91
1.黑白电视机	台/百户	0.40	0.31	金额	元/户	4.03	2.18
金额	元/百户	105.19	81.79	4.水泥预制件	件/户	7.68	3.81
2.彩色电视机	台/百户	4.55	4.76	金额	元/户	36.93	22.68
金额	元/百户	7418.07	7206.55	维修房屋用	件/户	2.24	1.34
3.收录机	台/百户	3.67	1.98	金额	元/户	3.36	3.47
金额	元/百户	211.00	123.95	5.玻璃	平方米/户	0.47	0.52
4.录像机	台/百户	0.02	0.07	金额	元/户	4.11	4.36
金额	元/百户	25.71	135.62	维修房屋用	平方米/户	0.14	0.06
5.照相机	只/百户	0.19	0.19	金额	元/户	1.35	0.66
金额	元/百户	31.19	44.52	6.砖瓦	块/户	1348.74	1244.21
6.影碟机	台/百户	1.86	2.38	金额	元/户	179.97	149.31
金额	元/百户	1184.29	1336	维修房屋用砖瓦	块/户	191.20	136.81
7.摄像机	台/百户	0.00	0.02	金额	元/户	26.69	19.38
金额	元/百户	0.00	119.05	7.沙石	立方米/户	17.50	4.56
8.组合音响	台/百户	0.98	0.31	金额	元/户	76.52	55.08
金额	元/百户	702.90	361.43	维修房屋用沙石	立方米/户	1.15	0.73
9.家用计算机	台/百户	0.29	0.10	金额	元/户	5.94	8.23
金额	元/百户	316.10	340.48	**五、购买生活用燃料**	**元/户**	**179.18**	**188.52**
10.文具纸张	元/人	2.88	3.13	1.柴草	公斤/户	0.51	0.39
11.中高档乐器	元/人	0.09	0.10	金额	元/户	1.39	0.34
12.音像制品	元/人	0.54	0.35	2.煤	公斤/户	488.98	455.54
13.玩具	只/人	0.12	0.12	金额	元/户	133.13	143.70
金额	元/人	0.71	0.82	3.液化气	元/户	31.37	33.60
四、购买建筑材料	**元/人**	**183.69**	**146.43**	**六、购买用品**	**元/人**	**162.00**	**174.21**
1.水泥	公斤/户	528.08	421.43	1.购买卫生纸	元/人	3.05	3.22
金额	元/户	112.89	86.70	2.购买洗涤及卫生用品	元/人	10.10	10.18
维修房屋用	公斤/户	72.54	62.30	3.购买护肤、化妆用品	元/人	2.44	2.42
金额	元/户	15.80	12.52	4.购买日用金属制品	元/人	3.91	3.47
2.木材	立方米/户	0.21	0.13	5.购买日用塑料制品	元/人	1.96	2.19
金额	元/户	53.52	37.22	6.购买日用橡胶制品	元/人	0.36	0.39
维修房屋用木材	立方米/户	0.04	0.01	7.购买日用陶瓷制品	元/人	0.76	0.68
金额	元/户	6.95	3.00	8.购买日用玻璃制品	元/人	0.72	0.65

9－21 续表 2

类　　别	单位	2001 年	2002 年
9.购买其它日用百货	元/人	3.89	4.53
10.购买其他日用杂品	元/人	12.85	13.25
11.购买日用小五金	元/人	4.19	3.15
12.购买住房装饰用品	元/人	2.89	3.36
13.购买住房装饰、装饰材料	元/人	5.48	4.91
14.购买洗衣机	台/百户	1.69	1.55
金额	元/户	8.79	9.71
15.购买缝纫机	台/百户	0.93	0.31
金额	元/户	2.01	1.20
16.购买电风扇	台/百户	7.79	7.26
金额	元/户	4.40	4.09
17.购买电冰箱	台/百户	1.02	1.48
金额	元/户	17.28	24.43
18.购买空调机	台/百户	0.10	0.14
金额	元/户	2.79	4.08
19.购买吸尘器	台/百户		0.02
金额	元/户		0.04
20.购买抽油烟机	台/百户	0.14	0.14
金额	元/户	0.42	0.51
21.购买热水器	台/百户	0.36	0.31
金额	元/户	1.86	1.95
22.购买微波炉	台/百户	0.21	0.10
金额	元/户	0.61	0.52
23.购买家具	元/人	18.23	23.39
24.购买家具用材料	元/人	0.73	0.39
25.购买自行车	辆/百户	15.86	9.33
金额	元/户	21.86	18.53
26.购买摩托车	辆/百户	3.21	3.88
金额	元/户	121.58	149.79
27.购买电话	部/百户	11.21	5.86
金额	元/户	16.09	7.64
28.购买手机	部/百户	1.45	2.33
金额	元/户	18.41	26.00
29.购买寻呼机	个/百户	0.40	0.17
金额	元/户	1.04	0.24
七、购买药品及医疗用品	**元/人**	**63.30**	**62.68**
1.药品	元/人	62.49	61.89
2.医疗用品	元/人	0.81	0.79
八、购买生产资料	**元/户**	**2934.81**	**2992.08**
1.化肥	公斤/户	651.93	594.50
金额	元/户	758.60	731.40
2.饼肥	公斤/户	22.90	22.75
金额	元/户	16.10	17.90
3.农药	公斤/户	16.02	9.35
金额	元/户	116.05	128.54
4.农用薄膜	公斤/户	10.58	10.95
金额	元/户	92.72	87.74
5.生产用燃料	公斤/户	69.48	90.58
金额	元/户	148.24	164.69
6.生产用种籽	公斤/户	47.88	32.92
金额	元/户	127.72	137.91
7.生产用饲料	公斤/户	471.95	573.34
金额	元/户	602.69	710.95
8.汽车	辆/百户	0.26	0.25
金额	元/户	84.08	70.74
9.大中型拖拉机	台/百户	0.38	0.24
金额	元/户	22.98	20.52
10.小型和手扶拉机	台/百户	1.62	1.43
金额	元/户	59.75	59.16
11.机动脱粒机	台/百户	0.19	0.14
金额	元/户	0.60	0.73
12.收割机	台/百户	0.10	0.05
金额	元/户	0.75	8.49
13.动力机	台/百户	0.70	0.81
金额	元/户	8.96	8.38
14.胶轮大车	辆/百户	0.17	0.10
金额	元/户	0.13	0.86
15.水泵	台/百户	4.47	3.80
金额	元/户	13.76	17.55
16.役畜	头/百户	3.07	2.57
金额	元/户	32.98	40.50
17.产品畜	头/百户	9.24	4.88
金额	元/户	30.63	27.95

9－22 农村住户粮食收支平衡表

类　　别	单位	2001 年	2002 年	类　　别	单位	2001 年	2002 年
一、年初粮食结存	**公斤/人**	**611.59**	**647.08**	种　子	公斤/人	16.16	9.49
二、粮食收入合计	**公斤/人**	**934.51**	**904.57**	饲　料	公斤/人	170.07	159.42
1.家庭经营生产的	公斤/人	841.25	794.04				
2.购　入	公斤/人	91.72	107.90	补充资料			
3.借　入	公斤/人	0.58	0.01	**生产加工用粮**	**公斤/人**	**7.14**	**1.16**
4.收回借出粮	公斤/人	0.56	2.24	#食品加工用粮	公斤/人	0.02	
5.其他粮食收入	公斤/人	0.40	0.39	饲料加工用粮	公斤/人	7.12	1.16
三、粮食支出合计	**公斤/人**	**796.71**	**839.86**	附记指标一			
1.主食用粮	公斤/人	238.88	236.22	1.施工房屋面积	平方米	21054	14701
2.其他生活用粮	公斤/人	0.15	1.60	#住　宅	平方米	17601	12563
3.出　售	公斤/人	375.90	406.04	2.竣工房屋面积	平方米	20541	13891
4.种　籽	公斤/人	12.15	7.76	#住　宅	平方米	14987	10986
5.饲　料	公斤/人	158.96	178.13	3.期内固定资产投资完成额	元	5060454	5456571
6.借　出	公斤/人	5.08	6.05	#住宅投资完成额	元	2033649	2293954
7.归还借粮	公斤/人	0.22	1.29	附记指标二			
8.其他粮食支出	公斤/人	5.37	2.78	1.出售肉猪及猪肉数量	公斤/人	36.20	37.59
四、年末粮食结存滚存计算数	**公斤/人**	**749.38**	**711.79**	2.出售菜牛及牛肉数量	公斤/人	7.56	6.83
五、年末粮食结存实际调查数	**公斤/人**	**697.53**	**681.23**	3.出售菜羊用羊肉数量	公斤/人	2.24	1.93
#口　粮	公斤/人	356.19	389.95	4.出售家禽数量	公斤/人	15.96	22.30

9－23 农村住户生产结构及技术应用情况

类　　别	单位	2001 年	2002 年	类　　别	单位	2001 年	2002 年
一、粮食播种面积	亩/人	**2.94**	**2.43**	(二)棉花产量	公斤/人	17.71	18.99
#1.小麦播种面积	亩/人	1.43	1.16	(三)油料作物产量	公斤/人	56.77	51.16
2.水稻播种面积	亩/人	0.02	0.02	(四)糖料作物产量	公斤/人		0.10
3.玉米播种面积	亩/人	1.31	1.10	(五)蔬菜产量	公斤/人	472.61	484.64
4.大豆播种面积	亩/人	0.10	0.06	(六)水果产量	公斤/人	110.74	90.90
5.薯类播种面积	亩/人	0.06	0.06	**四、农业生产技术应用情况**			
二、经济作物播种情况				(一)优质粮食品种播种面积	亩/人	1.00	1.19
1.棉花播种面积	亩/人	0.22	0.20	#1.优质小麦面积	亩/人	0.53	0.62
2.油料播种面积	亩/人	0.23	0.23	产　量	公斤/人	194.85	182.56
3.糖料播种面积	亩/人			2.优质水稻面积	亩/人	0.02	0.02
4.蔬菜播种面积	亩/人	0.65	0.65	产　量	公斤/人	8.48	9.19
5.水果播种面积	亩/人			3.优质玉米面积	亩/人	0.45	0.56
三、主要农作物产量				产　量	公斤/人	199.97	200.84
(一)粮食总产量	公斤/人	841.25	794.04	(二)机耕面积	亩/人	1.30	1.27
#1.小　麦	公斤/人	378.24	339.28	(三)抛秧面积	亩/人	0.01	0.01
2.水　稻	公斤/人	10.91	10.45	(四)机播面积	亩/人	1.04	1.01
3.玉　米	公斤/人	404.93	406.44	(五)机收面积	亩/人	0.96	0.91
4.大　豆	公斤/人	15.09	8.56	(六)机电灌溉面积	亩/人	1.33	1.20
5.薯　类	公斤/人	27.15	24.99	(七)薄膜覆盖面积	亩/人	0.27	0.33
				(八)温室面积	亩/人	0.01	0.01

9－24 各市农村居民主要指标

（2002 年）

地　　区	调查户数（户）	常住人口（人）	人均年末住房面积（平方米）	人均总收入（元）	人均纯收入（元）	人均总支出（元）
济南市	870	3218	30.62	4422.03	3355.82	3467.44
青岛市	860	3000	26.56	6190.77	4195.46	4879.82
淄博市	800	2707	29.97	4711.4	3648.34	3688.41
枣庄市	660	2629	26.49	4230.56	3096.56	3215.01
东营市	480	1739	25.25	5113.81	3166.57	4111.97
烟台市	1150	3490	25.17	4888.76	3825.8	3503.68
潍坊市	1300	4628	27.14	5310.09	3643.43	4011.17
济宁市	1330	5370	28.01	4447.45	2973.42	3425.3
泰安市	730	2646	26.01	4272.14	3131.08	2816.67
威海市	500	1408	26.77	5797.53	4401.94	3956.32
日照市	400	1401	27.12	5351.95	3121.48	4259.45
莱芜市	300	916	31.93	4599.97	3621.74	3247.24
临沂市	1590	5830	24.58	3805.13	2602.49	2988.58
德州市	1110	4132	27.22	3719.58	2735.12	2450.54
聊城市	860	3382	28.35	3767.71	2503.39	2783.62
滨州市	700	2582	26.92	3893.83	2670.92	3295.09
菏泽市	900	3756	22.37	3255.34	2298.43	2234.76

9－24 续表 1　　（2002 年）　　单位:元/人

地　　区	人均生活消费支出	1.食品支出	2.衣着支出	3.居住支出	4.家庭设备用品及服务支出
济南市	2133.93	849.49	150.29	365.47	125.3
青岛市	2820.23	1096.77	246	503.08	150.64
淄博市	2481.13	919.06	195.42	412.65	124.89
枣庄市	1966.15	857.35	138.65	365.38	107.92
东营市	2140.14	833.35	155.98	395.71	103.87
烟台市	2355.1	924.85	213.36	391.17	109.25
潍坊市	2275.25	901.15	163.27	431.15	104.07
济宁市	1892.81	813.27	110.21	305.83	102.27
泰安市	1684.77	798.97	97.25	282.36	89.7
威海市	2423.3	931.84	199.23	407.23	99.17
日照市	1943.35	818.97	110.37	333.47	97.76
莱芜市	2051.9	852.98	128.27	339.21	85.76
临沂市	1703.04	751.02	108.67	250.56	77.57
德州市	1441.25	646.9	91.65	255.57	78.06
聊城市	1575.11	721.2	88.88	202.72	72.39
滨州市	1959.05	818.34	104.24	438.29	76.01
菏泽市	1299.65	633.39	78.19	164.18	63.49

9-24续表2　　(2002年)　　单位:元/人

地　　区	5.医疗保健支　出	6.交通通讯支　出	7.文教娱乐及服务支出	#学杂费	8.其他商品和服务支出
济　南　市	157.76	152.42		190.76	77.36
青　岛　市	145.89	257.5	344	239.63	76.35
淄　博　市	235.79	199.77	313.31	231.61	80.23
枣　庄　市	91.84	158.32	187.59	142.94	59.09
东　营　市	129.72	174.05	307.12	251.24	40.35
烟　台　市	175.55	198.3	287.72	217.2	54.91
潍　坊　市	119	177.01	297.96	219.9	81.66
济　宁　市	109.97	158.15	233.31	192.18	59.81
泰　安　市	90.75	94.62	186.93	149.33	44.21
威　海　市	126.29	190.39	412.59	327.68	56.57
日　照　市	80.16	190.47	243.41	148.96	68.75
莱　芜　市	111.37	147.76	325.64	261.09	60.92
临　沂　市	109.57	125.24	232.86	195	47.54
德　州　市	67.93	123.48	136.14	91.78	41.52
聊　城　市	70.4	99.96	173.6	137.77	145.96
滨　州　市	124.34	150.39	195.95	145.71	51.49
菏　泽　市	66.93	80.23	169.2	144.76	44.04

9-24续表3　　(2002年)　　单位:元/人

地　　区	人均总收入	1.工资性收入	2.家庭经营收入	第一产业	第二产业	第三产业	3.财产性收入	4.转移性收入
济　南　市	4422.03	1349.04	2719.47	1904.61	185.32	629.55	126.72	226.81
青　岛　市	6190.77	1820.25	4117.28	3089	466.58	561.7	126.77	126.47
淄　博　市	4711.4	1994	2396.26	1762.46	282.63	351.17	73.62	247.52
枣　庄　市	4230.56	981.82	3017	2176.55	220.17	620.28	67.29	164.45
东　营　市	5113.81	846.62	4004.1	3107.92	245.17	651.01	83.36	179.73
烟　台　市	4888.76	1736.34	2820.23	2341.51	153.48	325.25	93.77	238.41
潍　坊　市	5310.09	1473.95	3638.69	3063.43	165.92	409.33	49.73	147.73
济　宁　市	4447.45	994.27	3164.17	2482.01	214.9	467.27	85.86	203.15
泰　安　市	4272.14	1173.55	2815.15	1955.93	224.44	634.78	26.97	256.48
威　海　市	5797.53	1989.23	3551.39	2929.64	132.21	489.55	63.44	193.46
日　照　市	5351.95	1120.37	4059.73	3338.52	272.71	448.5	43.87	127.98
莱　芜　市	4599.97	1112.38	3297.5	2416.78	251.28	629.44	59.25	130.85
临　沂　市	3805.13	1003.1	2606.71	2162.16	177.51	267.05	35.08	160.25
德　州　市	3719.58	845.91	2759.67	2455.8	113.14	190.73	34.87	79.12
聊　城　市	3767.71	693.19	3002.8	2647.41	159.63	195.77	18.4	44.33
滨　州　市	3893.83	763.47	2942.61	2335.61	237.72	369.29	70.8	116.95
菏　泽　市	3255.34	459.44	2668.33	2310	132.56	225.78	9.49	118.08

9－24 续表 4　　(2002 年)　　单位:元/人

地区	人均总支出	1.家庭经营费用支出	2.购置生产性固定资产支出	3.生产性固定资产折旧	4.税费支出	5.生活消费支出	6.财产性支出	7.转移性支出
济南市	3467.44	806.37	143.1	90.76	88.98	2133.93	48.54	246.52
青岛市	4879.82	1666.22	152.83	179.28	86.18	2820.23	6.77	147.6
淄博市	3688.41	822.91	27.74	81.85	63.98	2481.13	15.4	277.26
枣庄市	3215.01	917.98	86.36	83.81	57.52	1966.15	4.59	182.41
东营市	4111.97	1574.91	74.32	159.49	145.22	2140.14	14.63	162.75
烟台市	3503.68	756.68	44.97	110.57	110.94	2355.1	6.61	229.39
潍坊市	4011.17	1351.44	103.89	141.05	118.85	2275.25	36.19	125.55
济宁市	3425.3	1152.02	56.72	124.85	104.78	1892.81	10.44	208.54
泰安市	2816.67	880.82	39.48	74.42	71.46	1684.77	6.52	133.62
威海市	3956.32	1030.95	163.99	151.98	158.08	2423.3	1.96	178.04
日照市	4259.45	1895.13	177.04	189.62	107.63	1943.35	47.57	88.73
莱芜市	3247.24	807.04	193.15	72.74	50.9	2051.9	1.73	142.52
临沂市	2988.58	893.27	115.29	129.48	104.84	1703.04	14.4	157.74
德州市	2450.54	644.35	76.49	187.1	127.94	1441.25	75.17	85.34
聊城市	2783.62	943.72	41.92	159.36	141.56	1575.11	15.58	65.73
滨州市	3295.09	869.1	116.98	145.84	140.85	1959.05	17.16	191.95
菏泽市	2234.76	723.96	41.36	85.71	116.44	1299.65	4.26	49.09

9－24 续表 5　　(2002 年)　　单位:元/人

地　区	人均纯收入	1.工资性纯收入	2.家庭经营纯收入	第一产业	第二产业	第三产业	3.财产性纯收入	4.转移性纯收入
济南市	3355.82	1349.03	1733.36	1177.67	126.84	428.86	126.72	146.71
青岛市	4195.45	1820.25	2185.61	1510.88	288.51	386.2	126.77	62.83
淄博市	3648.34	1994	1427.53	966.856	214.94	245.75	73.62	153.19
枣庄市	3096.56	981.82	1957.69	1290.75	187.89	479.04	67.29	89.76
东营市	3166.57	846.62	2124.47	1597.56	123.01	403.91	83.36	112.12
烟台市	3825.86	1736.34	1842.04	1494.29	68.07	279.68	93.77	153.65
潍坊市	3643.43	1473.95	2027.34	1563.53	140.49	323.34	49.73	92.41
济宁市	2973.42	994.27	1782.54	1313.62	153.69	315.23	85.86	110.76
泰安市	3131.08	1173.55	1788.45	1046.95	212.67	528.83	26.97	142.12
威海市	4401.94	1989.23	2210.38	1724.81	112.49	373.08	63.44	138.88
日照市	3121.48	1120.37	1867.34	1438.24	181.49	247.61	43.87	89.9
莱芜市	3621.73	1112.38	2366.82	1576.87	223.05	566.94	59.25	83.29
临沂市	2602.49	1003.1	1479.12	1161.17	122.21	195.74	35.08	85.19
德州市	2735.12	845.91	1800.28	1568.04	96	136.25	34.87	54.05
聊城市	2503.39	702.18	1758.17	1477.44	112.04	168.68	18.4	24.65
滨州市	2670.92	763.47	1786.82	1281.51	193.32	312	70.8	49.82
菏泽市	2298.43	459.44	1742.22	1444.87	112.55	184.79	9.49	85.42

十、城市建设

CITY CONSTRUCTION

简要说明：

一、本篇从城市市政设施、城市供水、公共交通、园林绿化等方面反映了我省17个省辖市和31个省辖县级市城市建设的规模、效益及综合水平等基本情况。

二、本部分资料均来自山东省建设厅城市建设统计年报。

编辑单位：省城队综合处

编　　委：李承法

编　　辑：郭　琦

校　　对：郭　琦

电　　话：6129462

10－1 城市基础设施

指标名称	单位	1997年	1998年	1999年	2000年	2001年	2002年
一、设施水平							
城市人口密度	人/平方公里	596.00	615.00	617.00	625.00	886.00	887.00
人均拥有城市维护建设资金	元	461.26	637.22	733.79	786.93	911.00	1235.93
人均日生活用水量	升	148.56	150.93	148.61	148.53	142.58	145.53
用水普及率	%	95.00	96.62	97.31	97.91	97.97	98.03
用气普及率	%	80.29	83.78	87.93	90.01	91.00	93.21
人均拥有道路面积	平方米	13.60	14.28	14.84	15.25	16.02	17.38
每万人拥有公共交通车辆	标台	6.51	7.02	7.52	8.32	8.83	9.59
排水管道密度	公里/平方公里	7.65	7.63	7.92	7.87	7.94	7.97
人均公共绿地面积	平方米	5.91	6.55	7.30	8.06	8.55	9.74
建成区绿化覆盖率	%	30.88	32.45	33.23	33.45	33.26	32.98
二、供水情况							
供水总量	万立方米	242944	241117	240016	231941	229945	238270
#生产用水	万立方米	143320	136726	138097	125719	121648	116025
生活用水	万立方米	84088	87916	90748	93394	92126	107092
用水人口	万人	1551	1596	1673	1723	1770	2016
三、公共交通							
客运总量	万人次	124907	126332	144537	163546	173214	174225
运营车数	辆	9161	9945	10874	12195	14088	15584
出租汽车数	辆	37939	42068	46261	45994	47062	49790
四、市政设施及污水处理							
道路面积	万平方米	17726	19219	20621	21755	24433	28002
道路长度	公里	13561	14555	15282	15856	16013	17472
人行道面积	万平方米	3616	4078	4105	4330	4646	5258
路灯盏数	盏	328367	253517	281947	322004	381058	435639
桥梁数	座	2609	2540	2726	2841	2946	4071
污水年排放量	万立方米	155620	168898	171551	163369	152630	169209
污水年处理量	万立方米	23179	35335	48899	55539	63300	77345
防洪堤长度	公里	1156	1381	1476	1507	1198	1349
五、园林绿化							
园林绿地面积	公顷	46034	51447	53424	56301	60540	67614
公共绿地面积	公顷	7706	8816	10147	11494	13042	15691
绿化覆盖面积	公顷	53081	58486	64819	64868	69865	78628
#建成区绿化覆盖面积	公顷	42932	45905	49025	51543	56809	63144
公园个数	个	286	309	332	346	339	356
公园面积	公顷	4299	4720	4953	5571	7203	7702
游人量	万人次	5078	5278	5817	6038	5981	6947

10－2 城市设施水平

城市名称	城市人口密度（人/平方公里）	人均拥有城市维护建设资金（元）	自来水人均日生活用水量（升）	自来水普及率（%）	用气普及率（%）
2001年	886	911.00	142.58	97.97	91.00
2002年	887	1235.93	145.53	98.03	93.21
济南市	1477	1603.56	160.15	96.62	93.16
章丘市	772	1941.18	197.42	100.00	98.04
青岛市	1791	2497.52	170.32	100.00	99.81
胶州市	771	812.63	196.42	100.00	93.62
即墨市	935	1819.46	159.65	100.00	93.19
平度市	1304	1569.94	160.25	100.00	96.17
胶南市	778	1492.64	199.84	100.00	98.40
莱西市	1391	2967.57	150.06	100.00	94.86
淄博市	921	777.87	111.75	100.00	100.00
枣庄市	668	222.06	147.59	77.21	73.97
滕州市	2622	296.56	128.20	97.31	96.77
东营市	240	1539.51	155.17	100.00	100.00
烟台市	637	1390.54	103.62	100.00	98.85
龙口市	5181	517.00	155.28	92.57	90.49
莱阳市	1086	989.99	138.96	100.00	100.00
莱州市	411	1252.43	93.35	100.00	99.42
蓬莱市	1116	2898.31	79.98	100.00	99.66
招远市	2693	1177.83	101.61	100.00	100.00
栖霞市	1895	528.18	100.98	84.67	78.83
海阳市	1433	1492.86	116.44	100.00	42.86
潍坊市	927	600.40	139.69	100.00	100.00
青州市	1322	1148.66	168.68	100.00	100.00
诸城市	1289	807.28	106.57	100.00	100.00
寿光市	2094	1095.97	155.21	100.00	100.00
安丘市	965	1938.15	90.07	100.00	100.00
高密市	1342	972.86	185.09	100.00	100.00
昌邑市	1084	598.98	165.73	100.00	100.00
济宁市	1154	1052.75	167.15	100.00	97.50
曲阜市	3000	197.36	148.01	100.00	96.69
兖州市	5949	137.61	162.07	100.00	87.00
邹城市	1128	430.81	142.22	100.00	84.99
泰安市	752	1378.52	110.05	99.84	99.80
新泰市	1521	649.74	188.70	99.68	99.64
肥城市	2383	873.84	186.42	99.06	98.80
威海市	754	1504.25	146.02	100.00	98.55
文登市	2208	756.18	106.28	98.27	96.31
荣成市	1512	578.01	104.59	99.27	96.44
乳山市	2500	914.02	112.47	97.44	90.60
日照市	609	1371.75	136.03	99.48	95.01
莱芜市	554	801.97	184.00	96.93	98.06
临沂市	1071	694.94	116.77	100.00	55.85
德州市	1031	988.81	160.81	100.00	91.58
乐陵市	1778	666.19	140.46	98.57	90.95
禹城市	2200	706.79	143.82	100.00	57.69
聊城市	789	852.76	135.32	99.10	82.01
临清市	1221	1879.38	181.44	96.09	70.31
滨州市	572	1190.16	180.04	99.67	99.40
菏泽市	928	1532.43	178.91	94.49	89.34

注：人口密度：地级市为市辖区人口÷市辖区面积；县级市为规划区人口÷规划区面积。

10－2续表

城市名称	人均拥有道路面积（平方米）	排水管道密度（公里/平方公里）	每万人拥有公共交通车辆（标台）	人均公共绿地面积（平方米）	建成区绿化覆盖率（%）
2001年	16.02	7.94	8.83	8.55	33.26
2002年	17.38	7.97	9.59	9.74	32.98
济南市	13.07	7.60	12.12	7.05	34.67
章丘市	16.47	8.38	9.12	8.12	33.10
青岛市	13.78	12.34	22.91	10.22	36.43
胶州市	24.33	11.43	11.42	9.81	37.83
即墨市	32.53	6.69	5.84	24.15	27.41
平度市	33.88	11.06	7.47	15.63	38.93
胶南市	20.78	7.19	5.21	15.04	39.70
莱西市	38.38	7.31	4.86	15.68	38.06
淄博市	13.80	4.67	5.06	8.49	35.00
枣庄市	25.51	5.19	16.59	7.34	30.04
滕州市	14.60	6.79	8.01	7.85	36.22
东营市	21.09	12.29	11.19	13.79	21.58
烟台市	15.11	5.58	8.71	8.32	37.85
龙口市	24.59	8.11	10.23	7.01	35.60
莱阳市	17.06	3.99	4.67	9.67	36.10
莱州市	20.00	8.71	10.58	7.98	32.71
蓬莱市	44.55	12.98	7.45	18.41	35.99
招远市	19.63	11.23	4.10	12.76	34.01
栖霞市	15.62	4.39	4.96	8.76	33.17
海阳市	25.54	12.22	4.64	8.21	30.00
潍坊市	22.05	6.75	6.09	7.60	32.74
青州市	28.93	10.74	4.11	14.16	43.92
诸城市	42.14	5.69	12.23	14.37	28.62
寿光市	28.00	6.68	3.88	13.03	37.00
安丘市	19.77	3.78	2.05	80.60	24.69
高密市	35.78	6.21	5.22	11.04	32.75
昌邑市	27.57	3.91		15.50	33.82
济宁市	16.80	7.12	7.85	7.17	36.40
曲阜市	10.33	7.12	1.89	9.80	33.38
兖州市	14.30	9.12	6.88	6.42	24.87
邹城市	6.89	6.80	3.15	6.44	38.47
泰安市	18.30	12.04	4.80	9.33	35.57
新泰市	16.39	13.08	13.26	11.77	37.90
肥城市	20.24	12.79	9.35	11.98	29.81
威海市	20.83	12.55	10.08	16.85	39.82
文登市	13.95	9.92	2.46	8.21	36.26
荣成市	12.73	9.82	2.79	10.02	36.49
乳山市	17.10	9.67	3.68	12.65	36.67
日照市	23.40	9.02	7.21	12.43	39.72
莱芜市	15.58	5.75	8.55	8.21	36.42
临沂市	10.90	7.11	6.35	6.97	14.09
德州市	13.85	9.06	6.10	7.48	34.23
乐陵市	19.84	2.25	9.05	7.30	27.25
禹城市	28.46	5.88	4.10	8.33	18.73
聊城市	26.10	9.23	4.90	11.90	33.96
临清市	16.45	5.03	4.92	9.77	31.98
滨州市	11.11	7.59	6.04	4.18	17.20
菏泽市	17.56	3.29	3.75	7.91	24.42

10-3 城 市 供 水

城市名称	自来水综合生产能力（万立方米/日）	#地下水	供水管道长度（公里）	供水总量（万立方米）	#生产用水量	#生活用水量	用水人口（万人）	#非农业
2001年	1188.32	715.57	19881	229945	121648	92126	1770.00	1502.29
2002年	1258.10	718.95	22472	238270	116025	107092	2016.05	1579.52
济南市	155.70	65.70	1462	23505	9503	12644	216.30	216.30
章丘市	7.50	7.50	90	1486	741	735	10.20	10.20
青岛市	115.10	18.60	1781	27662	9151	15022	241.64	175.31
胶州市	12.66	10.16	428	2269	727	1517	21.16	14.89
即墨市	7.20	0.90	266	2350	635	1705	29.26	10.28
平度市	15.22	13.22	255	1561	446	961	16.43	10.18
胶南市	17.50	4.00	229	3344	1702	1612	22.10	14.40
莱西市	12.50	2.00	198	1580	730	838	15.30	7.40
淄博市	139.70	110.10	1601	24825	16856	5955	146.00	124.67
枣庄市	60.38	50.40	689	12506	6679	4776	88.66	56.00
滕州市	15.00	15.00	406	3373	2482	861	18.40	18.10
东营市	70.20		1832	17725	12886	3985	70.36	53.96
烟台市	61.90	24.40	1505	8068	4336	3647	96.43	96.85
龙口市	9.00	6.60	411	1189	218	921	16.25	14.21
莱阳市	13.80	8.80	278	2497	1425	984	19.40	14.99
莱州市	10.20	5.20	184	1089	624	460	13.50	10.30
蓬莱市	5.60	3.30	186	686	295	355	12.16	5.91
招远市	5.50	3.00	208	1126	519	563	15.18	10.24
栖霞市	3.50	0.50	69	324	44	258	7.00	5.80
海阳市	3.50	3.50	115	630	270	340	8.00	5.60
潍坊市	59.15	43.95	827	9061	4509	3901	76.51	62.38
青州市	11.27	11.27	290	2480	1042	1336	21.70	15.33
诸城市	9.00	3.60	141	2235	1077	1058	27.20	10.30
寿光市	10.30	10.30	191	4218	3075	1133	20.00	12.90
安丘市	11.70	11.70	127	2828	1922	668	20.32	9.28
高密市	9.95	3.95	281	3620	1845	1770	26.20	11.68
昌邑市	11.20	11.20	75	1545	703	787	13.01	6.86
济宁市	57.00	55.00	553	10372	5428	4777	78.30	40.00
曲阜市	7.50	7.50	260	1778	849	859	15.90	14.80
兖州市	13.00	13.00	280	2104	1058	924	15.62	13.08
邹城市	9.10	9.10	844	3013	1379	1521	29.30	27.65
泰安市	34.50	29.50	1441	7169	1731	4579	114.00	64.00
新泰市	13.10	4.60	485	3547	1118	2153	31.26	24.65
肥城市	8.20	8.20	111	2169	707	1252	18.40	11.55
威海市	31.10	4.30	908	3955	1279	2094	39.29	39.29
文登市	8.70	1.20	274	1380	526	836	21.55	21.55
荣成市	9.80	1.50	300	1395	305	991	25.96	25.96
乳山市	11.00	4.60	283	776	306	468	11.40	11.40
日照市	20.21	8.01	298	3398	1908	1425	28.70	28.70
莱芜市	20.50	18.00	305	5410	2491	2732	40.68	40.38
临沂市	44.31	30.24	546	6086	1915	3137	73.60	68.40
德州市	25.25	16.25	270	4210	1835	2160	36.80	36.09
乐陵市	4.80	4.80	62	1160	383	769	15.00	6.21
禹城市	13.60	13.60	72	801	358	421	8.02	7.80
聊城市	18.20	18.20	560	4651	1565	2766	56.00	37.40
临清市	17.00	12.00	140	4487	3515	947	14.30	12.30
滨州市	16.50		200	2419	972	1334	20.30	18.14
菏泽市	10.50	10.50	156	4208	1955	2155	33.00	25.70

10-4 城市公共交通

城市名称	运营车数（辆）	标准运营车数（标台）	运营线路网长度（公里）	客运总量（万人次）	出租汽车数（辆）
2001年	14088	13477	9550	173214	47062
2002年	15584	15448	11352	174225	49790
济南市	2553	2713	1116	42916	7997
章丘市	133	93	96	1160	548
青岛市	3681	4016	896	61713	8376
胶州市	213	170	136	1616	245
即墨市	85	60	138	670	218
平度市	108	76	140	600	121
胶南市	75	75	114	550	162
莱西市	52	36	200	240	130
淄博市	24	631	18	135	
枣庄市	1369	1203	220	3743	784
滕州市	166	149	220	1671	600
东营市	596	604	1500	5695	3119
烟台市	976	844	437	12056	2308
龙口市	156	157	840	983	340
莱阳市	70	70	150	690	395
莱州市	155	109	60	660	220
蓬莱市	61	44	75	459	560
招远市	60	42	116	548	305
栖霞市	48	34	61	298	98
海阳市	37	26	5	160	160
潍坊市	415	380	398	2621	2588
青州市	79	63	118	610	275
诸城市	126	126	260	552	95
寿光市	50	50	97	80	200
安丘市	38	19	30	52	620
高密市	82	61	182	1050	130
昌邑市					
济宁市	314	314	216	3775	1300
曲阜市	40	28	79	130	279
兖州市	129	90	111	341	
邹城市	122	87	238	720	728
泰安市	325	308	333	2360	1290
新泰市	367	328	171	800	48
肥城市	142	109	110	993	300
威海市	378	396	148	7547	1400
文登市	76	54	119	405	268
荣成市	104	73	140	315	286
乳山市	62	43	110	240	270
日照市	229	208	159	3170	1356
莱芜市	402	356	100	1816	1886
临沂市	567	434	491	6258	2700
德州市	280	220	220	730	2405
乐陵市	57	57	81	10	
禹城市	46	32		7	130
聊城市	190	185	326	1600	1500
临清市	90	63	119	320	300
滨州市	110	110	293	650	
菏泽市	146	102	165	510	2750

10－5 城市市政设施

城市名称	道路长度（公里）	道路面积（万平方米）	人行道面积（万平方米）	路灯盏数（盏）	排水管道长度（公里）	桥梁数（座）
2001年	16013	24433	4646	381058	13557	2946
2002年	17472	28002	5258	435639	15257	4071
济南市	1823	2926	401	23788	1440	580
章丘市	109	168	50	6021	114	31
青岛市	1359	2416	595	39318	1641	153
胶州市	227	362	59	2673	295	30
即墨市	227	334	55	1688	201	23
平度市	234	345	135	4773	246	69
胶南市	221	299	99	10997	243	58
莱西市	166	284	34	2606	136	19
淄博市	1142	1721	226	34534	717	241
枣庄市	1557	1850	169	8569	417	248
滕州市	209	272	62	5950	162	23
东营市	821	1138	211	22688	1047	196
烟台市	1042	1463	256	34049	763	65
龙口市	191	378	99	4091	139	20
莱阳市	140	256	66	3159	73	30
莱州市	144	206	75	3035	135	10
蓬莱市	141	263	45	3790	136	17
招远市	134	201	43	3604	169	28
栖霞市	67	107	29	1300	40	38
海阳市	73	143	45	1930	110	12
潍坊市	683	1375	256	22975	512	56
青州市	286	444	103	5404	188	15
诸城市	182	434	72	2010	140	13
寿光市	293	361	58	3924	127	5
安丘市	103	184	38	1878	92	26
高密市	248	418	48	4267	153	47
昌邑市	88	189	42	2292	50	14
济宁市	487	672	151	10700	317	83
曲阜市	118	153	35	10909	93	29
兖州市	154	187	45	4650	156	29
邹城市	229	191	46	4750	144	12
泰安市	618	1173	126	14326	711	1055
新泰市	198	405	85	5228	478	22
肥城市	118	236	79	3731	307	20
威海市	449	818	110	32730	548	156
文登市	111	306	78	4013	204	16
荣成市	155	333	56	8866	198	27
乳山市	122	200	26	4255	148	34
日照市	498	675	167	16019	360	57
莱芜市	280	649	178	6510	276	126
临沂市	448	745	175	8907	498	47
德州市	281	500	104	10820	317	26
乐陵市	84	125	41	4220	36	16
禹城市	151	222	30	1980	97	30
聊城市	468	985	165	9660	420	87
临清市	124	211	58	3600	94	35
滨州市	121	202	56	2510	249	36
菏泽市	350	478	77	5942	124	61

10－5续表

城市名称	污水年排放量（万吨）	污水年处理量（万吨）	防洪堤长度（公里）	生活垃圾清运量（万吨）	垃圾无害化处理量（万吨）
2001年	152630	63300	1198	788	598
2002年	169209	77345	1349	889	687
济南市	20459	8737	89	71	68
章丘市	1040			7	7
青岛市	21052	14888	128	85	85
胶州市	1340	786	22	8	8
即墨市	800		7	14	14
平度市	777	330	22	20	20
胶南市	2200	970	21	7	7
莱西市	1396	880	15	7	7
淄博市	18616	7110	80	78	19
枣庄市	7829	3635	75	46	26
滕州市	2868		9	38	10
东营市	10873	3186	6	45	35
烟台市	5330	3758	15	29	24
龙口市	928	376	17	6	4
莱阳市	1800	700	7	7	7
莱州市	760	698	9	4	4
蓬莱市	663	530	5	6	
招远市	900	631	19	6	6
栖霞市	310		22	5	5
海阳市	450		16	4	4
潍坊市	5139	2673	24	34	34
青州市	1170	699	15	21	19
诸城市	1541	1387	20	20	20
寿光市	3591	3500	4	16	14
安丘市	1645	1086	15	5	5
高密市	1300	1170	3	11	11
昌邑市	1081	900		4	4
济宁市	7261	2188	71	13	13
曲阜市	1200		40	8	
兖州市	588		14	12	8
邹城市	2200	636	18	15	2
泰安市	5650	1825	128	22	22
新泰市	2350	1322	16	10	10
肥城市	2007		12	4	4
威海市	2523	1832	71	23	23
文登市	1110	950	50	5	5
荣成市	1132	720	18	10	10
乳山市	621	402	7	4	4
日照市	2257		41	13	12
莱芜市	3888	2630	40	15	15
临沂市	5000	460	120	35	27
德州市	3010	1650		16	15
乐陵市	800			4	3
禹城市	512			5	3
聊城市	3900	1950		23	18
临清市	2650	1650	14	5	4
滨州市	2012	500	9	13	10
菏泽市	2680		17	30	14

10－6 城 市 园 林 绿 化

城市名称	绿化覆盖面积（公顷）	#建成区	园林绿地面积（公顷）	公共绿地面积（公顷）	公园个数（个）	公园面积（公顷）	游人量（万人次）
2001年	69865	56809	60540	13042	339	7203	5981
2002年	78628	63144	67614	15691	356	7702	6947
济南市	6621	6573	5984	1577	16	1368	392
章丘市	450	450	388	83	3	38	20
青岛市	8408	4847	7967	1791	43	926	2024
胶州市	1092	976	915	146	4	57	133
即墨市	822	822	703	248	1	22	18
平度市	876	866	776	159	5	54	11
胶南市	1342	1342	1149	217	2	133	40
莱西市	749	708	668	116	3	75	47
淄博市	11090	5377	10646	1058	20	474	289
枣庄市	2874	2415	1838	532	20	192	144
滕州市	862	862	700	146	2	19	55
东营市	2277	1839	2129	744	16	89	172
烟台市	5171	5171	4820	806	19	357	114
龙口市	1166	609	1052	108	7	18	24
莱阳市	661	661	534	145	1	73	15
莱州市	507	507	422	82	5	37	25
蓬莱市	815	378	728	109	4	40	380
招远市	510	510	451	131	5	18	20
栖霞市	299	299	221	60	3	28	2
海阳市	270	270	237	46	1	20	10
潍坊市	2562	2482	2243	474	15	203	153
青州市	848	769	658	217	10	110	35
诸城市	712	704	547	148	5	107	170
寿光市	978	703	863	168	3	64	400
安丘市	601	601	1015	748	5	551	18
高密市	907	809	720	129	2	36	23
昌邑市	550	430	389	106	2	22	70
济宁市	1621	1621	1336	287	7	52	135
曲阜市	542	434	360	145	9	207	180
兖州市	483	425	381	84	6	49	200
邹城市	872	816	649	178	11	131	37
泰安市	3127	2099	1749	598	10	73	120
新泰市	1383	1383	1283	291	9	134	94
肥城市	715	715	558	140	4	117	36
威海市	1993	1738	1741	662	14	274	259
文登市	747	747	689	180	3	159	20
荣成市	872	737	658	262	6	225	10
乳山市	561	561	526	148	3	40	12
日照市	1593	1585	1379	359	3	107	56
莱芜市	1748	1748	1563	342	2	89	73
临沂市	1078	986	1119	476	16	329	249
德州市	1238	1198	1184	270	6	67	172
乐陵市	519	436	353	46	2	10	3
禹城市	420	309	310	65	2	56	17
聊城市	2574	1545	1327	449	12	312	360
临清市	738	598	304	125	3	42	40
滨州市	564	564	472	76	2	40	25
菏泽市	1220	921	911	215	4	55	46

10-7 城市燃气供热

城市名称	煤气供气量(万立方米)	#家庭用量	天然气供气量(万立方米)	#家庭用量	液化石油气供气量(吨)	#家庭用量	集中供热面积(万平方米)	#住宅
2001年	41904	28975	34709	7904	349743	237339	14283	10008
2002年	42868	31032	60766	31048	432388	292448	17059	12680
济南市	3380	2248	5039	1451	71471	15900	2529	2079
章丘市	1091	1091			4254	4254	123	90
青岛市	13500	9647	65	41	60123	34791	1608	1015
胶州市					3900	3060	225	185
即墨市					3877	3410	70	39
平度市	280	280			5500	4800	115	55
胶南市					4700	3536	200	188
莱西市	280	271			2780	2780	89	74
淄博市	2126	1682	630		71558	48108	1547	1226
枣庄市	1750	1307			7032	3320	393	207
滕州市	712	647			3250	2930	52	30
东营市			51106	26952	11915	4202	1422	1021
烟台市	3766	2916			25340	20183	1444	1173
龙口市					6860	5500	284	216
莱阳市					5350	5050	292	239
莱州市			11	7	2132	2030	95	67
蓬莱市					3900	3600	72	70
招远市					4653	4110	150	117
栖霞市					2520	2280		
海阳市					2600	2600	50	30
潍坊市	5453	3058	2	2	6170	4596	339	225
青州市			45	45	4867	4867	120	80
诸城市			500	500	3570	3550	142	98
寿光市	99	99	5	5	5200	5200	220	171
安丘市					6320	4819	130	90
高密市					6120	6120	208	166
昌邑市			399	35	2844	2844	50	42
济宁市	3372	2186			3600	3350	200	175
曲阜市					1895	1655		
兖州市	2198	2198			2600	2100	68	56
邹城市	1022	764			1659	1400	96	80
泰安市			1170	600	10500	10500	585	349
新泰市					3870	3670	309	227
肥城市	516	516			400	302	131	88
威海市	1433	985			10208	7714	763	462
文登市					5030	4158	178	158
荣成市					5980	5795	118	90
乳山市					3600	3000	118	95
日照市					5310	4800	222	185
莱芜市	1830	1090			9620	7620	540	435
临沂市	60	47			10700	9800	623	545
德州市			1368	984	4150	4150	231	176
乐陵市					800	800	160	95
禹城市			65	65	780	780	55	32
聊城市			361	361	2100	1980	404	308
临清市					800	654	293	133
滨州市					4980	4980		
菏泽市					5000	4800		

10-8 城市建设用地

城市名称	城市面积（平方公里）	#建成区面积	城市建设用地面积（平方公里）	#居住用地	#公共设施用地	#工业用地	#道路广场用地
2001年	35134.73	1707.97	1684.92	498.03	241.90	363.51	170.25
2002年	35433.65	1914.51	1893.70	568.01	268.18	413.50	188.33
济南市	2216.69	189.57	189.57	53.85	32.29	41.90	18.01
章丘市	163.00	13.60	12.69	3.96	2.15	3.18	1.35
青岛市	1349.29	133.03	133.03	38.73	15.34	27.14	14.42
胶州市	274.60	25.80	25.80	6.86	3.34	8.50	1.87
即墨市	313.00	30.00	30.00	10.90	3.20	7.64	4.60
平度市	126.00	22.25	22.25	9.32	2.86	0.28	2.26
胶南市	284.00	33.80	33.80	11.52	4.50	7.50	3.84
莱西市	110.00	18.60	18.60	6.74	2.42	3.94	1.35
淄博市	2959.92	153.63	153.02	43.39	15.66	42.26	18.67
枣庄市	3083.80	80.38	75.32	26.41	11.30	17.98	3.71
滕州市	106.77	23.80	23.30	8.20	3.48	7.74	0.74
东营市	3220.00	85.21	84.37	23.45	14.82	12.86	9.36
烟台市	2643.60	136.62	136.36	34.54	29.71	29.15	9.80
龙口市	31.50	17.10	17.10	7.48	1.36	4.95	1.02
莱阳市	186.00	18.31	18.02	5.87	4.15	4.27	0.90
莱州市	333.00	15.50	15.50	5.25	1.60	3.62	2.06
蓬莱市	118.00	10.50	9.45	2.63	1.32	1.68	1.38
招远市	60.00	15.00	14.46	4.21	2.77	3.10	2.12
栖霞市	60.00	9.00	9.00	2.70	1.60	1.30	0.94
海阳市	60.00	9.00	9.00	3.08	1.30	2.20	0.90
潍坊市	1472.00	75.80	75.80	27.22	9.55	15.74	6.72
青州市	165.00	17.50	17.50	4.72	2.80	2.69	2.56
诸城市	211.00	24.60	24.60	7.66	2.94	6.25	1.49
寿光市	95.50	19.00	19.00	4.44	1.57	2.94	2.09
安丘市	213.00	24.34	19.88	4.66	3.02	3.71	2.02
高密市	196.00	24.70	24.70	8.93	3.17	5.58	2.91
昌邑市	120.00	12.70	12.70	3.30	1.72	2.64	1.80
济宁市	905.00	44.53	44.53	15.66	4.80	13.12	2.42
曲阜市	60.00	13.00	13.00	4.20	1.90	2.31	1.23
兖州市	29.18	17.09	17.09	6.20	2.20	3.00	1.55
邹城市	294.00	21.21	21.21	7.20	2.03	3.41	3.21
泰安市	2088.00	59.00	59.00	19.94	9.38	7.04	5.69
新泰市	208.00	36.50	36.50	7.13	3.20	9.12	3.62
肥城市	77.27	23.97	23.97	6.95	2.00	5.00	3.00
威海市	731.00	43.65	43.65	8.62	5.20	11.21	6.52
文登市	205.00	20.60	20.60	5.35	1.50	4.19	2.94
荣成市	205.00	20.20	20.20	4.86	2.50	3.50	1.73
乳山市	60.00	15.30	15.30	4.57	2.15	3.00	2.28
日照市	1915.00	39.90	39.87	14.57	4.01	5.52	5.88
莱芜市	2236.00	48.00	46.30	11.40	7.00	10.00	5.00
临沂市	1748.63	70.00	70.00	20.33	11.39	19.02	5.09
德州市	539.00	35.00	35.00	9.70	4.05	9.10	3.70
乐陵市	90.00	16.00	16.00	5.10	0.90	4.10	2.80
禹城市	40.00	16.50	16.50	3.05	2.42	3.79	2.35
聊城市	1254.00	45.50	40.94	12.48	6.99	8.10	3.52
临清市	120.00	18.70	18.70	5.90	2.10	4.73	2.15
滨州市	1041.60	32.80	32.80	11.98	5.62	6.90	1.76
菏泽市	1415.30	37.72	37.72	12.80	6.90	6.60	3.00

注：城市面积：地级市为市辖区，县级市为城市规划区。

十一、农林牧渔业

FARMING, FORESTRY, ANIMAL HUSBANDRY AND FISHERY

简要说明：

一、本篇资料反映我省农业生产和农村经济的基本情况，内容主要包括农林牧渔业总产值、中间消耗、增加值、农村劳动力、耕地、主要农产品产量、农业机械年末拥有量、农村电气化和农业化学化情况以及农田水利建设等方面的统计资料。

二、本篇的资料来源于农村综合统计报表。农村综合统计报表制度的统计范围包括省内所属的各种经济类型、各个系统的全部农林牧渔业生产单位以及各非农行业附属的农林牧渔业生产活动单位。军委系统的农业生产（除军马外）也应包括在内，但不包括农业科学试验机构进行的农业生产。刊载在本年鉴中的统计资料是按照报表制度的统一要求，由各市统计局收集、汇总后报送的。目前多数指标仍沿用逐级上报制度。如林业生产情况、渔业生产情况、农业机械年末拥有情况和农田水利建设情况等指标均取自同级业务部门的统计资料，有关农业主要产品生产情况指标，凡能从国家抽样调查直接取材的，则根据农产量、畜牧业抽样调查数据填报，其他农林牧渔业产量指标则采取抽样调查、重点调查和全面调查相结合的方法，或利用部门统计资料和住户调查资料加工计算。

三、农产量抽样调查采取两阶段、随机起点、对称等距的抽样方法。一般为省抽村、村抽地块、地块抽样本。抽样框的编制以近三年粮食、棉花平均亩产作为有关标识，按高低顺序排队，以近三年粮食、棉花平均播种面积作为辅助标识。粮食产量抽样调查共抽选了300个调查村1.05万个样本进行实割实测调查，误差系数要求不超过正负2%，棉花产量抽样调查共抽选80个调查村2800个样本进行实收实测调查，误差系数要求不超过正负2%。粮食面积抽样调查共抽选320个调查村3200户进行调查，误差系数要求不超过正负3%。棉花面积抽样调查共抽选80个村800户进行调查，误差系数要求不超过正负3%。农产量抽样调查实行样本轮换制度，四年为一个周期。

四、本部分资料分别由省农调队综合处和产量处整理提供。

编辑单位：省农队综合处　省农队产量处

编　　委：王庆国　杨晓福

编　　辑：周颖颖　胡东香

校　　对：周颖颖　范海东

电　　话：6129450　6129451

11－1 历年农林牧渔业总产值

单位:亿元

年份	农林牧渔业总产值	农业	#种植业	林业	牧业	渔业
1949	20.07	18.01	16.01	0.12	1.66	0.28
1950	26.36	23.85	21.02	0.12	1.98	0.41
1951	33.06	29.44	26.17	0.14	2.82	0.66
1952	40.00	35.05	31.16	0.25	3.98	0.72
1953	37.04	32.24	28.31	0.41	3.63	0.76
1954	41.92	36.93	33.03	0.49	3.67	0.83
1955	44.97	40.05	35.40	0.66	3.37	0.89
1956	44.05	38.49	36.53	0.81	3.88	0.87
1957	36.44	31.21	30.36	0.87	3.54	0.82
1958	41.66	36.73	36.64	1.30	2.69	0.94
1959	39.32	34.39	34.31	1.38	2.52	1.03
1960	26.32	23.26	23.24	0.28	1.73	1.05
1961	31.84	28.17	28.11	0.19	2.50	0.98
1962	38.32	32.77	32.71	0.26	4.09	1.20
1963	40.21	33.40	33.33	0.29	5.38	1.14
1964	40.18	33.10	33.02	0.37	5.48	1.23
1965	50.49	42.88	42.79	0.55	5.76	1.30
1966	55.93	46.08	46.00	0.54	8.03	1.28
1967	55.81	46.08	45.98	0.59	7.88	1.26
1968	51.83	42.43	42.32	0.62	7.42	1.36
1969	58.70	49.31	49.22	0.61	7.04	1.74
1970	66.78	55.75	55.62	0.90	8.14	1.99
1971	75.63	60.97	60.86	1.89	10.86	1.91
1972	81.42	65.29	65.14	2.33	11.34	2.46
1973	84.59	68.42	68.26	2.34	11.34	2.49
1974	78.47	61.65	61.48	2.30	11.83	2.69
1975	93.43	75.85	75.64	2.65	12.33	2.60
1976	100.36	80.37	80.12	2.60	14.24	3.15
1977	99.27	78.83	78.40	2.10	14.72	3.62
1978	102.22	84.77	83.71	1.81	12.19	3.45
1979	135.92	113.34	111.33	2.04	16.61	3.93
1980	160.91	128.81	126.22	4.52	23.43	4.15
1981	198.50	155.62	151.83	4.91	33.04	4.94
1982	218.51	171.58	167.98	7.22	34.12	5.59
1983	259.50	208.75	202.87	8.48	36.21	6.06
1984	310.11	245.19	236.64	8.60	48.20	8.12
1985	335.42	248.17	236.62	11.07	62.82	13.36
1986	361.19	269.51	255.92	12.67	62.84	16.17
1987	413.18	313.76	299.05	12.11	64.15	23.16
1988	494.53	331.59	313.98	14.80	108.07	40.07
1989	547.66	366.24	347.61	14.28	124.71	42.43
1990	645.75	419.50	397.85	20.45	150.19	55.61
1991	779.18	491.76	471.53	22.19	186.52	78.71
1992	815.62	462.58	437.03	23.73	215.73	113.58
1993	944.99	526.66	511.48	28.24	239.90	150.19
1994	1282.25	660.13	649.84	36.78	348.78	236.56
1995	1678.16	931.89	922.96	41.81	433.62	270.84
1996	1962.12	1090.64	1078.05	49.97	512.60	308.91
1997	2058.32	1137.19	1107.33	49.86	550.58	320.69
1998	2174.54	1219.85	1184.65	45.91	583.40	325.38
1999	2202.95	1254.87	1232.44	44.93	572.95	330.20
2000	2294.35	1300.44	1280.12	47.62	599.17	347.12
2001	2453.96	1401.34	1385.22	47.22	654.71	350.69
2002	2526.05	1420.88	1402.81	48.25	698.44	358.48

注:本表按当年价格计算,是与农业普查衔接后的数据。

11－2 历年农林牧渔业总产值指数

（以1952年为100）

年份	农林牧渔业总产值	农业	#种植业	林业	牧业	渔业
1949	57.7	59.1	59.1	56.9	48.0	44.2
1950	78.8	81.4	80.7	56.9	59.6	68.0
1951	81.4	82.7	82.8	56.9	69.8	90.5
1952	100.0	100.0	100.0	100.0	100.0	100.0
1953	89.9	89.3	88.2	160.8	88.5	102.7
1954	99.8	100.4	101.0	184.3	88.0	109.5
1955	108.1	109.9	109.3	256.9	81.3	118.4
1956	111.3	111.1	117.8	325.5	97.7	122.4
1957	94.2	92.1	100.8	360.8	91.9	118.4
1958	107.9	108.5	121.8	543.1	70.0	134.7
1959	102.7	102.5	115.0	578.4	66.1	149.7
1960	63.4	64.0	71.9	107.8	41.6	141.5
1961	61.5	62.1	69.7	58.8	48.6	106.1
1962	65.5	63.9	71.8	70.6	70.0	114.3
1963	75.5	71.6	80.4	86.3	101.6	119.7
1964	80.0	75.2	84.4	119.6	109.7	136.1
1965	99.8	96.7	108.6	174.5	114.3	142.9
1966	113.6	106.8	119.9	178.4	163.6	144.2
1967	113.7	107.1	120.2	194.1	161.1	142.9
1968	103.3	96.5	108.3	198.0	148.5	151.0
1969	113.9	109.2	122.6	186.3	137.1	188.4
1970	123.5	117.7	132.1	264.7	151.2	204.8
1971	136.9	126.0	141.4	547.1	197.5	191.8
1972	141.5	129.5	145.4	649.0	198.0	238.1
1973	147.2	135.9	152.5	654.9	198.2	240.8
1974	137.5	123.3	138.3	647.1	208.1	262.6
1975	163.2	151.2	169.6	745.1	216.5	252.4
1976	166.9	152.6	171.1	692.2	237.8	291.8
1977	164.8	149.4	167.1	556.9	245.5	334.7
1978	177.1	160.6	178.2	680.4	253.4	383.7
1979	193.9	177.1	195.7	637.3	287.2	338.8
1980	212.1	190.0	209.7	680.4	347.4	375.5
1981	218.8	198.2	218.1	627.5	352.9	336.1
1982	239.2	215.3	236.9	1043.1	373.1	383.0
1983	273.7	253.2	275.9	988.2	386.1	399.3
1984	326.0	302.4	326.8	1109.8	462.2	449.7
1985	338.2	306.5	326.8	1427.5	520.9	491.8
1986	339.2	304.4	321.2	1380.4	539.2	566.0
1987	366.3	331.7	350.4	1364.7	551.7	681.6
1988	378.6	324.4	337.3	1325.5	703.9	887.8
1989	383.5	321.8	333.9	1259.2	768.7	959.7
1990	404.2	335.6	345.3	1235.3	823.3	1150.7
1991	452.3	370.2	384.0	1315.6	922.9	1393.5
1992	455.9	345.4	352.9	1380.1	985.7	1721.0
1993	510.6	381.0	399.8	1526.4	1080.3	2103.1
1994	578.0	411.1	436.2	1770.6	1295.3	2523.7
1995	629.4	441.9	471.1	1839.7	1463.7	2720.5
1996	675.3	478.1	507.4	2141.6	1551.5	2902.8
1997	707.0	490.1	506.4	2154.4	1716.0	2975.4
1998	777.0	589.3	562.1	2068.2	1915.1	3121.2
1999	819.7	615.2	599.2	2072.3	2045.3	3345.9
2000	851.7	639.8	625.6	2200.8	2155.7	3362.6
2001	885.8	666.0	655.6	2064.4	2315.2	3315.5
2002	895.5	649.4	637.2	1971.5	2472.6	3391.8

注：本表按可比价格计算，是与农业普查衔接后的数据。

11－3 农林牧渔业总产值

单位:亿元

指　标　名　称	2001 年	2002 年	2002 年为 2001 年%
农林牧渔业总产值	**2453.96**	**2526.05**	**101.1**
一、农业产值	**1401.34**	**1420.88**	**97.5**
#种植业	1385.22	1402.81	97.2
#粮　食	441.29	392.16	89.1
油　料	85.86	79.07	90.3
棉　花	71.62	75.46	107.2
蔬菜、瓜类、食用菌	611.47	678.43	107.8
茶桑果类	129.12	134.60	92.0
二、林业产值	**47.23**	**48.25**	**95.5**
三、牧业产值	**654.70**	**698.44**	**106.8**
#牲　畜	320.06	335.75	106.1
家禽的饲养	129.60	139.10	107.2
活的畜禽产品	174.57	189.61	105.5
其它动物及产品	29.83	33.45	126.4
四、渔业产值	**350.69**	**358.48**	**102.3**
1.海水产品	282.14	295.31	104.0
#养　殖	147.61	161.02	108.4
2.内陆水域水产品	68.55	63.16	94.8

注:本表绝对数按当年价格计算,速度按可比价格计算。

11-4 历年粮、棉、油产量

年份	粮食		棉花		油料	
	总产量（万吨）	单产（千克/公顷）	总产量（万吨）	单产（千克/公顷）	总产量（万吨）	单产（千克/公顷）
1949	870.0	795	8.1	180	55.6	1170
1950	1033.5	915	10.3	195	66.0	1320
1951	1023.5	915	12.4	180	73.4	1395
1952	1199.0	1035	16.9	240	84.5	1470
1953	1049.5	900	13.1	210	80.3	1380
1954	1247.0	1050	15.5	255	105.0	1530
1955	1276.0	1110	20.9	285	106.1	1485
1956	1372.5	1215	21.7	270	129.9	1650
1957	1126.0	990	17.4	225	70.0	945
1958	1226.0	1170	21.2	300	78.4	1320
1959	1049.0	1095	16.3	240	44.8	1185
1960	829.5	825	7.8	135	21.8	735
1961	840.5	855	3.1	75	39.7	1290
1962	910.0	915	3.9	105	42.4	1875
1963	992.5	990	8.6	165	51.1	2025
1964	1132.5	1140	12.1	180	64.3	2070
1965	1332.0	1350	19.9	300	67.1	1395
1966	1470.0	1545	20.2	300	97.3	1665
1967	1466.0	1575	21.8	315	82.2	1350
1968	1282.5	1395	22.7	330	69.2	1245
1969	1449.5	1545	23.9	360	47.0	915
1970	1465.0	1575	27.3	390	78.5	1575
1971	1607.5	1710	24.3	375	92.7	1725
1972	1735.0	1815	19.6	330	74.9	1365
1973	1917.0	2025	26.3	405	87.4	1710
1974	1683.0	1815	19.0	300	83.4	1530
1975	2170.5	2355	24.1	390	84.2	1515
1976	2241.5	2460	15.8	255	58.5	1065
1977	2099.0	2370	14.9	240	67.7	2025
1978	2288.0	2595	15.4	255	95.9	1785
1979	2472.0	2835	16.7	315	109.1	1800
1980	2384.0	2820	53.7	735	143.0	2160
1981	2312.5	2835	67.5	720	142.1	2010
1982	2375.0	3090	96.0	720	142.5	2190
1983	2700.0	3465	122.5	825	152.0	2460
1984	3040.0	3885	172.5	1005	182.0	2790
1985	3137.7	3930	106.2	915	267.9	2745
1986	3250.0	3840	94.1	930	207.6	2355
1987	3393.7	4125	124.4	1020	234.3	2940
1988	3225.0	3990	113.7	825	197.8	2505
1989	3250.0	4035	102.5	780	150.0	1995
1990	3570.0	4380	102.8	690	212.1	2910
1991	3916.9	4845	135.1	870	233.1	3285
1992	3589.3	4533	67.7	455	166.3	2380
1993	4100.0	4992	41.0	539	268.4	3434
1994	4091.1	5015	55.9	705	338.3	3781
1995	4245.0	5220	47.1	707	315.0	3580
1996	4332.7	5260	37.2	773	309.3	3767
1997	3852.2	4766	35.4	894	240.9	2977
1998	4264.8	5244	41.3	996	335.6	3908
1999	4269.0	5271	39.2	1072	320.5	3614
2000	3837.7	4938	59.0	1085	356.9	3730
2001	3720.6	5201	78.1	1062	377.3	3743
2002	3292.7	4763	72.2	1086	340.4	3458

11－5 1978－2002年畜牧业生产情况

年　　份	肉类总产量（万吨）	猪存栏（万头）	牛存栏（万头）	羊存栏（万只）	家禽存栏（万只）
1978	60.80	1992.00	227.60	756.40	6766.00
1979	65.18	2117.60	221.50	925.80	7204.00
1980	90.10	2112.50	217.80	1041.30	7997.00
1981	96.26	1901.10	213.70	1025.60	8075.00
1982	94.98	1726.20	213.60	989.50	9115.00
1983	94.54	1562.70	222.10	901.80	10216.80
1984	104.38	1681.50	232.60	753.90	14688.90
1985	128.62	1812.80	258.00	783.30	16548.20
1986	141.78	1668.90	292.50	985.30	15120.70
1987	141.02	1547.00	344.60	1404.10	16916.30
1988	171.47	1688.60	416.00	1436.40	21582.10
1989	195.63	1604.10	472.40	1491.30	20471.30
1990	221.61	1576.70	511.80	1528.10	23974.60
1991	241.49	1599.40	501.40	1591.20	24136.80
1992	250.67	1602.60	531.90	1655.20	25810.80
1993	286.61	1603.70	603.00	1703.50	27188.70
1994	338.77	1701.50	681.30	1799.80	35118.60
1995	394.42	1718.10	714.10	1866.10	34613.80
1996	405.52	1723.60	740.10	1877.20	37485.00
1997	460.64	2209.70	811.90	2038.60	41833.00
1998	497.90	2485.90	911.80	2322.00	48484.00
1999	524.49	2560.48	977.25	2536.22	53332.00
2000	560.15	2660.34	1008.61	2784.73	58558.00
2001	595.44	2769.41	1006.85	2904.47	61589.23
2002	626.99	2882.96	1018.93	3039.45	65231.51

11－5续表

年份	猪出栏（万头）	牛出栏（万头）	羊出栏（万只）	家禽出栏（万只）	禽蛋产量（万吨）	奶类产量（万吨）
1978	901.20	4.60	142.40		22.50	6.83
1979	1047.50	6.70	228.60		23.67	6.95
1980	1241.60	8.80	377.50		25.62	6.80
1981	1296.80	11.50	460.70		29.47	5.24
1982	1213.20	10.60	521.60		34.30	8.77
1983	1159.20	18.90	616.30		41.07	11.43
1984	1284.00	18.40	519.10		62.28	13.34
1985	1482.60	27.60	558.30	8283.10	72.50	13.26
1986	1681.20	32.30	617.60	9234.50	69.66	15.81
1987	1514.00	49.80	842.10	11397.30	79.14	17.28
1988	1619.60	69.00	1219.00	15904.00	102.97	19.53
1989	1845.40	82.80	1348.40	16701.20	109.43	21.24
1990	1936.20	110.10	1416.40	22769.00	124.25	22.53
1991	1983.50	119.50	1348.70	30792.70	149.14	23.65
1992	2046.00	140.90	1366.10	33467.90	154.30	25.17
1993	2092.90	177.10	1411.00	42837.30	184.07	28.05
1994	2185.70	213.10	1668.20	64716.70	240.75	32.45
1995	2453.00	248.40	2034.10	71286.50	247.15	36.98
1996	2500.90	272.40	2051.80	73508.00	267.30	41.14
1997	2801.10	334.50	2269.30	82549.00	294.30	45.82
1998	3123.20	354.90	2518.90	91299.00	322.00	53.98
1999	3248.13	391.10	2838.80	100246.00	349.06	61.29
2000	3426.78	413.80	3014.91	109168.00	366.22	70.47
2001	3594.69	461.80	3210.88	119102.29	379.04	90.43
2002	3803.18	488.12	3358.58	126352.58	399.40	116.75

11－6 1978－2002年渔业生产情况

单位:吨

年份	水产品产量	海水产品	海洋捕捞	海水养殖
1978	941159	889076	556669	332407
1979	789574	740111	480297	259814
1980	784208	732234	462664	269570
1981	737756	685110	451985	233125
1982	813789	764945	530279	234666
1983	847481	792619	516574	276045
1984	941782	877043	582780	294263
1985	1024494	936278	590494	345784
1986	1139239	1027050	665307	361743
1987	1388134	1261202	796523	464679
1988	1755821	1617429	898900	718529
1989	2019553	1880286	998184	882102
1990	2161755	2002686	1146278	856408
1991	2591164	2385032	1263653	1121379
1992	3288171	3053853	1536937	1516916
1993	4374345	4072679	1726779	2345900
1994	4772976	4313706	1785071	2528635
1995	5234832	4692437	1796112	2896325
1996	5866931	5185635	2588250	2597385
1997	6102938	5359138	2974701	2384437
1998	6505106	5665247	3325599	2339648
1999	6950476	6023034	3325182	2697852
2000	6982259	5951085	3078395	2872690
2001	6860957	5830883	2780226	3050657
2002	6950136	5982623	2720554	3262069

11－6续表

年　份	淡水产品产　量（吨）	捕捞量	养殖量	水产品养殖面积（万亩）	海　水	淡　水
1978	52083	35758	16325	202.30	26.80	175.50
1979	49463	34065	15398	193.29	26.54	166.75
1980	51974	35610	16301	203.21	28.50	174.71
1981	52646	34638	18008	182.24	28.66	153.58
1982	48844	32666	16178	176.15	35.18	140.97
1983	54862	34884	19978	160.05	32.31	127.74
1984	64739	37882	26857	165.10	37.70	127.40
1985	88216	41107	47109	215.14	49.58	165.56
1986	112189	42505	69684	243.14	56.70	186.44
1987	126932	37513	89419	257.65	70.87	186.78
1988	138392	32289	106103	234.90	104.27	180.63
1989	139267	29532	109735	246.73	103.72	143.01
1990	159069	34700	124369	273.52	105.01	168.51
1991	206132	45949	160183	304.04	112.54	191.50
1992	234318	45181	189137	312.30	115.89	196.41
1993	301666	55097	246569	400.16	223.76	176.40
1994	459270	64210	395060	466.56	197.36	269.21
1995	542395	67504	474891	497.39	197.81	299.58
1996	681296	74424	606872	564.55	242.45	322.10
1997	743800	81066	662734	618.91	274.04	344.87
1998	839859	88943	750916	649.80	283.22	366.58
1999	927442	88574	838868	722.79	336.14	386.65
2000	1031174	89916	941258	788.36	420.72	367.64
2001	1030074	88562	941512	829.39	434.99	394.40
2002	967513	78764	888749	802.50	439.16	363.34

11－7 农作物播种面积和产量

项目	2001年			2002年			总产量2002年比2001年增减(%)
	播种面积(公顷)	总产量(吨)	单产(千克/公顷)	播种面积(公顷)	总产量(吨)	单产(千克/公顷)	
农作物总播种面积	**11266120**			**11047846**			
一、粮食作物合计	**7153507**	**37205990**	**5201**	**6912613**	**32926900**	**4763**	**－11.5**
(一)夏收粮食	3547060	16554090	4667	3398660	15472900	4553	－6.5
1.谷　物	3546220	16552095	4668	3397700	15471310	4553	－6.5
#小　麦	3545747	16551500	4668	3397480	15470600	4554	－6.5
2.夏杂豆	840	1995	2375	960	1590	1656	－20.3
(二)秋收粮食	3606447	20651900	5726	3513953	17454000	4967	－15.5
1.谷　物	2761307	16678677	6040	2758187	14472698	5247	－13.2
(1)稻　谷	173552	1100761	6343	155320	1093649	7041	－0.6
(2)玉　米	2505227	15323700	6117	2530067	13160300	5202	－14.1
(3)谷　子	47980	154733	3225	43873	130407	2972	－15.7
(4)高　粱	24402	71215	2918	20587	64499	3133	－9.4
(5)其他谷物	10146	28268	2786	8340	23843	2859	－15.7
2.豆类合计	413875	941753	2275	343206	762456	2222	－19.0
#大　豆	395420	910025	2301	321973	738364	2293	－18.9
3.薯类(按折粮计算)	431265	3031470	7029	412560	2218846	5378	－26.8
二、油料作物合计	**1008073**	**3772768**	**3743**	**984353**	**3403712**	**3458**	**－9.8**
#花生果	971479	3690798	3799	952493	3338534	3505	－9.5
油菜籽	26916	56835	2112	25587	57025	2229	0.3
芝　麻	4839	8087	1671	3380	4444	1315	－45.0
三、棉　花	**735367**	**780959**	**1062**	**664887**	**722000**	**1086**	**－7.5**
四、麻类合计	**2591**	**8993**	**3471**	**2300**	**6361**	**2766**	**－29.3**
#黄红麻	2402	8562	3565	2007	5830	2905	－31.9
苎　麻	20	55	2750	7	2	286	－96.4
大　麻	140	366	2614	200	468	2340	27.9
五、甜　菜	**87**	**868**	**9977**	**420**	**1844**	**4390**	**112.4**
六、烟叶合计	**47306**	**84381**	**1784**	**41773**	**87147**	**2086**	**3.3**
#烤烟	45849	80763	1761	41253	83029	2013	2.8
七、药　材	**28158**			**24807**			
八、蔬菜、瓜类	**2155172**	**88285836**		**2282060**	**96786362**		**9.6**
1.蔬菜(含菜用瓜)	1850015	75563526		1970906	83353742		10.3
#马铃薯	127281	3796789		132347	4201845		10.7
2.瓜类(果用瓜)	305157	12722310		311154	13432620		5.6
#西　瓜	267427	11156279		262607	11898840		6.7
九、其它农作物	**135859**			**134633**			
#青饲料	11367			16040			

11－8 主要农业机械年末拥有量

指标名称	单位	1995 年	1996 年	1997 年	1998 年	1999 年	2000 年	2001 年	2002 年
农用机械总动力	**万千瓦**	**4016.47**	**4308.87**	**4763.59**	**5228.32**	**6096.58**	**7025.24**	**7689.57**	**8155.63**
一、耕作机械									
大中型农用拖拉机	万台	10.09	10.26	10.63	11.35	12.97	14.05	15.79	17.29
	万千瓦	321.32	330.30	342.60	365.38	419.24	451.16	498.72	546.42
小型农用拖拉机	万台	66.84	71.67	85.02	98.73	124.61	144.27	155.38	157.73
	万千瓦	560.67	602.80	703.82	808.32	1010.85	1164.08	1299.03	1347.36
大中型拖拉机配套农具	万部	19.63	20.23	21.20	23.47	26.35	27.70	30.45	35.39
小型拖拉机配套农具	万部	100.27	110.85	129.17	146.02	182.54	214.84	228.17	237.34
二、农用排灌机械									
柴油机	万台	119.40	122.91	136.07	142.17	164.87	172.69	187.53	189.59
	万千瓦	983.99	1001.16	1114.43	1157.44	1328.55	1408.18	1518.36	1538.99
电动机	万台	70.05	74.93	75.77	78.08	80.04	82.70	87.91	91.26
	万千瓦	499.35	527.59	531.84	544.01	550.41	568.17	602.77	644.46
农用水泵	万台	149.55	161.46	175.10	185.07	207.98	232.09	243.85	249.09
喷灌机械	万套	18.26	21.05	21.93	24.71	30.45	30.00	30.03	32.14
三、收获机械									
联合收割机	万台	0.42	0.79	1.77	2.82	4.24	5.16	5.57	6.20
	万千瓦	7.88	12.39	13.56	23.94	44.72	63.93	74.79	88.31
机动割晒机	万台	15.02	17.12	20.28	21.84	23.32	25.43	25.29	22.51
	万千瓦	2.80	3.05	4.53	5.64	7.39	9.10	9.41	5.58
机动脱粒机	万台	59.99	65.82	70.17	70.10	73.99	74.40	55.34	73.67
四、植保机械									
喷雾机	万部	19.67	21.26	23.59	22.63	25.88	24.78	25.03	25.86
	万千瓦	30.99	40.00	36.03	37.69	42.86	43.77	44.72	48.01
五、渔业机械									
渔用机动船	万艘	4.10	4.26	4.27	4.26	4.26	4.27	4.70	4.71
	万吨	50.45	50.44	51.24	48.24	54.31	52.37	55.12	53.97
	万千瓦	91.91	93.42	94.72	96.21	112.83	117.93	127.15	127.00
六、农产品加工机械									
农产品加工机械动力	万千瓦	415.42	445.84	466.62	481.70	519.40	673.75	862.56	856.00
七、运输机械									
农用载重汽车	万辆	5.98	7.12	7.62	8.31	9.50	10.21	11.18	11.42
	万千瓦	413.74	447.92	466.96	488.68	528.06	543.79	600.02	606.25
农用运输车	万辆	38.24	52.23	68.69	87.08	116.57	162.77	180.73	200.72
	万千瓦	327.36	444.24	609.80	812.67	1114.85	1670.33	1860.58	2115.90
八、其他农业机械									
推土机	万台	0.31	0.36	0.43	0.50	1.01	0.70	0.71	0.75

11－9 各市农林牧渔业总产值

（2002年） 单位：万元

地区	农林牧渔业总产值	农业产值	种植业	其他农业	林业产值	牧业产值	渔业产值
全省总计	**25260473**	**14208803**	**14028085**	**180718**	**482533**	**6984441**	**3584696**
济南市	1679887	1062650	986503	76147	35117	558379	23741
青岛市	2688532	1110671	1035362	75309	23157	796007	758697
淄博市	824192	561165	516253	44912	37644	208047	17336
枣庄市	809823	584061	545645	38416	26130	172521	27111
东营市	582358	311050	300782	10268	5358	129822	136128
烟台市	2412273	1158038	1100997	57041	47293	400699	806243
潍坊市	2891930	1647386	1569895	77491	32213	1027353	184978
济宁市	2196793	1229696	1121322	108374	33957	800758	132382
泰安市	1311573	835574	794485	41089	42797	389734	43468
威海市	1550584	382106	336184	45922	7910	188737	971831
日照市	901608	402809	341860	60949	28054	194849	275896
莱芜市	254222	165135	156549	8586	17750	65850	5487
临沂市	2141119	1332712	1219254	113458	131973	629750	46684
德州市	1725896	1229128	1215874	13254	5791	451982	38995
聊城市	1697313	1197785	1177950	19835	14487	454040	31001
滨州市	1123577	680578	619617	60961	25576	279504	137919
菏泽市	1914178	1384180	1361708	22472	52605	417998	59395

注：本表按当年价格计算。

11－10 各市农业产值

（2002年） 单位：万元

地区	农业产值	一、种植业产值	主产品产值	粮食作物	谷物	豆类	薯类	油料
全省总计	**14208803**	**14028085**	**13460527**	**3447344**	**2986724**	**167732**	**292888**	**731556**
济南市	1062650	986503	954836	209695	185600	7616	16479	10353
青岛市	1110671	1035362	993636	247985	223642	11887	12456	122695
淄博市	561165	516253	506779	112473	106230	3006	3237	3654
枣庄市	584061	545645	531038	113877	96998	8356	8523	28465
东营市	311050	300782	290524	78269	70398	7177	694	2833
烟台市	1158038	1100997	1067412	233151	194296	15906	22949	103088
潍坊市	1647386	1569895	1524887	278395	248338	15569	14488	46956
济宁市	1229696	1121322	1068843	386949	342462	21545	22942	56274
泰安市	835574	794485	770626	195041	158424	8000	28617	34047
威海市	382106	336184	319699	105279	82442	6492	16345	62574
日照市	402809	341860	317779	82064	60135	3631	18298	41060
莱芜市	165135	156549	153929	23106	17796	225	5085	2339
临沂市	1332712	1219254	1181839	368051	265412	15165	87474	125785
德州市	1229128	1215874	1171509	292925	276562	10135	6228	18849
聊城市	1197785	1177950	1133073	286990	267274	13936	5780	56158
滨州市	680578	619617	589680	177075	170416	3476	3183	2063
菏泽市	1384180	1361708	1306480	333696	303973	20232	9491	106037

注：本表按当年价格计算。

11－10 续表 1　　(2002 年)　　单位:万元

地　区	棉　花	麻　类	糖　类	烟　叶	药　材	蔬菜瓜类食用菌	茶桑果	其　他农作物
全省总计	**721520**	**1257**	**108**	**63700**	**91042**	**6784280**	**1346029**	**273691**
济南市	30549	23		14	109	617595	74874	11624
青岛市	3755			4851	142	475520	78259	60429
淄博市	17883	30		2452	8530	295277	58313	8167
枣庄市	2780		21	498	1979	353112	25750	4556
东营市	43439					137197	10415	18371
烟台市				14	8273	257702	450544	14640
潍坊市	23920		8	19548	11677	954489	124934	64960
济宁市	56318	644		8	7727	495130	22440	43353
泰安市	3782	188		2	1417	426606	62815	46728
威海市				97	6495	77530	66745	979
日照市	368	2		9101	13378	127143	44379	284
莱芜市	155	8		482	273	113302	13425	839
临沂市	8290	73		24597	24329	422467	185997	22250
德州市	181488	181	448	261	601	573866	102890	
聊城市	73534				4405	654309	50027	7650
滨州市	109537	60			3869	180963	93370	22743
菏泽市	228426	21			27148	472310	58971	79871

11－10 续表 2　　(2002 年)　　单位:万元

地　区	副产品产值	粮食作物	#谷物	其他作物	二、其他农业产值	采集野生植物产值	农民家庭兼营工业手工业(商品部分)
全省总计	**567558**	**474332**	**445988**	**93226**	**180718**	**42982**	**137736**
济南市	31667	30532	29639	1135	76147	5824	70323
青岛市	41726	32800	31160	8926	75309	1833	73476
淄博市	9474	8469	8132	1005	44912	3422	41490
枣庄市	14607	12903	10084	1704	38416	178	38238
东营市	10258	7236	6853	3022	10268	517	9751
烟台市	33585	26806	24618	6779	57041	8275	48766
潍坊市	45008	40047	36752	4961	77491	781	76710
济宁市	52479	40535	37559	11944	108374	3610	104764
泰安市	23859	21448	18242	2411	41089	441	40648
威海市	16485	12181	9851	4304	45922	5862	40060
日照市	24081	20287	14522	3794	60949	18	60931
莱芜市	2620	2254	2205	366	8586	889	7697
临沂市	37415	30465	24067	6950	113458	1055	112403
德州市	44365	39480	38131	4885	13254	573	12681
聊城市	44877	37695	35537	7182	19835	1774	18061
滨州市	29937	24828	24497	5109	60961	4379	56582
菏泽市	55228	40950	37350	14278	22472	1492	20980

11-11 各 市 林 业 产 值

（2002年） 单位：万元

地区	林业产值	营林	林产品	村及村以下竹木采伐
全省总计	**482533**	**159354**	**251855**	**71324**
济南市	35117	15392	16237	3488
青岛市	23157	11748	9142	2267
淄博市	37644	25664	10435	1545
枣庄市	26130	8167	16213	1750
东营市	5358	4565	279	514
烟台市	47293	12864	33426	1003
潍坊市	32213	17386	11480	3347
济宁市	33957	10588	10522	12847
泰安市	42797	19473	19621	3703
威海市	7910	4865	3011	34
日照市	28054	7916	17714	2424
莱芜市	17750	6747	9516	1487
临沂市	131973	15091	109650	7232
德州市	5791	3539	2028	224
聊城市	14487	6844	3338	4305
滨州市	25576	13996	9578	2002
菏泽市	52605	16444	18491	17670

注：本表按当年价格计算。

11-12 各 市 牧 业 产 值

（2002年） 单位：万元

地区	牧业产值	牲畜	大牲畜繁殖增长增重	#牛	猪
全省总计	**6984441**	**3357464**	**486174**	**467052**	**2444022**
济南市	558379	268765	69823	67566	165624
青岛市	796007	283338	60776	60554	205690
淄博市	208047	80179	9021	8874	65210
枣庄市	172521	81938	3155	2529	62976
东营市	129822	62875	10388	9724	36642
烟台市	400699	139074	17168	17114	112845
潍坊市	1027353	247896	28104	27342	204073
济宁市	800758	436570	15302	14344	358799
泰安市	389734	218873	29340	28707	162296
威海市	188737	69405	4227	4216	63231
日照市	194849	92527	5879	5438	69930
莱芜市	65850	31878	488	488	27963
临沂市	629750	339558	31746	30216	273113
德州市	451982	210979	78237	73633	113748
聊城市	454040	215485	56805	53131	119712
滨州市	279504	130812	45540	43603	67023
菏泽市	417998	254416	26582	25556	148780

注：本表按当年价格计算。

11－12 续表

(2002 年)

单位:万元

地　　区	羊	家禽饲养	活的畜禽产品	其他动物及产品	捕猎
全省总计	**427268**	**1391020**	**1896107**	**334470**	**5380**
济 南 市	33318	57549	219566	12499	
青 岛 市	16872	257034	219163	36399	73
淄 博 市	5948	25001	85301	16479	1087
枣 庄 市	15807	31918	51205	7446	14
东 营 市	15845	23720	40148	3054	25
烟 台 市	9061	83402	162977	10665	4581
潍 坊 市	15719	434285	232148	113006	18
济 宁 市	62469	111337	212965	39635	251
泰 安 市	27237	48023	105886	16636	316
威 海 市	1947	17002	66418	35792	120
日 照 市	16718	36921	48420	15550	1431
莱 芜 市	3427	9704	21665	2603	
临 沂 市	34699	96458	150131	41161	2442
德 州 市	18994	41182	156436	43385	
聊 城 市	38968	103908	123434	11087	126
滨 州 市	18249	37642	99273	11459	318
菏 泽 市	79054	30098	112080	21167	237

11－13 各市渔业产值

(2002 年)

单位:万元

地　　区	渔业产值	海水产品	#养殖	内陆水域水产品	#养殖
全省总计	**3584696**	**2953051**	**1610173**	**631645**	**580224**
济 南 市	23741			23741	22313
青 岛 市	758697	717497	438711	41200	41200
淄 博 市	17336			17336	15211
枣 庄 市	27111			27111	23228
东 营 市	136128	83179	43732	52949	46402
烟 台 市	806243	791977	375925	14266	14266
潍 坊 市	184978	147182	34782	37796	29965
济 宁 市	132382			132382	120644
泰 安 市	43468	5137		38331	30015
威 海 市	971831	946486	496526	25345	25345
日 照 市	275896	260282	61535	15614	15414
莱 芜 市	5487			5487	4488
临 沂 市	46684			46684	43784
德 州 市	38995			38995	38055
聊 城 市	31001			31001	28795
滨 州 市	137919	68856	40999	69063	64482
菏 泽 市	59395			59395	56427

注:本表按当年价格计算。

11－14 各市农林牧渔业中间消耗及增加值

（2002 年）　　单位：万元

地　区	一、总产值	二、中间消耗	农　业	# 种植业	林　业	牧　业	渔　业
全省总计	**25260473**	**11360425**	**5884792**	**5783571**	**143933**	**3894015**	**1437685**
济 南 市	1679887	692459	373882	331476	10725	298410	9442
青 岛 市	2688532	1229121	430761	391815	10804	484911	302645
淄 博 市	824192	340525	215227	191089	13446	105889	5963
枣 庄 市	809823	352362	226506	206330	9306	106555	9995
东 营 市	582358	252666	110527	107922	2412	78207	61520
烟 台 市	2412273	1051998	495472	468299	19546	196079	340901
潍 坊 市	2891930	1387701	620544	594525	8443	672083	86631
济 宁 市	2196793	975707	518564	472095	8834	396239	52070
泰 安 市	1311573	553425	306100	283011	15446	220063	11816
威 海 市	1550584	649445	156214	137331	3468	105671	384092
日 照 市	901608	367768	144437	117453	4377	106510	112444
莱 芜 市	254222	110334	54536	52859	6331	47235	2232
临 沂 市	2141119	944616	477112	408249	33732	417024	16748
德 州 市	1725896	796744	507027	501615	2767	275314	11636
聊 城 市	1697313	736161	444909	434946	2748	281206	7298
滨 州 市	1123577	496358	273328	245408	9558	154972	58500
菏 泽 市	1914178	809303	564129	549695	12101	222546	10527

注：本表按当年价格计算。

11－14 续表 1　　（2002 年）　　单位：万元

地　区	（一）中间物质消耗	农　业	# 种植业	林　业	牧　业	渔　业
全省总计	**10136908**	**5237942**	**5157398**	**122281**	**3701110**	**1075575**
济 南 市	642284	337809	297556	9160	286604	8711
青 岛 市	1115095	394114	357213	9101	466060	245820
淄 博 市	311355	192640	170770	11328	102220	5167
枣 庄 市	306074	190872	172718	7176	100500	7526
东 营 市	189970	82475	80697	1944	67523	38028
烟 台 市	919911	439843	415833	10337	188483	281248
潍 坊 市	1270856	552640	529385	7476	638157	72583
济 宁 市	871527	451025	410408	7095	364520	48887
泰 安 市	518119	285620	263908	14538	208397	9564
威 海 市	467642	121686	107875	2538	102660	240758
日 照 市	343943	132968	108044	3950	101762	105263
莱 芜 市	104684	52107	50614	6281	44066	2230
临 沂 市	881515	434764	371325	27545	403812	15394
德 州 市	757190	479903	475807	2211	264224	10852
聊 城 市	709341	428285	419856	2184	271938	6934
滨 州 市	455646	244053	218062	8891	149123	53579
菏 泽 市	759091	521619	507872	11637	215960	9875

11－14 续表 2　　(2002 年)　　单位:万元

地区	(二)生产服务支出	农业	#种植业	林业	牧业	渔业
全省总计	**1223517**	**646850**	**626173**	**21652**	**192905**	**362110**
济南市	50175	36073	33920	1565	11806	731
青岛市	114026	36647	34602	1703	18851	56825
淄博市	29170	22587	20319	2118	3669	796
枣庄市	46288	35634	33612	2130	6055	2469
东营市	62696	28052	27225	468	10684	23492
烟台市	132087	55629	52466	9209	7596	59653
潍坊市	116845	67904	65140	967	33926	14048
济宁市	104180	67539	61687	1739	31719	3183
泰安市	35306	20480	19103	908	11666	2252
威海市	181803	34528	29456	930	3011	143334
日照市	23825	11469	9409	427	4748	7181
莱芜市	5650	2429	2245	50	3169	2
临沂市	63101	42348	36924	6187	13212	1354
德州市	39554	27124	25808	556	11090	784
聊城市	26820	16624	15090	564	9268	364
滨州市	40712	29275	27346	667	5849	4921
菏泽市	50212	42510	41823	464	6586	652

11－14 续表 3　　(2002 年)　　单位:万元

地区	三、增加值	农业	#种植业	林业	牧业	渔业
全省总计	**13900048**	**8324011**	**8244514**	**338600**	**3090426**	**2147011**
济南市	987428	688768	655027	24392	259969	14299
青岛市	1459411	679910	643547	12353	311096	456052
淄博市	483667	345938	325164	24198	102158	11373
枣庄市	457461	357555	339315	16824	65966	17116
东营市	329692	200523	192860	2946	51615	74608
烟台市	1360275	662566	632698	27747	204620	465342
潍坊市	1504229	1026842	975370	23770	355270	98347
济宁市	1221086	711132	649227	25123	404519	80312
泰安市	758148	529474	511474	27351	169671	31652
威海市	901139	225892	198853	4442	83066	587739
日照市	533840	258372	224407	23677	88339	163452
莱芜市	143888	110599	103690	11419	18615	3255
临沂市	1196503	855600	811005	98241	212726	29936
德州市	929152	722101	714259	3024	176668	27359
聊城市	961152	752876	743004	11739	172834	23703
滨州市	627219	407250	374209	16018	124532	79419
菏泽市	1104875	820051	812013	40504	195452	48868

11－15 各市农村基层情况和农业生产条件

（2002 年）

地区	一、农村基层组织情况(个)			二、农村社会基础设施(个)			
	乡、镇个数	# 镇	村委会个数	自来水受益村数	通汽车村数	通电话村数	通电话户数(户)
全省总计	**1925**	**1252**	**86700**	**46632**	**84057**	**86640**	**9816135**
济南市	146	65	4735	2854	4508	4735	575178
青岛市	178	85	6019	4587	6010	6016	964210
淄博市	108	77	3255	2855	3260	3264	524688
枣庄市	62	44	2306	1668	2306	2306	258302
东营市	42	23	1774	1749	1758	1770	198542
烟台市	147	93	6592	4491	6591	6592	1056812
潍坊市	191	147	9491	6245	9491	9484	1150050
济宁市	153	96	6519	3673	6407	6515	718105
泰安市	86	61	3614	1993	3610	3613	453870
威海市	66	52	2652	1693	2650	2648	446124
日照市	53	39	2987	1109	2984	2987	260382
莱芜市	20	14	1045	847	1045	1044	141149
临沂市	180	136	9502	3914	9502	9499	907612
德州市	124	80	8327	3196	7602	8323	549001
聊城市	128	74	6514	1380	5641	6514	482304
滨州市	83	58	5394	3661	5315	5387	384745
菏泽市	158	108	5974	717	5377	5943	745061

注：本表中“乡镇个数”为乡镇级行政单位数，全省有 294 个乡、1252 个镇、371 个街道办事处、8 个区公所。

11－15 续表 1

（2002 年）

地区	三、乡村人口、从业人员及主要行业分布(万人)						
	乡村户数(万户)	乡村人口数	乡村从业人员数	男	女	农林牧渔业从业人员	# 农业
全省总计	**2031.74**	**7038.13**	**3695.18**	**1965.60**	**1729.58**	**2370.91**	**2076.15**
济南市	98.39	357.82	190.98	100.10	90.88	105.50	92.63
青岛市	149.10	479.68	254.08	136.06	118.02	119.98	99.65
淄博市	86.80	275.24	152.57	81.01	71.56	80.01	72.37
枣庄市	73.56	274.52	152.11	80.24	71.87	94.59	83.62
东营市	31.15	105.34	52.21	27.59	24.62	35.62	31.27
烟台市	165.21	490.73	241.40	129.55	111.85	153.20	130.08
潍坊市	195.01	688.60	332.87	177.81	155.06	175.82	149.31
济宁市	171.70	637.89	329.95	179.95	150.00	219.62	186.49
泰安市	116.88	418.57	219.53	115.91	103.62	141.13	121.68
威海市	66.69	175.45	91.52	51.09	40.43	50.09	39.86
日照市	73.98	233.63	129.90	70.62	59.28	87.88	77.04
莱芜市	29.97	90.75	52.09	28.17	23.92	31.19	27.41
临沂市	259.12	875.24	497.42	266.95	230.47	354.60	318.69
德州市	115.83	436.37	223.47	117.69	105.78	167.32	153.47
聊城市	122.53	466.60	240.73	124.67	116.06	176.60	167.62
滨州市	86.78	301.86	161.79	85.53	76.26	110.38	98.33
菏泽市	189.04	729.84	372.56	192.66	179.90	267.38	226.63

11－15续表2 (2002年)

地　区	三、乡村人口、从业人员及主要行业分布(万人)					
	工　业	建筑业	交通运输、仓储及邮电通讯业	批发、零售、贸易、餐饮业	其　他从业人员	#外出合同工、临时工
全省总计	**394.39**	**310.64**	**125.65**	**178.36**	**315.23**	**205.33**
济南市	22.97	19.38	11.89	15.15	16.09	9.97
青岛市	53.66	26.52	10.00	20.07	23.85	14.79
淄博市	32.41	15.15	6.16	9.06	9.78	4.82
枣庄市	19.63	15.70	7.33	7.59	7.27	4.68
东营市	4.64	4.51	2.25	2.99	2.20	1.01
烟台市	32.65	14.90	5.63	10.45	24.57	14.00
潍坊市	56.34	36.43	15.61	20.85	27.82	15.04
济宁市	19.24	34.57	13.87	13.43	29.22	19.06
泰安市	17.23	23.94	8.25	10.10	18.88	11.77
威海市	15.15	6.29	2.55	5.15	12.29	7.98
日照市	9.74	10.99	2.91	4.92	13.46	7.84
莱芜市	5.81	5.82	2.28	2.65	4.34	2.77
临沂市	36.48	38.88	13.55	18.40	35.51	22.05
德州市	13.01	12.69	6.10	9.26	15.09	10.77
聊城市	15.26	11.31	4.55	7.37	25.64	23.25
滨州市	14.62	11.52	5.28	7.61	12.38	7.59
菏泽市	25.55	22.04	7.44	13.31	36.84	27.94

11－16 各市耕地面积

(2002年)　　单位:公顷

地　区	一、年初耕地总资源	二、年内增加	#新开荒地	#园地改为耕地	三、年内减少	#国家基建占地	#乡村集体占地	#农民个人建房占地
全省总计	**7334670**	**56379**	**12739**	**11212**	**321041**	**24769**	**29241**	**5967**
济南市	361480	1459	1085	50	6119	1611	1471	237
青岛市	480286	1916	619	757	27430	3923	8241	590
淄博市	189061	566	164	284	12536	1490	3516	432
枣庄市	234471	1794	1077	339	2758	442	473	331
东营市	228917	2476	603	96	26040	1200	523	107
烟台市	462246	2419	1613	338	5680	1188	1042	68
潍坊市	785177	13790	579	3832	12402	1593	2957	667
济宁市	567803	1367	117	223	10021	1608	2429	564
泰安市	334184	1176	91	272	9055	1878	1209	169
威海市	182676	273	250	21	874	253	246	80
日照市	175710	2378	311	972	4060	1170	958	561
莱芜市	70571	694	159	5	381	158	122	7
临沂市	836253	13754	2522	1524	49637	1628	2646	1214
德州市	560247	3998	1705	1829	21656	1061	1161	710
聊城市	561806	4523	21	38	9338	2437	718	69
滨州市	403196	580	254	212	13919	1813	1425	55
菏泽市	692615	3216	1569	420	4156	1316	104	106

注:1.2002年国家《农林牧渔业统计报表制度》对耕地面积有关指标进行了调整,本表中的数据是调整后的耕地面积年报数。
　2.全省总计为省初步测算数据。

11－16续表　　　　（2002年）　　　　单位:公顷

地　　区	#退耕还林还草占地	#耕　地改为园地	四、年末耕地总资源	(一)常用耕地面积	水　田	旱　地	(二)临时性耕地面积
全省总计	**24572**	**25022**	**7070008**	**6468100**	**191989**	**6276111**	**601908**
济南市	338	192	356820	329345	11531	317814	27475
青岛市	7262	377	454772	454526	40	454486	246
淄博市	2796	3635	177091	176720	1675	175045	371
枣庄市	162	288	233507	179400	2820	176580	54107
东营市	1053	1422	205353	170056	16435	153621	35297
烟台市	1032	2094	458985	437390	61	437329	21595
潍坊市	2667	1115	786565	680903	10	680893	105662
济宁市	1608	324	559149	527875	54500	473375	31274
泰安市	246	1479	326305	321152	563	320589	5153
威海市	37		182075	165816		165816	16259
日照市	651	550	174028	170138	11871	158267	3890
莱芜市		72	70884	59702		59702	11182
临沂市	1968	2897	800370	663478	79347	584131	136892
德州市	3553	2385	542589	538998	464	538534	3591
聊城市	532	1082	556991	541823	35	541788	15168
滨州市	509	6274	389857	380843	1733	379110	9014
菏泽市	158	836	691675	656833	7752	649081	34842

11－17　各市粮食作物播种面积和产量

地　　区	2001年			2002年			总产量2002年比2001年增减(%)
	播种面积(公顷)	总产量(吨)	单产(千克/公顷)	播种面积(公顷)	总产量(吨)	单产(千克/公顷)	
全省总计	**7153507**	**37205990**	**5201**	**6912613**	**32926900**	**4763**	**－11.5**
济南市	436264	2390809	5480	427657	1898604	4440	－20.6
青岛市	419114	2539257	6059	408249	2383802	5839	－6.1
淄博市	216086	1224003	5664	205891	1078233	5237	－11.9
枣庄市	199146	1216891	6111	193029	1104012	5719	－9.3
东营市	180197	840314	4663	158770	765894	4824	－8.9
烟台市	443394	2159301	4870	413424	1958915	4738	－9.3
潍坊市	602419	3496563	5804	571641	2603469	4554	－25.5
济宁市	650766	3795207	5832	638546	3647208	5712	－3.9
泰安市	347456	2214632	6374	344951	1860662	5394	－16.0
威海市	187424	877401	4681	178383	921063	5163	5.0
日照市	170756	925055	5417	164584	864495	5253	－6.5
莱芜市	51550	289767	5621	45595	213293	4678	－26.4
临沂市	744175	3743391	5030	700948	3182074	4540	－15.0
德州市	545895	3445195	6311	554559	3173863	5723	－7.9
聊城市	617697	3390679	5489	597926	3091259	5170	－8.8
滨州市	424817	2178961	5129	391510	1736036	4434	－20.3
菏泽市	664776	3349685	5039	634697	3169308	4993	－5.4

11－18 各市棉花播种面积和产量

地　区	2001年			2002年			总产量2002年比2001年增减（%）
	播种面积（公顷）	总产量（吨）	单产（千克/公顷）	播种面积（公顷）	总产量（吨）	单产（千克/公顷）	
全省总计	**735367**	**780959**	**1062**	**664887**	**722000**	**1086**	**－7.5**
济南市	28760	30915	1075	24934	28285	1134	－8.5
青岛市	3111	3409	1096	3078	3755	1220	10.1
淄博市	12941	16493	1274	13238	16036	1211	－2.8
枣庄市	2632	2933	1114	2320	2518	1085	－14.1
东营市	39186	45796	1169	42362	47991	1133	4.8
烟台市							
潍坊市	27491	29812	1084	22026	23920	1086	－19.8
济宁市	63399	78943	1245	58059	71950	1239	－8.9
泰安市	4624	4042	874	4355	3550	815	－12.2
威海市							
日照市	451	406	900	448	360	804	－11.3
莱芜市	104	131	1260	125	164	1312	25.2
临沂市	5127	6635	1294	5786	6650	1149	0.2
德州市	186667	228019	1222	154836	179097	1157	－21.5
聊城市	59978	65774	1097	65703	72332	1101	10.0
滨州市	101064	116658	1154	91518	84359	922	－27.7
菏泽市	197946	243040	1228	194399	243779	1254	0.3

11－19 各市油料播种面积和产量

地　区	2001年			2002年			总产量2002年比2001年增减（%）
	播种面积（公顷）	总产量（吨）	单产（千克/公顷）	播种面积（公顷）	总产量（吨）	单产（千克/公顷）	
全省总计	**1008073**	**3772768**	**3743**	**984353**	**3403712**	**3458**	**－9.8**
济南市	13919	46103	3312	15009	36767	2450	－20.3
青岛市	123279	579441	4700	116899	557714	4771	－3.7
淄博市	6725	20170	2999	6366	14023	2203	－30.5
枣庄市	36730	139248	3791	36485	127835	3504	－8.2
东营市	4343	10843	2497	4263	12513	2935	15.4
烟台市	115690	351235	3036	113878	361577	3175	2.9
潍坊市	57219	227234	3971	55143	195153	3539	－14.1
济宁市	62380	250930	4023	59574	207772	3488	－17.2
泰安市	48701	183957	3777	48585	131338	2703	－28.6
威海市	67466	225834	3347	67559	250296	3705	10.8
日照市	45141	188799	4182	45603	165197	3623	－12.5
莱芜市	5202	13554	2606	6200	11670	1882	－13.9
临沂市	140665	589028	4187	139923	467690	3342	－20.6
德州市	25404	96586	3802	21217	78990	3723	－18.2
聊城市	75180	276963	3684	73307	249601	3405	－9.9
滨州市	7014	17055	2432	4348	9162	2107	－46.3
菏泽市	141242	555788	3935	142307	526414	3699	－5.3

11－20 各市农业主要产品生产情况

（2002 年）

地　　区	农作物总播种面积（公顷）	一、粮食作物合计			(一)夏收粮食		
		播种面积（公顷）	总产量（吨）	单产（千克/公顷）	播种面积（公顷）	总产量（吨）	单产（千克/公顷）
全省总计	**11047846**	**6912613**	**32926900**	**4763**	**3398660**	**15472900**	**4553**
济南市	599126	427657	1898604	4440	195221	811691	4158
青岛市	723233	408249	2383802	5839	192156	1085936	5651
淄博市	297794	205891	1078233	5237	96148	429288	4465
枣庄市	361626	193029	1104012	5719	89043	466767	5242
东营市	254515	158770	765894	4824	68001	350107	5149
烟台市	601753	413424	1958915	4738	190626	697751	3660
潍坊市	974927	571641	2603469	4554	257568	1120855	4352
济宁市	962590	638546	3647208	5712	304982	1659044	5440
泰安市	565586	344951	1860662	5394	152588	800230	5244
威海市	270518	178383	921063	5163	95382	389095	4079
日照市	254414	164584	864495	5253	70503	324287	4600
莱芜市	92482	45595	213293	4678	14195	56745	3998
临沂市	1014604	700948	3182074	4540	305019	1152511	3778
德州市	949980	554559	3173863	5723	278705	1571728	5639
聊城市	970145	597926	3091259	5170	338025	1677758	4963
滨州市	560595	391510	1736036	4434	191026	878655	4600
菏泽市	1283296	634697	3169308	4993	401093	2015169	5024

11－20 续表 1

（2002 年）

地　　区	1.谷　物			#小　麦			2.夏杂豆		
	播种面积（公顷）	总产量（吨）	单产（千克/公顷）	播种面积（公顷）	总产量（吨）	单产（千克/公顷）	播种面积（公顷）	总产量（吨）	单产（千克/公顷）
全省总计	**3397700**	**15471310**	**4553**	**3397480**	**15470600**	**4554**	**960**	**1590**	**1656**
济南市	195221	811691	4158	195221	811691	4158			
青岛市	192156	1085936	5651	192156	1085936	5651			
淄博市	96148	429288	4465	96148	429288	4465			
枣庄市	88845	466316	5249	88818	466220	5249	198	451	2278
东营市	67991	350080	5149	67991	350080	5149	10	27	2700
烟台市	190450	697384	3662	190450	697384	3662	176	367	2085
潍坊市	257034	1119666	4356	257034	1119666	4356	534	1189	2227
济宁市	304982	1659044	5440	304982	1659044	5440			
泰安市	152588	800230	5244	152588	800230	5244			
威海市	95382	389095	4079	95382	389095	4079			
日照市	70495	324270	4600	70495	324270	4600	8	17	2125
莱芜市	14195	56745	3998	14195	56745	3998			
临沂市	304992	1152455	3779	304859	1151857	3778	27	56	2074
德州市	278705	1571728	5639	278705	1571728	5639			
聊城市	338025	1677758	4963	338025	1677758	4963			
滨州市	191019	878629	4600	191019	878629	4600	7	26	3714
菏泽市	401093	2015169	5024	401041	2014961	5024			

11－20 续表 2

（2002 年）

地区	(二)秋收粮食			1.谷物			(1)稻谷		
	播种面积（公顷）	总产量（吨）	单产（千克/公顷）	播种面积（公顷）	总产量（吨）	单产（千克/公顷）	播种面积（公顷）	总产量（吨）	单产（千克/公顷）
全省总计	**3513953**	**17454000**	**4967**	**2758187**	**14472698**	**5247**	**155320**	**1093649**	**7041**
济南市	232436	1086913	4676	187486	968897	5168	13241	90784	6856
青岛市	216093	1297866	6006	174587	1102401	6314	5	10	2000
淄博市	109743	648945	5913	95666	610409	6381	1430	9284	6492
枣庄市	103986	637245	6128	80689	516873	6406	2825	18098	6406
东营市	90769	415787	4581	64546	374667	5805	8785	48135	5479
烟台市	222798	1261164	5661	170152	1008900	5929	61	256	4197
潍坊市	314073	1482614	4721	256815	1274190	4962	2	12	6000
济宁市	333564	1988164	5960	259444	1684497	6493	49967	352393	7053
泰安市	192363	1060432	5513	129686	768615	5927	221	1640	7421
威海市	83001	531968	6409	58668	395975	6749			
日照市	94081	540208	5742	52795	293278	5555	9666	69065	7145
莱芜市	31400	156548	4986	23211	113241	4879			
临沂市	395929	2029563	5126	247496	1315748	5316	57980	417858	7207
德州市	275854	1602135	5808	250763	1493380	5955	733	5324	7263
聊城市	259901	1413501	5439	228214	1293551	5668	199	921	4628
滨州市	200484	857381	4277	185134	828781	4477	1562	10240	6556
菏泽市	233604	1154139	4941	172358	963465	5590	8608	69723	8100

11－20 续表 3

（2002 年）

地区	(2)玉米			(3)谷子			(4)高粱		
	播种面积（公顷）	总产量（吨）	单产（千克/公顷）	播种面积（公顷）	总产量（吨）	单产（千克/公顷）	播种面积（公顷）	总产量（吨）	单产（千克/公顷）
全省总计	**2530067**	**13160300**	**5202**	**43873**	**130407**	**2972**	**20587**	**64499**	**3133**
济南市	161834	853301	5273	8846	16974	1919	2516	5985	2379
青岛市	172282	1094731	6354	403	1224	3037	1064	3148	2959
淄博市	91337	594980	6514	2035	4553	2237	800	1480	1850
枣庄市	76690	495540	6462	781	1912	2448	352	1172	3330
东营市	52450	314690	6000	1172	5120	4369	1177	4964	4218
烟台市	166602	1000762	6007	1696	3476	2050	1063	2835	2667
潍坊市	246251	1242181	5044	5630	16744	2974	3067	8654	2822
济宁市	206680	1324639	6409	1386	4380	3160	1118	2308	2064
泰安市	128054	764128	5967	616	1299	2109	621	1146	1845
威海市	58637	395890	6752				10	30	3000
日照市	41567	218561	5258	648	2380	3673	756	2632	3481
莱芜市	22438	110884	4942	493	1503	3049	195	590	3026
临沂市	183982	883610	4803	2552	6843	2681	2443	6214	2544
德州市	243003	1453208	5980	4524	20267	4480	2276	14344	6302
聊城市	218215	1255897	5755	7658	29658	3873	1463	5095	3483
滨州市	179461	810834	4518	2368	4473	1889	1515	3005	1983
菏泽市	159951	881005	5508	3196	9143	2861	215	876	4074

11－20 续表 4 （2002 年）

地　区	(5)其它谷物			2.豆　类			#大　豆		
	播种面积（公顷）	总产量（吨）	单产（千克/公顷）	播种面积（公顷）	总产量（吨）	单产（千克/公顷）	播种面积（公顷）	总产量（吨）	单产（千克/公顷）
全省总计	**8340**	**23843**	**2859**	**343206**	**762456**	**2222**	**321973**	**738364**	**2293**
济南市	1049	1853	1766	16184	31416	1941	15042	30255	2011
青岛市	833	3288	3947	24881	57068	2294	24831	56931	2293
淄博市	64	112	1750	7001	12179	1740	5645	10377	1838
枣庄市	41	151	3683	10717	32894	3069	10030	31532	3144
东营市	962	1758	1827	24962	33021	1323	23583	31382	1331
烟台市	730	1571	2152	26469	67255	2541	25911	66245	2557
潍坊市	1865	6599	3538	29315	66095	2255	28423	64384	2265
济宁市	293	777	2652	39609	95094	2401	37616	91659	2437
泰安市	174	402	2310	14795	31562	2133	14494	31239	2155
威海市	21	55	2619	10612	27028	2547	10532	26888	2553
日照市	158	640	4051	5745	20886	3636	5740	20874	3637
莱芜市	85	264	3106	425	929	2186	422	919	2178
临沂市	539	1223	2269	30430	60673	1994	28849	58599	2031
德州市	227	237	1044	18514	46475	2510	17462	44444	2545
聊城市	679	1980	2916	23712	64198	2707	21640	61031	2820
滨州市	228	229	1004	12293	14857	1209	10780	12018	1115
菏泽市	388	2718	7005	44099	96896	2197	42159	93554	2219

11－20 续表 5 （2002 年）

地　区	3.薯类(按折粮薯类计算)			二、油　料			#花　生		
	播种面积（公顷）	总产量（吨）	单产（千克/公顷）	播种面积（公顷）	总产量（吨）	单产（千克/公顷）	播种面积（公顷）	总产量（吨）	单产（千克/公顷）
全省总计	**412560**	**2218846**	**5378**	**984353**	**3403712**	**3458**	**952493**	**3338534**	**3505**
济南市	28766	86600	3010	15009	36767	2450	14173	35420	2499
青岛市	16625	138397	8325	116899	557714	4771	116899	557714	4771
淄博市	7076	26357	3725	6366	14023	2203	6268	13917	2220
枣庄市	12580	87478	6954	36485	127835	3504	34397	123749	3598
东营市	1261	8099	6423	4263	12513	2935	3783	11899	3145
烟台市	26177	185009	7068	113878	361577	3175	113838	361480	3175
潍坊市	27943	142329	5094	55143	195153	3539	51918	190416	3668
济宁市	34511	208573	6044	59574	207772	3488	59084	207076	3505
泰安市	47882	260255	5435	48585	131338	2703	46885	125712	2681
威海市	13721	108965	7941	67559	250296	3705	67559	250296	3705
日照市	35541	226044	6360	45603	165197	3623	45603	165197	3623
莱芜市	7764	42378	5458	6200	11670	1882	6190	11656	1883
临沂市	118003	653142	5535	139923	467690	3342	139517	466906	3347
德州市	6577	62280	9469	21217	78990	3723	15069	63327	4202
聊城市	7975	55752	6991	73307	249601	3405	68019	239170	3516
滨州市	3057	13743	4496	4348	9162	2107	3828	8762	2289
菏泽市	17147	93778	5469	142307	526414	3699	133755	505837	3782

11－20 续表 6

（2002 年）

地区	# 油菜籽			# 芝麻			三、棉花		
	播种面积（公顷）	总产量（吨）	单产（千克/公顷）	播种面积（公顷）	总产量（吨）	单产（千克/公顷）	播种面积（公顷）	总产量（吨）	单产（千克/公顷）
全省总计	**25587**	**57025**	**2229**	**3380**	**4444**	**1315**	**664887**	**722000**	**1086**
济南市	426	881	2068	348	466	1339	24934	28285	1134
青岛市							3078	3755	1220
淄博市				98	88	898	13238	16036	1211
枣庄市	1426	3296	2311	651	784	1204	2320	2518	1085
东营市	180	363	2017	293	245	836	42362	47991	1133
烟台市				21	23	1095			
潍坊市	3212	4713	1467	13	24	1846	22026	23920	1086
济宁市	53	75	1415	437	528	1208	58059	71950	1239
泰安市	1652	5280	3196	48	48	1000	4355	3550	815
威海市									
日照市							448	360	804
莱芜市				10	14	1400	125	164	1312
临沂市	314	669	2131	92	115	1250	5786	6650	1149
德州市	5041	11741	2329	461	746	1618	154836	179097	1157
聊城市	5185	10341	1994	103	90	874	65703	72332	1101
滨州市	336	300	893	149	62	416	91518	84359	922
菏泽市	7903	19366	2450	649	1211	1866	194399	243779	1254

11－20 续表 7

（2002 年）

地区	四、麻类			# 黄红麻			五、甜菜		
	播种面积（公顷）	总产量（吨）	单产（千克/公顷）	播种面积（公顷）	总产量（吨）	单产（千克/公顷）	播种面积（公顷）	总产量（吨）	单产（千克/公顷）
全省总计	**2300**	**6361**	**2766**	**2007**	**5830**	**2905**	**420**	**1844**	**4390**
济南市	20	117	5850	20	117	5850			
青岛市									
淄博市	47	213	4532	47	213	4532			
枣庄市							70	233	3329
东营市									
烟台市									
潍坊市							67	200	2985
济宁市	1374	3624	2638	1374	3624	2638	3	11	3667
泰安市	292	478	1637	10	11	1100			
威海市									
日照市	2	3	1500	2	3	1500			
莱芜市	11	35	3182	8	32	4000			
临沂市	105	315	3000	104	306	2942			
德州市	321	1133	3530	321	1133	3530	267	1400	5243
聊城市									
滨州市	91	342	3758	78	291	3731			
菏泽市	51	101	1980	50	100	2000			

11－20 续表 8

(2002 年)

地　　区	六、烟叶			#烤烟			七、药材
	播种面积（公顷）	总产量（吨）	单产（千克/公顷）	播种面积（公顷）	总产量（吨）	单产（千克/公顷）	播种面积（公顷）
全省总计	**41773**	**87147**	**2086**	**41253**	**83029**	**2013**	**24807**
济南市	5	28	5600				409
青岛市	2560	7350	2871	2560	7350	2871	464
淄博市	2494	3510	1407	2494	3510	1407	1438
枣庄市	320	766	2394	320	766	2394	535
东营市							70
烟台市	9	24	2667				854
潍坊市	14786	27925	1889	14786	27925	1889	2093
济宁市	4	13	3250				1447
泰安市	2	3	1500				162
威海市	47	161	3426				1059
日照市	4992	14694	2944	4970	11681	2350	3180
莱芜市	415	740	1783	408	725	1777	222
临沂市	14678	31091	2118	14290	30272	2118	2514
德州市	287	842	2934	267	800	2996	108
聊城市							606
滨州市							104
菏泽市							8858

11－20 续表 9

(2002 年)

地　　区	八、蔬菜、瓜类		1.蔬菜(含菜用瓜)		#马铃薯	
	播种面积（公顷）	总产量（吨）	播种面积（公顷）	总产量（吨）	播种面积（公顷）	总产量（吨）
全省总计	**2282060**	**96786362**	**1970906**	**83353742**	**132347**	**4201845**
济南市	129490	7189560	113520	6336815	3340	101140
青岛市	177177	7619770	160654	6847570	23110	802555
淄博市	67449	3794185	61506	3563817	1533	38904
枣庄市	128016	5454198	117748	5053498	33958	1091472
东营市	38743	2118054	33844	1931425	136	4322
烟台市	71134	3112002	60306	2660009	3758	103046
潍坊市	281007	12869262	238960	11099748	13509	422000
济宁市	197949	7336920	175509	6366301	10160	289573
泰安市	157672	7375222	149397	7016868	15440	468610
威海市	22036	984505	19528	868809	2884	89849
日照市	32972	1719587	28797	1518980	1078	54010
莱芜市	39480	1527214	39093	1508776	3022	97595
临沂市	143570	6202271	123533	4963183	9433	286346
德州市	215358	8787215	182784	7321848	7506	250335
聊城市	217430	8663908	188376	7177926	1024	21330
滨州市	68843	2558990	60790	2255026	1231	41688
菏泽市	280400	9473499	205074	6863143	1594	39070

11－20 续表 10

（2002 年）

地　区	2.瓜类(果用瓜) 播种面积（公顷）	2.瓜类(果用瓜) 总产量（吨）	#西瓜 播种面积（公顷）	#西瓜 总产量（吨）	九、其它农作物播种面积（公顷）	#青饲料播种面积
全省总计	**311154**	**13432620**	**262607**	**11898840**	**134633**	**16040**
济南市	15970	852745	13142	736084	1602	297
青岛市	16523	772200	11851	594384	14806	1632
淄博市	5943	230368	5717	221907	871	209
枣庄市	10268	400700	8142	340859	851	260
东营市	4899	186629	4078	169781	10307	2851
烟台市	10828	451993	7465	352424	2454	39
潍坊市	42047	1769514	31534	1425014	28164	1034
济宁市	22440	970619	19971	864481	5634	262
泰安市	8275	358354	7857	348847	9567	33
威海市	2508	115696	1681	86133	1434	970
日照市	4175	200607	3462	179416	2633	
莱芜市	387	18438	293	15676	434	
临沂市	20037	1239088	16206	1113196	7080	27
德州市	32574	1465367	30786	1428212	3027	2930
聊城市	29054	1485982	23676	1291341	15173	1048
滨州市	8053	303964	7376	279279	4181	2051
菏泽市	75326	2610356	69665	2451806	22584	2423

11－21 各市茶叶、水果生产情况

（2002 年）　　单位:吨

地　区	茶叶产量	水果产量	苹果	梨	葡萄
全省总计	**3579**	**8642046**	**5000017**	**829821**	**640723**
济南市		335658	209126	14076	32902
青岛市	758	579703	378120	26249	62893
淄博市	4	352638	184412	2786	91446
枣庄市	1	152640	59505	12791	5504
东营市		68456	53465	2024	7391
烟台市		1908847	1502395	170920	103486
潍坊市	37	789778	355403	59456	67949
济宁市		151036	88290	5839	30174
泰安市	14	383998	171002	13504	16095
威海市	8	460491	415822	24170	11953
日照市	1906	219229	167054	1107	8282
莱芜市		79736	35726	1571	1803
临沂市	791	1125487	409229	84441	84971
德州市		628502	275074	43656	45022
聊城市		366083	159159	133300	37060
滨州市		455058	156139	133302	7752
菏泽市	60	584706	380096	100629	26040

11－21 续表 1　　(2002 年)　　单位:吨

地　区	桃	杏	红　枣	柿　子	山　楂	其　它
全省总计	**1210344**	**72205**	**403654**	**109403**	**142106**	**233773**
济南市	33441	4063	16244	13055	9325	3426
青岛市	77514	4803	2565	4767	10185	12607
淄博市	54745	3638	4518	4323	2480	4290
枣庄市	44367	889	6217	7423	1971	13973
东营市	1984	191	3229	4	22	146
烟台市	54631	7535	676	3772	3621	61811
潍坊市	171253	6493	8358	30704	42166	47996
济宁市	16056	1573	3544	725	667	4168
泰安市	122943	13513	9090	4925	19614	13312
威海市	6442	240	187	299	143	1235
日照市	31372	531	265	2215	1334	7069
莱芜市	17107	707	778	10150	9908	1986
临沂市	434994	11610	22803	24421	36452	16566
德州市	32334	2907	227437	68	597	1407
聊城市	20064	698	5327	45	928	9502
滨州市	26626	7887	88469	1414	1922	31547
菏泽市	64471	4927	3947	1093	771	2732

11－21 续表 2　　(2002 年)　　单位:公顷

地　区	年末实有果园面积	#苹果园	#梨　园	#葡萄园	#桃　园	年末实有桑园面积
全省总计	**752949**	**368949**	**64060**	**54596**	**108925**	**124539**
济南市	38202	20325	1365	4014	2641	2471
青岛市	51865	27247	3220	6948	7675	7757
淄博市	29677	13800	339	7412	5197	3116
枣庄市	18293	4963	2544	709	4953	6381
东营市	16120	5238	937	459	892	5386
烟台市	124941	87863	13735	7853	5590	1353
潍坊市	68661	23867	4398	5134	19659	17101
济宁市	21650	13552	1037	1966	2133	6480
泰安市	46681	15473	664	1327	7142	13764
威海市	25011	21559	1567	1042	612	1484
日照市	13234	8091	273	457	2682	14955
莱芜市	10450	3383	205	207	2703	2188
临沂市	123331	37280	8304	7678	37097	9780
德州市	47323	29002	5821	4992	3184	6240
聊城市	48967	29853	11294	2431	1886	3896
滨州市	35025	5728	3546	338	1926	12036
菏泽市	33518	21725	4811	1629	2953	10151

11－22 各市林业生产情况

（2002 年）

地　　区	按主要林种用途分（公顷）					主要林产品产量（吨）		农村集体、农民采伐木材消耗蓄积量（立方米）
	用材林	#速生丰产林	经济林	防护林	薪炭林	核　桃	板　栗	
全省总计	**43671**	**19732**	**80067**	**27670**	**1098**	**7900**	**172269**	**1262254**
济 南 市	1072	216	2090	794		4016	1523	74419
青 岛 市	5276	1589	7381	3842		66	13579	39569
淄 博 市	2969		2646	541		41	3318	27445
枣 庄 市	1775	1171	3975	811		119	5420	47304
东 营 市	722	675	4444	888				3767
烟 台 市	2017	1233	2832	2133		171	3941	5441
潍 坊 市	3228	2274	8822	1781	400	119	12812	53341
济 宁 市	3119	858	2597	1656		214	5081	157648
泰 安 市	4303	1395	7584	443	151	1822	20758	84341
威 海 市	950	950	4756	3024		14	2823	8281
日 照 市	1682	792	4143	357		2	15586	28400
莱 芜 市	451	391	1902	351.7		187	5174	26135
临 沂 市	6412	2966	7173	916		934	82250	175180
德 州 市	519	350	1608	1418				4560
聊 城 市	4137	1939	7445	3199	287	8	4	114535
滨 州 市	451	233	6181	1984	260	75		3466
菏 泽 市	4588	2700	4488	3531		112		408422

11－22 续表　　　　（2002 年）　　　　单位：公顷

地　　区	营　林　情　况					
	当年人工造林面积	迹地更新面　积	零星植树（万株）	当　年育苗面积	幼林抚育作业面积（公顷次）	成　林抚育面积
全省总计	**152597**	**9836**	**15069**	**36881**	**1140807**	**721704**
济 南 市	4011	583	976	1797	129013	73294
青 岛 市	16499	259	603	4194	42608	35162
淄 博 市	6156	156	520	736	29113	59870
枣 庄 市	6561	414	365	467	47880	48203
东 营 市	6054		151	853	44653	20100
烟 台 市	6982	259	379	1098	52819	48146
潍 坊 市	14234	360	1290	5245	60696	66878
济 宁 市	7372	583	1455	1950	138421	33899
泰 安 市	12514	1715	896	3361	97856	46106
威 海 市	8730	100	400	1197	14546	27853
日 照 市	6182	1674	869	714	80432	28864
莱 芜 市	2705	302	310	337	22051	26324
临 沂 市	14501	2272	2431	2898	120040	96202
德 州 市	3545	360	817	1191	25366	20317
聊 城 市	15068	56	1058	3373	53473	27390
滨 州 市	8876	548	444	1895	110384	24111
菏 泽 市	12607	196	2104	5576	71456	38985

11－23 各市畜牧业生产情况

（2002年）

地　　区	大牲畜年末存栏（万头）	#　牛	猪年末存栏（万头）	羊年末存栏（万只）	山　羊	绵　羊	家　禽年末存栏（万只）	兔年末存栏（万只）
全省总计	**1128.76**	**1018.93**	**2882.96**	**3039.45**	**2388.90**	**650.55**	**65231.51**	**5196.37**
济　南　市	124.64	111.54	212.95	192.22	132.73	59.49	4316.52	559.29
青　岛　市	88.79	87.38	196.31	83.73	79.15	4.58	8143.45	213.39
淄　博　市	20.32	19.19	64.11	51.00	39.10	11.90	1975.04	179.58
枣　庄　市	13.17	8.50	83.65	120.49	114.64	5.85	1800.75	473.84
东　营　市	27.75	24.07	35.36	83.80	35.56	48.23	1266.72	46.99
烟　台　市	34.97	34.38	117.20	38.27	29.81	8.47	3551.84	246.43
潍　坊　市	69.69	63.70	248.33	119.59	98.05	21.54	11137.07	344.90
济　宁　市	46.55	42.00	287.66	353.63	235.06	118.57	6327.63	707.15
泰　安　市	36.70	33.96	225.22	248.70	189.48	59.22	3576.75	175.50
威　海　市	6.19	6.12	61.66	13.21	12.58	0.62	894.69	249.04
日　照　市	12.08	10.66	93.24	101.57	95.80	5.77	1871.01	163.06
莱　芜　市	2.10	2.10	39.54	40.26	32.33	7.93	611.00	112.24
临　沂　市	60.34	53.01	345.12	236.17	215.31	20.87	5532.03	1057.81
德　州　市	214.30	187.02	223.52	189.79	131.22	58.57	2852.05	130.93
聊　城　市	148.67	126.09	179.55	274.86	206.90	67.96	5583.72	91.42
滨　州　市	79.70	71.92	87.61	96.82	45.23	51.60	2325.47	46.53
菏　泽　市	87.70	82.17	267.53	800.34	700.96	99.38	3465.77	221.13

11－23 续表1

（2002年）

地　　区	牛出栏（万头）	猪出栏（万头）	羊出栏（万只）	家禽出栏（万只）	兔出栏（万只）
全省总计	**488.12**	**3803.18**	**3358.58**	**126352.58**	**7031.35**
济　南　市	41.54	283.53	196.27	5140.22	743.17
青　岛　市	37.46	311.17	83.35	20466.78	307.79
淄　博　市	8.43	93.55	41.83	2171.56	298.16
枣　庄　市	3.70	99.83	135.79	2945.52	327.04
东　营　市	15.35	60.00	105.83	2361.03	88.21
烟　台　市	8.08	157.70	31.62	7140.82	51.05
潍　坊　市	41.07	457.94	157.91	36322.03	987.92
济　宁　市	22.30	503.38	525.60	10218.72	1808.27
泰　安　市	15.93	276.13	222.50	4257.81	132.52
威　海　市	1.31	88.79	9.20	1407.31	22.90
日　照　市	5.35	116.61	123.72	2996.60	275.26
莱　芜　市	0.53	44.96	25.48	745.85	50.64
临　沂　市	25.93	478.66	244.32	8609.33	1296.27
德　州　市	57.74	334.08	168.47	4452.26	233.07
聊　城　市	45.78	270.48	267.10	10011.78	155.54
滨　州　市	42.64	116.28	120.77	3626.45	119.69
菏　泽　市	37.17	251.73	665.15	3478.50	133.86

11－23 续表 2　　　　　　　　　　　（2002 年）　　　　　　　　　　　单位：吨

地　　区	肉类总产量	#牛肉	#猪肉	#羊肉	#禽肉	#兔肉	奶类产量	#牛奶
全省总计	**6269977**	**761473**	**3148382**	**302272**	**1932726**	**78902**	**1167595**	**903023**
济南市	353387	58159	196864	22800	61347	10427	101183	101034
青岛市	678398	51317	227151	9752	384776	4309	339931	249766
淄博市	126751	12650	68242	4935	36502	4071	52640	49954
枣庄市	142898	5757	72075	11155	47347	4899	10731	8145
东营市	116758	20438	45200	12263	34764	1402	20116	20063
烟台市	249563	13709	119895	4551	110629	669	163598	126059
潍坊市	1046194	59921	346864	19789	604789	12622	173572	99526
济宁市	631654	32646	372713	54710	147986	21593	31361	22785
泰安市	316541	23100	206158	27230	57366	1771	32702	32702
威海市	97571	1837	66589	1012	27783	343	110669	73674
日照市	150772	7558	89357	11810	36638	3204	2861	2661
莱芜市	45937	957	33118	2532	8725	605	943	864
临沂市	560513	34643	353241	27295	124041	19006	42000	30882
德州市	384873	79960	209235	16535	68641	2702	24959	24869
聊城市	437865	61160	195175	28903	144051	2503	8827	8712
滨州市	229081	69284	82612	15641	50377	1666	43233	43233
菏泽市	326860	45819	190137	53939	34666	1098	8271	8095

11－23 续表 3　　　　　　　　　　　（2002 年）　　　　　　　　　　　单位：吨

地　　区	羊毛产量		禽蛋产量	#鸡蛋	蚕茧产量	桑蚕茧	柞蚕茧
	山羊毛	绵羊毛					
全省总计	**8774**	**19527**	**3994099**	**3683464**	**70329**	**69119**	**1210**
济南市	1061	2090	451426	431420	807	807	
青岛市	48	159	397001	375714	6285	6285	
淄博市	209	311	161907	153322	1675	1675	
枣庄市	283	166	81125	69433	2123	2123	
东营市	89	1063	85504	80344	1116	1116	
烟台市	9	306	278743	269901	2065	1495	570
潍坊市	132	705	379630	348112	7848	7848	
济宁市	718	3184	419411	351905	3448	3443	5
泰安市	706	3583	216715	209284	8742	8742	
威海市		3	79945	75626	1778	1325	453
日照市	17	14	99856	91028	8260	8158	102
莱芜市	214	272	28243	26834	588	588	
临沂市	371	706	236175	211382	7753	7753	
德州市	378	956	342731	298609	3694	3614	80
聊城市	103	2315	282384	270146	2020	2020	
滨州市	132	1376	214462	201882	6063	6063	
菏泽市	868	2317	238840	218522	6064	6064	

11－24 各市主要农业机械年末拥有量

（2002年）

地　区	农业机械总动力（千瓦）	#农产品加工机械动力	#排灌机械动力		农用拖拉机		农用汽车	
			（台）	（千瓦）	（混合台）	（千瓦）	（辆）	（千瓦）
全省总计	**81556313**	**8560000**	**2808530**	**21834469**	**1750174**	**18937852**	**114190**	**6062521**
济南市	4104398	521680	135592	1123110	60705	795412	6475	351064
青岛市	5349195	612799	182799	1073533	152920	1537544	10411	448819
淄博市	2846063	294716	115499	815275	24185	383684	12997	707528
枣庄市	1662008	300422	35563	277790	32137	480028	3402	262482
东营市	1633190	98566	38346	268525	45518	553073	2379	169377
烟台市	5946485	783878	133527	1105357	159641	1425433	12383	779581
潍坊市	7482600	1040793	321658	2086301	102833	1332268	15843	645002
济宁市	5741969	814480	179574	1525618	78434	1147218	7230	461256
泰安市	3031995	397353	125503	944523	51698	684743	4311	212294
威海市	3518741	373882	29616	228106	202016	1419242	5531	261541
日照市	1711761	249353	30437	214649	93525	666403	1719	93234
莱芜市	706508	138657	20271	147894	13114	152771	2415	95543
临沂市	6307679	746142	148254	1150785	270156	2390334	9710	609965
德州市	8183943	310911	344022	2961887	177008	2165538	4668	212387
聊城市	8672105	633361	435539	3627164	99807	1236038	1622	82036
滨州市	5816251	620329	339797	2575940	82245	1124294	10003	453791
菏泽市	8841422	622678	192533	1708012	104232	1443829	3091	216621

11－25 各市农村电气化和农业化学化情况

（2002 年） 单位：吨

地　　区	农用化肥施用量（实物量）	氮　肥	磷　肥	钾　肥	复合肥
全省总计	**14066656**	**6833372**	**2826754**	**1017216**	**3389314**
济南市	830113	446525	208912	39768	134908
青岛市	929508	391358	128934	70890	338326
淄博市	398493	193648	95485	26044	83316
枣庄市	539671	246239	94810	36936	161686
东营市	326565	150798	103056	12276	60435
烟台市	960171	426554	180278	97558	255781
潍坊市	1471854	644867	230955	106422	489610
济宁市	1248794	521537	234312	100511	392434
泰安市	648306	328179	118115	59740	142272
威海市	400883	207029	61788	33948	98118
日照市	386628	176793	48850	31669	129316
莱芜市	141186	82006	23172	10533	25475
临沂市	1369046	738120	158709	130154	342063
德州市	1168997	635256	293560	45368	194813
聊城市	1046049	523152	279009	71968	171920
滨州市	795969	479662	116359	33831	166117
菏泽市	1404423	641649	450450	109600	202724

11－25 续表 1 （2002 年） 单位：吨

地　　区	农用化肥施用量（折纯量）	氮　肥	磷　肥	钾　肥	复合肥
全省总计	**4339150**	**1897199**	**546040**	**402447**	**1493464**
济南市	217888	105409	43017	14018	55444
青岛市	310662	110574	24208	29336	146544
淄博市	112337	49206	14646	10901	37584
枣庄市	168953	68757	20835	12236	67125
东营市	105868	49844	19250	6381	30393
烟台市	315046	134686	38699	39233	102428
潍坊市	494590	183283	50192	42519	218596
济宁市	466840	175169	42124	49652	199895
泰安市	190531	77334	26240	20870	66087
威海市	105337	54858	9410	13470	27599
日照市	134196	52254	13229	14480	54233
莱芜市	36777	16328	3985	5065	11399
临沂市	393172	165318	31006	43612	153236
德州市	324217	166117	55430	18002	84668
聊城市	318893	157277	54590	32086	74940
滨州市	236852	116649	22777	14467	82959
菏泽市	406991	214136	76402	36119	80334

11－25 续表 2

（2002 年）

地　　区	农村用电量（万千瓦时）	农用塑料薄膜使用量（吨）	#地膜使用量	地膜覆盖面积（公顷）	农用柴油量（吨）	农药施用量（吨）
全省总计	**2382780.77**	**292175**	**125757**	**1651658**	**1690840**	**163739**
济南市	141577.64	11231	4209	45783	44451	3241
青岛市	256453.28	17793	10648	160651	252508	9353
淄博市	233863.00	13000	5281	26736	21418	5414
枣庄市	134638.00	8048	3231	24753	12019	2725
东营市	31629.10	7140	3676	65032	26928	3477
烟台市	333634.08	13444	8737	129694	194387	19374
潍坊市	315958.17	57559	12570	165121	222839	18689
济宁市	128023.85	13174	8982	95577	118811	12551
泰安市	76761.55	9928	4246	37261	53188	6889
威海市	122899.80	3278	2090	26007	259661	8639
日照市	40328.08	10042	5936	54421	87287	7192
莱芜市	37882.10	1911	1416	26092	12974	1607
临沂市	175868.41	31457	11813	166126	106311	13771
德州市	57611.21	33550	20563	243752	75515	10558
聊城市	84956.00	31925	7052	127638	77633	20883
滨州市	60633.00	8520	5059	100359	38538	5779
菏泽市	150063.50	20175	10248	156655	86372	13597

11-26 各市灌溉面积

（2002年）　　　　单位：千公顷

地区	有效灌溉面积	#当年实灌	林地灌溉面积	果园灌溉面积	旱涝保收面积	机电排灌面积	纯排面积
全省总计	**4797.44**	**4164.65**	**71.72**	**378.14**	**3635.13**	**4439.46**	**42.65**
济南市	239.47	220.02	2.99	10.33	177.26	231.56	1.60
青岛市	294.31	253.94	4.98	34.58	223.76	273.01	2.18
淄博市	137.19	128.30	3.60	16.68	113.61	131.51	
枣庄市	147.00	116.68	0.69	6.12	125.08	137.07	2.14
东营市	144.17	128.57	4.99	6.65	86.07	136.48	0.27
烟台市	270.53	198.93	2.88	73.20	222.47	228.79	0.32
潍坊市	523.08	456.36	7.19	42.91	432.34	475.10	1.37
济宁市	444.16	410.60	2.17	10.53	365.79	456.17	27.83
泰安市	230.58	201.49	2.75	18.83	181.29	209.14	3.22
威海市	121.29	66.64	0.97	22.27	93.44	98.38	
日照市	113.06	92.81	2.50	17.43	70.34	67.74	
莱芜市	42.87	36.53	0.26	2.53	26.71	36.25	
临沂市	363.10	255.60	7.17	36.34	237.00	265.88	1.36
德州市	445.12	397.80	12.36	24.85	300.73	441.23	2.02
聊城市	489.77	481.71	6.55	13.90	392.58	488.85	
滨州市	295.01	269.14	6.73	26.11	219.50	282.36	0.34
菏泽市	496.73	449.53	2.94	14.88	367.16	479.64	

十二、工　业

INDUSTRY

简要说明：

一、本篇主要包括以下内容：

1.历年工业总产值。其中国有工业总产值1997年以前为全部国有工业总产值，1998年为独立核算国有工业总产值。

2.历年工业总产值指数。其中国有工业总产值指数1997年以前由全部国有工业总产值与1952年对比计算生成，1998年由独立核算国有工业总产值与1952年对比计算生成。

3.规模以上工业企业按登记注册类型、行业、地区分组的主要经济指标和财务分析指标。统计范围为全部独立核算国有工业企业及年产品销售收入500万元及以上的非国有工业企业。

4.国有独立核算工业企业主要经济指标和财务分析指标。统计范围为全部独立核算国有工业企业。

5.规模以上集体工业企业主要经济指标。统计范围为年产品销售收入500万元及以上的集体工业企业。

6.规模以上外商投资和港澳台投资工业企业主要经济指标。统计范围为年产品销售收入500万元及以上的外商投资和港澳台投资工业企业。

7.规模以上大中型工业企业主要经济指标。统计范围为全部国有大中型工业企业及年产品销售收入500万元及以上的非国有大中型工业企业。

8.规模以上高新技术工业企业主要经济指标。统计范围是国家统计局界定的11大领域所涉及的35个行业小类。

9.主要工业产品产量。

二、资料来源：各种类型工业企业的主要经济指标和财务分析指标及主要工业产品产量是根据统计报表制度而进行收集、汇总的。

编辑单位：工交处
编　　委：谭　杰
编　　辑：刘　晶
校　　对：刘　晶
电　　话：6129420

12－1 历年工业总产值及构成

年份	工业总产值（亿元）	#国有经济	#集体经济	轻工业总产值（亿元）	重工业总产值（亿元）	占全部工业总产值的比重（%）			
						国有经济	集体经济	轻工业	重工业
1949	9.15	3.42	0.01	8.25	0.90	37.38	0.11	90.16	9.84
1950	13.07	5.05	0.27	11.74	1.33	38.64	2.07	89.82	10.18
1951	16.27	6.20	0.65	14.40	1.87	38.11	4.00	88.51	11.49
1952	20.08	9.07	0.88	17.84	2.24	45.17	4.38	88.84	11.16
1953	25.41	11.81	1.15	22.34	3.07	46.48	4.53	87.92	12.08
1954	29.35	14.16	1.71	25.30	4.05	48.25	5.83	86.20	13.80
1955	30.10	14.81	2.31	25.36	4.74	49.20	7.67	84.25	15.75
1956	39.64	17.57	3.02	32.39	7.25	44.32	7.62	81.71	18.29
1957	43.31	15.83	2.36	35.34	7.97	36.55	5.45	81.60	18.40
1958	69.57	51.80	9.34	47.36	22.21	74.46	13.43	68.08	31.92
1959	92.98	71.55	11.95	63.11	29.87	76.95	12.85	67.87	32.13
1960	97.91	87.57	9.10	49.10	48.81	89.44	9.29	50.15	49.85
1961	55.04	40.80	8.71	33.72	21.32	74.13	15.82	61.26	38.74
1962	45.70	33.99	6.27	31.22	14.48	74.38	13.72	68.32	31.68
1963	49.10	37.34	5.83	34.32	14.78	76.05	11.87	69.90	30.10
1964	58.61	45.55	7.04	40.18	18.43	77.72	12.01	68.55	31.45
1965	71.38	55.79	8.95	48.21	23.17	78.16	12.54	67.54	32.46
1966	88.64	69.07	12.03	57.67	30.97	77.92	13.57	65.06	34.94
1967	96.60	74.85	13.74	63.98	32.62	77.48	14.22	66.23	33.77
1968	103.85	79.73	14.76	66.68	37.17	76.77	14.21	64.21	35.79
1969	105.79	81.56	15.53	72.74	33.05	77.10	14.68	68.76	31.24
1970	141.22	109.22	21.37	81.88	59.34	77.34	15.13	57.98	42.02
1971	147.91	115.13	24.64	78.84	69.07	77.84	16.66	53.30	46.70
1972	153.92	117.98	27.49	79.81	74.11	76.65	17.86	51.85	48.15
1973	162.94	122.51	30.44	84.06	78.88	75.19	18.68	51.59	48.41
1974	119.99	84.75	24.05	66.74	53.25	70.63	20.04	55.62	44.38
1975	189.78	138.41	38.39	96.65	93.13	72.93	20.23	50.93	49.07
1976	220.00	157.01	52.12	107.03	112.97	71.37	23.69	48.65	51.35
1977	262.24	178.85	70.70	127.92	134.32	68.20	26.96	48.78	51.22
1978	296.82	200.74	78.60	144.28	152.54	67.63	26.48	48.61	51.39
1979	314.34	217.62	78.52	157.52	156.82	69.23	24.98	50.11	49.89
1980	340.32	229.89	90.46	183.81	156.51	67.55	26.58	54.01	45.99
1981	358.37	238.57	96.69	212.33	146.04	66.57	26.98	59.25	40.75
1982	393.21	261.91	100.28	233.57	159.64	66.61	25.50	59.40	40.60
1983	441.85	292.55	110.46	261.04	180.81	66.21	25.00	59.08	40.92
1984	534.91	318.30	164.80	317.58	217.33	59.51	30.81	59.37	40.63
1985	682.78	397.07	205.53	370.41	312.37	58.15	30.10	54.25	45.75
1986	784.33	415.12	234.86	419.38	364.95	52.93	29.94	53.47	46.53
1987	1032.88	521.66	302.57	533.38	499.50	50.51	29.29	51.64	48.36
1988	1455.24	662.48	441.05	751.70	703.54	45.52	30.31	51.65	48.35
1989	1920.94	833.86	575.95	982.99	937.95	43.41	29.98	51.17	48.83
1990	2200.85	911.88	650.38	1118.76	1082.09	41.43	29.55	50.83	49.17
1991	2599.17	1038.69	764.67	1326.78	1272.39	39.96	29.42	51.05	48.95
1992	3115.45	1301.39	993.81	1536.64	1578.81	41.77	31.90	49.32	50.68
1993	4713.48	1678.89	1285.42	2125.93	2587.55	35.62	27.27	45.10	54.90
1994	7023.23	2012.72	1812.72	3367.58	3655.65	28.66	25.81	47.95	52.05
1995	8906.60	2600.54	1840.75	4403.84	4502.76	29.20	20.67	49.44	50.56
1996	9126.63	2423.77	2380.09	4540.14	4586.49	26.56	26.08	49.75	50.25
1997	9984.12	2513.03	2512.01	4926.50	5057.61	25.17	25.16	49.34	50.66
1998	10579.17	2177.73	2206.64	5110.02	5469.15	20.59	20.86	48.30	51.70
1999	11195.46	2058.49	2218.99	5373.71	5821.75	18.39	19.82	48.00	52.00
2000	12509.53	2474.49	2393.99	5964.70	6544.83	19.78	19.14	47.68	52.32
2001	13277.37	1223.49	2078.33	6437.42	6839.96	9.21	15.65	48.48	51.52
2002	15588.53	1377.03	2348.82	7630.45	7958.08	8.83	15.07	48.95	51.05

注：本表按当年价格计算，1998年及以后集体工业为规模以上集体工业。

12-2 历年工业总产值指数

（以1952年为100）

年份	工业总产值指数	#国有单位	#集体单位	按轻重工业分	
				轻工业	重工业
1949	45.2	37.4	1.3	46.2	39.9
1950	64.7	55.3	29.9	65.6	59.2
1951	80.5	67.9	72.7	80.0	82.6
1952	100.0	100.0	100.0	100.0	100.0
1953	126.8	130.4	131.2	125.0	136.6
1954	147.4	157.3	194.8	141.4	180.3
1955	151.6	165.0	264.9	141.0	210.4
1956	216.3	212.1	375.3	190.3	339.4
1957	236.0	224.7	344.2	206.0	370.0
1958	369.6	609.1	1129.9	264.4	987.3
1959	488.4	831.9	1428.6	348.7	1314.6
1960	514.4	1018.4	1088.3	265.9	2104.7
1961	273.1	448.1	984.4	174.4	877.5
1962	214.9	353.9	671.4	154.4	570.4
1963	243.2	394.3	633.8	172.5	591.5
1964	285.4	490.9	780.5	206.0	752.6
1965	366.7	633.5	1045.4	260.2	995.8
1966	454.2	783.6	1403.9	310.0	1325.4
1967	495.2	849.2	1602.6	344.6	1399.1
1968	532.7	905.3	1723.4	358.2	1589.7
1969	542.2	925.5	1813.0	348.6	1261.0
1970	723.4	1238.6	2494.8	435.6	2514.1
1971	815.8	1405.7	3094.8	449.2	3134.3
1972	888.8	1507.8	3614.3	476.1	3519.7
1973	940.9	1566.0	4002.6	501.4	3746.0
1974	708.9	1108.3	3235.1	407.4	2587.8
1975	1122.4	1812.0	5168.8	590.4	4529.6
1976	1304.7	2061.0	7037.7	655.5	5508.5
1977	1560.1	2352.4	9564.9	785.1	6563.4
1978	1766.4	2644.2	10646.8	886.7	7464.3
1979	1850.0	2834.6	10522.1	957.5	7589.3
1980	2001.2	2992.2	12111.7	1116.6	7571.8
1981	2091.4	3081.7	12845.4	1280.8	7014.1
1982	2269.7	3309.1	13571.4	1393.6	7583.1
1983	2524.2	3652.8	14849.3	1541.5	8500.0
1984	2887.8	3651.0	21459.7	1772.2	9655.9
1985	3530.6	4267.7	26046.7	1979.7	13293.4
1986	4110.2	4592.0	29223.4	2271.5	15740.8
1987	5089.9	5247.0	36481.8	2716.5	20260.6
1988	6803.9	6289.4	49739.0	3718.2	26390.7
1989	8029.9	6845.8	59622.0	4368.6	31314.3
1990	9081.8	7221.1	67151.9	4910.3	35635.7
1991	10630.2	7880.3	79849.3	5814.8	41232.5
1992	13203.8	9169.6	104332.3	6983.6	52983.8
1993	17410.5	10252.6	152395.2	8422.2	75660.9
1994	22325.5	10611.4	201009.3	11471.0	90112.1
1995	27482.7	12230.2	219100.8	14563.6	110026.9
1996	31954.1	12946.9	272154.0	17820.0	121491.7
1997	35820.6	13736.4	294951.4	19946.0	136423.0
1998	39954.3	12309.5	267429.8	21672.0	156345.4
1999	44702.4	12274.7	267143.4	23594.6	173193.0
2000	52713.1	13031.4	314292.3	28303.2	200740.0
2001	58288.7	7085.8	269624.9	31681.3	218566.7
2002	66406.7	8105.5	289070.9	36715.1	267094.8

注：本表按可比价格计算，1998年及以后集体工业指数为规模以上集体工业指数。

12－3 规模以上工业总产值

单位:万元

类　　别	2001 年	2002 年	2002 年为 2001 年(%)
总　　计	**93773726**	**114975327**	**118.98**
一、按登记注册类型分			
内资企业	79203625	97267425	119.31
国有企业	12234932	13770330	114.39
中央企业	3376602	4139631	121.89
地方企业	8858330	9630699	112.07
集体企业	20783295	23488160	107.21
股份合作企业	2891441	3548713	113.40
联营企业	1218242	2002366	193.08
有限责任公司	22622623	29048369	122.76
股份有限公司	11748398	13868612	119.09
私营企业	7575409	11297258	145.03
其他企业	129285	243617	173.47
港、澳、台商投资企业	4141830	4639623	113.57
合资经营企业(港或澳、台资)	2976281	3430685	113.84
合作经营企业(港或澳、台资)	365633	238861	74.25
港澳台商独资经营企业	377680	542693	140.99
港澳台商投资股份有限公司	422235	427384	116.41
外商投资企业	10428272	13068279	118.56
中外合资经营企业	4940797	6153526	114.77
中外合作经营企业	383719	427856	115.44
外资企业	4209465	5231320	118.91
外商投资股份有限公司	894291	1255576	149.60
二、在总计中:亏损企业	**7262104**	**7511659**	**105.44**
在总计中:国有控股企业	36451434	42011174	115.59
在总计中:农村工业	16818461	20015199	113.86
按轻重工业分			
轻工业	42924151	51349386	115.89
以农产品为原料	29811624	36035905	116.43
以非农产品为原料	13112528	15313481	115.04
重工业	50849575	63625941	122.20
采掘工业	8125112	9336641	119.81
原料工业	17792409	22060796	131.75
加工工业	24932054	32228504	118.04
按企业规模分			
大型企业	47478315	56034400	115.78
中型企业	12392464	13724808	105.11
小型企业	33902948	45216120	128.29

注:本表发展速度按可比价计算,绝对额按现价计算。

12－3续表　　　　　　　　　　　　　　　　　　　　　　　　　单位:万元

类　　　别	2001年	2002年	2002年为2001年(%)
三、按行业大类分			
采掘业	**8335051**	**9605201**	**119.72**
煤炭采选业	2620113	3779728	136.39
石油和天然气开采业	3984038	3756984	97.05
黑色金属矿采选业	152223	173857	107.32
有色金属矿采选业	975533	1185466	122.52
非金属矿采选业	603143	708585	112.86
其他矿采选业		582	
制造业	**80994512**	**99935338**	**118.69**
食品加工业	9623311	11844729	116.82
食品制造业	2061223	2752530	128.14
饮料制造业	1962972	2131712	104.96
烟草加工业	771225	875502	93.34
纺织业	7385984	8673345	116.56
服装及其他纤维制品制造业	1364083	1786016	125.09
皮革、毛皮、羽绒及其制品业	1554701	1647199	100.01
木材加工及竹、藤、棕、草制品业	433663	554615	126.49
家具制造业	391979	480011	117.38
造纸及纸制品业	2735445	3556420	126.82
印刷业,记录媒介的复制	380986	372492	103.58
文教体育用品制造业	372886	549446	139.74
石油加工及炼焦业	3766067	4430945	145.36
化学原料及化学制品制造业	6332815	7743851	122.94
医药制造业	1265016	1634411	116.56
化学纤维制造业	1253110	1194899	96.45
橡胶制品业	2407623	3295484	122.32
塑料制品业	1637745	1946154	110.47
非金属矿物制品业	5111079	6265340	117.48
黑色金属冶炼及压延加工业	2814913	4064061	159.89
有色金属冶炼及压延加工业	1207486	1190648	97.07
金属制品业	2398416	2681958	108.14
普通机械制造业	4238212	5286202	117.11
专用设备制造业	4443630	5403666	115.35
交通运输设备制造业	3384041	5432045	145.43
电气机械及器材制造业	6547024	7521591	109.5
电子及通信设备制造业	3318310	4440165	117.96
仪器仪表及文化、办公用机械制造业	389210	463153	102.5
其它制造业	1404101	1671388	114.45
电力、煤气及水的生产和供应业	**4444163**	**5434788**	**129.76**
电力、蒸汽、热水的生产和供应业	4222388	5168189	129.89
煤气生产和供应业	56702	80292	111.25
自来水的生产和供应业	165074	186306	141.22

12－4 规模以上工业企业主要经济指标

单位：万元

类别	企业单位数（个）	#亏损企业	工业总产值	工业销售产值	工业增加值	资产合计
1995年	27392	5593	47844553		13605166	59192786
1996年	27245	3618	57411305	55285817	17254374	68748898
1997年	23494	3963	62823996	60702763	18632020	79496991
1998年	11402	2035	63983861	61802682	18883556	82405505
1999年	11391	1767	69445186	67331157	20987326	88232453
2000年	11679	1444	83115250	81333731	25493478	97019617
2001年	12268	1672	93773726	91686051	29007317	105219953
2002年	13468	1759	114975327	112416603	35005366	119048719
一、按登记注册类型分						
内资企业	11083	1218	97267425	95192095	29771714	102992487
国有企业	1387	349	13770330	13600891	4386484	27580401
中央企业	95	24	4139631	4119846	1329985	9879808
地方企业	1292	325	9630699	9481045	3056499	17700593
集体企业	2477	169	23488160	22903589	6243391	13652937
股份合作企业	507	45	3548713	3467819	996421	2221760
联营企业	80	9	2002366	1996095	673576	2229787
国有联营企业	24	4	1611380	1611708	581538	1822027
集体联营企业	30	1	211394	207826	50893	112922
国有与集体联营企业	17	2	155508	152424	33161	263735
其他联营企业	9	2	24085	24137	7985	31104
有限责任公司	2018	313	29048369	28498164	9975797	35846984
国有独资公司	76	13	8787191	8612275	2690181	13872930
其他有限责任公司	1942	300	20261178	19885890	7285616	21974054
股份有限公司	631	63	13868612	13556369	4241457	15438563
私营企业	3953	269	11297258	10933311	3185504	5940717
私营独资企业	1726	88	4465878	4321347	1287910	1970247
私营合作企业	263	14	668565	649936	184301	296409
私营有限责任公司	1748	149	5379345	5213551	1499149	3241749
私营股份有限公司	216	18	783469	748476	214145	432312
其他企业	30	1	243617	235857	69084	81337
港、澳、台商投资企业	722	156	4639623	4509501	1390115	4170686
合资经营企业（港或澳、台资）	533	105	3430685	3316343	978415	3143974
合作经营企业（港或澳、台资）	47	14	238861	231054	68068	316244
港澳台商独资经营企业	133	36	542693	538117	140392	634039
港澳台商投资股份有限公司	9	1	427384	423987	203239	76429
外商投资企业	1663	385	13068279	12715007	3843537	11885546
中外合资经营企业	788	146	6153526	5949793	1677596	5018685
中外合作经营企业	55	13	427856	408123	171834	815966
外资企业	799	224	5231320	5141035	1454400	3974780
外商投资股份有限公司	21	2	1255576	1216056	539707	2076114
二、在总计中：亏损企业	**1759**	**1759**	**7511659**	**7446181**	**1992511**	**13831680**
在总计中：国有控股企业	2082	498	42011174	41427624	14779394	66635177
在总计中：农村工业	2325	128	20015199	19304362	5645094	9752665
按轻重工业分						
轻工业	7203	1067	51349386	50205891	14118612	46379518
以农产品为原料	5335	749	36035905	35203086	10195178	31974031
以非农产品为原料	1868	318	15313481	15002805	3923434	14405487
重工业	6265	692	63625941	62210712	20886754	72669201
采掘工业	476	17	9336641	9074361	5089993	13452755
原料工业	1616	184	22060796	21841107	6999351	31726177
加工工业	4173	491	32228504	31295244	8797410	27490269
按企业规模分						
大型企业	999	169	56034400	55157671	18355839	74321457
中型企业	1496	240	13724808	13471477	4041109	15467878
小型企业	10973	1350	45216120	43787455	12608419	29259384

注：1997年及以前为乡及乡以上独立核算工业数据。

12－4 续表 1

单位:万元

类别	企业单位数(个)	#亏损企业	工业总产值	工业销售产值	工业增加值	资产合计
三、按行业大类分						
采掘业	**517**	**22**	**9605201**	**9324002**	**5181335**	**14142110**
煤炭采选业	234	7	3779728	3575100	1881321	6798998
石油和天然气开采业	4		3756984	3755478	2660524	5317269
黑色金属矿采选业	30	1	173857	164160	67756	262005
有色金属矿采选业	107	4	1185466	1154283	358408	864970
非金属矿采选业	141	10	708585	674399	213089	897795
其他矿采选业	1		582	582	236	1074
制造业	**12554**	**1641**	**99935338**	**97718705**	**27405783**	**87893746**
食品加工业	1432	163	11844729	11606831	2952765	6607351
食品制造业	470	58	2752530	2643809	758748	2081671
饮料制造业	265	40	2131712	2098054	721932	2949651
烟草加工业	17	4	875502	878918	479194	1284725
纺织业	1265	175	8673345	8504891	2410983	9025349
服装及其他纤维制品制造业	458	87	1786016	1731236	496689	1191556
皮革、毛皮、羽绒及其制品业	232	43	1647199	1603113	479618	926055
木材加工及竹、藤、棕、草制品业	207	28	554615	539354	152250	497681
家具制造业	151	17	480011	471553	138722	320875
造纸及纸制品业	425	49	3556420	3433134	1055645	5192314
印刷业、记录媒介的复制	167	37	372492	357337	112676	528681
文教体育用品制造业	128	23	549446	527737	148747	305080
石油加工及炼焦业	102	13	4430945	4428970	1126012	2838833
化学原料及化学制品制造业	1004	109	7743851	7595794	2237412	8001673
医药制造业	212	35	1634411	1580278	593289	2218849
化学纤维制造业	111	16	1194899	1181296	343592	1697252
橡胶制品业	237	24	3295484	3174472	892360	2709910
塑料制品业	527	90	1946154	1883774	533973	1509474
非金属矿物制造业	1211	110	6265340	6042794	1848107	6369870
黑色金属冶炼及压延加工业	110	8	4064061	4058810	1118703	4416841
有色金属冶炼及压延加工业	69	13	1190648	1183107	326247	1283130
金属制品业	594	85	2681958	2614862	778681	1908166
普通机械制造业	935	92	5286202	5104825	1507269	4172434
专用设备制造业	576	79	5403666	5231029	1346678	4103747
交通运输设备制造业	432	60	5432045	5339008	1334130	5307663
电气机械及器材制造业	456	63	7521591	7372093	1843705	5763922
电子及通信设备制造业	217	37	4440165	4382081	1028113	3090805
仪器仪表及文化办公用机械制造业	101	18	463153	465153	137187	507466
其它制造业	439	63	1671388	1640647	490319	1035571
电力、煤气、自来水的生产和供应业	**397**	**96**	**5434788**	**5373896**	**2418248**	**17012863**
电力、蒸汽、热水的生产和供应业	249	34	5168189	5100514	2351978	15462874
煤气生产和供应业	16	8	80292	91578	－713	499813
自来水的生产和供应业	132	54	186306	181805	66982	1050177

单位:万元

类别	流动资产小计	#产成品	流动资产年平均余额	固定资产原价	固定资产净值年平均余额	负债合计
1995年	25429624	4649476	23941421	35389218	22041291	39652229
1996年	29209160	4998475	26944968	40402627	26962970	45483978
1997年	34680324	5764588	33725508	45741335	30395800	52552789
1998年	35510381	5696137	33943685	49510370	32769856	53019069
1999年	37522974	5876704	35969715	53966840	35588345	55906200
2000年	40767943	5828823	38953991	62973702	39837025	60677134
2001年	44482942	6362129	42865444	68347497	42135407	63422782
2002年	50553578	6598734	48110953	76426397	46802238	71042729
一、按登记注册类型分						
内资企业	42843855	5632830	40780752	66797683	40524014	62040024
国有企业	9773511	813504	9294926	17587042	11563565	17777286
中央企业	2856420	94408	2801977	6284792	3884867	5570713
地方企业	6917091	719096	6492949	11302249	7678699	12206573
集体企业	6931536	1112754	6719538	6298877	4332508	8179807
股份合作企业	1099187	192636	1034554	1183018	761811	1443386
联营企业	1004948	83787	901302	1411303	762586	1372168
国有联营企业	800092	59477	733071	1203066	612798	1099507
集体联营企业	56884	6222	48677	54284	43710	65817
国有与集体联营企业	137356	16250	110620	133432	92991	182964
其他联营企业	10616	1839	8934	20520	13088	23881
有限责任公司	14328491	1979027	13523501	26489716	14480156	21017763
国有独资公司	6173144	715597	5779118	6625611	4270827	8661827
其他有限责任公司	8155347	1263430	7744383	19864105	10209329	12355936
股份有限公司	6645293	896266	6420109	10885297	6379052	8721767
私营企业	3012656	547817	2839216	2909952	2223196	3485506
私营独资企业	948418	178691	868595	1013845	794780	1082453
私营合作企业	154097	30221	150073	157209	117477	186607
私营有限责任公司	1712309	300331	1628009	1507627	1136233	1974336
私营股份有限公司	197832	38575	192539	231271	174706	242110
其他企业	48233	7039	47605	32478	21141	42342
港、澳、台商投资企业	2107032	345264	2032955	2508920	1658875	2503082
合资经营企业(港或澳、台资)	1602958	269633	1547290	1928272	1253442	1818105
合作经营企业(港或澳、台资)	134031	24270	129756	207184	122414	287173
港澳台商独资经营企业	328983	43388	316260	335004	252202	350688
港澳台商投资股份有限公司	41060	7973	39649	38461	30817	47116
外商投资企业	5602691	620640	5297247	7119794	4619349	6499624
中外合资经营企业	2745709	327056	2533703	2520412	1687727	2893207
中外合作经营企业	184190	25848	189989	644707	565653	580359
外资企业	2096251	220338	2014463	2250228	1525656	2310992
外商投资股份有限公司	576541	47397	559092	1704448	840313	715066
二、在总计中:亏损企业	**5642982**	**854552**	**5628869**	**9764692**	**5868406**	**9680817**
在总计中:国有控股企业	24600053	2450859	23463473	49348944	28577367	39713021
在总计中:农村工业	4883564	869414	4668287	5251139	3627356	5450749
按轻重工业分						
轻工业	22159719	3467555	21173790	22976668	15466973	28749596
以农产品为原料	15084088	2337657	14380439	16354927	11226916	20065444
以非农产品为原料	7075631	1129898	6793352	6621741	4240056	8684152
重工业	28393859	3131179	26937163	53449730	31335265	42293133
采掘工业	3572700	203149	3317187	17111171	8322524	6521548
原料工业	10166122	710141	9724719	23305991	14326879	18588538
加工工业	14655037	2217889	13895257	13032568	8685863	17183047
按企业规模分						
大型企业	28629994	3222208	27240540	53148509	30781586	42456462
中型企业	7124078	1087757	6875842	8839916	5884732	10439619
小型企业	14799506	2288768	13994572	14437972	10135921	18146648

12－4续表3 单位:万元

类　　别	流动资产小计	#产成品	流动资产年平均余额	固定资产原价	固定资产净值年平均余额	负债合计
三、按行业大类分						
采掘业	**3831505**	**230446**	**3564634**	**17417243**	**8527353**	**6955308**
煤炭采选业	2583090	115208	2250931	4824257	3143789	4284877
石油和天然气开采业	550399	41157	625970	11265880	4506085	1516232
黑色金属矿采选业	110556	15353	107926	193913	132528	126635
有色金属矿采选业	245297	18243	249544	693360	455516	480149
非金属矿采选业	341883	40486	329981	438973	288577	546954
其他矿采选业	281		282	859	858	462
制造业	**42691088**	**6319038**	**40834414**	**45975326**	**30060354**	**54255237**
食品加工业	3403773	580434	3161942	3217369	2272828	4191850
食品制造业	874915	143698	817685	1152823	796964	1229151
饮料制造业	1305687	213656	1321789	1538561	1034271	1655584
烟草加工业	768961	12334	719551	579785	304663	690301
纺织业	4152972	697487	3925539	5080247	3477597	5929097
服装及其他纤维制品制造业	644032	101299	639856	556393	384449	738382
皮革、毛皮、羽绒及其制品业	543136	116549	559036	399175	245005	627484
木材加工及竹、藤、棕、草制品业	205905	36188	198670	284825	222172	358559
家具制造业	166142	33086	161307	168720	108733	190702
造纸及纸制品业	2011833	287518	1922650	2547643	1835272	3286530
印刷业、记录媒介的复制	237999	32375	232649	337600	221246	333255
文教体育用品制造业	189625	22534	181218	136782	90331	190496
石油加工及炼焦业	1114269	126850	1136734	2368653	1269336	1672685
化学原料及化学制品制造业	3171729	365589	3060281	5635310	3418986	4449448
医药制造业	1118283	138375	1087427	1027104	673762	1259806
化学纤维制造业	654796	90720	601550	1190338	755149	1115557
橡胶制品业	1324636	283070	1247680	1348016	939434	1643575
塑料制品业	736133	135202	703417	800891	542758	1029193
非金属矿物制造业	2669894	436678	2498696	4138811	2823778	4157011
黑色金属冶炼及压延加工业	1912899	143130	1802951	2479111	1504442	2765118
有色金属冶炼及压延加工业	609658	69440	586637	836409	505129	719135
金属制品业	1085816	171480	1016874	883257	607909	1168185
普通机械制造业	2419130	426915	2321317	1913587	1197384	2743327
专用设备制造业	2478524	427873	2370070	1631393	1066667	2560178
交通运输设备制造业	2916926	312346	2801827	2037081	1379447	3655078
电气机械及器材制造业	3183183	527027	3060820	1899413	1241320	3264231
电子及通信设备制造业	1900035	235270	1835555	1054311	659994	1600045
仪器仪表及文化办公用机械制造业	267269	45941	257233	246237	156588	324618
其它制造业	603091	103987	582397	452361	303016	677627
电力、煤气、自来水的生产和供应业	**4030985**	**49250**	**3711905**	**13033828**	**8214532**	**9832184**
电力、蒸汽、热水的生产和供应业	3624976	43899	3352987	11865282	7520124	8988553
煤气生产和供应业	172147	5056	151100	276209	206220	308598
自来水的生产和供应业	233861	295	207818	892337	488187	535033

类　　别	所有者权益合计	#实收资本	产品销售收入	#产品销售费用	#产品销售税金及附加	#产品销售利润
1995年	19540557	13744424	44066585	1133298	877180	6363058
1996年	23264919		51023886	1422435	953402	7263198
1997年	26944201		56898920	1856415	961178	7419391
1998年	29386436	18970676	59232502	1856449	878741	6918114
1999年	32326253	20321506	65669913	2193698	892677	7598160
2000年	36342483	22954597	80613925	2655084	979126	10813947
2001年	41797171	25595247	90888177	3057361	1065092	11334180
2002年	48005990	27548962	110385253	3520233	1238379	13280681
一、按登记注册类型分						
内资企业	40952463	22532234	94729745	2863536	1185609	11424687
国有企业	9803115	5337247	17815410	329434	343306	1875123
中央企业	4309095	2197060	6787791	57203	229584	471388
地方企业	5494020	3140188	11027619	272231	113722	1403734
集体企业	5473131	2575354	20575616	654223	116970	1976015
股份合作企业	778375	391592	3123346	80198	20000	319392
联营企业	857619	434420	1568802	29163	15773	270955
国有联营企业	722520	369436	1231155	20350	11170	235548
集体联营企业	47105	23311	169735	4344	1528	14509
国有与集体联营企业	80771	35245	147396	4006	2896	18720
其他联营企业	7223	6429	20516	463	180	2179
有限责任公司	14829222	9026456	28065407	892013	423062	4405107
国有独资公司	5211103	2670126	9138824	426115	202406	1177533
其他有限责任公司	9618119	6356329	18926583	465899	220656	3227575
股份有限公司	6716796	3338708	13310309	554333	188909	1640337
私营企业	2455211	1401917	10054325	310197	76616	913207
私营独资企业	887793	489566	3986132	122463	32636	354507
私营合作企业	109803	71953	604089	19602	4072	51467
私营有限责任公司	1267413	731415	4782003	151121	36824	450898
私营股份有限公司	190202	108984	682101	17011	3085	56335
其他企业	38995	26540	216531	13976	973	24551
港、澳、台商投资企业	1667605	1391298	3887922	142922	22535	429117
合资经营企业(港或澳、台资)	1325869	1025032	3064177	117259	21165	346887
合作经营企业(港或澳、台资)	29071	91851	225083	6916	254	25695
港澳台商独资经营企业	283352	246397	515315	15152	1086	47328
港澳台商投资股份有限公司	29313	28018	83348	3595	30	9207
外商投资企业	5385922	3625430	11767586	513775	30236	1426876
中外合资经营企业	2125478	1749429	5562926	323938	20697	650239
中外合作经营企业	235608	223408	354588	6456	27	74585
外资企业	1663789	1515452	4920028	148385	5085	456364
外商投资股份有限公司	1361048	137142	930045	34996	4426	245689
二、在总计中:亏损企业	**4150862**	**4616108**	**7471408**	**246167**	**127182**	**320067**
在总计中:国有控股企业	26922157	15307438	44943840	1371031	831106	6476669
在总计中:农村工业	4301916	2381491	17009420	447346	100328	1732075
按轻重工业分						
轻工业	17629922	9958876	47766470	1848791	677947	4729555
以农产品为原料	11908586	6980377	33394485	1084822	604758	3423541
以非农产品为原料	5721335	2978499	14371986	763969	73188	1306014
重工业	30376068	17590085	62618783	1671442	560433	8551126
采掘工业	6931207	4762062	8796883	348172	142570	2830324
原料工业	13137639	7020141	24794332	334099	261704	2408646
加工工业	10307221	5807883	29027568	989171	156159	3312156
按企业规模分						
大型企业	31864995	16838449	56843267	1880745	803920	7610708
中型企业	5028259	3025660	13631519	411083	138670	1598404
小型企业	11112736	7684852	39910467	1228405	295789	4071570

12－4 续表 5　　　　单位:万元

类　别	所有者权益合计	#实收资本	产品销售收入	#产品销售费用	#产品销售税金及附加	#产品销售利润
三、按行业大类分						
采掘业	**7186802**	**4890670**	**9046523**	**365231**	**155241**	**2859413**
煤炭采选业	2514121	1260835	3681240	292974	44105	1039552
石油和天然气开采业	3801037	3093609	3597646	5594	86137	1527150
黑色金属矿采选业	135369	97959	173534	6782	1862	30016
有色金属矿采选业	384821	236057	961108	22466	6876	186096
非金属矿采选业	350841	201611	632412	37232	16256	76431
其他矿采选业	612	600	582	184	6	168
制造业	**33638509**	**19420790**	**92612639**	**3099428**	**1036343**	**9554397**
食品加工业	2415501	1412353	10887287	260430	42203	890052
食品制造业	852520	581545	2475118	107313	18828	301928
饮料制造业	1294067	654767	2015384	166463	162582	266440
烟草加工业	594424	314689	877253	32970	318834	115654
纺织业	3096252	1984412	8228721	155940	27836	766032
服装及其他纤维制品制造业	453174	299535	1578341	38413	6126	158950
皮革、毛皮、羽绒及其制品业	298571	235228	1442535	25307	2567	116534
木材加工及竹、藤、棕、草制品业	139122	126548	488502	17558	2633	38037
家具制造业	130174	91805	436570	16468	3051	48959
造纸及纸制品业	1905783	825586	3347146	132671	13170	479918
印刷业、记录媒介的复制	195426	139447	337332	7826	1602	52531
文教体育用品制造业	114585	88757	456921	15650	1405	55074
石油加工及炼焦业	1166148	969677	4625261	28808	153284	262860
化学原料及化学制品制造业	3552224	1730571	7174603	196289	31960	799097
医药制造业	959044	443090	1652683	215689	8851	297473
化学纤维制造业	581695	519005	1126932	28371	4539	118617
橡胶制品业	1066336	502114	2675920	80587	41917	274086
塑料制品业	480281	412115	1797814	52914	7462	171533
非金属矿物制造业	2212859	1645734	5649515	182052	42913	636139
黑色金属冶炼及压延加工业	1651722	929273	3813609	54748	21241	459755
有色金属冶炼及压延加工业	563995	260547	1165788	16999	2955	139858
金属制品业	739981	505329	2368730	98422	11569	261951
普通机械制造业	1429107	924321	4624399	175025	26984	600954
专用设备制造业	1543569	792590	4922611	172696	19993	490347
交通运输设备制造业	1652585	973445	5093780	125518	24652	540955
电气机械及器材制造业	2499691	866645	7022237	395390	22444	615032
电子及通信设备制造业	1490760	787893	4344782	234412	7214	398520
仪器仪表及文化办公用机械制造业	182848	119414	453053	20332	1703	65181
其它制造业	357945	270365	1492797	43982	5788	127684
电力、煤气、自来水的生产和供应业	**7180679**	**3237502**	**8726091**	**55574**	**46796**	**866871**
电力、蒸汽、热水的生产和供应业	6474321	2852417	8437121	44086	44550	848035
煤气生产和供应业	191214	100818	117326	6918	729	1380
自来水的生产和供应业	515144	284267	171644	4571	1518	17457

12－4 续表6

单位:万元

类别	管理费用	利润总额	亏损企业亏损总额	利税总额	本年应交增值税	全部从业人员年平均人数(人)
1995年	3249495	1581912	564303	4342562	1877189	6486633
1996年	3558396	2067990	540171	5259584	2238192	6445631
1997年	3721162	2191242	643886	5573742	2421321	6338666
1998年	3544678	2352546	612781	5759226	2527939	5477622
1999年	3706989	2807713	553840	6491681	2791292	5347200
2000年	4361840	5440003	413877	10025880	3606752	5223652
2001年	4674791	5609071	460741	10510808	3837726	5230823
2002年	5545515	6218859	458789	11619227	4161988	5563693
一、按登记注册类型分						
内资企业	4830210	5272439	337293	10034010	3575962	4781231
国有企业	1073754	610973	131676	1748974	794695	883357
中央企业	227121	228172	32512	730094	272338	145636
地方企业	846634	382801	99165	1018880	522357	737721
集体企业	615845	1133494	19614	1821625	571161	852362
股份合作企业	118746	157142	4689	276133	98991	172166
联营企业	124956	105616	5571	213790	92401	49599
国有联营企业	110629	91473	4270	181774	79131	30697
集体联营企业	4652	7306	496	14520	5686	9190
国有与集体联营企业	7824	7108	86	16586	6583	7946
其他联营企业	1851	－272	719	910	1002	1766
有限责任公司	1784576	2129515	105146	3791691	1239114	1629613
国有独资公司	788362	265683	52132	852541	384452	446505
其他有限责任公司	996214	1863833	53014	2939150	854662	1083108
股份有限公司	798750	654007	55336	1310185	467270	571322
私营企业	303461	469356	15251	852870	306898	615735
私营独资企业	102033	201266	4635	359497	125596	226509
私营合作企业	15929	24528	381	45796	17197	37700
私营有限责任公司	165519	215455	8863	398755	146477	309559
私营股份有限公司	19979	28107	1372	48821	17629	41967
其他企业	10124	12337	10	18743	5434	7077
港、澳、台商投资企业	176998	186864	40066	397429	188031	221470
合资经营企业(港或澳、台资)	133909	159113	25583	296434	116155	163430
合作经营企业(港或澳、台资)	17667	3689	4750	14400	10457	19863
港澳台商独资经营企业	22984	18966	9616	30335	10283	33934
港澳台商投资股份有限公司	2438	5096	117	56262	51136	4243
外商投资企业	538307	759556	81430	1187787	397995	560992
中外合资经营企业	239262	334992	31489	547806	192116	216795
中外合作经营企业	23996	22602	3502	40873	18244	15539
外资企业	229047	196434	45851	288143	86624	296819
外商投资股份有限公司	46002	205529	589	310966	101011	31839
二、在总计中:亏损企业	**658386**	**－458789**	**458789**	**－88547**	**243060**	**647791**
在总计中:国有控股企业	3099209	2667128	262877	5675976	2177741	2046430
在总计中:农村工业	397004	1063580	9901	1635976	472069	768131
按轻重工业分						
轻工业	2032396	2165604	231093	4322664	1479113	2774786
以农产品为原料	1302360	1645784	146493	3290096	1039554	2108490
以非农产品为原料	730036	519821	84600	1032568	439559	666296
重工业	3513119	4053255	227696	7296563	2682876	2788907
采掘工业	1026917	1553491	1719	2290532	594471	669153
原料工业	1034448	1041200	105259	2495935	1193030	759688
加工工业	1451754	1458564	120719	2510097	895374	1360066
按企业规模分						
大型企业	3239944	3625538	225018	6904409	2474950	2305708
中型企业	786390	594211	69344	1253264	520383	947717
小型企业	1519181	1999110	164428	3461554	1166655	2310268

12-4续表7 单位:万元

类别	管理费用	利润总额	亏损企业亏损总额	利税总额	本年应交增值税	全部从业人员年平均人数(人)
三、按行业大类分						
采掘业	**1046121**	**1565509**	**2113**	**2330627**	**609877**	**691551**
煤炭采选业	675146	269485	420	549110	235521	487682
石油和天然气开采业	254655	1133674		1546892	327082	78930
黑色金属矿采选业	16576	11196	14	20086	7028	19502
有色金属矿采选业	63378	118794	519	137982	12312	57038
非金属矿采选业	36246	32335	1160	76455	27865	48369
其他矿采选业	120	27		102	69	30
制造业	**4179679**	**4206912**	**419703**	**8251340**	**3008085**	**4521333**
食品加工业	255378	477073	24085	690040	170764	363067
食品制造业	88076	144784	10061	237418	73806	124129
饮料制造业	128552	111586	18772	394043	119876	121350
烟草加工业	67310	27561	4526	429270	82876	12226
纺织业	328331	374729	38134	652252	249688	705304
服装及其他纤维制品制造业	74563	67450	10656	115731	42155	171176
皮革、毛皮、羽绒及其制品业	56691	51803	9653	80667	26297	116133
木材加工及竹、藤、棕、草制品业	16240	16886	3655	34297	14777	38780
家具制造业	19288	24428	2399	42983	15504	31107
造纸及纸制品业	141886	266345	10758	438472	158958	192261
印刷业、记录媒介的复制	36232	13432	4546	30898	15864	31541
文教体育用品制造业	25477	21786	2585	33038	9847	48572
石油加工及炼焦业	138705	74419	26353	394977	167275	44187
化学原料及化学制品制造业	354929	349878	32807	630243	248406	323553
医药制造业	144978	116259	10271	220884	95774	81112
化学纤维制造业	46261	51255	12084	89770	33976	44913
橡胶制品业	119911	111391	3314	233416	80108	124308
塑料制品业	84981	73454	9971	131917	51001	96563
非金属矿物制造业	268128	299943	35368	603712	260856	407641
黑色金属冶炼及压延加工业	238595	160512	4400	360725	178972	109223
有色金属冶炼及压延加工业	46116	55230	7182	87209	29024	36169
金属制品业	102878	123134	7403	208523	73821	151599
普通机械制造业	293346	211877	22026	411460	172599	287648
专用设备制造业	219817	245204	25856	395110	129914	247336
交通运输设备制造业	268495	246844	17941	411550	140054	189638
电气机械及器材制造业	307156	287487	29854	504555	194624	169314
电子及通信设备制造业	201802	127151	25528	244007	109643	86026
仪器仪表及文化办公用机械制造业	40630	18234	3345	34853	14916	29339
其它制造业	62081	55955	5539	108077	46334	132492
电力、煤气、自来水的生产和供应业	**319716**	**446438**	**36973**	**1037261**	**544027**	**250809**
电力、蒸汽、热水的生产和供应业	263751	452134	24550	1027735	531052	207162
煤气生产和供应业	13492	-149	3815	3593	3014	10754
自来水的生产和供应业	42473	-5547	8608	5932	9961	32893

12－5 规模以上国有控股工业企业主要经济指标

单位:万元

类别	企业单位数(个)	#亏损企业	工业总产值	工业销售产值	工业增加值	资产合计
1996年	5478	1243	28880601	28125562	9838696	46663169
1997年	4352	1181	28220834	27473512	9628608	49527778
1998年	3272	1009	26957289	26268189	9246566	52675723
1999年	3049	786	28716110	28189134	10174604	55961178
2000年	2774	596	34865374	34582037	12625615	61171986
2001年	2403	569	36451434	36075026	13425706	63133220
2002年	2082	498	42011174	41427624	14779394	66635177
在总计中:						
亏损企业	498	498	4451042	4465627	1180613	8934538
一、按隶属关系分						
中央企业	113	27	11714293	11714159	5210237	18070590
地方企业	1969	471	30296881	29713466	9569157	48564588
二、按轻重工业分						
轻工业	1042	282	11623462	11448866	3440693	17907297
以农产品为原料	733	191	7759610	7677075	2522531	11639423
以非农产品为原料	309	91	3863852	3771791	918161	6267874
重工业	1040	216	30387712	29978758	11338701	48727881
采掘工业	105	10	7230255	7038329	4378378	12395106
原料工业	373	73	13028286	12996549	4275186	24052910
加工工业	562	133	10129171	9943880	2685138	12279865
三、按企业规模分						
大型企业	480	92	34485929	34015424	12483072	53913606
中型企业	497	102	3803086	3770110	1224850	6636862
小型企业	1105	304	3722160	3642091	1071474	6084711

注:1997年及以前为乡及乡以上独立核算国有控股工业数据。

12－5 续表 1 单位:万元

类别	企业单位数（个）	#亏损企业	工业总产值	工业销售产值	工业增加值	资产合计
四、按行业大类分						
采掘业	**118**	**11**	**7358333**	**7155554**	**4427471**	**12918545**
煤炭采选业	56	3	3154463	2960442	1623889	6422004
石油和天然气开采业	2		3685244	3690942	2605951	5183813
黑色金属矿采选业	5		57822	53989	31548	160650
有色金属矿采选业	28	3	299365	300333	106899	544231
非金属矿采选业	26	5	160858	149266	58948	606772
其他矿采选业	1		582	582	236	1074
制造业	**1621**	**401**	**29910244**	**29585966**	**8306831**	**38317476**
食品加工业	241	46	1681365	1675285	396308	1525897
食品制造业	70	10	404330	386664	118167	544204
饮料制造业	79	25	929335	932194	369044	1728195
烟草加工业	12	2	847965	852158	468894	1219660
纺织业	149	48	1998343	1996218	569656	2871536
服装及其他纤维制品制造业	35	12	113126	112684	29476	72868
皮革、毛皮、羽绒及其制品业	7	3	19517	19285	3143	31782
木材加工及竹、藤、棕、草制品业	20	7	62528	59470	13993	106154
家具制造业	4	3	3397	3592	798	7449
造纸及纸制品业	51	10	1203708	1150946	370019	2659298
印刷业、记录媒介的复制	51	17	136084	132042	46606	258261
文教体育用品制造业	8		45545	44636	12266	51097
石油加工及炼焦业	21	4	3150291	3176156	731893	2070626
化学原料及化学制品制造业	138	33	3092715	3069997	920717	4822717
医药制造业	55	14	792859	772048	310194	1284447
化学纤维制造业	21	4	341170	340630	100142	900199
橡胶制品业	17	4	1439759	1406146	374588	1639547
塑料制品业	39	10	94707	91121	25053	177234
非金属矿物制造业	123	26	941326	915230	274181	2010513
黑色金属冶炼及压延加工业	14	3	2774215	2779688	814285	3677453
有色金属冶炼及压延加工业	12	3	401274	405725	109458	594524
金属制品业	33	7	107637	105013	31454	118062
普通机械制造业	101	27	1181446	1147163	347020	1858493
专用设备制造业	92	24	1896835	1856382	449353	1456277
交通运输设备制造业	101	26	3185259	3119311	721109	3701534
电气机械及器材制造业	49	8	609587	591893	180205	1187224
电子及通信设备制造业	34	11	2256237	2246262	462064	1383244
仪器仪表及文化办公用机械制造业	20	4	154718	153042	45346	239905
其它制造业	21	8	27141	27479	5857	73711
电力、煤气、自来水的生产和供应	**343**	**86**	**4742597**	**4686105**	**2045092**	**15399157**
电力、蒸汽、热水的生产和供应业	200	24	4483469	4422755	1980103	13862544
煤气生产和供应业	14	8	76812	85471	－1195	491378
自来水的生产和供应业	129	54	182316	177879	66184	1045235

12－5 续表 2

单位:万元

类别	流动资产小计	#产成品	流动资产年平均余额	固定资产原价小计	固定资产净值年平均余额	负债合计
1996 年	17796900	2501671	16443562	30634691	19828771	30398766
1997 年	19757999	2687882	19033284	31558811	19906966	32036024
1998 年	20797718	2722662	19888668	34101541	21568218	33392509
1999 年	21173285	2784840	20520063	37082399	23686902	35181030
2000 年	22502944	2648035	21559936	44346171	26865483	38067876
2001 年	23162615	2596606	22619070	46667086	27560219	37483411
2002 年	24600053	2450859	23463473	49348944	28577367	39713021
在总计中:						
亏损企业	3270995	424773	3324546	7012260	4036096	6026014
一、按隶属关系分						
中央企业	4409433	220509	4451263	21057739	9990935	8504335
地方企业	20190620	2230351	19012210	28291204	18586432	31208686
二、按轻重工业分						
轻工业	8102116	1059668	7813257	8735562	5580707	11482712
以农产品为原料	5309034	651376	5119036	5603126	3641734	7612487
以非农产品为原料	2793082	408293	2694221	3132436	1938973	3870225
重工业	16497937	1391191	15650216	40613382	22996660	28230309
采掘工业	3135598	156048	2871752	16547184	7891102	5994731
原料工业	7150745	339210	6820893	17891544	11019733	14204362
加工工业	6211594	895934	5957571	6174653	4085826	8031216
三、按企业规模分						
大型企业	19407230	1867367	18458106	41532148	23344881	30991304
中型企业	2663203	316531	2621321	4368502	2900731	4604457
小型企业	2529621	266963	2384047	3448294	2331754	4117259

12－5续表3 单位:万元

类别	流动资产小计	#产成品	流动资产年平均余额	固定资产原价小计	固定资产净值年平均余额	负债合计
四、按行业大类分						
采掘业	**3317170**	**170868**	**3046844**	**16750706**	**8018470**	**6320642**
煤炭采选业	2401765	103910	2063857	4623704	3011122	4061712
石油和天然气开采业	516533	36379	592301	11234487	4435171	1484156
黑色金属矿采选业	51887	6372	50162	146325	100354	61516
有色金属矿采选业	142692	6091	143985	477319	303858	334896
非金属矿采选业	204013	18116	196257	268013	167107	377901
其他矿采选业	281		282	859	858	462
制造业	**17491663**	**2232439**	**16926521**	**21413785**	**13274850**	**24221252**
食品加工业	806683	114423	788005	758168	514870	1196158
食品制造业	221466	27051	214347	301689	185391	343855
饮料制造业	788197	107766	810680	781417	508204	872711
烟草加工业	729012	10711	681754	548129	282316	648903
纺织业	1258132	189798	1205176	1550833	1008812	2043802
服装及其他纤维制品制造业	37979	8716	36847	41660	28564	57954
皮革、毛皮、羽绒及其制品业	22308	5364	22595	12144	6808	26775
木材加工及竹、藤、棕、草制品业	40304	5881	36455	79495	53879	104329
家具制造业	2988	537	3175	5526	3572	5753
造纸及纸制品业	992721	145471	933583	1154806	801900	1744771
印刷业、记录媒介的复制	108647	15925	106612	176442	112633	157489
文教体育用品制造业	31056	5094	29491	23000	15394	30599
石油加工及炼焦业	725080	74503	759275	2032426	1056781	1159575
化学原料及化学制品制造业	1582876	146969	1549015	3914372	2298751	2631714
医药制造业	640529	70794	643177	611548	380336	689506
化学纤维制造业	357446	21803	307753	515069	351562	676722
橡胶制品业	771795	169801	727040	829953	592331	1001455
塑料制品业	64897	12521	64691	98350	73434	117204
非金属矿物制造业	875878	130989	831924	1265643	832489	1337411
黑色金属冶炼及压延加工业	1565237	93900	1470570	2110994	1263225	2295872
有色金属冶炼及压延加工业	222644	20794	214603	429979	254372	357864
金属制品业	65365	12513	62549	61883	42734	85067
普通机械制造业	1066457	155488	1017855	872707	517962	1251407
专用设备制造业	914242	168758	854664	603726	385172	990712
交通运输设备制造业	1971829	194840	1934012	1428584	970685	2681311
电气机械及器材制造业	654271	129963	641485	573013	337441	752473
电子及通信设备制造业	801022	162864	809933	431703	268146	685816
仪器仪表及文化办公用机械制造业	118569	20609	114530	135706	83667	173804
其它制造业	35540	6678	35020	32149	21945	72536
电力、煤气、自来水的生产和供应	**3791221**	**47553**	**3490108**	**11184453**	**7284047**	**9171126**
电力、蒸汽、热水的生产和供应业	3391459	42246	3137094	10024080	6595374	8332718
煤气生产和供应业	167657	5014	146578	273058	203671	305671
自来水的生产和供应业	232105	293	206436	887315	485002	532737

单位:万元

类别	所有者权益合计	#实收资本	产品销售收入	#产品销售费用	#产品销售税金及附加	#产品销售利润
1996 年	16264404		29217185	707510	803381	4329133
1997 年	17491756		29047678	751900	776102	3878566
1998 年	19283215	11040868	28458107	831611	667126	3439384
1999 年	20780148	11542597	30965917	972660	660786	3754877
2000 年	23104109	13379540	37970654	1100187	701911	6168713
2001 年	25649809	14939290	40271259	1296629	759947	6106838
2002 年	26922157	15307438	44943840	1371031	831106	6476669
在总计中:						
亏损企业	2908524	2832610	4617718	122817	104640	215485
一、按隶属关系分						
中央企业	9566255	6408054	13779412	102333	528959	2152774
地方企业	17355902	8899384	31164428	1268698	302147	4323894
二、按轻重工业分						
轻工业	6424585	3223283	11695085	586019	440701	1255150
以农产品为原料	4026936	2021480	7819531	359865	410810	921586
以非农产品为原料	2397649	1201804	3875554	226154	29891	333564
重工业	20497572	12084155	33248755	785011	390406	5221519
采掘工业	6400375	4516472	7036923	290090	125153	2530343
原料工业	9848548	5336874	16532128	164124	211723	1480280
加工工业	4248650	2230810	9679704	330797	53530	1210896
三、按企业规模分						
大型企业	22922302	12497740	36581430	1138258	686205	5466265
中型企业	2032404	1192799	4494272	112830	74228	582741
小型企业	1967451	1616899	3868138	119942	70675	427663

12－5续表5　　　单位:万元

类　　别	所有者权益合计	#实收资本	产品销售收入	#产品销售费用	#产品销售税金及附加	#产品销售利润
四、按行业大类分						
采掘业	**6597903**	**4597601**	**7161254**	**299969**	**132851**	**2542417**
煤炭采选业	2360292	1182823	3131741	280711	37015	929496
石油和天然气开采业	3699658	3055353	3532733	4218	85368	1497319
黑色金属矿采选业	99135	80368	60113	909	953	10676
有色金属矿采选业	209335	171709	279641	1375	1230	86814
非金属矿采选业	228871	106748	156444	12574	8281	17943
其他矿采选业	612	600	582	184	6	168
制造业	**14096223**	**7755075**	**29709899**	**1017374**	**654744**	**3261857**
食品加工业	329739	218199	1710936	39528	2763	99510
食品制造业	200349	89696	401326	13681	1603	54657
饮料制造业	855484	358374	956881	97320	79824	141965
烟草加工业	570756	275317	850537	29350	315139	112246
纺织业	827734	489859	2077544	39698	5231	218913
服装及其他纤维制品制造业	14915	22480	102409	1877	78	6736
皮革、毛皮、羽绒及其制品业	5008	7657	18089	632	59	2080
木材加工及竹、藤、棕、草制品业	1826	15786	59244	2443	356	4404
家具制造业	1696	4011	3067	83	4	－156
造纸及纸制品业	914527	361938	1143116	54994	3698	181861
印刷业、记录媒介的复制	100772	75646	127765	3019	550	26817
文教体育用品制造业	20498	12553	42434	1621	15	4596
石油加工及炼焦业	911051	826786	3442963	11663	137818	174786
化学原料及化学制品制造业	2191003	956233	3015085	62885	14049	347292
医药制造业	594941	207682	882799	128923	4514	167692
化学纤维制造业	223477	226056	337525	8207	1620	46896
橡胶制品业	638092	286305	1148975	41930	29627	127136
塑料制品业	60030	44547	86407	3167	144	13399
非金属矿物制造业	673102	512948	987410	49120	6554	123659
黑色金属冶炼及压延加工业	1381581	785998	2564141	36694	16863	376956
有色金属冶炼及压延加工业	236660	128705	407026	9286	1822	51409
金属制品业	32996	24938	104689	4181	544	20400
普通机械制造业	607087	394245	1159793	51575	5435	208375
专用设备制造业	465564	241508	1854518	55798	4314	138337
交通运输设备制造业	1020223	610653	3126774	70268	14159	332866
电气机械及器材制造业	434751	211144	648773	42981	3196	85635
电子及通信设备制造业	697428	284480	2243007	148039	4210	164743
仪器仪表及文化办公用机械制造业	66101	52542	161288	7710	456	22424
其它制造业	1175	14996	28825	521	64	3332
电力、煤气、自来水的生产和供应	**6228031**	**2954763**	**8072687**	**53688**	**43512**	**672394**
电力、蒸汽、热水的生产和供应业	5529826	2574245	7794339	43007	41433	656458
煤气生产和供应业	185707	98602	110464	6697	611	－1083
自来水的生产和供应业	512498	281915	167884	3983	1467	17019

12－5 续表 6

单位：万元

类别	管理费用	利润总额	亏损企业亏损总额	利税总额	本年应交增值税	全部从业人员年平均人数（人）
1996 年	2372100	887898	322660	3282655	1591377	3355262
1997 年	2158108	843059	332227	3151438	1532278	2025287
1998 年	2123686	779737	380070	3013838	1566975	2847698
1999 年	2176570	951851	365374	3298141	1685504	2679816
2000 年	2583426	3038705	255271	5946153	2205537	2447147
2002 年	3099209	2667128	262877	5675976	2177741	2046430
在总计中：						
亏损企业	416513	－262877	262877	1648	159886	303622
一、按隶属关系分						
中央企业	620423	1350807	57903	2665683	785918	270972
地方企业	2478785	1316322	204974	3010293	1391824	1775458
二、按轻重工业分						
轻工业	711681	418725	103496	1351004	491578	639819
以农产品为原料	448699	349371	55988	1126952	366771	457229
以非农产品为原料	262982	69354	47509	224052	124807	182590
重工业	2387528	2248403	159381	4324972	1686163	1406611
采掘工业	945877	1367367	1340	2018711	526191	537598
原料工业	763270	509720	81763	1562156	840714	423589
加工工业	678381	371317	76278	744105	319258	445424
三、按企业规模分						
大型企业	2444657	2451900	162232	4956371	1818266	1467560
中型企业	349332	138105	39435	419306	206973	319495
小型企业	305219	77124	61211	300299	152501	259375

类别	管理费用	利润总额	亏损企业亏损总额	利税总额	本年应交增值税	全部从业人员年平均人数(人)
四、按行业大类分						
采掘业	**955982**	**1373481**	**1351**	**2041741**	**535409**	**551666**
煤炭采选业	638713	213209	71	449709	199486	410883
石油和天然气开采业	248456	1108544		1513128	319217	76845
黑色金属矿采选业	11958	403		4485	3129	12337
有色金属矿采选业	41726	45376	504	49703	3097	32144
非金属矿采选业	15009	5923	776	24614	10411	19427
其他矿采选业	120	27		102	69	30
制造业	**1861982**	**988598**	**227627**	**2809093**	**1165751**	**1264635**
食品加工业	51177	27797	7578	53580	23021	62253
食品制造业	20823	23886	1576	35610	10121	21889
饮料制造业	71867	55473	14839	199537	64240	57519
烟草加工业	63915	28398	1987	424369	80833	11207
纺织业	113475	77444	12542	165944	83269	193561
服装及其他纤维制品制造业	5736	－66	1685	1542	1531	12961
皮革、毛皮、羽绒及其制品业	1736	－322	929	209	471	1520
木材加工及竹、藤、棕、草制品业	3362	2549	388	6481	3576	3923
家具制造业	988	－1189	1214	－1092	92	456
造纸及纸制品业	58294	103264	6225	170372	63410	57723
印刷业、记录媒介的复制	19796	6990	2380	15772	8232	12470
文教体育用品制造业	3209	939		2320	1365	5369
石油加工及炼焦业	106448	34917	21206	285651	112916	20696
化学原料及化学制品制造业	196508	103374	19676	231563	114140	150815
医药制造业	91289	59573	5450	117788	53701	40616
化学纤维制造业	23571	15066	3302	32982	16296	17366
橡胶制品业	68377	39283	778	115866	46956	42239
塑料制品业	8048	2823	1984	6986	4019	7504
非金属矿物制造业	100806	27321	21003	88641	54767	90791
黑色金属冶炼及压延加工业	212612	109312	4077	265930	139755	73306
有色金属冶炼及压延加工业	28426	14938	5686	35749	18989	16604
金属制品业	10591	2351	416	7540	4645	9765
普通机械制造业	142483	28984	12887	95283	60864	82762
专用设备制造业	88658	54283	18036	96126	37530	92592
交通运输设备制造业	192525	132852	14149	228409	81398	99616
电气机械及器材制造业	49661	15096	22266	48020	29729	35764
电子及通信设备制造业	100937	22615	21800	71350	44524	22620
仪器仪表及文化办公用机械制造业	21058	966	2496	5371	3950	11128
其它制造业	2809	61	443	1197	1072	5082
电力、煤气、自来水的生产和供应	**281245**	**305050**	**33900**	**825142**	**476580**	**230129**
电力、蒸汽、热水的生产和供应业	226037	312644	21477	817794	463717	187015
煤气生产和供应业	12886	－1856	3815	1725	2970	10496
自来水的生产和供应业	42322	－5739	8608	5622	9893	32618

12－6 规模以上集体工业企业主要经济指标

单位:万元

类　别	企业单位数（个）	#亏损企业	工业总产值（当年价）	工业销售产值（当年价）	工业增加值（当年价）	资产合计
1995 年	18993	3133	17833187		4148379	15272046
1996 年	18348	1587	23113935	22099779	6092847	17696800
1997 年	15964	1795	24530868	23533407	6275247	18978347
1998 年	4817	427	22066380	21144843	5694779	15503459
1999 年	4375	383	22189927	21339470	5825557	15769470
2000 年	3942	259	23939904	23202441	6274807	15862337
2001 年	2824	191	20783295	20229521	5297119	12985086
2002 年	2477	169	23488160	22903589	6243391	13652937
在总计中:						
亏损企业	169	169	318019	312523	76472	542502
在总计中:						
农村工业	1304	60	12193434	11812970	3490206	5481388
一、按轻重工业分						
轻工业	1118	85	13806609	13529513	3436801	8765162
以农产品为原料	808	51	8173338	7970902	2147798	5291370
以非农产品为原料	310	34	5633272	5558611	1289003	3473793
重工业	1359	84	9681551	9374076	2806590	4887775
采掘工业	271	3	1544572	1494815	487921	607852
原料工业	288	24	2741002	2664667	795011	1718891
加工工业	800	57	5395978	5214594	1523657	2561032
二、按企业规模分						
大型企业	110	7	9369521	9240309	2401634	6646494
中型企业	193	21	2190292	2135128	609696	1801250
小型企业	2174	141	11928348	11528152	3232061	5205193

注:1997 年及以前为乡及乡以上独立核算集体工业数据。

12－6续表1　　　　单位:万元

类　　别	企业单位数(个)	#亏损企业	工业总产值	工业销售产值	工业增加值	资产合计
三、按行业大类分						
采掘业	**289**	**5**	**1630989**	**1575888**	**514095**	**644048**
煤炭采选业	143	3	459281	451684	182982	253564
石油和天然气开采业	1		2390	2368	730	2304
黑色金属矿采选业	14		71515	67772	24787	81466
有色金属矿采选业	73		785327	756716	219798	224642
非金属矿采选业	58	2	312476	297349	85798	82072
制造业	**2174**	**164**	**21807680**	**21279368**	**5712140**	**12929850**
食品加工业	183	9	3554398	3458275	884743	1412606
食品制造业	56	1	589416	566756	148405	277797
饮料制造业	23	3	250194	243221	73077	198121
纺织业	258	13	1949622	1915247	543568	2113025
服装及其他纤维制品制造业	46	6	484377	469689	124082	298383
皮革、毛皮、羽绒及其制品业	28		210862	204871	54935	126104
木材加工及竹、藤、棕、草制品业	18	1	123644	119374	30689	60649
家具制造业	17	2	60659	58691	17400	47025
造纸及纸制品业	116	8	603523	591024	176265	547595
印刷业、记录媒介的复制	21	4	43615	41361	11648	28957
文教体育用品制造业	11	1	112665	110469	24379	13025
石油加工及炼焦业	13	2	454259	447964	168312	237780
化学原料及化学制品制造业	184	12	1189982	1154121	323646	581042
医药制造业	21	1	98014	94157	31188	77372
化学纤维制造业	12		74429	71657	20842	31745
橡胶制品业	38	4	439292	422528	122041	171777
塑料制品业	103	17	561390	544046	138136	391332
非金属矿物制造业	285	18	1589208	1515671	476804	877148
黑色金属冶炼及压延加工业	21	1	384054	374295	93457	189516
有色金属冶炼及压延加工业	15	3	480089	471017	124842	434242
金属制品业	143	14	716704	687036	202976	360686
普通机械制造业	192	8	1107211	1077403	299706	491035
专用设备制造业	104	11	664323	649791	181395	350244
交通运输设备制造业	87	7	618259	600132	183216	360834
电气机械及器材制造业	91	9	4677456	4633587	1036157	2912675
电子及通信设备制造业	10	1	106576	103775	32102	41764
仪器仪表及文化办公用机械制造业	17	2	71802	70270	20975	51109
其它制造业	60	6	564126	556703	160658	244476
电力、煤气、自来水的生产和供应	**14**		**49491**	**48333**	**17155**	**79040**
电力、蒸汽、热水的生产和供应业	11		45501	44407	16357	74098
自来水的生产和供应业	3		3990	3925	798	4942

12－6 续表 2

单位：万元

类别	流动资产小计	#产成品	流动资产年平均余额	固定资产原价	固定资产净值年平均余额	负债合计
1995 年	8495432	2147545	7676151	6600719	4548132	11466442
1996 年	9382433	2046193	8697398	7837112	5475771	12696579
1997 年	10095572	2178997	10052524	8421505	5932147	13613598
1998 年	8117744	1715156	7779477	7594503	5393517	10241396
1999 年	8444604	1625083	7984452	7742219	5386456	10095629
2000 年	8446140	1473412	8086175	7833106	5381912	9876400
2001 年	6829243	1227882	6602203	6123474	4148165	7954456
2002 年	6931536	1112754	6719538	6298877	4332508	8179807
在总计中：						
亏损企业	295743	58816	292637	256033	158672	469649
在总计中：						
农村工业	2673072	458526	2559260	3142996	2165965	2995673
一、按轻重工业分						
轻工业	4439596	723831	4248500	3673118	2608509	5208506
以农产品为原料	2558978	411748	2433443	2743979	1976358	3265528
以非农产品为原料	1880619	312082	1815057	929140	632150	1942978
重工业	2491940	388924	2471038	2625759	1723999	2971301
采掘工业	272025	27207	283007	362055	255194	329819
原料工业	814894	108417	817065	1079961	688642	1005752
加工工业	1405021	253299	1370966	1183742	780163	1635730
二、按企业规模分						
大型企业	3162444	485498	3089750	2930080	2056868	3538955
中型企业	967626	127669	932784	837457	559492	1251329
小型企业	2801467	499587	2697005	2531340	1716147	3389523

12－6 续表 3　　单位:万元

类别	流动资产小计	#产成品	流动资产年平均余额	固定资产原价	固定资产净值年平均余额	负债合计
三、按行业大类分						
采掘业	**290653**	**28667**	**301249**	**382684**	**269483**	**356004**
煤炭采选业	125960	9152	134880	132904	90775	153839
石油和天然气开采业	1219	38	1219	1330	1085	450
黑色金属矿采选业	45540	3593	44891	40880	27324	53477
有色金属矿采选业	73809	11299	75130	162205	118975	96509
非金属矿采选业	44124	4585	45128	45366	31324	51730
制造业	**6615784**	**1084071**	**6394534**	**5841107**	**4017445**	**7763740**
食品加工业	692198	123400	563683	699359	499368	760499
食品制造业	127274	20820	116790	178393	120893	145480
饮料制造业	73266	7442	90383	96246	67628	122567
纺织业	1007473	155115	969652	1133278	867593	1382883
服装及其他纤维制品制造业	153454	17572	164652	131496	97672	207106
皮革、毛皮、羽绒及其制品业	75015	15099	80405	43967	26978	97675
木材加工及竹、藤、棕、草制品业	30530	7491	30283	36949	27276	32234
家具制造业	27880	8264	25913	24430	12203	39122
造纸及纸制品业	246648	39610	269292	312945	202809	320357
印刷业、记录媒介的复制	13296	3766	14178	22073	12630	20865
文教体育用品制造业	8317	1081	7538	5705	3255	6997
石油加工及炼焦业	148015	14874	132467	77275	58878	159230
化学原料及化学制品制造业	311727	43628	307527	292504	184084	363030
医药制造业	40777	8942	37975	40849	26058	59740
化学纤维制造业	13413	3920	12880	22732	13062	22379
橡胶制品业	109581	31191	107757	60357	41701	125458
塑料制品业	206976	43897	201857	195742	126710	272222
非金属矿物制造业	397894	65911	392441	556247	374342	640262
黑色金属冶炼及压延加工业	67322	14093	94871	110052	83966	86377
有色金属冶炼及压延加工业	231744	28254	214684	303058	166001	196752
金属制品业	225634	32049	213138	150105	96294	232202
普通机械制造业	275027	59170	273886	222166	137528	306515
专用设备制造业	188161	34363	200374	157459	100078	212769
交通运输设备制造业	214336	23996	204014	152262	103415	211669
武器弹药制造业	1344	71	1347	448	249	1324
电气机械及器材制造业	1544516	246193	1482169	668556	464536	1503127
电子及通信设备制造业	21484	3841	24864	14224	15406	36844
仪器仪表及文化办公用机械制造业	24991	5416	22918	21804	14645	29268
其它制造业	137491	24601	136596	110427	72191	168788
电力、煤气、自来水的生产和供应	**25100**	**17**	**23755**	**75086**	**45580**	**60063**
电力、蒸汽、热水的生产和供应业	23343	15	22373	70064	42395	57767
自来水的生产和供应业	1757	2	1382	5022	3185	2296

12－6续表4　　单位:万元

类别	所有者权益合计	#实收资本	产品销售收入	#产品销售费用	#产品销售税金及附加	#产品销售利润
1995年	3805604	2695962	14834699	386056	147418	2098906
1996年	5000221		17803639	492829	162191	2445765
1997年	5364749		18905616	605745	149959	2383841
1998年	5262062	3327574	18025045	595784	126876	2103376
1999年	5673840	3551748	18667450	685387	129917	2049236
2000年	5985938	3619244	20919356	816676	146802	2230488
2001年	5030630	2554077	18029939	716928	107599	1779220
2002年	5473131	2575354	20575616	654223	116970	1976015
在总计中:						
亏损企业	72853	118683	315051	9119	1895	13949
在总计中:						
农村工业	2485715	1323703	10288851	253138	65163	1062437
一、按轻重工业分						
轻工业	3556657	1500436	12304525	461679	60856	1080210
以农产品为原料	2025842	1132702	7156664	161756	41157	703384
以非农产品为原料	1530815	367735	5147860	299923	19698	376827
重工业	1916474	1074918	8271091	192544	56114	895805
采掘工业	278034	127460	1273537	43030	13377	185038
原料工业	713140	353192	2488971	36334	14776	240956
加工工业	925301	594266	4508583	113180	27961	469811
二、按企业规模分						
大型企业	3107540	1105660	8786552	343848	29916	736193
中型企业	549921	376818	1962388	43640	9706	197554
小型企业	1815670	1092876	9826676	266734	77348	1042269

单位:万元

类别	所有者权益合计	#实收资本	产品销售收入	#产品销售费用	#产品销售税金及附加	#产品销售利润
三、按行业大类分						
采掘业	**288044**	**134100**	**1337750**	**45110**	**16110**	**192881**
煤炭采选业	99725	49648	402580	6311	5586	70819
石油和天然气开采业	1853	1853	2350	63	13	226
黑色金属矿采选业	27990	14258	71040	3532	682	12910
有色金属矿采选业	128133	51053	610426	20017	5371	83666
非金属矿采选业	30343	17288	251354	15187	4459	25260
制造业	**5166110**	**2420815**	**19191018**	**608366**	**100406**	**1774962**
食品加工业	652107	279225	3015528	57756	14200	330482
食品制造业	132317	77014	496594	16011	3014	53814
饮料制造业	75554	35730	218606	7487	8538	29900
纺织业	730143	477487	1817201	36610	7634	114357
服装及其他纤维制品制造业	91278	57805	437706	10450	1956	47075
皮革、毛皮、羽绒及其制品业	28430	16433	178573	4444	458	15541
木材加工及竹、藤、棕、草制品业	28415	13438	92413	1460	567	7545
家具制造业	7903	10667	60316	1693	612	5495
造纸及纸制品业	227238	125631	546410	15291	2937	69846
印刷业、记录媒介的复制	8092	5810	37740	641	140	5011
文教体育用品制造业	6028	2964	65581	1912	237	5877
石油加工及炼焦业	78550	23836	437607	5243	3829	20304
化学原料及化学制品制造业	218012	115718	1008710	23716	4641	101878
医药制造业	17632	16570	83361	7154	765	11671
化学纤维制造业	9366	5055	63417	1469	637	6881
橡胶制品业	46319	37092	265679	4663	1993	25505
塑料制品业	119110	82250	521862	9338	3352	48204
非金属矿物制造业	236886	232004	1353606	35019	11203	145360
黑色金属冶炼及压延加工业	103139	59526	346260	3239	1846	26047
有色金属冶炼及压延加工业	237490	68737	479314	5043	752	62011
金属制品业	128484	74362	605438	19265	5261	61512
普通机械制造业	184520	116570	889077	26785	4915	113278
专用设备制造业	137475	76039	571508	12120	4541	57995
交通运输设备制造业	149165	83944	529890	10985	2407	58734
电气机械及器材制造业	1409548	258657	4453888	278570	11494	306527
电子及通信设备制造业	4921	13346	75423	1798	175	7536
仪器仪表及文化办公用机械制造业	21841	8951	75906	2462	157	6715
其它制造业	75689	45759	442944	7742	2143	28509
电力、煤气、自来水的生产和供应	**18977**	**20440**	**46848**	**746**	**454**	**8173**
电力、蒸汽、热水的生产和供应业	16331	18088	43088	159	403	7735
自来水的生产和供应业	2646	2352	3760	587	51	438

12－6续表6

单位:万元

类别	管理费用	利润总额	亏损企业亏损总额	利税总额	本年应交增值税	全部从业人员年平均人数（人）
1995年	929164	696245	142920	1330975	481715	2681973
1996年	970045	987812	85582	1726729	576726	2679139
1997年	967184	986322	120150	1734121	597839	2506332
1998年	759796	1026038	58195	1696312	543399	1566174
1999年	750584	1066417	41105	1767954	571620	1408344
2000年	787222	1235014	28851	2008676	626860	1261337
2001年	628196	1002809	15710	1605984	495792	937712
2002年	615845	1133494	19614	1821625	571161	852362
在总计中：						
亏损企业	26460	－19614	19614	－8346	9374	45305
在总计中：						
农村工业	220865	692961	4545	1051555	293431	431401
一、按轻重工业分						
轻工业	375925	615660	8764	979751	303235	461117
以农产品为原料	166348	432412	5896	649347	175777	349562
以非农产品为原料	209577	183248	2868	330405	127458	111555
重工业	239920	517833	10850	841873	267926	391245
采掘工业	41953	119354	111	175217	42485	94212
原料工业	61444	134188	4703	245454	96490	98329
加工工业	136523	264292	6036	421203	128950	198704
二、按企业规模分						
大型企业	260914	429450	1383	696665	237300	232975
中型企业	77792	95336	5698	167364	62323	121244
小型企业	277139	608709	12533	957595	271538	498143

12－6续表7　　单位:万元

类别	管理费用	利润总额	亏损企业亏损总额	利税总额	本年应交增值税	全部从业人员年平均人数(人)
三、按行业大类分						
采掘业	**44869**	**123956**	**167**	**185203**	**45137**	**97446**
煤炭采选业	20398	37519	111	68410	25305	58612
石油和天然气开采业	25	168		354	173	138
黑色金属矿采选业	2962	8850		12130	2599	5549
有色金属矿采选业	15287	62941		76261	7950	19055
非金属矿采选业	6198	14478	56	28048	9111	14092
制造业	**568378**	**1005969**	**19447**	**1629741**	**523366**	**751352**
食品加工业	54036	192261	1762	260913	54451	97901
食品制造业	10500	27070	76	44042	13958	27020
饮料制造业	6771	19669	616	38082	9875	7032
纺织业	37780	106000	1162	155087	41454	110271
服装及其他纤维制品制造业	12826	26973	267	42415	13486	30418
皮革、毛皮、羽绒及其制品业	4187	9961		15984	5565	9062
木材加工及竹、藤、棕、草制品业	1693	5252	28	8585	2766	5648
家具制造业	2916	2120	147	4420	1689	5280
造纸及纸制品业	19106	34233	557	58963	21792	37517
印刷业、记录媒介的复制	2989	1384	273	2695	1171	3592
文教体育用品制造业	616	4696	98	5719	786	3153
石油加工及炼焦业	6997	10417	1151	43732	29486	7081
化学原料及化学制品制造业	30541	61794	2110	97655	31219	37012
医药制造业	5378	5105	118	8303	2434	4213
化学纤维制造业	1945	4231		6342	1473	2617
橡胶制品业	5925	15818	799	21922	4110	12143
塑料制品业	28224	18649	1407	37603	15602	24444
非金属矿物制造业	38196	79698	3371	144274	53373	86816
黑色金属冶炼及压延加工业	6667	17436	26	32651	13369	12336
有色金属冶炼及压延加工业	8244	31769	117	38399	5878	11096
金属制品业	20637	33536	1011	56400	17604	34528
普通机械制造业	33746	55794	663	87723	27014	46704
专用设备制造业	18321	31352	1508	54282	18389	33481
交通运输设备制造业	16096	36026	391	53824	15391	22161
电气机械及器材制造业	174010	154295	481	273264	107474	46577
电子及通信设备制造业	2467	3960	176	5424	1290	3427
仪器仪表及文化办公用机械制造业	3032	3496	58	5377	1724	4326
其它制造业	14485	11770	1075	24419	10505	25388
电力、煤气、自来水的生产和供应	**2598**	**3569**		**6681**	**2658**	**3564**
电力、蒸汽、热水的生产和供应业	2448	3377		6371	2591	3289
自来水的生产和供应业	151	192		310	68	275

12－7 规模以上外商投资和港澳台投资工业企业主要经济指标

单位:万元

类别	企业单位数(个)	#亏损企业	工业总产值	工业销售产值	工业增加值	资产合计
1995年	3799	1339	7274306		1741571	9120968
1996年	2903	849	6770710	6398892	1722286	7934021
1997年	2605	939	8819121	8463177	2236637	10291794
1998年	1587	454	8835322	8543079	2192632	9794237
1999年	1625	404	9860114	9503397	2622497	10374625
2000年	1740	373	11733444	11407902	3248882	11450417
2001年	2020	484	14570101	14184782	4317515	13978219
2002年	2385	541	17707902	17224508	5233651	16056232
在总计中:						
亏损企业	541	541	1570638	1517112	397997	2400363
在总计中:						
港、澳、台商投资企业	722	156	4639623	4509501	1390115	4170686
合资经营企业(港或澳、台资)	533	105	3430685	3316343	978415	3143974
合作经营企业(港或澳、台资)	47	14	238861	231054	68068	316244
港澳台商独资经营企业	133	36	542693	538117	140392	634039
港澳台商投资股份有限公司	9	1	427384	423987	203239	76429
外商投资企业	1663	385	13068279	12715007	3843537	11885546
中外合资经营企业	788	146	6153526	5949793	1677596	5018685
中外合作经营企业	55	13	427856	408123	171834	815966
外资企业	799	224	5231320	5141035	1454400	3974780
外商投资股份有限公司	21	2	1255576	1216056	539707	2076114
在总计中:						
国家控股企业	180	55	2276903	2223902	824959	3064130
在总计中:						
农村工业	277	23	2363519	2238693	653664	1130682
一、按轻重工业分						
轻工业	1647	394	9996576	9737635	2831757	8872938
以农产品为原料	1188	278	7603004	7395848	2156885	6895924
以非农产品为原料	459	116	2393572	2341787	674872	1977014
重工业	738	147	7711326	7486873	2401894	7183294
采掘工业	6		31786	30010	10081	19570
原料工业	149	22	2476650	2445509	1004744	2852671
加工工业	583	125	5202890	5011353	1387069	4311054
二、按企业规模分						
大型企业	170	44	5803106	5662050	1921680	7310015
中型企业	213	46	2104110	2056492	606681	1853004
小型企业	2002	451	9800687	9505967	2705290	6893212

注:1997年及以前为乡及乡以上独立核算外商和港澳台投资工业数据。

12－7续表1 单位:万元

类别	企业单位数（个）	#亏损企业	工业总产值	工业销售产值	工业增加值	资产合计
三、按行业大类分						
采掘业	**8**		**33106**	**31110**	**10441**	**22218**
非金属矿采选业	8		33106	31110	10441	22218
制造业	**2358**	**539**	**16472146**	**15998742**	**4581281**	**14466924**
食品加工业	295	49	2229595	2191332	593000	1546464
食品制造业	97	22	626349	600965	173792	449574
饮料制造业	33	3	316707	305987	99200	464568
烟草加工业	1	1	17057	16745	5063	30994
纺织业	206	61	1221715	1170416	356870	1376538
服装及其他纤维制品制造业	210	56	670157	650525	190372	432119
皮革、毛皮、羽绒及其制品业	127	33	1011092	992547	288011	482775
木材加工及竹、藤、棕、草制品业	34	8	103924	103664	27087	153374
家具制造业	31	7	142875	146381	39698	93736
造纸及纸制品业	48	10	786741	757487	228114	1422181
印刷业、记录媒介的复制	23	9	74535	70775	23029	121539
文教体育用品制造业	80	19	296367	285786	84451	197314
石油加工及炼焦业	9	1	90580	87835	21007	51510
化学原料及化学制品制造业	114	17	945629	926595	290078	807659
医药制造业	41	7	317891	300308	119169	379768
化学纤维制造业	33	10	306161	309693	75375	338071
橡胶制品业	31	8	232481	223734	72176	195430
塑料制品业	120	46	442360	431538	122417	431329
非金属矿物制造业	143	31	1102669	1050037	318945	1209586
黑色金属冶炼及压延加工业	6		189891	188709	40484	23940
有色金属冶炼及压延加工业	9	2	42234	41866	13534	52632
金属制品业	103	24	704036	689608	206592	614478
普通机械制造业	87	15	501573	479521	149208	433364
专用设备制造业	45	9	627804	581564	149680	464107
交通运输设备制造业	57	14	406950	411014	104868	510527
电气机械及器材制造业	91	20	851092	818073	219802	533541
电子及通信设备制造业	117	22	1623954	1593064	394123	1214150
仪器仪表及文化办公用机械制造业	17	5	41840	41454	15031	59361
其它制造业	150	30	547887	531521	160106	376296
电力、煤气、自来水的生产和供应业	**19**	**2**	**1202650**	**1194656**	**641929**	**1567091**
电力、蒸汽、热水的生产和供应业	18	2	1199484	1191490	641494	1559991
煤气生产和供应业	1		3166	3166	435	7099

单位：万元

类别	流动资产小计	#产成品	流动资产年平均余额	固定资产原价	固定资产净值年平均余额	负债合计
1995 年	4219498			4346668		5004216
1996 年	3387934	579141	3078039	4254517	3210588	4683069
1997 年	4418143	832744	4213648	5634930	4417064	6499043
1998 年	4237116	730725	4039995	5644924	4312492	6259372
1999 年	4664679	747230	4403141	6223238	4469533	6550373
2000 年	5464169	766490	5149741	6738250	4763392	6974187
2001 年	6575553	885669	6218800	8056533	5561049	7975312
2002 年	7709723	965904	7330202	9628714	6278224	9002705
在总计中：						
亏损企业	1123867	178588	1112318	1526019	1020721	1687665
在总计中：						
港、澳、台商投资企业	2107032	345264	2032955	2508920	1658875	2503082
合资经营企业(港或澳、台资)	1602958	269633	1547290	1928272	1253442	1818105
合作经营企业(港或澳、台资)	134031	24270	129756	207184	122414	287173
港澳台商独资经营企业	328983	43388	316260	335004	252202	350688
港澳台商投资股份有限公司	41060	7973	39649	38461	30817	47116
外商投资企业	5602691	620640	5297247	7119794	4619349	6499624
中外合资经营企业	2745709	327056	2533703	2520412	1687727	2893207
中外合作经营企业	184190	25848	189989	644707	565653	580359
外资企业	2096251	220338	2014463	2250228	1525656	2310992
外商投资股份有限公司	576541	47397	559092	1704448	840313	715066
在总计中：						
国家控股企业	1213592	116132	1181468	1875141	1333000	1818847
在总计中：						
农村工业	622328	123131	612340	587829	410207	630759
一、按轻重工业分						
轻工业	4543962	636796	4355972	4881008	3237379	5250166
以农产品为原料	3467130	498035	3320726	3779995	2530701	4013586
以非农产品为原料	1076832	138762	1035246	1101013	706678	1236580
重工业	3165761	329107	2974230	4747706	3040845	3752539
采掘工业	7148	1207	7362	11707	7698	4142
原料工业	671746	63051	663616	2666065	1682785	1368536
加工工业	2486867	264850	2303251	2069934	1350362	2379860
二、按企业规模分						
大型企业	2823229	308977	2690945	5307463	3363283	4051629
中型企业	1018731	149369	1004881	1071088	652033	1030108
小型企业	3867764	507557	3634375	3250163	2262907	3920969

单位:万元

类别	流动资产小计	#产成品	流动资产年平均余额	固定资产原价	固定资产净值年平均余额	负债合计
三、按行业大类分						
采掘业	**8796**	**1607**	**9010**	**12827**	**8698**	**5642**
非金属矿采选业	8796	1607	9010	12827	8698	5642
制造业	**7538525**	**963267**	**7160593**	**7860448**	**5241503**	**8348853**
食品加工业	901930	162933	853609	701457	491748	993761
食品制造业	203158	31520	200326	266528	194701	243037
饮料制造业	182901	35873	176052	344123	232116	252733
烟草加工业	15934	475	14918	21275	15198	33365
纺织业	665813	108353	636345	888065	582072	772131
服装及其他纤维制品制造业	263590	39389	253862	207739	135358	243330
皮革、毛皮、羽绒及其制品业	288908	37023	287029	243922	147736	319499
木材加工及竹、藤、棕、草制品业	59773	11030	62174	102155	82797	129627
家具制造业	44880	7938	44822	54605	31555	58925
造纸及纸制品业	566686	40232	545152	788309	521182	771495
印刷业、记录媒介的复制	63413	7176	59237	79036	50265	61007
文教体育用品制造业	127350	13420	123789	93578	60685	115979
石油加工及炼焦业	27230	4431	27768	26248	17317	30498
化学原料及化学制品制造业	432664	48725	407040	446762	286470	370125
医药制造业	204847	20655	197206	153437	104631	219608
化学纤维制造业	132959	18812	133981	281580	181942	203503
橡胶制品业	92753	12215	88928	124127	74460	100085
塑料制品业	195903	21950	185372	266917	182344	325465
非金属矿物制造业	417168	90025	394490	988667	678247	729955
黑色金属冶炼及压延加工业	14599	7124	14775	12456	8757	11950
有色金属冶炼及压延加工业	26147	3947	29995	26190	24574	27393
金属制品业	351684	38826	312316	293384	201472	354818
普通机械制造业	259806	29690	241872	209186	137833	228570
专用设备制造业	355543	39225	322039	126606	82239	287139
交通运输设备制造业	279973	11598	245798	168216	123104	276696
电气机械及器材制造业	326569	31485	329672	222761	148942	286523
电子及通信设备制造业	760751	48111	714024	541398	324534	655673
仪器仪表及文化办公用机械制造业	39279	8080	35675	27569	15597	25999
其它制造业	236316	33007	222327	154156	103628	219965
电力、煤气、自来水的生产和供应	**162403**	**1030**	**160598**	**1755440**	**1028022**	**648210**
电力、蒸汽、热水的生产和供应业	158915	1030	157087	1752576	1025708	645781
煤气生产和供应业	3488		3511	2864	2314	2429

单位：万元

类别	所有者权益合计	#实收资本	产品销售收入	#产品销售费用	#产品销售税金及附加	#产品销售利润
1995 年	4116752	3679494	6473774			
1996 年	3250951		5638990	221770	47258	604367
1997 年	3792751		7487124	272460	48181	840015
1998 年	3534864	4045344	7736435	278082	47686	736832
1999 年	3824252	4172558	8826211	331812	44995	969758
2000 年	4476230	4457252	10608335	397752	45189	1233010
2001 年	6002907	4935221	12695597	500409	42749	1444137
2002 年	7053527	5016728	15655508	656697	52771	1855994
在总计中：						
亏损企业	712697	1262780	1459013	71921	5869	35401
在总计中：						
港、澳、台商投资企业	1667605	1391298	3887922	142922	22535	429117
合资经营企业(港或澳、台资)	1325869	1025032	3064177	117259	21165	346887
合作经营企业(港或澳、台资)	29071	91851	225083	6916	254	25695
港澳台商独资经营企业	283352	246397	515315	15152	1086	47328
港澳台商投资股份有限公司	29313	28018	83348	3595	30	9207
外商投资企业	5385922	3625430	11767586	513775	30236	1426876
中外合资经营企业	2125478	1749429	5562926	323938	20697	650239
中外合作经营企业	235608	223408	354588	6456	27	74585
外资企业	1663789	1515452	4920028	148385	5085	456364
外商投资股份有限公司	1361048	137142	930045	34996	4426	245689
在总计中：						
国家控股企业	1245284	722392	1573634	107057	3570	265788
在总计中：						
农村工业	499923	349296	1893370	66011	6776	202659
一、按轻重工业分						
轻工业	3622772	2832230	9233671	422918	42190	998838
以农产品为原料	2882337	2055669	6980148	319006	39965	746056
以非农产品为原料	740434	776561	2253522	103912	2226	252781
重工业	3430756	2184498	6421838	233779	10580	857156
采掘工业	15428	15454	27344	873	142	5833
原料工业	1484134	735853	1680306	41604	3361	285494
加工工业	1931194	1433191	4714188	191302	7078	565830
二、按企业规模分						
大型企业	3258388	1931249	4906079	261852	26062	712902
中型企业	822897	647799	1933991	85270	3231	220379
小型企业	2972243	2437681	8815439	309576	23478	922714

类　　别	所有者权益合计	#实　收资　本	产品销售收　　入	#产品销售费　　用	#产品销售税　　金及附加	#产品销售利　　润
三、按行业大类分						
采掘业	**16576**	**15854**	**28444**	**983**	**142**	**5985**
非金属矿采选业	16576	15854	28444	983	142	5985
制造业	**6118071**	**4731160**	**15110355**	**654792**	**52266**	**1680134**
食品加工业	552703	455171	2111470	79321	5858	167785
食品制造业	206537	194760	563405	40873	4952	78596
饮料制造业	211836	194636	297564	33003	19530	37425
烟草加工业	－2371	9745	16855	3410	3615	－122
纺织业	604407	493828	1103675	20492	983	119348
服装及其他纤维制品制造业	188789	140244	585586	14879	2199	56957
皮革、毛皮、羽绒及其制品业	163276	155729	899253	13724	141	65958
木材加工及竹、藤、棕、草制品业	23747	49276	96701	2708	309	7744
家具制造业	34811	29438	124496	3408	30	15081
造纸及纸制品业	650686	184773	741508	40805	1641	132035
印刷业、记录媒介的复制	60532	46116	72494	1908	4	13966
文教体育用品制造业	81336	67321	267512	9718	107	30412
石油加工及炼焦业	21011	16601	89589	1771	433	5423
化学原料及化学制品制造业	437534	320851	864509	42174	1122	111884
医药制造业	160160	100880	298063	80636	712	55220
化学纤维制造业	134569	144105	306830	7742	693	23279
橡胶制品业	95344	67096	212236	5476	430	28364
塑料制品业	105864	173449	419656	15004	671	41565
非金属矿物制造业	479631	470077	973298	25817	4399	105087
黑色金属冶炼及压延加工业	11990	9740	180237	3669	26	3337
有色金属冶炼及压延加工业	25239	22516	40482	870	16	4363
金属制品业	259660	206420	658117	33850	392	80610
普通机械制造业	204794	176612	444655	15957	1952	64768
专用设备制造业	176968	76095	561027	49164	120	80064
交通运输设备制造业	233831	167708	346667	8501	216	54062
电气机械及器材制造业	247018	211098	722372	21611	511	76205
电子及通信设备制造业	558477	380861	1557979	58881	437	162907
仪器仪表及文化办公用机械制造业	33362	29969	41050	2218	154	6612
其它制造业	156331	136046	513072	17202	615	51200
电力、煤气、自来水的生产和供应	**918880**	**269715**	**516710**	**922**	**363**	**169876**
电力、蒸汽、热水的生产和供应业	914210	268115	512872	870	271	167783
煤气生产和供应业	4670	1600	3837	51	92	2092

单位:万元

类别	管理费用	利润总额	亏损企业亏损总额	利税总额	本年应交增值税	全部从业人员年平均人数（人）
1995 年		291432	163049	597114	205768	502328
1996 年	314606	203513	158080	417505	166735	521234
1997 年	428463	230198	209937	488340	209961	597273
1998 年	398945	271543	177281	555943	236714	499412
1999 年	436676	413809	141768	743539	284735	534524
2000 年	511820	607409	123586	1068901	416302	570940
2001 年	587803	747735	133568	1381549	591069	677208
2002 年	715305	946420	121496	1585217	586026	782462
在总计中：						
亏损企业	124044	－121496	121496	－82076	33552	145519
在总计中：						
港、澳、台商投资企业	176998	186864	40066	397429	188031	221470
合资经营企业（港或澳、台资）	133909	159113	25583	296434	116155	163430
合作经营企业（港或澳、台资）	17667	3689	4750	14400	10457	19863
港澳台商独资经营企业	22984	18966	9616	30335	10283	33934
港澳台商投资股份有限公司	2438	5096	117	56262	51136	4243
外商投资企业	538307	759556	81430	1187787	397995	560992
中外合资经营企业	239262	334992	31489	547806	192116	216795
中外合作经营企业	23996	22602	3502	40873	18244	15539
外资企业	229047	196434	45851	288143	86624	296819
外商投资股份有限公司	46002	205529	589	310966	101011	31839
在总计中：						
国家控股企业	99401	120791	18711	290918	166558	65913
在总计中：						
农村工业	48461	129254	2755	194578	58548	94570
一、按轻重工业分						
轻工业	435142	464012	87341	770962	264760	573372
以农产品为原料	313489	364690	56049	593915	189260	424316
以非农产品为原料	121653	99323	31292	177048	75500	149056
重工业	280163	482408	34155	814254	321266	209090
采掘工业	2022	2728		3744	874	885
原料工业	77302	174627	5057	360988	183001	47009
加工工业	200839	305053	29098	449522	137392	161196
二、按企业规模分						
大型企业	249037	389286	43804	712645	297297	161016
中型企业	96171	101559	11458	170757	65967	114170
小型企业	370096	455575	66234	701815	222762	507276

12－7续表7

单位:万元

类别	管理费用	利润总额	亏损企业亏损总额	利税总额	本年应交增值税	全部从业人员年平均人数（人）
三、按行业大类分						
采掘业	**2050**	**2828**		**3944**	**974**	**1045**
非金属矿采选业	2050	2828		3944	974	1045
制造业	**680433**	**831467**	**120115**	**1330018**	**446285**	**765451**
食品加工业	63492	88555	8249	126843	32431	64050
食品制造业	23386	43040	4695	64696	16704	22921
饮料制造业	19949	13575	1692	50770	17666	17859
烟草加工业	1579	－2301	2301	2756	1442	172
纺织业	58589	50030	18039	75474	24461	88095
服装及其他纤维制品制造业	33398	18008	6877	30198	9991	75315
皮革、毛皮、羽绒及其制品业	36823	24944	7924	38816	13731	78121
木材加工及竹、藤、棕、草制品业	5006	1921	1795	4356	2127	9029
家具制造业	3523	9870	649	14262	4362	7389
造纸及纸制品业	35556	89415	568	131691	40635	26301
印刷业、记录媒介的复制	5411	7613	942	11893	4276	4399
文教体育用品制造业	19211	10492	2387	14922	4323	35149
石油加工及炼焦业	3037	1957	87	4145	1755	1116
化学原料及化学制品制造业	40132	59796	4544	90959	30041	25978
医药制造业	27731	19935	6846	46723	26076	9828
化学纤维制造业	11151	4017	7149	11745	7036	10038
橡胶制品业	15952	10363	1505	17436	6643	18980
塑料制品业	20819	14462	6314	26481	11348	23100
非金属矿物制造业	39258	50769	10892	97804	42636	44310
黑色金属冶炼及压延加工业	829	5287		7603	2290	728
有色金属冶炼及压延加工业	2281	1388	316	2418	1014	1078
金属制品业	33122	41669	2591	59795	17733	31378
普通机械制造业	26820	33758	6102	51416	15707	18738
专用设备制造业	14809	57882	3440	72311	14309	10486
交通运输设备制造业	19240	30061	2639	44265	13988	14826
电气机械及器材制造业	26328	43699	4847	63766	19557	26105
电子及通信设备制造业	62364	74355	3224	124392	49600	44864
仪器仪表及文化办公用机械制造业	3911	3000	638	5173	2018	2513
其它制造业	26725	23908	2864	36908	12386	52585
电力、煤气、自来水的生产和供应业	**32822**	**112125**	**1381**	**251256**	**138768**	**15966**
电力、蒸汽、热水的生产和供应业	32416	110498	1381	249505	138736	15832
煤气生产和供应业	407	1627		1750	31	134

12－8 规模以上大中型工业企业主要经济指标

单位:万元

类别	企业单位数(个)	#亏损企业	工业总产值	工业销售产值	工业增加值	资产合计
1995年	2546	478	28207857		9306644	40153307
1996年	2672	448	32200872	31302311	10677681	35643825
1997年	2558	526	34404264	33525608	11237822	55324175
1998年	2270	539	33996013	33124625	11201594	58496373
1999年	2764	481	45308586	44299623	14519102	69931866
2000年	2740	381	53001408	52112789	17276972	75273904
2001年	2629	443	59870779	58941341	19734938	82564080
2002年	2495	409	69759207	68629148	22396947	89789335
一、按登记注册类型分						
内资企业	2112	319	61851992	60910607	19868586	80626315
国有企业	614	129	12004397	11865825	3868466	24024163
中央企业	69	14	3919755	3900914	1268657	9534635
地方企业	545	115	8084642	7964911	2599809	14489528
集体企业	303	28	11559812	11375437	3011330	8447744
股份合作企业	114	12	1567000	1529585	437689	1191186
联营企业	20	3	1701891	1701352	601312	2046497
国有联营企业	12	2	1556058	1556415	569900	1757922
集体联营企业	2		51310	50571	11985	34792
国有与集体联营企业	4		86438	86424	16126	238083
其他联营企业	2	1	8084	7942	3302	15700
有限责任公司	685	107	22906286	22588892	8223447	30505347
国有独资公司	62	11	8609195	8457180	2644477	13444903
其他有限责任公司	623	96	14297091	14131712	5578970	17060444
股份有限公司	272	31	11104857	10859046	3455470	13411660
私营企业	103	9	975458	958646	262109	994986
私营独资企业	18	2	114356	111612	35244	181709
私营合作企业	4		59880	58550	14674	16376
私营有限责任公司	72	6	753580	741036	200385	743355
私营股份有限公司	9	1	47642	47449	11806	53547
其他企业	1		32292	31823	8763	4732
港、澳、台商投资企业	133	31	1890517	1864633	631322	2102676
合资经营企业(港或澳、台资)	98	17	1270646	1252743	373839	1646210
合作经营企业(港或澳、台资)	17	7	121515	116133	34769	213142
港澳台商独资经营企业	16	7	100740	101121	27849	190176
港澳台商投资股份有限公司	2		397616	394636	194866	53149
外商投资企业	250	59	6016699	5853909	1897039	7060344
中外合资经营企业	132	24	2581067	2520102	707267	2423921
中外合作经营企业	5		184477	173893	78860	566468
外资企业	103	35	2014902	1961677	578103	2010157
外商投资股份有限公司	10		1236254	1198236	532810	2059798
二、在总计中:亏损企业	**409**	**409**	**5095182**	**5106831**	**1346740**	**9819037**
在总计中:国有控股企业	977	194	38289014	37785534	13707920	60550467
在总计中:农村工业	189	4	7931847	7727768	2246420	5204331
按轻重工业分						
轻工业	1259	230	29009542	28552410	8064218	31803866
以农产品为原料	953	161	19106638	18788282	5673145	21162817
以非农产品为原料	306	69	9902904	9764128	2391073	10641049
重工业	1236	179	40749665	40076738	14332729	57985469
采掘工业	93	7	7610577	7397914	4534105	12725579
原料工业	407	57	15909649	15839080	5185992	26721758
加工工业	736	115	17229440	16839744	4612632	18538133
按企业规模分						
大型	999	169	56034400	55157671	18355839	74321457
中型	1496	240	13724808	13471477	4041109	15467878

注:1997年及以前为乡及乡以上独立核算大中型工业数据。

类别	企业单位数（个）	#亏损企业	工业总产值	工业销售产值	工业增加值	资产合计
三、按行业大类分						
采掘业	**104**	**9**	**7758500**	**7536017**	**4588713**	**13328885**
煤炭采选业	49	3	3171573	2977527	1635300	6422742
石油和天然气开采业	3		3754594	3753110	2659794	5314965
黑色金属矿采选业	3		64294	59937	33438	156479
有色金属矿采选业	22	1	563079	551606	189122	726759
非金属矿采选业	27	5	204959	193838	71060	707940
制造业	**2216**	**377**	**57255945**	**56403943**	**15662155**	**61554742**
食品加工业	215	29	5609099	5531630	1380493	3865354
食品制造业	73	11	1316911	1273471	379602	1091827
饮料制造业	104	25	1590007	1582433	553983	2336866
烟草加工业	10	2	826156	829898	456202	1171845
纺织业	258	34	4979700	4893603	1435380	6237065
服装及其他纤维制品制造业	52	9	614617	594667	166886	543760
皮革、毛皮、羽绒及其制品业	37	6	688984	685918	201575	484340
木材加工及竹、藤、棕、草制品业	12	4	112104	106853	27387	173775
家具制造业	11	3	72666	70358	25526	105722
造纸及纸制品业	103	14	2487325	2414407	762236	4124191
印刷业、记录媒介的复制	25	10	116110	113353	40341	203692
文教体育用品制造业	13	3	113114	108329	33388	123491
石油加工及炼焦业	21	4	3158986	3171177	768250	2184170
化学原料及化学制品制造业	196	38	4795117	4750491	1391840	6352480
医药制造业	50	5	967017	948928	359795	1503134
化学纤维制造业	25	7	672742	668501	213779	1096783
橡胶制品业	44	4	2138502	2078313	565963	2149009
塑料制品业	69	20	529807	511817	164157	655395
非金属矿物制造业	196	33	2060588	2016064	624087	3727276
黑色金属冶炼及压延加工业	27	3	3387223	3394528	956550	4208635
有色金属冶炼及压延加工业	22	4	868622	871254	234807	1041522
金属制品业	76	15	825644	806521	251266	850484
普通机械制造业	143	24	2150592	2077376	610350	2730781
专用设备制造业	137	21	3819759	3706697	918855	3023694
交通运输设备制造业	95	11	3797052	3731178	898365	3996242
电气机械及器材制造业	75	10	5735245	5679192	1351535	4637211
电子及通信设备制造业	47	10	2964652	2933007	628991	2079091
仪器仪表及文化办公用机械制造业	22	4	201321	198629	59860	318304
其它制造业	55	12	638456	637846	195164	493237
电力、煤气、自来水的生产和供应业	**175**	**23**	**4744763**	**4689188**	**2146079**	**14905708**
电力、蒸汽、热水的生产和供应业	141	11	4581667	4520981	2110905	13810667
煤气生产和供应业	6	2	41393	48553	－7951	368678
自来水的生产和供应业	28	10	121703	119653	43126	726364

12－8 续表 2

单位:万元

类别	流动资产小计	#产成品	流动资产年平均余额	固定资产原价	固定资产净值年平均余额	负债合计
1995 年	15587170	2355697	15134560	26954886	16160945	26189004
1996 年	18498070	2861071	17120694	30588066	19814694	31022585
1997 年	22395634	3252847	21578237	34282041	21794997	35607510
1998 年	23691551	3356132	22535657	37225750	23626465	37261208
1999 年	28106853	4054432	26991099	44984338	29062291	43310345
2000 年	29744134	3946019	28251773	51417293	31847701	46320974
2001 年	32786377	4316176	31706828	56804992	34071907	48841105
2002 年	35754072	4309965	34116381	61988425	36666317	52896081
一、按登记注册类型分						
内资企业	31912113	3851619	30420555	55609874	32651000	47814345
国有企业	8340959	678817	7941706	15478770	10087941	15175606
中央企业	2688280	83692	2626582	6039013	3759434	5293067
地方企业	5652679	595126	5315124	9439757	6328507	9882538
集体企业	4130070	613167	4022534	3767537	2616360	4790284
股份合作企业	535862	90464	508752	701234	430155	790607
联营企业	910930	66804	818379	1321953	696119	1268273
国有联营企业	765588	53953	701661	1178486	594388	1061531
集体联营企业	20438	1089	17077	13050	10177	25973
国有与集体联营企业	120921	11296	96336	118274	84592	167534
其他联营企业	3983	467	3305	12143	6962	13234
有限责任公司	11876334	1561973	11223265	24061393	12792514	17633298
国有独资公司	6039292	695433	5666065	6574056	4228843	8367183
其他有限责任公司	5837042	866540	5557201	17487337	8563671	9266115
股份有限公司	5627358	758829	5443429	9773708	5664731	7478325
私营企业	487793	80938	459684	501667	361260	674696
私营独资企业	66412	9667	53212	95299	73381	126175
私营合作企业	7851	1827	6744	10263	6308	15028
私营有限责任公司	384996	65404	371131	374395	267894	499392
私营股份有限公司	28535	4040	28596	21710	13676	34102
其他企业	2807	626	2807	3611	1921	3257
港、澳、台商投资企业	1002657	157889	982626	1385720	877257	1290011
合资经营企业(港或澳、台资)	809979	130554	795809	1084560	682046	936555
合作经营企业(港或澳、台资)	86469	12449	79674	139516	73243	222427
港澳台商独资经营企业	78548	8180	79480	132544	97866	99590
港澳台商投资股份有限公司	27660	6706	27664	29100	24103	31439
外商投资企业	2839303	300458	2713200	4992832	3138059	3791725
中外合资经营企业	1272811	151965	1178735	1408053	915444	1411309
中外合作经营企业	60010	1983	60195	518831	476495	418821
外资企业	936709	99621	921637	1366832	909677	1255666
外商投资股份有限公司	569773	46889	552634	1699116	836444	705929
二、在总计中:亏损企业	**3805528**	**559306**	**3855148**	**7538591**	**4343385**	**6773009**
在总计中:国有控股企业	22070432	2183897	21079426	45900650	26245612	35595761
在总计中:农村工业	2516231	419854	2355600	2821114	1945239	2740486
按轻重工业分						
轻工业	14885626	2216880	14251599	15923871	10504548	19640468
以农产品为原料	9707907	1385718	9273621	11308754	7611429	13193376
以非农产品为原料	5177719	831162	4977977	4615117	2893119	6447092
重工业	20868446	2093085	19864783	46064554	26161769	33255613
采掘工业	3241071	170533	2987628	16702424	8054797	6069174
原料工业	8064331	490264	7758482	20205023	12143199	15396967
加工工业	9563044	1432288	9118673	9157107	5963773	11789473
按企业规模分						
大型	28629994	3222208	27240540	53148509	30781586	42456462
中型	7124078	1087757	6875842	8839916	5884732	10439619

12-8续表3　　单位:万元

类别	流动资产小计	#产成品	流动资产年平均余额	固定资产原价	固定资产净值年平均余额	负债合计
三、按行业大类分						
采掘业	**3466234**	**191155**	**3200565**	**16963108**	**8228920**	**6440949**
煤炭采选业	2408233	103964	2076776	4633775	3028677	4039212
石油和天然气开采业	549180	41119	624751	11264551	4505001	1515781
黑色金属矿采选业	51930	7702	50021	140496	95318	58988
有色金属矿采选业	195500	12804	200051	593796	383000	393667
非金属矿采选业	261392	25566	248967	330492	216925	433301
制造业	**28916102**	**4071013**	**27789510**	**33470105**	**21306653**	**37981886**
食品加工业	2017505	325223	1852171	1839882	1300964	2518731
食品制造业	454445	61834	431350	668035	421974	662272
饮料制造业	1055923	166684	1064465	1205870	799849	1316984
烟草加工业	709035	10522	661751	520699	265496	621081
纺织业	2689217	412459	2542896	3717685	2502312	3991344
服装及其他纤维制品制造业	259449	44706	269903	277879	192882	330647
皮革、毛皮、羽绒及其制品业	286154	65198	293180	229280	135841	326323
木材加工及竹、藤、棕、草制品业	56745	8217	56767	108331	76957	138612
家具制造业	44118	10488	44522	68278	33361	62270
造纸及纸制品业	1591751	213534	1536199	2202631	1582942	2532944
印刷业、记录媒介的复制	83316	12620	87536	154463	94015	136230
文教体育用品制造业	78383	13233	73167	59376	35070	83490
石油加工及炼焦业	857621	92327	888590	1864404	961830	1318363
化学原料及化学制品制造业	2272479	235087	2224053	4883747	2888594	3447530
医药制造业	758900	87010	748634	717258	450109	824235
化学纤维制造业	447935	60282	406949	756970	497055	808401
橡胶制品业	1010541	224074	957222	1111318	763007	1298109
塑料制品业	299784	58471	278918	356186	232035	517454
非金属矿物制造业	1506132	223349	1377036	2421126	1644868	2468203
黑色金属冶炼及压延加工业	1804728	121912	1709892	2385905	1438495	2633652
有色金属冶炼及压延加工业	454629	46753	437306	747149	433599	550387
金属制品业	489010	83555	474219	404951	259005	553701
普通机械制造业	1548637	245296	1487847	1277575	773172	1837950
专用设备制造业	1854772	313202	1764792	1178334	760960	1902183
交通运输设备制造业	2110596	236704	2069860	1574204	1041551	2836660
电气机械及器材制造业	2504015	422699	2412406	1474604	959968	2566537
电子及通信设备制造业	1232110	189982	1201777	808262	479524	1119690
仪器仪表及文化办公用机械制造业	163248	31659	156672	161184	97314	215660
其它制造业	256429	52018	259724	261848	162428	334537
电力、煤气、自来水的生产和供应业	**3371737**	**47798**	**3126306**	**11555213**	**7130744**	**8473247**
电力、蒸汽、热水的生产和供应业	3104523	42710	2893754	10731228	6681176	7860919
煤气生产和供应业	113583	5014	101284	196121	150295	236720
自来水的生产和供应业	153631	74	131268	627863	299273	375608

单位:万元

类别	所有者权益合计	#实收资本	产品销售收入	#产品销售费用	#产品销售税金及附加	#产品销售利润
1995 年	13964302	9365748	27523907	4362057	706830	4215118
1996 年	16664954		31302025	781924	673640	4722037
1997 年	19716665		34118583	968384	781254	4661841
1998 年	21235164	12413541	34407114	1135385	705686	4147626
1999 年	26621521	15851410	45832755	1611764	736588	5476380
2000 年	28952930	17236248	54209368	1925306	724370	8120400
2001 年	33722975	19535806	61450080	2191666	824421	8374634
2002 年	36893254	19864110	70474786	2291828	942590	9209111
一、按登记注册类型分						
内资企业	32811969	17285063	63634717	1944707	913298	8275832
国有企业	8848557	4613527	15842900	262084	319713	1666623
中央企业	4241567	2073510	6653008	50870	221387	458331
地方企业	4606990	2540017	9189892	211214	98326	1208292
集体企业	3657460	1482478	10748940	387489	39622	933747
股份合作企业	400578	186538	1428395	32860	10167	147969
联营企业	778224	381074	1335813	23138	14472	251102
国有联营企业	696391	342194	1191988	19452	10940	232572
集体联营企业	8819	3056	50474	527	670	3789
国有与集体联营企业	70549	30943	87405	2942	2717	13851
其他联营企业	2466	4881	5947	217	145	890
有限责任公司	12872049	7637871	22583562	723889	384203	3790127
国有独资公司	5077720	2547667	8961528	408018	201128	1153359
其他有限责任公司	7794329	5090204	13622035	315872	183075	2636769
股份有限公司	5933335	2797076	10766983	489458	136784	1401372
私营企业	320289	185499	903524	25769	8318	83555
私营独资企业	55534	27309	109014	2253	1382	10373
私营合作企业	1348	2104	47588	161	999	5350
私营有限责任公司	243962	143897	702082	22804	5880	64530
私营股份有限公司	19444	12189	44840	551	57	3302
其他企业	1475	1000	24599	20	19	1339
港、澳、台商投资企业	812665	694006	1456876	71392	15872	179333
合资经营企业(港或澳、台资)	709655	529262	1193410	62810	15851	153245
合作经营企业(港或澳、台资)	－9285	49860	111468	3885	20	12860
港澳台商独资经营企业	90586	93174	96883	2860		8247
港澳台商投资股份有限公司	21710	21710	55114	1838		4980
外商投资企业	3268619	1885041	5383194	275729	13421	753947
中外合资经营企业	1012612	860373	2429793	168153	9082	301234
中外合作经营企业	147647	138344	152823	1835		47121
外资企业	754491	759356	1886729	71268	16	161442
外商投资股份有限公司	1353868	126969	913848	34474	4322	244150
二、在总计中:亏损企业	**3046028**	**3232903**	**5219108**	**152738**	**111406**	**235674**
在总计中:国有控股企业	24954706	13690539	41075702	1251088	760432	6049006
在总计中:农村工业	2463845	1258777	7248189	169412	29465	673096
按轻重工业分						
轻工业	12163398	6021316	28117921	1234359	544901	2804007
以农产品为原料	7969441	4172498	18475340	672089	501247	1998253
以非农产品为原料	4193957	1848818	9642581	562270	43654	805754
重工业	24729856	13842794	42356865	1057469	397690	6405104
采掘工业	6656405	4603509	7386562	303095	128125	2622128
原料工业	11324791	5774942	18879442	193584	191532	1855981
加工工业	6748660	3464343	16090861	560790	78033	1926994
按企业规模分						
大　型	31864995	16838449	56843267	1880745	803920	7610708
中　型	5028259	3025660	13631519	411083	138670	1598404

12－8续表5 单位:万元

类别	所有者权益合计	#实收资本	产品销售收入	#产品销售费用	#产品销售税金及附加	#产品销售利润
三、按行业大类分						
采掘业	**6887936**	**4712331**	**7545803**	**315747**	**136373**	**2638617**
煤炭采选业	2383530	1188398	3141881	284133	36693	938557
石油和天然气开采业	3799184	3091756	3595296	5531	86124	1526925
黑色金属矿采选业	97491	77114	64665	895	900	11195
有色金属矿采选业	333092	209639	517032	9082	3419	133889
非金属矿采选业	274639	145425	226929	16107	9237	28051
制造业	**23572856**	**12407288**	**55124446**	**1947725**	**763652**	**5816839**
食品加工业	1346624	730306	5415945	136444	15691	413247
食品制造业	429555	257170	1219723	44216	7634	150697
饮料制造业	1019882	462640	1538955	142671	143190	205985
烟草加工业	550764	255473	828162	28536	308315	108288
纺织业	2245721	1327537	4964466	93841	13141	485960
服装及其他纤维制品制造业	213113	134862	553951	12480	788	58850
皮革、毛皮、羽绒及其制品业	158017	122536	609003	7956	786	49150
木材加工及竹、藤、棕、草制品业	35164	34501	91710	3495	441	7054
家具制造业	43452	29414	68767	3356	390	11398
造纸及纸制品业	1591247	596785	2391201	98509	8322	378561
印刷业、记录媒介的复制	67462	43449	108015	2782	550	19346
文教体育用品制造业	40000	34330	104785	3692	54	14123
石油加工及炼焦业	865807	748689	3399575	14114	107310	162082
化学原料及化学制品制造业	2904950	1358690	4554373	105645	18113	528201
医药制造业	678899	250510	1043879	153248	5297	199304
化学纤维制造业	288382	272633	663334	17571	1657	74140
橡胶制品业	850900	373269	1787050	54944	36884	186186
塑料制品业	137942	167327	516259	15973	1800	60049
非金属矿物制造业	1259073	906282	1971889	85887	13822	250838
黑色金属冶炼及压延加工业	1574983	879661	3184090	43624	19512	422055
有色金属冶炼及压延加工业	491136	207103	881092	14292	2556	114329
金属制品业	296784	207840	773732	35952	1762	107992
普通机械制造业	892831	578283	2027237	87720	9069	302809
专用设备制造业	1121511	528052	3557614	133192	8852	330926
交通运输设备制造业	1159582	682522	3642831	90016	17009	394966
电气机械及器材制造业	2070674	548413	5562146	331889	15551	455819
电子及通信设备制造业	959401	457739	2893068	160934	3528	250495
仪器仪表及文化办公用机械制造业	102644	65279	205040	11093	531	31224
其它制造业	158701	132200	549998	13474	1066	39870
电力、煤气、自来水的生产和供应	**6432461**	**2744490**	**7804538**	**28356**	**42566**	**753655**
电力、蒸汽、热水的生产和供应业	5949748	2503699	7630556	21808	41368	750741
煤气生产和供应业	131957	78548	64868	3931	445	－677
自来水的生产和供应业	350756	162244	109114	2618	753	3591

12－8续表6

单位：万元

类别	管理费用	利润总额	亏损企业亏损总额	利税总额	本年应交增值税	全部从业人员年平均人数（人）
1995年	2168002	812554	430089	3125614	1390066	343719
1996年	2393205	1188674	267945	3608360	1647045	3448204
1997年	2365764	1300847	302684	3806566	1724465	3420185
1998年	2357668	1254602	329723	3758610	1798322	3219286
1999年	2784708	1867559	381081	4765043	2160897	3463029
2000年	3239269	4167952	268424	7685304	2792982	3283270
2001年	3475256	4103210	316643	7834188	2907374	3214850
2002年	4026334	4219749	294361	8157673	2995333	3253425
一、按登记注册类型分						
内资企业	3681125	3728905	239098	7274271	2632068	2978239
国有企业	890310	597379	88811	1629989	712897	717123
中央企业	189045	241069	17668	721474	259019	133532
地方企业	701266	356310	71143	908515	453879	583591
集体企业	338706	524785	7081	864030	299623	354219
股份合作企业	61112	64350	2395	123270	48753	78815
联营企业	115908	97361	2480	195663	83830	38218
国有联营企业	107752	91850	1870	180197	77407	28168
集体联营企业	1167	1823		3586	1093	3598
国有与集体联营企业	5945	4256		11636	4663	5618
其他联营企业	1045	－567	610	244	666	834
有限责任公司	1521843	1876823	85309	3332292	1071266	1258575
国有独资公司	767578	263405	50643	845900	381367	441259
其他有限责任公司	754266	1613418	34666	2486393	689899	817316
股份有限公司	712249	535736	51157	1057148	384628	467084
私营企业	40637	31971	1866	70823	30534	63707
私营独资企业	3690	4885	546	9641	3375	10354
私营合作企业	3366	1414		3525	1111	2030
私营有限责任公司	32687	24327	1125	55406	25199	46812
私营股份有限公司	894	1345	195	2252	850	4511
其他企业	360	499		1056	538	498
港、澳、台商投资企业	83035	69919	19033	204347	118556	81442
合资经营企业（港或澳、台资）	67234	63687	11597	137528	57990	62302
合作经营企业（港或澳、台资）	10218	767	4022	6449	5662	10113
港澳台商独资经营企业	4367	2664	3414	7465	4801	6015
港澳台商投资股份有限公司	1216	2801		52905	50103	3012
外商投资企业	262174	420926	36229	679055	244708	193744
中外合资经营企业	108198	159115	11805	263548	95351	60928
中外合作经营企业	8480	13465		26762	13297	2468
外资企业	100739	42615	24424	78031	35399	101018
外商投资股份有限公司	44757	205731		310715	100662	29330
二、在总计中：亏损企业	**427411**	**－294361**	**294361**	**－10861**	**172094**	**359721**
在总计中：国有控股企业	2793990	2590005	201667	5375677	2025240	1787055
在总计中：农村工业	145075	437765	1577	663482	196252	286064
按轻重工业分						
轻工业	1306393	1231560	139643	2745863	969402	1463167
以农产品为原料	806634	936768	81891	2116532	678518	1135407
以非农产品为原料	499758	294793	57752	629331	290884	327760
重工业	2719941	2988189	154718	5411810	2025931	1790258
采掘工业	969218	1435188	1121	2103539	540226	549802
原料工业	821851	784404	73470	1953973	978038	517057
加工工业	928872	768597	80127	1354297	507667	723399
按企业规模分						
大型	3239944	3625538	225018	6904409	2474950	2305708
中型	786390	594211	69344	1253264	520383	947717

12－8续表7 单位:万元

类别	管理费用	利润总额	亏损企业亏损总额	利税总额	本年应交增值税	全部从业人员年平均人数（人）
三、按行业大类分						
采掘业	**983644**	**1440113**	**1448**	**2127132**	**550647**	**565451**
煤炭采选业	641135	218673	71	455586	200219	412253
石油和天然气开采业	254630	1133506		1546538	326909	78792
黑色金属矿采选业	11722	965		4868	3003	12333
有色金属矿采选业	53784	80010	312	90876	7447	38627
非金属矿采选业	22373	6959	1065	29265	13069	23446
制造业	**2799069**	**2348098**	**270583**	**5058554**	**1946803**	**2495850**
食品加工业	120907	192081	8020	295846	88074	276315
食品制造业	49869	84213	5694	131092	39246	56069
饮料制造业	108118	81805	15446	319831	94837	87708
烟草加工业	60453	27695	1987	414515	78505	10424
纺织业	216640	239479	20503	414660	162040	398963
服装及其他纤维制品制造业	26223	25670	4795	44332	17874	49535
皮革、毛皮、羽绒及其制品业	29591	15905	4228	32461	15770	47745
木材加工及竹、藤、棕、草制品业	3432	3991	551	9263	4831	7942
家具制造业	5208	5677	1094	10291	4224	8422
造纸及纸制品业	106110	221316	8321	354974	125336	131809
印刷业、记录媒介的复制	16784	2606	2527	9984	6828	11249
文教体育用品制造业	8273	4374	606	7541	3113	11558
石油加工及炼焦业	108422	25767	24499	254215	121138	28470
化学原料及化学制品制造业	265322	192184	27412	372472	162175	216175
医药制造业	105307	74995	2792	144422	64129	49776
化学纤维制造业	28668	30991	10425	51948	19300	22608
橡胶制品业	92771	68953	1672	168363	62526	76605
塑料制品业	31889	20998	4960	39486	16689	32505
非金属矿物制造业	132697	97074	13134	221509	110613	172831
黑色金属冶炼及压延加工业	227725	134572	4077	321170	167086	95578
有色金属冶炼及压延加工业	37056	47738	5644	75651	25357	28013
金属制品业	49867	45820	3360	78818	31236	58407
普通机械制造业	188481	64610	16611	164644	90965	142123
专用设备制造业	152263	175247	20266	269810	85711	158175
交通运输设备制造业	203159	176144	10185	290071	96918	113445
电气机械及器材制造业	238942	210056	24373	376099	150493	96172
电子及通信设备制造业	129180	62266	22159	143076	77282	46814
仪器仪表及文化办公用机械制造业	26678	2561	2495	9392	6300	17184
其它制造业	26239	13690	2117	32624	17868	38712
电力、煤气、自来水的生产和供应	**243621**	**431538**	**22330**	**971987**	**497883**	**192124**
电力、蒸汽、热水的生产和供应业	213176	432755	16970	963939	489816	170218
煤气生产和供应业	6651	1038	905	3098	1615	6152
自来水的生产和供应业	23793	－2255	4455	4950	6452	15754

12－9 国有工业企业主要经济指标

单位：万元

类别	企业单位数（个）	#亏损企业	工业总产值	工业销售产值	工业增加值	资产合计
1995 年	4853	1255	22076885		7531689	34364845
1996 年	4855	1068	23716279	23091039	8197063	39263025
1997 年	3877	1074	24654055	24039775	8539463	44327146
1998 年	2820	914	21777337	21217008	7733120	44238808
1999 年	2437	658	20584859	20289862	7586727	40373852
2000 年	2114	486	24744936	24607993	9306256	42208919
2001 年	1592	400	12234932	12037423	4129480	27531520
2002 年	1387	349	13770330	13600891	4386484	27580401
在总计中：						
亏损企业	349	349	1371722	1364935	364872	4457531
在总计中：						
中央企业	95	24	4139631	4119846	1329985	9879808
地方企业	1292	325	9630699	9481045	3056499	17700593
一、按轻重工业分						
轻工业	677	188	4049927	4003793	1309987	6666272
以农产品为原料	458	113	3448991	3422578	1120070	4849377
以非农产品为原料	219	75	600936	581215	189917	1816895
重工业	710	161	9720403	9597098	3076497	20914129
采掘工业	73	9	1083782	1062685	554095	2206683
原料工业	279	59	4780483	4743023	1634887	14100833
加工工业	358	93	3856139	3791390	887516	4606613
二、按企业规模分						
大型企业	246	53	9439098	9324283	3005259	18894592
中型企业	368	76	2565300	2541542	863207	5129571
小型企业	773	220	1765933	1735066	518018	3556239

12－9续表1　　　　单位:万元

类　　别	企　业单位数(个)	#亏　损企　业	工　业总产值	工　业销售产值	工　业增加值	资产合计
三、按行业大类分						
采掘业	**84**	**10**	**1128305**	**1101853**	**570256**	**2280152**
煤炭采选业	36	3	722382	704747	414843	1477523
黑色金属矿采选业	5		57822	53989	31548	160650
有色金属矿采选业	23	3	284850	286002	102451	522378
非金属矿采选业	19	4	62669	56532	21178	118526
制造业	**991**	**258**	**9486566**	**9385090**	**2484811**	**12527296**
食品加工业	188	35	683523	684070	168269	740941
食品制造业	52	7	225187	213192	63525	332584
饮料制造业	43	16	331739	324942	124596	638543
烟草加工业	11	2	549529	560682	284630	783599
纺织业	66	17	1190705	1191032	340637	1420948
服装及其他纤维制品制造业	11	5	36337	36572	7135	25925
皮革、毛皮、羽绒及其制品业	3	1	3701	3677	1015	12709
木材加工及竹、藤、棕、草制品业	9	4	35649	34539	7956	53213
家具制造业	2	2	500	285	9	2654
造纸及纸制品业	29	7	283434	266836	84088	673616
印刷业,记录媒介的复制	40	15	66642	63995	25528	145986
文教体育用品制造业	3		7389	6957	1759	5203
石油加工及炼焦业	13	3	752579	770354	130060	675241
化学原料及化学制品制造业	83	21	1066002	1041515	280725	1632306
医药制造业	26	10	118555	110595	41288	182820
化学纤维制造业	7	2	113896	114058	33902	256881
橡胶制品业	3		74317	71747	24736	66098
塑料制品业	21	3	43146	42343	11212	77929
非金属矿物制品业	70	19	384133	373953	109020	806233
黑色金属冶炼及压延加工业	10	3	329851	329536	52536	420617
有色金属冶炼及压延加工业	6	2	142866	143893	27529	263455
金属制品业	21	7	31161	30473	9284	47667
普通机械制造业	74	21	679710	670137	179612	934739
专用设备制造业	60	18	380611	354832	93564	583588
交通运输设备制造业	73	19	1651106	1645591	293257	1316138
电气机械及器材制造业	26	6	148809	144868	44513	208094
电子及通信设备制造业	17	6	110660	109628	30586	107914
仪器仪表及文化、办公用机械制造业	11	3	20396	20209	7402	43817
其它制造业	11	3	8326	8756	1544	32632
电力、煤气及水的生产和供应业	**312**	**81**	**3155459**	**3113948**	**1331417**	**12772953**
电力、蒸汽、热水的生产和供应业	172	20	2949379	2910083	1260689	11585712
煤气生产和供应业	13	8	46198	47842	9161	246235
自来水的生产和供应业	127	53	159882	156023	61567	941006

12－9续表2　　单位:万元

类别	流动资产小计	#产成品	流动资产年平均余额	固定资产原价	固定资产净值年平均余额	负债合计
1995年	12449276	1772168	12200035	24316132	14180364	22781760
1996年	14403304	1981870	13309700	26675841	17159171	25670942
1997年	17222181	2252654	16632160	29150053	18276685	28943899
1998年	17079272	2123081	16333639	30125541	18855507	28167124
1999年	15084015	1933588	14674928	27459681	17252037	25356990
2000年	14575718	1617992	14019235	33171181	19245575	26686324
2001年	9613927	921428	9429088	17617472	11637665	17653620
2002年	9773511	813504	9294926	17587042	11563565	17777286
在总计中:						
亏损企业	1653899	187623	1645748	3003224	1998582	3014217
在总计中:						
中央企业	2856420	94408	2801977	6284792	3884867	5570713
地方企业	6917091	719096	6492949	11302249	7678699	12206573
一、按轻重工业分						
轻工业	2848899	347349	2716644	3715191	2436067	4565427
以农产品为原料	2227124	291442	2160209	2522223	1723929	3428698
以非农产品为原料	621775	55907	556436	1192968	712138	1136730
重工业	6924612	466155	6578282	13871851	9127498	13211859
采掘工业	768650	24538	708917	1625349	1082865	1363956
原料工业	3831006	119805	3599263	9730559	6335195	8526618
加工工业	2324956	321813	2270102	2515943	1709438	3321284
二、按企业规模分						
大型企业	6391991	463029	6069261	12023081	7704779	11552417
中型企业	1948969	215789	1872444	3455689	2383163	3623187
小型企业	1432552	134687	1353221	2108272	1475625	2601680

单位:万元

类别	流动资产小计	#产成品	流动资产年平均余额	固定资产原价	固定资产净值年平均余额	负债合计
三、按行业大类分						
采掘业	**791145**	**31065**	**732165**	**1677360**	**1109839**	**1410896**
煤炭采选业	567847	11165	509058	986373	673100	951852
黑色金属矿采选业	51887	6372	50162	146325	100354	61516
有色金属矿采选业	136450	5835	139048	463019	292855	323635
非金属矿采选业	34681	7692	33615	80784	42673	73431
制造业	**5835895**	**746033**	**5655216**	**6676674**	**4569885**	**8869833**
食品加工业	354791	56106	355821	371459	273761	629400
食品制造业	148350	20826	158390	187200	127068	225415
饮料制造业	310161	39997	317148	281607	197130	420030
烟草加工业	494629	6158	437630	379289	203834	433845
纺织业	562073	68162	535803	760809	516738	1015703
服装及其他纤维制品制造业	12558	4920	12292	17049	11943	28731
皮革、毛皮、羽绒及其制品业	7814	1865	8382	6696	4105	8825
木材加工及竹、藤、棕、草制品业	19666	1635	17853	44197	28937	50502
家具制造业	1181	327	1423	2585	1764	2540
造纸及纸制品业	246404	76799	250913	368714	284553	512614
印刷业,记录媒介的复制	56527	11510	55811	104749	70612	97781
文教体育用品制造业	3245	537	3245	1962	882	3448
石油加工及炼焦业	272416	14172	283096	321285	238026	444550
化学原料及化学制品制造业	549195	59952	510088	1141916	829126	1178874
医药制造业	95840	12971	84691	77141	45924	120583
化学纤维制造业	113873	5753	94630	93269	100883	235935
橡胶制品业	23650	5748	35672	27094	17617	40560
塑料制品业	37946	6739	38986	31505	22308	60355
非金属矿物制品业	345498	52182	347129	582264	359411	594908
黑色金属冶炼及压延加工业	190213	17778	191669	210971	129682	295828
有色金属冶炼及压延加工业	97098	9612	80540	142196	91576	186527
金属制品业	24246	5517	23446	30193	20315	34400
普通机械制造业	541664	79128	521285	459840	285743	653411
专用设备制造业	365642	81659	328268	255624	155275	433081
交通运输设备制造业	726608	66866	741959	576619	421999	826420
电气机械及器材制造业	134346	26243	125320	81558	52782	150714
电子及通信设备制造业	58437	5931	49935	39234	24896	85858
仪器仪表及文化、办公用机械制造业	14301	1982	14831	36353	23592	33961
其它制造业	10893	3108	11112	15008	12361	42755
电力、煤气及水的生产和供应业	**3146471**	**36406**	**2907546**	**9233007**	**5883841**	**7496557**
电力、蒸汽、热水的生产和供应业	2858849	35953	2659845	8288031	5353453	6875435
煤气生产和供应业	80252	232	67604	155830	114179	122692
自来水的生产和供应业	207370	221	180097	789147	416208	498430

12－9续表4　　　　单位:万元

类　　别	所有者权益合计	#实收资本	产品销售收入	#产品销售费用	#产品销售税金及附加	#产品销售利润
1995年	11583085	7640704	22106770	491645	616975	3268277
1996年	13592083		24253809	555239	673447	3565910
1997年	15383247		25736028	629351	675266	3381039
1998年	16071683	9298351	23946800	643101	590800	2806303
1999年	15016862	8605737	23050722	594305	466612	2525551
2000年	15522594	9639500	27821717	547576	492552	4655014
2001年	9877900	5541811	16006815	351126	294059	1746836
2002年	9803115	5337247	17815410	329434	343306	1875123
在总计中:						
亏损企业	1443314	1475772	1481648	48253	31060	106662
在总计中:						
中央企业	4309095	2197060	6787791	57203	229584	471388
地方企业	5494020	3140188	11027619	272231	113722	1403734
一、按轻重工业分						
轻工业	2100845	1277043	3933136	125016	244604	433978
以农产品为原料	1420680	875401	3398187	100476	238272	350407
以非农产品为原料	680165	401642	534949	24540	6332	83572
重工业	7702271	4060204	13882274	204418	98702	1441145
采掘工业	842727	552210	1057280	19199	11310	338794
原料工业	5574214	2711429	9138036	79932	72751	604928
加工工业	1285329	796565	3686958	105287	14641	497422
二、按企业规模分						
大型企业	7342174	3772499	12520368	190358	260202	1262052
中型企业	1506383	841027	3322532	71726	59512	404572
小型企业	954558	723720	1972510	67350	23593	208500

12－9续表5

单位:万元

类别	所有者权益合计	#实收资本	产品销售收入	#产品销售费用	#产品销售税金及附加	#产品销售利润
三、按行业大类分						
采掘业	**869257**	**572210**	**1088995**	**23262**	**13876**	**344242**
煤炭采选业	525671	289365	711910	15124	8940	242468
黑色金属矿采选业	99135	80368	60113	909	953	10676
有色金属矿采选业	198743	165025	267733	1373	1108	82290
非金属矿采选业	45095	36852	48657	5673	2870	8639
制造业	**3657463**	**2296425**	**9537861**	**257050**	**293969**	**1047677**
食品加工业	111541	101804	717759	15135	1960	39975
食品制造业	107169	60300	223675	5983	1038	29838
饮料制造业	218513	139459	327932	25343	30848	41284
烟草加工业	349754	148063	559061	19770	201059	71981
纺织业	405245	163089	1125283	20874	2198	114022
服装及其他纤维制品制造业	－2806	7000	28038	499	45	1257
皮革、毛皮、羽绒及其制品业	3884	3871	3176	42	22	627
木材加工及竹、藤、棕、草制品业	2712	6417	34816	1739	169	1603
家具制造业	114	1090	319	5	4	－261
造纸及纸制品业	161002	203755	276911	10513	813	33041
印刷业,记录媒介的复制	48204	33686	62983	1279	413	13104
文教体育用品制造业	1755	489	6807	247	7	629
石油加工及炼焦业	230691	133617	1026292	4233	32744	60909
化学原料及化学制品制造业	453433	250224	991062	18115	4587	108732
医药制造业	62237	33365	96888	8577	672	29252
化学纤维制造业	20945	11716	110759	1752	526	9295
橡胶制品业	25538	1625	47622	2338	1125	5825
塑料制品业	17574	17206	38289	1407	60	5390
非金属矿物制品业	211325	207848	388624	16943	3159	34906
黑色金属冶炼及压延加工业	124789	77028	347351	9817	1569	23196
有色金属冶炼及压延加工业	76928	63188	144367	1643	175	11407
金属制品业	13268	10632	28229	1012	113	4237
普通机械制造业	281328	179739	685618	27887	3370	116864
专用设备制造业	150507	100024	346361	17746	1227	44330
交通运输设备制造业	489718	257987	1640123	35539	4741	203603
电气机械及器材制造业	57380	27611	131291	5428	999	25528
电子及通信设备制造业	22056	24503	101996	1767	166	8619
仪器仪表及文化、办公用机械制造业	9856	16161	21108	1053	94	5261
其它制造业	－10123	6478	9301	189	37	400
电力、煤气及水的生产和供应业	**5276396**	**2468612**	**7188554**	**49122**	**35462**	**483204**
电力、蒸汽、热水的生产和供应业	4710278	2147350	6983119	41216	33918	463510
煤气生产和供应业	123543	70602	59438	4327	206	－2186
自来水的生产和供应业	442576	250660	145998	3579	1337	21880

12－9 续表 6　　　　单位：万元

类别	管理费用	利润总额	亏损企业亏损总额	利税总额	本年应交增值税	全部从业人员年平均人数（人）
1995 年	1877882	522894	278999	2292711	1152192	3046674
1996 年	2026565	590386	288270	2610716	1346884	2913776
1997 年	1919824	640942	295150	2717119	1400911	1745514
1998 年	1792405	535787	333760	2467528	1340941	2466876
1999 年	1542118	531073	308774	2223106	1225421	1988920
2000 年	1754897	2554426	194180	4711091	1664113	1652934
2001 年	1044379	520439	149112	1542737	728243	984032
2002 年	1073754	610973	131676	1748879	794695	883357
在总计中：						
亏损企业	214765	－131676	131676	－33997	66619	181402
在总计中：						
中央企业	227121	228172	32512	730094	272338	145636
地方企业	846634	382801	99165	1018785	522357	737721
一、按轻重工业分						
轻工业	260598	109634	43375	548302	194158	290261
以农产品为原料	177313	101714	32351	507444	167553	225006
以非农产品为原料	83285	7920	11024	40857	26605	65255
重工业	813157	501339	88301	1200577	600537	593096
采掘工业	207592	134031	748	219465	74124	139607
原料工业	310310	217790	46461	683703	393162	242886
加工工业	295255	149518	41092	297409	133250	210603
二、按企业规模分						
大型企业	635891	516093	58235	1328119	551825	486731
中型企业	254420	81287	30577	301871	161072	230392
小型企业	183444	13594	42865	118890	81797	166234

类　　别	管理费用	利润总额	亏损企业亏损总额	利税总额	本年应交增值税	全部从业人员年平均人数(人)
三、按行业大类分						
采掘业	**210525**	**136465**	**759**	**227569**	**77229**	**145046**
煤炭采选业	152940	90215	71	166614	67459	93714
黑色金属矿采选业	11958	403		4485	3129	12337
有色金属矿采选业	39660	43258	504	47460	3094	31051
非金属矿采选业	5847	2562	184	8909	3477	7914
制造业	**624806**	**281657**	**100902**	**981689**	**406158**	**539531**
食品加工业	26994	9054	6636	20275	9352	39603
食品制造业	13069	13332	586	19314	4948	13554
饮料制造业	22529	3336	7628	57431	23248	32533
烟草加工业	42700	11887	1987	264494	51547	8319
纺织业	35166	60400	4613	117644	55046	92198
服装及其他纤维制品制造业	2067	－1080	1261	－713	322	4220
皮革、毛皮、羽绒及其制品业	342	337	66	374	15	507
木材加工及竹、藤、棕、草制品业	1510	784	99	3364	2412	1692
家具制造业	826	－1068	1068	－1042	22	225
造纸及纸制品业	15301	6571	5868	23520	16137	20100
印刷业,记录媒介的复制	14360	－273	1680	4068	3927	9456
文教体育用品制造业	536	67		424	350	738
石油加工及炼焦业	32299	16239	2152	97900	48917	14444
化学原料及化学制品制造业	55776	33016	5218	73937	36334	59010
医药制造业	21084	6009	1657	12654	5973	7182
化学纤维制造业	7344	163	176	4787	4097	5335
橡胶制品业	3390	1670		4976	2181	2881
塑料制品业	3737	1103	164	2669	1506	3682
非金属矿物制品业	51238	－6126	15645	20177	23144	42731
黑色金属冶炼及压延加工业	19300	3658	4077	18650	13424	12306
有色金属冶炼及压延加工业	10034	－3716	5498	－578	2963	8024
金属制品业	3730	297	416	1518	1109	4035
普通机械制造业	75159	12503	9467	52479	36606	46877
专用设备制造业	40101	－2087	13000	9149	10009	35954
交通运输设备制造业	94302	107792	7427	156058	43526	50673
电气机械及器材制造业	17186	6077	1106	12590	5514	9343
电子及通信设备制造业	7012	1895	1595	4128	2067	4303
仪器仪表及文化、办公用机械制造业	4862	－263	1367	622	791	3201
其它制造业	519	2	273	416	376	2926
电力、煤气及水的生产和供应业	**238424**	**192852**	**30015**	**539622**	**311308**	**198780**
电力、蒸汽、热水的生产和供应业	189195	201414	18427	536428	301096	160279
煤气生产和供应业	9105	－3657	3815	－1863	1588	7926
自来水的生产和供应业	40124	－4905	7773	5057	8625	30575

12－10 规模以上高新技术产业主要经济指标

（2002 年）　　　　单位：万元

类　　别	企业单位数（个）	#亏损企业	工业总产值	工业销售产值	工业增加值	资产合计
总　计	**1509**	**209**	**19522811**	**19757419**	**5206509**	**16603570**
医药制造业	212	35	1634411	1580278	593289	2218849
电器机械及器材制造业	456	63	7521591	7372093	1843705	5763922
电子及通信设备制造业	217	37	4440165	4382081	1028113	3090805
仪器仪表及文化、办公用机械制造业	101	18	463153	465153	137187	507466
发酵制品业	38	4	623898	593607	204879	700509
合成材料制造业	75	10	1305938	1312061	411028	1292924
化学试剂、助剂制造业	101	13	584459	568858	135485	370335
专项化学用品制造业	74	7	554969	532377	193357	375002
信息化学品制造业	6		36994	35742	11558	20445
添加剂制造业	21	2	83934	85069	26124	80620
防水密封建筑材料制造业	44	1	110255	105592	28779	49189
工业技术用玻璃制造业	15	1	89784	90730	18934	212246
玻璃仪器制造业	2		64712	55778	20234	62160
工业用陶瓷制造业	14	1	51437	48337	19159	87472
稀有稀土金属冶炼业	4	1	55199	54879	13292	48629
贵金属压延加工业	2		45593	42401	11052	[illegible]
稀有稀土金属压延加工业	3		16597	16056	6775	[illegible]
气体压缩机及气体分离设备制造业	4		36718	36949	9923	[illegible]
冷冻设备制造业	11		132930	126801	44132	[illegible]
气动元件制造业	11	1	31571	30046	11352	36874
密封件制造业	9	1	42940	41148	11633	16936
粉末冶金制品业	9	1	12336	11701	4873	16855
电子工业专用设备制造业	6	2	28985	28522	10153	16825
医疗仪器、设备制造业	6		37846	36289	9492	78713
诊断用品制造业	2	1	2043	1705	1051	2073
医用材料及医疗用品制造业	16	1	102693	101372	36042	110115
特种车辆及改装汽车制造业	36	5	1847538	1844025	329836	876102
海洋运输船制造业	8	3	120009	120053	19590	241104
船舶机械设备制造业	3	1	17737	16472	3404	22353
航空航天器制造业	1		5572	5554	1853	15762
其他电业	2		15687	15687	10226	17252

12－10续表1　　(2002年)　　单位:万元

类别	流动资产小计	#产成品	流动资产年平均余额	固定资产原价	固定资产净值年平均余额	负债合计
总计	**8791607**	**1198197**	**8359079**	**7532011**	**4532620**	**9185332**
医药制造业	1118283	138375	1087427	1027104	673762	1259806
电器机械及器材制造业	3183183	527027	3060820	1899413	1241320	3264231
电子及通信设备制造业	1900035	235270	1835555	1054311	659994	1600045
仪器仪表及文化、办公用机械制造业	267269	45941	257233	246237	156588	324618
发酵制品业	250089	27033	208780	363705	225957	368602
合成材料制造业	352061	31517	351540	1650047	741235	501329
化学试剂、助剂制造业	212697	25621	201207	187191	113302	214832
专项化学用品制造业	190243	23841	184083	202017	130769	205361
信息化学品制造业	6909	866	6909	11707	8708	12790
添加剂制造业	45131	5498	41714	29739	22656	48578
防水密封建筑材料制造业	24996	4815	22915	21813	15206	30291
工业技术用玻璃制造业	108658	5584	83259	106113	75414	143204
玻璃仪器制造业	24481	5727	20659	32397	23782	53212
工业用陶瓷制造业	41685	8852	29338	50512	30321	51414
稀有稀土金属冶炼业	28638	2991	22898	24051	17157	34161
贵金属压延加工业	19885	9537	19651	12823	7729	25250
稀有稀土金属压延加工业	6243	1476	5994	4981	3301	6329
气体压缩机及气体分离设备制造业	43744	2543	37153	12750	7816	39896
冷冻设备制造业	106247	18565	97833	59963	35737	111863
气动元件制造业	20601	3624	18662	22254	13564	17929
密封件制造业	9348	522	10517	10118	5561	10383
粉末冶金制品业	8317	1395	8177	9393	6275	6813
电子工业专用设备制造业	4511	1183	9299	2815	5515	7951
医疗仪器、设备制造业	53893	9273	42054	30160	16822	41623
诊断用品制造业	1618	732	1562	430	307	1349
医用材料及医疗用品制造业	49689	10433	49444	44108	33507	61058
特种车辆及改装汽车制造业	569497	45147	517366	306593	181402	567422
海洋运输船制造业	119804	149	102033	78880	60587	143238
船舶机械设备制造业	13457	3657	14431	8836	5884	15692
航空航天器制造业	6058	1003	6184	6717	3905	10028
其他电业	4338		4384	14837	8540	6033

类别	所有者权益合计	#实收资本	产品销售收入	#产品销售费用	#产品销售税金及附加	#产品销售利润
总计	**7418238**	**3361039**	**19130343**	**1015667**	**66063**	**2019330**
医药制造业	959044	443090	1652683	215689	8851	297473
电器机械及器材制造业	2499691	866645	7022237	395390	22444	615032
电子及通信设备制造业	1490760	787893	4344782	234412	7214	398520
仪器仪表及文化、办公用机械制造业	182848	119414	453053	20332	1703	65181
发酵制品业	331908	184684	598794	14955	5998	82183
合成材料制造业	791595	359100	1232997	25250	4902	113477
化学试剂、助剂制造业	155503	106590	513167	12806	2923	57695
专项化学用品制造业	169641	81837	530516	13308	2334	60271
信息化学品制造业	7655	5045	36111	1015	155	3720
添加剂制造业	32042	18043	83306	1542	136	11810
防水密封建筑材料制造业	18898	9415	85848	3861	199	9419
工业技术用玻璃制造业	69042	25839	90457	3172	599	13754
玻璃仪器制造业	8948	8614	52726	756	189	8501
工业用陶瓷制造业	36058	24899	48083	2470	383	9158
稀有稀土金属冶炼业	14468	7407	59176	1159	100	6749
贵金属压延加工业	9553	4934	38643	930	419	2851
稀有稀土金属压延加工业	4074	1715	15003	104	43	1863
气体压缩机及气体分离设备制造业	13348	9078	38370	1699	201	6718
冷冻设备制造业	61717	23783	127919	10187	518	18618
气动元件制造业	18946	10613	26986	2106	641	5846
密封件制造业	6554	3868	30097	1055	229	3553
粉末冶金制品业	10042	7319	10916	645	51	1595
电子工业专用设备制造业	8874	4242	29293	798	498	1621
医疗仪器、设备制造业	37090	12781	35823	1460	196	8901
诊断用品制造业	724	691	1661	179	12	393
医用材料及医疗用品制造业	49057	28051	99472	6924	527	17359
特种车辆及改装汽车制造业	308681	153531	1745335	42376	4297	179344
海洋运输船制造业	97865	37780	91108	13	76	12299
船舶机械设备制造业	6661	4269	16735	912	55	2753
航空航天器制造业	5734	2360	5776	162	45	1231
其他电业	11219	7510	13268		127	1440

12－10续表3　　（2002年）　　单位:万元

类别	管理费用	利润总额	亏损企业亏损总额	利税总额	本年应交增值税	全部从业人员年平均人数（人）
总计	**947541**	**889122**	**81655**	**1561144**	**605958**	**557242**
医药制造业	144978	116259	10271	220884	95774	81112
电器机械及器材制造业	307156	287487	29854	504555	194624	169314
电子及通信设备制造业	201802	127151	25528	244007	109643	86026
仪器仪表及文化、办公用机械制造业	40630	18234	3345	34853	14916	29339
发酵制品业	18103	50417	1343	75527	19112	25538
合成材料制造业	71238	29581	5093	84397	49915	40782
化学试剂、助剂制造业	21698	29285	2415	48767	16558	18707
专项化学用品制造业	18377	38511	862	60505	19661	18975
信息化学品制造业	967	2053		4249	2042	1286
添加剂制造业	3723	6354	158	10391	3901	6892
防水密封建筑材料制造业	4059	4637	1	7672	2836	4507
工业技术用玻璃制造业	4436	6075	5	11721	5048	4778
玻璃仪器制造业	2042	5844		8880	2848	1742
工业用陶瓷制造业	3347	4632	464	8506	3491	3617
稀有稀土金属冶炼业	1288	2813	901	4289	1377	1562
贵金属压延加工业	835	1129		3339	1791	1111
稀有稀土金属压延加工业	1090	497		1086	546	825
气体压缩机及气体分离设备制造业	2642	2972		5052	1879	1784
冷冻设备制造业	12013	6232		11811	5060	4142
气动元件制造业	3565	1603	4	3941	1697	2827
密封件制造业	979	2092	1	3698	1377	1467
粉末冶金制品业	937	532	21	1353	770	1280
电子工业专用设备制造业	475	1348	134	3584	1738	1325
医疗仪器、设备制造业	4006	2205		4578	2177	3390
诊断用品制造业	337	30	34	179	137	326
医用材料及医疗用品制造业	4916	8687	29	14448	5234	8299
特种车辆及改装汽车制造业	58535	128586	872	173214	40332	28028
海洋运输船制造业	8211	2170	320	2657	411	4774
船舶机械设备制造业	2470	15	2	348	278	2092
航空航天器制造业	1662	349		393		930
其他电业	1026	1344		2258	786	465

12－11 规模以上非公有工业主要经济指标

（2002 年）　　单位：万元

类别	企业单位数（个）	#亏损企业	工业总产值	工业销售产值	工业增加值	资产合计
总计	**8377**	**1047**	**45461718**	**44155651**	**12868357**	**35949602**
在总计中：						
亏损企业	1047	1047	2681536	2610213	716453	4202208
在总计中：						
农村工业	902	63	6779907	6482201	1864146	3812119
一、按轻重工业分						
轻工业	4821	678	24290034	23632101	6816995	18697035
以农产品为原料	3629	492	18799737	18281116	5184940	14249591
以非农产品为原料	1192	186	5490297	5350985	1632054	4447445
重工业	3556	369	21171684	20523550	6051362	17252567
采掘工业	97	4	461866	445796	183964	415841
原料工业	887	81	5722722	5624286	1729742	5381215
加工工业	2572	284	14987095	14453468	4137656	11455511
二、按企业规模分						
大型企业	384	69	11128425	10863506	3170063	12779734
中型企业	712	107	6882680	6744754	1977367	6296567
小型企业	7281	871	27450613	26547391	7720927	16873302

12－11 续表 1　　　　(2002 年)　　　　单位:万元

类别	企业单位数(个)	#亏损企业	工业总产值	工业销售产值	工业增加值	资产合计
三、按行业大类分						
采掘业	**106**	**6**	**513331**	**494439**	**199358**	**541254**
煤炭采选业	34	1	140921	138694	58514	91414
石油和天然气开采业	1		69351	62168	53843	131152
黑色金属矿采选业	10	1	28200	26895	6973	18649
有色金属矿采选业	5	1	42209	41599	12366	95396
非金属矿采选业	56	3	232651	225084	67663	204643
制造业	**8237**	**1034**	**44459723**	**43176352**	**12379268**	**34182166**
食品加工业	966	105	6158419	6029755	1571403	3491016
食品制造业	334	47	1692208	1624501	473888	1198882
饮料制造业	151	11	877424	849749	257806	955791
烟草加工业	5	2	27537	26759	10300	65066
纺织业	831	111	4317783	4195872	1181286	3776632
服装及其他纤维制品制造业	369	69	1163279	1125562	336196	795356
皮革、毛皮、羽绒及其制品业	190	40	1398712	1360293	416600	756544
木材加工及竹、藤、棕、草制品业	163	18	348977	341114	100897	316412
家具制造业	119	10	375162	370131	109925	234862
造纸及纸制品业	239	28	1617396	1563520	475266	1910829
印刷业,记录媒介的复制	86	15	158484	150324	44394	206547
文教体育用品制造业	107	22	387752	369163	111143	239466
石油加工及炼焦业	66	7	774320	750865	205637	509283
化学原料及化学制品制造业	622	60	3075753	3003092	885143	2360434
医药制造业	129	20	720445	691546	244716	839707
化学纤维制造业	74	12	738932	726270	213929	729427
橡胶制品业	171	16	1292400	1223036	360116	803955
塑料制品业	368	63	1224757	1185731	354615	886145
非金属矿物制品业	739	62	3357145	3241286	999159	3038622
黑色金属冶炼及压延加工业	72	4	866724	867311	192422	502482
有色金属冶炼及压延加工业	41	7	302988	300559	89978	248883
金属制品业	392	59	1708382	1676526	503507	1282225
普通机械制造业	580	55	2414925	2320739	704497	1623396
专用设备制造业	348	39	2602476	2490396	648900	2164127
交通运输设备制造业	226	27	1516645	1509553	410938	1178836
电气机械及器材制造业	290	42	2145342	2061352	600548	1589854
电子及通信设备制造业	166	25	1989139	1945042	511078	1623391
仪器仪表及文化、办公用机械制造业	53	11	180648	173166	57458	174316
其它制造业	340	47	1025569	1003139	307524	679680
电力、煤气及水的生产和供应业	**34**	**7**	**488664**	**484860**	**289730**	**1226183**
电力、蒸汽、热水的生产和供应业	32	7	485184	478753	289248	1217748
煤气生产和供应业	2		3480	6108	482	8435

类　　别	流动资产小计	#产成品	流动资产年平均余额	固定资产原价	固定资产净值年平均余额	负债合计
总　计	**17737547**	**2814383**	**16729064**	**19026503**	**12760819**	**21313899**
在总计中:						
亏损企业	2002695	354893	1945053	2417136	1622450	3061337
在总计中:						
农村工业	1968709	361332	1880440	1911488	1328689	2171163
一、按轻重工业分						
轻工业	9142792	1586999	8664669	10001309	6892813	11371852
以农产品为原料	6848463	1198330	6479504	7558361	5307138	8658648
以非农产品为原料	2294329	388669	2185165	2442948	1585675	2713204
重工业	8594755	1227384	8064395	9025194	5868006	9942047
采掘工业	154529	19237	152182	176447	158508	183550
原料工业	2046422	245005	1937210	3733078	2267363	2994396
加工工业	6393804	963142	5975003	5115669	3442135	6764100
二、按企业规模分						
大型企业	5708308	821051	5371884	7845083	4853129	7283867
中型企业	3146853	578984	2995484	3244706	2175985	4074464
小型企业	8882386	1414348	8361696	7936713	5731706	9955567

12－11续表3　　(2002年)　　单位:万元

类　　别	流动资产小计	#产成品	流动资产年平均余额	固定资产原价	固定资产净值年平均余额	负债合计
三、按行业大类分						
采掘业	**211681**	**30006**	**204841**	**254624**	**219514**	**261466**
煤炭采选业	45773	1753	42810	43051	24753	56594
石油和天然气开采业	32647	4740	32450	30063	69830	31626
黑色金属矿采选业	12442	5299	12281	6249	4596	11297
有色金属矿采选业	28526	677	30160	53411	32355	48374
非金属矿采选业	92292	17537	87141	121849	87980	113575
制造业	**17357364**	**2783157**	**16364793**	**17441458**	**11915103**	**20664982**
食品加工业	1826198	325646	1736337	1669920	1200254	2124603
食品制造业	493701	89381	460632	637594	468412	687505
饮料制造业	412363	90549	390146	625479	431993	610978
烟草加工业	39949	1623	37797	31655	22347	41398
纺织业	1779474	336183	1647969	2228130	1482758	2348485
服装及其他纤维制品制造业	440494	71718	425983	372593	251916	452436
皮革、毛皮、羽绒及其制品业	438687	93324	448642	337227	207915	495162
木材加工及竹、藤、棕、草制品业	128463	21285	125308	160489	134920	210975
家具制造业	112241	20910	109838	128774	86585	124391
造纸及纸制品业	737283	89067	686694	1033784	799274	1162892
印刷业,记录媒介的复制	102298	11495	96934	114979	82494	134364
文教体育用品制造业	149520	16179	143486	107287	70952	151349
石油加工及炼焦业	235763	35542	234839	243314	150054	348657
化学原料及化学制品制造业	1171880	158103	1100792	1276115	836019	1298351
医药制造业	427523	56379	398056	367355	261575	496961
化学纤维制造业	274743	63947	272447	629315	372591	380093
橡胶制品业	384783	73337	365692	419246	273791	460453
塑料制品业	433937	71920	405893	482248	325492	605979
非金属矿物制品业	1192140	218716	1100235	2098078	1469924	1896494
黑色金属冶炼及压延加工业	266588	35123	223758	238863	143325	352279
有色金属冶炼及压延加工业	151531	19291	153369	100972	83576	161885
金属制品业	711721	102508	662676	599227	416463	759191
普通机械制造业	958483	195205	915640	729030	485582	1045859
专用设备制造业	1293023	208877	1236578	807715	544405	1277945
交通运输设备制造业	689623	83288	626454	428657	286710	721373
电气机械及器材制造业	945012	143007	896280	622312	417797	961134
电子及通信设备制造业	1050854	64706	975777	590891	365165	849009
仪器仪表及文化、办公用机械制造业	101017	16822	97119	71111	46107	95778
其它制造业	408070	69029	389423	289096	196708	409008
电力、煤气及水的生产和供应业	**168502**	**1220**	**159430**	**1330422**	**626202**	**387450**
电力、蒸汽、热水的生产和供应业	164012	1178	154908	1327271	623653	384523
煤气生产和供应业	4490	42	4522	3151	2549	2927

类　　别	所有者权益合计	#实收资本	产品销售收入	#产品销售费用	#产品销售税金及附加	#产品销售利润
总　计	**14635704**	**9146583**	**41315596**	**1406356**	**265544**	**4433797**
在总计中:						
亏损企业	1140871	1634475	2481735	112030	20371	87262
在总计中:						
农村工业	1640956	967561	5876857	174732	31129	605374
一、按轻重工业分						
轻工业	7325184	5071417	22250507	764760	162652	2260018
以农产品为原料	5590943	3705195	17196585	534492	139851	1695396
以非农产品为原料	1734241	1366222	5053922	230268	22801	564623
重工业	7310520	4075166	19065090	641596	102892	2173779
采掘工业	232291	106607	414152	12357	3999	94009
原料工业	2386819	1181767	5272954	127631	31817	596235
加工工业	4691411	2786792	13377984	501607	67076	1483535
二、按企业规模分						
大型企业	5495867	3058793	10504365	382896	80440	1283506
中型企业	2222102	1339812	6386460	232466	46620	726156
小型企业	6917735	4747978	24424771	790993	138484	2424135

12－11 续表 5　　(2002 年)　　单位:万元

类　　别	所有者权益合计	#实收资本	产品销售收入	#产品销售费用	#产品销售税金及附加	#产品销售利润
三、按行业大类分						
采掘业	**279787**	**146946**	**472780**	**17362**	**6105**	**102284**
煤炭采选业	34820	17213	125180	4297	1559	26503
石油和天然气开采业	99527	36403	62563	1313	756	29605
黑色金属矿采选业	7351	3284	26582	1552	228	1628
有色金属矿采选业	47022	12972	36308	825	180	12216
非金属矿采选业	91068	77076	222146	9375	3383	32333
制造业	**13517184**	**8826496**	**40391442**	**1387887**	**258330**	**4194518**
食品加工业	1366414	889319	5709653	154301	22882	434787
食品制造业	511378	411916	1522346	76029	14018	186686
饮料制造业	344814	250438	777941	60078	66980	84427
烟草加工业	23668	39372	26716	3620	3695	3408
纺织业	1428147	969091	3961954	75435	13294	398710
服装及其他纤维制品制造业	342920	215242	1018089	25701	4014	103259
皮革、毛皮、羽绒及其制品业	261382	209025	1224096	19943	1985	97384
木材加工及竹、藤、棕、草制品业	105437	95100	324893	13525	1788	25774
家具制造业	110471	72981	334571	13801	1911	40048
造纸及纸制品业	747937	326946	1534107	53392	6180	218139
印刷业,记录媒介的复制	72184	53726	141310	3444	531	15953
文教体育用品制造业	88118	73107	345662	12099	1147	44135
石油加工及炼焦业	160625	112979	706906	11913	11448	62145
化学原料及化学制品制造业	1062084	612887	2808694	103763	11963	310961
医药制造业	342746	215490	665029	79094	3475	115208
化学纤维制造业	349334	285856	693800	16884	2214	61340
橡胶制品业	343502	159613	1157792	29376	10048	109292
塑料制品业	280166	274716	1134009	38753	3777	101765
非金属矿物制品业	1142128	836283	2971212	85125	22009	325562
黑色金属冶炼及压延加工业	150203	67474	866815	14627	2360	51928
有色金属冶炼及压延加工业	86998	62240	273641	2590	365	25086
金属制品业	523034	366967	1526853	69509	5215	163413
普通机械制造业	577537	387267	2097399	86232	14331	245147
专用设备制造业	886182	455328	2304356	101107	10663	272002
交通运输设备制造业	457463	268512	1339923	41123	7783	141955
电气机械及器材制造业	628720	380805	1844858	71632	7431	213922
电子及通信设备制造业	774382	478771	1941421	82146	2531	222324
仪器仪表及文化、办公用机械制造业	78538	53142	165760	8882	924	29436
其它制造业	270672	201904	971637	33764	3369	90323
电力、煤气及水的生产和供应业	**838733**	**173141**	**451375**	**1108**	**1109**	**136995**
电力、蒸汽、热水的生产和供应业	833226	170925	444513	887	992	134533
煤气生产和供应业	5507	2216	6862	220	117	2463

12－11 续表 6　　(2002 年)　　单位:万元

类　　别	管理费用	利润总额	亏损企业亏损总额	利税总额	本年应交增值税	全部从业人员年平均人数(人)
总　计	**1694016**	**2220200**	**171370**	**3776911**	**1291168**	**2478177**
在总计中:						
亏损企业	208309	－171370	171370	－79753	71246	287791
在总计中:						
农村工业	158598	334505	5133	522217	156583	296697
一、按轻重工业分						
轻工业	889522	1071959	116816	1873717	639107	1589995
以农产品为原料	644935	815749	83794	1417416	461816	1237226
以非农产品为原料	244586	256210	33022	456302	177291	352769
重工业	804495	1148240	54554	1903194	652061	888182
采掘工业	33788	55907	268	82476	22570	32120
原料工业	191782	337374	17366	595189	225999	214606
加工工业	578924	754959	36921	1225529	403493	641456
二、按企业规模分						
大型企业	505128	673909	61352	1129335	374987	572556
中型企业	312360	326889	22130	598491	224982	451387
小型企业	876529	1219402	87888	2049085	691199	1454234

12－11续表7 (2002年) 单位:万元

类别	管理费用	利润总额	亏损企业亏损总额	利税总额	本年应交增值税	全部从业人员年平均人数(人)
三、按行业大类分						
采掘业	**39384**	**56931**	**595**	**89072**	**26036**	**36796**
煤炭采选业	11846	11394	237	21442	8490	15610
石油和天然气开采业	6174	24962		33410	7692	1947
黑色金属矿采选业	807	943	14	2266	1095	1530
有色金属矿采选业	6106	7978	16	8643	486	3279
非金属矿采选业	14452	11655	328	23311	8273	14430
制造业	**1625145**	**2058062**	**168811**	**3534230**	**1217839**	**2327347**
食品加工业	139877	244489	14600	355350	87979	190810
食品制造业	54534	91086	8409	152887	47783	71261
饮料制造业	45094	32750	3265	143591	43860	51836
烟草加工业	3395	－837	2539	4901	2043	1019
纺织业	166598	171446	24412	293732	108992	383270
服装及其他纤维制品制造业	54719	39952	8704	70550	26585	123866
皮革、毛皮、羽绒及其制品业	50085	41764	8724	63187	19439	103583
木材加工及竹、藤、棕、草制品业	10902	9011	3039	18700	7901	28184
家具制造业	12965	22665	946	37139	12563	23281
造纸及纸制品业	60650	123952	3687	199908	69776	90543
印刷业,记录媒介的复制	9868	3824	1759	9548	5192	12524
文教体育用品制造业	21286	16111	2486	24839	7580	39746
石油加工及炼焦业	25252	23634	3996	60511	25429	15840
化学原料及化学制品制造业	113604	162373	10679	265872	91536	118137
医药制造业	47167	50336	4704	92727	38916	34963
化学纤维制造业	19409	30885	8782	48591	15492	23883
橡胶制品业	42839	48912	1738	86836	27876	64120
塑料制品业	45557	48447	6581	81662	29438	61317
非金属矿物制品业	114041	171808	10772	332088	138271	210577
黑色金属冶炼及压延加工业	18385	30639	297	57732	24734	21545
有色金属冶炼及压延加工业	8545	8167	1379	12358	3826	7888
金属制品业	66260	80003	4859	131182	45965	95807
普通机械制造业	105125	109300	8410	196840	73210	135658
专用设备制造业	105272	153750	5729	231489	67077	110679
交通运输设备制造业	54837	75414	3402	123899	40703	63354
电气机械及器材制造业	78609	114413	6609	176220	54376	81230
电子及通信设备制造业	96390	99385	3552	163369	61453	57176
仪器仪表及文化、办公用机械制造业	12231	11825	789	20429	7681	10772
其它制造业	41649	42557	3966	78093	32167	94478
电力、煤气及水的生产和供应业	**29487**	**105206**	**1964**	**153609**	**47294**	**14034**
电力、蒸汽、热水的生产和供应业	28881	103499	1964	151741	47250	13776
煤气生产和供应业	607	1707		1868	44	258

12－12 规模以上工业企业主要财务分析指标

类别	资金利税率（%）	工业增加值率（%）	产值利税率（%）	销售产值利税率（%）	资产负债率（%）	流动资产周转率（次）	成本费用利润率（%）	全员劳动生产率（元/人）	产品销售率（%）
1995 年	9.44	25.11	9.08		66.99	1.84	3.75	20974	
1996 年	9.76	26.68	9.16	9.51	66.16	1.89	4.49	26769	96.30
1997 年	8.69	26.37	8.87	9.18	66.11	1.69	4.06	29394	96.62
1998 年	8.63	26.11	9.00	9.32	64.34	1.75	4.18	34474	96.59
1999 年	9.07	26.73	9.35	9.64	63.36	1.83	4.53	39249	96.96
2000 年	12.72	26.96	12.06	12.33	62.54	2.07	7.31	48803	97.86
2001 年	12.37	27.15	11.21	11.46	60.28	2.12	6.61	55455	97.77
2002 年	12.24	26.92	10.11	10.34	59.68	2.43	6.02	62918	97.77
一、按登记注册类型分									
内资企业	12.34	26.91	10.32	10.54	60.24	2.45	5.95	62268	97.87
国有企业	8.38	26.70	12.70	12.86	64.46	1.90	3.57	49657	98.77
中央企业	10.92	26.16	17.64	17.72	56.38	2.42	3.52	91323	99.52
地方企业	7.19	26.95	10.58	10.75	68.96	1.68	3.60	41432	98.45
集体企业	16.48	24.03	7.76	7.95	59.91	3.09	5.86	73248	97.51
股份合作企业	15.37	25.20	7.78	7.96	64.97	3.27	5.34	57876	97.72
联营企业	12.85	29.20	10.68	10.71	61.54	1.96	7.31	135804	99.69
国有联营企业	13.51	31.03	11.28	11.28	60.35	1.80	8.13	189445	100.02
集体联营企业	15.72	22.21	6.87	6.99	58.29	4.11	4.55	55379	98.31
国有与集体联营企业	8.15	18.74	10.67	10.88	69.37	2.17	5.09	41733	98.02
其他联营企业	4.13	30.16	3.78	3.77	76.78	3.07	－1.33	45215	100.22
有限责任公司	13.54	29.87	13.05	13.31	58.63	2.25	8.35	61216	98.11
国有独资公司	8.48	26.39	9.70	9.90	62.44	1.67	3.04	60250	98.01
其他有限责任公司	16.37	31.41	14.51	14.78	56.23	2.70	11.11	67266	98.15
股份有限公司	10.24	27.01	9.45	9.66	56.49	2.21	5.21	74239	97.75
私营企业	16.85	25.30	7.55	7.80	58.67	4.18	4.94	51735	96.78
私营独资企业	21.61	26.11	8.05	8.32	54.94	5.18	5.37	56859	96.76
私营合作企业	17.12	24.53	6.85	7.05	62.96	4.89	4.30	48886	97.21
私营有限责任公司	14.43	24.83	7.41	7.65	60.90	3.54	4.76	48429	96.92
私营股份有限公司	13.29	24.66	6.23	6.52	56.00	4.21	4.32	51027	95.53
其他企业	27.26	26.18	7.69	7.95	52.06	5.68	6.08	97618	96.81
港、澳、台商投资企业	10.77	27.19	8.57	8.81	60.02	2.00	5.08	62768	97.20
合资经营企业(港或澳、台资)	10.58	25.60	8.64	8.94	57.83	2.08	5.52	59868	96.67
合作经营企业(港或澳、台资)	5.71	25.27	6.03	6.23	90.81	1.41	1.66	34269	96.73
港澳台商独资经营企业	5.34	23.82	5.59	5.64	55.31	1.83	3.82	41372	99.16
港澳台商投资股份有限公司	79.84	47.06	13.16	13.27	61.65	2.54	6.51	478998	99.21
外商投资企业	11.98	26.86	9.09	9.34	54.69	2.44	6.90	68513	97.30
中外合资经营企业	12.98	24.57	8.90	9.21	57.65	2.44	6.43	77382	96.69
中外合作经营企业	5.41	34.99	9.55	10.01	71.13	1.84	6.80	110582	95.39
外资企业	8.14	26.24	5.51	5.60	58.14	2.73	4.15	49000	98.27
外商投资股份有限公司	22.22	37.30	24.77	25.57	34.44	1.67	27.77	169511	96.85
二、在总计中：亏损企业	**－0.77**	**23.17**	**－1.18**	**－1.19**	**69.99**	**1.30**	**－5.84**	**30759**	**99.13**
在总计中：国有控股企业	10.91	30.16	13.51	13.70	59.60	1.95	6.39	72220	98.61
在总计中：农村工业	19.72	25.75	8.17	8.47	55.89	3.88	6.74	73491	96.45
在总计中：轻工业	11.80	24.59	8.42	8.61	61.99	2.36	4.80	50882	97.77
以农产品为原料	12.85	25.41	9.13	9.35	62.76	2.44	5.27	48353	97.69
以非农产品为原料	9.36	22.67	6.74	6.88	60.28	2.21	3.74	58884	97.97
重工业	12.52	28.76	11.47	11.73	58.20	2.48	6.96	74892	97.78
采掘工业	19.68	48.34	24.53	25.24	48.48	2.83	22.06	76066	97.19
原料工业	10.38	26.95	11.31	11.43	58.59	2.69	4.39	92135	99.00
加工工业	11.12	24.36	7.79	8.02	62.51	2.24	5.31	64684	97.10
在总计中：大型企业	11.90	28.50	12.32	12.52	57.13	2.16	6.87	79610	98.44
中型企业	9.82	25.78	9.13	9.30	67.49	2.06	4.59	42640	98.15
小型企业	14.35	25.24	7.66	7.91	62.02	3.17	5.32	54576	96.84

注：1997 年及以前为乡及乡以上独立核算工业数据。

12－12续表

类别	资金利税率(%)	工业增加值率(%)	产值利税率(%)	销售产值利税率(%)	资产负债率(%)	流动资产周转率(次)	成本费用利润率(%)	全员劳动生产率(元/人)	产品销售率(%)
三、按行业大类分									
采掘业	**19.27**	**47.83**	**24.26**	**25.00**	**49.18**	**2.71**	**21.51**	**74923**	**97.07**
煤炭采选业	10.18	45.22	14.53	15.36	63.02	1.81	7.90	38577	94.59
石油和天然气开采业	30.14	59.41	41.17	41.19	28.52	5.47	50.11	337074	99.96
黑色金属矿采选业	8.35	34.71	11.55	12.24	48.33	1.72	6.92	34743	94.42
有色金属矿采选业	19.57	29.45	11.64	11.95	55.51	3.98	13.95	62837	97.37
非金属矿采选业	12.36	27.26	10.79	11.34	60.92	2.06	5.48	44055	95.18
其他矿采选业	8.95	35.17	17.53	17.53	43.02	4.13	4.98	78667	100.00
制造业	**11.64**	**24.38**	**8.26**	**8.44**	**61.73**	**2.40**	**4.80**	**60614**	**97.78**
食品加工业	12.70	23.00	5.83	5.95	63.44	3.82	4.61	81328	97.99
食品制造业	14.70	25.05	8.63	8.98	59.05	3.26	6.36	61126	96.05
饮料制造业	16.72	29.29	18.48	18.78	56.13	1.51	6.36	59492	98.42
烟草加工业	41.91	46.71	49.03	48.84	53.73	1.32	5.22	391947	100.39
纺织业	8.81	24.62	7.52	7.67	65.69	2.14	4.73	34184	98.06
服装及其他纤维制品制造业	11.30	25.36	6.48	6.68	61.97	2.62	4.48	29016	96.93
皮革、毛皮、羽绒及其制品业	10.03	27.31	4.90	5.03	67.76	2.64	3.71	41299	97.32
木材加工及竹、藤、棕、草制品业	8.15	25.37	6.18	6.36	72.05	2.70	3.57	39260	97.25
家具制造业	15.92	26.47	8.95	9.12	59.43	2.99	5.97	44595	98.24
造纸及纸制品业	11.67	25.58	12.33	12.77	63.30	1.82	8.64	54907	96.53
印刷业、记录媒介的复制	6.81	26.74	8.29	8.65	63.04	1.43	4.11	35724	95.93
文教体育用品制造业	12.17	25.51	6.01	6.26	62.44	2.70	5.06	30624	96.05
石油加工及炼焦业	16.42	21.77	8.91	8.92	58.92	4.05	1.70	254829	99.96
化学原料及化学制品制造业	9.73	25.81	8.14	8.30	55.61	2.48	5.13	69151	98.09
医药制造业	12.54	31.86	13.51	13.98	56.78	1.65	7.62	73144	96.69
化学纤维制造业	6.62	24.59	7.51	7.60	65.73	1.87	4.77	76502	98.86
橡胶制品业	10.67	24.22	7.08	7.35	60.65	2.30	4.42	71786	96.33
塑料制品业	10.59	24.94	6.78	7.00	68.18	2.51	4.25	55298	96.79
非金属矿物制造业	11.34	26.21	9.64	9.99	65.26	2.45	5.61	45337	96.45
黑色金属冶炼及压延加工业	10.91	23.39	8.88	8.89	62.60	2.35	4.40	102424	99.87
有色金属冶炼及压延加工业	7.99	24.32	7.32	7.37	56.05	1.88	5.06	90201	99.37
金属制品业	12.83	26.31	7.78	7.97	61.22	2.38	5.51	51365	97.50
普通机械制造业	11.69	25.14	7.78	8.06	65.75	2.09	4.85	52400	96.57
专用设备制造业	11.50	21.97	7.31	7.55	62.39	2.19	5.23	54447	96.81
交通运输设备制造业	9.84	21.49	7.58	7.71	68.86	2.05	5.06	70351	98.29
电气机械及器材制造业	11.73	21.38	6.71	6.84	56.63	2.37	4.26	108893	98.01
电子及通信设备制造业	9.78	21.00	5.50	5.57	51.77	2.59	3.04	119512	98.69
仪器仪表及文化办公用机械制造业	8.42	26.80	7.53	7.49	63.97	1.91	4.19	46759	100.43
其它制造业	12.21	26.94	6.47	6.59	65.44	2.72	3.90	37007	98.16
电力、煤气、自来水的生产和供应业	**8.70**	**35.60**	**19.09**	**19.30**	**57.79**	**2.48**	**5.29**	**96418**	**98.88**
电力、蒸汽、热水的生产和供应业	9.45	36.19	19.89	20.15	58.13	2.64	5.58	113533	98.69
煤气生产和供应业	1.01	－0.74	4.47	3.92	61.74	0.92	－0.11	－663	114.06
自来水的生产和供应业	0.85	33.70	3.18	3.26	50.95	0.87	－2.69	20364	97.58

12－13 国有控股工业企业主要财务分析指标

类　　别	资　金利税率（%）	工　业增加值率（%）	产　值利税率（%）	销售产值利 税 率（%）	资　产负债率（%）	流动资产周 转 率（次）	成本费用利 润 率（%）	全员劳动生 产 率（元/人）	产　品销售率（%）
1996 年	9.05	29.30	11.37	11.67	65.15	1.78	3.37	29323	97.39
1997 年	8.09	29.32	11.17	11.47	64.68	1.53	3.16	47541	97.35
1998 年	7.27	29.33	11.18	11.47	63.39	1.43	2.85	32470	97.44
1999 年	7.46	30.23	11.49	11.70	62.87	1.51	3.24	37967	98.16
2000 年	12.28	30.79	17.05	17.19	62.23	1.76	8.85	51593	99.19
2001 年	11.45	31.15	15.77	15.93	59.37	1.78	7.65	60729	98.97
2002 年	10.91	30.16	13.51	13.70	59.60	1.95	6.39	72220	98.61
在总计中：									
亏损企业	0.02	22.69	0.04	0.04	67.45	1.31	－5.46	38884	100.33
在总计中：									
中央企业	18.46	37.25	22.76	22.76	47.06	3.12	11.31	192280	100.00
地方企业	8.01	27.33	9.94	10.13	64.26	1.67	4.42	53897	98.07
一、按轻重工业分									
轻工业	10.09	25.77	11.62	11.80	64.12	1.51	3.82	53776	98.50
以农产品为原料	12.86	28.28	14.52	14.68	65.40	1.52	4.91	55170	98.94
以非农产品为原料	4.84	20.72	5.80	5.94	61.75	1.48	1.81	50285	97.62
重工业	11.19	31.80	14.23	14.43	57.93	2.18	7.30	80610	98.65
采掘工业	18.76	52.97	27.92	28.68	48.36	2.61	24.89	81443	97.35
原料工业	8.76	27.06	11.99	12.02	59.05	2.46	3.18	100928	99.76
加工工业	7.41	23.18	7.35	7.48	65.40	1.66	4.00	60283	98.17
二、按企业规模分									
大型企业	11.86	31.03	14.37	14.57	57.48	2.01	7.27	85060	98.64
中型企业	7.59	27.12	11.03	11.12	69.38	1.71	3.22	38337	99.13
小型企业	6.37	25.17	8.07	8.25	67.67	1.76	2.06	41310	97.85

注：1997 年及以前为乡及乡以上独立核算国有控股工业数据。

12－13 续表

类　　别	资金利税率（%）	工业增加值率（%）	产值利税率（%）	销售产值利税率（%）	资产负债率（%）	流动资产周转率（次）	成本费用利润率（%）	全员劳动生产率（元/人）	产品销售率（%）
三、按行业大类分									
采掘业	**18.45**	**52.63**	**27.75**	**28.53**	**48.93**	**2.51**	**24.46**	**80256**	**97.24**
煤炭采选业	8.86	46.83	14.26	15.19	63.25	1.68	7.27	39522	93.85
石油和天然气开采业	30.10	59.31	41.06	41.00	28.63	5.64	49.93	339118	100.15
黑色金属矿采选业	2.98	47.98	7.76	8.31	38.29	1.22	0.66	25572	93.37
有色金属矿采选业	11.10	35.34	16.60	16.55	61.54	2.10	18.53	33256	100.32
非金属矿采选业	6.77	32.27	15.30	16.49	62.28	0.90	3.86	30343	92.79
其他矿采选业	8.95	35.17	17.53	17.53	43.02	4.13	4.98	78667	100.00
制造业	**9.30**	**24.01**	**9.39**	**9.49**	**63.21**	**1.76**	**3.50**	**65686**	**98.92**
食品加工业	4.11	21.45	3.19	3.20	78.39	2.16	1.64	63661	99.64
食品制造业	8.91	26.70	8.81	9.21	63.18	1.80	6.41	53985	95.63
饮料制造业	15.13	33.55	21.47	21.41	50.50	1.11	6.71	64160	100.31
烟草加工业	44.02	47.13	50.05	49.80	53.20	1.34	5.63	418394	100.49
纺织业	7.50	24.91	8.30	8.31	71.17	1.70	3.83	29430	99.89
服装及其他纤维制品制造业	2.36	24.24	1.36	1.37	79.53	2.60	－0.06	22742	99.61
皮革、毛皮、羽绒及其制品业	0.71	14.26	1.07	1.08	84.25	0.81	－1.74	20678	98.81
木材加工及竹、藤、棕、草制品业	7.17	19.63	10.36	10.90	98.28	1.49	4.25	35669	95.11
家具制造业	－16.18	22.52	－32.15	－30.40	77.23	0.61	－27.49	17500	105.74
造纸及纸制品业	9.82	26.09	14.15	14.80	65.61	1.27	9.83	64103	95.62
印刷业、记录媒介的复制	7.19	29.68	11.59	11.94	60.98	1.05	5.69	37375	97.03
文教体育用品制造业	5.17	25.09	5.09	5.20	59.88	1.43	2.24	22846	98.00
石油加工及炼焦业	15.73	19.53	9.07	8.99	56.00	4.08	1.07	353640	100.82
化学原料及化学制品制造业	6.02	26.39	7.49	7.54	54.57	1.92	3.54	61049	99.27
医药制造业	11.51	33.82	14.86	15.26	53.68	1.43	7.29	76372	97.38
化学纤维制造业	5.00	22.78	9.67	9.68	75.17	1.04	4.66	57666	99.84
橡胶制品业	8.78	22.70	8.05	8.24	61.08	1.62	3.62	88683	97.67
塑料制品业	5.06	23.73	7.38	7.67	66.13	0.77	3.40	33386	96.21
非金属矿物制造业	5.33	24.96	9.42	9.69	66.52	1.21	2.78	30199	97.23
黑色金属冶炼及压延加工业	9.73	24.64	9.59	9.57	62.43	1.90	4.47	111080	100.20
有色金属冶炼及压延加工业	7.62	23.54	8.91	8.81	60.19	1.42	3.81	65923	101.11
金属制品业	7.16	25.21	7.01	7.18	72.05	0.97	2.44	32211	97.56
普通机械制造业	6.20	24.90	8.06	8.31	67.33	1.14	2.59	41930	97.10
专用设备制造业	7.75	20.46	5.07	5.18	68.03	2.16	2.99	48530	97.87
交通运输设备制造业	7.86	19.52	7.17	7.32	72.44	1.80	4.39	72389	97.93
电气机械及器材制造业	4.91	25.65	7.88	8.11	63.38	1.06	2.40	50387	97.10
电子及通信设备制造业	6.62	18.23	3.16	3.18	49.58	2.75	1.03	204272	99.56
仪器仪表及文化办公用机械制造业	2.71	27.18	3.47	3.51	72.45	1.63	0.59	40749	98.92
其它制造业	2.10	19.20	4.41	4.36	98.41	0.59	0.21	11525	101.25
电力、煤气、自来水的生产和供应业	**7.66**	**34.12**	**17.40**	**17.61**	**59.56**	**2.41**	**3.85**	**88867**	**98.81**
电力、蒸汽、热水的生产和供应业	8.40	34.70	18.24	18.49	60.11	2.57	4.12	105879	98.65
煤气生产和供应业	0.49	－1.29	2.25	2.02	62.21	0.89	－1.48	－1139	111.27
自来水的生产和供应业	0.81	34.00	3.08	3.16	50.97	0.86	－2.83	20291	97.57

12－14 国有工业企业主要财务分析指标

类　　别	资　金利税率（%）	工　业增加值率（%）	产　值利税率（%）	销售产值利 税 率（%）	资　产负债率（%）	流动资产周 转 率（次）	成本费用利 润 率（%）	全员劳动生 产 率（元/人）	产　品销售率（%）
1996 年	8.57	29.65	11.01	11.31	65.38	1.82	2.69	28132	97.36
1997 年	7.78	29.67	11.02	11.30	65.30	1.55	2.72	48922	97.51
1998 年	7.01	30.19	11.33	11.63	63.67	1.47	2.32	31347	97.43
1999 年	6.96	31.17	10.80	10.96	62.81	1.57	2.40	38144	98.57
2000 年	14.16	31.71	19.04	19.14	63.22	1.98	10.21	56301	99.45
2001 年	7.32	27.99	12.61	12.82	64.12	1.70	3.37	41965	98.39
2002 年	8.38	26.70	12.70	12.86	64.46	1.90	3.57	49657	98.77
在总计中：									
亏损企业	-0.93	22.82	-2.48	-2.49	67.62	0.88	-8.17	20114	99.51
在总计中：									
中央企业	10.92	26.16	17.64	17.72	56.38	2.42	3.52	91323	99.52
地方企业	7.19	26.95	10.58	10.75	68.96	1.68	3.60	41432	98.45
一、按轻重工业分									
轻工业	10.64	28.28	13.54	13.70	68.49	1.44	3.03	45131	98.86
以农产品为原料	13.07	28.29	14.72	14.83	70.70	1.58	3.32	49780	99.23
以非农产品为原料	3.22	28.24	6.80	7.03	62.56	0.92	1.45	29104	96.72
重工业	7.64	26.08	12.35	12.51	63.17	2.09	3.71	51872	98.73
采掘工业	12.25	46.59	20.25	20.65	61.81	1.60	14.16	39690	98.05
原料工业	6.88	26.49	14.30	14.41	60.47	2.50	2.41	67311	99.22
加工工业	7.47	20.01	7.71	7.84	72.10	1.60	4.22	42142	98.32
二、按企业规模分									
大型企业	9.64	26.62	14.07	14.24	61.14	2.00	4.31	61744	98.78
中型企业	7.09	27.83	11.77	11.88	70.63	1.81	2.54	37467	99.07
小型企业	4.21	25.42	6.74	6.86	73.16	1.55	0.69	31162	98.25

12－14 续表

类　　别	资　金利税率（%）	工　业增加值率（%）	产　值利税率（%）	销售产值利　税　率（%）	资　产负债率（%）	流动资产周　转　率（次）	成本费用利　润　率（%）	全员劳动生　产　率（元/人）	产　品销售率（%）
三、按行业大类分									
采掘业	**12.35**	**46.07**	**20.17**	**20.65**	**61.88**	**1.60**	**14.01**	**39316**	**97.66**
煤炭采选业	14.09	50.89	23.06	23.64	64.42	1.50	14.25	44267	97.56
黑色金属矿采选业	2.98	47.98	7.76	8.31	38.29	1.22	0.66	25572	93.37
有色金属矿采选业	10.99	35.58	16.66	16.59	61.95	2.08	18.39	32994	100.40
非金属矿采选业	11.68	31.00	14.22	15.76	61.95	1.59	5.86	26760	90.21
制造业	**9.60**	**22.63**	**10.35**	**10.46**	**70.80**	**1.62**	**3.12**	**46055**	**98.93**
食品加工业	3.23	22.76	2.98	2.98	84.95	1.92	1.27	42489	100.08
食品制造业	6.77	25.84	8.58	9.06	67.78	1.39	6.33	46868	94.67
饮料制造业	11.17	32.21	17.31	17.67	65.78	1.02	1.16	38298	97.95
烟草加工业	41.23	44.00	48.13	47.17	55.37	1.46	3.52	342144	102.03
纺织业	11.18	25.15	9.88	9.88	71.48	2.13	5.62	36946	100.03
服装及其他纤维制品制造业	－2.94	18.51	－1.96	－1.95	110.82	2.01	－3.71	16908	100.65
皮革、毛皮、羽绒及其制品业	3.00	26.63	10.11	10.17	69.44	0.32	11.23	20020	99.35
木材加工及竹、藤、棕、草制品业	7.19	19.36	9.44	9.74	94.91	1.61	2.19	47021	96.89
家具制造业	－32.70	1.68	－208.40	－365.61	95.70	0.17	－73.81	400	57.00
造纸及纸制品业	4.39	25.06	8.30	8.81	76.10	1.06	2.44	41835	94.14
印刷业，记录媒介的复制	3.22	33.52	6.10	6.36	66.98	0.92	－0.42	26997	96.03
文教体育用品制造业	10.27	20.69	5.74	6.09	66.27	1.97	0.99	23835	94.15
石油加工及炼焦业	18.79	14.04	13.01	12.71	65.84	3.29	1.66	90044	102.36
化学原料及化学制品制造业	5.52	23.48	6.94	7.10	72.22	1.81	3.43	47572	97.70
医药制造业	9.69	30.74	10.67	11.44	65.96	1.29	6.63	57488	93.29
化学纤维制造业	2.45	19.55	4.20	4.20	91.85	0.82	0.15	63546	100.14
橡胶制品业	9.34	30.47	6.70	6.94	61.36	1.11	3.72	85859	96.54
塑料制品业	4.35	23.78	6.19	6.30	77.45	0.95	2.97	30451	98.14
非金属矿物制品业	2.86	23.93	5.25	5.40	73.79	1.16	－1.48	25513	97.35
黑色金属冶炼及压延加工业	5.80	13.33	5.65	5.66	70.33	1.90	1.05	42691	99.90
有色金属冶炼及压延加工业	－0.34	17.16	－0.40	－0.40	70.80	0.71	－2.50	34308	100.72
金属制品业	3.47	25.17	4.87	4.98	72.17	0.87	1.05	23009	97.79
普通机械制造业	6.50	22.19	7.72	7.83	69.90	1.30	1.90	38316	98.59
专用设备制造业	1.89	21.56	2.40	2.58	74.21	1.07	－0.60	26023	93.23
交通运输设备制造业	13.41	15.35	9.45	9.48	62.79	2.22	6.99	57872	99.67
电气机械及器材制造业	7.07	26.78	8.46	8.69	72.43	1.19	4.92	47643	97.35
电子及通信设备制造业	5.52	23.93	3.73	3.77	79.56	1.77	1.85	71081	99.07
仪器仪表及文化、办公用机械制造业	1.62	33.36	3.05	3.08	77.51	1.20	－1.24	23124	99.08
其它制造业	1.77	16.43	5.00	4.75	131.02	0.54	0.02	5277	105.16
电力、煤气及水的生产和供应业	**6.14**	**31.62**	**17.10**	**17.33**	**58.69**	**2.56**	**2.70**	**66979**	**98.68**
电力、蒸汽、热水的生产和供应业	6.69	31.64	18.19	18.43	59.34	2.71	2.92	78656	98.67
煤气生产和供应业	－1.02	16.33	－4.03	－3.89	49.83	0.95	－5.12	11558	103.56
自来水的生产和供应业	0.85	36.03	3.16	3.24	52.97	0.87	－2.83	20136	97.59

12－15 各市规模以上工业企业主要经济指标

（2002 年） 单位:万元

地区	企业单位数（个）	大型企业	中型企业	小型企业	亏损企业数（个）	工业总产值（万元）	内资企业
全省总计	**13468**	**999**	**1496**	**10973**	**1759**	**114975327**	**97267425**
济南市	1125	80	101	944	181	10090435	9150278
青岛市	2065	186	181	1698	521	20644637	15764046
淄博市	1125	66	89	970	120	10253637	8972970
枣庄市	563	42	71	450	41	3201379	2840719
东营市	237	15	22	200	16	5865321	5825976
烟台市	1725	121	155	1449	263	13776525	10246136
潍坊市	1435	101	167	1167	148	9088518	7495642
济宁市	550	55	86	409	62	5327803	4474260
泰安市	510	49	83	378	38	4059861	3846225
威海市	920	56	126	738	60	12708501	10725505
日照市	233	28	39	166	41	1452734	1048568
莱芜市	131	18	13	100	27	1666672	1551825
临沂市	875	58	106	711	78	4681876	4230855
德州市	862	26	91	745	38	3861686	3510216
聊城市	416	40	58	318	35	3574870	3402510
滨州市	385	36	63	286	52	3336519	2885490
菏泽市	310	21	45	244	38	1354355	1266206

12－15 续表 1 （2002 年） 单位:万元

地区	国有工业	集体工业	股份合作企业	联营企业	有限责任公司	股份有限公司
全省总计	**13770330**	**23488160**	**3548713**	**2002366**	**29048369**	**13868612**
济南市	1447845	1599598	169289	1189685	2832434	890148
青岛市	2238318	5371161	795388	17555	4767239	1290533
淄博市	1249613	1529288	458048	176248	982578	3735333
枣庄市	312392	523133	23605	11886	897055	153936
东营市	131409	167155	84068		4694292	507158
烟台市	1476201	4507535	239493	235566	2159986	534860
潍坊市	1115970	1085444	199311	5777	2462026	1069353
济宁市	529661	450579	254979	1222	1140431	1754967
泰安市	883648	365474	93307	11993	1520256	515606
威海市	430225	4960965	807249	244567	2303080	1307147
日照市	236537	152252	20311	543	392662	109570
莱芜市	91158	434166	5637	3115	908119	68150
临沂市	754124	1304817	81613	13495	754359	582069
德州市	780079	511152	105658	15190	569662	279905
聊城市	586363	105457	173548	63291	1652119	404406
滨州市	1236488	271385		5851	465928	546464
菏泽市	240300	148598	37208	6384	546143	119010

12－15 续表 2　　　　（2002 年）　　　　单位:万元

地　区	私营企业	其他企业	港澳台商投资企业	外商投资企业	工业销售产值（万元）	工业增加值（万元）	资产合计（万元）
全省总计	**11297258**	**243617**	**4639623**	**13068279**	**112416603**	**35005366**	**119048719**
济南市	952680	68601	237824	702333	9870753	3259813	11206031
青岛市	1282237	1615	669676	4210914	20304818	5422058	18745160
淄博市	837697	4165	391517	889151	10015027	3200377	10918746
枣庄市	918713		75494	285166	3138258	914416	3078785
东营市	241894		24498	14847	5821702	3271946	7149722
烟台市	1042543	49953	1322107	2208283	13390465	3825323	11999268
潍坊市	1522075	35684	550183	1042693	8821045	2444725	9333373
济宁市	321698	20723	402495	451048	5094489	2104036	8306276
泰安市	454773	1168	89707	123930	3990400	1346826	4476209
威海市	622467	49805	321960	1661036	12349505	3154170	5742203
日照市	136694		45456	358709	1408223	435262	2121964
莱芜市	39157	2324	1001	113846	1645346	515016	2162469
临沂市	735474	4905	179604	271417	4585670	1356668	4709569
德州市	1243896	4674	12059	339411	3807308	1322218	4155837
聊城市	417326		84548	87812	3545716	1054669	3727155
滨州市	359374		188825	262204	3286966	962215	3708749
菏泽市	168563		42670	45479	1340913	385628	1418729

12－15 续表 3　　　　（2002 年）　　　　单位:万元

地　区	流动资产小计	#产成品	流动资产年平均余额	固定资产原价	固定资产净值年平均余额	负债合计
全省总计	**50553578**	**6598734**	**48110953**	**76426397**	**46802238**	**71042729**
济南市	5187326	618549	4761104	5854422	3410808	7132399
青岛市	9681841	1222684	9438566	8702110	5655516	11135878
淄博市	4653382	677109	4480100	8520448	4854167	6400062
枣庄市	1076511	116208	996837	2253158	1532671	2054260
东营市	1392596	126530	1413697	12229586	5173531	2654175
烟台市	5752547	885480	5543692	6951729	4541102	6807857
潍坊市	4287818	652580	4172879	5000342	3255922	5964500
济宁市	3251721	359365	2980466	5218721	3553241	5142987
泰安市	2062821	222792	1917667	2605249	1731275	2946726
威海市	2763536	491149	2614035	3306185	2158350	3391125
日照市	709322	114789	661683	1185402	930640	1579545
莱芜市	808485	110476	898306	1463679	1000312	1402756
临沂市	2259333	350524	2047573	2523108	1763536	3121773
德州市	1456360	186651	1376742	2709022	1738047	2314607
聊城市	1841264	161615	1659852	1784874	1295819	2456708
滨州市	1544765	193985	1448292	1911682	1358299	2246061
菏泽市	654059	105060	612077	814720	584303	983409

12－15 续表 4 （2002 年） 单位：万元

地区	所有者权益合计	#实收资本	产品销售收入	产品销售费用	产品销售税金及附加	产品销售利润
全省总计	**48005990**	**27548962**	**110385253**	**3520233**	**1238379**	**13280681**
济南市	4073632	2577787	9173146	446992	221591	1182269
青岛市	7609282	4286922	19874515	754515	220074	1767937
淄博市	4518684	3079732	10273147	271497	112007	1046863
枣庄市	1024525	715338	2699331	81588	47604	399820
东营市	4495547	3381522	5656757	46207	103549	1751855
烟台市	5191411	3269032	12293486	434257	80284	1412056
潍坊市	3368873	1625858	8590545	256973	103880	907635
济宁市	3163289	1530678	5400554	347961	53832	927433
泰安市	1529483	1021842	3405724	119063	37685	482318
威海市	2351078	1151649	10261297	208618	72285	1165293
日照市	542419	413318	1399507	39015	7209	154867
莱芜市	759713	501787	1462095	30677	16608	198230
临沂市	1587797	930682	4540471	187401	30995	536158
德州市	1841230	685416	3836539	93835	40214	472507
聊城市	1270447	503698	3520084	97273	26395	357874
滨州市	1462688	598661	3504496	65635	30356	333140
菏泽市	435321	289040	1298368	38151	19658	103616

12－15 续表 5 （2002 年） 单位：万元

地区	管理费用	利润总额	亏损企业亏损总额	利税总额	本年应交增值税	全部从业人员年平均人数（人）
全省总计	**5545515**	**6218859**	**458789**	**11619227**	**4161988**	**5563693**
济南市	659249	321339	80274	927128	384198	405436
青岛市	1008657	683990	107640	1494149	590085	770869
淄博市	582689	367574	72984	904699	425118	499445
枣庄市	202697	126240	9191	341271	167427	282405
东营市	310477	1269368	860	1765879	392962	139544
烟台市	559737	705874	79612	1173282	387124	583970
潍坊市	398243	400635	25300	824108	319593	506156
济宁市	460979	443359	24109	775848	285687	373213
泰安市	290392	133015	8591	331026	160327	348350
威海市	303017	724450	10296	1049891	253156	307255
日照市	59132	49269	2984	108218	51740	99757
莱芜市	106831	49061	4948	169246	103578	103548
临沂市	200899	200222	12657	395302	164085	309638
德州市	126063	298798	3597	523674	184662	225863
聊城市	113366	210928	5949	352398	115074	224827
滨州市	107487	182501	5325	342825	129968	154150
菏泽市	53316	36621	4473	103481	47203	97596

12－16 各市国有控股工业企业主要经济指标

（2002 年） 单位：万元

地　区	企业单位数（个）	#亏损企业	工业总产值	工业销售产值	工业增加值	资产合计
全省总计	**2082**	**498**	**42011174**	**41427624**	**14779394**	**66635177**
济南市	283	95	5653491	5569003	1901123	8427427
青岛市	252	73	6753644	6710580	1596625	7920112
淄博市	99	34	4297750	4282349	1361037	5678063
枣庄市	65	18	1057389	1047386	415237	1769722
东营市	33	7	4164959	4166541	2755055	5536433
烟台市	267	76	2646005	2639812	862735	4784972
潍坊市	120	28	2707277	2613130	768825	4077625
济宁市	118	27	2779912	2626095	1324478	5451335
泰安市	139	24	2255831	2202136	789975	3030517
威海市	106	12	1295959	1294523	349065	1566072
日照市	66	17	741180	717110	227808	1480240
莱芜市	22	10	990398	983847	334651	1547118
临沂市	160	32	1363847	1335690	472129	2293926
德州市	124	13	1033776	1023615	332426	1585729
聊城市	89	10	2128518	2118746	645370	2596371
滨州市	87	14	1617116	1600338	456730	2207211
菏泽市	51	8	494122	496724	156127	593830

12－16 续表 1　（2002 年） 单位：万元

地　区	流动资产小计	#产成品	流动资产年平均余额	固定资产原价	固定资产净值年平均余额	负债合计
全省总计	**24600053**	**2450859**	**23463473**	**49348944**	**28577367**	**39713021**
济南市	3756513	404322	3496284	4489363	2498227	5534883
青岛市	3677013	408098	3700207	4122541	2612862	4758852
淄博市	2161411	253985	2147672	5521383	2886895	3112836
枣庄市	592116	40740	504712	1344861	889523	1184858
东营市	655522	47210	732457	11473224	4588427	1732211
烟台市	2083648	259983	1999962	2958641	1845871	2776844
潍坊市	1745152	186730	1705408	2316952	1438210	2724707
济宁市	1967522	147735	1816766	3669567	2502140	3431084
泰安市	1323755	116112	1228763	1917456	1252741	1977243
威海市	621459	103052	602686	995220	722275	962448
日照市	414970	54316	380915	854989	702946	1155760
莱芜市	535602	59339	486935	1108592	760620	980339
临沂市	1029097	122946	953355	1344397	911620	1579694
德州市	667866	68634	623424	853272	604818	1099931
聊城市	1207463	81018	1081001	1302228	935307	1684253
滨州市	767171	64665	711146	1235690	874442	1285367
菏泽市	223884	28788	204396	448609	285743	423809

12－16 续表 2 （2002 年） 单位:万元

地区	所有者权益合计	#实收资本	产品销售收入	#产品销售费用	#产品销售税金及附加	#产品销售利润
全省总计	**26922157**	**15307438**	**44943840**	**1371031**	**831106**	**6476669**
济南市	2892545	1730694	5202297	190061	180906	664147
青岛市	3161260	1645040	6913025	222158	179612	712215
淄博市	2565228	1895515	4496213	92696	75660	400223
枣庄市	584864	411275	837615	37652	32616	208918
东营市	3804222	3113473	4000003	9086	94164	1534139
烟台市	2008129	1189940	2867225	101421	31912	419520
潍坊市	1352918	551618	2907728	92327	69114	325022
济宁市	2020250	799617	2909194	257781	34166	620757
泰安市	1053274	741042	1897788	75572	25425	308526
威海市	603624	254441	1115627	39778	16765	153751
日照市	324480	284161	715621	19671	2240	86114
莱芜市	566779	410465	852126	13617	6176	140719
临沂市	714232	411056	1421429	94639	15113	195314
德州市	485798	212135	1129582	30525	12588	122010
聊城市	912118	313359	2134686	55174	15756	242814
滨州市	921843	269040	1858642	30814	12508	213987
菏泽市	170021	88567	489844	7483	12230	47683

12－16 续表 3 （2002 年） 单位:万元

地区	管理费用	利润总额	亏损企业亏损总额	利税总额	本年应交增值税	全部从业人员年平均人数（人）
全省总计	**3099209**	**2667128**	**262877**	**5675976**	**2177741**	**2046430**
济南市	451425	95969	63951	521562	244688	205745
青岛市	391077	275337	27313	721070	266120	197111
淄博市	353388	26493	56915	297263	195110	186111
枣庄市	148676	35626	5440	156525	88283	127577
东营市	264430	1125242	341	1558811	339405	88172
烟台市	251260	133394	47771	302597	137291	160006
潍坊市	159113	128983	12205	338867	140770	109028
济宁市	345026	260439	17202	476655	189079	210385
泰安市	218147	64800	7524	191040	100815	226579
威海市	77773	54418	3147	123747	52563	48913
日照市	32750	21059	2114	51263	27965	40737
莱芜市	84193	26076	2466	105133	72881	52248
临沂市	112977	58342	8056	152380	78925	104445
德州市	51820	49928	2393	112393	49878	74007
聊城市	71929	155162	3282	249277	78360	89083
滨州市	59330	124464	787	227204	90233	61906
菏泽市	23610	15782	1972	53388	25376	33991

12－17 各市规模以上外商和港澳台投资工业主要经济指标

（2002 年）　　单位：万元

地　区	企业单位数（个）	#亏损企业	工业总产值	工业销售产值	工业增加值	资产合计
全省总计	**2385**	**541**	**17707902**	**17224508**	**5233651**	**16056232**
济南市	147	36	940157	901257	281308	864719
青岛市	866	292	4880591	4790215	1450402	4540780
淄博市	137	17	1280668	1222975	397519	1192771
枣庄市	32	5	360660	356801	112406	278761
东营市	9	1	39345	39422	13316	73516
烟台市	466	85	3530389	3415920	911773	2898557
潍坊市	222	40	1592876	1545569	441373	2044317
济宁市	38	4	853543	834540	327768	732173
泰安市	33	3	213636	221926	64235	176214
威海市	182	26	1982996	1905572	457470	708111
日照市	36	5	404165	393185	156233	736732
莱芜市	6	3	114847	113297	54703	25164
临沂市	94	10	451021	432866	143601	419291
德州市	27	2	351470	349486	211010	839941
聊城市	22	3	172360	172046	56494	155160
滨州市	36	3	451030	443230	128982	278453
菏泽市	32	6	88149	86202	25060	91574

12－17 续表 1　　（2002 年）　　单位：万元

地　区	流动资产小计	#产成品	流动资产年平均余额	固定资产原价	固定资产净值年平均余额	负债合计
全省总计	**7709723**	**965904**	**7330202**	**9628714**	**6278224**	**9002705**
济南市	463359	57312	415250	474306	298058	472322
青岛市	2510692	284255	2389119	2629547	1680051	2644250
淄博市	527454	75831	483952	687564	462293	643871
枣庄市	89472	8255	85279	212438	174424	183312
东营市	30746	2818	27832	48042	37045	46554
烟台市	1650680	235247	1600754	1455361	949228	1679305
潍坊市	922299	98381	897405	1071876	701426	1105322
济宁市	317804	49812	296830	502700	334638	402022
泰安市	79396	16098	79323	122500	82723	118546
威海市	384893	41255	364103	315754	216339	362415
日照市	142638	11347	133533	597595	525754	531440
莱芜市	8525	2747	10666	19866	13974	20097
临沂市	241953	29053	219360	193732	129566	305420
德州市	80592	10295	68958	1003992	462819	184633
聊城市	74906	5667	75108	91795	63585	73348
滨州市	138774	28460	138896	155463	107866	177064
菏泽市	45541	9073	43834	46183	38436	52784

12－17 续表 2　　(2002 年)　　单位:万元

地　　区	所有者权益合计	#实收资本	产品销售收入	#产品销售费用	#产品销售税金及附加	#产品销售利润
全省总计	**7053527**	**5016728**	**15655508**	**656697**	**52771**	**1855994**
济南市	392398	377089	845865	72163	6389	119519
青岛市	1896530	1872705	4652184	177588	2242	431918
淄博市	548900	321608	1232792	29476	7159	152112
枣庄市	95449	79601	155574	4560	271	21053
东营市	26962	24045	48337	1558	433	5519
烟台市	1219252	993170	3163099	164941	13890	385284
潍坊市	938994	354419	1468338	53844	2627	204206
济宁市	330152	223346	498725	25788	305	84763
泰安市	57667	52380	164821	8632	1579	18574
威海市	345696	215307	1643073	28970	4009	165033
日照市	205291	190439	378055	6276	4	62912
莱芜市	5067	12939	13393	359	4	658
临沂市	113871	100311	402053	64066	4788	46116
德州市	655308	50964	336078	2345	851	110027
聊城市	81812	49360	148444	2830	667	17339
滨州市	101389	67560	427548	10569	7368	26641
菏泽市	38789	31485	77129	2734	185	4321

12－17 续表 3　　(2002 年)　　单位:万元

地　　区	管理费用	利润总额	亏损企业亏损总额	利税总额	本年应交增值税	全部从业人员年平均人数(人)
全省总计	**715305**	**946420**	**121496**	**1585217**	**586026**	**782462**
济南市	52079	49351	16324	100200	44460	34808
青岛市	274824	129943	68953	226292	94107	295545
淄博市	45008	99062	4098	152941	46719	57149
枣庄市	4686	6005	370	33954	27678	13247
东营市	1358	2696	139	4757	1627	1732
烟台市	136408	192641	18515	299588	93058	125764
潍坊市	67333	131604	2986	193271	59040	79556
济宁市	20812	61576	788	136344	74464	16639
泰安市	8561	6019	300	14397	6800	10727
威海市	36529	112798	5250	152794	35988	46160
日照市	11860	21336	287	37121	15782	11579
莱芜市	1307	－883	1185	11689	12568	3816
临沂市	22761	16985	991	45974	24202	25290
德州市	12886	94009	172	126037	31177	8972
聊城市	6196	7920	552	12372	3786	14201
滨州市	9458	14298	248	34118	12453	28501
菏泽市	3241	1061	337	3366	2119	8776

12－18 各市规模以上高新技术产业主要经济指标

（2002 年）　　　　单位：万元

地　区	企业单位数（个）	#亏损企业	工业总产值	工业销售产值	工业增加值	资产合计
全省总计	**1509**	**209**	**19522811**	**19757419**	**5206509**	**16603570**
济南市	209	38	2420021	2329506	775504	2324572
青岛市	253	62	7769641	7748744	1591560	5112653
淄博市	137	12	2006624	1983328	632709	2112313
枣庄市	42	1	175556	169571	40663	97864
东营市	40	2	384016	377094	126816	277070
烟台市	217	33	2267498	2225653	570974	2058765
潍坊市	140	10	567030	552580	153738	639908
济宁市	75	9	621946	596541	205516	975237
泰安市	64	7	582950	565719	176037	716363
威海市	96	6	1762712	1695586	426969	691429
日照市	23	2	102520	102671	27025	140725
莱芜市	11	3	30021	29938	9889	20354
临沂市	56	6	444820	424958	146246	393971
德州市	61	5	287775	281529	97877	207980
聊城市	38	5	433864	425897	133244	505462
滨州市	20	4	125936	115580	54201	177440
菏泽市	27	4	134764	132526	37542	151463

12－18 续表 1　　（2002 年）　　单位：万元

地　区	流动资产小计	#产成品	流动资产年平均余额	固定资产原价	固定资产净值年平均余额	负债合计
全省总计	**8791607**	**1198197**	**8359079**	**7532011**	**4532620**	**9185332**
济南市	1248378	206887	1155302	884238	564874	1388533
青岛市	2990850	413592	2885108	1478942	941100	2678635
淄博市	897872	114739	845847	2080581	971889	996409
枣庄市	48591	8075	47781	52853	33068	51285
东营市	126978	11878	116438	151904	106599	143527
烟台市	1091530	144493	1034547	803549	546067	1204579
潍坊市	397505	48870	360258	214335	137199	397438
济宁市	399202	53559	381897	500986	351671	582168
泰安市	386634	48492	373032	413229	242382	398202
威海市	386455	42946	379624	283187	187601	405630
日照市	72064	11937	67437	53138	38890	88141
莱芜市	12121	2574	14304	9986	7124	14981
临沂市	210546	28014	195271	175999	110705	250794
德州市	97072	14986	96326	83249	62120	118604
聊城市	278814	25262	264246	194086	125116	265522
滨州市	70352	7748	67406	91539	60527	106882
菏泽市	76643	14147	74257	60211	45689	94002

12－18 续表 2　　(2002 年)　　单位:万元

地　　区	所有者权益合计	#实收资本	产品销售收入	#产品销售费用	#产品销售税金及附加	#产品销售利润
全省总计	**7418238**	**3361039**	**19130343**	**1015667**	**66063**	**2019330**
济南市	936040	633398	2296438	190392	11723	315973
青岛市	2434018	720700	7731357	410585	15075	589003
淄博市	1115904	424765	2056851	71446	9518	218778
枣庄市	46579	29967	153097	4642	804	16223
东营市	133542	51712	365810	8601	1461	50863
烟台市	854186	521044	1902991	80086	5228	253136
潍坊市	242470	101123	565806	32180	3386	78953
济宁市	393068	232270	596209	27420	4456	78347
泰安市	318161	175533	540987	22142	2641	88763
威海市	285799	142061	1486556	46629	4669	143782
日照市	52585	26946	103431	6476	1048	15522
莱芜市	5374	5030	26084	1010	101	1462
临沂市	143177	60525	402711	60209	1778	46609
德州市	89376	54801	284009	10321	1348	27099
聊城市	239940	100863	375169	27463	1719	62015
滨州市	70558	36752	113710	6973	487	13816
菏泽市	57461	43549	129127	9091	621	18987

12－18 续表 3　　(2002 年)　　单位:万元

地　　区	管理费用	利润总额	亏损企业亏损总额	利税总额	本年应交增值税	全部从业人员年平均人数(人)
全省总计	**947541**	**889122**	**81655**	**1561144**	**605958**	**557242**
济南市	166221	68230	34395	159522	79569	79657
青岛市	314136	316705	8556	513836	182056	113056
淄博市	107734	81226	5209	175509	84765	79883
枣庄市	6260	7806	111	14855	6245	9956
东营市	9987	35749	66	46806	9595	11502
烟台市	117370	77877	22643	142688	59582	62954
潍坊市	35854	29512	2586	52258	19360	30325
济宁市	34719	37143	1436	68919	27321	37843
泰安市	38344	38094	994	66396	25661	27889
威海市	41072	97844	1003	143894	41381	29798
日照市	6881	7066	58	11613	3499	7916
莱芜市	1533	234	842	1299	964	1720
临沂市	25186	20896	1645	45671	22997	20090
德州市	10680	17709	185	33460	14403	11657
聊城市	19883	36250	1660	56804	18835	18445
滨州市	4661	7889	105	12299	3923	5817
菏泽市	7020	8894	161	15317	5802	8734

12－19 各市规模以上非公有工业主要经济指标

（2002年）　　单位：万元

地区	企业单位数（个）	#亏损企业	工业总产值	工业销售产值	工业增加值	资产合计
全省总计	**8377**	**1047**	**45461718**	**44155651**	**12868357**	**35949602**
济南市	489	57	2712900	2624117	823628	1839125
青岛市	1541	414	7714202	7492328	2270508	6706054
淄博市	646	56	3813927	3681667	1177894	3394516
枣庄市	360	19	1586636	1546798	362581	1048023
东营市	168	9	1449138	1409237	440889	1319882
烟台市	992	151	6354087	6142474	1687395	4896477
潍坊市	1107	107	5008049	4873402	1299566	4162182
济宁市	311	24	1841111	1771467	563651	2162509
泰安市	275	11	1352162	1340147	394359	1102306
威海市	417	40	5450238	5257260	1369692	2405742
日照市	124	17	540227	525162	158409	500555
莱芜市	49	7	233356	230464	58707	264256
临沂市	579	36	1922561	1875793	528874	1502541
德州市	602	19	2194241	2155625	782046	2031735
聊城市	275	23	1173335	1154056	352332	908715
滨州市	234	31	1447505	1424094	420579	1134959
菏泽市	208	26	668043	651560	177247	570027

12－19续表1　　（2002年）　　单位：万元

地区	流动资产小计	#产成品	流动资产年平均余额	固定资产原价	固定资产净值年平均余额	负债合计
全省总计	**17737547**	**2814383**	**16729064**	**19026503**	**12760819**	**21313899**
济南市	957606	136567	826152	886784	603222	1026622
青岛市	3756434	478524	3590360	3406598	2252233	4065175
淄博市	1589348	275692	1478415	1991784	1279567	2015021
枣庄市	368373	60140	369691	731630	525701	686984
东营市	556796	58622	528248	642134	507252	731242
烟台市	2651573	425640	2560605	2435813	1610475	2845857
潍坊市	2060463	361231	1974030	2112826	1407623	2565200
济宁市	966598	170258	881008	1146853	781630	1271311
泰安市	561389	87077	520087	524491	367811	736073
威海市	1311630	251448	1242165	1128287	725709	1309681
日照市	228322	44661	219757	248378	173519	325849
莱芜市	93749	17081	91057	181351	116465	195860
临沂市	764736	139828	716243	739538	527778	1033252
德州市	533336	86748	507358	1625055	956578	839402
聊城市	487078	67265	443034	407245	306480	592355
滨州市	589977	96923	535044	531172	381574	716107
菏泽市	260141	56679	245812	286565	237204	357908

12－19 续表 2 （2002 年） 单位：万元

地　区	所有者权益合计	#实收资本	产品销售收入	#产品销售费用	#产品销售税金及附加	#产品销售利润
全省总计	**14635704**	**9146583**	**41315596**	**1406356**	**265544**	**4433797**
济南市	812503	597172	2449991	172114	26855	311832
青岛市	2640879	2243054	7177806	254876	19422	658760
淄博市	1379494	793111	3658073	123991	19867	427314
枣庄市	361039	242522	1386773	32261	10925	138115
东营市	588640	215516	1421500	28259	8242	191457
烟台市	2050620	1414644	5624529	234282	30222	627677
潍坊市	1596982	812643	4479605	134354	25921	464471
济宁市	891198	562462	1785578	72266	16235	228648
泰安市	366233	216031	1131859	34888	7887	121889
威海市	1096061	592736	4452159	93603	23447	485695
日照市	174706	102154	517619	16158	4021	54416
莱芜市	68396	34243	221813	7555	8136	22160
临沂市	469289	374587	1750973	63870	11120	175442
德州市	1192333	361525	2130101	48486	21969	287293
聊城市	316360	170013	1113218	36722	9552	96651
滨州市	418852	253823	1381162	28797	15695	97648
菏泽市	212118	160349	632839	23873	6030	44330

12－19 续表 3 （2002 年） 单位：万元

地　区	管理费用	利润总额	亏损企业亏损总额	利税总额	本年应交增值税	全部从业人员年平均人数（人）
全省总计	**1694016**	**2220200**	**171370**	**3776911**	**1291168**	**2478177**
济南市	129430	145410	12400	264866	92602	105877
青岛市	394768	216340	76945	389270	153508	455576
淄博市	147076	229411	11362	388854	139576	198385
枣庄市	39503	63628	1614	134405	59852	103881
东营市	38463	129308	518	186019	48470	42249
烟台市	231092	300236	26923	506046	175588	275523
潍坊市	200120	201799	11989	365691	137972	314879
济宁市	90039	142983	6378	234272	75054	109158
泰安市	54506	44111	1041	92762	40764	81155
威海市	122634	324638	6903	445490	97405	145269
日照市	21529	21651	610	43627	17955	43528
莱芜市	10374	6585	1589	30065	15344	15732
临沂市	57695	67621	4305	129038	50297	133806
德州市	59703	212031	486	338485	104485	108242
聊城市	35707	47012	2515	88116	31552	121138
滨州市	38684	49849	3746	98511	32968	75135
菏泽市	22694	17588	2047	41395	17777	48644

12－20 各市规模以上工业主要财务分析指标

（2002 年）

地区	资金利税率（%）	工业增加值率（%）	产值利税率（%）	销售产值利税率（%）	资产负债率（%）	流动资产周转率（次）	成本费用利润率（%）	全员劳动生产率（元/人）	产品销售率（%）
全省总计	**12.24**	**26.92**	**10.11**	**10.34**	**59.68**	**2.43**	**6.02**	**62918**	**97.77**
济南市	11.35	28.64	9.19	9.39	63.65	2.01	3.73	80403	97.82
青岛市	9.90	23.28	7.24	7.36	59.41	2.25	3.58	70337	98.35
淄博市	9.69	27.10	8.82	9.03	58.62	2.36	3.73	64079	97.67
枣庄市	13.49	24.91	10.66	10.87	66.72	2.84	5.04	32380	98.03
东营市	26.81	47.41	30.11	30.33	37.12	4.11	30.48	234474	99.26
烟台市	11.63	25.08	8.52	8.76	56.74	2.36	6.11	65505	97.20
潍坊市	11.09	22.64	9.07	9.34	63.91	2.13	4.92	48300	97.06
济宁市	11.87	35.14	14.56	15.23	61.92	1.95	9.41	56376	95.62
泰安市	9.07	29.62	8.15	8.30	65.83	1.88	4.09	38663	98.29
威海市	21.98	22.93	8.26	8.50	59.06	4.11	7.68	102656	97.18
日照市	6.80	26.60	7.45	7.68	74.44	2.34	3.66	43632	96.94
莱芜市	8.91	26.38	10.15	10.29	64.87	1.89	3.51	49737	98.72
临沂市	10.37	25.71	8.44	8.62	66.29	2.33	4.70	43815	97.95
德州市	16.81	30.41	13.56	13.75	55.70	2.91	8.50	58541	98.59
聊城市	11.92	25.96	9.86	9.94	65.91	2.33	6.36	46910	99.18
滨州市	12.21	25.33	10.27	10.43	60.56	2.75	5.52	62421	98.51
菏泽市	8.65	24.92	7.64	7.72	69.32	2.14	2.92	39513	99.01

12－21 各市国有控股工业主要财务分析指标

（2002 年）

地区	资金利税率（%）	工业增加值率（%）	产值利税率（%）	销售产值利税率（%）	资产负债率（%）	流动资产周转率（次）	成本费用利润率（%）	全员劳动生产率（元/人）	产品销售率（%）
全省总计	**10.91**	**30.16**	**13.51**	**13.70**	**59.60**	**1.95**	**6.39**	**72220**	**98.61**
济南市	8.70	29.28	9.23	9.37	65.68	1.57	1.94	92402	98.51
青岛市	11.42	20.15	10.68	10.75	60.09	1.95	4.22	81001	99.36
淄博市	5.90	26.93	6.92	6.94	54.82	1.97	0.60	73130	99.64
枣庄市	11.23	33.40	14.80	14.94	66.95	1.70	4.64	32548	99.05
东营市	29.30	55.44	37.43	37.41	31.29	5.18	42.25	312464	100.04
烟台市	7.87	27.95	11.44	11.46	58.03	1.45	4.89	53919	99.77
潍坊市	10.78	23.35	12.52	12.97	66.82	1.62	4.71	70516	96.52
济宁市	11.04	43.11	17.15	18.15	62.94	1.67	10.89	62955	94.47
泰安市	7.70	30.98	8.47	8.68	65.24	1.63	3.54	34865	97.62
威海市	9.34	23.61	9.55	9.56	61.46	1.64	5.19	71364	99.89
日照市	4.73	26.93	6.92	7.15	78.08	2.11	3.03	55922	96.75
莱芜市	8.43	27.99	10.62	10.69	63.37	1.83	3.17	64050	99.34
临沂市	8.17	29.22	11.17	11.41	68.86	1.56	4.29	45204	97.94
德州市	9.15	27.47	10.87	10.98	69.36	1.74	4.65	44918	99.02
聊城市	12.36	26.27	11.71	11.77	64.87	2.14	7.80	72446	99.54
滨州市	14.33	24.04	14.05	14.20	58.23	2.79	7.20	73778	98.96
菏泽市	10.89	26.69	10.80	10.75	71.37	2.35	3.38	45932	100.53

12－22 主要工业产品产量

（2002年）

名　　称	单　位	生产量	名　　称	单　位	生产量
原　煤	吨	130659705	混纺交织布	万米	103224
无烟煤	吨	4243591	纯化纤布	万米	85391
烟　煤	吨	122183958	印染布	万米	133499
#炼焦烟煤	吨	104549563	帘子布	吨	17174
褐　煤	吨	4232155	绒线(毛线)	吨	69656
洗　煤	吨	33520336	呢　绒	万米	2263
#洗精煤	吨	30146364	苎麻布及亚麻布	米	1464200
天然原油	吨	26715118	丝	吨	7345
天然气	万立方米	75002	丝织品	万米	3286
铁矿石原矿量	吨	8816470	印染丝织品	万米	11087
铁矿石成品矿	吨	5572332	针棉织品折用纱线量	吨	126417
铜精矿含铜量	吨	6456	非织造布	吨	8043
金矿含金量(包括精矿、块矿、砂金)	吨	14420	服　装	万件	92245
硫铁矿(折含S35%)	吨	313467	梭织服装	万件	20232
原　盐	吨	7277060	西服及西服套装	万件	1700
石　棉	吨	1858	衬　衫	万件	1201
石　墨	吨	270487	儿童服装	万件	498
大　米	吨	9768	针织服装	万件	71493
小麦粉	万吨	684	羽绒服装	万件	519
配混合饲料	吨	3456250	缝制帽	万顶	3061
食用植物油	吨	1813034	布　鞋	万双	7055
机制糖	吨	36147	轻　革	平方米	29753359
鲜、冻畜肉	吨	1173728	皮　鞋	万双	3468
水产加工品	吨	1792945	革皮服装	件	8591556
糖　果	吨	50453	皮包、袋	万个	3821
糕　点	吨	3626	毛皮服装	件	2825
饼　干	吨	111569	锯　材	立方米	148202
方便主食品	吨	498258	人造板	立方米	1928636
#方便面	吨	134021	胶合板	立方米	1062925
乳制品	吨	142723	纤维板	立方米	381812
罐　头	吨	108315	刨花板	立方米	147758
味　精	吨	197514	人造板二次加工装饰板	平方米	245670
酱　油	吨	140810	生产用木制品	千元	481354
淀　粉	吨	3092871	生活用木制品	千元	180419
冷冻饮品	吨	14057	家　具	件	5593963
发酵酒精	吨	457053	木制家具	件	4468564
饮料酒	吨	3896334	金属家具	件	459800
白　酒	吨	650701	软体家具(包括床垫、沙发)	件	506234
啤　酒	吨	3103531	纸　浆	吨	1991859
葡萄酒	吨	124701	机制纸	吨	4287818
软饮料	吨	669839	新闻纸	吨	165840
碳酸饮料	吨	223950	凸版纸	吨	118051
果汁及果汁饮料	吨	186468	胶印书刊纸	吨	197912
瓶(罐)装饮用水	吨	216031	机制纸板	吨	2371463
液体乳	吨	206228	纸制品	吨	452973
精制茶	吨	46	纸箱	吨	224586
复烤烟叶	吨	25803	单色印刷品	万令	759
卷　烟	箱	2139983	多色印刷品	万对开色令	1346
一类卷烟	箱	28638	激光盘	片	17980000
二类卷烟	箱	105118	本　册	万本	5432
三类卷烟	箱	402705	铅　笔	万支	272802
四类及以下卷烟	箱	1603520	体育用品及用具	千元	303504
皮　棉	吨	589685	西乐器	千元	143954
纱	吨	1422580	玩　具	千元	2274505
布	万米	395427	原油加工量	吨	21271405
棉　布	万米	206810	汽　油	吨	2916507

12－22续表1　　(2002年)

名　　称	单　位	生产量
#车用汽油	吨	2591517
溶剂油	吨	410682
煤　油	吨	467314
#灯用煤油	吨	10507
柴　油	吨	6091250
润滑油	吨	129557
燃料油	吨	3387342
石油沥青	吨	2040933
液化石油气	吨	696321
炼厂干气	吨	462338
焦　炭	吨	3697289
#机械化焦炉生产的焦炭	吨	3610551
硫酸(折100%)	吨	3350630
浓硝酸(折100%)	吨	279006
盐酸(含量31%以上)	吨	644828
氢氧化钠(烧碱)(折100%)	吨	1321850
#离子膜法烧碱	吨	150946
碳酸钠(纯碱)	吨	1708201
轻质碳酸钙	吨	164177
硫化碱	吨	26897
三聚磷酸钠	吨	51004
硅酸钠(包括偏硅酸钠)	吨	571992
红矾钠	吨	27370
碳化钙(电石)(折300升/千克)	吨	7704
商品液氯	吨	485269
合成氨	吨	4394424
农用氮、磷、钾化学肥料(折纯)	吨	4561414
氮肥(折含N100%)	吨	3483579
#尿素	吨	2296452
磷肥(折含P2O5100%)	吨	676890
钾　肥	吨	400944
硝酸磷肥	吨	2748
化学农药	吨	77071
杀虫剂	吨	30490
杀菌剂	吨	5172
除草剂	吨	29484
农药乳剂(实物量)	吨	34964
乙　烯	吨	522718
丙　烯	吨	391731
丁二烯	吨	109868
纯　苯	吨	182355
对二甲苯	吨	52493
苯乙烯	吨	65245
精甲醇	吨	153226
丁　醇	吨	50963
辛　醇	吨	88042
甲　醛	吨	318660
苯二甲酸酐	吨	194076
油　漆	吨	148092
建筑涂料	吨	4236
油　墨	吨	3632
颜料	吨	39659
染　料	吨	29022
塑料树脂及共聚物	吨	1081281
聚氯乙烯树酯	吨	388114
聚乙烯树酯	吨	386058
聚丙烯树酯	吨	170917
合成橡胶	吨	170108
顺丁橡胶	吨	41945
合成纤维单体	吨	125326
合成纤维聚合物	吨	93890
聚　脂	吨	90786
化学试剂	吨	1163
催化剂	吨	29557
塑料助剂	吨	305050
印染助剂	吨	24817
橡胶助剂	吨	34270
炭　黑	吨	82722
表面活性剂	吨	4257
粘合剂	吨	11481
炸　药	吨	112793
雷　管	万支	21471
磁带(折6.30毫米)	万米	27318
饲料添加剂	吨	30344
食品添加剂	吨	6382
肥　皂	吨	15311
合成洗涤剂	吨	263292
合成洗衣粉	吨	236700
香　精	吨	219
化妆品	千元	180409
牙膏(自然支)	万支	1575
火　柴	件	2916374
化学原料药	吨	104473
中成药	吨	14222
化学纤维	吨	520635
化纤用浆粕	吨	91974
粘胶纤维	吨	97743
合成纤维	吨	422892
锦纶纤维	吨	44720
涤纶纤维	吨	259757
腈纶纤维	吨	72282
丙纶纤维	吨	38334
轮胎外胎	条	56498368
子午线轮胎外胎	条	7938366
力车胎外胎	万条	3414
输送带	平方米	18964924
三角带	万A米	2254
橡胶胶管	万标米	7929
胶　鞋	万双	6135
塑料制品	吨	844821
塑料薄膜	吨	219458
农用薄膜	吨	152205
塑料板片材	吨	63844
塑料棒管材	吨	102841
塑料丝及编织制品	吨	241691
塑料人造革	吨	5144
塑料合成革	吨	1
泡沫塑料	吨	17102
塑料包装箱及容器	吨	20928
塑料鞋	吨	332
日用塑料制品	吨	62959
其它塑料制品	吨	110518
水　泥	万吨	8238
水泥排水管	吨	191538

名称	单位	生产量	名称	单位	生产量
水泥压力管	吨	79653	铜加工材	吨	77038
水泥电杆	吨	266132	铜盘条	吨	1336
水泥预制构件	立方米	1159387	铝　材	吨	125829
石棉水泥瓦	平方米	461976	金属结构制品	吨	159111
砖(折标准砖)	万块	154514	铸铁管	吨	181247
瓦	万片	58431	金属切削工具	万件	788
大理石板材	平方米	663403	模　具	套	10973
花岗石板材	平方米	9629729	手工工具	万把	25875
加气混凝土	立方米	407556	金属集装箱	立方米	3963915
石膏板	平方米	101202524	金属制包装物品	吨	5679
油毡油纸	卷	9097989	金属制液体贮藏罐	吨	97360
平板玻璃	重量箱	19243770	金属制气体贮藏罐	吨	5262
日用玻璃制品	吨	1621745	钢丝网	吨	13260
玻璃保温容器	万个	192	钢　钉	吨	14524
釉面砖	万平方米	14154	钢　丝	吨	28843
墙地砖	万平方米	29993	钢丝绳	吨	35393
卫生陶瓷	吨	37925	建筑用金属品	吨	16553
工业陶瓷	吨	102149	搪瓷制品	吨	10068
日用陶瓷	万件	176271	日用精铝制品	吨	48
石棉制品	吨	6541	日用不锈钢制品	吨	1745
耐火材料制品	吨	641659	剪　刀	万把	83
石墨及碳素制品	吨	143106	锁	万把	34343
玻璃纤维纱	吨	94566	燃气用具	台	268127
磨　具	吨	9013	#燃气热水器	台	449
生　铁	吨	9603984	焊　条	吨	56399
钢	吨	10006519	工业锅炉	蒸发量吨	14507
普通碳素钢	吨	4553034	电站锅炉	蒸发量吨	6590
普通低合金钢	吨	3751904	内燃机	万千瓦	2106
合金钢	吨	474759	电站汽轮机	千瓦	1005600
其它优质钢	吨	1226822	金属切削机床	台	37737
成品钢材	吨	10183238	高精度机床	台	48
普通大型钢材	吨	226754	数控机床	台	2157
普通中型钢材	吨	930857	大型机床	台	143
普通小型钢材	吨	2711870	锻压设备	吨	50660
优质型钢材	吨	898467	铸造机械	台	2732
冷弯(拔)型钢材	吨	28453	风动工具	台	93180
线　材	吨	1767845	起重设备	吨	78291
特厚钢板	吨	58448	升降移动机械	台	9244
中厚钢板	吨	1767543	叉　车	台	801
钢　带	吨	979184	输送机械	米	56182
无缝钢管	吨	489234	给料机械	台	44
焊接钢管	吨	241569	装卸机械	台	1220
其它成品钢材	吨	83014	工矿车辆	辆	2403
铁合金	吨	307	泵	台	224902
十种有色金属	吨	266313	风　机	台	106799
铜	吨	41468	气体压缩机	台	844
#矿产铜	吨	33112	减速机	台	34377
铅	吨	1079	制冷空调设备	台(套)	88
铝	吨	223644	电动工具	台	60103
#矿产铝	吨	66018	轴　承	万套	15275
镁	吨	122	阀　门	吨	25752
氧化铝	吨	849626	液压元件	件	1282370
黄　金	千克	59486	液力件	件	105559
白银	千克	142839	密封件	万件	2733
铝合金	千克	34997	粉末冶金制品	吨	3093

名　　称	单　位	生 产 量	名　　称	单　位	生 产 量
标准紧固件	吨	28363	钢芯铝绞线	吨	38077
工业链条	吨	4956	裸铜线及铜电车线	吨	10823
齿　轮	吨	13738	绝缘制品	吨	37826
铸　件	吨	1011627	蓄电池	千伏安时	1076340
锻　件	吨	252585	干电池(折一号电池)	万只	203026
矿山设备	吨	26781	家用洗衣机	台	3586396
工矿配件	吨	36710	家用电冰箱	台	4205534
冶炼设备	吨	7032	冷冻箱	台	2134669
金属轧制设备	吨	1647	家用电风扇	台	658188
石油钻采设备	吨	12517	房间空气调节器	台	3587330
化工设备	吨	15217	排油烟机	台	27532
塑料加工设备	吨	24931	电淋浴器	台	163924
印刷机	吨	1136	微波炉	台	607000
装订机械	吨	396	电饭锅	个	396889
水泥设备	吨	7784	灯　泡	万只	22372
烟草加工机械	台(条、组)	77	灯　具	万只	4803
粮食加工机械	台	63341	电焊机	台	3231
饲料加工机械	台	4743	微波通信设备	部	113
包装机械	台	12727	光通信设备	部	488
棉花加工设备	台	2036	程控交换机	线	2789237
棉纺织设备	吨	22245	数字程控交换机	线	2789237
丝绸、绢纺机械设备	吨	14273	电话单机	部	368386
染整机械设备	吨	1433	移动电话机	部	3121153
针织机械设备	吨	1994	BP 机	部	60620
造纸机械	台	5560	传真机	部	832319
大中型拖拉机	台	8467	雷　达	部	14
小型拖拉机	台	782839	电子计算机	部	26489
收获机械	台	25896	微型电子计算机	部	436312
水工机械	吨	380	显示器	部	324506
农业运输机械	辆	1942038	打印机	部	787915
手术器械	千元	18235	半导体分立器件	万只	265837
医疗仪器设备	千元	5624	半导体集成电路	万块	119
诊断用品	千元	429235	电子元件	万只	507093
铲土运输机械	台	13625	彩色电视机	部	4500900
压实机械	台	3413	黑白电视机	部	68558
混凝土机械	台	5298	激光视盘机	台	8850
缝纫机	架	9355	自动化仪表及系统	台(套)	2248247
大气污染防治设备	吨	896	电工仪器仪表	台	1555634
冷藏加工设备	台(套、座)	10	光学仪器	台	16206
机　车	千瓦	119638	成分分析仪器	台	1554
铁路客车	辆	986	试验机	台	2731
货　车	辆	3300	汽车仪器仪表	台	152
汽　车	辆	108226	仪表元件	万件	956
载货汽车	辆	100997	量　具	件	1873951
公路客车	辆	2700	量　仪	件	149
改装汽车	辆	36047	台　秤	台	269217
摩托车	辆	694214	地上衡	台	6001
自行车	辆	299612	电影机械	台	2001
民用钢质船舶	综合吨	358824	打字油印机械	台	5288
民用钢质船舶	进度完工量	345173	钟	只	5038392
发电设备	千瓦	2145696	表	只	1093364
汽轮发电机	千瓦	2145696	工艺美术制品	千元	4896013
交流电动机	千瓦	9917651	眼　镜	付	22900
变压器	千伏安	34813431	伞	把	183258
互感器	台	71287	发电量	万千瓦小时	12500407
高压断路器	台	1877	火电	万千瓦小时	12207259
高压开关板	面	8427	水电	万千瓦小时	93
低压开关板	面	1657932	供电量	万千瓦小时	13223608
电力电缆	公里	137959	供热量	万百万千焦	23756
通讯电缆	公里	8994291	煤　气	万立方米	895802
电　线	公里	227006	自来水生产量	万吨	161835

十三、建 筑 业

CONSTRUCTION

简要说明：

本篇收集了2002年我省建筑业资质企业生产经营情况。

主要内容：全省建筑业企业主要生产指标情况、全省建筑业企业主要财务指标情况、全省各市建筑业企业主要生产指标情况、全省各市建筑业企业主要财务指标情况。

资料来源：山东省辖区内所有具有建筑业原资质等级五级及五级以上和新资质等级三级及三级以上企业的2002年年报资料。

编辑单位：投资处

编　　委：王光锋

编　　辑：潘光臣

校　　对：潘光臣

电　　话：6129479

13－1 主要年份建筑业总产值

单位：亿元

年份	总计	国有经济	中央	地方	集体经济	#城镇
1957	1.32	1.32	0.67	0.65		
1962	1.20	0.99	0.44	0.55	0.21	0.21
1965	2.51	1.66	0.53	1.13	0.85	0.85
1970	3.02	1.76	0.76	1.00	1.26	1.26
1975	7.24	4.66	2.27	2.39	2.58	2.58
1978	11.34	7.62	2.54	5.08	3.72	3.72
1979	11.96	8.14	2.62	5.52	3.82	3.82
1980	14.26	9.76	4.01	5.75	4.50	4.50
1981	13.42	9.41	4.98	4.43	4.01	4.01
1982	14.50	9.46	4.41	5.05	5.04	5.04
1983	15.89	10.45	4.56	5.89	5.44	5.44
1984	23.07	16.25	8.62	7.63	6.82	6.82
1985	31.21	22.05	12.21	9.84	9.16	9.16
1986	34.71	24.44	14.87	9.57	10.27	10.27
1987	40.91	28.67	17.51	11.16	12.24	12.24
1988	49.38	33.34	20.04	13.30	16.04	16.04
1989	55.24	37.94	22.36	15.71	17.30	17.30
1990	58.89	40.60	24.27	16.33	18.29	18.29
1991	71.40	47.77	27.40	20.38	32.63	32.63
1992	98.66	61.86	32.81	29.05	36.81	36.81
1993	141.14	93.32	46.57	46.75	46.71	46.71
1994	206.42	133.92	78.70	55.22	65.13	65.13
1995	257.95	163.73	92.25	71.48	82.08	82.08
1996	593.90	198.27	101.45	96.82	363.92	100.44
1997	652.59	228.26	112.47	115.79	387.09	120.19
1998	702.64	279.97	104.79	135.25	328.63	102.06
1999	770.80	248.19	113.14	135.05	326.12	113.55
2000	820.52	249.48	120.37	129.11	310.30	110.27
2001	986.49	246.45	94.37	152.08	286.76	189.22
2002	1153.24	254.86	86.30	168.56	274.99	186.23

注：1995年前不含县以下集体施工企业。

13－2 主要年份建筑业企业从业人数

单位:万人

年份	总计	国有经济			集体经济	
			中央	地方		#城镇
1957	4.21	4.21	2.14	2.07		
1962	6.48	4.91	2.13	2.78	1.56	1.56
1965	7.35	4.77	1.52	3.25	2.59	2.59
1970	10.31	5.76	2.66	3.10	4.52	4.52
1975	18.81	11.33	5.36	5.97	7.47	7.47
1978	25.20	16.21	5.40	10.81	9.07	9.07
1979	26.00	16.96	6.24	10.72	8.88	8.88
1980	26.91	18.07	8.91	9.16	9.00	9.00
1981	28.55	19.20	11.07	8.20	9.11	9.11
1982	27.36	17.52	9.00	8.71	9.51	9.51
1983	27.88	18.02	6.42	11.55	9.71	9.71
1984	33.93	22.26	9.37	12.93	11.56	11.56
1985	40.53	26.89	13.13	13.67	13.47	13.47
1986	38.57	24.69	15.17	9.67	13.88	13.88
1987	39.34	24.50	14.97	9.62	14.93	14.93
1988	40.48	24.88	14.74	10.08	15.73	15.73
1989	38.90	22.86	13.63	10.83	14.54	14.54
1990	38.15	21.83	11.65	10.18	14.87	14.87
1991	39.72	23.83	12.51	11.32	15.89	15.89
1992	45.10	23.44	11.66	11.78	19.85	19.85
1993	52.78	29.57	11.87	17.70	22.94	22.94
1994	66.22	37.17	20.10	17.07	27.36	27.36
1995	66.84	35.32	14.91	20.40	29.13	29.13
1996	188.02	40.96	14.82	26.14	138.19	38.19
1997	175.78	40.49	14.39	26.10	126.15	40.15
1998	169.11	38.59	11.28	27.30	100.52	31.99
1999	164.95	33.56	10.86	22.70	92.07	26.96
2000	171.94	31.80	10.27	21.53	85.33	25.60
2001	181.07	29.15	8.15	21.00	71.17	50.65
2002	183.56	23.08	4.57	18.50	61.28	39.98

注:1995年前不含县以下集体施工企业。

13－3 建筑业主要生产指标

（2002 年）

类　　别	企业个数（个）	建筑业总产值（万元）	竣工产值（万元）	单位工程施工个数（个）	单位工程竣工个数（个）	房屋建筑施工面积（万平方米）	房屋建筑竣工面积（万平方米）	# 住 宅	年末从业人员（万人）
总　计	**4414**	**11532447**	**8407118**	**68129**	**45459**	**15184.09**	**8064.93**	**4657.37**	**183.56**
一、按登记注册类型分									
内资企业	4338	11475679	8339031	67827	45222	15149.46	8044.37	4651.98	182.72
国有企业	539	2548632	1882447	13382	8161	2220.72	971.08	494.89	23.08
集体企业	1332	2749864	2017881	17652	11793	4605.66	2633.65	1614.78	61.28
股份合作企业	143	306419	198509	2101	1098	482.12	285.12	167.19	5.97
联营企业	12	170627	167667	3750	3711	30.32	16.88	9.05	1.83
国有联营企业	4	9674	9674	31	31	2.00	2.00	0.51	0.11
集体联营企业	4	8615	5467	188	176	12.96	2.60	2.60	0.17
国有与集体联营企业									
其他联营企业	4	152338	152526	3531	3504	15.36	12.28	5.93	1.55
有限责任公司	971	3405386	2363860	17864	12094	4327.44	2210.22	1256.38	47.54
国有独资公司	8	267876	186366	746	424	375.94	163.11	48.47	2.55
其他有限责任公司	963	3137510	2177494	17118	11670	3951.50	2047.11	1207.91	44.99
股份有限公司	222	845158	602203	4352	2610	1199.78	613.88	335.70	12.40
私营企业	1113	1444785	1103067	8684	5733	2275.02	1309.87	771.12	30.47
私营独资企业	101	130644	88512	857	582	196.01	112.73	77.71	2.72
私营合伙企业	24	20108	18144	115	86	18.52	11.68	7.09	0.42
私营有限责任公司	894	1185999	923392	7082	4680	1888.20	1080.95	627.39	24.68
私营股份有限公司	94	108034	73019	630	385	172.29	104.51	58.93	2.65
其他企业	6	4808	3397	42	22	8.39	3.66	2.87	0.15
港、澳、台商投资企业	57	36903	56914	161	135	15.78	12.02	4.31	0.61
合资经营企业（港或澳、台资）	38	30244	51359	101	89	15.78	12.02	4.31	0.56
合作经营企业（港或澳、台资）									
港、澳、台商独资经营企业	19	6659	5555	60	46				0.04
港、澳、台商投资股份有限公司									
外商投资企业	19	19865	11173	141	102	18.85	8.54	1.08	0.24
中外合资经营企业	11	11496	3681	39	15	13.12	2.81	1.08	0.16
中外合作经营企业	1								
外资企业	6	6821	5944	85	70				0.05
外商投资股份有限公司	1	1548	1548	17	17	5.73	5.73		0.03
二、按国民经济行业分									
土木工程建筑业	3277	10262454	7343968	54267	34686	15006.32	7942.36	4617.21	168.23
房　屋	2784	8140510	5899383	41568	24831	14573.16	7706.25	4513.77	148.51
矿　山	9	59508	48418	537	366	46.81	31.21	4.52	0.94
铁路公路隧道桥梁	104	982545	578390	2485	1737	52.29	28.96	16.24	6.39
堤坝电站码头	41	406282	291044	1746	889	49.15	15.32	5.87	2.33
其他土木工程	339	673609	526733	7931	6863	284.90	160.62	76.81	10.07
线路管道设备安装业	510	1010117	858015	13854	10767	176.52	121.31	39.96	11.33
线路管道安装业	195	469175	392110	7376	5693	31.99	22.82	7.34	3.70
设备安装业	315	540942	465905	6478	5074	144.53	98.49	32.62	7.63
装修装饰业	627	259876	205135	8	6	1.26	1.26	0.20	4.00

13－3 续表　　　　　　　　　　　　　　（2002 年）

类　　别	企业个数（个）	建筑业总产值（万元）	竣工产值（万元）	单位工程施工个数（个）	单位工程竣工个数（个）	房屋建筑施工面积（万平方米）	房屋建筑竣工面积（万平方米）	#住宅	年末从业人员（万人）
三、登记注册机关分									
#工商行政管理部门	4413	11531497	8406168	68089	45419	15184.09	8064.93	4657.37	183.53
编　委	1	950	950	40	40				0.03
四、按国有经济控股情况分									
#国有绝对控股	625	3758622	2681666	17337	10924	3001.74	1332.51	621.76	32.25
国有相对控股	47	461079	333060	5608	4874	473.20	171.86	87.64	5.12
五、按隶属关系分									
中　央	68	1595939	1121957	9282	6610	491.90	167.37	73.62	9.42
省	176	600865	411374	4167	2917	228.46	125.15	43.96	5.61
地　区	482	2103062	1450262	11473	7699	2842.96	1151.95	564.15	21.91
县	881	2327110	1756941	13845	9278	3732.70	2012.02	1221.34	39.89
街　道	159	444483	336292	2013	1199	819.89	438.81	242.10	8.07
镇	444	1248814	913492	6477	4106	1943.55	1134.56	649.44	29.89
乡	130	195667	154543	1435	1018	314.15	218.41	131.43	4.69
居委会	220	317436	248594	2267	1326	626.88	364.98	240.21	8.29
村委会	343	575525	408641	3329	2308	953.62	610.70	382.98	12.71
其　他	1511	2123546	1605022	13841	8998	3229.96	1840.98	1108.15	43.08
六、按营业状态分									
#营　业	4287	11532447	8407118	68129	45459	15184.09	8064.93	4657.37	183.56
停　业	125								
筹　建	2								
七、按企业资质等级分(原标准)									
一　级	134	3901998	2620253	13422	7127	3861.82	1555.16	754.90	34.56
二　级	916	3592718	2717321	22973	16163	4957.26	2641.82	1552.19	60.64
三　级	2113	2883003	2199270	22758	15646	4535.56	2726.05	1687.26	62.74
四　级	1080	1083898	823527	8303	5960	1773.46	1105.03	640.49	23.93
五级及无资质	171	70830	46747	673	563	55.99	36.87	22.54	1.69
八、按企业资质等级分(新标准)									
施工总承包	2497	9563936	6753449	49123	31485	13421.24	7000.82	4087.32	148.36
特　级	4	394273	205298	376	151	338.84	98.70	34.61	1.09
一　级	102	3502074	2295714	12921	6909	3633.82	1536.87	781.91	32.67
二　级	498	2727770	2050922	16138	11271	4374.38	2289.03	1389.42	47.99
三　级	1893	2939819	2201515	19688	13154	5074.19	3076.22	1881.38	66.61
专业承包	1085	1000180	835271	12226	9185	650.18	390.08	164.59	16.33
#一　级	51	176690	185885	495	279	54.96	20.62	6.70	1.72
二　级	321	401579	320567	4686	3387	277.26	161.52	72.78	6.11
三　级	713	421911	328819	7045	5519	317.96	207.94	85.11	8.49
劳务分包	108	20717							0.73
#一　级	53	12741							0.36
二　级	49	6457							0.31
三　级	6	1519							0.06

13－4 建筑业主要财务指标

（2002 年）　　　　　　　　　　　　　　　　　　　　单位：万元

类　　别	资本金合　计	流动资产	#在建工程	固定资产	资产合计	流动负债	长期负债	负债合计
总　计	**3706922**	**9587704**	**1157747**	**2603954**	**13078675**	**8160980**	**428987**	**8589967**
一、按登记注册类型分								
内资企业	3663305	9505602	1151320	2588159	12976037	8101320	427355	8528675
国有企业	724264	2522492	216278	676093	3376971	2422261	104942	2527203
集体企业	907652	2027259	346734	612292	2858646	1667064	93614	1760678
股份合作企业	98946	248007	40025	67727	342776	201425	7738	209163
联营企业	52605	159429	5086	39450	211400	145170	1401	146571
国有联营企业	2353	3302	560	2077	5824	3197	142	3339
集体联营企业	2410	8686	3121	1413	10131	6054	557	6611
国有与集体联营企业								
其他联营企业	47842	147441	1405	35960	195445	135919	702	136621
有限责任公司	1040187	2952195	312474	684946	3958244	2557583	125171	2682754
国有独资公司	37942	275795	19058	31992	327886	257667	14324	271991
其他有限责任公司	1002245	2676400	293416	652954	3630358	2299916	110847	2410763
股份有限公司	230001	568872	67498	159921	791389	426816	41169	467985
私营企业	607566	1023942	162975	346396	1431423	679637	52768	732405
私营独资企业	44278	65744	8579	31951	101635	47849	2038	49887
私营合伙企业	9173	8834	633	6853	16683	5829	179	6008
私营有限责任公司	499977	845124	135461	272717	1169537	558727	45458	604185
私营股份有限公司	54138	104240	18302	34875	143568	67232	5093	72325
其他企业	2084	3406	250	1334	5188	1364	552	1916
港、澳、台商投资企业	26352	57703	5947	8342	68054	43125	604	43729
合资经营企业（港或澳、台资）	19953	50401	5897	5990	57965	39068	604	39672
合作经营企业（港或澳、台资）								
港、澳、台商独资经营企业	6399	7302	50	2352	10089	4057		4057
港、澳、台商投资股份有限公司								
外商投资企业	17265	24399	480	7453	34584	16535	1028	17563
中外合资经营企业	11792	15202	240	4733	22063	9598	541	10139
中外合作经营企业	254	166		109	275	21		21
外资企业	4918	8394	26	1749	10701	6517	367	6884
外商投资股份有限公司	301	637	214	862	1545	399	120	519
二、按国民经济行业分								
土木工程建筑业	3110802	8423707	1070726	2240865	11435871	7248586	382561	7631147
房　屋	2446549	6646194	940256	1688165	8929495	5666408	289560	5955968
矿　山	21124	37633	3916	17271	55945	31373	1336	32709
铁路公路隧道桥梁	263427	816937	62984	254663	1120577	731976	38288	770264
堤坝电站码头	125766	281254	23792	119723	441283	263994	27629	291623
其他土木工程	253936	641689	39778	161043	888571	554835	25748	580583
线路管道设备安装业	406824	843194	60211	287272	1225998	712357	35477	747834
线路管道安装业	161185	391065	31802	124599	547819	334384	9414	343798
设备安装业	245639	452129	28409	162673	678179	377973	26063	404036
装修装饰业	189296	320803	26810	75817	416806	200037	10949	210986

13－4 续表 1　　　　（2002 年）　　　　单位：万元

类别	资本金合计	流动资产	#在建工程	固定资产	资产合计	流动负债	长期负债	负债合计
三、登记注册机关分								
#工商行政管理部门	3706710	9586463	1157747	2603855	13077205	8159722	428987	8588709
编　委	212	1241		99	1470	1258		1258
四、按国有经济控股情况分								
#国有绝对控股	986270	3593405	265067	891225	4764831	3450946	141612	3592558
国有相对控股	116823	506093	21075	85377	631072	454995	21462	476457
五、按隶属关系分								
中　央	374676	1281862	61717	335316	1719052	1245514	40222	1285736
省	239565	536947	43582	149271	760012	470489	37256	507745
地　区	538000	2623619	187251	443458	3253970	2475416	91460	2566876
县	744343	1688472	321712	568948	2479677	1423603	120866	1544469
街　道	150211	308229	53819	75233	422048	233787	15020	248807
镇	393233	817274	145673	255575	1149091	638691	29076	667767
乡	68033	121180	11566	48160	183609	95191	4542	99733
居委会	118053	240588	42750	79501	338946	190051	7583	197634
村委会	193844	341964	58003	127591	506497	252521	10362	262883
其　他	886964	1627569	231674	520901	2265773	1135717	72600	1208317
六、按营业状态分								
#营　业	3706362	9587164	1157747	2603934	13078115	8160980	428987	8589967
停　业								
筹　建	560	540		20	560			
七、按企业资质等级分（原标准）								
一　级	804405	3647484	246003	741435	4704934	3554931	148536	3703467
二　级	1255357	2933212	450547	812637	4063436	2377688	145567	2523255
三　级	1158130	2210991	342490	728293	3127683	1656673	106827	1763500
四　级	443745	730764	111150	303303	1096519	537514	26095	563609
五级及无资质	45285	65253	7557	18286	86103	34174	1962	36136
八、按企业资质等级分（新标准）								
施工总承包	2825653	8011310	960637	2079726	10823475	6983754	359523	7343277
特　级	123395	470672	6761	40211	559793	401401	9914	411315
一　级	710646	3158770	261751	693524	4137146	3090034	137618	3227652
二　级	871977	2136687	354448	622431	2990644	1783194	112401	1895595
三　级	1119635	2245181	337677	723560	3135892	1709125	99590	1808715
专业承包	538388	948392	88039	311054	1347732	691040	24989	716029
#一　级	73012	137681	5278	49340	198341	107457	5883	113340
二　级	237164	402169	43273	122140	571265	281278	7985	289263
三　级	228212	408542	39488	139574	578126	302305	11121	313426
劳务分包								
#一　级								
二　级								
三　级								

13－4续表2　（2002年）　单位:万元

类别	所有者权益合计	工程结算收入	工程结算成本	工程结算利润	管理费用	财务费用	利润总额
总计	**4488708**	**10243487**	**8936064**	**979612**	**632330**	**63069**	**312102**
一、按登记注册类型分							
内资企业	4447362	10189940	8893096	970550	624769	62318	311413
国有企业	849768	2458853	2156612	227865	185677	10346	33239
集体企业	1097968	2416677	2098851	234289	142925	16719	84916
股份合作企业	133613	240885	208150	24435	13070	2539	11003
联营企业	64829	164830	142712	16924	11574	288	6496
国有联营企业	2485	6942	6426	223	310	14	－91
集体联营企业	3520	7756	7114	493	493	11	189
国有与集体联营企业							
其他联营企业	58824	150132	129172	16208	10771	263	6398
有限责任公司	1275490	2988779	2622416	275079	164406	18262	101592
国有独资公司	55895	249084	221527	19641	11105	2080	6225
其他有限责任公司	1219595	2739695	2400889	255438	153301	16182	95367
股份有限公司	323404	715749	623426	69846	32904	5612	31120
私营企业	699018	1200232	1037570	121668	73692	8543	43038
私营独资企业	51748	86497	74228	9331	3703	685	3261
私营合伙企业	10675	16505	13945	2091	810	147	1160
私营有限责任公司	565352	1008495	871790	102111	64170	6964	35144
私营股份有限公司	71243	88735	77607	8135	5009	747	3473
其他企业	3272	3935	3359	444	521	9	9
港、澳、台商投资企业	24325	36452	30550	4782	3885	418	440
合资经营企业(港或澳、台资)	18293	32196	26896	4299	3173	424	667
合作经营企业(港或澳、台资)							
港、澳、台商独资经营企业	6032	4256	3654	483	712	－6	－227
港、澳、台商投资股份有限公司							
外商投资企业	17021	17095	12418	4280	3676	333	249
中外合资经营企业	11924	9110	7661	1188	1194	103	－160
中外合作经营企业	254				2		－2
外资企业	3817	6479	3404	2981	2415	194	408
外商投资股份有限公司	1026	1506	1353	111	65	36	3
二、按国民经济行业分							
土木工程建筑业	3804724	9084082	7972862	819998	511657	54856	274131
房屋	2973527	7087042	6235627	617557	368231	48030	219513
矿山	23236	53919	46582	5592	4367	191	442
铁路公路隧道桥梁	350313	933045	824418	83969	54081	2670	26936
堤坝电站码头	149660	364753	310402	42533	36057	691	5036
其他土木工程	307988	645323	555833	70347	48921	3274	22204
线路管道设备安装业	478164	918963	767233	123255	94133	6101	28990
线路管道安装业	204021	471082	398444	61264	46746	1830	18108
设备安装业	274143	447881	368789	61991	47387	4271	10882
装修装饰业	205820	240442	195969	36359	26540	2112	8981

(2002年)　　单位:万元

类别	所有者权益合计	工程结算收入	工程结算成本	工程结算利润	管理费用	财务费用	利润总额
三、登记注册机关分							
#工商行政管理部门	4488496	10242953	8935304	979846	631588	63071	313076
编　委	212	534	760	－234	742	－2	－974
四、按国有经济控股情况分							
#国有绝对控股	1172273	3621068	3195228	320958	251848	14169	57091
国有相对控股	154615	415894	363889	39349	20234	1102	17407
五、按隶属关系分							
中　央	433316	1574608	1376726	155327	122010	2625	31352
省	252267	573205	488133	67013	57493	2941	5125
地　区	687094	2051496	1826984	163057	115103	10374	46005
县	935208	1828818	1594710	169757	107033	14079	57037
街　道	173241	351996	313195	28877	15411	1827	12345
镇	481324	1143888	983531	120058	60885	11265	46634
乡	83876	175073	153002	16883	7263	1927	8270
居委会	141312	265832	229746	27458	13914	1950	13771
村委会	243614	494985	425171	52681	23909	3504	27292
其　他	1057456	1783586	1544866	178501	109309	12577	64271
六、按营业状态分							
#营　业	4488148	10243487	8936064	979612	632330	63069	312102
停　业							
筹　建	560						
七、按企业资质等级分(原标准)							
一　级	1001467	3746349	3325366	310819	223315	17707	67181
二　级	1540181	3046470	2628541	319885	201549	21619	112458
三　级	1364183	2461306	2124194	249819	151138	16973	90945
四　级	532910	928387	805301	92602	50534	6431	40565
五级及无资质	49967	60975	52662	6487	5794	339	953
八、按企业资质等级分(新标准)							
施工总承包	3480198	8508661	7481989	760165	487811	50217	242092
特　级	148478	433799	389780	31420	21745	1076	7793
一　级	909494	3311698	2940414	274973	195934	16984	62655
二　级	1095049	2230213	1943725	213051	133329	16391	75818
三　级	1327177	2532951	2208070	240721	136803	15766	95826
专业承包	631703	913645	754041	127764	87996	6961	38444
#一　级	85001	166638	138382	23522	14813	1232	8174
二　级	282002	379253	310951	54876	38957	2137	15997
三　级	264700	367754	304708	49366	34226	3592	14273
劳务分包							663
#一　级							477
二　级							138
三　级							48

13－5 各市建筑业主要生产指标

（2002年）

地区	企业个数（个）	建筑业总产值（万元）	竣工产值（万元）	单位工程施工个数（个）	单位工程竣工个数（个）	房屋建筑施工面积（万平方米）	房屋建筑竣工面积（万平方米）	#住宅	年末从业人员（万人）
全省总计	**4414**	**11532447**	**8407118**	**68129**	**45459**	**15184.09**	**8064.93**	**4657.37**	**183.56**
济南市	655	1948798	1320750	10003	5727	1971.50	733.48	449.21	22.60
青岛市	668	1681758	1205308	8808	5560	2603.96	1354.24	784.05	23.59
淄博市	226	853555	608105	5413	3554	1233.44	656.94	419.99	13.52
枣庄市	163	325579	245460	1982	1328	517.81	283.30	173.11	7.36
东营市	114	744558	542314	6095	5589	315.77	192.09	97.65	7.23
烟台市	583	1016654	805760	6687	4802	1411.98	818.99	423.61	15.56
潍坊市	337	954159	697335	4908	3061	1299.68	651.78	336.43	16.49
济宁市	260	534369	416421	4138	2774	824.06	469.48	276.00	11.78
泰安市	291	1085666	867503	5611	3736	1370.55	875.33	507.61	24.99
威海市	282	467048	393245	2808	1943	715.17	448.28	231.71	5.54
日照市	127	235531	189218	1896	1162	294.84	159.04	97.99	4.10
莱芜市	69	161238	97329	899	637	209.98	143.45	117.72	3.76
临沂市	255	694664	467299	3876	2600	968.46	524.33	306.94	11.94
德州市	105	243665	176379	1118	694	323.95	199.20	112.31	5.01
聊城市	78	200248	117837	1333	638	477.07	231.13	139.33	3.14
滨州市	152	278014	179093	1801	1214	415.77	200.57	111.57	4.29
菏泽市	49	106943	77762	753	440	230.12	123.31	72.15	2.65

13-6 各市建筑业主要财务指标

（2002年）　　　　单位：万元

地　　区	资本金合计	流动资产	#在建工程	固定资产	资产合计	流动负债	长期负债	负债合计
全省总计	**3706922**	**9587704**	**1157747**	**2603954**	**13078675**	**8160980**	**428987**	**8589967**
济南市	649997	2059847	150053	406499	2672785	1885797	74490	1960287
青岛市	518141	1540807	159502	285035	1961664	1274818	62024	1336842
淄博市	247313	571421	59234	189837	804589	480523	18732	499255
枣庄市	115232	289002	33945	81972	388553	239985	12657	252642
东营市	192030	533032	10793	182072	745338	496455	7378	503833
烟台市	388637	942318	105370	231734	1250195	705745	51933	757678
潍坊市	256458	611909	126786	203864	871179	518626	38409	557035
济宁市	228157	422240	64833	150807	645894	354966	14655	369621
泰安市	326047	600137	121655	240810	914801	476059	41497	517556
威海市	133744	403711	46043	95512	533887	337562	15121	352683
日照市	77727	193487	26650	47313	252336	152781	6422	159203
莱芜市	51289	113054	24452	40690	164930	95443	11132	106575
临沂市	208997	640151	105873	160206	850706	552431	34885	587316
德州市	89842	188488	37101	84886	298934	161155	20113	181268
聊城市	57371	173183	13467	70125	253326	180113	4046	184159
滨州市	109901	220234	36338	87393	329271	183438	10873	194311
菏泽市	56039	84683	35652	45199	140287	65083	4620	69703

13-6 续表　　　　（2002年）　　　　单位：万元

地　　区	所有者权益合计	工程结算收入	工程结算成本	工程结算利润	管理费用	财务费用	利润总额
全省总计	**4488708**	**10243487**	**8936064**	**979612**	**632330**	**63069**	**312102**
济南市	712498	1845546	1610515	177819	142299	7273	33020
青岛市	624822	1552573	1374167	127698	89242	7214	34277
淄博市	305334	777812	685536	68632	42970	6704	17689
枣庄市	135911	263136	222160	29365	19356	1967	8434
东营市	241505	682411	616033	50583	28853	2016	22776
烟台市	492517	950580	810063	108997	59380	6651	45932
潍坊市	314144	758148	656593	76221	43342	6940	28547
济宁市	276273	470543	400061	54983	41448	3645	9228
泰安市	397245	889221	768013	92092	50617	6223	35598
威海市	181204	434397	381228	41363	16810	2928	25621
日照市	93133	197270	175871	15344	10214	1368	4321
莱芜市	58355	137996	118499	15169	7632	1135	6699
临沂市	263390	598205	522772	55796	34748	3812	20809
德州市	117666	178888	148450	20921	14211	1341	4975
聊城市	69167	182707	161929	14635	12022	1951	4063
滨州市	134960	229463	199459	23210	13675	1244	9182
菏泽市	70584	94591	84715	6784	5511	657	931

十四、交通运输邮电通讯业

TRANSPORTATION, POSTALAND TELECOMMUNICATIONSERVICES

简要说明：

一、本篇资料反映全省交通运输业和邮电通讯业发展的基本状况。交通运输业资料主要有：铁路、公路及水运三种运输方式的历年线路里程、全省及各市民用汽车拥有量、地方交通企业技术质量情况、各运输方式完成货物运输量和旅客运输量、交通运输企业主要经济技术指标、沿海主要港口货物吞吐量等。邮电通信业资料主要有：全省邮电局(所)及邮路情况，邮电通信主要电路及设备拥有量，总体邮电业务完成情况，邮电通信发展水平等资料。

二、有关交通运输资料分别来源于济南铁路局、山东省地方铁路局、山东省交通厅、山东省民航局、山东省公安厅交警总队，邮电通信业资料来源于山东省通信管理局及省邮政局。

编辑单位：工交处
编　　委：谭　杰
编　　辑：刘　平
校　　对：刘　平
电　　话：6129420

14－1 历年运输线路长度

单位:公里

年份	铁路通车里程	公路通车里程	#晴雨通车	内河通航里程	#通机动船
1949	887	3152	65	1082	
1950	953	6402	103	1117	
1951	954	7396	120	1117	
1952	954	7669	170	1459	409
1953	956	8333	170	1459	409
1954	956	8507	476	1459	409
1955	956	9070	667	1459	409
1956	1139	10669	1489	1696	900
1957	1154	13425	2115	1642	1063
1958	1136	19734	4996	2120	1380
1959	1135	21980	5504	2638	1491
1960	1168	20780	6526	2365	1521
1961	1168	20143	5773	2379	1433
1962	1168	15766	4189	2179	1353
1963	1168	16915	3985	2151	1337
1964	1168	18032	4509	2117	1289
1965	1208	22176	5669	1827	1310
1966	1261	23273	7241	1815	1321
1967	1266	24209	7889	1815	1321
1968	1276	25511	8501	1815	1321
1969	1276	27471	11356	1815	1321
1970	1276	29159	12666	1821	1629
1971	1276	29903	14137	1876	1717
1972	1276	30369	16773	1876	1764
1973	1276	30769	18543	1876	1764
1974	1276	31050	19364	1876	1764
1975	1275	31712	20212	1876	1764
1976	1386	32978	21645	2118	1802
1977	1386	33629	23636	2343	1811
1978	1385	34244	25289	2403	1880
1979	1388	35139	26106	1972	1953
1980	1411	35311	26544	1970	1736
1981	1582	35292	27284	1849	1712
1982	1565	35504	27875	1859	1722
1983	1565	35722	28480	1859	1722
1984	1569	35935	29427	1859	1725
1985	1572	36327	30250	1840	1706
1986	2041	37005	31286	1840	1706
1987	2042	37530	32468	1840	1706
1988	2042	38759	34057	1840	1706
1989	2042	39783	35557	1840	1706
1990	2041	40772	37015	1840	1706
1991	2042	41937	39081	1891	1780
1992	2048	43134	40612	1891	1780
1993	2048	46033	43992	1891	1780
1994	2048	50225	48385	1891	1780
1995	2048	54243	52702	1891	1780
1996	2620	57271	55882	1891	1780
1997	2721	59260	58028	1414	1302
1998	2658	64145	63142	1414	1302
1999	2672	67847	67055	1476	
2000	2672	70686	70038	1476	
2001	2709	71128	70701	1476	
2002	2709	74029	73665	1476	

14－2 历年旅客运量及周转量

年 份	客运量（万人）	铁 路	公 路	水 路	周转量（百万人公里）	铁 路	公 路	水 路
1949	928	846	82		1368	1287	81	
1950	1005	888	117		1534	1434	100	
1951	1166	995	171		1661	1534	127	
1952	1196	938	251	7	1553	1365	180	8
1953	1654	1217	428	9	2127	1806	311	10
1954	1766	1202	550	14	2287	1889	389	9
1955	1775	1086	678	11	2229	1786	438	5
1956	2300	1368	919	13	2864	2335	523	6
1957	3019	1872	1128	19	3002	2427	565	10
1958	3694	2399	1270	25	3406	2702	694	10
1959	4916	3361	1500	55	3934	3090	832	12
1960	5911	4480	1385	46	4717	3887	807	23
1961	7793	6400	1321	72	7230	6476	809	35
1962	7590	5923	1599	68	7664	6690	933	41
1963	3837	2360	1433	44	4084	3304	659	21
1964	4509	2864	1607	38	3639	2845	779	15
1965	4566	2457	2077	32	3664	2699	953	12
1966	5065	2225	2812	28	4126	2914	1200	12
1967	5308	2442	2831	35	4641	3420	1203	18
1968	5933	2580	3319	34	5421	3933	1470	18
1969	5915	2538	3343	34	5813	4323	1473	17
1970	5725	2454	3240	31			1445	14
1971	5819	2550	3239	30			1542	13
1972	6595	2948	3612	35			1727	15
1973	6926	2992	3900	34	6305	4403	1888	14
1974	6802	3156	3613	33	6354	4498	1843	13
1975	7084	3202	3844	38	6676	4708	1953	15
1976	7614	3233	4239	52	6996	4791	2189	16
1977	8679	3522	5103	54	7702	5127	2560	15
1978	9431	3467	5897	67	8448	5535	2895	18
1979	10857	3431	7338	88	9373	5950	3403	19
1980	12208	3586	8532	90	10624	6769	3839	16
1981	12682	3600	8994	88	11365	7272	4077	16
1982	13109	3695	9322	92	12283	7788	4477	18
1983	14839	3792	10942	102	14237	8954	5264	19
1984	17309	4071	13125	113	17058	10615	6423	20
1985	19772	4073	15565	134	20357	12433	7901	23
1986	26459	4005	22311	143	24671	13895	10752	24
1987	25209	4212	20811	186	27316	15608	11680	28
1988	29035	4447	24297	291	32412	17974	14402	36
1989	30718	3905	26419	344	32286	16552	15693	41
1990	29798	3303	26136	359	30138	14830	15255	53
1991	31940	3286	28240	405	32620	15873	16598	96
1992	33920	3244	30145	486	35164	17043	18002	119
1993	33634	3346	29693	595	34068	17785	16114	169
1994	34592	3587	30253	627	35627	18273	17126	222
1995	36425	3414	32317	694	35097	17418	17449	230
1996	39199	2854	35611	734	35344	15317	19696	331
1997	43218	3071	39234	913	40060	17277	22347	436
1998	50904	3223	46467	868	45229	18327	24599	483
1999	59350	3670	54817	863	51828	20568	28846	414
2000	66128	3840	61466	822	54873	22180	32358	335
2001	70497	3723	65787	987	59432	23373	35573	486
2002	74626	3566	69948	1112	64294	24644	39173	477

14－3 历年货物运量及周转量

年份	货运量（万吨）	铁路	公路	水路	周转量（百万吨公里）	铁路	公路	水路
1949	547	381	166	0.2	1245	1178	66	1
1950	838	585	211	42	2775	2641	79	55
1951	918	623	233	62	3097	2897	117	80
1952	1802	640	1029	133	3711	3346	154	211
1953	2653	790	1692	171	5014	4523	219	272
1954	2787	918	1643	226	5646	5133	226	287
1955	3305	895	2013	397	4919	4359	246	344
1956	4551	1237	2942	372	3739	5957	325	457
1957	4558	1238	2973	347	6923	6190	327	406
1958	7908	2042	5400	466	11487	10241	676	569
1959	13778	3318	9821	639	15201	13160	1293	748
1960	14135	3833	9677	625	16153	14087	1405	661
1961	6632	2458	3840	334	10591	9601	578	412
1962	4500	1801	2419	280	8106	7309	421	376
1963	5133	2015	2777	341	8933	8052	482	399
1964	6056	2358	3335	363	9839	8811	564	464
1965	7544	2821	4339	385	11929	10721	750	458
1966	8481	3312	4805	364	16791	15493	855	443
1967	8262	3079	4823	360	15352	14008	927	417
1968	8307	3252	4728	327	16941	15624	926	391
1969	7656	2809	4487	360	16453	14998	988	467
1970	10081	3911	5693	477	19167	17346	1186	635
1971	11565	4227	6803	535			1423	688
1972	13334	4645	8100	589			1695	762
1973	14105	4641	8870	594	21963	19240	1900	823
1974	10578	3017	7107	454	17580	15256	1689	635
1975	14598	4214	9781	603	22198	18947	2374	877
1976	17320	4904	11732	684	24062	20096	2942	1024
1977	21484	5365	15255	864	27326	22293	3865	1168
1978	22964	5940	16128	896	31005	25746	4060	1199
1979	22536	5951	15748	837	31586	26540	3634	1113
1980	22086	5687	15629	770	31329	26087	4005	1237
1981	20496	5306	14427	763	31941	26332	4093	1516
1982	21641	5415	15413	813	35160	28400	4937	1823
1983	23726	5655	17216	855	38996	30966	5787	2243
1984	25310	6035	18389	886	41974	33250	6505	2219
1985	27371	6403	20105	863	48431	37342	8139	2468
1986	32299	6789	24619	893	57599	44618	10287	2694
1987	36012	7072	28008	932	64533	49069	12231	3234
1988	39866	7322	31670	874	72723	53851	15325	3547
1989	43098	7934	34331	833	78996	58657	16612	3727
1990	41443	8012	32654	777	77845	58546	15705	3594
1991	44145	8372	34587	1186	81402	59694	16660	5047
1992	47676	8609	37684	1381	87617	62750	18931	5936
1993	51250	9023	40820	1407	92257	63127	20444	8687
1994	57187	9259	46485	1443	101437	66744	23069	11625
1995	66546	9256	55669	1621	112655	69857	26397	16401
1996	70664	10226	58270	2168	122849	71385	30559	20895
1997	72780	10368	60340	2072	126093	73323	31915	20855
1998	76813	10224	64716	1867	118753	65877	34322	18513
1999	80212	10553	67696	1956	127304	73588	35350	18330
2000	92483	11253	76778	4452	403315	79964	40575	282776
2001	99464	12426	81574	5464	467545	84815	41143	341587
2002	107454	13624	89714	4116	304075	92525	46009	165541

14－4 沿海主要港口货物吞吐量

单位:千吨

港口名称	1980年	1990年	1995年	1996年	1997年	1998年	1999年	2000年	2001年	2002年
总计	**28283**	**54449**	**105940**	**120806**	**135854**	**134635**	**139158**	**160249**	**192980**	**220360**
青岛港	17080	30340	51030	60028	69160	70183	72569	86607	103981	122130
烟台港	5060	6680	13610	14304	15595	15107	13109	19639	19950	22890
日照港		9250	14520	15754	16502	17239	20033	26738	29330	31360
东风港	130	144	232	338	325	378	230	290	250	250
海庙港		91	160	147	269	377	434		250	250
龙口港	2380	4112	8142	7741	6594	4385	4825	5948	6620	6210
长岛港	76	125	1699	2336	2348	1718	1260	1433	1530	860
蓬莱港	229	194	3885	5484	6269	4957	4283	5252	5290	5960
威海港	612	1001	3787	4087	5650	6298	6637	6583	7270	6710
俚岛港	249	114	114	110	142	156	195	190	190	140
石岛港	501	381	463	467	431	437	421	410	430	430
张家埠港	494	196	111	130	130	139	120	100	90	100
乳山港	282	68	52	83	92	40	46	30	30	80
凤城港	15	9	53	31	22	8	4		30	100
青岛小港	537	338	625	530	260	248	252		249	390
石臼地方港	453	54								
岚山港	102	361	1605	1630	1937	1523	2122	4467	5730	6690
烟台地方港		118	4689	6273	8254	9738	11050		7670	8480
羊口港		581	512	560	474	332	200	251	150	380
下营港		102	184	143	73	41	59	40		
蛃江港		60	206	230	160	187	270	190	230	310
潍北港		70	70	46	62	25	716	730	1410	2070
牟平港		60	187	234	162	194	220	290	350	500

14-5 交通运输企业主要技术经济指标

类　　别	单　位	1995 年	1996 年	1997 年	1998 年	1999 年	2000 年	2001 年	2002 年
铁路运输									
货车周转时间	天	2.0	2.0	2.0	2.4	2.2	2.2	2.1	2.0
货车周转距离	公里	457.0	450.0	437.0	460.0	468.0	481.0	455.0	455.0
货车中转距离	公里	142.0	141.0	142.0	141.0	141.0	143.0	146.0	152.0
平均一日装车数	车	5772.0	5935.0	5804.0	5568.0	5669.0	6000.0	6639.0	7169.0
平均一日卸车数	车	6615.0	6916.0	6950.0	6609.0	6992.0	7302.0	8049.0	8646.0
货车净载重	吨	56.2	56.4	57.2	58.0	58.2	58.6	58.8	58.9
货运机车日产量	万总重吨公里	123.6	123.4	122.7	122.2	128.5	133.6	135.1	134.3
蒸汽机车每万吨公里耗煤	公斤	102.1	97.6	119.9	163.1	182.5			
内燃机车每万吨公里耗油	公斤	20.3	20.4	20.8	21.6	21.8	21.5	21.0	20.6
公路汽车运输									
货运汽车车吨年产量	万吨公里	2.6	2.7	2.7	2.8	2.9			
货运汽车单车年产量	万吨公里	15.7	21.0	22.2	20.8	20.8			
货运汽车每百吨公里耗汽油	升	5.3	5.4	5.5	6.0	5.7	6.6	6.2	5.0
货运汽车每百吨公里耗柴油	升	3.5	3.7	4.2	5.0	5.5	4.8	4.9	5.0
客运汽车每百人公里耗汽油	升	8.7	9.7	9.1	10.0	7.7	8.8	8.7	14.0
客运汽车每百人公里耗柴油	升	7.1	10.3	9.4	10.0	5.5	7.3	7.5	10.0
沿海水运船舶									
全部船舶净载重量	万吨	51.5	54.2	53.1	50.0	53.7	386.0	415.0	474.0
沿海船舶燃料消耗	公斤/千换算吨公里	11.0	13.3	10.0	27.0	28.6	56.8	7.8	7.6
沿海港口									
码头舶位	个	110.0	119.0	125.0	125.0	236.0	275.0	285.0	291.0
最大靠舶能力	吨	20000.0	20000.0	20000.0	20000.0	200000.0	200000.0	200000.0	200000.0
吞吐量	万吨	2678.0	3037.0	3460.0	3202.0	13015.0	15248.0	17026.0	18352.0
旅客吞吐量	万人	336.0	353.0	393.0	407.0	800.0	800.0	803.0	836.0

14－6 邮电业务基本情况

类　　别	单　位	1980 年	1990 年	1995 年	1997 年	1998 年	1999 年	2000 年	2001 年	2002 年
邮电业务总量	亿元	1.1	3.9	53.7	95.7	133.9	176.6	260.7	259.2	307.6
函　件	万件	17324	29486	38789	32859	33114	34967	32878	31400	51496
特快专递	万件						485	575	673	754
报刊期发数	万份	775	1047	1180	996	1147	1223	1701	1324	972
电　报	万份	711	1634	667	324	226		178	138	
传　真	万份							42.5	36.2	
长途电话	万次	1525	5800	55755	79719	97077	96553	96010	101682	99470
年末移动电话用户	万户						249	501	775	1113
年末农村电话用户	万户	4	7	46	129	178	284	559	827	950
邮政所	处	2363	2647	4080	5387	5382	4414	3011	3040	3012
邮路总长度	公里	225000	58000	104700	150600	151000	185317	169500	159300	164700
长话电路	路	1282	7436	40634	67834	98760	163381	222000	108000	146470
国际互联网用户	万户						17	129	229	294

14－7　1978－2002年邮政基本情况

年　　份	邮政局总计（处）	#设在农村	邮路总长度（万公里）	函件（万件）	报刊期发数（万份）
1978	2349	2048	22.4	15532	542
1979	2348	2042	22.6	16336	613
1980	2363	2057	22.5	17324	775
1981	2363	2052	22.8	17540	859
1982	2371	2050	4.2	17340	946
1983	2384	2048	4.2	17434	1131
1984	2415	2060	4.4	18958	1572
1985	2516	2153	4.7	21930	2017
1986	2531	2174	5.0	23745	1743
1987	2540	2176	5.2	26940	1888
1988	2576	2196	5.3	28884	1777
1989	2608	2210	5.3	30043	1176
1990	2647	2233	5.8	29486	1047
1991	2672	2247	5.7	28001	1174
1992	2699	2267	6.7	28266	1326
1993	3259	2492	8.5	32966	1247
1994	4180		9.7	35920	982
1995	4080	3400	10.5	38789	1180
1996	3727	3013	13.4	35112	1020
1997	5397		15.1	32859	996
1998	5382		15.1	33114	1147
1999	4414	3497	18.5	35138	1568
2000	3011	2255	17.0	32878	1701
2001	3040	2225	15.9	31400	1324
2002	3012	2193	16.5	51496	972

14－8　1978－2002年电信业务总量

年　　份	电信业务总　　量（万元）	电　　报（万份）	长话电路（路）	长途电话（万次）	市内电话（万户）	农村电话（万户）
1978	10058	588	1082	1308	6.3	3.8
1979	10515	632	1177	1428	7.1	4.3
1980	11030	711	1282	1525	7.5	4.4
1981	11291	789	1415	1532	8	4.5
1982	11629	805	1532	1649	8.5	4.6
1983	12529	917	1653	1789	9.4	4.8
1984	13751	908	1929	1963	10.7	5.1
1985	16186	1132	2190	2325	12.1	5.2
1986	17735	1203	2638	2569	13.4	5.5
1987	20719	1519	3341	2984	15.2	5.9
1988	27124	1918	4392	3987	18.5	6.4
1989	32153	1812	5694	4693	22.3	6.9
1990	39401	1634	7436	5800	26.5	7.3
1991	103322	1651	12675	8724	32.9	8.1
1992	156134	1673	18422	16978	45.8	9.5
1993	274917	1412	32615	32273	69.6	12.8
1994	404027	987	47589	52719	84.8	19.2
1995	537135	667	40634	55755	165.8	46.1
1996	697719	458	54179	61409	227.0	80.0
1997	957400	324	67834	79719	283.5	128.6
1998	1338886	226	98760	97077	346.7	179.6
1999	1411800	202	163381	96553	413.8	283.8
2000	1865000	178	222500	96010	547.0	559.0
2001	2300200	138	108000	101682	661.0	827.0
2002	2759820		146470	99470	790.0	950.0

14－9 各　市　公　路　情　况

（2002年）　　　　单位:公里

地　　区	公路里程	等级公路里　　程	高级、次高级路面里　　程	高速公路里　　程	晴雨通车里　　程	通公路的行政村占总行政村的（%）	公路密度（公里/百平方公里）
全省总计	**74029.3**	**73884.3**	**60195.2**	**2410.7**	**73664.5**	**97.6**	**47.24**
济南市	4450.5	4373.9	4330.8	189.9	4378.5	100.0	54.27
青岛市	5591.0	5591.0	3666.4	287.0	5591.0	100.0	52.25
淄博市	3529.0	3529.0	3109.9	147.9	3386.8	100.0	58.82
枣庄市	1925.1	1920.8	1723.6	115.2	1925.1	93.9	41.85
东营市	4507.7	4507.7	4507.7	132.8	4507.7	98.3	57.06
烟台市	6161.0	6161.0	3812.3	200.1	6161.0	100.0	44.64
潍坊市	7476.2	7466.9	4645.8	204.5	7413.9	100.0	47.02
济宁市	5109.1	5109.1	4868.5	145.6	5109.1	100.0	47.75
泰安市	4350.5	4350.5	3535.1	208.4	4328.2	98.5	55.78
威海市	2405.0	2350.2	1714.8	13.6	2405.0	90.1	43.73
日照市	2317.1	2317.1	1127.2	78.5	2317.1	100.0	43.72
莱芜市	1088.7	1088.7	801.7	97.2	1088.7	100.0	47.33
临沂市	4029.8	4029.8	4029.8	25.4	4028.6	100.0	42.42
德州市	3822.4	3822.4	3814.0	142.7	3814.0	100.0	36.75
聊城市	3868.5	3868.5	3868.3	111.8	3868.5	77.5	44.47
滨州市	7753.2	7753.2	5080.2	205.6	7753.2	98.5	45.08
菏泽市	5644.5	5644.5	5559.1	104.5	5588.1	100.0	46.27

14－10 各市地方交通旅客运输量

（2002 年）

地区	客运量（万人）	营业性	非营业性	周转量（百万人公里）	营业性	非营业性
全省总计	**101062**	**99208**	**1854**	**43264**	**42641**	**623**
济南市	11064	11064		4644	4644	
青岛市	19748	19748		5734	5734	
淄博市	16476	16476		3620	3620	
枣庄市	4096	4096		1874	1874	
东营市	2620	966	1654	1489	973	516
烟台市	13908	13908		5277	5277	
潍坊市	4646	4624	22	3033	3011	22
济宁市	4466	4466		2755	2755	
泰安市	3135	3032	103	1796	1742	54
威海市	3776	3776		2177	2177	
日照市	3044	3044		1490	1490	
莱芜市	1175	1100	75	449	418	32
临沂市	1619	1619		1433	1433	
德州市	2616	2616		924	924	
聊城市	2271	2271		1512	1512	
滨州市	2781	2781		2287	2287	
菏泽市	2509	2509		2294	2294	0

14－11 各市地方交通公路货物运输量

（2002 年）

地区	货运量（万吨）	营业性	非营业性	周转量（百万吨公里）	营业性	非营业性
全省总计	**91571**	**89714**	**1857**	**47717**	**46009**	**1708**
济南市	7454	7454		4290	4290	
青岛市	24480	24480		6602	6602	
淄博市	4857	4857		2575	2575	
枣庄市	3944	3944		2629	2629	
东营市	4237	2567	1670	4452	2800	1651
烟台市	8404	8404		6166	6166	
潍坊市	6556	6511	45	3710	3687	22
济宁市	11914	11914		4108	4108	
泰安市	4279	4267	12	2122	2119	3
威海市	3327	3327		2590	2590	
日照市	1517	1517		710	710	
莱芜市	1069	939	130	540	509	31
临沂市	2165	2165		1484	1484	
德州市	1717	1717		1339	1339	
聊城市	960	960		1393	1393	
滨州市	3095	3095		1659	1659	
菏泽市	1596	1596		1347	1347	

14－12 各市营业性运输车辆

（2002 年）

单位：辆

地区	汽车	客车	货车	其它机动车
全省总计	**472309**	**93433**	**378876**	**260398**
济南市	48330	10814	37516	17890
青岛市	73514	13108	60406	32865
淄博市	42682	8595	34087	13361
枣庄市	13295	2361	10934	8951
东营市	15390	4143	11247	7443
烟台市	48320	9277	39043	16105
潍坊市	27832	6633	21199	23705
济宁市	38657	4902	33755	25053
泰安市	24370	4111	20259	19769
威海市	35049	3646	31403	12375
日照市	16897	2266	14631	5373
莱芜市	7269	2180	5089	4464
临沂市	10400	2875	7525	17694
德州市	15853	5295	10558	8900
聊城市	13241	3759	9482	2293
滨州市	30440	5902	24538	40071
菏泽市	10770	3566	7204	4086

14－13 各市邮电业务基本情况

（2002 年）

地区	邮电业务总量（亿元）	函件（万件）	长途电话（万次）	本地电话用户数（万户）	市内电话	农村电话
全省总计	**307.6**	**51496**	**99470**	**1740**	**790**	**950**
济南市	37.9	7983	20713	163	124	39
青岛市	52.1	8159	15370	211	116	95
淄博市	19.8	2036	5859	108	51	57
枣庄市	9.3	1348	2101	50	23	27
东营市	11.5	1123	3017	42	20	22
烟台市	29.9	4828	7457	175	74	101
潍坊市	29.5	4241	7293	173	68	105
济宁市	17.3	3411	5576	122	52	70
泰安市	12.0	2903	4077	78	30	48
威海市	14.8	1183	3216	77	38	39
日照市	6.8	1120	1792	40	20	20
莱芜市	3.6	506	1104	25	9	16
临沂市	19.2	4501	5493	138	52	86
德州市	14.1	2831	4376	90	33	57
聊城市	11.1	2530	3986	83	30	53
滨州市	7.3	1111	3678	61	19	42
菏泽市	11.5	1682	4362	104	31	73

注：本表指标均为原省邮电管理局范围。

14－14 各市民用车辆拥有量

（2002 年）　　单位：辆

类　　别	全省总计	济南市	青岛市	淄博市	枣庄市	东营市	烟台市	潍坊市	济宁市
一、汽　车	**1505279**	**185191**	**209351**	**120234**	**51598**	**74070**	**160689**	**140678**	**83957**
1.载客汽车	821418	105361	130554	54951	24963	37659	92847	65970	39562
#大　型	35382	4898	7391	2100	1247	2198	2504	1654	1940
中　型	74334	7461	12850	3514	2694	2224	9361	5835	4243
小　型	485751	63270	67298	37936	14614	26598	55609	40080	22577
#轿　车	433854	57451	56596	31302	11580	21422	44730	32457	18475
2.载货汽车	647869	76059	73989	62699	24689	32594	65203	72436	41704
#重　型	51810	4633	8370	2715	1411	4741	7048	3743	3276
中　型	169980	12996	18617	15544	9869	6664	13638	18638	16253
轻　型	346148	41536	40091	39751	10218	17512	40833	42538	15920
#普通载货	529224	59789	57530	53181	19329	27232	52360	61608	34368
3.其它汽车	35992	3771	4808	2584	1946	3817	2639	2272	2691
二、电　车	**318**	**146**	**161**	**7**					**1**
三、摩托车	**6265740**	**480905**	**563431**	**410611**	**249966**	**140898**	**633783**	**615323**	**405126**
1.普　通	5393935	336147	485319	354563	205699	117121	560977	555277	360145
2.轻　便	871805	144758	78112	66048	44267	23777	72806	60046	44981
四、农用运输车	**1471792**	**113070**	**105056**	**46521**	**32206**	**40608**	**120812**	**122015**	**125534**
#四　轮	274884	8758	29342	15216	4812	10812	38197	35520	17526
五、拖拉机	**4295**	**177**	**25**	**183**	**107**	**270**	**57**	**118**	**380**
#大　型	1112	5	22	5	53	149	16	62	100
六、挂　车	**75924**	**2560**	**7992**	**7097**	**6862**	**3944**	**1946**	**3577**	**12302**
七、其它类型车	**535**	**28**	**300**	**5**	**8**	**5**	**24**	**68**	**15**

14－14 续表　　（2002 年）　　单位：辆

类　　别	泰安市	威海市	日照市	莱芜市	临沂市	德州市	聊城市	滨州市	菏泽市
一、汽　车	**63060**	**76975**	**32081**	**22859**	**102156**	**48119**	**53128**	**30370**	**39550**
1.载客汽车	34465	37109	15811	10883	57152	27497	36655	17179	32346
#大　型	2051	1252	924	513	2135	1045	1804	752	337
中　型	3507	3985	1434	1146	5485	2592	11176	1507	1391
小　型	20138	24627	8939	5209	32021	15032	19551	9949	1838
#轿　车	14447	20886	7838	4344	25443	11706	9839	8783	26120
2.载货汽车	27453	39124	15153	11409	42318	18070	16028	11875	7204
#重　型	1634	1409	2118	1323	2764	1553	1273	1168	752
中　型	7895	8364	4467	2804	15052	5474	8755	3015	1220
轻　型	14308	26913	6646	5238	15489	8150	4000	6844	5232
#普通载货	21975	35681		8711	32864	14037	13125		6569
3.其它汽车	1142	742	1117	567	2686	2552	445	1316	
二、电　车	**1**			**1**		**1**			
三、摩托车	**355119**	**318566**	**183196**	**139487**	**611136**	**315276**	**320422**	**216128**	**57982**
1.普　通	274672	297949	159474	115148	535295	289291	320422	196176	54684
2.轻　便	80447	20617	23722	24339	75841	25985		19952	3298
四、农用运输车	**47851**	**59773**	**26866**	**16086**	**137097**	**119725**	**194283**	**101809**	**62480**
#四　轮	8671	25575	9729	5023	32866	10370	7988	10719	3760
五、拖拉机	**86**	**216**	**22**		**416**	**1502**	**645**	**51**	**39**
#大　型	23	75	20		168	296	20	39	28
六、挂　车	**3606**	**1396**	**3290**	**1496**	**7401**	**4169**	**4602**	**2920**	**688**
七、其它类型车	**16**	**1**	**1**	**1**	**5**	**11**	**13**	**5**	**25**

十五、批发零售贸易和餐饮业

WHOLESALE, RETAIL SALES AND CATERING SERVICE

简要说明:

一、本篇资料反映我省国内市场发展情况和批发零售贸易业、餐饮业商品经营情况。主要内容有批发零售贸易业商品流转、规模以上批发零售贸易企业、餐饮企业财务状况、社会消费品零售总额、集贸市场等。

二、本篇资料中除城乡集市贸易是由山东省工商局提供外,其余部分均来自年度统计资料。

本报表的调查范围:财务状况报表为各种经济类型的独立核算的规模以上批发、零售贸易法人企业和餐饮法人企业;社会消费品零售总额报表为有零售业务的各种经济类型的企业、事业单位、个体户以及农民。以上统计报表从基层起报,自下而上逐级综合上报,主要采取全面调查方法,有的以抽样调查推断,有的利用工商、税务等部门的有关资料推算。

编辑单位:贸易处

编　　委:王　强

编　　辑:王安孜

校　　对:王安孜

电　　话:6129471

15－1 主要年份社会消费品零售总额

年　份	社会消费品零售总额（亿元）				占总额构成(%)		
		市	县	县以下	市	县	县以下
1949	6.23						
1952	19.01						
1957	26.00						
1962	30.49						
1965	33.85						
1970	40.94						
1975	60.32						
1978	79.73	23.39	21.14	35.19	29.3	26.5	44.1
1979	92.22	27.46	23.10	41.66	29.8	25.0	45.2
1980	114.01	32.36	27.78	53.86	28.4	24.4	47.2
1981	131.47	35.84	34.40	61.23	27.3	26.2	46.6
1982	141.48	41.63	34.22	65.64	29.4	24.2	46.4
1983	162.14	47.85	37.49	76.80	29.5	23.1	47.4
1984	189.08	66.58	37.98	84.52	35.2	20.1	44.7
1985	227.03	84.16	46.50	96.38	37.1	20.5	42.5
1986	261.64	96.22	54.18	111.25	36.8	20.7	42.5
1987	300.69	119.11	58.69	122.89	39.6	19.5	40.9
1988	392.37	164.12	73.40	154.85	41.8	18.7	39.5
1989	430.74	199.91	72.75	158.09	46.4	16.9	36.7
1990	460.13	218.97	79.19	161.96	47.6	17.2	35.2
1991	536.03	263.90	86.76	185.36	49.2	16.2	34.6
1992	653.23	336.37	99.77	217.08	51.5	15.3	33.2
1993	857.58	466.57	120.65	270.36	54.4	14.1	31.5
1994	1137.15	630.18	161.66	345.32	55.4	14.2	30.4
1995	1442.67	839.30	161.80	441.58	58.2	11.2	30.6
1996	1691.66	1001.53	172.05	518.09	59.2	10.2	30.6
1997	1914.19	1179.87	188.19	546.13	61.6	9.8	28.5
1998	2127.17	1304.88	204.93	617.36	61.3	9.6	29.0
1999	2310.06	1418.25	221.82	669.99	61.4	9.6	29.0
2000	2545.90	1573.03	243.59	729.28	61.8	9.6	28.6
2001	2834.92	1758.40	273.67	802.84	62.0	9.7	28.3
2002	3181.90	2011.49	295.25	875.16	63.2	9.3	27.5

15－1续表

年份	分行业社会消费品零售总额(亿元)					构成(%)				
	批零贸易业	餐饮业	制造业	农业生产者	其他行业	批零贸易业	餐饮业	制造业	农业生产者	其他行业
1949	3.92	0.63	1.68			62.9	10.1	27.0		
1952	13.23	1.92	3.21	0.53	0.12	69.6	10.1	16.9	2.8	0.6
1957	21.86	1.08	2.19	0.51	0.45	84.1	4.2	8.4	2.0	1.7
1962	25.39	1.37	1.98	1.60	0.15	83.3	4.5	6.5	5.2	0.5
1965	29.92	1.83	1.35	0.60	0.15	88.4	5.4	4.0	1.8	0.4
1970	36.53	1.37	1.87	0.95	0.22	89.2	3.3	4.6	2.3	0.6
1975	51.98	2.72	2.85	1.54	1.22	86.2	4.5	4.7	2.6	2.0
1978	68.40	3.65	4.57	2.34	0.77	85.8	4.6	5.7	2.9	1.0
1979	78.38	4.25	6.09	2.64	0.86	85.0	4.6	6.6	2.9	0.9
1980	94.61	5.03	10.00	3.38	0.99	83.0	4.4	8.8	3.0	0.9
1981	107.10	5.82	13.42	3.53	1.60	81.5	4.4	10.2	2.7	1.2
1982	112.90	7.64	14.12	4.82	2.00	79.8	5.4	10.0	3.4	1.4
1983	127.67	9.83	16.93	5.16	2.55	78.7	6.1	10.4	3.2	1.6
1984	147.25	11.23	20.57	6.16	3.87	77.9	5.9	10.9	3.3	2.0
1985	173.62	13.86	25.27	8.94	5.34	76.5	6.1	11.1	3.9	2.4
1986	194.85	15.48	31.38	12.32	7.61	74.5	5.9	12.0	4.7	2.9
1987	217.34	18.16	41.14	14.91	9.14	72.3	6.0	13.7	5.0	3.0
1988	287.09	22.88	49.85	20.50	12.05	73.2	5.8	12.7	5.2	3.1
1989	315.80	23.93	49.86	26.34	14.81	73.3	5.6	11.6	6.1	3.5
1990	338.02	25.07	50.24	30.41	16.38	73.5	5.4	10.9	6.6	3.6
1991	392.19	60.67	59.41	35.48	18.28	73.2	11.3	11.1	6.6	3.4
1992	471.87	37.56	77.87	44.17	21.76	72.2	5.7	11.9	6.8	3.3
1993	598.85	51.58	121.83	66.20	19.11	69.8	6.0	14.2	7.7	2.2
1994	763.63	82.26	134.49	106.96	49.81	67.2	7.2	11.8	9.4	4.4
1995	933.17	118.08	177.58	143.81	70.04	64.7	8.2	12.3	10.0	4.8
1996	1083.28	148.91	215.26	155.96	88.26	64.0	8.8	12.7	9.2	5.2
1997	1220.00	167.28	239.06	198.57	89.29	63.7	8.7	12.5	10.4	4.6
1998	1328.39	198.78	272.27	224.62	103.11	62.4	9.3	12.8	10.6	4.8
1999	1452.14	226.67	277.04	243.95	110.27	62.9	9.8	12.0	10.6	4.8
2000	1618.70	265.40	280.26	259.54	122.00	63.6	10.4	11.0	10.2	4.8
2001	1824.98	312.80	283.74	277.66	135.73	64.4	11.0	10.0	9.8	4.8
2002	2100.10	372.61	280.94	283.89	144.36	66.0	11.7	8.8	8.9	4.6

15－2 规模以上批发零售贸易企业主要指标

单位:万元

类　　别	1995 年	1996 年	1997 年	1998 年	1999 年	2000 年	2001 年	2002 年
商品购进总额	16344282	16892325	17308454	14861388	15395748	17781144	19082878	22547715
商品销售总额	18085828	18758105	19380279	16872807	17133625	19413497	21133503	24908892
批发额	14681358	15180611	15718641	13352849	13410369	15291774	16057584	18747073
零售额	3404470	3577494	3661637	3519957	3723256	4121723	5075919	6161819
商品销售收入净额	15637018	17129677	16599282	14807807	15114906	15968107	17042155	19229328
商品销售成本	14080023	15401479	15078343	13581659	13817495	14685566	15746714	17772781
经营费用	615914	766276	733062	623408	653742	682836	609680	650900
商品销售税金及附加	51191	52543	38525	32761	29445	28501	27997	30043
商品销售利润	889889	909379	749350	569978	614223	571204	657763	775604
管理费用	538357	575639	589377	549177	542353	550853	559067	625507
财务费用	482814	491462	342592	264931	261553	246866	201267	166371
利润总额	138131	83265	39200	－82675	－12114	－33076	79841	192464
资产合计	10091195	11563841	12096641	11615815	12234798	11687238	11997147	13062499
# 流动资产	6828332	7551465	7703193	7076357	7513931	7286531	7739117	8692049
负债合计	8245131	9566693	9799408	9403284	10228226	9986094	10095355	10839316
# 流动负债	7495782	8790803	8944328	8594334	9104121	8656198	8660724	
所有者权益合计	1846064	1997148	2297233	2212531	2006572	1701144	1901792	2223183

15－3 规模以上餐饮企业主要指标

单位:万元

类　　别	1995 年	1996 年	1997 年	1998 年	1999 年	2000 年	2001 年	2002 年
营业收入	50603	72161	96857	193583	219468	247234	330263	410124
营业成本	26004	36533	44424	91575	100487	114172	152411	188652
营业费用	14742	20442	28867	58613	68159	73322	95840	123547
营业税金及附加	2392	3180	4981	9550	11233	12470	19102	21445
经营利润	6535	10632	14584	33843	39588	47270	62909	76481
管理费用	5793	12427	17727	37207	47663	54980	66299	76525
财务费用	1744	3399	3718	10967	8909	7834	9641	11064
利润总额	871	－2267	－2874	－12205	－15695	－13053	－15543	－12815
资产合计	116721	166276	277061	534674	631947	778185	840608	981379
# 流动资产	39339	40092	53215	103183	114827	138463	158237	173470
负债合计	61307	107936	173800	340177	404874	531396	577634	639684
# 流动负债	49646	80048	135102	240474	257485	283835	329993	
所有者权益合计	55414	58339	103260	194497	227072	246789	262974	341695

15－4 规模以上批发零售贸易业商品购进、销售、库存总额

（2002 年）　　　　单位:万元

类别	法人企业数（个）	产业活动单位（个）	从业人数（人）	购进总额	#进口	销售总额	批发	#出口	零售	年末库存总额
总计	**1752**	**1846**	**330742**	**22547715**	**995093**	**24908892**	**18747073**	**2892594**	**6161819**	**2201405**
一、批发业	**911**	**988**	**155006**	**17397712**	**990663**	**19100409**	**17572995**	**2892557**	**1527414**	**1480745**
#国有及国有控股	558	598	111006	10863775	558609	12119089	11005764	2215296	1113326	1084752
按登记注册类型分										
内资企业	902	974	153320	17156892	988082	18747564	17220943	2890168	1526621	1465594
国有企业	424	464	72419	7975199	348260	8749370	8186874	1665903	562496	793533
集体企业	119	120	19655	1610787	256424	1770019	1722999	6724	47020	143092
股份合作企业	26	26	4012	364350	2000	393215	331095		62120	28491
联营企业	5	6	366	71089	1338	74946	53441		21505	4028
国有联营企业	4	5	103	56366	1338	60855	50056		10799	2832
集体联营企业										
国有与集体联营企业	1	1	263	14723		14091	3385		10706	1195
其他联营企业										
有限责任公司	168	184	33026	4318207	274148	4793219	4535699	966277	257520	345323
国有独资企业	5	9	464	343828	23370	393054	392871	188551	183	58546
其他有限责任公司	163	175	32562	3974379	250778	4400165	4142828	777726	257337	286777
股份有限公司	83	97	20441	2038682	68484	2154301	1648646	185885	505654	107833
私营企业	77	77	3401	778579	37428	812495	742188	65379	70307	43294
私营独资企业	3	3	76	20366		19161	18502		659	1819
私营合伙企业	2	2	65	21219		21576	21576			2072
私营有限责任公司	71	71	3249	732183	37428	766986	697338	65379	69648	39276
私营股份有限公司	1	1	11	4812		4772	4772			128
其他企业										
港、澳、台商投资企业	3	5	318	24388		25891	25816		75	1288
合资经营企业	1	2	55	8667		8196	8121		75	745
合作经营企业										
独资经营企业	2	2	63	6048		8241	8241			283
投资股份有限公司		1	200	9674		9455	9455			260
外商投资企业	6	9	1368	216432	2581	326954	326236	2389	718	13863
中外合资经营企业	4	5	758	55361	2486	81441	80723	2320	718	8766
中外合作经营企业										
外资企业	1	2	34	8668	95	8691	8691	69		511
外商投资股份有限公司	1	2	576	152404		236822	236822			4586
按国民经济行业分										
食品、饮料、烟草和家庭用品批发业	433	471	100897	7909225	417031	9080985	8307867	1842868	773119	917678
食品、饮料、烟草批发业	241	269	61211	4186903	130442	4815379	4638907	312034	176472	615094
粮食、食用油批发业	63	64	18105	669241	52461	707244	697946	75683	9298	435052
烟草及其制品批发业	116	136	20174	1873574	20598	2144829	2131081	8849	13747	67660
棉、麻、土畜产品批发业	34	34	11359	442611	5853	501483	493083	72691	8401	60248
纺织品、服装和鞋帽批发业	43	47	3569	1206356	126204	1439523	1439455	910610	68	68917
日用百货批发业	12	13	3706	291637	37902	349323	242147	37204	107176	33951
日用杂品批发业										
五金、交电、化工批发业	38	42	6203	1071946	111923	1128861	1069955	452956	58907	48652
药品及医疗器械批发业	65	66	14849	709772	4706	846416	424321	57373	422094	90816
能源、材料和机械电子设备批发业	334	371	37034	7598467	375198	8066427	7395644	839250	670783	358932
能源批发业	129	148	19771	2456150	2000	2643408	2270633	163122	372775	87010
石油及制品批发业	110	128	16724	2193442	2000	2369440	2002417		367022	73029
煤炭及制品批发业	19	20	3047	262708		273968	268216	163122	5753	13981
化工材料批发业	47	52	3334	812475	138215	836113	822440	194288	13672	40971
木材批发业	5	5	359	56012	2906	76364	76364	12129		948
建筑材料批发业	7	8	238	84499		86036	83821	2990	2215	1977
矿产品批发业	2	2	46	4242	1667	5279	5279	4725		288
金属材料批发业	61	61	3867	636569	57574	672292	643120	2341	29172	61139
机械、电子设备批发业	38	45	3797	1235143	170349	1393183	1370057	457285	23126	99154
汽车、摩托车及零配件批发业	35	40	4429	2261939	2486	2299400	2070337	2371	229064	65802

15－4续表　　　　　　　　　　　　　　　　（2002年）　　　　　　　　　　　　　　　　单位：万元

类　　别	法　人企业数（个）	产业活动单　位（个）	从业人员（人）	购　进总　额	#进口	销　售总　额	批　发	#出口	零　售	年末库存总额
汽车批发业	25	29	2966	2089462		2090675	1868209		222466	50724
再生物资回收批发业	10	10	1193	51438		54352	53593		759	1644
其他批发业	144	146	17075	1890020	198434	1952997	1869484	210439	83512	204135
工艺美术批发业	3	3	618	174070	74806	228894	228894	157902		7218
图书报刊批发业	14	14	2133	293096		270407	228443		41964	51941
农业生产资料批发业	112	112	12644	1222880	85795	1225158	1183820	16017	41338	117381
其他类未包括的批发业	15	17	1680	199974	37833	228538	228327	36521	211	27595
二、零售业	**841**	**858**	**175736**	**5150003**	**4430**	**5808483**	**1174078**	**37**	**4634405**	**720660**
#国有及国有控股	372	375	77979	1897294	1549	2325919	488432	1	1837488	292908
按登记注册类型分										
内资企业	832	848	171228	4924155	4430	5531172	1114941	37	4416231	705350
国有企业	284	288	49568	873426	1012	1006642	210761		795881	180104
集体企业	135	136	23008	420497	500	453437	101124		352313	60124
股份合作企业	35	37	8866	177719		253182	78907	37	174275	32481
联营企业	4	5	2398	844614		855894	322181		533713	20082
国有联营企业	2	2	130	8891		8722	7386		1337	466
集体联营企业		1	48	3337		3607	65		3543	71
国有与集体联营企业	2	2	2220	832386		843565	314731		528834	19545
其他联营企业										
有限责任公司	189	192	39339	969755	660	953697	77816		875880	155093
国有独资企业	7	7	1250	29777		35266	7093		28173	5154
其他有限责任公司	182	185	38089	939978	660	918431	70723		847708	149939
股份有限公司	95	99	38337	1224194	1088	1597602	285183		1312419	206964
私营企业	90	91	9712	413950	1170	410719	38968		371750	50503
私营独资企业	12	12	1276	22962		25491			25491	4753
私营合伙企业	2	2	280	3524		2643			2643	1397
私营有限责任公司	71	72	7481	377742	1170	373990	38896		335094	39852
私营股份有限公司	5	5	675	9722		8595	72		8523	4501
其他企业										
港、澳、台商投资企业	1	1	77	648		965			965	
合资经营企业	1	1	77	648		965			965	
合作经营企业										
独资经营企业										
投资股份有限公司										
外商投资企业	8	9	4431	225200		276346	59137		217209	15310
中外合资经营企业	5	5	2075	111178		143111			143111	6658
中外合作经营企业	2	3	1995	105296		124686	59137		65548	8475
外资企业	1	1	361	8726		8550			8550	177
外商投资股份有限公司										
按国民经济行业分										
食品、饮料和烟草零售业	65	67	15785	297498		391060	146102	1	244958	45506
粮油食品零售业	19	19	3746	24633		35827	8541		27286	11361
副食品零售业	28	30	6257	79725		89648	18164		71483	15872
日用百货零售业	339	347	106681	2106407	1660	2584652	200406	36	2384245	399661
百货零售业	317	325	103938	2073321	1660	2543093	188673	36	2354421	391003
文化体育用品零售业	4	4	282	5399		5434	3269		2165	2182
纺织品、服装和鞋帽零售业	20	23	8190	106450	23	184991	15153		169839	29259
日用杂品零售业	9	9	1000	18017		19128	13133		5995	2712
五金、交电、化工零售业	84	85	11621	1183163	512	1185600	372126		813474	65721
药品及医疗器械零售业	72	72	14415	259167	37	305284	73716		231568	48366
图书报刊零售业	103	103	7431	270796	500	271761	66822		204939	74930
其他零售业	149	152	10613	908504	1699	866007	286620		579387	54506
家具零售业	7	7	521	21169		21173	844		20329	2433
汽车、摩托车及其零配件零售业	71	72	3497	559390	1699	483999	115648		368351	37205
计算机及软件、办公设备零售业	10	11	872	33171		37567	1000		36567	2409

15－5 规模以上批发零售贸易企业财务状况

（2002 年）　　单位:万元

类别	企业数（个）	#亏损企业	流动资产	固定资产	资产合计	负债合计	所有者权益合计
总计	**1752**	**544**	**8692049**	**2883526**	**13062499**	**10839316**	**2223184**
一、批发企业	**911**	**261**	**6826329**	**1493229**	**9445561**	**8014458**	**1431103**
#国有及国有控股	558	149	4362109	1223373	6470602	5464686	1005916
按登记注册类型分							
内资企业	902	258	6786457	1443691	9353368	7970013	1383354
国有企业	424	119	3016597	834759	4271826	3792221	479605
集体企业	119	35	855748	148430	1109366	950077	159289
股份合作企业	26	12	65757	34206	111026	81984	29042
联营企业	5	3	11643	3495	18153	13600	4553
国有联营企业	4	2	7936	2157	10504	8938	1566
集体联营企业							
国有与集体联营企业	1	1	3707	1337	7649	4662	2987
其他联营企业							
有限责任公司	168	39	2060193	180147	2679998	2211652	468346
国有独资企业	5	2	211281	22903	259498	222675	36823
其他有限责任公司	163	37	1848912	157244	2420500	1988978	431523
股份有限公司	83	20	544622	222585	897625	695003	202623
私营企业	77	30	231897	20070	265374	225477	39897
私营独资企业	3	1	3614	184	3808	3613	195
私营合伙企业	2	1	4489	396	5127	3458	1669
私营有限责任公司	71	27	223469	19485	256107	218152	37955
私营股份有限公司	1	1	326	6	331	253	78
其他企业							
港、澳、台商投资企业	3		3548	682	5117	3442	1675
合资经营企业	1		531	215	1320	1312	8
合作经营企业							
独资经营企业	2		3018	466	3796	2129	1667
投资股份有限公司							
外商投资企业	6	3	36324	48857	87077	41003	46074
中外合资经营企业	4	2	27496	48573	77965	35339	42626
中外合作经营企业							
外资企业	1		1829	236	2066	671	1395
外商投资股份有限公司	1	1	6999	48	7047	4993	2053
按国民经济行业分							
食品、饮料、烟草和家庭用品批发业	433	118	4023676	721428	5308611	4681182	627429
食品、饮料、烟草批发业	241	38	1724802	401943	2414774	1869474	545301
粮食、食用油批发业	63	13	926254	148933	1118599	1049523	69077
烟草及其制品批发业	116	5	390385	152518	666968	352446	314523
棉、麻、土畜产品批发业	34	17	503748	82686	689065	752655	－63591
纺织品、服装和鞋帽批发业	43	18	669426	101210	845553	760484	85069

15－5续表1　　（2002年）　　单位:万元

类别	企业数（个）	#亏损企业	流动资产	固定资产	资产合计	负债合计	所有者权益合计
日用百货批发业	12	6	118586	26975	156079	162547	－6468
日用杂品批发业							
五金、交电、化工批发业	38	14	602363	26071	691712	647329	44383
药品及医疗器械批发业	65	25	404752	82544	511428	488693	22735
能源、材料和机械电子设备批发业	334	90	2031081	636521	3154995	2480455	674541
能源批发业	129	16	294857	437668	857112	562507	294605
石油及制品批发业	110	10	207137	408455	730939	455963	274976
煤炭及制品批发业	19	6	87720	29214	126173	106544	19629
化工材料批发业	47	12	214335	35769	302860	258019	44841
木材批发业	5	2	66002	5384	80002	23446	56556
建筑材料批发业	7	2	19075	2126	22494	20914	1580
矿产品批发业	2	1	3207	813	3986	3481	504
金属材料批发业	61	25	266675	38247	511921	451378	60543
机械、电子设备批发业	38	11	855866	61578	969547	812164	157383
汽车、摩托车及零配件批发业	35	15	299366	52495	390813	335002	55811
汽车批发业	25	11	230266	23882	287554	271950	15605
再生物资回收批发业	10	6	11698	2440	16261	13543	2717
其他批发业	144	53	771572	135281	981954	852821	129134
工艺美术批发业	3	2	96753	10107	120265	118462	1804
图书报刊批发业	14		68044	28811	106533	79070	27463
农业生产资料批发业	112	47	521742	81802	648359	579491	68869
其他类未包括的批发业	15	4	85032	14561	106797	75798	30999
二、零售企业	**841**	**283**	**1865720**	**1390297**	**3616939**	**2824858**	**792081**
#国有及国有控股	372	102	812509	727204	1741669	1354763	386905
按登记注册类型分							
内资企业	832	279	1769095	1311051	3417282	2683600	733682
国有企业	284	69	397680	336105	817849	661294	156555
集体企业	135	40	170315	119558	328300	253856	74445
股份合作企业	35	11	77345	45584	128942	109770	19172
联营企业	4	1	139426	45498	192316	121927	70389
国有联营企业	2		1438	563	2166	1443	723
集体联营企业							
国有与集体联营企业	2	1	137988	44935	190150	120484	69666
其他联营企业							
有限责任公司	189	84	328581	257805	663941	533511	130430
国有独资企业	7	3	7745	5523	19455	17997	1458
其他有限责任公司	182	81	320835	252282	644486	515514	128972
股份有限公司	95	35	475250	459907	1044207	822106	222101
私营企业	90	39	180498	46594	241727	181137	60590
私营独资企业	12	3	9247	5050	14563	10540	4023

15－5续表2　　(2002年)　　单位:万元

类别	企业数(个)	#亏损企业	流动资产	固定资产	资产合计	负债合计	所有者权益合计
私营合伙企业	2	2	1056	166	1259	1482	－223
私营有限责任公司	71	33	163518	40259	217917	162843	55074
私营股份有限公司	5	1	6677	1119	7987	6272	1715
其他企业							
港、澳、台商投资企业	1		217	391	2859	464	2395
合资经营企业	1		217	391	2859	464	2395
合作经营企业							
独资经营企业							
投资股份有限公司							
外商投资企业	8	4	96408	78856	196798	140793	56004
中外合资经营企业	5	2	53994	49581	123840	84350	39490
中外合作经营企业	2	1	39359	28339	68278	52111	16167
外资企业	1	1	3055	936	4679	4333	347
外商投资股份有限公司							
按国民经济行业分							
食品、饮料和烟草零售业	65	30	176013	83824	293970	230354	63616
粮油食品零售业	19	8	46746	19222	68352	65539	2813
副食品零售业	28	13	55150	24150	106615	65822	40793
日用百货零售业	339	114	919672	888746	2016970	1587064	429906
百货零售业	317	105	898553	878098	1981834	1560076	421759
文化体育用品零售业	4	1	1764	973	2825	2250	575
纺织品、服装和鞋帽零售业	20	9	56652	69480	158032	124975	33057
日用杂品零售业	9	2	8228	8613	18577	16836	1741
五金、交电、化工零售业	84	50	280067	80287	389271	317451	71821
药品及医疗器械零售业	72	27	120226	39998	178211	156477	21734
图书报刊零售业	103		106649	128805	244171	139329	104843
其他零售业	149	51	198213	90544	317735	252373	65362
家具零售业	7	4	3375	3034	7434	5949	1486
汽车、摩托车及其零配件零售业	71	27	141592	26054	179376	149729	29647
计算机及软件、办公设备零售业	10	4	10921	1059	13015	9657	3358
按零售业态分							
百货商店	284	84	799856	864770	1871791	1486943	384848
超级市场	86	48	230284	114716	388196	285905	102291
专业(专卖)商店	308	101	619178	273169	971506	741058	230449
其他	163	50	216402	137642	385445	310952	74493

类别	商品销售收入净额	商品销售成本	经营费用	商品销售税金及附加	商品销售利润	管理费用	财务费用	利润总额
总计	**19229328**	**17772781**	**650900**	**30043**	**775604**	**625507**	**166371**	**192464**
一、批发企业	**14085779**	**13108929**	**428781**	**18826**	**529244**	**361961**	**119150**	**179908**
#国有及国有控股	9084198	8364966	291332	15123	412777	282620	106733	129946
按登记注册类型分								
内资企业	13965778	13010731	416238	13390	525420	358042	118515	176147
国有企业	6078343	5597647	179106	6775	294814	215315	76686	82615
集体企业	1572446	1499419	33915	934	38178	27591	9149	7960
股份合作企业	403963	384383	10334	294	8952	5822	2502	2672
联营企业	57977	55696	1444	24	813	764	301	－196
国有联营企业	43886	42032	1101	17	736	459	227	21
集体联营企业								
国有与集体联营企业	14091	13664	343	7	76	305	74	－217
其他联营企业								
有限责任公司	3315047	3076777	119413	3064	115793	64352	15769	69457
国有独资企业	216144	202865	9510	110	3659	7337	2822	577
其他有限责任公司	3098903	2873912	109903	2954	112134	57015	12947	68880
股份有限公司	1779373	1667672	53444	2053	56204	33615	12250	13704
私营企业	758630	729136	18583	246	10665	10583	1860	－65
私营独资企业	17998	17339	407	5	247	203	－4	23
私营合伙企业	18878	17949	575	7	346	382	68	86
私营有限责任公司	717667	689770	17601	233	10063	9965	1797	－150
私营股份有限公司	4087	4079			8	33	－1	－24
其他企业								
港、澳、台商投资企业	7917	5832	913		1172	356	20	866
合资经营企业	3007	2868	71		69	70	49	6
合作经营企业								
独资经营企业	4909	2964	841		1104	287	－29	861
投资股份有限公司								
外商投资企业	112084	92366	11630	5436	2652	3563	615	2895
中外合资经营企业	77652	59019	10954	5436	2244	3017	109	2835
中外合作经营企业								
外资企业	2017	1890	445		－318	308	65	242
外商投资股份有限公司	32415	31457	231		727	238	441	－182
按国民经济行业分								
食品、饮料、烟草和家庭用品批发业	6948501	6402255	234115	8291	303840	236448	76271	85143
食品、饮料、烟草批发业	3419176	3084537	116089	6063	212486	132743	42957	106336
粮食、食用油批发业	726660	702964	27566	649	－4518	26933	23401	3192
烟草及其制品批发业	1925803	1719180	38878	3110	164635	80178	6976	82428
棉、麻、土畜产品批发业	462532	438245	14359	258	9669	16120	11189	－11073
纺织品、服装和鞋帽批发业	1167885	1092855	30844	465	43722	34150	17673	－2319

15－5续表4　　(2002年)　　单位:万元

类别	商品销售收入净额	商品销售成本	经营费用	商品销售税金及附加	商品销售利润	管理费用	财务费用	利润总额
日用百货批发业	270368	250042	10922	335	9068	8113	3098	－1364
日用杂品批发业								
五金、交电、化工批发业	929737	893165	37671	507	－1606	13872	－7032	－2541
药品及医疗器械批发业	698805	643411	24230	663	30501	31451	8386	－3897
能源、材料和机械电子设备批发业	5366225	5044924	149355	9600	162346	82188	28822	82574
能源批发业	1913599	1786522	67470	1923	57685	24661	3684	31609
石油及制品批发业	1780898	1669397	58512	1686	51302	17830	2407	31833
煤炭及制品批发业	132701	117125	8958	236	6382	6831	1278	－224
化工材料批发业	686404	644163	18046	442	23752	11794	5622	9621
木材批发业	75564	69570	1765	108	4122	763	25	3354
建筑材料批发业	45389	43379	1275	20	716	675	174	－81
矿产品批发业	5179	4744	260		176	174	155	－87
金属材料批发业	626216	596247	15145	355	14470	11281	11400	2900
机械、电子设备批发业	1207961	1137344	22304	1046	47267	16183	3471	34374
汽车、摩托车及零配件批发业	752089	711265	21987	5702	13136	15296	4046	1138
汽车批发业	560522	544547	6793	221	8961	9905	3240	－434
再生物资回收批发业	53825	51692	1103	6	1024	1361	245	－254
其他批发业	1771053	1661750	45311	934	63058	43325	14057	12192
工艺美术批发业	183927	170403	5987	66	7472	5469	2722	447
图书报刊批发业	185426	157936	10065	372	17053	14230	－146	4352
农业生产资料批发业	1196149	1144136	23547	159	28306	18144	10738	1285
其他类未包括的批发业	205551	189275	5712	337	10227	5483	744	6108
二、零售企业	**5143549**	**4663853**	**222119**	**11217**	**246360**	**263546**	**47220**	**12556**
#国有及国有控股	2041298	1793143	102818	5021	140316	136831	23882	7349
按登记注册类型分								
内资企业	4899988	4448799	202446	11007	237736	246164	43203	12523
国有企业	820325	694846	53507	2470	69502	70506	7246	427
集体企业	414870	385997	16790	1114	10970	15472	4451	－1616
股份合作企业	234492	210041	11622	438	12392	12988	1625	885
联营企业	730238	708497	7241	562	13938	3920	3247	7207
国有联营企业	9169	8682	276	15	196	185	15	23
集体联营企业								
国有与集体联营企业	721069	699814	6965	547	13742	3735	3232	7184
其他联营企业								
有限责任公司	856897	768879	47371	2254	38394	52488	6692	－703
国有独资企业	29894	26436	2121	72	1264	1791	247	－356
其他有限责任公司	827004	742443	45249	2182	37129	50697	6445	－346
股份有限公司	1463251	1323610	49553	3598	86490	81129	18164	8291
私营企业	379915	356931	16363	571	6049	9662	1778	－1968
私营独资企业	23605	21122	1199	138	1145	1074	185	158

15－5续表5 （2002年） 单位:万元

类别	商品销售收入净额	商品销售成本	经营费用	商品销售税金及附加	商品销售利润	管理费用	财务费用	利润总额
私营合伙企业	1340	1012	309	38	－19	11	13	－59
私营有限责任公司	346721	327277	14536	375	4533	8256	1559	－2113
私营股份有限公司	8250	7521	319	20	390	322	22	47
其他企业								
港、澳、台商投资企业	965	444	11	31	479	161	－1	320
合资经营企业	965	444	11	31	479	161	－1	320
合作经营企业								
独资经营企业								
投资股份有限公司								
外商投资企业	242597	214609	19662	180	8145	17221	4018	－287
中外合资经营企业	132317	110929	10312	180	10897	11127	3222	912
中外合作经营企业	101730	97959	7147		－3377	5659	795	193
外资企业	8550	5721	2204		625	435	1	－1392
外商投资股份有限公司								
按国民经济行业分								
食品、饮料和烟草零售业	377856	342195	27341	520	7800	18142	3093	－562
粮油食品零售业	35680	32263	2823	77	517	2369	608	－45
副食品零售业	81807	72163	7283	129	2233	4355	1453	－1079
日用百货零售业	2281940	2027499	111443	7061	135937	153130	30687	3545
百货零售业	2250529	2000212	108833	6996	134489	150446	30275	5011
文化体育用品零售业	5473	4771	420	10	273	203	43	3
纺织品、服装和鞋帽零售业	87476	76384	5496	304	5292	5242	2788	－1502
日用杂品零售业	16097	13959	619	127	1392	1196	429	－146
五金、交电、化工零售业	1050067	1011176	20961	866	17064	16395	5418	2089
药品及医疗器械零售业	277971	241766	16680	562	18963	19483	2676	－2124
图书报刊零售业	246136	183754	20126	809	41448	36188	－252	7868
其他零售业	806006	767121	19453	968	18465	13769	2381	3389
家具零售业	20703	20810	182	36	－325	390	105	－48
汽车、摩托车及其零配件零售业	471571	456311	7651	280	7330	6792	1552	834
计算机及软件、办公设备零售业	25041	23713	435	20	874	643	69	38
按零售业态分								
百货商店	2005960	1775334	88813	6438	135374	138131	31753	3356
超级市场	584029	523807	48037	1257	10928	32019	2788	－21
专业(专卖)商店	2024859	1882615	63514	2338	76392	69592	9953	8409
其他	528701	482097	21755	1183	23666	23804	2726	812

15－6 规模以上餐饮企业财务状况

（2002 年） 单位:万元

类别	企业数（个）	#亏损企业	流动资产	固定资产	资产合计	负债合计	所有者权益合计
总　计	**373**	**194**	**173470**	**701437**	**981379**	**639684**	**341695**
#国有及国有控股	**141**	**80**	**84393**	**490312**	**607831**	**363138**	**244693**
按登记注册类型分							
内资企业	342	175	148184	513429	741899	449105	292794
国有企业	110	64	63994	298866	382646	213029	169616
集体企业	53	30	22351	76221	104618	57608	47010
股份合作企业	10	4	1911	7213	10083	8002	2081
联营企业	4	1	3297	7256	12460	9849	2611
国有联营企业	1		1017	5292	7132	5451	1681
集体联营企业	1	1	125	1342	1931	1872	59
国有与集体联营企业	1		442	47	489	408	81
其他联营企业	1		1713	576	2909	2119	790
有限责任公司	60	26	26271	83541	142388	97111	45277
国有独资企业	1		871	13312	14383	672	13711
其他有限责任公司	59	26	25400	70229	128006	96440	31566
股份有限公司	17	9	6692	5835	21998	16625	5373
私营企业	86	40	23564	34272	67131	46323	20808
私营独资企业	28	9	2327	7647	10800	4269	6532
私营合伙企业	2	1	349	582	931		931
私营有限责任公司	52	28	18919	25565	52853	40762	12091
私营股份有限公司	4	2	1969	478	2547	1293	1254
其他企业	2	1	104	224	575	558	17
港、澳、台商投资企业	16	11	7269	42020	50762	51690	－927
合资经营企业	12	8	6018	39658	46596	42018	4578
合作经营企业	1	1	72	443	742	744	－2
独资经营企业	3	2	1179	1918	3424	8928	－5504
投资股份有限公司							
外商投资企业	15	8	18017	145988	188718	138889	49829
中外合资经营企业	8	5	7617	127170	141362	113257	28106
中外合作经营企业	3	2	1711	4610	10746	8264	2482
外资企业	4	1	8689	14208	36610	17369	19242
外商投资股份有限公司							
按国民经济行业分							
正　餐	366	190	163398	687641	940450	621861	318589
快　餐	6	4	9879	13484	40293	17502	22791
其他餐饮业	1		193	312	636	320	315

15－6续表　　　　　　　　　　　　（2002年）　　　　　　　　　　　　单位:万元

类别	营业收入	营业成本	营业费用	营业税金及附加	经营利润	管理费用	财务费用	利润总额
总计	**410124**	**188652**	**123547**	**21445**	**76481**	**76525**	**11064**	**－12815**
#国有及国有控股	152280	65824	48279	7759	30418	38839	4917	－8945
按登记注册类型分								
内资企业	294633	144871	87246	15638	46877	55246	8440	－11889
国有企业	107399	46346	35256	5352	20444	27405	3838	－7133
集体企业	33566	16142	9303	1748	6373	8035	1070	－2486
股份合作企业	6462	3486	1817	348	812	931	260	－149
联营企业	5911	2954	1300	326	1331	1396	74	－133
国有联营企业	2253	777	328	126	1021	1015	3	9
集体联营企业	366	175	146	20	26	144	32	－149
国有与集体联营企业	297	144	105	15	33	32		
其他联营企业	2995	1858	722	165	251	205	39	7
有限责任公司	54171	28755	14951	2821	7644	7481	1644	－1300
国有独资企业								
其他有限责任公司	54171	28755	14951	2821	7644	7481	1644	－1300
股份有限公司	21441	9135	7290	1170	3847	2518	719	638
私营企业	64688	37432	17114	3820	6323	7406	810	－1329
私营独资企业	11831	7346	3049	675	761	989	18	－163
私营合伙企业	464	320	80	34	30	23		7
私营有限责任公司	49039	27912	13345	2922	4861	5929	787	－1375
私营股份有限公司	3353	1854	640	189	670	464	5	201
其他企业	995	622	215	54	103	74	26	3
港、澳、台商投资企业	18884	7224	4687	980	5992	8562	863	－3744
合资经营企业	16492	6658	4037	862	4936	7401	855	－3381
合作经营企业	415	157	203	21	34	53	8	－28
独资经营企业	1977	409	448	98	1022	1108		－336
投资股份有限公司								
外商投资企业	96607	36556	31614	4826	23612	12717	1761	2818
中外合资经营企业	16524	5598	4730	833	5363	5604	1090	－164
中外合作经营企业	14804	6640	6527	732	905	1543	285	－1209
外资企业	65279	24318	20357	3260	17344	5571	386	4192
外商投资股份有限公司								
按国民经济行业分								
正餐	333551	159000	97913	17619	59020	70140	10791	－15885
快餐	76232	29435	25556	3806	17436	6376	259	3070
其他餐饮业	340	217	78	20	26	10	14	

15－7 城乡集市贸易基本情况

（2002 年）

类别	集贸市场数（个）	城市	农村	集贸市场商品成交额（万元）	城市	农村
总计	**9595**	**1859**	**7736**	**40209536**	**24868832**	**15340704**
消费品市场	**9003**	**1487**	**7516**	**31237477**	**18019193**	**13218284**
消费品综合市场	6908	414	6494	10472170	2865192	7606978
农副产品市场	1160	413	747	6305443	3585594	2719849
农副产品综合市场	668	293	375	2448467	1636322	812145
农副产品专业市场	492	120	372	3856976	1949272	1907704
工业消费品市场	665	495	170	12497430	10882191	1615239
工业消费品综合市场	241	150	91	3482460	2681880	800580
工业消费品专业市场	424	345	79	9014970	8200311	814659
其他	270	165	105	1962434	686216	1276218
生产资料市场	**592**	**372**	**220**	**8972059**	**6849639**	**2122420**
生产资料综合市场	62	35	27	2109580	1903863	205717
工业生产资料市场	373	247	126	5035196	4052412	982784
农业生产资料市场	30	17	13	205312	87808	117504
农业生产资料综合市场	17	10	7	124176	43793	80383
农业生产资料专业市场	13	7	6	81136	44015	37121
其他	127	73	54	1621971	805556	816415

15－8 集贸市场各类商品成交总额

（2002 年）

单位：万元

类别	总计		城市		农村	
	2002 年	2002 年为 2001 年%	2002 年	2002 年为 2001 年%	2002 年	2002 年为 2001 年%
总计	**40209536**	**109.2**	**24868832**	**106.4**	**15340704**	**114.2**
消费品类	**31237477**	**110.4**	**18019193**	**106.9**	**13218284**	**115.7**
粮食类	1037022	116.0	256602	119.2	780420	114.9
油脂油料类	676864	116.5	190170	117.2	486694	116.2
棉烟麻类	169487	136.6	20073	136.0	149414	136.6
肉食禽蛋类	3880939	113.3	1353253	110.9	2527686	114.6
水产品类	2036016	117.6	1082711	117.7	953305	117.5
蔬菜类	4101059	113.8	1777601	108.2	2323458	118.5
干鲜果类	1747417	118.3	901976	112.8	845441	124.9
大牲畜类	260624	119.3	23223	323.6	237401	112.4
家畜幼禽类	450417	113.6	32220	227.1	418197	109.4
工业品类	14566531	106.1	11295046	105.3	3271485	108.9
其他类	2311101	110.0	1086318	95.8	1224783	126.7
生产资料类	**8972059**	**105.2**	**6849639**	**105.0**	**2122420**	**105.8**
机动车类	1618051	107.0	1466530	113.0	151521	70.3
钢材类	1406059	99.0	874944	91.8	531115	113.8
木材类	690198	91.0	444615	88.4	245583	96.0
其他类	5257751	108.7	4063550	107.8	1194201	111.9

15－9 各市社会消费品零售总额

（2002 年） 单位：万元

地区	社会消费品零售总额	按所在地类别分		
		市	县	县以下
全省总计	**31819024**	**20114910**	**2952511**	**8751603**
济南市	4464927	3642747	227929	594251
青岛市	4004873	3107345		897528
淄博市	2307838	1989092	142617	176129
枣庄市	1052849	702584		350265
东营市	843518	504275	126662	212581
烟台市	3206380	2086751	32327	1087302
潍坊市	3134870	1591885	126600	1416385
济宁市	2086549	1227797	303260	555492
泰安市	1620316	935197	128487	556632
威海市	1885965	1295833		590132
日照市	749148	459990	142094	147064
莱芜市	565963	565963		
临沂市	2160002	964513	592972	602517
德州市	1527451	540479	343290	643682
聊城市	640790	210417	214347	216026
滨州市	630350	142919	243914	243517
菏泽市	943935	153823	328012	462100

15－9 续表 （2002 年） 单位：万元

地区	社会消费品零售总额	按行业分				
		批零贸易业	餐饮业	制造业	农业生产者	其他行业
全省总计	**31819024**	**21000957**	**3726111**	**2809433**	**2838854**	**1443669**
济南市	4464927	2935804	613178	231947	544296	139702
青岛市	4004873	2990653	458625	267310	172308	115977
淄博市	2307838	1363870	338545	279759	187637	138027
枣庄市	1052849	683182	110069	124870	127619	7109
东营市	843518	497527	119432	85641	84221	56697
烟台市	3206380	2189163	323836	291738	267561	134082
潍坊市	3134870	2087343	324962	238212	297113	187240
济宁市	2086549	1302248	289947	196795	203632	93927
泰安市	1620316	1030572	143622	144984	245327	55811
威海市	1885965	1054165	279668	236026	122180	193926
日照市	749148	566794	63664	53520	51499	13671
莱芜市	565963	329305	83660	77436	37125	38437
临沂市	2160002	1389660	217138	242619	199743	110842
德州市	1527451	1082367	132992	158011	80271	73810
聊城市	640790	411414	56098	45177	67466	60635
滨州市	630350	455664	70208	64746	24361	15371
菏泽市	943935	631226	100467	70642	126495	15105

15－10 各市批发零售贸易业商品销售总额

（2002 年）　　单位：万元

地　　区	销售总额	批 发 额	零 售 额
全 省 总 计	**52734224**	**31733267**	**21000957**
济 南 市	6948758	4012954	2935804
青 岛 市	10767725	7777072	2990653
淄 博 市	2398740	1034870	1363870
枣 庄 市	1881957	1198775	683182
东 营 市	871867	374340	497527
烟 台 市	4933920	2744757	2189163
潍 坊 市	4977942	2890599	2087343
济 宁 市	2300021	997773	1302248
泰 安 市	1577032	546460	1030572
威 海 市	1607039	552874	1054165
日 照 市	1739022	1172228	566794
莱 芜 市	688677	359372	329305
临 沂 市	5901725	4512065	1389660
德 州 市	2258448	1176081	1082367
聊 城 市	1123148	711734	411414
滨 州 市	1044070	588406	455664
菏 泽 市	1714134	1082908	631226

注：本表根据 2002 年定期快报资料整理。

15－11 各市规模以上批发零售贸易企业财务状况

（2002 年）　　单位：万元

地　　区	企业数（个）	#亏损企业	流动资产	固定资产	资产合计	负债合计	所有者权益合计
全 省 总 计	**1752**	**544**	**8692049**	**2883526**	**13062499**	**10839316**	**2223184**
济 南 市	166	65	2037318	523838	2846612	2264771	581840
青 岛 市	262	95	2690882	659905	3789175	3471538	317636
淄 博 市	78	28	217231	110723	351426	260967	90459
枣 庄 市	64	24	99653	59191	166409	152867	13542
东 营 市	26	4	47056	58245	113170	91242	21928
烟 台 市	202	72	759661	244577	1094347	872866	221480
潍 坊 市	185	51	623760	227567	1194746	954437	240309
济 宁 市	117	36	343131	146709	547682	460634	87048
泰 安 市	80	19	181346	71392	270456	230099	40357
威 海 市	56	17	177206	166283	381958	243839	138119
日 照 市	63	26	186324	77099	284229	218865	65364
莱 芜 市	37	13	74486	35293	117536	92667	24869
临 沂 市	136	42	401423	193178	669545	465110	204435
德 州 市	83	13	160033	90126	270609	201590	69018
聊 城 市	63	15	139909	64124	222010	186933	35077
滨 州 市	61	9	148982	70185	236038	211297	24742
菏 泽 市	73	15	403648	85093	506554	459593	46961

15－11续表　　(2002年)　　单位:万元

地区	商品销售收入净额	商品销售成本	经营费用	商品销售税金及附加	商品销售利润	管理费用	财务费用	利润总额
全省总计	**19229328**	**17772781**	**650900**	**30043**	**775604**	**625507**	**166371**	**192464**
济南市	3573288	3318513	115468	9725	129582	101990	31940	43355
青岛市	5461868	5075242	183858	5472	197296	178060	51309	30935
淄博市	794775	739558	18993	907	35317	28114	4606	8351
枣庄市	322845	294059	13690	731	14366	10808	1890	3635
东营市	188845	170109	6306	455	11975	10282	1245	3144
烟台市	1821222	1662376	71263	2313	85270	50694	14284	30156
潍坊市	1542504	1421897	54612	1863	64133	54797	22290	4515
济宁市	836173	772526	25789	930	36928	27989	8394	11280
泰安市	378526	342167	17763	1066	17530	17851	3671	3087
威海市	562762	509299	26318	912	26233	24153	1997	5898
日照市	446477	407049	15395	1076	22957	15318	2811	5636
莱芜市	221706	205443	5806	305	10152	6860	1248	2499
临沂市	1227761	1130209	39923	2410	55218	33297	6785	21169
德州市	380275	347376	11697	679	20522	15263	3758	5852
聊城市	433285	406987	11291	444	14563	17702	4103	3177
滨州市	378980	357797	9918	279	10986	11582	3483	2453
菏泽市	658038	612174	22810	476	22578	20747	2560	7326

15－12 各市规模以上餐饮企业财务状况

(2002年)　　单位:万元

地区	企业数(个)	#亏损企业	流动资产	固定资产	资产合计	负债合计	所有者权益合计
全省总计	**373**	**194**	**173470**	**701437**	**981379**	**639684**	**341695**
济南市	67	39	32985	76935	138855	79305	59549
青岛市	68	29	43466	104731	184135	109598	74536
淄博市	27	16	9606	36197	49376	37012	12363
枣庄市	13	10	4096	9807	20583	20756	－174
东营市	5	1	1048	3614	5244	4085	1159
烟台市	20	12	5796	38523	46559	40705	5853
潍坊市	29	14	18373	149964	175876	138939	36937
济宁市	14	8	4341	15227	22286	15262	7024
泰安市	10	6	3155	13668	19195	13490	5705
威海市	18	10	9443	82737	96679	56346	40333
日照市	10	7	9221	36790	46962	13019	33943
莱芜市	9	6	2014	19593	23591	18511	5080
临沂市	48	22	13339	46716	64622	29861	34761
德州市	7	2	3796	17576	22407	22321	86
聊城市	9	6	3225	11606	15033	9594	5439
滨州市	7	1	3824	15746	20564	10719	9846
菏泽市	12	5	5743	22007	29415	20160	9255

15－12 续表 （2002年） 单位:万元

地区	营业收入	营业成本	营业费用	营业税金及附加	经营利润	管理费用	财务费用	利润总额
全省总计	**410124**	**188652**	**123547**	**21445**	**76481**	**76525**	**11064**	**－12815**
济南市	107413	50995	35311	5716	15391	11186	1311	－2723
青岛市	112341	50773	34085	6155	21329	17193	2033	1581
淄博市	20532	10158	5776	1133	3465	4427	1337	－1955
枣庄市	5485	2110	2744	254	378	1029	560	－724
东营市	12763	5065	4399	721	2579	1196	479	922
烟台市	10448	5746	3208	602	891	2112	345	－1004
潍坊市	29110	11968	7548	1453	8142	10820	1846	－3424
济宁市	8635	3975	2311	504	1845	2262	79	－465
泰安市	5261	2525	1145	262	1330	1764	301	－769
威海市	15185	6866	4068	774	3478	4040	188	－360
日照市	16024	6926	4810	760	3528	4693	280	－1532
莱芜市	7551	4012	2223	213	1103	1347	144	－420
临沂市	29855	14360	7727	1529	6240	7361	423	－1086
德州市	4759	2282	2125	207	146	142	1137	42
聊城市	8481	4316	1456	439	2270	2454	32	－394
滨州市	6177	2499	1515	323	1840	2122	194	－172
菏泽市	10105	4078	3098	401	2530	2378	376	－332

15－13 各市集贸市场基本情况

地区	成交总额(万元)		市场个数(个)		消费品市场		生产资料市场	
	2002年	2002年为2001年%	2002年	比2001年增加	2002年	比2001年增加	2002年	比2001年增加
全省总计	**40209536**	**109.2**	**9595**	**－148**	**9003**	**－121**	**592**	**－27**
济南市	5335960	101.0	713	－102	629	－95	84	－7
青岛市	6077798	112.5	915	31	828	24	87	7
淄博市	4435903	102.4	502	－36	458	－31	44	－5
枣庄市	1069085	98.0	328	16	301	15	27	1
东营市	507845	107.9	227	－25	220	－25	7	
烟台市	1852760	100.7	609	－8	572	－11	37	3
潍坊市	3112106	107.6	1274	－51	1216	－48	58	－3
济宁市	2749531	184.3	638	－16	611		27	－16
泰安市	1701532	88.5	499	3	478	2	21	1
威海市	453220	99.0	221	13	213	14	8	－1
日照市	626260	96.4	279	－14	270	－8	9	－6
莱芜市	191135	73.6	170	－8	167	－7	3	－1
临沂市	4570981	108.0	999		961		38	
德州市	3506798	131.0	717	26	664	20	53	6
聊城市	2379417	114.4	472	17	434	19	38	－2
滨州市	618399	103.8	520	2	481	3	39	－1
菏泽市	780852	80.8	510	4	500	7	10	－3

十六、对外经济贸易、旅游和开发区情况

FOREIGN TRADE, TOURISM AND THE SPECIAL－ECONOMIC－ZONE

简要说明：

一、本篇资料综合反映山东省的对外贸易、利用外资、对外承包工程和劳务合作及旅游业发展的基本情况。

二、本篇资料根据山东省对外贸易经济合作厅、青岛海关、山东省旅游局等单位的有关资料加工整理而成。

三、本资料所列的所有进、出口数据均为海关数据，不再使用外贸业务统计数据。对外贸易资料主要包括：全省历年进、出口贸易规模情况，进、出口国别及商品分类情况，各市进、出口及外商投资企业进、出口情况。进出口商品价值，出口按离岸价(FOB)、进口按到岸价(CIF)统计。对各洲及主要国家进出口，出口货物按中华人民共和国关境外最终目的国(地)，进口货物按中华人民共和国关境外原产国(地)统计。16—3表的进、出口商品按海关合作理事会制定的《商品名称及编码协调制度》(HS)目录进行分类统计。

四、利用外资资料主要包含：全省历年利用外资的总体情况、当年利用外资基本情况、全省外商直接投资中外资的主要来源国别情况、各市利用外资情况。利用外资包括对外借款、外商直接投资、外商其他投资三部分，其中对外借款部分资料来源于省计委和省外管局，外商直接投资和外商其他投资资料来源于省外经贸厅。统计范围是我省境内的所有利用外资单位和部门，以及经批准在我省设立的中外合资经营企业、合作经营企业、外资企业、外商投资股份制企业、合作开发项目等具有法人资料的独立核算企业(包括港澳台地区投资企业)。各市利用外资资料不包括对外借款部分。

五、对外承包工程和劳务合作的发展状况，资料来源于省外经贸厅，是根据对外贸易经济合作部与国家统计局共同制定的《对外承包工程和劳务合作统计制度》整理而得。

六、历年人民币对主要外币的年平均汇价，资料来源于国家外汇管理局，是根据当年国家外汇管理局提供的每日汇价进行加权平均计算而得出的当年年平均汇价。

七、国际旅游资料主要包含：全省历年国际旅游总体发展情况、各市接待各国旅游者情况、各市接待国外旅游者人员构成情况及星级宾馆(饭店)数。旅游外汇收入按当年人民币对美元平均汇率换算，资料来源于省旅游局。

八、开发区资料是经国务院及省政府批准成立的各经济开发区和高新技术开发区的主要指标数据。

编辑单位：贸易处
编　　委：王　强
编　　辑：李　青
校　　对：李　青
电　　话：6129471

16－1　1984－2002年海关进出口情况

单位:万美元

年　份	出口总值	一般贸易	补偿贸易	来料加工装配贸易	进料加工贸易	其他贸易	进口总值
1984	207786						144226
1985	234652						179796
1986	191926						190914
1987	289938	264633	3239	2566	19232	268	65356
1988	309773	261451	3032	3796	40458	1036	263588
1989	327015	266337	3592	6274	49047	1765	289496
1990	341719	274898	4745	8660	53152	264	86803
1991	375230	293951	3456	13681	63430	712	107970
1992	433752	330729	4769	18598	79452	204	344388
1993	420360	292058	4373	23834	96748	3347	308226
1994	587011	371013	5050	40640	168470	1838	375916
1995	816101	460278	5198	77503	270177	2945	578906
1996	918298	449683	4323	130565	331035	2016	698096
1997	1085888	483895	2692	185156	410664	3481	667743
1998	1034705	458607	1617	172262	396013	6206	627035
1999	1157909	541405	257	218625	394880	2742	669185
2000	1552905	746563	807	293008	507050	5477	946093
2001	1812899	913253	91	310013	579125	10417	1083414
2002	2111511	1089063	200	341530	669958	10760	1282664

16－2 海关进出口商品总值(按国别、地区分)

单位:万美元

国　别(地区)	进出口总值			出口总值			进口总值		
	2000 年	2001 年	2002 年	2000 年	2001 年	2002 年	2000 年	2001 年	2002 年
合　计	**2498998**	**2896313**	**3394175**	**1552905**	**1812899**	**2111511**	**946093**	**1083414**	**1282664**
亚　洲	**1536099**	**1732964**	**2048017**	**919648**	**1059894**	**1243584**	**616451**	**673070**	**804433**
香　港	96813	113581	127153	81323	91872	108400	15489	21709	18753
日　本	596486	694720	736828	436272	519357	537168	160213	175363	199660
韩　国	566511	614885	741636	227208	258542	327339	339303	356343	414297
澳　门	400	438	753	390	437	753	10	1	
台　湾	55239	50960	79120	20114	14426	25304	35124	36534	53816
马来西亚	20832	23022	42462	14744	16583	25164	6088	6438	17298
印度尼西亚	28150	32145	39538	19985	18399	23797	8165	13746	15741
新加坡	30555	32551	43890	19554	19143	22027	11000	13407	21863
非　洲	**43245**	**53531**	**73581**	**29123**	**38880**	**51200**	**14122**	**14651**	**22381**
南　非	11093	9319	16931	5952	6117	8230	5141	3201	8701
欧　洲	**380212**	**481683**	**543178**	**242095**	**301409**	**331591**	**138117**	**180274**	**211587**
英　国	40568	56033	57102	29977	41434	46458	10590	14598	10644
德　国	83752	94719	110530	52151	55312	57742	31600	39406	52788
法　国	25048	29435	26080	15743	18778	16819	9305	10657	9261
意大利	42819	51447	57629	21216	25924	31124	21603	25523	26505
荷　兰	35504	45206	48003	29934	36997	40309	5569	8208	7694
西班牙	15838	21481	21736	12097	15396	17301	3741	6084	4435
瑞　典	7034	8854	9620	4832	5329	5753	2201	3524	3867
瑞　士	8617	10376	9568	3215	3205	2898	5401	7170	6670
俄罗斯	45797	66363	83044	19886	27933	31756	25910	38430	51288
南美州	**66644**	**78641**	**100144**	**28725**	**38019**	**46311**	**37919**	**40622**	**53833**
阿根廷	16464	10937	11211	2309	2083	1047	14155	8854	10164
巴　西	20930	29149	42277	4852	6389	9192	16077	22759	33085
智　利	4986	8380	9809	3158	3604	4552	1827	4776	5257
墨西哥	6320	9429	12372	5497	8180	10649	823	1249	1723
巴拿马	3689	5167	5673	3689	5161	5670		5	3
秘　鲁	4262	2747	4481	962	1256	1477	3300	1491	3004
北美州	**423229**	**484805**	**555669**	**311910**	**351166**	**405796**	**111319**	**143639**	**149873**
美　国	378216	446744	493801	289906	323269	373255	88309	123475	120546
加拿大	44870	47796	61461	21997	27889	32523	22872	19906	28938
大洋州	**49568**	**54692**	**73584**	**21403**	**23533**	**33027**	**28165**	**31159**	**40557**
澳大利亚	41461	44357	59938	18570	20341	26724	22891	24015	33214
新西兰	6840	9326	12536	2039	2590	5586	4764	6735	6950

注:进口国别指原产国,出口国别指最终消费国。

16－3 海关进出口商品分类金额

单位:万美元

商品类别	1999年		2000年		2001年		2002年	
	出口	进口	出口	进口	出口	进口	出口	进口
总计	**115790**	**669185**	**1552905**	**946093**	**1812899**	**1083414**	**2111511**	**1282665**
一、活动物;动物产品								
活动物	479	14	462	19	396	34	382	226
肉及食用杂碎	23191	727	30491	510	38111	160	26066	263
鱼,甲壳,软体及水生无脊椎动物	57430	31464	72221	51968	94653	70203	104453	81690
乳蛋品;天然蜂蜜;其他食用动物产品	1117	538	1807	752	2143	962	2275	988
其他动物产品	2816	1037	3712	1142	3748	1188	3998	1064
二、植物产品								
活植物;鳞茎、根及类似品;插花	110	107	113	99	82	66	144	79
食用蔬菜、根及块茎	32259	1550	37900	2257	47730	8743	53124	11429
食用水果及坚果;属水果的果皮	7554	485	9592	524	9706	493	13215	1392
咖啡、茶、马黛茶及调味香料	3800	233	5639	235	7579	188	8171	335
谷物	48	5922	82	9650	93	8223	97	6783
制粉产品;麦芽;淀粉;菊粉;面筋	140	423	1132	504	1145	570	1626	438
子仁果实;工业药用植物;稻草饲料	14911	10594	17212	30979	20191	29639	23297	38408
虫胶;树胶、树脂及其他植物液、汁	185	77	323	74	1343	59	1924	143
编结用植物材料;其他植物产品	31	646	54	1465	109	1016	100	415
三、动植物油脂、蜡及分解产品;食用油	**778**	**4464**	**680**	**3798**	**780**	**2418**	**1068**	**6102**
四、食品饮料酒醋;烟草及代用品								
肉鱼甲壳软体动物及无脊椎动物制品	27758	728	44069	632	59783	471	69332	755
糖及糖食	292	428	355	668	407	968	414	1054
可可及可可制品		37	2	52	64	75	103	119
谷物、粮食粉、淀粉、乳制品;糕点	8038	184	9923	402	11286	502	12441	778
蔬菜、水果、坚果其他植物制品	23375	218	28434	81	34228	177	43592	361
杂项食品	3837	1038	4697	1689	6172	1859	5879	2104
饮料、酒、醋	2300	685	3168	352	4013	407	6066	399
食品工业残渣废料;动物饲料	2278	5114	1439	7769	2643	2287	4833	2365
烟草及烟草代用品的制品	1230	227	496	100	1382	135	2094	155
五、矿产品								
盐硫磺泥土及石料;石膏石灰及水泥	12535	2773	14353	4558	13267	3974	13305	4847
矿砂、矿渣及矿灰	25	18675	8	24297	64	26716	171	32288
矿物燃料、油、蜡及蒸馏产品;沥青物质	34591	7631	45490	13617	66361	13345	60246	15274
六、化学工业及其相关工业产品								
无机化学品;有机及无机化合物	15804	4780	18480	4933	21705	6385	22119	9015
有机化学品	26998	18645	30596	22677	35375	24737	39257	44837
药　品	4707	968	6187	919	9070	826	8668	734
肥　料	1096	561	2795	290	4246	30	2110	4050
鞣料制品及颜料油灰油墨等	6145	5253	6522	7232	7618	8764	9259	9624

16-3 续表 1

单位:万美元

商品类别	1999年		2000年		2001年		2002年	
	出口	进口	出口	进口	出口	进口	出口	进口
精油及香膏;芳香料制品及化妆品	352	161	405	295	416	246	590	291
肥皂洗涤润滑剂;蜡制品及熟石膏	1383	1878	1853	2441	1961	2986	2407	3358
蛋白类物质;改性淀粉;胶;酶	981	3248	1157	3659	3164	3946	4416	4826
炸药火柴烟火制品;易燃材料制品	207	8	154	3	167	15	397	102
照相及电影用品	49	120	91	63	108	89	109	72
杂项化学产品	2038	7511	2586	9425	3260	11418	4406	11995
七、塑料及其制品;橡胶及其制品								
塑料及其制品	18977	40724	28377	54035	33158	63991	41320	78155
橡胶及其制品	13321	10585	20904	19350	25821	22943	35645	30995
八、皮及皮制品;旅行用品;动物肠线								
生皮(毛皮除外)及皮革	6068	49611	9864	70355	16434	74778	13394	59114
皮革制品;旅行用品;动物肠线制品	76053	615	107897	587	109163	545	99365	336
毛皮、人造毛皮及制品	654	420	1475	586	2803	989	4690	1669
九、木及软木制品、编结材料制品								
木及木制品;木炭	10330	6521	13170	13300	16668	16456	23160	16753
软木及软木制品	7	184	2	219	14	192	13	117
稻草针茅篮筐及柳条等编结品	4939	7	6305	15	7959	35	11941	46
十、木浆及纤维状纤维素浆;废纸纸板及制品								
木浆及纤维状纤维素浆;废纸或纸板	34	16341	18	24535	136	28745	557	39109
纸及纸板;纸浆、纸或纸板制品	5289	19272	12979	20743	11078	17622	11618	17468
书报印刷图及其他印刷品;手稿设计图纸	22	554	74	373	37	390	111	480
十一、纺织原料及纺织制品								
蚕　丝	6151	171	8415	206	8331	321	8273	291
羊毛动物细粗毛;马毛纱线及其机织物	3870	4325	5661	7210	5611	7739	6843	7300
棉　花	26348	11398	37289	13175	48607	14109	76308	22341
其他植物纺织纤维;纸纱线及其机织物	547	394	1253	803	1372	880	1610	1305
化学纤维长丝	11883	23306	13687	28508	10991	25289	10631	25191
化学纤维短纤	34036	28022	46268	35056	45303	32697	42895	32315
絮胎毡呢及无纺织物;特种纱线线绳索缆	2139	4183	2641	4769	2978	4801	3161	5222
地毯及纺织材料的其他铺地制品	6650	138	8459	215	9550	156	10471	78
特种机,簇绒织物;花边装饰毯,带,刺绣品	3599	10000	6284	11317	5553	10773	9733	11255
浸渍涂布包覆或层压纺织物;工业用纺织品	4052	13227	3509	18463	3225	19401	3883	19137
针织物及钩编织物	1604	16074	2385	20505	2748	24441	2762	26065
针织或钩编的服装及衣着附件	69859	909	94049	802	113593	1187	135545	1246
非针织或非钩编的服装及衣着附件	75891	2482	98945	1562	105893	1217	114360	1553
其他纺织品;成套物品;旧衣旧纺织品	54023	316	66874	409	77396	377	90070	426
十二、鞋帽伞杖鞭及零件;羽毛人发制品								
鞋靴,护腿和类似品及零件	61985	7769	68702	9391	79898	10309	75638	8741

16－3 续表 2 单位:万美元

商品类别	1999 年		2000 年		2001 年		2002 年	
	出口	进口	出口	进口	出口	进口	出口	进口
帽类及其零件	2802	60	3635	113	4077	116	5652	127
雨伞阳伞手杖鞭子马鞭及零件	244	8	123	36	145	23	150	3
已加工羽毛羽绒及制品;人造花	11704	1652	14402	2275	16713	2506	18297	2741
十三、石料膏泥棉云母及制品;陶瓷玻璃								
石料膏泥棉云母及类似材料制品	5526	1084	7591	1471	10727	1729	14073	1962
陶瓷产品	8414	244	9234	323	10907	444	13111	669
玻璃及其制品	7976	922	10798	1364	13186	1526	20010	1682
十四、珍珠宝石贵金属及制品;仿首饰	**11153**	**7850**	**15797**	**8909**	**16308**	**7071**	**27356**	**11346**
十五、贱金属及制品								
钢铁	19043	28225	34232	34200	18617	29878	20350	48296
钢铁制品	26329	4247	30164	5053	37249	6407	47512	9391
铜及其制品	2059	4937	2608	6391	3000	7535	3393	8179
镍及其制品	15	35	12	90	6	229	5	152
铝及其制品	1111	4029	1115	4845	2220	4128	6284	4547
铅及其制品	41	161	26	158	12	171	73	311
锌及其制品	100	29	125	121	132	150	143	143
锡及其制品	4	342	71	506		939	4	1256
其他贱金属,金属陶瓷及制品	279	31	422	74	478	451	274	163
贱金属工具器具利口器餐匙餐叉及零件	8847	745	11176	993	13105	1067	15282	1442
贱金属杂项制品	6415	3186	6966	3784	6891	3954	8241	4038
十六、机械、电气设备、电视机及音响设备								
核反应堆;锅炉机器机械器具及零件	50214	101614	81700	151673	110441	191968	131299	230067
电机电气设备及零件;声像设备	67255	76792	99856	127296	122845	168985	175295	197661
十七、车辆,航空器,船舶及运输设备								
铁道及电车道,交通讯号设备零附件	9232	432	33644	447	34062	776	51822	2238
车辆及其零附件,铁电车道车辆除外	15919	1970	24681	2083	26331	3150	35333	3418
航空器,航天器及其零件	192	54	165	376	110	49	79	4519
船舶及浮动结构体	2940	996	3002	1687	2115	384	5993	2681
十八、照相计量医疗精密仪器及设备,零附件								
照相计量医疗精密仪器及设备,零附件	7358	13735	8079	15695	6884	22949	8365	25082
钟表及其零件	1559	469	1798	402	1760	361	2358	249
乐器及其零件附件	789	231	1365	380	1567	467	3053	930
十九、武器弹药及其零件、附件					**4**		**2**	
二十、杂项制品								
家具垫子照明装置发光品活动房屋	17470	529	23933	723	30319	762	38247	1338
玩具游戏品,运动用品及零附件	45572	4780	48561	2499	56010	4430	64918	4880
杂项制品	6428	4469	7340	5461	7229	4803	7918	4930
二十一、艺术品,收藏品及古物				**65**	**1**	**67**	**3**	
二十二、特殊交易品及未分类商品								

16－4 对外贸易商品结构(按国际贸易标准划分)

单位:万美元

类别	1998年		1999年		2000年		2001年		2002年	
	出口额	比重%	出口额	比重%	出口额	比重%	出口额	比重%	出口额	比重%
总值	**1035929**	**100.0**	**1157430**	**100.0**	**1552208**	**100.0**	**1812079**	**100.0**	**2111511**	**100.0**
一、初级产品	**232500**	**22.5**	**263667**	**22.8**	**336715**	**21.7**	**429962**	**23.7**	**462078**	**21.9**
食品及活动物	163912	15.8	191786	16.6	248004	16.0	316173	17.4	346498	16.4
饮料及烟类	3824	0.4	3380	0.3	3071	0.2	3848	0.2	6929	0.3
非食用原料(燃料除外)	38332	2.7	33206	2.9	39626	2.6	43028	2.4	47512	2.3
矿物燃料、润滑油及有关原料	34611	3.3	34591	3.0	45491	2.9	66362	3.7	60247	2.9
动植物油、脂及蜡	1821	0.2	705	0.1	523		551		893	
二、工业制品	**802907**	**77.5**	**893763**	**77.2**	**1215493**	**78.3**	**1382117**	**76.3**	**1649051**	**78.1**
化学成品及有关产品	56905	5.5	63027	5.4	75746	4.9	92989	5.1	102287	4.8
按原料分类的制成品	260573	25.2	281007	24.3	378026	24.4	409458	22.6	505625	24.0
机械及运输设备	124935	12.1	147881	12.8	244017	15.7	296240	16.3	399967	18.9
杂项制品	360494	34.8	401847	34.7	517704	33.4	583429	32.2	641172	30.4
未分类的商品										
#机电产品	191067	18.5	210467	18.2	312541	20.1	379677	21.0	502923	23.8

注:2002年高新技术产品出口113583万美元,增长45.6%;农产品出口246029万美元,增长11%。

16－5 1979－2002年利用外资

单位:万美元

年份	合同项目个数(个)	#外商直接投资	合同外资金额	#外商直接投资	实际利用外资金额	#外商直接投资
1979	49		1278		1276	
1980	46		1254		1245	
1981	40	1	1296	10	1296	10
1982	60		1348		1327	
1983	51		2010		1831	
1984	100	16	15283	10470	1642	40
1985	232	32	10994	4925	6375	559
1986	109	37	13377	5927	11743	1939
1987	151	53	30520	3890	10219	2381
1988	458	203	59553	26020	14231	3908
1989	485	240	55272	17855	31498	13132
1990	674	366	55164	23283	31123	15084
1991	1187	801	102358	65481	46789	17950
1992	4651	4109	471994	391961	137684	97335
1993	8012	7229	754863	705116	226068	184319
1994	4747	3650	624570	526217	340137	253566
1995	5035	2709	532980	462521	326698	260719
1996	2223	2175	633894	539797	339426	259041
1997	1681	1597	454145	328037	358447	250044
1998	1434	1366	367072	221866	361036	222262
1999	1745	1717	421333	311087	374464	246878
2000	2733	2728	561066	507435	381243	297119
2001	3058	3047	715880	672040	424886	362093
2002	4072	4065	1186072	1130680	652124	558603

16-6 利用外资基本情况

单位:万美元

类别	合同项目个数(个)			合同外资金额			实际利用外资金额		
	1979-2002年	2001年	2002年	1979-2002年	2001年	2002年	1979-2002年	2001年	2002年
总计	**33929**	**3058**	**4072**	**6732969**	**715880**	**1186072**	**4102542**	**424886**	**652124**
一、对外借款	**816**	**11**	**7**	**655875**	**20915**	**30449**	**712933**	**44661**	**65934**
外国政府贷款	375	11	7	214243	16815	3700	188162	19738	6000
国际金融组织贷款	47			86343			186404	3484	2500
银行商业贷款	392			240050	4000	26749	237474	8300	55307
#短期贷款				92549	4000	26749	98030	4000	32230
出口信贷				78766	100		57965	13139	2127
对外发行债券									
二、外商直接投资	**33113**	**3047**	**4065**	**5602620**	**672040**	**1130680**	**3048892**	**362093**	**558603**
合资经营企业	18951	1089	1218	2307421	169353	239743	1503215	123154	142522
合作经营企业	1693	140	122	661651	42402	66695	288228	30572	38529
独资企业	12434	1811	2721	2569295	452952	819116	1211368	199483	371930
合作开发	4			3910			3718		
股份制企业	31	7	4	60343	7333	5126	42363	8884	5622
三、外商其他投资				**474474**	**22925**	**24943**	**340717**	**18132**	**27587**
补偿贸易				89874	923	2000	53028	628	887
加工装配				169237	2631	769	81872	4974	6673
对外发行股票				104695	3371	7174	99943	1530	5227
国际租赁				110668	16000	15000	106374	11000	14800

16-7 外商直接投资

单位:万美元

国家(地区)	合同项目个数(个)			合同外资金额			实际利用外资金额		
	2000年	2001年	2002年	2000年	2001年	2002年	2000年	2001年	2002年
总计	**2728**	**3047**	**4065**	**507435**	**672040**	**1130680**	**297119**	**362093**	**558603**
#香港	472	451	564	143406	139998	218462	69010	89300	118841
澳门	10	11	11	695	2108	1234	183	94	418
日本	250	265	370	27644	46114	77373	33382	34305	49465
新加坡	47	73	60	5900	22621	33759	6366	14748	17911
菲律宾	12	18	14	838	4903	3969	465	1040	1707
德国	45	33	31	8228	5725	4373	7591	4318	10760
法国	11	14	13	3263	2196	4852	11172	6549	4590
加拿大	63	76	94	20202	21332	26762	5838	3422	7927
美国	282	311	394	82784	69590	137398	30635	32158	60888
澳大利亚	60	53	84	12939	8859	31937	3494	5895	11219
台湾	267	299	352	42492	74544	85929	18667	24569	48370
韩国	1012	1251	1792	97754	186715	370058	56744	88426	155713
阿联酋	4	3	7	74	239	3463	10	93	211
马来西亚	8	16	25	990	5621	2934	711	2693	1809
瑞士	5	2	3	2889	10865	531	1144	1997	515
瑞典	6	2	6	499	164	2633	840	216	2265
荷兰	4	6	9	453	516	2194	853	630	1897
玻利维亚			1		5	118	20	5	
英国	24	25	39	3911	10136	31845	15859	8041	10891
意大利	18	13	32	1869	5988	9676	1369	3198	2718
泰国	14	14	14	1915	4492	9948	2750	1835	1908
匈牙利	3	4	4	-78	33	3010	313	33	26
维尔京群岛	33	31	43	24893	32455	36498	11806	26523	24189

16－8 分行业合同利用外商直接投资

（2002 年）　　单位：万美元

类别	总计		合资企业		合作企业		独资企业		股份制	
	项目数（个）	合同外资	项目数（个）	合同外资	项目数（个）	合同外资	项目数（个）	合同外资	项目数（个）	合同外资
总计	**4065**	**1130680**	**1218**	**239743**	**122**	**66695**	**2721**	**819116**	**4**	**5126**
农林牧渔业	119	38799	31	5081		2	88	33716		
#农业	54	12956	12	1700		4	42	11252		
采掘业	10	4827	2	534	2	－292	6	4585		
制造业	3454	872158	1019	175272	82	31068	2349	660835	4	4983
#纺织业	160	58594	62	18627	7	1361	91	38606		
化学原料及制品制造业	177	44039	67	7065	9	2673	100	32211	1	2090
医药制造业	53	36810	27	10509	2	1626	24	24690		－15
普通机械制造业	165	43085	46	5341	4	757	115	36987		
专用设备制造业	112	32394	35	10336	7	2268	70	19785		5
电子及通讯设备制造业	255	89137	43	8744	1	66	211	80327		
电力煤气及水生产供应业	21	14930	8	5580	10	5771	3	3436		143
建筑业	28	9957	13	2355	3	4519	12	3083		
地质勘查业、水利管理业	1	65	1	48				17		
交通运输仓储及邮电通讯业	25	20403	17	7326		4	8	13073		
批发零售贸易、餐饮业	167	23825	34	3896	1	－85	132	20014		
金融、保险业										
房地产业	98	67499	49	23234	11	13628	38	30637		
#房地产开发与经营业	95	67330	48	23147	11	13628	36	30555		
社会服务业	101	48705	30	6371	7	5322	64	37012		
#旅馆业	3	3520	2	1520			1	2000		
卫生、体育和社会福利业	3	2253		27	2	2216	1	10		
教育、文化艺术及广播电影电视业	4	3770	1	650	2	1120	1	2000		
科学研究和综合技术服务业	11	12926	5	3637	1	2980	5	6309		
其他行业	23	10563	8	5732	1	442	14	4389		

16－9 分行业外商实际直接投资

（2002年）　　　　单位：万美元

类　　别	总　计	合资企业	合作企业	独资企业	股份制
总　　计	**558603**	**142522**	**38529**	**371930**	**5622**
农林牧渔业	18276	1903	171	15802	400
#农业	8320	902	171	7247	
采掘业	3323	48	292	2983	
制造业	437118	101316	14601	315506	5222
#纺织业	29211	8175	216	20820	
化学原料及制品制造业	22936	5275	2992	12922	1747
医药制造业	10682	7765	530	2387	
普通机械制造业	20226	4190	162	15874	
专用设备制造业	11269	1526	918	8313	512
电子及通讯设备制造业	56688	10058	167	46463	
电力煤气及水生产供应业	10308	3977	5641	690	
建筑业	7796	3107	2436	2253	
地质勘查业、水利管理业					
交通运输仓储及邮电业	11019	6873	706	3440	
批发零售贸易、餐饮业	13799	1830	1669	10300	
金融、保险业					
房地产业	30040	12741	4347	12952	
#房地产开发与经营业	29807	12675	4238	12894	
社会服务业	17229	6347	5865	5017	
#旅馆业	473	473			
卫生、体育和社会福利业	550		550		
教育、文化艺术及广播电影电视	151	100	51		
科学研究和综合技术服务业	2772	1361	700	711	
其他行业	6222	2446	1500	2276	

16－10 1982－2002 年对外承包工程和劳务合作

年　　份	合同个数（个）	合同金额（万美元）	营 业 额（万美元）	年末在外人　数（人）
1982	1	421	421	
1983	1	1286	40	408
1984	1	451	664	783
1985	4	645	852	1147
1986	26	1099	876	1597
1987	33	802	999	1239
1988	34	502	987	865
1989	69	1389	1000	1179
1990	91	3377	1712	1462
1991	123	5952	3017	2326
1992	192	8747	3882	3571
1993	299	20250	6959	7254
1994	411	31882	12222	10288
1995	672	38604	18274	16217
1996	880	52005	28933	23355
1997	966	57654	36315	26626
1998	1296	73703	46508	29121
1999	1116	67729	63615	30979
2000	1250	61601	45229	35028
2001	1580	104622	55913	36489
2002	1380	134098	83133	43554

注：从 1999 年起只统计直接签约部分。

16－11 对外承包工程、劳务合作和设计咨询

项　　目	单　位	1990 年	1995 年	1997 年	1998 年	1999 年	2000 年	2001 年	2002 年
一、合同个数	**个**	**91**	**672**	**966**	**1296**	**1116**	**1250**	**1580**	**1380**
承包工程	个	18	66	124	147		115	92	212
劳务合作	个	73	603	841	1147		1125	1434	1162
生产合作	个							12	
设计咨询	个		3	1	2		10	2	6
其他合作	个							40	
二、合同金额	**万美元**	**3377**	**38604**	**57654**	**73703**	**67729**	**61601**	**104622**	**134098**
承包工程	万美元	2537	20105	34019	49533	39343	29205	59300	103034
劳务合作	万美元	840	18462	23627	24157	28364	32038	32376	31021
生产合作	万美元							7835	
设计咨询	万美元		37	8	13	22	358	13	43
其他合作	万美元							5098	
三、营业额	**万美元**	**1712**	**18274**	**36315**	**46508**	**63615**	**45229**	**55913**	**83133**
承包工程	万美元	1179	9292	17679	25696	40694	17342	24333	53527
劳务合作	万美元	533	8952	18634	20785	22901	27760	27638	29554
生产合作	万美元							2640	
设计咨询	万美元		30	2	27	20	127	38	52
其他合作	万美元							1264	
四、年末在国外人数	**人**	**1462**	**16217**	**26626**	**29121**	**30979**	**35028**	**36489**	**43554**
承包工程	人	288	1687	2465	2915	3392	3101	3191	7365
劳务合作	人	1174	14526	24160	26202	27586	31904	32806	36187
生产合作	人							481	
设计咨询	人		4	1	4	1	23	11	2
其他合作	人								

16－12 1978－2002年人民币对主要外币年平均汇价(中间价)

单位:人民币元

年份	100美元	100日元	100港元	100英镑	100马克(德国)	100法郎(法国)	100欧元
1978	168.36	0.8058	36.16	322.53	83.80	37.33	
1979	155.49	0.7131	31.35	329.26	84.84	36.56	
1980	149.84	0.6635	30.15	347.73	82.67	35.56	
1981	170.51	0.7735	30.41	344.73	75.63	31.51	
1982	189.26	0.7607	31.15	331.11	77.94	28.86	
1983	197.57	0.8318	27.36	299.60	77.61	26.08	
1984	232.70	0.9780	29.71	308.56	81.56	26.56	
1985	293.67	1.2457	37.57	381.89	100.99	33.06	
1986	345.28	2.0694	44.22	506.40	161.84	50.02	
1987	372.21	2.5799	47.74	609.85	207.24	61.95	
1988	372.21	2.9082	47.70	663.02	212.15	62.64	
1989	376.59	2.7360	48.28	617.85	200.93	59.23	
1990	478.38	3.3233	61.39	854.46	297.16	88.22	
1991	532.27	3.9602	68.45	940.48	321.68	94.63	
1992	551.49	4.3608	71.24	974.14	354.16	104.43	
1993	576.19	5.2020	74.41	866.04	348.77	101.90	
1994	861.87	8.4370	111.53	1319.96	531.90	155.54	
1995	835.07	8.9225	107.96	1320.43	583.29	134.01	
1996	831.42	7.6352	107.51				
1997	828.98	6.8600	107.09	1358.83		142.38	
1998	827.91	6.3488	106.88				
1999	827.96	8.0720	106.53				
2000	827.72	7.3877	106.08				
2001	827.70	6.8075	106.08				
2002	827.70	6.6237	106.07				800.58

16－13 旅游业发展情况

类别	单位	1996年	1997年	1998年	1999年	2000年	2001年	2002年
旅行社总数	个	204	238	211	299	727	1050	1042
国际旅行社	个	32	32	44	50	50	53	55
国内旅行社	个	172	206	167	249	677	997	987
旅行社职工人数	人	2559	2746	3545	3935	8368	11515	13682
国际旅行社	人	1132	858	1270	1345	1536	1650	2102
国内旅行社	人	1427	1888	2275	2590	6832	9865	11580
涉外饭店总数	个	211	306	319	384	404	508	529
接待海外游客	人次	531616	585017	608209	622033	723145	828664	976841
外国人	人次	363661	344384	371792	417911	480090	592413	741366
港澳台侨胞	人次	167955	240633	236417	204122	243055	236251	235475
#港澳同胞	人次	71223	124996	125791	120619	162091	145057	126628
台湾同胞	人次	86535	102840	96756	76261	80964	91194	108847
旅行社外联海外游客	人	34551	43693	33671	61992	90073	113760	135888
旅行社接待海外游客	人	34739	43735	53670	82369	111751	175842	186253
国内旅游人数	万人次	5151	5488	5844	6429	7007	8086	9573
旅游总收入	亿元	203.7	229.9	264.1	307.2	412.7	494.4	610.8
国际旅游收入	万美元	19649.0	20376.1	21949.6	26521.5	31512.8	38240.7	47248.5
国内旅游收入	亿元	187.4	213.0	245.8	285.2	386.5	462.6	571.5

16－14 接待国际游客人数（按性别、年龄和来鲁目的分）

单位：%

类　　别	1995 年	2000 年	2001 年	2002 年
总　　计	**100.0**	**100.0**	**100.0**	**100.0**
按性别分				
男	80.0	73.5	74.2	77.0
女	20.0	26.5	25.8	23.0
按年龄分				
20 岁以下	2.1	2.8	3.6	3.9
21 至 30 岁	14.6	14.1	17.0	18.6
31 至 50 岁	55.1	53.7	54.9	55.5
50 岁以上	28.2	29.4	24.6	21.9
按来鲁目的分				
从事经济商务活动	55.7	52.1	56.1	57.6
从事文化学术交流	4.6	2.8	4.7	5.1
探亲访友	3.9	3.7	4.2	3.5
旅游观光	33.5	39.9	33.9	32.1
其　　它	2.4	1.6	1.1	1.7

16－15 国际旅游外汇收入及构成

单位：万美元

类　　别	1995 年		2000 年		2001 年		2002 年	
	数额	比重（%）	数额	比重（%）	数额	比重（%）	数额	比重（%）
总　　计	**15383.8**	**100.0**	**31512.8**	**100.0**	**38240.7**	**100.0**	**46978.6**	**100.0**
长途交通	3196.8	20.8	8972.6	28.5	11637.1	30.4	15932.2	33.9
#民　航	2979.7	93.2	6231.6	69.5	8800.0	75.6	12047.5	25.6
铁　路	100.1	3.1	499.0	5.6	502.7	4.3	455.1	1.0
汽　车	77.0	2.4	997.3	11.1	1066.0	9.2	1127.7	2.4
轮　船	40.0	1.3	1244.9	13.9	1268.4	10.9	2301.9	4.9
游　览	633.8	4.1	1243.7	4.0	1905.2	5.0	2601.1	5.5
住　宿	4741.3	30.8	4727.5	15.0	4992.7	13.1	5262.1	11.2
餐　饮	2415.3	15.7	2765.6	8.8	3648.7	9.5	4233.3	9.0
购　物	1586.1	10.3	5993.2	19.0	7652.4	20.0	9073.7	19.3
娱　乐	464.6	3.0	2168.4	6.9	2448.2	6.4	2696.0	5.7
邮电通讯	687.7	4.5	1463.4	4.6	1489.3	3.9	2084.3	4.4
市内交通	223.1	1.5	521.8	1.7	814.7	2.1	1366.3	2.9
其他服务	1435.3	9.3	3656.4	11.6	3652.3	9.6	3729.6	7.9

16－16 接待外国旅游人数(按国别分)

单位:人

国 别(地区)	1990 年	1995 年	2000 年	2001 年	2002 年
总 计	**68855**	**304280**	**480090**	**592413**	**741366**
亚 洲	**38268**	**220757**	**377862**	**480304**	**618090**
印 度	777		2762	3592	4049
印度尼西亚		3378	6319	7393	8989
日 本	26535	81071	132619	166995	225779
马来西亚		5581	10700	14332	24421
蒙 古			851	460	451
菲 律 宾	414	14015	14906	15354	14385
新 加 坡	1544	9275	16182	15440	23685
韩 国	7657	98568	183567	243889	300767
泰 国	1123	1781	2545	3486	4073
非 洲			**1501**	**1333**	**2003**
欧 洲	**11641**	**36510**	**47999**	**55447**	**59822**
英 国	1660	4515	6812	7868	8787
德 国	4256	8207	9065	10004	11914
法 国	1786	3669	6137	6310	6592
意 大 利	1647	2333	3805	3453	4340
荷 兰	292	1436	1750	2152	1996
瑞 典	219	877	1573	1754	2181
瑞 士	309	843	1053	1431	1044
俄 罗 斯	896	10566	8926	11542	11311
美 洲	**12757**	**29012**	**40786**	**44635**	**47570**
加 拿 大	3269	4900	7008	8438	9225
美 国	9433	23273	31994	33636	35347
大洋洲	**951**	**3853**	**8009**	**7821**	**10351**
澳大利亚	800	3046	5956	5598	6995
新 西 兰	151	519	1183	1406	1808
其 他	**5238**	**14148**	**3933**	**2873**	**3530**

16－17 国 内 旅 游

年 份	总 人 次 (万人次)	总 花 费 (亿元)	人均花费 (元)
1995	4655	157.68	338.7
1996	5151	187.43	363.9
1997	5488	213.02	388.2
1998	5844	245.83	420.7
1999	6429	285.17	443.6
2000	7007	386.49	551.6
2001	8086	462.64	572.2
2002	9573	571.53	595.8

16-18 开发区主要经济指标

（2002 年）

类　　别	单位	经济开发区			高新技术开发区		
		合　计	国家级	省　级	合　计	国家级	省　级
固定资产投资	万元	3858661	1479816	2378845	1862345	972631	889714
#基础设施投资	万元	1017584	452944	564640	283549	156956	126593
引进项目总投资	万元	9240946	2664590	6576356	4690661	2631621	2059040
#合同外资额	万美元	388665	186929	201736	103130	50709	52421
实际利用外资额	万美元	154616	70300	84316	43958	21799	22159
业务总收入	万元	23236419	11599632	11636787	14515445	11431517	3083928
#工业产品销售收入	万元	16911126	7471762	9439364	11597168	9489205	2107963
#外商投资企业	万元	6629143	3597891	3031252	2578216	2049899	528317
技工贸总收入	万元				13268395	10152292	3116103
财政收入	万元	655270	337493	317777	382340	271077	111263
税收收入	万元	870976	393922	477054	649880	490032	159848
#外商投资企业	万元	272354	128842	143512	156878	121614	35264
工业企业总产值	万元	18596116	7969360	10626756	12107297	9864848	2242449
#外商投资企业	万元	6586719	3000272	3586447	2799704	2061591	738113
高新技术企业	万元	6678317	3956907	2721410	7994100	6935205	1058895
工业企业增加值	万元	5202179	2317983	2884196	3210499	2519718	690781
#外商投资企业	万元	1904088	962532	941556	719688	535177	184511
高新技术企业	万元	2019076	1225925	793151	2209721	1844941	364780
进口额	万美元	290962	130087	160875	119525	99482	20043
出口额	万美元	436303	155146	281157	206611	162300	44311
#外商投资企业	万美元	293607	107558	186049	102409	74421	27988
高新技术产品	万美元	79882	13306	66576	112826	94397	18429

16-19 各市海关进口

单位：万美元

地　　区	1995 年	1996 年	1997 年	1998 年	1999 年	2000 年	2001 年	2002 年
全省总计	**578906**	**698096**	**667743**	**627035**	**669185**	**946093**	**1083414**	**1282664**
济南市	29812	48193	52862	45096	60199	86827	90746	79755
青岛市	322099	347194	337000	309021	378812	526331	591404	635426
淄博市	23477	22367	23788	28303	16378	26301	33796	57243
枣庄市	5477	4572	6768	2878	2759	4233	4990	4367
东营市	4413	2870	1754	3502	3909	6843	17822	22316
烟台市	71776	85704	78470	94437	82287	117324	125921	190784
潍坊市	26267	38786	33004	27086	24889	37827	40172	56140
济宁市	6052	24169	14042	10044	13709	15959	20241	27733
泰安市	5579	6500	5367	4638	4270	6897	10352	7415
威海市	47866	73278	59987	57894	52844	67860	78037	100346
日照市	7816	8004	12265	24062	9960	9990	14615	25081
莱芜市	6816	5443	8888	3807	3708	4615	7560	8701
临沂市	7307	7869	7292	5186	6876	13933	20567	19860
德州市	3718	6430	4141	3177	2294	7244	7431	9683
聊城市	2013	7495	9841	1963	1774	5028	4527	5439
滨州市	6078	7013	10300	5354	4228	8630	14237	31112
菏泽市	2265	2200	1965	586	288	249	996	1264

16－20 各 市 海 关 出 口

单位:万美元

地　　区	1995年	1996年	1997年	1998年	1999年	2000年	2001年	2002年
全省总计	**816101**	**918298**	**1085888**	**1034705**	**1157909**	**1552905**	**1812899**	**2111511**
济南市	36753	43160	51303	34805	35926	57108	59397	69510
青岛市	535254	516294	579252	573020	631072	826891	950161	1057141
淄博市	20283	27271	36500	33306	37775	49930	58316	74985
枣庄市	4088	4785	7750	7147	6459	9492	11713	14062
东营市	635	1076	1122	2067	2279	7487	18177	29596
烟台市	76728	110297	137829	128295	146553	196621	215727	256907
潍坊市	33307	50864	62082	64033	71194	99413	113423	128244
济宁市	7162	9950	12668	15325	15618	21467	25435	35657
泰安市	3813	6460	8808	8344	9061	13652	17604	22749
威海市	49752	77768	100015	85620	101923	129519	159315	192182
日照市	24181	29543	34957	34214	36375	45724	62190	67252
莱芜市	2861	7195	10640	7349	10112	16868	15408	16672
临沂市	6876	13252	15216	13749	15898	22541	32361	46811
德州市	3708	5839	6783	6057	8676	12600	16670	24301
聊城市	1487	2244	4016	5070	6159	9145	12628	14039
滨州市	5797	8312	11842	12509	17643	27958	34104	45815
菏泽市	2285	3967	5096	3794	5187	6489	10272	15587

16－21 各市外商投资企业进口

单位:万美元

地　　区	1995年	1996年	1997年	1998年	1999年	2000年	2001年	2002年
济南市	17670	25675	24006	13067	17091	20911	28252	25541
青岛市	191695	226524	242154	217164	257557	358883	408619	435812
淄博市	16633	16601	13812	12135	10873	18857	23570	38317
枣庄市	5193	4246	6309	1884	2216	3326	4202	3433
东营市	4094	2279	1055	2443	2103	3408	10072	3725
烟台市	49006	64787	60641	76354	59327	86491	97825	148974
潍坊市	19046	27003	18686	17681	15966	23830	27055	41101
济宁市	4640	21210	10181	6548	9874	11641	15232	22726
泰安市	5026	4932	4587	3088	1939	1860	2520	2515
威海市	26090	42030	37743	39598	38964	50478	57534	75547
日照市	3400	6219	9030	22720	7134	5375	5819	14033
莱芜市	795	1772	489	245	1633	377	224	1573
临沂市	6463	6761	5456	3965	3366	5939	7760	8696
德州市	3271	5374	2612	1524	1605	3193	2502	4049
聊城市	1925	3319	3402	1318	799	1371	2158	1112
滨州市	5695	5934	7115	2840	3027	3753	9134	14423
菏泽市	2032	1729	1700	414	189	113	451	705

16－22 各市外商投资企业出口

单位:万美元

地　区	1995年	1996年	1997年	1998年	1999年	2000年	2001年	2002年
济南市	5033	10056	13002	11638	12127	17404	20332	21531
青岛市	155542	208222	283182	302368	329884	443829	503624	582236
淄博市	5715	9978	13311	12445	15593	18493	25138	40873
枣庄市	1200	2166	2552	2291	2442	2850	2815	3543
东营市	362	398	767	1626	1138	1037	5418	2031
烟台市	37022	69804	91094	84113	99169	136296	151170	182362
潍坊市	12251	18022	23555	23306	28154	44170	51508	61030
济宁市	1754	3297	4935	8806	5442	7654	7542	9961
泰安市	1956	3960	4879	4650	3971	6056	7017	7350
威海市	21700	38533	51480	47128	59523	77825	97901	118106
日照市	1608	3690	5468	6280	7800	10969	14907	19258
莱芜市	322	323	129	423	524	763	782	2378
临沂市	3911	7476	8620	7484	8172	10773	14855	23389
德州市	1691	3676	4224	2953	3452	5249	6406	6867
聊城市	419	767	1041	1431	2074	2980	3816	5312
滨州市	2332	2841	5219	3977	3611	4316	5872	6774
菏泽市	950	2093	1963	1465	1984	2131	4713	6168

16－23 各市合同利用外资

地　区	合同项目个数(个)			合同外资金额(万美元)					
	2000年	2001年	2002年	2000年	#外商直接投资	2001年	#外商直接投资	2002年	#外商直接投资
全省总计	**2728**	**3047**	**4065**	**519286**	**507435**	**694965**	**672040**	**1155623**	**1130680**
济南市	90	81	124	44074	35711	45203	29203	46562	31562
青岛市	1128	1254	1832	267305	266221	360096	358887	552428	552428
淄博市	74	117	103	9413	8628	17241	15963	26372	25912
枣庄市	47	33	38	6500	6500	3344	3344	10523	10523
东营市	62	35	38	8184	8184	6864	6864	9342	9342
烟台市	371	467	702	70560	69692	119988	119065	223589	222128
潍坊市	215	266	220	29683	29229	34098	33127	38772	38772
济宁市	48	40	57	3889	3889	9719	9719	25582	25044
泰安市	27	13	48	3200	3078	4040	3908	10875	10802
威海市	326	390	494	41107	41107	52755	52755	113842	113843
日照市	47	42	66	2044	1889	3636	3624	10052	9814
莱芜市	11	16	31	1276	1276	2118	2118	8003	8003
临沂市	80	90	101	6067	6067	9916	7516	17956	10782
德州市	67	71	80	6932	6912	9887	9887	19911	19911
聊城市	25	37	42	2438	2438	5379	5379	10017	10017
滨州市	30	31	43	6021	6021	3870	3870	24443	24443
菏泽市	52	50	45	6457	6457	7311	7311	7949	7949
省直	28	14		4136	4136	－500	－500		

注:1.本表不包括对外借款部分。

2.合同项目个数从1997年起不统计外商其他投资项目数,本表合同项目个数即是外商直接投资数。

16－24 各市实际利用外资

单位:万美元

地　　区	1999年	#外　　商 直接投资	2000年	#外　　商 直接投资	2001年	#外　　商 直接投资	2002年	#外　　商 直接投资
全省总计	**297671**	**246878**	**310276**	**297119**	**384725**	**362093**	**586190**	**558603**
济南市	9494	9014	22219	12878	23589	12089	36283	19796
青岛市	91966	91742	131881	130797	159213	158004	250576	244949
淄博市	8250	6480	9292	8807	14501	13463	20326	20021
枣庄市	3460	3460	3705	3705	4009	4009	4661	4661
东营市	3852	3852	4266	3566	4761	2654	8104	7294
烟台市	32981	31832	45091	44346	68915	68287	120493	120271
潍坊市	11781	11781	13239	12785	16812	15841	25898	25898
济宁市	2193	2193	2253	2253	8572	8572	8840	8302
泰安市	1607	1577	2596	2486	3156	3048	5620	5572
威海市	16804	16748	24031	24031	33975	33975	60104	60104
日照市	9260	9255	4292	4137	3601	3589	5583	5573
莱芜市	908	908	1276	1276	1808	1808	2806	2806
临沂市	2510	2510	3146	3146	4891	4332	10179	6639
德州市	3422	3141	3683	3600	6496	6496	10153	10153
聊城市	2158	2158	2519	2519	3660	3660	6004	6004
滨州市	4248	4248	4391	4391	4830	4830	6658	6658
菏泽市	3028	3028	3574	3574	3809	3809	3990	3990
省　直	8974	42951	28822	28822	13627	13627		

注:本表不包括对外借款部分。

16－25 各市接待国际游客人数

单位:人次

地　　区	1990年	#外国人	1995年	#外国人	2000年	#外国人	2001年	#外国人	2002年	#外国人
全省总计	**124670**	**68855**	**450944**	**304280**	**723145**	**480090**	**828664**	**592413**	**976841**	**741366**
济南市	20583	12705	52543	28712	104009	40946	97661	51098	101512	57948
青岛市	55722	24974	173314	130178	260597	200194	323422	263309	417452	356156
淄博市	3014	1721	5156	3702	11493	6960	16596	11529	19739	13663
枣庄市			740	504	1467	927	1996	977	2068	783
东营市	393	352	1045	787	1028	844	1385	1230	2316	2229
烟台市	10360	5252	51294	41853	87736	53353	112446	75967	135816	95082
潍坊市	7412	3923	13210	9277	24098	11895	27086	11957	30974	14145
济宁市	9494	7534	29388	16942	52104	32911	59205	36286	63405	47156
泰安市	12941	9175	25562	14093	62933	28968	63579	25907	70204	33397
威海市	4751	3219	82094	45787	91161	80740	93114	86360	95656	88311
日照市			10502	7707	14871	14594	18633	18193	21097	20558
莱芜市			254	161	263	244	303	285	361	324
临沂市			4870	4168	4427	3600	5022	4210	6844	5540
德州市					572	462	797	679	840	679
聊城市			107	71	4161	2339	5217	3311	6532	4025
滨州市					524	428	367	318	312	294
菏泽市			865	338	1701	685	1835	797	1713	1076

16－26 各市接待外国旅游人数(按国别分)

(2002年)　　单位:人次

地　　区	合　计	日　本	菲律宾	新加坡	印度尼西亚	马来西亚	韩　国
全省总计	**741366**	**225779**	**14385**	**23685**	**8989**	**24421**	**300767**
济南市	57948	16431	392	4737	1059	5986	8717
青岛市	356156	130816	7468	4623	2379	6706	152530
淄博市	13663	2947	32	231	229	607	6092
枣庄市	783	158	3	24	29	28	223
东营市	2229	220	2	26	31	23	350
烟台市	95082	20461	5071	2357	1993	2107	39414
潍坊市	14145	7196	44	874	63	228	2891
济宁市	47156	21314	49	6926	473	1663	2803
泰安市	33397	9942	350	1868	1019	4003	4990
威海市	88311	8087	228	241	67	132	74929
日照市	20558	5315	634	1015	1499	2764	6151
莱芜市	324	101	2	3	1	2	64
临沂市	5540	2171	21	433	33	53	1050
德州市	679	136	2	18	7	4	235
聊城市	4025	250	87	99	105	114	143
滨州市	294	22		3			96
菏泽市	1076	212		207	2	1	89

16－26续表　　(2002年)　　单位:人次

地　　区	美　国	加拿大	英　国	德　国	法　国	俄罗斯	澳大利亚
全省总计	**35347**	**9225**	**8787**	**11914**	**6592**	**11311**	**6995**
济南市	5542	1711	1031	2021	1295	484	1373
青岛市	12389	2473	2669	4242	1981	6707	2577
淄博市	858	147	243	365	145	130	225
枣庄市	83	9	5	44	13		20
东营市	667	146	47	270	20	12	93
烟台市	3022	970	888	895	493	2928	582
潍坊市	712	160	227	317	122	46	191
济宁市	6850	2014	1505	618	996	210	425
泰安市	2952	651	1056	822	680	216	473
威海市	1078	286	503	551	342	382	288
日照市	277	260	39	1409	72	34	393
莱芜市	14	23	10	13	9	23	15
临沂市	409	176	166	131	124	49	117
德州市	76	11	24	36	24	9	26
聊城市	236	162	217	116	168	72	152
滨州市	8	6	1	4	3	2	41
菏泽市	174	20	156	60	105	7	4

16-27 各市国际旅游(外汇)收入

单位:万美元

地　　区	1995年	2000年	2001年	2002年
全省总计	**15383.8**	**31512.8**	**38240.7**	**47248.5**
济南市	1709.3	3151.9	3374.3	3606.3
青岛市	9226.5	14213.0	17751.0	23974.9
淄博市	160.8	407.3	388.9	500.9
枣庄市	32.7	39.3	74.4	66.5
东营市	65.9	39.2	95.7	164.9
烟台市	1628.6	6096.5	7876.1	8978.7
潍坊市	446.7	657.4	831.3	916.1
济宁市	362.1	947.4	1217.9	1244.3
泰安市	298.4	1118.0	2020.4	2199.3
威海市	1138.8	4202.5	3734.1	4537.5
日照市	165.2	202.2	309.8	344.2
莱芜市	47.0	14.7	16.9	29.9
临沂市	79.3	213.3	272.6	300.8
德州市		15.1	21.2	28.5
聊城市	1.5	152.8	204.1	296.0
滨州市		13.6	12.9	10.2
菏泽市	21.2	28.8	39.2	49.6

16-28 各市涉外饭店个数(按规模分)

(2002年)　　单位:个

地　　区	涉外饭店个数	客房总数200间以上	客房总数100-199间	客房总数50-99间	客房总数49间以下
全省总计	**529**	**62**	**153**	**212**	**102**
济南市	65	13	21	24	7
青岛市	100	18	29	34	19
淄博市	29	5	7	13	4
枣庄市	10	1	2	6	1
东营市	15	1	6	8	
烟台市	93	9	29	35	20
潍坊市	20	4	3	7	6
济宁市	20		8	9	3
泰安市	54	5	9	25	15
威海市	63	2	17	28	16
日照市	14	2	5	4	3
莱芜市	6	1	1	3	1
临沂市	15		5	6	4
德州市	3		3		
聊城市	10	1	4	3	2
滨州市	7		2	4	1
菏泽市	5		2	3	

16－29 各市涉外饭店个数(按经济类型分)

(2002 年)　　　　单位:个

地　　区	涉外饭店个　　数	国　有	集　体	私　营	联　营	股份制	外商投资	港澳台投资
全省总计	**529**	**350**	**49**	**18**	**7**	**31**	**17**	**15**
济　南　市	65	37	6	3		1	1	2
青　岛　市	100	66	3	9	1	6	9	2
淄　博　市	29	19	2	1		5	1	1
枣　庄　市	10	9	1					
东　营　市	15	4	4		1	4		1
烟　台　市	93	66	8	3	1	4		
潍　坊　市	20	7	6			1	4	1
济　宁　市	20	18	1					1
泰　安　市	54	51	1				1	
威　海　市	63	40	6		1	8	1	5
日　照　市	14	8		2	3			
莱　芜　市	6	2	2					
临　沂　市	15	8	4					2
德　州　市	3	1	1			1		
聊　城　市	10	8	1			1		
滨　州　市	7	3	3					
菏　泽　市	5	3						

16－30 各市旅行社单位数和职工人数

(2002 年)

地　　区	旅行社数(个)	国际旅行社	国内旅行社	旅行社职工人数(人)	国际旅行社	国内旅行社
全省总计	**1042**	**55**	**987**	**13682**	**2102**	**11580**
济　南　市	126	18	108	2081	718	1363
青　岛　市	230	14	216	3329	606	2723
淄　博　市	44	1	43	788	38	750
枣　庄　市	16		16	200		200
东　营　市	16	2	14	228	23	205
烟　台　市	154	9	145	1816	257	1559
潍　坊　市	50	1	49	474	8	466
济　宁　市	57	2	55	775	80	695
泰　安　市	127	2	125	1315	108	1207
威　海　市	77	4	73	966	194	772
日　照　市	29	1	28	334	12	322
莱　芜　市	3		3	32		32
临　沂　市	39	1	38	537	58	479
德　州　市	19		19	188		188
聊　城　市	20		20	247		247
滨　州　市	26		26	264		264
菏　泽　市	9		9	108		108

16－31 各经济开发区基本情况

（2002年）

开发区名称	已开发面积（平方公里）	批准进区项目（个）	#高新技术项目	#利用外资项目	#外资千万美元以上	注册企业数（个）	#认定的高新技术企业	期末从业人员（人）	#外商投资企业	#高新技术企业
国家级										
青　岛	35.0	7837	81	1497	207	5981	80	94984	30220	18500
烟台加工区	1.0	66	1	44		66	1	2384	2140	110
烟　台	37.0	6944	62	571	65	6944	62	38327	20436	8604
威　海	23.0	1878	29	418	44	1878	29	32500	19560	3600
省　级										
济南市										
临　港	6.1	108		4	1	74		3717	924	
济　南	6.1	121	15	21		103	3	7723	3970	695
明　水	6.0	529	11	46	1	464	7	18000	4260	520
青岛市										
环　海	3.2	105	2	96	4	105	1	8600	8600	3662
胶　州	10.0	195	1	98	10	161	1	13810	11980	948
即　墨	8.8	319		113	14	263		12000	6400	
平　度	8.3	227	1	102	8	203	1	10830	5754	835
胶　南	8.0	446	2	87	19	425	2	9600	4500	
莱　西	8.3	189		87	5	189		15633	8760	
淄博市										
淄　川	6.3	79	4	26	1	66	1	12509	6876	420
博　山	2.0	115	12	46	1	267	5	9460	2596	6305
临　淄	4.2	212	1	24	2	185	1	15200	5000	60
周　村	8.0	382	7	34		382	8	18272	3886	3742
桓　台	4.0	191	11	55	3	171	7	14056	2930	1000
枣庄市										
枣　庄	4.6	71	1	12	1	26		2000	600	60
滕　州	4.9	247	1	23	1	916	1	2294	558	193
东营市										
东　营	10.0	126	14	24	5	232	11	10215	761	3065
垦　利	7.5	267	5	3	1	263	4	5410	46	2214
广　饶	4.0	237	4	8	1	202	4	4012	953	22
烟台市										
牟　平	4.0	152	12	51	7	151	5	8891	6750	142
长　岛	0.2	5		4	1	5		8295	2366	
龙　口	5.0	63	2	28	8	44	2	1400	800	90
莱　阳	4.8	180		44		180		8768	1027	
莱　州	13.0	335	6	86	5	509	6	15366	5886	2308

注：该表数据中，青岛经济区包含青岛保税区，威海经济区包含威海加工区。

16－31 续表

（2002 年）

开发区名称	已开发面积（平方公里）	批准进区项目（个）	# 高新技术项目	# 利用外资项目	# 外资千万美元以上	注册企业数（个）	# 认定的高新技术企业	期末从业人员（人）	# 外商投资企业	# 高新技术企业
蓬　莱	15.0	165		44	7	157		12849	7674	
招　远	7.0	184	5	43	3	183	3	8888	3630	580
海　阳	8.0	238	5	41	6	222	5	7298	3795	281
潍坊市										
潍　坊	18.0	127	2	16	2	96	2	10830	2500	
临　朐	2.1	49	1	15	1	49	1	7490	4271	110
昌　乐	6.2	227	4	45	3	181	5	14241	2302	130
青　州	8.0	118		26	1	118		16085	2618	
诸　城	8.0	58		25	5	48		15013	13542	
寿　光	8.0	197	11	42	6	138	4	12042	1526	987
安　丘	5.6	78		33		74		13000	3100	
高　密	6.0	198		35	1	182		29520	6058	
昌　邑	3.6	19	1	6		19	1	5700	2550	20
济宁市										
济　宁	4.0	70	1	8		53		2850	400	
梁　山	4.3	81	3	3		47		5519		260
曲　阜	5.0	111	16	21	1	105	16	8664	687	1730
兖　州	4.0	32	3	4		28	3	4294	582	190
威海市										
文　登	10.0	124		58		124		13410	6010	
石　岛	0.3	379		15		44		3580	358	
荣　成	17.0	583		143	3	356		28560	5000	
乳　山	4.3	130		53		130		7320	3920	
日照市										
日　照	10.0	235	14	149	3	515	8	19120	7100	2000
岚　山	1.0	42		35		35		3912	3589	
莱芜市										
莱　芜	6.0	73	12	16	3	122	4	16630	416	1023
德州市										
德　州	11.4	271	31	47	1	358	11	43640	4352	426
聊城市										
聊　城	8.0	262	9	17	3	400	1	9347	960	50
滨州市										
滨　州	8.9	11				11		430		
博　兴	4.1	21	1	4	1	21		2633	890	120
菏泽市										
菏　泽	24.0	328		50	3	253	4	39090	1050	195

16－32 各经济开发区主要经济指标

（2002 年）

开发区名称	固定资产投资（万元）	#基础设施投资	引进项目总投资（万元）	#合同利用外资（万美元）	业务总收入（万元）	#工业产品销售收入	#外商投资企业
国家级							
青　岛	676066	211129	1612266	123752	5670000	3486282	1671000
烟台加工区	8665	1890	32263	2949	21723	19869	18629
烟　台	528185	179925	516697	34424	3291735	1850711	1498162
威　海	114900	29000	183364	20638	866174	578900	270100
省　级							
济南市							
临　港	35259	20650	54660	1615	81556	64900	5717
济　南	27760	3980	63600	165	67590	61280	32860
明　水	7000	2000	130000	3500	649603	398532	18201
青岛市							
环　海	14139	1210	56682	6357	158885	157885	157285
胶　州	44238	14856	103738	6839	349538	349538	338990
即　墨	75874	11560	533608	16153	411760	295008	39660
平　度	33119	4859	75572	6555	290744	235369	214241
胶　南	22395		180219	13160	469595	436723	80551
莱　西	18998	4879	59556	4179	182254	119275	30618
淄博市							
淄　川	66211	19633	83060	1663	255880	249701	156346
博　山	100550	29000	75000	3080	375000	328326	107355
临　淄	45260	1891	30500	3960	197929	149627	60834
周　村	46865	2772	25370	480	250625	248682	65158
桓　台	39113	8455	95770	6019	159570	130847	47075
枣庄市							
枣　庄	17000	1500	132510	3810	18000	15000	400
滕　州	9039	8439	5423		35356	22748	12483
东营市							
东　营	62994	13100	224382	3158	219739	170857	36806
垦　利	35640	6500	48000	2200	109432	99300	1500
广　饶	16319	3741	85753	1585	65536	57623	5756
烟台市							
牟　平	26557	4849	55166	5430	171960	159768	134867
长　岛					1906	1906	
龙　口	38853	5200	98015	8306	11310	10418	3407
莱　阳	29169	16200	17660	1884	74720	67316	9120
莱　州	31250	7598	44538	2470	158082	116064	77165

16－32 续表 1 （2002 年）

开发区名称	固定资产投资（万元）	#基础设施投资	引进项目总投资（万元）	#合同利用外资（万美元）	业务总收入（万元）	#工业产品销售收入	#外商投资企业
蓬莱	96512	19528	112703	9032	127534	102027	71757
招远	90000	16780	333580	3750	183299	146880	87860
海阳	86543	38726	190420	6983	73784	66618	55904
潍坊市							
潍坊	23590	9560	168001	2130	222500	142500	104600
临朐	3980	400	5580		41486	30786	29090
昌乐	9451	1600	80961	6847	97900	89670	53719
青州	27500	4970	42630	2605	426760	365250	51315
诸城	28385	19859	313681	14041	202059	202059	131203
寿光	67866	14200	216000	5600	259276	255251	67324
安丘	7800	3000	12000	400	9800	6600	2500
高密	52654	13468	104139	3520	336378	302740	40878
昌邑	10300	6000	9200	200	9380	8100	6000
济宁市							
济宁	10580	3174	13000	200	38950	36551	1013
梁山	10960	500	18690	640	65820	38542	
曲阜	34816	3550	67601	874	123782	52976	11304
兖州	20081	4982	31300	528	38743	37887	9374
威海市							
文登	24346	8657	22173	2030	138934	138934	46789
石岛	580		800	70	66800	13100	1780
荣成	13680	6890	68793	5003	113872	78435	45662
乳山	13890	9468	18280	468	91515	72887	41087
日照市							
日照	115814	11000	89131	1760	410000	317900	208000
岚山	28950	15680	13785	1092	72920	71750	62955
莱芜市							
莱芜	65578	24500	203469	6306	238692	160440	855
德州市							
德州	138000	16000	410000	3012	265632	179180	49143
聊城市							
聊城	81530	15400	91235	3979	113500	70200	2413
滨州市							
滨州	1000	300	500		1700	1700	
博兴	23688	6828	30965	1860	327453	280202	
菏泽市							
菏泽	81806	24008	426824	4544	487805	238141	2360

16－32 续表 2　　(2002 年)

开发区名称	实际利用外资额(万美元)	税收收入(万元)	#外商投资企业	财政收入(万元)	工业企业总产值(万元)	#外商投资企业	#高新技术企业
国家级							
青　岛	47323	172855	42346	95768	3530582	875917	2308167
烟台加工区	850	309	126	1200	19869	18629	10182
烟　台	13124	121447	79094	136525	2083909	1674726	369358
威　海	5745	47805	7276	52000	615000	275000	113500
省　级							
济南市							
临　港	1247	4502	365	695	80093	8770	
济　南	192	2514	1546	2569	77754	43192	21914
明　水	2150	1867	291	620	296235	10800	10302
青岛市							
环　海	3138	8120	7980	8450	153265	150265	85741
胶　州	4006	15000	13010	5461	382508	373135	71986
即　墨	6906	4494	930	4259	346860	39660	
平　度	3761	8841	5507	8841	239610	210477	139932
胶　南	3610	20433	1296	4507	558503	108317	
莱　西	2576	5423	1733	3088	140496	35427	
淄博市							
淄　川	1084	11416	9251	11716	273937	183848	26759
博　山	2518	9900	2185	3962	343346	113413	290720
临　淄	526	4120	3180	1246	188185	62052	600
周　村	117	12510	480	2138	244022	61108	59919
桓　台	2854	5580	1778	3685	118900	41495	27347
枣庄市							
枣　庄	360				16000	400	
滕　州		3736	1238	1320	63365	11479	2943
东营市							
东　营	3693	6762	396	7338	172385	28689	29914
垦　利	301	6058	100	3819	120360	2000	11150
广　饶	310	1307		1459	69043	6821	
烟台市							
牟　平	2083	8282	7532	3893	171138	141365	138743
长　岛		57		9	1542		
龙　口	3209	354	60	937	12383	4082	1240
莱　阳	828	1892	347	1986	73310	9790	
莱　州	751	15005	8962	5393	127398	84391	45998

16－32 续表 3　　　　　　　　　　　　　　（2002 年）

开发区名称	实际利用外资额（万美元）	税收收入（万元）	#外商投资企业	财政收入（万元）	工业企业总产值（万元）	#外商投资企业	#高新技术企业
蓬　莱	3422	2514	1143	2018	103203	72751	
招　远	1743	4400	2762	4700	163199	96980	37060
海　阳	1972	5013	2898	2627	87906	65789	1267
潍坊市							
潍　坊	1516	11678	4000	12311	190718	96800	
临　朐		2223.2	1169	1112	39840	31410	620
昌　乐	2001	1790	491	1912	116520	36021	9921
青　州	2062	44358	2877	4880	403650	54662	
诸　城	1909	9826	9669	9826	196839	127807	
寿　光	1210	12862	12030	4384	305031	90324	107523
安　丘	150	80	15	85	8000	4000	
高　密	2718	21899	3061	23093	290630	41972	
昌　邑	120	322	225	345	9400	6300	500
济宁市							
济　宁	250	2193	50	2350	37020	1013	
梁　山	50	1242		1564	42175		8700
曲　阜	753	4244.5	573		84355.9	12043	19406
兖　州	194	3029	673	3029	42065	9768	2234
威海市							
文　登	1510	13668	4316	12892	187009	74736	
石　岛	50	1180	220	140	15600	1890	
荣　成	2560	7169	3884	13162	143863	76500	
乳　山	356	3848	2640	1460	89430	25596	
日照市							
日　照	1142	24708	8700	27737	374000	260000	21000
岚　山	914	10125	5290	5714	96650	92980	
莱芜市							
莱　芜	1940	5350	70	2967	230146	5197	11980
德州市							
德　州	2014	8611	559.4	8611	184950	50725	27332
聊城市							
聊　城	717	3131	237	2331	72126	2647	1500
滨州市							
滨　州					1700		
博　兴	1860	7178	4429	7895	338943	287222	3560
菏泽市							
菏　泽	478	13913	574	5421	253598	7490	3315

16－32 续表 4

（2002 年）

开发区名称	工业企业增加值（万元）	#外商投资企业	#高新技术企业	出口额（万美元）	#外商投资企业	#高新技术企业	进口额（万美元）
国家级							
青　岛	954958	277829	692450	76884	37106		50963
烟台加工区	5464	5123	2800	2446	2375	3	60613
烟　台	666426	542080	122475	47656	44450	11203	15500
威　海	225135	92000	39700	20000	20000	2100	
省　级							
济南市							
临　港	50922	3983		833	833		
济　南	22560	10475	4739	1210	1018		210
明　水	59633	3600	4700	3800	2300	170	9357
青岛市							
环　海	46980	45980	30009	14807	14807	9460	31876
胶　州	65882	63817	13120	37798	37798	17672	5800
即　墨	70800	9510		9765	9630		11320
平　度	56944	52635	27986	16948	16948	11010	9496
胶　南	228986	43493		13651	8916		3065
莱　西	37062	11949		6138	6132		2772
淄博市							
淄　川	86820	55163	8115	10286	9708		5000
博　山	114313	34024	87252	1200	792	806	
临　淄	43603	18050	118	2742	1002		346
周　村	75783	17818	18652	9511	391	285	
桓　台	46660	15920	11198	3840	1479	499	237
枣庄市							
枣　庄	4500	130		600	100		12459
滕　州	6924	3432	659	357	100		250
东营市							
东　营	63802	10637	11966	16236	190	12881	
垦　利	26479	550	2787	314	116		6590
广　饶	25473	2388		561	561		
烟台市							
牟　平	33254	28181	23610	10232	8685	5349	1160
长　岛	365						115
龙　口	3065	1010	307	210	198		1615
莱　阳	14662	2986		2765	1378		4184
莱　州	38219	25300	12879	2470	2138		400

（2002 年）

开发区名称	工业企业增加值（万元）	#外商投资企业	#高新技术企业	出口额（万美元）	#外商投资企业	#高新技术企业	进口额（万美元）
蓬　莱	25801	20188		6336	6289		617
招　远	24480	14547	5559	4380	3095	2062	2990
海　阳	30767	18185	443	3239	2853		30
潍坊市							
潍　坊	57635	42280		3489	1526		214
临　朐	8226	6949.7	200.8	466.7	466.7	466.7	554
昌　乐	18665	4010	3600	1210	820	210	60
青　州	117481	11675		5655	2459		80
诸　城	44767	29067		9504	9504		
寿　光	61006	18065	13493	3269	1793	1454	6327
安　丘	2500	350		850	660		130
高　密	73012	7544		14122	4925		
昌　邑	1080	960	290	530	530		
济宁市							
济　宁	10965	303		1446	106		204.8
梁　山	14150		2520	139			
曲　阜	21667.5	3464.7	5458	653.6	142.4	102.4	2923
兖　州	10740	2847	417	1139	1139		
威海市							
文　登	46207	20121		9168	3920		4176
石　岛	3775	390		1650	1530		1011
荣　成	51072	35148		3652	2981		7492
乳　山	16461	8816		3100	2163		11870
日照市							
日　照	104000	72800	6300	13005	2109	1300	2571
岚　山	28480	18590		5275	4275		300
莱芜市							
莱　芜	61746	244	3613	5533	535		5080
德州市							
德　州	51786	18768	7653	422	116	12.8	
聊城市							
聊　城	13067	1301	480	310	13	13	2780
滨州市							
滨　州	480						170
博　兴	67353	54933	840	940	940		
菏泽市							
菏　泽	80179	2759	1326	820	292		

16－33 各高新技术开发区基本情况

（2002 年）

开发区名称	已开发面积（平方公里）	批准进区项目（个）	＃高新技术项目	＃利用外资项目	＃外资千万美元以上	注册企业数（个）	＃认定的高新技术企业	期末从业人员（人）	＃外商投资企业	＃高新技术企业
国家级										
济　南	8.3	981	300	161	1	2127	212	65440	2130	34986
青　岛	5.5	1552	176	827	102	2310	145	67000	19200	29000
＊淄　博	12.5	724		230	21	2425	81	48000	9300	37190
潍　坊	8	857	430	155	14	1107	49	19650	5995	13655
威　海	7.7	1489	662	362	11	1734	40	37100	11369	10982
省　级										
枣　庄	4.8	286	109	30	1	563	10	43000	8300	2250
烟　台(西)	8	227	59	92	11	268	20	9520	5890	1178
烟　台(东)	38	2882	75	255	7	4352	40	69132	14001	4515
济　宁	37.2	897	368	42	6	941	39	62326		
＊泰　安	23	434	178	28	2	520	72	42000	2400	10000
＊新　泰	7.9	237	63	10		211	2	11100	680	3680
＊临　沂	4.5	120	10	21	1	78	5	5700	3640	1760

注：带＊的为高新区和经济区合一的开发区。

16－34 各高新技术开发区主要经济指标

（2002 年）

开发区名称	固定资产投资（万元）	＃基础设施投资	引进项目总投资（万元）	＃合同利用外资（万美元）	实际利用外资（万美元）	业务总收入（万元）	＃工业产品销售收入	＃外商投资企业
国家级								
济　南	196100	75010	373580	2602	1002	2802200	2101340	289500
青　岛	326683	30124	570000	24000	9811	3840000	3450000	900000
＊淄　博	152000	31000	320000	5166	3258	1750000	1536000	140000
潍　坊	152641	8563	1103732	2422	1115	1311317	1180265	354079
威　海	145207	12259	264309	16519	6613	1728000	1221600	366320
省　级								
枣　庄	46540	6100	230000	7000	2153	235000	170000	29000
烟　台(西)	81800	5472	115000	8480	4260	181500	149680	75210
烟　台(东)	303500	20918	272483	17769	10851	880100	488210	102500
济　宁	248631	52743	564574	12574	3618	1186585	837608	249855
＊泰　安	97243	17300	618253	4199	141	317543	282965	52252
＊新　泰	63000	9860	78730	1100	880	123200	84500	11000
＊临　沂	49000	14200	180000	1299	256	160000	95000	8500

注：带＊为高新区和经济区合一的开发区。

16－34 续表 1　　（2002 年）

开发区名称	技工贸总收入（万美元）	税收收入（万元）	#外商投资企业	财政收入（万元）	工业企业总产值（万元）	#外商投资企业	#高新技术企业
国家级							
济　南	2526120	104860	28216	33932	2181330	338581	1308798
青　岛	3320000	202139	57350	82616	3500000	830000	3250000
*淄　博	1750000	51506		52000	1720000	156000	1155700
潍　坊	1243172	63251	20048	68014	1180265	365111	731907
威　海	1313000	68276	16000	34515	1283253	371899	488800
省　级							
枣　庄	220000	11940	1900	1249	195000	17500	45000
烟　台(西)	181500	6000	3500	6000	150800	76910	61305
烟　台(东)	880100	23401	3600	12028	512000	131000	102000
济　宁	1235860	76507	23254	76026	841498	443965	506006
*泰　安	317543	28807	2455	12000	301451	51738	245584
*新　泰	121100	8700	520	1100	102700	9500	76000
*临　沂	160000	4493	35	2860	139000	7500	23000

16－34 续表 2　　（2002 年）

开发区名称	工业企业增加值（万元）	#外商投资企业	#高新技术企业	出口额（万美元）	#外商投资企业	#高新技术企业	进口额（万美元）
国家级							
济　南	600152	94808	366422	9800	2580	5160	8200
青　岛	756000	185000	710000	71000	32000	49000	61000
*淄　博	466000	45500	368500	8160	3627		587
潍　坊	331566	99469	248499	9500	3799	3849	3500
威　海	366000	110400	151520	63840	32415	36388	26195
省　级							
枣　庄	42000	4000	9900	2000	400	1800	400
烟　台(西)	45180	23073	19004	6805	5820	3520	5820
烟　台(东)	129850	32460	32600	16000	15100	7517	10600
济　宁	323020	103868	188915	11436	3118	2769	
*泰　安	102691	17883	78861	6203	2543	2405	2923
*新　泰	30810	3000	22800	400	80	320	
*临　沂	17230	227	12700	1467	927	98	300

16－35 出口前100强企业

（2002年）

位次	单位名称	出口额（万美元）	位次	单位名称	出口额（万美元）
1	中煤总公司石臼分公司	38205	26	青岛泰发集团进出口有限公司	7430
2	青岛海尔空调电子进出口有限公司	37104	27	青岛升元电子有限公司	7340
3	山东省机械进出口集团公司	35221	28	山东德棉集团德州进出口有限公司	5847
4	山东魏桥纺织股份有限公司	25797	29	诸城服装针织进出口有限责任公司	5775
5	青岛朗讯科技通讯设备有限公司	25096	30	青岛昌新鞋业有限公司	5568
6	山东工艺品进出口(集团)股份有限公司	21132	31	山东锦宜纺织有限公司	5348
7	青岛中集冷藏箱制造有限公司	20125	32	山东省食品进出口公司	5342
8	青岛马士基集装箱工业有限公司	19697	33	威海纺织集团进出口有限责任公司	5040
9	中国煤炭工业进出口总公司青岛分公司	17412	34	青岛正进实业公司	4890
10	青岛三美电机有限公司	16263	35	山东英信蚕丝贸易有限公司	4860
11	东营科英激光电子有限公司	12959	36	山东省服装进出口集团美达有限公司	4856
12	青岛泰光制鞋有限公司	12842	37	山东锦丰纺织有限公司	4809
13	山东三星通信设备有限公司	12731	38	山东洁玉纺织股份有限公司	4726
14	山东省服装进出口公司	11986	39	山东中粮花生制品进出口有限公司	4597
15	青岛即发进出口有限公司	11350	40	山东中地进出口有限公司	4557
16	青岛三湖制鞋有限公司	10490	41	兰雁集团股份有限公司	4499
17	青岛安普泰科电子有限公司	9256	42	山东华岳五金有限公司	4486
18	青岛中集集装箱制造有限公司	9246	43	青岛大明皮革有限公司	4474
19	山东省东方国际贸易股份有限公司	8489	44	青岛海信集团公司	4460
20	济南钢铁总厂	8136	45	烟台龙大食品有限公司	4456
21	鲁泰纺织股份有限公司	8006	46	青岛协成光学有限公司	4447
22	山东省医药保健品进出口公司	7966	47	青岛啤酒股份有限公司	4367
23	山东省丝绸进出口公司	7711	48	烟台鲁星食品有限公司	4326
24	山东盈商针棉织品进出口有限公司	7634	49	中化山东进出口集团公司	4278
25	青岛世原鞋业有限公司	7463	50	诸城市舜王进出口有限公司	4260

注：出口前100强企业合计出口696817万美元，占全省出口总额的33%。

16－35 续表 （2002年）

位次	单 位 名 称	出口额（万美元）	位次	单 位 名 称	出口额（万美元）
51	山东锦茂进出口有限公司	4229	76	青岛南南有限公司	3248
52	青岛交河塑料有限公司	4222	77	山东省技术进出口公司	3236
53	文登市云龙进出口有限公司	4172	78	蓬莱环球木业有限公司	3223
54	山东外贸集团瑞丰有限公司	4100	79	招远市针织厂有限公司	3205
55	青岛松下电子部品(保税区)有限公司	4099	80	青岛二和纤维有限公司	3204
56	济南玫德铸造有限公司	3930	81	青岛密友鞋制品有限公司	3190
57	青岛星电电子有限公司	3922	82	山东新华制药股份有限公司	3175
58	威海光威渔具(集团)有限责任公司	3857	83	青岛三莹电子有限公司	3161
59	青岛正大有限公司	3839	84	烟台莱佛士船业有限公司	3142
60	山东瑞信有限公司	3838	85	诸城兴贸玉米开发有限公司	3130
61	青岛红星化工集团进出口有限公司	3822	86	山东鲁抗医药进出口公司	3124
62	青岛澳柯玛进出口有限公司	3658	87	山东海化进出口有限公司	3116
63	山东省服装进出口集团欧达有限公司	3639	88	山东正信纺织有限公司	3071
64	山东省潍坊市进出口公司	3591	89	中国电子进出口山东公司	3056
65	中国化工建设青岛公司	3550	90	三角集团有限公司	3046
66	山东成山轮胎股份有限公司	3527	91	枣庄海扬纺织有限公司	3042
67	华纺股份有限公司	3501	92	东营市天信纺织有限公司	3036
68	山东省五金矿产进出口公司	3499	93	山东省轻工业品进出口公司	3019
69	日照日荣水产有限公司	3485	94	济南钢铁股份有限公司	2984
70	青岛喜安飞服装有限公司	3440	95	青岛益佳土畜产进出口有限公司	2917
71	烟台市进出口公司	3439	96	青岛喜盈门集团公司	2913
72	烟台矢崎汽车配件有限公司	3434	97	青岛双龙服装有限公司	2910
73	山东省纺织品进出口公司	3382	98	青岛北钢铸管有限公司	2885
74	山东滨州针棉织品集团公司	3349	99	山东潍柴进出口有限公司	2806
75	烟台外贸冷藏厂	3298	100	威海威东日综合食品有限公司	2803

十七、教育、科技、文化

EDUCATION, SCIENCE AND CULTURE

简要说明：

本篇主要反映教育、文化事业发展情况。

一、教育部分包括高等教育（大专院校及研究生院）、中等教育（中等专业学校、技工学校、普通中学和职业中学）、初等教育（小学）、幼儿教育、特殊教育（盲聋哑和弱智儿童学校等）和各种类型的各级成人教育（成人高校、成人中等学校和初等学校）等，主要指标有各级各类学校数、在校学生数、招生数、毕业生数、教职工数和专任教师数等。

教育统计资料主要由山东省教育厅发展规划处提供，其资料来源是通过教育厅制定的教育统计报表搜集加工整理而成。另外，技工学校的资料来源于山东省劳动和社会保障厅。

二、科学技术部分主要反映了我省科技活动的规模、构成和发展情况。主要内容包括：

1.重要科技成果情况。主要反映1978－2002年间的科技成果数量、行业分布、等级水平情况，资料来源为山东省科技厅。

2.专利情况。主要反映1985－2002年间的专利申请、授权、实施量及取得经济效益情况，资料来源为山东省知识产权局。

3.技术贸易机构人员情况。主要反映各种所有制中的技术贸易机构数量、人员构成情况，资料来源为山东省科技厅。

4.各类技术合同签订及执行情况。主要反映不同类型的合同数量、合同金额及预测经济效益调查情况，资料来源为山东省科技厅。

5.各级计划项目进入技术市场情况。主要反映不同渠道、不同级别的计划项目进入市场的项数及金额情况，资料来源为山东省科技厅。

6.规模以上工业企业科技活动情况。主要反映按企业规模、登记注册类型、地区、工业行业大类分组的规模以上工业企业的科技活动人员、科技活动经费筹集、科技活动经费支出情况，资料来源为山东省统计局。

7.非工业企业及事业单位科技活动情况。主要反映按登记注册类型、地区、行业分组的非工业企业及事业单位的科技活动人员、科技活动经费筹集、科技活动经费支出情况，资料来源为山东省统计局。

三、文化部分主要包括艺术、图书馆、群众文化、广播电视等文化事业的机构、人员及业务活动情况。

1.艺术事业、图书馆事业、群众文化事业的资料主要来自山东省文化厅计划财务处。

2.广播电视资料主要来源于山东省广播电视局计划财务处。

3.新闻出版有关资料主要来源于山东省新闻出版局办公室。

4.档案馆有关资料主要来源于山东省档案局法规和经济科技业务处。

上述文化资料都是由各有关单位根据各自的年报报表提供。

编辑单位：社科处
编　　委：刘东霞
编　　辑：张春晓　贾明洁
校　　对：张春晓　贾明洁
电　　话：6129473

17－1 各级各类学校基本情况

（2002年）

项　　目	学校数（所）	毕业生数（人）	招生数（人）	在校学生数（人）	教职工数（人）	#专任教师
研究生	26	2404	6595	15882		5092
普通高等教育	75	94697	218719	583601	72408	37412
本科院校	33	63343	138945	418963	52209	25971
专科院校	42	12135	50673	98921	18576	10771
分校、大专班		19219	29101	65717	1623	670
中等专业学校	165	111333	115941	314135	27005	15369
中等技术学校	131	96275	103967	278781	22040	12461
中等师范学校	34	15058	11974	35354	4965	2908
普通中学	4648	2056204	2016523	6891700	461898	369664
初　中	3838	1711995	1436956	5422262		289291
高　中	810	344209	579567	1469438		80373
职业中学	428	122759	181697	425772	40475	27994
初　中	3	2333	2833	8216		790
高　中	425	120426	178864	417556		27204
小　学	19590	1440986	1072586	6625876	414600	383816
特殊教育学校	139	1887	2285	16966	5104	3506
幼儿园	16408	685915	822097	1420189	75218	53900
成人高等教育	29	69723	111023	316605	11797	6182
成人中等专业学校	266	44539	50023	100589	12978	7611
成人中学	337	36448	18427	18352	1410	602
成人初等学校	12337	390999	337675	330130	14769	4543
成人技术培训学校	46850	6049759	5270000	3790538	42154	26292
技工学校	249	49634	83186	165386	22190	13072

注：1.2002年普通高等教育统计口径调整为：含75所普通高校、部分成人高校举办的高职班和电大普通专科班。

2.自2001年起成人高等学历教育统计口径调整为：不含电大普通专科班及高职招生。

17－2 历年普通高等教育基本情况

年份	学校数（所）	招生数（人）	毕业生数（人）	在校学生数（人）	教职工数（人）	#专任教师
1949	7	1405	70	3969	1908	484
1950	7	1861	424	5406	2090	650
1951	7	2915	569	5679	2624	935
1952	7	2777	1703	6753	3684	1024
1953	6	2758	1931	7363	3542	1165
1954	6	2976	1759	8509	3262	1366
1955	7	3280	1825	8915	3397	1471
1956	7	5765	1775	11574	3900	1701
1957	7	3122	1686	12532	4518	2114
1958	35	10004	2249	19557	7938	3212
1959	35	9957	2409	26493	7799	3177
1960	63	12074	5821	34744	11746	4809
1961	40	6206	5567	33461	13534	5300
1962	26	3496	7148	26001	10144	4318
1963	18	4472	6180	23807	8882	4093
1964	16	5144	6806	22435	9187	4001
1965	16	5621	6102	22164	9156	3898
1966	15		293	21919	9314	3996
1967	15		5288	16631	9200	4006
1968	15	92	6992	9731	9392	4094
1969	16		2756	9254	10564	4774
1970	16		9162		10185	4526
1971	19	8953		8953	12527	5618
1972	19	6479		14259	12945	5168
1973	19	5982	4098	17291	13609	5166
1974	19	5470	5461	16375	13731	5432
1975	21	7366	6033	17582	13858	5601
1976	22	8896	6072	21340	15035	5941
1977	27	13192	7203	25735	17712	7028
1978	34	19712	7015	38390	20202	7855
1979	35	12856	5364	44771	23544	9478
1980	35	14402	7684	51427	26130	10347
1981	37	14160	6311	60608	27512	10379
1982	37	15765	23993	52443	30381	12065
1983	41	19827	16806	55276	31535	12943
1984	47	24862	13563	66429	33591	13919
1985	49	32745	16159	83567	36383	14974
1986	49	30211	21183	92422	39009	15951
1987	50	32972	29428	95891	41620	16716
1988	50	35714	30869	101281	43990	17585
1989	51	34308	31766	103928	46037	18162
1990	49	35023	33104	105822	46704	18377
1991	49	36067	34500	107093	46839	17825
1992	51	57878	34994	130188	47483	18059
1993	51	57918	33935	151758	48156	18405
1994	49	55036	50457	156639	49537	19460
1995	49	55611	52083	160398	50829	19932
1996	49	56544	47835	169184	51490	20079
1997	48	56950	50141	175920	50374	20414
1998	49	62994	51477	187473	50261	20581
1999	52	82410	49612	213679	49624	21252
2000	58	124817	49687	303826	54910	24764
2001	65	183553	69583	449360	64362	30902
2002	75	218719	94697	583601	72408	37412

注:2002年普通高等教育统计口径调整为:含75所普通高校、部分成人高校举办的高职班和电大普通专科班。

17－3 历年中等专业教育基本情况

年份	学校数（所）	招生数（人）	毕业生数（人）	在校学生数（人）	教职工数（人）	# 专任教师
1949	34	4784	1778	13738	1207	441
1950	48	7734	4292	14206	1663	709
1951	80	11179	4855	21918	3372	1307
1952	171	33756	5223	50175	6845	2744
1953	76	8478	23488	33516	4916	1812
1954	69	9478	9812	32458	4509	1807
1955	58	7738	11553	25336	3707	1477
1956	90	30047	9403	45706	6522	2573
1957	86	7972	12089	40738	6112	2742
1958	394	106779	15584	129494	8704	4537
1959	487	58777	21286	110617	11394	4955
1960	474	79722	32699	143184	15798	7893
1961	198	10395	22687	65735	12433	6008
1962	85	585	16909	23599	6072	2797
1963	79	9685	13814	18942	5883	3312
1964	94	15282	6751	27420	6086	2769
1965	275	35768	2242	72974	9197	4850
1966	158	2831	3403	50097	9128	4310
1967	160	2810	11544	41288	9159	4388
1968	155	11861	28731	24411	9461	4328
1969	128	2107	10537	15956	8410	3942
1970	126	2648	12356	6238	8121	3997
1971	135	18497	11758	12823	7776	5403
1972	140	9746	1313	11581	8756	3773
1973	122	16377	1980	25717	8366	3771
1974	129	18963	9440	34035	10175	4434
1975	144	21442	15786	40798	11378	5038
1976	178	23328	19908	44345	13296	5522
1977	176	23195	29665	33142	14004	5649
1978	189	25961	9006	49466	14814	6158
1979	195	26574	2882	75484	16080	6792
1980	203	28137	35212	68593	17617	7898
1981	219	27797	32661	63864	18563	8115
1982	174	29235	26782	66640	20482	9204
1983	179	31570	21413	77601	21503	9775
1984	188	33597	27166	84125	22539	10184
1985	208	45163	30024	100176	24511	11333
1986	227	44130	31422	114039	27320	12807
1987	214	40120	36247	103128	26820	12846
1988	225	44606	33551	114168	28985	14522
1989	230	48407	28370	134515	29314	14719
1990	236	48634	35423	148504	31634	16000
1991	240	52092	45259	155092	31842	15617
1992	234	55353	52088	158309	32857	15972
1993	241	77875	51360	185062	34354	16769
1994	243	89643	50801	222551	35066	17526
1995	244	95442	58680	258801	36084	18211
1996	255	105468	78496	289827	38030	19898
1997	252	112348	90545	311161	38458	20291
1998	254	114956	99483	327031	39160	20949
1999	251	122331	106740	344062	39274	21311
2000	243	93493	103629	333184	37241	20409
2001	200	92215	110827	310508	28002	15607
2002	165	115941	111333	314135	27005	15369

17－4 历年普通中学基本情况

年份	学校数（所）	招生数（万人）	毕业生数（万人）	在校学生数（万人）	教职工数（人）	#专任教师
1949	66	1.08	0.34	3.89	3431	1585
1950	70	1.95	0.66	4.03	3728	1841
1951	112	2.47	0.73	5.50	4507	2232
1952	189	6.12	0.99	10.44	10170	4507
1953	192	4.06	1.82	12.51	12151	5206
1954	211	6.84	2.25	16.83	14666	6621
1955	218	6.74	5.08	17.51	14778	6756
1956	332	9.94	3.75	22.83	17606	8824
1957	1004	17.64	6.20	33.99	24369	14054
1958	3784	34.39	6.19	57.98	32762	20140
1959	3316	31.92	8.55	65.13	38072	23089
1960	2770	27.60	9.98	72.11	49335	28743
1961	1331	14.71	15.26	52.16	43679	24642
1962	1247	15.04	12.77	43.21	37062	21542
1963	1403	18.39	12.94	43.79	39691	24381
1964	2316	23.90	10.80	53.51	42781	26747
1965	6166	34.06	11.67	80.74	53914	37339
1966	4002	14.27	9.95	65.39	47995	33716
1967	3848	14.22	12.99	63.74	48224	33926
1968	6957	54.15	34.31	81.68	59827	41922
1969	13033	96.11	28.13	143.28	97723	79912
1970	13938	103.39	58.50	188.13	122751	100261
1971	12252	146.85	94.53	256.03	124547	116284
1972	11495	139.73	113.47	289.35	187231	155412
1973	12239	121.90	135.22	261.11	177864	144292
1974	12419	131.27	126.88	252.21	177829	142047
1975	14621	172.20	113.98	305.11	200906	161092
1976	19822	263.31	127.48	437.85	275864	228657
1977	20171	260.62	161.35	522.33	330445	277784
1978	17361	210.68	218.75	478.22	318128	264663
1979	16322	176.14	192.39	418.22	304551	246035
1980	14464	144.10	107.90	407.90	309538	247720
1981	12947	125.17	117.55	361.45	296240	233102
1982	11160	119.41	106.37	328.57	271664	212707
1983	9971	112.21	86.35	315.39	256926	200957
1984	9175	115.88	85.31	334.42	257968	201521
1985	9038	123.80	96.87	356.32	268321	209202
1986	8259	125.02	105.22	376.19	283726	220304
1987	7877	125.52	116.95	379.54	297083	232958
1988	7474	125.17	120.41	373.53	307364	241845
1989	6997	123.30	118.61	363.74	315494	245260
1990	6699	125.60	115.14	367.30	324027	249459
1991	6310	129.17	115.30	372.98	329927	253428
1992	5897	132.87	115.58	382.49	335020	258308
1993	5640	139.14	115.88	395.28	337259	260896
1994	5429	154.67	116.82	427.15	345640	268514
1995	5073	167.06	118.14	470.46	358301	279301
1996	4820	169.69	122.97	512.22	375463	294849
1997	4693	178.19	141.95	541.38	392365	310926
1998	4635	201.28	159.91	571.54	404824	322785
1999	4586	222.20	164.88	620.43	414538	333884
2000	4575	234.18	167.96	678.60	430754	350353
2001	4684	220.94	188.59	702.18	451014	359665
2002	4648	201.65	205.62	689.17	461898	369664

17－5 历年技工学校基本情况

年份	学校数（所）	招生数（人）	毕业生数（人）	在校学生数（人）	教职工数（人）	# 专任教师
1953	1	150		150	25	15
1954	2	250		500	149	51
1955	2	452	150	802	206	72
1956	3	775	350	1227	351	127
1957	6	1525	452	2300	614	213
1958	44	9362	775	10887	1255	413
1959	52	9500	1525	18862	1800	620
1960	145	20290	6100	33052	2750	830
1961	16	2178	812	2996	2052	682
1962	19	1274	906	5188	2078	688
1963	21	2890	918	7163	2168	690
1964	28	4498	2687	8781	2019	920
1965	18	2336	1381	6662	1214	503
1966	16	62	115	3836	979	264
1967	16		1063	2773	1005	262
1968	14	633	2444	962	847	207
1969	9		510	452	604	141
1970	6		452		639	106
1971	2	380		380	189	85
1972	2			380	189	85
1973	15	1992	320	2052	1018	192
1974	19	2649	54	4702	1080	257
1975	26	3407	1700	5652	1751	345
1976	26	3144	1704	5841	2204	435
1977	29	6083	5421	6414	3189	735
1978	64	1669	301	19651	7042	1563
1979	72	11673	4950	26632	7055	1951
1980	94	15698	9854	32208	8974	2978
1981	100	9323	11190	29605	9749	3474
1982	103	9379	12857	25953	10154	3474
1983	106	10698	11562	24343	10560	3508
1984	119	12851	8624	28302	11215	3732
1985	134	16748	9219	35163	14142	3423
1986	163	22069	10035	47114	19968	3928
1987	206	28114	11281	63839	22647	5390
1988	236	40381	16036	87832	26382	5996
1989	256	40821	22402	105330	27843	7088
1990	266	42429	28654	118605	19084	10084
1991	279	36336	28384	110814	24129	11532
1992	290	46436	39628	128557	37579	12233
1993	302	55920	42320	142660	37222	12853
1994	306	67812	45358	165989	39351	13424
1995	312	70251	65457	169023	38891	13948
1996	312	77595	62981	185253	37747	13778
1997	305	74054	65310	192675	35160	14059
1998	305	55668	59292	188493	33806	14035
1999	302	50896	71460	161531	28871	14531
2000	279	48008	66546	137718	24484	14066
2001	278	53283	55769	132122	23152	16060
2002	249	83186	49634	165386	22190	13072

17-6 历年小学基本情况

年份	学校数（所）	招生数（万人）	毕业生数（万人）	在校学生数（万人）	教职工数（人）	#专任教师
1949	27476	64.85	5.92	193.00	47640	45710
1950	37649	73.09	8.32	237.79	66439	46108
1951	45481	85.14	10.67	341.88	87932	84992
1952	55096	138.44	15.52	453.75	130791	122107
1953	53476	45.09	28.28	425.81	132259	123224
1954	52172	91.94	29.72	432.60	133588	124298
1955	52171	91.05	19.65	432.74	135050	126975
1956	52299	133.10	35.49	501.57	146511	139354
1957	52337	90.99	43.32	490.88	153512	146366
1958	64817	306.00	54.30	708.80	187148	181812
1959	76675	223.99	42.25	763.82	208941	202828
1960	67256	195.19	55.25	722.88	211598	204973
1961	61259	120.27	38.94	551.58	200310	196000
1962	58670	125.37	40.61	487.56	185043	180870
1963	61258	141.11	33.12	524.60	197427	192509
1964	108658	297.43	42.40	748.14	261782	256587
1965	143202	289.83	44.92	966.72	322560	316441
1966	76222	171.14	88.24	774.64	261927	248105
1967	77680	151.12	92.09	793.38	270433	256623
1968	77108	163.30	124.64	791.73	280930	268784
1969	76584	179.99	128.53	799.50	319014	285271
1970	79041	206.71	138.66	813.58	331613	296931
1971	81870	326.20	125.73	898.25	392417	390689
1972	82158	284.62	123.09	951.06	350695	340726
1973	83615	251.02	106.48	1004.20	374535	363243
1974	82910	232.79	105.79	1054.00	390151	376961
1975	82327	240.58	143.75	1091.22	401530	390571
1976	78698	215.88	208.06	1059.68	403562	391905
1977	78137	220.55	198.87	1035.87	399653	388337
1978	79375	234.57	181.42	1041.84	395247	384540
1979	78828	219.38	164.83	1040.06	407704	393271
1980	78796	211.68	155.64	1041.70	418828	402739
1981	78829	197.06	154.84	1017.62	417223	400449
1982	77893	190.23	159.74	978.73	414849	395455
1983	76610	184.50	160.87	946.26	414753	393013
1984	74314	176.38	160.80	927.50	410443	387448
1985	71062	167.67	164.07	894.06	405550	379751
1986	65447	161.76	158.81	870.41	412879	384564
1987	64095	152.42	158.86	844.87	421864	394296
1988	63006	156.57	154.47	830.01	432249	404509
1989	62321	162.45	149.77	823.19	439419	408468
1990	61845	158.09	144.84	818.21	446395	414653
1991	59976	156.99	143.85	815.15	447368	414924
1992	56885	163.94	141.97	826.21	450396	416662
1993	54009	185.75	145.75	853.57	448575	415928
1994	50824	206.15	153.03	895.54	448601	414912
1995	47068	205.33	154.07	940.36	456568	422989
1996	40458	194.37	152.29	971.86	463651	429345
1997	37377	183.70	155.59	990.19	468548	434671
1998	34480	146.34	173.92	951.34	467987	435156
1999	29453	116.04	191.40	870.72	451063	418828
2000	26017	104.48	195.12	774.88	440161	408200
2001	21342	101.36	176.17	699.19	422905	390374
2002	19590	107.26	144.10	662.59	414600	383816

17－7 1985－2002 年成人高等教育基本情况

年份	学校数（所）	招生数（人）	毕业生数（人）	在校学生数（人）	教职工数（人）	# 专任教师
1985	53	41358	14543	85909	7918	3677
1986	55	38305	18626	119123	9514	4417
1987	58	30789	30352	110258	8900	3847
1988	53	43784	35680	101606	10179	4137
1989	53	43386	30687	115753	11552	4754
1990	53	32580	29317	114764	12745	5164
1991	54	26409	40382	104560	12669	4926
1992	51	49078	41748	105427	12883	5017
1993	53	71210	31104	149282	12648	5257
1994	53	81379	30786	196381	13048	5872
1995	53	61032	55764	198934	13159	6037
1996	53	59850	65204	194454	13308	6495
1997	53	65775	74017	185029	14096	6925
1998	46	73618	61603	198780	13023	6557
1999	40	87117	61611	221161	14335	7131
2000	40	82423	70810	219977	14090	7084
2001	34	103165	57373	255775	13911	6841
2002	29	111023	69723	316605	11797	6182

注：自 2001 年起成人高等学历教育统计口径调整为：不含电大普通专科班及高职招生。

17－8 研究生教育基本情况

项目	单位	1990 年	1995 年	1996 年	1998 年	1999 年	2000 年	2001 年	2002 年
一、培养单位数	个	**19**	**18**	**18**	**18**	**28**	**26**	**26**	**26**
高等学校	个	15	15	15	15	25	23	23	23
科研单位	个	4	3	3	3	3	3	3	3
二、招生数	人	**664**	**1501**	**1745**	**2022**	**2617**	**3850**	**5371**	**6595**
攻读博士学位	人	39	189	216	295	409	527	790	932
高等学校	人	29	167	191	273	384	494	749	879
科研单位	人	10	22	25	22	25	33	41	53
攻读硕士学位	人	625	1312	1529	1727	2208	3323	4581	5663
高等学校	人	597	1265	1476	1681	2146	3236	4482	5532
科研单位	人	28	47	53	46	62	87	99	131
三、在校生数	人	**2039**	**4051**	**4689**	**5748**	**6431**	**8522**	**11877**	**15882**
攻读博士学位	人	132	440	583	788	989	1306	1840	2373
高等学校	人	102	386	515	709	900	1209	1725	2217
科研单位	人	30	54	68	79	89	97	115	156
攻读硕士学位	人	1907	3611	4106	4960	5442	7216	10037	13509
高等学校	人	1822	3507	3972	4814	5282	7022	9789	13193
科研单位	人	85	104	134	146	160	194	248	316
四、毕业生数	人	**766**	**749**	**1088**	**1475**	**1537**	**1690**	**1789**	**2404**
攻读博士学位	人	28	62	72	182	154	186	257	320
高等学校	人	24	59	65	162	140	169	237	308
科研单位	人	4	3	7	20	14	17	20	12
攻读硕士学位	人	731	687	1013	1293	1383	1504	1532	2084
高等学校	人	700	669	989	1253	1337	1454	1489	2026
科研单位	人	31	18	24	40	46	50	43	58

17－9 高等学校基本情况

（2002 年）

学校名称	招生数（人）	毕业生数（人）	在校学生数（人）	教职工数（人）	# 专任教师
总　计	**218719**	**94697**	**583601**	**84205**	**43594**
一、普通高等学校	**193595**	**76335**	**525593**	**72408**	**37412**
综合大学	61588	30011	186466	25278	12220
山东大学	10093	6442	35448	7527	3375
青岛海洋大学	2323	1689	8564	1929	789
山东科技大学	6433	2026	20026	2303	1181
青岛科技大学	5368	1593	14792	1503	763
济南大学	6141	3257	18952	2058	1180
聊城大学	6031	3777	18650	1523	894
青岛大学	9017	4621	26867	3350	1417
烟台大学	5666	1585	16479	1685	801
德州学院	3592	1384	7622	1049	635
泰山学院	2409	1653	7086	993	496
潍坊学院	4515	1984	11980	1358	689
理工院校	22740	9790	71388	8057	4075
山东理工大学	6908	3978	26138	2419	1329
青岛建筑工程学院	4285	1783	13627	1400	820
山东建筑工程学院	4568	1060	12423	1736	880
山东轻工业学院	4390	1408	12109	1115	604
山东交通学院	2355	1445	6581	784	367
山东水利专科学校					
山东电力高等专科学校	234	116	510	603	75
农业院校	10904	4872	29889	3593	1519
山东农业大学	5972	3153	17111	2315	934
莱阳农学院	4932	1719	12778	1278	585
医药院校	13627	3539	38623	5144	2706
山东中医药大学	1660	618	4843	891	376
潍坊医学院	2209	468	5971	752	360
泰山医学院	3330	460	8995	1059	592
滨州医学院	1873	426	5679	860	560
济宁医学院	1133	426	4758	606	313
临沂医学专科学校	1202	440	2851	305	154
菏泽医学专科学校	1280	505	2908	310	166
民办山东万杰医高专	940	196	2618	361	185
师范院校	29686	13803	84625	10382	5584
山东师范大学	5326	3414	17899	2251	1035
曲阜师范大学	5890	3846	18220	1931	1062
烟台师范学院	4916	1976	16758	1520	876
临沂师范学院	5573	1086	13367	1571	865
滨州师范专科学校	1757	740	4474	721	308
济宁师范专科学校	1734	736	4517	696	422
菏泽师范专科学校	2090	916	4515	1108	659
枣庄师范专科学校	2400	1089	4875	584	357
财经院校	9612	5085	27782	2546	1409
山东经济学院	3829	2202	10821	788	445
中国煤炭经济学院	2650	1235	7954	786	492
山东财政学院	3133	1648	9007	972	472
政法院校	997	660	2417	378	244
山东公安专科学校	997	660	2417	378	244
体育院校	1050	265	2506	898	240
山东体育学院	1050	265	2506	898	240
艺术院校	1375	716	4952	999	544
山东艺术学院	842	350	2753	703	397
山东工艺美术学院	533	366	2199	296	147
高职院校	38039	6737	69236	13510	8201
山东商业职业技术学院	2500	1472	5673	494	305
民办青岛滨海职业学院	3042	187	5234	559	426
日照职业技术学院	1547	469	3192	382	309
曲阜远东职业技术学院	547	335	2456	212	126
山东军星职业技术学院			542	110	60
青岛职业技术学院	2857	924	5968	558	368
威海职业学院	825	293	1813	366	184
山东劳动职业技术学院	1239	27	2557	763	231
莱芜职业技术学院	951	33	1388	563	332
山东南山职业技术学院	2278	293	4432	887	751

学校名称	招生数(人)	毕业生数(人)	在校学生数(人)	教职工数(人)	#专任教师
济宁职业技术学院	720	678	2096	401	293
潍坊职业学院	1502	551	2752	394	190
烟台职业学院	1845	954	3792	622	341
东营职业学院	1305	91	2239	708	496
聊城职业技术学院	880		1378	408	194
滨州职业学院	1413		1675	803	387
山东纺织职业学院	897		1730	252	143
山东服装职业学院	1024		1985	389	279
德州科技职业学院	696		1346	115	62
潍坊科技职业学院	1953		2931	511	358
山东力明科技职业学院	1935		2570	413	257
山东圣翰财贸职业学院	1199		2149	388	191
山东水利职业学院	990	192	1910	466	196
山东畜牧兽医职业学院	872		1599	291	162
青岛飞洋职业技术学院	429		429	616	429
山东英才职业技术学院	1008		1008	130	76
山东大王职业学院	600		600	270	216
山东交通职业学院	485		485	212	103
淄博职业学院	703		703	545	283
山东外贸职业学院	788	238	1595	218	140
青岛酒店管理职业技术学院	409		409	209	126
山东信息职业技术学院	600		600	255	187
其他机构	3977	857	7709	1623	670
胜利油田师范专科学校	60	335	120	334	123
淄博科技职业学院	275		275	373	155
济南铁道职业技术学院	1543		3243	579	216
青岛港湾职业技术学院(筹)	448		448	167	95
青岛恒星职业技术学院(筹)	441		441	170	81
中华女子学院山东分院	1210	522	3182		
二、成人高等学校	**25124**	**18362**	**58008**	**11797**	**6182**
广播电视大学	11913	9150	28797	6888	3762
山东广播电视大学	10398	7550	24759	6220	3346
青岛广播电视大学	1515	1600	4038	668	416
职工高等学校	4416	2841	10846	1945	992
济南机械职工大学	968	619	2253	192	110
山东冶金职工大学	498	361	1209	259	130
山东省水利职工大学					
山东铝业公司职工大学	464	221	1136	190	117
青岛远洋船员学院	536	418	1854	437	182
山东兵器工业职工大学				28	18
新汶矿业职工大学	430	226	1085	220	120
山东省贸易职工大学	629	325	1263	190	90
济南市职工大学					
济南职工科技大学	567	471	1289	137	78
山东电力职工大学					
兖州矿区职工大学	324	200	757	292	147
山东省职工体育运动技术学院					
山东财政职工大学					
管理干部学院	6354	4730	13863	1639	790
山东省经济管理干部学院	1208	853	2599	267	130
山东省政法管理干部学院	1424	1337	2959	510	283
山东省农业管理干部学院	1200	927	2823	368	122
山东省工会管理干部学院	1404	712	2796	191	109
山东省青年管理干部学院	1118	901	2686	303	146
教育学院	2441	1501	4502	1325	638
山东省教育学院	595	469	1069	340	159
济南教育学院	569	287	986	201	78
烟台教育学院	537	175	910	376	187
潍坊教育学院	434	309	1052	286	152
山东省聊城教育学院	306	261	485	122	62
山东省滨州教育学院					
山东省济宁教育学院					
山东省菏泽教育学院					
其他机构		140			
胜利油田职工大学		140			

17－10 1978－2002年重要科技成果数量

单位:项

年份	成果数量	农业	工业	医卫	其他	国际领先先进水平	国内领先先进水平	省内领先先进水平
1978	652	116	443	69	24	19	283	350
1979	456	90	261	68	37	21	149	286
1980	657	195	396	66		25	210	422
1981	704	169	485	50		29	201	474
1982	732	153	516	41	22	35	298	399
1983	977	209	660	79	29	26	378	573
1984	997	196	730	42	29	21	420	556
1985	1196	277	758	127	34	41	566	589
1986	1337	183	933	135	86	75	634	628
1987	1525	264	964	170	127	92	838	595
1988	1786	300	1104	205	177	118	1045	623
1989	1957	325	1220	227	185	135	1081	741
1990	2112	375	1246	252	239	150	1148	814
1991	2488	541	1405	320	222	175	1503	810
1992	2668	57	1265	355	991	327	1538	803
1993	2858	605	1418	402	433	372	1745	741
1994	3113	696	1487	501	429	416	2131	566
1995	3251	702	1524	529	496	466	2272	513
1996	3388	709	1599	596	484	471	2353	564
1997	3507	737	1517	701	552	456	2678	373
1998	3558	614	1515	812	617	724	2516	318
1999	3688	557	1270	1140	721	744	2737	207
2000	3728	575	1289	1112	752	599	2861	182
2001	3112	494	1138	1034	446	506	2439	167
2002	3018	452	1117	1026	423	486	2371	161

17－11 科技成果数量

单位:项

项目	1995年	1996年	1997年	1998年	1999年	2000年	2001年	2002年
一、国家级科技成果奖励成果	**52**	**59**	**41**	**39**	**36**	**21**	**19**	**27**
国家发明奖	10	9	11	9	7	5	1	1
国家自然科学奖	2		1					
国家科技进步奖	40	50	29	30	28	16	18	26
国际合作奖					1			
二、省级重要科技成果	**3251**	**3388**	**3507**	**3558**	**3688**	**3728**	**3112**	**3018**
三、省科学技术奖								**482**
科学技术最高奖								2
自然科学奖								27
技术发明奖								16
科技进步奖								434
国际科学技术合作奖								3

注:国家自然科学奖每两年评一次。

17－12 1985－2002年专利情况

年份	申请量（件）	授权量（件）	实施量（件）	创产值（亿元）	创外汇（万美元）	许可合同数（份）	交易额（万元）	创利税（亿元）
1985	436	8						
1986	933	118	107	1.62		38	70.4	0.25
1987	1286	450	295	0.55		295	276	0.13
1988	1804	815	226	3.04		226	582	0.77
1989	1745	1040	252	3.88	1141	75	193.5	0.97
1990	2553	1273	591	6.37	1600	322	755	1.47
1991	3348	1569	995	11.5	5864	354	1779	1.58
1992	4445	2108	1605	37.42	12000	442	4740	4.1
1993	4691	4019	2108	58.23	42100	969	5801	8.8
1994	5092	2647	2248	69.89	35500	503	4293	10.48
1995	4624	2861	2098	97.33	23700	418	3844	14.97
1996	6125	2630	1959	191.68	22500	455	4148	30.66
1997	6523	2907	2313	212.59	28800	486	7997	34.89
1998	7597	4127	2482	233.75	42300	510	8136	39.07
1999	8589	6536	2834	249.90	27000	642	9116	40.95
2000	10019	6962	2936	298.61	27900	648	9252	52.28
2001	11168	6724	6429	214.77	22457	584	12336	41.23
2002	12855	7294	7715	251.43	27875	786	28667	37.96

17－13 技术贸易机构人员情况

（2002年）　　单位：人

项目	机构数（个）	专职从业人员	兼职人员	专职科技人员	#初级职称	#中级职称	#高级职称
合计	**13770**	**170101**	**53630**	**66741**	**28915**	**25106**	**12720**
国有企业	6196	40547	24472	17772	7012	7261	3499
集体企业	2575	57504	11472	23625	8990	10009	4626
私营企业	1855	31263	8047	12140	5318	4884	1938
有限责任公司	765	15508	2582	4212	2574	819	819
股份有限公司	401	8947	885	2863	1567	648	648
港澳台商投资企业	21	527	87	47	27	10	10
外商投资企业	42	800	76	174	96	39	39
个体经营	1391	12165	4563	3530	2110	710	710
其他	524	2840	1446	2378	1221	726	431

17－14 各类技术合同签订及执行情况

（2002年）

项目	合同数（项）	合同成交金额（万元）	#技术交易额	技术合同预测经济效益调查		
				调查的合同数（项）	预计新增投入（万元）	预计新增产值（万元）
总计	**19263**	**347650.09**	**296134.37**	**800**	**200167.72**	**498486.23**
技术开发合同	4187	114724.53	89274.55	200	74658.13	198588.63
技术转让合同	5544	125154.03	99088.29	200	86150.09	172531.48
技术咨询合同	2417	20858.46	20858.46	200	12047.00	41167.00
技术服务合同	7115	86913.07	86913.07	200	27312.50	86199.12

17－15 各级计划项目进入技术市场情况

（2002年）

项目	总计		国家、部门计划		省及计划单列市计划		地、市、县计划	
	项数（项）	金额（万元）	项数（项）	金额（万元）	项数（项）	金额（万元）	项数（项）	金额（万元）
合计	**1742**	**45894.39**	**102**	**8421.72**	**187**	**9488.34**	**1453**	**27984.33**
科研机构	147	4718.19	16	1226.00	32	1588.68	99	1903.51
大中专院校	212	10205.60	22	3326.00	64	4071.60	126	2808.00
企业	484	11170.88	46	3223.00	54	2485.62	384	5462.26
技术贸易机构	790	16509.15	11	198.72	13	100.44	766	16209.99
个体经营	35	463.12	4	4.00	9	42.12	22	417.00
其他	74	2827.45	3	444.00	15	1199.88	56	1183.57

17－16 规模以上工业企业科技活动人员情况

（2002 年）　　　　单位：人

类　　别	科技活动人员合计	全时人员	非全时人员	#高中级技术职称人员	#无高中级技术职称的大学本科及以上学历人员	#研究与试验发展人员
总　　计	**158826**	**92082**	**66744**	**61640**	**35788**	**68203**
一、按企业规模分						
大　型	117960	68448	49512	47491	26757	51413
特大型	44967	28887	16080	20205	11535	20620
大一型	40962	22257	18705	15623	8824	19984
大二型	32031	17304	14727	11663	6398	10809
中　型	21812	11402	10410	7001	3806	8373
中一型	11964	6289	5675	3989	2156	5057
中二型	9848	5113	4735	3012	1650	3316
小　型	19054	12232	6822	7148	5225	8417
二、按登记注册类型分						
国　　有	23444	11514	11930	9655	3707	9597
集　　体	21911	15996	5915	6223	8186	11983
股份合作	2916	1543	1373	802	557	899
国有联营	3954	2351	1603	2236	806	2293
集体联营	94	14	80	4	12	88
国有与集体联营	282	237	45	163	105	15
其他联营						
国有独资公司	26979	17122	9857	12748	5825	11544
其他有限责任公司	40132	21322	18810	15051	7509	15157
股份有限公司	24499	14137	10362	10220	5126	10822
私营独资	793	487	306	222	191	194
私营合伙	138	109	29	21	13	4
私营有限责任公司	4110	2796	1314	1330	1288	2028
私营股份有限公司	176	137	39	63	44	91
其他内资	254	182	72	94	160	239
与港澳台商合资经营	2478	998	1480	726	354	699
与港澳台商合作经营	610	208	402	126	79	119
港澳台商独资	49	26	23	29	7	29
港澳台商投资股份有限公司	343	48	295	200	143	105
中外合作经营	500	111	389	100	62	193
中外合资经营	3255	2114	1141	1025	1001	1447
外商独资	496	341	155	194	221	321
外商投资股份有限公司	1413	289	1124	408	392	336
三、按地区分						
济南市	20465	12953	7512	9009	5277	9727
青岛市	25899	19440	6459	8677	9350	13295
淄博市	14213	8757	5456	5681	1963	5070
枣庄市	3193	1321	1872	1022	445	1135
东营市	12086	6346	5740	5074	2067	3488
烟台市	12680	7581	5099	5853	3441	6185
潍坊市	11430	7295	4135	3937	1980	4747
济宁市	12599	3972	8627	5154	1854	4690
泰安市	9954	4990	4964	5113	1240	6004
威海市	7828	3669	4159	2506	2438	3462
日照市	2055	951	1104	567	198	1189
莱芜市	6072	4090	1982	2646	1114	1731
临沂市	5544	3701	1843	1094	892	2456
德州市	5081	2374	2707	1559	723	1569
聊城市	4532	2103	2429	1864	1488	1470
滨州市	3510	2239	1271	1160	978	1647
菏泽市	1685	300	1385	724	340	338

17－16 续表　　　　（2002 年）　　　　单位：人

类别	科技活动人员合计	全时人员	非全时人员	#高中级技术职称人员	#无高中级技术职称的大学本科及以上学历人员	#研究与试验发展人员
四、按工业行业大类分						
煤炭采选业	8807	3928	4879	5528	975	5427
石油和天然气开采业						
黑色金属矿采选业	611	145	466	86		126
有色金属矿采选业	951	379	572	413	252	366
非金属矿采选业	604	446	158	248	78	402
其他矿采选业						
木材及竹材采运业						
食品加工业	3383	2323	1060	662	616	817
食品制造业	1960	862	1098	937	562	793
饮料制造业	1687	1135	552	595	239	792
烟草加工业	195	152	43	69	70	131
纺织业	11443	3916	7527	3184	1706	4901
服装及其他纤维制品制造业	1038	377	661	199	388	407
皮革、毛皮、羽绒及其制品业	359	294	65	72	71	86
木材加工及竹、藤、棕、草制品业	220	59	161	84	110	101
家具制造业	191	137	54	53	33	96
造纸及纸制品业	5501	2696	2805	1501	1136	1803
印刷业、记录媒介的复制	271	177	94	114	77	94
文教体育用品制造业	177	133	44	37	50	127
石油加工及炼焦业	2610	1888	722	1191	335	1329
化学原料及化学制品制造业	12653	6911	5742	4680	3112	4843
医药制造业	16009	9040	6969	6916	2687	6039
化学纤维制造业	1173	811	362	709	236	622
橡胶制品业	3335	1937	1398	953	892	1259
塑料制品业	1457	1062	395	455	306	491
非金属矿物制品业	4701	2770	1931	1414	845	2059
黑色金属冶炼及压延加工业	9160	5910	3250	4603	1752	3144
有色金属冶炼及压延加工业	1602	1308	294	642	230	1107
金属制品业	2678	1718	960	809	524	1142
普通机械制造业	11179	6731	4448	4255	1994	3803
专用设备制造业	12270	7369	4901	5055	2540	5432
交通运输设备制造业	8082	4749	3333	3100	1498	2307
电气机械及器材制造业	15305	11217	4088	4653	7535	8755
电子及通信设备制造业	8191	6085	2106	3698	2938	3823
仪器仪表及文化办公用机械制造业	3652	2647	1005	1665	862	2433
其他制造业	1152	741	411	112	202	456
电力、蒸汽、热水的生产和供应业	5668	1633	4035	2659	772	2504
煤气生产和供应业	230	230		112	108	40
自来水的生产和供应业	195	49	146	111	40	130

17－17 规模以上工业企业科技活动经费筹集情况

（2002 年）　　　　　　　　单位:万元

类　　别	科技活动经费筹集总额	企业资金	金融机构贷款	来自政府部门资金	来自事业单位的资金	来自国外的资金	其他资金
总　计	**1560730.3**	**1335281.8**	**167124.8**	**31477.3**	**554.2**	**1567.9**	**24724.3**
一、按企业规模分							
大　型	1342973.0	1153197.2	145716.6	20893.6	280.0	1307.0	21578.6
特大型	726740.7	633986.5	70615.4	9366.9			12771.9
大一型	381979.4	339255.9	29269.9	6841.5			6612.1
大二型	234252.9	179954.8	45831.3	4685.2	280.0	1307.0	2194.6
中　型	106487.5	92266.4	8533.5	4048.8	236.0	191.0	1211.8
中一型	63895.1	54749.2	5894.0	2259.6	80.0	190.0	722.3
中二型	42592.4	37517.2	2639.5	1789.2	156.0	1.0	489.5
小　型	111269.8	89818.2	12874.7	6534.9	38.2	69.9	1933.9
二、按登记注册类型分							
国　　有	154444.1	121260.6	22156.6	3690.7	135.0	20.0	7181.2
集　　体	399508.7	374574.0	20341.5	4005.6	91.0		496.6
股份合作	16038.9	14652.5	1202.0	168.4			16.0
国有联营	38529.6	38361.6		168.0			
集体联营	530.0	330.0	50.0	50.0			100.0
国有与集体联营	2251.5	1981.5	100.0	170.0			
其他联营							
国有独资公司	358701.1	297168.3	53516.3	7961.0			55.5
其他有限责任公司	229290.4	207925.3	11165.5	5707.0		360.0	4132.6
股份有限公司	236277.4	173128.2	45687.4	6178.3	324.2	190.0	10769.3
私营独资	5714.9	5453.9	45.0	116.0			100.0
私营合伙	179.3	92.3		87.0			
私营有限责任公司	23928.4	18184.1	3476.5	1255.7	4.0		1008.1
私营股份有限公司	398.0	338.0	60.0				
其他内资	1575.3	350.3	1000.0	225.0			
与港澳台商合资经营	20771.9	17603.3	1160.0	980.6		968.0	60.0
与港澳台商合作经营	2469.3	2469.3					
港澳台商独资	291.2	291.2					
港澳台商投资股份有限公司	851.2	851.2					
中外合作经营	4712.4	4682.4		30.0			
中外合资经营	38386.6	31520.6	6064.0	599.0			203.0
外商独资	2821.7	2691.8	100.0			29.9	
外商投资股份有限公司	23058.4	21371.4	1000.0	85.0			602.0
三、按地区分							
济南市	172723.7	159635.8	5898.0	5447.9			1742.0
青岛市	561605.3	485330.0	61557.3	8208.0	40.0	190.0	6280.0
淄博市	115471.7	94841.6	17481.4	2210.2		40.0	898.5
枣庄市	16048.1	13035.9	1880.0	229.9			902.3
东营市	71501.5	64763.8	2546.5	1743.0	110.0		2338.2
烟台市	111079.2	90905.6	15150.7	3974.8	209.2	380.9	458.0
潍坊市	82409.5	78491.4	1306.6	1400.0	21.0	927.0	263.5
济宁市	71517.0	52270.6	6456.0	2280.2			10510.2
泰安市	70183.9	52794.4	15131.4	1827.8		10.0	420.3
威海市	63184.7	56496.8	5633.0	966.2			88.7
日照市	7376.3	7128.4	80.0	165.0			2.9
莱芜市	38793.0	34067.7	3800.0	392.0	40.0		493.3
临沂市	41434.1	33627.1	7305.0	430.0	4.0	20.0	48.0
德州市	23338.8	19588.7	3322.5	185.0	130.0		112.6
聊城市	52916.6	50197.5	2019.5	609.9			89.7
滨州市	52133.3	33396.3	17431.9	1229.0			76.1
菏泽市	9013.6	8710.2	125.0	178.4			

17－17 续表　　　　　　　　　　　　　（2002 年）　　　　　　　　　　　　　单位：万元

类　　别	科技活动经费筹集总额	企业资金	金融机构贷款	来自政府部门资金	来自事业单位的资金	来自国外的资金	其他资金
四、按工业行业大类分							
煤炭采选业	70179.2	57079.8	1000.0	2073.2			10026.2
石油和天然气开采业							
黑色金属矿采选业	2175.1	2175.1					
有色金属矿采选业	6934.4	4001.7	2930.0	2.7			
非金属矿采选业	3863.2	3562.2	280.0		21.0		
其他矿采选业							
木材及竹材采运业							
食品加工业	34405.4	32091.2	1950.0	170.0	4.2	190.0	
食品制造业	9988.3	8216.8	845.0	472.0			454.5
饮料制造业	19162.9	16638.9	1655.0	841.0			28.0
烟草加工业	5263.5	5069.5		194.0			
纺织业	77093.5	66878.9	9302.6	704.0			208.0
服装及其他纤维制品制造业	6116.1	5004.2	688.0	98.4			325.5
皮革、毛皮、羽绒及其制品业	3634.8	2621.3	39.5	46.0		927.0	1.0
木材加工及竹、藤、棕、草制品业	3978.4	1592.4	2346.9	39.1			
家具制造业	607.3	447.3	120.0	40.0			
造纸及纸制品业	58876.1	46019.5	10990.5	1222.0		10.0	634.1
印刷业、记录媒介的复制	1242.1	1177.1		50.0			15.0
文教体育用品制造业	2706.2	2588.6		35.6			82.0
石油加工及炼焦业	20803.7	19494.7	500.0	754.0			55.0
化学原料及化学制品制造业	123626.2	90306.3	28162.7	4482.4	110.0	60.0	504.8
医药制造业	86677.9	77952.4	5084.0	1375.3			2266.2
化学纤维制造业	11595.2	11223.2		152.0	200.0		20.0
橡胶制品业	54501.5	48415.6	5594.9	421.0	40.0		30.0
塑料制品业	7207.0	6542.0	15.0	543.0			107.0
非金属矿物制品业	47599.7	26955.5	18480.0	1951.0			213.2
黑色金属冶炼及压延加工业	81656.4	73135.4	8226.0	255.0	40.0		
有色金属冶炼及压延加工业	26620.1	24825.1	1050.0	695.0			50.0
金属制品业	8613.6	6337.3	1450.0	360.6		351.0	114.7
普通机械制造业	46422.0	41048.5	3886.0	863.9	4.0		619.6
专用设备制造业	86384.0	79522.7	2414.3	2675.6	130.0		1641.4
交通运输设备制造业	91420.1	86292.7	3560.0	1416.9			150.5
电气机械及器材制造业	343448.5	328843.7	11192.0	3326.5			86.3
电子及通信设备制造业	158089.8	109893.3	42162.4	5344.7		29.9	659.5
仪器仪表及文化办公用机械制造业	16070.8	11752.3	2600.0	712.5	5.0		1001.0
其他制造业	5137.5	4836.5	200.0				101.0
电力、蒸汽、热水的生产和供应业	35698.2	30438.4	400.0	140.0			4719.8
煤气生产和供应业	1437.9	1428.0		9.9			
自来水的生产和供应业	543.7	533.7		10.0			

17－18 规模以上工业企业科技活动经费支出情况

（2002年） 单位：万元

类别	科技活动经费支出总额	内部支出	劳务费	原材料费	非基建项目购买和自制设备支出	其他	#研究与试验发展经费	#新产品开发经费	外部支出
总计	**1547889.0**	**1416120.3**	**288202.9**	**491187.4**	**350816.6**	**285913.4**	**733356.1**	**706959.4**	**131768.7**
一、按企业规模分									
大型	1341309.8	1229620.4	232458.2	430508.4	315117.3	251536.5	636730.8	620859.5	111689.4
特大型	727182.5	664343.6	117043.2	232378.5	165924.8	148997.1	365784.7	339575.7	62838.9
大一型	389328.5	355241.3	74525.9	118706.1	87073.9	74935.4	193236.7	165645.4	34087.2
大二型	224798.8	210035.5	40889.1	79423.8	62118.6	27604.0	77709.4	115638.4	14763.3
中型	110661.6	97083.5	25229.4	36874.9	20086.3	14892.9	52857.2	43506.1	13578.1
中一型	67454.3	58487.6	13391.0	24940.7	10804.6	9351.3	35551.8	28226.5	8966.7
中二型	43207.3	38595.9	11838.4	11934.2	9281.7	5541.6	17305.4	15279.6	4611.4
小型	95917.6	89416.4	30515.3	23804.1	15613.0	19484.0	43768.1	42593.8	6501.2
二、按登记注册类型分									
国有	156433.9	147192.8	38438.3	48110.5	37319.9	23324.1	71322.0	54916.5	9241.1
集体	391754.5	346130.2	51890.9	104660.3	81584.2	107994.8	216852.0	230772.6	45624.3
股份合作	15278.8	14723.5	3126.3	4083.2	4155.5	3358.5	5112.6	9232.9	555.3
国有联营	38811.6	37215.6	2991.4	12711.2	15978.0	5535.0	9338.7	3332.7	1596.0
集体联营	230.0	210.0	104.0	5.0	98.0	3.0	190.0	174.0	20.0
国有与集体联营	2538.5	2403.0	445.0	619.9	113.7	1224.4	55.0	2065.5	135.5
其他联营									
国有独资公司	350973.3	330138.7	63248.3	154431.5	64774.9	47684.0	189497.6	176619.5	20834.6
其他有限责任公司	229829.8	209477.5	71099.9	59284.9	57077.0	22015.7	81803.0	97064.6	20352.3
股份有限公司	225899.2	204481.5	32406.7	67569.9	65561.0	38943.9	113245.8	74835.4	21417.7
私营独资	5728.9	5489.2	834.9	822.1	189.6	3642.6	444.0	4497.9	239.7
私营合伙	174.6	174.6	81.1	29.5	50.4	13.6	13.0	47.9	
私营有限责任公司	23979.4	22615.2	5771.5	8257.2	5426.3	3160.2	9046.9	10175.7	1364.2
私营股份有限公司	373.6	358.6	176.6	101.8	74.0	6.2	119.0	35.0	15.0
其他内资	1578.3	1531.6	960.7	63.3	172.3	335.3	1531.6	1528.6	46.7
与港澳台商合资经营	14512.9	13805.9	2589.7	3711.8	3999.3	3505.1	2899.2	10074.6	707.0
与港澳台商合作经营	2621.7	2484.7	648.4	1340.7	286.6	209.0	1009.9	1052.6	137.0
港澳台商独资	301.2	286.1	58.0	11.1		217.0	46.1	36.9	15.1
港澳台商投资股份有限公司	2680.6	2379.5	1775.9	317.4	261.0	25.2	730.0	1.1	301.1
中外合作经营	4610.4	4335.4	1232.4	1343.6	407.8	1351.6	2670.9	1633.6	275.0
中外合资经营	37832.1	31842.0	6216.6	11074.6	9935.2	4615.6	14880.5	21438.9	5990.1
外商独资	2755.0	2596.1	1147.0	720.9	309.1	419.1	2180.1	579.4	158.9
外商投资股份有限公司	38990.7	36248.6	2959.3	11917.0	3042.8	18329.5	10368.2	6843.5	2742.1
三、按地区分									
济南市	166283.1	156073.9	30280.8	68088.6	34924.0	22780.5	79424.4	57455.9	10209.2
青岛市	554670.6	506929.0	73068.5	183375.2	114278.2	136207.1	316641.8	359521.6	47741.6
淄博市	127276.6	120832.5	22430.6	34522.5	25806.9	38072.5	45466.6	35761.8	6444.1
枣庄市	15587.9	13887.0	3748.3	5739.4	2393.9	2005.4	6503.6	5939.1	1700.9
东营市	70664.0	62949.9	32004.6	14976.0	13631.0	2338.3	9856.6	7617.5	7714.1
烟台市	101384.0	89304.9	25539.3	26066.8	21066.2	16632.6	41135.1	42854.2	12079.1
潍坊市	81042.6	76968.8	16157.9	30778.3	19855.1	10177.5	32944.1	44243.5	4073.8
济宁市	76741.9	63679.3	14531.1	18043.8	25533.7	5570.7	30325.5	11287.9	13062.6
泰安市	70052.4	66957.8	11885.5	20569.2	21142.7	13360.4	47789.7	23036.3	3094.6
威海市	60208.8	51529.6	8524.2	18544.9	8687.6	15772.9	38360.3	33885.0	8679.2
日照市	7264.5	7168.0	2520.3	3209.4	225.2	1213.1	3443.4	2835.8	96.5
莱芜市	38761.3	36036.4	12455.4	6349.6	13393.6	3837.8	10820.1	6541.0	2724.9
临沂市	38265.3	34532.5	6097.2	15458.1	10477.4	2499.8	22106.4	19572.7	3732.8
德州市	23758.8	19895.9	5356.6	8397.2	2587.4	3554.7	9613.8	10489.1	3862.9
聊城市	54865.1	50768.3	8255.1	23834.4	14936.1	3742.7	15444.1	33324.0	4096.8
滨州市	52299.6	50566.9	13853.3	10545.3	19562.5	6605.8	21834.1	11265.0	1732.7
菏泽市	8762.5	8039.6	1494.2	2688.7	2315.1	1541.6	1646.5	1329.0	722.9

17－18续表　　　　(2002年)　　　　单位:万元

类别	科技活动经费支出总额	内部支出	劳务费	原材料费	非基建项目购买和自制设备支出	其他	#研究与试验发展经费	#新产品开发经费	外部支出
四、按工业行业大类分									
煤炭采选业	72376.0	63180.1	12043.1	19708.1	24121.9	7307.0	37335.5	7744.3	9195.9
石油和天然气开采业									
黑色金属矿采选业	2175.1	2107.5	1863.0	96.5	148.0		187.7	175.7	67.6
有色金属矿采选业	5475.1	4643.5	1170.4	1319.2	1647.0	506.9	3360.4	410.0	831.6
非金属矿采选业	3509.3	3069.5	619.1	712.9	1274.6	462.9	2116.2	1276.2	439.8
其他矿采选业									
木材及竹材采运业									
食品加工业	33079.8	31320.0	5506.3	7905.5	15201.3	2706.9	11310.0	13301.4	1759.8
食品制造业	9322.3	8382.4	2090.2	3704.2	932.0	1656.0	5646.2	3950.0	939.9
饮料制造业	18733.6	18127.0	2973.1	4115.5	4834.6	6203.8	8881.8	4383.5	606.6
烟草加工业	5229.7	4134.5	667.3	1007.3	337.2	2122.7	2103.0	941.3	1095.2
纺织业	89765.8	87640.5	18815.6	27805.2	18394.0	22625.7	38410.6	36312.3	2125.3
服装及其他纤维制品制造业	4965.4	4800.7	1990.9	1593.3	750.5	466.0	642.9	2661.6	164.7
皮革、毛皮、羽绒及其制品业	3592.9	3551.9	551.0	1093.7	679.6	1227.6	146.2	1384.0	41.0
木材加工及竹、藤、棕、草制品业	3886.6	3733.8	208.1	3066.3	303.6	155.8	3673.8	3516.1	152.8
家具制造业	597.3	595.6	206.9	239.1	9.3	140.3	136.8	202.6	1.7
造纸及纸制品业	58787.0	56427.8	6278.5	34503.7	10922.1	4723.5	26064.5	25486.0	2359.2
印刷业、记录媒介的复制	1177.1	1177.1	279.2	154.9	271.0	472.0	235.2	517.0	
文教体育用品制造业	2684.2	2355.2	460.9	101.3	442.8	1350.2	2253.6	1606.0	329.0
石油加工及炼焦业	19686.6	18172.0	4712.9	1691.5	6474.0	5293.6	8483.8	3142.1	1514.6
化学原料及化学制品制造业	116009.8	102344.6	16482.4	37802.1	29259.4	18800.7	41507.9	38536.2	13665.2
医药制造业	86437.8	71556.1	38029.5	11927.3	13533.2	8066.1	32745.8	14513.7	14881.7
化学纤维制造业	11573.4	10204.3	2141.8	3748.0	2279.8	2034.7	6589.4	3736.2	1369.1
橡胶制品业	54006.9	53002.7	6454.4	23886.3	12616.7	10045.3	29482.3	28154.2	1004.2
塑料制品业	7055.4	6508.0	1773.4	2226.2	1919.1	589.3	2955.9	3132.0	547.4
非金属矿物制品业	47382.0	45566.4	6150.9	17186.5	15296.0	6933.0	22114.7	18675.7	1815.6
黑色金属冶炼及压延加工业	82318.4	78209.7	13273.1	17377.1	37355.4	10204.1	22705.5	12282.5	4108.7
有色金属冶炼及压延加工业	25201.2	21945.3	3001.1	6654.8	2811.9	9477.5	16421.2	8663.1	3255.9
金属制品业	7395.6	7051.2	2524.1	2125.3	943.8	1458.0	3940.1	3454.2	344.4
普通机械制造业	47277.4	44165.0	13283.3	18629.0	8826.5	3426.2	25776.4	25832.1	3112.4
专用设备制造业	84606.4	79028.1	19661.0	29686.5	17457.3	12223.3	34163.5	61762.7	5578.3
交通运输设备制造业	85114.3	79611.7	12631.7	42721.3	14567.3	9691.4	26585.6	30653.9	5502.6
电气机械及器材制造业	343732.4	304734.1	41435.4	84777.5	72479.0	106042.2	196519.2	213678.6	38998.3
电子及通信设备制造业	151791.8	142894.6	32357.0	65504.3	24208.4	20824.9	97233.8	121850.1	8897.2
仪器仪表及文化办公用机械制造业	13794.0	12527.0	4437.0	4108.1	590.6	3391.3	8967.2	8716.1	1267.0
其他制造业	5055.1	4945.8	1162.8	1388.6	1571.9	822.5	1981.0	3338.9	109.3
电力、蒸汽、热水的生产和供应业	41172.5	36512.0	12119.6	12333.6	8120.8	3938.0	12291.8	2753.6	4660.5
煤气生产和供应业	1437.9	493.7	418.1	51.2	9.4	15.0	110.2	110.2	944.2
自来水的生产和供应业	556.5	541.5	304.3	197.6	26.6	13.0	200.0	29.3	15.0

17－19 非工业企业及事业单位科技活动人员

（2002 年） 单位：人

类　　别	科技活动人员合计	全　时人　员	非全时人　员	#高中级技术职称人员	#无高中级技术职称的大学本科及以上学历人员	#研究与试验发展人员
总　　计	41389	7068	34321	12402	3171	18425
一、按登记注册类型分						
国　　有	39557	6492	33065	11814	2967	17294
集　　体	270	179	91	83	44	97
股份合作	123	111	12	74	26	55
国有联营						
集体联营						
国有与集体联营						
其他联营	2		2			
国有独资公司	80	36	44	45	3	80
其他有限责任公司	131	42	89	93	22	69
股份有限公司	1071	118	953	195	83	742
私营独资	54	17	37	42	12	52
私营合伙						
私营有限责任公司	50	22	28	23	9	36
私营股份有限公司						
其他内资						
与港澳台商合资经营	18	18			5	
与港澳台商合作经营						
港澳台商独资						
港澳台商投资股份有限公司						
中外合作经营						
中外合资经营	33	33		33		
外商独资						
外商投资股份有限公司						
二、按地区分						
济南市	4871	2699	2172	3191	647	2734
青岛市	26078	1183	24895	3375	898	10646
淄博市	892	258	634	605	105	187
枣庄市	402	117	285	289	18	159
东营市	1198	115	1083	358	148	798
烟台市	451	292	159	273	64	229
潍坊市	1199	152	1047	765	93	951
济宁市	1772	600	1172	805	479	719
泰安市	329	76	253	220	58	181
威海市	445	108	337	298	32	425
日照市	671	543	128	244	38	123
莱芜市	480	124	356	282	110	305
临沂市	1132	249	883	756	194	660
德州市	464	24	440	242	124	10
聊城市	642	526	116	455	136	134
滨州市	159	2	157	134	12	159
菏泽市	204		204	110	15	5

17－19续表　　(2002年)　　单位:人

类　　别	科技活动人员合计	全　时人　员	非全时人　员	#高中级技术职称人员	#无高中级技术职称的大学本科及以上学历人员	#研究与试验发展人员
三、按国民经济行业分						
农　业	928	131	797	154	74	750
林　业	130	69	61	57	16	88
畜牧业	32	19	13	19	12	9
渔　业	218	98	120	51	32	69
农、林、牧、渔服务业	1365	907	458	766	199	815
土木工程建筑业	1096	458	638	535	233	422
线路、管道和设备安装业	247	46	201	197	18	43
装修装饰业	61	61		38	10	10
地质勘查业	321	161	160	185	51	131
水利管理业	414	249	165	242	44	325
铁路运输业	22559	1	22558	1462	396	9368
公路运输业	357	22	335	163	21	129
管道运输业						
水上运输业	34	14	20	22	4	
航空运输业	58		58	42	6	58
交通运输辅助业	1687	803	884	713	121	218
其他交通运输业						
仓储业	6		6	4		
邮电通信业	247	140	107	70	64	103
食品饮料烟草和家庭日用品批发业						
能源、材料和机械电子设备批发业						
其他批发业						
零售业						
商业经纪与代理业						
餐饮业						
金融业	184	184		72	38	66
保险业						
房地产开发与经营业						
房地产管理业						
房地产经济与代理业						
公共设施服务业	302	150	152	136	65	200
居民服务业						
旅馆业						
租赁服务业						
旅行社						
娱乐服务业						
信息、咨询服务业						
计算机应用服务业						
其他社会服务业						
卫　生	10344	2941	7403	6993	1634	5157
体　育						
社会福利保障业						
教　育						
文化艺术业						
广播电影电视业	37	24	13	29	2	
科学研究业	321	259	62	198	56	108
综合技术服务业	131	124	7	89	17	84
国家机关	310	207	103	165	58	272
政党机关						
社会团体						
基层群众自治组织						
其他行业						

17－20 非工业企业及事业单位科技活动经费筹集情况

（2002 年）　　单位：万元

类别	科技活动经费筹集总额	企业资金	金融机构贷款	来自政府部门资金	来自事业单位的资金	来自国外的资金	其他资金
总计	**73551.8**	**47418.4**	**6620.0**	**7306.4**	**8954.0**	**40.0**	**3213.0**
一、按登记注册类型分							
国有	50885.1	31895.8	917.0	5891.4	8941.5	40.0	3199.4
集体	1041.8	376.3	463.0	186.0	11.5		5.0
股份合作	866.4	563.4		303.0			
国有联营							
集体联营							
国有与集体联营							
其他联营	2.0	1.0			1.0		
国有独资公司	1294.3	1294.3					
其他有限责任公司	2649.0	2649.0					
股份有限公司	15470.5	9561.9	5000.0	900.0			8.6
私营独资	133.3	75.3	40.0	18.0			
私营合伙							
私营有限责任公司	1158.0	950.0	200.0	8.0			
私营股份有限公司							
其他内资							
与港澳台商合资经营	15.1	15.1					
与港澳台商合作经营							
港澳台商独资							
港澳台商投资股份有限公司							
中外合作经营							
中外合资经营	36.3	36.3					
外商独资							
外商投资股份有限公司							
二、按地区分							
济南市	18005.2	12361.5	212.0	1736.0	3071.8	40.0	583.9
青岛市	20624.5	18406.7	240.0	141.3	1538.8		297.7
淄博市	1397.0	246.0	100.0	759.9	268.2		22.9
枣庄市	753.4	244.3		81.5	389.5		38.1
东营市	15904.0	9592.0	5090.0	1176.0	1.5		44.5
烟台市	2256.0	381.3	475.0	1106.4	63.8		229.5
潍坊市	1343.3	804.4		37.7	501.2		
济宁市	1452.5	198.2		731.4	368.1		154.8
泰安市	1890.5	1776.6		68.0	45.9		
威海市	1390.2	526.0		736.5	123.5		4.2
日照市	951.1	727.0		83.8	130.3		10.0
莱芜市	895.1	438.6	200.0	102.0	152.5		2.0
临沂市	3191.9	883.5		45.1	2250.8		12.5
德州市	697.4	667.1	3.0	13.3	8.0		6.0
聊城市	2705.7	118.0	300.0	482.8	3.5		1801.4
滨州市	9.7			1.2	4.0		4.5
菏泽市	84.3	47.2		3.5	32.6		1.0

17－20 续表　　　　　　　　　　　　　　（2002 年）　　　　　　　　　　　　　　单位:万元

类别	科技活动经费筹集总额	企业资金	金融机构贷款	来自政府部门资金	来自事业单位的资金	来自国外的资金	其他资金
三、按国民经济行业分							
农业	15049.3	9046.8	5040.0	938.5	24.0		
林业	105.8			21.4	83.6		0.8
畜牧业	115.0	100.0		2.0	13.0		
渔业	1591.0	757.0	475.0	351.0	8.0		
农、林、牧、渔服务业	3066.4	625.7	413.0	1135.5	574.8		317.4
土木工程建筑业	8562.3	8221.7	290.0	12.0			38.6
线路、管道和设备安装业	905.5	460.0		260.0	185.5		
装修装饰业	101.4	101.4					
地质勘查业	464.0			441.0	23.0		
水利管理业	965.8			273.5	680.3		12.0
铁路运输业	228.1	166.1					62.0
公路运输业	906.6	523.4		123.0			260.2
管道运输业							
水上运输业	82.0	65.0		17.0			
航空运输业	78.4	78.4					
交通运输辅助业	15655.0	15555.0					100.0
其他交通运输业							
仓储业	30.0	30.0					
邮电通信业	683.0	545.0		138.0			
食品饮料烟草和家庭日用品批发业							
能源、材料和机械电子设备批发业							
其他批发业							
零售业							
商业经纪与代理业							
餐饮业							
金融业	8399.0	8399.0					
保险业							
房地产开发与经营业							
房地产管理业							
房地产经济与代理业							
公共设施服务业	1431.4	968.7		82.7	345.0		35.0
居民服务业							
旅馆业							
租赁服务业							
旅行社							
娱乐服务业							
信息、咨询服务业							
计算机应用服务业							
其他社会服务业							
卫生	12889.6	1715.2	402.0	2056.3	6417.1	40.0	2259.0
体育							
社会福利保障业							
教育							
文化艺术业							
广播电影电视业	652.9	10.0		57.1	582.8		3.0
科学研究业	752.8			627.8			125.0
综合技术服务业	638.5	50.0		571.6	16.9		
国家机关	198.0			198.0			
政党机关							
社会团体							
基层群众自治组织							
其他行业							

17－21 非工业企业及事业单位科技活动经费支出情况

（2002年）　　单位：万元

类　别	科技活动经费支出总额	#内部支出合计	#劳务费	#设备购置费	#其他支出	#内部支出中研究与试验发展经费支出	#外部支出合计
总　计	**83276.5**	**76414.8**	**41825.4**	**24127.2**	**10462.2**	**31627.0**	**6861.7**
一、按登记注册类型分							
国　有	66180.1	60429.4	39996.2	13471.1	6962.1	19520.2	5750.7
集　体	484.5	484.5	250.2	134.5	99.8	133.2	
股份合作	568.4	518.4	126.4	210.0	182.0	480.0	50.0
国有联营							
集体联营							
国有与集体联营							
其他联营	3.7	3.7	3.5		0.2		
国有独资公司	1294.3	1294.3	199.3	951.2	143.8	1294.3	
其他有限责任公司	2522.5	2512.5	162.6	858.6	1491.3	161.5	10.0
股份有限公司	11823.5	10772.5	961.6	8287.8	1523.1	9805.3	1051.0
私营独资	88.1	88.1	42.6	38.0	7.5	87.5	
私营合伙							
私营有限责任公司	260.0	260.0	31.6	176.0	52.4	145.0	
私营股份有限公司							
其他内资							
与港澳台商合资经营	15.1	15.1	15.1				
与港澳台商合作经营							
港澳台商独资							
港澳台商投资股份有限公司							
中外合作经营							
中外合资经营	36.3	36.3	36.3				
外商独资							
外商投资股份有限公司							
二、按地区分							
济南市	20699.7	20533.0	9323.5	7940.2	3269.3	7748.7	166.7
青岛市	28641.0	23428.1	19730.9	1786.4	1910.8	3990.8	5212.9
淄博市	3446.4	3388.6	2769.5	407.5	211.6	80.3	57.8
枣庄市	874.9	863.9	565.2	110.7	188.0	109.6	11.0
东营市	12597.0	11466.0	1340.2	8535.7	1590.1	9866.5	1131.0
烟台市	2423.3	2423.3	733.4	374.6	1315.3	1755.0	
潍坊市	1235.9	1222.9	1032.9	65.1	124.9	1041.6	13.0
济宁市	2744.8	2709.5	1778.2	549.5	381.8	770.2	35.3
泰安市	1719.2	1719.2	354.2	1154.6	210.4	1571.2	
威海市	1264.6	1224.6	488.3	237.6	498.7	973.7	40.0
日照市	906.8	812.8	554.7	132.5	125.6	140.5	94.0
莱芜市	859.7	799.7	583.6	155.1	61.0	404.7	60.0
临沂市	3656.7	3643.7	1314.0	2296.7	33.0	2972.8	13.0
德州市	993.9	966.9	357.9	290.0	319.0	8.0	27.0
聊城市	1071.2	1071.2	824.0	80.0	167.2	112.2	
滨州市	78.2	78.2	55.7	10.5	12.0	78.2	
菏泽市	63.2	63.2	19.2	0.5	43.5	3.0	

类　　别	科技活动经费支出总额	# 内部支出合计	# 劳务费	# 设备购置费	# 其他支出	# 内部支出中研究与试验发展经费支出	# 外部支出合计
三、按国民经济行业分							
农　业	11357.0	10340.0	867.6	8249.0	1223.4	9778.5	1017.0
林　业	131.9	131.7	101.0	14.1	16.6	59.4	0.2
畜牧业	74.5	74.5	30.0	22.5	22.0	11.5	
渔　业	793.3	753.3	157.8	312.6	282.9	497.1	40.0
农、林、牧、渔服务业	3139.9	3021.1	1748.0	435.0	838.1	1725.7	118.8
土木工程建筑业	6943.4	6791.4	1600.3	2739.4	2451.7	2244.7	152.0
线路、管道和设备安装业	2214.1	2036.1	1296.6	385.5	354.0	214.5	178.0
装修装饰业	101.4	101.4	57.4	15.0	29.0	30.0	
地质勘查业	699.0	699.0	485.5	70.5	143.0	287.0	
水利管理业	950.3	950.3	553.7	292.9	103.7	590.2	
铁路运输业	14228.7	14228.7	14023.7	141.0	64.0	506.1	
公路运输业	872.4	831.4	145.1	364.4	321.9	568.3	41.0
管道运输业							
水上运输业	65.8	65.8	35.8	30.0			
航空运输业	78.4	78.4	50.4		28.0	76.2	
交通运输辅助业	9635.1	4605.1	3376.0	237.7	991.4	1382.5	5030.0
其他交通运输业							
仓储业	29.5	29.5	2.0	26.0	1.5		
邮电通信业	703.6	703.6	371.0	321.8	10.8	360.1	
食品饮料烟草和家庭日用品批发业							
能源、材料和机械电子设备批发业							
其他批发业							
零售业							
商业经纪与代理业							
餐饮业							
金融业	8237.9	8051.0	3910.8	3907.0	233.2	3058.0	186.9
保险业							
房地产开发与经营业							
房地产管理业							
房地产经济与代理业							
公共设施服务业	2230.5	2223.5	1131.0	792.8	299.7	1380.6	7.0
居民服务业							
旅馆业							
租赁服务业							
旅行社							
娱乐服务业							
信息、咨询服务业							
计算机应用服务业							
其他社会服务业							
卫　生	18155.0	18096.2	10133.9	5514.9	2447.4	8134.9	58.8
体　育							
社会福利保障业							
教　育							
文化艺术业							
广播电影电视业	634.5	607.5	361.0	179.0	67.5		27.0
科学研究业	1223.5	1223.5	958.3	36.0	229.2	202.6	
综合技术服务业	536.3	531.3	214.0	34.1	283.2	398.1	5.0
国家机关	240.5	240.5	214.5	6.0	20.0	121.0	
政党机关							
社会团体							
基层群众自治组织							
其他行业							

17－22 软件开发单位科技活动人员情况

（2002年） 单位：人

类 别	科技活动人员合计	#全时人员	#非全时人员	#高中级技术职称人员	#无高中级技术职称的大学本科及以上学历人员	#研究与试验发展人员
总 计	**6266**	**5791**	**475**	**1764**	**3260**	**2859**
一、按登记注册类型分						
国 有	881	774	107	250	321	361
集 体	28	28		6	22	19
股份合作	20	15	5	10	6	16
国有联营						
集体联营						
国有与集体联营						
其他联营						
国有独资公司	945	890	55	310	508	214
其他有限责任公司	1826	1766	60	435	894	867
股份有限公司	791	696	95	274	436	257
私营独资	145	118	27	19	95	115
私营合伙	50	50		8	37	38
私营有限责任公司	907	826	81	275	511	611
私营股份有限公司	71	58	13	20	45	28
其他内资	214	194	20	58	136	102
与港澳台商合资经营	112	112		40	60	47
与港澳台商合作经营						
港澳台商独资						
港澳台商投资股份有限公司	170	160	10	37	120	101
中外合资经营	93	93		20	62	83
中外合作经营	6	6		2	4	
外商独资	7	5	2		3	
外商投资股份有限公司						
二、按行业类别分						
软件开发咨询业	5941	5474	467	1643	3080	2624
数据库服务业	325	317	8	121	180	235
三、按地区分						
济南市	4234	3889	345	1191	2086	1613
青岛市	1513	1440	73	390	936	1001
淄博市	57	54	3	22	20	33
枣庄市						
东营市						
烟台市	128	128		40	76	
潍坊市	36	30	6	20	9	21
济宁市						
泰安市						
威海市	92	71	21	41	39	88
日照市	69	61	8	29	11	45
莱芜市	62	56	6	10	52	8
临沂市	37	24	13	12	19	37
德州市						
聊城市	38	38		9	12	13
滨州市						
菏泽市						

17－23 软件开发单位科技活动经费筹集情况

（2002 年）

单位:千元

类　　别	科技活动经费筹集总额	#企业资金	#金融机构贷款	#来自政府部门资金	#来自事业单位的资金	#来自国外的资金	#其他资金
总　　计	**476175**	**335484**	**50487**	**63129**	**6589**	**1556**	**18930**
一、按登记注册类型分							
国　　有	97398	74475	1000	14485	5343		2095
集　　体	2321	2221					100
股份合作	1500	1100					400
国有联营							
集体联营							
国有与集体联营							
其他联营							
国有独资公司	22300	14610	3270	2135			2285
其他有限责任公司	145960	126115	6532	10632	1		2680
股份有限公司	58518	25799	18000	13040			1679
私营独资	5228	4318	50			800	60
私营合伙	2580	1630	600	350			
私营有限责任公司	95694	52891	16500	18172			8131
私营股份有限公司	1670	1550		70			50
其他内资	24950	18725	3735	1245	1245		
与港澳台商合资经营	3850	1900	500	800			650
与港澳台商合作经营							
港澳台商独资							
港澳台商投资股份有限公司	9000	7200	300	1500			
中外合资经营	2850	2150		700			
中外合作经营	1400	800					600
外商独资	956					756	200
外商投资股份有限公司							
二、按行业类别分							
软件开发咨询业	450135	325449	47987	50319	6504	1556	18320
数据库服务业	26040	10035	2500	12810	85		610
三、按地区分							
济南市	305565	185819	42137	54827	6503		16279
青岛市	150535	135931	5350	7312	85	756	1101
淄博市	2510	2260	200				50
枣庄市							
东营市							
烟台市	4033	2833		450			750
潍坊市	934	614		20			300
济宁市							
泰安市							
威海市	3970	2770	200	200		800	
日照市	4357	2507	1600	250			
莱芜市	1800	400	1000				400
临沂市	1170	1050		70			50
德州市							
聊城市	1301	1300			1		
滨州市							
菏泽市							

17－24 软件开发单位科技活动经费支出情况

（2002年）　　　　单位：千元

类别	科技活动经费支出总额	#内部支出合计	#劳务费	#设备购置费	#其他支出	#内部支出中研究与试验发展经费支出	#外部支出合计
总计	**419628**	**385498**	**127764**	**98243**	**159491**	**224456**	**34130**
一、按登记注册类型分							
国有	89331	84710	30336	35093	19281	33454	4621
集体	1321	1321	450	592	279	1000	
股份合作	1070	1070	100	900	70	1070	
国有联营							
集体联营							
国有与集体联营							
其他联营							
国有独资公司	12905	12905	6340	3670	2895	5452	
其他有限责任公司	143985	137360	26258	27159	83943	110013	6625
股份有限公司	39545	39078	22329	5554	11195	13456	467
私营独资	4384	4351	2357	1838	156	3772	33
私营合伙	2308	1958	1360	250	348	1928	350
私营有限责任公司	75903	58823	19033	15905	23885	34597	17080
私营股份有限公司	8732	4656	1900	450	2306	870	4076
其他内资	14928	14928	8968	3378	2582	528	
与港澳台商合资经营	3850	3650	2460	830	360	1940	200
与港澳台商合作经营							
港澳台商独资							
港澳台商投资股份有限公司	8800	8122	1634	1805	4683	5500	678
中外合资经营	10926	10926	3814	80	7032	10876	
中外合作经营	704	704	84	600	20		
外商独资	936	936	341	139	456		
外商投资股份有限公司							
二、按行业类别分							
软件开发咨询业	395658	361628	119917	87386	154325	204197	34030
数据库服务业	23970	23870	7847	10857	5166	20259	100
三、按地区分							
济南市	252284	226689	88582	74940	63167	98037	25595
青岛市	150343	143869	33351	17785	92733	117557	6474
淄博市	1809	1659	1010	323	326	779	150
枣庄市							
东营市							
烟台市	3489	2861	1649	932	280		628
潍坊市	840	827	485	145	197	688	13
济宁市							
泰安市							
威海市	2820	2545	462	1223	860	1751	275
日照市	4334	4334	1155	1815	1364	4258	
莱芜市	2064	1074	220	560	294	285	990
临沂市	940	940	600	220	120	920	
德州市							
聊城市	705	700	250	300	150	181	5
滨州市							
菏泽市							

17－25 主要年份文化、文物事业基本情况

年份	文化(艺术)馆		文化站		艺术表演团体	
	机构数(个)	人数(人)	机构数(个)	人数(人)	机构数(个)	人数(人)
1949	39				46	
1952	166		139		113	
1957	134		283		175	
1962	130		500		180	
1965	141	1261	6	10	176	9923
1970	137	1601			154	9599
1975	151	1891	887	944	157	12709
1976	150	1979	1644	1803	157	13396
1977	155	2110	1988	2185	156	13557
1978	155	2151	2103	2196	155	13219
1979	155	2138	2104	2163	155	12896
1980	155	2251	2117	2197	156	12562
1981	156	2420	2099	2218	157	11930
1982	155	2490	2107	2268	157	11280
1983	155	2609	2102	2172	157	10584
1984	154	2590	2132	2204	159	9922
1985	157	2818	2198	2230	158	9317
1986	159	2940	2276	2292	149	9177
1987	157	2849	2345	2410	139	7751
1988	159	3043	2423	2787	127	7344
1989	159	3140	2452	2643	123	6992
1990	159	3127	2482	2666	119	6703
1991	156	3100	2504	2783	120	6640
1992	156	3129	2481	2798	120	6657
1993	157	3145	2454	2862	119	6430
1994	157	3197	2387	2882	118	6448
1995	158	3265	2363	3117	118	6170
1996	159	3237	2466	3286	118	6090
1997	158	3264	2482	3177	118	6148
1998	158	3252	2494	3339	118	6170
1999	158	3194	2493	3293	117	6077
2000	159	3055	2422	3304	118	5943
2001	159	2975	1912	2943	121	5990
2002	156	2935	1866	3019	121	6030

17－25 续表

年份	剧场(院)		图书馆		博物馆	
	机构数（个）	人数（人）	机构数（个）	人数（人）	机构数（个）	人数（人）
1949	5		3			
1952	15		3			
1957	44		40			
1962	129		84			
1965	128	755	27	257	7	183
1970	83	600	12	193	5	155
1975	81	592	43	436	8	211
1976	71	577	62	564	9	237
1977	76	658	66	621	9	246
1978	75	661	80	737	10	298
1979	77	705	88	876	10	310
1980	71	627	88	924	10	317
1981	72	649	89	1004	9	268
1982	71	667	89	1075	15	338
1983	61	660	89	1131	17	364
1984	65	678	92	1240	19	380
1985	62	705	99	1338	23	488
1986	123	2193	101	1486	30	527
1987	119	2310	105	1613	36	763
1988	116	2388	111	1780	40	876
1989	118	2413	113	1796	40	979
1990	117	2516	115	1876	41	1021
1991	121	2736	118	1956	45	1141
1992	120	2772	122	2055	45	1215
1993	119	2837	126	2178	52	1329
1994	118	2878	126	2256	54	1418
1995	115	2783	130	2318	56	1462
1996	111	2727	131	2359	54	1522
1997	107	2652	131	2471	54	1562
1998	107	2577	131	2536	56	1422
1999	107	2544	133	2555	57	1663
2000	105	2473	133	2506	59	1633
2001	105	2444	136	2503	66	1611
2002	104	2434	140	2559	70	1566

17－26 广播电视基本情况

项　　目	单位	1990 年	1995 年	1998 年	1999 年	2000 年	2001 年	2002 年
职工人数	人	19079	20045	22453	23078	24256	25883	27634
广播电台	座	64	83	18	18	18	18	18
广播电台日均播音时间	时:分		827:45	938:38	1058:08	1156:50	1201:28	1247:33
电视台	座	32	56	19	18	18	18	18
电视台平均每周播出时间	时:分		2804:25	3621:36	3955:43	4078:39	8092:09	8181:59
广播人口覆盖率	%	86	86	92.92	93.5	93.5	93.51	93.51
电视人口覆盖率	%	82	85.2	88.7	91	91	91	91

注:自 1998 年起数据采用国家广电总局年报制度新口径。

17－27 文化、文物机构人员情况

（2002 年）

项　　目	机构数（个）	人员数（人）
文化、文物合计	**2813**	**25217**
文化事业	**2644**	**21470**
一、艺术事业	225	8464
1.艺术表演团体	121	6030
2.艺术表演场所	104	2434
二、图书馆事业	140	2559
公共图书馆	140	2559
三、群众文化事业	2022	5954
1.群众艺术馆	18	618
2.文化馆	138	2317
3.文化站	1866	3019
四、艺术教育事业	7	694
1.高等院校		
2.中等专业学校	7	694
3.其他教育机构		
五、其他文化事业	250	3799
1.艺术创作机构	53	349
2.艺术研究机构	5	89
文物事业	**169**	**3747**
一、博物馆	70	1566
二、文物商店	9	278
三、文物科研机构	4	69
四、文物保护管理机构	86	1834

17－28 档案馆基本情况

（2002 年）

项　　目	单位	国家综合档案馆	省　级	市地级	县　级	国家专门档案馆
档案馆	个	159	1	17	141	18
现有专职人数	人	1485	59	329	1097	263
档案馆面积	平方米	222061	10380	53714	157967	25000
馆藏档案						
全　宗	个	16501	297	2760	13444	307
案　卷	卷	6356520	376444	1607978	4372098	441382
建国前档案						
案　卷	卷	432469	171635	251087	9747	1794
建国后档案						
案　卷	卷	5924051	204809	1356891	4362351	439588
馆藏资料	册	2143086	68690	387323	1687073	24455
档案资料利用情况						
利用档案	卷次	239196	3664	40968	194564	14576
利用资料	册次	36755	1725	6171	28859	1050
利用人次	人次	77467	733	16833	59901	10016
开放案卷	卷	956720	204053	271131	481536	188427
开放档案目录(案卷级)	万条	55.55		27.14	28.41	12.76

17－29 报纸、杂志出版情况

（2002 年）

类　　别	种　　数（种）	平均期印数（万份）	总印数（万份）	总印张（千印张）
报纸类总计	**154**	**928.6**	**211123.62**	**6282975.25**
1.综合报	80	558.48	177210.82	5508377.35
2.专业报	74	370.12	33912.8	774597.9
省级报纸合计	64	443.7	110270.68	3603389.75
1.综合报	24	282.76	90936	3237018.6
2.专业报	40	160.94	19334.68	366371.15
市地级报纸合计	65	428.7	86816.66	2513254.4
1.综合报	31	219.52	72238.54	2105027.65
2.专业报	34	209.18	14578.12	408226.75
县(市)级报纸合计	25	56.2	14036.28	166331.1
1.综合报	25	56.2	14036.28	166331.1
2.专业报				
期刊类总计	**279**	**846.73**	**13994.43**	**483972.98**
1.综合	43	297.81	6234.89	210261.9
2.哲学社会科学	67	303.53	3351.79	145736.8
3.自然科学技术	129	129.88	2152.63	55355.51
4.文化教育	23	68.53	1574.69	53401.57
5.文学艺术	13	29.08	451.63	14387.2
6.画刊	4	17.9	228.8	4830

17－30 图书出版情况

（2002年）

类别	种数(种)		总印数	总印张
	合计	新出	(万册、张)	(千印张)
图书总计	**4833**	**2727**	**37507**	**2173689**
一、使用《中国标准书号》部分合计	**4701**	**2626**	**37339**	**2171335**
A.马克思主义、列宁主义、毛泽东思想	8	5	14	1530
B.哲学	60	37	24	2956
C.社会科学总论	21	15	13	1590
D.政治、法律	117	104	138	11066
E.军事	9	7	9	1281
F.经济	139	105	84	10496
G.文化、科学、教育、体育	2471	1094	29744	1852716
H.语言、文字	158	85	136	15191
I.文学	267	223	154	17457
J.艺术	309	171	6089	152576
K.历史、地理	250	174	200	21822
N.自然科学总论	55	40	179	14772
O.数理科学、化学	62	29	27	4229
P.天文学、地理科学	15	13	2	454
Q.生物科学	12	8	4	383
R.医药、卫生	204	140	103	17046
S.农业科学	102	79	90	8571
T.工业技术	274	166	181	22153
U.交通运输	11	9	6	483
V.航空、航天				
X.环境科学	6	2	10	557
Z.综合性图书	151	120	132	14006
二、不使用《中国标准书号》部分	**132**	**101**	**168**	**2354**

17－31 各市中等专业学校基本情况

（2002年）

地区	学校数(所)	招生数(人)	毕业生数(人)	在校学生数(人)	专任教师数(人)
全省总计	**165**	**115941**	**111333**	**314135**	**15369**
济南市	26	13645	19035	43660	1993
青岛市	9	9367	7976	27421	1576
淄博市	8	9053	6235	20422	938
枣庄市	10	4381	3577	11959	728
东营市	3	2146	2507	5104	430
烟台市	18	17242	11539	41352	1953
潍坊市	16	16396	13579	39892	1929
济宁市	11	7177	8430	22392	1033
泰安市	9	5280	8120	16321	643
威海市	9	3872	3175	9477	542
日照市	3	2017	1975	4841	426
莱芜市		638	504	1357	
临沂市	10	5180	6650	17971	773
德州市	9	6095	5548	13553	882
聊城市	11	6346	4848	17033	780
滨州市	3	2084	2406	7043	150
菏泽市	10	5022	5229	14337	593

17－32 各市普通中学情况

（2002 年）

地　　区	普通高中					普通初中				
	学校数（所）	毕业生数（人）	招生数（人）	在校学生数（人）	专任教师数（人）	学校数（所）	毕业生数（人）	招生数（人）	在校学生数（人）	专任教师数（人）
全省总计	**810**	**344209**	**579567**	**1469438**	**80373**	**3838**	**1711995**	**1436956**	**5422262**	**289291**
济南市	57	20614	32334	83674	4484	231	80161	55801	256077	16527
青岛市	69	26284	43137	102558	6681	279	100925	111425	365070	22573
淄博市	52	18534	29379	68872	4120	192	60921	54932	238161	14589
枣庄市	36	13499	26178	65015	2979	156	74656	68263	214016	11457
东营市	23	7342	12207	31428	1994	96	23421	30261	119845	7009
烟台市	63	25197	36643	92586	6069	327	95837	96243	425655	26114
潍坊市	78	36016	61959	157708	10171	403	181011	112902	490345	32047
济宁市	72	30581	52621	138527	6591	380	193622	152871	580294	23631
泰安市	44	22119	36618	97838	5346	204	105745	76842	297122	16893
威海市	25	12110	15801	43344	2904	99	38316	36133	156297	10053
日照市	27	10757	18392	45081	2599	129	55031	45281	173997	9360
莱芜市	9	5391	7924	21416	1334	65	19990	17203	76317	4929
临沂市	81	35896	64326	159343	8975	351	216067	187568	616651	29847
德州市	32	16955	27963	71385	3610	234	107669	91127	292315	15607
聊城市	48	21015	30477	85391	4167	204	112856	107152	351672	14986
滨州市	22	10059	18310	44038	2453	164	55566	30035	204095	10827
菏泽市	72	31840	65298	161234	5896	324	190201	162917	564333	22842

17－33 各市职业中学、小学情况

（2002 年）

地　　区	职业中学					小　　学				
	学校数（所）	毕业生数（人）	招生数（人）	在校学生数（人）	专任教师数（人）	学校数（所）	毕业生数（人）	招生数（人）	在校学生数（人）	专任教师数（人）
全省总计	**428**	**122759**	**181697**	**425772**	**27994**	**19590**	**1440986**	**1072586**	**6625876**	**383816**
济南市	46	12086	11523	29553	2113	1228	56034	63982	387011	26264
青岛市	65	21782	28848	67085	4201	1122	110540	88660	478634	31030
淄博市	19	5937	7269	20108	1599	731	54604	55119	237828	15620
枣庄市	14	4318	5350	13303	708	961	70026	51585	377701	19107
东营市	6	1635	3426	8029	551	282	30087	21884	107715	7055
烟台市	40	12659	20616	45151	3533	1169	96280	72286	351154	23200
潍坊市	60	16896	27401	68076	3997	2018	111595	108092	598479	36452
济宁市	32	7271	18257	36030	2188	1812	150958	92658	638135	33589
泰安市	16	7207	13010	32478	1393	903	77221	42014	294785	20475
威海市	31	3364	7286	14203	1217	361	36119	28020	140008	9376
日照市	10	2996	3284	7946	650	600	45139	33478	186382	10760
莱芜市	4	1262	1367	3740	264	326	16467	14405	61305	5523
临沂市	28	11957	14855	35655	2292	2449	188763	129254	813406	39145
德州市	16	3627	4293	8612	729	1158	92169	45546	407136	25868
聊城市	15	3480	7063	14287	832	1474	109984	57074	449373	22963
滨州市	9	3286	3810	12030	650	751	28570	40213	255311	15257
菏泽市	17	2996	4039	9486	1077	2245	166430	128316	841513	42132

17－34 各市中小学教职工情况

（2002 年）　　　　单位：人

地　　区	普通中学教职工	#专任教师	小　学教职工	#专任教师	普通中学学校数（所）
全省总计	**461898**	**369664**	**414600**	**383816**	**4648**
济南市	27173	21011	28794	26264	288
青岛市	36357	29254	34066	31030	348
淄博市	23340	18709	16895	15620	244
枣庄市	18270	14436	20421	19107	192
东营市	11968	9003	8007	7055	119
烟台市	38859	32183	25052	23200	390
潍坊市	51061	42218	38874	36452	481
济宁市	38812	30222	36937	33589	452
泰安市	27836	22239	22068	20475	248
威海市	15825	12957	10307	9376	124
日照市	15161	11959	11851	10760	156
莱芜市	7801	6263	6206	5523	74
临沂市	49105	38822	42362	39145	432
德州市	22893	19217	27485	25868	266
聊城市	24430	19153	24721	22963	252
滨州市	16835	13280	16638	15257	186
菏泽市	36172	28738	43916	42132	396

17－35 各市普通中学专任教师学历情况

（2002 年）　　　　单位：人

地　　区	普通高中专任教师	#本科及以上	#专　科	普通初中专任教师	#本科及以上	#专　科
全省总计	**80373**	**60765**	**19311**	**289291**	**60073**	**204301**
济南市	4484	4026	445	16527	5518	9498
青岛市	6681	5342	1300	22573	5651	14665
淄博市	4120	3378	723	14589	3908	9588
枣庄市	2979	2330	642	11457	1997	8722
东营市	1994	1643	348	7009	1940	4745
烟台市	6069	4928	1102	26114	7023	16718
潍坊市	10171	7464	2674	32047	7110	22287
济宁市	6591	5209	1366	23631	3814	18112
泰安市	5346	3842	1495	16893	3637	11564
威海市	2904	2113	776	10053	2182	6492
日照市	2599	1982	606	9360	2338	6434
莱芜市	1334	877	448	4929	694	3365
临沂市	8975	6073	2872	29847	5542	22729
德州市	3610	2797	790	15607	1960	11957
聊城市	4167	2839	1314	14986	2334	11409
滨州市	2453	1972	474	10827	1637	8763
菏泽市	5896	3950	1936	22842	2788	17253

17－36 各市中小学升学、辍学和幼儿园情况

（2002年） 单位：%

地区	学龄儿童入学率	小学		初中辍学率	幼儿园数（所）	入园（班）儿童数（人）	专任教师数（人）
		升学率	辍学率				
全省总计	**99.82**	**99.92**	**0.00**	**1.46**	**16408**	**1420189**	**53900**
济南市	100.00	99.63	0.12	2.38	626	111795	3665
青岛市	99.99	100.80	－0.26	0.95	2235	138631	8230
淄博市	99.75	100.60	－0.04	1.25	1024	116820	4733
枣庄市	99.97	97.48	0.56	2.32	964	64836	1584
东营市	100.00	100.58	－2.50	0.39	822	53305	2399
烟台市	99.78	99.96	－0.49	1.70	2447	132685	6684
潍坊市	100.00	101.17	0.23	1.01	2791	184638	7714
济宁市	99.57	101.27	0.60	0.72	307	86531	2245
泰安市	100.00	99.51	1.78	2.66	726	61742	2352
威海市	99.88	100.90	－0.57	2.11	692	49036	2367
日照市	100.00	100.31	－2.71	1.37	1157	60656	3149
莱芜市	100.00	104.47	－1.43	－0.73	668	39693	1873
临沂市	100.00	99.57	1.41	1.63	740	86510	2632
德州市	99.27	98.87	0.01	1.44	458	51337	1606
聊城市	99.57	98.68	0.55	2.39	179	37709	729
滨州市	99.96	105.13	－0.22	0.30	540	69328	1643
菏泽市	99.79	98.32	－1.83	1.51	32	74937	295

注：小学毕业升学率含升入职业初中的学生。

17－37 各市文化、文物事业基本情况

（2002年）

地　　区	公共图书馆数（个）	公共图书馆藏书量（万册）	艺术表演团体（个）	艺术表演场所（个）	群众艺术馆（个）	文化馆（个）	文化站（个）	文化、文物事业费（万元）	博物馆（个）
全省总计	**140**	**2175.9**	**121**	**104**	**18**	**138**	**1866**	**50898.9**	**70**
济南市	8	624.9	14	11	2	10	145	14684.8	8
青岛市	12	264.6	11	11	1	11	166	6995.8	7
淄博市	9	146.6	3	7	1	8	107	2414.8	7
枣庄市	7	88.5	3	5	1	6	60	1144.9	3
东营市	5	31.3	5		1	5	35	1022.0	2
烟台市	14	214.4	12	8	1	12	140	4487.9	8
潍坊市	11	174.1	10		1	13	193	2636.0	8
济宁市	11	107.2	12	13	1	12	149	3063.1	6
泰安市	7	41.0	3	7	1	6	86	1441.5	2
威海市	4	68.1	4	4	1	4	59	2132.0	4
日照市	4	27.3	1	2	1	3	48	680.0	3
莱芜市	1	13.2	1	1	1		19	305.8	
临沂市	10	121.9	7	5	1	12	181	2585.7	6
德州市	12	75.2	10	8	1	11	104	1450.3	
聊城市	8	44.6	7	11	1	9	125	2762.5	2
滨州市	8	73.2	7	2	1	7	84	1281.9	
菏泽市	9	59.8	11	9	1	9	165	1809.9	4

十八、卫生、体育、民政、司法测绘、标准计量、环保

HEALTHCARE, SPORTS, CIVILADMINISRATION, JUDICATURE, MAPPING, STANDARD MEASUREMENTANDENVIRONMENTPROTECTION

简要说明：

本篇主要反映卫生、体育、民政、司法、环保事业发展情况。

一、卫生事业统计资料由山东省卫生厅规划财务处提供，主要内容为卫生机构、人员、床位数，县及县以上医院诊疗人次数、入院人数、治愈率、死亡率及好转率等基本情况。

二、体育事业统计资料由山东省体育局财务经济处提供，主要包括运动员、教练员、裁判员发展人数，体育锻炼达标人数及各市举办运动会情况。

三、民政事业统计资料由山东省民政厅计划财务处提供，主要包括社会福利事业的机构、人员，社会福利救济、社会保障及婚姻登记情况。

四、司法事业统计资料由山东省司法厅办公室提供，主要包括律师事务所、执业律师、公证处及公证员等基本情况。

五、环保事业统计资料由山东省环境保护局规划与财务处提供，主要包括工业废水、废气、固体废物排放处理情况及污染治理情况。

编辑单位：社科处
编　　委：刘东霞
编　　辑：贾明洁
校　　对：贾明洁
电　　话：6129473

18－1 县及县以上医院工作情况

项　目	单　位	1990 年	1995 年	1998 年	1999 年	2000 年	2001 年	2002 年
机构数	个	751	810	777	868	859	879	1046
诊疗人次数	万人次	8158.6	7765.5	7308.2	8086.8	9537	8027.75	7765.7
#门诊急诊人次数	万人次	7247.3	6798.5	6713.5	7327.4	7552	7293.12	7184.53
#死亡人数	人	6346	5377	6878	7341	7440	8235	8746
观察室收容病人数	万人次	156.8	243	236.4	289.7	278	301.96	187.57
#死亡人数	人	3402	2797	2546	3132	4487	6394	2538
健康检查人数	万人	219.3	164.3	204	212.1	245	253.08	275.43
本年入院人数	人	1982949	2194989	2531831	2800113	2981545	3159592	3404181
本年出院人数	人	1982539	2189609	2555815	2794688	2988362	3146793	3361245
#出院病人数	人	1539579	1833491	2078759	2328020	2498249	2648908	3012656
1.治　愈	人	1154025	1355815	1489703	1647576	1712713	1775251	1964334
2.好　转	人	308214	406909	509314	593121	688236	768136	931684
3.未　愈	人	52962	49352	56319	61669	69941	76438	86325
4.死　亡	人	24378	21415	23423	25654	27359	29083	30313
本年住院病人手术人次数	万人次			63.5	82.1	82	80.37	87.27
年底实有病床数	张	105014	125149	128928	138788	140505	118646	153372
实际开放总床日数	万床日	3736.3	4400.7	4481.7	5036	4889	5136.07	4930.61
平均每日开放病床数	张	102364	120568	122785	137973	133941	140714	135085.12
实际占用总床日数	万床日	3144.2	3191.7	3119.2	3319.7	3440	3532.7	3441.63
出院者占用总床日数	万床日	2999.1	3048.7	2991.9	3181.2	3295	3517.02	3448.48
治愈率	%	75	73.9	71.7	70.8	68.56	67.02	65.2
好转率	%	20	22.2	24.5	25.5	27.55	29	30.93
病死率	%	1.6	1.2	1.1	1.1	1.1	1.1	1.01
病床周转次数	次	19.4	18.2	20.8	20.3	22.31	22.36	24.88
病床工作日	日	307.2	264.7	254	240.6	256.79	251.05	254.78
病床使用率	%	84.2	72.5	69.6	65.9	70.35	68.78	69.8
出院者平均在院日数	日	15.1	13.9	11.7	11.4	11.03	11.18	10.26

18－2 各市卫生事业基本情况

（2002 年）

地区	卫生机构数（个）	#医院	#卫生防疫站数	#妇幼保健站数	床位数（张）	#医院	卫生技术人员（人）	#医生	#注册护士
全省总计	**16568**	**1082**	**211**	**144**	**218857**	**156382**	**312326**	**134815**	**91647**
济南市	1463	153	12	9	21576	18221	31949	13716	10143
青岛市	3059	110	29	9	23077	18233	31824	13501	10139
淄博市	669	63	11	9	14057	10246	18793	8456	5835
枣庄市	545	65	8	7	10114	7396	15454	6600	5127
东营市	686	38	7	7	7599	5525	9943	4026	3031
烟台市	1830	103	17	13	17194	12988	24113	10277	5862
潍坊市	1415	74	16	13	19653	12032	27003	11682	8006
济宁市	1312	103	19	12	17348	12475	25677	10890	7922
泰安市	811	65	11	7	14644	10738	20638	8943	6444
威海市	790	36	6	4	7109	5316	10456	4593	3388
日照市	346	23	5	4	5320	3415	6890	3150	1797
莱芜市	226	22	8	3	3521	2632	5997	2542	1734
临沂市	1029	74	13	12	17788	11854	23187	10103	6707
德州市	693	30	12	9	8999	5828	15076	7138	3384
聊城市	346	44	9	9	10460	6782	14040	5963	3681
滨州市	788	29	16	7	7655	5665	11355	4888	3357
菏泽市	560	50	12	10	12743	7036	19931	8347	5090

注：1. 医院中不包括卫生院。

2. 本表内数字包括诊所、卫生保健所、医务室的机构、人员数。

3. 妇幼保健机构包括妇幼保健院、所、站。

18－3 等级运动员、教练员、裁判员发展人数

单位：人

项目	1990年	1995年	1997年	1998年	1999年	2000年	2001年	2002年
等级运动员	**6186**	**5749**	**10877**	**8067**	**9366**	**6173**	**9277**	**3299**
国际运动健将		3		5	7	4	2	
运动健将		49		63	61	34	45	
一　级	73	132	104	265	196	160	158	90
二　级	264	1080	860	1312	1509	1689	2748	3209
三　级	3120	3371	4416	3879	5284	3301	4729	
少年级	2729	1114	5497	2543	2309	985	1595	
聘任教练员	**210**	**1604**	**1782**	**1865**	**1890**	**1965**	**1985**	**2102**
高级职称	10	277	344	348	315	295	327	392
中级职称	62	504	521	531	521	526	526	781
初级职称	138	823	917	986	1054	1144	1132	929
等级裁判员	**3346**	**3140**	**4535**	**3024**	**3581**	**5284**	**5025**	**1748**
国际级			2	1	1			
国家级		15	45	15	25	37	22	
一　级		345	194	209	283	43	549	126
二　级	1347	894	1829	581	1000	2427	1186	1622
三　级	1999	1886	2465	2218	2272	2777	3268	

18－4 各市举办运动会及《达标》情况

（2002 年）

地区	举办综合运动会次数（次）	举办单项比赛次数（次）	达到《国家体育锻炼标准》的人数（人）
全省总计	**331**	**1756**	**6740204**
济南市	19	186	245781
青岛市	45	159	1298602
淄博市	45	301	134711
枣庄市	3	40	131377
东营市	2	33	148192
烟台市	15	127	233071
潍坊市	73	111	956526
济宁市	21	84	497246
泰安市	28	54	723856
威海市	10	350	70260
日照市	13	27	328028
莱芜市	3	7	80020
临沂市	3	34	306328
德州市	9	99	870790
聊城市	5		
滨州市	9	84	225416
菏泽市	28	60	490000

18－5 民政事业基本情况

项目	单位	1990 年	1995 年	1998 年	1999 年	2000 年	2001 年	2002 年
一、扶贫工作情况								
本年在扶户数	户	472862	280087	198193				
本年脱贫户数	户	279662	165163	111515				
救灾支出	万元	7874	10941	9908	12455	12804	12984.2	17765.2
#生活救济费	万元	6370	7621	9047	9990	11874	11874	17567
二、城镇居民最低生活保障情况								
城镇低保人数	人			126363	102879	164445	425869	570503
城镇保障资金	万元			5687.6	8485.6	11132.5	15587.8	26611.5
三、社会福利事业情况								
单位数	个	4676	4513	3941	3813	3694	3219	3106
床位数	张	80341	102190	104007	110438	112040	113315	116444
收养人数	人	65493	85913	90523	95027	96580	96918	96044
四、社会福利企业情况								
单位数	个	3775	4248	3793	3335	2876	2688	2455
职工数	人	135234	173147	160739	146500	120096	120194	114699
#残疾职工	人	58015	76098	70717	65373	57574	54508	52260
利润额	万元	21507	51610	49320	39175	36689	36946.9	49095

18－6 婚姻登记情况

项目	单位	1990年	1995年	1996年	1998年	1999年	2000年	2001年	2002年
一、国内登记结婚									
申请登记结婚	对	708540	697838	735527					
#准予登记结婚	对	670708	673609	721129	719367	742031	675602	677618	660833
#恢复结婚	对	958	1365	1117	1550	1653	1807	1820	1682
初婚人数	人	1300498	1285091	1371103	1359010	1396156	1266917	1258779	1229971
再婚人数	人	40918	62127	71155	79724	87906	84287	94709	91695
男　性	人	18255	27408	31730	35497	39264	37671	44943	41558
女　性	人	22663	34719	39425	44227	48642	46616	49766	50137
二、涉外登记结婚									
准予登记结婚	对	98	432	596	651	759	755	874	829
准予登记结婚人数	人	196	864	1192	1302	1518	1510	1748	1658
初婚人数	人	135	598	729	865				
再婚人数	人	61	266	463	437				
国内公民	人	97	432	596	651	756	746	874	807
男　性	人	13	21	21	117	32	38	42	67
女　性	人	84	411	575	534	724	708	832	740
港澳同胞	人	37	49	57	39	53	65	53	46
台湾同胞	人	20	231	296	313	372	357	345	329
华　侨	人	19	37	54	57	78	82	74	87
外籍华人	人	4	7	41	32				
外国人	人	19	108	148	210	259	260	402	389
三、离婚登记									
民政部门受理离婚申请	对	20318	18160	18552	22875		19749		
#涉外婚姻	对		9	6	4				
法院受理离婚案件	件	40020	59758	67201	75991	75413	74919	74782	72340
准予登记离婚总数	对	37585	48169	53490	58171	58151	61085	62086	58497
民政部门办理离婚	对	10218	10233	11280	13943	14049	14768	16249	16672
#涉外婚姻	对		8	4	4	5	6	86	23
法院调解离婚	对	21605	28901	30968	29962	28842	29571	28798	26454
法院判决离婚	对	5762	9035	11242	14266	15260	16746	17039	15371

18－7 律师、公证工作基本情况

项　　目	单　位	1990 年	1995 年	1998 年	1999 年	2000 年	2001 年	2002 年
律师工作								
律师事务所	个	164	426	476	504	519	532	546
国资所	个			302	311	286	54	53
合作所	个			73	68	78	236	235
合伙所	个			97	121	150	237	253
个人发起所	个			4	4	5	5	5
执业律师	人	1917	4201	4818	5067	5418	5753	6480
专职律师	人	1318	2523	3674	4434	4847	5298	6005
兼职律师	人	531	1094	869	511	478	455	475
特邀律师	人	68	584	275	122	93		
公证工作								
公证处	个	145	163	163	165	165	164	161
公证员	人	696	809	877	912	907	929	916
公证员助理	人	168	80	79	96	118	135	238
办理各类公证事项	件	980367	714313	1364671	1388132	1233354	590085	568623

18－8 分系统测绘持证单位个数和人员情况

（2002 年）

系统名称	持证单位数（个）	甲级	乙级	丙级	丁级	测绘职工数（人）	具有专业技术职务任职资格人数		
							高级	中级	初级
总计	**415**	**15**	**68**	**111**	**221**	**9250**	**953**	**2844**	**3983**
测绘	6	3	3			591	44	200	250
建设	194	4	11	47	132	2877	207	801	1544
地矿	16	2	8	5	1	838	98	257	238
水电	70	1	14	22	33	1467	163	574	540
交通	18		3	10	5	467	73	169	215
煤炭	17	1	5	7	4	532	65	103	163
冶金	9	1	1	3	4	364	43	159	162
石油	9	1	6	1	1	576	27	66	219
铁道	3		2		1	282	37	108	137
国土	34	1	1	7	25	475	32	142	222
地震	1		1			46	19	23	4
核工业	1		1			29	2	12	11
教育科研	7		1	5	1	126	52	41	16
海洋	2	1	1			131	61	33	31
化工	2		1	1		60	6	38	15
建材	2		1		1	36	3	12	13
其他	23		8	2	13	338	21	103	198

18－9 测绘系统生产产值

（2002 年）

单位:万元

系统名称	大地测量	# GPS 测量	地形测量	# 摄影与遥感测量	工程测量	界限测绘			海洋测绘	地图编制与印刷
						地籍	房产	境界		
总计	2202.3	1237.5	8650.7	1193.6	8167.7	2129.3	2324.5	117.1	1764.8	671
测绘	66.7	40.6	1038.6	767.8	50.0		1.3			426
建设	413.6	266.6	3848.8	5.8	3996.3	574.1	1973.5	10.0		32
地矿	136.1	45.5	573.3	85.0	265.2	90.6	4.1			141
水电	411.2	311.6	639.8	52.2	959.5	13.9	0.3		36.0	6
交通	69.0	35.2	65.1		466.8				157.8	
煤炭	547.8	269.4	651.0	30.9	188.5	36.0	22.6	6.4		3
冶金	144.5	62.5	650.8		295.8	315.7	10.7	10.0		2
石油			65.7		52.4			1.0	550.0	7
铁道	30.0		8.5		93.0					
国土	182.3	86.6	875.9	222.0	276.8	1056.0	311.0	39.7		1
地震	62.2	46.0			120.0					
核工业	10.5		6.3		8.4					
教育科研	39.0	12.0	176.0	30.0	80.0					
海洋	51.9	30.0	10.0		50.4			50.0	761.0	
化工	27.5	21.5	20.9		1204.6	13.0			260.0	12
建材	10.0	10.0	20.0		60.0	30.0	1.0			
其他										41

18－10 各市测绘持证单位生产情况

（2002 年）

地区	大地测量			地形图测绘			
	三角测量（点）	导线测量（公里）	水准测量（公里）	1:2 千及以上比例尺		1:5 千—1:1 万比例尺	
				（幅）	（平方公里）	（幅）	（平方公里）
全省总计	**6523**	**8015.4**	**17136.2**	**25582**	**4195.98**	**416**	**2210.1**
济南市	3455	3920.4	9060	9055	1884.01	232	1005.2
青岛市	362	721.9	1102.4	4848	434.91	69	623.8
淄博市	205	386.3	92.6	2200	328.17		
枣庄市	121	405.9	337.3	382	89.2	32	14.2
东营市	73	134	304	102	90.5	10	260
烟台市	32	189.7	243	926	102.17	1	4.2
潍坊市	197	374.4	361.3	1371	177.79	12	77.6
济宁市	290	320	480	960	205		
泰安市	811	262	454.2	633	179.74	31	65.1
威海市	79	86.2	76.2	298	30.7	2	18
日照市	86	57.8	62	417	57.04		
莱芜市	111	243.8	89.8	154	27.37	2	7.7
临沂市	329	501.4	536.4	2594	354.73	17	96
德州市	142	133.6	892	101	41.21	7	38.3
聊城市	54		2520	971	108.04		
滨州市	50	253	273	259	44.3		
菏泽市	126	25	252	310	41.1		

18－10 续表

（2002 年）

地区	专题制图（含图集）		地形图数字化		测绘总产值
	（册）	（幅）	（幅）	（兆）	（万元）
全省总计	1063	6021	6679	12025	25021
济南市	10	2268	4754	8675	2380
青岛市	1	137	1058	1262	4766
淄博市		36	34	68	1326
枣庄市	5	83			545
东营市	1000	30			2177
烟台市			13	274	561
潍坊市		141	331	748	1465
济宁市		22			577
泰安市		31	105	157	1810
威海市			1	8	782
日照市			225	264	465
莱芜市		1	2	3	395
临沂市	47	2706	50	73	962
德州市		59			691
聊城市		489			362
滨州市			8	200	313
菏泽市			98	294	363

18－11 标准化工作情况

（2002年）

地区	采用国际标准（项）	企业产品标准备案（个）	标准宣贯			地方标准制修订（项）
			宣贯标准（个）	培训期次（期）	参加人次（人）	
全省总计	**460**	**5095**	**399**	**322**	**20520**	**41**
济南市	31	741	17	16	935	
青岛市	139	656	28	27	1660	
淄博市	40	257	69	19	991	
枣庄市	7	122	1	1	100	
东营市	15	341	8	11	411	
烟台市	45	678	33	23	937	
潍坊市	36	236	47	74	4837	
济宁市	3	156	32	16	1625	
泰安市	19	231	15	10	658	
威海市	11	313	13	18	1225	
日照市	15	89	17	9	411	
莱芜市	3	56	6	8	211	
临沂市	26	333	21	13	1185	
德州市	18	210	24	29	2136	
聊城市	3	210	10	6	670	
滨州市	47	253	28	29	1559	
菏泽市	2	213	30	13	969	

18－12 产品质量监督情况

（2002 年）

类　　别	监督检验企业数（个）	不合格企业数（个）	不合格企业比例（%）	检验批次（批次）	合格批次（批次）	批次合格率（%）
总　　计	**34540**	**4094**	**11.8**	**33972**	**29983**	**88.2**
一、农用产品						
#拖拉机	20	7	35	20	13	65.0
农用化肥	147	24	16	170	145	85.0
化学农药	98	11	11	181	166	92.0
饲　料	606	87	14	755	659	87.0
二、加工食品和饮料						
#食用盐	58	6	10	58	52	90.0
白　酒	932	149	16	1422	1251	88.0
啤　酒	75	11	15	86	75	87.0
食用植物油	2899	168	6	2933	2764	94.0
糕点、糖果	2444	303	12	2861	2509	88.0
三、家用电器						
#冰箱、冰柜	33	2	6	33	31	94.0
厨房电器具	83	4	5	94	90	96.0
电热器具	39	5	13	40	35	88.0
四、轻工产品						
#纸制品	679	53				
家　具	362	19				
眼镜(架、片)	490	75				
玻璃制品	30	1				
合成洗涤剂	40	4				
橡胶、塑料制品	749	61				
五、纺织、鞋类商品						
#布(印染、色织、坯布)	285	11	4	370	358	97.0
针织品	140	5	4	176	170	97.0
鞋	202	16	8	220	204	93.0
六、化工产品						
#涂料、油漆	330	27	8	548	430	94.0
七、建材商品						
#水　泥	426	27	6	468	441	94.0
砖、瓦	3586	475	13	3618	3141	87.0
建筑卫生陶瓷	6			10	10	100.0
装饰材料	211	2	1	244	242	99.0
八、机电产品						
#阀类、泵	198	28	14	219	190	87.0
低压电器及元件	244	4	2	292	288	99.0
电动机、柴油机	55	6	11	57	51	89.0
九、冶金商品、金属制品						
#线　材	33			33	33	100.0
型　材	44	3	7	46	43	93.0
十、能源产品						
#原　煤	385	41	11	446	405	91.0
汽　油	26	1	4	27	26	96.0

18-13 商品质量监督情况

（2002年）

类别	检查商业企业数（个）	检查商品批次（批次）	合格批次（批次）	批次合格率（%）	查出伪劣商品批次（批次）	不合格商品价值（万元）	#伪劣商品价值
总计	**30042**	**57297**	**46950**	**81.9**	**2309**	**2404.48**	**426.85**
一、农用产品							
#拖拉机	5	3	3	100.0		1.4	
农机配件	504	2094	1853	88.5	38	19.8	6.2
农用化肥	3084	5175	3444	66.6	257	688.0	54.2
化学农药	216	592	524	88.5	15	7.5	5.0
饲料	44	78	71	91.3	5	1.5	0.4
农用薄膜	112	170	129	76.0	36	6.8	1.0
二、加工食品和饮料							
#白酒	2686	5685	4774	84.0	257	96.7	22.0
食用植物油	572	850	741	87.2	38	22.2	6.5
罐头	109	187	167	89.1	20	5.9	1.5
非酒精液体饮料	211	377	313	82.9	33	10.8	4.1
三、家用电器							
#电视机、录像机	5	7	7	100.0			
电风扇	3	3	3	100.0	12	80.0	60.0
电话机	42	75	61	81.8		2.8	
电热器具	99	167	136	81.6	8	5.4	4.6
四、轻工产品							
#纸制品	229	394	221	56.0	23	25.2	4.4
家具	424	673	500	74.2	5	3.1	1.4
合成洗涤剂	75	88	78	88.5	9	14.9	1.5
五、纺织、鞋类商品							
#布（印染、色织、坯布）	96	139	99	70.7	33	8.4	3.7
服装	346	1013	887	87.6	42	11.4	3.6
鞋	244	578	537	92.9	15	8.7	1.8
六、化工产品							
#涂料、油漆	172	170	150	88.0	9	13.5	1.8
七、建材产品							
#水泥	127	187	143	76.4	6	14.6	8.3
平板玻璃	16	20	20	100.0	8	2.1	1.5
八、机电产品							
#轴承	107	364	313	86.0	5	4.8	2.0
电线、电缆	312	908	731	80.0	26	18.1	13.7
低压电器及元件	57	520	483	92.8	2	2.3	
九、冶金产品及金属制品							
#线材	273	592	541	91.0	15	23.6	2.3
型材	257	1030	938	91.1	5	77.48	21
十、能源产品							
#原煤	120	167	99	59.2	8	7.79	1.47
汽油、柴油	1552	2910	2315	79.6	159	278.09	87.54

18－14 各市环境统计主要污染物指标

（2002 年）

地区	废水排放量（万吨）	工业	生活	化学需氧量排放量（吨）	工业	生活	氨氮排放量（吨）	工业	生活
全省总计	**230709**	**106668**	**124041**	**859371**	**416590**	**442781**	**83668**	**30628**	**53040**
济南市	19588	5388	14200	52744	8368	44376	6022	188	5834
青岛市	23291	9292	13999	57296	10473	46822	7312	671	6642
淄博市	18739	10054	8685	55995	22051	33944	9207	4900	4307
枣庄市	13560	8112	5448	38873	19824	19049	6542	6146	396
东营市	9937	6934	3003	35109	22920	12189	4183	2526	1658
烟台市	18702	7335	11367	60075	14310	45765	4668	247	4421
潍坊市	19606	10647	8959	58342	34998	23345	5060	1530	3530
济宁市	19551	10712	8839	54690	17735	36955	7719	3583	4136
泰安市	13182	4740	8442	39899	11840	28059	4207	594	3613
威海市	6063	2266	3797	16833	3528	13305	1899	105	1794
日照市	8028	4677	3351	20299	11197	9102	1547	81	1466
莱芜市	4745	1813	2932	11757	4379	7378	946	174	772
临沂市	15229	5124	10105	41558	6747	34811	5077	401	4676
德州市	15538	8610	6928	54898	30398	24500	5972	3033	2939
聊城市	8947	4335	4612	44590	28029	16560	5000	3533	1467
滨州市	6682	2482	4200	29237	11398	17839	3241	1210	2031
菏泽市	9319	4146	5173	41300	12517	28783	5065	1707	3358

18－14 续表

（2002 年）

地区	二氧化硫排放量（吨）	工业	生活	烟尘排放量（吨）	工业	生活	工业粉尘排放量（吨）
全省总计	**1689507**	**1393864**	**295643**	**619142**	**502202**	**116940**	**603479**
济南市	80781	58192	22589	29328	18579	10749	29692
青岛市	126291	90994	35297	36958	24685	12273	5501
淄博市	236137	205970	30167	75039	66977	8062	37863
枣庄市	86102	67009	19093	20964	13944	7020	132092
东营市	69258	63502	5756	10810	7768	3042	268
烟台市	90848	82680	8168	17372	15356	2016	70278
潍坊市	146353	109259	37094	50318	39082	11236	50974
济宁市	123721	105204	18517	36646	26708	9938	19823
泰安市	100680	86210	14470	40479	31813	8666	9808
威海市	48280	41438	6842	7987	5568	2419	2911
日照市	46629	37157	9472	10496	7926	2570	2250
莱芜市	67686	57202	10484	27204	24846	2358	17301
临沂市	52135	35204	16931	31222	20112	11110	28489
德州市	93189	82889	10300	33628	22298	11330	8527
聊城市	54797	43139	11658	29855	18727	11128	2893
滨州市	54918	44042	10876	19832	15201	4631	544
菏泽市	61268	33339	27929	23976	17016	6960	3184

18－15 各市工业污染治理项目建设情况

（2002 年）

地　　区	本年施工项目总数（个）	施工项目本年完成投资额（万元）	废水治理项目	废气治理项目	固体废物治理项目	噪声治理项目	污染搬迁治理项目	其他治理项目	本年竣工项目数（个）
全省总计	**1118**	**334979.7**	**157118.1**	**93607.6**	**48839**	**1011.8**	**14526**	**19872.2**	**1024**
济南市	71	34913.5	8926.8	23589.2		10		2387.5	66
青岛市	75	6480.8	4186.7	2007.6	110	176.5			74
淄博市	216	35159.1	14347.4	17324.7	327.8	9.8	1150	1999.4	202
枣庄市	69	10188.2	7953.4	2068.8	160	6			49
东营市	41	9935.4	8638.9	665.3	200	170.4		260.8	40
烟台市	134	38599.6	13668.9	15109.7	6255	306	2700	560	134
潍坊市	166	63628.1	25476.6	12510.1	2819	52.6	10140	12629.8	148
济宁市	75	26558.3	16391.5	9019.3	500	127.5		520	57
泰安市	46	41862	2803	3887.8	35116.2	50		5	40
威海市	46	11325	7543	3065	202	10	500		41
日照市	1	200	200						1
莱芜市	19	2148.6	1499.1	269.5	350	30			18
临沂市	32	6905.5	5379	882.5	644				30
德州市	32	18917	16895	819	955			248	32
聊城市	46	13054.2	9452.4	1904.1	400		36	1261.7	46
滨州市	31	11237.9	10039.9	398	800				31
菏泽市	18	3866.5	3716.5	87		63			15

18－16 各市工业废水污染物排放及处理情况

（2002 年）

地　　区	工业废水排放量（万吨）	工业废水排放达标量（万吨）	废水治理设施数（套）	废水治理设施运行费用（万元）	化学需氧量去除量（吨）	氨氮去除量（吨）	化学需氧量排放量（吨）	氨氮排放量（吨）
全省总计	**106668.4**	**102801.3**	**4038**	**208002.1**	**1630851.2**	**35928.4**	**416589.6**	**30628.2**
济南市	5388.5	5038.2	221	10016.5	20721.1	4252.2	8367.7	187.9
青岛市	9292.4	9285.5	437	13676.6	72785.1	207.0	10473.4	670.5
淄博市	10054.2	9987.1	593	39615.2	144336.5	429.5	22051.3	4900.0
枣庄市	8111.7	6675.1	151	6116.7	38607.1	139.9	19824.0	6145.9
东营市	6933.5	6769.5	246	20313.5	76424.6	523.3	22919.7	2525.5
烟台市	7335.2	7333.4	442	12441.1	106998.0	632.5	14310.0	247.2
潍坊市	10646.9	10360.1	384	27544.8	216471.0	4014.6	34997.7	1530.4
济宁市	10712.4	10491.2	284	26541.9	100955.9	12253.3	17735.2	3583.3
泰安市	4740.3	4620.9	217	6409.2	16503.7	1167.2	11840.4	593.7
威海市	2266.0	2266.0	203	6250.5	11843.7	155.1	3528.3	105.3
日照市	4676.8	4676.8	82	5139.1	124851.0	162.8	11197.1	80.8
莱芜市	1813.1	1786.6	97	4509.9	21073.2	71.6	4379.0	174.0
临沂市	5124.0	4943.0	216	7845.9	127993.2	1653.2	6747.0	400.8
德州市	8610.0	8610.0	151	6517.8	240056.0	7920.0	30398.0	3032.5
聊城市	4334.8	4334.8	108	6080.4	168695.8	1288.0	28029.3	3533.2
滨州市	2482.2	2141.5	124	3975.2	53217.6	225.9	11397.7	1209.8
菏泽市	4146.3	3481.5	82	5007.8	89317.8	832.4	12517.1	1707.4

18－17 各市工业废气污染物排放及处理情况

（2002 年）

地　　　　区	废　气排放量（亿标立方米）	废气治理设施数（套）	废气治理设施运行费用（万元）	二氧化硫去除量（吨）	二氧化硫排放量（吨）	烟　尘去除量（吨）	烟尘排放　量（吨）	粉　尘去除量（吨）	粉　尘排放量（吨）
全省总计	**14305.6**	**10121**	**108271.1**	**417112.8**	**1393864.3**	**10536657.0**	**502201.7**	**4948255.9**	**603479.5**
济南市	1371.0	758	14215.1	19827.9	58191.8	924245.7	18578.7	592166.7	29692.2
青岛市	1062.4	954	14789.5	19834.1	90994.0	1197223.2	24684.8	203824.0	5501.4
淄博市	2197.6	1349	18833.4	58631.9	205969.8	864128.4	66976.9	966085.7	37862.7
枣庄市	1295.0	886	5722.7	28402.3	67008.9	215436.9	13944.0	1341903.5	132091.6
东营市	327.6	201	2842.6	19908.8	63502.5	368010.6	7768.1	1454.6	268.2
烟台市	1017.9	985	5393.8	105932.9	82679.8	253704.5	15355.7	109047.1	70277.6
潍坊市	994.0	945	7166.0	35880.2	109258.6	776058.4	39082.5	153032.4	50974.1
济宁市	1335.4	745	8624.2	7752.7	105204.1	1605243.5	26708.1	297809.5	19822.8
泰安市	853.0	808	4428.8	42252.8	86209.8	829924.0	31813.4	102112.1	9807.8
威海市	373.3	300	2550.5	22916.8	41438.1	158542.9	5568.3	11040.1	2911.1
日照市	473.4	135	3152.6	3429.5	37156.9	361381.4	7925.7	311712.7	2250.0
莱芜市	685.1	280	6954.1	8340.6	57201.8	892974.2	24845.9	195757.9	17300.9
临沂市	557.0	828	6075.7	11987.7	35204.0	373935.9	20112.5	497224.0	28489.3
德州市	744.0	437	1876.5	3678.1	82889.3	906471.2	22298.2	143235.4	8526.8
聊城市	399.0	102	2987.3	10307.9	43138.6	420992.1	18726.6	2931.8	2892.6
滨州市	350.4	247	1755.0	16669.9	44042.2	93372.7	15201.3	11758.0	543.9
菏泽市	269.6	161	903.3	1358.7	33339.4	295011.5	17015.9	7160.4	3184.2

18－18 各市工业固体废物排放及处理利用情况

（2002年）

地　　区	固体废物产生量（万吨）	固体废物综合利用量（万吨）	#综合利用往年贮存量	固体废物贮存量（万吨）	固体废物处置量（万吨）	#处置往年贮存量	固体废物排放量（万吨）
全省总计	**6558.5**	**5704.4**	**220.5**	**702.3**	**543.1**	**171.7**	**0.9**
济南市	485.6	450.7	0.3	33.3	2.0	0.2	0.1
青岛市	410.7	401.6	2.0	10.0	0.7	0.1	0.5
淄博市	545.5	398.2	15.5	41.0	121.5		0.3
枣庄市	456.3	368.5	3.1	90.0	0.8		
东营市	102.4	80.0		21.5	1.5	0.6	
烟台市	987.7	779.3	0.2	27.9	180.6		
潍坊市	329.8	296.9		29.7	3.1		
济宁市	1076.0	1117.7	140.6	87.0	179.9	168.1	
泰安市	590.3	541.0	47.1	96.1	0.3		
威海市	130.8	101.7		20.4	11.5	2.7	
日照市	138.0	100.4			37.6		
莱芜市	515.8	347.3	8.8	176.2	1.0		
临沂市	247.6	219.0	3.0	30.5	1.0		
德州市	160.1	120.0		38.7	1.4		
聊城市	131.0	131.0					
滨州市	186.7	186.7					
菏泽市	64.3	64.3					

18－19 工业废水污染物排放及处理情况

（2002年）

行业名称	工业废水排放量（万吨）	工业废水排放达标量（万吨）	废水治理设施数（套）	废水治理设施运行费用（万元）	化学需氧量去除量（吨）	氨氮去除量（吨）	化学需氧量排放量（吨）	氨氮排放量（吨）
总计	**100430.0**	**97227.9**	**4038**	**208002.1**	**1630851.2**	**35928.4**	**394902.3**	**29157.4**
煤炭采选业	6631.4	6606.1	139	4952.7	7407.8	1.9	8344.9	11.7
石油和天然气开采业	2934.5	2822.6	99	18613.6	14025.5	228.2	12201.1	1086.0
黑色金属矿采选业	241.6	241.6	22	1356.2	1960.0		160.5	
有色金属矿采选业	986.4	985.0	83	5986.4	892.0		785.3	
非金属矿采选业	284.1	284.1	38	425.5	576.5		418.6	
其他矿采选业	10.3	10.3	1	100.0	75.0	1.5	20.8	0.3
木材及竹材采运业	14.7	14.7	3	32.1	68.5		24.4	0.5
食品加工业	3672.4	3509.3	242	4592.0	72463.0	368.0	11439.4	1175.0
食品制造业	3497.7	3219.4	150	6648.9	106847.6	6926.4	35270.3	2616.1
饮料制造业	4331.7	4145.6	168	5331.3	177223.9	420.8	14218.4	547.5
烟草加工业	120.7	120.7	6	34.0	55.5		181.6	28.5
纺织业	6113.2	5855.5	333	8050.6	27899.5	120.7	18952.1	414.7
服装及其他纤维制品制造业	220.2	220.1	19	283.1	852.9		532.7	0.4
皮革、毛皮、羽绒及其制品业	643.1	616.1	72	1429.0	14733.7	123.4	4527.6	200.1
木材加工及竹、藤、棕、草制品业	240.7	240.7	18	132.4	404.3	5.5	679.6	8.4
家具制造业	20.5	20.5	1	2.0	10.3		36.3	0.8
造纸及纸制品业	32665.6	31990.0	457	54445.0	1013373.0	106.9	202862.4	2917.2
印刷业、记录媒介的复制	44.6	43.6	3	17.0	3.5		76.2	0.2
文教体育用品制造业	15.0	15.0	5	226.5	4.0		31.5	0.1
石油加工及炼焦业	4040.9	3974.1	111	20106.6	25643.5	1164.4	10117.6	2768.3
化学原料及化学制品制造业	11939.0	11075.7	710	37901.2	83610.1	20644.3	31806.9	15618.3
医药制造业	2416.8	2401.3	75	6856.6	26828.9	471.5	8654.8	1077.7
化学纤维制造业	2256.3	2206.1	30	4287.3	26511.8	3109.9	7924.4	1.4
橡胶制品业	551.3	549.3	47	1847.7	5043.0		1236.9	20.2
塑料制品业	110.9	110.9	11	147.1	178.9		182.6	0.4
非金属矿物制品业	2295.6	2243.2	344	1882.3	2258.0		3736.0	22.8
#水泥制造业	1552.1	1508.2	61	427.1	787.4		2428.9	14.4
黑色金属冶炼及压延加工业	2324.0	2095.1	133	7338.7	2503.0	2078.4	3492.9	157.5
有色金属冶炼及压延加工业	186.8	186.8	32	932.3	210.7	2.5	869.3	0.1
金属制品业	252.6	251.5	149	1064.7	228.0		304.7	4.3
普通机械制造业	806.9	643.6	59	381.1	807.3		3078.6	174.5
专用设备制造业	737.4	737.2	29	475.0	4484.7		2331.7	6.2
交通运输设备制造业	681.2	680.8	45	771.5	1519.9	2.7	1031.3	47.9
武器弹药制造业	23.2	23.2	5	20.0	26.0		8.6	
电气机械及器材制造业	385.1	385.1	38	1050.2	590.4		729.8	1.4
电子及通信设备制造业	114.6	112.3	20	238.2	369.2		253.7	2.2
仪器仪表及文化、办公用机械制造业	47.1	47.1	8	147.2	12.2		78.7	1.2
其他制造业	103.2	98.5	40	159.9	192.6	8.2	382.7	11.9
电力、蒸汽、热水的生产和供应业	7749.2	7725.8	197	8152.0	7510.5	0.4	6470.2	175.5
#火力发电业	6903.7	6880.3	153	7332.8	1987.4		5341.8	116.3
煤气生产和供应业	111.2	111.2	5	499.5	661.8	161.3	262.3	73.6
自来水的生产和供应业	2.6	2.6					0.4	
其他门类行业	760.3	760.3	95	1360.7	2982.2	4.1	1184.4	4.5

18－20 工业废气污染物排放及处理情况

（2002 年）

行业名称	废气排放量（亿标立方米）	废气治理设施数（套）	废气治理设施运行费用（万元）	二氧化硫去除量（吨）	二氧化硫排放量（吨）	烟尘去除量（吨）	烟尘排放量（吨）	粉尘去除量（吨）	粉尘排放量（吨）
总计	**14305.6**	**10121**	**108271.1**	**417112.8**	**1322652.1**	**10536657.0**	**474619.5**	**4948255.9**	**577323.3**
煤炭采选业	120.2	448	1330.1	18844.8	9652.0	150523.4	4483.6	8707.1	3763.0
石油和天然气开采业	161.0	71	231.2		7660.9	30.0	5876.8	0.3	
黑色金属矿采选业	2.8	33	30.2	72.5	404.6	2309.0	2985.0		
有色金属矿采选业	410.4	188	4337.4	6011.3	17310.1	141312.3	8741.3	484713.8	6107.6
非金属矿采选业	12.6	49	205.3	306.9	1671.1	5587.4	634.7		6126.8
其他矿采选业	1.2	5	93.0	335.0	109.6	290.9	110.2	3.8	1.1
木材及竹材采运业	10.1	5	8.8	343.0	592.9	1412.8	302.3		
食品加工业	64.7	381	859.6	2962.2	9264.5	26546.3	3439.2	690.3	195.2
食品制造业	73.7	245	1465.4	7147.9	9136.2	31819.6	5310.5		
饮料制造业	80.0	234	1040.1	4602.5	11610.8	48025.3	5801.1		
烟草加工业	3.1	21	45.6	139.0	591.2	1191.2	344.3		
纺织业	147.1	572	1172.2	5091.0	23513.8	86775.0	9063.4	502.6	116.0
服装及其他纤维制品制造业	5.8	71	179.3	470.8	1305.1	3210.3	385.0		
皮革、毛皮、羽绒及其制品业	8.1	52	111.4	284.7	954.1	15582.8	262.6		
木材加工及竹、藤、棕、草制品业	10.3	35	92.4	1345.7	1393.1	4023.2	583.9	2297.1	858.4
家具制造业	8.2	13	22.4	0.8	292.4	189.1	34.6	2890.0	743.1
造纸及纸制品业	392.5	441	2410.1	27101.8	56339.1	232289.9	19921.9		1186.3
印刷业、记录媒介的复制	1.5	28	26.8	9.4	216.9	760.0	79.7		
文教体育用品制造业	29.8	14	561.5	9011.3	7855.5	4874.1	4146.0	9585.0	571.1
石油加工及炼焦业	540.1	92	6145.0	18742.3	71974.6	34146.3	20483.8	1113.2	5417.5
化学原料及化学制品制造业	1030.1	932	12286.6	61350.5	65182.7	379533.5	27415.9	27783.1	4005.2
医药制造业	29.0	138	702.9	4211.7	4006.8	12710.3	1645.2		
化学纤维制造业	246.8	51	334.7	2743.1	7335.2	31324.3	2614.5		
橡胶制品业	55.7	186	1077.6	3423.5	7066.5	35927.8	2125.5	174.9	29.6
塑料制品业	3.3	28	37.3	16.7	947.9	1796.8	117.2		
非金属矿物制品业	3735.9	3404	20090.8	21708.9	119333.5	101814.4	95183.3	3802299.7	506151.5
#水泥制造业	3177.3	2656	17595.5	17692.7	52906.4	43234.1	5609.5	3783107.7	484889.2
黑色金属冶炼及压延加工业	1231.6	529	21622.6	2165.2	30092.0	190525.4	8910.5	561847.3	31335.3
有色金属冶炼及压延加工业	44.0	41	1213.4	6519.8	3898.6	6536.4	995.5	2527.8	3040.6
金属制品业	27.6	113	354.2	278.6	2143.8	6145.3	1537.0	1946.1	698.2
普通机械制造业	43.6	342	705.9	1227.1	5272.4	9190.8	4786.3	1171.7	3206.0
专用设备制造业	10.7	159	275.0	604.7	1665.7	3575.6	984.3	548.6	81.9
交通运输设备制造业	29.7	155	752.6	822.8	3593.8	8255.2	2320.7	269.4	27.3
武器弹药制造业	1.2	5	3.3	7.1	16.7	892.9	208.0		
电气机械及器材制造业	28.4	106	297.9	400.2	626.4	2615.8	290.7	4.3	0.4
电子及通信设备制造业	6.4	14	46.4	56.2	147.4	862.7	55.8		
仪器仪表及文化、办公用机械制造业	15.8	16	13.0	38.8	206.4	228.0	83.5	38.8	4.1
其他制造业	5.2	60	108.0	129.2	576.3	2224.1	247.9		104.9
电力、蒸汽、热水的生产和供应业	5541.9	635	25452.2	127891.7	829858.6	8943994.5	230587.3	1293.5	274.3
#火力发电业	4555.9	397	22138.3	112982.9	659587.2	8031819.9	179081.3	1248.0	274.3
煤气生产和供应业	45.4	50	540.0	1154.1	1129.8	1584.9	279.2	37158.3	3133.2
自来水的生产和供应业	7.1	1	1.0		66.1	63.1	37.5		
其他门类行业	88.8	161	1994.1	80529.0	7636.8	7903.1	1204.0	689.3	144.4

18－21 工业固体废物排放及处理利用情况

（2002 年）

行业名称	固体废物产生量（万吨）	固体废物综合利用量（万吨）	#综合利用往年贮存量	固体废物贮存量（万吨）	固体废物处置量（万吨）	#处置往年贮存量	固体废物排放量（万吨）
总　计	**6380.3**	**5567.0**	**220.5**	**675.0**	**529.6**	**171.7**	**0.9**
煤炭采选业	1613.4	1609.3	197.8	201.4	0.8	0.3	
石油和天然气开采业	28.0	16.3		11.0	1.3	0.6	
黑色金属矿采选业	238.8	154.1		51.0	33.7		
有色金属矿采选业	887.2	574.9		74.0	241.0	2.7	
非金属矿采选业	33.1	31.0		1.0	1.1		
其他矿采选业	0.4	0.4					
木材及竹材采运业	6.2	6.2					
食品加工业	22.5	22.0			0.4		
食品制造业	31.4	31.4					
饮料制造业	83.6	83.6					
烟草加工业	0.7	0.7					
纺织业	40.7	40.7					
服装及其他纤维制品制造业	1.8	1.7			0.1		
皮革、毛皮、羽绒及其制品业	3.6	2.9			0.7		
木材加工及竹、藤、棕、草制品业	13.4	13.4					
家具制造业	0.6	0.6					
造纸及纸制品业	111.4	105.5		0.1	5.8		
印刷业、记录媒介的复制	0.4	0.4					
文教体育用品制造业	127.8	127.8					
石油加工及炼焦业	83.2	37.6		2.0	43.6		
化学原料及化学制品制造业	520.1	493.0	7.1	31.1	3.0		0.1
医药制造业	10.2	9.8			0.2		0.2
化学纤维制造业	20.1	19.2		0.1	0.9	0.1	
橡胶制品业	12.9	12.9					
塑料制品业	0.8	0.8					
非金属矿物制品业	123.9	123.9	1.0	0.1	0.8		0.2
#水泥制造业	60.2	61.2	1.0				
黑色金属冶炼及压延加工业	627.4	543.5		84.0	0.2	0.2	
有色金属冶炼及压延加工业	88.5	85.4			3.1		
金属制品业	4.9	5.1	0.7		0.4		
普通机械制造业	18.9	18.2	0.2		0.6		0.3
专用设备制造业	5.2	4.9	1.0	1.1	0.2		0.1
交通运输设备制造业	14.5	14.3			0.2		
武器弹药制造业	0.3	0.3					
电气机械及器材制造业	2.0	1.9					
电子及通信设备制造业	0.6	0.6					
仪器仪表及文化、办公用机械制造业	0.3	0.2			0.1		0.1
其他制造业	1.0	1.0					
电力、蒸汽、热水的生产和供应业	1584.9	1356.2	12.7	218.0	191.2	167.8	
#火力发电业	1309.3	1121.4	12.7	177.2	191.2	167.8	
煤气生产和供应业	1.0	1.0					
自来水的生产和供应业							
其他门类行业	16.2	15.7		0.2	0.2		

十九、企业基本情况

BASIC STATISTICS OF ENTERPRISES

简要说明：

一、"19－1 大中型工业企业基本情况"反映了产品销售收入 1 亿元以上的大中型工业企业的基本情况，由省统计局工交处提供，编委谭杰，编辑刘晶。

二、"19－2 建筑业一级资质企业基本情况"介绍了资质一级建筑企业的生产经营情况，由省统计局投资处提供，编委王光锋，编辑潘光臣。

三、"19－3 规模以上批发贸易企业基本情况"和"19－4 规模以上零售贸易企业基本情况"分别反映了规模以上批发贸易企业和零售贸易企业的基本情况，由省统计局贸易处提供，编委王强，编辑王安孜。

四、"19－5 企业集团基本情况"是根据企业集团统计报表制度的要求整理，由省企业调查队企业监测处提供，编委仝义贵，编辑王建敏。

企业集团统计报表由集团母公司统一编制并负责报送。企业集团统计范围包括企业集团的母公司、在中国境内和境外的全资子公司、绝对控股子公司和相对控股子公司。不包括参股企业、协作企业和子公司下属的二级公司。

19－1 大中型工业企业基本情况

（2002年）

法人单位名称	工业增加值（万元）	产品销售收入（万元）	产品销售税金及附加（万元）	全部从业人员年平均人数（人）	流动资产小计（万元）	固定资产原价（万元）
中国石化胜利油田有限公司	2567600	3453914	84137	75800	428382	11090240
海尔集团公司	617602	3026823	6686	18131	946769	424159
中国石油化工股份有限公司齐鲁分公司	353917	1485672	56708		290166	1268202
海信集团有限公司	193225	1484279	1395	7828	361959	201541
兖矿集团有限公司	573191	1205898	12110	101238	894887	1989852
中国第一汽车集团青岛汽车厂	153570	1032291	2801	3818	237486	68726
济南钢铁厂	462067	818810	8580	16829	635884	685649
中国重型汽车集团公司	214335	747354	1736	15087	434463	370877
莱芜钢铁股份有限公司	201583	720618	4887	29381	421402	920404
中国石化齐鲁股份有限公司	237584	714928	3080	22146	99574	1395703
山东时风(集团)有限责任公司	185588	678195	1418	25652	105136	95528
青岛钢铁控股集团有限责任公司	88117	616664	1571	12760	287915	245606
山东金锣企业集团总公司	141758	556018	1054	15028	107420	79909
山东滨化集团有限责任公司	58974	538336	7227	2569	72129	74147
南山集团	150447	503003	1723	24036	143739	610227
青岛澳柯玛集团总公司	104099	491668	1034	5731	382513	50727
山东魏桥纺织集团有限责任公司	173275	489757	690	23852	191441	331300
新汶矿业集团有限责任公司	238047	477177	4588	85864	394134	447715
山东晨鸣纸业集团股份有限公司	147194	454645	1556	13858	401377	483186
诸城市大龙实业有限公司	86579	426027	380	6083	222265	210425
浪潮电子信息产业有限公司	181140	408468	1136	2522	128564	37621
双星集团有限责任公司	98300	341156	5734	13579	199433	93521
枣庄市矿业集团有限责任公司	138778	331733	4795	63496	251820	621454
北汽福田公司诸城汽车厂	54084	321127	719	3891	50293	20437
青岛石油化工厂	27523	316430	20682	1782	81907	111755
山东丛林集团公司	76851	314150		4076	143509	209542
青岛广源发集团公司	129192	310127	2420	2891	107878	53324
山东新华医药集团有限责任公司	77472	307069	636	8902	166129	156417
宏安集团有限公司	89664	295540	136	921	36357	43313
颐中烟草(集团)有限公司	184264	291476	114080	2888	234384	168840
将军烟草集团有限公司济南卷烟厂	124933	275114	104586	1528	296015	187213
淄博矿业集团有限责任公司(淄博矿务局)	160606	274013	3126	33485	207863	412933
潍坊柴油机厂	67711	271347	1484	8047	120234	114092
中国石化集团齐鲁石油化工公司	79692	269816	3298	20800	237578	636452
山东华盛集团总公司	59572	269338	389	16300	100318	102503
万杰集团公司	95881	266018	549	4850	98866	309196
华泰集团有限公司	68562	236310	673	4350	146183	194790
山东太阳纸业股份有限公司	73106	230341	312	5691	76467	134530
三角集团有限公司	80683	229146	6980	5241	94904	157765
华能国际电力股份有限公司德州发电厂	174705	227675		2003	27738	933531
青岛啤酒股份有限公司	117152	223956	12961	4036	134566	198054
山东德棉集团有限公司	37333	214981	477	14401	120704	95091
山东鲁北企业集团总公司	77764	211795	908	3193	158968	246751
青岛泰发集团股份有限公司	53572	210123	342	7000	40169	23412
小松山推工程机械有限公司	51554	208375		433	98413	22901
荣成市橡胶厂	79397	207129	5379	5630	119063	186231

注：本表为年产品销售收入亿元以上的工业企业。

19－1续表1　　　　　　　　　　　　　　　(2002年)

法人单位名称	工业增加值(万元)	产品销售收入(万元)	产品销售税金及附加(万元)	全部从业人员年平均人数(人)	流动资产小计(万元)	固定资产原价(万元)
山东铝业股份有限公司	61336	204411	1431	5821	84830	249089
山东巨力集团有限公司	26176	187594	93	2950	45920	57842
大宇重工业(烟台)有限公司	47326	182044		697	147193	43395
青岛即发集团股份有限公司	56563	177810	468	3646	39929	94762
山东鲁能泰山电缆股份有限公司	41354	177188	1144	4220	133172	250984
烟台张裕集团有限公司	44987	175418	8360	3665	142784	82001
山东龙喜集团公司	39993	170320	250	2732	19964	92268
青岛飞龙工艺品集团公司	71892	169420	25	3540	9720	7560
山东省招金集团公司	50354	166008	980	10277	62008	200014
诸城市得利斯集团公司	47878	162066	159	3350	40193	55870
山东凤祥有限责任公司	45375	161759		10665	60814	62233
山东百年电力发展股份有限公司	90708	157247	1764	2436	50130	328088
中国轻骑集团有限公司	56442	155848	6042	7209	301330	202738
山东鲁抗医药集团有限公司	57619	155489	1157	7191	122665	213403
济南建筑材料工业集团有限公司	34623	154602	648	7069	74003	111990
烟台万华合成革集团有限公司	40057	152000	763	4837	97825	113101
青岛黄海橡胶集团有限责任公司	35607	151685	6850	5501	243685	243956
博兴县渤海油脂工业有限公司	34241	150720	3305	216	37424	18409
肥城矿业集团有限责任公司	90672	144150	2501	30302	112762	285973
北汽福田车辆股份有限公司潍坊农业装备分公司	36166	144000	31	2530	20386	19107
威海三星电子通信设备有限公司	25930	142779		400	44739	12341
山东松下映像产业有限公司	30606	140228		959	47155	30781
山东东明县石化集团有限公司	36166	138743	2846	1808	48187	51477
华能电厂	60024	136048	1584	1432	25464	405510
山东小鸭集团有限责任公司	18012	135779	192	6218	160816	112554
山东金龙企业集团公司	44665	135600		2160	18405	24300
一汽山东汽车改装厂	32048	134557	345	1147	28076	15829
万达集团股份有限公司	39835	129144	624	2516	39029	34526
山东里能集团有限公司	50713	128743	2892	2603	159248	221331
山东省寿光巨能电力集团有限公司	23338	127341	456	1494	42024	91305
颐中烟草有限公司青州卷烟厂	84762	126378	49005	1399	98872	73639
山东龙大企业集团有限公司	33801	126264	574	14924	72838	50430
山东石横特钢有限公司	18742	125902	436	1618	29493	48232
山东香驰粮油有限公司	25626	125046		306	28261	12863
青岛发电厂	89225	124754	1444	1643	26380	383568
山东黄台火力发电厂	46242	122088	987	2316	51203	192551
山东临沂工程机械股份有限公司	33819	121207	98	3417	111654	37594
山东日照发电有限公司	65386	119606		830	37497	498101
山东工友集团股份有限公司	32657	115518	50	2408	31069	8587
好当家集团有限公司	37370	115097	198	3606	10560	35260
青岛汉缆集团有限公司	44413	115029	225	1288	32196	32667
山东宏信化工股份有限公司	34108	114677		591	32808	28519
茌平县信发热电有限责任公司	48399	113965	651	2984	125253	161712
山东海化股份有限公司	29211	113655	757	3483	92128	153407
山东玲珑橡胶有限公司	37832	110866	2208	2167	47076	62441
青岛星火纺织集团股份有限公司	32735	110653	129	1676	40528	17196

法人单位名称	工业增加值（万元）	产品销售收入（万元）	产品销售税金及附加（万元）	全部从业人员年平均人数（人）	流动资产小计（万元）	固定资产原价（万元）
黄海粮油工业(山东)有限公司	43622	110028		445	40796	21919
青岛嘉里植物油有限公司	29746	109726		348	39160	15960
青岛海湾集团有限公司	40779	108735	1589	7380	107798	164538
青岛三美电机有限公司	28838	108452		7800	39377	43994
邹平县电力总公司	13725	107324	177	1195	59978	95989
青岛正大有限公司	43316	107125		1995	26129	57524
青岛泰光制鞋有限公司	30769	106479		8933	17072	37328
山东广饶石化集团股份有限公司	31208	106258	2343	1472	28218	35847
山东双力集团股份有限公司	7100	106000	48	3179	75289	27620
山东泉林纸业有限责任公司	40105	105472	168	5917	112659	70433
济宁市菱花集团公司	32996	105035	329	7380	39305	72057
青岛特种汽车集团公司	40647	104927	415	1439	39439	11320
烟台冰轮集团有限公司	34602	104575	249	3173	89961	50944
山东泰山钢铁有限公司	17451	104058	813	4016	39806	64787
莱阳鲁花浓香花生油有限公司	35626	103878	1409	1834	54321	21430
垦利县石化总厂	24118	102641	2384	1452	28159	34499
青岛变压器集团有限公司	39015	102636	313	1951	89961	23795
潍坊钢铁集团公司	27685	101573	723	2779	14552	62063
山东五征农用车有限公司	19325	99829	106	1528	12144	7547
山东三维油脂企业集团总公司	27528	98408	36	560	32739	12212
山东京博石化有限公司	22183	98312	5022	789	45904	28406
四方机车车辆厂	235	98004	186	4416	56064	46558
山东齐鲁增塑剂股份有限公司	5212	94936	137	367	28384	12193
龙口新龙食油有限公司	18588	93896		400	23377	22732
山东红日集团有限责任公司	21311	92683	160	3108	50269	79087
鲁泰纺织股份有限公司	23364	92566		4476	57443	95861
济宁矿业集团有限公司	67569	91827	1361	8649	73127	122587
青岛高合有限公司	19493	90424		569	30549	105542
山东潍坊发电厂	31428	90098	903	1859	10586	220167
青岛三湖制鞋有限公司	27668	88976		7956	6456	30862
青岛海王纸业股份有限公司	22679	88576	364	1956	25331	23601
齐鲁考格尔集团有限公司	20025	88280	184	4248	60875	60132
嘉祥县嘉冠油脂化工有限公司	26486	87541		356	5028	4191
临清银河纸业有限责任公司	45447	87000	454	3525	62042	77173
山东利华益集团股份有限公司	25345	84414	1523	657	12958	32855
烟台有色金属集团有限公司	11152	83376	40	2981	66516	75529
青岛万福集团股份有限公司	18724	83010	33	4200	42570	19468
烟台首钢东星(集团)公司	22132	82834	128	1783	90160	46694
青岛国风药业股份有限公司	22167	82394	353	2214	37468	31858
鲁南制药股份有限公司	41854	81340		2486	70762	30339
山东寿光联盟化工集团有限责任公司	23242	81277	558	2732	16164	53729
张店钢铁总厂	15682	81181	476	3404	53634	45352
莱芜市纺织厂	19319	80953	230	3800	14028	27554
山东亚光纺织集团	18544	80782	217	3076	43644	42288
华纺股份有限公司	22966	80749	114	1340	48519	24401
孚日家纺股份有限公司	22725	80534	349	7600	34561	59310

19－1续表3　　　　　　　　　　（2002年）

法人单位名称	工业增加值（万元）	产品销售收入（万元）	产品销售税金及附加（万元）	全部从业人员年平均人数（人）	流动资产小计（万元）	固定资产原价（万元）
山推工程机械股份有限公司	20097	80423	335	3833	90967	42243
胜利油田东胜精攻石油开发集团有限公司	38351	78820	1231	1045	88151	144247
山东石大科技有限公司	15313	78610	3008	703	13704	19483
青岛正进集团进出口有限公司	25640	77559	210	6980	60606	22942
山东莱动内燃机有限公司	13992	76868	154	4730	48457	43422
青岛安普泰科电子有限公司	29203	76677		1651	28829	41460
威海北洋电气集团股份有限公司	17294	76393	25	1347	39223	36616
山东海化集团有限公司	23169	76124	4078	6213	119520	136959
山东省阳谷电缆集团有限公司	25882	75810	55	1046	54949	29279
青岛马士基集装箱工业有限公司	20981	74622		730	29424	32340
威海光威渔具有限公司	37662	74411	174	2025	23630	18825
山东省胜通集团股份有限公司	23938	74244		2000	20099	25953
山东兖州雪花淀粉有限公司	27660	74091	289	1582	17644	27826
青岛喜盈门集团公司	22134	73051	48	3045	56756	20997
日照市水产集团总公司	11802	72309	594	3807	39117	22272
山东斥山水产集团有限公司	23409	72116	55	2599	38404	13347
山东大正实业(集团)有限公司	23018	71781	470	1800	40587	22813
山东沂州水泥集团总公司	21263	71678	211	1871	12023	44161
山东岱银纺织集团股份有限公司	11592	70953	195	3380	26755	19903
招远市金昶集团公司	24837	70800	401	1343	3126	8000
山东省高唐县蓝山集团总公司	5980	70707		865	37475	11814
山东大洋食品集团有限公司	45550	70107	36	2500	8420	9967
山东黄岛发电厂	49926	69870	641	1524	11263	139431
山东华鲁恒升集团有限公司	28155	69314	432	3321	61043	104319
山东恒成集团有限公司	21483	69247	37	945	8841	5218
山东省聊城市鲁西化肥厂	18830	69234	214	2560	117425	115480
山东青援食品集团有限公司	20315	68802	270	5979	5569	32295
山东泸河集团有限公司	18456	68766	2380	2430	19889	15989
兰雁集团股份有限公司	14880	68760	380	3008	40957	43589
烟台钢铁企业集团公司	2293	68137	102	1542	29625	34443
济南农工商集团有限公司	25393	67824	216	2113	13117	33060
山东华众纸业有限公司	14726	67728		1720	43215	146347
山东省鲁洲食品有限责任公司	20027	66842	188	1781	11567	10479
兖矿鲁南化肥厂	13687	65952	358	6120	34452	149108
龙口市诸由毛巾厂	18945	65562	53	1012	8532	903
莱州市电力集团公司	6802	65490	298	1223	25076	43614
中国华能集团公司辛店电厂	28285	65075	636	1363	14592	104499
山东工程机械厂	11618	65057	69	1644	48250	27915
山东恒通化工股份有限公司	24695	64777	414	2826	23249	90227
山东双兴集团有限公司	24821	64505	42	918	7804	10162
烟台正海电子网板有限公司	22538	64470		664	38082	72466
山东东阿阿胶集团有限责任公司	31178	63699	848	3400	49478	30496
青岛康大外贸集团有限公司	9808	63600	97	790	22419	8259
烟台鲁宝钢管有限责任公司	10286	63474	253	565	27598	21034
烟台东方电子信息产业集团有限公司	10760	63059	263	1292	116635	53194
山东东大化学工业(集团)公司	9526	62948	191	1979	33236	42617

19－1续表4　　　　　　　　　　　　　　(2002年)

法人单位名称	工业增加值(万元)	产品销售收入(万元)	产品销售税金及附加(万元)	全部从业人员年平均人数(人)	流动资产小计(万元)	固定资产原价(万元)
山东滨州渤海活塞股份有限公司	19628	62733	287	2533	40773	35490
胜利油田大明集团股份有限公司	53843	62563	756	1947	32647	30063
山东高密化纤股份有限公司	16650	62484	394	2029	20319	37413
文登市电业总公司	7663	62429	650	2377	34379	96957
山东天府集团公司	19360	62203	242	1800	22198	15290
青岛世原鞋业有限公司	18630	62161		6399	10335	27388
临沂矿务局	22828	61665	578	8460	54191	83559
龙口矿务局	33012	61209	816	11664	91963	175561
淄博钢铁股份有限公司	9983	60699	257	2030	29825	48364
潍坊亚星化学股份有限公司	20849	60629		1601	67900	75927
山东峄山化工集团有限公司	35064	60170	382	2629	8487	43511
山东九发集团公司	17501	60043	651	2268	41291	22127
山东新昌肉食有限责任公司	9334	59652	42	540	22374	33386
山东省临清市兴隆实业集团公司	4066	59044	98	1749	12930	6093
平度市电业公司	5427	58633	154	471	17724	49983
临邑县恒源石油化工集团有限公司	18508	58393	2707	2396	54275	37518
山东临沂发电有限责任公司	28261	57789	664	1084	9926	134827
山东华金集团总公司	20550	57419	195	3110	18404	43988
山东隆基集团有限公司	20673	57321	68	2150	27412	16512
山东如意毛纺集团有限责任公司	26410	57128	200	6197	80855	36895
青岛红星化工集团有限责任公司	3286	57076	110	2431	38596	26253
青岛振华工业集团有限公司	12856	57017	81	2700	16768	9607
山东高虹电力集团总公司	4587	56815	133	1260	12951	34065
山东三工橡胶有限公司	10952	56800	143	2199	19926	11999
诸城市电力工业局	10513	56710	213	1280	11211	47716
青岛九联集团股份有限公司	17855	56473	1	5890	22355	11870
山东省文登市啤酒厂	16699	56453	3674	600	4822	6406
方圆集团	17281	56210	301	3248	28411	29144
高密市供电局	4485	56076	238	497	20214	34833
山东华夏集团有限公司	11398	56042	179	2800	1006	3768
东营天信纺织有限公司	23291	56001	38	2236	19546	23608
山东燕山集团有限公司	23122	56000	139	1300	6700	16960
山东省金沂蒙集团有限公司	24350	55568	1037	1980	16560	28194
潍坊乐港食品股份有限公司	15523	55114		267	27660	29100
山东玻璃总公司(山东玻璃集团)	8792	55013	339	1867	97162	97382
青岛捷能电工电子有限责任公司	16996	55000	377	3370	70512	37722
烟台氨纶集团有限公司	27732	54649	449	598	54161	65512
青岛海晶化工集团有限公司	9528	54558	303	2462	31887	38750
山东环日集团总公司	17320	54383	32	2056	36070	10295
山东昌邑石化有限公司	26730	53725	1541	853	13622	22097
山东河西黄金矿业集团公司	19650	53300	1062	1837	6000	11000
胶南恒源化工厂	12964	53122	174	2487	5778	28653
威海市金泓化工集团有限公司	16102	52759	81	1200	6978	6708
山东乐化集团有限公司	15454	52726	180	2600	38012	21579
山东博汇实业股份有限公司	19802	52707	368	4050	49179	34686
山东临沂巨灵集团有限公司	5754	52706	43	4016	31180	23610

法人单位名称	工业增加值（万元）	产品销售收入（万元）	产品销售税金及附加（万元）	全部从业人员年平均人数（人）	流动资产小计（万元）	固定资产原价（万元）
山东凤凰纺织集团公司	16291	52430	118	5767	41077	38761
颐中烟草集团有限公司滕州卷烟厂	31096	52403	20634	1271	42799	36731
山东大海集团有限公司	11597	52346		2000	39465	25681
烟台三环锁业集团有限公司	13695	52244	143	4906	27437	21579
潍坊四棉纺织有限公司	15815	51497	215	4471	7075	27898
山东山口钢管集团有限公司	7572	51298	43	800	14992	9247
山东聊城热电有限责任公司	23621	51240	537	728	10737	112405
山东云龙绣品工业公司	13010	51093	218	1583	14841	6115
青岛燃气集团有限责任公司	－10356	51026	406	2570	87405	117228
济南机车车辆厂	17334	51006	122	3847	25610	35120
山东常林机械集团股份有限公司	17765	50929	17	3306	33345	12779
诸城市桑莎制衣有限责任公司	13366	50900		1022	17280	20974
山东金泉发展集团公司	12598	50809		1530	21531	3677
山东三九味精有限公司	13566	50617	177	2298	19997	39749
山东省瑞星化学工业集团总公司	13679	50520	107	2866	9485	59219
山东良友油脂股份有限公司	2152	50193	35	285	4116	6821
山东英克莱集团有限公司	4906	50127	103	2444	20077	16471
山东华冠集团有限责任公司	16549	50111	264	2537	40251	22157
蓬莱金创集团公司	20180	49988	86	1520	22892	46351
齐鲁制药厂	25922	49810	466	2270	47610	31901
冠县冠洲集团总公司	11930	49388	81	992	22247	17692
山东鸿达建工集团	14424	48716	313	2890	24662	17333
青岛松下部品(保税区)有限公司	14297	48472		1137	20681	27442
东营市海科化学工业有限责任公司	13263	48209	667	510	7611	12985
临清市鲁西棉纺织厂	11895	48002	656	3518	17763	11961
山东聊城鲁西化工集团总公司东阿化肥厂	12464	47675	166	1407	20438	70645
大宇水泥(山东)有限公司	12268	47664		430	23408	233658
山东晨鸣纸业集团齐河板纸有限公司	18476	47651	172	1894	28257	38985
山东龙口春龙集团公司	18249	47320	16	853	8380	4660
威海热电厂	9060	47023	357	381	18916	45185
山东龙丰集团公司	16988	46998	25	1482	38017	43558
青岛三恩集团有限公司	8695	46675	36	1206	28532	8429
淄博汽车制造厂	1617	46633	78	1366	19770	9036
青岛市胶州市水泥厂	18080	46501	178	1129	6703	7508
山东省莒南县阜丰发酵有限公司	13854	46476	61	732	6747	9707
济南二机床集团有限公司	24771	46226	442	5109	69720	59547
山东中轩股份有限公司	22489	46114	2509	723	17466	25512
烟台桃村化肥厂	15600	46110	110	740	5411	19507
青岛雀巢有限公司	14891	45990		274	10811	24562
胶南市供电公司	1673	45959	142	383	14882	28793
青岛昌新鞋业有限公司	12305	45941		4638	7123	29236
山东省华乐实业集团公司	17006	45821	81	3500	12800	26991
济南钢铁集团石横特殊钢厂	9212	45815	302	1860	13632	43374
中通客车控股股份有限公司	19411	45656	157	2294	70690	21368
威海齐全木机集团有限公司	11181	45587	224	1100	4100	3329
冠县冠星纺织集团总公司	5474	45409	106	2300	6773	13540

法人单位名称	工业增加值（万元）	产品销售收入（万元）	产品销售税金及附加（万元）	全部从业人员年平均人数（人）	流动资产小计（万元）	固定资产原价（万元）
山东菏泽发电厂	39977	45043	528	1419	15354	99231
青岛三莹电子有限公司	10260	45026		1325	23266	42337
国营山东省郯城纸板厂	19181	44874	32	1805	34105	17448
山东蓝星玻璃集团有限公司	13860	44457	111	2107	34943	42984
青岛大明皮革有限公司	16338	44423		943	42188	8716
山东耶莉娅服装集团总公司	10260	44338	2	1281	5105	5635
山东大成农药股份有限公司	10532	44229	13	3504	57274	40529
即墨市电业公司	7513	44118	112	582	9806	35472
文登市金洋乳品(集团)有限公司	16290	43900	878	377	3211	2562
威海市金猴集团有限责任公司	26119	43784	179	2395	31878	10203
招远市供电公司	6387	43632	183	929	12318	45174
山东兰陵企业(集团)总公司	14484	43574	3455	6183	75877	55233
济南玫德铸造有限公司(玛钢股份)	21493	43133		3188	23676	13632
山东龙海集团有限公司	14671	42543	119	1210	8304	13068
华能国际电力股份有限公司济宁发电厂	19744	42454	257	1697	23757	93301
山东济宁运河发电有限公司	20040	42116	506	544	16135	98116
山东吉龙实业有限公司	13217	41874	7	3245	33710	14646
滕州市鲁南牧工商联合公司肉联厂	10330	41861	58	1363	7739	18489
青岛新大洋食品集团有限公司	9041	41669	51	1924	19687	69121
荣成市荣达橡胶制品有限公司	15743	41400	192	1105	4877	4640
山东沾化发电厂	10579	41280	204	611	7669	70775
潍坊永昌食品工业有限公司	8565	41248		1229	14243	16530
蓬莱市电业公司	6377	41124	139	510	10862	31580
重汽车集团专用汽车公司	7873	41086	57	1008	18227	19013
即墨市山前新国际集团公司	12314	40822	966	1140	4814	6397
济宁鲁鑫油脂有限公司	11610	40771	17	470	5574	2610
山东药用玻璃股份有限公司	13212	40666	292	2980	57259	25902
济南啤酒集团总公司	15550	39882	4006	2707	45475	34482
淄博山国电热电有限公司(南定电厂)	20301	39802	371	1073	10763	87695
山东光大电力集团	16503	39782	211	2062	28684	48374
章丘市电业局	1702	39445	172	729	18370	42695
泰山玻璃纤维股份有限公司	14955	39424	250	989	33778	52238
陵县绿源化工集团有限公司	14456	39176		1936	14980	24781
枣庄海扬纺织有限公司	7516	39169	302	2791	14665	33465
山东华龙纺织集团公司	11309	39136	23	5630	17370	30251
烟台新牟电缆有限公司	10217	38939		378	17600	16543
济南庚辰钢铁有限公司	10296	38884	187	1951	20781	7837
济南锅炉集团有限公司	12116	38760	73	1778	54444	15722
青岛北海船舶重工有限责任公司	15924	38549	5	2174	67441	50398
山东平阴铝厂	10450	38292	89	2185	17917	41927
山东曲轴总厂	11860	38053		1816	30662	49159
华光陶瓷集团有限公司	5721	38043	157	5085	130994	49393
山东蓬泰特种漆包线有限公司	12414	38028	106	374	6664	8125
济南裕兴化工总厂	10758	37918	218	2495	36442	71795
青州供电局	5960	37562	130	621	10618	32619
蒙阴县银麦啤酒有限公司	12828	37382	4404	1360	20656	35952

19－1续表7　　（2002年）

法人单位名称	工业增加值（万元）	产品销售收入（万元）	产品销售税金及附加（万元）	全部从业人员年平均人数（人）	流动资产小计（万元）	固定资产原价（万元）
山东省标志服装厂	10568	37236		2485	8434	10815
荣成石岛明泰渔业有限公司	12381	36930	261	986	5687	9582
威海兴威工业集团公司	9725	36681	11	810	10861	7995
滕州市恒源油脂有限责任公司	1753	36535	5	280	3727	6093
东营市东辰集团有限公司	14432	36431	68	565	6537	8051
山东津华集团有限公司	12103	35888	985	334	3747	10117
山东谷神饲料集团有限公司	10011	35873	59	640	5123	6593
山东泰开电气有限公司	10081	35809	163	1373	35996	15522
山东海源盐化集团有限公司	9502	35760	1356	2933	33471	29800
青岛佳元水产有限公司	10967	35741	114	2126	14298	8535
山东瑞阳制药有限公司	11560	35653	218	1275	17848	11201
山东泰山生力源集团股份有限公司	15420	35600	8764	1318	19500	28000
山东威高集团有限公司	17779	35534	135	2040	27591	18317
山东省德州地区平原县化工实业公司	11477	35452		1559	17656	59819
山东金城股份有限公司	6254	35352	348	2000	4819	3133
山东现代达驰电工电气股份有限公司	10378	35233	112	636	18024	6675
山东广寒宫集团有限公司	8622	35104	6970	2097	10697	47685
山东裕隆矿业集团有限公司	19296	35075	525	4364	24808	38015
青岛交河塑料有限公司	11852	34858		1320	14029	8139
青岛德维集团有限公司	18909	34785	65	2457	18381	23355
龙口市电业公司	5447	34619	92	612	9435	29071
莱州市黄金冶炼厂	8339	34515	58	2677	34877	31931
青岛星电电子有限公司	7506	34420		1571	16273	4474
文登市制革厂	11466	34110	192	1430	21726	13550
德州晶华集团有限公司	13457	34103	211	6287	46616	65155
昌邑市电业总公司	4615	34006	69	490	13669	24963
山东星王集团有限公司	7704	33971	7	1091	6218	3333
山东银河德普胶带有限公司	9179	33900		516	23868	22196
山东东方冶炼股份有限公司	12368	33803	100	1389	18679	21873
青岛可口可乐饮料有限公司	11049	33704		625	4812	36684
山东泰鹏纺织集团有限公司	14467	33650		1332	19743	5225
烟台华润锦纶有限公司	7725	33606	30	664	14490	25711
青岛信五皮革有限公司	10408	33491		418	7995	5846
山东鲁鑫贵金属集团公司	9259	33312	399	923	14286	11529
江苏波司登股份有限公司山东分公司	10805	33302	95	820	6894	13250
山东龙口双龙化工有限公司	13445	33220	90	576	4873	6257
泰安泰龙服饰发展有限责任公司	5879	33197	143	5203	24983	21745
鲁丽集团有限公司	14000	33108	198	3400	17018	22123
山东省艺达有限公司	10701	33024	24	1383	8636	13150
潍坊美城食品有限公司	7186	32985		716	8947	10984
山东滨州环宇纺织集团有限责任公司	9212	32891	147	3015	16767	18208
中国济南化纤总公司	12874	32739	104	2577	89243	34892
山东华阳农药化工集团有限公司	10448	32693	75	2493	52082	32594
济南古城实业总公司	13605	32615		682	11995	11204
山东省鲁王集团总公司	9569	32549	145	1130	3706	8481
潍坊北大青鸟华光科技股份有限公司	11452	32483	47	1145	145432	16027

19－1续表8　　　　　　　　　　　　(2002年)

法人单位名称	工业增加值(万元)	产品销售收入(万元)	产品销售税金及附加(万元)	全部从业人员年平均人数(人)	流动资产小计(万元)	固定资产原价(万元)
山东九羊股份有限公司	11208	32384	129	2270	26096	13462
乐陵市金麒刹车片有限公司	10858	32316		987	14887	14796
山东华力电机集团股份有限公司	12406	32262	129	1327	12538	7231
山东泰山造纸厂	13156	32242	174	2800	48118	28807
信义集团公司	14997	32105	537	896	32897	15969
山东石岛水产供销集团总公司	3985	32063	867	1216	5135	18636
临清市电业公司	2794	32000	68	494	7316	21622
鲁中冶金矿山公司	16887	31936	706	7821	29098	92090
山东鲁南铁合金总厂	5851	31904	183	1568	26309	33316
山东早春集团股份有限公司	10208	31736	67	567	10406	9798
青岛纺联集团六棉有限公司	5544	31711	112	4118	37327	33678
山东省莒南春园食品有限公司	3226	31618	728	1061	11301	7849
莱阳市电业公司	6530	31606	847	1290	22027	37459
山东九龙实业集团有限公司	11433	31403	34	3510	6173	9215
蓬莱得宝新光源灯饰有限公司	9283	31402	10	322	5929	6487
莱西市电力工业公司	4208	31344	106	630	7012	25797
山东圣龙集团	9037	31319	96	3018	11034	21069
济宁碳素工业总公司	6004	31288	86	1339	14788	15088
淄博齐赛纺织有限公司	12594	31200	123	2857	15699	18505
山东省潍坊生建集团	7058	31129	150	1286	38017	11571
青岛胶南东佳纺机集团有限公司	9047	31106	217	1029	10852	7039
烟台威龙葡萄酒股份有限公司	9977	31100	2653	478	23836	7079
中国人民解放军第4808厂	12147	31092		1793	17793	21696
章丘海尔电机有限公司	4607	31076	103	1209	11195	12061
招远市针织厂有限公司	10661	30998	150	1631	24086	34405
山东省肥城市化肥厂	15341	30813	61	1942	13591	40239
山东泰山轮胎厂	18146	30754	632	1808	16473	18812
青岛宏达塑胶总公司	10149	30738	46	1306	19091	8309
山东省金辉集团	7973	30617	94	657	1794	7890
山东泰和东新股份有限公司	10674	30532	99	1817	13625	19503
菏泽华瑞油脂有限责任公司	6431	30497	2	342	7886	4420
成武县大地玉米开发有限公司	7391	30433	74	790	8702	10457
荣成石岛捕捞公司	10895	30370	138	506	3275	5133
莱芜市第二染织厂	6273	30358	145	3350	8471	20494
山东潍坊拖拉机厂集团有限公司	6439	30335		3231	16874	28505
山东烟台钢管总厂	3744	30162	79	1060	20173	17316
青岛琅琊台酒业(集团)股份有限公司	10254	30066	1267	1784	11466	12975
烟台啤酒朝日有限公司	12497	30027	3546	1059	16062	33664
济南华达企业集团总公司	9000	30000	90	1749	16889	19229
莱芜市橡胶集团公司	8998	29994	692	1563	10755	1423
山东巨菱股份有限公司	10738	29972	16	1685	23370	6366
济南柴油机股份公司	5571	29957	197	2070	44633	46035
淄博工业搪瓷厂	10590	29946	582	350	2981	7987
山东新华医械集团	6950	29938	155	1930	48430	23356
青岛纺织机械厂	7068	29840	195	2094	17120	21726
山东照东方纸业集团有限公司	8627	29838	59	2600	16572	26313

法人单位名称	工业增加值(万元)	产品销售收入(万元)	产品销售税金及附加(万元)	全部从业人员年平均人数(人)	流动资产小计(万元)	固定资产原价(万元)
烟台市牟平区电业集团公司	5809	29730	86	1241	27546	54567
山东齐鲁电机制造有限公司	7138	29670	144	1190	45851	18691
山东省坤华集团公司	7522	29494		340	5390	11180
肥城市供电局	3436	29395	82	1142	16771	28761
济宁中银电化有限公司	8086	29374		1108	12011	31916
山东省岱庄生建煤矿	23952	29249	381	1055	17625	15262
青岛城阳区冰柜配件有限公司	9995	29121	140	725	10764	9511
山东德州石油化工总厂	9045	29106	161	1328	21493	25438
青岛环球机械股份有限公司	5736	29000	121	1824	14010	8710
枣庄万泰纺织有限公司	7567	28988	179	4533	14134	43295
潍坊二印纺织印染有限公司	5562	28981	5	1717	13010	10297
山东金岭集团公司	11397	28957	109	411	14464	24880
安丘市电业公司	1776	28837	82	412	2214	30350
山东临沂烟草有限公司沂水烟叶复烤厂	8286	28836	77	450	6681	14916
鲁西化工集团总公司阳谷化工厂	8235	28639	6	1246	37768	28070
龙口油泵油嘴股份有限公司	6484	28603	96	1668	12989	8918
山东丰源煤电股份有限公司	23207	28556	564	3638	21532	25925
日发车辆制造有限公司	7937	28507	30	1050	13203	7750
山东临清华润纺织有限公司	9113	28463		4795	9391	21024
泰安专用汽车制造厂	3599	28271	83	1324	8519	13421
山东省景阳岗酒有限公司	11319	28225	4175	648	16457	4869
青岛浮法玻璃有限公司	15662	28180		1039	14240	56934
山东滨州黄河纸业集团有限公司	6032	28147	201	2497	18719	21747
山东古城煤炭开发有限公司	16763	28114	421	1422	11302	45783
招远金宝电子有限公司	4564	28085		1507	28598	38248
山东威达机床工具集团总公司	5370	27979	54	3205	18560	8766
威海市山花地毯集团有限公司	10988	27789	1	1450	23009	22306
山东宏河矿业集团有限公司	18850	27468	489	4374	22437	14266
山东鲁南水泥有限公司	8995	27453	252	1745	29881	109292
烟台三菱水泥有限公司	7012	27399	1354	362	17739	96766
淄博市化工设备厂	9387	27356	469	300	1381	1901
山东三孔集团有限公司	11266	27243	3728	1905	11963	41927
山东三塑集团有限公司	4591	27215	179	853	9486	20360
临沂市华太电池有限公司	6754	27116		1106	3082	4972
青岛南南有限公司	7981	27100		2115	10138	16999
济南市历城区供电局	2328	26974	92	528	12511	34044
青岛橡六集团有限公司	6843	26851	604	2410	35867	50588
济南一机床集团有限公司	10239	26849	145	4149	48763	84421
山东安厦水泥集团有限公司	7040	26743	617	2967	9196	23391
山东民生煤化有限公司	3179	26734	137	3135	32549	27902
青岛华金集团股份有限公司	6094	26684		1101	24424	12606
莱州市环日橡塑厂	9738	26473	127	929	6920	2802
青岛信元服装有限公司	5964	26471		1676	3629	3783
招远市鹰轮机械有限公司	11036	26425	32	801	4289	5355
山东榴园水泥有限公司	6868	26370	534	2339	3081	25772
临清市彩虹热电有限责任公司	3905	26245	245	580	19306	13841

19－1 续表 10　　　　　　　　　　　　(2002 年)

法人单位名称	工业增加值(万元)	产品销售收入(万元)	产品销售税金及附加(万元)	全部从业人员年平均人数(人)	流动资产小计(万元)	固定资产原价(万元)
商河宏业棉纺织(集团)有限公司	6627	26221	9	2222	2540	25769
龙口市振龙酒精有限公司	9067	26208	360	220	4461	3123
德州沪平永发造纸有限公司	11858	26038		1488	9176	37535
明水化肥厂	7501	26035	185	1410	6680	28379
山东省乐鑫集团	9466	26016	200	2590	6071	15955
山东基德纺织科技有限公司	8947	25696	91	2026	19072	15300
山东五洲电气股份有限公司	1520	25675	381	1141	10370	5630
莒县电业局	1878	25530	65	567	15311	31087
荣成市华泰汽车有限公司	7413	25499	1581	476	67759	10791
章丘市圣泉集团股份有限公司	13675	25488	120	738	15719	12701
青岛北钢铸管有限公司	7113	25347		610	10756	16925
沂源县电业局	3254	25287	60	353	6453	18667
诸城市中纺金旭纺织有限公司	5379	25262	116	2756	7590	11138
山东长盛泰玻璃制品有限公司	8003	25200	240	1200	2440	3200
淄博工陶耐火材料有限公司(工业陶瓷厂)	10451	25158	7	1535	29440	21034
山东省蒙阴棉纺织有限公司	8027	25069	74	3790	9964	11904
青岛胶南明月海藻工业有限责任公司	7768	25060	127	1205	14329	7281
青岛二和纤维有限公司(胶南)	19103	24980		900	40370	34639
宁阳县电业局	2855	24961	57	724	8275	21902
聊城嘉明实业有限公司	－4809	24896		1268	28786	19352
山东茂德皮革集团有限公司	6657	24891		652	10428	8700
威海鑫山冶金有限公司	10234	24761	137	2055	14082	13490
山东微山煤炭开发有限公司	17530	24634	237	2343	8323	23695
蓬莱市福鑫橡塑有限公司	8763	24599	19	498	2807	3611
山东海化集团潍坊水泥厂	4520	24586	40	2553	7519	21637
山东文登加力农用车有限公司	7572	24568	263	525	7346	7930
济南化肥厂有限责任公司	6340	24516	182	2539	2954	29885
山东华远造纸集团有限公司	3698	24366	97	2348	11409	33598
烟台远星塑料机械有限公司	9273	24255		406	2747	2452
青岛天元化工股份有限公司	4888	24200	41	973	4802	11382
安丘市外贸食品有限责任公司	6694	24070	214	1172	7650	13660
山东笙歌公司	12506	24059		3120	6976	13112
山东省三河口生建煤矿	18602	24029	334	1022	19009	29056
肥城银宝食品有限公司	9253	23954	18	600	7686	4507
山东丽波日化股份有限公司	5508	23903	73	804	16384	12373
乳山市曙光啤酒有限公司	10170	23787	2070	396	1836	4193
青岛良木健厚木业有限公司	8029	23769	297	1480	3343	7858
青岛食品股份有限公司	8936	23737	106	1212	6489	7074
青岛浩大实业有限公司	7036	23660		500	4413	6960
威东日食品有限公司	6385	23598		1300	12081	15441
海阳市工艺品集团公司	5448	23588	22	1010	6302	4064
山东樱花纺织集团责任公司	8237	23577	112	3538	27290	39773
山东省七五生建煤矿	17930	23530	208	1179	7479	15229
龙口复发中记冷藏有限公司	2533	23485		603	45008	31803
临朐县电业局	3522	23427	124	520	6875	20778
山东黑豹股份有限公司	8901	23426	415	2131	46125	39841

19－1续表11 (2002年)

法人单位名称	工业增加值（万元）	产品销售收入（万元）	产品销售税金及附加（万元）	全部从业人员年平均人数（人）	流动资产小计（万元）	固定资产原价（万元）
山东新光股份有限公司	6246	23392		1911	18252	31709
淄博齐银水泥有限公司	7551	23338	12	1907	14935	28294
山东临清迅力特种汽车有限公司	4905	23064	89	1086	8589	5046
济南东港安全印务有限公司	11600	23022		387	8595	8172
乐陵市乐港五金制品有限公司	5518	22950	10	1750	9572	4296
菏泽银河纺织有限责任公司	5078	22948	138	3209	8068	18257
山东安丘奥宝化工有限公司	7118	22894	36	1478	7481	14368
山东海化魁星化工有限公司	3857	22801	27	1336	15217	27409
莱州金仓矿业有限公司	7628	22738	169	2497	26539	43750
陵县棉纺织有限责任公司	8991	22692	45	1024	9410	17641
济南市卢堡麦芽有限公司	9648	22620	130	1068	3016	8560
山东亚视集团公司	9094	22554	88	2481	11270	33178
山东滨州春晓针复制衣集团有限公司	4210	22543	84	1236	5908	10724
青岛中达化纤有限公司	4598	22492		499	13612	44969
山东美华瓷业集团股份有限公司	8388	22462	188	6355	8854	24149
文登威力工具集团公司	4930	22431		1792	9265	6850
山东省沂水恒泰纺织有限责任公司	5232	22389	60	1750	4608	5307
山东北联集团总公司	6824	22380	359	2611	8785	14630
青岛啤酒第五有限公司	9450	22365	2616	803	6765	28250
山东临沂临工汽车桥箱有限公司	4843	22360	27	1259	8608	4174
大宇电子有限公司	－3979	22350		300	21088	4431
沂南县宝珠集团	6556	22307	174	1200	6351	6948
诸城市义和车桥有限公司	6341	22294	61	610	7621	3739
临沭县电力总公司	3626	22224	103	1109	15532	27423
山东景芝集团有限公司	7730	22158	4457	2502	14782	21351
东平县光大油脂厂	6639	22095	3	594	3521	5315
山东康达油泵油嘴有限公司	5462	22031	65	1525	16209	11224
广饶县电业公司	1545	22024	43	473	10611	17957
山东博泵科技股份有限公司	7883	22003	104	2169	21997	9496
潍坊恒联铜板纸有限公司	5689	21972	91	1311	9735	11801
山东龙口造纸总厂	4550	21940	16	694	8266	15856
山东拖拉机厂	4105	21938	41	3695	20389	29920
山东祥和集团股份有限公司	7947	21925	64	1412	29504	11890
山东禹城市贺友集团公司	3854	21861	71	720	7750	16658
单县棉纺织厂	6941	21801	41	1400	20549	11467
青岛市自来水集团有限公司	4601	21797	130	1957	24508	97747
威海魏桥纺织有限公司	7895	21761	168	1326	21936	13973
山东安丘蓝天纸业集团有限公司	6301	21701	107	1866	12391	19828
郯城供电局	2756	21674	63	314	13940	25439
泰安起重机械厂	4011	21661	76	1471	8349	11087
曲阜电缆(集团)股份有限公司	10559	21589	91	904	23354	11308
山东省傲饰集团有限公司	468	21586	19	2703	21456	7080
山东省威海七八一厂	1486	21586	29	317	6708	1991
青岛黎马敦包装有限公司	7162	21559		278	13388	22166
泰安特种车制造厂	5447	21545		1200	24021	13732
青岛双桃精细化工(集团)有限公司	5085	21522	131	2103	19646	29635

法人单位名称	工业增加值（万元）	产品销售收入（万元）	产品销售税金及附加（万元）	全部从业人员年平均人数（人）	流动资产小计（万元）	固定资产原价（万元）
青州瑞化科技造纸有限公司	3895	21501		1410	9359	8239
山东童海集团公司	5356	21485		515	3179	13358
山东半球面粉有限公司	2505	21453	13	600	3256	6228
荣成市黄海造船有限公司	6121	21366	123	1286	13560	11731
山东华中琥珀啤酒有限公司	7592	21354	3528	1233	20740	38492
山东省吉明美工业有限公司	7238	21244		560	1914	11667
山东金岭铁矿	12405	21192	156	3762	16908	44397
山东济宁车轮厂	3850	21169	99	837	9839	10497
山东环球渔具股份有限公司	6486	21166	209	1962	13416	7962
山东万通纸业总公司	3406	21090	61	957	17133	13363
山东正大纸业有限公司	8078	21071	89	1407	4418	15831
日照三木木业股份有限公司	8843	21033		1749	6956	18364
山东真情集团有限公司	4737	21012	118	2920	11745	18816
潍坊长安铁塔股份有限公司	5432	20982	135	1168	12354	10191
博兴县电业总公司	3128	20940	54	176	8558	12809
山东双吉集团公司	6600	20900	10	880	12430	33230
青岛东方化工集团乳山化肥有限公司	9777	20789		723	2142	7706
豪顿华工程有限公司	6680	20759		355	29667	9023
泰安双丰化肥有限公司	10378	20743	4	905	1873	768
昌乐县电业局	828	20717	55	580	11630	20407
临沭县金星实业集团有限责任公司	7687	20686	69	1519	32472	9842
山东黄岗(集团)总公司	5846	20634	123	1600	6380	19489
莘县棉纺织厂	1816	20580	38	2157	8252	18132
山东省莱州工艺品集团有限责任公司	3048	20475	22	777	7474	3101
山东巴通您电器有限公司	5618	20455		509	7311	22716
山东银光化工集团有限公司	7077	20438	72	861	12239	7135
山东双轮集团股份有限公司	5169	20392	106	1059	17653	10160
枣庄华润纸业有限公司	5250	20255		710	9974	29833
颐中烟草(集团)公司菏泽卷烟厂	7663	20237	7973	808	14130	18623
沂水县电业局	2322	20227	55	558	13216	23390
威海地毯一厂	10825	20209	116	1271	12945	13870
山东铃兰味精工业公司	5759	20122	99	1170	11977	14133
诸城市淀粉股份有限公司	8075	20091	40	870	14042	8357
山东金马工业集团股份有限公司	5880	20054	107	1839	11423	16426
新泰市王家寨煤矿	12596	20052	185	1819	10238	10851
青岛热电集团有限公司	6517	20022	133	820	12057	49765
招远锦绣家用纺织品有限责任公司	7052	20016	35	1254	6710	3394
山东昌裕集团有限公司	7509	20015	52	1000	5231	5964
青岛华光电缆有限公司	6838	19944	53	400	10848	8322
龙口银河酒业有限公司	10882	19800	312	308	2661	4261
山东昌华食品集团有限公司	6002	19738	33	1230	7213	9086
山东黄金矿业股份有限公司新城金矿	13392	19734	3	2127	4522	46497
淄博热电股份有限公司	10563	19698	228	1142	18288	19986
山东万隆矿业集团有限公司	10793	19655	236	2173	9285	14328
济南市自来水公司	10001	19648	85	3062	36886	220600
中国石化济南炼油厂	4659	19626	116	1874	24827	35952

法人单位名称	工业增加值(万元)	产品销售收入(万元)	产品销售税金及附加(万元)	全部从业人员年平均人数(人)	流动资产小计(万元)	固定资产原价(万元)
青岛万德集团股份有限公司	5115	19600	67	2000	5544	5395
威海市宇王水产有限公司	2735	19568	390	563	5643	3863
烟台黄海热电有限公司	7949	19529		316	4016	33478
临清市卫河酒业有限责任公司	1000	19503	2323	468	4536	2142
山东省博兴县第三油棉厂	16738	19482	8	270	10004	3033
淄博兰骏纺织服装有限公司	3793	19482	73	1800	6225	16931
烟台北方安德利果汁有限公司	4587	19457		100	20759	14637
五莲县电力公司	2032	19418	51	560	10745	21743
潍坊市寒亭区供电公司	1223	19284	70	309	5276	15265
山东金号织业有限公司	6516	19266	91	4731	9126	12606
山东省平邑县电业局	2105	19245	77	630	8519	23868
山东滨州华润纺织有限公司	6194	19238		2128	8505	18905
山东金塔王股份有限公司	7612	19209	346	1487	18788	18493
山东洁晶集团股份有限公司	2990	19207	70	1735	10194	10572
荣成市荣佳电机有限公司	6410	19194	2039	290	866	2859
德州华北纸业(集团)有限公司	5091	19145	52	1400	6987	9878
潍坊市金河食品有限公司	5355	19067	22	1360	4825	2988
济南元首针织份有限公司	9405	19005	167	1960	14083	19720
青岛崂发包装制品集团有限公司	6474	18987	47	700	3164	4084
烟台新潮实业股份有限公司	5925	18975	184	475	37111	16215
济南含章印务有限公司	4082	18962		933	18880	20449
国营青岛晶华玻璃厂	6345	18949	129	1533	16913	35794
济南趵突泉酿酒有限责任公司	6327	18908	2146	892	15340	11447
山东光岳转向节总厂	4899	18900	146	692	11531	11260
青岛国人科技股份有限公司	6533	18873	614	910	15559	16662
青岛荣花边有限公司	4977	18712		1038	15441	14206
青岛市藏南纸制品机械厂	9756	18700	65	810	1479	2441
海阳市禄达纺织公司	5440	18700	54	1928	14230	12484
青岛双蝶集团股份有限公司	3851	18700	20	1055	14103	4142
山东莱阳春雪食品有限公司	2389	18683	10	923	6671	10500
山东华源凯马车辆有限公司	4364	18671	21	1114	13892	10676
山东泰山锅炉压力容器集团总公司	10377	18623	110	1628	28071	14323
山东聊城鲁西化工集团总公司平阴化肥厂	3556	18538	47	1076	7149	24613
山东省宁阳县飞达化工有限公司	7651	18480	24	1415	11680	19004
山东省招远化工总厂	6426	18451	24	1074	8758	12855
中国华能集团公司白杨河电厂	6703	18439	179	953	8521	32324
山东高密大昌纺织有限公司	5822	18401	52	3906	9679	18082
山东兰凤针织集团有限公司	4883	18206	9	1460	6510	11092
山东青苑纸业有限责任公司	2626	18205	15	1080	10115	12786
安丘市华春纺织服装有限公司	4570	18122	171	2048	3048	16656
山东黄埔集团公司	3677	18109	38	648	5552	6958
山东禹城兴禹化工集团	5016	18107	5	1640	1265	18706
青岛宏丰集团股份有限公司	3371	18096	55	2200	17848	6388
茌平县电业公司	6328	18095	47	949	28467	21700
青岛藤华纺织有限公司	4125	18083		783	12870	39974
山东汇金股份有限公司	4682	18068	48	3000	7739	9570

法人单位名称	工业增加值(万元)	产品销售收入(万元)	产品销售税金及附加(万元)	全部从业人员年平均人数(人)	流动资产小计(万元)	固定资产原价(万元)
山东省金贵集团	4996	18007	1891	547	4399	6515
山东王晁煤电集团有限公司	12960	18002	252	2880	13660	21971
微山县供电局	2172	17975	53	362	7449	19758
山东禹城市绵纺织厂	6905	17965		2719	1396	5742
招远市曲轴有限公司	6256	17937	32	380	2078	1969
青岛仁成人造毛皮有限公司	4577	17899		421	14060	4876
栖霞市供电公司	2288	17885	36	577	9169	22477
山东建筑机械股份有限公司	7648	17855	108	1283	17120	7611
山东京蓬药业有限公司	5445	17837	2	580	5629	2806
山东江海麦芽有限公司	5214	17823	61	650	13420	10795
青岛海洋化工有限公司	5118	17813	141	1279	10928	16373
山东省鲁宏塑窗机械集团总公司	7022	17800	102	1526	8572	14343
山东蔚阳集团有限公司	5411	17755	15	1560	5568	20644
青岛灵山船业股份有限公司	6210	17750	10	728	5602	10811
山东东阿钢球有限公司	4852	17700	39	904	19739	9114
烟台渤海热电有限公司	7167	17635		316	1750	48586
惠民县华润纺织有限公司	5141	17621		2104	5506	12228
山东利津雅美纺织有限公司	6679	17620	26	878	5268	2336
莘县莘星纺织印染有限公司	2037	17613	126	3014	4840	5719
淄博昌亚股份有限公司	4553	17605	25	987	8178	10349
山东省东阿县供电公司	2538	17597	42	599	10007	12339
青岛太阳玻璃实业有限公司	373	17586		583	11252	48342
山东天力丝绸有限公司(丝绸印染厂)	1981	17514	69	1870	10617	22931
烟台北极星钟表集团公司	4084	17464	21	2924	25730	23872
山东锦轮股份有限公司	6647	17417	371	1822	3598	9145
淄博牵引电机集团股份有限公司	7991	17390	124	2170	20904	12443
高唐棉纺织厂	4866	17378	32	2805	10899	11528
青岛联创实业有限公司	2750	17377	136	2329	20070	38772
烟台三环集团乳山双连有限公司	6536	17342	62	1707	5057	3428
山东晨鸣热电股份有限公司	5914	17314	1	606	18687	21670
淄博蓄电池厂(国营第四八一厂)	9193	17157	17	1661	12704	22917
临清市第二色织厂	7133	17155	74	3900	9266	8455
东阿东昌水泥有限公司	5880	17136	48	780	6550	10797
青岛华仁玩具有限公司	4283	17110		4500	7189	2954
荣成马山集团有限公司	3180	17108	130	1825	27300	20124
海阳日月五金有限公司	5243	17080	12	485	5115	4280
山东省栖霞市服装集团公司	7586	17051	61	1585	7519	10840
胜代机械(山东)有限公司	6148	17021		206	7787	5260
济南康泰有限公司	3680	16994	120	1232	7488	10418
淄博柴油机厂	5561	16985	99	1256	9649	10070
淄博钴业股份有限公司	5898	16977	95	1041	14900	12344
菏泽华瑞食品有限责任公司	3898	16953	5	349	4843	11385
山东恒星集团有限公司	5544	16944	11	1566	30703	26665
章丘市第二化肥厂	3659	16936	92	897	3109	15280
烟台啤酒朝日有限公司二分厂	4912	16869	1951	538	4128	19560
泰安华兴纺织有限公司	5258	16830	74	1357	3804	8370

19－1续表15　　　　　　　　　　（2002年）

法人单位名称	工业增加值（万元）	产品销售收入（万元）	产品销售税金及附加（万元）	全部从业人员年平均人数（人）	流动资产小计（万元）	固定资产原价（万元）
威海汇泉福利工业集团公司	3822	16830	4	1210	8057	12207
济南金钟电子衡器股份有限公司	6917	16806	139	738	14685	11075
青岛益和电气设备股份有限公司	13328	16795	76	570	15780	7257
青岛渤海湾集团有限公司	5050	16786	554	368	14305	3461
山东省章丘鼓风机厂	5385	16748	104	1143	12309	11463
山东莺歌食品有限公司	3877	16700	273	410	2615	2392
山东晨龙纸业股份有限公司	6223	16623	160	1215	860	22255
青岛亚是加食品有限公司	4531	16557		126	10162	5293
河南正龙食品有限公司兖州分公司	4431	16550	17	750	9900	899
成武县造纸厂	4962	16526	50	1282	4045	19093
潍坊凤凰纸业有限公司	5754	16507	88	1034	7091	11196
威海啤酒集团	4185	16500	613	988	4477	4481
莱州市盐业集团有限责任公司	9763	16493	1055	2416	39557	14552
山东金牌畜禽实业有限公司	1135	16475		180	772	2715
青岛东生集团股份有限公司	5008	16465	25	210	11442	2049
山东新立克塑胶股份有限公司	4631	16456		230	2539	35401
蓬莱磐龙水泥有限公司	4887	16431	12	880	2686	5899
韩一华瑞纺织有限公司	3292	16406		1075	15167	11804
烟台银河纺织有限公司	5491	16399	72	2691	6374	15565
山东省枣庄市联兴玻璃有限公司	5767	16394	74	682	3130	4675
泰安泰山啤酒有限公司	6228	16326	1537	923	7271	22090
龙口市鸿雁龙泰水泥有限公司	5294	16320	58	887	7377	19260
济南汽车配件厂	8028	16297	108	2261	15766	16371
临沂财源钢铁有限公司	4850	16291	16	290	11264	9785
山东连杆集团总公司	4204	16250	82	473	1959	3300
青岛汽车散热器有限公司	4595	16243	86	459	9248	6789
临沂市金大地复合肥有限公司	3754	16221		219	8442	1763
曲阜市供电局	2953	16211	50	446	9307	19092
山东省新泰市酿酒总厂	9371	16110	1772	1152	3615	4835
山东贵和纸业集团有限公司	4947	16080	47	1209	20185	9331
曲阜市锦绣纺织有限公司	6053	15874	25	1610	4444	2627
山东乳山玉龙车辆有限公司	3134	15861	31	655	7806	5966
青岛磊鑫集团有限公司	2517	15813	108	260	3750	1580
诸城泰盛化工有限公司	4913	15771	8	861	5654	8934
山东鲁阳股份有限公司	7065	15760	120	979	9229	8862
山东海化天合有机化工有限公司	3283	15731	9	1233	12588	10460
山东鑫亚工业股份有限公司	7154	15710	114	2564	15280	10875
燕京啤酒(山东无名)股份有限公司	4904	15684	3367	2484	9819	32075
青岛东洋汽车散热器有限公司	6858	15637		139	13355	8489
山东省高密高源企业集团公司	4842	15600	19	1428	6626	14713
梁山县蓝天纺织有限公司	5341	15599	17	2670	5908	11973
阳信长威电子有限公司	3061	15561		655	10816	12169
青岛昌隆文具有限公司	7098	15554		854	11097	7667
齐河县冠军造纸厂	5015	15496	856	900	3446	7428
山东恒力虎山机械科技有限责任公司	5444	15469	52	1012	1335	3569
山东机器(集团)有限公司	4651	15428	28	2601	14210	25305

法人单位名称	工业增加值（万元）	产品销售收入（万元）	产品销售税金及附加（万元）	全部从业人员年平均人数（人）	流动资产小计（万元）	固定资产原价（万元）
山东沙土裕鲁实业集团	5899	15397	27	1609	13713	15798
文登市埠口渔业公司	6840	15395	28	232	3768	3019
烟台沃森五金有限公司	4713	15334	40	564	20949	6383
济南市北郊热电厂	6446	15288	124	930	10902	39914
青岛雪达集团有限公司	6244	15243	1	1309	5005	3902
青岛昌华集团股份有限公司	6446	15211		1462	17952	49298
青岛青联股份有限公司	1832	15209	67	862	10096	11590
邹城市圣达纺织集团有限公司	4182	15205	39	2486	6587	4138
海阳市电业公司	1557	15169	67	486	5571	22003
安丘市鲁安药业有限责任公司	3177	15166	13	749	6816	9087
滕州市信诚化工股份有限公司	2339	15157	35	1590	4878	18499
济南志友集团股份有限公司	4610	15149	52	676	22017	14809
费县供电总公司	2391	15135	108	478	14540	21120
山东省微山湖矿业集团有限公司	8727	15082	190	2980	6136	31313
滕州市荆河酒业有限责任公司	3554	15052	1535	2300	7620	6390
青岛东岳泡花碱有限公司	2069	15038	74	486	10253	10771
山东禹王亭集团酒业股份有限公司	3578	15006	602	721	8223	5333
山东明兴矿业集团	10179	15002	184	2346	5016	10704
青岛美好巾被股份有限公司	6498	15002	52	1969	12206	3848
莒南县供电公司	2086	14968	72	427	6824	18196
烟台三和高分子有限公司	4087	14938		2900	7985	5686
青岛电度表厂	2902	14867	79	1072	8148	7023
金泰经纬集团有限公司	4814	14842	2	167	16585	4650
乳山市电业总公司	3930	14833	31	568	8424	25974
日照三银纺织有限公司	3731	14824	89	1779	3800	12440
潍坊市益都铁厂	2345	14805	43	1255	4581	6569
山东省武所屯生建煤矿	6337	14760	220	1126	28595	30781
烟台发电厂议价电分厂	6086	14744	109	790	3294	14787
希杰(青岛)食品有限公司	3616	14740		406	8294	7051
莒南县宇达建材有限公司	4113	14649	90	645	4822	9199
山东海化华龙硝铵有限公司	4214	14608	58	753	4664	14050
郓城县供电局	1115	14576	40	845	778	18349
山东潍坊华润纺织有限公司	4143	14561		2559	6404	10182
青岛啤酒荷泽有限公司	4339	14551	2196	765	8683	12307
烟台霍富汽车锁有限公司	6772	14545		310	9689	6544
青岛纺联集团八棉有限公司	2870	14534	41	2606	20153	31248
枣庄市台儿庄区水泥有限公司	4248	14465	255	1406	17136	25732
山东省寿光市抽纱总厂	3376	14440	1	1260	6981	10824
张店锦宏股份有限公司	6201	14281	17	1721	11460	22039
山东煤矿莱芜机械厂	3158	14273	98	1589	13098	7184
苍山县益星食品有限公司	4530	14236		260	9740	1128
沂南县供电公司	1725	14206	66	1029	11209	17974
青岛国风集团黄海制药有限责任公司	7139	14127	182	545	12027	2863
青岛东方铁塔股份有限公司	7001	14116	81	1350	23515	19838
青岛亨达集团有限公司	5208	14102	43	2981	8959	3463
滕州市华闻纸业有限责任公司	3629	14099	90	870	2575	7796

19－1续表17　　　　　　　　　　　　　　　（2002年）

法人单位名称	工业增加值（万元）	产品销售收入（万元）	产品销售税金及附加（万元）	全部从业人员年平均人数（人）	流动资产小计（万元）	固定资产原价（万元）
山东鲁能电力设备有限公司	3103	14072	65	569	12627	2790
莱州市三力汽车配件有限公司	3887	14008		1310	6447	3623
荣成市华鹏玻璃有限公司	8300	14007	43	1061	10689	10734
青岛成昌鞋业有限公司	4220	14000		2200	3471	3443
兖州市合金钢股份有限公司	5496	13995	35	680	8910	10277
山东中联包装集团总公司	3229	13994	7	631	7160	11298
荣成市海达造船有限公司	3879	13989	64	617	2979	5323
山东省高密市锅炉附件厂	3878	13987	107	593	3870	6936
青岛汽巴纺织染料有限公司	3262	13928		150	9363	20931
青岛大农服装有限公司	5566	13913		1011	7800	11456
山东鲁宝食品集团公司	3211	13894	20	1160	6318	4466
山东升华玻璃股份有限公司	3666	13887	114	1071	8595	11081
烟台汽车内饰集团公司	4489	13884	73	437	10291	16895
山东塑料制品试验厂	2151	13832	19	626	13202	11798
青岛扶桑精制加工有限公司	2523	13741		4000	7448	10134
淄博竹林集团有限公司	4571	13738	8	1944	19357	4967
雄鹰集团公司	2252	13714	19	2458	22536	28663
青岛纺联集团一棉有限公司	3368	13711	18	2993	21603	30605
山东双福绒编制品集团公司	4030	13679	21	365	1522	1790
青岛工艺美术集团公司	5236	13665	62	1611	14336	14736
燕京啤酒(莱州)有限公司	5449	13613	1365	1047	6646	14637
青岛东方化工集团股份有限公司	2419	13593	4	1337	14777	30635
山东招远市石油化工厂	3693	13593	9	162	922	2201
兖州市翔宇化纤纺织有限公司	3669	13573	58	460	6116	8762
山东棉花机械公司	3925	13563	39	451	13330	3026
济南试金集团有限公司	5224	13556	94	1829	15115	19803
荣成市第一轮胎厂	5114	13540	95	420	2145	3100
山东双泉集团有限公司	5642	13532	19	628	692	3250
枣庄泉兴矿业有限公司	6448	13528	188	2016	11615	14844
山东厚丰汽车散热器有限责任公司	6065	13503	10	500	7714	5359
青州鲁绣抽纱有限公司	4686	13434	5	996	4147	6453
山东万豪纸业集团股份有限公司	6300	13339	14	1133	10337	16878
曹县电业局	1281	13316	45	1300	4797	18482
德州无线电三厂	4768	13312	6	910	4283	5319
平邑县化肥厂	3350	13310	2	851	1924	3772
华亚(东营)塑胶有限公司	2691	13293		113	5211	13310
山东樱花五金制品有限公司	4304	13250	91	850	9544	7208
淄博鑫耐达耐火材料股份有限公司	4911	13246	26	330	10477	3373
山东德州扒鸡集团有限公司	-1560	13232	101	1450	4168	9111
平度市旧店金矿	4192	13232	463	1206	2058	5913
潍坊海天棉纺有限公司	3094	13096	49	1461	8245	5409
潍坊华港包装材料有限公司	5077	13094		493	9430	11837
青岛德固萨化学有限公司	2856	13059		270	14138	30541
青岛信宇皮革有限公司	6846	13056		1181	8528	2010
济南半导体总厂	3105	13020	23	656	16151	13926
临沭县丰收化肥厂	3788	13017	63	586	4837	1083

19－1续表18 （2002年）

法人单位名称	工业增加值（万元）	产品销售收入（万元）	产品销售税金及附加（万元）	全部从业人员年平均人数（人）	流动资产小计（万元）	固定资产原价（万元）
青岛棉花纤维有限公司胶南分厂	13420	13013		300	3835	13591
青岛绵花纤维有限公司	9194	13013		750	3831	15048
山东省黄金集团公司焦家金矿	8338	13008	1	2344	5324	31532
四砂股份有限公司	4500	13000	85	2019	31565	29770
山东建设锦宏水泥有限公司	2893	12982		1567	10516	17061
山东恒大化工(集团)有限公司	4730	12980	12	1182	9802	15008
山东泰山染料股份有限公司	4111	12980	149	286	4855	3121
泗水柳絮淀粉制品有限公司	2141	12956		1200	5003	5693
六四五五厂	2604	12950		646	8118	5481
山东神工化工股份有限公司	2838	12921	25	710	5838	7659
山东省金曼克电气集团股份有限公司	7928	12906		802	32497	13960
山东鲁南机床有限公司	3592	12899	40	2036	14020	18459
新泰市电力工业局	2354	12870	39	689	7250	17970
新泰市建新矿业集团	5512	12866	208	1680	7013	5988
山东雪银化纤集团股份有限公司	2256	12821	17	1936	16772	16318
山东山矿机械有限公司	3830	12727	45	1058	14770	8524
肥城阿斯德化工有限公司	14695	12721		481	7516	26759
青岛长生集团股份有限公司	940	12719	42	261	9145	2656
烟台隆达纸业有限公司	3764	12684	2	995	5980	12243
山东淄博市临淄有机化工股份公司	1443	12668	19	520	8217	9677
青岛崂山玻璃有限公司	3599	12623	1721	991	8652	6834
潍坊广华集团总公司	3147	12587	98	453	2032	4346
山东黄金集团有限公司玲珑金矿	4446	12578	1	3581	10095	36989
山东临沂陶瓷企业集团总公司	4516	12577	19	3003	9489	12563
兖州市嘉隆实业有限公司	2460	12572	8	472	3365	3874
莱芜新开元织锦有限公司	3882	12541		1225	5713	4611
山东都庆股份有限公司	3622	12540	38	1000	10138	7308
山东惠普研石电力股份有限公司	9684	12512	121	450	4124	10275
龙口盛达玻璃制品有限公司	1695	12506	15	809	6513	4942
山东黄河龙酒业集团股份有限公司	3290	12506	1591	832	9313	5170
章丘市东风煤炭集团总公司	5396	12495	183	1869	8651	7400
日照信中食品有限公司	2825	12483		431	9809	7116
山东塑料试验厂	2088	12456	38	769	11513	7382
滕州市东谷面粉有限公司	888	12446	9	436	1670	3955
山东凌志包装集团公司	4291	12442	38	1210	5723	6496
宁津县鹏达集团有限责任公司	3987	12431	22	1279	5821	3999
长清县供电局	1536	12430	5	594	11605	17436
济南三爱富氟化工有限公司	6399	12426	80	1865	8866	23444
烟台铁姆肯有限公司	628	12410		874	11830	15487
济南民天面粉有限责任公司	2182	12408	19	345	6685	5345
山东电力设备厂	5446	12338	82	776	15640	13653
山东同大纺织机械有限公司	3175	12317	42	966	15689	7369
济南市南郊热电厂	5982	12269	88	670	14285	44756
山东黄金电力公司	810	12261	19	140	2459	4655
山东鼎新玻璃有限公司	5034	12219	117	1410	7884	1918
将军烟草集团有限公司临清卷烟厂	4234	12179	4530	501	4564	6753
青岛泰旭木业有限公司	4715	12165	61	680	9403	4538

法人单位名称	工业增加值（万元）	产品销售收入（万元）	产品销售税金及附加（万元）	全部从业人员年平均人数（人）	流动资产小计（万元）	固定资产原价（万元）
山东天象集团公司	4536	12150	16	700	15672	5410
山东昌邑盐化(集团)有限公司	2567	12143	724	943	8704	14257
山东海大集团公司	3500	12129	6	684	4578	10303
郓城县油棉五厂	4372	12129		240	4107	1675
烟台只楚药业有限公司	4181	12090	37	993	9477	15032
山东柠檬生化有限公司	2602	12072	31	279	4673	6414
冠县二棉纺织有限公司	2827	12063	23	670	5298	2487
枣庄市留庄煤业有限公司	8214	12054	209	2050	5042	11741
潍坊巨龙纺织有限公司	2694	12053	46	1349	7726	11077
山东临清联创实业有限公司	4560	12052		538	2942	3125
山东扳倒井集团酒厂	3636	12047	2329	865	8225	4922
青岛崂塑建材集团公司	4312	12020	42	660	7541	4718
山东肥城水泥股份有限公司	8830	12010	13	2225	10354	22564
山东华鹏包装有限公司	3402	12009	23	468	5863	5740
青岛啤酒(日照)有限公司	4801	11989	1719	570	3688	10291
淄博赛德克陶瓷颜料有限公司	4802	11961		191	8364	5047
青岛知永电源有限公司	4016	11958		200	4688	2319
山东兴隆纸业有限公司	5336	11956	404	758	343	2993
文登市凤凰婷装饰布有限公司	1919	11956	57	130	2917	4224
烟台市风机厂	2680	11952	61	680	3275	4982
山东省将军烟草集团有限公司德州卷烟厂	5942	11901	4212	609	5048	6090
成武县银翔棉纺织有限公司	3969	11871	44	1800	3211	9100
山东金泰集团股份有限公司	1312	11855	104	1035	23379	12795
淄博新宇化肥集团有限公司	2771	11821	29	603	3780	10560
山东汽车弹簧厂	3983	11812	36	504	8761	7034
青岛福生食品有限公司	4138	11790		421	19730	4982
齐鲁乙烯塑编厂有限公司	625	11779	13	1369	18502	5563
山东省东平县大麻纺织总厂	3707	11774		2730	11619	3364
淄博星团纺织有限公司	2030	11772	33	1697	4577	6793
临朐好友棉织有限公司	3712	11750		1100	2222	5901
曲阜市造纸厂	4887	11641	58	980	3036	8273
山东青龙山水泥股份有限公司	3088	11557	77	935	6388	15724
山东腾达集团总公司	4147	11537	39	750	5924	4009
济南双凤水泥厂	2200	11520	70	880	125	5036
山东莱芜市钢城企业集团公司	3572	11479	47	716	2378	6293
山东莱阳重型机械厂	2622	11413	130	629	13923	8705
青岛星华粮油食品有限公司	3108	11336		126	4464	3205
临沂市造纸化工厂	3137	11334	22	836	3115	5771
博山区电机厂集团股份有限公司	3243	11318	44	3564	24376	22758
济南诚通纺织有限责任公司	4125	11301	72	2011	10087	23024
潍坊三丰钢管有限责任公司	4246	11299	9	760	3400	6019
山东胜邦鲁南农药有限公司	2024	11294		393	3486	3216
山东维尔纺织集团股份有限公司	3405	11293	15	1192	6641	17308
中国水产烟台海洋渔业公司水产食品加工厂	－401	11290	75	897	9456	5052
山东遨游制动器有限公司	3129	11276		1180	2733	1975
单县供电局	692	11207	28	1080	7233	18770
山东省东明县供电局	1161	11190	29	653	2236	16042

19－1续表20　　　　　　　　　　（2002年）

法人单位名称	工业增加值（万元）	产品销售收入（万元）	产品销售税金及附加（万元）	全部从业人员年平均人数（人）	流动资产小计（万元）	固定资产原价（万元）
兖州市嘉丰食品有限公司	1123	11185		123	1833	5846
国营青岛造船厂	3720	11181	18	932	11742	23707
山东省武城县中南集团有限公司	3696	11174		217	1331	1002
山东电波(集团)厂	5260	11100	7	468	6866	6703
威海市艺源绣业集团有限公司	4300	11100	65	862	6028	3738
龙口市新达工具有限公司	3784	11075	38	537	5815	6020
山东日信工业有限公司	4376	11066		234	2963	3263
潍坊中基饲料有限公司	2117	11030		139	3372	2531
威海市康泉食品集团公司	3785	11028	6	300	2307	2433
招远七六一有限责任公司	2309	11026	54	834	5264	6908
烟台鑫海化肥工业有限公司	788	11011		614	8487	6300
山东鲁宝冶金股份有限公司	3412	10990	25	308	6543	2548
烟台市电缆厂	3704	10966	20	480	9665	9097
诸城市良丰化学有限公司	4323	10958	15	764	1493	18000
山东省广饶县植物油厂	2606	10955	13	330	7624	3670
巨野县供电局	1276	10952	57	843	7385	14925
烟台制革厂	2153	10915	36	593	9420	5677
惠民电业局	683	10908	27	428	3791	13500
青岛东星纤维有限公司	3038	10905		560	5022	10515
临沂华盛企业集团总公司	2714	10841	3	920	14159	7887
德州德隆(集团)机床有限责任公司	4260	10804	64	1521	5014	11078
山东省单县化工有限公司	3629	10802	21	630	3824	3528
莱州市华汽机械有限公司	3873	10791	1	632	9027	5424
山东沂源棉纺织厂	4139	10768	15	1147	6146	10262
青岛铸造机械集团公司	2502	10745	12	1236	14970	17872
青州华裕纸业有限公司	2379	10712	24	610	8572	22334
青岛彗重人造毛皮有限公司	2876	10699		300	6611	4284
中国人民解放军4808工厂军械修理厂	3277	10672		830	15121	17975
青岛金晶股份有限公司	3412	10671	28	510	11407	26194
潍坊东方钢管有限公司	2419	10648	10	668	13747	9736
山东沂源造纸厂	3110	10622	43	1179	4634	9697
滨城区第五油棉厂	2284	10616	10	205	10211	6246
山东东风化肥厂	1278	10613	50	1318	3817	12515
滕州市益康集团公司	2534	10587	16	786	2699	2863
青州液压件厂有限公司	3260	10569	66	1060	9141	9403
山东顺天纺织有限公司	3327	10561	59	440	3604	13384
青岛压花玻璃有限公司	7288	10549		436	6898	18259
青岛多元食品有限公司	3245	10542		120	3653	3282
潍坊荣泰纺织有限公司	4237	10536	44	1456	13159	6288
山东太阳纸业鱼台分公司	3650	10536	16	500	1927	3843
东明县棉纺织厂	2869	10535	45	1445	7808	13134
莱州鲁通造纸印刷投资有限公司	4187	10528	4	524	10598	14145
禹城市面粉厂	3570	10524	1	223	2603	2146
山东高唐热电厂	8578	10483	85	616	6941	15736
山东德棉集团栖霞棉纺有限公司	2987	10466	66	1597	5737	8534
烟台西蒙西轴承有限公司	3639	10424		745	11795	10473
威海中威橡胶有限公司	4996	10398	555	1354	5531	5286

法人单位名称	工业增加值（万元）	产品销售收入（万元）	产品销售税金及附加（万元）	全部从业人员年平均人数（人）	流动资产小计（万元）	固定资产原价（万元）
青州市钰锌集团	2509	10394	132	386	3176	2947
莱茵化学(青岛)有限公司	5622	10386		131	5576	10916
青岛汽车零部件厂	3007	10382	55	316	5552	3622
青岛韩瑞橡胶有限公司	2949	10367		1000	5175	4201
烟台六塑产业有限公司	3402	10366	13	688	3929	4889
东营人造板厂	2582	10361	87	392	8055	24592
淄博万丰塑料有限公司	989	10341	6	347	2348	8241
枣庄市陶庄水泥厂	3379	10326	56	720	1153	4185
山东金峰五金锁业有限公司	3068	10310	68	1458	5544	4458
淄博涤纶厂	3388	10268	9	600	3553	22049
山东华冠丝绸有限公司	5352	10263	59	1490	2865	7489
淄博三信水泥有限公司	1731	10254	21	1039	4411	12013
山东莒县金能热电有限公司	3731	10250	64	911	13607	12875
山东省黄金集团公司三山岛金矿	6094	10247		1689	6702	50625
山东光华纸业集团有限公司	5008	10231	57	1100	5405	9394
威海市山海皮业有限公司	6267	10220	41	932	7346	5088
山东省威海船厂	4294	10207	34	944	15803	17993
山东九顶集团公司	3277	10201	1	780	1462	5297
山东肥城云宇工程机械有限公司	4809	10200	259	949	7540	258
烟台农标普瑞纳饲料有限公司	2957	10182		110	2918	1562
梁山县供电公司	2217	10169	23	470	5428	14972
青州尧王制药有限公司	2551	10163		340	7413	5075
高青县电业局	1335	10149	33	235	7764	15551
青岛中大集团股份有限公司	1743	10137	5	1108	16533	16920
烟台氯碱厂	1336	10135	44	1025	4946	12851
山东华鲁制药有限公司	3402	10128	59	709	6672	4916
莱芜钢铁集团淄博锚链有限公司(黑旺铁矿)	1439	10119	44	1532	10271	4540
兖州市大统矿业有限公司	7040	10104	160	1680	12500	5289
青岛百龙大亚绿色塑钢门窗异型材有限	4852	10100		355	2101	5679
山东博山锻压厂	2993	10100	62	958	9043	7664
山东德昌集团总公司	2779	10096	8	1450	8318	13927
招远市康泰工业集团公司	3454	10087	13	862	4542	5066
茌平县光明淀粉厂	2100	10082	30	247	513	3317
青岛黄海集装箱有限公司	4846	10076		440	7820	9737
山东文登刺绣工业集团公司	3831	10070	31	930	5357	5390
山东省广饶县第二油棉加工厂	493	10067	2	195	9085	2280
肥城市棉麻纺织总公司	359	10064	27	1300	4318	3633
烟台莱佛士船业有限公司	5167	10054		674	24190	13363
临清市康宏养殖有限责任公司	3000	10050		272	1265	3917
五莲县锦红工艺品有限公司	3712	10045	9	890	3017	1408
山东省临沂市凤凰企业集团公司	3810	10040	84	743	4474	7443
青岛美特容器有限公司	2262	10028		142	16009	18587
山东省菏泽绿源食品总公司	1610	10027		384	1527	3489
潍坊恒安散热器有限公司	2904	10023	54	797	8256	9199
青岛金华塑料有限公司	2756	10019		413	2757	8172
五莲县顺达机械股份有限公司	4225	10017	15	720	4267	6990
山东鲁峰专用汽车有限责任公司	3778	10016	21	762	5495	3944
日照市莒州水泥有限公司	2943	10001	78	887	4012	5680

19－2 建筑业总产值一亿元以上的建筑企业基本情况

（2002年）

法人单位名称	建筑业总产值（万元）	竣工产值（万元）	单位工程施工个数（个）	房屋建筑施工面积（平方米）	固定资产原值（万元）	期末从业人数（人）	利润总额（万元）
胜利油田胜利石油化工建设有限责任公司	150216	107583	214	14933	40432	6580	2498
山东省建设建工集团有限责任公司	150157	60141	315	2766566	18181	12402	6057
山东省交通工程总公司	128768	55595	38		19938	1465	557
胜利油田胜利工程建设(集团)有限责任公司	128499	41279	109	177060	42411	7726	2277
中铁十四局集团有限公司	121663	34729	91	116428	34959	2504	3413
临沂市天元建设集团	121577	53116	342	1622414	17695	10584	1031
烟台建设集团有限公司	119136	110388	245	1693823	22749	7831	2318
山东三箭置业集团有限公司	104740	38755	171	1699336	11452	6592	2610
济南铁路局工程(集团)有限责任公司	88283	53379	459	168778	17814	9398	3204
济南四建(集团)有限责任公司	86460	81990	173	1322741	19970	7256	1152
山东黄河工程局	80068	74063	21		35067	3486	4733
青岛建设集团公司	78200	61460	186	1765256	8191	6492	2946
山东冠鲁集团公司	77410	53251	143	1181043	22927	3540	4750
兖矿集团东华建设有限公司	74350	52932	496	254747	28108	9028	－241
中港第一航务工程局第二工程公司	74084	24026	40	118498	30726	1801	508
聊建集团总公司	71376	32089	402	1754995	22279	3857	55
山东电力建设第二工程公司	68000	69885	640	140566	29701	3320	1518
中国建筑第八工程局青岛分公司	65642	53514	61	1506674	5351	435	877
山东电力建设第三工程公司	65546	45894	402	146220	17452	1876	1007
济南市第二建筑工程总公司	65383	32774	137	1217781	7738	9732	174
山东电力建设第一工程公司	64110	35476	722	106946	22180	3206	1316
济南一建集团总公司	63327	46892	222	1582756	16096	7494	95
临沂中铁第十四工程局第四工程处	62096	29420	245	11309	16707	1771	124
中铁十四局集团第一工程有限公司	60078	49587	369	12725	13790	3251	30
中国石化集团第十建设公司	56465	29311	216	1201	31958	5515	65
中国建筑土木工程公司第四建筑公司	51261	26523	58	895672	3209	1541	65
威海建设集团股份有限公司	51026	44922	91	805742	8483	2015	1666
淄博市建筑工程公司	50364	36927	216	654281	13503	3831	609
山东万鑫建筑总公司	48114	48114	278	826469	21215	8406	971
山东省送变电工程公司	45136	49199	285	8478	11749	1587	810
山东科达集团股份有限公司	44916	20423	7		24658	2281	2526
山东泰山路桥工程公司	43504	29156	35		23175	671	1180
肥城市设备安装工程公司	43257	34751	156	22267	6547	4987	796
山东省诸城市建筑工程公司	41540	24839	86	416419	4293	3068	1192
青岛市胶州建设集团有限公司	41506	37243	187	919910	10157	6884	419
德州中国水利水电第十三工程局	40797	32967	77	37574	45035	4479	－81
文登市文城建设集团有限公司	39860	36580	56	86520	5649	850	3804
青岛市第一建筑工程公司	38240	29476	171	918318	2308	4571	45
济南城建工程公司	38008	30649	120		11038	6500	788
山东省工业设备安装总公司	37174	18609	474	23244	12543	3156	－2462
山东起凤建工股份有限公司	36800	36800	193	788058	4380	5872	1104
青岛华青建安集团公司	36625	21235	92	704326	4080	6835	221

19－2续表1　　（2002年）

法人单位名称	建筑业总产值（万元）	竣工产值（万元）	单位工程施工个数（个）	房屋建筑施工面积（平方米）	固定资产原值（万元）	期末从业人数（人）	利润总额（万元）
山东天齐置业集团股份有限公司	36019	15035	56	261197	5649	2294	1980
山东省筑港总公司	32975	19122	34		12399	510	9
潍坊昌大建设有限公司	32088	20337	137	613592	9631	2857	296
山东省肥城市安装工程公司	31888	31888	186	38000	5126	4396	1367
山东省滨州公路工程总公司	31688	9480	10		7957	1250	3802
禹城市鲁泰建筑有限公司	31456	9750	9	27800	419	755	31
青岛市第二建筑工程公司	31406	25679	232	980483	1021	4052	67
山东省肥城市建筑安装工程公司	31045	94569	225	290928	6089	3960	548
山东兴华建设集团有限公司	29103	22218	157	641150	2276	5999	1008
山东华泰建筑安装集团总公司	28206	16441	125	537101	5816	3186	610
山东齐泰建工实业股份有限公司	28181	16266	92	500097	7645	5960	1127
山东新城建工股份有限公司	28180	13895	66	547709	3826	4362	1256
寿光第一建筑有限公司	27869	27667	87	390732	7098	480	1083
中国石油天然气第七建设公司	27756	28306	141		18181	1888	483
泰安建筑工程公司	27240	16747	111	551136	19246	4357	579
山东高阳建设公司	27206	23397	51	420992	8066	3600	836
济南平安建筑集团有限公司	25818	16960	105	553938	1188	6018	351
安丘市景芝建工股有限公司	25754	26843	68	387481	8305	3000	988
济南建工总承包集团公司	25616	20994	108	593740	2341	2651	47
山东鲁班建设集团	24941	24448	128	447989	1897	3992	1500
莱芜市建设集团有限公司	24678	6900	61	260627	7038	3680	32
山东红建建安集团公司	24006	8758	68	321619	2320	5592	912
滕州市建筑安装工程集团公司	23567	20301	85	313535	9835	3710	360
山东华新建筑工程集团有限责任公司	22623	23294	207	241515	8433	3493	522
寿光市第三建筑安装工程有限公司	22460	9750	37	248272	1906	1700	1280
济南长兴建设工程有限公司	22380	10251	68	463560	3672	7815	31
烟台二建实业股份有限公司	22263	17544	83	485806	7065	1562	22
临沂山东东方路桥建设总公司	22175		7		19331	1362	112
莱西市建筑总公司	22173	13356	66	431114	3443	1027	345
中煤第六十八工程处	22061	4385	247	336508	6969	1410	117
山东铝业工程有限公司	21987	22115	22	30411	5423	2330	2
山东华元建筑有限公司	21888	13529	61	229421	5214	2635	875
青岛电力实业总公司	21857	17657	677		3362	1102	1206
山东方大工程有限责任公司	21452	18750	166	70705	2645	2055	835
邹平县建筑集团公司	21371	7394	74	474924	3833	2079	505
青岛第一市政工程有限公司	21227	2355	40		8618	935	37
烟台送变电工程有限责任公司	20889	20889	615		954	860	2980
济宁市建工建筑有限公司	20729	14804	86	400828	2924	3122	34
烟台市芝建建筑工程有限公司	20122	7619	42	319260	6508	3690	809
青岛市泽惠建筑安装工程有限公司	19682	15672	62	210160	4567	3630	266
莒南县华鲁建安集团有限公司	19625	18735	72	394785	1283	4800	130
山东莱钢建设有限公司	19242	14045	104	96656	3411	1307	625

19－2续表2　　　　　　　　　　（2002年）

法人单位名称	建筑业总产值（万元）	竣工产值（万元）	单位工程施工个数（个）	房屋建筑施工面积（平方米）	固定资产原值（万元）	期末从业人数（人）	利润总额（万元）
枣庄矿业集团中兴建安工程有限公司	19100	15873	197	145998	8624	3611	37
烟台金海建工有限公司	18800	15500	45	229000	3397	3600	2142
安丘市华安建筑安装有限责任公司	18130	6577	58	208504	1511	1009	21
东营市垦利县胜坨建筑安装公司	17822	17822	113	193152	5791	600	1847
青岛华天建筑安装工程有限公司	17773	1695	15	336553	228	306	16
山东水利工程总公司	17679	11446	59		13483	1540	－84
青岛福瀛建设集团有限公司	17065	6352	34	162292	2265	1220	277
平度市建筑安装集团公司	16870	9326	70	292177	4092	2458	36
淄博黄河建工有限公司	16819	13689	66	292694	2918	109	301
铁道部第十四工程局电务工程处	16733	10427	29		4383	699	403
青岛第二市政工程公司	16655	9221	52		5521	748	35
淄博金城建工有限公司	16508	9598	101	347195	1849	2420	502
青岛瑞源工程有限公司	16500	2619	60	120871	2562	1361	1118
山东省冶金建设开发公司	16411	16411	177	34010	7435	1107	2
山东金宇建筑有限公司	16336	9076	169	194675	2114	849	865
日照日建建设集团有限公司	16042	11900	81	436002	3221	3500	413
烟台市政工程公司	15960	14361	56		5064	752	10
莱芜市钢城企业集团建筑公司	15607	12304	50	166473	7275	2856	2110
山东省滨州城建集团公司	15597	8248	69	317942	12755	2380	58
青岛安装建设股份有限公司	15516	9308	96		3642	1010	73
德州天元集团有限责任公司	15369	12861	86	454432	1996	1875	169
青岛九龙建设工程有限公司	15200	13045	27	197982	2360	2700	318
肥城矿业集团鲁泰工程有限公司	15185	10062	63	119583	4394	7327	118
胶州市胜利建筑有限责任公司	15174	20876	56	280921	97	1595	33
淄博耿桥建工实业股份有限公司	15064	15064	75	320436	1592	2258	570
青岛经济技术开发区城市建设工程公司	15000	12129	38	199076	1103	2120	116
山东省肥城市工业设备安装工程公司	14860	1486	66		7094	2826	291
嘉祥县建筑安装工程有限责任公司	14780	12895	37	307724	3295	3485	6
寿光市第二建筑有限公司	14718	11836	26	113148	4444	1000	106
泰安鲁润股份有限公司装饰装璜分公司	14549	14549			1214	348	3109
山东蓬建建工集团公司	14290	21074	111	334610	3319	650	1530
肥城市第四建安公司	14265	12648	78	173143	2047	2435	261
潍坊市第二建筑工程公司	14247	12044	89	446784	2852	2900	－233
泰安市泰山建筑安装工程公司	14200	8863	53	496236	865	2300	416
青岛胶州南关建安股份有限公司	14056	13433	45	248904	2250	2620	251
山东肥城市通用设备安装公司	13980	10970	96	8600	1876	2496	71
济宁九巨龙建筑工程有限公司	13570	6689	58	286000	605	1800	366
日照港建筑安装工程有限公司	13444	6032	122	102608	2249	1200	266
德州宏达建筑集团有限公司	13293	9527	52	225625	3841	1350	506
济南市外经建安工程有限责任公司	13135	9678	65	358009	1820	4120	56
山东岩土工程勘察总公司	13024	13024	35		3907	989	129
兖州市建筑安装工程总公司	13017	10311	75	265155	7801	1133	152

19－2续表3　　　　　　　　　　（2002年）

法人单位名称	建筑业总产值（万元）	竣工产值（万元）	单位工程施工个数（个）	房屋建筑施工面积（平方米）	固定资产原值（万元）	期末从业人数（人）	利润总额（万元）
蓬莱市市政工程公司	12948	12948	76		1455	220	1392
淄博市张店区潘庄建筑公司	12926	1295	19	93204	237	824	5
聊城市公路工程总公司	12801	5640	21		12096	685	1459
山东德州德建集团有限公司	12534	10287	49	360971	5071	3105	760
潍坊市华夏建安有限责任公司	12500	31500	40	140000	6484	1200	660
中铁建厂工程局第二建筑工程处	12281	19279	22	533609	5375	920	－1039
临沂山东沂蒙交通工程有限公司	12216	1597	8		9496	810	－131
青岛胶城建筑工程有限公司	12051	3354	43	164975	769	2460	297
菏泽第一建筑公司	12035	6743	86	310020	4397	2050	8
临沂市兰田建筑公司	12000	11390	36	173765	915	2800	676
潍坊市三建建筑工程有限公司	11959	8117	48	177500	1643	315	1
济南市黄河工程局	11935	6807	50		8373	629	86
山东省肥城市第一建筑安装工程公司	11812	5819	55	106843	1939	2256	368
潍坊建工集团有限公司	11786	8175	61	276650	643	4091	11
青岛建国工程有限公司	11643	10773	32	298092	1157	1312	580
济宁建筑安装工程公司	11631	13504	78	321147	2613	1902	15
青岛港务局港务工程公司	11560	7136	34		3553	776	17
青岛市胶州湾建设工程有限公司	11545	13080	45	218846	1698	4045	82
青岛营海建设集团有限公司	11124	14448	61	259109	2580	4300	251
高密市广安第一建筑工程有限公司	11086	3101	38	209239	3071	3125	24
山东沂蒙建安有限公司	11012	13581	97	297436	188	1508	81
青岛新德隆建筑安装有限公司	11000	9790	24	97640	764	1000	239
利津县黄河工程有限公司	10916	7899	31		2768	520	323
山东省泰安市第二建筑安装工程公司	10818	6998	30	166192	2134	2258	213
青岛高新建筑安装工程有限公司	10682	9662	20	149249	1323	233	175
天津航道局第二疏浚公司	10650	10650	12		20938	717	651
淄博市临淄区朱台建筑安装工程公司	10600	3355	23	114742	3997	2100	1002
山东日照昊大建设集团有限公司	10585	8326	72	241650	2604	2618	2
烟台市公路工程处	10580	8464	5		4466	1232	412
新泰市工业设备安装公司	10519	10519	9		4098	973	91
青岛胶东建筑有限公司	10487	2834	42	157184	1233	825	580
山东电力管道工程公司	10450	10600	10		6780	154	－152
济南舜联建筑安装工程有限公司	10320	1617	20	121362	477	805	131
乳山市白沙滩建筑工程公司	10318	8371	40	166781	1887	2180	301
寿光市侯镇建筑公司	10178	3645	68	144780	3880	1880	587
青岛联晟建筑工程有限公司	10143	8465	40	231858	1190	3755	353
费县华通路桥工程有限公司	10139	10139	38	12000	4029	1280	61
山东枣建建筑集团有限公司	10135	6349	70	191535	3523	2167	32
潍坊高新区建筑安装有限公司	10110	4576	41	160953	1764	1045	－5
胶州市海利源建设工程有限公司	10041	8793	77	265442	1585	2090	74
山东莱州市合众集团总公司	10002	6130	53	247103	5828	2500	－42

19－3 规模以上批发贸易企业基本情况

（2002年）

企业名称	商品销售总额（万元）	资产总计（万元）	负债合计（万元）	利润总额（万元）	从业人员（人）
海尔集团电器产业有限公司	483385	225373	214482	12	109
山东省机械进出口集团公司	329221	175144	141497	4780	405
青岛海尔国际贸易有限公司	302554	35873	32234	1679	148
山东鲁能物资集团有限公司	267277	524061	467243	19266	79
山东省纺织进出口公司	221192	143877	141075	707	72
山东省图书音像发行总公司山东省新华书店	200962	52069	40742	2179	365
山东省绮丽集团公司	197579	110699	89021	2502	515
青岛益佳国际贸易集团	188483	174130	143357	1234	47
山东潍坊百货集团股份有限公司	181373	46867	44829	40	1863
润华集团股份有限公司	179464	145104	139835	－138	628
山东工艺品进出口(集团)股份有限公司	171380	93074	91227	864	490
山东省烟台市农业生产资料采购供应站	158325	111987	111021	355	128
山东鲁南蔬菜产业有限公司	152000	7129	861	580	142
山东临沂烟草有限公司	145316	61211	29891	2361	83
中石化青岛石油分公司	136539	64287	47298	4937	136
山东新星购销总部	131761	22742	15261	977	1123
山东省丝绸进出口公司	127073	74459	109362	－4892	217
山东省农业生产资料公司	116449	89388	81272	172	104
烟台市农业生产资料总公司	116006	77688	67325	509	268
山东省畜产进出口公司	115610	147159	259002	－9984	246
青岛烟草有限公司	110862	37962	3710	13237	579
山东烟台烟草有限公司	107694	10449	5630	2925	86
中国石化山东石油临沂分公司	103067	40242	21200	2591	587
龙口兴隆道恩化学有限公司	102274	16242	14077	133	478
山东济宁烟草有限公司	100201	4406	1403	1437	39
山东省棉麻公司	97034	144785	133584	1504	138
青岛华青工业集团轮胎销售公司	95778	16258	6290	6431	277
中国石油化工股份有限公司山东烟台分公司	95656	58515	30224	125	200
山东鲁能黄泰实业集团物资商贸公司	92943	3443	3002	20	30
菏泽市烟草公司	88124	5712	4549	638	80
青岛海尔工贸有限公司	87713	118363	118257	12	1000
菏泽市石油公司	87207	29246	24524	1271	316
烟台张裕葡萄酿酒销售有限公司	86828	77221	25052	17838	309
烟台市九州农业生产资料有限公司	83645	18876	18380	31	111
潍坊市钢联金属材料有限公司	82000	20763	19131	816	168
中国石油化工股份有限公司济宁石油分公司	80448	47021	27859	1207	226
山东济南烟草有限公司	79981	21466	6742	4833	320
中国石油化工股份有限公司山东德州分公司	79324	37481	25393	1604	181
中国抽纱山东进出口公司	74388	53280	55665	－1880	315
济南轻骑销售有限公司	74067	9831	10278	31	240
山东大陆企业集团有限公司	73496	16748	11593	1517	1310
山东省济南医药采购供应站	71832	35843	30465	34	884
山东潍坊医药集团股份公司医药采购供应站	71656	43212	45262	－1256	371
中化山东进出口集团公司(中化山东进出)	70765	46826	67061	－1615	140
山东聊城烟草有限公司	70545	3815	3145	231	55
威海纺织集团进出口有限公司	68718	21631	20583	190	110
中国石油化工股份有限公司山东日照石油分公司	67919	25252	13334	2162	570
济宁烟草有限公司曲阜分公司	66644	2119	243	507	90
山东省丝绸总公司	65392	107365	80570	－2746	79
山东华良粮油有限公司	65093	15134	11673	2067	17
山东省印刷物资公司	64981	28866	8201	4441	165

注：本表为2002年商品销售总额20000万元以上的批发贸易企业。

19－3续表1　　（2002年）

企业名称	商品销售总额（万元）	资产总计（万元）	负债合计（万元）	利润总额（万元）	从业人员（人）
山东淄博烟草有限公司	64661	24223	9315	2853	910
中石化聊城石油分公司	64302	25621	21546	918	165
济南药业集团有限责任公司	64173	23394	23101	42	834
山东省食品进出口公司	59040	121570	143157	－5082	189
济南轻骑铃木摩托车有限公司	57554	36530	13025	2784	506
青岛福兴祥商品配送	57435				221
即墨中油油品销售有限公司	57007	5445	1366	663	54
中国石化山东枣庄石油分公司	55734	12115	8564	1285	388
青岛中油油品销售有限公司	54638	6071	4498	762	28
山东山推工程机械成套设备有限公司	53902	13468	9271	1820	70
淄博糖酒站股份有限公司	53806	23969	20787	1380	1471
高密市经贸汽车销售有限公司	52712	14307	12931	－21	142
中粮山东粮油进出口公司	51473	69621	84117	152	296
中国化工建设青岛公司	50397	17796	17714	526	29
山东省烟草物资设备有限公司	50076	17231	1837	6972	26
青岛顺泰汽车销售有限公司	49906	16177	14948	11	28
临沂市工业生产资料有限公司	49323	22893	22195	152	108
济南永君物资有限责任公司	48942	9427	8149	358	80
青岛钢铁进出口公司	48343	17523	16064	1278	16
菏泽市牡丹区粮食收储公司	47950	34087	33085	－16	953
山东潍坊烟草有限公司	47693	140971	67954	340	3659
济宁海尔工贸有限公司	47601	5355	5211	29	242
青岛海尔空调器销售有限公司	46620	12069	12013	6	30
青岛国风集团医药有限责任公司	46214	42622	40537	－774	565
青岛海信进出口有限公司	46035	103446	102137	310	48
山东省塑料工业总公司	45824	29886	25997	－11	87
中国烟草山东进出口公司	45079	46195	48472	1616	144
山东华盛对外贸易有限公司	44195	55576	5237	3892	35
山东省医药保健品进出口公司	43456	45134	51611	216	225
山东日照烟草有限公司	43366	21088	16188	265	114
烟台市农业生产资料科技有限公司	42571	11565	11353	1	57
山东凌云工贸股份有限公司	41768	24449	18376	429	360
烟台市牟平中油油品销售有限公司	41327	3169	2196	481	44
山东省五金矿产进出口公司	41025	67954	69610	－2880	178
山东省医药公司	40658	30396	28682	22	198
山东坤华集团公司	39992	21845	14927	733	240
中国石化山东泰山石油股份有限公司	39854	937	937	－122	540
平度市三利物资有限公司	39843	5844	5742	－23	59
山东威海烟草有限公司	39378	7345	2108	1750	117
山东省石油集团潍坊总公司	39141	35351	19397	1854	332
青岛华脉通信器材有限公司	38275	28618	21355	4540	74
龙口中油油品销售有限公司	38197	5693	3940	857	43
枣庄市台儿庄区粮食收储中心	37870	18646	17770	7	300
金光纸业(青岛)有限公司	37655	7047	4993	－182	36
山东德州烟草有限公司	37226	5116	2410	1147	63
青岛国风集团药材有限责任公司	37166	28298	24650	201	443
中国船舶燃料供应青岛公司	36860	11885	6195	858	379
山东潍柴进出口有限公司	36640	44726	25565	293	71
山东机械设备进出口集团公司	35835	47125	36026	2505	219
青州市棉麻公司	35254	11566	10092	1	261
济南华幸化工集团有限责任公司	35238	20479	14100	19	388

企业名称	商品销售总额(万元)	资产总计(万元)	负债合计(万元)	利润总额(万元)	从业人员(人)
临沂市钢材总公司	35202	8261	5700	30	96
青岛纺联集团有限公司	34983	20578	15315	－517	169
山东格力电器销售有限公司	34740	33998	34033	－354	69
东明县石油公司	33270	1297	1211	142	86
中国出口商品基地建设山东公司	31758	19265	19390	－338	83
泰发集团股份公司物资分公司	31707	4637	4421	258	30
中国石油化工股份有限公司山东威海石油公司	31376	51205	28560	－128	126
青岛红星化工集团进出口有限公司	31272	15609	15166	177	33
中国石油化工股份有限公司山东莱芜分公司	30516	14261	7931	1046	208
山东东营烟草有限公司	30476	5346	957	1861	70
山东省出版对外贸易公司	29849	7411	3669	1404	16
菏泽中油公司	29515	6429	1835	368	386
山东滨州烟草有限公司滨州市烟草专卖局	29092	4376	3369		61
山东省潍坊市进出口有限公司	29067	5100	4232	214	67
烟台市进出口公司	28676	19558	14379	120	110
青岛康信汽车销售服务有限公司	28272	5418	5313	6	8
烟台市嘉禾农业生产资料有限公司	27372	22127	21050	－142	53
济南果品总公司	27080	8986	8320	－79	447
山东聊城利民药业有限公司	27068	10850	8044	563	703
山东临沂药材集团公司	26789	20835	15346	20	505
聊城鲁能燃料有限公司	26530	15027	12201	335	86
山东省济宁市医药总公司	26454	21948	24421	－629	594
山东通用塑料有限公司	25868	6031	5673	86	7
山东省鲁抗医药进出口公司	25793	13885	15674	37	120
山东省华隆进出口公司	25756	7926	7844	－78	45
山东省烟台药材采购供应站	25416	14741	14463	－138	270
郓城圣达(集团)实业有限公司	25121	10790	10543	－149	110
天津汽车工业销售山东有限公司	25072	11388	10265	14	55
山东省轻工业品进出口有限公司	25055	17818	17290	39	25
烟台中燃船舶燃料供应有限公司	25000	2550	1868	102	22
莱钢集团商业有限公司	24872	11956	10332	2	460
莱州市粮食收储管理中心	24672	22905	19998	345	441
济南加林纸业有限公司	24096	1391	1018	－128	17
山东省金城摩托车销售有限公司	24071	2477	3745	－1370	40
单县棉麻公司	23843	46729	47049	398	895
寿光市农机总公司	23395	5206	3410	110	304
山东商友博思电子科技有限公司	23299	3073	2884	－13	70
烟台市供销石油公司	23267	9259	7082	1	21
山东枣庄烟草有限公司滕州分公司	23064	2602	252	1350	96
青岛华丰玻璃销售有限公司	22411	4606	4556		40
济南广友物流配送集团有限公司	22130	23268	7914	2	949
山东省技术进出口公司	22097	15498	15342	－295	76
山东金蜂星电子科技有限公司	21960	2954	1920	21	94
山东中糖发展有限公司	21745	6855	4899	－47	20
山东省文教体育用品进出口公司	21418	39829	46489	343	119
山东泰山石油新泰分公司	21035	2860	2733		294
山东童海港业股份有限公司	20675	19296	8547	511	78
中国石油化工股份有限公司寿光分公司	20557	1106	754	347	92
无棣县粮食收储有限责任公司	20494	15544	15022	263	350
聊城市塑料工业公司	20189	2890	1104	315	19
山东省轻工业供销总公司	20154	6327	4868	93	68

19－4 规模以上零售贸易企业基本情况

（2002 年）

企业名称	商品销售总额（万元）	资产总计（万元）	负债合计（万元）	利润总额（万元）	从业人员（人）
三联商社	843060	189866	120223	7187	2190
山东银座商城股份有限公司	201751	166999	122083	2369	3003
淄博商厦股份有限公司	164747	60646	42866	2881	2818
山东省威海糖酒采购供应站	103852	21941	14282	1002	1536
济南人民大润发商业有限公司	100228	55930	46239	650	1075
中国石化股份有限公司山东滨州分公司	81273	21595	17457	674	192
山东临沂汽车工业贸易有限公司	80401	13195	11782	101	190
青岛崂山百货大楼(集团)股份有限公司	80197	43001	32238	575	685
青岛利群集团股份有限公司	74830	70208	46630	4654	536
济南华联商厦集团股份有限公司	68199	61243	55759	292	1164
青岛东泰佳世客有限公司	64885	35191	18100	3331	394
青岛第一百盛有限公司	60016	81569	59529	－1112	289
中石化山东东营分公司	57039	15256	13666	276	239
青岛名达超市有限公司	51475	12274	8110	3224	739
临沂市工业品总公司	51436	50567	36619	－387	600
济南人民商场股份有限公司	50383	50632	36397	159	1347
青岛国美电器有限公司	49293	12356	11514	90	217
济南国美电器有限公司	47568	12411	11588	－178	320
烟台市振华百货集团股份有限公司	47006	29189	22009	809	1154
青岛海信实业股份有限公司	42160	28546	27405	36	688
济南大观园股份有限公司	40216	31833	22284	－258	1900
威海市华联商厦股份有限公司	39716	55799	42875	1022	1730
青岛北方国贸大厦股份有限公司	38724	24864	18613	39	848
寿光百货大楼有限公司	34572	15005	13338	466	695
淄博东泰商厦	31431	10351	8773	137	648
山东雅泰电器有限公司	29991	8013	6518	328	92
青岛华成汽车服务有限公司	29185	6836	5939	16	52
山东临沂九州集团总公司	29144	33978	28033	－1487	886
潍坊百货大楼股份有限公司	28076	26797	22037	105	562
青岛利客来商贸股份有限公司	27801	19102	15470	20	723
东营市百货大楼	27443	25367	20588	50	1179
临沂解放汽车销售服务有限公司	27300	11256	10749	10	44
山东龙泉集团公司	25663	6282	4677	198	473
烟台市良友广场有限责任公司	25115	39547	34566	45	402
枣庄购物中心有限公司	23034	13288	12162	20	672
威海橡胶化工进出口有限公司	22958	5233	4593	223	42
泰安银座商城有限公司	22805	3825	3958	814	673
青岛市新华书店(集团)	22578	27725	16835	580	519
日照百货大楼有限公司	22381	14607	11974	953	667
青岛国风大药房连锁有限公司	22036	8759	6633	211	1073
威海市新华书店	21359	39155	5972	169	76
山东新华鲁抗药业零售连锁有限公司	21216	10726	7152	28	296
青州福田汽车贸易有限责任公司	21197	2632	2065	236	68
青岛利群四方购物广场有限公司	21079				238
济南市新华书店	20373	12487	10275	104	480
青岛利群即墨商厦有限公司	20343	4015	2028	561	352
山东威海百货大楼集团股份有限公司	20312	11989	6555	－392	613
临沂金鹰商场有限公司	18362	3389	3281	－30	800
泰安市泰山医药有限公司	18091	14250	17222		1045

注：本表为2002年商品销售总额5000万元以上的零售贸易企业。

19－4 续表 1　　　　　　　　　　　　(2002 年)

企业名称	商品销售总额(万元)	资产总计(万元)	负债合计(万元)	利润总额(万元)	从业人员(人)
青州市裕兴汽贸有限责任公司	18055	2226	2032	－66	61
山东省聊城市百货大楼股份有限公司	17953	14388	12640	30	829
东营市商业大厦	17726	15042	12412	60	629
山东现代家用电器有限公司	17360	692	597	46	218
青岛润泰事业有限公司烟台分公司	16989	6646	6762	－72	493
山东省临沂医药采购供应站	16805	5216	5216		240
淄博奥德隆经贸有限公司	16404	9390	7092	62	688
济南市蔬菜公司经营部	16265	23926	15229	13	1944
青岛中新购物商厦股份有限公司	15466	6850	5445	10	56
青岛华联商厦股份有限公司	15451	22270	8942	108	386
山东省安达汽车服务公司	15233	2823	2496	82	30
山东华达汽车服务有限公司	15128	9943	8830	294	64
山东吉客隆集团有限公司	15057	24024	17035	－207	889
德州市德州商场	14938	5261	5011	15	609
淄博绿岛商贸有限公司	14783	11525	7143	496	445
山东梁山水泊商场	14709	5788	3867	3	632
青岛华泰汽车销售有限公司	14705	10078	8694	42	26
邹城市百货大楼有限公司	14618	3216	2700	194	900
烟台华联发展集团股份有限公司华联商厦	14431	9102	11166	－2154	519
青岛福日汽车销售有限公司	14269	7871	5884	－61	73
烟台天航汽车销售服务有限公司	14100	3826	2989	39	180
济宁九龙家电有限公司	13796	6240	6135	25	98
青岛横店东方贸易大厦有限公司	13106	48336	23855	－1185	465
牡丹医药公司	13077	4751	4726	21	1053
青岛利群集团胶州商厦有限公司	13023	2512	1195	647	146
梁山县百货大楼	13005	2432	1902	－40	203
山东万嘉隆商贸发展有限公司	12899	10092	3997	－290	360
新泰青云购物中心有限公司	12846	4217	3456	33	680
淄博东方商场	12834	788	763		314
山东滨州医药集团公司	12436	10188	7242	27	380
山东百大商贸股份有限公司	12412	8234	7083	40	581
山东省石油集团邹城公司	12366	5943	3243	389	130
莱州市百货大楼	12303	4477	3295	102	542
济南山水大润发商业有限公司	12088	4155	4037	－182	411
莱芜市华联商城	12049	2262	1329	41	106
烟台永利汽车销售有限公司	11704	10214	7795	47	71
潍坊冠宇汽车销售有限公司	11580	3489	2483	11	30
烟台大通汽车贸易有限公司	11454	3621	2639		35
临沂市大福源超市	11442	6671	6671	－345	490
济南亨得利钟表眼镜有限公司	11379	5718	5302	1	347
潍坊友谊商场	11152	17803	17396		552
山东临沂市交通实业总公司	11102	1239	1119	－98	27
临沂罗欣医药有限公司	10971	2874	2050	161	155
淄博恒吉汽车服务有限公司	10944	1718	870	69	60
青岛海滨股份有限公司	10778	5190	3947	－30	508
济南华达汽车销售公司	10746	4263	3496	－192	35
山东济宁华联商厦股份有限公司	10743	26257	22684		1202
潍坊世纪泰华商业发展有限公司	10594	27177	23590	－520	1374
滨州市百货大楼有限责任公司	10500	12961	10016	11	1517

19－4续表2 （2002年）

企业名称	商品销售总额（万元）	资产总计（万元）	负债合计（万元）	利润总额（万元）	从业人员（人）
济南绿地商城	10470	5397	3872	4	506
青岛第一百盛有限公司即墨购物中心	10408				85
莒县城关供销合作社	10395	4585	2484	2	247
青岛普尔斯马特商业有限公司	10386	8410	4999	－887	300
淄博特信百货商城有限公司	10361	7145	4505	36	578
莱阳龙大超市有限责任公司	10339	6411	6074	38	293
青岛国货集团新世纪购物中心有限公司	10191	2875	2505	169	168
东营市日用工业品公司	10128	17017	12534	68	685
青岛利群集团莱州购物广场	10055	2091	1178	－17	187
青岛东联汽车销售有限公司	10012	1687	593	6	30
中国石油化工股份有限公司莒南分公司	9964	205	58	62	158
济宁市百货大楼	9962	22627	20779	3	1064
中石化兖州公司	9883	4104	4129	141	152
青岛家佳源购物中心有限责任公司	9789	8624	5807	49	214
山东省临沂市新华书店	9660	11171	8489	396	286
济南运发汽车贸易服务有限公司	9608	5836	4873	－26	45
山东济南百货大楼(集团)股份有限公司	9601	38078	26488	－2160	1602
青岛国风集团祥泰药庄连锁有限公司	9433	3640	2341	72	193
寿光市糖酒茶副食品有限公司	9392	3297	3065	45	109
青岛国货城阳购物中心有限公司	9140	3001	2338	243	633
青岛喜盈门集团喜盈门商场	9134	2995	2732	263	339
滕州市百货总公司	9006	5426	8726		621
安丘市供销大厦有限公司	8885	7591	7228	120	453
烟台市医药公司莱州公司	8837	3074	1140	227	195
青岛国货有限公司	8758	18489	11333	－617	514
中石油广饶石油公公司	8649	873	664	9	39
潍坊润达汽车销售服务有限公司	8633	2130	1643	70	55
山东桓台百货大楼有限公司	8620	4531	4068	42	611
文登市金都大厦	8620	5154	3574	27	277
山东馨百商贸有限公司	8579	3780	4192	－30	690
青岛长青股份有限公司	8567	6940	5596	－84	328
日照医药集团公司	8562	6510	6062	－311	427
统杰(青岛)食品加工有限公司	8550	4679	4333	－1392	361
烟台百货大楼有限公司	8504	11473	10673	－1797	1139
淄博政通洗涤化妆用品有限公司	8263	4816	4912	－113	180
青岛世泰实业有限公司	8236	3033	2231	50	42
威海市金蚂蚁五交化公司	8234	4250	2840	528	223
青岛国风集团开发区医药有限责任公司	8220	2473	1718	109	136
安丘市中百商厦有限责任公司	8126	8167	8040		316
山东省枣庄市市中区烟草有限公司	8058	897	130	611	53
文登市艺利达商场	8033	1714	272	369	332
青岛即墨市新世界大厦	7986	6889	5073	6	295
青岛利群集团诸城商厦有限公司	7941	1873	1289	215	151
东营市医药药材采购供应站	7841	7838	8077	－69	227
青岛发达商厦	7822	15429	10453	－127	186
济南新国道商贸有限公司	7757	2291	2129	－91	450
济南小鸭贵华购物有限责任公司	7733	5047	5134	－137	373
山东世纪联华万隆超市有限公司	7649	4590	1974	45	332
青岛国货商厦有限公司	7638	6100	6943	3	274

企业名称	商品销售总额（万元）	资产总计（万元）	负债合计（万元）	利润总额（万元）	从业人员（人）
日照市煤气公司	7623	1655	1114	-162	112
青岛中百佳乐家超市有限公司	7611	1167	912	64	370
肥城市正大商场	7607	6362	6041	107	420
青岛高科技工业园北方车辆租赁贸易中心	7582	977	853	11	13
莱阳市容信达经贸有限公司	7581	915	851	10	22
市百货大楼有限责任公司	7494	1265	935	1	459
济南市万紫巷商场	7468	10424	7073	-403	251
青岛平度新时代商贸有限公司	7437	4460	3500	20	318
威海天达石油化工有限公司	7386	1616	893		62
莱西市粮贸大厦有限公司	7281	4483	3266		203
菏泽南华广场	7250	9142	8375	-294	369
苍山县石油公司	7192	361	288	70	85
临沂华菱汽车贸易总公司	7101	914	997	2	93
潍坊万家福百货大楼超级市场有限公司	7091	1107	792	15	318
招远市机电设备有限公司	7034	3905	3623		58
宁阳县凌云经贸有限公司	6824	4212	4130	3	323
临沂市恒昌汽车贸易有限公司	6786	3585	2557		60
博兴供销大厦	6679	8679	7943	13	378
山东泰山糖酒副食品总公司	6676	3230	2648		241
枣庄康太药业有限公司	6339	5440	5187	-220	564
淄博华夏商场	6263	2915	3900	27	293
威海市金猴商场有限公司	6257	1185	946	277	90
齐鲁石化商业公司三利万客隆超市	6251	1512	1277	-101	243
青岛润泰事业有限公司	6218	29384	9320	64	531
淄博爱客家超市有限公司	6174	1700	1015	-27	66
临沂桃源超市有限公司	6161	3656	3511	9	358
中国石油天然气股份有限公司龙口销售分公司	5918	2858	2858	230	133
文登市百货大楼	5914	10346	9772		310
淄博公园商场股份有限公司	5896	15014	14063	279	709
德州市农业生产资料公司	5835	1404	1273	6	47
招远市供销社人民商场	5734	2156	2227	-5	322
三联商社日照商业广场	5713	3668	3596	134	206
兖州市广场商厦	5710	3572	3419	21	482
山东高唐时风商场有限公司	5682	2207	1158	255	65
菏泽市新华书店	5584	4278	3150	53	193
青岛维客高密购物中心有限公司	5567	2080	1579		226
山东省济南市章丘医药公司	5465	1299	774	40	185
青岛诺玛特经贸有限公司	5464	5431	2994	-566	166
烟台市联发通讯器材有限公司	5447	1062	680	42	98
临沂市鲁运汽车贸易有限公司	5440	494	362	35	20
莒县机电设备有限公司	5386	1925	1822	43	104
淄博新一佳超市有限公司	5325	4244	3483	-239	320
临沂市仁和堂医药有限公司	5169	2405	1805		204
潍坊医药集团股份有限公司寒亭公司	5167	2485	2485	-203	98
青岛利群集团胶南商厦有限公司	5115	1745	1245		97
济南市建联中药有限公司	5100	4855	1636	110	355
安丘市土产杂品公司	5093	2789	2068	-2	247
寿光市商业大厦有限公司	5068	6779	6137		93
山东省莒南县医药公司	5030	2598	1860	95	191

19－5 企业集团基本情况

（2002年）

集团名称	营业收入（万元）	出口销售总额（万元）	资产总计（万元）	流动资产年平均余额（万元）	从业人员（人）
☆海尔集团	7105282	369108	3460369	1998711	31320
☆中国石化胜利油田有限公司	3879006		4960059	462016	75800
☆山东电力集团	3866680		8167126	3446897	56331
☆海信集团	1939456	158223	672876	433876	10166
☆山东省兖矿集团	1456764	407910	2618090	774052	102500
中国石油化工股份有限公司山东分公司	1441068		761121	279571	21337
☆中国第一汽车集团青岛汽车厂	1234806		300993	214202	3818
★中国网通集团山东省通信公司	1173729		4126058	280906	36533
☆中国重型汽车集团	1028298	6132	961108	475724	26887
☆济南钢铁集团	940861	92963	1350558	589923	16698
☆青岛钢铁控股集团	794251	9053	729942	347488	13453
★山东移动通信有限责任公司	785902		1280388	187319	6894
☆三联集团	762575		863023	589660	7072
☆莱芜钢铁集团	750629	49196	1324410	393832	39395
☆青岛凯联集团	735758	113233	1049286	427210	22077
☆山东时风集团	694261	2730	184757	85982	25779
☆青岛啤酒集团	688365	33970	953106	269747	25169
☆浪潮集团	640322	24422	354003	216985	3100
☆新汶矿业集团	575427	25518	835667	343332	75584
☆颐中集团	573197	20120	1077004	546466	10992
☆双星集团	570884	49984	422922	211234	21453
☆山东滨化集团	560351		146870	66311	2727
☆万杰集团	558342	2000	642638	288764	8360
山东金锣企业集团总公司	556018		185627	92307	15028
☆山东工程机械集团	535997	18328	531802	344963	12675
☆山东魏桥纺织集团	521492	243475	697562	202967	40621
山东三箭集团	519606		489653	362914	41467
☆青岛澳柯玛集团	511997	31704	570165	382067	7613
☆新华鲁抗药业集团	471263	82639	605521	300296	16164
☆山东晨鸣纸业集团	465133	16879	978462	383504	13762
☆南山集团	450176	3994	686013	143739	32126
☆枣庄矿业(集团)有限责任公司	440559	49531	724474	171357	55273
☆诸城市大龙实业有限公司	435303	96961	387069	212133	6269
☆山东海化集团	365060	42845	731029	329945	20659
★中国联通有限公司山东分公司	361429		1068535	112891	2651
☆将军集团	347806	205	613053	308925	5077
☆淄博矿业集团	323947	17737	638774	220536	33485
☆中国石化集团青岛石油化工厂	316468		236081	78801	1667
山东省机械进出口集团	315189	309342	194535	141935	405

注：本表为省重点及营业收入5亿元以上的企业集团。其中，带☆为省重点工业企业集团，带★为省重点服务企业集团。

19－5续表1 （2002年）

集团名称	营业收入（万元）	出口销售总额（万元）	资产总计（万元）	流动资产年平均余额（万元）	从业人员（人）
☆宏安集团	314540		80404	34364	930
青岛广源发集团	310346		164719	102043	2885
☆中国石化集团齐鲁石油化工公司	287091	1315	657840	249775	21206
山东省商业集团	276539		472854	162511	5761
★青岛港务局	272383		1020620	237817	11841
☆山东华盛集团	271750	20651	226939	97833	16800
☆三角集团	249431	93492	234622	83626	5130
☆中国轻骑集团	248277	14877	839794	400259	11051
☆山东丛林集团	245189	4355	254809	133672	4076
青岛建设集团	243638		471767	381052	7285
☆华泰集团	238695	5063	405163	149165	4350
山东冠鲁企业集团	236121	1108	195329	97536	20507
山东省供销社集团总公司	232306	937	291252	207669	648
☆青岛黄海橡胶集团	231792	36630	647421	288437	10306
☆山东太阳纸业集团	230341	2566	238779	67803	5884
鲁能泰山电缆电器有限责任公司	229058	2839	354181	177316	6951
★青岛国风集团	227546	216	219003	137013	5915
☆山东成山橡胶集团	224338	37427	283645	117832	5658
☆肥城矿业集团	224289	1155	372324	87463	34083
★青岛利群集团	219583		70208	17084	2708
☆山东德棉集团	218513	104185	236085	110062	15119
☆新牟国际集团	214783	16502	203708	117744	5762
☆山东鲁北企业集团	211872		506232	154762	3194
青岛泰发集团	210123	81330	65905	35429	7200
☆山东聊城鲁西化工集团	207953	1376	474803	191935	9453
山东省建设建工集团	204601		287751	234205	22962
★润华集团	203798		144804	102779	628
青岛益佳国际贸易集团	200049	127253	174129	132681	1308
☆山东巨力集团	187594	448	120538	51971	2975
山东绮丽集团	182203	160756	129427	79100	3690
☆青岛即发集团	177810	125361	119839	37471	4038
☆烟台张裕集团	177569	1562	209341	141699	3661
☆济南齐鲁化纤集团	175643	16482	599092	228941	17268
山东信发铝电集团	174092	644	396294	160077	6276
☆科达集团	171413	106533	103003	69955	4932
★山东省华丰企业集团	169970		143027	55734	4650
☆山东招金集团	168436		236674	66011	10225
☆烟台万华合成革集团	165838	15630	316759	94266	4560
★淄博商厦股份有限公司	165578		60646	31843	2693
★山东银座商城股份有限公司	165550		166999	70572	3003

19－5续表2 （2002年）

集团名称	营业收入（万元）	出口销售总额（万元）	资产总计（万元）	流动资产年平均余额（万元）	从业人员（人）
★山东航空集团	162861		386024	24501	2139
☆得利斯集团	162066		137912	38341	3350
☆山东凤祥集团	161758	25853	136804	50734	10665
★山东新星购销总部(集团)	160718	602	22741	16702	1123
★山东潍坊百货集团	157144		46867	29307	1863
☆山东渤海油脂工业有限公司	150999		55854	37424	216
山东天元建设集团	150561		160249	127653	10584
山东工艺品进出口集团	146679	113985	93185	75029	496
☆山东里能集团	143375		543242	137753	2603
山东泰山电器集团	142324	13751	74458	47698	1459
☆山东东明石化集团	139109		92043	37699	1806
☆万达集团	138096	1704	79092	30343	2512
山东省对外贸易集团	136784	74813	91668	56678	561
潍坊巨龙化纤集团	136512	14251	250640	84092	6943
☆山东小鸭集团	135779	7589	344667	171268	4740
☆山东龙大企业集团	135739	56894	131120	68891	14847
青岛红星化工集团	133972	63539	224871	106829	4918
山东博汇集团有限公司	132861		210931	57863	5694
☆山东只楚集团	130946		87159	41832	2800
山东寿光巨能电力集团	130152	5084	117354	34489	1531
力诺集团有限责任公司	129674		303258	6710	9056
山东金龙企业集团	125600	6150	37151	20120	2160
★济南人民商场集团	122712		107849	40978	1561
☆山东樱花纺织集团	122176	26417	162601	75901	13578
山东工友集团	122019		45093	26657	2408
★山东省塑料工业总公司	120319		51290	43744	183
山东建设集团	118039	125	147931	125438	7831
青岛汉缆集团有限公司	117119	1231	63389	32259	1288
★山东省农业生产资料公司	116788		89388	77002	122
济南华达企业集团总公司	114389		110590	52368	1795
济南四建集团	112266		147558	113061	10976
好当家集团	111924	27052	160215	35450	3950
☆山东玲珑橡胶有限公司	111064	29107	121212	46739	3659
☆齐鲁制药厂(集团)	110702	10058	145637	73071	2827
青岛星火纺机纺织集团股份有限公司	110653	18968	64651	39860	1676
☆山东如意毛纺集团	109558	50698	210755	109923	8354
☆菱花集团	109382	4320	97751	38167	7040
潍坊钢铁集团	109283		95195	33570	3047
山东龙喜集团	108088	427	103177	29151	2692
☆山东聊城双力农用车集团	107407		107236	66813	3531

19－5续表3　　　　　　　　　　（2002年）

集团名称	营业收入（万元）	出口销售总额（万元）	资产总计（万元）	流动资产年平均余额（万元）	从业人员（人）
潍坊医药集团	106680	2139	101749	56421	4937
☆山东广饶石化集团	106398		59314	21990	1472
山东华星石油化工集团有限公司	106321	1245	51978	23266	789
山东大正实业集团有限公司	105860	3536	51236	38115	1830
山东泰山钢铁公司	105701	5356	105964	27311	5234
☆山东黄金集团	105676		313314	19726	15178
☆山东泉林纸业有限责任公司	105471	364	307723	93743	9280
☆烟台冰轮集团	105446	10310	151924	88599	4485
青岛特种汽车集团公司	104927	276	51619	37110	1494
山东省交通工业集团总公司	103094		181351	117085	4316
☆山东中创软件工程股份有限公司	102932	912	37605	22232	578
青岛变压器集团	102518		135220	94333	5695
★山东省棉麻公司	101955	497	185980	118371	138
菏泽粮油集团总公司	101739		75028	55729	1349
☆山东利华益集团	101704		59896	24807	1175
☆潍坊新立克(集团)有限公司	98660	132	372216	120185	2896
山东大陆企业集团有限公司	98052		40766	20146	1600
山东齐鲁增塑剂股份有限公司	97307		41084	27189	367
★日照港务局	97285		285892	55935	5852
山东淄博付山集团	97243		81198	22836	4056
☆鲁泰集团	95548	76940	179449	69098	5349
临清彩虹集团	95005		86996	33402	1868
山东亚光纺织集团	94197	51698	94206	39570	5806
☆山东红日集团	92683		126110	50298	3108
☆青岛纺联集团	92042	36687	256291	114380	12345
济宁矿业集团	91965		218696	65029	7989
山东胜通集团股份有限公司	91950		43033	20098	2370
烟台市首钢东星集团	88919		149241	66251	1784
齐鲁考格尔集团	88477	233	110263	59067	4256
☆山东(临清)银河纸业集团	88421	1866	132916	48610	3902
☆潍坊亚星集团	88029	7671	205205	109020	3426
☆山东渤海活塞集团	85172	240	90746	42501	3078
☆济南山水集团	84766		175515	59847	4524
☆烟台有色金属集团	84313	2960	190479	92237	2981
青岛万福集团	83265	25791	59762	42569	6800
山东同济万鑫集团有限公司	83200		132687	26622	8950
泰丰纺织集团	82152	26298	68289	23752	4013
★山东翔龙集团	81572		45600	27178	2283
☆鲁南制药股份有限公司	81340		119238	63891	2492
山东寿光联盟化工集团	81277	44	63131	16763	2727

集团名称	营业收入（万元）	出口销售总额（万元）	资产总计（万元）	流动资产年平均余额（万元）	从业人员（人）
山东药玻集团	80769	1118	121351	56542	4738
大明集团	80580	1146	219362	69449	1856
山东坤华集团	79926		44514	20462	389
威海光威渔具集团	79021	31788	44360	21125	4009
青岛正进集团	78722	77503	87245	50726	4725
☆山东莱动内燃机有限公司	78110	3679	86053	51573	4619
青岛竞业集团	77513		71513	30564	3007
☆威海北洋电气集团	76749	64274	76046	36092	3707
☆山东阳谷电缆集团	76078		85800	51514	1046
青岛交运集团	75720		93226	31963	5307
★临沂市医药集团	75583		53176	31998	3320
☆山东潍坊海龙股份有限公司	74774	12197	127037	35461	5325
☆山东华冠集团	74484		84107	50394	2469
日照市水产集团总公司	73841	43850	65911	36761	3798
青岛喜盈门集团	73608	27773	75808	45022	3627
山东斥山水产集团	72448		72525	37212	2600
山东沂州水泥集团总公司	71863		50410	10388	1871
蓬莱市黄金集团	71297		101747	30673	2139
山东省高唐蓝山集团	71240	299	55618	31147	994
☆兰雁集团	71208	46441	78939	34741	3031
山东华乐实业集团	70956	5780	34666	14728	3500
山东岱银纺织集团股份有限公司	70953	14870	46579	27394	3362
★青岛崂山百货大楼(集团)股份有限公司	70510		43001	20207	1422
山东鲁南化学工业集团公司	70013	2367	172222	33075	6350
山东省金海集团	69671		37809	15068	1800
山东泸河集团有限公司	68766		56181	17032	2430
烟台市钢铁企业集团	68372		111582	26708	1290
☆济宁电化集团	68362	631	70611	34330	3866
☆山东万泰纺织有限公司	68121	26158	85929	14134	6826
☆山东华众纸业有限公司	67947	9693	172841	39327	1720
山东潍坊外贸实业集团	67414	25475	39911	21386	1185
方圆集团	66786		63376	27162	3027
☆山东华鲁恒升集团	66261	321	161855	47532	3251
☆山东大成化工集团	66162	2023	112917	64456	4119
山东大洋食品集团有限公司	66156	59013	27942	17914	1673
☆山东胜利股份有限公司	66067		111322	56911	907
☆山东东大化工集团	65799	3772	94695	26294	1976
☆威海木机集团	65574	4237	102530	50430	4654
☆烟台正海集团	65435	15975	172084	67703	836
☆山东郯化集团	65427		96421	21259	2890

集团名称	营业收入（万元）	出口销售总额（万元）	资产总计（万元）	流动资产年平均余额（万元）	从业人员（人）
青岛公交集团	64877		99855	23667	13991
山东双兴集团	64505		17518	7800	920
山东高密化纤股份有限公司	64344	6368	52847	14718	2256
泰安鲁润股份有限公司	64189		96135	63243	272
★济南华联商厦集团	64133		61243	56103	1164
☆山东东阿阿胶集团	63771	686	109528	58013	3400
济南一建集团	63753		116275	90170	7494
青岛康大外贸集团有限公司	63600	24780	39263	17974	795
☆烟台东方电子信息产业集团	63172	400	240329	116562	1292
清河集团	63124		105693	20416	3229
☆山东华阳农药化工集团	62277	5452	135879	59668	7980
山东天府集团公司	62202	1208	38303	22198	1800
山东华明电力集团	60823		94967	38615	2795
山东九发集团	60355	2067	61285	41291	2827
烟台市三环锁业集团	60308	28456	48169	26171	4861
青岛市梅庵集团公司	60038	30181	15620	9116	7512
☆山东聊城客车工业集团	59922		108279	68419	2133
山东东蒙企业集团公司	59705		58509	10182	6200
山东峄山化工集团	59630		65474	11412	4969
青岛国人集团有限公司	59625	10358	69984	38348	889
山东西水橡胶集团有限公司	58852		84252	30203	3000
青岛振华工业集团有限公司	58678	15211	24902	16972	2700
山东靖海实业集团	58582		53562	12738	5325
山东恒源石油化工集团	58393		93633	53380	2396
山东燕山集团总公司	58151	380	46762	11366	1300
☆山东铝业公司	57626	589	131775	57146	6849
东营市华誉实业集团有限公司	57516	17705	17777	10557	2008
山东华金集团	57419		74949	20499	2490
青岛金王集团有限公司	56186	46410	36209	12047	1486
山东华夏集团有限公司	56042		18568	10006	2800
菏泽交通集团总公司	56036		74979	16045	7386
山东金沂蒙集团有限公司	55568		36655	17632	1980
☆耶莉娅集团	55564	9130	54591	19983	3189
青岛捷能电工电子集团有限责任公司	55487	384	100231	65290	3344
青岛市市政工程集团有限公司	55243		90704	66814	3265
☆山东玻璃集团	55013	12254	192208	73290	1771
☆烟台氨纶集团	54649	534	105981	52919	676
青岛海晶化工集团	54375	611	98031	33267	1708
山东隆基集团	54320	15122	42010	24404	2350
山东淄博糖酒站股份有限公司	54197		23969	13983	1471

19－5续表6　　(2002年)

集团名称	营业收入（万元）	出口销售总额（万元）	资产总计（万元）	流动资产年平均余额（万元）	从业人员（人）
济宁市医药集团	54196		41309	32581	2676
山东大海集团	52886	3609	66932	41251	1935
山东金泉发展集团总公司	52498	45280	24931	21288	1530
青岛泰能燃气集团	52444	11757	297303	80379	2553
山东乐化集团	52354		66179	38012	2600
山东云龙绣品工业公司	51090	50337	20202	13711	1530
山东德齐龙化工集团	50452		50090	12179	2000
烟台市交运集团	50421		101774	22501	3986
☆山东英克莱集团	50354	3332	40586	18943	2429
☆青岛海珊服装服饰集团	50238	34132	105330	45439	6302
青岛市胶州建设集团有限公司	50153		81113	41671	7588
☆济南二机床集团	48738	2428	113712	73099	4915
★烟台港务局	48574		312866	54898	6470
☆山东巨菱集团	46510	15448	39395	32906	1641
★烟台市振华百货集团	46196		36501	11810	1154
☆淄博华辰集团	43998		156881	87904	5876
★山东省粮油工业公司	43789		4786	6913	187
☆威海市金猴集团	43784	3178	57066	30544	2409
☆山东兰陵企业(集团)总公司	43662		122348	63439	6183
☆泰山生力源集团	42759	472	69660	25995	2388
☆泰山玻璃纤维股份有限公司	39424	18392	114522	30005	989
☆山东华龙纺织集团	39136	13474	43758	18823	5579
☆山东现代达驰电工电气股份有限公司	38804	3280	29300	16639	717
☆山东曲轴总厂	38053		64331	27639	1986
☆华光陶瓷集团	37875	15096	171981	102305	3912
★日照凌云工贸集团	35883		24413	18290	380
☆德州晶华集团	34586	2099	134453	40197	5556
☆中国石化集团济南炼油厂	33871		79711	28551	1084
☆潍坊北大青鸟华光科技股份有限公司	32717		187509	131537	1145
★山东水产企业集团	31900		120826	71687	2723
☆山东潍坊拖拉机集团	29153	680	46376	22888	3393
★山东省济南汽车运输总公司	26547		55746	11743	2334
☆山东黑豹集团	25211	118	155751	68577	2480
☆山东景芝集团	23406	73	35682	16841	2764
★山东省东营市百货大楼	22945		25367	12281	1154
☆山东鲁能集团	22110		471319	102768	267
☆山东天力丝绸有限公司	18640	5502	36690	10323	1870
☆山东泰山锅炉压力容器集团	18623	325	51050	26577	1598
☆山东裕鲁实业集团	14368	8963	28341	13372	1652
☆山东孔府家集团	9290	98	67578	46393	1906
☆山东滨州印染集团	8861		57168	25488	428
☆山东山海连杆总公司	6023		9407	4623	550

二十、企业景气调查

BASIC STATISTICS OF BUSINESS CONDITION SURVEY

简要说明:

企业景气调查是适应我国社会主义市场经济发展的新形势,借鉴市场经济国家的成功经验而建立起来的一项新的统计调查制度。它是通过对样本企业的企业家定期进行意向性问卷调查,并根据企业家对企业经营状况及宏观经济形势的判断和预期来编制景气指数。企业景气指数不仅能够及时反映企业经营状况,当前宏观经济运行态势,而且能够预测未来经济发展趋势。

景气指数又称景气度,它是对企业景气调查中的定性指标通过定量方法加工汇总,综合反映某一特定调查群体或某一社会经济现象所处的状态或发展趋势的一种指标。景气指数的数值范围介于 0 - 200 之间,100 为景气指数的临界值;当景气指数大于 100 时,表明经济状况趋于上升或改善,处于景气状态;当景气指数小于 100 时,表明经济状况趋于下降或恶化,处于不景气状况。

景气指数根据其调查对象和反映内容的不同,有宏观和微观等不同分类。企业家信心指数是根据企业家对宏观经济环境信心预期的判断而编制的;企业景气指数是根据企业家对本企业当前综合经营状况的判断和未来发展的预计而编制的指数。

企业景气调查包括工业;建筑业;交通运输、仓储和邮政业;批发和零售业;房地产业;信息传输、计算机服务和软件业;住宿和餐饮业;社会服务业八大行业门类。我省于 1998 年正式开展企业景气调查,2002 年全省每季度进行调查的企业 3000 家,基本涵盖全部大型及特大型企业、省重点企业、上市公司和部分中小企业,具有较强的代表性。

编辑单位:省企队专项处

编　　委:张向春

编　　辑:刘建成

校　　对:刘建成

电　　话:6129425

20－1 企业景气调查主要景气指数

季度	企业家信心指数	企业景气指数	生产总量景气指数	盈利(亏损)变化景气指数	流动资金景气指数	货款拖欠景气指数	劳动力需求景气指数	固定资产投资景气指数
1999年1季度	110.69	118.07	102.65	84.82	46.06	92.93	69.20	96.13
1999年2季度	109.79	121.19	114.96	90.28	44.38	96.01	74.96	103.98
1999年3季度	111.56	119.33	115.08	86.99	45.22	96.66	77.22	106.78
1999年4季度	113.56	122.35	122.69	99.60	46.16	95.58	76.55	108.45
2000年1季度	122.14	117.15	111.61	91.58	56.74	108.81	86.19	106.98
2000年2季度	127.86	128.18	135.27	100.98	59.22	106.01	94.37	117.66
2000年3季度	128.53	125.36	124.53	100.57	61.88	103.71	94.33	119.48
2000年4季度	128.05	125.22	125.76	103.96	63.86	107.34	90.32	117.28
2001年1季度	133.64	129.24	116.28	102.10	72.93	110.13	91.00	107.62
2001年2季度	133.93	137.68	127.66	117.59	73.17	106.53	99.94	119.25
2001年3季度	129.86	131.59	124.77	106.61	72.97	107.41	96.98	115.56
2001年4季度	130.27	130.76	120.66	109.44	71.15	107.75	92.82	113.75
2002年1季度	130.04	127.64	115.03	99.60	75.48	111.26	92.49	108.31
2002年2季度	133.94	134.21	133.52	122.07	76.20	107.31	99.47	117.67
2002年3季度	130.44	136.07	132.44	120.42	76.88	105.56	101.43	123.83
2002年4季度	135.95	136.39	128.91	120.61	76.35	108.53	98.76	121.83

20－2 工业企业景气调查主要景气指数

季　　度	企业家信心指数	企业景气指数	生产总量景气指数	盈利(亏损)变化景气指数	流动资金景气指数	货款拖欠景气指数	劳动力需求景气指数	固定资产投资景气指数
1999年1季度	112.44	123.91	106.45	87.68	42.85	93.25	70.94	96.73
1999年2季度	111.28	125.96	119.82	95.40	43.91	98.20	73.67	107.59
1999年3季度	113.77	123.60	118.27	89.03	43.77	97.52	75.40	111.87
1999年4季度	117.25	130.12	131.17	108.64	46.56	97.61	78.47	113.40
2000年1季度	125.91	126.41	120.49	96.29	57.36	112.39	91.56	108.90
2000年2季度	131.34	135.11	142.25	105.52	62.09	109.56	95.16	120.38
2000年3季度	131.67	130.92	127.66	102.59	65.98	108.01	93.93	122.55
2000年4季度	130.93	133.18	131.18	109.20	67.25	112.21	91.72	120.62
2001年1季度	136.41	139.88	126.00	104.31	79.51	114.79	95.76	109.50
2001年2季度	137.74	144.06	129.20	119.87	80.54	111.73	99.68	123.12
2001年3季度	129.62	134.90	123.22	105.16	78.50	112.08	92.41	114.87
2001年4季度	131.63	134.04	122.77	110.98	74.61	111.21	93.31	114.77
2002年1季度	129.13	130.39	119.92	100.48	80.35	113.87	95.51	110.94
2002年2季度	136.04	138.68	136.32	127.32	84.51	112.11	97.63	119.34
2002年3季度	129.20	141.32	134.81	121.06	81.76	109.46	100.62	129.56
2002年4季度	138.31	142.81	131.71	123.26	81.89	112.44	102.04	129.17

20－3 建筑业企业景气调查主要景气指数

季　　度	企业家信心指数	企业景气指数	生产总量景气指数	盈利(亏损)变化景气指数	流动资金景气指数	货款拖欠景气指数	劳动力需求景气指数	固定资产投资景气指数
1999年1季度	116.91	117.76	84.68	86.40	58.95	61.72	71.70	84.75
1999年2季度	116.20	122.00	122.54	87.78	37.60	58.69	109.48	103.25
1999年3季度	109.78	118.39	121.32	95.98	40.04	60.81	113.93	98.11
1999年4季度	108.05	111.63	102.26	97.21	35.98	62.90	92.16	102.62
2000年1季度	116.69	85.66	74.09	70.80	49.60	73.47	74.28	94.36
2000年2季度	124.30	117.97	134.62	97.08	44.07	56.12	127.03	107.19
2000年3季度	121.78	125.22	138.65	110.70	48.26	56.62	123.67	113.32
2000年4季度	117.45	118.76	127.30	113.74	55.24	56.81	113.67	108.62
2001年1季度	122.70	92.31	66.80	79.36	52.20	82.13	76.92	101.51
2001年2季度	122.44	138.37	147.17	129.83	46.57	64.70	139.01	119.20
2001年3季度	127.17	127.05	133.45	117.55	45.38	63.91	129.25	114.18
2001年4季度	125.53	136.84	133.17	127.89	49.50	66.41	112.56	106.40
2002年1季度	135.23	119.27	85.93	80.09	56.09	89.87	96.62	114.87
2002年2季度	137.61	144.56	159.02	139.13	53.44	72.48	150.44	130.07
2002年3季度	129.34	138.39	139.37	131.68	60.24	69.42	133.78	118.07
2002年4季度	129.61	136.69	131.27	136.21	59.42	59.38	108.95	107.48

20－4 交通运输、仓储和邮政业企业景气调查主要景气指数

季　　度	企业家信心指数	企　业景气指数	生产总量景气指数	盈利(亏损)变化景气指数	流动资金景气指数	货款拖欠景气指数	劳动力需求景气指数	固定资产投资景气指数
1999年1季度	85.48	91.28	96.73	70.06	36.77	83.19	45.05	106.51
1999年2季度	98.01	105.11	100.78	81.74	40.28	83.07	49.25	106.34
1999年3季度	101.21	109.94	116.30	96.05	44.99	93.76	60.58	103.31
1999年4季度	109.31	102.59	117.67	86.63	41.61	82.64	60.84	105.01
2000年1季度	109.77	99.26	112.55	84.76	50.68	98.47	64.04	114.65
2000年2季度	120.11	108.51	132.55	97.02	48.62	102.55	72.21	128.58
2000年3季度	124.16	102.11	114.49	86.26	48.71	88.61	81.54	125.76
2000年4季度	123.46	106.95	124.59	89.83	54.05	101.71	71.92	119.48
2001年1季度	121.99	109.85	102.76	107.82	53.25	95.55	77.24	109.75
2001年2季度	126.09	122.99	124.99	119.03	53.09	97.79	80.12	120.84
2001年3季度	133.24	129.17	127.03	115.22	59.43	101.27	97.55	130.69
2001年4季度	129.93	123.90	111.97	99.34	61.44	109.37	86.08	124.32
2002年1季度	129.35	126.58	121.83	105.89	61.80	106.51	84.46	105.69
2002年2季度	126.02	126.69	131.41	117.44	56.71	106.01	79.78	112.20
2002年3季度	132.04	126.37	125.33	124.84	59.50	108.58	88.95	118.83
2002年4季度	130.78	118.90	124.10	107.36	55.49	112.60	87.97	117.99

20－5 批发和零售业企业景气调查主要景气指数

季　　度	企业家信心指数	企　业景气指数	生产总量景气指数	盈利(亏损)变化景气指数	流动资金景气指数	货款拖欠景气指数	劳动力需求景气指数	固定资产投资景气指数
1999年1季度	101.01	109.46	92.85	80.28	49.40	119.58	58.80	79.30
1999年2季度	95.42	107.36	87.05	71.39	44.73	121.60	63.22	81.53
1999年3季度	97.18	104.44	90.76	67.43	45.63	123.30	61.54	85.47
1999年4季度	90.62	103.94	97.19	74.41	49.00	119.80	60.33	89.16
2000年1季度	102.34	114.98	111.60	93.32	59.14	130.10	79.57	100.50
2000年2季度	106.82	113.43	104.32	85.44	56.56	131.42	79.03	104.05
2000年3季度	111.85	114.42	105.22	89.73	60.73	128.50	79.29	104.35
2000年4季度	110.66	110.68	108.30	86.17	56.70	125.04	78.80	107.86
2001年1季度	116.65	119.10	113.99	103.81	67.52	120.82	82.06	100.56
2001年2季度	113.31	117.77	96.37	91.30	70.56	123.19	75.98	106.29
2001年3季度	110.59	109.94	105.06	88.99	68.72	122.37	80.14	106.92
2001年4季度	111.74	111.13	101.98	93.71	71.18	123.49	79.40	108.45
2002年1季度	118.62	119.38	107.46	101.50	71.78	117.90	80.56	96.81
2002年2季度	115.23	113.26	100.06	92.36	60.81	114.03	79.29	103.31
2002年3季度	114.91	113.45	115.20	108.47	69.54	110.18	84.21	102.56
2002年4季度	120.84	117.24	123.29	114.65	69.93	115.90	84.87	101.37

20－6 房地产业企业景气调查主要景气指数

季度	企业家信心指数	企业景气指数	生产总量景气指数	盈利(亏损)变化景气指数	流动资金景气指数	货款拖欠景气指数	劳动力需求景气指数	固定资产投资景气指数
1999年1季度	138.54	127.60	120.09	94.74	66.45	112.86	91.63	117.19
1999年2季度	127.24	123.92	125.51	80.25	54.64	122.13	91.60	105.75
1999年3季度	132.58	123.24	123.67	81.75	58.12	118.67	90.90	109.60
1999年4季度	135.61	125.91	127.34	88.09	49.75	114.50	88.46	105.57
2000年1季度	140.31	109.23	86.42	90.81	62.23	113.57	91.54	95.41
2000年2季度	137.84	128.34	133.82	99.89	66.54	111.84	101.10	116.94
2000年3季度	137.75	126.98	126.75	101.57	63.22	118.99	98.25	115.51
2000年4季度	151.79	130.47	132.73	107.99	75.20	118.13	97.17	120.81
2001年1季度	154.41	126.27	105.93	104.25	62.23	117.56	98.21	95.01
2001年2季度	149.76	130.60	136.45	117.01	60.97	115.20	112.22	111.19
2001年3季度	153.12	137.88	145.85	115.82	67.83	123.01	109.82	121.06
2001年4季度	155.33	138.01	135.77	126.51	72.59	115.40	93.63	115.33
2002年1季度	147.15	132.35	110.81	110.19	76.82	124.36	87.75	109.04
2002年2季度	150.38	128.85	134.51	116.91	68.02	109.61	101.22	118.27
2002年3季度	153.51	130.68	136.31	114.02	77.52	111.16	102.68	121.86
2002年4季度	149.27	133.16	129.70	116.06	74.92	119.26	95.58	119.35

20－7 社会服务业企业景气调查主要景气指数

季度	企业家信心指数	企业景气指数	生产总量景气指数	盈利(亏损)变化景气指数	流动资金景气指数	货款拖欠景气指数	劳动力需求景气指数	固定资产投资景气指数
1999年1季度	122.86	93.94	88.24	77.14	61.76	67.74	97.14	106.45
1999年2季度	128.57	125.71	122.86	102.94	57.14	69.70	94.29	111.76
1999年3季度	103.03	100.00	81.82	60.61	56.25	73.33	75.76	93.33
1999年4季度	111.76	115.15	111.76	82.35	58.82	70.59	82.35	109.09
2000年1季度	129.41	100.00	85.29	69.70	60.61	96.43	91.18	112.50
2000年2季度	135.29	102.94	81.82	66.67	62.50	82.76	82.35	103.13
2000年3季度	123.53	106.06	97.06	87.88	59.38	93.33	93.94	106.25
2000年4季度	135.29	87.50	63.64	75.76	56.25	100.00	79.41	100.00
2001年1季度	148.15	109.68	114.52	103.23	77.05	107.47	85.25	111.83
2001年2季度	157.53	127.87	142.47	127.42	82.26	83.91	112.02	97.81
2001年3季度	151.61	134.43	140.32	120.43	89.25	80.23	121.31	109.14
2001年4季度	138.17	125.14	110.22	96.77	75.81	92.66	91.26	120.77
2002年1季度	141.38	122.21	118.68	94.11	85.57	105.88	102.67	111.04
2002年2季度	149.28	137.17	143.30	119.13	102.94	100.26	120.43	119.72
2002年3季度	161.69	141.68	121.01	114.03	89.32	113.53	117.81	131.26
2002年4季度	145.69	124.76	92.31	93.62	85.32	120.14	86.49	112.61

20－8 信息传输、计算机服务和软件业企业景气调查主要景气指数

季　　度	企业家信心指数	企业景气指数	生产总量景气指数	盈利(亏损)变化景气指数	流动资金景气指数	货款拖欠景气指数	劳动力需求景气指数	固定资产投资景气指数
1999年1季度	147.83	147.83	160.87	116.85	39.33	66.85	104.40	142.61
1999年2季度	149.52	162.56	179.95	136.47	43.67	81.82	99.96	146.87
1999年3季度	149.52	145.17	147.83	109.63	50.68	86.36	82.61	162.56
1999年4季度	147.22	156.32	167.18	128.68	54.65	81.86	95.45	158.09
2000年1季度	157.80	164.14	164.39	125.58	75.57	99.53	105.08	157.12
2000年2季度	168.06	174.87	179.65	131.04	74.34	111.05	82.82	176.31
2000年3季度	162.90	169.04	187.54	147.80	61.40	84.68	92.34	164.08
2000年4季度	158.64	164.78	173.99	133.14	72.39	99.57	105.31	150.97
2001年1季度	176.16	170.51	160.19	124.21	97.80	119.41	99.11	160.05
2001年2季度	159.99	161.18	158.60	120.71	65.31	96.91	95.48	115.83
2001年3季度	153.30	154.70	157.38	99.80	75.21	114.71	116.94	118.47
2001年4季度	158.58	156.47	162.65	112.96	79.91	104.23	103.04	92.40
2002年1季度	147.34	157.64	155.06	124.33	85.61	98.20	75.16	73.31
2002年2季度	137.84	144.56	148.35	116.66	71.07	123.06	82.01	111.01
2002年3季度	147.35	151.33	155.78	127.76	83.50	105.20	97.86	105.17
2002年4季度	150.99	157.78	156.04	138.92	78.56	115.74	102.44	120.40

20－9 住宿和餐饮业企业景气调查主要景气指数

季　　度	企业家信心指数	企业景气指数	生产总量景气指数	盈利(亏损)变化景气指数	流动资金景气指数	货款拖欠景气指数	劳动力需求景气指数	固定资产投资景气指数
1999年1季度	94.75	91.79	85.43	56.05	47.24	87.52	64.64	90.97
1999年2季度	93.12	95.85	92.82	80.88	57.10	67.66	72.96	87.20
1999年3季度	108.38	110.71	112.39	84.95	57.63	64.73	92.84	99.27
1999年4季度	100.38	101.27	95.96	69.79	51.60	74.51	67.14	92.42
2000年1季度	117.96	86.43	81.38	72.67	53.35	90.91	76.65	106.06
2000年2季度	128.59	124.91	139.94	102.42	61.78	95.98	102.07	104.13
2000年3季度	132.00	112.14	112.72	100.11	57.15	87.75	102.76	114.03
2000年4季度	118.79	89.94	94.38	77.53	55.20	91.81	79.04	97.77
2001年1季度	132.84	102.58	98.71	86.02	70.56	80.12	88.22	101.23
2001年2季度	125.85	122.56	119.79	117.64	74.95	87.63	104.13	112.16
2001年3季度	135.37	135.26	133.64	121.63	81.90	87.31	109.63	118.14
2001年4季度	121.28	114.64	95.55	87.75	75.73	92.68	88.05	106.27
2002年1季度	125.89	108.79	90.91	85.07	66.37	97.37	94.07	102.15
2002年2季度	125.00	114.14	114.28	103.77	75.30	83.32	108.11	116.10
2002年3季度	130.88	127.54	133.49	119.01	81.86	88.89	107.88	121.16
2002年4季度	132.46	125.58	113.45	103.13	83.52	97.44	96.20	110.39

20-10 企业家信心指数

（2002年）

类　　别	一季度	二季度	三季度	四季度
总体状况	**130.04**	**133.94**	**130.44**	**135.95**
一、按行业门类分				
(一)工　业	129.13	136.04	129.20	138.31
采矿业	127.30	151.69	126.17	135.40
制造业	129.22	134.92	128.38	138.61
电力、燃气及水的生产和供应业	134.50	134.65	145.33	146.97
(二)建筑业	135.23	137.61	129.34	129.61
房屋和土木工程建筑业	134.51	138.93	130.73	130.62
建筑安装业	157.44	115.84	118.33	114.35
建筑装饰业	100.00	120.00	100.00	120.00
其他建筑业				
(三)交通运输、仓储及邮政业	129.35	126.02	132.04	130.78
铁路运输业	163.59	163.59	161.73	163.59
道路运输业	115.39	114.01	129.26	119.84
城市公共交通业	157.55	145.79	157.55	157.55
水上运输业	133.18	128.18	133.18	133.18
航空运输业	180.00	180.00	200.00	180.00
管道运输业				
装卸搬运和其他运输服务业				
仓储业	120.00	80.00	80.00	100.00
邮政业	126.72	136.10	117.20	122.20
(四)批发和零售业	118.62	115.23	114.91	120.84
批发业	113.87	111.74	112.08	120.83
零售业	130.18	122.84	120.88	120.58
(五)房地产业	147.15	150.38	153.51	149.27
(六)社会服务业	141.38	149.28	161.69	145.69
租赁业				
商务服务业	146.77	153.02	156.80	140.14
环境资源管理业	175.00	175.00	200.00	175.00
公共设施管理业	141.18	164.71	182.35	164.71
居民服务业	60.00	60.00	100.00	125.00
其他服务业				
(七)信息传输、计算机服务和软件业	147.34	137.84	147.35	150.99
信息传输业	146.22	138.65	146.23	152.07
计算机服务业				
软件业				
(八)住宿和餐饮业	125.89	125.00	130.88	132.46
住宿业	124.06	125.27	133.99	132.59
餐饮业	138.94	124.87	120.84	134.23
二、按企业登记注册类型分				
国有企业	125.49	124.26	129.74	131.23
集体企业	136.07	136.87	120.21	136.42
股份合作企业	120.82	127.01	123.45	128.33
联营企业	120.25	112.83	127.13	115.76
有限责任公司	131.69	134.24	133.45	140.50
股份有限公司	125.73	141.07	132.97	136.76
私营企业	145.09	146.87	129.94	141.54
其它内资企业	120.06	114.29	142.86	134.35
外商及港、澳、台投资企业	139.72	151.65	151.74	155.58
三、按企业规模分				
大型及以上	139.00	150.01	137.13	153.89
中　型	125.40	125.61	126.61	127.42
小　型	121.56	121.22	123.69	123.23
四、特殊分组				
省重点企业	141.06	158.20	134.36	159.15
乡镇企业	148.09	150.30	149.03	154.19
上市公司	136.00	158.81	119.48	155.70
国有控股企业	123.37	129.52	128.49	132.68

20－11 企业景气指数

（2002 年）

类　　别	一季度	二季度	三季度	四季度
总体状况	**127.64**	**134.21**	**136.07**	**136.39**
一、按行业门类分				
（一）工　业	130.39	138.68	141.32	142.81
采矿业	128.74	167.46	167.27	173.46
制造业	131.74	137.23	138.56	139.54
电力、燃气及水的生产和供应业	129.82	128.78	144.26	147.82
（二）建筑业	119.27	144.56	138.39	136.69
房屋和土木工程建筑业	118.04	146.64	140.18	138.19
建筑安装业	134.69	120.16	120.37	126.80
建筑装饰业	120.00	100.00	100.00	80.00
其他建筑业				
（三）交通运输、仓储及邮政业	126.58	126.69	126.37	118.90
铁路运输业	162.66	162.66	161.73	37.34
道路运输业	124.94	119.94	122.41	121.45
城市公共交通业	151.67	151.67	134.03	134.03
水上运输业	120.57	130.57	133.18	151.02
航空运输业	160.00	160.00	200.00	153.57
管道运输业				
装卸搬运和其他运输服务业				
仓储业	100.00	120.00	100.00	120.00
邮政业	107.81	110.00	106.10	110.00
（四）批发和零售业	119.38	113.26	113.45	117.24
批发业	110.86	110.15	110.22	113.45
零售业	137.93	118.19	119.86	126.46
（五）房地产业	132.35	128.85	130.68	133.16
（六）社会服务业	122.21	137.17	141.68	124.76
租赁业				
商务服务业	128.91	139.33	140.12	124.10
环境资源管理业	150.00	150.00	175.00	175.00
公共设施管理业	117.65	162.50	152.94	123.53
居民服务业	80.00	60.00	75.00	125.00
其他服务业				
（七）信息传输、计算机服务和软件业	157.64	144.56	151.33	157.78
信息传输业	158.87	145.51	150.29	156.88
计算机服务业				
软件业				
（八）住宿和餐饮业	108.79	114.14	127.54	125.58
住宿业	104.06	112.41	129.96	123.36
餐饮业	133.30	122.45	119.13	136.33
二、按企业登记注册类型分				
国有企业	118.13	121.06	129.31	129.12
集体企业	130.29	135.02	133.67	135.20
股份合作企业	112.91	121.79	114.50	124.20
联营企业	96.30	115.50	112.84	108.21
有限责任公司	135.79	139.46	139.45	138.52
股份有限公司	133.32	146.62	145.57	149.42
私营企业	142.01	140.19	143.79	142.48
其它内资企业	128.57	128.57	142.86	157.14
外商及港、澳、台投资企业	138.06	144.80	148.49	145.40
三、按企业规模分				
大型及以上	147.81	157.20	161.70	162.63
中　型	117.86	124.03	124.89	124.20
小　型	113.80	114.92	116.34	118.18
四、特殊分组				
省重点企业	154.94	168.14	169.47	171.78
乡镇企业	142.13	143.90	147.00	152.56
上市公司	157.84	174.58	170.54	171.59
国有控股企业	122.64	128.81	132.88	133.97

20－12 工业企业生产总量景气指数

（2002 年）

类别	一季度	二季度	三季度	四季度
工业企业总体状况	**119.92**	**136.32**	**134.81**	**131.71**
一、按工业行业门类分				
采矿业	115.83	156.30	158.87	158.09
制造业	121.52	134.61	129.08	126.75
电力、燃气及水的生产和供应业	114.92	134.78	158.69	147.38
二、按企业登记注册类型分				
国有企业	107.32	132.63	139.46	132.13
集体企业	135.61	147.59	115.25	112.68
股份合作企业	109.71	131.03	118.43	140.16
联营企业	72.52	116.36	116.40	71.38
有限责任公司	121.81	124.81	132.46	129.29
股份有限公司	124.08	144.26	152.33	154.11
私营企业	127.05	148.66	120.49	122.46
其它内资企业	100.00	97.26	157.14	100.00
外商及港、澳、台投资企业	108.93	126.31	131.64	123.50
三、按企业规模分				
大型及以上	135.19	153.61	150.54	143.25
中　型	110.00	125.20	124.88	123.31
小　型	104.74	119.05	118.87	122.03

20－13 工业企业盈利(亏损)变化景气指数

（2002 年）

类别	一季度	二季度	三季度	四季度
工业企业总体状况	**100.48**	**127.32**	**121.06**	**123.26**
一、按工业行业门类分				
采矿业	108.74	140.86	149.81	162.32
制造业	102.10	130.65	119.02	120.37
电力、燃气及水的生产和供应业	87.40	93.61	111.09	115.77
二、按企业登记注册类型分				
国有企业	90.40	107.76	118.04	117.82
集体企业	121.94	137.15	105.03	104.26
股份合作企业	102.01	122.19	105.11	124.79
联营企业	59.28	188.30	111.11	140.70
有限责任公司	94.96	129.50	121.52	124.04
股份有限公司	97.29	146.06	140.61	142.10
私营企业	104.69	120.39	122.30	120.64
其它内资企业	59.88	91.49	100.00	128.57
外商及港、澳、台投资企业	105.47	110.11	120.56	129.86
三、按企业规模分				
大型及以上	107.72	156.06	139.64	141.62
中　型	94.07	105.94	108.01	110.22
小　型	96.38	103.92	104.80	107.37

20－14 工业企业流动资金景气指数

（2002年）

类　　　　别	一季度	二季度	三季度	四季度
工业企业总体状况	**80.35**	**84.51**	**81.76**	**81.89**
一、按工业行业门类分				
采矿业	125.88	123.09	124.50	132.46
制造业	76.23	82.00	77.11	77.00
电力、燃气及水的生产和供应业	76.94	79.58	87.28	81.13
二、按企业登记注册类型分				
国有企业	63.92	71.83	75.96	77.19
集体企业	92.64	103.66	75.24	76.91
股份合作企业	47.09	57.16	64.53	66.26
联营企业	85.12	90.38	90.94	66.10
有限责任公司	63.77	71.13	77.82	75.74
股份有限公司	105.41	96.04	97.79	97.15
私营企业	85.81	84.70	82.17	85.58
其它内资企业	91.49	105.77	120.06	120.06
外商及港、澳、台投资企业	71.54	81.84	75.81	84.12
三、按企业规模分				
大型及以上	108.02	113.19	102.26	103.44
中　型	57.01	61.19	65.31	62.11
小　型	62.67	64.71	67.32	71.19

20－15 工业企业货款拖欠景气指数

（2002年）

类　　　　别	一季度	二季度	三季度	四季度
工业企业总体状况	**113.87**	**112.11**	**109.46**	**112.44**
一、按工业行业门类分				
采矿业	114.15	105.98	104.73	103.83
制造业	115.78	113.18	110.96	114.79
电力、燃气及水的生产和供应业	103.44	111.94	104.32	106.22
二、按企业登记注册类型分				
国有企业	110.41	106.93	98.95	104.31
集体企业	129.71	128.08	123.70	125.95
股份合作企业	101.60	97.76	96.33	88.38
联营企业	102.07	94.18	100.00	116.93
有限责任公司	109.07	104.92	109.21	114.10
股份有限公司	111.23	111.47	109.42	111.32
私营企业	103.86	113.93	119.99	105.42
其它内资企业	59.88	105.77	120.06	91.49
外商及港、澳、台投资企业	103.82	108.48	93.81	106.61
三、按企业规模分				
大型及以上	122.39	119.12	115.96	123.16
中　型	107.73	110.05	105.52	105.86
小　型	106.27	100.85	102.56	101.14

20－16 工业企业劳动力需求景气指数

（2002 年）

类　　别	一季度	二季度	三季度	四季度
工业企业总体状况	**95.51**	**97.63**	**100.62**	**102.04**
一、按工业行业门类分				
采矿业	69.60	67.78	99.16	101.16
制造业	99.88	103.16	101.90	103.20
电力、燃气及水的生产和供应业	89.70	85.86	92.59	95.46
二、按企业登记注册类型分				
国有企业	82.49	83.60	85.41	90.19
集体企业	99.99	102.88	99.33	100.33
股份合作企业	95.18	99.35	92.44	104.67
联营企业	40.30	164.02	111.11	140.70
有限责任公司	114.26	109.27	110.64	110.43
股份有限公司	90.19	89.07	103.68	104.56
私营企业	119.78	131.19	112.60	103.67
其它内资企业	100.00	105.77	122.80	100.00
外商及港、澳、台投资企业	103.64	105.99	112.23	117.29
三、按企业规模分				
大型及以上	94.23	94.93	101.43	104.56
中　型	96.40	97.81	99.06	99.69
小　型	96.66	103.08	101.69	100.85

20－17 工业企业固定资产投资景气指数

（2002 年）

类　　别	一季度	二季度	三季度	四季度
工业企业总体状况	**110.94**	**119.34**	**129.56**	**129.17**
一、按工业行业门类分				
采矿业	106.53	115.14	124.05	119.69
制造业	114.83	120.60	130.23	129.43
电力、燃气及水的生产和供应业	89.17	118.90	137.00	143.59
二、按企业登记注册类型分				
国有企业	92.97	114.36	129.13	122.30
集体企业	134.13	139.70	135.21	130.65
股份合作企业	106.94	123.56	114.48	123.93
联营企业	103.77	116.37	100.00	94.73
有限责任公司	120.00	117.28	128.89	128.09
股份有限公司	101.56	105.90	127.33	136.34
私营企业	108.76	129.40	126.67	123.40
其它内资企业	94.23	120.06	120.06	134.35
外商及港、澳、台投资企业	117.18	116.32	129.98	128.60
三、按企业规模分				
大型及以上	118.88	122.88	146.94	147.03
中　型	106.75	118.20	115.90	116.27
小　型	101.14	113.68	116.57	113.79

20－18 工业企业产品订货景气指数

（2002 年）

类　　　别	一季度	二季度	三季度	四季度
工业企业总体状况	**101.10**	**104.85**	**100.80**	**100.40**
一、按工业行业门类分				
采矿业	111.21	92.70	100.50	104.66
制造业	101.03	107.12	100.95	100.31
电力、燃气及水的生产和供应业	96.01	97.18	105.11	104.39
二、按企业登记注册类型分				
国有企业	83.96	92.70	100.87	99.56
集体企业	116.45	123.38	95.61	94.86
股份合作企业	96.29	89.24	79.09	89.42
联营企业	47.60	94.13	83.07	118.48
有限责任公司	96.94	104.94	103.74	104.54
股份有限公司	109.86	103.86	100.81	100.75
私营企业	102.92	114.43	107.86	107.64
其它内资企业	91.49	77.20	77.20	105.77
外商及港、澳、台投资企业	102.77	96.42	114.51	105.62
三、按企业规模分				
大型及以上	113.95	118.13	106.80	106.57
中　型	91.95	96.23	95.08	95.20
小　型	88.82	90.83	97.93	96.12

20－19 工业企业科技创新景气指数

（2002 年）

类　　　别	一季度	二季度	三季度	四季度
工业企业总体状况	**124.51**	**127.73**	**129.73**	**127.65**
一、按工业行业门类分				
采矿业	119.42	112.21	113.16	110.91
制造业	127.60	130.71	131.62	129.88
电力、燃气及水的生产和供应业	109.25	122.77	134.14	126.23
二、按企业登记注册类型分				
国有企业	113.36	123.60	125.66	123.19
集体企业	140.26	141.96	135.23	138.20
股份合作企业	113.87	120.86	114.82	115.61
联营企业	122.21	116.93	100.00	100.00
有限责任公司	129.96	130.76	135.57	131.53
股份有限公司	119.68	119.83	127.18	121.58
私营企业	121.93	133.93	126.81	131.49
其它内资企业	83.33	105.77	134.35	157.14
外商及港、澳、台投资企业	115.94	117.78	125.06	123.66
三、按企业规模分				
大型及以上	138.23	139.92	148.41	142.94
中　型	113.81	117.85	113.87	114.50
小　型	112.04	117.09	115.00	116.25

20－20 建筑业企业建筑工程量景气指数

(2002 年)

类　　　别	一季度	二季度	三季度	四季度
建筑业企业总体状况	**85.93**	**159.02**	**139.37**	**131.27**
一、按主要行业门类分				
房屋和土木工程建筑业	87.13	159.83	142.48	132.76
建筑安装业	71.21	142.48	114.64	104.71
建筑装饰业	60.00	140.00	80.00	120.00
二、按企业登记注册类型分				
国有企业	74.93	173.28	135.95	134.01
集体企业	92.54	125.84	130.39	110.16
股份合作企业	80.00	163.90	112.33	110.00
联营企业				
有限责任公司	90.09	169.11	149.11	163.65
股份有限公司	81.82	185.62	173.06	153.71
私营企业	140.00	140.00	160.00	100.00
其它内资企业				
外商及港、澳、台投资企业				
三、按企业规模分				
大型及以上	75.49	182.85	148.19	144.18
中　型	86.96	142.22	150.00	130.43
小　型	98.72	138.46	121.79	115.38

20－21 建筑业企业盈利(亏损)变化景气指数

(2002 年)

类　　　别	一季度	二季度	三季度	四季度
建筑业企业总体状况	**80.09**	**139.13**	**131.68**	**136.21**
一、按主要行业门类分				
房屋和土木工程建筑业	78.56	139.00	132.30	137.05
建筑安装业	90.22	124.87	141.11	134.81
建筑装饰业	120.00	160.00	80.00	80.00
二、按企业登记注册类型分				
国有企业	84.27	144.06	132.98	147.41
集体企业	84.30	123.13	127.39	130.40
股份合作企业	86.22	170.00	140.00	120.00
联营企业				
有限责任公司	78.96	141.63	130.28	133.49
股份有限公司	78.20	166.87	153.95	144.99
私营企业	20.00	100.00	120.00	120.00
其它内资企业				
外商及港、澳、台投资企业				
三、按企业规模分				
大型及以上	69.29	152.38	144.79	159.33
中　型	67.39	126.67	122.22	104.35
小　型	101.28	129.49	120.51	125.64

20－22 建筑业企业流动资金景气指数

（2002 年）

类　　别	一季度	二季度	三季度	四季度
建筑业企业总体状况	**56.09**	**53.44**	**60.24**	**59.42**
一、按主要行业门类分				
房屋和土木工程建筑业	54.76	51.01	60.41	58.06
建筑安装业	83.57	80.53	59.45	68.56
建筑装饰业	40.00	80.00	60.00	80.00
二、按企业登记注册类型分				
国有企业	54.23	52.34	55.25	63.23
集体企业	56.52	62.20	58.77	54.59
股份合作企业	83.90	47.67	57.67	47.67
联营企业				
有限责任公司	56.95	54.93	70.50	61.26
股份有限公司	83.84	40.17	66.46	79.85
私营企业	60.00	20.00	60.00	60.00
其它内资企业				
外商及港、澳、台投资企业				
三、按企业规模分				
大型及以上	51.64	49.71	61.94	57.10
中　型	47.83	50.00	45.65	56.52
小　型	66.67	60.26	66.67	64.10

20－23 建筑业企业货款拖欠景气指数

（2002 年）

类　　别	一季度	二季度	三季度	四季度
建筑业企业总体状况	**89.87**	**72.48**	**69.42**	**59.38**
一、按主要行业门类分				
房屋和土木工程建筑业	87.69	69.74	68.10	55.84
建筑安装业	130.59	112.73	98.76	100.06
建筑装饰业	80.00	100.00	40.00	100.00
二、按企业登记注册类型分				
国有企业	87.01	72.56	76.47	52.10
集体企业	88.48	80.10	75.93	69.60
股份合作企业	84.65	92.44	62.21	70.00
联营企业				
有限责任公司	97.55	62.93	62.72	64.92
股份有限公司	103.14	51.48	40.65	30.66
私营企业	60.00	20.00	80.00	60.00
其它内资企业				
外商及港、澳、台投资企业				
三、按企业规模分				
大型及以上	85.30	65.56	67.47	51.94
中　型	78.26	80.00	78.26	56.52
小　型	102.56	76.92	66.67	70.51

20－24 建筑业企业劳动力需求景气指数

（2002 年）

类　　别	一季度	二季度	三季度	四季度
建筑业企业总体状况	**96.62**	**150.44**	**133.78**	**108.95**
一、按主要行业门类分				
房屋和土木工程建筑业	96.79	152.23	135.18	107.19
建筑安装业	86.60	130.91	130.86	136.54
建筑装饰业	120.00	100.00	80.00	100.00
二、按企业登记注册类型分				
国有企业	93.48	157.01	140.08	101.30
集体企业	95.66	127.43	126.97	98.95
股份合作企业	70.00	170.00	122.33	120.00
联营企业				
有限责任公司	98.98	152.04	131.40	140.33
股份有限公司	112.67	164.51	133.15	120.80
私营企业	180.00	180.00	120.00	80.00
其它内资企业				
外商及港、澳、台投资企业				
三、按企业规模分				
大型及以上	73.43	163.98	143.67	116.97
中　型	108.70	145.65	121.74	115.56
小　型	119.23	135.90	128.21	94.87

20－25 建筑业企业固定资产投资景气指数

（2002 年）

类　　别	一季度	二季度	三季度	四季度
建筑业企业总体状况	**114.87**	**130.07**	**118.07**	**107.48**
一、按主要行业门类分				
房屋和土木工程建筑业	117.16	131.65	121.63	108.29
建筑安装业	94.98	114.98	63.33	99.96
建筑装饰业	60.00	100.00	100.00	80.00
二、按企业登记注册类型分				
国有企业	117.78	124.94	112.73	105.64
集体企业	108.75	126.58	114.59	99.81
股份合作企业	111.57	113.90	100.00	92.33
联营企业				
有限责任公司	120.08	150.38	130.66	119.03
股份有限公司	137.45	133.92	134.57	134.85
私营企业	80.00	80.00	100.00	100.00
其它内资企业				
外商及港、澳、台投资企业				
三、按企业规模分				
大型及以上	114.31	134.36	127.39	111.79
中　型	104.35	128.26	106.67	100.00
小　型	121.79	125.64	112.82	106.41

20－26 交通运输、仓储及邮政业企业业务需求量景气指数

（2002 年）

类　　别	一季度	二季度	三季度	四季度
交通运输、仓储及邮政业企业总体状况	**121.83**	**131.41**	**125.33**	**124.10**
一、按主要行业门类分				
铁路运输业	162.66	162.66	161.73	162.66
道路运输业	118.52	123.82	119.04	117.44
城市公共交通业	118.92	101.27	135.29	113.03
水上运输业	113.35	150.00	143.57	126.64
航空运输业	200.00	200.00	180.00	127.14
管道运输业				
装卸搬运和其他运输服务业				
仓储业	80.00	100.00	80.00	60.00
邮政业	112.82	128.91	110.01	132.81
二、按企业登记注册类型分				
国有企业	135.79	137.86	130.76	134.11
集体企业	86.36	100.00	95.45	122.73
股份合作企业	83.33	116.67	100.00	116.67
联营企业				
有限责任公司	104.35	122.21	128.57	93.64
股份有限公司	141.07	156.25	156.25	117.45
私营企业				
其它内资企业				
外商及港、澳、台投资企业	133.33	133.33	166.67	133.33
三、按企业规模分				
大型及以上	153.77	175.11	165.43	133.40
中　型	129.31	137.93	137.93	136.21
小　型	100.00	105.45	94.55	107.27

20－27 交通运输、仓储及邮政业企业盈利（亏损）变化景气指数

（2002 年）

类　　别	一季度	二季度	三季度	四季度
交通运输、仓储及邮政业企业总体状况	**105.89**	**117.44**	**124.84**	**107.36**
一、按主要行业门类分				
铁路运输业	126.26	126.26	197.08	1.46
道路运输业	105.26	126.09	118.28	117.69
城市公共交通业	123.53	88.24	98.73	83.62
水上运输业	104.78	103.57	145.00	118.06
航空运输业	56.40	200.00	200.00	107.14
管道运输业				
装卸搬运和其他运输服务业				
仓储业	60.00	40.00	40.00	40.00
邮政业	108.22	123.36	104.12	129.78
二、按企业登记注册类型分				
国有企业	124.26	117.22	134.78	111.20
集体企业	61.90	104.55	95.45	104.55
股份合作企业	83.33	116.67	133.33	100.00
联营企业				
有限责任公司	103.57	125.00	109.74	108.12
股份有限公司	51.14	113.39	141.96	88.88
私营企业				
其它内资企业				
外商及港、澳、台投资企业	133.33	66.67	66.67	66.67
三、按企业规模分				
大型及以上	128.96	148.82	184.91	99.72
中　型	115.79	121.05	121.05	112.28
小　型	85.19	100.00	103.64	105.45

20－28 交通运输、仓储及邮政业企业流动资金景气指数

（2002 年）

类　　别	一季度	二季度	三季度	四季度
交通运输、仓储及邮政业企业总体状况	**61.80**	**56.71**	**59.50**	**55.49**
一、按主要行业门类分				
铁路运输业	100.00	100.00	99.07	99.07
道路运输业	59.74	54.42	61.41	57.22
城市公共交通业	75.20	69.32	63.44	52.94
水上运输业	72.04	54.43	54.43	44.43
航空运输业	140.00	117.18	137.18	130.75
管道运输业				
装卸搬运和其他运输服务业				
仓储业	20.00	40.00	40.00	40.00
邮政业	20.00	20.00	15.00	15.00
二、按企业登记注册类型分				
国有企业	52.15	46.23	51.75	50.03
集体企业	47.62	27.27	50.00	50.00
股份合作企业	50.00	50.00	50.00	50.00
联营企业				
有限责任公司	88.31	99.03	77.60	65.98
股份有限公司	99.11	84.82	98.21	65.42
私营企业				
其它内资企业				
外商及港、澳、台投资企业	100.00	100.00	100.00	100.00
三、按企业规模分				
大型及以上	104.37	98.72	98.00	87.60
中　型	55.17	55.17	60.34	53.45
小　型	50.00	40.00	41.82	43.64

20－29 交通运输、仓储及邮政业企业货款拖欠景气指数

（2002 年）

类　　别	一季度	二季度	三季度	四季度
交通运输、仓储及邮政业企业总体状况	**106.51**	**106.01**	**108.58**	**112.60**
一、按主要行业门类分				
铁路运输业	100.00	100.93	100.00	163.59
道路运输业	108.63	98.60	100.32	101.38
城市公共交通业	122.26	129.41	100.00	111.76
水上运输业	118.98	117.04	131.24	106.24
航空运输业	100.00	106.43	129.25	149.25
管道运输业				
装卸搬运和其他运输服务业				
仓储业	100.00	100.00	140.00	120.00
邮政业	95.41	106.25	95.41	98.43
二、按企业登记注册类型分				
国有企业	107.87	105.50	109.11	111.63
集体企业	95.00	104.76	95.24	123.81
股份合作企业	100.00	133.33	120.00	116.67
联营企业				
有限责任公司	125.91	109.02	115.98	108.83
股份有限公司	84.82	90.83	104.22	89.93
私营企业				
其它内资企业				
外商及港、澳、台投资企业	133.33	166.67	133.33	133.33
三、按企业规模分				
大型及以上	89.99	99.72	113.88	139.09
中　型	113.79	112.07	113.79	108.77
小　型	106.00	102.00	100.00	104.08

20－30 交通运输、仓储及邮政业企业劳动力需求景气指数

（2002 年）

类　　　　别	一季度	二季度	三季度	四季度
交通运输、仓储及邮政业企业总体状况	**84.46**	**79.78**	**88.95**	**87.97**
一、按主要行业门类分				
铁路运输业	100.00	100.00	100.00	100.00
道路运输业	81.59	67.95	81.82	80.20
城市公共交通业	92.85	104.61	92.85	105.88
水上运输业	71.41	97.72	102.84	87.84
航空运输业	157.18	109.25	160.00	133.57
管道运输业				
装卸搬运和其他运输服务业				
仓储业	60.00	40.00	60.00	60.00
邮政业	77.81	80.00	80.00	85.00
二、按企业登记注册类型分				
国有企业	78.78	83.66	83.97	86.77
集体企业	72.73	50.00	68.18	77.27
股份合作企业	66.67	116.67	100.00	50.00
联营企业				
有限责任公司	100.91	82.42	100.91	85.71
股份有限公司	127.68	90.83	113.39	136.85
私营企业				
其它内资企业				
外商及港、澳、台投资企业	100.00	100.00	166.67	133.33
三、按企业规模分				
大型及以上	98.78	106.27	116.09	106.32
中　型	86.21	77.19	89.66	89.66
小　型	76.36	70.91	76.36	78.18

20－31 交通运输、仓储及邮政业企业固定资产投资景气指数

（2002 年）

类　　　　别	一季度	二季度	三季度	四季度
交通运输、仓储及邮政业企业总体状况	**105.69**	**112.20**	**118.83**	**117.99**
一、按主要行业门类分				
铁路运输业	36.41	38.27	162.66	163.59
道路运输业	106.82	119.07	118.04	114.54
城市公共交通业	122.26	139.91	147.06	129.41
水上运输业	104.06	133.18	108.61	103.41
航空运输业	133.57	102.82	153.57	133.57
管道运输业				
装卸搬运和其他运输服务业				
仓储业	140.00	140.00	140.00	140.00
邮政业	116.10	101.10	85.37	111.10
二、按企业登记注册类型分				
国有企业	104.65	107.26	114.85	117.03
集体企业	100.00	104.55	100.00	109.52
股份合作企业	100.00	100.00	100.00	66.67
联营企业				
有限责任公司	119.46	136.62	142.69	128.57
股份有限公司	108.28	128.57	136.85	137.75
私营企业				
其它内资企业				
外商及港、澳、台投资企业	133.33	133.33	166.67	133.33
三、按企业规模分				
大型及以上	98.91	98.82	155.94	147.76
中　型	101.75	120.69	112.28	110.34
小　型	112.73	109.09	109.26	112.96

20－32 批发和零售业企业商品销售景气指数

（2002年）

类　　别	一季度	二季度	三季度	四季度
批发和零售业企业总体状况	**107.46**	**100.06**	**115.20**	**123.29**
一、按主要行业门类分				
批发业	96.34	105.02	117.89	117.14
零售业	129.94	86.27	104.72	136.31
二、按企业登记注册类型分				
国有企业	99.59	110.76	114.62	118.81
集体企业	90.65	78.08	109.34	106.88
股份合作企业	115.94	117.55	126.12	133.33
联营企业				
有限责任公司	118.82	80.59	110.06	122.19
股份有限公司	133.11	98.10	119.97	149.14
私营企业				
其它内资企业				
外商及港、澳、台投资企业	130.30	150.30	161.71	150.30
三、按企业规模分				
大型及以上	132.79	113.85	150.90	154.93
中　型	99.45	101.66	103.89	120.67
小　型	91.76	78.82	92.94	86.59

20－33 批发和零售业企业盈利(亏损)变化景气指数

（2002年）

类　　别	一季度	二季度	三季度	四季度
批发和零售业企业总体状况	**101.50**	**92.36**	**108.47**	**114.65**
一、按主要行业门类分				
批发业	91.12	95.54	106.07	108.97
零售业	126.38	82.37	109.64	127.41
二、按企业登记注册类型分				
国有企业	96.02	93.96	109.77	115.56
集体企业	77.55	68.73	98.76	86.63
股份合作企业	107.86	106.25	102.32	150.00
联营企业				
有限责任公司	116.52	94.85	111.77	114.07
股份有限公司	123.49	92.78	108.55	122.98
私营企业				
其它内资企业				
外商及港、澳、台投资企业	130.30	115.14	152.01	152.01
三、按企业规模分				
大型及以上	127.65	105.79	132.66	142.94
中　型	91.76	84.83	104.42	107.22
小　型	88.37	90.59	86.05	94.12

20－34 批发和零售业企业流动资金景气指数

（2002 年）

类　　别	一季度	二季度	三季度	四季度
批发和零售业企业总体状况	**71.78**	**60.81**	**69.54**	**69.93**
一、按主要行业门类分				
批发业	66.79	54.79	63.58	64.79
零售业	83.39	75.16	82.19	80.64
二、按企业登记注册类型分				
国有企业	60.62	51.63	57.65	59.70
集体企业	54.08	51.07	61.51	60.56
股份合作企业	69.87	62.50	82.37	87.50
联营企业				
有限责任公司	86.55	76.34	81.71	78.09
股份有限公司	103.92	78.63	93.80	95.27
私营企业				
其它内资企业				
外商及港、澳、台投资企业	148.13	148.13	132.01	161.71
三、按企业规模分				
大型及以上	98.64	75.01	95.87	95.95
中　型	65.03	59.44	65.56	63.69
小　型	51.72	45.35	44.19	49.41

20－35 批发和零售业企业货款拖欠景气指数

（2002 年）

类　　别	一季度	二季度	三季度	四季度
批发和零售业企业总体状况	**117.90**	**114.03**	**110.18**	**115.90**
一、按主要行业门类分				
批发业	119.63	116.21	111.49	113.48
零售业	114.29	107.95	106.13	119.83
二、按企业登记注册类型分				
国有企业	116.49	108.34	110.74	108.61
集体企业	105.06	116.38	108.89	126.96
股份合作企业	112.50	106.25	106.25	106.25
联营企业				
有限责任公司	126.26	129.12	109.48	117.12
股份有限公司	121.93	110.49	106.80	122.90
私营企业				
其它内资企业				
外商及港、澳、台投资企业	120.00	120.00	100.00	100.00
三、按企业规模分				
大型及以上	114.35	119.05	117.94	121.61
中　型	119.77	113.71	110.29	120.00
小　型	118.60	108.24	100.00	100.00

20-36 批发和零售业企业劳动力需求景气指数

（2002年）

类　　别	一季度	二季度	三季度	四季度
批发和零售业企业总体状况	**80.56**	**79.29**	**84.21**	**84.87**
一、按主要行业门类分				
批发业	75.49	75.91	78.80	78.99
零售业	91.60	84.05	94.46	97.45
二、按企业登记注册类型分				
国有企业	68.51	74.34	71.08	71.48
集体企业	59.13	57.38	81.83	75.45
股份合作企业	77.32	72.19	89.82	89.82
联营企业				
有限责任公司	102.41	87.16	100.12	98.99
股份有限公司	116.06	106.25	105.15	114.19
私营企业				
其它内资企业				
外商及港、澳、台投资企业	80.00	100.00	100.00	113.57
三、按企业规模分				
大型及以上	103.00	93.99	106.04	104.94
中　型	73.77	79.33	79.44	80.45
小　型	65.88	60.00	66.28	68.24

20-37 批发和零售业企业固定资产投资景气指数

（2002年）

类　　别	一季度	二季度	三季度	四季度
批发和零售业企业总体状况	**96.81**	**103.31**	**102.56**	**101.37**
一、按主要行业门类分				
批发业	98.37	100.42	98.70	95.80
零售业	94.47	108.55	112.14	115.99
二、按企业登记注册类型分				
国有企业	91.47	104.08	96.17	89.26
集体企业	97.58	92.65	102.86	108.17
股份合作企业	119.87	114.82	115.81	110.18
联营企业				
有限责任公司	101.08	104.60	106.39	115.76
股份有限公司	106.88	110.30	115.01	115.64
私营企业				
其它内资企业				
外商及港、澳、台投资企业	138.29	101.71	133.57	115.28
三、按企业规模分				
大型及以上	93.61	110.28	101.39	101.88
中　型	99.45	105.03	106.11	105.62
小　型	95.35	90.36	96.39	91.46

20－38 房地产业企业完成投资景气指数

（2002 年）

类　　别	一季度	二季度	三季度	四季度
房地产业企业总体状况	**110.81**	**134.51**	**136.31**	**129.70**
一、按主要行业门类分				
房地产业	110.81	134.51	136.31	129.70
二、按企业登记注册类型分				
国有企业	97.51	134.37	137.99	133.88
集体企业	90.00	130.00	120.00	150.00
股份合作企业	66.67	133.33	83.33	100.00
联营企业				
有限责任公司	126.92	120.00	132.00	112.50
股份有限公司	183.33	183.33	200.00	200.00
私营企业				
其它内资企业				
外商及港、澳、台投资企业	141.67	172.73	150.00	125.00
三、按企业规模分				
大型及以上	82.07	153.98	149.52	144.31
中　型	115.25	143.10	136.84	134.48
小　型	113.11	121.67	132.79	121.67

20－39 房地产业企业盈利（亏损）变化景气指数

（2002 年）

类　　别	一季度	二季度	三季度	四季度
房地产业企业总体状况	**110.19**	**116.91**	**114.02**	**116.06**
一、按主要行业门类分				
房地产业	110.19	116.91	114.02	116.06
二、按企业登记注册类型分				
国有企业	103.66	112.86	109.92	112.66
集体企业	100.00	118.18	109.09	136.36
股份合作企业	83.33	116.67	116.67	133.33
联营企业				
有限责任公司	119.23	124.00	116.67	112.50
股份有限公司	133.33	133.33	150.00	150.00
私营企业				
其它内资企业				
外商及港、澳、台投资企业	125.00	100.00	125.00	108.33
三、按企业规模分				
大型及以上	140.39	160.63	137.32	143.15
中　型	103.45	121.05	114.29	124.56
小　型	109.68	103.23	108.33	101.67

20－40 房地产业企业流动资金景气指数

（2002 年）

类　　　别	一季度	二季度	三季度	四季度
房地产业企业总体状况	**76.82**	**68.02**	**77.52**	**74.92**
一、按主要行业门类分				
房地产业	76.82	68.02	77.52	74.92
二、按企业登记注册类型分				
国有企业	61.49	57.73	64.39	61.28
集体企业	90.91	90.91	100.00	109.09
股份合作企业	66.67	50.00	66.67	50.00
联营企业				
有限责任公司	92.31	80.00	84.00	84.00
股份有限公司	133.33	83.33	116.67	133.33
私营企业				
其它内资企业				
外商及港、澳、台投资企业	100.00	75.00	83.33	91.67
三、按企业规模分				
大型及以上	55.08	51.01	79.27	59.92
中　型	83.05	63.79	75.44	75.86
小　型	75.81	75.81	79.03	77.42

20－41 房地产业企业货款拖欠景气指数

（2002 年）

类　　　别	一季度	二季度	三季度	四季度
房地产业企业总体状况	**124.36**	**109.61**	**111.16**	**119.26**
一、按主要行业门类分				
房地产业	124.36	109.61	111.16	119.26
二、按企业登记注册类型分				
国有企业	122.20	101.12	99.73	112.34
集体企业	163.64	145.45	145.45	145.45
股份合作企业	133.33	100.00	116.67	133.33
联营企业				
有限责任公司	111.54	108.00	116.00	120.00
股份有限公司	133.33	116.67	133.33	116.67
私营企业				
其它内资企业				
外商及港、澳、台投资企业	108.33	125.00	125.00	133.33
三、按企业规模分				
大型及以上	126.01	120.54	98.89	104.36
中　型	130.51	110.34	119.30	122.41
小　型	118.03	106.45	106.45	119.67

20－42 房地产业企业劳动力需求景气指数

（2002年）

类　　　　别	一季度	二季度	三季度	四季度
房地产业企业总体状况	**87.75**	**101.22**	**102.68**	**95.58**
一、按主要行业门类分				
房地产业	87.75	101.22	102.68	95.58
二、按企业登记注册类型分				
国有企业	82.97	97.74	102.41	89.61
集体企业	63.64	90.91	81.82	90.91
股份合作企业	66.67	116.67	83.33	100.00
联营企业				
有限责任公司	108.00	92.00	92.00	96.00
股份有限公司	116.67	150.00	200.00	183.33
私营企业				
其它内资企业				
外商及港、澳、台投资企业	91.67	116.67	100.00	91.67
三、按企业规模分				
大型及以上	75.59	111.70	104.08	93.41
中　型	94.92	108.62	119.30	106.90
小　型	83.61	91.94	87.10	85.48

20－43 房地产业企业固定资产投资景气指数

（2002年）

类　　　　别	一季度	二季度	三季度	四季度
房地产业企业总体状况	**109.04**	**118.27**	**121.86**	**119.35**
一、按主要行业门类分				
房地产业	109.04	118.27	121.86	119.35
二、按企业登记注册类型分				
国有企业	103.26	115.85	124.16	124.49
集体企业	100.00	127.27	127.27	127.27
股份合作企业	16.67	100.00	66.67	100.00
联营企业				
有限责任公司	130.77	116.00	120.00	108.00
股份有限公司	166.67	183.33	183.33	166.67
私营企业				
其它内资企业				
外商及港、澳、台投资企业	108.33	116.67	108.33	108.33
三、按企业规模分				
大型及以上	94.33	146.32	150.57	148.08
中　型	110.17	120.69	122.81	132.76
小　型	111.29	109.68	114.52	100.00

20－44 社会服务业企业业务需求量景气指数

（2002 年）

类　　别	一季度	二季度	三季度	四季度
社会服务业企业总体状况	**118.68**	**143.30**	**121.01**	**92.31**
一、按主要行业门类分				
租赁业				
商务服务业	118.00	151.16	109.68	90.23
环境资源管理业	100.00	150.00	175.00	150.00
公共设施管理业	133.33	156.25	141.18	88.24
居民服务业	125.00	80.00	150.00	100.00
其他服务业				
二、按企业登记注册类型分				
国有企业	113.16	136.84	119.53	87.96
集体企业	157.14	175.00	162.50	137.50
股份合作企业				
联营企业				
有限责任公司	86.52	166.52	120.00	86.67
股份有限公司	142.86	128.57	128.57	128.57
私营企业				
其它内资企业				
外商及港、澳、台投资企业				
三、按企业规模分				
大型及以上	192.76	60.89	10.98	6.19
中　型	125.00	175.00	150.00	125.00
小　型	109.62	141.51	122.64	90.57

20－45 社会服务业企业盈利(亏损)变化景气指数

（2002 年）

类　　别	一季度	二季度	三季度	四季度
社会服务业企业总体状况	**94.11**	**119.13**	**114.03**	**93.62**
一、按主要行业门类分				
租赁业				
商务服务业	84.67	119.47	109.42	85.86
环境资源管理业	125.00	125.00	175.00	125.00
公共设施管理业	112.50	137.50	117.65	111.76
居民服务业	150.00	100.00	150.00	125.00
其他服务业				
二、按企业登记注册类型分				
国有企业	92.11	107.69	120.51	97.98
集体企业	100.00	162.50	150.00	75.00
股份合作企业				
联营企业				
有限责任公司	86.81	133.48	53.33	73.33
股份有限公司	71.43	85.71	128.57	128.57
私营企业				
其它内资企业				
外商及港、澳、台投资企业				
三、按企业规模分				
大型及以上	192.87	126.93	190.42	164.24
中　型	106.25	100.00	100.00	112.50
小　型	81.13	124.07	111.11	81.48

20－46 社会服务业企业流动资金景气指数

（2002年）

类　　别	一季度	二季度	三季度	四季度
社会服务业企业总体状况	**85.57**	**102.94**	**89.32**	**85.32**
一、按主要行业门类分				
租赁业				
商务服务业	102.45	111.01	87.47	87.47
环境资源管理业	75.00	100.00	75.00	100.00
公共设施管理业	62.50	112.50	123.53	88.24
居民服务业	20.00	20.00	25.00	25.00
其他服务业				
二、按企业登记注册类型分				
国有企业	79.49	94.87	87.72	80.03
集体企业	100.00	125.00	137.50	100.00
股份合作企业				
联营企业				
有限责任公司	79.85	93.19	73.33	73.33
股份有限公司	100.00	133.33	100.00	128.57
私营企业				
其它内资企业				
外商及港、澳、台投资企业				
三、按企业规模分				
大型及以上	163.49	163.49	139.75	139.75
中　型	100.00	118.75	93.75	93.75
小　型	74.07	92.45	83.33	77.78

20－47 社会服务业企业货款拖欠景气指数

（2002年）

类　　别	一季度	二季度	三季度	四季度
社会服务业企业总体状况	**105.88**	**100.26**	**113.53**	**120.14**
一、按主要行业门类分				
租赁业				
商务服务业	115.26	104.83	123.06	121.91
环境资源管理业	100.00	100.00	100.00	100.00
公共设施管理业	80.00	92.86	93.75	118.75
居民服务业	66.67	75.00	100.00	100.00
其他服务业				
二、按企业登记注册类型分				
国有企业	100.00	88.24	110.24	100.00
集体企业	85.71	100.00	112.50	150.00
股份合作企业				
联营企业				
有限责任公司	86.52	79.85	86.67	106.67
股份有限公司	142.86	175.00	150.00	183.33
私营企业				
其它内资企业				
外商及港、澳、台投资企业				
三、按企业规模分				
大型及以上	163.49	163.49	192.11	165.93
中　型	112.50	112.50	112.50	118.75
小　型	98.00	89.13	106.00	116.00

20－48 社会服务业企业劳动力需求景气指数

(2002 年)

类别	一季度	二季度	三季度	四季度
社会服务业企业总体状况	**102.67**	**120.43**	**117.81**	**86.49**
一、按主要行业门类分				
租赁业				
商务服务业	108.33	131.49	127.66	95.83
环境资源管理业	133.33	133.33	75.00	100.00
公共设施管理业	94.12	112.50	100.00	68.75
居民服务业	80.00	60.00	125.00	75.00
其他服务业				
二、按企业登记注册类型分				
国有企业	92.50	110.53	115.79	86.84
集体企业	125.00	137.50	137.50	100.00
股份合作企业				
联营企业				
有限责任公司	114.29	146.52	133.33	100.00
股份有限公司	114.29	114.29	83.33	71.43
私营企业				
其它内资企业				
外商及港、澳、台投资企业				
三、按企业规模分				
大型及以上	100.00	102.34	100.00	100.00
中　型	113.33	137.50	126.67	100.00
小　型	100.00	116.98	116.98	81.13

20－49 社会服务业企业固定资产投资景气指数

(2002 年)

类别	一季度	二季度	三季度	四季度
社会服务业企业总体状况	**111.04**	**119.72**	**131.26**	**112.61**
一、按主要行业门类分				
租赁业				
商务服务业	106.83	113.61	123.85	104.85
环境资源管理业	175.00	200.00	175.00	175.00
公共设施管理业	106.25	131.25	135.29	118.75
居民服务业	120.00	120.00	150.00	150.00
其他服务业				
二、按企业登记注册类型分				
国有企业	110.80	124.24	123.62	108.45
集体企业	125.00	112.50	150.00	137.50
股份合作企业				
联营企业				
有限责任公司	106.81	120.00	113.04	86.52
股份有限公司	114.29	150.00	185.71	128.57
私营企业				
其它内资企业				
外商及港、澳、台投资企业				
三、按企业规模分				
大型及以上	105.54	107.89	168.92	166.58
中　型	112.50	131.25	131.25	112.50
小　型	111.11	117.31	127.78	107.55

20－50 信息传输、计算机服务和软件业企业产品销售(提供服务)景气指数

(2002 年)

类别	一季度	二季度	三季度	四季度
信息传输、计算机服务和软件业企业总体状况	**155.06**	**148.35**	**155.78**	**156.04**
一、按主要行业门类分				
信息传输业	156.23	147.25	154.84	155.11
计算机服务业				
软件业				
二、按企业登记注册类型分				
国有企业	143.82	136.24	149.52	148.99
集体企业				
股份合作企业				
联营企业				
有限责任公司	166.67	133.33	128.96	133.33
股份有限公司				
私营企业				
其它内资企业				
外商及港、澳、台投资企业	183.00	197.29	194.38	186.11
三、按企业规模分				
大型及以上	173.12	177.70	186.91	181.77
中　型	144.83	134.48	141.38	144.83
小　型				

20－51 信息传输、计算机服务和软件业企业盈利(亏损)变化景气指数

(2002 年)

类别	一季度	二季度	三季度	四季度
信息传输、计算机服务和软件业企业总体状况	**124.33**	**116.66**	**127.76**	**138.92**
一、按主要行业门类分				
信息传输业	126.97	117.02	126.19	137.63
计算机服务业				
软件业				
二、按企业登记注册类型分				
国有企业	110.61	99.99	108.63	120.87
集体企业				
股份合作企业				
联营企业				
有限责任公司	128.96	133.33	133.33	133.33
股份有限公司				
私营企业				
其它内资企业				
外商及港、澳、台投资企业	136.18	144.45	167.65	188.77
三、按企业规模分				
大型及以上	133.40	146.05	141.45	151.08
中　型	120.69	100.00	121.43	134.48
小　型				

20－52 信息传输、计算机服务和软件业企业流动资金景气指数

(2002 年)

类别	一季度	二季度	三季度	四季度
信息传输、计算机服务和软件业企业总体状况	**85.61**	**71.07**	**83.50**	**78.56**
一、按主要行业门类分				
信息传输业	85.31	72.58	85.32	78.10
计算机服务业				
软件业				
二、按企业登记注册类型分				
国有企业	53.29	38.00	62.35	51.10
集体企业				
股份合作企业				
联营企业				
有限责任公司	162.29	128.96	128.96	128.96
股份有限公司				
私营企业				
其它内资企业				
外商及港、澳、台投资企业	157.17	148.14	137.26	145.93
三、按企业规模分				
大型及以上	124.08	118.31	154.39	133.57
中　型	62.07	44.83	46.43	48.28
小　型				

20－53 信息传输、计算机服务和软件业企业货款拖欠景气指数

(2002 年)

类别	一季度	二季度	三季度	四季度
信息传输、计算机服务和软件业企业总体状况	**98.20**	**123.06**	**105.20**	**115.74**
一、按主要行业门类分				
信息传输业	98.17	125.80	105.32	116.10
计算机服务业				
软件业				
二、按企业登记注册类型分				
国有企业	85.70	117.38	98.07	106.06
集体企业				
股份合作企业				
联营企业				
有限责任公司	166.67	157.92	95.63	157.92
股份有限公司				
私营企业				
其它内资企业				
外商及港、澳、台投资企业	59.49	103.04	174.38	87.64
三、按企业规模分				
大型及以上	113.48	147.55	127.14	124.02
中　型	86.21	107.14	92.59	107.69
小　型				

20－54 信息传输、计算机服务和软件业企业劳动力需求景气指数

（2002 年）

类　　别	一季度	二季度	三季度	四季度
信息传输、计算机服务和软件业企业总体状况	**75.16**	**82.01**	**97.86**	**102.44**
一、按主要行业门类分				
信息传输业	74.63	81.62	95.69	100.37
计算机服务业				
软件业				
二、按企业登记注册类型分				
国有企业	74.55	67.96	99.88	91.02
集体企业				
股份合作企业				
联营企业				
有限责任公司	100.00	100.00	100.00	100.00
股份有限公司				
私营企业				
其它内资企业				
外商及港、澳、台投资企业	42.51	153.37	105.28	173.65
三、按企业规模分				
大型及以上	71.05	109.10	117.50	112.78
中　型	79.31	67.86	89.66	96.55
小　型				

20－55 信息传输、计算机服务和软件业企业固定资产投资景气指数

（2002 年）

类　　别	一季度	二季度	三季度	四季度
信息传输、计算机服务和软件业企业总体状况	**73.31**	**111.01**	**105.17**	**120.40**
一、按主要行业门类分				
信息传输业	72.74	111.24	105.28	120.84
计算机服务业				
软件业				
二、按企业登记注册类型分				
国有企业	85.40	88.67	85.90	103.71
集体企业				
股份合作企业				
联营企业				
有限责任公司	42.08	166.67	166.67	166.67
股份有限公司				
私营企业				
其它内资企业				
外商及港、澳、台投资企业	60.98	179.70	157.94	169.12
三、按企业规模分				
大型及以上	54.04	172.25	173.43	179.93
中　型	79.31	72.41	68.97	85.71
小　型				

20－56 住宿和餐饮业企业产品销售(提供服务)景气指数

(2002 年)

类　　别	一季度	二季度	三季度	四季度
住宿和餐饮业企业总体状况	**90.91**	**114.28**	**133.49**	**113.45**
一、按主要行业门类分				
住宿业	92.31	114.65	136.94	112.16
餐饮业	96.81	106.49	112.27	123.42
二、按企业登记注册类型分				
国有企业	98.43	104.66	128.83	113.01
集体企业	86.96	117.39	134.78	121.74
股份合作企业	140.00	40.00	60.00	100.00
联营企业				
有限责任公司	61.05	131.05	135.65	103.37
股份有限公司	100.00	134.36	138.75	138.75
私营企业				
其它内资企业				
外商及港、澳、台投资企业	81.21	142.60	160.69	104.88
三、按企业规模分				
大型及以上	60.87	161.18	152.85	83.08
中　型	92.59	122.78	141.98	135.00
小　型	94.44	95.83	119.72	95.83

20－57 住宿和餐饮业企业盈利(亏损)变化景气指数

(2002 年)

类　　别	一季度	二季度	三季度	四季度
住宿和餐饮业企业总体状况	**85.07**	**103.77**	**119.01**	**103.13**
一、按主要行业门类分				
住宿业	80.29	105.03	120.50	97.13
餐饮业	106.13	104.04	116.57	132.84
二、按企业登记注册类型分				
国有企业	81.48	96.03	116.64	103.66
集体企业	82.61	104.35	126.09	100.00
股份合作企业	80.00	40.00	40.00	80.00
联营企业				
有限责任公司	66.67	114.39	96.48	84.62
股份有限公司	117.78	160.00	103.15	130.00
私营企业				
其它内资企业				
外商及港、澳、台投资企业	86.41	115.28	150.00	94.19
三、按企业规模分				
大型及以上	139.42	130.64	119.61	172.85
中　型	90.12	117.28	139.51	105.00
小　型	68.06	83.33	95.83	87.50

20－58 住宿和餐饮业企业流动资金景气指数

（2002 年）

类　　　　别	一季度	二季度	三季度	四季度
住宿和餐饮业企业总体状况	**66.37**	**75.30**	**81.86**	**83.52**
一、按主要行业门类分				
住宿业	65.20	74.90	84.33	86.27
餐饮业	66.62	69.63	65.49	68.33
二、按企业登记注册类型分				
国有企业	53.85	61.27	71.48	71.38
集体企业	69.57	78.26	69.57	73.91
股份合作企业	40.00	60.00	60.00	60.00
联营企业				
有限责任公司	67.19	86.14	95.13	87.19
股份有限公司	72.18	92.18	110.00	98.75
私营企业				
其它内资企业				
外商及港、澳、台投资企业	84.72	97.05	102.90	107.45
三、按企业规模分				
大型及以上	109.99	136.69	130.15	123.20
中　型	75.31	81.48	88.89	90.00
小　型	47.22	55.56	63.89	68.06

20－59 住宿和餐饮业企业货款拖欠景气指数

（2002 年）

类　　　　别	一季度	二季度	三季度	四季度
住宿和餐饮业企业总体状况	**97.37**	**83.32**	**88.89**	**97.44**
一、按主要行业门类分				
住宿业	95.79	80.00	82.32	94.15
餐饮业	109.28	100.73	121.20	115.75
二、按企业登记注册类型分				
国有企业	86.79	80.42	84.80	90.15
集体企业	117.39	95.65	104.35	104.35
股份合作企业	100.00	80.00	60.00	80.00
联营企业				
有限责任公司	90.03	82.84	100.00	128.98
股份有限公司	100.00	81.25	67.82	92.22
私营企业				
其它内资企业				
外商及港、澳、台投资企业	108.80	84.77	104.26	102.62
三、按企业规模分				
大型及以上	104.18	122.06	110.41	131.69
中　型	98.75	76.25	88.75	98.73
小　型	94.37	83.10	84.51	88.89

20－60 住宿和餐饮业企业劳动力需求景气指数

（2002年）

类　　别	一季度	二季度	三季度	四季度
住宿和餐饮业企业总体状况	**94.07**	**108.11**	**107.88**	**96.20**
一、按主要行业门类分				
住宿业	88.92	108.06	106.33	93.68
餐饮业	120.53	109.79	122.09	110.35
二、按企业登记注册类型分				
国有企业	90.94	98.14	103.06	89.54
集体企业	108.70	108.70	108.70	100.00
股份合作企业	100.00	100.00	60.00	100.00
联营企业				
有限责任公司	85.16	102.84	102.84	102.84
股份有限公司	110.00	138.75	130.97	116.58
私营企业				
其它内资企业				
外商及港、澳、台投资企业	82.37	125.68	133.13	83.17
三、按企业规模分				
大型及以上	127.28	150.29	127.68	111.76
中　型	88.75	109.88	112.35	102.53
小　型	93.06	97.18	98.59	85.71

20－61 住宿和餐饮业企业固定资产投资景气指数

（2002年）

类　　别	一季度	二季度	三季度	四季度
住宿和餐饮业企业总体状况	**102.15**	**116.10**	**121.16**	**110.39**
一、按主要行业门类分				
住宿业	101.07	115.77	121.74	110.20
餐饮业	107.95	115.98	119.82	114.98
二、按企业登记注册类型分				
国有企业	93.62	113.24	120.42	102.96
集体企业	100.00	113.04	127.27	136.36
股份合作企业	80.00	80.00	80.00	80.00
联营企业				
有限责任公司	107.71	122.32	142.32	116.70
股份有限公司	103.42	118.75	117.82	97.78
私营企业				
其它内资企业				
外商及港、澳、台投资企业	119.82	122.73	116.59	116.25
三、按企业规模分				
大型及以上	117.38	180.37	160.82	119.57
中　型	107.41	120.99	128.75	117.72
小　型	93.06	97.22	104.23	100.00

二十一、县、市、区主要经济指标

MAJOR STATISTICS OF COUNTIES (CITIES AND DISTRICTS AT COUNTY LEVEL)

简要说明：

一、本篇资料反映了全省各县(市、区)的主要经济发展情况。包括农业、工业、财政、金融、运输邮电、外经外贸、固定资产投资、文教卫生、人民生活、人口及劳动力等方面的年度数据。

二、本篇资料来源于山东农调队农经处2002年县(市)社会经济基本情况年报资料。

三、各县(市、区)农村居民调查户数、常住人口、年末住房面积、总收入、人均纯收入、总支出、生活消费支出等方面的数据来源于山东省农调队住户处2002年农村住户调查年报资料,由柳菁整理提供。

编辑单位:省农队农经处

编　　委:姜西海

编　　辑:马明霞

校　　对:马明霞

电　　话:6129457

21-1 各县(市、区)主要经济指标

(2002 年)

地　区	年末总人口(万人)	年末单位从业人员数(人)	乡村从业人员数(人)	行政区域土地面积(平方公里)	地方财政预算内收入(万元)	地方财政预算内支出(万元)	年末金融机构各项存款余额(万元)	城乡居民储蓄存款余额(万元)	年末金融机构各项贷款余额(万元)
济南市									
历下区	56.0	70140	14900	101	27441	34839	5196901	1347314	5567925
市中区	52.6	277119	63700	280	22557	31848	5017698	1300855	5375927
槐荫区	34.2	20211	48800	152	24706	31618	3225663	836264	3455953
天桥区	47.5	31695	70500	249	26113	32718	4480087	1161478	4799935
历城区	83.3	23675	331800	1299	52997	72591	650000	535000	405000
长清县	53.2	51157	225674	1178	18186	29186	351267	272621	227641
平阴县	36.4	31640	141300	827	15078	25632	230769	166973	187358
济阳县	52.7	16590	282421	1076	16487	29292	148745	121356	148823
商河县	59.5	33516	274312	1163	13226	22099	163405	131416	165530
章丘市	98.9	52009	456500	1855	57390	76775	707725	565338	545584
青岛市									
市南区	45.6	14423		30	71066	42781			
市北区	46.7	75000	1422	29	34139	41584			
四方区	37.1	49100		35	20078	23879			
黄岛区	21.2	65856	64715	217	13144	27039	773578	275596	740297
崂山区	19.6	31587	95998	389	64482	102106	1274458	407865	955613
李沧区	27.8	43883	12000	98	31934	43238	698230	626658	
城阳区	43.6	74353	197375	553	42600	84657	717582	383324	518518
胶州市	76.3	115924	322202	1313	48028	62539	607139	459289	412524
即墨市	107.5	88183	541000	1780	51845	72932	834939	649961	572809
平度市	134.0	67624	634229	3166	45658	67671	689163	572468	489087
胶南市	83.7	74661	342360	1894	49675	70117	548781	386765	446057
莱西市	72.3	77200	330100	1522	30215	44521	441784	359080	409641
淄博市									
淄川区	67.3	64621	250854	1001	30018	45722	995959	648189	486138
张店区	67.1	150938	116000	349	35571	36607	2276323	1070008	1957433
博山区	47.2	53126	140072	682	20014	21654	589856	423826	494069
临淄区	59.0	90596	212500	668	43096	49827	1353218	901934	706563
周村区	31.3	42576	108866	263	18344	25375	529483	388485	451361
桓台县	48.9	31127	229193	510	21723	32204	530738	388430	496727
高青县	35.9	18701	180334	830	10518	20551	171739	127202	142067
沂源县	56.4	36836	312137	1637	15679	30165	292538	193338	222801
枣庄市									
市中区	48.8	90747	97400	375	15695	23867	760530	429595	756379
薛城区	46.4	46995	171400	507	15701	23510	307018	221735	290929
峄城区	35.9	26467	172200	627	8226	16699	84407	67912	78798
台儿庄区	28.5	21135	148700	538	9800	16493	91771	70964	146666

21－1 续表 1　　（2002 年）

地　区	年末总人口（万人）	年末单位从业人员数（人）	乡村从业人员数（人）	行政区域土地面积（平方公里）	地方财政预算内收入（万元）	地方财政预算内支出（万元）	年末金融机构各项存款余额（万元）	城乡居民储蓄存款余额（万元）	年末金融机构各项贷款余额（万元）
山亭区	46.5	17533	226700	1018	7924	17551	65309	57535	68007
滕州市	156.1	132711	704700	1485	38224	55295	697821	553779	491057
东营市									
东营区	57.6	248009	63500	1155	27292	33033	2475665	1361217	1047833
河口区	19.9	9581	39300	2139	12695	16191	452200	354200	92900
垦利县	21.2	17437	63400	2204	12158	21286	379249	272209	210348
利津县	29.1	13678	137200	1287	8806	18311	151778	103594	129138
广饶县	47.6	24461	218700	1138	22391	39271	522102	310780	682068
烟台市									
芝罘区	65.6	166325	41900	174	26298	41327	3476275	1677103	2876700
福山区	38.0	64600	105554	591	15801	22995	889079	453130	670549
牟平区	48.0	43575	193600	1589	23839	38302	323344	183617	304659
莱山区	17.0	29763	67597	258	12028	18610	674802	491535	413313
长岛县	4.5	7442	13916	56	4009	9709	107371	85345	65691
龙口市	62.6	66623	247800	894	50028	65770	1332589	1016910	902944
莱阳市	89.4	52554	365100	1732	32586	43297	650481	495283	499161
莱州市	86.5	66545	374525	1878	37701	53721	1174346	897551	504435
蓬莱市	45.0	35019	205789	1207	30003	43835	730815	552352	469827
招远市	57.2	61895	207400	1433	33008	51027	863704	640025	533761
栖霞市	65.0	40931	274300	2016	16052	32162	480167	383381	268471
海阳市	68.0	31707	316500	1887	20281	31709	474497	374005	238034
潍坊市									
潍城区	36.8	21159	84500	290	12587	20639	372440	255333	193168
寒亭区	35.6	13191	139200	898	13597	19652	212157	190179	241799
坊子区	25.2	17100	105100	355	11065	35798	190610	153243	162910
奎文区	33.8	132416	40000	88	12929	17397	2132850	919930	1648002
临朐县	86.2	42323	389836	1833	15567	29420	429633	331515	243537
昌乐县	59.9	29182	227000	1101	20702	27962	320580	249379	325516
青州市	89.9	53751	346800	1569	30430	46815	804248	643672	423342
诸城市	105.8	72725	440600	2183	40168	51971	691971	515174	558868
寿光市	106.4	77785	443523	2200	51622	63543	1140820	850057	805734
安丘市	109.7	54007	481341	2011	30006	41467	496506	393716	378549
高密市	85.2	53072	353100	1603	30068	40528	457861	372371	405768
昌邑市	68.0	35083	277809	1810	26248	33431	614808	489674	349837
济宁市									
市中区	39.7	10770	33450	39	10436	15508			242482
任城区	63.4	14854	318426	881	20655	30059	311810	241607	366213
微山县	68.5	35195	321839	1780	21256	30239	322352	219355	204431

21－1续表2　　　　　　　　　　　　　　　（2002年）

地　　区	年　末总人口（万人）	年末单位从业人员数（人）	乡村从业人员数（人）	行政区域土地面积（平方公里）	地方财政预算内收入（万元）	地方财政预算内支出（万元）	年末金融机构各项存款余额（万元）	城乡居民储蓄存款余额（万元）	年末金融机构各项贷款余额（万元）
鱼台县	45.1	20914	220357	654	11552	17395	164955	131757	139203
金乡县	60.7	27918	291096	885	15319	26118	249226	215214	218368
嘉祥县	78.0	23479	368400	973	14858	23763	255076	229868	196160
汶上县	72.9	29075	312964	877	12965	22590	203483	171507	154253
泗水县	59.6	25698	253800	1070	18256	25981	157255	128531	158841
梁山县	71.3	44360	303600	963	13185	21511	292718	245256	195400
曲阜市	63.9	49646	269433	896	31566	44740	457184	314095	256857
兖州市	60.2	111500	226500	648	48337	57299	503100	401600	360005
邹城市	111.7	163762	451799	1619	71200	80911	924939	648929	710500
泰安市									
泰山区	61.3	120163	96304	337	21244	26955	1326517	723884	969441
岱岳区	95.9	31295	466089	1750	25189	36220	322391	288601	189302
宁阳县	80.7	46523	337800	1124	20568	35554	270130	198630	202857
东平县	77.0	38236	328900	1340	17460	29963	209639	177715	160392
新泰市	134.8	130851	614500	1933	46710	61856	707988	567240	491264
肥城市	96.7	109827	351719	1277	45210	58767	679486	520127	526963
威海市									
环翠区	55.1	159397	112249	731	31004	44859	1957945	1134577	1547494
文登市	65.6	65829	288287	1645	66819	79657	850584	711608	565066
荣成市	67.5	60916	233300	1392	74830	87537	1070076	859687	829383
乳山市	59.4	55766	281400	1668	37339	47086	494776	436752	324181
日照市									
东港区	116.6	94300	477865	1919	14961	25754	1197716	675052	1229784
五莲县	50.9	37537	247415	1443	16428	26001	272562	197269	177765
莒　县	109.9	40246	573789	1952	24988	39510	354822	260379	249951
莱芜市									
莱城区	100.5	83940	494147	1923	12560	30282	836000	529700	834200
钢城区	23.4	49420	97465	339	4469	9707	352200	183400	256900
临沂市									
兰山区	85.6	29637	275100	650	28558	39278	1278000	821700	903300
罗庄区	42.1	10727	168200	383	12572	17983	387879	213042	338907
河东区	59.6	14938	272200	728	11886	20336	331600	255400	219600
沂南县	90.5	35933	464600	1774	16000	31482	281383	231442	229450
郯城县	97.2	38288	527200	1307	19714	31289	300462	251281	184577
沂水县	111.4	45738	572300	2435	28917	46183	419267	336545	286045
苍山县	117.3	45915	576716	1800	14732	31256	278592	220203	223730
费　县	92.3	31909	494500	1904	15312	30423	269377	209900	166784
平邑县	98.2	42797	502100	1825	16378	29314	257864	190459	189428
莒南县	99.1	40704	518676	1752	20138	34785	361345	285306	284368
蒙阴县	53.0	30062	260359	1699	12423	24258	206746	139089	130514
临沭县	62.4	31110	342300	1038	14469	26209	230278	180065	171301

地　区	年末总人口(万人)	年末单位从业人员数(人)	乡村从业人员数(人)	行政区域土地面积(平方公里)	地方财政预算内收入(万元)	地方财政预算内支出(万元)	年末金融机构各项存款余额(万元)	城乡居民储蓄存款余额(万元)	年末金融机构各项贷款余额(万元)
德州市									
德城区	55.6	105609	123000	539	17496	26181	1351292	763999	923799
陵　县	55.6	25628	223000	1213	15200	24442	238451	187779	214043
宁津县	45.7	17779	197600	833	17243	25060	295588	251102	210914
庆云县	29.6	9785	123200	502	5019	11922	74319	57998	66604
临邑县	51.9	24047	219400	1016	15452	27750	228750	195636	164910
齐河县	60.8	29224	254200	1411	18243	28496	210467	177928	211309
平原县	44.7	22252	201900	1047	12742	21906	245959	199917	227796
夏津县	48.6	16692	235700	882	9109	16931	187630	157326	196580
武城县	37.2	19464	164800	751	12547	20154	214139	184169	196772
乐陵市	63.8	22960	276000	1172	18490	27179	243434	213399	208760
禹城市	50.2	30362	215900	990	18422	28384	203948	159819	268935
聊城市									
东昌府区	98.9	91730	358900	1254	20781	37130	1230092	777148	934532
阳谷县	75.1	31364	327279	1065	10858	23580	348794	310393	288892
莘　县	95.9	31808	435623	1416	14243	28604	257907	234483	207008
茌平县	56.7	32457	250399	1120	10056	27196	274328	201738	277134
东阿县	41.8	24889	175268	799	9659	20277	229620	169380	177515
冠　县	73.6	26393	341600	1161	8862	22356	221902	205840	223040
高唐县	47.0	56503	192600	949	25035	40931	307419	180394	248687
临清市	72.2	43034	325500	950	18943	32058	478515	405095	377677
滨州市									
滨城区	61.0	69700	205900	1041	15036	26071	817608	507141	615771
惠民县	62.2	27375	281600	1364	12189	22526	204082	169464	139725
阳信县	43.2	14105	177200	793	8220	17327	120318	100138	125016
无棣县	43.2	23883	212629	1979	14783	23861	221766	157467	181675
沾化县	38.3	13363	199300	2114	15368	23890	150556	108568	127756
博兴县	47.1	25242	202205	901	19851	30838	376060	280989	288570
邹平县	69.8	63150	339078	1250	32280	50442	501103	345538	535277
菏泽市									
牡丹区	133.6	97204	474500	1415	17346	37083	952572	641416	729730
曹　县	141.4	41192	663500	1969	16544	35729	235026	209516	286103
单　县	116.2	39452	518200	1702	13312	30103	231966	199139	220406
成武县	63.0	31763	279525	949	9988	20395	166472	137274	178407
巨野县	92.2	30115	388675	1303	11600	25890	236587	207732	261063
郓城县	108.4	40292	494223	1643	13157	29365	364874	312865	239926
鄄城县	77.4	24763	370002	1041	7435	20076	161501	151601	143035
定陶县	60.1	24443	292500	846	9071	17949	159933	134531	158431
东明县	72.1	30298	244500	1370	12188	24490	205716	173830	185550

21－1续表4 （2002年）

地　　区	粮　食总产量（吨）	油料产量（吨）	水果产量（吨）	肉　类总产量（吨）	奶类产量（吨）	蔬菜产量（吨）	规模以上工业企业（万元）		
							工　业总产值	产　品销售收入	利润总额
济南市									
历下区	1856		1500	996	252	9131	193446	164970	6900
市中区	25151	110	12571	8361	14834	15866	6055851	5686949	106520
槐荫区	26672		2920	2511	5480	85123	240599	191329	3649
天桥区	40575	1411	2309	11909	676	69436	161428	148467	2858
历城区	157978	2837	49289	49927	48028	903251	677867	651537	41969
长清县	185156	3218	31939	39079	9477	804485	503570	412004	20642
平阴县	130664	3827	79805	45042	650	481030	416356	411255	30199
济阳县	443460	14769	58463	53267	1227	1467899	374654	286171	21720
商河县	482831	573	46633	57042	36	1046686	340223	317038	18657
章丘市	404261	10022	50229	85252	20523	1453908	1126441	903426	68225
青岛市									
市南区							55852	67848	3111
市北区							102370	97339	1416
四方区							75015	74220	819
黄岛区	17353	2711	2700	1739	899	11257	3383583	3339282	89423
崂山区	3549	1051	11695	5957	8842	17647	3610710	3602132	124233
李沧区	478	170	4105			7012	434059	410036	15450
城阳区	29500	633	15594	16560	13069	216603	2192229	2057331	72396
胶州市	319101	42724	49141	80954	52190	1611073	1767759	1465977	41538
即墨市	385957	116283	30613	98654	70075	1109688	1300953	1209432	32050
平度市	893324	182019	143232	260341	12964	2117525	1285696	1041837	33085
胶南市	343744	102512	224059	98676	66892	736598	1874191	1672178	45896
莱西市	390796	109611	98564	115517	115000	1020167	703383	679601	11373
淄博市									
淄川区	73072	1464	8366	10532	1644	84515	1485896	1444755	94013
张店区	60290	1390	7132	9652	11779	271645	3088376	3091365	81143
博山区	30723	144	5478	6922	903	199200	978660	950554	40085
临淄区	271986	204	3562	23169	8864	1545400	2449257	2655393	29508
周村区	64433	682	8775	10470	3204	320830	843789	803968	41347
桓台县	311344	370	39770	20788	4800	563460	921727	874426	60575
高青县	235746	6086	36110	20190	20988	353064	193403	194946	2769
沂源县	30638	3683	243445	29844	529	225703	291578	291321	15133
枣庄市									
市中区	49178	10260	7950	8576	6990	184096	589833	695896	7492
薛城区	128203	17692	7893	20902	347	442400	807002	701841	18806
峄城区	162577	16483	11700	10120	47	1021742	256983	210457	10639
台儿庄区	153251	6149	6365	15045	536	578427	377576	322806	20505

21－1续表5　（2002年）

地　区	粮　食总产量（吨）	油料产量（吨）	水果产量（吨）	肉　类总产量（吨）	奶类产量（吨）	蔬菜产量（吨）	规模以上工业企业（万元）		
							工　业总产值	产　品销售收入	利润总额
山亭区	92174	16840	75563	17282	1556	143820	156540	147883	4386
滕州市	518629	60411	43169	70973	1255	2683013	1013445	969077	64412
东营市									
东营区	84361	589	7030	24129	1301	231751	4156294	3971261	1152906
河口区	36849	3077	9980	10289	1017	17990	76038.5	71452	4886
垦利县	110296	1884	5697	14748	755	100318	407896	397613	29896
利津县	156558	6389	24480	27609	728	351436	325413	325235	16012
广饶县	377830	574	21269	39983	16315	1229930	899679	891195	65668
烟台市									
芝罘区		280	2360	1143	7240	67750	1437862	1470800	16573
福山区	52720	5996	83310	8635	6159	56324	1308763	1270595	98359
牟平区	153442	32188	97693	26702	9512	121957	729720	671864	47576
莱山区	23356	3789	9240	2897	3549	73535	275645	270403	14432
长岛县	803		916	83	195	270	17527	20981	211
龙口市	164059	6119	202278	28672	37206	156564	3647938	3012908	196296
莱阳市	296818	71879	187856	32921	52594	908382	995788	932373	39251
莱州市	334492	43676	139775	56415	25010	372301	948062	960047	64329
蓬莱市	169739	38845	224000	29459	5721	122355	1378985	1133644	60193
招远市	216204	55940	160340	21677	4922	95290	2080153	1697742	173403
栖霞市	248693	41221	722660	21916	1993	131618	567489	476223	14999
海阳市	298589	61644	78419	19043	9496	553663	388593	375906	16250
潍坊市									
潍城区	60643	1433	19070	15579	4377	79793	431891	344009	9318
寒亭区	194742	1818	77775	24932	4851	374735	195854	171230	6931
坊子区	74734	4738	3542	13521	10663	62305	281073	268666	7427
奎文区	5716	7	548	755	1278	34845	1336874	1390269	52218
临朐县	187106	8829	207073	73376	55000	248070	313535	314074	11790
昌乐县	136869	24886	47222	86596	20554	618918	364095	356530	10450
青州市	352085	167	95247	65372	9210	1384625	780618	755932	17863
诸城市	425141	43126	15205	285944	52902	566176	1642252	1637845	68338
寿光市	358402	288	105987	75414	7868	3672056	1760019	1633954	139010
安丘市	223473	16863	127820	154277	1040	2177105	407420	408174	11227
高密市	305000	68647	51200	123045	2030	875770	663580	648290	31128
昌邑市	279558	24351	39089	127380	3800	1005350	911307	661572	34935
济宁市									
市中区	339		92	612	1960	11800	104102	102275	2499
任城区	430110	5079	10020	38663	3600	671076	321198	341660	20327
微山县	251032	2483	1167	50973	113	110508	179784	189221	43151

地　区	粮食总产量(吨)	油料产量(吨)	水果产量(吨)	肉类总产量(吨)	奶类产量(吨)	蔬菜产量(吨)	规模以上工业企业(万元)		
							工业总产值	产品销售收入	利润总额
鱼台县	286955		4586	23223	629	600365	98091	106069	2913
金乡县	204479	2088	12908	40561	1900	1859179	104452	127846	5403
嘉祥县	424115	9286	15938	44252	1534	321320	187813	208468	6339
汶上县	387329	39799	7400	61868	2700	740077	107504	114614	4329
泗水县	156155	15032	31880	72272	234	292023	189812	179000	10103
梁山县	344907	33997	26126	65420	803	394752	153090	159585	6328
曲阜市	322930	10007	14400	79796	7735	185370	228069	231178	13520
兖州市	364661	33782	1795	77336	5669	740059	627235	617740	57435
邹城市	474535	56219	24816	76679	4485	451572	1864190	1954774	172340
泰安市									
泰山区	71386	69	13721	8507	13419	134331	889617	786852	29580
岱岳区	366099	14437	165702	62946	11359	2662156	266186	210027	4689
宁阳县	374081	61142	26607	53278	2583	1118242	217167	234600	10418
东平县	333995	23635	30165	37237	660	732443	198801	198983	3550
新泰市	341836	28267	49254	81978	4072	997111	1253543	1213443	61080
肥城市	373265	3788	98549	72594	608	1372585	1234549	761819	23698
威海市									
环翠区	80638	19774	61013	7228	10105	119983	3282526	2747790	193908
文登市	311194	74763	93629	44281	72259	171120	3794323	3066070	230037
荣成市	275030	81608	123800	24598	17145	276997	3970832	2994900	224797
乳山市	254201	74151	182049	21464	11160	300709	1660820	1452537	75708
日照市									
东港区	350747	87505	92427	41831	1397	375538	871804	805944	36926
五莲县	179994	31893	64398	39621	255	240358	336522	334881	6526
莒　县	333754	45799	62404	69320	1209	903084	244408	258682	5817
莱芜市									
莱城区	201394	10828	57438	39908	819	1295494	1267572	1142147	40381
钢城区	12410	842	24623	6289	124	213282	399100	319948	8686
临沂市									
兰山区	152366	9365	30252	33704	2674	98528	1893657	1827466	114008
罗庄区	87845	1800	1820	20835	16500	108156	613348	579289	24994
河东区	233549	20042	14550	41665	2200	240878	152196	156339	5869
沂南县	277490	32848	72649	38618	2450	593666	170581	146656	6229
郯城县	441485	36857	21433	53738	1399	626068	207705	215013	14227
沂水县	326482	42649	191845	58163	5452	445778	420098	417682	18148
苍山县	453248	34474	95900	49252	2472	1675260	156891	147323	3953
费　县	257159	57602	148244	71674	1380	531901	200451	194322	7981
平邑县	239360	33744	142225	73685	2826	335122	246557	230824	9329
莒南县	329451	91814	143440	60628	1000	86560	237553	255035	9938
蒙阴县	161481	22346	222833	27360	369	125982	167418	156725	7162
临沭县	222158	84149	20316	31191	1278	95284	287519	285219	11616

（2002年）

地区	粮食总产量（吨）	油料产量（吨）	水果产量（吨）	肉类总产量（吨）	奶类产量（吨）	蔬菜产量（吨）	规模以上工业企业（万元）		
							工业总产值	产品销售收入	利润总额
德州市									
德城区	121600	1198	44978	29869	11998	552048	1103097	1155532	125596
陵　县	382145	737	97816	45974	1105	957569	278960	255465	15507
宁津县	286891	12828	59792	36917	320	574502	303602	297102	19481
庆云县	117082	11	35121	16107	22	115053	44207	50161	2386
临邑县	325980	7769	24024	42003	828	934035	338317	353564	22682
齐河县	447772	20758	46614	41393	6359	1338022	267450	265199	14385
平原县	350428	7966	29859	22821	26	1140492	253096	255611	18392
夏津县	190025	9051	28527	14703	4007	130709	279220	252241	14093
武城县	182575	9575	2302	22251	292	308544	320765	280805	20656
乐陵市	416211	2499	237569	49448		515557	290917	284753	22773
禹城市	353154	6598	21900	63388	2	755317	382054	386106	22847
聊城市									
东昌府区	441770	27539	31998	56565	1850	1379945	657148	604371	22724
阳谷县	412221	44314	34350	85207	1468	1003078	408609	390503	17618
莘　县	478637	45348	23000	74819	350	1457924	210028	214195	6828
茌平县	417201	17583	61360	68809	2700	853383	338025	298083	38544
东阿县	270166	706	11706	26800	780	499629	225866	223550	27091
冠　县	438193	75792	130050	61171	850	789060	175033	196950	7458
高唐县	337962	25262	22190	38022	1100	564128	911317	967144	54482
临清市	295109	13060	51429	26473	1050	630779	630844	57835	3395
滨州市									
滨城区	199671	331	47092	22802	4901	361113	882063	1144591	33663
惠民县	350569	6705	94758	41140	3600	712445	152788	136781	3475
阳信县	232252	59	137850	39834	206	165828	126545	118422	1783
无棣县	80972	324	93919	28988	145	24598	400652	366998	40501
沾化县	126723	75	26091	31157	206	29723	120004	120835	4530
博兴县	280981	81	6444	28359	2493	349933	529858	559508	20133
邹平县	464868	1587	48894	36811	31692	611386	1124610	1057362	78416
菏泽市									
牡丹区	441027	33994	27348	43721	1418	686261	357860	285989	9820
曹　县	403382	61718	61553	39486	591	479550	151006	156221	3327
单　县	359243	135166	206409	81041	143	1565715	90519	91363	3181
成武县	225496	19019	32430	29301	287	725554	151287	138838	5585
巨野县	323047	34916	64715	22983	1741	558240	132671	137605	2481
郓城县	433152	108563	85348	52280	540	1314623	120329	117586	2128
鄄城县	357812	53213	39889	17018	384	303325	47763	51238	302
定陶县	271411	17816	27886	22756	3154	886370	96100	96460	3496
东明县	354742	62009	39128	18274	14	343505	206820	223060	6302

地　　区	邮电业务总量（万元）	出口总额（万美元）	基本建设投资完成额（万元）	更新改造投资完成额（万元）	普通中学专任教师数（人）	小学专任教师数（人）	普通中学在校学生数（人）	小学在校学生数（人）	医院、卫生院数（所）
济南市									
历下区		3302	22762	8000	1528	2206	23516	34251	30
市中区	261000	39208	929682	587867	3984	2122	50183	33194	33
槐荫区		2409	41700	8600	840	1647	14707	16711	20
天桥区		2318	46270	2335	1078	1782	17365	29253	4
历城区	3680	5126	81948	12982	2323	3234	32905	49602	22
长清县	8726	3012	74880	37176	2078	2095	32213	34430	13
平阴县	4089	6777	26952	13538	1569	1802	27105	28683	15
济阳县	3836	1457	23203	12511	1947	2574	42219	36237	10
商河县	3623	1812	27142	7800	1546	3851	35406	47804	24
章丘市	13476	4088	100109	35563	4118	4831	64132	60099	37
青岛市									
市南区		16063	11977	3800		1499		24886	7
市北区		6391	21798	753		2329		23084	3
四方区		4533	14196	2730		1434		20024	1
黄岛区	22234	76881	261723	228292	1060	1068	14710	16841	6
崂山区		90656	101552	40151	972	960	12531	13405	14
李沧区		42600	26198	21170	894	1448	12358	19680	27
城阳区	15536	160094	181539	71125	2049	1879	27408	30913	8
胶州市	26006	120272	112235	15898	3081	3085	49330	56561	33
即墨市	27877	80500	63905	6410	4047	4758	67324	75511	28
平度市	31124	20004	84173	22925	5574	5845	94074	99623	37
胶南市	21266	47434	208745	34840	3958	4063	57922	56885	24
莱西市	10704	54161	281390	27200	3658	2572	60609	41273	19
淄博市									
淄川区	22637	12339	42968	46566	3279	2893	49720	40951	33
张店区	53496	30509	149872	250370	2705	2350	41000	38300	22
博山区	17218	8041	47723	53796	2113	1660	35042	24253	29
临淄区	24928	7116	10101	44874	3079	2203	45847	36156	14
周村区	14681	7621	55621	37998	1539	1286	21434	17330	11
桓台县	15015	5715	11442	24758	2289	1659	38054	27264	24
高青县	7084	1155	17812	16040	1410	1147	28300	15700	11
沂源县	4973	1482	15981	12803	2295	2422	37714	37924	15
枣庄市									
市中区	37080	8317	155153	49421	2206	2109	39289	40253	30
薛城区	17921	2143	22453	11419	2085	2614	37898	47913	20
峄城区	10225	1392	14497	3546	1433	1651	28770	31634	17
台儿庄区	9045	385	11181	9263	1245	1769	22017	29482	8

21－1续表9 （2002年）

地　区	邮　电业务总量（万元）	出口总额（万美元）	基本建设投资完成额（万元）	更新改造投资完成额（万元）	普通中学专任教师数（人）	小　学专任教师数（人）	普通中学在校学生数（人）	小　学在校学生数（人）	医院、卫生院数（所）
山亭区	8158	92	18784	1907	1316	2812	31112	56527	10
滕州市	46331	1733	100333	9872	6151	8152	119945	171892	40
东营市									
东营区	91905	19436	672372	806922	2900	2121	46998	37491	47
河口区	2652	922	53139	3210	1236	1138	16597	15220	9
垦利县	3262	710	31808	30023	917	883	19732	13728	8
利津县	3475	1399	46377	5840	1525	1146	26346	16155	12
广饶县	10017	7129	31818	88962	2425	1767	41600	25121	13
烟台市									
芝罘区	71541	104363	317817	149386	2447	1548	41091	33297	23
福山区	11664	15529	456665	67893	1987	1657	28952	19583	15
牟平区	8696	19580	55958	26210	2678	2026	39804	26241	22
莱山区	6210	14162	125363	3026	687	537	10250	8183	6
长岛县	894	1638	9203		267	206	4079	3365	7
龙口市	24266	16863	56924	11951	3661	2039	51645	35901	26
莱阳市	23462	20470	67136	9130	4663	3071	82517	43884	26
莱州市	37895	18495	94985	37445	4411	3052	70990	50224	31
蓬莱市	10071	14567	46204	17750	2242	1982	33987	23348	15
招远市	34744	16042	34031	31303	2970	1932	46795	32373	19
栖霞市	30479	5984	62704	4500	3481	2504	55718	38158	17
海阳市	6478	7322	32196	15466	2689	2646	52413	36597	19
潍坊市									
潍城区	24174	2374	6831	12705	1287	1849	20256	27414	17
寒亭区	7130	1481	16299	2360	1533	1500	23445	22200	15
坊子区	7348	3786	13600	4401	1096	1196	14491	19060	8
奎文区	214936	34586	127871	153898	850	1546	20078	27815	26
临朐县	15580	3433	33248	14612	4717	3771	74090	56613	21
昌乐县	12137	5622	13844	26820	3043	2982	46606	39991	19
青州市	45064	5259	35776	50990	4351	3811	61064	67050	28
诸城市	23445	27033	60218	74633	5513	4899	78733	90187	28
寿光市	17845	12946	74893	186946	6704	3387	106187	59603	31
安丘市	11280	8700	48452	30740	5769	5277	87469	94909	26
高密市	20231	19194	42098	32653	3979	3819	59194	57600	32
昌邑市	10648	3830	33722	42750	3460	2415	56440	36037	26
济宁市									
市中区	3200	1604	7253	10076	719	1045	14995	16834	4
任城区	3640	2274	16010	510	2246	2300	57083	39309	20
微山县	9159	1057	29557	13649	2245	2844	58100	74302	24

21－1续表10 （2002年）

地　区	邮　电业务总量（万元）	出口总额（万美元）	基本建设投资完成额（万元）	更新改造投资完成额（万元）	普通中学专任教师数（人）	小　学专任教师数（人）	普通中学在校学生数（人）	小　学在校学生数（人）	医院、卫生院数（所）
鱼台县	4193	30	28211	11162	1366	1988	46236	44060	13
金乡县	12340	4137	18222	10494	2481	2344	68553	50082	18
嘉祥县	8368	1187	20703	4490	2608	3526	63161	79446	21
汶上县	6733	1052	18218	12317	2315	3488	61910	76090	16
泗水县	3647	3309	18253	4286	1898	2807	48216	38602	15
梁山县	14076	750	19135	8836	2495	3225	66890	68725	25
曲阜市	10327	1101	26534	13082	3160	2306	48027	31513	18
兖州市	21000	1396	78470	5732	3841	2331	57457	23789	22
邹城市	19300	43643	225155	183508	4478	5211	107023	88064	54
泰安市									
泰山区	55314	12436	290174	51741	2554	1544	47652	23892	27
岱岳区		1845	60248	2651	3647	3618	54996	44215	21
宁阳县	5654	1741	71824	20527	3394	3119	64139	44932	14
东平县	12111	934	45387	5840	2789	3361	57904	44671	22
新泰市	23730	900	116947	40407	4755	5099	98096	84865	38
肥城市	8910	4893	53518	96685	5100	3734	72173	52210	33
威海市									
环翠区	43703	117698	224032	133257	2441	1788	42580	33495	21
文登市	26231	29842	85360	86304	3529	2708	54878	36755	26
荣成市	36446	29112	115790	118091	3743	2278	55280	38308	34
乳山市	21360	15530	65476	65121	3244	2602	46903	31450	19
日照市									
东港区	40980	24833	339195	61167	8865	5316	75718	69610	54
五莲县	4539	2569	21880	17705	2089	1908	42073	32522	29
莒　县	10581	1645	23428	12882	4207	4627	84674	78142	26
莱芜市									
莱城区	28452	12720	236613	72114	5270	4617	80854	50941	44
钢城区	366	3952	65100	16140	993	782	16879	10364	10
临沂市									
兰山区	50061	2022	379219	154448	5001	3768	84777	77809	14
罗庄区	8117	7718	107102	7745	2439	1757	40723	38785	11
河东区	4412	3440	5490	3200	1973	2075	45564	46814	15
沂南县	9588	905	14178	22294	3167	3716	64081	63747	29
郯城县	6701	1045	41246	19753	3215	3407	67427	100798	29
沂水县	9854	4012	34593	14847	4232	4119	86046	76537	35
苍山县	6200	2019	32116	17691	3611	4494	72665	102479	31
费　县	7120	2711	68371	3040	3885	3547	69511	74772	22
平邑县	13860	1177	28843	23606	3364	4052	79863	77519	22
莒南县	7200	8013	24170	14140	3588	3773	82373	68956	21
蒙阴县	5900	2010	16048	13490	2123	2150	41919	35789	16
临沭县	7300	3432	15723	20019	2276	2319	42003	49988	14

地　区	邮电业务总量（万元）	出口总额（万美元）	基本建设投资完成额（万元）	更新改造投资完成额（万元）	普通中学专任教师数（人）	小学专任教师数（人）	普通中学在校学生数（人）	小学在校学生数（人）	医院、卫生院数（所）
德州市									
德城区	31886	15863	277681	100277	2080	2123	40701	39660	17
陵　县	16144	71	34537	30325	1510	2732	38570	41054	14
宁津县	16190	790	36100	39200	1790	1902	30552	38037	21
庆云县	15267	120	4791	4290	1004	1373	19054	28088	12
临邑县	17372	443	38505	42033	1778	3219	32442	41155	13
齐河县	16748	921	37644	34960	2069	2835	38923	40589	24
平原县	17367	530	26791	40029	1536	2216	31456	31039	20
夏津县	16196	160	12980	11860	1739	2594	30801	33532	14
武城县	16510	265	32835	51663	1646	1712	28474	31992	10
乐陵市	16205	2054	44463	35350	2181	3150	34869	47834	19
禹城市	17461	3086	45545	48288	1884	2012	37858	34156	15
聊城市									
东昌府区	19954	410	164630	3821	2503	3381	50306	66253	38
阳谷县	8920	3654	24712	1897	2915	3615	70554	63236	24
莘　县	2593	348	44126	30894	3196	4370	72392	93503	26
茌平县	8116	1360	69330	2055	2175	2559	47745	45210	22
东阿县	6749	216	13124	7005	1314	1517	34530	36179	16
冠　县	5240	216	6062	20639	2166	2798	39107	54622	19
高唐县	5691	1117	53732	46881	1726	2032	33935	26533	16
临清市	10841	3405	27436	20356	2318	2652	50217	56406	27
滨州市									
滨城区	21685	11987	158971	49709	2443	2512	44904	41311	37
惠民县	10122	344	14920	9143	1773	2566	35399	44352	24
阳信县	5919	8700	8360	4394	1506	1624	27528	32491	15
无棣县	5630	1319	20209	45216	1683	1777	31160	27295	16
沾化县	3943	293	33801	10248	1338	1821	25389	31104	19
博兴县	9082	1106	29087	40632	1694	2164	28863	37198	19
邹平县	11708	27585	126011	123634	2843	2793	54890	41560	22
菏泽市									
牡丹区	37009	6140	166743	11162	4824	6746	107894	139496	39
曹　县	22252	4938	2971	10951	4356	6921	121593	140729	36
单　县	13745	455	6913	6587	3270	4456	90095	91609	32
成武县	12869	221	7954	14907	2499	3967	58426	58465	20
巨野县	17983	885	16510	4017	2659	4007	80507	94081	19
郓城县	16260	863	9192	3141	4187	6115	84993	109178	50
鄄城县	20586	778	4175	300	2346	3882	66421	87427	20
定陶县	13269	846	2336	2678	2216	2962	55323	55425	23
东明县	14298	461	13536	19124	2381	3076	60315	65103	30

（2002年）

地　　区	农村住户调查户数（户）	农村调查户常住人口（人）	农民人均年末住房面积（平方米）	农民人均总收入（元）	农民人均纯收入（元）	农民人均总支出（元）	农民人均生活消费支出（元）	1.食品支出（元）
济南市								
历下区	40	144	44.45	6166.8	4387.92	5978.25	4126.3	1113.71
市中区	70	261	26.88	4289.63	3878.58	3342.16	2423.96	1154.22
槐荫区	60	214	36	4981.51	4200.04	4470.88	3419.88	1102.44
天桥区	80	324	34	4600.83	3810.85	3062.49	2135.18	840.36
历城区	110	379	31.03	4007.08	3450.61	3208.65	2419.07	964.05
长清县	110	394	32.11	4542.79	3363.92	3379.67	1883.51	772.02
平阴县	100	390	25.59	3944.43	2881.02	2868.42	1694.01	661.23
济阳县	80	308	24.17	4174.55	2812.71	3409.93	1756.4	714.62
商河县	90	336	26.89	4070.48	2734.62	2951.06	1517.05	666.53
章丘市	130	468	36.02	5030.89	3850.03	4137.07	2556.56	982.35
青岛市								
市南区								
市北区								
四方区								
黄岛区	50	177	23.97	5449.9	4833.67	3888.4	3459.98	1145.14
崂山区	50	162	39.31	6158.17	4996.2	6633.23	5306.13	1700.04
李沧区								
城阳区	90	305	27.84	5115.44	4459.18	4005.78	3336.12	1320.8
胶州市	130	458	26.19	6844.09	4206	5872.6	3070.37	1218.47
即墨市	140	480	29.23	5865.22	3975.33	4554.91	2594.74	1038.24
平度市	170	592	23.46	6371.11	4037.6	4676.41	2247.01	943.41
胶南市	120	434	23.87	5887.47	4151	4272.27	2377.39	1085.46
莱西市	110	392	26.32	7089.08	3944.61	5534.06	2442.44	824.8
淄博市								
淄川区	100	326	27.49	4888.82	3970.11	4241.93	3172.5	1081.73
张店区	100	357	33.72	4801.02	4401.25	3443.31	2758.3	1065.95
博山区	100	316	28.3	4737.35	3780.93	3769.42	2466.1	983.67
临淄区	100	359	32.65	5713.95	4151.66	4307.44	2663.81	894.5
周村区	100	333	33.74	5087.93	4086.1	3629.12	2569.14	985.14
桓台县	100	366	35.19	4689.92	3916.76	3354.2	2373.54	886.98
高青县	100	345	27.74	4444.63	2820.93	3626.85	1944.03	669.08
沂源县	100	305	25.17	3748.25	2655.64	3063.95	1924.7	834.41
枣庄市								
市中区	100	417	30.11	4285.34	3455.78	3109.91	2118.13	894.47
薛城区	100	414	27.06	4437.59	3218.88	3560.06	2228.7	1031.03
峄城区	100	388	23.77	4307.25	3080.45	3401.18	2140.97	832.66
台儿庄区	100	392	25.31	4244.04	3120.34	2828.31	1524.39	687.84

（2002 年）

地　　区	农村住户调查户数（户）	农村调查户常住人口（人）	农民人均年末住房面积（平方米）	农民人均总收入（元）	农民人均纯收入（元）	农民人均总支出（元）	农民人均生活消费支出（元）	1.食品支出（元）
山亭区	100	400	24.06	3489.1	2367.07	2574.7	1285.75	644.15
滕州市	160	618	27.68	4478.13	3239.43	3597.62	2298.56	976.98
东营市								
东营区	100	354	24.59	5636.9	3214.28	4588.68	2061.49	889.97
河口区	100	366	21.88	4815.41	2930.1	4106.47	2126.48	936.74
垦利县	100	371	26.44	4967.74	2981.2	3450.32	1636.13	781.83
利津县	80	285	24.62	5159.71	3019.39	4608.22	2316.66	854.53
广饶县	100	363	25.96	5028.12	3360.95	3931.58	2273.03	805.08
烟台市								
芝罘区	80	242	34.91	5156.74	4799.26	3813.54	3095.22	1217
福山区	100	313	28.5	4354.32	3659.97	3147.49	2108	844.35
牟平区	100	285	22.9	4654.14	3913.39	3056.41	2205.03	960.31
莱山区	80	230	30.12	4529.3	3980.05	3719.19	3023.27	1024.33
长岛县	50	160	22.04	4692.48	3936	4092.76	3336.16	1218.88
龙口市	100	297	27.34	5352.84	4420.37	4362.75	3077.6	1206.03
莱阳市	100	356	26.12	5043.88	3603.33	4004.33	2484.81	899.48
莱州市	140	452	26.76	5193.35	3947.44	3783.91	2389.92	923.17
蓬莱市	100	276	20.06	5396.46	4109.68	4029.64	2710.37	1043.32
招远市	100	295	21.96	5432.06	4368.01	3211.83	2151.34	799.82
栖霞市	100	296	23.8	4307.65	3206.41	2658.21	1667.2	624.66
海阳市	100	288	25.42	4109.02	3268.59	2785.61	2015.31	959.91
潍坊市								
潍城区	100	351	26.84	4868.62	4000.03	3198.93	2308.54	874.05
寒亭区	100	297	30.4	5459.64	3792	2996.52	1460.83	630.49
坊子区	100	374	29.64	4771.1	3698.14	3956.47	2587.9	1142.8
奎文区	100	362	32.29	4553.84	3938.02	3820.52	3256.73	1446.13
临朐县	120	459	25.56	4332.91	2928.62	3280.56	1969.89	673.19
昌乐县	100	375	23.01	4478.85	3342.76	2706.8	1605.33	745.96
青州市	130	477	25.55	6062.56	3459.75	5523	2529.39	847.56
诸城市	150	509	22.85	6233.25	3857.54	5064.99	2567.48	1018.78
寿光市	100	389	31.62	7282.42	4302	5786.93	2656.3	777.02
安丘市	100	362	25.22	5093.38	3309.99	3659.33	1823.88	768.41
高密市	100	340	30.24	4404.19	3442	2711.25	1738.73	836.34
昌邑市	100	333	25.43	5720.13	3811.94	4375.85	2506.32	1048.67
济宁市								
任城区	120	485	30.75	4684.46	3200.44	3797.86	2162.44	785.25
微山县	130	544	18.92	4495.24	2869.26	3858.43	2224.22	1405.16
鱼台县	100	462	23.55	5029.83	2960.04	3449.49	1300.81	460.38

21－1续表14 （2002年）

地　　区	农村住户调查户数（户）	农村调查户常住人口（人）	农民人均年末住房面积（平方米）	农民人均总收入（元）	农民人均纯收入（元）	农民人均总支出（元）	农民人均生活消费支出（元）	1.食品支出（元）
金乡县	130	507	29.57	4782.53	3015.13	3966.14	2152.08	897
嘉祥县	100	410	27.13	3657.45	2664.81	2793.12	1732.82	820.04
汶上县	110	447	32.93	3560.31	2731.99	2712.04	1782.54	837.96
泗水县	120	451	23.58	3560.63	2453.82	2710.27	1468.97	705.77
梁山县	150	611	29.49	4419.65	2622.33	3129.88	1437.85	639
曲阜市	100	400	31.5	4622.24	3180.79	3611.08	2144.25	778.2
兖州市	100	378	30.68	4661.94	3589.28	3365.39	2184.97	818.77
邹城市	170	675	30.55	4946.26	3313.21	3910.7	2195.04	761.86
泰安市								
泰山区	100	332	37.88	4360.15	3568.93	3111.14	2256.52	1002.99
岱岳区	120	422	26.4	4922.38	3426.55	3086.05	1737.93	940.44
宁阳县	120	448	26.05	4306.05	2998.26	3208.2	1883.18	900.96
东平县	120	462	25.52	3650.67	2548.17	2719.42	1495.78	708.19
新泰市	150	519	21.07	3979.53	3219.04	2248.26	1547.48	676.66
肥城市	120	463	30.08	4463.22	3239.11	2952.99	1671.39	746.08
威海市								
环翠区	100	278	24.01	5768.88	4790	4085.36	3010.97	1169.63
文登市	130	346	27.3	6412.58	4380.2	4477.35	2424.56	984.19
荣成市	140	418	27.79	5828.64	4658	3417.06	2304.78	819.62
乳山县	130	366	27.19	5202.31	3835.3	3981.65	2111.1	829.89
日照市								
东港区	120	406	32.25	5039.22	3122.1	4150.34	2142.23	865.27
兰山区	30	98	30.48	10587.28	3625.23	9081.48	2034.55	1057.15
五莲县	100	343	24.58	4775.14	3047	3459.82	1597.49	723.34
莒　县	150	554	24.33	5012.16	3078.04	3981.5	1995.6	802.11
莱芜市								
莱城区	150	472	32.36	4643.55	3608.67	3381.8	2074.4	843.8
钢城区	150	444	29.61	4337.56	3666.95	2516.37	1929.7	902.87
临沂市								
兰山区	100	377	33	3950.91	3040.15	2863	1936.51	792.28
罗庄区	100	372	30.68	3764.71	2875.63	2982.7	2285.97	778.88
河东区	100	367	24.81	3772.94	2604.62	2583.01	1580.02	629.04
沂南县	150	527	24.35	3456.5	2497.62	2847.64	1798.9	856.87
郯城县	150	586	22.4	4045.01	2759.57	3036.11	1710.4	778.22
沂水县	150	531	19.07	3680.06	2502.74	2749.1	1450.5	688.73
苍山县	150	582	23.96	3362	2478.27	2590.55	1540.84	694.3
费　县	150	611	22.64	3719.05	2447.6	3120.83	1573.6	688.89
平邑县	150	540	23.37	3467.95	2503	2832.47	1730.59	753.75
莒南县	150	526	26.99	4395.25	2617.02	3413.83	1600.8	685.01
蒙阴县	120	411	27.55	3965.11	2575	3145.48	1687.33	856.87
临沭县	120	400	20.9	4299.88	2535.31	3785.94	1799.03	853.37

地　　区	农村住户调查户数(户)	农村调查户常住人口(人)	农民人均年末住房面积(平方米)	农民人均总收入(元)	农民人均纯收入(元)	农民人均总支出(元)	农民人均生活消费支出(元)	1.食品支出(元)
德州市								
德城区	100	357	31.37	3832.11	3059.55	2101.4	1311.52	587.47
陵　县	100	358	26.38	3912.72	2781.3	2135.66	1240.67	675.74
宁津县	100	347	29.56	3283.36	2735.95	2226.95	1608.5	865.74
庆云县	100	410	19.2	2591.76	2246.29	1359.54	692.26	389.07
临邑县	100	385	32.93	4065.94	2785.79	3246.49	1721.8	687.56
齐河县	110	441	26.36	4435.99	2800.98	3942.21	2124.22	827.61
平原县	100	337	30.42	4068.6	2765.96	3283.95	1937.08	943.33
夏津县	100	390	25.07	3763.93	2691.47	2643.11	1541.46	681.05
武城县	100	368	29.8	3625.97	2745.83	1620.23	889.55	279.16
乐陵市	100	396	22.86	3383.91	2710.54	1563.57	955.11	560.73
禹城市	100	343	27.29	3975.05	2827.32	2738.73	1870.76	651.44
聊城市								
东昌府区	120	479	31.67	4025.43	2565.28	3166.28	1676.95	671.4
阳谷县	110	440	25.92	3973.58	2529.44	2731.24	1269.56	558.3
莘　县	100	422	38.82	2931.27	2338.05	883.93	506.26	246.8
茌平县	100	362	24.19	4020.08	2540.22	3387.33	1951.3	952.64
东阿县	100	375	23.13	3637.07	2376	2814.92	1518.72	640.79
冠　县	100	444	29.88	3831.28	2328.52	2650.73	1198.04	663.68
高唐县	130	490	26.11	4035.13	2775.84	3992.26	2857.54	1260.7
临清市	100	370	25.48	3598.29	2523.01	2453.61	1468.9	730.07
滨州市								
滨城区	100	358	30.97	4026.43	2725.33	2983.08	1545.52	649.27
惠民县	110	447	20.95	4140.03	2653.05	3159.18	1591.11	652.85
阳信县	100	379	31.45	3424.49	2389.71	4104.52	2967.06	1619.04
无棣县	100	365	22.76	2948.18	2214.21	2150	1351.19	606.91
沾化县	100	355	32.63	3564.36	2612.33	2590.68	1653.07	581.28
博兴县	100	335	29.23	4345.65	2987.05	3875.86	2171.8	734.93
邹平县	90	343	21.76	4859.22	3186.02	4283.89	2512.11	877.55
菏泽市								
牡丹区	80	358	24.92	3397.23	2431	2205.61	1259.4	626.92
曹　县	100	425	21.75	3015.1	2211.1	2294.94	1442.43	692.73
单　县	100	430	22.71	3516.98	2318.28	2149.6	1046.73	545.91
成武县	100	387	22.19	3291.6	2335.16	2263.6	1336.41	622.62
巨野县	100	423	20.1	3198.98	2338.21	1926.23	1068.47	523.03
郓城县	100	402	24.08	3444.46	2336.94	2641.9	1594.24	724.62
鄄城县	120	490	22.26	2849.51	2098.36	1928.57	1186.09	575.35
定陶县	100	409	19.17	3228.02	2311.72	2482.51	1543.7	722.15
东明县	100	432	22.1	3275.28	2294	2194.55	1257.56	685.1

地区	2.衣着支出	3.居住支出	4.家庭设备用品及服务支出	5.医疗保健支出	6.交通通讯支出	7.文教娱乐及服务支出	#学杂费	8.其他商品和服务支出
济南市								
历下区	344.86	1044.63	322.21	305.86	333.46	352.9	208.36	308.67
市中区	198.49	243.97	102.28	184.38	163.3	263.12	164.87	114.2
槐荫区	187.92	741.87	150.27	110.87	374.2	475.14	244.32	277.18
天桥区	197.69	358.29	202.51	118.26	148.4	231.02	177.96	38.67
历城区	217.48	299.97	200.37	202.44	165.53	288.87	189.71	80.37
长清县	97.66	427.24	95.32	118.68	112.07	191.98	166.01	68.55
平阴县	87.21	324.18	77.53	122.06	102.53	271.8	244.89	47.47
济阳县	82.37	477.08	62.71	75.67	108.24	211.13	180.58	24.59
商河县	90.8	150.91	127.21	54.85	129.59	231.89	181.6	65.29
章丘市	201.67	417.71	120.4	270.99	188.56	276.28	196.88	98.61
青岛市								
市南区								
市北区								
四方区								
黄岛区	426.25	898.86	126.16	112.35	286.94	391.97	248.97	72.31
崂山区	625.45	902.77	212.01	225.36	864.86	672.3	373.09	103.35
李沧区								
城阳区	340.14	565.63	189.01	243.39	238.79	350.05	236.62	88.32
胶州市	218.24	634.78	193.35	184.88	239.57	295.29	194.51	85.79
即墨市	232.14	485.69	186.88	99.84	248.78	227.2	156.15	75.97
平度市	162.84	304.59	114.63	113.99	205.86	338.76	225.48	62.95
胶南市	185.26	242.55	100.84	76.04	189.65	450.07	371.74	47.53
莱西市	176.85	566.19	121.69	188.67	192.52	272.41	212.63	99.31
淄博市								
淄川区	296	579.7	166.82	356.24	236.27	324.83	230.22	130.91
张店区	304.32	275.66	119.97	274.14	249.19	409.97	321.99	59.1
博山区	227.15	356.36	95.69	265.12	218.9	218.71	150.23	100.49
临淄区	204.74	503.88	141.78	219.26	202.5	417.2	270.4	79.97
周村区	199.96	368.06	135.76	230.42	193.52	351.08	233.53	105.21
桓台县	199.82	345.1	118.07	270.42	165.88	319.53	260.62	67.75
高青县	99.51	420.53	100.39	189.93	188.02	250.97	202.68	25.61
沂源县	76.04	334.64	104.67	95.18	167.06	249	199.16	63.72
枣庄市								
市中区	185.05	417.26	119.62	93.22	196.19	166.71	130.74	45.61
薛城区	141.49	506.96	111.86	65.83	157.03	179.62	144.85	34.87
峄城区	147.44	307.43	132.64	219.66	211.66	167.72	132.97	121.74
台儿庄区	130.52	224.44	65.41	28.49	117.59	204.25	123.72	65.84

地区	2.衣着支出	3.居住支出	4.家庭设备用品及服务支出	5.医疗保健支出	6.交通通讯支出	7.文教娱乐及服务支出	#学杂费	8.其他商品和服务支出
山亭区	74.14	166.98	67.83	51.32	72.29	162.38	133.38	46.67
滕州市	146.84	489.74	134.76	94.51	181.67	225.22	174.53	48.84
东营市								
东营区	153.28	426.84	57.17	117.94	190.34	197.17	157.63	28.78
河口区	146.65	283.95	140.27	149.59	170.63	277.09	234.01	21.58
垦利县	157.46	269.35	71.34	52.55	120.85	163.86	115.62	18.89
利津县	151.57	345.78	107.18	227.96	188.74	378.7	321.64	62.23
广饶县	160.61	489.11	124.45	102.56	182.73	365.32	299.28	43.17
烟台市								
芝罘区	484.91	439.1	102.91	149.86	191.07	342.58	191.1	167.78
福山区	226.78	217.71	61.48	130.65	277.82	305.53	252.32	43.68
牟平区	224.4	180.71	99.38	172.95	175.88	343.07	301.37	48.33
莱山区	174.35	1018.48	118.39	226.28	154.87	241.07	156.1	65.5
长岛县	347.41	483.25	139.16	376.13	282.16	243.92	178.57	245.27
龙口市	289.63	463.19	127	220.37	318.4	359.03	274.21	93.95
莱阳市	223.47	446.31	109.78	218.1	211.49	322.01	221.02	54.17
莱州市	223.85	380.11	123.76	166.83	207.58	290.25	220.99	74.37
蓬莱市	183.73	478.86	157.66	334.2	231.35	249.06	189.35	32.19
招远市	187.5	578.33	94.09	112.93	113.35	231.92	188.04	33.4
栖霞市	145.97	206.8	83.84	104.85	171.81	305.84	255.65	23.43
海阳市	178.62	299.85	101.1	104.22	132.4	196.2	117.64	43.02
潍坊市								
潍城区	224.84	478.95	110.54	156.48	219.03	209.39	140.65	35.28
寒亭区	121.6	231.01	77.91	84.57	175.7	118.54	72.4	21.01
坊子区	148.48	561.18	102.5	80.85	120.02	329.79	164.98	102.28
奎文区	360.37	637.96	138.05	160.48	162.98	306.53	218.71	44.24
临朐县	103.03	314.7	93.34	157.85	128.16	363.02	267.51	136.6
昌乐县	93.55	192.64	55.87	61.71	170.36	243.26	216.57	41.99
青州市	154.45	635.92	68.48	174.47	226.46	360	313.83	62.06
诸城市	168.27	513.42	139.06	86.95	233.08	381.89	280.66	26.04
寿光市	180.76	590.52	179.94	163.99	201.56	505.32	360.55	57.19
安丘市	101.24	377.81	80.46	81.86	132.35	256.71	204.48	25.05
高密市	156.55	179.8	68.59	71.34	147.69	237.69	208.77	40.74
昌邑市	158.29	326.82	125.17	124.9	181.23	125.18	72.44	416.06
济宁市								
任城区	119.44	514.04	145.69	119.91	131.15	296.44	237.53	50.53
微山县	108.35	201.2	95.2	71.14	116.01	190.3	136.21	36.87
鱼台县	79.53	150.68	62.16	74.92	95	277.3	246.44	100.85

地区	2.衣着支出	3.居住支出	4.家庭设备用品及服务支出	5.医疗保健支出	6.交通通讯支出	7.文教娱乐及服务支出	#学杂费	8.其他商品和服务支出
金乡县	124.97	273.01	145.98	219.04	123.32	295.69	238.5	73.08
嘉祥县	124.58	212.28	98.87	101.39	100.35	205.75	176.5	69.55
汶上县	135.92	178.92	56.44	159.57	158.6	161.44	130.71	93.7
泗水县	61.27	274.63	67.03	51.37	87.86	200.46	176.35	20.59
梁山县	95.02	282.5	82.57	60.82	82.06	157.82	144.21	38.07
曲阜市	141.07	541.38	102.98	154.68	124.77	267.77	240.26	33.41
兖州市	107.6	468.86	128.91	150.09	187.04	270.55	212.91	53.16
邹城市	118.82	323.37	129.86	83.22	435.18	258.97	196.89	83.77
泰安市								
泰山区	156.35	328.27	123.87	226.12	140.71	210.29	165.33	67.93
岱岳区	57.41	235.5	96.41	112.05	78.98	188.37	139.46	28.78
宁阳县	85.12	282.8	122.52	109.72	103.24	247.2	202.28	31.62
东平县	88.77	212.96	76.69	71.68	122.25	175.42	135.78	39.84
新泰市	87.68	436.39	67.03	55.98	78.76	105.29	94.29	39.7
肥城市	163.01	175.69	86.99	82.16	89.44	248.91	197.8	79.11
威海市								
环翠区	252.93	623.05	142.56	167.36	214.61	384.12	288.79	56.71
文登市	159.73	275.18	99.15	159.3	158.01	533.16	431.86	55.86
荣成市	214.39	334.22	84.32	109.22	279.53	425.35	301.3	38.12
乳山县	178.46	451.5	83.21	83.39	100.81	305.64	288.86	78.21
日照市								
东港区	150.01	309.18	126.96	102.81	167.48	241.29	139.04	179.24
兰山区	187.89	253.47	118.87	62.81	202	99.7	73.75	52.66
五莲县	98.93	204.17	81.88	94.64	161.39	195.81	172.66	37.33
莒　县	74.69	445.48	82.46	57.66	223.28	299.85	154.86	10.07
莱芜市								
莱城区	124.23	347.21	81.63	113.67	153.43	350.4	284.31	60.04
钢城区	150.2	295.71	108.19	98.86	116.96	191.2	134.99	65.71
临沂市								
兰山区	177.64	261.57	91.46	83.48	202.65	230.21	184.42	97.22
罗庄区	187.59	358.73	98.35	439.75	149.8	199.26	166.63	73.59
河东区	97.2	286.16	160.79	58.5	123.69	168.47	114.49	56.16
沂南县	115.35	291	68.82	71.62	128.57	238.54	184.83	28.14
郯城县	109.08	258.11	80.84	162.93	135.03	116.19	87.58	70.01
沂水县	88.82	229.19	74.57	65.36	68.8	215.57	188.76	19.46
苍山县	107.32	257.59	64.93	78.13	107.02	164.29	122.26	67.27
费　县	74.02	227.63	60.04	65.44	119.08	306.57	282.31	31.94
平邑县	93.39	175.87	69.12	111.43	148.33	342.34	311.3	36.37
莒南县	94.67	281.46	52.13	77.64	89.13	295.99	263.75	24.8
蒙阴县	87.92	201.69	53.27	72.65	130.84	264.65	217.78	19.45
临沭县	113.04	206.17	94.59	95.09	133.58	235.74	185.87	67.46

地区	2.衣着支出	3.居住支出	4.家庭设备用品及服务支出	5.医疗保健支出	6.交通通讯支出	7.文教娱乐及服务支出	#学杂费	8.其他商品和服务支出
德州市								
德城区	113.61	221.63	58.42	78.76	128.42	99.45	67.14	23.78
陵县	66.86	224.47	43.39	68.99	56.8	62.13	44.19	42.28
宁津县	124.44	157.4	121.78	64.14	71.59	171.68	109.4	31.72
庆云县	39.33	140.71	35.58	9.25	30.62	28.87	16.33	18.84
临邑县	76.4	433.99	71.33	87.55	125.01	198.71	135.04	41.26
齐河县	119.84	501.19	95.2	100.14	176.29	254.76	201.97	49.2
平原县	91.16	205.1	80.78	103.63	183.79	162.85	116.86	166.44
夏津县	95.51	239.45	68.19	92.93	136.04	175.85	131.72	52.43
武城县	95.09	168.47	42.02	50	87.89	159.04	130.11	7.89
乐陵市	85.44	154.19	47.33	8.52	62.05	24.69	13.61	12.17
禹城市	104.41	322.37	209.5	90.4	317.37	153.79	28.35	21.47
聊城市								
东昌府	98.45	256.15	124.26	99.8	104.48	262.51	218.09	59.91
阳谷县	77.92	188.57	72.48	74.25	64.14	197.22	128.83	36.68
莘县	38.04	79.78	36.64	5.83	39.59	47.61	39.22	11.97
茌平县	114.94	278.36	86.22	87.74	163.45	218.02	172.79	49.93
东阿县	99.74	197.38	78.99	100.04	127.46	225.72	185.87	48.61
冠县	65.78	185.12	27.13	26.33	54.32	116.97	114.28	58.72
高唐县	107.21	241.96	64.06	104.94	144.04	190.13	141.71	744.5
临清市	114.44	191.19	91.04	61.56	111.93	123.93	96.75	44.74
滨州市								
滨城区	117.46	241.19	85.2	73.95	172.39	165.37	112.74	40.69
惠民县	85.72	299.28	105.96	148.51	118.65	146.65	115.66	33.49
阳信县	70.35	893.78	47.23	59.17	122.54	131.5	94.62	23.45
无棣县	108.24	190.5	67	89.31	114.24	161.67	88.29	13.32
沾化县	74.07	454.24	49.61	84.35	126.17	215.96	174.87	67.4
博兴县	146.18	432.07	88.57	156.64	164.13	326.3	263.26	122.99
邹平县	138.01	575.16	83.85	264.59	249.7	251.78	191.85	71.48
菏泽市								
牡丹区	73.5	115.72	43.5	61.67	69.03	210.51	169.82	58.56
曹县	96.56	175.88	79.21	99.81	126.63	150.33	119.64	21.3
单县	61.15	130.18	36.68	32.93	57.29	113.86	103.61	68.74
成武县	71.03	272.71	75.36	69.25	86.7	109.86	81.43	28.89
巨野县	84.81	86.39	68.02	55.71	48.06	177.02	152.32	25.42
郓城县	64.43	284.53	89.96	79.51	81.75	232.37	213.32	37.08
鄄城县	77.58	80.86	54.97	71.72	74.52	172.77	159.88	78.33
定陶县	110.39	182.07	72.44	82.9	117.21	232.11	187.28	24.43
东明县	72.79	173.25	55.32	43.36	56.16	123.2	112.06	48.38

附录一、全国各省市主要经济指标

MAIN ECONOMIC INDICATORS OF THE WHOLE COUNTRY BY REGION

附录1-1 全国行政区划

（2002年底）　　单位:个

省级区划名称	地级区划数	#地级市	县级区划数	#县级市	#市辖区	地县级市个数	镇数	乡数	#民族乡	街道办事处
全国	**332**	**275**	**2860**	**381**	**830**	**656**	**20606**	**18593**	**1167**	**5575**
北京市			18		16		141	51	5	130
天津市			18		15		120	20	2	99
河北省	11	11	172	22	36	33	933	1035	54	233
山西省	11	10	119	12	22	22	564	634		186
内蒙古自治区	12	7	101	13	19	20	503	731	19	194
辽宁省	14	14	100	17	56	31	615	380	78	558
吉林省	9	8	60	20	19	28	460	326	33	240
黑龙江省	13	12	130	19	64	31	475	469	59	381
上海市			19		18		132	3		99
江苏省	13	13	106	27	52	40	1194	136	1	262
浙江省	11	11	88	22	30	33	824	553	14	233
安徽省	17	17	105	5	44	22	1020	756	9	220
福建省	9	9	86	14	27	23	623	354	18	129
江西省	11	11	99	10	19	21	789	719	7	107
山东省	**17**	**17**	**139**	**31**	**48**	**48**	**1253**	**294**	**5**	**372**
河南省	17	17	158	21	48	38	869	1252	21	301
湖北省	13	12	102	24	38	36	738	224	9	272
湖南省	14	13	122	16	34	29	1097	1258	98	221
广东省	21	21	123	26	52	47	1458	18	7	361
广西壮族自治区	14	14	108	7	32	21	750	576	61	62
海南省	2	2	20	6	4	8	181	20		17
重庆市			40	4	15	4	683	563	8	101
四川省	21	18	180	14	42	32	1937	3110	108	234
贵州省	9	4	87	9	9	13	697	760	253	82
云南省	16	6	129	10	10	16	597	942	175	43
西藏自治区	7	1	73	1	1	2	140	541	8	8
陕西省	10	10	107	3	23	13	930	684	3	128
甘肃省	14	10	86	4	15	14	460	1078	39	107
青海省	8	1	43	2	4	3	115	283	30	26
宁夏回族自治区	4	4	23	2	7	6	78	234		31
新疆维吾尔自治区	14	2	99	20	11	22	230	589	43	138
香港特别行政区										
澳门特别行政区										
台湾省										

注:本表资料来源于民政部《行政区划简册》。

附录1-2 国 内 生 产 总 值

单位:亿元

地　　区	1997年	1998年	1999年	2000年	2001年	2002年
北　　京	1810.1	2011.3	2174.5	2478.8	2845.7	3130.0
天　　津	1235.3	1336.4	1450.1	1639.4	1840.1	2022.6
河　　北	3953.8	4256.0	4569.2	5089.0	5577.8	6076.6
山　　西	1480.1	1486.1	1506.8	1643.8	1780.0	2001.8
内 蒙 古	1099.8	1192.3	1268.2	1401.0	1545.8	1724.8
辽　　宁	3582.5	3881.7	4171.7	4669.1	5033.1	5458.2
吉　　林	1446.9	1557.8	1669.6	1821.2	2032.5	2243.0
黑 龙 江	2708.5	2798.9	2897.4	3253.0	3561.0	3901.5
上　　海	3360.2	3688.2	4035.0	4551.2	4950.8	5408.8
江　　苏	6680.3	7200.0	7697.8	8582.7	9511.9	10636.3
浙　　江	4638.2	4987.5	5364.9	6036.3	6748.2	7670.0
安　　徽	2670.0	2805.5	2908.6	3038.2	3290.1	3569.0
福　　建	3000.4	3286.6	3550.2	3920.1	4253.7	4682.0
江　　西	1715.2	1852.0	1963.0	2003.1	2175.7	2450.0
山　　东	**6650.0**	**7162.2**	**7662.1**	**8542.4**	**9438.3**	**10552.1**
河　　南	4079.3	4356.6	4576.1	5137.7	5640.1	6163.2
湖　　北	3450.2	3704.2	3858.0	4276.3	4662.3	4975.6
湖　　南	2993.0	3118.1	3326.8	3691.9	3983.0	4340.9
广　　东	7315.5	7919.1	8464.3	9662.2	10647.7	11674.4
广　　西	1817.3	1903.0	1953.3	2050.1	2231.2	2437.2
海　　南	409.9	438.9	471.2	518.5	546.0	602.7
重　　庆	1350.1	1429.3	1479.7	1589.3	1749.8	1971.1
四　　川	3320.1	3580.3	3711.6	4010.3	4421.8	4875.1
贵　　州	793.0	841.9	911.9	993.5	1084.9	1180.0
云　　南	1644.2	1793.9	1855.7	1955.1	2074.7	2231.9
西　　藏	77.0	91.2	105.6	117.5	138.7	
陕　　西	1300.0	1381.5	1487.6	1660.9	1844.3	2036.0
甘　　肃	781.3	869.8	932.0	983.4	1072.5	1161.0
青　　海	202.1	220.2	238.4	263.6	301.0	341.0
宁　　夏	210.9	227.5	241.5	265.6	298.4	329.7
新　　疆	1050.1	1116.7	1168.6	1364.4	1485.5	1598.3

注:本表按当年价格计算。

附录 1－3 国内生产总值、增长速度和人均国内生产总值

（2002 年）

地区	国内生产总值（亿元）	第一产业	第二产业	工业	建筑业	第三产业	#交通运输仓储邮电通信业	国内生产总值比上年增长（%）	人均国内生产总值（元/人）
北京	3130.0	95.5	1114.4	870.0	244.4	1920.1	232.9	10.2	27746
天津	2022.6	83.9	978.8	885.5	93.2	960.0	229.6	12.5	22068
河北	6076.6	950.2	3033.9	2681.5	352.4	2092.6	553.9	9.6	9047
山西	2001.8	195.0	1050.8	889.0	161.8	756.0	177.6	10.8	6098
内蒙古	1724.8	372.0	729.9	571.0	158.8	623.0	186.9	11.6	7233
辽宁	5458.2	588.0	2611.8	2331.1	280.7	2258.4	424.5	10.2	13000
吉林	2243.0	456.1	964.6	786.1	178.5	822.3	138.8	9.5	8322
黑龙江	3901.5	447.0	2188.5	1935.4	253.1	1266.0	265.2	10.3	10235
上海	5408.8	88.2	2564.7	2312.8	251.9	2755.8	380.5	10.9	40627
江苏	10636.3	1122.6	5546.6	4820.1	726.4	3967.2	728.0	11.6	14397
浙江	7670.0	680.0	3925.0	3524.0	401.0	3065.0	585.1	12.3	16570
安徽	3569.0	773.1	1552.2	1290.5	261.7	1243.7	218.0	8.9	5817
福建	4682.0	663.0	2159.9	1882.6	277.4	1859.0	491.0	10.5	13510
江西	2450.0	536.0	938.2	692.2	246.0	975.8	224.7	10.5	5827
山东	**10552.1**	**1390.0**	**5309.5**	**4629.5**	**680.0**	**3852.5**	**667.8**	**11.6**	**11645**
河南	6163.2	1282.0	2953.3	2533.0	420.3	1927.8	485.5	9.5	6431
湖北	4975.6	707.0	2446.1	2168.4	277.6	1822.6	306.4	9.1	8319
湖南	4340.9	847.3	1737.2	1440.8	296.4	1756.5	323.6	9.0	6565
广东	11674.4	1023.9	5856.9	5232.1	624.8	4793.6	1147.3	10.8	14908
广西	2437.2	591.4	850.1	687.7	162.4	995.7	225.8	10.3	5062
海南	602.7	229.2	122.8	81.2	41.6	250.7	54.8	9.2	8054
重庆	1971.1	315.8	826.5	650.9	175.5	828.9	124.0	10.3	6353
四川	4875.1	1027.6	1982.4	1551.5	431.0	1865.1	348.8	10.6	5766
贵州	1180.0	280.5	474.5	370.5	104.0	425.0	81.8	9.1	3140
云南	2231.9	469.9	956.0	778.0	178.0	806.0	150.1	8.1	5178
西藏									5983
陕西	2036.0	303.8	925.8	691.1	234.7	806.4	210.4	9.7	5523
甘肃	1161.0	214.0	530.2	390.4	139.8	416.9	64.3	9.4	4493
青海	341.0	44.9	152.6	100.0	52.6	143.6	27.7	12.4	6424
宁夏	329.7	52.9	150.8	114.8	36.0	126.0	25.1	10.2	5800
新疆	1598.3	305.0	672.1	473.0	199.1	621.2	132.8	8.1	8365

注：本表绝对数按当年价格计算，增长速度按可比价格计算。

附录1-4 国内生产总值构成

（2002年，国内生产总值=100）

地区	国内生产总值	第一产业	第二产业	工业	建筑业	第三产业	#交通运输仓储邮电通信业	#批发和零售贸易餐饮业
北京	100.0	3.1	35.6	27.8	7.8	61.3	7.4	8.0
天津	100.0	4.1	48.4	43.8	4.6	47.5	11.4	9.7
河北	100.0	15.6	49.9	44.1	5.8	34.5	9.1	9.0
山西	100.0	9.7	52.5	44.4	8.1	37.8	8.9	7.9
内蒙古	100.0	21.6	42.3	33.1	9.2	36.1	10.8	9.6
辽宁	100.0	10.8	47.9	42.7	5.2	41.3	7.8	13.9
吉林	100.0	20.3	43.0	35.0	8.0	36.7	6.2	13.1
黑龙江	100.0	11.5	56.1	49.6	6.5	32.4	6.8	9.9
上海	100.0	1.6	47.4	42.8	4.6	51.0	7.0	11.1
江苏	100.0	10.6	52.1	45.3	6.8	37.3	6.8	10.0
浙江	100.0	8.9	51.1	45.9	5.2	40.0	7.6	13.5
安徽	100.0	21.7	43.5	36.2	7.3	34.8	6.1	10.2
福建	100.0	14.2	46.1	40.2	5.9	39.7	10.5	9.5
江西	100.0	21.9	38.3	28.3	10.0	39.8	9.2	8.4
山东	**100.0**	**13.2**	**50.3**	**43.9**	**6.4**	**36.5**	**6.3**	**9.5**
河南	100.0	20.8	47.9	41.1	6.8	31.3	7.9	7.5
湖北	100.0	14.2	49.2	43.6	5.6	36.6	6.2	10.3
湖南	100.0	19.5	40.0	33.2	6.8	40.5	7.5	9.7
广东	100.0	8.8	50.2	44.8	5.4	41.0	9.8	9.8
广西	100.0	24.3	34.9	28.2	6.7	40.8	9.3	13.1
海南	100.0	38.0	20.4	13.5	6.9	41.6	9.1	12.9
重庆	100.0	16.0	41.9	33.0	8.9	42.1	6.3	9.3
四川	100.0	21.1	40.7	31.8	8.9	38.2	7.2	10.7
贵州	100.0	23.8	40.2	31.4	8.8	36.0	6.9	7.7
云南	100.0	21.1	42.8	34.8	8.0	36.1	6.7	9.7
西藏								
陕西	100.0	14.9	45.5	33.9	11.6	39.6	10.3	6.6
甘肃	100.0	18.4	45.7	33.6	12.1	35.9	5.5	11.4
青海	100.0	13.2	44.7	29.3	15.4	42.1	8.1	7.4
宁夏	100.0	16.0	45.7	34.8	10.9	38.3	7.6	7.7
新疆	100.0	19.1	42.1	29.6	12.5	38.8	8.3	8.8

注：本表按当年价格计算。

附录1-5 年 底 总 人 口

单位：万人

地区	1997年	1998年	1999年	2000年	2001年	2002年
全国总计	**123626**	**124761**	**125786**	**126743**	**127627**	**128453**
北京	1240	1246	1257	1357	1383	1423
天津	953	957	959	1001	1004	1007
河北	6525	6569	6614	6674	6699	6735
山西	3141	3172	3204	3248	3272	3294
内蒙古	2326	2345	2362	2372	2377	2379
辽宁	4138	4157	4171	4184	4194	4203
吉林	2628	2644	2658	2682	2691	2699
黑龙江	3751	3773	3792	3807	3811	3813
上海	1457	1464	1474	1641	1614	1625
江苏	7148	7182	7213	7327	7355	7381
浙江	4435	4456	4475	4596	4613	4647
安徽	6127	6184	6237	6286	6328	6338
福建	3282	3299	3316	3410	3440	3466
江西	4150	4191	4231	4149	4186	4222
山东	**8785**	**8838**	**8883**	**8998**	**9041**	**9082**
河南	9243	9315	9387	9488	9555	9613
湖北	5873	5907	5938	5960	5975	5988
湖南	6465	6502	6532	6562	6596	6629
广东	7051	7143	7270	7707	7783	7859
广西	4633	4675	4713	4750	4788	4822
海南	743	753	762	789	796	803
重庆	3042	3060	3075	3092	3097	3107
四川	8430	8493	8550	8602	8640	8673
贵州	3606	3658	3710	3756	3799	3837
云南	4094	4144	4192	4241	4287	4333
西藏	248	252	256	258	263	267
陕西	3570	3596	3618	3644	3659	3674
甘肃	2494	2519	2543	2557	2575	2593
青海	496	503	510	517	523	529
宁夏	530	538	543	554	563	572
新疆	1718	1747	1774	1849	1876	1905

注：全国总计包括中国人民解放军现役军人数，但不包括香港、澳门特别行政区和台湾省数据；分省数据中未包括中国人民解放军现役军人数。

附录1-6 人口出生率、死亡率、自然增长率

（2002年）

地　区	年底总人口（万人）	出生率（‰）	死亡率（‰）	自然增长率（‰）
全国总计	**128453**	**12.86**	**6.41**	**6.45**
北　京	1423	6.60	5.70	0.90
天　津	1007	7.49	6.04	1.45
河　北	6735	11.53	6.25	5.28
山　西	3294	12.86	6.14	6.72
内蒙古	2379	9.60	5.92	3.68
辽　宁	4203	7.38	6.04	1.34
吉　林	2699	8.30	5.11	3.19
黑龙江	3813	7.98	5.44	2.54
上　海	1625	5.41	5.95	-0.54
江　苏	7381	9.17	6.99	2.18
浙　江	4647	9.98	6.19	3.79
安　徽	6338	11.20	5.17	6.03
福　建	3466	11.35	5.57	5.78
江　西	4222	14.74	6.02	8.72
山　东	**9082**	**11.17**	**6.62**	**4.55**
河　南	9613	12.41	6.38	6.03
湖　北	5988	8.38	6.17	2.21
湖　南	6629	11.56	6.70	4.86
广　东	7859	13.29	5.08	8.21
广　西	4822	13.30	6.30	7.00
海　南	803	15.20	5.72	9.48
重　庆	3107	9.36	6.08	3.28
四　川	8673	10.44	6.55	3.89
贵　州	3837	17.96	7.21	10.75
云　南	4333	17.90	7.30	10.60
西　藏	267	18.83	6.07	12.76
陕　西	3674	10.48	6.36	4.12
甘　肃	2593	13.16	6.45	6.71
青　海	529	18.05	6.35	11.70
宁　夏	572	16.42	4.86	11.56
新　疆	1905	16.30	5.43	10.87

注：1.全国数据根据抽样误差和调查误差进行了修正。

2.全国数据为31个省、自治区、直辖市和中国人民解放军现役军人数据，不包括香港、澳门特别行政区和台湾省的数据。分省数据中未包括中国人民解放军现役军人数。

附录1－7 职 工 平 均 工 资

（2002年） 单位:元

地区	平均工资	#国有单位	#城镇集体单位	#股份合作	#联营	#有限责任公司	#股份有限公司	#港澳台商投资	#外商投资
全国总计	**12422**	**12869**	**7667**	**9484**	**12451**	**11997**	**13850**	**13756**	**17892**
北京	21852	23754	11997	12888	15157	19510	21434	27193	39428
天津	16258	17059	9350	15486	15466	15852	17097	15865	17643
河北	10032	10578	6343	7077	10521	9908	9298	10680	10628
山西	9357	9931	5524	5914	7338	9994	10163	7694	10185
内蒙古	9683	10287	6431	5396	7564	8793	9906	6814	7765
辽宁	11659	12239	7094	8122	9173	11206	13960	12805	14277
吉林	9990	10369	6411	7678	6180	8746	11537	10011	15668
黑龙江	9926	9921	5100	10623	9494	8892	18474	11382	11340
上海	23959	24719	14851	15204	18015	21226	25046	19583	30192
江苏	13509	15030	8638	8983	10386	12067	12907	12655	16033
浙江	18785	22808	14123	12557	15790	14441	18677	15477	14888
安徽	9296	9961	5808	5607	8065	9148	11643	8166	11105
福建	13306	15026	10119	10888	12875	12155	15252	11386	12349
江西	9262	9607	5859	6257	8396	10177	11468	7880	10671
山东	**11374**	**12778**	**7129**	**7065**	**10880**	**9651**	**9451**	**9713**	**10188**
河南	9174	9864	6664	7153	6260	9188	10081	10416	9920
湖北	9611	10403	6534	6562	8881	8725	8165	8412	12345
湖南	10967	11378	7704	9001	8241	10086	11727	11072	11716
广东	17814	19696	9881	11881	19994	21450	22129	14349	19323
广西	10774	11086	7082	6840	14841	11411	11249	7831	14954
海南	9480	9368	6615	13712	10744	10840	13850	8848	11505
重庆	10960	11745	7598	8838	9108	9115	13117	11777	14060
四川	11183	12388	7395	7977	9016	8571	10020	12125	11500
贵州	9810	10150	6566	7727	6098	9820	10193	9427	9787
云南	11987	12429	7947	8400	13534	11147	13138	11747	12397
西藏	24766	25675	9761	14409	11368	16624	16438		
陕西	10351	10700	6080	6746	9548	10172	11814	12104	18461
甘肃	11147	11791	6967	10661	6611	7555	11582	10139	14012
青海	14472	15816	7211	9674	15105	9328	9814	13406	
宁夏	11640	12366	7572	8350	8962	10609	9909	7976	13324
新疆	11605	11435	9353	10031	10378	11639	19273	11706	11793

附录1－8 固 定 资 产 投 资

单位:亿元

地区	1997年	1998年	1999年	2000年	2001年	2002年
全国总计	**24941.1**	**28406.2**	**29854.7**	**32917.7**	**37213.5**	**43201.6**
北京	989.7	1124.6	1171.2	1280.5	1513.3	1681.6
天津	500.7	571.1	576.5	610.9	705.0	703.7
河北	1426.0	1591.8	1770.5	1816.8	1912.5	1161.6
山西	376.7	454.9	477.6	548.2	663.6	676.0
内蒙古	278.7	316.8	348.2	423.6	503.6	618.2
辽宁	986.6	1057.7	1119.5	1267.7	1421.2	1315.9
吉林	361.2	431.8	500.0	603.5	701.7	693.4
黑龙江	669.9	770.1	751.7	832.6	963.6	906.6
上海	1981.5	1966.4	1855.8	1869.4	2004.6	1970.2
江苏	2175.0	2450.4	2441.9	2570.0	2823.2	2320.0
浙江	1608.6	1801.7	1958.1	2350.0	2834.9	2296.6
安徽	677.9	722.6	703.5	804.0	893.4	792.0
福建	880.9	1053.0	1084.7	1112.2	1172.9	964.5
江西	329.5	400.6	454.4	516.1	631.8	611.6
山东	1742.5	1935.6	2220.6	2531.1	2788.7	2288.7
河南	1209.5	1289.7	1206.8	1377.7	1544.1	1116.1
湖北	1023.5	1156.8	1239.1	1339.2	1486.6	1259.5
湖南	667.4	796.9	883.9	1012.2	1174.3	906.8
广东	2291.1	2644.1	2937.0	3145.1	3484.4	3022.9
广西	479.8	562.3	578.8	583.3	655.6	542.2
海南	161.5	173.4	194.8	198.9	213.3	188.4
重庆	375.6	493.0	525.3	572.6	697.0	735.9
四川	926.3	1145.3	1224.4	1418.0	1617.5	1408.1
贵州	222.3	278.4	311.9	397.0	536.0	527.6
云南	538.6	660.4	664.0	684.0	738.5	612.8
西藏	34.5	41.3	53.6	64.1	83.3	109.4
陕西	393.2	517.6	587.8	653.7	773.4	750.6
甘肃	242.1	301.5	355.5	395.4	460.4	448.9
青海	88.4	108.8	117.2	151.1	196.4	205.2
宁夏	85.8	106.8	128.1	157.5	191.1	173.1
新疆	447.0	514.8	526.7	610.4	706.0	700.3

注:1.由于有不分地区项目,因此各地区相加不等于总计(以下各地区表同)。

2.2002年各地区数据不含除房地产开发投资以外的城乡集体与个体投资。

附录1－9 基本建设投资

单位:亿元

地区	1997年	1998年	1999年	2000年	2001年	2002年
全国总计	**9917.0**	**11916.4**	**12455.3**	**13427.3**	**14820.1**	**17251.3**
北京	374.3	415.5	445.3	447.0	387.3	414.6
天津	203.4	262.5	263.0	280.4	309.4	361.9
河北	479.4	544.0	581.4	624.5	591.9	597.1
山西	197.4	255.1	265.1	278.5	329.1	375.4
内蒙古	157.4	172.8	172.3	229.4	268.8	409.1
辽宁	397.3	438.1	421.7	451.4	490.8	529.0
吉林	177.5	200.8	230.2	276.7	317.9	371.6
黑龙江	344.3	308.5	340.0	379.8	481.9	496.8
上海	762.0	844.2	786.8	703.5	710.5	779.3
江苏	567.5	712.7	709.4	751.3	839.0	1141.3
浙江	509.6	619.5	680.4	821.0	979.2	1180.6
安徽	214.1	251.4	272.3	318.0	347.7	406.8
福建	274.2	343.6	363.7	334.6	364.1	397.9
江西	130.3	173.0	173.2	198.6	228.2	347.5
山东	**519.2**	**658.5**	**717.8**	**773.8**	**857.5**	**1101.5**
河南	443.3	518.1	507.9	586.2	633.4	694.4
湖北	435.6	517.7	557.8	600.4	666.6	735.7
湖南	237.0	306.6	326.6	367.4	440.4	505.3
广东	891.1	1039.9	1191.7	1133.3	1205.3	1275.5
广西	183.0	240.5	259.7	267.5	307.5	352.7
海南	126.9	135.7	137.8	132.0	131.1	152.0
重庆	120.9	186.2	190.6	215.6	263.8	375.1
四川	428.6	530.2	551.8	636.9	694.1	793.5
贵州	95.8	126.0	130.4	148.0	235.5	308.7
云南	225.8	297.9	320.9	341.9	348.2	390.4
西藏	30.3	35.3	46.0	54.7	71.7	98.6
陕西	173.9	251.0	279.4	303.6	372.4	456.8
甘肃	121.7	157.1	187.5	208.3	228.6	263.1
青海	58.4	72.9	72.8	99.0	132.5	157.6
宁夏	47.3	58.4	69.1	86.2	101.6	119.8
新疆	256.0	332.1	332.8	392.8	400.3	483.9

附录1－10 更 新 改 造 投 资

单位:亿元

地　　区	1997年	1998年	1999年	2000年	2001年	2002年
全 国 总 计	**3921.9**	**4516.7**	**4485.1**	**5107.6**	**5923.8**	**6584.2**
北　　京	191.2	252.4	175.2	185.9	186.5	169.6
天　　津	133.7	119.6	103.6	111.9	139.5	166.0
河　　北	255.0	293.3	324.2	305.9	342.3	374.2
山　　西	87.4	89.4	85.8	110.8	145.3	193.1
内 蒙 古	48.8	51.6	55.9	58.6	69.6	107.6
辽　　宁	241.4	259.8	260.9	283.4	329.9	365.4
吉　　林	57.7	83.2	99.4	114.5	128.7	160.6
黑 龙 江	117.5	219.5	141.2	239.7	201.1	213.2
上　　海	386.2	365.0	393.6	396.3	432.0	415.7
江　　苏	268.8	296.0	297.9	338.0	402.3	448.4
浙　　江	113.2	171.2	209.6	242.6	318.2	360.2
安　　徽	115.0	109.7	122.9	152.8	185.3	222.3
福　　建	137.3	168.3	172.6	175.4	189.0	194.5
江　　西	65.9	66.2	69.5	75.4	107.3	133.4
山　　东	**263.5**	**283.5**	**309.7**	**398.6**	**521.6**	**649.5**
河　　南	169.3	165.4	159.5	163.4	198.5	233.8
湖　　北	211.8	227.0	221.8	245.2	290.0	308.5
湖　　南	107.3	115.5	143.3	175.2	198.3	228.0
广　　东	273.5	326.9	368.6	435.4	484.7	467.9
广　　西	59.1	69.7	70.1	80.2	86.6	105.5
海　　南	7.5	6.3	7.6	9.8	15.2	11.5
重　　庆	65.4	89.2	92.1	89.9	107.8	108.0
四　　川	117.8	196.1	167.7	173.9	196.5	257.5
贵　　州	55.1	62.8	65.2	93.3	117.4	118.2
云　　南	122.5	130.1	89.8	81.1	102.6	112.8
西　　藏	2.3	3.1	3.4	4.5	4.7	7.6
陕　　西	63.0	84.0	88.8	135.2	134.0	143.4
甘　　肃	60.6	76.3	79.3	89.0	115.8	137.9
青　　海	13.6	13.7	15.3	17.1	20.8	25.1
宁　　夏	18.0	18.5	18.4	22.7	25.0	21.4
新　　疆	73.9	76.1	61.1	77.5	108.2	110.2

附录 1 - 11 房地产开发企业(单位)投资和商品房销售额

单位:亿元

地区	房地产开发投资额		商品房销售额		#销售给个人	
	2001年	2002年	2001年	2002年	2001年	2002年
全国总计	**6344.1**	**7736.4**	**4862.8**	**5721.2**	**4220.5**	**5223.3**
北京	783.8	989.4	609.9	813.4	507.5	708.3
天津	161.3	175.8	127.6	141.1	122.5	136.3
河北	140.8	175.0	87.3	72.0	71.5	65.2
山西	46.6	67.2	31.7	36.2	22.5	31.9
内蒙古	65.7	72.5	45.2	47.7	40.8	46.8
辽宁	323.1	388.0	247.9	268.3	222.4	251.8
吉林	93.0	115.7	59.8	69.0	58.3	65.7
黑龙江	147.1	145.8	106.1	124.2	90.2	114.2
上海	630.7	720.2	694.7	808.0	598.3	744.1
江苏	414.4	544.7	342.9	444.1	302.8	422.2
浙江	544.9	724.4	369.4	504.8	345.2	480.5
安徽	111.0	146.5	79.0	102.5	66.1	98.0
福建	225.5	249.0	199.1	222.0	174.9	204.2
江西	63.5	95.4	42.5	39.3	39.4	37.9
山东	**297.4**	**391.2**	**204.4**	**240.8**	**171.4**	**216.5**
河南	102.8	138.4	63.2	86.1	48.6	81.3
湖北	151.2	178.6	101.6	117.3	90.2	101.1
湖南	107.4	150.9	54.9	80.9	44.4	78.1
广东	972.3	1117.4	752.1	731.7	657.8	632.8
广西	55.6	74.4	53.7	62.6	46.9	59.6
海南	17.1	19.5	11.4	11.8	10.3	11.8
重庆	196.7	245.9	107.7	158.2	92.9	136.1
四川	268.2	345.0	193.5	238.2	173.0	226.7
贵州	67.0	77.5	43.0	43.6	39.2	42.2
云南	88.0	92.2	61.1	60.3	45.1	50.7
西藏	1.5	1.6	1.4		1.1	
陕西	99.8	123.6	65.3	73.0	47.2	67.0
甘肃	31.4	37.7	17.8	22.3	13.7	20.0
青海	15.4	16.9	4.1	7.0	2.1	4.4
宁夏	23.2	30.9	20.2	22.1	17.6	20.1
新疆	97.9	86.0	64.4	73.0	56.6	67.4

附录1－12 房地产开发企业(单位)住宅施工竣工销售面积

单位:万平方米

地区	施工面积		竣工面积		销售面积	
	2001年	2002年	2001年	2002年	2001年	2002年
全国总计	**79411.7**	**92757.0**	**29867.4**	**32522.8**	**22411.9**	**24969.3**
北京	5966.7	7510.8	1707.4	2384.4	1205.0	1708.3
天津	1863.5	2135.6	690.5	746.4	537.5	564.0
河北	2020.7	1861.8	848.8	618.8	596.6	474.3
山西	815.6	986.6	374.1	433.4	234.8	265.7
内蒙古	997.7	1077.6	515.4	542.8	366.0	378.8
辽宁	3971.5	4750.8	1843.0	1950.0	1166.1	1246.2
吉林	1257.3	1669.2	628.7	574.7	385.1	422.5
黑龙江	1768.6	1595.0	1013.8	784.0	594.6	682.7
上海	5986.2	6853.2	1791.4	1983.9	1796.6	1960.6
江苏	4858.5	6117.5	2341.9	2694.5	1904.2	2294.2
浙江	6371.8	8243.3	2053.9	2550.9	1801.5	2111.4
安徽	2013.7	2403.5	957.0	1062.5	679.6	794.8
福建	3717.3	4141.4	1280.8	1431.4	987.8	1011.9
江西	1152.8	1451.3	546.2	439.6	436.8	392.7
山东	**4358.1**	**5064.4**	**1727.5**	**1942.8**	**1403.3**	**1439.1**
河南	1976.8	2476.5	644.4	885.4	511.7	632.0
湖北	2381.6	2551.1	1049.5	1072.5	745.1	805.7
湖南	1584.6	2084.4	648.9	807.8	440.1	602.3
广东	10906.5	11354.7	3344.6	3104.0	2275.8	2226.3
广西	938.4	1289.0	331.3	351.4	292.3	325.7
海南	264.9	265.6	62.5	45.8	59.9	54.8
重庆	3653.7	4415.0	1020.6	1390.7	746.1	1016.6
四川	4226.4	5256.3	1843.9	2144.0	1414.7	1676.4
贵州	1366.7	1639.8	490.8	369.4	369.4	361.7
云南	1080.4	1100.5	366.0	462.4	314.9	313.9
西藏	15.1	15.1	11.1	11.1	8.6	
陕西	1326.7	1845.0	581.0	636.1	416.3	472.6
甘肃	541.3	637.8	222.6	216.7	141.7	167.2
青海	267.6	304.5	106.0	112.2	33.7	48.2
宁夏	327.5	451.5	190.7	219.7	126.5	118.4
新疆	1433.5	1208.6	633.3	553.6	419.9	400.5

附录1-13 财　政　收　入

单位:亿元

地　　区	1997年	1998年	1999年	2000年	2001年	2002年
地方总计	**4424.2**	**4984.0**	**5594.9**	**6406.1**	**7803.3**	**8515.0**
北　京	182.3	229.4	281.4	345.0	454.2	534.0
天　津	89.9	101.4	112.8	133.6	163.6	171.8
河　北	176.1	206.8	223.3	248.8	283.5	302.3
山　西	92.8	104.2	109.2	114.5	132.8	150.8
内蒙古	66.1	77.7	86.6	95.0	99.4	112.9
辽　宁	228.2	264.6	279.6	295.6	370.4	399.7
吉　林	82.9	93.6	101.3	103.8	121.1	131.5
黑龙江	136.2	157.3	170.1	185.3	213.6	231.9
上　海	332.5	380.7	420.0	485.4	609.5	709.0
江　苏	255.6	296.6	343.4	448.3	572.1	643.7
浙　江	157.3	198.1	245.5	342.8	500.7	566.9
安　徽	140.5	159.2	174.3	178.7	192.2	200.2
福　建	162.9	187.9	208.9	234.1	274.3	272.9
江　西	88.4	97.2	105.1	111.6	132.0	140.5
山　东	**304.4**	**352.4**	**404.5**	**463.7**	**573.2**	**610.2**
河　南	185.7	208.2	223.4	246.5	267.7	296.7
湖　北	139.9	169.0	194.4	214.3	231.9	243.4
湖　南	137.2	156.8	166.5	177.0	205.4	231.1
广　东	543.9	640.8	766.2	910.6	1160.5	1201.6
广　西	99.2	119.7	133.6	147.1	178.7	186.7
海　南	30.9	33.7	36.1	39.2	43.8	46.2
重　庆	59.3	71.1	76.7	87.2	106.1	126.1
四　川	172.9	197.3	211.5	233.9	271.1	291.9
贵　州	55.9	65.3	74.3	85.2	99.7	108.3
云　南	150.4	168.2	172.7	180.7	191.3	206.8
西　藏	3.0	3.6	4.6	5.4	6.1	7.3
陕　西	76.5	93.3	106.4	115.0	135.8	150.3
甘　肃	46.9	54.0	58.4	61.3	69.9	76.2
青　海	10.9	12.8	14.2	16.6	19.8	21.1
宁　夏	14.1	17.8	18.8	20.8	27.6	26.5
新　疆	54.5	65.4	71.3	79.1	95.1	116.5

注:本表及以下分地区列表中,当年数据为月度执行情况汇总数,以前各年数据为各地区财政决算数。

附录 1 - 13 续表 1　　（2002 年）　　单位:万元

地区	收入合计	增值税	营业税	企业所得税	企业所得税退税	个人所得税	资源税	城市建设	房产税
地方总计	**85150025**	**15473786**	**22950316**	**11181667**	**- 27097**	**6058295**	**750836**	**4671136**	**2823826**
北京	5339900	666884	2277893	1024446	- 24464	612931	2876	249144	251121
天津	1718323	387315	516467	262430		132035	4240	87309	64496
河北	3023068	552968	576808	333815		215680	53880	165106	82934
山西	1508245	381066	313308	125977	- 149	99896	69803	100959	49556
内蒙古	1128546	174936	264715	90287		57077	17244	56654	49408
辽宁	3996888	742733	1063832	413513	- 14	283513	65918	222445	190330
吉林	1314885	274441	305447	142299	- 20	89923	12392	80054	55768
黑龙江	2318908	558545	401684	136383		125836	132332	186841	81804
上海	7089518	1368252	2518486	1394646	- 89	670803		302081	196848
江苏	6436966	1532276	1482248	948659		409339	13657	367332	201667
浙江	5668522	1297221	1716867	1081388	- 344	435493	4241	363252	151214
安徽	2002154	325082	389374	207236	- 233	94318	21824	118212	55054
福建	2728868	474318	746872	370634	- 989	235429	9857	121099	118206
江西	1405457	187248	334960	105994		76773	10224	69931	31788
山东	**6102242**	**1112319**	**1176414**	**783934**		**310934**	**97605**	**373978**	**209770**
河南	2967179	492454	631409	319701	- 23	178192	31425	172426	87510
湖北	2434403	399715	511932	244294		130776	15147	150032	70181
湖南	2311459	318967	484238	154343	- 10	139322	7447	145369	54225
广东	12016126	2057917	3748773	1820682		1004266	12343	421643	366778
广西	1867320	263372	412792	143823		115996	9137	91206	53729
海南	462383	39266	147202	32956		32478	4584	19688	27445
重庆	1260674	207988	367459	92934		83492	16384	73903	36414
四川	2918746	418605	753699	290009		153859	28290	175200	88231
贵州	1082800	170156	269534	87717	- 37	55567	8984	70376	34769
云南	2067594	344231	414098	257779	- 143	94454	11569	215152	66920
西藏	73082	8585	33743	7277		2965	2118	2765	
陕西	1502934	264657	401876	139069	- 130	74085	21450	104725	58926
甘肃	762432	150720	209747	66054	- 39	40920	8787	59061	30612
青海	210965	46057	57587	13412		8702	4909	13221	7207
宁夏	264714	43850	92971	18412		14492	1271	15134	10404
新疆	1164724	211642	327881	71564	- 413	78749	50898	76838	40511

附录 1－13 续表 2　　　　(2002 年)　　　　单位：万元

地　区	印花税	农业税	农　业 特产税	契　税	国有企业 计划亏损 补　贴	行政性 收费收入	罚　没 收　入	专　项 收　入	其　它 收　入
地方总计	**707950**	**3200674**	**999531**	**2390708**	**－2140098**	**5140963**	**3947191**	**2945679**	**1161277**
北　京	78327	5879	2638	168680	－516958	149064	93550	185259	10389
天　津	15860	4280	709	46775	－30000	73124	62545	49095	14325
河　北	16746	255562	8991	37930	－20581	253454	220065	140103	41598
山　西	13986	39380	6254	11617	－21335	81290	96371	75808	17100
内蒙古	9686	79857	16758	17723	－3463	93463	53965	42540	15637
辽　宁	37843	46312	33341	114785	－35166	277144	168087	161274	23493
吉　林	11429	63535	19887	34842	－60074	83340	93879	61173	9085
黑龙江	10852	187675	24450	43852	－22525	120373	98933	149876	18455
上　海	90666	12572	16	368460	－355213	152313	135222	160703	6815
江　苏	58247	250268	15538	238031	－73069	324279	293839	201826	25204
浙　江	41949	50348	7490	301505	－590513	135591	277498	217226	6294
安　徽	13404	272288	21087	37152	－21486	200403	86510	62785	33057
福　建	26932	16133	84127	84009	－3088	121961	136324	68129	39560
江　西	6825	125895	28865	37165	－636	150443	106136	39715	46391
山　东	**37256**	**352049**	**131572**	**86752**	**－64039**	**540173**	**231927**	**243128**	**96439**
河　南	13812	373122	39181	38819	－22443	216873	159144	114046	24046
湖　北	20101	230660	21164	45000	－41138	229330	197378	64158	64028
湖　南	14107	174252	53403	36284	－54789	279415	212688	82387	108192
广　东	109701	80191	33495	394740	－56199	653888	489853	297316	187120
广　西	5897	45356	92387	26338	－16055	193475	174265	66098	70628
海　南	3665	5452	30424	10978		46790	19391	10500	6303
重　庆	9803	69608	9915	27079	－26344	130665	66281	41145	10827
四　川	17094	203169	27720	81431	－27809	262471	154775	96590	58515
贵　州	5323	53330	46634	12087	－5533	87964	57567	39766	45667
云　南	14071	38860	171916	33849	－19829	70533	88092	84670	103679
西　藏	390				－8522	5261	2018	2078	13404
陕　西	9048	71206	45862	20982	－24531	65834	79259	70538	17552
甘　肃	4436	51181	10967	8419	－12964	34027	24564	42137	15083
青　海	1471	6052	1284	2498	－40	14332	6140	8082	4890
宁　夏	2103	8595	146	6208	－241	15752	11299	10640	2737
新　疆	6920	27607	13310	16718	－5515	77938	49626	56888	24764

附录1－14 财 政 支 出

单位:亿元

地 区	1997 年	1998 年	1999 年	2000 年	2001 年	2002 年
地方总计	**6701.1**	**7672.6**	**9035.4**	**10436.6**	**13134.6**	**15280.4**
北 京	236.4	280.7	355.2	443.0	559.1	628.3
天 津	122.8	137.9	157.4	187.0	234.7	265.2
河 北	270.5	301.6	350.8	414.3	514.2	576.6
山 西	143.5	164.4	185.3	224.9	289.5	334.3
内 蒙 古	142.9	170.3	199.8	247.1	319.3	393.6
辽 宁	340.6	390.3	457.9	516.9	635.4	690.9
吉 林	167.8	190.1	234.6	260.7	326.4	362.6
黑 龙 江	220.4	259.4	339.0	381.9	478.3	531.9
上 海	408.8	470.0	533.5	608.6	708.1	862.4
江 苏	364.4	424.9	484.7	591.3	729.6	860.3
浙 江	240.2	286.8	344.0	431.3	597.3	749.9
安 徽	207.2	242.1	288.6	322.5	403.8	456.9
福 建	224.4	254.9	279.3	324.1	373.2	397.4
江 西	150.2	175.3	207.8	223.2	283.7	341.4
山 东	**423.3**	**487.8**	**550.0**	**613.0**	**753.8**	**860.6**
河 南	284.4	323.6	384.3	444.0	508.6	629.2
湖 北	223.7	280.1	336.5	369.8	484.4	511.4
湖 南	230.8	273.6	313.1	347.8	431.7	533.0
广 东	682.7	825.6	965.9	1070.3	132.1	1521.1
广 西	170.8	198.4	225.0	258.5	351.6	419.6
海 南	47.8	54.9	56.8	64.0	78.9	92.3
重 庆	101.0	125.8	150.2	187.6	237.5	305.9
四 川	275.1	320.9	363.5	451.9	594.1	701.6
贵 州	111.8	133.1	170.7	200.1	275.2	315.6
云 南	313.2	328.0	378.0	414.0	496.4	526.9
西 藏	38.2	45.3	53.3	60.0	104.6	137.8
陕 西	137.7	166.2	206.5	271.6	350.1	404.9
甘 肃	104.3	125.3	147.8	187.3	235.5	274.5
青 海	36.5	44.1	55.7	68.3	101.3	118.7
宁 夏	33.6	45.1	49.5	60.8	93.6	114.6
新 疆	123.4	146.0	166.3	191.0	263.3	361.2

附录 1－14 续表 1　　　　　　　　（2002 年）　　　　　　　　单位：万元

地　区	支出合计	基本建设支出	挖潜改造支出	地质勘探费	科技三项费用	流动资金	支援农村生产支出	农业综合开发支出	农林水利气象等部门事业费
地方总计	**152803848**	**18895117**	**5524310**	**728884**	**1772498**	**20627**	**2617974**	**1214174**	**5997567**
北　京	6283496	643100	413647	7078	63704		134634	35553	64770
天　津	2652103	393565	307820	10599	66774		31105	14030	25341
河　北	5765916	465864	106151	17529	48715		76212	40718	202748
山　西	3342741	292984	15516	14890	25142	2707	61220	31608	153182
内蒙古	3935743	812413	97799	36022	27670		50798	37585	276470
辽　宁	6909202	638244	141719	31530	146625		159742	63503	164958
吉　林	3626170	300377	117050	27405	33298		26881	31291	200370
黑龙江	5318682	417468	100188	18446	61223		64500	47515	402780
上　海	8623847	1841965	1169528	1436	19195		115455	34976	55470
江　苏	8602526	635620	525411	18869	114715	767	238487	77711	195225
浙　江	7499039	559709	469213	25049	160801		174342	81608	249005
安　徽	4568579	538225	145269	30454	24998		54463	47268	181142
福　建	3973517	355797	96218	11273	49240	387	88130	33742	128955
江　西	3413843	403617	59440	53068	14399		50063	39904	133212
山　东	**8606484**	**440415**	**444414**	**18540**	**136861**	**2000**	**158919**	**99240**	**299780**
河　南	6291811	407581	142616	23042	49581	500	93430	47026	206760
湖　北	5113895	501009	84166	18741	46724	2977	70928	38696	223136
湖　南	5330229	582565	89418	54853	53007		74053	44518	287352
广　东	15210792	2115315	242406	25119	376918	3288	329078	56583	428793
广　西	4195559	620771	118544	29452	25795	4670	80893	34082	178886
海　南	922574	113012	981	2652	2893		18246	12151	29899
重　庆	3058591	604036	50317	5508	27725		35267	26688	103360
四　川	7016201	968746	222997	37312	52554	3195	83127	76188	451922
贵　州	3155702	364034	71356	29052	19404		53079	23172	203570
云　南	5268906	852532	102052	26167	42161		137457	34134	291881
西　藏	1378433	546749	2314	14156	6704		12536	10920	48705
陕　西	4049114	604576	72269	43287	26262	136	53545	33019	315733
甘　肃	2745494	404209	57682	39093	14910		40093	13460	212272
青　海	1187280	350357	8680	8737	5910		10434	11445	62612
宁　夏	1145650	255018	32809	10935	7832		18411	10274	63682
新　疆	3611729	865244	16320	38590	20758		22446	25566	155596

(2002 年)

单位:万元

地区	工业交通等部门事业费	流通部门事业费	文体广播事业费	教育事业费	科学事业费	卫生经费	其他部门的事业费	抚恤和社会福利救济费	行政事业单位离退休经费	社会保障补助支出	国防支出
地方总计	**1407170**	**242026**	**3802515**	**24346042**	**988566**	**6177608**	**7706163**	**3703058**	**7054150**	**9611338**	**169330**
北京	29166	2184	141881	858185	87806	379281	273405	179808	297274	94275	917
天津	11603	227	63087	415730	15593	117052	73756	55096	9231	231069	695
河北	88213	9519	152048	1100228	24751	246358	462940	151598	315758	374457	10222
山西	35248	5095	96083	586762	13706	150782	175392	93514	235380	341298	4064
内蒙古	30857	5277	95541	482847	14977	124154	202242	72861	250001	220864	4331
辽宁	64938	16066	122657	874294	35318	197170	392946	230259	352620	1194421	10321
吉林	41135	9975	86435	500058	23317	127429	158524	111232	265837	387745	4694
黑龙江	69355	18542	126223	762239	27745	173502	346480	142841	132519	565276	6873
上海	36997	1427	146031	1160659	96108	304531	310887	113329	55476	163144	2291
江苏	65291	6979	221895	1624070	50994	418923	368689	191004	306557	253018	8485
浙江	126750	6514	222448	1369386	61157	372296	511972	138739	61685	152798	4883
安徽	31362	4359	110044	769113	17324	143009	152310	133955	291463	470823	4111
福建	55329	10688	121574	810822	37751	184033	230625	79499	247842	82083	9675
江西	40782	8498	82296	592153	16237	128113	190398	99279	130399	321787	2207
山东	**81824**	**12525**	**274203**	**1627761**	**53056**	**335712**	**517152**	**234287**	**389335**	**277783**	**6519**
河南	41499	7269	184072	1233217	29105	219236	357201	171061	433255	445222	2354
湖北	55396	15078	125538	833209	18518	223590	271135	179952	218113	377824	6760
湖南	51962	15948	130981	829801	23388	147068	294395	153532	300306	488001	9505
广东	94306	23386	348988	2331205	140613	644192	831930	252053	705446	374256	15998
广西	23922	3337	114380	722349	31457	178617	277439	87193	171360	194180	6180
海南	4177	1165	21026	141259	4283	33925	66443	17977	44223	87140	958
重庆	9464	3672	58936	393941	7995	94431	67601	118722	218166	332296	5061
四川	44149	13686	164094	1022588	35281	254283	202926	197540	418629	567652	15960
贵州	38042	7818	102282	545080	19132	154055	119102	71035	25520	210019	4628
云南	69471	16697	132866	860481	42644	287744	268903	119607	379225	256688	8590
西藏	35294	758	32520	120202	2379	48622	17709	16407	20081	32611	775
陕西	63880	10708	110248	609980	17420	144760	220467	114775	175178	404782	4499
甘肃	19106	1776	83861	422071	15781	106019	101863	58328	151957	188222	3145
青海	10635	279	21391	115126	3448	44221	35563	24324	121137	97735	1657
宁夏	9608	1501	26989	129889	5851	37244	33555	21318	42549	187490	789
新疆	27409	1073	81897	501337	15431	157256	172213	71933	287628	236379	2183

地区	行政管理费	外交外事支出	武装警察部队支出	公检法司支出	城市维护费	政策性补贴支出	支援不发达地区支出	海域开发建设和场地使用费支出	专项支出	其它支出
地方总计	**14346662**	**104295**	**208522**	**10412289**	**6540485**	**3744049**	**1409873**	**10916**	**2638557**	**11409083**
北京	352020	1516	21	500775	332346	42057	47	332	145807	1201907
天津	133136	2584	1260	178573	204363	23969	39	1292	48129	216385
河北	582588	7562	3459	434965	188808	187356	46256	1481	129808	289604
山西	380614	1245	3146	225915	105708	70229	45431	37	72220	103623
内蒙古	378229	1167	9345	187481	141729	219506	55362	62	34925	65228
辽宁	533088	16430	7327	461055	412697	238637	23870	515	134355	243897
吉林	265215	3943	6333	209234	111534	407841	24899	14	49564	94540
黑龙江	415547	2650	13652	314093	212105	478751	33936	182	136748	227303
上海	359200	8960		555254	367498	40525		100	161266	1502139
江苏	887608	5544	10560	672241	771693	140794	10046	724	187264	593342
浙江	774749	5349	11935	610538	514306	57345	23485	100	191355	561522
安徽	485954	3588	2453	255454	130501	199157	45905	32	56769	239074
福建	329751	2044	13184	294964	112193	66109	34923	213	63130	423343
江西	315128	786	4492	223724	102767	115259	44616	94	36499	204626
山东	**900217**	**5065**	**7047**	**535235**	**547982**	**192817**	**10973**	**3191**	**225840**	**767791**
河南	743882	707		425146	214647	257172	69003	251	112481	374495
湖北	517537	8	3527	355989	150063	153279	43799	158	61992	516053
湖南	506316	1466	5778	350511	177463	155412	57968	85	79729	364848
广东	1493804	6557	47440	1405089	683263	124315	50868	1319	278596	1779668
广西	419931	7727	4639	325191	149391	55988	75794	163	55440	197788
海南	93086	1235	2653	61015	30770	7212	21192	205	9221	93575
重庆	321091	616	11043	184172	149503	50254	35470		42814	100442
四川	845046	3972	12272	435893	207376	161058	107202	119	74865	335569
贵州	386862	1183	1869	205703	84665	24767	101651	63	40659	247900
云南	493596	3653	15963	320505	149129	39259	138383	117	56286	122715
西藏	186273	470	1066	61858	5401	17661	25981		598	109683
陕西	417667	2498	2316	212426	111124	50331	65508	47	54660	107013
甘肃	305344	2869	1121	123756	54201	51628	84722	20	39880	148105
青海	102442	705	1609	48543	10791	11711	37188		7206	33394
宁夏	69594	973	329	44419	24797	17201	37182		9355	46056
新疆	351147	1223	2683	192572	81671	86449	58174		41096	97455

附录 1－15 居民消费价格分类指数

（2002 年，上年＝100）

地　区	居民消费价格指数	食　品	烟　酒及用品	衣着	家庭设备用　品及服务	医疗保健和个人用品	交通和通　信	娱　乐教　育文　化	居　住
全　国	**99.2**	**99.4**	**99.9**	**97.6**	**97.5**	**98.8**	**98.1**	**100.6**	**99.9**
北　京	98.2	98.0	100.6	95.9	97.0	100.2	99.5	96.6	101.9
天　津	99.6	99.3	100.2	91.3	96.0	102.1	97.9	102.7	103.7
河　北	99.0	98.3	100.6	97.9	97.9	97.6	97.7	99.8	102.1
山　西	98.4	99.0	99.1	97.5	97.3	94.3	98.1	98.4	101.4
内蒙古	100.2	99.0	100.6	97.7	99.4	98.9	97.3	105.4	101.3
辽　宁	98.9	97.9	100.5	98.1	97.4	96.6	98.8	102.6	99.5
吉　林	99.5	98.8	99.5	98.3	99.2	99.5	96.4	100.8	103.4
黑龙江	99.3	99.4	101.7	96.7	98.1	98.1	99.5	99.4	101.7
上　海	100.5	102.9	98.9	97.5	97.7	97.6	96.9	100.8	100.0
江　苏	99.2	99.6	99.7	97.3	97.1	99.1	97.4	103.4	97.7
浙　江	99.1	101.1	99.5	95.2	96.8	97.8	95.3	100.0	99.2
安　徽	99.0	99.9	98.9	97.3	97.7	98.6	98.2	99.9	98.3
福　建	99.5	99.7	100.3	97.2	97.2	98.7	97.8	103.0	99.3
江　西	100.1	99.7	98.4	98.7	97.3	99.6	100.2	102.2	100.8
山　东	**99.3**	**99.7**	**100.9**	**97.1**	**98.0**	**98.4**	**97.8**	**99.0**	**101.7**
河　南	100.1	99.9	99.7	97.7	96.7	106.0	99.2	100.7	100.1
湖　北	99.6	99.4	101.2	100.9	96.1	96.3	98.6	101.7	99.7
湖　南	99.5	100.1	100.5	98.8	96.9	98.0	97.7	101.0	99.3
广　东	98.6	98.1	101.0	99.6	98.8	98.3	98.0	98.8	99.3
广　西	99.1	99.9	100.0	95.7	96.6	98.7	96.3	101.3	99.1
海　南	99.5	98.6	96.6	100.1	99.4	101.6	97.5	102.9	98.4
重　庆	99.6	98.7	98.4	93.5	96.8	95.6	99.4	105.5	104.1
四　川	99.7	99.7	99.3	97.5	98.1	99.7	101.1	100.4	100.4
贵　州	99.0	99.7	99.8	98.0	96.3	98.5	102.3	98.3	98.6
云　南	99.8	100.5	99.7	98.1	96.5	102.2	97.8	99.9	99.5
西　藏	100.4	99.6	100.1	103.1	100.2	101.1	101.9	99.9	98.8
陕　西	98.9	99.5	101.5	99.1	98.0	98.9	96.9	98.4	98.7
甘　肃	100.0	100.1	100.9	98.7	98.4	99.3	99.5	101.6	99.0
青　海	102.3	99.5	101.6	100.2	98.9	105.3	101.5	110.2	101.3
宁　夏	99.4	99.8	101.3	98.4	96.0	98.1	96.8	102.8	99.8
新　疆	99.4	97.3	99.2	99.5	98.4	101.4	101.7	99.2	102.9

附录1－16 城镇居民人均可支配收入

单位:元

地区	1997年	1998年	1999年	2000年	2001年	2002年
全国总计	**5160.3**	**5425.1**	**5854.0**	**6280.0**	**6859.6**	**7702.8**
北京	7813.2	8472.0	9182.8	10349.7	11577.8	12463.9
天津	6608.4	7110.5	7649.8	8140.5	8958.7	9337.6
河北	4958.7	5084.6	5365.0	5661.2	5984.8	6679.7
山西	3989.9	4098.7	4342.6	4724.1	5391.1	6234.4
内蒙古	3944.7	4353.0	4770.5	5129.1	5535.9	6051.0
辽宁	4518.1	4617.2	4898.6	5357.8	5797.0	6524.5
吉林	4190.6	4206.6	4480.0	4810.0	5340.5	6260.2
黑龙江	4090.7	4268.5	4595.1	4912.9	5425.9	6100.6
上海	8438.9	8773.1	10931.6	11718.0	12883.5	13249.8
江苏	5765.2	6017.9	6538.2	6800.2	7375.1	8177.6
浙江	7358.7	7836.8	8428.0	9279.2	10464.7	11715.6
安徽	4599.3	4770.5	5064.6	5293.6	5668.8	6032.4
福建	6143.6	6485.6	6859.8	7432.3	8313.1	9189.4
江西	4071.3	4251.4	4720.6	5103.6	5506.0	6335.6
山东	**5190.8**	**5380.1**	**5809.0**	**6490.0**	**7101.1**	**7614.4**
河南	4093.6	4219.4	4532.4	4766.3	5267.4	6245.4
湖北	4673.2	4826.4	5212.8	5524.5	5856.0	6788.5
湖南	5209.7	5434.3	5815.4	6218.7	6780.6	6958.6
广东	8561.7	8839.7	9125.9	9761.6	10415.2	11137.2
广西	5110.3	5412.2	5619.5	5834.4	6665.7	7315.3
海南	4849.9	4852.9	5338.3	5358.3	5838.8	6822.7
重庆	5322.7	5466.6	5896.0	6276.0	6721.1	7238.0
四川	4763.3	5127.1	5477.9	5894.3	6360.5	6610.8
贵州	4441.9	4565.4	4934.0	5122.2	5451.9	5944.1
云南	5558.3	6042.8	6178.7	6324.6	6797.7	7240.6
西藏			6908.7	7426.3	7869.2	8079.1
陕西	4001.3	4220.2	4654.1	5124.2	5483.7	6330.8
甘肃	3592.4	4009.6	4475.2	4916.3	5382.9	6151.4
青海	3999.4	4240.1	4703.4	5170.0	5853.7	6170.5
宁夏	3836.5	4112.4	4472.9	4912.4	5544.2	6067.4
新疆	4844.7	5000.8	5319.8	5644.9	6395.0	6899.6

附录1－17 城镇居民人均收支情况

（2002年）　　单位:元

地区	全部收入	#可支配收入	实际支出	消费性支出	非消费性支出	恩格尔系数(%)
全国总计	**8177.4**	**7702.8**	**7893.0**	**6029.9**	**1863.1**	**37.7**
北京	13251.8	12463.9	12248.3	10284.6	1963.7	33.8
天津	9838.6	9337.6	9689.2	7192.0	2497.2	36.2
河北	7015.2	6679.7	6589.8	5069.0	1520.6	35.4
山西	6528.5	6234.4	6407.0	4711.0	1696.1	32.5
内蒙古	6341.3	6051.0	6235.4	4859.9	1375.6	31.5
辽宁	6941.4	6524.5	6995.0	5342.6	1652.4	38.8
吉林	6522.6	6260.2	6431.5	4973.9	1457.6	36.4
黑龙江	6333.7	6100.6	5737.8	4462.0	1276.0	35.5
上海	14395.8	13249.8	15247.4	10464.0	4783.3	39.4
江苏	8738.5	8177.6	8270.9	6042.6	2228.4	40.4
浙江	12682.4	11715.6	11835.8	8713.1	3122.9	39.9
安徽	6334.6	6032.4	6629.3	4736.5	1892.6	43.2
福建	9861.5	9189.4	8764.8	6631.7	2133.1	43.4
江西	6521.3	6335.6	5827.7	4549.3	1278.4	40.5
山东	**8158.1**	**7614.4**	**7501.2**	**5596.4**	**1904.9**	**34.4**
河南	6515.5	6245.4	5745.1	4504.7	1240.4	33.7
湖北	7142.2	6788.5	7159.7	5608.9	1550.8	37.2
湖南	7371.8	6958.6	7583.6	5574.7	2008.9	35.6
广东	11960.9	11137.2	11368.7	8988.1	2380.4	38.5
广西	7756.9	7315.3	6877.2	5413.4	1463.6	40.7
海南	7174.2	6822.7	6645.0	5459.6	1185.5	44.6
重庆	7663.3	7238.0	7985.2	6360.2	1624.9	38.0
四川	6988.6	6610.8	7118.6	5413.1	1705.7	39.8
贵州	6107.3	5944.1	5573.5	4598.3	975.2	38.9
云南	7690.2	7240.6	7224.2	5827.9	1396.2	41.6
西藏	8626.9	8079.1	8724.6	6952.4	1772.2	40.8
陕西	6747.0	6330.8	6758.8	5378.0	1380.7	34.1
甘肃	6524.3	6151.4	6419.9	5064.2	1355.6	35.4
青海	6499.3	6170.5	6580.3	5042.5	1537.9	36.7
宁夏	6409.4	6067.4	6652.7	5104.9	1547.8	34.8
新疆	7452.6	6899.6	7160.2	5636.4	1523.8	33.9

附录 1－18 农村居民人均纯收入

单位:元

地区	1997 年	1998 年	1999 年	2000 年	2001 年	2002 年
全国总计	**2090.1**	**2162.0**	**2210.3**	**2253.4**	**2366.4**	**2475.6**
北京	3661.7	3952.3	4226.6	4604.6	5025.5	5398.5
天津	3243.7	3395.7	3411.1	3622.4	3947.7	4278.7
河北	2286.0	2405.3	2441.5	2478.9	2603.6	2685.2
山西	1738.3	1858.6	1772.6	1905.6	1956.0	2149.8
内蒙古	1780.2	1981.5	2002.9	2038.2	1973.4	2086.0
辽宁	2301.5	2579.8	2501.0	2355.6	2557.9	2751.3
吉林	2186.3	2383.6	2260.6	2022.5	2182.2	2301.0
黑龙江	2308.3	2253.1	2165.9	2148.2	2280.3	2405.2
上海	5277.0	5406.8	5409.1	5596.4	5870.9	6223.6
江苏	3269.9	3376.8	3495.2	3595.1	3784.7	3979.8
浙江	3684.2	3814.6	3948.4	4253.7	4582.3	4940.4
安徽	1808.8	1862.9	1900.3	1934.6	2020.0	2117.6
福建	2785.7	2946.4	3091.4	3230.5	3380.7	3538.8
江西	2107.3	2048.0	2129.5	2135.3	2231.6	2306.5
山东	**2292.1**	**2452.8**	**2549.6**	**2659.2**	**2804.5**	**2954.0**
河南	1733.9	1864.1	1948.4	1985.8	2097.9	2215.7
湖北	2102.2	2172.2	2217.1	2268.6	2352.2	2444.1
湖南	2037.1	2064.9	2127.5	2197.2	2299.5	2397.9
广东	3467.7	3527.1	3629.0	3654.5	3769.8	3911.9
广西	1875.3	1971.8	2048.3	1864.5	1944.3	2012.6
海南	1916.9	2018.3	2087.5	2182.3	2226.5	2423.2
重庆	1643.2	1720.5	1736.6	1892.4	1971.2	2097.6
四川	1680.7	1789.2	1843.5	1903.6	1987.0	2107.6
贵州	1298.5	1334.5	1363.1	1374.2	1411.7	1489.9
云南	1375.5	1387.3	1437.6	1478.6	1533.7	1608.6
西藏	1194.5	1231.5	1309.5	1330.8	1404.0	1462.3
陕西	1273.3	1405.6	1455.9	1443.9	1490.8	1596.3
甘肃	1185.1	1393.1	1357.3	1428.7	1508.6	1590.3
青海	1320.6	1424.8	1466.7	1490.5	1557.3	1668.9
宁夏	1512.5	1721.2	1754.2	1724.3	1823.1	1917.4
新疆	1504.4	1600.1	1473.2	1618.1	1710.4	1863.3

附录1-19 农村居民家庭收支情况

（2002年）　　单位:元

地　　区	总收入	#纯收入	总支出	#生活消费	现金收入	现金支出	恩格尔系数（%）
全国总计	**3448.6**	**2475.6**	**2923.6**	**1834.3**	**2713.0**	**2437.7**	**46.2**
北　京	6429.9	5398.5	4996.6	3731.7	6225.8	4920.9	34.1
天　津	5436.9	4278.7	3489.0	2163.6	5024.1	3350.3	38.0
河　北	3631.1	2685.2	2479.6	1476.4	3041.3	2197.9	38.9
山　西	2764.1	2149.8	2079.5	1354.6	2169.7	1807.0	43.9
内蒙古	3657.0	2086.0	3364.8	1647.0	2517.1	2628.0	43.4
辽　宁	4210.6	2751.3	3525.2	1781.3	3484.4	2998.6	45.0
吉　林	3629.8	2301.0	3277.2	1680.2	2494.2	2817.9	44.1
黑龙江	4195.1	2405.2	3857.1	1674.2	3124.5	3393.9	41.6
上　海	7070.9	6223.6	6979.6	5301.8	6666.7	6645.2	35.3
江　苏	4975.7	3979.8	3811.6	2620.3	4288.0	3390.9	39.9
浙　江	6152.2	4940.4	5175.3	3692.9	5704.7	4854.2	40.8
安　徽	2875.7	2117.6	2322.3	1475.8	2218.3	1897.6	47.5
福　建	4455.3	3538.8	3634.6	2583.2	4055.8	3338.9	45.9
江　西	3023.9	2306.5	2616.9	1784.9	2306.3	2068.5	50.2
山　东	**4330.4**	**2954.0**	**3438.8**	**1997.8**	**3691.0**	**3041.3**	**42.0**
河　南	3061.0	2215.7	2361.7	1451.5	2119.7	1840.5	48.0
湖　北	3239.8	2444.1	2711.5	1745.6	2317.3	2115.5	50.0
湖　南	3389.1	2397.9	3114.7	2068.7	2731.7	2543.9	52.5
广　东	4893.4	3911.9	3818.6	2825.0	4146.6	3309.4	47.6
广　西	2864.6	2012.6	2598.7	1686.1	2232.4	2068.9	51.9
海　南	3272.5	2423.2	2501.2	1602.9	2640.9	1963.0	59.1
重　庆	2828.7	2097.6	2282.3	1497.7	1858.5	1623.9	55.8
四　川	3121.8	2107.6	2654.0	1592.0	2125.2	1911.1	53.9
贵　州	2072.1	1489.9	1777.1	1137.6	1371.6	1184.0	58.1
云　南	2491.4	1608.6	2302.3	1381.5	1593.6	1527.5	55.9
西　藏	1917.2	1462.3	1393.8	1000.3	1242.8	925.7	63.8
陕　西	2261.6	1596.3	2252.7	1490.8	1796.1	1944.2	37.8
甘　肃	2173.7	1590.3	1795.5	1153.3	1498.7	1421.5	46.1
青　海	2258.2	1668.9	2232.7	1386.1	1653.8	1752.6	48.0
宁　夏	3110.9	1917.4	2777.6	1418.1	2456.8	2262.2	44.6
新　疆	3239.6	1863.3	2900.1	1411.7	2501.0	2437.2	49.0

注:本表现金收支不含储蓄借贷。

附录 1－20 农林牧渔业总产值和指数

（2002 年）

地　　区	农林牧渔业总产值（亿元）	农　业	林　业	牧　业	渔　业	农林牧渔业总产值指数（上年＝100）
全国总计	**27390.8**	**14931.5**	**1033.5**	**8454.6**	**2971.1**	**104.9**
北　京	230.4	90.1	12.8	117.2	10.3	111.1
天　津	181.1	86.1	1.5	69.2	24.3	106.0
河　北	1729.2	918.6	37.5	707.1	65.9	105.0
山　西	351.6	227.1	24.9	97.8	1.9	116.4
内蒙古	587.0	332.1	28.8	220.6	5.4	104.9
辽　宁	1132.5	540.1	27.9	361.3	203.2	108.3
吉　林	678.5	419.7	14.3	238.8	5.7	113.7
黑龙江	776.7	487.5	16.2	252.1	20.9	108.1
上　海	233.6	97.2	7.7	83.5	45.1	103.0
江　苏	2011.5	1165.5	36.3	456.0	353.7	103.8
浙　江	1136.3	532.2	74.5	205.1	324.5	100.7
安　徽	1305.6	712.4	69.3	391.7	132.2	104.4
福　建	1088.7	444.2	84.2	222.7	337.6	103.5
江　西	824.5	421.5	59.2	233.9	110.0	104.0
山　东	**2526.0**	**1420.9**	**48.3**	**698.4**	**358.5**	**101.1**
河　南	2194.8	1360.3	60.5	750.7	23.4	104.6
湖　北	1203.3	671.2	28.3	354.8	148.9	102.0
湖　南	1319.9	666.6	54.8	508.7	89.8	102.7
广　东	1764.8	841.8	57.1	449.7	416.3	107.5
广　西	916.5	465.5	39.8	306.5	104.7	107.8
海　南	360.2	151.5	49.1	65.0	94.6	105.4
重　庆	461.0	264.1	13.5	166.2	17.2	105.5
四　川	1600.6	807.4	54.6	692.9	45.6	107.4
贵　州	431.4	278.9	18.2	128.8	5.5	102.5
云　南	737.5	445.3	53.5	223.5	15.2	104.6
西　藏	55.9	29.1	1.2	25.6	…	107.4
陕　西	509.1	353.2	26.6	125.1	4.1	106.2
甘　肃	359.4	257.3	13.9	87.3	1.0	105.8
青　海	65.5	28.6	2.7	34.1	0.1	103.5
宁　夏	92.5	52.9	5.1	32.0	2.4	107.8
新　疆	525.0	362.8	11.1	148.0	3.1	105.2

注：本表绝对数按当年价格计算，指数按可比价格计算。

附录1-21 主要农产品产量

（2002年）　　　　单位：万吨

地　区	粮　食	#谷　物	油　料	棉　花	糖　料	水　果	肉　类	#猪　肉	#牛　肉	#羊　肉	奶　类	水产品
全国总计	**45705.8**	**39798.7**	**2897.2**	**491.62**	**10292.7**	**6952.0**	**6586.5**	**4326.6**	**584.6**	**316.7**	**1400.4**	**4564.5**
北　京	82.3	74.6	4.6	0.35		66.9	70.7	33.8	4.9	4.2	55.1	7.4
天　津	137.8	131.2	3.4	6.24		29.9	44.8	26.1	4.6	2.8	33.6	28.6
河　北	2435.8	2256.3	151.3	40.19	14.7	748.5	458.2	265.2	71.2	26.7	148.9	87.1
山　西	925.5	776.3	38.4	7.47	18.5	221.3	64.9	45.3	6.7	6.9	47.2	2.9
内蒙古	1406.1	1097.7	108.9	0.26	195.0	17.7	145.8	74.9	19.5	33.8	168.9	7.8
辽　宁	1510.4	1392.5	56.5	0.30	39.8	234.4	253.9	132.4	29.7	4.4	30.8	374.8
吉　林	2214.8	1988.1	46.1	0.04	76.2	80.3	204.3	75.6	37.0	3.5	18.9	10.5
黑龙江	2941.2	2195.5	52.8		437.6	32.0	144.0	82.4	28.2	4.7	239.8	41.8
上　海	130.5	126.5	9.9	0.09	8.7	27.7	51.6	25.1	0.1	0.9	28.0	32.7
江　苏	2907.1	2702.7	217.0	36.28	34.7	194.6	349.4	217.4	5.3	17.2	45.5	334.4
浙　江	942.3	842.3	47.0	2.24	113.4	251.2	147.8	115.1	1.2	3.1	22.2	480.7
安　徽	2765.0	2432.3	282.3	33.70	31.4	173.9	317.0	201.2	35.3	11.9	7.4	163.4
福　建	763.2	580.2	25.9	0.01	117.9	424.9	142.5	110.6	2.3	1.5	14.2	558.7
江　西	1549.5	1462.9	82.4	6.69	130.8	65.2	195.5	149.9	6.0	1.1	7.9	138.2
山　东	**3292.7**	**2994.4**	**340.4**	**72.20**	**0.2**	**864.2**	**627.0**	**314.8**	**76.1**	**30.2**	**116.8**	**695.0**
河　南	4210.0	3827.7	420.7	76.48	27.9	427.0	570.0	366.5	89.2	37.8	39.0	36.2
湖　北	2047.0	1823.2	245.3	32.26	91.9	223.1	278.2	218.8	14.6	4.3	10.1	272.0
湖　南	2501.3	2268.5	119.3	15.30	180.4	183.2	472.5	396.9	15.9	8.1	3.1	149.6
广　东	1478.9	1268.2	76.4		1315.5	698.9	348.5	225.8	5.0	0.5	11.1	628.1
广　西	1486.8	1384.3	56.0	0.08	4593.4	455.8	248.5	190.8	11.6	2.6	3.1	255.1
海　南	188.6	145.4	10.0		374.8	139.1	39.7	23.3	2.6	1.2		109.3
重　庆	1082.4	790.5	35.0	0.03	12.1	91.0	153.0	126.9	5.0	2.4	8.1	21.2
四　川	3132.4	2557.4	201.5	2.36	171.5	306.7	568.0	458.9	23.6	16.8	39.3	64.8
贵　州	1034.2	788.9	72.5	0.07	74.0	39.7	138.6	115.2	9.0	4.5	2.5	7.5
云　南	1424.7	1177.2	27.5	0.04	1733.7	85.6	235.8	195.9	15.7	7.2	19.0	19.3
西　藏	98.3	94.6	4.5			0.6	17.2	0.9	9.4	6.9	24.3	
陕　西	1005.6	887.4	41.1	4.30	3.1	514.7	87.0	60.2	9.4	6.9	83.1	6.4
甘　肃	782.7	602.5	41.9	6.96	28.9	137.0	70.1	46.0	9.5	9.3	17.3	1.5
青　海	91.3	56.0	23.4			1.6	22.8	7.2	7.0	8.0	23.5	0.2
宁　夏	301.9	275.7	10.9			16.9	18.9	8.8	2.9	4.5	30.8	4.9
新　疆	835.6	797.8	44.4	147.70	466.8	198.2	100.2	14.9	25.9	42.6	101.1	6.4

注：水产品总量包括水产总公司捕捞产量。

附录 1－22 主要工业产品产量

（2002 年）

地　区	原　煤（万吨）	原　油（万吨）	发电量（亿千瓦小时）	钢（万吨）	生　铁（万吨）	成品钢材（万吨）	水　泥（万吨）
全国总计	**138000.0**	**16700.0**	**16540.0**	**18155.2**	**17074.5**	**19218.3**	**72500.0**
北　京	881.0		142.0	816.9	772.9	750.0	884.0
天　津		1215.9	268.8	482.6	247.7	806.1	377.8
河　北	6083.7	503.3	1014.3	2659.6	2921.1	2510.0	5769.2
山　西	24361.3		842.0	770.0	1641.7	581.4	1494.0
内蒙古	8880.3	3.7	514.9	515.5	554.3	484.6	711.4
辽　宁	5180.8	1351.2	725.3	1942.5	1886.4	2086.7	2145.8
吉　林	1685.3	477.0	295.7	281.1	247.8	286.7	889.2
黑龙江	5882.6	5029.4	459.3	73.9	90.2	64.0	957.7
上　海		47.3	608.9	1719.4	1276.1	1627.0	351.6
江　苏	2593.6	163.0	1116.6	1332.2	657.4	2274.6	6035.3
浙　江	73.5		778.2	265.0	135.4	404.8	5742.8
安　徽	6137.8		465.7	638.3	647.3	670.1	2403.5
福　建	644.5		533.1	200.8	180.4	368.1	1698.7
江　西	1375.0		248.0	548.2	453.0	531.6	1966.0
山　东	**13066.0**	**2671.5**	**1220.8**	**1000.7**	**960.4**	**1018.3**	**8238.7**
河　南	9921.2	568.1	876.8	672.2	604.6	593.6	4481.3
湖　北	372.6	78.3	606.6	1108.4	942.9	993.5	2948.7
湖　南	1845.4		425.5	546.7	499.4	487.7	2746.5
广　东	168.7	1264.5	1525.5	469.5	271.7	664.4	5989.3
广　西	463.5	3.5	307.7	165.3	194.2	188.6	2401.2
海　南	1.3	4.6	50.1	0.1		8.1	347.4
重　庆	1211.7		184.8	198.5	186.8	201.5	1679.5
四　川	2753.9	14.1	695.7	754.8	680.8	752.8	3294.5
贵　州	5001.1		547.1	194.7	186.4	177.8	1121.1
云　南	1219.3		373.2	270.4	367.3	200.8	1709.0
西　藏	1.6		8.0				59.1
陕　西	5859.3	1063.8	343.5	88.0	123.0	82.1	1328.3
甘　肃	2089.2	63.2	340.2	213.4	216.1	207.7	1081.0
青　海	249.8	214.0	139.5	41.8		35.6	263.5
宁　夏	1707.3		171.0	9.4	7.0	12.2	374.2
新　疆	1582.3	2015.2	195.4	175.4	122.4	148.1	981.6

附录 1－22 续表　　　　　　　　　　　　　　（2002 年）

地　　区	布 （亿米）	家用电冰箱 （万台）	农用化肥 （万吨）	汽车 （万辆）	程控交换机 （万线）	移动电话机 （万部）	微型电子计算机 （万部）
全国总计	**322.4**	**1598.9**	**3791.0**	**325.1**	**5860.7**	**12146.4**	**1463.5**
北　京	1.0	16.2	1.0	20.5	2017.7	2280.1	415.7
天　津	2.7	19.1	16.0	9.4	59.1	2850.7	0.9
河　北	16.0		198.4	1.9	25.0		
山　西	3.3		204.9	0.1			
内蒙古	0.5		46.1	0.1		100.4	6.2
辽　宁	5.0	51.6	88.8	9.0	18.7	29.4	86.7
吉　林	1.0	1.2	7.6	52.0	5.5		
黑龙江	1.0	10.8	48.5	18.5	0.1		4.4
上　海	2.1	36.0	10.4	39.2	1227.3	1416.8	75.3
江　苏	37.3	188.5	205.0	16.8	125.2	201.0	200.4
浙　江	31.9	33.3	62.0	4.5	73.5	1422.2	5.8
安　徽	6.4	205.7	187.4	13.6			19.0
福　建	8.0		60.7	4.8	0.2	296.7	174.3
江　西	2.0	38.0	56.0	20.8	2.9		2.4
山　东	**39.5**	**420.6**	**456.1**	**2.0**	**278.9**	**312.1**	**43.6**
河　南	13.0	128.7	308.3	1.6	4.9		0.6
湖　北	18.3		253.2	39.4		43.4	2.2
湖　南	3.0	55.1	164.0	2.8	0.7		
广　东	15.4	317.3	19.0	6.5	1873.8	3159.0	415.7
广　西	0.8		71.8	17.2			0.1
海　南	0.2		27.2				
重　庆	2.3		82.5	33.1	0.1		1.1
四　川	5.7	19.5	328.4	3.3			2.9
贵　州	0.4	42.2	164.3	0.3	3.0	34.5	
云　南	0.4		213.9	3.9			
西　藏							
陕　西	7.3	14.0	101.5	3.2	144.2		6.2
甘　肃	0.5	1.3	54.8				
青　海			77.3				
宁　夏			75.1				
新　疆	1.7		75.4	0.4			

附录 1－23 规模以上工业增加值和增长速度

地　　区	工　业　增　加　值(亿元)					2002 年比上年增长(%)
	1998 年	1999 年	2000 年	2001 年	2002 年	
全国总计	**19421.9**	**21564.7**	**25394.8**	**28329.4**	**31482.0**	**12.6**
北　京	525.0	584.5	722.7	751.2	823.3	8.0
天　津	451.3	490.1	630.1	728.1	822.8	17.8
河　北	889.1	976.6	1132.7	1244.1	1406.7	14.0
山　西	399.2	400.7	428.7	499.8	608.7	16.8
内蒙古	222.6	235.7	279.5	307.6	368.1	19.1
辽　宁	858.0	935.8	1194.0	1255.7	1376.2	13.1
吉　林	355.3	412.2	496.2	589.1	644.4	18.6
黑龙江	777.3	933.8	1213.1	1207.9	1280.6	12.0
上　海	1333.2	1541.7	1687.2	1988.4	2196.2	13.9
江　苏	1916.9	2234.6	2604.4	2943.5	3536.3	15.7
浙　江	1098.4	1267.8	1560.1	1874.4	2356.5	19.0
安　徽	445.0	494.5	507.4	577.2	656.1	15.3
福　建	601.5	665.0	797.1	875.4	1047.1	20.1
江　西	232.8	249.0	269.7	308.2	360.3	16.1
山　东	**1888.4**	**2098.8**	**2549.4**	**2900.7**	**3502.5**	**17.3**
河　南	970.2	993.6	1116.4	1249.8	1430.8	14.2
湖　北	898.2	946.4	1011.8	1072.8	1199.0	12.3
湖　南	436.3	461.8	528.1	605.5	709.2	16.1
广　东	2444.1	2788.2	3423.9	3738.3	4224.6	15.0
广　西	276.7	281.8	323.9	342.7	367.0	12.3
海　南	48.7	54.6	63.3	65.3	68.5	19.1
重　庆	209.8	239.5	283.7	308.2	397.4	15.2
四　川	593.0	634.3	662.4	790.4	915.3	17.2
贵　州	181.8	196.0	217.0	236.6	270.4	12.1
云　南	517.5	491.1	531.5	582.1	632.1	8.1
西　藏	7.1	8.4	9.3	9.5	10.3	5.0
陕　西	286.2	346.0	411.2	459.7	530.6	14.5
甘　肃	207.9	225.6	244.7	296.5	340.6	10.6
青　海	51.1	58.3	65.3	71.8	80.1	14.6
宁　夏	57.7	61.6	73.7	82.9	92.2	13.6
新　疆	242.0	256.7	356.6	365.2	369.9	8.4

注:本表绝对数按当年价格计算,增长速度按可比价格计算。

附录1-24 规模以上工业主要经济指标

（2002年）　　　　单位:亿元

地　　区	产品销售收入	#产品销售成本	#产品销售费用	#产品销售税金及附加	税金总额	利润总额
全国总计	**108186.5**	**88801.6**	**4001.7**	**1769.4**	**6104.1**	**5620.4**
北　　京	3169.8	2624.9	158.4	28.5	148.8	151.9
天　　津	3346.0	2769.6	147.2	31.0	138.2	177.4
河　　北	4392.5	3645.5	124.9	54.6	245.9	252.6
山　　西	1616.6	1225.2	112.4	22.9	130.5	61.1
内 蒙 古	972.5	789.7	44.8	15.1	68.0	37.3
辽　　宁	4925.3	4124.1	127.4	71.6	280.9	155.1
吉　　林	2140.6	1740.9	63.7	48.4	138.5	99.7
黑 龙 江	2501.3	1713.3	67.1	66.9	251.7	462.2
上　　海	7976.6	6436.8	324.9	115.7	435.6	544.6
江　　苏	13554.2	11674.0	440.9	117.0	575.7	553.8
浙　　江	9325.7	7847.3	303.8	113.2	448.5	589.2
安　　徽	2127.4	1736.8	81.9	59.3	162.5	84.4
福　　建	3450.3	2890.3	120.3	51.1	157.7	190.1
江　　西	1114.2	916.8	43.0	29.4	83.8	21.4
山　　东	**11037.3**	**9231.7**	**351.3**	**123.7**	**538.4**	**625.4**
河　　南	4149.5	3440.0	141.3	75.9	245.2	182.1
湖　　北	3451.3	2751.6	191.6	84.7	225.9	148.4
湖　　南	1980.4	1558.2	78.8	92.3	194.5	70.8
广　　东	15928.6	13245.9	598.9	127.9	577.9	716.9
广　　西	1152.7	931.0	46.6	21.3	88.1	35.6
海　　南	223.3	167.1	20.1	4.9	17.9	14.5
重　　庆	1236.4	992.1	63.7	27.3	90.7	40.8
四　　川	2661.9	2082.6	138.4	62.7	188.1	112.7
贵　　州	707.7	533.2	38.0	34.9	76.9	20.6
云　　南	1252.8	811.1	48.8	192.5	297.2	75.0
西　　藏	11.7	8.6	1.0	0.3	1.1	0.8
陕　　西	1442.1	1078.7	58.2	38.7	113.7	90.8
甘　　肃	914.2	747.2	24.1	27.0	74.9	20.9
青　　海	220.9	171.2	6.3	3.2	16.3	6.1
宁　　夏	296.7	253.6	8.9	3.6	17.7	5.4
新　　疆	906.2	662.7	24.9	24.1	73.5	73.0

注:全员劳动生产率按不变价工业增加值计算。

附录 1－24 续表　　　　　　　　　　（2002 年）　　　　　　　　　　单位:亿元

地　　区	亏损企业亏损总额	应收帐款净额	产成品	资产合计	负债合计	全部从业人员平均人数（万人）
全国总计	**1072.9**	**15709.6**	**7296.4**	**144791.4**	**85008.8**	**5472.5**
北京	48.1	526.8	212.7	4713.1	2543.8	103.9
天津	58.0	532.5	174.9	4215.9	2447.8	118.7
河北	39.4	515.5	341.9	5982.3	3742.7	260.3
山西	18.3	289.1	151.4	3721.3	2369.9	175.2
内蒙古	10.8	149.2	87.2	2151.1	1252.1	78.8
辽宁	72.9	807.9	372.7	8789.4	5151.3	250.7
吉林	44.1	304.8	142.8	3461.3	2177.7	115.5
黑龙江	32.2	381.5	189.6	4360.1	2420.9	173.0
上海	110.2	1303.0	388.9	10100.1	4966.5	209.0
江苏	77.8	1841.0	734.0	13522.7	8133.4	533.5
浙江	26.6	1267.6	630.1	8857.8	4901.4	406.3
安徽	18.3	291.1	179.6	3445.8	2070.5	151.7
福建	25.9	494.4	206.0	4064.4	2177.0	170.2
江西	16.4	159.6	93.6	2003.4	1308.3	93.6
山东	**45.9**	**997.3**	**661.0**	**11902.5**	**7104.4**	**556.5**
河南	27.2	554.3	305.4	5949.0	3769.2	322.0
湖北	31.2	500.6	222.2	5249.0	3269.2	207.7
湖南	27.9	328.9	149.4	3317.3	2099.6	150.4
广东	138.2	2464.0	1082.9	16301.6	9138.7	623.4
广西	27.9	171.9	102.5	2064.9	1354.7	84.4
海南	5.8	43.1	18.0	409.1	227.2	10.4
重庆	21.1	245.7	91.5	2109.2	1292.0	81.4
四川	25.0	496.1	231.4	5187.2	3221.6	194.6
贵州	15.7	187.2	77.1	1726.9	1076.6	65.1
云南	25.1	177.8	85.7	2653.0	1396.6	65.6
西藏	0.8	6.2	2.0	74.9	18.9	1.6
陕西	29.1	295.3	149.0	3119.7	2070.4	112.8
甘肃	20.6	157.4	96.0	2037.3	1286.8	81.8
青海	4.0	47.9	13.8	767.8	512.6	12.7
宁夏	5.3	57.5	30.5	614.2	356.4	20.8
新疆	23.4	114.2	73.0	1919.6	1150.8	41.0

附录1－25 规模以上工业主要经济效益指标

（2002年）

地区	综合指数（%）	总资产贡献率（%）	资本保值增值率（%）	资产负债率（%）	流动资产周转次数（次）	成本费用利润率（%）	全员劳动生产率（元/人）	产品销售率（%）
全国总计	**130.0**	**9.8**	**110.1**	**58.7**	**1.8**	**5.6**	**54885**	**98.0**
北京	133.9	7.5	108.9	54.0	1.5	4.9	76855	98.2
天津	135.5	8.8	104.7	58.1	1.8	5.7	66887	99.1
河北	127.9	10.3	107.5	62.6	1.9	6.2	45506	98.7
山西	95.9	6.9	119.4	63.7	1.2	4.0	25845	97.5
内蒙古	103.7	6.8	118.8	58.2	1.4	4.0	34975	98.2
辽宁	105.3	6.4	104.1	58.6	1.4	3.3	45453	98.2
吉林	121.6	8.2	103.6	62.9	1.6	4.9	55446	98.0
黑龙江	201.5	17.9	109.1	55.5	1.5	23.3	43044	97.7
上海	171.1	10.3	108.5	49.2	1.7	7.3	111222	99.0
江苏	131.8	10.2	110.8	60.2	2.1	4.3	59361	97.6
浙江	152.6	14.5	119.9	55.3	2.2	6.8	61739	97.2
安徽	111.6	8.7	112.5	60.1	1.5	4.2	40002	98.4
福建	141.1	10.6	112.9	53.6	2.0	5.9	63628	97.5
江西	92.8	7.3	108.5	65.3	1.4	2.0	32542	98.1
山东	**138.2**	**12.2**	**114.8**	**59.7**	**2.3**	**6.1**	**48252**	**97.8**
河南	111.0	9.6	110.7	63.4	1.7	4.7	33332	98.3
湖北	120.6	8.7	106.2	62.3	1.6	4.6	53599	98.0
湖南	110.2	9.9	107.6	63.3	1.6	3.9	37811	99.8
广东	140.9	9.6	110.2	56.1	2.1	4.9	73333	97.9
广西	105.4	7.7	104.6	65.6	1.6	3.2	42566	97.9
海南	139.1	9.6	123.0	55.5	1.3	7.0	66190	97.7
重庆	108.2	8.1	105.9	61.3	1.4	3.4	45923	98.1
四川	112.6	7.8	109.0	62.1	1.3	4.5	47883	99.2
贵州	95.0	6.9	109.4	62.3	1.0	3.1	35692	95.8
云南	146.7	15.7	105.7	52.6	1.2	7.5	62187	98.4
西藏	100.5	5.1	106.3	25.2	0.6	7.1	33403	91.1
陕西	114.3	8.6	104.5	66.4	1.2	6.9	37975	97.9
甘肃	87.6	6.4	105.7	63.2	1.2	2.4	26219	97.3
青海	90.1	4.7	123.6	66.8	0.9	3.0	35331	99.5
宁夏	90.9	5.6	118.8	58.0	1.4	1.8	31114	98.9
新疆	136.5	9.1	108.6	60.0	1.5	9.5	47171	99.4

注：全员劳动生产率按不变价工业增加值计算。

附录1－26 建筑业总产值和房屋建筑面积

地区	总产值(亿元)		房屋施工面积(万平方米)		房屋竣工面积(万平方米)	
	2001年	2002年	2001年	2002年	2001年	2002年
全国总计	**15361.6**	**17116.8**	**188328.7**	**209981.4**	**97699.0**	**100702.7**
北京	887.9	1055.1	8919.3	10240.9	3197.7	3827.0
天津	288.7	340.3	2140.0	2474.2	924.9	1037.6
河北	614.5	606.6	7493.4	8089.0	4365.8	4106.8
山西	311.4	394.0	2204.5	3003.6	1064.3	1236.3
内蒙古	178.3	201.4	2092.9	2125.3	1346.9	1424.4
辽宁	761.2	827.3	6970.2	7085.4	3994.3	3328.8
吉林	274.1	347.9	2474.2	3310.1	1716.4	1622.6
黑龙江	372.3	389.5	3336.5	3234.7	2242.1	1960.4
上海	721.6	799.8	5437.5	5683.9	2124.1	1684.3
江苏	1821.8	2136.1	23953.8	28702.0	13994.1	16116.0
浙江	1768.4	2175.9	21842.2	27216.8	10035.6	11854.2
安徽	421.6	515.4	5991.7	6690.2	3605.6	3939.3
福建	369.0	325.8	4931.1	5125.4	2436.7	1985.4
江西	169.2	202.1	2958.8	3149.5	1591.8	1650.8
山东	**984.2**	**1118.8**	**13184.6**	**15794.7**	**7077.0**	**8127.2**
河南	452.5	512.8	6295.5	7232.0	3146.1	3727.6
湖北	529.0	547.6	6662.6	7071.2	3673.4	3961.5
湖南	489.8	536.1	6259.3	6626.0	3204.6	3142.4
广东	1132.1	1061.9	17516.3	17547.0	7412.5	6078.6
广西	180.3	199.5	2465.7	2845.7	1150.4	1277.0
海南	35.3	33.0	488.7	419.4	226.4	134.5
重庆	436.8	465.8	7962.5	7959.7	4341.6	3894.0
四川	822.9	962.9	12381.0	13692.8	7029.9	7510.2
贵州	150.2	160.3	1945.6	2112.7	891.9	797.9
云南	343.9	309.8	3717.3	3266.5	2190.1	1944.3
西藏	18.7		88.1		76.7	
陕西	279.7	300.3	2772.5	3356.9	1311.5	1332.7
甘肃	147.3	167.9	2108.3	2232.3	1229.4	1116.4
青海	54.2	68.0	373.2	407.2	182.1	220.2
宁夏	70.4	75.8	701.8	789.3	447.3	391.2
新疆	274.3	279.3	2659.7	2497.0	1467.5	1273.1

注：本表为资质等级四级及以上建筑业企业数据(下表同)。

附录1－27 建筑业主要效益指标

（2002年）

地　　区	企　业 个　数 （个）	计算劳动 生产率的 平均人数 （万人）	按建筑业总 产值计算的 劳动生产率 （元/人）	人　　均 竣工产值 （元/人）	人　　均 施工面积 （平方米/人）	人　　均 竣工面积 （平方米/人）
全国总计	**47497**	**2129.3**	**74046**	**49598**	**92.9**	**43.6**
北　京	2095	57.0	117754	84434	114.3	42.7
天　津	400	17.2	121307	73869	88.2	37.0
河　北	1590	93.3	57505	39197	76.7	38.9
山　西	902	42.7	83717	34514	63.8	26.3
内蒙古	759	28.3	53201	42653	56.1	37.6
辽　宁	2488	103.1	70427	41928	60.3	28.3
吉　林	740	29.6	89045	63141	84.7	41.5
黑龙江	1391	48.7	58136	45690	48.3	29.3
上　海	1353	33.9	159314	90544	113.2	33.6
江　苏	4147	239.0	90900	67622	122.1	68.6
浙　江	3213	186.8	118966	79976	148.8	64.8
安　徽	1693	89.7	44571	27814	57.9	34.1
福　建	1732	39.7	75411	53084	118.6	46.0
江　西	1067	35.7	54216	35836	84.5	44.3
山　东	**4536**	**192.6**	**53862**	**34614**	**76.0**	**39.1**
河　南	2121	89.0	55470	39266	78.2	40.3
湖　北	1646	84.3	65772	48621	84.9	47.6
湖　南	1403	92.5	56286	36054	119.8	33.0
广　东	3078	138.3	77854	48518	128.7	44.6
广　西	1082	34.5	56824	45892	81.1	36.4
海　南	281	4.0	66782	26858	84.9	27.2
重　庆	1780	80.1	58498	38992	100.0	48.9
四　川	3073	177.5	54646	39946	77.7	42.6
贵　州	674	26.4	67886	36844	89.5	33.8
云　南	1398	50.9	63947	43038	67.4	40.1
西　藏						
陕　西	805	37.6	75785	41544	84.7	33.6
甘　肃	586	36.1	45592	26633	60.6	30.3
青　海	377	9.2	56527	36832	33.8	18.3
宁　夏	452	9.7	54718	39922	56.9	28.2
新　疆	635	22.2	91526	62112	81.8	41.7

附录 1－28 客运量和旅客周转量

（2002 年）

地　　区	全社会客运量（万人）	#铁　路	#公　路	#水　运	全社会旅客周转量（亿人公里）	#铁　路	#公　路	#水　运
全国总计	**1608150**	**105606**	**1475257**	**18693**	**14126**	**4969**	**7806**	**82**
北　京	27147	5044	22103		126	66	60	
天　津	3383	1510	1870	3	97	74	23	...
河　北	76182	5101	71081		900	417	483	
山　西	38643	3138	35480	25	254	89	164	...
内蒙古	25490	3069	22421		220	89	131	
辽　宁	53891	9711	43554	626	525	342	174	9
吉　林	24944	4962	19904	78	217	133	84	...
黑龙江	50939	9312	41490	137	387	165	222	...
上　海	6578	3518	2046	1014	95	39	50	5
江　苏	115715	5292	110139	284	905	185	719	1
浙　江	136463	5361	128980	2122	707	181	519	7
安　徽	65707	3178	62087	442	602	230	371	1
福　建	48833	1620	46570	643	343	77	265	1
江　西	38039	3447	34183	409	489	308	180	1
山　东	**76539**	**3624**	**71803**	**1112**	**642**	**239**	**398**	**5**
河　南	90370	5206	85078	86	840	449	390	...
湖　北	62318	3157	58523	638	565	245	317	3
湖　南	98286	5384	91653	1249	811	423	385	3
广　东	117852	7469	108509	1874	1280	275	996	9
广　西	45062	1753	42459	850	489	104	383	3
海　南	23612	13	22979	620	76	...	74	2
重　庆	61772	1214	58512	2046	259	38	194	28
四　川	143491	4890	135609	2992	580	155	422	3
贵　州	55980	1947	53478	555	251	116	134	1
云　南	38435	1340	36726	369	246	35	210	1
西　藏	128		128		6		6	
陕　西	31632	2670	28663	299	377	207	171	1
甘　肃	14725	1085	13420	220	247	163	84	...
青　海	3977	421	3556		36	16	20	
宁　夏	6082	250	5832		53	18	36	
新　疆	17340	919	16421		231	88	143	
不分地区	8594				1269			

注：不分地区合计中包括民航完成数。

附录1-29 货运量和货物周转量

（2002年）

地区	全社会货运量（万吨）	#铁路	#公路	#水运	全社会货物周转量（亿吨公里）	#铁路	#公路	#水运
全国总计	**1486396**	**204246**	**1116324**	**141832**	**50867**	**15516**	**6782**	**27511**
北京	30799	2424	28375		412	328	84	
天津	30052	4519	19554	5979	6302	275	66	5961
河北	82226	14466	66655	1105	2911	1735	632	543
山西	99774	34641	65097	36	1112	784	328	...
内蒙古	48346	11107	37239		1077	846	231	
辽宁	81044	13869	64104	3071	1862	979	222	661
吉林	30642	5786	24777	79	502	409	93	...
黑龙江	54394	13369	40317	708	950	767	168	16
上海	54064	1131	29759	23174	7392	32	65	7295
江苏	87819	5109	60299	22411	1502	380	352	770
浙江	91115	3019	63532	24564	1616	230	294	1093
安徽	50550	7915	37164	5471	1224	750	300	174
福建	32789	3688	24023	5078	1004	170	194	640
江西	26089	4283	20301	1505	718	521	156	41
山东	**110185**	**13715**	**91571**	**4899**	**4149**	**952**	**477**	**2720**
河南	68633	12385	55743	505	1728	1314	399	15
湖北	38944	4537	28777	5630	1087	562	211	314
湖南	51916	5174	42982	3760	1213	722	356	135
广东	98900	6048	72242	20610	3118	278	551	2289
广西	30796	4048	24325	2423	785	466	219	101
海南	7653	288	5518	1847	239	2	43	194
重庆	29784	1801	26076	1907	337	103	90	144
四川	57577	6844	48154	2579	741	512	214	16
贵州	17399	4356	12685	358	486	407	74	5
云南	54621	3826	50649	146	554	219	333	1
西藏	201		201		22		22	
陕西	33540	4212	28002	98	777	602	175	...
甘肃	24016	3568	20408	40	701	582	119	...
青海	5224	774	4450		108	68	40	
宁夏	7056	1918	4894		241	179	61	
新疆	22407	3956	18451		556	341	216	
不分地区	27844			3849	5441			4382

注：不分地区合计中包括管道运输企业、民航运输企业及中远集团海外公司完成数。

附录1-30 社会消费品零售总额

单位:亿元

地区	1997年	1998年	1999年	2000年	2001年	2002年
全国总计	**27298.9**	**29152.5**	**31134.7**	**34152.6**	**37595.2**	**40910.5**
北京	1051.5	1167.2	1313.3	1443.3	1593.5	1744.8
天津	535.0	587.1	657.3	736.6	832.7	941.4
河北	1195.0	1332.6	1458.8	1613.9	1778.3	1968.3
山西	503.9	547.1	587.1	629.1	679.9	755.4
内蒙古	367.9	399.5	437.4	484.0	537.3	606.0
辽宁	1450.6	1568.7	1696.1	1847.6	2034.9	2258.4
吉林	619.7	680.4	734.0	810.9	909.1	1008.1
黑龙江	880.2	949.7	1016.2	1094.0	1198.9	1320.0
上海	1325.2	1471.0	1590.4	1722.3	1861.3	2035.2
江苏	2118.1	2238.0	2394.1	2604.1	2869.0	3215.8
浙江	1757.2	1909.1	2075.8	2298.8	2555.5	2877.5
安徽	859.8	924.8	979.1	1054.3	1142.8	1228.7
福建	987.7	1132.5	1246.3	1372.8	1499.5	1663.3
江西	558.5	605.1	650.5	704.9	763.3	832.7
山东	**1914.2**	**2127.2**	**2310.1**	**2545.9**	**2834.9**	**3181.9**
河南	1358.8	1496.2	1616.0	1786.7	1979.8	2189.8
湖北	1345.3	1481.4	1617.1	1789.4	1975.2	2198.4
湖南	1041.6	1125.3	1229.2	1364.7	1511.1	1678.9
广东	2918.7	3316.3	3656.0	4071.9	4515.3	5013.6
广西	673.7	733.9	791.3	859.2	935.9	1025.5
海南	133.4	147.9	157.7	172.5	187.5	204.4
重庆	507.9	553.7	596.3	643.4	699.3	763.1
四川	1212.4	1298.6	1382.6	1523.7	1680.4	1850.1
贵州	265.5	289.9	313.8	343.7	378.0	416.2
云南	467.1	500.1	539.0	583.2	655.4	711.3
西藏	32.6	35.0	37.9	42.9	49.0	53.2
陕西	490.5	518.8	557.1	607.6	665.1	728.2
甘肃	278.5	303.7	331.6	362.7	395.4	433.5
青海	66.7	70.6	75.2	82.1	90.4	101.0
宁夏	71.2	77.2	82.7	90.2	98.9	108.8
新疆	310.4	327.5	347.4	374.5	406.3	442.9

注:1.社会消费品零售总额按当年价格计算。

2.各地区相加不等于全国总计,原因是全国数据进行了修正(下表同)。

附录 1-30 续表　　(2002 年)　　单位:亿元

地　区	社会消费品零售总额	市	县	县以下	批发零售贸易业	餐饮业	其他行业	#制造业	#农业生产者
全国总计	**40910.5**	**25897.6**	**4880.4**	**10132.5**	**27859.6**	**5092.3**	**7958.6**	**2392.9**	**4292.2**
北　京	1744.8	1374.5	98.0	272.3	1258.9	112.4	373.4	112.0	9.1
天　津	941.4	739.4	71.1	130.8	514.7	102.6	324.1	39.6	70.0
河　北	1968.3	941.6	382.7	643.9	1382.9	216.2	369.1	163.7	159.4
山　西	755.4	454.6	149.8	150.9	520.3	78.3	156.8	36.2	85.5
内蒙古	606.0	370.9	143.4	91.7	398.8	66.9	140.3	40.7	76.9
辽　宁	2258.4	1889.3	115.6	253.4	1667.1	305.2	286.1	61.1	188.8
吉　林	1008.1	771.0	69.8	167.3	839.4	141.9	26.8	9.5	9.4
黑龙江	1320.0	959.6	186.6	173.8	1030.1	135.7	154.2	44.0	86.4
上　海	2035.2	1740.4	16.7	278.1	1609.6	184.2	241.4	48.6	177.9
江　苏	3215.8	2221.1	202.9	791.9	2369.3	361.3	485.3	199.1	227.6
浙　江	2877.5	1650.7	286.8	940.1	2022.1	309.3	546.1	176.0	288.6
安　徽	1228.7	599.0	271.7	357.9	807.4	143.3	278.0	86.5	162.2
福　建	1663.3	965.3	217.7	480.3	1209.3	194.1	259.9	87.9	91.1
江　西	832.7	406.2	186.8	239.7	520.8	75.0	236.8	53.4	158.1
山　东	**3181.9**	**2011.5**	**295.3**	**875.2**	**2100.1**	**372.6**	**709.2**	**280.9**	**283.9**
河　南	2189.8	1100.8	450.3	638.7	1367.4	298.7	523.8	267.7	186.0
湖　北	2198.4	1462.1	206.9	529.3	1376.1	266.9	555.4	111.4	327.0
湖　南	1678.9	903.1	307.0	468.8	1100.0	187.5	391.3	81.2	278.3
广　东	5013.6	3310.5	262.6	1440.5	3638.5	829.6	545.4	184.5	288.4
广　西	1025.5	512.5	215.6	297.4	688.0	127.6	209.9	53.5	130.7
海　南	204.4	135.0	17.3	52.1	125.3	28.7	50.3	5.2	36.9
重　庆	763.1	434.7	106.5	221.9	481.1	69.7	212.2	42.8	160.2
四　川	1850.1	874.6	315.1	660.4	1108.6	296.7	444.7	101.1	302.6
贵　州	416.2	244.2	78.6	93.3	281.9	65.2	69.1	20.3	40.1
云　南	711.3	384.6	165.8	160.9	444.2	106.6	160.4	31.6	109.7
西　藏	53.2	23.7	22.9	6.6	40.0	7.5	5.7	2.2	2.4
陕　西	728.2	489.1	119.7	119.4	461.9	85.0	181.2	61.7	103.2
甘　肃	433.5	281.2	69.1	83.3	288.7	58.4	86.4	17.9	50.7
青　海	101.0	63.7	24.0	13.3	71.0	14.7	15.3	4.0	8.8
宁　夏	108.8	72.2	19.5	17.0	65.8	17.1	25.8	3.9	19.4
新　疆	442.9	284.7	74.3	83.8	296.1	53.0	93.7	22.3	52.8

附录1－31 海关进出口贸易总额分类

（2002年） 单位:亿美元

地区	按境内目的地、货源地分			按经营单位所在地分		
	进出口额	出口额	进口额	进出口额	出口额	进口额
全国总计	**6207.7**	**3255.7**	**2952.0**	**6207.7**	**3255.7**	**2952.0**
北京	267.3	83.6	183.7	525.0	126.1	398.9
天津	227.9	110.2	117.7	227.5	115.7	111.8
河北	68.3	41.6	26.7	66.6	45.9	20.7
山西	35.7	27.2	8.5	23.1	16.6	6.5
内蒙古	26.6	10.2	16.4	24.4	8.1	16.3
辽宁	234.3	120.6	113.7	217.4	123.7	93.7
吉林	40.8	18.7	22.1	37.1	17.7	19.4
黑龙江	46.9	24.1	22.8	43.5	19.9	23.6
上海	722.7	310.3	412.4	726.4	320.5	405.9
江苏	745.0	390.2	354.8	703.0	384.7	318.3
浙江	463.6	315.7	147.9	419.7	294.2	125.5
安徽	42.1	23.3	18.8	41.8	24.5	17.3
福建	303.3	183.9	119.4	284.0	173.7	110.3
江西	20.0	10.6	9.4	16.9	10.5	6.4
山东	**373.7**	**215.0**	**158.7**	**339.4**	**211.1**	**128.3**
河南	37.3	23.4	13.9	32.0	21.2	10.8
湖北	45.3	20.7	24.6	39.5	21.0	18.5
湖南	32.7	18.0	14.7	28.8	18.0	10.8
广东	2254.7	1191.0	1063.7	2211.1	1,184.7	1,026.4
广西	26.1	14.8	11.3	24.3	15.1	9.2
海南	17.9	6.7	11.2	18.7	8.2	10.5
重庆	20.3	11.2	9.1	17.9	10.9	7.0
四川	44.6	26.3	18.3	44.7	27.1	17.6
贵州	9.8	5.7	4.1	6.9	4.4	2.5
云南	23.2	12.9	10.3	22.3	14.3	8.0
西藏	1.3	0.7	0.6	1.3	0.8	0.5
陕西	27.9	15.8	12.1	22.3	13.8	8.5
甘肃	10.4	5.1	5.3	8.8	5.5	3.3
青海	2.3	1.6	0.7	2.0	1.5	0.5
宁夏	4.9	3.6	1.3	4.4	3.3	1.1
新疆	30.8	12.9	17.9	26.9	13.1	13.8

附录1－32 外商投资企业进出口商品总值

单位:万美元

地　　区	2001年			2002年		
	进出口总　额	出口额	进口额	进出口总　额	出口额	进口额
全国总计	**25909797**	**13323506**	**12586290**	**33020759**	**16993564**	**16027197**
北　　京	864474	323871	540603	877384	401640	475745
天　　津	1434185	710297	723888	1831326	909006	922320
河　　北	180345	114229	66116	225227	143722	81504
山　　西	26214	15445	10769	24149	16089	8060
内 蒙 古	17852	12894	4958	25031	12489	12543
辽　　宁	1220577	629968	590609	1346998	720003	626996
吉　　林	149260	42787	106473	172414	40392	132022
黑 龙 江	45231	25935	19296	64718	28162	36556
上　　海	3679700	1595857	2083843	4501428	1915697	2585731
江　　苏	3419131	1664217	1754914	4988156	2424878	2563278
浙　　江	1187147	709930	477217	1458388	920127	538261
安　　徽	99142	43112	56030	112891	46184	66708
福　　建	1503478	828809	674669	1879764	1046590	833174
江　　西	28054	11233	16821	40650	18067	22583
山　　东	**1626503**	**923578**	**702925**	**1941081**	**1098793**	**842288**
河　　南	59699	31396	28303	67033	37201	29832
湖　　北	131725	50064	81661	146268	66922	79346
湖　　南	55962	21256	34706	66298	24304	41994
广　　东	9863228	5437384	4425844	12860694	6962505	5898189
广　　西	46242	24353	21889	78204	30688	47515
海　　南	80961	30039	50922	95336	35466	59871
重　　庆	31346	9228	22118	37812	9732	28080
四　　川	66734	23997	42737	66785	32046	34738
贵　　州	6325	4423	1902	12810	5423	7387
云　　南	21190	10952	10238	25382	13067	12315
西　　藏	236	217	19	290	243	48
陕　　西	36600	10808	25792	40409	11453	28956
甘　　肃	8910	5294	3616	13510	10000	3510
青　　海	2328	154	2174	1138	312	826
宁　　夏	7443	5904	1539	9339	6153	3186
新　　疆	9579	5877	3702	9847	6209	3638

附录1-33 外商直接投资额

（2002年）　　单位：万美元

地区	2001年			2002年		
	项目数（个）	合同投资额	实际投资额	项目数（个）	合同投资额	实际投资额
全国总计	**26140**	**6919455**	**4687759**	**34171**	**8276833**	**5274286**
北京	1146	271075	176818	1370	276449	172464
天津	618	208248	213348	847	210319	158195
河北	501	80231	66989	477	114390	78271
山西	75	29859	23393	73	25581	21164
内蒙古	76	26479	10703	86	19314	17701
辽宁	1660	415587	251612	2147	524303	341168
吉林	337	57770	33766	345	49335	24468
黑龙江	242	37800	34114	197	32646	35511
上海	2458	737347	429159	3012	895971	427229
江苏	3583	1509083	691482	5819	1964756	1018960
浙江	2310	501588	221162	3380	672146	307610
安徽	260	64375	33672	339	81216	38375
福建	1670	500717	391804	1826	389236	383837
江西	308	52660	39575	592	149767	108197
山东	**3047**	**671750**	**352093**	**4079**	**718085**	**473404**
河南	224	62188	45729	287	75364	40463
湖北	349	87350	118860	484	97906	142665
湖南	338	95327	81011	413	87498	90022
广东	5315	1122355	1193203	6805	1522678	1133400
广西	285	58707	38416	279	49233	41726
海南	181	15193	46691	235	24010	51196
重庆	172	44261	25649	148	47192	19576
四川	356	99211	58188	342	86089	55583
贵州	59	9111	2829	55	13406	3821
云南	140	29444	6457	150	26011	11169
西藏				5	202	
陕西	222	73009	35174	203	73617	36005
甘肃	70	15749	7439	51	11128	6121
青海	48	20320	3649	31	10702	4726
宁夏	34	8171	1680	25	7788	2200
新疆	53	12590	2035	65	14995	1899

注：全国总计中包括部门统计数据，故各地区相加不等于全国总计。

附录1－34 国际旅游接待情况

地区	2001年			2002年		
	旅游人数（万人次）	#外国人	旅游创汇总额（亿美元）	旅游人数（万人次）	#外国人	旅游创汇总额（亿美元）
北京	285.8	239.9	29.5	310.4	266.5	31.1
天津	42.1	37.5	2.8	50.6	45.3	3.4
河北	44.5	39.1	1.6	47.4	42.7	1.7
山西	19.8	12.9	0.6	24.8	16.2	0.7
内蒙古	40.0	39.6	1.4	43.9	43.5	1.5
辽宁	72.4	60.7	4.6	92.9	79.4	5.5
吉林	27.2	23.7	0.8	29.4	25.9	0.9
黑龙江	61.2	56.5	2.5	71.7	66.9	2.9
上海	204.3	151.6	18.1	272.5	215.9	22.7
江苏	183.7	108.6	8.2	222.6	138.9	10.5
浙江	147.0	82.0	7.0	204.1	121.1	9.3
安徽	38.1	18.6	1.1	45.9	23.9	1.2
福建	163.5	46.5	9.4	184.8	52.8	11.0
江西	19.6	5.5	0.7	24.1	6.6	0.7
山东	**82.9**	**59.2**	**3.8**	**97.7**	**74.1**	**4.7**
河南	36.6	24.9	1.3	41.0	25.5	1.5
湖北	66.8	54.3	2.0	102.4	75.6	2.8
湖南	50.5	18.8	2.7	56.6	22.4	3.1
广东	1292.4	240.4	44.8	1525.9	298.1	50.9
广西	126.7	55.0	3.0	136.3	65.9	3.2
海南	45.7	13.0	1.0	38.9	16.5	0.9
重庆	31.3	21.9	1.6	46.2	31.1	2.2
四川	57.5	28.1	1.7	66.7	41.2	2.0
贵州	20.5	7.9	0.7	22.8	8.5	0.8
云南	113.1	69.6	3.7	130.4	78.1	4.2
西藏	12.7	11.6	0.5	14.2	12.9	0.5
陕西	75.9	63.8	3.1	85.0	71.8	3.5
甘肃	22.3	14.6	0.4	23.7	16.3	0.5
青海	4.0	1.8	0.1	4.4	1.9	0.1
宁夏	0.9	0.6	0.03	0.6	0.4	0.02
新疆	27.3	21.9	1.0	27.5	23.4	1.0

附录二、国际统计资料

INTERNATIONAL STATISTICAL DATA

附录2－1 国土面积与人口密度

国家和地区	国土面积（万平方公里）	2000年中人口数（万人）	2000年人口密度（人/平方公里）	国家和地区	国土面积（万平方公里）	2000年中人口数（万人）	2000年人口密度（人/平方公里）
世界总计	**13381.6①**	**605671**	**45**	俄罗斯	1707.5	14556	9
亚洲	**3174.8**	**367234**	**116**	**北美洲**	**2239.1**	**48718**	**22**
中国②	960.0	126743	132	美国	937.3	28155	30
中国香港④	0.1	680	6800	加拿大	997.1	3075	3
日本	37.8	12687	336	墨西哥	196.7	9797	50
印度③	297.4	101592	342	南美洲	1783.2	34574	19
印度尼西亚	190.5	21042	110	巴西	854.7	17041	20
菲律宾	30.0	7558	252	阿根廷	277.7	3703	13
泰国	51.3	6073	118	**大洋洲**	**853.6**	**3052**	**4**
马来西亚	33.0	2327	71	澳大利亚	768.2	1918	2
新加坡	0.06	402	6700	新西兰	27.1	383	14
巴基斯坦	79.6	13808	173	**欧洲**	**2298.8**	**72730**	**32**
缅甸	67.7	4775	71	德国	35.7	8215	230
孟加拉国	14.4	13105	910	英国	24.2	5974	247
土耳其	78.0	6529	84	法国	55.2	5889	107
蒙古	156.7	240	2	意大利	30.1	5769	192
朝鲜	12.3	2227	181	捷克共和国	7.9	1027	130
韩国	9.9	4728	478	波兰	31.3	3865	123
越南	33.0	7852	238	匈牙利	9.3	1002	108
非洲	**3031.2**	**79363**	**26**	罗马尼亚	23.8	2244	94
埃及	100.2	6398	64	保加利亚	11.1	817	74
尼日利亚	92.4	12691	137	南斯拉夫	10.2	1064	104
欧洲	**2298.8**	**72730**	**32**	俄罗斯	1707.5	14556	9
德国	35.7	8215	230	**北美洲**	**2239.1**	**48718**	**22**
英国	24.2	5974	247	美国	937.3	28155	30
法国	55.2	5889	107	加拿大	997.1	3075	3
意大利	30.1	5769	192	墨西哥	196.7	9797	50
捷克共和国	7.9	1027	130	南美洲	1783.2	34574	19
波兰	31.3	3865	123	巴西	854.7	17041	20
匈牙利	9.3	1002	108	阿根廷	277.7	3703	13
罗马尼亚	23.8	2244	94	**大洋洲**	**853.6**	**3052**	**4**
保加利亚	11.1	817	74	澳大利亚	768.2	1918	2
南斯拉夫	10.2	1064	104	新西兰	27.1	383	14

注：国外资料来源：联合国《统计月报》2002年4月；联合国粮农组织数据库。①是指有定居人口的各大洲面积，未包括尚无定居人口的南极洲。如包括南极洲，全世界陆地面积为14950万平方公里。原资料各大洲面积以百万平方公里为单位，其和与世界总计略有出入。②中国为年末人口数。③不包括查谟、克什米尔和锡金等地区。④中国香港为土地面积。

附录2－2 森林消失和淡水资源

国家和地区	1990－2000年年均森林消失量①		2000年人均淡水资源总量（立方米）	1980－1999年度淡水抽取量占水资源总量百分比（%）	1987年淡水抽取量的利用		
	平方公里	比率（%）			用于农业	用于工业	生活用水
世界总计	**90385**	**0.2**	**8696**		**71**	**19**	**9**
高收入国家	**－8011**	**－0.1**			**40**	**43**	**14**
中等收入国家	**26930**	**0.1**	**10579**		**74**	**16**	**10**
低收入国家	**71466**	**0.8**	**6243**		**90**	**5**	**5**
中国②	－18063	－1.2	2241	18.6	77	18	5
孟加拉国	－204	－0.6	9238	1.2	86	2	12
印度	－381	－0.1	1878	26.2	92	3	5
印度尼西亚	13124	1.2	13487	2.6	93	1	6
以色列	－50	－4.9	449	61.1	64	7	29
日本	－34		3389	21.3	64	17	19
韩国	49	0.1	1476	33.9	63	11	26
马来西亚	2377	1.2	24925	2.2	76	13	11
蒙古	600	0.5	14512	1.2	53	27	20
巴基斯坦	304	1.1	1847	61.0	97	2	2
菲律宾	887	1.4	6338	11.6	88	4	8
斯里兰卡	348	1.6	2583	19.5	96	2	2
泰国	1124	0.7	6750	8.1	91	4	5
土耳其	－220	－0.2	3118	17.4	73	11	16
尼日利亚	3984	2.6	2206	1.3	54	15	31
南非	80	0.1	1168	26.6	72	11	17
加拿大			90797	1.6	9	80	11
墨西哥	6306	1.1	4675	17.0	78	5	17
美国	－3880	－0.2	8801	18.9	27	65	8
阿根廷	2851	0.8	26545	2.9	75	9	16
巴西	22264	0.4	42944	0.7	61	18	21
委内瑞拉	2175	0.4	35002	0.5	46	10	44
白俄罗斯	－2562	－3.2	5797	4.7	35	43	22
保加利亚	－204	－0.6	2228	76.4	22	76	3
法国	－616	－0.4	3243	21.3	12	73	15
德国			2167	26.0		86	14
意大利	－295	－0.3	2903	28.6	45	37	18
荷兰	－10	－0.3	5716	8.6	34	61	5
波兰	－110	－0.1	1630	19.2	11	76	13
罗马尼亚	－147	－0.2	9762	9.0	59	33	8
俄罗斯	－1353		30904	1.7	20	62	19
西班牙	－860	－0.6	2840	31.7	62	26	12
乌克兰	－310	－0.3	2820	18.6	30	52	18
英国	－200	－0.8	2461	6.4	3	77	20
澳大利亚			18351	4.3	33	2	65
新西兰	－390	0.5	85361	0.6	44	10	46

注：资料来源：世界银行《世界发展指标》2002年。①负值表示森林面积的增长。②为世界银行统计数据。

附录2－3 国内生产总值(美元)

单位:亿美元

国家和地区	1990	1999	2000	国家(地区)	1990	1999	2000
世界总计	**218170**	**306669**	**314928**	意大利	11024	11802	10740
低收入国家	**8907**	**10073**	**10483**	日本	30521	44996	48416
中等收入国家	**35185**	**50492**	**55132**	约旦	40	81	83
下中等收入国家	**16565**	**21728**	**23472**	哈萨克斯坦	403	169	182
上中等收入国家	**18796**	**28805**	**31705**	肯尼亚	85	105	104
高收入国家	**174138**	**245980**	**249273**	韩国	2526	4061	4572
非经合组织成员国	**4340**	**7991**	**8573**	科威特	184	298	378
经合组织成员国	**169764**	**237976**	**240730**	老挝	9	15	17
中、低收入国家(按地区分组)	**44039**	**60547**	**65606**	黎巴嫩	28	165	165
东亚和太平洋	**9271**	**18919**	**20591**	立陶宛	133	107	113
欧洲和中亚	**12529**	**8687**	**9421**	卢森堡	112	193	189
拉丁美洲和加勒比	**11329**	**18142**	**20005**	马来西亚	440	790	897
中东和北非	**4013**	**5975**	**6597**	墨西哥	2627	4794	5745
南亚	**4047**	**5795**	**5968**	摩洛哥	258	353	333
撒哈拉以南非洲	**2976**	**3196**	**3227**	荷兰	2954	3937	3648
中国①	3546	9914	10799	新西兰	431	548	499
中国香港	748	1583	1626	尼日利亚	285	348	411
中国澳门	33	61	62	挪威	1155	1535	1618
阿尔及利亚	620	476	533	巴基斯坦	400	586	616
阿根廷	1414	2833	2850	巴拿马	53	96	99
澳大利亚	3097	4076	3901	巴拉圭	53	77	75
奥地利	1617	2100	1890	秘鲁	263	516	535
孟加拉国	301	460	471	菲律宾	443	762	747
白俄罗斯	352	268	299	波兰	590	1550	1577
比利时	1973	2489	2266	葡萄牙	709	1140	1051
巴西	4650	5294	5955	卡塔尔	74	122	145
保加利亚	207	124	120	罗马尼亚	383	352	367
喀麦隆	112	92	89	俄罗斯	5791	1932	2511
加拿大	5727	6349	6879	沙特阿拉伯	1047	1429	1733
智利	303	677	705	新加坡	367	838	923
哥伦比亚	403	848	813	斯洛伐克	155	197	191
哥斯达黎加	57	157	159	斯洛文尼亚		201	181
克罗地亚		201	190	南非	1120	1302	1259
捷克共和国	349	546	508	西班牙	5135	5999	5586
丹麦	1334	1763	1623	斯里兰卡	80	157	163
多米尼加共和国	71	173	197	苏丹	132	100	115
厄瓜多尔	107	190	136	瑞典	2383	2414	2273
埃及	431	892	987	瑞士	2284	2589	2398
芬兰	1368	1292	1215	叙利亚	123	159	170
法国②	12159	14384	12942	塔吉克斯坦	43	11	10
德国	16886	21120	18730	坦桑尼亚	43	85	90
加纳	59	78	52	泰国	853	1221	1222
希腊	841	1248	1126	突尼斯	123	210	195
危地马拉	77	182	190	土耳其	1507	1858	1999
匈亚利	331	480	456	乌克兰	913	316	318
冰岛	63	86	85	英国	9876	14416	14146
印度	3169	4452	4570	美国	57508	92370	98374
印度尼西亚	1144	1413	1533	乌拉圭	93	207	197
伊朗	1204	996	1049	乌兹别克斯坦		87	77
爱尔兰	473	934	939	委内瑞拉	486	1033	1205
以色列	525	1008	1104	越南	65	287	313

注:资料来源:世界银行数据库。①世界银行统计数据。②包括法属圭亚那、瓜德罗普、马提尼克和留尼汪。

附录2－4 人均国民生产总值(美元)

单位:美元

国家和地区	1990	1998	1999	2000	2000年居世界位次
世界总计	**4080**	**5050**	**5040**	**5170**	
低收入国家	**430**	**410**	**410**	**410**	
中等收入国家	**1360**	**1980**	**1920**	**1970**	
下中等收入国家	**880**	**1120**	**1100**	**1130**	
上中等收入国家	**3000**	**4750**	**4540**	**4640**	
高收入国家	**20540**	**26470**	**26820**	**27680**	
非经合组织成员国	**9980**	**16680**	**16660**	**17150**	
经合组织成员国	**21100**	**27040**	**27420**	**28310**	
中、低收入国家(按地区分组)	**940**	**1240**	**1200**	**1230**	
东亚和太平洋	**570**	**1000**	**1010**	**1060**	
欧洲和中亚		**2180**	**1980**	**2010**	
拉丁美洲和加勒比	**2270**	**3870**	**3640**	**3670**	
中东和北非	**1710**	**2020**	**2010**	**2090**	
南　　亚	**380**	**420**	**430**	**440**	
撒哈拉以南非洲	**550**	**510**	**490**	**470**	
卢森堡	31350	42930	40490	42060	1
瑞　士	33510	40840	38440	38140	2
日　本	27100	33720	33350	35620	3
挪　威	25490	34710	33630	34530	4
美　国	23440	30730	32370	34100	5
丹　麦	23430	32950	32620	32280	6
冰　岛	23900	27780	29010	30390	7
瑞　典	25050	27660	27400	27140	8
中国香港	12680	24000	24690	25920	9
奥地利	19720	26640	25720	25220	10
芬　兰	24890	24740	24750	25130	11
德　国	20290	26700	25680	25120	12
荷　兰	19070	25690	25140	24970	13
新加坡	11740	24580	24190	24740	14
比利时	18340	25230	24620	24540	15
英　国	16220	22370	23640	24430	16
法　国②	19860	25120	24570	24090	17
爱尔兰	11960	20480	21450	22660	18
加拿大	19790	19750	20140	21130	19
澳大利亚	17590	21400	21020	20240	20
意大利	17420	20540	20330	20160	21
科威特		18970	16870	18030	22
法属波利尼西亚	15500	17340	16880	17290	23
以色列	10860	16470	16310	16710	24
西班牙	11790	15030	14920	15080	25
新喀里多尼亚	15010	16120	15160	15060	26
巴哈马	11730	12940	14070	14960	27
中国澳门	8500	15180	14290	14580	28
新西兰	12410	14530	14000	12990	29
塞浦路斯	8110	12120	12240	12370	30

注:资料来源:世界银行数据库。①世界银行统计数据。②包括法属圭亚那、瓜德罗普、马提尼克和留尼汪。

附录2-4续表1　　单位:美元

国家和地区	1990	1998	1999	2000	2000年居世界位次
希腊	7770	12030	12110	11960	31
葡萄牙	6420	11050	11100	11120	32
斯洛文尼亚		9720	9980	10050	33
安提瓜和巴布达	5550	8300	8710	9440	34
巴巴多斯	6600	8220	8620	9250	35
马耳他	6780	8790	9270	9120	36
韩国	5740	8470	8480	8910	37
阿根廷	3190	8010	7550	7460	38
沙特阿拉伯	6620	7170	6900	7230	39
塞舌尔	5070	7230	7020	7050	40
圣基茨和尼维斯	3610	5920	6330	6570	41
乌拉圭	2870	6540	6230	6000	42
捷克共和国		5160	5130	5250	43
墨西哥	2830	4010	4440	5070	44
特立尼达和多巴哥	3700	4460	4670	4930	45
匈牙利	2880	4480	4620	4710	46
克罗地亚		4730	4580	4620	47
智利	2190	4890	4600	4590	48
委内瑞拉	2650	3540	3730	4310	49
波兰		3940	4010	4190	50
圣卢西亚	2810	3610	3860	4120	51
黎巴嫩		3670	3910	4010	52
哥斯达黎加	1790	3600	3570	3810	53
格林纳达	2310	3170	3490	3770	54
毛里求斯	2440	3700	3580	3750	55
斯洛伐克	3340	3870	3770	3700	56
巴西	2780	4600	3870	3580	57
爱沙尼亚		3450	3490	3580	58
马来西亚	2380	3640	3450	3380	59
博茨瓦纳	2730	3250	3040	3300	60
巴拿马	2220	3040	3060	3260	61
加蓬	4900	3980	3300	3190	62
伯利兹	2190	2810	2850	3110	63
土耳其	2280	3160	2900	3100	64
南非	2890	3310	3160	3020	65
立陶宛		2540	2640	2930	66
拉脱维亚		2390	2520	2920	67
白俄罗斯	3460	2530	2630	2870	68
圣文森特	1740	2570	2640	2720	69
牙买加	1620	2200	2600	2610	70
多米尼加	880	1810	1950	2130	71
密克罗尼西亚		1940	2000	2110	72
突尼斯	1430	2050	2090	2100	73
秘鲁	780	2240	2110	2080	74
纳米比亚	1890	2180	2070	2030	75

附录2－4续表2　　　　单位:美元

国家和地区	1990	1998	1999	2000	2000年居世界位次
哥伦比亚	1180	2420	2150	2020	76
泰国	1520	2110	2000	2000	77
马绍尔群岛				1970	78
马尔代夫	620	1200	1950	1960	79
苏里南	1330	1990	1950	1890	80
斐济	1850	2230	2190	1820	81
马其顿		1910	1830	1820	82
约旦	1390	1600	1630	1710	83
伊朗	2590	1650	1600	1680	84
危地马拉	970	1650	1680	1680	85
罗马尼亚	1720	1510	1560	1670	86
俄罗斯		2270	1750	1660	87
汤加	1170	1710	1680	1660	88
约旦河西岸和加沙地带		1810	1840	1660	89
阿尔及利亚	2440	1560	1540	1580	90
保加利亚	2260	1230	1390	1520	91
埃及	810	1280	1380	1490	92
萨摩亚	1040	1370	1420	1450	93
巴拉圭	1190	1750	1590	1440	94
斯威士兰	1120	1390	1380	1390	95
佛得角	980	1290	1330	1330	96
哈萨克斯坦		1390	1290	1260	97
波斯尼亚和黑塞哥维那		1140	1200	1230	98
厄瓜多尔	970	1490	1330	1210	99
摩洛哥	1030	1250	1200	1180	100
瓦努阿图	1160	1280	1180	1150	101
菲律宾	740	1090	1060	1040	102
玻利维亚	750	1000	980	990	103
吉里巴斯	810	1150	1000	950	104
叙利亚	940	940	920	940	105
圭亚那	380	880	860	860	106
洪都拉斯	710	740	780	860	107
斯里兰卡	470	810	820	850	108
中国①	320	740	780	840	109
赤道几内亚	350	1060	920	800	110
土库曼斯坦		530	640	750	111
巴布亚新几内亚	850	850	770	700	112
乌克兰	1600	850	760	700	113
格鲁吉亚		670	690	630	114
所罗门群岛	730	830	770	620	115
科特迪瓦	780	700	670	600	116
阿塞拜疆	1460	510	570	600	117
不丹	520	530	570	590	118
喀麦隆	960	610	600	580	119
莱索托	610	620	590	580	120
印度尼西亚	620	660	580	570	121

附录 2－5 国内生产总值增长率

单位：%

国家和地区	1992－2001 年年均增长率	1999	2000	2001	国家和地区	1992－2001 年年均增长率	1999	2000	2001
世界	**3.3**	**3.6**	**4.7**	**2.5**	马来西亚	6.1	6.1	8.3	0.4
发达国家	**2.7**	**3.3**	**3.9**	**1.2**	马耳他	4.3	4.1	5.4	0.4
发展中国家	**5.5**	**3.9**	**5.7**	**4.0**	墨西哥	3.0	3.6	6.6	－0.3
中国	9.9	7.1	8.0	7.3	摩尔多瓦	－8.0	－3.4	2.1	4.0
中国香港	3.9	3.0	10.5	0.1	蒙古	1.1	3.2	1.1	1.1
阿尔巴尼亚	5.1	7.3	7.8	7.0	摩洛哥	2.2	－0.7	2.4	6.3
阿根廷	2.8	－3.4	－0.8	－3.7	缅甸	6.9	10.9	5.5	4.8
澳大利亚	3.8	4.8	3.2	2.4	尼泊尔	4.9	4.4	6.5	5.3
奥地利	2.1	2.8	3.0	1.0	荷兰	2.8	3.7	3.5	1.1
巴林	4.8	4.3	5.3	3.3	新西兰	3.2	3.9	3.9	2.4
孟加拉国	4.9	5.4	5.5	4.5	尼日利亚	2.7	1.1	3.8	4.0
白俄罗斯	－0.3	3.4	5.8	4.1	挪威	3.2	1.1	2.3	1.4
比利时	2.0	3.0	4.0	1.1	阿曼	4.5	－1.0	4.9	6.5
不丹	6.1	5.9	6.1	5.9	巴基斯坦	3.6	4.1	3.9	3.4
巴西	2.7	0.8	4.4	1.5	巴拿马	3.7	4.1	2.3	2.0
保加利亚	－2.9	2.4	5.8	4.5	巴拉圭	1.8	0.5	－0.4	0.8
柬埔寨	5.2	6.9	5.4	5.3	秘鲁	3.8	0.9	3.1	0.2
喀麦隆	2.3	4.4	4.2	5.3	菲律宾	3.3	3.4	4.0	3.4
加拿大	3.2	5.1	4.4	1.5	波兰	4.5	4.1	4.1	1.1
智利	5.9	－1.0	4.4	2.8	葡萄牙	2.6	3.4	3.2	1.6
哥伦比亚	2.6	－4.1	2.8	1.5	罗马尼亚	0.2	－1.2	1.8	5.3
捷克共和国	1.8	－0.4	2.9	3.6	俄罗斯	－4.1	5.4	9.0	5.0
丹麦	2.3	2.3	3.0	0.9	卢旺达	1.1	7.4	6.0	6.2
埃及	4.2	6.0	5.1	3.3	沙特阿拉伯	1.4	－0.8	4.5	2.2
芬兰	2.9	4.0	5.7	0.7	新加坡	6.9	6.9	10.3	－2.1
法国	1.9	3.0	3.6	2.0	斯洛伐克	3.5	1.9	2.2	3.3
德国	1.5	1.8	3.0	0.6	斯洛文尼亚	4.1	5.2	4.6	3.0
希腊	2.4	3.4	4.3	4.1	南非	2.1	2.1	3.4	2.2
匈牙利	2.5	4.5	5.2	3.8	西班牙	2.7	4.1	4.1	2.8
冰岛	2.8	3.9	5.0	2.1	斯里兰卡	4.8	4.3	6.0	0.4
印度	5.8	6.7	5.4	4.3	苏丹	5.0	7.7	9.7	5.3
印度尼西亚	3.7	0.8	4.8	3.3	瑞典	2.0	4.5	3.6	1.2
伊朗	4.1	2.6	4.9	5.1	瑞士	1.1	1.6	3.0	1.3
爱尔兰	7.7	10.9	11.5	6.0	叙利亚	4.6	－2.0	2.5	3.5
以色列	4.5	2.6	6.4	－0.6	泰国	3.8	4.4	4.6	1.8
意大利	1.6	1.6	2.9	1.8	土耳其	2.8	－4.7	7.4	－6.2
牙买加	0.5	－0.1	1.1	3.0	乌克兰	－6.4	－0.2	5.9	9.1
日本	1.1	0.7	2.2	－0.4	阿联酋	5.2	3.9	5.0	5.0
约旦	5.1	3.1	4.0	4.2	英国	2.7	2.1	3.0	2.2
哈萨克斯坦	－1.3	2.7	9.8	13.2	美国	3.4	4.1	4.1	1.2
肯尼亚	1.7	1.3	－0.2	1.1	乌拉圭	2.4	－2.8	－1.3	－3.1
韩国	5.5	10.9	9.3	3.0	乌兹别克斯坦	0.1	4.3	3.8	4.5
科威特	10.2	－1.7	1.7	2.7	委内瑞拉	1.4	－6.1	3.2	2.7
黎巴嫩	3.9	1.0		1.3	越南	7.0	4.2	5.5	4.7
卢森堡	5.9	6.0	7.5	5.1	也门	4.7	3.7	5.1	3.3

资料来源：IMF 数据库。

附录2-6 人均国民生产总值增长率

单位:%

国家和地区	1996	1997	1998	1999	2000
世界	**2.1**	**2.0**	**0.4**	**1.0**	
中国①	9.2	7.7	6.4	5.8	5.5
中国香港	1.6	2.7	-4.2	0.9	6.1
中国澳门	-3.5	-3.4	-7.0	-4.8	0.5
孟加拉国	2.9	4.0	3.6	3.4	
印度	5.4	2.8	4.9	4.9	
印度尼西亚	8.0	4.9	-15.0	-4.0	2.6
伊朗		3.6	1.6	1.6	5.6
以色列	2.9	1.3	1.8	1.9	1.6
日本	3.0	1.3	-1.0	0.4	
哈萨克斯坦	-2.9	2.6	0.4	-6.1	
韩国	3.6	1.4	-11.0	8.7	1.6
马来西亚	8.7	4.2	-8.1	4.6	-9.5
蒙古	1.8	2.7	2.5	-1.7	-2.8
巴基斯坦	0.5	-1.8	0.3	1.6	
菲律宾	5.5	1.9	4.6	4.4	6.0
新加坡	4.0	7.6	-2.0	4.8	
斯里兰卡	2.0	5.3	3.4	2.7	
泰国	7.3	-3.3	-13.1	0.2	0.2
土耳其	3.6	7.9	1.8	-7.1	7.3
越南	9.6	16.7	4.3	3.4	
埃及	2.4	3.3	3.8	3.3	3.4
尼日利亚	15.6	-9.3	-12.3	8.9	18.6
南非	2.2	0.3	-1.5	-0.5	0.9
加拿大	1.4	3.1	0.8	5.3	
墨西哥	4.2	7.3	2.8	3.5	6.9
美国	2.3	3.3	3.4	2.8	
阿根廷	4.6	6.6	1.7	-5.3	-0.9
巴西	1.8	-1.3	-4.0	-1.3	
委内瑞拉		1.5	-9.2	1.6	15.9
白俄罗斯	3.3	7.2	13.7	2.8	5.0
保加利亚	-12.3	-7.7	8.1	4.5	4.2
捷克共和国	4.3	-0.5	2.4	-0.1	1.3
法国	1.1	2.0	3.6	2.7	1.8
德国	0.4	0.6	2.4	1.6	1.3
意大利	2.2	2.0	2.2	1.8	1.0
荷兰	1.6	4.5	2.6	1.9	
波兰	10.5	5.8	13.0	2.7	-1.9
罗马尼亚	5.8	-6.3	-3.2	-0.9	2.1
俄罗斯	-2.6	1.3	-8.8	3.3	17.7
西班牙	2.1	3.6	4.4	3.5	3.2
乌克兰	-8.4	-2.6	-1.3	0.9	6.5
英国	2.9	4.6	3.1	1.7	2.5
澳大利亚	3.1	4.1	3.1	4.1	
新西兰	-0.6	2.3	-1.3	3.8	

注:资料来源:世界银行《世界发展指标》2002年。①世界银行统计数据。

附录 2－7 三次产业对国内生产总值增长的贡献

单位:百分点

国家和地区	第一产业对 GDP 增长的贡献		第二产业对 GDP 增长的贡献		第三产业对 GDP 增长的贡献	
	1999	2000	1999	2000	1999	2000
中国①	0.46	0.38	4.47	5.35	2.12	2.22
孟加拉国	1.16	1.79	1.21	1.52	2.42	2.58
印度	0.31	－0.05	1.21	1.54	4.06	2.10
印度尼西亚	0.46	0.29	0.80	2.38	－0.41	2.10
伊朗	－0.08	－0.57	0.97	1.11	1.45	4.62
日本	－0.09		0.13		0.66	
哈萨克斯坦	2.02	－0.37	1.30	5.93	－0.69	3.46
韩国	0.32	0.29	5.52	4.96	5.05	3.85
马来西亚	0.38	0.06	3.70	6.81	2.00	1.43
蒙古	1.57	0.61	0.23	0.22	1.41	0.27
缅甸	4.93		2.29		3.69	
巴基斯坦	0.47	1.46	1.17	－0.02	2.25	2.19
菲律宾	1.27	0.67	0.12	1.53	2.01	1.80
新加坡			2.45	3.55	3.41	6.34
斯里兰卡	0.86	0.33	1.17	1.86	1.88	3.15
泰国	0.30	0.26	3.96	2.16	－0.04	1.89
土耳其	－0.68	0.47	－1.97	2.00	－1.83	1.66
越南	1.60	1.23	2.36	3.19	0.84	1.09
埃及	0.53	0.48	1.11	3.79	4.02	0.55
尼日利亚	1.82	1.91	－0.76	1.94	0.23	－0.10
南非	0.13	0.15	－0.13	0.68	1.90	2.05
加拿大	0.18		1.23		2.39	
墨西哥	0.11	0.11	1.11	1.74	2.23	4.44
阿根廷	0.08	－0.14	－1.82	－0.82	－0.92	0.34
巴西	0.56	0.24	－0.50	1.54	0.60	1.80
委内瑞拉	－0.10	0.11	－4.48	1.29	－1.24	1.45
白俄罗斯	－1.42	1.42	3.37	2.77	2.19	1.31
保加利亚	0.14	－2.33	－1.83	6.00	4.09	2.13
捷克共和国	0.39	－0.28	－1.39	1.55	0.38	1.29
法国	0.09		0.55	0.73	2.05	1.92
德国	0.03	0.02	－0.08	0.93	1.35	2.09
意大利	0.17	－0.07	0.18	0.91	0.91	1.84
荷兰	0.17		0.57		2.28	
波兰	－0.11	－0.40	1.30	2.93	3.04	
罗马尼亚	0.62	－3.08	－0.63	2.38	－1.56	2.23
俄罗斯	0.62	0.31	3.04	3.80	0.44	3.50
西班牙	－0.14	0.06	1.26	1.56	2.30	2.12
乌克兰	－1.35	1.81	0.99	3.68	－2.01	3.10
英国	0.02	－0.02	0.15	0.40	1.77	2.25
澳大利亚	0.18		0.76		2.56	
新西兰	0.31		0.92		2.45	

注:资料来源:世界银行数据库。①世界银行统计数据。

附录2-8 国内生产总值三次产业构成

单位:%

国家和地区	第一产业		第二产业		第三产业	
	1999	2000	1999	2000	1999	2000
中国	17.6	15.9	49.4	50.9	33.0	33.2
孟加拉国	24.3	24.6	24.7	24.7	47.1	46.9
印度	22.9	22.0	24.2	24.8	43.6	44.0
印度尼西亚	17.2	16.7	43.2	43.5	39.6	39.8
伊朗	24.7	22.9	22.3	22.3	52.6	54.3
日本	1.6	1.0	32.8	32.0	65.5	66.0
哈萨克斯坦	11.1	9.8	36.1	38.3	46.8	45.9
韩国	5.7	5.2	43.8	44.8	50.5	49.9
马来西亚	9.4	8.8	44.5	47.4	46.1	43.9
蒙古	37.8	38.0	20.3	20.3	41.9	41.7
缅甸	43.3	60.0	17.1	9.0	39.6	31.0
巴基斯坦	23.7	24.1	24.0	22.9	45.7	45.9
菲律宾	20.1	20.0	34.3	34.5	45.6	45.6
新加坡	0.2	0.1	34.8	34.9	65.0	64.9
斯里兰卡	19.3	18.5	24.6	25.0	46.6	47.0
泰国	11.4	11.2	42.7	43.1	45.8	45.7
土耳其	13.0	12.5	28.9	28.8	47.7	46.0
越南	30.7	30.2	31.5	32.9	37.8	36.9
埃及	14.1	13.9	29.8	32.0	49.8	47.9
尼日利亚	36.7	37.2	28.8	29.6	33.3	32.0
南非	3.9	3.9	29.8	29.5	57.8	58.1
加拿大	2.3		27.8		58.5	
墨西哥	5.4	5.1	26.5	26.4	60.1	60.4
美国	1.6①	1.7②	26.8①	26.2②	71.7①	72②
阿根廷	5.4	5.3	26.1	25.4	63.4	64.1
巴西	8.1	8.0	30.7	30.9	46.2	45.9
委内瑞拉	4.9	4.9	49.6	49.3	43.0	43.1
白俄罗斯	17.7	18.1	46.3	46.3	31.1	30.7
保加利亚	23.1	19.6	39.2	42.7	37.7	37.7
捷克共和国	5.4	5.0	35.7	36.2	46.5	46.4
法国	3.1	3.0	23.7	23.7	62.8	62.8
德国	1.3	1.2	28.2	28.3	60.9	61.2
意大利	3.1	3.0	27.4	27.5	58.8	59.0
荷兰	3.0	3.0	24.5	27.0	62.2	70.0
波兰	5.9	4.0	43.0	36.0	42.9	60.0
罗马尼亚	19.4	16.1	38.7	40.4	33.3	35.0
俄罗斯	6.1	5.9	32.2	33.2	52.2	51.5
西班牙	4.4	4.3	28.8	29.2	58.2	58.0
乌克兰	30.7	30.8	33.8	35.4	67.3	66.6
英国	1.5	1.5	26.3	25.9	61.2	61.6
澳大利亚	3.4	3.0	24.3	26.0	64.2	71.0
新西兰	7.3		23.9		49.3	

注:资料来源:世界银行数据库。①1995年数据。②1997年数据。

附录2-9 人口出生率、死亡率和自然增长率

单位:‰

国家和地区	人口出生率		人口死亡率		人口自然增长率	
	1990	2000	1990	2000	1990	2000
世界	**25.5**	**21.5**	**9.2**	**9.1**	**16.4**	**12.4**
中国	21.1	14.0	6.7	6.5	14.4	7.6
中国香港	12.3	8.0	5.0	4.9	7.3	3.1
中国澳门	19.2	8.8	5.0	3.1	14.3	5.7
孟加拉国	32.7	28.2	12.4	8.8	20.3	19.4
印度	30.2	25.3	9.7	8.8	20.5	16.5
印度尼西亚	25.4	21.7	8.5	7.4	16.9	14.3
伊朗	30.8	22.1	7.2	5.8	23.6	16.3
以色列	22.2	21.1	6.8	6.1	15.4	15.0
日本	10.0	9.4	6.7	8.2	3.3	1.2
哈萨克斯坦	21.7	14.6	7.7	10.2	14.0	4.4
朝鲜	20.7	18.1	6.5	10.7	14.2	7.4
韩国	16.3	12.9	6.3	5.7	10.0	7.1
马来西亚	28.9	24.5	4.9	4.4	24.1	20.1
蒙古	30.9	21.6	8.2	6.4	22.8	15.3
缅甸	30.5	24.6	12.6	11.9	17.9	12.7
巴基斯坦	41.4	33.8	12.6	7.9	28.8	26.0
菲律宾	32.4	26.8	6.7	5.3	25.8	21.5
新加坡	18.4	11.8	4.8	3.9	13.6	7.9
斯里兰卡	21.2	17.5	6.1	5.9	15.1	11.6
泰国	20.9	17.1	6.0	7.2	14.9	9.9
土耳其	24.8	20.5	7.4	6.5	17.4	14.0
越南	28.8	19.4	7.3	5.8	21.5	13.6
埃及	31.1	25.0	9.5	6.5	21.7	18.6
尼日利亚	43.8	39.6	14.6	16.2	29.2	23.4
南非	31.9	25.8	9.2	16.0	22.7	9.9
加拿大	15.0	10.9	7.3	7.5	7.7	3.4
墨西哥	31.7	24.8	5.4	5.2	26.3	19.7
美国	16.7	14.8	8.6	8.8	8.1	6.0
阿根廷	21.0	18.8	8.3	7.8	12.6	11.0
巴西	23.6	19.7	7.5	7.2	16.1	12.5
委内瑞拉	28.6	22.4	4.8	4.4	23.7	18.0
白俄罗斯	13.9	9.4	10.7	14.1	3.2	-4.7
保加利亚	12.1	9.0	12.4	14.1	-0.3	-5.1
捷克共和国	12.7	8.8	12.5	10.6	0.2	-1.8
法国	13.4	13.2	9.3	9.1	4.1	4.1
德国	11.4	9.2	11.5	10.5	-0.1	-1.4
意大利	10.0	9.1	9.4	10.4	0.6	-1.4
荷兰	13.2	13.0	8.6	9.1	4.6	3.9
波兰	14.3	10.2	10.2	10.0	4.1	0.2
罗马尼亚	13.7	10.4	10.6	11.4	3.1	-1.0
俄罗斯	13.4	8.8	11.2	14.9	2.2	-6.1
西班牙	10.3	9.9	8.5	9.0	1.8	0.9
乌克兰	12.7	8.7	12.1	14.8	0.6	-6.1
英国	13.9	11.5	11.1	10.8	2.8	0.7
南斯拉夫	14.9	12.3	9.3	11.1	5.6	1.2
澳大利亚	15.4	12.9	7.0	7.0	8.4	5.9
新西兰	17.4	15.2	8.1	7.2	9.3	8.1

附录2-10劳 动 生 产 率

国家和地区	全员劳动生产率①(美元/人)		制造业劳动生产率(美元/人)	
	1990	2000	1980-1984	1995-1999
中国②	**528**	**1427**	**3061**	**2885**
中国香港	25761	45234	7886	32611
孟加拉国	593	680	1820	1711
印度	879	1014	2108	3118
印度尼西亚	1462	1505	3807	5139
伊朗	7637	5331	17679	89787
以色列	28582	40852	23459	35526
日本	47593	70933	34456	92582
哈萨克斯坦	5263	2507		
韩国	12867	18923	11617	40916
马来西亚	6173	9320	8454	12661
蒙古		806		
巴基斯坦	1040	1192	6214	
菲律宾	1805	2345	5266	10781
新加坡	23538	46216	16442	40674
斯里兰卡	1175	1919	2057	3405
泰国	2692	3317	11072	19946
土耳其	6203	6386	13994	32961
越南	193	776		
埃及	2355	4046	3691	5976
尼日利亚	740	817	20000	
南非	8236	7413	12705	16612
加拿大	38955	41604	36903	60712
墨西哥	8566	14238	17448	25931
美国	45761	67975	47276	81353
阿根廷	11585	19000	33694	37480
巴西	7102	7471	43232	61595
委内瑞拉	6682	12194	37063	24867
白俄罗斯	6653	5688		
保加利亚	4673	2884		
捷克共和国	6395	8798	5782	5094
法国	49232	48439	26751	61019
德国	42364	45819	34945	79616
意大利	45245	41740	24580	50760
荷兰	42807	49277	27491	56801
波兰	3148	7935	6242	7637
罗马尼亚	3597	3418		3482
俄罗斯	7502	3231		
西班牙	32448	32027	18936	47016
乌克兰	3507	1266		
英国	34551	47292	24716	55060
澳大利亚	36466	39846	27801	57857
新西兰	26030	26022	16835	32723

注:资料来源:世界银行数据库。①为GDP除以劳动力总人数。②世界银行统计数据。

附录 2－11 中央政府财政收入及预算盈余/赤字占国内生产总值比重

单位：%

国家和地区	中央政府财政收入占国内生产总值的比重①			中央政府预算盈余/赤字占国内生产总值的比重②		
	1990	1999	2000	1990	1999	2000
世界总计	**22.5**			**－2.8**		
高收入国家	**23.7**			**－2.8**		
中等收入国家	**17.4**			**－2.5**		
低收入国家	**15.4**	**15.0**		**－4.8**	**－3.8**	
中国	5.4	7.1	7.8	－0.1	2.1	1.6
孟加拉国					－2.8	
印度	12.6	11.9	13.0	－7.6	－5.8	－5.4
印度尼西亚	18.8	17.9		0.4	－1.1	
伊朗	18.1	24.7	22.8	－1.8	－0.8	－0.6
以色列	39.4	41.5	43.3	－5.3	－2.1	0.9
日本	14.0			－1.5		
韩国	17.5			－0.7		
马来西亚	26.4			－2.0		
蒙古		21.2	28.6		－10.8	－6.1
缅甸	10.5	5.6		－5.1	－1.4	
巴基斯坦	19.1	15.8	16.7	－5.4	－6.9	－5.4
菲律宾	16.2	15.9	15.4	－3.5	－3.8	－4.1
新加坡	26.9	27.1	26.2	10.8	7.0	10.1
斯里兰卡	21.0	17.7	16.8	－7.8	－6.9	－9.5
泰国	18.5	16.0	16.0	4.6	－10.4	－3.1
土耳其	13.7	25.5	28.0	－3.0	－13.0	－11.4
越南		18.8	17.7		－1.6	－2.5
埃及	23.0			－5.7		
南非	26.3	28.2	27.3	－4.1	－2.0	－2.3
加拿大	21.6	22.2	22.0	－4.8	1.0	1.4
墨西哥	15.3	13.8		－2.5	－1.6	
美国	18.9	20.6	21.4	－3.8	1.3	2.3
阿根廷				－0.4	－2.9	－2.3
巴西	22.8			－5.8		
委内瑞拉	23.7	17.2	19.8		－2.4	－2.1
白俄罗斯		28.7	28.7		－2.0	0.1
保加利亚	47.1	34.6	36.8	－8.3	1.5	0.6
捷克共和国		33.1	33.1		－1.6	－3.0
法国	39.7			－2.1		
德国	25.6			－1.4		
意大利	38.2	41.3		－10.2	－1.6	
荷兰	45.1			－4.3		
波兰		32.5	31.0		－0.8	0.3
罗马尼亚	34.4	30.6		0.9	－1.7	
俄罗斯		21.1	25.4		－0.5	4.1
乌克兰		23.3	26.3		－2.1	－0.6
英国	36.1	36.4		0.6		
澳大利亚	24.9	23.8		2.0	1.4	
新西兰	42.6	32.0	31.1	4.0	2.0	－0.4

注：资料来源：世界银行《世界发展指标》2002 年。①不包括捐赠。②包括捐赠。

附录2-12 货币供应量

单位:亿本币

国家和地区	1999	2000	国家和地区	1999	2000	国家和地区	1999	2000
中　国			巴基斯坦			阿根廷		
广义货币	119898	134610	广义货币	13170	14767	广义货币	892	905
货　币	45837	53147	货　币	7954	8760	货　币	218	198
准货币	74061	81463	准货币	5216	6007	准货币	673	707
中国香港			菲律宾			巴　西		
广义货币	27451	30012	广义货币	19101	20652	广义货币	3011	3142
货　币	1846	1846	货　币	3956	3906	货　币	623	741
准货币	25605	28166	准货币	15145	16747	准货币	2389	2401
孟加拉国			新加坡			委内瑞拉		
广义货币	6899	8228	广义货币	1745	1709	广义货币	116730	143741
货　币	1849	2190	货　币	311	333	货　币	64126	80372
准货币	5050	6039	准货币	1434	1376	准货币	52604	63368
印　度			斯里兰卡			白俄罗斯		
广义货币	101581	117036	广义货币	4255	4802	广义货币	5054	16137
货　币	31663	35061	货　币	1086	1185	货　币	2334	5084
准货币	69919	81975	准货币	3170	3617	准货币	2720	11053
印度尼西亚			泰　国			保加利亚		
广义货币	6397890	7418237	广义货币	50188	51901	广义货币	69	89
货　币	1145620	1567847	货　币	7397	6843	货　币	30	36
准货币	5252270	5850390	准货币	42791	45058	准货币	39	53
伊　朗			土耳其			捷克共和国		
广义货币	1723866	2110536	广义货币	406041300	568305400	广义货币	12462	14456
货　币	819516	1021698	货　币	43070950	66120720	货　币	4478	4990
准货币	904350	1088838	准货币	362970350	502184680	准货币	7984	9466
以色列			越　南			波　兰		
广义货币	4063	4389	广义货币	1454699	1969944	广义货币	2635	2945
货　币	303	310	货　币	683601	909890	货　币	882	826
准货币	3760	4078	准货币	771098	1060054	准货币	1753	2119
日　本			埃　及			罗马尼亚		
广义货币	6228020	6296200	广义货币	2339	2610	广义货币	1341143	1850601
货　币	2395370	2478580	货　币	591	622	货　币	284307	443204
准货币	3832650	3817620	准货币	1748	1988	准货币	1056836	1407397
韩　国			南　非			俄罗斯		
广义货币	3293174	4130489	广义货币	4652	4988	广义货币	9849	15600
货　币	443745	469970	货　币	2599	2662	货　币	5268	8793
准货币	2849429	3660519	准货币	2053	2326	准货币	4581	6807
马来西亚			加拿大			乌克兰		
广义货币	3169	3484	广义货币	5881	6706	广义货币	217	313
货　币	756	807	货　币	2000	2262	货　币	14	21
准货币	2413	2677	准货币	3882	4444	准货币	202	292
蒙　古			墨西哥			澳大利亚		
广义货币	2202	2588	广义货币	12005	11494	广义货币	4310	4474
货　币	1148	1308	货　币	3955	4507	货　币	1259	1377
准货币	1053	1281	准货币	8050	6987	准货币	3051	3096
缅　甸			美　国			新西兰		
广义货币	5622	8005	广义货币	57121.2	61106.9	广义货币	957	979
货　币	3458	4650	货　币	14620.9	14366.3	货　币	146	156
准货币	2165	3356	准货币	42500.3	46740.6	准货币	810	823

资料来源:世界银行《世界发展指标》2002 年。

附录2-13 年平均存款利率和贷款利率

单位：%

国家和地区	存款利率			贷款利率		
	1990	2000	2001	1990	2000	2001
中国①	8.6	2.3	2.3	9.4	5.9	5.9
中国香港	6.7	4.8	2.4	10.0	9.5	5.1
孟加拉国	12.0	8.6	8.5	16.0	15.5	15.8
印度				16.5	12.3	12.1
印度尼西亚	17.5	12.5	15.5	20.8	18.5	18.5
日本	3.6	0.1	0.1	7.0	2.1	2.0
韩国	10.0	7.9	5.8	10.0	8.5	7.7
马来西亚	5.9	3.4	3.4	7.2	6.8	6.7
蒙古	300.0	13.8	13.2		30.3	31.8
缅甸	5.9	9.8	9.5	8.0	15.3	15.0
菲律宾	19.5	8.3	8.7	24.1	10.9	12.4
新加坡	4.7	1.7	1.5	7.4	5.8	5.7
斯里兰卡	19.4	9.2	11.0	13.0	16.2	19.2
泰国	12.3	3.3	2.5	14.4	7.8	7.3
土耳其	47.5	47.2	74.7	35.5	25.2	22.5
越南		3.7	5.3		10.6	9.4
埃及	12.0	9.5	9.5	19.0	13.2	13.3
尼日利亚	19.8	11.7		25.3	21.3	
南非	18.9	9.2	9.4	21.0	14.5	13.8
加拿大	12.8	5.7	3.9	14.1	7.3	5.8
墨西哥	27.9	6.3	4.7		18.2	13.9
美国	8.1	6.5	3.7	10.0	9.2	6.9
阿根廷	1517.9	8.3	16.2		11.1	27.7
巴西	9394.3	17.2	17.9		56.8	57.6
委内瑞拉	27.8	16.3	15.5			
白俄罗斯		37.6	34.2		67.7	47.0
保加利亚		3.1	2.9		11.5	11.1
捷克共和国		3.4	3.0		7.2	7.1
法国	4.5	2.6	3.0	10.6	6.7	7.0
德国	7.1	3.4	3.6	11.6	9.6	10.0
意大利	6.8	1.8	2.0	14.1	6.3	6.5
荷兰	3.3	2.9	3.1	11.8	4.8	5.0
波兰	41.7	14.2	11.8	504.2	20.0	18.4
俄罗斯		6.5	4.9		24.4	17.9
西班牙	10.7	3.0	3.1	16.0	5.2	5.2
英国	12.5			0.1	2.7	2.9
澳大利亚	13.7	4.1	3.3	18.2	8.8	8.1
新西兰	11.7	6.4	5.3	16.0	10.2	9.9

注：资料来源：世界银行《世界发展指标》2002年。①来源于世界银行。

附录2-14 股票交易额占国内生产总值的比重及股票交易周转率

国家和地区	股票交易额占国内生产总值的比重(%)		股票交易周转率(%)	
	1990	2000	1990	2000
世界总计	**28.5**	**153.8**	**57.2**	**122.3**
中国①		66.8		158.3
孟加拉国		1.6	1.5	74.4
中国香港	46.3	232.3	43.1	61.3
印度	6.9	48.4	65.9	133.6
印度尼西亚	3.5	9.3	75.8	32.9
伊朗		2.3②		12.4②
以色列	10.5	21.2	95.8	36.3
日本	52.5	55.6	43.8	69.9
韩国	30.1	121.3	61.3	233.2
马来西亚	24.7	65.2	24.6	44.6
蒙古		3.9②		7.3②
巴基斯坦	0.6	53.5	8.7	475.5
新加坡	55.3	99.2		52.1
斯里兰卡	0.5	0.9	5.8	11.0
泰国	26.8	19.0	92.6	53.2
土耳其	3.9	89.6	42.5	206.2
埃及	0.3	11.3		34.7
南非	7.3	61.6	0.9	7.3
尼日利亚		0.6		33.9
加拿大	12.4	92.3	26.7	77.3
墨西哥	4.6	7.9	44.1	32.3
美国	30.5	323.9	53.4	200.8
阿根廷	0.6	2.1	33.6	4.8
巴西	1.2	17.0	23.6	43.5
委内瑞拉	4.6	0.6	43.0	8.9
保加利亚		0.5		9.2
捷克共和国		13.0		60.3
法国	9.6	83.7		74.1
德国	29.7	64.3②	139.3	79.1
荷兰	13.6	185.7	29.0	101.4
波兰		9.3		49.9
罗马尼亚		0.6		23.1
俄罗斯		8.1		36.9
西班牙	8.0	176.5		210.7
乌克兰		0.9		19.6
英国	28.2	129.7	33.4	66.6
南斯拉夫		0.1②		
澳大利亚	13.0	58.0	31.6	56.5
新西兰	4.5	21.6	17.3	45.9

注：资料来源：世界银行《世界发展指标》2002年。①中国数来源于世界银行数据库。②1999年数据。

附录2－15 贫困线和贫困人口比重

单位：%

国家和地区	低于国家贫困线人口所占比重①				国际贫困线②				
	调查年份	全国	乡村	城市	调查年份	日均1国际元以下人口所占比重	日均2国际元以下人口所占比重	日均1国际元以下人口贫困度	日均2国际元以下人口贫困度
中国③	1998	4.6	4.6	<2.0	1999	18.8	4.4	52.6	20.9
孟加拉国	1995－96	35.6	39.8	14.3	1996	29.1	5.9	77.8	31.8
印度	1994	35.0	36.7	30.5	1997	44.2	12.0	86.2	41.4
印度尼西亚	1999	27.1			1999	7.7	1.0	55.3	16.5
哈萨克斯坦	1996	34.6	39.0	30.0	1996	<2.0	<0.5	15.3	3.9
韩国					1993	<2.0	<0.5	<2.0	<0.5
马来西亚	1989	15.5							
蒙古	1995	36.3	33.1	38.5	1995	13.9	3.1	50.0	17.5
巴基斯坦	1991	34.0	36.9	28.0	1996	31.0	6.2	84.7	35.0
菲律宾	1997	36.8	50.7	21.5					
斯里兰卡	1995－96	25.0			1995	6.6	1.0	45.4	13.5
泰国	1992	13.1	15.5	10.2	1998	<2.0	<0.5	28.2	7.1
土耳其					1994	2.4	0.5	18.0	5.0
越南	1993	50.9	57.2	25.9					
埃及	1995－96	22.9	23.3	22.5	1995	3.1	<0.5	52.7	13.9
尼日利亚	1992－93	34.1	36.4	30.4	1997	70.2	34.9	90.8	59.0
南非					1993	11.5	1.8	35.8	13.4
墨西哥	1988	10.1			1998	15.9	5.2	37.7	16.0
阿根廷	1993	17.6							
巴西	1990	17.4	32.6	13.1	1998	11.6	3.9	26.5	11.6
委内瑞拉	1989	31.3			1998	23.0	10.8	47.0	23.0
白俄罗斯	2000	41.9			1998	<2.0	<0.5	<2.0	<0.5
保加利亚					1997	<2.0	<0.5	21.9	4.2
捷克共和国					1996	<2.0	<0.5	<2.0	<0.5
波兰	1993	23.8			1998	<2.0	<0.5	<2.0	<0.5
罗马尼亚	1994	21.5	27.9	20.4	1994	2.8	0.8	27.5	6.9
俄罗斯	1994	30.9			1998	7.1	1.4	25.1	8.7
乌克兰	1995			31.7	1999	2.9	0.6	31.0	8.0

注：资料来源：世界银行《世界发展指标》2002年。①即贫困率。乡村和城市贫困率分别为乡村和城市贫困线以下人口占乡村和城市人口比重。②为世界银行划分标准，即人均日消费支出不足1国际元和2国际元。国际元为按购买力平价法计算，1985年价格。贫困度指贫困线以下人口人均消费距贫困线的差距（即假定贫困线以上人口为零短缺时贫困人口的平均短缺程度）。③世界银行统计数据。

附录2-16 电视机、有线电视用户及个人计算机普及率

单位:每千人

国家和地区	电视机		有线电视用户		个人计算机	
	1990	2000	1990	2000	1990	2000
世界	**185.0**	**253.9**		**68.6**	**25.1**	**78.3**
高收入国家(地区)	**569.4**	**640.9**	**114.1**	**173.8**	**115.1**	**392.7**
中等收入国家(地区)	**169.7**	**274.6**		**52.6**	**3.2**	**33.1**
低收入国家(地区)	**41.7**	**91.3**				**5.1**
中国①	155.8	293.4	9.6	61.1	0.4	15.9
中国香港	281.9	493.5		78.6	47.3	350.6
孟加拉国	4.9	7.0				1.5
印度	31.9	78.0		38.5	0.3	4.5
印度尼西亚	61.3	149.5		0.2	1.1	9.9
伊朗	66.4	163.4				62.8
以色列	258.5	334.9		185.0	63.3	253.6
日本	610.8	724.9	54.7	147.4	59.9	315.2
哈萨克斯坦	216.0	241.0				
朝鲜	16.2	54.1				
韩国	209.9	364.3		177.4	37.2	237.9
马来西亚	148.6	167.6			8.4	103.1
蒙古	66.3	65.3				12.6
缅甸	2.8	7.2				1.1
巴基斯坦	25.8	131.0			1.3	4.2
菲律宾	49.4	143.8		13.1	3.5	19.3
新加坡	339.8	303.7		63.5	66.3	483.1
斯里兰卡	35.3	111.0		0.3	0.2	7.1
泰国	108.2	283.8		2.5	4.2	24.3
土耳其	230.0	449.0		13.4	5.3	38.1
越南	39.3	184.8				8.8
埃及	107.1	189.1				22.1
尼日利亚	36.4	67.6				6.6
南非	104.3	127.0			7.0	61.8
加拿大	627.9		261.9	259.4	107.1	390.2
墨西哥	149.5	283.2	7.4	23.1	8.2	50.6
美国	772.2	854.1	219.5	252.1	216.8	585.2
阿根廷	249.0				7.2	51.3
巴西	212.8	342.6		13.7	3.1	44.1
委内瑞拉	164.1	185.0		40.2	10.3	45.5
白俄罗斯	268.0	341.9		33.2		
保加利亚	250.3	448.8		130.1		43.9
捷克共和国	330.0	507.6		93.2	11.6	122.0
法国	539.1	628.3	9.1	45.2	70.5	304.3
德国	525.3	585.6	111.4	246.8	89.9	336.0
意大利	419.7	493.9		1.0	36.4	179.8
荷兰	481.6	537.9	291.8	387.8	93.6	394.1
波兰	265.0	399.8		92.6	7.9	68.9
罗马尼亚	193.9	380.7		157.7	2.2	31.9
俄罗斯	365.1				3.4	42.9
西班牙	388.6	591.1	2.8	11.8	27.6	142.9
乌克兰	327.0	455.8		52.3	1.9	17.6
英国	432.6	652.5	2.6	56.9	107.7	337.8
澳大利亚	521.5	737.5		68.0	149.8	464.6
新西兰	442.8	522.1		4.4②		360.2

注:资料来源:世界银行数据库。①世界银行统计数据。②1999年数据。

附录2－17 人均每天食物热值、蛋白质和脂肪含量

国家和地区	食物热值(大卡)			蛋白质含量(克)			脂肪含量(克)		
	1989－1991	1994－1996	2000	1989－1991	1994－1996	2000	1989－1991	1994－1996	2000
世界	**2709②**	**2748③**	**2805**	**71.6②**	**73.7③**	**75.6**	**68.2②**	**70.8③**	**75.2**
发达国家	**3319②**	**3186③**	**3260**	**102.9②**	**97.8③**	**98.6**	**121.9②**	**115.2③**	**119.5**
发展中国家	**2517②**	**2619③**	**2679**	**61.7②**	**66.6③**	**69.2**	**51.2②**	**57.6③**	**62.8**
中国①	2652	2766	3029	53.9	63.9	85.5	31.5	50.5	83.8
中国香港	3240	3261	3102	88.1	92.9	96.0	104.5	139.7	130.8
孟加拉国	2063	2063	2103	42.3	44.3	44.9	14.1	18.6	22.0
印度	2337	2394	2428	50.8	56.8	57.1	32.7	39.7	47.9
印度尼西亚	2615	2880	2902	46.4	58.3	64.2	35.0	50.9	55.1
伊朗	2712	2885	2913	68.9	71.7	78.1	62.9	63.3	59.2
以色列	3244	3254	3562	101.0	104.8	114.8	104.9	123.5	128.7
日本	2899	2898	2762	86.8	94.6	91.8	68.9	79.7	83.1
朝鲜	2794	2395	2185	80.8	87.1	62.3	38.3	46.9	34.1
韩国	3238	3302	3093	82.6	82.0	90.0	41.5	64.7	75.6
马来西亚	2751	2848	2919	58.0	64.2	75.1	77.4	94.3	87.2
蒙古	2211	2011	1981	81.3	74.3	75.4	85.5	79.2	80.0
缅甸	2572	2711	2842	59.8	63.8	74.0	35.3	41.3	45.4
巴基斯坦	2392	2393	2452	52.6	58.4	62.5	43.6	58.5	64.2
菲律宾	2376	2366	2379	51.0	55.8	55.3	35.7	40.4	49.3
斯里兰卡	2220	2262	2405	45.1	46.2	54.1	47.3	44.8	46.3
泰国	2245	2330	2506	48.5	50.5	55.3	31.4	43.5	50.8
土耳其	3555	3562	3416	96.8	101.7	97.7	80.9	94.4	90.2
越南	2202	2449	2583	47.1	50.4	61.8	19.9	27.3	40.4
埃及	3156	3277	3346	73.0	83.6	93.1	65.5	58.8	59.6
尼日利亚	2310	2553	2850	42.9	51.3	65.2	51.9	55.2	68.5
南非	2880	2881	2886	74.5	74.1	74.0	68.1	71.6	73.2
加拿大	3014	3104	3174	91.7	95.4	103.9	119.7	128.6	129.4
墨西哥	3081	3137	3165	83.4	79.6	88.1	79.3	80.8	89.5
美国	3462	3624	3772	98.2	107.0	114.0	128.4	139.2	151.3
阿根廷	2965	3118	3181	106.7	94.3	101.6	116.0	103.2	122.3
巴西	2774	2878	2985	62.2	66.4	79.9	65.1	80.9	88.5
委内瑞拉	2395	2398	2256	70.3	58.7	58.9	77.5	69.0	59.6
保加利亚	3440	2827	2467	104.2	104.5	76.6	107.2	114.6	91.1
捷克共和国	3519	3084	3104	99.0	102.0	89.7	122.7	130.7	115.2
法国	3548	3550	3591	112.3	116.9	116.5	148.2	163.6	166.2
德国	3396	3296	3451	95.1	99.1	94.7	136.0	142.6	152.3
意大利	3575	3476	3661	106.3	110.0	114.6	128.6	150.0	153.7
荷兰	3262	3193	3294	93.3	94.9	109.3	130.2	138.0	144.7
波兰	3365	3309	3376	111.1	101.9	99.0	116.8	114.1	114.1
罗马尼亚	2949	2927	3274	97.5	89.1	98.4	94.2	91.1	93.4
俄罗斯	3248	2814	2917	102.9	104.6	86.0	94.3	100.2	77.4
西班牙	3281	3291	3352	95.3	104.3	110.2	112.5	138.4	150.4
英国	3206	3210	3334	88.1	92.2	98.4	135.0	135.3	144.6
南斯拉夫	3567	3040	2570	106.1	102.1	79.0	104.2	111.2	109.8
澳大利亚	3036	2975	3176	100.3	104.0	107.1	107.3	113.9	138.4
新西兰	3222	3411	3252	98.1	96.1	103.7	128.2	131.4	120.3

注：资料来源：联合国粮农组织数据库，《食物平衡表》1994－1996年。①联合国粮农组织统计数据。②1990年数据。③1995年数据。

附录2-18 人均食物供应量

（2000年）　　　　单位:千克

国家和地区	谷物	薯类	糖料作物	杂豆	坚果	油料	植物油	蔬菜
世界	**157.2**	**65.1**	**5.7**	**5.9**	**1.3**	**7.6**	**10.5**	**101.9**
发达国家	**129.1**	**76.0**	**–**	**3.0**	**2.4**	**3.7**	**17.6**	**112.8**
发展中国家	**165.0**	**62.0**	**7.3**	**6.7**	**1.0**	**8.6**	**8.6**	**98.8**
中国①	190.1	74.6	0.1	1.5	0.9	10.8	7.7	204.2
中国香港	101.3	20.9	0.4	1.0	4.9	4.5	14.5	84.9
孟加拉国	177.3	20.0	3.4	3.7	0.2	0.3	4.7	12.1
印度	158.6	25.9	13.4	11.2	0.9	6.4	8.4	62.5
印度尼西亚	204.8	69.1		3.8	0.6	34.6	9.5	27.6
伊朗	188.9	44.4		6.4	6.1	0.6	8.5	131.3
以色列	151.2	41.3		5.6	4.8	7.9	24.6	239.4
日本	116.7	35.0		2.0	1.5	9.6	13.5	111.6
韩国	163.2	18.7	–	1.7	2.3	10.5	11.7	232.2
马来西亚	148.4	23.7	3.7	1.7	0.9	16.2	14.7	28.0
蒙古	753.4	42.9		3.3		–	43.0	16.6
巴基斯坦	155.4	13.8	59.9	6.4	0.7	0.8	10.3	34.3
菲律宾	134.6	34.1	1.9	1.6	0.3	4.8	5.7	61.6
斯里兰卡	145.0	19.0	25.2	7.8	0.8	69.6	2.7	34.9
泰国	125.8	18.1	75.7	3.4	0.6	18.7	6.4	37.1
土耳其	216.1	63.7		13.4	5.4	6.0	17.5	210.1
越南	185.4	37.8	17.4	2.8	0.5	3.7	2.6	74.9
埃及	241.3	24.2	24.9	8.0	0.3	7.8	6.5	190.3
尼日利亚	157.3	234.4	0.4	10.5	2.3	7.7	15.6	60.8
南非	182.9	28.0		3.2	0.3	0.9	12.6	41.7
加拿大	104.9	60.4		9.4	2.9	6.8	17.8	119.8
墨西哥	178.1	17.1	0.5	10.4	1.2	2.7	10.6	56.2
美国	113.6	67.5		4.3	2.0	5.0	26.3	125.8
阿根廷	129.3	56.8		1.1	0.5	1.4	16.7	76.3
巴西	106.1	61.5	5.9	17.2	0.3	13.6	13.5	38.9
委内瑞拉	109.5	35.8		5.8	0.2	0.4	11.8	48.3
白俄罗斯	141.8	174.3		–	1.5	0.5	8.6	94.2
保加利亚	104.4	32.2		2.0	1.0	2.8	12.9	140.1
捷克共和国	105.5	79.6		1.4	1.4	2.5	17.4	76.2
法国	115.4	67.4		2.1	3.9	2.8	16.9	131.3
德国	97.2	79.8	–	1.2	4.7	3.2	20.7	73.9
意大利	160.3	40.7		5.8	6.5	3.1	26.8	185.6
荷兰	74.1	85.3		1.6	5.1	3.4	16.4	83.7
波兰	154.2	135.7		2.2	0.5	1.4	12.9	124.5
罗马尼亚	190.3	89.8		1.2	0.9	1.1	13.3	137.3
俄罗斯	148.9	118.8		1.1	0.4	0.9	9.8	89.0
西班牙	100.4	85.0		5.9	6.9	5.3	27.6	157.1
乌克兰	156.7	134.4		2.4	1.0	0.3	8.8	100.1
英国	107.9	109.3		5.7	1.6	3.7	19.6	83.9
澳大利亚	84.5	53.6		4.7	3.8	4.5	21.0	98.9
新西兰	90.0	83.5		3.7	1.7	5.4	10.1	141.2

注:资料来源:联合国粮农组织数据库。①联合国粮农组织数据。

附录 2-18 续表　　　　(2000年)　　　　单位:千克

国家和地区	水果(不包括葡萄酒)	调味剂	含酒精饮品	肉类	动物脂肪	奶类-不包括黄油	禽蛋	鱼和海鲜
世界	**59.8**	**0.8**	**32.1**	**38.1**	**3.3**	**78.3**	**8.1**	**16.0**
发达国家	**86.1**	**0.5**	**83.8**	**77.1**	**8.4**	**197.4**	**12.4**	**23.5**
发展中国家	**52.5**	**0.9**	**17.7**	**27.3**	**1.9**	**45.2**	**6.9**	**13.8**
中国①	42.8	0.3	24.5	49.8	2.4	9.3	16.2	24.9
中国香港	85.4	0.7	23.5	114.6	9.4	68.0	11.4	56.6
孟加拉国	9.3	1.2	-	3.1	0.2	13.5	1.0	10.9
印度	41.6	2.0	1.7	4.5	2.0	66.0	1.5	4.5
印度尼西亚	32.1	0.6	0.9	7.9	0.4	7.6	2.7	19.5
伊朗	138.1	0.1	-	21.6	2.3	53.2	6.3	4.3
以色列	136.2	0.3	16.4	71.7	5.7	206.4	10.5	21.0
日本	51.0	1.1	61.0	43.8	1.8	67.8	19.3	64.8
韩国	68.5	0.5	63.2	46.1	2.8	27.3	9.5	51.4
马来西亚	50.1	1.5	4.6	51.1	1.5	52.7	14.4	57.9
蒙古	8.6	1.9	32.7	597.1	68.4	259.2	0.6	0.1
巴基斯坦	32.0	1.5	0.2	12.4	4.0	149.8	2.0	2.5
菲律宾	98.8	0.4	15.3	26.8	2.6	22.6	6.2	29.6
斯里兰卡	40.7	3.7	1.2	5.3	0.4	40.9	2.4	21.1
泰国	89.4	0.9	35.2	24.3	0.7	21.1	9.9	28.7
土耳其	108.2	0.8	11.8	20.2	1.9	120.3	9.7	8.9
越南	47.7	1.0	8.2	24.4	0.9	4.7	2.3	19.2
埃及	91.7	0.9	1.2	23.4	2.4	49.9	2.2	12.8
尼日利亚	71.0	1.2	70.8	8.6	0.3	6.3	3.4	8.8
南非	38.6	0.4	65.8	39.3	0.9	60.3	5.9	6.4
加拿大	125.1	0.6	100.2	99.8	16.4	214.9	11.2	24.5
墨西哥	112.9	0.9	44.3	55.7	3.2	111.3	15.6	8.9
美国	124.8	0.6	102.0	122.4	6.5	259.5	14.6	21.4
阿根廷	103.7	0.3	67.2	98.0	4.0	218.0	7.6	8.2
巴西	74.0	0.1	43.8	76.5	2.7	114.6	7.1	6.1
委内瑞拉	116.2	0.1	78.1	41.9	1.7	86.8	6.1	16.0
白俄罗斯	25.0	0.2	37.2	58.3	8.5	186.1	12.6	6.4
保加利亚	53.1	0.2	77.9	63.3	3.7	163.8	11.4	4.4
捷克共和国	68.8	0.4	171.9	76.0	9.2	203.6	16.3	12.7
法国	94.5	0.2	100.1	99.9	19.0	258.6	16.0	31.2
德国	131.7	0.5	150.5	84.6	21.6	231.6	12.2	14.6
意大利	141.0	0.1	83.8	91.9	10.1	264.6	12.4	24.6
荷兰	127.4	1.6	101.6	91.2	9.7	368.3	19.7	20.6
波兰	46.1	0.2	79.3	69.6	13.8	190.1	10.5	12.2
罗马尼亚	54.6	1.5	78.5	47.3	4.0	188.9	10.3	2.4
俄罗斯	37.3	0.1	47.7	40.0	6.5	152.3	12.7	19.9
西班牙	116.9	0.2	106.3	113.9	4.8	161.6	10.7	44.7
乌克兰	30.7	0.1	19.7	30.9	5.8	147.3	9.5	11.1
英国	83.9	0.6	112.4	76.9	7.1	221.3	9.6	21.6
澳大利亚	91.9	0.2	115.7	110.4	6.4	259.9	6.0	21.6
新西兰	115.7	0.5	95.5	106.9	9.8	225.5	12.6	29.3

附录 2－19 主要农产品产量

（2001 年） 单位：万吨

国家和地区	谷物总计	稻谷	小麦	玉米	大豆	花生	籽棉	水果（不包括瓜类）
世界	**207682.8**	**59283.1**	**57893.2**	**60521.3**	**17663.9**	**3509.6**	**5972.6**	**46634.0**
发达国家	**87753.0**	**2597.2**	**31924.9**	**33146.0**	**8333.8**	**231.8**	**2090.4**	**12566.3**
发展中国家	**119929.9**	**56686.0**	**25968.2**	**27375.2**	**9330.0**	**3277.8**	**3882.2**	**34067.7**
亚洲	**98453.9**	**53984.2**	**23874.0**	**15805.0**	**2349.1**	**2340.0**	**3676.9**	**20005.1**
中国①	39648.2	17758.0	9387.3	11408.8	1540.6	1441.5	1596①	6658.0
孟加拉国	4117.7	3911.2	200.0	0.2		4.0	5.4	136.0
印度	23061.1	13190.0	6845.8	1183.6	560.0	620.0	525.0	4857.1
印度尼西亚	5521.7	5009.6		512.1	86.3	100.0	2.9	787.0
伊朗	1190.9	220.0	750.0	80.0	14.0	0.3	50.3	1046.7
以色列	27.2		16.0	8.7		3.0	5.3	125.9
日本	1227.0	1132.0	70.0	0.02	24.0	2.8		428.5
哈萨克斯坦	1635.3	30.0	1291.0	34.6	0.4	0.1	42.0	15.9
朝鲜	385.4	206.0	11.7	148.2	35.0		3.5	135.0
韩国	779.1	731.6	0.3	8.0	11.8	1.3		270.0
马来西亚	228.2	221.5		6.7	0.0001	0.5		108.2
蒙古	16.0		15.8					
缅甸	2123.0	2060.0	10.3	35.0	11.0	73.1	15.3	128.4
巴基斯坦	2782.1	675.0	1895.5	160.0	1.0	9.4	548.8	481.7
菲律宾	1748.0	1295.5		452.5	0.1	2.6	0.2	1105.3
斯里兰卡	290.4	286.8		3.1	0.1	0.7		101.8
泰国	3011.1	2520.0	0.1	467.3	32.5	13.5	3.9	755.7
土耳其	2557.1	35.4	1600.0	210.0	5.5	8.0	190.9	1066.0
越南	3404.3	3192.5		211.8	15.6	37.5	2.1	408.6
非洲	**11650.3**	**1697.4**	**1795.6**	**4220.0**	**99.9**	**861.5**	**425.6**	**5837.9**
埃及	1946.4	570.0	625.5	645.0	1.1	18.7	55.0	728.2
尼日利亚	2289.1	329.8	10.3	559.8	42.9	290.1	21.5	890.0
南非	960.3	0.3	213.2	710.0	19.3	26.7	6.7	475.9
北美洲	**40501.1**	**1204.1**	**7784.9**	**27137.6**	**8089.9**	**217.0**	**1150.3**	**5661.4**
加拿大	4425.1		2128.2	817.1	204.0			78.5
墨西哥	2973.7	25.9	327.8	1861.6	13.6	13.0	28.1	1323.6
美国	32531.5	966.4	5327.8	24148.5	7866.8	192.3	1120.7	2986.3
南美洲	**11507.6**	**1954.3**	**2363.1**	**6397.8**	**6905.8**	**85.5**	**376.3**	**6868.0**
阿根廷	3837.2	85.5	1772.3	1535.0	2673.7	56.3	50.0	778.1
巴西	5632.9	1020.7	320.3	4141.1	3767.5	19.8	3676.9	3173.2
委内瑞拉	228.1	69.0	0.1	120.0	1.0	0.2	1.0	301.9
欧洲	**42758.8**	**317.1**	**20039.2**	**7296.8**	**208.7**	**1.4**	**167.0**	**7715.2**
白俄罗斯	482.3		75.0	1.3				27.1
保加利亚	523.8	0.7	380.0	52.0	0.4	1.0	0.9	70.3
捷克共和国	743.2		454.6	35.0	0.2			42.9
法国	6047.7	11.0	3169.5	1647.2	30.6			1116.9
德国	5005.6		2288.9	364.8	0.1			537.6
意大利	2006.7	122.2	650.3	1058.8	88.5			1837.7
荷兰	173.2		109.0	15.0				71.3
波兰	2723.1		939.3	137.5				318.0
罗马尼亚	1655.0	0.7	700.0	750.0	7.0		0.002	230.2
俄罗斯	8362.3	49.7	4687.1	83.1	26.2			344.5
西班牙	1818.7	88.8	501.9	510.8	0.5	0.03	30.5	1483.5
乌克兰	3883.7	10.0	2133.3	330.0	7.3			215.2
英国	1898.3		1157.0					31.8
南斯拉夫	914.4		294.9	582.8	23.0	0.03		112.4
大洋洲	**3740.6**	**126.1**	**2412.4**	**60.8**	**10.5**	**4.4**	**176.5**	**546.4**
澳大利亚	3116.1	123.9	2000.0	42.0	10.5	4.1	176.5	313.9
新西兰	88.3		36.4	17.7				95.5

注：资料来源：联合国粮农组织数据库。①FAO 数据。

附录2－20 畜 产 品 产 量

（2001年） 单位：万吨

国家和地区	肉类总产量	#牛肉	#羊肉	#猪肉	#禽肉	蛋类	奶类总产量	#牛奶
世　界	**23699.1**	**5981.9**	**1129.1**	**9118.8**	**7035.9**	**5659.4**	**58465.1**	**49382.8**
发达国家	**10525.5**	**2978.6**	**324.7**	**3757.0**	**3302.4**	**1848.8**	**34756.9**	**34205.0**
发展中国家	**13173.7**	**3003.3**	**804.5**	**5361.8**	**3733.4**	**3810.6**	**23708.2**	**15177.8**
亚　洲	**9469.8**	**1401.1**	**610.1**	**4993.8**	**2333.7**	**3391.6**	**17414.9**	**9667.4**
中　国	6333.9	548.8	292.7	4184.5	1328.7	2336.7	1122.9	1025.5
孟加拉国	42.8	17.6	13.2		11.2	15.9	211.2	76.3
印　度	491.7	289.0	69.9	59.5	59.5	190.6	8397.0	3500.0
印度尼西亚	175.3	39.2	8.3	41.3	86.4	72.5	83.9	55.0
伊　朗	149.0	24.3	38.2		86.0	60.0	484.0	400.0
以色列	37.1	5.4	0.6	1.1	29.9	8.5	124.5	121.1
日　本	296.0	52.0	0.026	125.0	118.0	252.6	845.0	845.0
哈萨克斯坦	61.8	30.6	9.2	12.6	3.3	9.1	374.6	370.0
朝　鲜	21.0	2.1	1.2	14.5	3.1	12.0	9.0	9.0
韩　国	158.9	22.6	0.3	92.8	42.5	48.3	234.3	233.9
马来西亚	110.5	2.4	0.1	25.0	83.1	43.4	5.0	4.3
蒙　古	27.9	11.5	12.1	0.1	0.002	0.04	44.2	38.5
缅　甸	47.0	12.5	0.9	11.6	22.0	9.6	63.3	51.0
巴基斯坦	179.9	91.8	52.7		33.8	34.7	2628.4	819.2
菲律宾	197.6	25.5	3.4	106.4	61.0	51.4	1.1	1.1
新加坡	12.0	0.004	0.02	5.0	7.0	1.6		
斯里兰卡	9.7	2.9	0.2	0.2	6.5	5.2	29.5	22.1
泰　国	207.7	23.4	0.1	47.5	136.7	81.0	52.0	52.0
土耳其	137.2	38.2	36.8	0.03	61.8	71.5	967.6	860.0
越　南	200.5	19.4	0.5	141.6	37.2	16.8	9.0	6.0
非　洲	**1122.1**	**437.0**	**202.7**	**60.5**	**302.9**	**207.7**	**2626.8**	**1864.5**
埃　及	146.0	57.6	11.8	0.3	64.7	20.0	383.8	167.9
尼日利亚	89.4	29.8	24.6	7.8	17.2	43.5	38.6	38.6
南　非	156.0	56.8	15.4	11.6	70.5	31.8	266.7	266.7
北美洲	**4890.6**	**1523.3**	**20.7**	**1196.7**	**2115.9**	**781.3**	**9680.4**	**9663.8**
加拿大	417.5	125.0	1.1	180.0	109.2	36.3	817.0	817.0
墨西哥	467.5	142.8	7.5	114.4	194.5	188.2	964.1	950.1
美　国	3774.1	1198.0	10.3	869.0	1674.8	508.0	7502.5	7502.5
南美洲	**2539.4**	**1181.3**	**33.1**	**313.0**	**991.3**	**292.2**	**4727.2**	**4705.5**
阿根廷	399.5	264.0	5.9	21.4	97.1	32.5	960.0	960.0
巴　西	1516.1	667.1	10.7	196.8	639.5	158.3	2271.8	2258.0
委内瑞拉	104.1	36.5	0.8	11.8	55.0	18.0	140.0	140.0
欧　洲	**5148.6**	**1173.8**	**139.0**	**2504.9**	**1209.3**	**964.7**	**21553.6**	**21019.3**
白俄罗斯	63.9	29.5	0.2	26.5	7.1	19.2	430.0	430.0
保加利亚	46.0	6.4	4.8	24.2	10.0	8.3	161.7	129.0
捷克共和国	78.1	10.3	0.3	41.7	21.9	18.8	275.0	273.6
法　国	634.1	157.1	14.3	225.5	207.7	104.7	2560.0	2489.0
德　国	650.9	140.0	4.4	407.1	86.6	89.0	2832.2	2830.0
意大利	416.1	113.4	6.4	151.0	115.6	70.7	1304.8	1190.0
荷　兰	282.6	47.5	1.9	157.5	75.6	65.8	1050.0	1050.0
波　兰	261.6	30.0	0.1	167.0	62.0	42.8	1203.1	1203.0
罗马尼亚	118.1	17.5	5.9	63.5	29.5	31.9	537.7	504.7
俄罗斯	451.8	191.6	12.4	162.0	77.8	195.6	3228.5	3198.0
西班牙	506.8	61.6	25.9	300.0	103.4	56.4	692.0	629.4
乌克兰	157.1	73.5	1.5	60.9	18.9	53.4	1340.5	1320.0
英　国	326.6	65.2	25.8	78.2	156.2	64.5	1471.7	1471.7
南斯拉夫	81.2	10.4	2.3	59.0	9.4	7.6	185.9	182.5
大洋洲	**528.6**	**265.4**	**123.6**	**49.9**	**82.7**	**21.9**	**2462.3**	**2462.3**
澳大利亚	381.4	204.0	67.1	38.9	69.3	14.9	1139.8	1139.8
新西兰	134.7	59.0	56.4	4.6	11.8	5.6	1316.2	1316.2

资料来源：联合国粮农组织数据库。

附录 2-21 按行业划分的工业生产指数

单位:%

类别	权数(%)	1998	1999	2000	2001
世界					
工业	100.0	110.0	113.2	121.0	118.5
采掘业	7.4	105.1	103.0	106.7	107.4
制造业	82.6	110.7	114.4	123.0	119.8
电、煤气、水	10.0	107.4	110.8	114.8	115.7
发达国家					
工业	100.0	110.2	113.0	120.5	117.1
采掘业	4.6	102.3	99.9	102.1	102.1
煤炭	0.6	94.6	93.5	91.5	91.6
石油、天然气	2.7	102.7	99.3	102.8	103.2
金属矿	0.4	104.9	99.4	100.2	97.8
制造业	84.9	111.2	114.4	122.6	118.6
食品、饮料、烟草	9.5	102.7	103.9	105.8	105.3
纺织	1.8	96.0	92.4	90.8	84.9
服装、皮革、制鞋	2.4	89.3	84.9	80.1	75.2
木制品	2.0	103.3	105.7	106.4	100.6
造纸、出版、印刷及录音介质	8.1	104.9	98.0	107.3	103.9
化学、石油、塑料、橡胶制品	13.7	108.6	111.7	114.7	114.5
非金属矿制品	3.2	101.1	103.3	106.6	102.8
基本金属	4.7	101.8	101.3	107.5	103.5
金属及机械制造	12.7	108.0	107.4	112.6	108.9
办公机械、计算机,收音机电视及其他电子设备	14.0	140.2	158.2	190.8	180.5
运输设备	8.7	114.4	119.1	122.9	120.9
电、煤气、水	10.5	105.4	108.2	111.6	111.6
发展中国家					
工业	100.0	109.0	114.0	123.0	123.8
采掘业	18.3	107.9	106.0	111.3	112.8
煤炭	1.2	107.6	113.2	118.0	124.7
石油、天然气	14.3	104.9	101.9	106.7	107.2
金属矿	1.7	126.0	131.5	142.2	150.7
制造业	73.7	108.4	114.8	125.0	125.2
食品、饮料、烟草	13.3	105.6	107.9	110.3	111.3
纺织	4.8	97.7	98.6	102.1	98.4
服装、皮革、制鞋	3.6	97.8	96.5	100.4	96.8
木制品	1.5	93.8	90.2	91.3	88.4
造纸、出版、印刷及录音介质	3.2	105.7	110.5	118.5	133.5
化学、石油、塑料、橡胶制品	15.0	115.0	119.9	124.7	124.4
非金属矿制品	4.2	104.7	108.3	112.3	112.4
基本金属	4.7	108.1	114.1	119.5	119.9
金属及机械制造	7.9	97.2	102.1	117.5	117.6
办公机械、计算机,收音机电视及其他电子设备	7.3	131.3	163.5	208.9	204.2
运输设备	5.2	110.0	119.6	134.9	138.8
电、煤气、水	8.0	117.7	124.4	131.5	136.8

资料来源:联合国数据库。

附录 2-22 按国别或地区划分的工业生产指数

单位:1995 年 = 100

国家和地区	1997	1998	1999	2000	2001
世　界	**108.2**	**109.9**	**113.6**	**120.9**	
中　国①	125.2	136.4	148.0	162.7	177.2
中国香港	96.6	90.2	84.7	85.1	
孟加拉国②	110.3	112.5	121.4	131.5	138.9
印　度③	113.1	117.8	125.6	132.0	135.5
日　本	106.0	99.0	99.9	105.5	97.8
马来西亚	122.8	114.0	124.3	148.0	142.1
韩　国	113.6	106.2	131.9	154.0	156.7
蒙　古	101.9	106.2	106.7	108.9	121.9
巴基斯坦②	105.7	109.2	109.0	114.4	
新加坡④	108.2	107.7	122.6	141.4	125.1
土耳其	117.2	118.3	112.3	118.4	107.9
南　非	104.4	101.7	101.3	104.5	106.5
加拿大	106.2	110.1	116.3	122.7	119.3
墨西哥⑤	120.3	127.8	133.3	141.5	136.4
美　国	111.8	117.6	121.9	127.4	122.5
阿根廷④	116.3	118.7	108.8	107.5	
巴　西	105.7	103.4	102.9	109.7	111.3
法　国	104.7	110.2	112.4	116.3	117.3
德　国	104.1	108.5	110.2	117.6	117.6
意大利	102.4	104.3	104.4	107.7	107.0
捷克共和国	106.5	108.2	104.8	110.4	
罗马尼亚	98.7	81.9	77.7	83.2	90.3
英　国	102.4	103.3	104.1	106.0	103.6
南斯拉夫	117.2	121.2	91.7	102.2	
澳大利亚②	104.9	108.3	111.8	117.1	119.1
新西兰	104.0	105.1	100.8	104.1	106.8

注:资料来源:联合国《统计月报》2002 年 4 月。①工业增加值指数。②7 月 1 日开始的 12 个月的平均数。③4 月 1 日开始的 12 个月的平均数。④制造业生产指数。⑤包括建筑业。

附录 2－23 国际海运装货量和卸货量

单位:万吨

国家和地区	国际海运装货量			国际海运卸货量		
	1990	1999	2000	1990	1999	2000
中　　国		105162②	125603②			
中国香港	2692	6253	6770	6272	10631	10693
孟加拉国		53		78	361	
印度尼西亚		24000③			6496③	
伊　　朗		3215	3065		3740	4486
以 色 列	952	1288	1576	1182	2092	2222
日　　本	10117	12455	13010	85393	75446	80654
韩　　国		14730	15078		38488	41882
马来西亚	2245	3976	4255	3516	5485	5653
缅　　甸	70	365	320	73	401	546
巴基斯坦	569	641	617	2366	3101	3080
菲 律 宾	1693			3799		
新 加 坡	9787	32604②	32618②	12746		
斯里兰卡	503	929		805	1770	
泰　　国	2720			4296		
土 耳 其	7601	3733	2548	6612	5808	7792
埃　　及	1036	1501③		2155	2204③	
南　　非		12599	13361		2168	2598
墨 西 哥	15881	11476	10711	5383	4410	4982
美　　国	44646	33780		59429	75946	
阿 根 廷	4420	6937①④		704	1953①④	1550④
法　　国	7417	6470		21245	18950	
德　　国		7457	9032		13886	15221
意 大 利	5020			27203		
荷　　兰	11021	9192	9940	33751	30523	32507
波　　兰	3688	3336	3152	1500	1586	1582
罗马尼亚	1457	1438	1265	4040	1110	1283
俄 罗 斯		709	828		74	84
西 班 牙	4840	5682	5627	14624	16985①	19343
乌 克 兰		7700			712	
英　　国	14926			20411		
南斯拉夫	1049	36	19	1907	97	113
澳大利亚		43882	48750		6961	5418
新 西 兰	1464	2064	2214	998	1331	1379

注:资料来源:联合国数据库。①1998 年数字。②包括装货量和卸货量。③不包括包装物的重量。包括船储。④不包括再出口,不包括包装物的重量。

附录2－24 商　船　吨　位

单位：万吨

国家和地区	1990	1997	1998	1999	2000
世界总计	**42363**	**50787**	**52220**	**53189**	**54361**
中国①	1390	1699	1634	1650	1632
中国香港	657	786	577	617	
孟加拉国	46	44	42	41	38
印度	648	713	693	678	692
印度尼西亚	218	297	320	325	324
伊朗	474	357	355	335	355
以色列	53	68	79	75	73
日本	2708	1920	1852	1778	1706
马来西亚	172	418	484	521	525
缅甸	83	69	57	49	54
朝鲜	44	69	67	63	66
韩国	778	756	743	569	574
巴基斯坦	35	44	44	40	31
菲律宾	852	903	885	851	765
新加坡	793	1645	1888	2037	2178
斯里兰卡	35	24	22	19	20
泰国	62	204	216	200	196
土耳其	372	643	657	625	633
越南	47	81	77	78	87
埃及	126	123	129	137	137
利比里亚	5470	5999	6006	6049	5411
尼日利亚	50	45	45	45	43
南非	35	37	38	38	38
加拿大	274	241	253	250	250
墨西哥	132	113	115	109	92
巴拿马	3930	8213	9113	9822	10525
美国	1974	1203	1179	1185	1203
阿根廷	189	59	58	50	48
巴西	602	453	437	417	393
委内瑞拉	94	70	71	67	66
保加利亚	136	115	113	109	104
捷克共和国		8	2		
法国	372	429	457	474	477
德国		584	695	808	651
意大利	799	659	619	682	805
荷兰	333	400	388	426	481
挪威	2343	2181	2284	2314	2345
波兰	337	229	188	142	132
罗马尼亚	401	257	235	209	122
俄罗斯		1376	1228	1109	1065
西班牙	381	168	169	184	190
英国	489	387	349	409	433
南斯拉夫		0.2	0.2	0.5	0.4
澳大利亚	251	272	261	219	208
新西兰	25	39	37	34	27

注：资料来源：联合国《统计年鉴》1998年。①联合国统计数据。

附录2－25 公 路 线 路 长 度

国家和地区	年份	公路网长度合计（公里）	高速公路	公路，主路或国道	次级公路或地区级公路	其他道路	路面公路所占比重（%）	公路密度（公里/平方公里）
中国①	2000	1402698	16314	20088	152672	1213624		0.15
孟加拉国	1999	207486		19775	17297	170413	9.5	1.41
中国香港	1999	1831					100.0	
印度	1999	3319644					45.7	
印度尼西亚	1999	342700					46.3	
伊朗	1998	167157	890	24940	68238	73089	56.3	0.103
以色列	2000	16281	56	5322		10903	100.0	0.79
日本	1999	1161894	6455	53685	127916	973838	46.0	3.07
哈萨克斯坦	2000	81331		22063	59268		94.7	
朝鲜	1999	31200					6.4	
韩国	1999	86990	1996	12447	17155	55392	74.5	0.88
马来西亚	1999	65877		16206	31777	17894	75.8	0.20
蒙古	2000	49250		11063	38187		3.5	0.04
缅甸	1996	28200					12.2	0.05
巴基斯坦	1999	254410	339	6587	211846	35638	43.0	0.32
菲律宾	2000	201994		30013	49992	121989	21.0	0.60
新加坡	1999	3066	150	569	358	1989	100.0	
斯里兰卡	1999	96695		11462	10404	74828	95.0	1.47
泰国	1999	64600					97.5	0.13
土耳其	1999	385960	1749	31388	29535	323288	34.0	0.50
越南	1999	93300					25.1	0.33
埃及	1999	64000					78.1	0.07
尼日利亚	1999	194394	1194				30.9	0.21
南非	2000	362099	2032				20.3	0.30
加拿大	1999	901903						
墨西哥	1999	329532	6429	41765	62344	218994	32.8	0.17
美国	1999	6304193	89232	1885465	4329496		58.8	0.65
阿根廷	1999	215471	734	38407	176330		29.4	0.08
巴西	2000	1724929		94754	1630175		5.5	0.20
委内瑞拉	1999	96155					33.6	
白俄罗斯	2000	74385		15345	59040		89.0	0.36
保加利亚	2000	37286	324	3011	3818	30133	94.0	0.34
捷克共和国	2000	55408	499	6031	14688	34190	100.0	0.70
法国	2000	894000	11500	27500	355000	500000	100.0	1.62
德国	1999	230735	11515	41321	86823	91076		
意大利	1999	479688	6621	46009	114909	312149	100.0	1.59
荷兰	1999	116500	2235	6650	57500	59400	90.0	4.00
波兰	2000	364656	358	17709	28381	318208	68.3	1.17
罗马尼亚	2000	198603	113	14711	63791	119988	49.5	0.83
俄罗斯	2000	532393		45978	486415			0.31
西班牙	1999	663795	10317	24124	139656	489698	99.0	1.31
乌克兰	2000	169491		13081	156410		96.7	0.28
英国	1999	371913	3358	48194	113105	207256	100.0	1.62
南斯拉夫	2000	49805	560	6308	12682	30815	62.3	0.49
澳大利亚	1999	811603	18619	107234	685748			
新西兰	2000	92053	190	10570	16009	65283	62.8	

注：资料来源：国际公路协会《世界公路统计》2002 年。①世界公路协会统计数据。

附录 2－26 电话主线和移动电话普及率

国家和地区	电话主线(条/千人)			移动电话(部/千人)		
	1990	1999	2000	1990	1999	2000
世界	**99.6**	**151.8**	**163.1**	**2.1**	**82.2**	**123.1**
高收入国家	**465.0**	**585.3**	**604.0**	**12.8**	**377.7**	**532.2**
中等收入国家	**46.0**	**121.6**	**139.2**	**0.2**	**54.6**	**92.5**
低收入国家	**10.5**	**24.0**	**23.4**	**0.01**	**2.8**	**5.4**
中国	10.8①	139.7①	202.0①	0.4	37.2	38.5
中国香港	450.1	580.4	583.1	24.4	641.4	809.2
孟加拉国	2.2	3.4	3.5		1.2	1.5
印度	5.9	26.5	32.0		1.9	3.5
印度尼西亚	5.9	29.0	31.4	0.1	10.6	17.3
伊朗	40.3	133.4	149.0		7.8	15.1
伊拉克	39.3	30.0	29.4			
以色列	343.2	471.3	481.8	3.2	471.8	701.8
日本	441.1	556.8	585.7	7.0	448.8	526.2
哈萨克斯坦	79.9	108.1	113.0		3.0	12.2
朝鲜	38.3	46.4	45.7			
韩国	309.6	437.8	463.6	1.9	500.3	566.9
马来西亚	89.2	202.9	199.1	4.9	137.0	213.2
蒙古	32.0	44.0	55.6		14.7	45.3
缅甸	1.6	5.5	5.5		0.3	0.3
巴基斯坦	7.5	22.1	21.6	0.02	2.1	2.5
菲律宾	10.0	38.8	40.0		38.3	84.4
新加坡	349.4	481.9	484.4	17.1	418.8	683.8
斯里兰卡	7.1	36.0	40.5	0.1	13.8	22.7
泰国	24.2	86.9	92.2	1.2	39.0	50.4
土耳其	121.4	278.4	279.9	0.6	125.2	245.6
越南	1.4	26.7	31.8		4.2	9.9
埃及	30.1	75.0	86.3	0.1	7.7	21.4
尼日利亚	3.0	3.7	4.3		0.2	0.3
南非	93.4	127.5	113.5	0.2	122.4	190.2
加拿大	564.9	657.5	676.5	21.6	226.6	284.6
墨西哥	64.8	112.2	124.7	0.8	79.4	142.4
美国	544.5	672.9	699.7	21.1	315.5	397.9
阿根廷	93.0	201.1	213.1	0.4	121.2	163.4
巴西	65.0	148.7	181.7	0.005	89.5	136.3
委内瑞拉	76.2	107.5	107.8	0.4	159.7	217.5
白俄罗斯	153.4	256.7	268.8		2.3	4.8
保加利亚	241.9	342.2	350.3		42.3	89.7
捷克共和国	157.5	370.8	377.9		189.5	424.2
法国	495.2	581.7	579.2	5.0	365.6	493.3
德国	440.8	586.7	610.5	3.8	285.4	586.0
意大利	387.6	462.1	473.8	4.6	528.3	737.3
荷兰	464.1	605.7	617.9	5.3	425.2	669.9
波兰	86.3	262.6	282.3		102.1	174.0
罗马尼亚	101.9	166.9	174.6		60.5	111.9
俄罗斯	139.9	210.2	218.2		9.3	22.2
乌克兰	135.5	198.8			4.3	16.2
英国	440.7	574.7	588.5	19.4	456.9	727.0
澳大利亚	456.3	515.3	524.6	10.8	333.5	446.9
新西兰	433.6	495.7	499.8	16.0	366.1	563.3

注：资料来源：世界银行数据库。①电话机数。

附录 2－27 国际互联网用户及网站普及率

国家和地区	互联网用户数(万人)			国际互联网站普及率(个/万人)		
	1995	1999	2000	1995	1999	2000.7
世界	**3429.8**	**24195.9**	**36647.0**	**16.8**	**94.4**	**152.5**
高收入国家	**3157.0**	**19026.1**	**26982.1**			
中等收入国家	**239.8**	**4691.9**	**8731.1**			
低收入国家	**33.0**	**477.8**	**933.7**			
中国	62.0①②	400.0①	2650.0①		0.5	0.7
中国香港	20.0	243.0	260.1	28.7	146.1	182.9
孟加拉国		5.0	10.0			
印度	25.0	280.0	500.0		0.2	0.3
印度尼西亚	5.0	90.0	200.0	0.1	0.8	1.2
伊朗	0.3	10.0	25.0			
以色列	5.0	80.0	127.0	49.8	187.0	260.6
日本	200.0	2706.0	4708.0	21.5	163.7	269.3
哈萨克斯坦	0.2	7.0	10.0	0.1	1.5	2.8
韩国	36.6	1086.0	1904.0	6.5	55.5	100.7
马来西亚	4.0	250.0	370.0	2.0	23.5	27.6
蒙古	0.02	1.2	3.0		0.1③	0.7
缅甸		0.1	0.7			
巴基斯坦	0.02	8.0	13.4		0.2	0.4
菲律宾	2.0	132.0	200.0	0.3	1.3	2.2
新加坡	10.0	95.0	120.0	65.7	266.7	385.7
斯里兰卡	0.1	6.5	12.2		0.5	0.9
泰国	5.5	130.0	230.0	0.7	4.6	8.8
土耳其	5.0	150.0	200.0	0.9	8.1	16.6
越南		10.0	20.0			
埃及	2.0	20.0	45.0	0.1	0.3	0.9
尼日利亚		10.0	20.0			
南非	46.0	182.0	240.0	12.3	33.4	43.1
加拿大	122.0	1100.0	1270.0	127.0	424.5	590.4
墨西哥	9.4	182.2	271.2	1.5	23.2	50.6
美国	2000.0	7410.0	9535.4	228.7	1479.7	2419.9
阿根廷	3.0	50.0	250.0	1.5	27.8	47.3
巴西	17.0	350.0	500.0	1.3	18.5	39.0
委内瑞拉	2.7	52.5	95.0	0.5	4.0	6.5
白俄罗斯	0.03	5.0	18.0		0.8	1.1
保加利亚	1.0	23.5	43.0	1.3	11.9	18.8
捷克共和国	15.0	70.0	100.0	21.2	85.6	134.4
法国	95.0	537.0	850.0	26.1	111.5	167.1
德国	150.0	1440.0	2400.0	58.1	173.8	233.3
匈牙利	7.0	60.0	148.0			
意大利	30.0	820.0	1320.0	13.2	68.3	273.0
荷兰	60.0	300.0	390.0	111.1	403.4	679.8
波兰	25.0	210.0	280.0	6.0	40.9	67.1
罗马尼亚	1.7	60.0	80.0	0.8	9.0	13.2
俄罗斯	22.0	150.0	310.0	1.5	13.1	19.5
西班牙	15.0	283.0	538.8	13.1	76.7	136.5
乌克兰	2.2	20.0	30.0	0.5	4.6	6.6
英国	110.0	1250.0	1800.0	75.0	268.8	348.3
南斯拉夫		8.0	40.0			
澳大利亚	50.0	560.0	660.0	171.4	478.5	683.3
新西兰	18.0	70.0	83.0	146.7	477.7	807.9

注：资料来源：世界银行数据库。①中国互联网信息中心数据。②1997 年数据。③1998 年数据。

附录2-28 世界货物贸易总额

单位:亿美元

年份	世界	工业国家	发展中国家
出口			
1980	19459	12651	6808
1981	19497	12439	7058
1982	18006	11773	6233
1983	17568	11627	5941
1984	18642	12405	6237
1985	18878	12820	6058
1986	20581	14850	5731
1987	24312	17362	6950
1988	27795	19865	7930
1989	30241	21279	8962
1990	34386	24541	9845
1991	35303	25022	10281
1992	37579	26509	11070
1993	37658	25965	11693
1994	42817	29141	13676
1995	51230	34698	16532
1996	53440	35642	17798
1997	55296	36433	18863
1998	54423	36706	17717
1999	56305	37405	18900
2000	63356	39954	23402
2001	60321	38389	21933
进口			
1980	20156	14004	6152
1981	19971	13288	6683
1982	18797	12494	6303
1983	18180	12248	5932
1984	19387	13402	5985
1985	19654	13747	5907
1986	21443	15468	5975
1987	25133	18299	6834
1988	28785	20693	8092
1989	31151	22397	8754
1990	35321	25753	9567
1991	36435	25931	10503
1992	38724	27069	11655
1993	38223	25596	12628
1994	43448	29020	14428
1995	51902	34320	17582
1996	54438	35533	18905
1997	56260	36319	19941
1998	55464	37272	18193
1999	57739	39238	18501
2000	65214	43241	21973
2001		41263	

资料来源:国际货币基金组织数据库。

附录2-29 货物进出口总额

国家和地区	出口总额(亿美元)					进口总额(亿美元)				
	1990	1998	1999	2000	2001	1990	1998	1999	2000	2001
世界	**34386**	**54423**	**56305**	**63356**	**60321**	**35321**	**55464**	**57739**	**65214**	
工业国家	**24541**	**36706**	**37405**	**39954**	**38389**	**25753**	**37272**	**39238**	**43241**	**41263**
发展中国家	**9845**	**17717**	**18900**	**23402**	**21933**	**9567**	**18193**	**18501**	**21973**	
中国	621	1837	1949	2492	2662	534	1402	1657	2251	2436
中国香港	822	1740	1739	2019	1899	825	1845	1795	2128	2011
孟加拉国	17	38	39	47	50	36	70	77	84	84
印度	180	334	357	424	436	236	430	470	513	496
印度尼西亚	257	488	487	621		218	273	240	335	
伊朗	193	131	210	283		203	143	127	143	
以色列	116	230	258	314	290	168	293	332	314	355
日本	2876	3879	4194	4792	4035	2354	2805	3113	3795	3491
哈萨克斯坦		54	56	91	86		43	37	51	64
韩国	650	1323	1437	1723	1504	698	933	1198	1605	1411
马来西亚	295	733	845	981		293	583	650	822	
蒙古	7	3	2			9	5	4		
缅甸	3	11	11	16	23	3	27	23	24	28
巴基斯坦	56	85	85	90	92	74	93	103	113	102
菲律宾	81	294	366	398	321	130	315	326	338	314
新加坡	527	1099	1147	1378	1218	608	1047	1111	1345	1160
斯里兰卡	19	48	46	54	48	27	59	60	72	59
泰国	231	545	584	691	651	330	430	503	619	621
埃及	50	31	36	47	41	168	162	160	140	128
尼日利亚	136	99	139	210		56	92	86	87	
南非	236	264	267	300	293	184	292	267	297	284
阿根廷	124	264	233	264	267	41	314	255	252	203
巴西	314	511	480	551	582	225	606	517	585	
委内瑞拉	175	172	202	318	274	73	158	141	162	180
加拿大	1276	2143	2384	2766	2599	1232	2061	2202	2448	2273
墨西哥	407	1175	1364	1664	1585	435	1309	1486	1827	
美国	3936	6821	7021	7811	7308	5170	9444	10594	12593	11802
白俄罗斯		71	59	73	75		85	67	86	80
保加利亚	48	42	40	48	51	47	49	55	65	72
捷克共和国		264	262	290			303	295	339	
法国	2166	3056	3008	2988	2941	2344	2884	2899	3010	2925
德国	4101	5434	5429	5496	5705	3462	4714	4735	4978	4863
意大利	1705	2457	2352	2383		1820	2184	2203	2366	
荷兰	1318	2014	2002	2088	2161	1265	1877	1903	1975	1944
波兰	136	272	274	317	361	84	465	459	489	503
罗马尼亚	58	83	85	104	114	98	118	104	131	156
俄罗斯		749	757	1056	1031		638	436	491	590
西班牙	555	1092	1100	1133	1152	876	1331	1444	1529	1536
乌克兰		126	116				147	118		
英国	1853	2718	2682	2816	2673	2244	3140	3180	3344	3210
澳大利亚	398	559	561	639	634	420	646	692	715	639
新西兰	94	121	125	133	137	95	125	143	139	133

资料来源：国际货币基金组织数据库。

附录 2 - 30 出口和进口单位价格指数

单位：1995 年 = 100

国家和地区	出口单位价格			进口单位价格		
	1999	2000	2001	1999	2000	2001
世界	**85.8**	**85.8**		**85.1**	**86.2**	**83.3**
工业国家	**85.7**	**83.4**	**81.7**	**85.6**	**86.1**	**83.0**
发展中国家	**86.4**	**93.6**		**83.2**	**86.6**	**84.0**
中国香港	91.5	90.9	88.5	89.7	90.0	86.9
印度	94.0	93.0		96.6	100.1	
以色列	97.3	97.3	93.9	87.0	89.7	88.4
日本	85.2	89.2	83.6	83.8	92.6	86.3
韩国	61.5	61.8		74.5	85.7	
巴基斯坦	93.3	86.7	79.4	42.0	46.4	42.3
菲律宾	86.0	71.6	59.3	67.6	57.6	48.1
新加坡	80.2	83.4	77.2	81.2	87.0	84.0
斯里兰卡	101.4	101.6	94.3			
泰国	87.7	85.9	84.7	95.3	100.2	108.7
巴西	90.7	97.2	92.2	111.5	116.4	116.1
加拿大	93.0	100.6	96.5	95.7	98.0	93.9
美国	94.7	96.2	95.4	93.4	99.4	95.9
法国	81.6	71.7		82.4	75.5	
德国	75.1	67.3		75.4	72.4	
意大利	94.6	86.5		87.6	86.4	
荷兰	77.9	75.6		80.9	78.0	
波兰	85.8	79.6	81.2	91.3	85.9	88.4
西班牙	82.6	75.8	75.6	81.0	79.1	76.4
英国	92.1	89.2	85.0	88.9	86.5	82.0
澳大利亚	82.7	86.0	84.4	87.2	85.6	80.7
新西兰	80.6	81.2		82.4	82.4	

资料来源：国际货币基金组织数据库。

附录2-31 出口和进口数量指数

单位:1990 年 = 100

国家和地区	出口数量指数			进口数量指数		
	1999	2000	2001	1999	2000	2001
世界	**171**	**184**		**175**	**192**	
发达国家	**163**	**180**	**178**	**170**	**189**	**191**
发展中国家	**197**	**196**		**193**	**200**	
中国香港	218	255		222	262	
以色列	204	256		226	257	
日本	118	129		150	166	
韩国	326	394		213	253	
巴基斯坦	134	153		140	147	
菲律宾	186	214		137	144	
新加坡	261	302	288	194	220	196
斯里兰卡	173	205		218	247	
泰国	284	346	327	124	150	134
阿根廷	202	221		733	794	
巴西	137	146	163	150	163	164
加拿大	210	229	229	207	226	226
美国	176	183		203	238	
法国	166	185		152	168	
意大利	149	165	145	157		
荷兰	179	194		179	189	
波兰	183	226		492	526	
英国	155	173	175	159	178	182
澳大利亚	189	196		201	223	
新西兰	149	157		161	157	

资料来源:联合国数据库。

附录2-32 货物和服务进出口占国内生产总值比重

单位:%

国家和地区	出口			进口		
	1990	1999	2000	1990	1999	2000
世界	**20.0**	**23.2**		**19.8**	**22.7**	
高收入国家	**19.8**	**21.9**		**19.7**	**21.8**	
中等收入国家	**21.3**	**28.7**	**31.6**	**20.4**	**26.3**	**28.9**
低收入国家	**17.4**	**24.2**	**27.9**	**20.2**	**25.4**	**28.0**
中国①	17.5	22.0	25.9	14.3	19.1	23.2
中国香港	134.3	133.4	150.0	125.8	128.0	145.3
孟加拉国	6.2	13.2	14.0	13.6	18.7	19.2
印度	7.3	12.0	14.0	9.9	15.1	16.6
印度尼西亚	25.3	35.2	38.5	23.7	27.2	30.7
伊朗	22.0	22.7	34.8	23.5	18.1	20.7
以色列	34.7	35.7	40.0	45.4	45.3	46.9
日本	10.4	10.0		9.4	8.4	
哈萨克斯坦		42.5	58.9		40.1	47.3
韩国	29.1	42.3	45.0	30.3	35.5	42.2
马来西亚	74.5	121.7	125.5	72.4	96.6	104.4
蒙古	24.0	61.2	65.5	52.9	74.6	81.9
缅甸	2.6	0.4		4.8	0.7	
巴基斯坦	15.5	15.1	15.5	23.4	20.0	19.1
菲律宾	27.5	51.5	56.3	33.3	51.3	50.2
新加坡	201.8	166.5	179.9	194.9	147.1	161.4
斯里兰卡	29.2	35.5	39.7	38.0	43.3	50.5
泰国	34.1	58.5	67.0	41.7	45.8	59.0
埃及	20.0	15.1	16.1	32.7	23.7	22.7
尼日利亚	43.4	36.9	52.3	28.8	41.1	41.0
南非	24.4	25.9	29.1	18.6	23.1	26.1
阿根廷	10.4	9.8	10.8	4.6	11.5	11.4
巴西	8.2	10.6	10.9	7.0	11.7	12.1
委内瑞拉	39.4	21.6	29.4	20.2	16.4	17.0
加拿大	26.1	43.7		26.0	40.8	
墨西哥	18.6	30.9	31.4	19.7	32.4	33.2
美国	9.7	10.7		10.9	13.5	
白俄罗斯	46.0	59.2	67.8	43.6	61.6	69.3
保加利亚	33.1	44.1	58.5	36.7	51.9	64.1
捷克共和国	45.2	60.9	71.5	42.6	62.3	75.2
法国	21.2	26.1	28.7	22.2	23.6	27.2
德国	28.8	29.4	33.4	25.5	28.5	33.0
意大利	19.7	25.5	28.4	19.7	23.5	27.2
荷兰	58.8	60.6		54.8	55.8	
波兰	28.6	26.1	27.4	21.5	32.5	34.4
罗马尼亚	16.7	29.0	34.1	26.2	33.4	39.9
俄罗斯	18.2	43.9	45.9	17.9	27.4	24.8
乌克兰	27.6	53.7	61.4	28.7	48.2	57.0
英国	24.0	25.9	27.2	26.6	27.6	29.1
澳大利亚	16.7	19.9		16.9	22.3	
新西兰	27.6	31.9		26.9	32.8	

注:资料来源:世界银行数据库。①世界银行数据。

附录2－33 高技术出口额占制成品出口额比重

单位：%

国家和地区	1990	1999	2000
世界	**17.2**	**22.7**	**20.0**
高收入国家	**18.0**	**23.9**	**22.1**
中等收入国家		**19.7**	**16.1**
低收入国家		**7.0**	
中国①		16.8	18.6
中国香港		20.9	23.3
孟加拉国	0.1		
印度	2.4	4.3	
印度尼西亚	1.2	10.2	16.2
伊朗		0.5	1.9
以色列	10.4	19.1	25.1
日本	23.8	26.3	28.3
韩国	17.8	31.9	34.8
马来西亚	38.2	58.9	
巴基斯坦	0.1	0.3	0.4
菲律宾		58.6	
新加坡	40.0	61.0	63.0
斯里兰卡	0.5	3.2	
泰国	21.0	32.0	
土耳其	1.0	4.0	5.0
埃及		0.2	
尼日利亚		13.4	
南非	0.1	8.0	1.0
加拿大	13.7	14.8	18.6
墨西哥	8.3	20.7	22.4
美国	33.0	34.0	34.0
阿根廷		7.8	9.0
巴西	7.1	13.0	18.6
委内瑞拉	4.0	3.0	3.0
白俄罗斯		3.5	3.7
捷克共和国		8.3	8.1
法国	16.1	22.9	24.3
意大利	7.5	8.1	9.2
德国	11.1	15.9	17.7
荷兰	16.4	32.9	35.4
波兰		2.6	3.3
罗马尼亚	2.5	3.1	5.5
俄罗斯		14.9	13.5
西班牙	6.4	7.6	7.6
英国	23.6	29.8	32.0
南斯拉夫	3.0		
澳大利亚	12.0	11.0	15.2
新西兰	4.4	15.1	10.2

注：资料来源：世界银行《世界发展指标》2002年。①中国数据来源于世界银行。

附录2-34 主要国家(地区)出口去向构成

(2000年)　　单位:%

国家和地区	世界	发达国家						东欧国家
			欧洲	欧盟	美国和加拿大	日本	其他	
中国①	100	60.2	15.1	14.6	28.5	14.3	2.3	1.2
中国香港	100	46.8	15.3	14.5	23.8	5.6	2.1	0.5
孟加拉国	100	76.4	39.4	38.8	35.2	1.3	0.4	0.5
印度	100	58.2	24.6	23.7	24.7	5.3	3.5	2.4
印度尼西亚	100	54.8	14.2	13.9	15.9	21.7	3.0	0.9
伊朗	100	56.3	31.7	31.3	1.1	20.7	2.8	0.7
以色列	100	73.9	28.9	27.4	40.5	2.7	1.8	2.1
日本	100	51.2	17.1	16.3	31.4		2.8	0.5
哈萨克斯坦	100	39.3	33.0	32.8	5.0	1.2	0.1	31.4
朝鲜	100	36.2	11.0	10.9		24.5	0.7	3.6
韩国	100	52.3	14.4	13.0	24.3	11.2	2.4	1.3
马来西亚	100	52.3	13.9	13.6	22.9	12.5	3.0	0.3
蒙古	100	38.2	9.6	9.3	26.9	1.6		9.6
缅甸	100	49.0	16.3	16.2	26.2	5.9	0.5	0.2
巴基斯坦	100	59.5	27.6	27.0	26.9	2.6	2.4	0.5
菲律宾	100	64.2	16.6	16.5	32.0	14.6	1.0	0.3
新加坡	100	41.9	13.8	13.3	17.6	7.4	3.1	0.3
斯里兰卡	100	77.0	30.1	29.4	37.6	3.7	5.5	2.0
泰国	100	60.5	17.6	16.7	23.7	15.7	3.5	0.5
土耳其	100	67.5	52.8	51.3	11.4	0.5	2.8	3.9
越南	100	63.0	27.1	26.2	7.3	18.3	10.3	2.2
埃及	100	65.0	43.0	42.8	15.4	2.4	4.3	0.9
尼日利亚	100	76.7	27.2	26.0	47.6	1.1	0.8	0.2
南非	100	51.0	30.1	29.4	11.6	7.1	2.3	0.5
加拿大	100	94.8	4.8	4.5	87.4	2.2	0.5	0.1
墨西哥	100	94.1	3.6	3.3	88.8	1.4	0.3	0.2
美国	100	57.0	22.8	21.3	22.6	8.4	3.3	0.7
阿根廷	100	33.4	17.8	17.4	12.2	1.5	2.0	0.7
巴西	100	54.6	25.0	23.6	23.7	4.5	1.4	1.6
委内瑞拉	100	72.3	7.9	7.8	63.4	1.0	0.1	0.2
白俄罗斯	100	13.5	11.0	10.9	1.9	0.1	0.6	74.8
保加利亚	100	52.5	46.7	45.6	4.6	0.4	0.8	8.5
捷克共和国	100	72.0	67.2	65.3	4.0	0.5	0.4	21.0
法国	100	77.6	65.4	61.2	9.5	1.6	1.2	3.1
德国	100	76.4	61.4	56.2	11.0	2.2	1.8	9.3
意大利	100	73.7	58.8	54.9	11.3	1.7	2.0	6.2
荷兰	100	87.7	80.9	78.5	4.8	0.9	1.1	3.3
波兰	100	75.5	70.9	68.9	4.1	0.2	0.3	17.0
罗马尼亚	100	67.6	61.3	60.1	5.1	0.4	0.8	9.4
俄罗斯	100	52.1	40.5	35.8	7.8	2.7	1.1	27.1
西班牙	100	78.8	71.0	69.1	5.5	1.0	1.3	2.9
乌克兰	100	28.8	20.0	19.4	6.7	0.9	1.2	37.4
英国	100	77.4	54.0	51.1	18.0	2.1	3.3	2.5
澳大利亚	100	48.9	10.8	10.5	11.1	19.8	7.2	0.4
新西兰	100	65.6	15.0	14.6	16.3	13.7	20.6	0.5

资料来源:UNCTAD数据库。①联合国贸易与发展会议数据。

附录 2－34 续表　　　　(2000 年)　　　　单位：%

国家和地区	发展中国家	美洲	非洲	西亚	石油输出国组织国家	其他亚洲地区	未分类
中国①	38.6	2.2	1.2	2.0	2.5	33.1	
中国香港	49.5	2.4	0.6	1.2	1.5	45.2	3.3
孟加拉国	8.8	0.4	0.7	2.5	2.0	5.2	14.3
印度	36.6	2.7	4.2	8.0	7.6	21.5	2.9
印度尼西亚	43.7	1.6	1.3	2.9	2.6	37.7	0.6
伊朗	38.7	0.4	1.0	6.2	3.4	31.0	4.4
以色列	18.9	3.0	1.0	2.0	0.2	12.6	5.1
日本	48.2	4.0	0.7	2.1	3.3	41.2	0.1
哈萨克斯坦	26.3	2.2	0.6	8.0	2.4	15.4	3.0
朝鲜	60.1	15.8	3.4	11.6	7.9	29.1	0.1
韩国	46.4	5.6	2.2	3.9	5.5	34.4	
马来西亚	43.4	1.5	0.6	1.9	3.2	39.2	4.0
蒙古	50.2	0.1		0.2		49.9	2.0
缅甸	48.3	1.6	10.4	0.9	1.4	35.4	2.4
巴基斯坦	39.9	2.1	4.1	12.8	12.0	21.0	
菲律宾	25.7	1.2	0.1	0.3	0.7	24.0	9.7
新加坡	57.8	1.9	0.9	1.6	1.5	52.5	
斯里兰卡	16.3	1.7	1.5	5.3	3.9	7.6	4.7
泰国	39.0	1.6	1.4	2.5	4.3	33.5	
土耳其	20.0	1.1	6.4	6.6	6.8	5.7	8.7
越南	25.9	0.6	0.6	0.4	4.2	24.2	8.9
埃及	22.7	1.0	3.3	8.8	5.2	9.1	11.4
尼日利亚	22.1	5.5	7.3		0.4	9.1	1.1
南非	24.7	1.6	11.4	1.8	2.0	9.7	23.8
加拿大	5.0	1.5	0.3	0.4	0.8	2.7	
墨西哥	5.6	4.7	0.1	0.1	0.5	0.8	0.1
美国	42.1	21.7	1.0	2.1	2.6	17.2	0.2
阿根廷	64.5	48.4	3.8	2.7	3.4	9.5	1.4
巴西	38.0	25.8	1.9	2.8	4.1	7.3	5.8
委内瑞拉	26.3	25.0	0.7			0.6	1.1
白俄罗斯	11.7	2.0	3.1	0.6	1.1	5.2	
保加利亚	29.8	0.9	1.6	12.7	1.5	3.3	9.3
捷克共和国	6.6	0.6	1.0	1.4	0.9	1.9	0.4
法国	18.2	3.2	5.4	3.4	3.0	5.4	1.2
德国	14.0	2.6	1.2	3.1	1.9	6.4	0.3
意大利	19.6	4.0	3.2	4.5	3.3	5.7	0.5
荷兰	7.4	1.1	1.1	1.8	1.3	3.0	1.7
波兰	7.1	1.1	1.5	0.9	0.8	2.2	0.4
罗马尼亚	20.3	1.0	3.8	8.3	2.3	5.9	2.7
俄罗斯	20.6	1.1	1.0	6.0	1.2	12.0	0.2
西班牙	16.0	6.2	3.1	3.5	2.5	2.7	2.3
乌克兰	31.7	2.2	5.5	9.1	4.7	13.9	2.1
英国	15.7	2.1	2.0	3.8	3.1	7.5	4.4
澳大利亚	43.0	1.3	1.2	4.6	6.5	33.8	7.6
新西兰	31.9	3.3	1.3	2.5	4.7	22.3	2.1

附录 2-35 主要国家(地区)进口来源构成

（2000 年）　　　　单位:%

国家和地区	世界	发达国家						东欧国家
			欧洲	欧盟	美国和加拿大	日本	其他	
中国①	100.0	41.4	12.8	12.0	9.7	16.3	2.7	2.9
中国香港	100.0	30.4	9.3	8.1	7.5	12.0	1.6	0.3
孟加拉国	100.0	27.3	11.7	9.9	3.8	9.3	2.5	0.8
印度	100.0	47.0	27.7	26.8	8.6	5.7	4.9	3.7
印度尼西亚	100.0	48.2	12.4	11.9	8.5	21.7	5.6	0.5
伊朗	100.0	51.1	39.0	36.8	3.7	4.7	3.7	7.1
以色列	100.0	75.5	49.0	43.3	22.0	3.4	1.2	3.6
日本	100.0	40.4	13.6	12.4	21.5	-	5.3	1.4
哈萨克斯坦	100.0	26.0	21.8	21.5	2.7	1.3	0.3	46.5
朝鲜	100.0	29.2	12.6	12.2	1.3	14.6	0.7	4.9
韩国	100.0	60.4	12.2	11.0	20.8	22.1	5.3	1.1
马来西亚	100.0	49.5	11.7	10.5	15.6	19.7	2.4	0.5
蒙古	100.0	23.3	12.4	11.8	3.4	7.2	0.3	39.4
缅甸	100.0	15.8	5.2	4.9	0.8	8.8	1.0	0.5
巴基斯坦	100.0	32.9	17.4	14.8	6.8	5.6	3.1	1.2
菲律宾	100.0	54.9	10.2	9.6	20.8	21.0	2.9	1.1
新加坡	100.0	48.4	13.3	11.4	15.4	17.3	2.4	0.6
斯里兰卡	100.0	42.8	20.7	20.1	3.2	7.3	11.6	0.3
泰国	100.0	53.3	12.1	10.9	12.3	25.9	3.0	0.7
土耳其	100.0	68.0	55.7	53.6	8.2	2.6	1.4	9.9
越南	100.0	27.2	8.3	7.8	2.6	14.0	2.3	2.0
埃及	100.0	62.2	37.7	36.2	18.4	3.8	2.3	5.7
尼日利亚	100.0	61.9	47.0	45.7	8.7	3.5	1.6	3.3
南非	100.0	69.0	45.1	42.7	12.5	7.3	4.0	0.4
加拿大	100.0	82.0	12.1	10.4	14.4	4.7	0.9	0.5
墨西哥	100.0	87.2	9.1	8.5	74.0	3.7	0.4	0.3
美国	100.0	52.1	19.4	18.0	18.5	12.1	2.1	1.3
阿根廷	100.0	48.2	24.9	23.6	19.4	2.8	1.1	1.0
巴西	100.0	58.9	26.8	24.6	25.4	5.2	1.6	2.0
委内瑞拉	100.0	66.0	21.2	20.3	40.7	3.4	0.7	0.7
白俄罗斯	100.0	13.5	12.9	12.7	0.4		0.1	81.8
保加利亚	100.0	49.5	44.9	43.5	3.2	1.0	0.3	36.4
捷克共和国	100.0	73.4	69.4	67.0	2.6	1.0	0.4	17.9
法国	100.0	80.4	69.3	64.4	8.0	2.4	0.7	3.1
德国	100.0	72.7	57.6	52.1	9.0	4.9	1.2	10.7
意大利	100.0	70.5	60.0	56.3	6.0	2.5	2.0	7.4
荷兰	100.0	70.2	53.6	51.2	10.7	4.6	1.3	3.9
波兰	100.0	71.3	67.8	65.5	1.8	1.1	0.6	17.0
罗马尼亚	100.0	67.5	63.5	62.2	2.5	0.3	1.3	16.9
俄罗斯	100.0	45.6	34.2	32.9	8.6	1.7	1.1	29.1
西班牙	100.0	74.8	66.4	64.7	5.0	2.3	1.1	3.0
乌克兰	100.0	29.9	26.9	25.7	1.7	0.4	0.8	51.4
英国	100.0	76.2	56.0	49.9	13.7	4.4	2.1	2.7
澳大利亚	100.0	61.9	22.3	21.1	21.6	13.1	4.9	0.3
新西兰	100.0	70.9	18.3	17.4	18.9	11.2	22.5	0.3

资料来源:UNCTAD 数据库。①联合国贸易与发展会议数据。

附录 2－35 续表　　　　(2000 年)　　　　单位：%

国家和地区	发展中国家	美　洲	非　洲	西　亚	石油输出国组织国家	其　他亚洲地区	未分类
中　　国①	53.9	1.8	1.2	2.5	3.2	48.4	1.8
中国香港	61.2	0.6	0.1	0.5	1.2	60.0	8.1
孟加拉国	50.7	1.5	0.9	5.7	7.3	42.5	21.2
印　　度	47.4	2.8	5.9	13.3	15.6	25.4	1.9
印度尼西亚	49.3	1.4	0.8	3.1	3.2	43.6	2.0
伊　　朗	40.0	5.4	1.1	9.8	7.0	23.4	1.9
以 色 列	13.5	1.1	0.3	1.7	0.1	10.4	7.3
日　　本	58.2	3.2	0.5	12.2	15.9	42.1	
哈萨克斯坦	25.8	0.9	0.1	2.5	0.7	22.2	1.6
朝　　鲜	64.9	8.8	0.2	1.3	1.4	54.6	1.0
韩　　国	38.5	2.0	1.7	9.9	12.2	24.8	
马来西亚	43.5	0.7	0.2	1.6	3.9	40.9	6.5
蒙　　古	36.4				0.2	36.4	0.8
缅　　甸	78.7		0.1	0.2	9.4	78.4	5.0
巴基斯坦	65.9	1.2	2.6	38.5	37.7	23.4	
菲 律 宾	37.7	0.7	0.2	6.4	8.2	30.2	6.2
新 加 坡	50.8	0.8	0.4	7.9	7.4	41.4	0.2
斯里兰卡	48.8	1.4	0.2	6.2	7.2	41.1	8.0
泰　　国	46.1	1.3	0.6	9.2	9.3	34.9	
土 耳 其	18.4	1.3	3.6	3.7	6.1	9.5	3.7
越　　南	55.6	0.4	0.1	0.2	3.2	54.9	15.2
埃　　及	24.3	2.7	1.4	7.2	6.3	12.5	7.8
尼日利亚	32.2	4.0	3.8	0.4	2.5	23.9	2.5
南　　非	27.7	3.2	3.6	5.7	6.4	15.1	2.9
加 拿 大	15.5	5.0	0.6	0.6	1.7	9.2	2.0
墨 西 哥	10.8	3.2	0.4	0.2	0.8	7.1	1.8
美　　国	46.5	17.0	1.9	2.4	5.5	25.1	0.1
阿 根 廷	48.2	34.8	0.5	0.3	1.2	12.5	2.6
巴　　西	38.0	21.2	4.6	2.1	8.9	10.0	1.1
委内瑞拉	32.1	25.4	0.3		0.3	6.3	1.2
白俄罗斯	4.7	0.8	0.4		0.4	3.0	
保加利亚	11.8	2.9	0.7	3.7	0.7	3.2	2.3
捷克共和国	6.1	0.6	0.6	0.4	0.6	4.7	1.9
法　　国	16.2	2.3	3.7	3.0	3.6	6.8	0.4
德　　国	16.5	1.9	1.6	1.9	1.9	10.3	0.1
意 大 利	22.1	2.5	6.8	3.9	8.1	7.5	
荷　　兰	21.3	3.1	1.8	3.4	4.6	12.8	4.6
波　　兰	10.5	1.2	0.7	0.5	0.6	7.5	1.1
罗马尼亚	13.1	1.6	0.6	2.3	0.5	7.9	2.5
俄 罗 斯	25.1	3.5	0.9	1.4	0.6	18.6	0.2
西 班 牙	22.2	4.2	7.2	3.3	8.5	7.3	
乌 克 兰	18.2	1.4	1.5	1.7	0.3	13.2	0.6
英　　国	17.2	1.7	1.2	1.6	1.6	12.5	3.8
澳大利亚	33.7	1.2	0.2	2.6	4.8	28.0	4.1
新 西 兰	28.2	1.7	1.2	5.6	6.1	19.2	0.5

附录2－36 国 际 旅 游 收 支

单位:亿美元

国家和地区	国际旅游支出			国际旅游收入		
	1990	1999	2000	1990	1999	2000
世界	**2682.7**	**4170.8**		**2650.6**	**4548.7**	**4758.2**
高收入国家	**2283.6**	**3386.4**		**2109.7**	**3273.6**	**3370.1**
中等收入国家	**319.6**	**675.5**		**455.6**	**1131.5**	**1231.2**
低收入国家		**109.4**		**78.3**	**142.7**	
中国②	4.7	108.6		22.2	141.0	162.2
中国香港				50.3	72.1	78.9
孟加拉国	0.8	2.1		0.1	0.5	0.6
印度	3.9	20.1		15.1	30.1	33.0
印度尼西亚	8.4	23.5		21.1	47.1	57.5
伊朗	3.4	9.2		0.6	6.6	8.5
以色列	14.4	25.7		14.0	29.7	31.0
日本	249.3	328.1		35.8	34.3	33.7
哈萨克斯坦		3.9			3.6	
韩国	31.7	39.8	63.8	35.6	68.0	66.1
马来西亚	14.5	19.7		16.7	35.4	45.6
蒙古		0.4		0.1	0.3	
缅甸	0.2	0.2		0.1	0.4	
巴基斯坦	4.4	1.8		1.6	0.8	0.9
菲律宾	1.1	13.1		13.1	25.3	
新加坡	18.9	27.5		49.4	59.7	63.7
斯里兰卡	0.7	2.2		1.3	2.8	2.5
泰国	8.5	18.4	20.7	43.3	67.0	71.2
土耳其	5.2	14.7		32.3	52.0	76.4
埃及	1.3	10.8		11.0	39.0	43.5
尼日利亚	5.8	6.2		0.3	1.4①	
南非	11.2	18.1		9.9	25.3	
加拿大	109.3	113.5		63.4	101.7	107.7
墨西哥	55.2	45.4	55.0	54.7	72.2	83.0
美国	373.5	593.5		430.1	748.8	851.5
阿根廷	15.1	41.1		11.3	28.1	29.0
巴西	15.6	30.9	38.9	14.4	39.9	42.3
委内瑞拉	10.2	16.5		5.0	6.6	
白俄罗斯		1.2			0.1	0.2
保加利亚	1.9	5.2		3.2	9.3	10.7
捷克共和国	4.6	14.7		4.2	30.4	28.7
法国	124.2	186.3		201.8	315.1	299.0
德国	337.7	485.0		142.9	167.3	178.1
意大利	103.0	169.1		164.6	283.6	274.4
荷兰	73.8	113.7		41.6	70.9	69.5
波兰	4.2	36.0		3.6	61.0	61.0
罗马尼亚	1.0	4.0		1.1	2.5	3.6
俄罗斯		74.3			75.1	
西班牙	42.5	55.2		185.9	324.0	310.0
乌克兰		17.7			21.2	
英国	175.6	356.3		137.6	202.2	195.4
南斯拉夫				4.2	0.2	
澳大利亚	45.4	57.9		40.9	80.2	84.4
新西兰	9.6	14.9		10.3	20.8	20.7

注:资料来源:世界银行数据库。①1998年数据。②国际旅游支出为世界银行数据。

附录2－37 国际旅游人数

单位：万人

国家和地区	国外游客到达人数			出国旅游人数		
	1990	1999	2000	1990	1999	2000
世界	**46358**	**65289**	**70185**	**50875**	**64480**	
高收入国家	**31102**	**41154**	**43544**	**27440**	**32863**	
中等收入国家	**13586**	**21214**	**23540**	**15041**	**24032**	
低收入国家	**1296**	**2568**				
中国		7280	8344		923②	1047②
中国香港	658	1133	1306	204	418	
孟加拉国	12	17	20	39	110	
印度	171	248	264	228	381①	
印度尼西亚	218	473	506	69		
伊朗	15	132	170	79	145①	
以色列	106	231	240	88	320	
日本	324	444	476	1100	1636	
哈萨克斯坦	12	13①				
韩国	296	466	532	156	434	551
马来西亚	745	793	1022	1492	2607	
蒙古	15	16	16			
缅甸	2	20	21			
巴基斯坦	42	43	54			
菲律宾	103	217		114	176	
新加坡	484	626		124	397	
斯里兰卡	30	44	40	30	50	52
泰国	530	865	951	88	169	191
土耳其	480	689	959	292	476	
埃及	241	449	512	201	289	
尼日利亚	19	78	81	6		
南非	103	603	600	62	336①	
加拿大	1521	1947	2042	2042	1837	
墨西哥	1718	1904	2064	736	1035	1108
美国	3936	4849	5089	4462	5839	
阿根廷	193	290	299	240	479	
巴西	109	511	531	119	268	
委内瑞拉	53	59	47	31	89	
白俄罗斯		36①				
保加利亚	159	247	279	240	259①	
捷克共和国	728	561	570	351	3998	
法国	5250	7304	7550	1943	1671	
德国	1705	1712	1898	5626	7340	
意大利	2668	3652	4118	1615	1896	
荷兰	580	988	1020	900	1418	
波兰	340	1795	1740	2213	5510	
罗马尼亚	301	321	327	1125	627	
俄罗斯		1850	2117		1263	1837
西班牙	3409	4678	4820	1070	479①	
乌克兰		423			740	
英国	1801	2540	2519	3115	5388	
南斯拉夫	119	15				
澳大利亚	222	446	495	217	321	
新西兰	98	161	179	72	119	

注：资料来源：世界银行数据库。①1998年数据。②国内居民出境总人数。

附录2－38 世 界 国 际 收 支

单位:亿美元

	1990	1997	1998	1999	2000
经常帐户	**－128**	**374**	**－439**	**－928**	**－1275**
货　物	16	1150	764	467	164
贷　方	3435	55459	54271	56095	63093
借　方	3419	54308	53507	55628	62929
服　务	－45	17	－19	－69	－211
贷　方	861	13618	13757	14026	14762
借　方	906	13601	13775	14094	14973
收　入	－67	－551	－934	－1019	－915
贷　方	839	12376	13207	13531	15570
借　方	906	12926	17141	14550	16486
经常转移	－32	－243	－250	－307	－313
贷　方	250	3567	3723	3810	3709
借　方	282	3810	3973	4117	4022
资本帐户	**12**	**57**	**－141**	**－166**	**216**
金融帐户	**102**	**1317**	**586**	**1398**	**1991**
直接投资	－34	186	－9	576	1105
国　外	－235	－4437	－6774	－9997	－11907
在报告经济体内	201	4622	6765	10573	13012
证券投资	64	2863	－559	3159	2553
资　产	－186	－7349	－10586	－13179	－13052
负　债	251	10211	10027	16338	15605
金融衍生工具		－62	－94	193	－80
资　产		377	776	991	1203
负　债		－440	－870	－788	－1283
其他投资	165	－627	1682	－1018	110
资　产	－581	－13349	－3414	－5442	－12800
负　债	745	12723	5096	4424	12910
储　备	－93	－1043	－433	－1512	－1696
净误差与遗漏	**14**	**－1747**	**－6**	**－304**	**－932**

资料来源:IMF《国际收支》统计年鉴,2000年。

附录2-39 国 际 收 支

（2000年） 单位:亿美元

国家和地区	经常帐户	货物			服务		货物和服务:差额	收入	
		出口	进口	差额	贷方	借方		贷方	借方
中国	205.2	2491.3	-2146.6	344.7	304.3	-360.3	288.7	125.5	-272.2
中国香港	88.4	2027.0	-2108.9	-81.9	413.3	-254.2	77.2	534.9	-507.0
孟加拉国	-3.1	64.0	-80.5	-16.5	8.2	-16.2	-24.6	0.8	-3.4
印度	-42.0	431.3	-553.2	-121.9	183.3	-199.1	-137.8	22.8	-61.6
印度尼西亚	79.9	654.1	-403.7	250.4	52.1	-150.1	152.4	24.6	-115.3
伊朗	126.5	283.5	-152.1	131.4	13.8	-23.0	122.2	4.0	-6.0
以色列	-14.2	308.4	-341.9	-33.5	143.4	-123.5	-13.5	42.4	-109.1
日本	1168.8	4595.1	-3428.0	1167.2	692.4	-1168.6	690.9	2069.4	-1493.1
哈萨克斯坦	7.4	96.2	-68.5	27.7	11.4	-21.6	17.4	1.4	-13.3
韩国	122.4	1759.5	-1590.8	168.7	305.3	-334.2	139.8	63.8	-88.0
马来西亚	84.1	984.3	-775.8	208.5	137.8	-167.3	179.0	21.0	-96.1
缅甸	-2.4	16.2	-21.3	-5.2	5.3	-5.1	-5.0	0.3	-0.7
巴基斯坦	-1.0	87.4	-99.0	-11.6	13.8	-22.5	-20.3	1.2	-23.3
菲律宾	90.8	373.0	-303.8	69.2	41.7	-60.8	50.0	78.0	-41.6
新加坡	218.0	1389.3	-1275.3	114.0	270.4	-214.1	170.3	152.5	-91.3
斯里兰卡	-10.4	54.4	-64.8	-10.4	9.4	-16.2	-17.3	1.5	-4.5
泰国	93.1	678.9	-561.9	117.0	138.7	-154.6	101.1	42.3	-56.2
土耳其	-98.2	316.6	-540.4	-223.8	194.8	-81.5	-110.4	28.4	-68.4
越南	9.6	144.5	-140.7	3.8	27.0	-32.5	-1.8	1.9	-7.8
埃及	-9.7	70.6	-153.8	-83.2	98.0	-75.1	-60.3	18.7	-9.8
南非	-4.7	314.3	-272.0	42.3	50.9	-56.2	37.0	21.8	-54.3
加拿大	180.1	2844.5	-2446.1	398.3	372.5	-417.7	353.1	285.0	-467.7
美国	-4446.9	7748.6	-12244.3	-4495.7	2908.8	-2170.7	-3757.6	3529.0	-3676.8
墨西哥	-181.6	1664.6	-1744.6	-80.0	137.6	-174.4	-116.8	60.5	-195.1
阿根廷	-89.7	264.1	-238.5	25.6	45.4	-88.7	-17.8	74.0	-148.8
巴西	-246.3	550.9	-557.8	-7.0	93.8	-169.6	-82.7	36.2	-215.0
委内瑞拉	131.1	330.4	-154.9	175.4	12.4	-42.6	145.3	29.2	-41.2
白俄罗斯	-2.3	69.3	-78.4	-9.1	9.9	-4.3	-3.5	0.3	-0.7
保加利亚	-7.0	48.2	-60.0	-11.8	21.8	-16.7	-6.7	3.2	-6.4
捷克共和国	-22.4	290.2	-321.1	-31.0	67.3	-54.1	-17.8	18.2	-25.7
法国	204.3	2955.3	-2944.0	11.3	817.4	-626.3	202.4	713.6	-576.5
德国	-187.1	5491.7	-4918.7	572.9	838.9	-1340.2	71.6	971.6	-981.5
匈牙利	-14.9	253.7	-274.7	-21.1	62.5	-44.8	-3.3	9.4	-25.2
意大利	-56.7	2387.4	-2280.2	107.2	561.2	-561.7	106.6	386.7	-506.8
荷兰	123.5	2081.3	-1868.5	212.8	534.1	-536.2	210.7	407.2	-431.9
波兰	-100.0	359.0	-482.1	-123.1	103.9	-90.0	-109.2	22.5	-37.1
罗马尼亚	-13.6	103.7	-120.5	-16.8	17.7	-20.2	-19.4	3.3	-6.1
俄罗斯	463.2	1055.7	-448.6	607.0	96.3	-173.5	529.8	47.5	-114.9
西班牙	-172.6	1150.8	-1478.4	-327.5	533.8	-311.5	-105.2	149.2	-232.3
乌克兰	14.8	157.2	-149.4	7.8	38.0	-31.7	14.1	1.4	-10.9
英国	-255.9	2846.0	-3300.3	-454.3	1172.0	-962.7	-245.0	2035.9	-1906.6
澳大利亚	-153.3	640.4	-687.5	-47.1	183.7	-180.0	-43.4	85.9	-195.3
新西兰	-27.3	134.8	-128.5	6.4	43.3	-45.1	4.5	5.9	-40.2

国外资料来源:国际货币基金组织数据库。

附录 2－39 续表 1　　　　(2000 年)　　　　单位:亿美元

国家和地区	经常帐户			资本帐户			金融帐户	直接投资	
	货物、服务和收入差额	经常转移							
		贷方	借方		贷方	借方		国外	在报告经济体内
中国	142.1	68.6	-5.5	-0.4		-0.4	19.6	-9.2	384.0
中国香港	105.1	5.4	-22.1	-15.5	0.6	-16.0	41.7	-593.4	618.8
孟加拉国	-27.3	24.3	-0.1	2.5	2.5		-2.6		2.8
印度	-176.5	135.0	-0.5				96.2	-3.4	23.2
印度尼西亚	61.7	18.2					-79.0	-1.5	-45.5
伊朗	120.2	5.4	0.8				-101.9		0.4
以色列	-80.2	75.3	-9.3	12.1	12.1		6.6	-28.0	43.9
日本	1267.1	73.8	-172.1	-92.6	7.8	-100.4	-755.4	-315.3	82.3
哈萨克斯坦	5.4	2.9	-0.9	-2.9	0.7	-3.6	13.2		12.5
韩国	115.6	65.0	-58.2	-6.2	1.0	-7.1	127.3	-50.0	92.8
马来西亚	103.9	7.2	-27.0				-62.8	-20.3	37.9
缅甸	-5.4	3.0					1.6		2.5
巴基斯坦	-42.5	41.9	-0.4				-31.1	-0.1	3.1
菲律宾	86.5	5.5	-1.2	0.4	0.7	-0.4	-67.9	1.0	20.3
新加坡	231.6	1.3	-14.9	-1.6		-1.6	-114.0	-42.8	63.9
斯里兰卡	-20.3	11.7	-1.8	0.5	0.6	-0.1	5.7		1.7
泰国	87.3	9.5	-3.7				-104.4	0.2	33.7
土耳其	-150.4	53.2	-0.9				94.5	-8.7	9.8
越南	-7.7	17.3					-3.2		13.0
埃及	-51.4	42.2	-0.5				-16.5	-0.5	12.4
南非	4.6	1.1	-10.3	-0.5	0.2	-0.7	-15.4	-5.8	9.6
加拿大	170.4	40.7	-31.0	35.5	40.4	-5.0	-100.9	-439.6	627.6
美国	-3905.4	102.4	-643.9	6.8	6.8		4435.8	-1524.4	2876.8
墨西哥	-251.5	70.2	-0.3				223.3		132.9
阿根廷	-92.6	6.4	-3.5	0.9	1.0	-0.2	81.1	-11.1	116.7
巴西	-261.5	18.3	-3.1	2.7	3.0	-0.3	293.7	-22.8	327.8
委内瑞拉	133.2	2.2	-4.3				-27.8	-1.1	44.6
白俄罗斯	-3.9	1.8	-0.2	0.4	1.1	-0.7	1.7		0.9
保加利亚	-9.9	3.5	-0.6	0.3	0.3		8.8		10.0
捷克共和国	-25.3	7.2	-4.3	-0.1	0.1	-0.1	33.6	-1.2	45.8
法国	339.5	173.5	-308.7	13.9	19.2	-5.3	-302.8	-1694.8	431.7
德国	61.7	158.1	-406.9	138.5	170.6	-32.1	132.0	-520.5	1891.8
匈牙利	-19.0	7.0	-2.9	2.7	4.6	-1.9	23.6	-5.3	16.9
意大利	-13.4	157.9	-201.2	28.8	41.7	-13.0	75.1	-120.7	131.7
荷兰	186.0	43.7	-106.1	6.5	29.0	-22.5	6.9	-708.9	523.1
波兰	-123.8	30.1	-6.3	0.3	1.1	-0.8	102.0	-0.2	93.4
罗马尼亚	-22.2	10.8	-2.2	0.4	0.4		19.4	0.1	10.3
俄罗斯	462.5	8.1	-7.4	106.8	115.4	-8.7	-338.0	-32.1	27.1
西班牙	-188.3	116.2	-100.5	48.3	58.0	-9.8	170.3	-528.3	360.2
乌克兰	4.6	11.4	-1.2	-0.1		-0.1	-4.2		6.0
英国	-115.7	198.0	-338.3	29.8	42.4	-12.6	299.3	-2662.2	1199.3
澳大利亚	-152.8	26.2	-26.7	6.1	14.1	-7.9	139.6	-49.3	106.5
新西兰	-29.8	6.5	-4.0	-1.8	2.4	-4.2	33.4	-9.6	32.1

附录 2-39 续表 2 （2000 年） 单位:亿美元

国家和地区	金融帐户							净误差与遗漏	国际收支总盈余
	证券投资		金融衍生工具		其他投资		储备及相关项目		
	资产	负债	资产	负债	资产	负债			
中国	-113.1	73.2			-438.6	123.3	-106.9	-117.5	106.9
中国香港	-220.2	465.1	84.1	-81.8	182.8	-413.8	-100.4	-14.2	100.4
孟加拉国					-12.5	7.1	0.3	2.8	-0.3
印度		16.2			-11.4	71.5	-60.9	6.7	60.9
印度尼西亚		-19.1				-12.9	-37.3	36.4	37.3
伊朗					-82.6	-19.7	-10.8	-13.7	10.8
以色列	-28.8	33.2			-31.5	17.8	10.7	-15.2	-10.7
日本	-833.6	473.9	-30.0	11.0	-41.5	-102.1	-489.6	168.7	489.6
哈萨克斯坦	-0.9	0.2			1.4		-5.7	-12.1	5.7
韩国	-5.2	127.0	5.3	-7.1	-22.9	-12.7	-237.9	-5.6	237.9
马来西亚		-24.7			-55.7		10.1	-31.4	-10.1
缅甸						-0.9	0.2	0.6	-0.2
巴基斯坦		-4.5			-4.4	-25.1	26.2	5.8	-26.2
菲律宾	-8.1	5.8			-152.9	66.1	3.8	-27.0	-3.8
新加坡	-117.8	-20.8			-52.9	56.4	-68.1	-34.3	68.1
斯里兰卡	0.2	-0.6			-2.4	6.8	3.6	0.6	-3.6
泰国	-1.6	-5.5			-22.0	-109.2	18.1	-6.8	-18.1
土耳其	-5.9	16.2			-21.4	104.5	29.3	-25.6	-29.3
越南					-20.9	4.8	-1.1	-5.3	1.1
埃及		2.7			-29.9	-1.1	20.3	5.9	-20.3
南非	-36.7	18.1	-1.4		-11.4	12.2	-4.0	24.6	4.0
加拿大	-421.4	136.8			-9.1	4.7	-37.2	-77.5	37.2
美国	-1249.4	4745.9			-3032.7	2619.6	-3.0	7.3	3.0
墨西哥	12.9	-22.2			62.5	37.3	-71.5	29.8	71.5
阿根廷	-10.6	-13.3			-21.8	21.3	11.8	-4.0	-11.8
巴西	-17.0	86.5	3.9	-5.8	-29.9	-48.9	-79.8	29.7	79.8
委内瑞拉	-9.1	-15.1			-49.2	2.0	-58.2	-45.0	58.2
白俄罗斯	0.1	0.5			0.4	-0.3	-1.8	2.0	1.8
保加利亚	-0.6	-1.1			-1.4	2.0	-1.4	-0.7	1.4
捷克共和国	-22.4	4.8	-1.3	0.9	9.8	-3.0	-8.4	-2.7	8.4
法国	-968.0	1329.6		41.4	9.6	547.7	24.3	60.3	-24.3
德国	-1975.2	364.6		-35.3	-748.3	1154.9	52.2	-135.6	-52.2
匈牙利	-3.1	-2.2	7.5	-6.6	-9.1	25.4	-10.5	-0.8	10.5
意大利	-802.6	570.2	7.4	15.9	2.4	270.8	-32.5	-14.7	32.5
荷兰	-662.8	731.0	845.3	-889.1	-331.7	500.0	-2.2	-134.7	2.2
波兰	-0.9	34.2	2.7		-38.7	11.4	-6.3	4.0	6.3
罗马尼亚	0.3	0.7			-4.1	12.1	-9.1	2.9	9.1
俄罗斯	-3.8	-128.1			-170.3	-30.9	-139.2	-92.7	139.2
西班牙	-594.0	568.0		20.2	-169.2	513.3	28.8	-74.8	-28.8
乌克兰		-2.0			-4.5	-3.7	-9.0	-1.5	9.0
英国	-963.7	2577.7		22.6	-4131.4	4256.9	-53.0	-20.2	53.0
澳大利亚	-48.1	148.5	-8.9	3.7	-41.9	29.1	13.6	-6.1	-13.6
新西兰	-21.8	22.6			-8.4	18.5	1.4	-5.6	-1.4

附录2-40 外国直接投资

单位:亿美元

国家和地区	外来直接投资			对外直接投资		
	1995	1999	2000	1995	1999	2000
世界	**3310.7**	**10750.5**	**12707.6**	**3552.8**	**10057.8**	**11499.0**
发达国家	**2034.6**	**8298.2**	**10051.8**	**3058.5**	**9456.9**	**10463.4**
发展中国家	**1133.4**	**2220.1**	**2401.7**	**489.9**	**579.8**	**995.5**
中国	375.2	403.2	407.2	20.0②	17.8②	23.2②
中国香港	62.1①	245.9	644.5	250.0①	193.4	630.4
孟加拉国	-	1.8	1.7①	-	0.2	0.2
印度	21.4	21.5	23.2	1.2	0.8	3.4
印度尼西亚	43.5	-27.5	-45.5	13.2	0.7	1.5
伊朗	0.2	0.3①	0.4①	-	0.3①	0.4
以色列	13.5	23.6	53.5①	7.3	10.3	26.9
日本	0.4	127.4	81.9	225.1	227.4	328.9
哈萨克斯坦	9.6	15.9	12.5		-	-
朝鲜	-	-0.2	1.1①			
韩国	17.8	106.0	101.9	35.5	25.5	37.0
马来西亚	58.2	35.3	55.4	24.9	16.4	29.2
蒙古	0.1	0.3	0.3①	-	-	-
缅甸	2.8	2.5	2.4	-0.4	0.6	0.3
巴基斯坦	7.2	5.3	3.1		-0.2	-0.1
菲律宾	14.6	7.4	14.9	1.0	1.3	1.0
新加坡	87.9	72.0	63.9	34.4	40.1	42.8
斯里兰卡	0.7	1.8	2.2	0.1	0.1	-
泰国	20.0	35.6	24.5	8.4	3.4	0.6
土耳其	8.9	7.8	9.8	1.1	6.5	8.7
越南	23.4	19.9	20.8			
埃及	6.0	10.7	12.4	0.9	0.4	0.5
尼日利亚	10.8	10.1	10.0①	1.0	0.9	0.9①
南非	12.4	15.0	8.8	25.0	19.5	5.6
加拿大	92.6	251.5	633.4	114.6	184.2	440.5
墨西哥	95.3	119.2	131.6	-2.6	12.1①	16.0①
美国	587.7	2949.8	2811.2	920.7	1425.5	1392.6
阿根廷	56.1	241.5	111.5	15.0	12.5	9.1
巴西	54.8	313.6	335.5	11.6	13.8	29.8
委内瑞拉	9.9	31.9	41.1	0.9	5.2	3.2
白俄罗斯	0.2	4.4	0.9	0.1		
保加利亚	0.9	8.2	10.0	-0.1	0.2	-
捷克共和国	25.6	63.2	46.0	0.4	0.9	1.2
法国	236.8	470.7	441.5	157.6	1206.2	1724.8
德国	120.3	559.4	1760.6	390.5	1098.0	485.6
意大利	48.4	67.5	113.8	70.2	67.5	121.0
荷兰	123.2	425.8	550.1	202.0	612.6	730.5
波兰	36.6	72.7	100.0	0.4	0.3	1.3
罗马尼亚	4.2	10.4	10.0	-	0.2	-0.1
俄罗斯	20.2	33.1	27.0	3.6	19.6	30.5
西班牙	61.6	157.6	366.2	40.8	420.8	537.2
乌克兰	2.7	5.0	6.0	0.1	0.1	
英国	199.7	829.4	1304.3	435.6	2058.0	2497.9
南斯拉夫	0.5	1.2	0.3			
澳大利亚	119.7	63.6	116.8	32.8	-29.1	52.3
新西兰	36.6	14.1	14.8①	-3.4	8.0	13.4①

注:资料来源:联合国贸易和发展会议《世界投资报告》2001。①估计数。②联合国贸易与发展会议数据。

附录2-41 国际储备与黄金储备

国家和地区	国际储备(不包括黄金,亿美元)			黄金储备(万盎司)		
	1990	2000	2001	1990	2000	2001
世界	**9324.2**	**20120.3**	**21208.7**	**93959.0**	**95064.0**	**94143.0**
发达国家	**5891.1**	**8464.7**	**8546.3**	**79581.0**	**79597.0**	**78355.0**
发展中国家	**3433.1**	**11655.6**	**12662.4**	**14378.0**	**15467.0**	**15788.0**
中国	157.8①	2157.2①	2666.3①	1267.0	1267.0	1267.0
中国香港	245.7	1075.4	1111.6	22.8	6.7	6.7
孟加拉国	6.3	14.9	12.8	8.0	10.9	11.1
印度	15.2	379.0	458.7	1069.2	1150.2	1150.2
印度尼西亚	74.6	285.0	272.5	311.1	310.1	310.1
伊朗				434.3		
以色列	62.8	232.8	233.8	83.9		
日本	785.0	3549.0	3951.5	2422.8	2454.7	2460.2
韩国	147.9	961.3	1027.5	32.0	43.9	44.2
哈萨克斯坦		15.9	20.0		184.0	184.0
马来西亚	97.5	295.2	304.7	235.0	117.0	117.0
蒙古		1.8	2.1	3.7	8.5	18.4
缅甸	3.1	2.2		25.1	23.1	
巴基斯坦	3.0	15.1	36.4	194.9	209.1	209.1
菲律宾	9.2	130.5	134.4	288.8	722.8	798.0
新加坡	277.5	801.3	753.8			
斯里兰卡	4.2	10.4	12.9	6.3	62.6	62.6
泰国	133.1	320.2	323.5	247.6	236.7	248.0
土耳其	60.5	224.9	188.8	409.5	373.9	373.3
越南		34.2	36.7			
埃及	26.8	131.2	129.3	243.2	243.2	243.2
南非	10.1	60.8	60.5	409.0	590.0	572.0
尼日利亚	38.6			68.7		
加拿大	178.5	319.2	339.6	1476.4	118.4	105.2
美国	722.6	566.0	576.3	26191.0	26161.1	26200.0
墨西哥	98.6	355.1	447.4	91.9	24.9	23.1
阿根廷	45.9	251.5	145.5	423.3	1.9	0.9
巴西	74.4	324.9	357.4	456.9	189.3	46.0
委内瑞拉	83.2	130.9	92.4	1146.0	1024.0	1094.0
白俄罗斯		3.5				
保加利亚		33.4	33.9		103.1	103.1
捷克共和国		130.2	143.4		44.6	44.4
法国	367.8	370.4	317.5	8185.3	9724.5	9725.0
德国	679.0	568.9		9518.2	11151.9	11113.2
意大利	629.3	255.7		6667.1	7882.9	7882.9
荷兰	174.8	96.4	90.3	4394.2	2931.5	2843.8
波兰	44.9	265.6	256.5	47.2	330.6	330.8
罗马尼亚	5.2	39.2	54.4	220.8	337.4	338.2
俄罗斯		242.6	325.4		1235.9	1359.9
西班牙	512.3	309.9	295.8	1561.1	1682.9	1682.9
乌克兰		13.5	29.6		45.4	48.3
英国	358.5	438.9	372.8	1894.1	1567.4	1142.2
澳大利亚	162.6	181.2	179.6	793.3	256.3	256.3
新西兰	41.3	33.3	30.1	0.1		

注：资料来源：国际货币基金组织数据库。①外汇储备。

附录 2－42 主要国家外债及其构成

（2000 年） 单位：亿美元

国家和地区	外债总额	长期外债	短期外债	私人非担保外债	政府及政府担保外债
中等收入国家	**19414**	**15766**	**3648**	**4990**	**10776**
低收入国家	**5492**	**4698**	**795**	**582**	**4115**
中国	1457	1327	131	279①	1047①
孟加拉国	156	151	5		151
印度	991	956	35	93	863
印度尼西亚	1418	1083	335	392	692
伊朗	80	43	37	5	38
哈萨克斯坦	67	61	5	25	36
韩国	1344	881	463	412	469
马来西亚	418	372	46	181	191
蒙古	9	8	1		8
缅甸	60	54	7		54
巴基斯坦	321	290	30	19	271
菲律宾	501	421	80	87	334
斯里兰卡	91	82	9	2	80
泰国	797	614	179	323	294
土耳其	1162	831	331	278	553
越南	128	115	12		115
埃及	290	249	41	6	243
尼日利亚	341	330	12	2	327
南非	249	153	96	62	91
墨西哥	1503	1314	189	498	815
阿根廷	1462	1128	334	262	866
巴西	2380	2052	327	1126	926
委内瑞拉	382	362	20	86	276
白俄罗斯	9	7	2		7
保加利亚	100	83	17	8	75
捷克共和国	213	123	90	42	81
波兰	636	565	71	257	308
罗马尼亚	102	94	8	30	64
俄罗斯	1603	1332	271	217	1114
乌克兰	122	96	25	15	81
南斯拉夫	120	67	53	6	61

注：资料来源：世界银行数据库。①世界银行数据。

附录2－43 外债风险指标

（2000年） 单位：%

国家和地区	政府及政府担保外债占中央政府经常性财政收入比重	债务率	负债率	短期外债比重	偿债率	外债本息占GNP比重
中等收入国家				**16.7**	**18.5**	**6.6**
低收入国家				**10.2**	**15.7**	**4.9**
中国	22.0①②	52.1	13.5	29.7	9.2	2.0②
孟加拉国	14.5①	110.6	20.4	1.9	9.1	1.7
印度	13.6	91.2	15.6	3.5	12.5	2.1
印度尼西亚	36.6①	181.8	94.6	16.0	25.3	13.2
伊朗	4.4	24.6	7.0	46.2	11.4	3.3
哈萨克斯坦	20.1	61.1	39.2	8.0	16.8	10.8
韩国		60.6	28.2	30.1	10.9	5.1
马来西亚		37.9	52.0	11.1	5.3	7.2
蒙古	7.7	90.6	59.3	1.6	4.7	3.1
缅甸	0.5①	235.2		11.3	4.7	
巴基斯坦	18.0	249.3	44.6	4.7	26.8	4.8
菲律宾	36.9	102.8	64.0	11.9	13.6	8.5
斯里兰卡	21.6	91.0	43.6	7.8	9.6	4.6
泰国	23.5	89.0	63.5	18.7	16.3	11.6
土耳其	18.0	195.8	56.9	24.9	36.1	10.5
越南	22.0	64.4	35.5	7.2	7.5	4.2
埃及		106.5	23.0	14.2	8.4	1.8
尼日利亚		117.0	74.1	3.5	4.3	2.7
南非	6.3	61.4	19.4	38.4	10.0	3.1
墨西哥	24.2①	81.4	28.1	12.6	30.2	10.4
阿根廷	41.1	404.2	55.9	19.4	71.3	9.9
巴西		323.5	39.3	13.0	90.7	11.0
委内瑞拉	18.2	103.9	32.5	4.6	15.7	4.9
白俄罗斯	5.5	9.9	2.7	5.1	2.9	0.8
保加利亚	15.8	131.3	82.4	4.2	16.2	10.2
捷克共和国	15.6	57.0	42.8	42.3	12.7	9.5
波兰	6.9	118.2	37.1	11.2	20.9	6.6
匈牙利	20.4	85.4	63.2	14.1	24.4	18.0
罗马尼亚	16.8①	80.3	27.5	3.5	18.8	6.4
俄罗斯	7.8	127.9	61.7	9.7	10.1	4.9
乌克兰	21.0	58.5	37.3	3.7	18.6	11.9

注：资料来源：世界银行数据库。①1999年数据。②世界银行数据。

附录2－44 人文发展指数

（2000年）

国家和地区	出生时的预期寿命（岁）	成人识字率（%）	初等、中等和高等教育入学率（1999年，%）	人均实际GDP(购买力平价法)	预期寿命指数	教育指数	国内生产总值指数	人文发展指数	人文发展指数与人均国内生产总值位次之差①
世界	**66.9**		**65**	**7446**	**0.70**	**0.75**	**0.72**	**0.722**	
高收入国家	**77.4**		**91**	**24973**	**0.87**	**0.96**	**0.92**	**0.918**	
中等收入国家	**67.1**	**78.9**	**67**	**4141**	**0.70**	**0.75**	**0.62**	**0.691**	
低收入国家	**52.9**	**49.7**	**38**	**1251**	**0.46**	**0.46**	**0.42**	**0.448**	
挪威	78.5	②	97	29918	0.89	0.98	0.95	0.942	2
瑞典	79.7	②	101	24277	0.91	0.99	0.92	0.941	15
加拿大	78.8	②	97	27840	0.90	0.98	0.94	0.940	4
比利时	78.4	②	109	27178	0.89	0.99	0.94	0.939	5
澳大利亚	78.9	②	116	25693	0.90	0.99	0.93	0.939	7
美国	77.0	②	95	34142	0.87	0.98	0.97	0.939	－4
冰岛	79.2	②	89	29581	0.90	0.96	0.95	0.936	－2
荷兰	78.1	②	102	25657	0.89	0.99	0.93	0.935	5
日本	81.0	②	82	26755	0.93	0.93	0.93	0.933	2
芬兰	77.6	②	103	24996	0.88	0.99	0.92	0.930	6
瑞士	78.9	②	84	28769	0.90	0.94	0.94	0.928	－5
法国	78.6	②	94	24223	0.89	0.97	0.92	0.928	6
英国	77.7	②	106	23509	0.88	0.99	0.91	0.928	7
丹麦	76.2	②	97	27627	0.85	0.98	0.94	0.926	－6
奥地利	78.1	②	90	26765	0.89	0.96	0.93	0.926	－5
卢森堡	77.4	②	72	50061	0.87	0.90	1.00	0.925	－15
德国	77.7	②	94	25103	0.88	0.97	0.92	0.925	－2
爱尔兰	76.6	②	91	29866	0.86	0.96	0.95	0.925	－14
新西兰	77.6	②	99	20070	0.88	0.99	0.88	0.917	5
意大利	78.5	98.4	84	23626	0.89	0.94	0.91	0.913	－1
西班牙	78.5	97.6	95	19472	0.89	0.97	0.88	0.913	4
以色列	78.7	94.6	83	20131	0.90	0.91	0.89	0.896	1
中国香港	79.5	93.5	63	25153	0.91	0.83	0.92	0.888	－9
希腊	78.2	97.2	81	16501	0.89	0.92	0.85	0.885	10
新加坡	77.6	92.3	75	23356	0.88	0.87	0.91	0.885	－4
塞浦路斯	78.0	97.1	68	20824	0.88	0.88	0.89	0.883	－4
韩国	74.9	97.8	90	17380	0.83	0.95	0.86	0.882	1
葡萄牙	75.7	92.2	96	17290	0.84	0.94	0.86	0.879	
斯洛文尼亚	75.5	99.6	83	17367	0.88	0.88	0.86	0.875	1
马耳他	78.0	92.0	80	17273	0.88	0.88	0.86	0.875	1
巴巴多斯	76.8	98.0	77	15494	0.86	0.91	0.84	0.871	5
文莱	75.9	91.5	76	16779	0.85	0.86	0.86	0.856	1
捷克共和国	74.9	②	70	13991	0.83	0.89	0.82	0.849	6
阿根廷	73.4	96.8	83	12377	0.81	0.92	0.80	0.844	10
匈牙利	71.3	99.3	81	12416	0.77	0.93	0.80	0.835	8
斯洛伐克	73.3	100.0	76	11243	0.80	0.91	0.79	0.835	10
波兰	73.3	99.7	84	9051	0.81	0.94	0.75	0.833	16
智利	75.3	95.8	78	9417	0.84	0.90	0.76	0.831	12
巴林	73.3	87.6	80	15084	0.81	0.85	0.84	0.831	－2
乌拉圭	74.4	97.7	79	9035	0.82	0.92	0.75	0.831	14

注：资料来源：联合国开发计划署《人文发展报告》2002年。①正值表示人文发展指数排序比实际人均国内生产总值（购买力平价方法计算，单位：国际元）排名位次靠前，负值则表示相反。②为计算人文发展指数，此指标值采用99%。③中国为联合国开发计划署统计数字。

附录 2-44 续表 1　　(2000 年)　　单位:%

国家和地区	出生时的预期寿命(岁)	成人识字率(%)	初等、中等和高等教育入学率(1999年,%)	人均实际GDP(购买力平价法)	预期寿命指数	教育指数	国内生产总值指数	人文发展指数	人文发展指数与人均国内生产总值位次之差①
巴哈马	69.2	95.4	74	17012	0.74	0.88	0.86	0.826	-9
爱沙尼亚	70.6	99.8	86	10066	0.76	0.95	0.77	0.826	6
哥斯达黎加	76.4	95.6	67	8650	0.86	0.86	0.74	0.820	14
圣基茨和尼维斯	70.0	97.8	70	12510	0.75	0.89	0.81	0.814	-3
科威特	76.2	82.0	59	15799	0.85	0.74	0.84	0.813	-10
阿联酋	75.0	76.3	68	17935	0.83	0.74	0.87	0.812	-19
塞舌尔	72.7	88.0		12508	0.80	0.83	0.81	0.811	-5
克罗地亚	73.8	98.3	68	8091	0.81	0.88	0.73	0.809	11
立陶宛	72.1	99.6	80	7106	0.78	0.93	0.71	0.808	16
特立尼达和多巴哥	74.3	93.8	65	8964	0.82	0.84	0.75	0.805	6
卡塔尔	69.6	81.2	75	18789	0.74	0.79	0.87	0.803	-25
安提瓜和巴布达	73.9	86.6	69	10541	0.82	0.81	0.78	0.800	-5
拉脱维亚	70.4	99.8	82	7045	0.76	0.93	0.71	0.800	13
墨西哥	72.6	91.4	71	9023	0.79	0.84	0.75	0.796	1
古巴	76.0	96.7	76	7544	0.85	0.90	0.64	0.795	35
白俄罗斯	68.5	99.6	77	6000	0.73	0.92	0.72	0.788	7
巴拿马	74.0	91.9	74	5606	0.82	0.86	0.68	0.787	18
伯利兹	74.0	93.2	73	9068	0.82	0.86	0.67	0.784	24
马来西亚	72.5	87.5	66	8377	0.79	0.80	0.75	0.782	-7
俄罗斯	66.1	99.6	78	5880	0.68	0.92	0.74	0.781	-2
多米尼加	72.9	96.4	65	5710	0.80	0.86	0.68	0.779	16
保加利亚	70.8	98.4	72	6423	0.76	0.90	0.68	0.779	18
罗马尼亚	69.8	98.1	69	7570	0.75	0.88	0.69	0.775	6
利比亚	70.5	80.0	92	5086	0.76	0.84	0.72	0.773	-2
马其顿	73.1	94.0	70	5703	0.80	0.86	0.66	0.772	20
圣卢西亚	73.4	90.2	70	10017	0.81	0.83	0.67	0.772	15
毛里求斯	71.3	84.5	63	6248	0.77	0.77	0.77	0.772	-18
哥伦比亚	71.2	91.7	73	5794	0.77	0.85	0.69	0.772	4
委内瑞拉	72.9	92.6	65	6402	0.80	0.83	0.68	0.770	10
泰国	70.2	95.5	60	11367	0.75	0.84	0.69	0.762	
沙特阿拉伯	71.6	76.3	61	4668	0.78	0.71	0.79	0.759	-26
斐济	69.1	92.9	83	7625	0.73	0.90	0.64	0.758	17
巴西	67.7	85.2	80	3799	0.71	0.83	0.72	0.757	-13
苏里南	70.6	94.0	82	4308	0.76	0.90	0.61	0.756	29
黎巴嫩	73.1	86.0	78	2559	0.80	0.83	0.63	0.755	20
亚美尼亚	72.9	98.4	80	3971	0.80	0.92	0.54	0.754	41
菲律宾	69.3	95.3	82	13356	0.74	0.91	0.61	0.754	20
阿曼	71.0	71.7	58	5871	0.77	0.67	0.82	0.751	-38
哈萨克斯坦	64.6	98.0	77	3816	0.66	0.91	0.68	0.750	-1
乌克兰	68.1	99.6	77	2664	0.72	0.92	0.61	0.748	22
格鲁吉亚	73.2	100.0	70	4799	0.80	0.89	0.55	0.748	34
秘鲁	68.8	89.9	80	7580	0.73	0.87	0.65	0.747	6
格林纳达	65.3	94.4	65	4485	0.67	0.85	0.72	0.747	-22
马尔代夫	66.5	96.7	77	6974	0.69	0.90	0.63	0.743	9
土耳其	69.8	85.1	62	3639	0.75	0.77	0.71	0.742	-18

附录 2-44 续表 2 （2000 年） 单位：%

国家和地区	出生时的预期寿命（岁）	成人识字率（%）	初等、中等和高等教育入学率（1999 年，%）	人均实际 GDP（购买力平价法）	预期寿命指数	教育指数	国内生产总值指数	人文发展指数	人文发展指数与人均国内生产总值位次之差①
牙买加	75.3	86.9	62	3639	0.84	0.79	0.60	0.742	18
土库曼斯坦	66.2	98.0	81	3956	0.69	0.92	0.61	0.741	13
阿塞拜疆	71.6	97.0	71	2936	0.78	0.88	0.56	0.741	24
斯里兰卡	72.1	91.6	70	3530	0.79	0.84	0.59	0.741	19
巴拉圭	70.1	93.3	64	4426	0.75	0.83	0.63	0.740	4
圣文森特	69.6	88.9		5555	0.74	0.79	0.67	0.733	-8
阿尔巴尼亚	73.2	84.7	71	3506	0.80	0.80	0.59	0.733	17
厄瓜多尔	70.0	91.6	77	3203	0.75	0.87	0.58	0.732	17
多米尼加共和国	67.1	83.6	72	6033	0.70	0.80	0.68	0.727	-20
乌兹别克斯坦	69.0	99.2	76	2441	0.73	0.91	0.53	0.727	24
中国③	70.5	84.1	73	3976	0.76	0.80	0.61	0.726	
突尼斯	70.2	71.0	74	6363	0.75	0.72	0.69	0.722	-26
伊朗	68.9	76.3	73	5884	0.73	0.75	0.68	0.721	-22
约旦	70.3	89.7	55	3966	0.76	0.78	0.61	0.717	-1
佛得角	69.7	73.8	77	4863	0.75	0.75	0.65	0.715	-13
西萨摩亚	69.2	80.2	65	5041	0.74	0.75	0.65	0.715	-15
吉尔吉斯斯坦	67.8	97.0	68	2711	0.71	0.75	0.55	0.712	12
圭亚那	63.0	98.5	66	3963	0.63	0.87	0.61	0.708	-4
萨尔瓦多	69.7	78.7	63	4497	0.75	0.88	0.64	0.706	-13
摩尔多瓦	66.6	98.9	72	2109	0.69	0.74	0.51	0.701	21
阿尔及利亚	69.6	66.7	72	5308	0.74	0.69	0.66	0.697	-22
南非	52.1	85.3	93	9401	0.45	0.88	0.76	0.695	-56
叙利亚	71.2	74.4	63	3556	0.77	0.71	0.60	0.691	-2
越南	68.2	93.4	67	1996	0.72	0.84	0.50	0.688	19
印度尼西亚	66.2	86.9	65	3043	0.69	0.79	0.57	0.684	1
赤道几内亚	51.0	83.2	64	15073	0.43	0.77	0.84	0.679	-73
塔吉克斯坦	67.6	99.2	67	1152	0.71	0.88	0.41	0.667	39
蒙古	62.9	98.9	58	1783	0.63	0.85	0.48	0.655	21
玻利维亚	62.4	85.5	70	2424	0.62	0.80	0.53	0.653	6
埃及	67.3	55.3	76	3635	0.70	0.62	0.60	0.642	-10
洪都拉斯	65.7	74.6	61	2453	0.68	0.70	0.53	0.638	2
加蓬	52.7	71.0	86	6237	0.46	0.76	0.69	0.637	-44
尼加拉瓜	68.4	66.5	63	2366	0.72	0.65	0.53	0.635	4
圣多美和普林西比	65.1	83.1	58	1792	0.67	0.75	0.48	0.632	14
危地马拉	64.8	68.6	49	3821	0.66	0.62	0.61	0.631	-19
所罗门群岛	68.3	76.6	50	1648	0.72	0.68	0.47	0.622	17
纳米比亚	44.7	82.0	78	6431	0.33	0.81	0.69	0.610	-54
摩洛哥	67.6	48.9	52	3546	0.71	0.50	0.60	0.602	-16
印度	63.3	57.2	55	2358	0.64	0.57	0.53	0.577	-1
斯威士兰	44.4	79.6	72	4492	0.32	0.77	0.64	0.577	-33
博茨瓦纳	40.3	77.2	70	7184	0.25	0.75	0.71	0.572	-62
缅甸	56.0	84.7	55	1027	0.52	0.75	0.39	0.552	25
津巴布韦	42.9	88.7	65	2635	0.30	0.81	0.55	0.551	-12
加纳	56.8	71.5	42	1964	0.53	0.62	0.50	0.548	1

附录2－45 研究与发展经费支出和公共教育经费支出占国内(民)生产总值的比重

国家和地区	研究与发展经费支出占国民生产总值的比重(%)			公共教育经费支出占国内生产总值的比重		
	1990	1995	1999	1990	1995	1998
中国①		0.6	0.8	2.3⑤	2.2⑤	2.3④⑤
中国香港			0.3	2.8	2.9	
孟加拉国				1.5		2.4④
印度	0.7	0.6	0.6④	3.6	3.1	2.9④
印度尼西亚				1.0	1.3	1.4
伊朗				4.1	4.1	4.6
以色列	2.2	2.2	3.7	6.3		7.7
日本		2.9	2.8③			3.5
韩国	1.9	2.5	2.7③	3.4	3.4	4.1
马来西亚			0.4②	5.1	4.4	4.6③
蒙古			0.1	12.3	6.3	6.2③
巴基斯坦				2.6	2.8	2.7③
菲律宾				2.9	3.0	3.2
新加坡		1.1		3.1	3.1	
斯里兰卡				2.7	3.0	3.4④
泰国		0.1	0.1③	3.5	4.0	4.7
土耳其	0.3	0.4	0.5③	2.2	2.3	
越南				2.0	2.9	2.8③
埃及			1.9	3.9	4.7	
尼日利亚				0.9	0.6	
南非				5.9	5.9	6.1
加拿大	1.5	1.7	1.7②	6.5		5.6
墨西哥		0.3	0.4③	3.6		
美国		2.5		5.1		5.0
阿根廷		0.4	0.5		3.6	3.7④
巴西		0.9	0.8④		5.0	4.6
委内瑞拉	0.5		0.3	3.0		
白俄罗斯		1.1	0.6③	4.8	5.5	5.6
保加利亚	2.6	0.6		5.2	3.8	3.4
捷克共和国		1.0	1.3②		5.2	4.2
法国	2.4	2.3	2.2③	5.3	6.0	5.9
德国		2.3	2.3②		4.7	4.6
意大利	1.3	1.1		3.1	4.6	4.7
荷兰		2.0	2.0③	5.7	5.0	4.9
波兰		0.7	0.7③		4.8	5.4
罗马尼亚				2.8		4.4
俄罗斯		0.8	1.1		3.6	
西班牙	0.8	0.8		4.2	4.7	4.5
乌克兰		1.2	1.0	5.1	7.2	4.4
英国	2.2	2.0	1.8③	4.8	5.2	4.7
南斯拉夫			1.3②		4.3	4.2
澳大利亚	1.3		1.7④	4.9	5.1	4.8
新西兰		1.0	1.2③	6.2	7.1	7.2

注：资料来源：世界银行《世界发展指标》2002年。①研究与试验发展经费支出占国内生产总值的比重。②1998年数字。③1997年数字。④1996年数字。⑤来源于世界银行。

附录2-46 享有卫生设施人口占总人口比重

单位:%

国家和地区	占总人口的比重		占城市人口的比重		占农村人口的比重	
	1990	2000	1990	2000	1990	2000
世界总计	**48**	**56**	**78**	**84**	**29**	**35**
中国①	29	38	57	68	18	24
孟加拉国	37	53	78	82	27	44
印度	21	31	58	73	8	14
印度尼西亚	54	66	76	87	44	52
伊朗	81	81	86	86	74	74
韩国		63		76		
马来西亚						98
蒙古		30		46		2
缅甸	45	46	65	65	38	39
巴基斯坦	34	61	78	94	13	42
菲律宾	74	83	85	92	64	71
新加坡	100	100	100	100		
斯里兰卡	82	83	93	91	79	83
泰国	86	96	97	97	83	96
土耳其	87	91	98	98	70	70
越南	73	73	86	86	70	70
埃及	87	94	96	98	80	91
尼日利亚	60	63	77	85	51	45
南非		86		99		73
加拿大	100	100	100	100	99	99
墨西哥	69	73	85	87	28	32
美国	100	100	100	100	100	100
阿根廷		85		89		48
巴西	72	77	84	85	37	40
委内瑞拉		74		75		69
荷兰	100	100	100	100	100	100
罗马尼亚		53		86		10
英国	100	100	100	100	100	100
澳大利亚	100	100	100	100	100	100

注:资料来源:世界银行《世界发展指标》2002年。①来源于世界银行。

附录 2－47 人均医疗支出及医疗支出占国内生产总值比重

国家和地区	医疗支出占国内生产总值的比重(%)			人均医疗支出(现价美元)		
	1990	1998	1999	1990	1998	1999
世界总计	**4.0**			**359**	**597**	
高收入国家	**8.7**	**10.0**	**11.0**	**1818**	**2681**	**3091**
中等收入国家	**5.1**	**5.7**		**68**	**114**	
低收入国家	**3.6**	**4.2①**		**19**	**21②**	
中国③	3.5	4.8	5.1	12	37	40
中国香港	3.7			481		
孟加拉国	2.8	3.6		7	12	
印度	4.2			17		
印度尼西亚	1.6	1.6		10	8	
伊朗	4.2	4.2		410	128	
以色列	7.6	9.5		859	1607	
日本	5.9	7.2		1460	2243	
韩国	4.8	5.1	5.4	281	351	470
马来西亚	2.5	2.5		59	81	
蒙古	7.2					
缅甸	2.6	1.8		15	97	
巴基斯坦	4.4	4.0		16	18	
菲律宾	2.9	3.6	3.6	21	32	37
新加坡	3.3	3.2		394	678	
斯里兰卡	3.3	3.1	3.5	16	26	29
泰国	5.5	6.0		84	112	
土耳其	3.6	4.8		98	153	
越南	2.9	4.8		3	17	
埃及	4.3			51		
尼日利亚	2.7	2.8		9	30	
南非		7.2			230	
加拿大	9.0	9.3	9.3	1863	1846	1939
墨西哥	4.4	5.3		138	236	
美国	11.9	12.9	12.9	2738	4095	4271
阿根廷	10.5	8.1	8.4	458	667	654
巴西	6.6	6.5		206	308	
委内瑞拉	3.5	4.2		88	171	
白俄罗斯		5.6			85	
保加利亚	4.1	3.8	4.1	97	56	62
捷克共和国	5.0	7.1	7.2		392	380
法国	8.6	9.4	9.3	1844	2324	2288
意大利	8.1	8.2	8.2	1650	1701	1676
德国	7.8	10.3	10.5	1567	2697	2697
荷兰	8.5	8.7	8.7	1672	2169	2173
波兰	5.3	6.4	6.2	82	264	248
罗马尼亚	5.1	4.6		85	86	
西班牙	6.6	7.0		876	1043	
乌克兰		5.1	4.4	42		28
英国	6.0	6.8	6.9	1032	1625	1675
澳大利亚	7.9	8.6		1430	1714	
新西兰	7.0	8.1	8.1	881	1133	1163

注：资料来源：世界银行《世界发展指标》2002年。①1997年数据。②1995年数据。③中国数据来源于世界银行。

附录2－48 每千人口医生数和病床数

国家和地区	每千人口医生数(人)			每千人口床位数(张)		
	1990	1998	1999	1990	1998	1999
世界总计	**1.6**			**4.0**		
高收入国家	**2.5**	**2.8**		**8.1**	**7.5**	
中等收入国家	**1.6**	**1.9**		**3.4**	**3.4①**	
中国②	1.5	1.6	1.7	2.3	2.3	2.4
中国香港	1.3③					
孟加拉国	0.2	0.2①		0.3		
印度尼西亚	0.1			0.7		
伊朗		0.9④		1.4	1.6④	
以色列		3.9		6.2	6③	
日本	1.7	1.9		16.0	16.5	16.4
韩国	0.8	1.3	1.3	3.1	5.1	5.5
马来西亚	0.4	0.7①		2.1	2④	
蒙古	2.5	2.4				
缅甸	0.1	0.3③	0.3	0.6		
巴基斯坦	0.5	0.6①		0.6		
菲律宾	0.1	1.2④		1.4		
新加坡	1.3	1.6		3.6		
斯里兰卡			0.4	2.7		
泰国	0.2	0.4④		1.6	2③	
土耳其	0.9	1.2	1.2	2.1	2.5	2.6
越南	0.4	0.5		3.8	1.7①	
埃及	0.8	1.6①		2.1	2.1①	
尼日利亚				1.7		
南非		0.6④				
加拿大	2.1	2.1	2.1	6.3	4.1	
墨西哥	1.1	1.6	1.7	0.8	1.1	1.1
美国	2.4	2.7		4.9	3.7	3.6
阿根廷	2.7	2.7③		4.6	3.3④	
巴西	1.4	1.3④		3.3	3.1④	
委内瑞拉	1.6	2.4①		2.7	1.5④	
白俄罗斯	3.9	4.4		13.2	12.2④	
保加利亚	3.3	3.5	3.5	10.1	8.6①	
捷克共和国	2.8	3.0	3.0	11.3	8.9	8.7
法国	2.6	3.0		9.7	8.5	
意大利	4.7	5.8	5.9	7.2	5.5	
德国	3.1	3.5		10.4	9.3	
荷兰	2.5	2.9	3.1	11.5	11.3	11.3
波兰	2.1	2.3	2.3	5.7	5.3	5.1
罗马尼亚		1.8		8.9	7.6④	
俄罗斯	4.1	4.2		13.0	12.1①	
西班牙	3.8	2.9	3.1	4.3	3.9④	
乌克兰	4.3	3.0		12.9	11.8③	
英国	1.4	1.7	1.8	5.9	4.2	4.1
南斯拉夫	2.0	2③		5.9	5.3③	
澳大利亚	2.5③	2.5		8.7③	8.5	
新西兰	1.9	2.2	2.3	8.5	6.2	

注：资料来源：世界银行《世界发展指标》2002年。①1997年数字。②来源于世界银行。③1995年数据。④1996年数据。

附录 2－49 军事支出占中央政府支出和国内生产总值比重

国家和地区	军事支出占中央政府支出的比重		军事支出占国内生产总值的比重	
	1990	1999	1990	1999
世界总计	**13.7**	**10.0**	**3.4**	**2.3**
高收入国家	**13.1**	**9.1**	**3.4**	**2.3**
中等收入国家	**18.7**	**15.8**	**3.7**	**2.7**
低收入国家	**15.2**	**13.8**	**3.0**	**2.5**
中国①	32.3	22.2	3.5	2.3
孟加拉国		10.1	1.2	1.3
印度	13.2	14.6	2.7	2.5
印度尼西亚	7.8	5.3	1.5	1.1
伊朗	30.2	11.2	6.0	2.9
以色列	24.8	18.5	13.2	8.8
日本	6.0	6.1	1.0	1.0
朝鲜				18.8
韩国	22.3	11.0	4.2	2.9
马来西亚	9.0	9.3	2.7	2.3
蒙古	11.7	5.9	8.6	2.1
缅甸				7.8
巴基斯坦	29.1	27.9	7.1	5.9
菲律宾	10.7	7.3	2.2	1.4
新加坡	23.6	20.5	5.0	4.8
斯里兰卡		18.4		4.7
土耳其	20.3	13.9	3.5	5.3
越南			7.9	
埃及	10.1		3.3	2.7
尼日利亚	7.6	8.1	2.0	1.6
南非	12.6	5.0	4.0	1.5
加拿大	7.0	5.9	1.9	1.4
墨西哥	2.6		0.5	0.6
美国	23.5	15.7	5.2	3.0
阿根廷	16.7	9.1	1.9	1.6
巴西	4.6		1.8	1.9
委内瑞拉	8.4	7.1	2.1	1.4
白俄罗斯		4.1		1.3
保加利亚		8.7		3.0
捷克共和国		6.3		2.3
法国	8.4	5.9	3.5	2.7
德国	9.4	4.7	2.8	1.6
意大利	4.4	4.7	2.2	2.0
荷兰	5.1	5.9	2.5	1.8
波兰		6.1	4.8	2.1
罗马尼亚	10.3	4.7	3.5	1.6
俄罗斯		22.4		5.6
西班牙	5.4	6.1	1.8	1.3
乌克兰		8.2		3.0
英国	11.2	6.9	4.0	2.5
澳大利亚	9.3	7.6	2.2	1.8
南斯拉夫	55.0		4.0	5.0
新西兰	5.0	3.5	2.1	1.2

注：资料来源：世界银行《世界发展指标》2002 年。①来源于世界银行数据库。

附录 2－50 军事人员数及军事人员数占劳动力总数比重

单位：%

国家或地区	军事人员数(万人)		军事人员数占劳动力总数的比重(%)	
	1990	1999	1990	1999
世界总计	**2391.8**	**2119.8**	**1.0**	**0.7**
高收入国家	**622.6**	**472.4**	**1.5**	**1.0**
中等收入国家	**1141.1**	**1022.0**	**1.0**	**0.7**
低收入国家	**628.1**	**625.4**	**0.8**	**0.6**
中国①	350.0	240.0	0.5	0.3
孟加拉国	10.3	11.0	0.2	0.2
印度	126.0	130.0	0.3	0.3
印度尼西亚	28.3	29.6	0.4	0.3
伊朗	44.0	46.0	2.8	2.4
以色列	19.0	17.3	10.3	6.6
日本	25.0	24.0	0.4	0.4
朝鲜	120.0	100.0	11.7	8.6
韩国	65.0	66.5	3.3	2.8
马来西亚	13.0	9.5	1.8	1.0
蒙古	3.2	2.0	3.3	1.7
缅甸	23.0	34.5	1.1	1.4
巴基斯坦	55.0	59.0	1.4	1.2
菲律宾	10.9	10.7	0.4	0.3
新加坡	5.6	6.0	3.6	3.0
斯里兰卡	2.2	11.0	0.3	1.3
土耳其	76.9	78.9	3.2	2.6
越南	105.0	48.5	3.1	1.2
埃及	43.4	43.0	2.4	1.8
尼日利亚	9.4	7.7	0.2	0.2
南非	8.5	6.8	0.6	0.4
加拿大	8.7	6.0	0.6	0.4
墨西哥	17.5	25.5	0.6	0.6
美国	218.0	149.0	1.7	1.0
阿根廷	8.5	7.3	0.7	0.5
巴西	29.5	30.0	0.5	0.4
委内瑞拉	7.5	7.5	1.0	0.8
白俄罗斯		6.5		1.2
保加利亚	12.9	7.0	2.9	1.7
捷克共和国		5.4		0.9
法国	55.0	42.1	2.2	1.6
德国	54.5	33.1	1.4	0.8
意大利	49.3	39.1	2.0	1.5
荷兰	10.4	5.4	1.5	0.7
波兰	31.3	18.7	1.7	0.9
罗马尼亚	12.6	17.0	1.2	1.6
俄罗斯		90.0		1.2
西班牙	26.3	15.5	1.7	0.9
乌克兰		34.0		1.3
英国	30.8	21.8	1.1	0.7
澳大利亚	6.8	5.5	0.8	0.6
南斯拉夫	18.0	10.5	3.7	2.1
新西兰	1.1	1.0	0.7	0.5

注：资料来源：世界银行《世界发展指标》2002 年。①来源于世界银行。

附录2－51 按国家和地区汇总的世界最大500家企业资料

（2001年）

国家和地区	企业数（个）	营业额（亿美元）	利润额（亿美元）
中国	11	2605.4	121.8
印度	1	209.2	5.9
日本	88	24573.3	－336.1
韩国	12	2703.1	72.2
马来西亚	1	176.8	38.3
新加坡	1	131.0	－1.5
中国台湾省	2	223.7	5.0
加拿大	16	2160.0	－171.9
墨西哥	2	512.9	－28.9
美国	197	58856.1	2172.0
巴西	4	614.3	53.8
委内瑞拉	1	462.5	36.6
比利时	3	567.3	20.3
比利时/荷兰	1	405.3	23.3
丹麦	1	109.1	10.5
芬兰	2	400.3	28.0
法国	37	9964.1	55.9
德国	35	12101.2	195.4
意大利	8	2523.0	104.0
卢森堡	2	242.0	－5.7
荷兰	9	3123.3	29.2
挪威	2	432.8	28.0
俄罗斯	2	322.5	21.1
西班牙	5	1351.1	89.2
瑞典	5	820.1	4.2
瑞士	11	3233.7	130.1
英国	33	8616.5	196.5
英国/荷兰	2	1813.4	125.0
澳大利亚	6	845.5	47.3
合计	**500**	**140099.6**	**3060.9**

资料来源：美国《财富》杂志2002年7月22日。

附录三、第二次基本单位普查

THE DATA OF THE SECOND UNIT – CENSUS

简要说明：

基本单位作为社会经济活动的基本元素，是各种社会经济信息的载体。基本单位普查是最基本的国情国力调查之一。根据国务院的统一部署，我省对2001年基本单位情况进行了普查。在省委、省政府的关怀下，全省各级普查机构和广大普查人员开拓进取，扎实工作，有关部门积极支持配合，完成了摸底、试点、培训和普查登记、数据处理等各阶段的工作，普查取得了圆满成功。

本篇基本单位普查资料的范围是山东省辖区内的全部法人单位及其所属的产业活动单位，内容包括各类法人单位和产业活动单位数量、从业人员及其各类分组等。部分数据由于单位取舍不同而产生的计算误差未作调整。

编辑单位：普查中心
编　　委：孙思栋
编　　辑：赵海军
校　　对：赵海军
电　　话：6129463

附录3-1 按单位类别、三次产业、行业(门类)划分的法人单位数、产业活动单位数及从业人数

(2001年)

类别	法人单位数(个)	单产业法人	多产业法人	法人单位从业人数(万人)	#女性	产业活动单位数(个)	#多产业法人所属的产业活动单位	产业活动单位从业人数(万人)	#女性
总计	348473	311790	36683	1669.94	617.60	503519	191729	1686.53	622.55
按单位类别分									
企业法人	200484	190394	10090	1328.14	501.73				
事业法人	25259	21980	3279	156.71	68.12				
机关法人	15710	10715	4995	104.71	28.06				
社团法人	6551	6366	185	11.38	3.47				
居委会	3495	2814	681	3.48	1.58				
村委会	86703	69270	17433	56.43	9.92				
民办非企业	9401	9385	16	6.96	3.44				
其他类未包括法人	870	866	4	2.12	1.28				
生产经营性产业活动单位						257222	66828	1343.12	505.05
非生产经营性产业活动单位						246297	124901	343.41	117.50
按三次产业分									
第一产业	2542	2454	88	10.05	3.08	3018	564	11.50	3.44
第二产业	112981	110104	2877	1049.87	386.95	121924	11820	1047.74	382.81
第三产业	232950	199232	33718	610.03	227.56	378577	179345	627.29	236.30
按行业门类分									
农、林、牧、渔业	5027	4792	235	13.81	4.22	11171	6379	18.58	5.52
采掘业	2703	2593	110	85.21	19.82	2943	350	77.61	15.47
制造业	98450	96396	2054	742.56	335.69	104426	8030	745.86	336.26
电力、煤气及水的生产和供应业	733	549	184	24.84	7.71	2039	1490	24.76	7.55
建筑业	11095	10566	529	197.26	23.73	12516	1950	199.51	23.52
地质勘查业、水利管理业	1004	914	90	4.86	1.15	2353	1439	5.71	1.30
交通运输、仓储及邮电通信业	4859	4195	664	43.75	12.01	12055	7860	45.85	12.21
批发和零售贸易、餐饮业	54647	50755	3892	135.42	62.50	81904	31149	138.40	65.00
金融、保险业	3648	2109	1539	24.08	10.89	13599	11490	24.57	11.16
房地产业	4207	3985	222	14.01	4.52	4735	750	17.15	6.04
社会服务业	16991	16396	595	44.23	18.42	22042	5646	49.34	20.61
卫生、体育和社会福利业	9775	8623	1152	42.01	22.35	41332	32709	48.21	25.17
教育、文化艺术及广播电影电视业	16896	15300	1596	96.74	42.44	51769	36469	123.02	54.33
科学研究和综合技术服务业	3231	3052	179	8.48	2.74	4196	1144	9.80	3.15
国家机关、政党机关和社会团体	112459	89165	23294	176.01	43.03	132345	43180	138.22	28.14
其他行业	2748	2400	348	16.67	6.37	4094	1694	19.94	7.12

附录3-2 各市法人单位数、产业活动单位数及从业人数

（2001年）

类别	法人单位数（个）	单产业法人	多产业法人	法人单位从业人数（万人）	#女性	产业活动单位数（个）	#多产业法人所属的产业活动单位	产业活动单位从业人数（万人）	#女性
全省总计	348473	311790	36683	1669.94	617.60	503519	191729	1686.53	622.55
济南市	33209	30002	3207	163.97	56.10	44572	14570	167.00	57.08
青岛市	56636	52327	4309	230.84	100.77	69854	17527	229.77	100.61
淄博市	20701	18157	2544	119.75	44.50	31532	13375	121.80	45.16
枣庄市	11515	10345	1170	70.67	24.30	17707	7362	71.42	23.85
东营市	6728	6147	581	46.94	15.80	9009	2862	47.55	16.31
烟台市	33827	29857	3970	162.49	62.15	45234	15377	162.88	62.25
潍坊市	31853	28642	3211	148.53	56.36	48319	19677	149.87	56.61
济宁市	23617	21668	1949	120.52	40.98	34504	12836	123.24	41.76
泰安市	13698	11402	2296	109.52	35.27	22691	11289	108.67	35.16
威海市	15383	13497	1886	79.34	31.86	21104	7607	80.57	32.37
日照市	11752	10509	1243	35.72	12.46	17010	6501	36.03	12.55
莱芜市	4512	3825	687	25.70	8.18	6816	2991	26.59	8.36
临沂市	23685	21541	2144	107.10	37.79	41908	20367	109.07	38.32
德州市	20158	17919	2239	73.29	26.61	30450	12531	73.74	26.78
聊城市	13906	12149	1757	60.51	22.52	21814	9665	61.03	22.68
滨州市	10992	9604	1388	42.48	15.84	17324	7720	44.44	16.56
菏泽市	16301	14199	2102	72.58	26.12	23671	9472	72.84	26.16

附录3-3 按登记注册类型分的法人单位数、产业活动单位数及从业人数

（2001年）

类　　别	法人单位数（个）	单产业法人	多产业法人	法人单位从业人数（万人）	#女性	产业活动单位数（个）	#多产业法人所属的产业活动单位	产业活动单位从业人数（万人）	#女性
总　计	**348473**	**311790**	**36683**	**1669.94**	**617.60**	**503519**	**191729**	**1686.53**	**622.55**
内　资	338334	301825	36509	1530.63	535.71	492943	191118	1548.92	540.75
国　有	62778	51702	11076	510.47	182.30	140002	88300	521.10	184.66
集　体	43569	39236	4333	307.55	101.24	95373	56137	323.87	107.55
股份合作	4031	3727	304	36.86	13.92	5222	1495	36.99	13.87
联　营	1098	1051	47	7.82	2.93	1668	617	9.16	3.28
国有联营	213	200	13	2.07	0.75	259	59	2.82	0.94
集体联营	467	449	18	3.29	1.24	763	314	3.48	1.22
国有与集体联营	120	111	9	1.24	0.51	157	46	1.49	0.63
其他联营	298	291	7	1.22	0.43	489	198	1.37	0.50
有限责任公司	14949	13893	1056	220.70	78.98	18527	4634	211.10	75.60
国有独资公司	489	400	89	40.11	13.03	656	256	34.37	10.60
其他有限责任公司	14460	13493	967	180.59	65.95	17871	4378	176.73	65.00
股份有限公司	4002	3551	451	90.09	33.71	6898	3347	92.19	34.14
私　营	108455	107443	1012	282.70	105.44	112608	5165	283.47	105.68
私营独资	59856	59700	156	128.18	48.60	62318	2618	129.41	49.10
私营合伙	6978	6954	24	19.47	6.96	7373	419	19.75	7.05
私营有限责任公司	38049	37273	776	118.40	44.33	39246	1973	118.13	44.08
私营股份有限公司	3572	3516	56	16.65	5.55	3671	155	16.18	5.46
其他内资	99452	81222	18230	74.42	17.19	112645	31423	71.03	15.96
港澳台投资	3551	3455	96	47.05	22.54	3760	305	44.80	22.14
与港澳台商合资经营	2242	2193	49	33.05	16.36	2310	117	33.06	16.36
与港澳台商合作经营	221	211	10	3.75	1.66	232	21	3.73	1.65
港澳台商独资	1023	989	34	6.83	3.52	1145	156	6.86	3.53
港澳台商投资股份有限公司	65	62	3	3.42	1.00	73	11	1.15	0.60
外商投资	6588	6510	78	92.27	59.35	6816	306	92.81	59.66
中外合资经营	2716	2672	44	39.77	21.85	2825	153	40.16	22.10
中外合作经营	274	270	4	3.49	2.13	289	19	3.60	2.18
外资企业	3475	3450	25	44.63	33.50	3559	109	44.65	33.52
外商投资股份有限公司	123	118	5	4.38	1.87	143	25	4.40	1.86

附录3－4 各市按单位类别分的法人单位数及从业人数

（2001年）

地区	法人单位		企业法人		事业法人		机关法人		社团法人	
	单位数（个）	从业人数（万人）	单位数（个）	从业人数（万人）	单位数（个）	从业人数（万人）	单位数（个）	从业人数（万人）	单位数（个）	从业人数（万人）
全省总计	348473	1669.94	200484	1328.14	25259	156.71	15710	104.71	6551	11.38
济南市	33209	163.97	22992	132.25	2568	17.10	1304	8.68	772	1.29
青岛市	56636	230.84	44678	200.61	2697	16.75	1091	6.76	797	0.74
淄博市	20701	119.75	13963	102.43	1158	8.30	885	5.02	387	0.73
枣庄市	11515	70.67	6826	57.35	814	5.40	630	5.14	252	0.33
东营市	6728	46.94	3068	39.45	474	3.03	484	2.69	216	0.72
烟台市	33827	162.49	20711	136.36	3369	13.71	1465	5.94	366	0.36
潍坊市	31853	148.53	17090	115.64	2142	13.27	1336	12.00	476	1.27
济宁市	23617	120.52	12509	92.45	2171	12.52	1292	8.49	466	0.95
泰安市	13698	109.52	7860	89.86	1029	8.08	682	7.03	274	0.38
威海市	15383	79.34	10343	68.43	1076	4.68	548	3.43	254	0.29
日照市	11752	35.72	4222	25.48	741	4.15	505	2.34	306	0.77
莱芜市	4512	25.70	2696	21.05	323	1.95	273	1.57	135	0.28
临沂市	23685	107.10	9386	75.97	2224	15.53	1241	8.08	582	0.65
德州市	20158	73.29	8579	53.20	1105	5.92	1261	9.22	654	0.93
聊城市	13906	60.51	5040	41.75	981	7.30	975	6.34	246	0.98
滨州市	10992	42.48	3633	29.88	911	5.68	756	4.06	183	0.19
菏泽市	16301	72.58	6888	45.98	1476	13.34	982	7.90	185	0.52

附录3－4续表

（2001年）

地区	其他法人		#居委会		#村委会		#民办非企业法人	
	单位数（个）	从业人数（万人）	单位数（个）	从业人数（万人）	单位数（个）	从业人数（万人）	单位数（个）	从业人数（万人）
全省总计	100469	69.00	3495	3.48	86703	56.43	9401	6.96
济南市	5573	4.65	467	0.37	4672	3.65	351	0.52
青岛市	7373	5.98	661	0.41	6020	4.57	532	0.80
淄博市	4308	3.27	268	0.34	3233	2.30	748	0.56
枣庄市	2993	2.45	183	0.15	2681	1.93	115	0.35
东营市	2486	1.05	69	0.06	1774	0.80	634	0.18
烟台市	7916	6.10	333	0.25	6484	5.20	1038	0.59
潍坊市	10809	6.35	330	0.26	9347	5.66	1051	0.37
济宁市	7179	6.12	200	0.32	6552	4.05	276	0.39
泰安市	3853	4.16	129	0.29	3602	3.74	50	0.07
威海市	3162	2.50	180	0.27	2665	2.04	271	0.15
日照市	5978	2.99	57	0.19	2931	1.99	2976	0.79
莱芜市	1085	0.86	24	0.03	1046	0.80	9	0.01
临沂市	10252	6.87	186	0.23	9382	5.67	658	0.94
德州市	8559	4.02	155	0.06	8306	3.79	69	0.15
聊城市	6664	4.13	88	0.06	6502	3.84	57	0.19
滨州市	5509	2.67	67	0.04	5382	2.56	30	0.04
菏泽市	6770	4.83	98	0.14	6124	3.84	536	0.84

附录3-5 各市按三次产业分的法人单位数及从业人数

（2001年）

地　　区	法人单位数（个）	第一产业	第二产业	第三产业	从业人数（万人）	第一产业	第二产业	第三产业
全省总计	348473	2542	112981	232950	1669.94	10.05	1049.87	610.03
济南市	33209	159	9879	23171	163.97	0.45	89.36	74.16
青岛市	56636	519	21089	35028	230.84	0.91	151.51	78.42
淄博市	20701	94	9442	11165	119.75	0.19	86.92	32.63
枣庄市	11515	66	4331	7118	70.67	0.16	47.91	22.60
东营市	6728	71	1579	5078	46.94	0.58	33.65	12.72
烟台市	33827	386	12808	20633	162.49	1.40	113.58	47.50
潍坊市	31853	176	12071	19606	148.53	1.07	96.96	50.51
济宁市	23617	137	6398	17082	120.52	0.39	68.05	52.07
泰安市	13698	86	4494	9118	109.52	0.28	76.67	32.57
威海市	15383	293	5841	9249	79.34	2.82	54.84	21.68
日照市	11752	55	2277	9420	35.72	0.11	18.80	16.81
莱芜市	4512	25	1431	3056	25.70	0.07	17.48	8.15
临沂市	23685	132	6141	17412	107.10	0.59	61.20	45.31
德州市	20158	76	5459	14623	73.29	0.14	41.95	31.21
聊城市	13906	70	3407	10429	60.51	0.22	32.44	27.84
滨州市	10992	43	2268	8681	42.48	0.17	24.67	17.64
菏泽市	16301	154	4066	12081	72.58	0.50	33.88	38.20

附录3-6 按登记注册类型、三次产业划分的法人单位数及从业人数

（2001年）

类别	法人单位数（个）	第一产业	第二产业	第三产业	从业人数（万人）	第一产业	第二产业	第三产业
总计	**348473**	**2542**	**112981**	**232950**	**1669.94**	**10.05**	**1049.87**	**610.03**
内资	338334	2394	104810	231130	1530.63	9.68	919.69	601.27
国有	62778	581	5428	56769	510.47	2.86	157.60	350.01
集体	43569	538	21631	21400	307.55	3.10	232.67	71.78
股份合作	4031	48	2218	1765	36.86	0.16	29.22	7.48
联营	1098	24	567	507	7.82	0.26	5.89	1.67
国有联营	213	2	80	131	2.07		1.66	0.40
集体联营	467	11	278	178	3.29	0.25	2.62	0.42
国有与集体联营	120	1	60	59	1.24		0.79	0.45
其他联营	298	10	149	139	1.22	0.01	0.81	0.40
有限责任公司	14949	102	6437	8410	220.70	0.80	184.68	35.22
国有独资公司	489	3	168	318	40.11	0.03	35.94	4.14
其他有限责任公司	14460	99	6269	8092	180.59	0.77	148.75	31.07
股份有限公司	4002	40	1928	2034	90.09	0.29	73.46	16.35
私营	108455	1036	65471	41948	282.70	2.04	232.05	48.61
私营独资	59856	647	43910	15299	128.18	1.03	110.95	16.20
私营合伙	6978	80	4650	2248	19.47	0.15	16.49	2.83
私营有限责任公司	38049	253	15175	22621	118.40	0.74	90.93	26.73
私营股份有限公司	3572	56	1736	1780	16.65	0.12	13.68	2.86
其他内资	99452	25	1130	98297	74.42	0.16	4.12	70.14
港澳台投资	3551	57	2664	830	47.05	0.14	41.18	5.72
与港澳台商合资经营	2242	24	1837	381	33.05	0.07	31.22	1.76
与港澳台商合作经营	221	2	156	63	3.75		3.32	0.42
港澳台商独资	1023	29	629	365	6.83	0.07	5.71	1.04
港澳台商投资股份有限公司	65	2	42	21	3.42		0.92	2.50
外商投资	6588	91	5507	990	92.27	0.23	89.01	3.03
中外合资经营	2716	27	2374	315	39.77	0.11	37.80	1.86
中外合作经营	274	6	199	69	3.49	0.01	3.21	0.28
外资企业	3475	50	2854	571	44.63	0.08	43.69	0.85
外商投资股份有限公司	123	8	80	35	4.38	0.02	4.31	0.04

附录3－7 各市按登记注册类型分的法人单位数及从业人数

（2001年）

地　　区	法人单位数（个）	内资单位	港澳台商投资单位	外商投资单位	从业人数（万人）	内资单位	港澳台商投资单位	外商投资单位
全省总计	348473	338334	3551	6588	1669.94	1530.63	47.05	92.27
济南市	33209	32516	352	341	163.97	156.50	2.89	4.58
青岛市	56636	52697	1005	2934	230.84	183.29	6.77	40.78
淄博市	20701	20251	231	219	119.75	112.06	3.78	3.90
枣庄市	11515	11386	79	50	70.67	68.35	1.24	1.08
东营市	6728	6642	45	41	46.94	46.09	0.53	0.32
烟台市	33827	32162	644	1021	162.49	139.50	9.51	13.48
潍坊市	31853	31074	328	451	148.53	136.36	5.75	6.42
济宁市	23617	23428	86	103	120.52	114.77	3.84	1.92
泰安市	13698	13554	70	74	109.52	106.83	1.38	1.30
威海市	15383	14264	241	878	79.34	66.19	2.69	10.45
日照市	11752	11580	60	112	35.72	34.24	0.66	0.82
莱芜市	4512	4490	10	12	25.70	25.29	0.17	0.23
临沂市	23685	23311	208	166	107.10	100.62	3.74	2.74
德州市	20158	20060	41	57	73.29	72.04	0.54	0.71
聊城市	13906	13848	32	26	60.51	57.98	1.39	1.14
滨州市	10992	10902	49	41	42.48	39.98	1.04	1.46
菏泽市	16301	16169	70	62	72.58	70.53	1.12	0.94

附录3-8 按行业(大类)、经营性质分的产业活动单位数及从业人数

(2001年)

行业大类	产业活动单位数(个)	生产经营性单位	非生产经营性单位	从业人数(万人)	生产经营性单位	非生产经营性单位
总计	**503519**	**257222**	**246297**	**1686.53**	**1343.12**	**343.41**
农、林、牧、渔业	11171	3467	7704	18.58	11.53	7.05
农业	698	645	53	2.78	2.52	0.25
林业	521	323	198	1.58	1.00	0.58
畜牧业	930	913	17	2.22	2.11	0.10
渔业	869	842	27	4.92	4.87	0.05
农、林、牧、渔服务业	8153	744	7409	7.09	1.03	6.06
采掘业	2943	2943		77.61	77.61	
煤炭采选业	672	672		46.93	46.93	
石油和天然气开采业	40	40		10.99	10.99	
黑色金属矿采选业	152	152		1.95	1.95	
有色金属矿采选业	301	301		8.21	8.21	
非金属矿采选业	1759	1759		9.46	9.46	
其他矿采选业	19	19		0.07	0.07	
制造业	104426	104426		745.86	745.86	
食品加工业	9498	9498		54.81	54.81	
食品制造业	3442	3442		22.13	22.13	
饮料制造业	2029	2029		16.48	16.48	
烟草加工业	28	28		1.75	1.75	
纺织业	6050	6050		92.96	92.96	
服装及其他纤维制品制造业	3301	3301		34.46	34.46	
皮革、毛皮、羽绒及其制品业	1283	1283		18.75	18.75	
木材加工及竹、藤、棕、草制品业	2790	2790		10.75	10.75	
家具制造业	2293	2293		7.41	7.41	
造纸及纸制品业	3231	3231		26.14	26.14	
印刷业、记录媒介的复制	2930	2930		9.53	9.53	
文教体育用品制造业	827	827		8.57	8.57	
石油加工及炼焦业	575	575		6.02	6.02	
化学原料及化学制品制造业	7138	7138		47.01	47.01	
医药制造业	695	695		8.17	8.17	
化学纤维制造业	525	525		7.06	7.06	
橡胶制品业	1581	1581		16.83	16.83	
塑料制品业	5163	5163		21.87	21.87	
非金属矿物制品业	14768	14768		92.34	92.34	
黑色金属冶炼及压延加工业	603	603		10.09	10.09	
有色金属冶炼及压延加工业	413	413		4.99	4.99	
金属制品业	7501	7501		33.43	33.43	
普通机械制造业	9073	9073		52.69	52.69	
专用设备制造业	4917	4917		38.70	38.70	
交通运输设备制造业	4715	4715		29.76	29.76	
电气机械及器材制造业	3250	3250		28.05	28.05	
电子及通信设备制造业	1209	1209		12.31	12.31	
仪器仪表及文化、办公用机械制造业	1081	1081		5.67	5.67	
其他制造业	3516	3516		27.13	27.13	
电力、煤气及水的生产和供应业	2039	2035	4	24.76	24.72	0.04
电力、蒸汽、热水的生产和供应业	1658	1658		20.00	20.00	
煤气生产和供应业	101	101		1.14	1.14	
自来水的生产和供应业	280	276	4	3.61	3.57	0.04
建筑业	12516	12516		199.51	199.51	
土木工程建筑业	7952	7952		174.61	174.61	
线路、管道和设备安装业	2001	2001		16.19	16.19	
装修装饰业	2563	2563		8.71	8.71	

附录 3－8 续表　　（2001 年）

行业大类	产业活动单位数（个）	生产经营性单位	非生产经营性单位	从业人数（万人）	生产经营性单位	非生产经营性单位
地质勘查业、水利管理业	2353	210	2143	5.71	1.29	4.42
地质勘查业	202	99	103	1.81	0.96	0.86
水利管理业	2151	111	2040	3.89	0.33	3.56
交通运输、仓储及邮电通信业	12055	10696	1359	45.85	42.10	3.75
铁路运输业	282	282		5.87	5.87	
公路运输业	1890	1890		12.66	12.66	
管道运输业	4	4		0.10	0.10	
水上运输业	225	225		2.56	2.56	
航空运输业	40	40		0.50	0.50	
交通运输辅助业	2550	1263	1287	10.28	6.69	3.59
其他交通运输业	28	28		0.41	0.41	
仓储业	1574	1502	72	4.75	4.60	0.16
邮电通信业	5462	5462		8.71	8.71	
批发和零售贸易、餐饮业	81904	81902	2	138.40	138.39	
食品、饮料、烟草和家庭用品批发业	16948	16948		34.38	34.38	
能源、材料和机械电子设备批发业	15630	15630		22.77	22.77	
其他批发业	6092	6092		8.79	8.79	
零售业	37222	37222		56.06	56.06	
商业经纪与代理业	160	158	2	0.26	0.26	
餐饮业	5852	5852		16.13	16.13	
金融、保险业	13599	13546	53	24.57	24.51	0.06
金融业	13093	13041	52	19.50	19.45	0.05
保险业	506	505	1	5.07	5.06	
房地产业	4735	4096	639	17.15	15.49	1.67
房地产开发与经营业	2638	2628	10	9.11	9.09	0.02
房地产管理业	1627	1072	555	7.41	5.93	1.48
房地产经纪与代理业	470	396	74	0.64	0.47	0.17
社会服务业	22042	16234	5808	49.34	37.69	11.65
公共设施服务业	3225	1736	1489	15.26	8.78	6.48
居民服务业	3479	2799	680	4.32	3.47	0.85
旅馆业	2772	2710	62	12.27	11.85	0.42
租赁服务业	775	775		1.64	1.64	
旅游业	903	899	4	1.13	1.13	
娱乐服务业	359	353	6	0.75	0.74	0.01
信息、咨询服务业	6848	4481	2367	7.16	5.04	2.12
计算机应用服务业	1370	1288	82	2.11	2.00	0.11
其他社会服务业	2311	1193	1118	4.70	3.04	1.65
卫生、体育和社会福利业	41332	364	40968	48.21	1.28	46.94
卫　生	38574	259	38315	45.34	1.03	44.31
体　育	301	30	271	0.47	0.05	0.42
社会福利保障业	2457	75	2382	2.41	0.20	2.21
教育、文化艺术及广播电影电视业	51769	742	51027	123.02	2.19	120.83
教　育	47807	197	47610	114.47	0.52	113.96
文化艺术业	2365	250	2115	5.24	0.75	4.50
广播电影电视业	1597	295	1302	3.30	0.92	2.38
科学研究和综合技术服务业	4196	1990	2206	9.80	4.76	5.05
科学研究业	758	302	456	2.77	1.08	1.68
综合技术服务业	3438	1688	1750	7.04	3.67	3.36
国家机关、政党机关和社会团体	132345		132345	138.22		138.22
国家机关	30149		30149	68.07		68.07
政党机关	4488		4488	6.43		6.43
社会团体	7430		7430	11.61		11.61
基层群众自治组织	90278		90278	52.11		52.11
其他行业	4094	2055	2039	19.94	16.19	3.75
其他行业	4094	2055	2039	19.94	16.19	3.75

附录 3 - 9 各市按经营性质分的产业活动单位数及从业人数

（2001 年）

地区	产业活动单位数（个）	生产经营性单位	非生产经营性单位	从业人数（万人）	生产经营性单位	非生产经营性单位
全省总计	503519	257222	246297	1686.53	1343.12	343.41
济南市	44572	27526	17046	167.00	135.07	31.93
青岛市	69854	51707	18147	229.77	200.00	29.77
淄博市	31532	18315	13217	121.80	103.80	18.01
枣庄市	17707	8279	9428	71.42	57.27	14.14
东营市	9009	4043	4966	47.55	39.37	8.18
烟台市	45234	25255	19979	162.88	137.21	25.68
潍坊市	48319	22153	26166	149.87	117.49	32.38
济宁市	34504	15869	18635	123.24	93.91	29.33
泰安市	22691	10749	11942	108.67	89.61	19.06
威海市	21104	13297	7807	80.57	69.96	10.61
日照市	17010	6757	10253	36.03	25.88	10.16
莱芜市	6816	3418	3398	26.59	21.82	4.77
临沂市	41908	15886	26022	109.07	77.38	31.70
德州市	30450	12035	18415	73.74	53.79	19.95
聊城市	21814	7627	14187	61.03	42.25	18.78
滨州市	17324	6089	11235	44.44	31.75	12.70
菏泽市	23671	8217	15454	72.84	46.56	26.28

附录 3 - 10 各市按三次产业分的产业活动单位数及从业人数

（2001 年）

地区	产业活动单位数（个）	第一产业	第二产业	第三产业	从业人数（万人）	第一产业	第二产业	第三产业
全省总计	503519	3018	121924	378577	1686.53	11.50	1047.74	627.29
济南市	44572	173	10640	33759	167.00	0.46	90.56	75.98
青岛市	69854	550	22142	47162	229.77	0.98	151.39	77.40
淄博市	31532	114	10252	21166	121.80	0.21	85.80	35.79
枣庄市	17707	78	4532	13097	71.42	0.18	46.35	24.89
东营市	9009	97	1761	7151	47.55	0.88	27.93	18.74
烟台市	45234	468	13584	31182	162.88	1.53	112.82	48.53
潍坊市	48319	199	12767	35353	149.87	1.09	98.03	50.75
济宁市	34504	157	6825	27522	123.24	0.41	71.21	51.62
泰安市	22691	127	5048	17516	108.67	0.31	75.39	32.97
威海市	21104	418	6656	14030	80.57	3.52	55.46	21.59
日照市	17010	63	2663	14284	36.03	0.12	19.15	16.76
莱芜市	6816	25	1607	5184	26.59	0.07	17.44	9.08
临沂市	41908	156	6890	34862	109.07	0.61	61.60	46.86
德州市	30450	95	5998	24357	73.74	0.15	41.84	31.75
聊城市	21814	76	3708	18030	61.03	0.27	32.50	28.26
滨州市	17324	59	2627	14638	44.44	0.19	25.91	18.34
菏泽市	23671	163	4224	19284	72.84	0.52	34.35	37.97

附录四、2002 年山东省统计局工作大事记

CHRONICLE LF EMENTS OF

SHANDONG STATISTICAL UNDERTAKING LF **2002**

编辑单位：办公室
编　　委：段连芳
编　　辑：李云龙
校　　对：李云龙
电　　话：6129495

2002年山东省统计局工作大事记

1月4日，省局印发《全省统计工作要点》和《全省统计制度方法改革要点》，对全省统计工作进行部署。

1月9日，省直机关召开党建工作会议，省统计局继1998年、1999年后第三次被省直机关党工委授予"文明机关"称号。

1月19日，省委吴官正书记在省局《关于我省全社会科技活动的研究报告》的请阅件上批示：我认真看了这份资料，"对策及建议"有针对性。希望能引起各级领导的重视。1月14日，邵桂芳副省长在此件上批示：我省2000年全社会R&D资料统计工作做得很好！此统计资料的分析报告写的也很好。请全文（带附表）印发省委书记、副书记、常委，省政府省长、副省长，省直有关部门；各市书记、市长和分管副市长一阅。

1月19日，中共山东省委以鲁委[2002]35号文任命边祥慧同志为省统计局党组成员。2月20日，省政府以鲁政任[2002]1号文件任命边祥慧同志为省统计局副局长（试用期一年）。

2月22日，省局印发《关于认真贯彻鲁政办发[2001]115号文件精神 切实加强统计基层基础工作的意见》，对推进全省统计基层基础工作规范化建设提出具体意见。

2月26日，陈延明副省长在省局《农业经济发展 农民收入提高 农村形势稳定》的统计报告上批示：此件搞得很好。请增发省直农口各部门及几个主要涉农部门和各市分管农业的副书记、副市长参阅。

2月26日，省局发布《2001年全省国民经济和社会发展统计公报》。

3月5日，省局召开全体人员大会，传达省政府"提高行政效率 优化发展环境"电视会议精神，对省局转变工作作风，提高行政效率进行动员部署。大会由魏庆铭副局长主持，姜玉山副局长传达了张高丽代省长的讲话，卢成达组长传达了省政府关于"提高行政效率 优化发展环境"的意见。

3月20日，省局召开全局保密工作会议，传达贯彻全省保密工作会议精神。省保密局解庆芝副局长和席德超处长应邀参加会议并讲话。会议由办公室主任段连芳主持，助理巡视员左振华传达了全省保密工作会议精神，魏庆铭副局长对全局今后的保密工作提出了要求。局机关及调查队各处处长及兼职保密员参加了会议。

4月13日，张高丽省长在省局《一季度我省GDP测算结果及主要说明》上批示：统计局是重要的经济综合部门，必须切实加强此项工作。统计最重要的是要实事求是、科学分析，通过实实在在的数字和科学的分析，看出存在的问题和发展的趋势，以便采取更有针对性的措施，做好经济工作。全省各项经济技术指标必须实实在在，决不能弄虚作假，决不能带水分。希望做好一季度全面的分析并提出建议。如是有指标不实在，是自己欺骗自己，是绝对不允许的。

4月18日，省局召开一季度全省国民经济和社会发展情况新闻发布会。会议由魏庆铭副局长主持，张德宽副局长发布。山东电视台、大众日报社等驻济各大新闻媒体记者进行了采访报道。

4月18日，省局组织第七次副处级职位竞争上岗笔试。29日，组织竞争上岗答辩会，30位同志参加了答辩。

4月24日，韩寓群副省长在省局主持召开现场办公会，听取了张义国等局领导关于统计工作的汇报，对统计报表提速、健全抽样调查网络、建立政府决策信息服务系统、建立非公有经济统计制度等工作进行了专题研究。省政府副秘书长王玉芬及省计委、经贸委、财政厅、人事厅的负责同志参加了会议。

5月31日，省局印发《山东省统计局统计数据上报提速实施方案》，对全省统计数据上报提速工作进行全面部署。

6月6日—9日，国家统计局局长朱之鑫、总经济师姚景源等一行5人来山东调研。朱之鑫局长一行首先听取了省统计局的工作汇报，并实地查看了济南、青岛等地的统计工作情况。山东省省长张高丽，省委副书记孙淑义、王修智，常务副省长韩寓群，副省长赵克志，省政协林书香副主席先后会见了朱之鑫局长一行并就全省经济发展和统计工作等问题进行了交谈。

6月13日，省政府办公厅以鲁政办字[2002]34号文件下发了《关于调整统计数据上报时间有关问题的通知》，对全省统计数据上报提速工作进行部署。

7月17日，省局召开上半年全省国民经济和社会发展情况新闻发布会。会议由总经济师刘兴慧主持，张德宽副局长发布。驻济各大新闻媒体记者参加了会议。

8月5日，陈延明副省长在省局《优势突出 差距明显——鲁苏农村经济发展的对比分析》的分析报告上批示：有关农业方面的几份资料我都认真地看了，写得很好，对省政府实施正确的决策很有帮助。同志们确实动了脑筋，费了心血，且有见识，有水平。望继续关心全省的农业发展，经常提供这方面的资料。

8月30日，省第二次基本单位普查领导小组召开工作会议，听取关于全省第二次基本单位普查近期工作情况汇报，并研究了下一步的工作。省政府王玉芬副秘书长，省统计局张义国局长、潘振文副局长，省人事厅、财政厅、民政厅、国税局、地税局、工商局、省委宣传部等部门的分管领导同志参加了会议。

9月29日，赵克志副省长在省局关于《我省第二次基本单位普查工作汇报》的请阅件上批示：这个普查数据和分析，思路清晰，观点明确，讲的有据、有理、有力。按照这个分析指导工作，就会做出加快发展和扩大就业的正确决策。读后体会很深，受教育很大。

10月1日，陈延明副省长在我局《今年我省种植业结构调整的现状、问题与建议》的分析报告上批示：问题看得很准，所提建议很好，值得重视。

10月9日，邵桂芳副省长在省局《关于科技统计工作的汇报》上批示：统计工作非常重要；省统计局多年的统计工作，成绩显著；科技统计工作正在为“三个亮点”做积极贡献。统计局的这套材料，非常及时。请长允同志（省政府副秘书长）协调，有关部门继续给予大力支持，特别请财政厅宋文平副厅长研究支持。协调后认真加以落实。该发文的发文，该出资的出资，把我省科技统计加强和健全，都请给以支持。协调后向韩省长（韩寓群副省长）和黄省长（黄可华副省长）汇报。

10月15日，省局召开前三季度经济形势新闻发布会。会议由卢成达组长主持，边祥慧副局长发布，山东电视台、大众日报社等驻济各大新闻媒体记者参加了会议。

10月25日—28日，华东地区统计局长联席会议在济南长清仕湾科技开发园召开，各省交流了各自经济运行情况、今年开展的主要工作，并就明年统计工作思路和重点进行了座谈讨论。张义国局长和魏庆铭副局长参加了会议。

10月26日，张高丽省长在省局《关于报送前三季度全省经济形势及全年预测的报告》上批示：统计局就是要加强分析和预测。此报告很好，希望继续做好工作，当好省政府的参谋。

11月4日，邵桂芳副省长在我局《关于贯彻学习朱镕基总理、温家宝副总理在国家统计局考察工作时重要讲话的情况汇报》的请阅件上批示：统计工作十分重要，在政府工作中占有极其重要的位置。他不仅反映准确的数据统计，更重要的是进行统计分析，写出有分量的统计分析报告，成为政府决策时的重要依据。我省统计工作一直做得很好，成为政府经济和社会事业发展中一日都不可缺少的内容。希望在全面继续做好各项统计工作的同时，关注“三个亮点”的统计及其分析，准确性、时效性、指导性进一步体现好，特别是有些内容不属全国统一规范统计的，希望从我省实际出发，与时俱进，创造性地开展工作，系统全面地反映政府工作，特别是“三个亮点”运行的质量和态势，指导其全面真正亮起来。

11月25日，省局下发《关于开展统计基层基础工作检查的实施意见》，决定年底前后对全省统计基层基础工作规范化建设情况进行检查。

11月26日，韩寓群副省长主持召开省第二次第三产业普查领导小组第一次会议，省政府王玉芬副秘书长、领导小组各成员单位有关负责同志参加了会议。会议听取了省局关于第二次第三产业普查的目的、意义、要求以及我省实施意见的汇报，并对有关问题进行了研究。同日，韩寓群副省长听取了省局全年工作情况及明年工作思路、人口变动和城镇劳动力变动抽样调查情况汇报，并对今后工作提出要求。

12月12日，邵桂芳副省长在省局《关于1—11月份全省高新技术产业发展情况的报告》的请阅件上批示：此件印发各市市长、分管科技工作的副市长、分管经贸工作的副市长。希望各市再接再厉，确保2个百分点胜利完成。请宋文平同志（省财政厅副厅长）帮助落实统计经费。统计及统计分析工作，指导思想明确，坚持实事求是，很好。

12月13日，经省档案局全面考核验收，我省统计系统被授予“山东省机关档案工作先进系统”荣誉称号。

12月27日，山东省统计学会第五次会员代表大会在济南召开。会议修改并通过《山东省统计学会章程》，选举了第五届理事会成员、常务理事、会长、副会长、秘书长等。

12月28—29日，全省统计工作会议在济南召开。会议传达了朱镕基总理、温家宝副总理到国家统计局考察时的重要讲话，传达了全国统计局长会议精神，韩寓群副省长出席会议并作了重要讲话，张义国局长作了工作报告。各市统计局长及助手，省直部门分管领导及统计负责人、省局全体人员参加了会议。

12月28日，纪念新中国山东政府统计机构成立五十周年座谈会在济南召开。省政府常务副省长韩寓群、省人大副主任何宗贵、省政协副主席林书香、省纪委副书记柏继民、省政府副秘书长王玉芬以及省人大法工委、财经委、省计委、省人事厅等省直有关部门的领导同志出席了会议，各市统计局长、从事统计工作20年以上的代表、部分老统计局长、省局队领导及各处室处长参加了会议。韩寓群副省长、林书香副主席致辞祝贺，省计委朱志明副主任代表省直部门致贺辞，张义国局长回顾了我省政府统计机构成立五十年来的风雨历程，总结了五十年来的成就和经验，并提出了今后的奋斗目标，部分代表谈了自己从事统计工作的感受和体会。

附录五、主要统计指标解释

EXPLANATION LF SUMMARY STATISTICS INDICATORS

一、行政区划和自然资源

森林面积 指生长着乔木和竹林，郁闭度在0.3以上(不包括0.3)的林地面积，即有林地面积。它是反映森林资源总面积的重要指标。森林面积包括天然林面积和人工林面积，但不包括灌木林地和疏林地面积。

森林覆盖率 通常是指森林面积占土地总面积之比，一般用百分数表示。但国家计算森林覆盖率时，森林面积还包括灌木林面积、农田林网树占地面积以及四旁树木面积。森林覆盖率是反映一个国家或地区森林资源和绿化水平的重要指标，计算公式：

$$森林覆盖率(\%)=\frac{森林面积}{土地总面积}\times 100\%$$

市 指经国家批准成立"市"建制的城市。

镇 指经省、自治区、直辖市批准的镇。1963年以前为常住人口在2000人以上，非农业人口占50%以上的。1964年起改为常住人口在3000人以上，非农业人口占70%以上；或常住人口在2500人以上，不满3000人，非农业人口占85%以上的。1984年后又调整为凡县级地方国家机关所在地；或总人口在20000人以下的乡，乡政府驻地非农业人口超过2000人的；或总人口在20000人以上的乡，乡政府驻地非农业人口占全乡人口10%以上；或少数民族地区、人口稀少的边远地区、山区和小型工矿区、小港口、风景旅游、边境口岸等地，非农业人口虽不足2000人，都可建镇。

二、综　　合

国民生产总值(GNP) 指一个国家(或地区)所有常住单位在一定时期内收入初次分配的最终结果。一国常住单位从事生产活动所创造的增加值在初次分配中主要分配给该国的常住单位，但也有一部分以生产税及进口税(扣除生产和进口补贴)、劳动者报酬和财产收入等形式分配给非常住单位；同时，国外生产所创造的增加值也有一部分以生产税及进口税(扣除生产和进口补贴)、劳动者报酬和财产收入等形式分配给该国的常住单位，从而产生了国民生产总值的概念。它等于国内生产总值加上来自国外的初次分配收入净额。与国内生产总值不同，国民生产总值是个收入概念，而国内生产总值是个生产概念。

国内生产总值(GDP) 指一个国家(或地区)所有常住单位在一定时期内生产活动的最终成果。

国内生产总值有三种表现形态，即价值形态、收入形态和产品形态。从价值形态看，它是所有常住单位在一定时期内生产的全部货物和服务价值超过同期中间投入的全部非固定资产货物和服务价值的差额，即所有常住单位的增加值之和；从收入形态看，它是所有常住单位在一定时期内创造并分配给常住单位和非常住单位的初次收入分配之和；从产品形态看，它是所有常住单位在一定时期内最终使用的货物和服务价值与货物和服务净出口价值之和。在实际核算中，国内生产总值有三种计算方法，即生产法、收入法和支出法。三种方法分别从不同的方面反映国内生产总值及其构成。

①**生产法** 是从生产过程中生产的货物和服务总产品价值入手，剔除生产过程中投入的中间产品的价值，得到增加价值的一种方法，公式为：

增加值＝总产出－中间投入

总产出：是一定时期内一个国家(或地区)常住单位生产的所有货物和服务的价值。既包括新增价值，也包括转移价值。

中间投入：是常住单位在生产或提供货物与服务过程中，消耗和使用的所有非固定资产货物和服务的价值。中间投入也称为中间消耗。

增加值：是指常住单位生产过程创造的新增价值和固定资产的转移价值。按生产法计算它等于总产出减去中间投入。

②**收入法** 收入法也称分配法，按收入法计算国内生产总值是从生产过程创造收入的角度，对常住单位的生产活动成果进行核算。按照这种计算方法，增加值由劳动者报酬、生产税净额、固定资产折旧和营业盈余四个部分组成。用公式表示为：

增加值＝劳动者报酬＋生产税净额＋固定资产折旧＋营业盈余

国民经济各部门的增加值之和等于国内生产总值。

劳动者报酬：指劳动者因从事生产活动所获得的全部报酬。它包括劳动者获得的各种形式工资、奖金和津贴，既包括货币形式的，也包括实物形式的，它还包括劳动者所享受的公费医疗和医疗卫生费、上下班交通补贴和单位直接支付的社会保险费等。

生产税净额：生产税减生产补贴后的差额。

生产税：指政府对生产单位生产、销售和从事经营活动以及因从事生产活动使用某些生产要素，如固定资产、土地、劳动力所征收的各种税、附加费、和规费。具体包括销售税金及附加、增值税、管理费中开支的各种税、应交纳的养路费、排污费和水电费附加、烟酒专卖上缴政府的专项收入等。

生产补贴：与生产税相反，是政府对生产单位的单方面收入转移,因此视为负生产税处理,包括政策亏损补贴、粮食系统价格补贴、外贸企业出口退税收入等。

固定资产折旧:指一定时期内为弥补固定资产损耗按照核定的固定资产折旧率提取的固定资产折旧,或按国民经济核算统一规定的折旧率虚拟计算的固定资产折旧。它反映了固定资产在当期生产中的转移价值。各种类型企业和企业化管理的事业单位的固定资产折旧指实际计提并计入成本费用中的折旧费;不计提折旧的单位,如政府机关、非企业化管理的事业单位和居民住房的固定资产折旧则是按照统一规定的折旧率和固定资产原值计算的虚拟折旧。

营业盈余:是指常住单位创造的增加值扣除劳动者报酬、生产税净额和固定资产折旧后的余额。它相当于企业的营业利润加上生产补贴,但要扣除从利润中开支的工资和福利等。

③**支出法** 支出法是从最终使用角度来反映国内生产总值最终去向的一种方法。最终使用包括货物和服务的最终消费支出、资本形成总额、货物和服务净出口三部分。最终消费是指常住单位在一定时期内对于货物和服务的全部最终消费支出,也就是常住单位为满足人们物质、文化和精神生活的需要,从本国经济领土和国外购买的货物和服务的支出。最终消费分为居民消费和政府消费。

最终消费 指常住单位在一定时期内对于货物和服务的全部最终消费支出,也就是常住单位为满足物质、文化和精神生活的需要,从本国经济领土和国外购买的货物和服务的支出;不包括非常住单位在本国经济领土内的消费支出。最终消费分为居民消费和政府消费。

居民消费 指常住住户对货物和服务的全部最终消费支出。居民消费按市场价格计算,即按居民支付的购买者价格计算。购买者价格是购买者取得货物所支付的价值,包括购买者支付的运输和商业费用。居民消费除了直接以货币形式购买货物和服务的消费之外,还包括以其他方式获得的货物和服务的消费支出,即所谓的虚拟消费支出。居民虚拟消费支出包括以下几种类型:单位以实物报酬及实物转移的形式提供给劳动者的货物和服务;住户生产并由本住户消费了的货物和服务,其中的服务仅指住户的自有住房服务;金融机构提供的金融媒介服务;保险公司提供的保险服务。

政府消费 指政府部门为全社会提供公共服务的消费支出和免费或以较低价格向住户提供的货物和服务的净支出。前者等于政府服务的产出价值减去政府单位所获得的经营收入的价值,政府服务的产出价值等于它的经常性业务支出加上固定资产折旧;后者等于政府部门免费或以较低价格向住户提供的货物和服务的市场价值减去向住户收取的价值。资本形成总额 指常住单位在一定时期内获得的减去处置的固定资产加存货的变动,包括固定资本形成总额和存货增加。

固定资本形成总额 指常住单位购置、转入和自产自用的固定资产,扣除固定资产的销售和转出后的价值,分有形固定资产形成总额和无形固定资产形成总额。有形固定资产形成总额包括一定时期内完成的建筑工程、安装工程和设备工器具购置(减处置)价值,以及土地改良、新增役、种、奶、毛、娱乐用牲畜和新增经济林木价值。无形固定资产形成总额包括矿藏的勘探、计算机软件、娱乐和文学艺术品原件等获得减处置。

存货增加 指常住单位存货实物量变动的市场价值,即期末价值减期初价值的差额。存货增加可以是正值,也可以是负值;正值表示存货上升,负值表示存货下降。它包括生产单位购进的原材料、燃料和储备物资等存货,以及生产单位生产的产成品、在制品等存货等。

货物和服务净出口 指货物和服务出口减货物和服务进口的差额。出口包括常住单位向非常住单位出售或无偿转让的各种货物和服务的价值;进口包括常住单位从非常住单位购买或无偿得到的各种货物和服务的价值。由于服务活动的提供与使用同时发生,因此服务的进出口业务并不发生出入境现象,一般把常住单位从国外得到的服务作为进口,非常住单位从本国得到的服务作为出口。货物的出口和进口都按离岸价格计算。

三次产业 是根据社会生产活动历史发展的顺序对产业结构的划分,产品直接取自自然界的部门称为第一产业,对初级产品进行再加工的部门称为第二产业,为生产和消费提供各种服务的部门称为第三产业。它是世界上较为通用的产业结构分类,但各国的划分不尽一致。

我国的三次产业划分是:

第一产业:农业(包括种植业、林业、牧业和渔业)。

第二产业:工业(包括采掘业,制造业,电力、煤气及水的生产和供应业)和建筑业。

第三产业:除第一、第二产业以外的其他各业。由于第三产业包括的行业多、范围广,根据我国的实际情况,第三产业可分为两大部分;一是流通部门,二是服务部门。具体又可分为四个层次:

第一层次:流通部门,包括交通运输、仓储及邮电通信业,批发和零售贸易、餐饮业。

第二层次:为生产和生活服务的部门,包括金融、保险业,地质勘查业、水利管理业,房地产业,社会服务业,农、林、牧、渔服务业,交通运输辅助业,综合技术服务业等。

第三层次:为提高科学文化水平和居民素质服务的部门,包括教育、文化艺术及广播电影电视业,卫生、体育和社会福利业,科学研究业等。

第四层次:为社会公共需要服务的部门,包括国家机关、政党机关和社会团体以及军队、警察等。

当年价格 指报告期的实际价格,如工业品的出厂价格,农产品的收购价格,商业的零售价格等。按当年价格计算,是指一些以货币表现的物量指标,如工农业总产值、国内生产总值等，按照当年的实际价格来计算总量。使用当年价格计算的数字，是为了使国民经济各项指标互相衔接，便于考察当年社会经济效益，便于对生产流通、生产和分配、生产和消费进行经济核算和综合平衡。

按当年价格计算的价值指标，在不同年份之间进行对比时，因为包含有各年间价格变动的因素，不能确切地反映实物量的增减变动。必须消除价格变动因素后，才能真实反映经济发展动态。因此，在计算增长速度时都使用按可比价格计算的数字。

可比价格 指计算各种总量指标所采用的扣除了价格变动因素的价格，可进行不同时期总量指标的对比。按可比价格计算总量指标有两种方法：一种是直接用产品产量乘某一年的不变价格计算；另一种是用价格指数进行换算。

不变价格 指以同类产品某一时期的平均价格作为固定价格，用于计算各时期的产品价值。按不变价格计算的产品价值消除了价格变动因素，不同时期对比可以反映生产的发展速度。新中国成立后，随着工农业产品价格水平的变化，国家统计局先后五次制定了全国统一的工业产品不变价格和农业产品不变价格。从 1949 年到 1957 年使用 1952 年工(农)业产品不变价格，从 1957 年到 1971 年使用 1957 年不变价格，从 1971 年到 1981 年使用 1970 年不变价格，从 1981 年到 1990 年使用 1980 年不变价格，从 1991 年开始使用 1990 年不变价格。

平均增长速度：我国计算平均增长速度有两种方法：一种是习惯上经常使用的“水平法”，又称几何平均法，是以间隔期最后一年的水平同基期水平对比来计算平均每年增长(或下降)速度；另一种是“累计法”，又称代数平均法或方程法，是以间隔期内各年水平的总和同基期水平对比来计算平均每年增长(或下降)速度。在一般正常情况下，两种方法计算的平均每年增长速度比较接近；但在经济发展不平衡、出现大起大落时，两种方法计算的结果差别较大。

各个计划时期 年鉴中各个“时期”代表的年份如下：恢复时期为 1950 年到 1952 年；第一个五年计划时期(简称一五时期)为 1953 年到 1957 年；第二个五年计划时期(简称二五时期)为 1958 年到 1962 年；第三个五年计划时期(简称三五时期)为 1966 年到 1970 年；第四个五年计划时期(简称四五时期)为 1971 年到 1975 年；第五个五年计划时期(简称五五时期)为 1976 年到 1980 年；第六个五年计划时期(简称六五时期)为 1981 年到 1985 年；第七个五年计划时期(简称七五时期)为 1986 年到 1990 年；第八个五年计划时期(简称八五时期)为 1991 年到 1995 年；第九个五年计划时期(简称九五时期)为 1996 年到 2000 年。

企业(单位)登记注册类型 是以在工商行政管理机关登记注册的各类企业为划分对象，以工商行政管理部门对企业登记注册的类型为依据，将企业登记注册类型分为内资企业、港澳台商投资企业和外商投资企业三大类。内资企业包括国有企业、集体企业、股份合作企业、联营企业、有限责任公司、股份有限公司、私营公司和其他企业；港澳台商投资企业和外商投资企业分别包括合资经营企业、合作经营企业、独资经营企业和股份有限公司。对不在工商行政管理部门进行登记注册的行政机关、事业单位和社会团体，主要按其经费来源和管理方式进行划分。

国有企业 指企业全部资产归国家所有，并按《中华人民共和国企业法人登记管理条例》规定登记注册的非公司制的经济组织。不包括有限责任公司中的国有独资公司。

集体企业 指企业资产归集体所有，并按《中华人民共和国企业法人登记管理条例》规定登记注册的经济组织。

股份合作企业 指以合作制为基础，由企业职工共同出资入股，吸收一定比例的社会资产投资组建，实行自主经营，自负盈亏，共同劳动，民主管理，按劳分配与按股分红相结合的一种集体经济组织。

联营企业 指两个及两个以上相同或不同所有制性质的企业法人或事业单位法人，按自愿、平等、互利的原则，共同投资组成的经济组织。联营企业包括国有联营企业、集体联营企业、国有与集体联营企业和其他联营企业。

有限责任公司 指根据《中华人民共和国公司登记管理条例》规定登记注册，由两个以上、五十个以下的股东共同出资，每个股东以其所认缴的出资额对公司承担有限责任，公司以其全部资产对其债务承担责任的经济组织。有限责任公司包括国有独资公司以及其他有限责任公司。

(1)国有独资公司：指国家授权的投资机构或者国家授权的部门单独投资设立的有限责任公司。

(2)其他有限责任公司：指国有独资公司以外的有限责任公司。

股份有限公司指根据《中华人民共和国公司登记管理条例》规定登记注册，其全部注册资本由等额股份构成并通过发行股票筹集资本，股东以其认购的股份对公司承担有限责任，公司以其全部资产对其债务承担责任的经济组织。

私营企业 指由自然人投资设立或由自然人控股，以雇佣劳动为基础的营利性经济组织。包括按照《公司法》、《合伙企业法》、《私营企业暂行条例》规定登记注册的私营有限责任公司、私营股份有限公司、私营合伙企业和私营独资企业。

(1)私营独资企业：指按《私营企业暂行条例》的规定，由一名自然人投资经营，以雇佣劳动为基础，投资者对企业债务承担无限责任的企业。

(2)私营合伙企业：指按《合伙企业法》或《私营企业暂行条例》的规定，由两个以上自然人按照协议共同投资、共同经营、共负盈亏，以雇佣劳动为基础，对债务承担无限责任的企业。

(3)私营有限责任公司：指按《公司法》、《私营企业暂行条例》的规定，由两个以上自然人投资或由单个自然人控股的有限责任公司。

(4)私营股份有限公司:指按《公司法》的规定,由五个以上自然人投资,或由单个自然人控股的股份有限公司。

其他内资企业 指上述企业之外的其他内资经济组织。

与港澳台商合资经营企业 指港澳台地区投资者与内地企业依照《中华人民共和国中外合资经营企业法》及有关法律的规定,按合同规定的比例投资设立、分享利润和分担风险的企业。

与港澳台商合作经营企业 指港澳台地区投资者与内地企业依照《中华人民共和国中外合作经营企业法》及有关法律的规定,依照合作合同的约定进行投资或提供条件设立、分配利润和分担风险的企业。

港澳台商独资经营企业 指依照《中华人民共和国外资企业法》及有关法律的规定,在内地由港澳台地区投资者全额投资设立的企业。

港澳台商投资股份有限公司 指根据国家有关规定,经外经贸部依法批准设立,其中港、澳、台商的股本占公司注册资本的比例达25%以上的股份有限公司。凡其中港、澳、台商的股本占公司注册资本的比例小于25%的,属于内资企业中的股份有限公司。

中外合资经营企业 指外国企业或外国人与中国内地企业依照《中华人民共和国中外合资经营企业法》及有关法律的规定,按合同规定的比例投资设立、分享利润和分担风险的企业。

中外合作经营企业 指外国企业或外国人与中国内地企业依照《中华人民共和国中外合作经营企业法》及有关法律的规定,依照合作合同的约定进行投资或提供条件设立、分配利润和分担风险的企业。

外资企业 指依照《中华人民共和国外资企业法》及有关法律的规定,在中国内地由外国投资者全额投资设立的企业。

外商投资股份有限公司 指根据国家有关规定,经外经贸部依法批准设立,其中外资的股本占公司注册资本的比例达25%以上的股份有限公司。凡其中外资股本占公司注册资本的比例小于25%的,属于内资企业中的股份有限公司。

行政机关、事业单位和社会团体 参照企业登记注册类型,主要按其经费来源和管理方式划分。具体规定如下:

(1)行政机关:包括国家机关和政党机关,原则上均列为“国有”。但有特殊规定的,如供销社等,则列为“集体”。

(2)事业单位:包括经国家机构编制部门和有关业务主管部门批准成立的各类事业单位,不包括实行企业化管理的事业单位。事业单位的划分办法如下:

①由国家财政预算拨款或列入财政预算外资金管理以及经费主要来源于国有主管部门或国有上级单位的事业单位,列为“国有”。

②经费主要来源于集体单位的事业单位,列为“集体”。

③公民个人(或个人合伙)开办的事业单位,列为“私营”。

④上述以外的其他事业单位,如果其经费来源不明确,按管理方式进行归类。

(3)社会团体:包括经民政部门批准成立以及未纳入社会团体管理条例范围的工会、妇联等各类社会团体。社会团体的划分办法如下:

①未纳入民政部社会团体管理条例范围的工会、妇联、共青团、青联、工商联、科协、侨联等社会团体,国家拨款设立的基金会或基金管理组织以及经费主要来源于国有业务主管部门或国有上级单位的社会团体,列为“国有”。

②经费主要来源于集体单位的社会团体,列为“集体”。

③公民个人(或个人合伙)开办的社会团体,列为“私营”。

④上述以外的其他社会团体,如果其经费来源不明确,列按管理方式进行归类。

三、人　　口

总人口 指一定时点、一定地区范围内有生命的个人的总和。按不同统计范围分为常住人口和户籍人口;两种人口均指每年12月31日24时的人口。

第五次人口普查的常住人口 《第五次人口普查办法》规定,本次普查的常住人口包括下列五种人:1.居住本乡、镇、街道,并已在本乡、镇、街道办理常住户口登记的人;2.已在本乡、镇、街道居住半年以上,常住户口在本乡、镇、街道以外的人;3.在本乡、镇、街道居住不满半年,但已离开常住户口登记地半年以上的人;4.普查时居住在本乡、镇、街道,常住户口待定的人;5.原住本乡、镇、街道,普查时在国外工作或者学习,暂无常住户口的人。

第五次人口普查的总户数 总户数包括家庭户和集体户。家庭户指以家庭成员关系为主,并且居住一处共同生活的人口;单身居住独自生活的,也作为一个家庭户。集体户指相互之间没有家庭成员关系,集体居住在单位内集体宿舍及其他住处、共同生活的人。

平均家庭户规模 家庭户人口数与家庭户总数之比,表示平均每户人口数。其计算公式为:平均家庭户规模 = 家庭户人口数/家庭户总数

四、从业人员和劳动报酬

劳动力资源总数 指一定时点上在劳动年龄内人口总数中，有劳动能力的人口数和不足或超过劳动年龄，但实际经常参加社会劳动并取得劳动报酬或经营收入的人口数。包括社会劳动者、城镇待业人员和其他在劳动年龄内有劳动能力的人口数。但不包括现役军人、在劳动年龄内的在押犯人和因病残而丧失劳动能力的人口数。

从业人员 指从事一定社会劳动并取得劳动报酬或经营收入的全部劳动力。包括：

①全部在岗职工

②城镇私营企业从业人员

③城镇个体劳动者

④农村社会劳动者

⑤其他社会劳动者

这一指标取代了现行制度中的社会劳动者，它反映了一定时期内全部劳动力资源的实际利用情况，是研究我国基本国情国力的重要指标。

各单位的从业人员 是指在各级国家机关、政党机关、社会团体及企业、事业单位中工作，取得工资或其他形式的劳动报酬的全部人员。包括在岗职工、再就业的离退休人员、民办教师以及在各单位中工作的外方人员和港澳台方人员、兼职人员、借用的外单位人员和第二职业者，不包括离开本单位仍保留劳动关系的职工。

各单位的从业人员反映了各单位实际参加生产或工作的全部劳动力。

经济活动人口 指在16岁以上，有劳动能力，参加或要求参加社会经济活动的人口；包括从业人员和失业人员。

城镇登记失业人员 指有非农业户口，在一定的劳动年龄内，有劳动能力，无业而要求就业，并在当地就业服务机构进行求职登记的人员。

城镇登记失业率 指城镇登记失业人数同城镇从业人数与城镇登记失业人数之和的比。计算公式为：

城镇登记失业率 = 城镇登记失业人数/(城镇从业人数 + 城镇登记失业人数) × 100%

职工 指在国有经济、城镇的集体经济、联营经济、股份制经济、外商和港、澳、台投资经济、其他经济单位及其附属机构工作，并由其支付工资的各类人员。不包括城镇私营企业和乡镇企业从业人员。

在岗职工 指在本单位工作并由单位支付工资的人员以及有工作岗位，但由于学习、病伤、产假等原因暂未工作，仍由单位支付工资的人员。

国有单位在岗职工 指在各级党政机关、人民团体及其所属企业、事业单位工作，并由其支付工资的各种人员。

城镇集体单位在岗职工 指在城镇集体企业、事业及其管理部门中工作，并由其支付工资的各种人员。包括固定职工、临时职工、季节工、轮换工等。

合同制职工 指根据国务院国发(1986)77号文件和国务院令第99号的规定，通过签订有固定期限劳动合同、无固定期限劳动合同和以完成一项工作为期限劳动合同所使用的职工，包括实行全员劳动合同制单位的全部职工。

下岗职工 指由于企业生产和经营状况等原因已经离开本人的生产和工作岗位，并已不在本单位从事其他工作，但仍与用人单位保留劳动关系的人员。

从业人员劳动报酬 指各单位在一定时期内直接支付给本单位全部从业人员的劳动报酬总额。包括在岗职工工资总额和本单位其他从业人员劳动报酬两部分。

在岗职工工资总额 指各单位在一定时期内直接支付给本单位全部在岗职工的劳动报酬总额。包括：计时工资、计件工资、奖金、津贴和补贴、加班加点工资和其他工资。

职工平均工资 指企业、事业、机关单位的职工在一定时期内平均每人所得的货币工资额。它表明一定时期职工工资收入的高低程度，是反映职工工资水平的主要指标。计算公式为：

职工平均工资 = 报告期实际支付的全部职工工资总额/报告期全部职工平均人数

职工平均实际工资 指扣除物价变动因素后的职工平均工资。计算公式为：

职工平均实际工资 = 报告期职工平均工资/报告期城镇居民消费价格指数

五、固定资产投资

固定资产投资 是社会固定资产再生产的主要手段。通过建造和购置固定资产的活动，国民经济不断采用先进技术装备，建立新兴部门，进一步调整经济结构和生产力的地区分布，增强经济实力，为改善人民物质文化生活创造物质条件。

固定资产投资额是以货币表现的建造和购置固定资产活动的工作量，它是反映固定资产投资规模、速度、比例关系和使用方向的综合性指标。全社会固定资产投资按登记注册类型可分为国有、集体、股份合作、联营、有限责任公司、股份有限公司、港澳台商、外商、个人投资等。按照我国现行计划管理体制，全社会固定资产投资总额分为基本建设、更新改造、房地产开发投资和其他固定资产投资四个部分。其他固定资产投资中的城乡集体投资包括城镇集体投资和农村集体投资。城乡居民个人投资包括私营个体投资、城市、县城镇所辖范围内的个人建房和农村个人建房及购买生产性固定资产的投资。

基本建设投资 是指利用国家预算内拨款、自筹资金、国内外基本建设贷款以及其他专项资金进行的，扩大生产能力(或新增工程效益)为主要目的新建、扩建工程及有关的工作。基本建设投资综合范围为计划总投资(或实际需要总投资)50万元及50万元以上的基本建设项目。具体包括：

(1)列入中央和各级地方本年基本建设计划的建设项目，以及虽未列入本年基本建设计划，但使用以前年度基建计划内结转的投资(包括利用基建库存设备材料)在本年继续施工的建设项目。

(2)本年基本建设计划内投资与更新改造计划内投资结合安排的新建项目和新增生产能力(或工程效益)达到大中型项目标准的扩建项目，以及为改变生产力布局而进行的全厂性迁建项目。

(3)国有单位既未列入基建计划，也未列入更新改造计划的新建、扩建、恢复项目和为改变生产力布局而进行的全厂性迁建项目，以及行政、事业单位增建业务用房和行政单位增建生活福利设施的项目。

更新改造投资 一般是利用企业折旧资金、国家更新改造预算拨款、企业自由资金、国内外技术改造贷款等资金，对现有企、事业单位原有设施进行技术改造(包括固定资产更新)以及相配套的辅助性生产、生活福利设施等工程和有关的工作。

更新改造投资综合范围为计划总投资(或实际需要总投资)50万元及50万元以上的更新改造单位(或项目)。具体包括：

(1)列入中央和各级地方本年更新改造计划的投资单位(或项目)以及未列入本年更新改造计划，但使用上年更新改造计划内结转的投资在本年继续施工的单位(或项目)。

(2)本年更新改造计划内投资与基本建设计划内投资结合安排的对企、事业单位原有设施进行技术改造或更新的项目和增建主要生产车间、 分厂等，其新增生产能力(或工程效益)未达到大中型项目标准的项目，以及由于城市环境保护和安全生产的需要而进行的迁建工程。

(3)国有企、事业单位既未列入基建计划也未列入更新改造计划，属于改建或更新改造性质的项目，以及由于城市环境保护和安全生产的需要而进行的迁建工程。根据更新改造项目的直接用途，可分为：

a.增产：是指增加工业以及农、牧、渔业产品生产能力的建设的项目。

b.节约能源：指节约煤、电、油等燃料动力的项目，如为了压缩燃料的消耗而进行的烧油锅炉改烧煤工程；为节约用煤而进行的低效锅炉改造、余热利用等工程；为了压缩用电而进行的电加热设备改为红外线技术工程等等。

c.其他节约：指节约钢材、木材、棉花、化工原料等各种原材料的项目和其他节约项目。

d.增加品种：指增加产品花色品种的项目。

e.提高产品质量：指提高产品质量，促进产品升级换代的项目。

f.三废治理：指各生产企业为减少和消除环境污染、回收物资等而治理废水、废气、废渣的项目。

g.其他：指除上述各项用途之外的更新改造投资。

其他固定资产投资其他固定资产投资综合范围包括：

(1)国有单位按规定不纳入基本建设计划和更新改造计划管理，计划总投资(或实际需要总投资)50万元及50万元以上的以下工程：

①用油田维护费和石油开发基金进行的油田维护和开发工程；

②煤炭、铁矿、森工等采掘采伐业用维简费进行的开拓延伸工程；

③交通部门用公路养路费对原有公路、桥梁进行改建的工程；

④商业部门用简易建筑费建造的仓库工程。

(2)城镇集体经济单位固定资产投资：所有隶属城市、县城和经国务院及省、自治区、直辖市批准建制的镇领导的集体经济单位(乡镇企业局管理的除外)建造和购置固定资产其计划总投资(或实际需要总投资)50万元及50万元以上的单位(项目)。

(3)除国有、城镇集体以外的其他各种登记注册类型的企业，事业单位建造和购置固定资产其计划总投资(或实际需要总投资)50万元及50万元以上、未列入基本建设计划和更新改造计划的单位(项目)。

房地产开发投资 房地产开发投资额又称房地产开发工作量，是指房地产开发公司、商品房建设公司及其他房地产开发单位进行土地开发工程、商品房屋建设工程所完成的投资额。

房地产开发投资综合范围包括各种房地产开发公司、商品房建设公司及其他房地产开发单位统一开发的包括统代建、拆迁还建的住宅、厂房、仓库、饭店、宾馆、度假村、写字楼、办公楼等房屋建筑物和配套的服务设施、土地开发工程，如道路、给水、排水、供电、供热、通讯、平整场地等基础设施工程。包括附属于其他法人单位实际从事房地产开发或经营的活动单位。

商品房建设投资额：是指房地产开发企业(单位)开发建设的供出售、出租用的商品住宅、厂房、仓库、饭店、度假村、写字楼、办公楼等房屋工程及其配套的服务设施所完成的投资额(含拆迁、回迁还建用房)。

商品住宅：是指房地产开发企业(单位)建设并出售、出租给使用者，仅供居住用的房屋。

土地开发投资额：是指房地产开发企业（单位）进行的土地开发工程所完成的投资额，如进行场地平整、道路、给水、排水、供电、供热、通讯等工程所完成的投资额。未进行开发工程、只进行单纯的土地交易活动不作为土地开发投资统计。

城镇私人建房投资和农村个人投资城镇私人建房包括市、县城镇所辖范围内的全部私人建房，不论其房主是否系本地的常住户口均应包括。农村个人投资包括农村个人建房及购置生产性固定资产的投资。

固定资产投资资金来源：

本年资金来源：是指固定资产投资单位在报告期收到的，用于固定资产投资的各种货币资金。包括国家预算内资金、国内贷款、债券、利用外资、自筹资金和其他资金。

(1)国家预算内资金：分为财政拨款和财政安排的贷款两部分。包括中央财政的基本建设基金（分经营性基金和非经营性基金两部分）、专项支出（如煤代油专项等）、收回再贷、贴息资金，财政安排的挖潜改造和新产品试制支出、城建支出、商业部门简易建筑支出、不发达地区发展基金等资金中用于固定资产投资的资金、地方财政中由国家统筹安排的资金等。

(2)国内贷款：指报告期固定资产投资单位向银行及非银行金融机构借入的用于固定资产投资的各种国内借款，包括银行利用自有资金及吸收的存款发放的贷款、上级主管部门拨入的国内贷款、国家专项贷款（包括煤代油贷款、劳改煤矿专项贷款等），地方财政专项资金安排的贷款、国内储备贷款、周转贷款等。

银行贷款：是指向各商业银行、政策性银行借入的用于固定资产投资的各项贷款。

非银行金融机构贷款：是指向除上述银行之外从事金融业务的机构借入的用于固定资产投资的各项贷款。非银行金融机构包括城市信用社、农村信用社、保险公司、金融信托投资公司、证券公司、财务公司、金融租赁公司、融资公司（中心）等。

(3)债券：是企业（公司）或金融机构通过发行各种债券，筹集用于固定资产投资的资金。包括由银行代理国家专业投资公司发行的重点企业债券和基本建设债券。

(4)利用外资：是指报告期收到的用于固定资产建造和购置的境外资金（包括设备、材料、技术在内）。包括外商直接投资、对外借款（外国政府贷款、国际金融组织贷款、出口信贷、外国银行商业贷款、对外发行债券和股票）及外商其他投资（包括补偿贸易和加工装配由外商提供的设备价款、国际租赁）。不包括我国自有外汇资金（包括国家外汇、地方外汇、留成外汇、调济外汇和中国银行自有资金发行的外汇贷款等）。

(5)自筹资金：是指报告期收到的，由各地区、各部门及企事业单位筹集用于固定资产投资的预算外资金，包括中央各部门、各级地方和企业、事业单位的自有资金。

发行股票：指股份制企业通过发行股票筹集到的，用于固定资产投资的资金。

(6)其他资金来源：是指在报告期收到的除以上各种资金之外其他用于固定资产投资的资金。包括社会集资、个人资金、无偿捐赠的资金及其他单位拨入的资金等。固定资产投资按国民经济行业分建设项目归哪个行业，按其建成投产后的主要产品或主要用途及社会经济活动性质来确定。基本建设按建设项目划分国民经济行业，更新改造、国有单位其他固定资产投资及城镇集体投资根据整个企业、事业单位所属的行业来划分。一般情况下，一个建设项目或一个企业、事业单位只能属于一种国民经济行业。为了更准确地反映国民经济各行业之间的比例关系，联合企业（总厂）所属分厂属于不同行业的，原则上按分厂划分行业。

固定资产投资按建设性质分　建设项目的性质一般分为新建、扩建、改建、迁建、恢复。基本建设按建设项目划分建设性质，更新改造、国有单位其他固定资产投资及城镇集体投资按整个企业、事业单位的建设情况确定建设性质。目前基本建设和更新改造是根据我国现行的计划管理体制区分的，所以基本建设和更新改造都可以分别按新建、扩建等划分。

(1)新建：一般是指从无到有、“平地起家”新开始建设的单位。有的单位原有的基础很小，经过建设后其新增加的固定资产价值超过原有固定资产价值（原值）三倍以上的也算新建。

(2)扩建：一般是指为扩大原有产品的生产能力，在厂内或其他地点增建主要生产车间（或主要工程）、独立的生产线或分厂的企业；事业单位和行政单位在原单位增建业务用房（如学校增建教学用房、医院增建门诊部或病房、行政机关增建办公楼等）也作为扩建。

(3)改建：一般是指现有企业、事业单位为了技术进步，提高产品质量，增加花色品种，促进产品升级换代，降低消耗和成本，加强资源综合利用和三废治理、劳保安全等，采用新技术、新工艺、新设备、新材料等对现有设施、工艺条件进行技术改造或更新（包括相应配套的辅助性生产、生活福利设施）。有的企业为充分发挥现有生产能力，进行填平补齐而增建不增加本单位主要产品生产能力的车间等，也属于改建。

固定资产投资按构成分固定资产投资活动按其工作内容和实现方式分为建筑安装工程，设备、工具、器具购置，其他费用三个部分。

(1)建筑安装工程（建筑安装工作量）：指各种房屋、建筑物的建造工程和各种设备、装置的安装工程。包括各种房屋建造工程，各种用途设备基础和各种工业窑炉的砌筑工程；为施工而进行的各种准备工作和临时工程以及完工后的清理工作等；铁路、道路的铺设，矿井的开凿及石油管道的架设等；水利工程；防空地下建筑等特殊工程；以及各种机械设备的安装工程；为测定安装工程质量，对设备进行的试运工作。

在安装工程中,不包括被安装设备本身的价值。

(2)设备、工具、器具购置:指购置或自制达到固定资产标准的设备、工具、器具的价值,固定资产的标准按财务部门规定。新建单位、扩建单位的新建车间按照设计和计划要求购置或自制的全部设备、工具、器具,不论是否达到固定资产标准均计入“设备、工具、器具购置”中。

(3)其他费用:指在固定资产建造和购置过程中发生的,除建筑安装工程和设备、工具、器具购置以外的各种应摊入固定资产的费用。

基本建设项目按大中小型划分 基本建设划分大中小型项目原则上应按照上级批准的设计任务书或初步设计所确定的总规模或总投资划分,没有正式批准设计任务书或初步设计的,按国家或省、自治区、直辖市年度基本建设投资计划中所列的总规模或总投资划分。上述两条均不具备的,按本年计划施工工程的建设总规模或总投资划分。生产单一产品的工业项目,按产品的设计能力划分;生产多种产品的工业项目,按其主要产品的设计能力划分。品种繁多,难以按生产能力划分的,按全部计划投资额划分。划分标准以国家颁发的《大中小型建设项目划分标准》为依据。国家曾在1953年、1962年、1972年、1977年和1979年先后五次修订《大中小型建设项目划分标准》,因此各历史时期的大中型项目数不完全可比。

新增生产能力(或工程效益) 新增生产能力(或工程效益),是指通过固定资产投资活动而增加的设计能力。计算新增能力(或工程效益)是以能独立发挥生产能力(或工程效益)的工程为对象,如一座矿井、一座转炉、一套化工装置、一条铁路专用线等。当工程建成,经有关部门验收鉴定合格,正式移交投入生产,即应计算新增生产能力或效益。

新增固定资产 新增固定资产(又称交付使用的固定资产),是指已经完成建造和购置过程,并已交付生产或使用单位的固定资产价值。

施工和竣工房屋建筑面积 房屋建筑面积是从房屋的外墙线算起的各层平面面积的总和,包括房屋结构(如柱、墙)占用的面积和地下室面积。多层建筑按各自然层面积计算,包括房屋内的楼隔层,突出墙面的眺望间、门斗、有柱雨罩的面积。不包括突出墙架结构的构件、艺术装饰等所占面积,如台阶等。

施工房屋面积:指报告期内施工的全部房屋建筑面积。包括本期新开工的面积和上期开工跨入本期继续施工的房屋面积,以及上期已停建在本期复工的房屋面积。本期竣工和本期施工后又停缓建的房屋,其建筑面积仍计入本期施工房屋面积中。

竣工房屋面积:指在报告期内房屋建筑按照设计要求已全部完工,达到住人和使用条件,经验收鉴定合格(或达到竣工验收标准),可正式移交使用的各栋房屋建筑面积的总和。

建设项目投产率 指一定时期内全部建成投入生产项目个数与同期正式施工项目个数的比率。它是从项目建设速度的角度反映投资效果的指标。

固定资产交付使用率 指一定时期新增固定资产与同期完成投资额的比率。它是反映各个时期固定资产动用速度,衡量建设过程中投资效果的一个综合性指标。

房屋建筑面积竣工率 指一定时期内房屋竣工面积与施工面积的比率。它是从房屋建筑施工速度的角度反映投资效果的指标。

建设工期 指建设项目或单项工程从正式施工到全部建成投入生产(或交付使用)时止所经历的全部时间。

土地购置和开发情况

(1)本年完成开发土地面积:指报告期内对土地进行开发并已完成七通一平等前期开发工程,具备进行房屋建筑物施工或出让条件的土地面积。

(2)正在开发的土地面积:指已开始七通一平等前期开发工程,但尚未完工,不具备进行房屋建筑物施工或出让条件的土地面积。

(3)待开发土地面积:指经有关部门批准,通过各种方式获得土地使用权,但尚未进行开发的土地面积。

(4)本年购置土地面积:指在本年内通过各种方式获得土地使用权的土地面积。

商品房屋销售与出租情况

(1)实际销售面积:指报告期已竣工的房屋面积中已正式交付给购房者或已签订(正式)销售合同的商品房屋面积。不包括已签订预售合同正在建设的商品房屋面积,但包括报告期或报告期以前签订了预售合同,在报告期又竣工的商品房屋面积。

销售给个人:指实际销售给国内私人的商品房屋面积。不包括外销中销售给个人的部分。

(2)预售面积:指报告期末仍未竣工交付使用,但已签订预售合同的正在建设的商品房屋面积。报告期预售又在报告期转正式或协议销售的商品房屋的面积应列入实际销售面积,同时统计销售收入。

(3)空置面积:指报告期末已竣工的可供销售或出租的商品房屋建筑面积中,尚未销售或出租的商品房屋建筑面积,包括以前年度竣工和本期竣工的房屋面积,但不包括报告期已竣工的拆迁还建、建代建、公共配套建筑、房地产公司自用及周转房等不可销售或出租的房屋面积。

(4)出租面积:指在报告期期末房屋开发单位出租的商品房屋的全部面积。

出租给个人:指实际出租给国内个人的商品房屋面积,不包括外租部分。

(5)实际销售额:指报告期内出售房屋的总收入(即双方签署的正式买卖合同中所确定的合同总价)。该指标与实际销售面积同口径,包括正式交付的商品房屋在建设前期预收的定金、预收的款项及结算尾款和拖欠款。不包括未交付的商品房所预收的款项。收取的外汇按当时外汇调节市场价折算在其中。如果商品房是跨年完成的,应包括以前年度所收的定金及预收款。

其他指标

(1)竣工房屋住宅套数:指报告期内房屋按照设计要求已全部完工,经验收合格,达到住人或使用条件的正式交给开发公司的成套住宅数量(以设计图纸为准)。

(2)拆迁还建房屋竣工面积:指报告期房地产公司竣工的用于拆迁还建的房屋面积。

(3)统建代建房屋竣工面积:指报告期房地产公司接受委托、定向开发建设,并收取一定的管理费所建设的房屋竣工面积。

(4)公益性建筑竣工面积:指报告期房地产开发公司竣工的学校、幼儿园、派出所、居委会、商店等公益设施建筑面积。

六、能　　源

能源生产总量　指一定时期内全国一次能源生产量的总和,是观察全国能源生产水平、规模、构成和发展速度的总量指标。一次能源生产量包括原煤、原油、天然气、水电、核能及其他动力能(如风能、地热能等)发电量,不包括低热值燃料生产量、生物质能、太阳能等的利用和由一次能源加工转换而成的二次能源产量。

能源消费总量　指一定时期内全国(地区)用于生产和生活的各种能源消费量的总和。能源消费总量包括原煤和原油及其制品、天然气、电力。不包括生物能和太阳能等的利用。能源消费总量分为三部分,即终端能源消费量、能源加工转换损失量和损失量。它是观察能源消费水平、构成和增长速度的总量指标。

(1)终端能源消费量指一定时期内全国(地区)物质生产部门、非物质生产部门和生活消费的各种能源数量。不包括用于加工转换的中间能源消费量、加工转换损失量和损失量。

(2)能源加工转换损失量指一定时期内全国(地区)投入加工转换的各种能源数量之和与产出各种能源产品及其它石油制品和其它焦化产品之和的差额。它是观察能源在加工转换过程中损失量变化的指标。

(3)能源损失量指一定时期内能源在输送、分配、储存过程中发生的经营管理损失和由于客观原因造成的各种损失量。不包括各种气体能源放空、放散量。

能源生产弹性系数　是研究能源生产量的增长与国民经济增长之间关系的指标。其计算公式为:

$$\text{能源生产弹性系数}=\frac{\text{能源生产总量年平均增长速度}}{\text{国民经济年平均增长速度}}$$

国民经济年平均增长速度,可根据不同目的或需要,用国民生产总值,国民收入等指标来计算。

电力生产弹性系数　是研究电力生产量的增长与国民经济增长之间关系的指标。一般来说,电力的发展应当快于国民经济的发展,也就是说电力应超前发展。其计算公式为:

$$\text{电力生产弹性系数}=\frac{\text{电力生产量年平均增长速度}}{\text{国民经济年平均增长速度}}$$

能源消费弹性系数是　反映能源消费增长速度与国民经济增长速度之间比例关系的指标。其计算公式为:

$$\text{能源消费弹性系数}=\frac{\text{能源消费年平均增长速度}}{\text{国民经济年平均增长速度}}$$

电力消费弹性系数　是反映电力消费增长速度与国民经济增长速度之间的比例关系的指标,其计算公式为:

$$\text{电力消费弹性系数}=\frac{\text{电力消费年平均增长速度}}{\text{国民经济年平均增长速度}}$$

能源加工转换效率　指一定时期内能源经过加工转换后,产出的各种能源产品的数量与同期内投入加工转换的各种能源数量的比率。它是观察能源加工转换装置和生产工艺先进与落后、管理水平高低等的重要指标。计算公式为:

$$\text{能源加工转换效率}=\frac{\text{加工转换产出量}}{\text{加工转换投入量}}\times 100\%$$

七、财政、金融

财政收入　指国家财政参与社会产品分配所取得的收入,是实现国家职能的财力保证。财政收入所包括的内容几经变化,目前主要包括:

(1)各项税收:包括增值税、营业税、消费税、土地增值税、城市维护建设税、资源税、城市土地使用税、印花税、固定资产投资方向调节税、个人所得税、企业所得税、关税、农牧业税和耕地占用税等。

(2)专项收入:包括征收排污费收入、征收城市水资源费收入、教育费附加收入等。

(3)其他收入:包括基本建设贷款归还收入、基本建设收入、捐赠收入等。

(4)国有企业计划亏损补贴:这项为负收入,冲减财政收入。

财政支出　国家财政将筹集起来的资金进行分配使用,

以满足经济建设和各项事业的需要，主要包括：

(1)基本建设支出：指按国家有关规定，属于基本建设范围内的基本建设有偿使用、拨款、资本金支出以及经国家批准对专项和政策性基建投资贷款，在部门的基建投资额中统筹支付的贴息支出。

(2)企业挖潜改造资金：指国家预算内拨给的用于企业挖潜、革新和改造方面的资金。包括各部门企业挖潜改造资金和企业挖潜改造贷款资金，为农业服务的县办“五小”企业技术改造补助，挖潜改造贷款利息支出。

(3)地质勘探费用：指国家预算用于地质勘探单位的勘探工作费用，包括地质勘探管理机构及其事业单位经费、地质勘探经费。

(4)科技三项费用：指国家预算用于科技支出的费用，包括新产品试制费、中间试验费、重要科学研究补助费。

(5)支援农村生产支出：指国家财政支援农村集体(户)各项生产的支出。包括对农村举办的小型农田水利和打井、喷灌等的补助费，对农村水土保持措施的补助费，对农村举办的小水电站的补助费，特大抗旱的补助费，农村开荒补助费，扶持乡镇企业资金，农村农技推广和植保补助费，农村草场和畜禽保护补助费，农村造林和林木保护补助费，农村水产补助费，发展粮食生产专项资金。

(6)农林水利气象等部门的事业费用：指国家财政用于农垦、农场、农业、畜牧、农机、林业、森工、水利、水产、气象、乡镇企业的技术推广、良种推广(示范)、动植物(畜禽、森林)保护、水质监测、勘探设计、资源调查、干部训练等项费用，园艺特产场补助费，中等专业学校经费，飞播牧草试验补助费，营林机构、气象机构经费，渔政费以及农业管理事业费等。

(7)工业交通商业等部门的事业费：指国家预算支付给工交商各部门用于事业发展的经费，包括勘探设计费、中等专业学校经费、技术学校经费、干部训练费。

(8)文教科学卫生事业费：指国家预算用于文化、出版、文物、教育、卫生、中医、公费医疗、体育、档案、地震、海洋、通讯、电影电视、计划生育、党政群干部训练、自然科学、社会科学、科协等项事业的经费支出和高技术研究专项经费。主要包括工资、补助工资、福利费、离退休费、助学金、公务费、设备购置费、修缮费、业务费、差额补助费。

(9)抚恤和社会福利救济费：指国家预算用于抚恤和社会福利救济事业的经费。包括由民政部门开支的烈士家属和牺牲病残人员家属的一次性、定期抚恤金，革命伤残人员的抚恤金，各种伤残补助费，烈军属、复员退伍军人生活补助费，退伍军人安置费，优抚事业单位经费，烈士纪念建筑物管理、维修费，自然灾害救济事业费和特大自然灾害灾后重建补助费等。

(10)国防支出：指国家预算用于国防建设和保卫国家安全的支出，包括国防费、国防科研事业费、民兵建设以及专项工程支出等。

(11)行政管理费：包括行政管理支出，党派团体补助支出，外交支出，公安安全支出，司法支出，法院支出，检察院支出和公检法办案费用补助。

(12)价格补贴支出：指经国家批准，由国家财政拨给的政策性补贴支出。主要包括粮食加价款，粮、棉、油差价补贴，棉花收购价外奖励款，副食品风险基金，市镇居民的肉食价格补贴，平抑市价肉食、蔬菜价差补贴等以及经国家批准的教材课本、报刊新闻纸等价格补贴。

中央财政收入和地方财政收入 指按财政体制划分的中央本级收入和地方本级收入。1994年分税制财政体制以后，属于中央财政的收入包括关税、海关代征消费税和增值税，消费税，中央企业所得税，地方银行和外资银行及非银行金融企业所得税，铁道、银行总行、保险总公司等集中缴纳的营业税、所得税、利润和城市维护建设税，增值税的75%部分，海洋石油资源税和证券(印花)税50%部分。属于地方财政的收入包括营业税，地方企业所得税，个人所得税，城镇土地使用税，固定资产投资方向调节税，城镇维护建设税，房产税，车船使用税，印花税，屠宰税，农牧业税，农业特产税，耕地占用税，契税，增值税25%部分，证券交易税(印花税)50%部分和除海洋石油资源税以外的其他资源税。

中央财政支出和地方财政支出 指根据政府在经济和社会活动中的不同职责，划分中央和地方政府的责权，按照政府的责权划分确定的支出。中央财政支出包括国防支出，武装警察部队支出，中央级行政管理费和各项事业费，重点建设支出以及中央政府调整国民经济结构、协调地区发展、实施宏观调控的支出。地方财政支出主要包括地方行政管理和各项事业费，地方统筹的基本建设、技术改造支出，支援农村生产支出，城市维护和建设经费，价格补贴支出等。

预算外资金收支 预算外资金指国家机关、事业单位和社会团体为履行或代行政府职能，依据国家法律、法规和具有法律效力的规章而收取、提取和安排使用的未纳入国家预算管理的各种财政性资金。其范围主要包括：法律、法规规定的行政事业性收费、基金和附加收入等；国务院或省级人民政府及其财政、计划(物价)部门审批的行政事业性收费；国务院及财政部审批建立的基金、附加收入等；主管部门所属单位集中上缴资金；用于乡镇政府开支的乡自筹和乡统筹资金；其他未纳入预算管理的财政性资金。社会保障基金在国家财政尚未建立社会保障预算制度以前，先按预算外资金管理制度进行管理，专款专用。财政部门在银行开设统一的专户，用于预算外资金收入和支出管理。部门和单位的预算外收入必须上缴同级财政专户，支出由同级财政按预算外资金收支计划和单位财务收支计划统筹安排，从财政专户中拨付，实行收支两条线管理。

存款 企业、机关、团体或居民根据可以收回的原则，把货币资金存入银行或其他信用机构保管并取得一定利息的一种信用活动形式。根据存款对象的不同可划分：企业存款、财政存款、机关团体存款、对外贸易存款、城镇居民储蓄存款、农村存款等科目。

贷款 银行或其他信用机构根据必须归还的原则，按一定利率，为企业、个人等提供资金的一种信用活动形式。我国银行贷款，分流动资金贷款、固定资产贷款，城乡个体工商户贷款以及农户贷款等科目。

八、价　　格

商品零售价格指数 是反映城乡商品零售价格变动趋势的一种经济指数。零售物价的调整变动直接影响到城乡居民的生活支出和国家的财政收入，影响居民购买力和市场供需平衡，影响消费与积累的比例。因此，计算零售价格指数，可以从一个侧面对上述经济活动进行观察和分析。商品零售价格指数分为食品、饮料烟酒、服装鞋帽、纺织品、中西药品、化妆品、书报杂志、文化体育用品、日用品、家用电器、首饰、燃料、建筑装潢材料、机电产品等十四个大类，国家规定304种必报商品，需要予以特别说明的是，从1994年起，国家、各省(区)和县编制的商品零售价格指数不再包括农业生产资料。

居民消费价格指数 是度量一组代表性消费品及服务项目价格水平随着时间而变动的相对数，反映居民家庭购买的消费品及服务价格水平的变动情况。它是宏观经济分析和决策、价格总水平监测和调控以及国民经济核算的重要指标。其按年度计算的变动率通常被用来作为反映通货膨胀(或紧缩)程度的指标。居民消费价格指数分为食品、烟酒及用品、衣着、家庭设备用品及维修服务、医疗保健和个人用品、交通和通讯、娱乐教育文化用品及服务、居住等八大类，下设251个基本分类。自2001年起，编制以2000年为固定基期的定基价格指数。

农村工业品零售价格指数 是反映农村市场工业品零售价格水平变动趋势和程度的相对数。通过农村工业品零售价格指数，可以观察工业品零售价格变动对农民货币支出的影响。

城市居民消费价格指数 是反映城市居民家庭所购买的生活消费品价格和服务项目价格变动趋势和程度的相对数。城市居民消费价格指数可以观察和分析消费品的零售价格和服务项目价格变动对职工货币工资的影响，作为研究职工生活和确定工资政策的依据。

农村居民消费价格指数 是反映农村居民家庭所购买的生活消费品价格和服务项目价格变动趋势和程度的相对数。农村居民消费价格指数可以观察农村消费品的零售价格和服务项目价格变动对农村居民生活消费支出的影响，直接反映农民生活水平的实际变化情况，为分析和研究农村居民生活问题提供依据。

农产品收购价格指数 是反映国有商业、集体商业、个体商业、外贸部门、国家机关、社会团体等各种经济类型的商业企业和有关部门收购农产品价格的变动趋势和程度的相对数。农产品收购价格指数可以观察和研究农产品收购价格总水平的变化情况，以及对农民货币收入的影响，作为制订和检查农产品价格政策的依据。农产品收购价格指数分为粮食、经济作物、斤木材、工业用油漆、禽畜产品、蚕茧蚕丝、干鲜果、干鲜菜及调味品、药材、土副产品、水产品等十一个大类，包括250种商品。

农村工业品零售价格指数 是反映农村市场工业品零售价格水平变动趋势和程度的相对数。通过农村工业品零售价格指数，可以观察工业品零售价格变动对农民货币支出的影响。工业品出厂价格指数是反映全部工业产品出厂价格总水平的变动趋势和程度的相对数，包括工业企业售给本企业以外所有单位的各种产品和直接售给居民用于生活消费的产品。通过工业品出厂价格指数能观察出厂价格变动对工业总产值的影响。工业品出厂价格指数采用加权算术平均公式计算。我国从1986年开始正式编制工业品出厂价格指数。

原材料、燃料和动力购进价格指数 是反映工业企业作为生产投入，购买原材料、燃料、动力产品的价格水平变动趋势和程度的统计指标，是扣除工业企业物质消耗成本中的价格变动影响的重要依据。

固定资产投资价格指数 是反映固定资产投资额价格变动趋势和程度的相对数。固定资产投资额是由建筑安装工程投资完成额、设备、工器具购置投资完成额和其他费用投资完成额三部分组成的。编制固定资产投资价格指数应首先分别编制上述三部分投资的价格指数，然后采用加权算术平均法求出固定资产投资价格总指数。

编制固定资产投资价格指数可以准确地反映固定资产投资中涉及的各类商品和取费项目价格变动趋势和变动幅度，消除按现价计算的固定资产投资指标中的价格变动因素，真实地反映固定资产投资的规模、速度、结构和效益，为国家科学地制定、检查固定资产投资计划并提高宏观调控水平，为完善国民经济核算体系提供科学的、可靠的依据。

九、居 民 生 活

就业人口 包括:国有经济单位职工;城镇集体经济单位职工;其他各种经济类型单位职工;个体经营者;个体被雇人员;离退休再就业人员;其他就业人口。

期初(期末)手存现金 指调查户家庭全部成员期初

(末)所有的全部人民币和外币折合成人民币的手存现金。家庭成员为亲友购商品的各种暂付款,不包括家庭成员手中不属于其所有的各种暂收款,如亲友委托家庭成员代购商品所交给的现金,因公外出从工作单位借入的旅差费等。

家庭总收入 指调查户中生活在一起的所有家庭成员在调查期得到的工薪收入、经营净收入、财产性收入、转移性收入的总和,不包括出售财物和借贷收入。

可支配收入 指调查户可用于最终消费支出和其它非义务性支出以及储蓄的总和,即居民家庭可以用来自由支配的收入。计算公式为:

可支配收入=家庭总收入-交纳所得税-个人交纳的社会保障支出-记帐补贴

工薪收入 指就业人员通过各种途径得到的全部劳动报酬,包括所从事的主要职业的工资以及从事第二职业、其他兼职和零星劳动得到的其它劳动收入。

工资及补贴收入 指劳动者从工作单位得到的全部劳动报酬。既包括单位支付的计时计件劳动报酬,也包括根据国家的有关政策、法令规定,为了不使职工工资受某些特殊因素影响而支付的工资性津贴、补贴,以及根据国家法律、法规和政策规定,因病、工伤、产假、计划生育假、婚丧假、事假、探亲假、定期休假、停工学习、执行国家或社会义务等原因按计时工资标准或计时工资标准的一定比例支付的工资。

经营净收入 指家庭成员从事生产经营活动所获得的净收入。是全部生产经营收入中扣除生产成本和税金后所得的收入。

财产性收入 指家庭拥有的动产(如银行存款、有价证券)、不动产(如房屋、车辆、土地、收藏品等)所获得的收入。包括出让财产使用权所获得的利息、租金、专利收入;财产营运所获得的红利收入、财产增值收益等。

转移性收入 指国家、单位、社会团体对居民家庭的各种转移支付和居民家庭间的收入转移。包括政府对个人收入转移的离退休金、失业救济金、赔偿等;单位对个人收入转移的辞退金、保险索赔、住房公积金、家庭间的赠送和赡养等。

出售财物收入 指调查户出售家庭财物所得到的收入。由于出售财物是家庭财产从实物形态转为货币形态,家庭财产总量不变,因此不计入可支配收入中。

借贷收入 指家庭资产不发生增减的周转性收入。包括提取银行存款、提取储金会款、借入款、收回借出款、兑售有价证券、收回的投资本金、贷款等。

家庭总支出 指家庭除借贷支出以外的全部实际支出。包括消费性支出、购房建房支出、转移性支出、财产性支出、社会保障支出。支出统计是以实际购得的商品或服务的总价值填报,不论其付款方式是一次付清、分期付款,还是赊购,只要商品或服务已被消费就要按其总价值计量。

消费支出 指调查户用于本家庭日常生活的全部支出,包括食品、衣着、家庭设备用品及服务、医疗保健、交通和通讯、娱乐教育文化服务、居住、杂项商品和服务八大类等。不包括用于赠送的商品或服务。

服务性消费支出 指调查户用于本家庭支付社会提供的各种文化和生活方面的非商品性服务费用。不包括为别人付款的服务。服务消费与商品消费不同,其特点在于其劳动过程和消费过程在时间与空间上的统一。

购房与建房支出 指包括居民家庭购买住房、建房时的全部支出。

转移性支出 指居民家庭对国家、单位、住户、个人的转移支付。包括交纳的税款、捐赠和赡养支出等。

财产性支出 指家庭购买或维护财产所支付的利息等有关费用。

社会保障支出 指调查户成员参加国家法律、法规规定的社会保障项目中由个人交纳的保障支出。不包括职工所在单位交纳的那部分社会保障金。

借贷支出 包括所有权没有变化的周转性支付,如存入储蓄款、借出款;资金归还,如归还借款、归还各类贷款等。

十、城 市 建 设

年末自来水生产能力 指年末城建部门管理的自来水厂和社会单位自备水源的取水、净化、送水、出厂输水干管等环节的实际生产能力。

年末供水管道长度 指从送水泵至用户水表之间所有管道的长度。

全年供水总量指 公用自来水厂和社会单位自备水源全年的供水总量,包括有效供水量及损失水量。

生活用水量 指居民日常生活与公共福利设施的用水量。包括饮食店、旅馆、医院、理发店、浴池、洗衣店、游泳池、商店、学校、机关、部队等单位的用水量。

人工煤气生产能力 指城市煤气厂制气、净化、输送等环节的综合实际生产能力。

输气管道长度 指由压缩机、鼓风机、储气罐的出口到用户立管之间的全部管道长度。

煤气供气总量 指售给各类用户的全部煤气量。包括工业用量、家庭用量和其它用量。

城市供热能力 指热电厂和热力公司每小时向城市输送的蒸汽、热水能力。

供热总量 指热电厂和热力公司全年向城市输送的全部蒸汽、热水量。

供热管道长度 指热电厂和热力公司管理的集中供热热源到用户之间的全部供气、供热水的管道长度。

年末实有铺装道路长度 指除土路外,路面经过铺装宽度在3.5米以上的道路,包括高级、次高级道路和普通道路。

城市桥梁 指市范围内,修建在河道上桥梁和道路与道路立交、道路跨越铁路的立交桥以及人行天桥。包括永久性和半永久性桥,不包括临时性桥、铁路桥、涵洞。

城市下水道总长度 指所有排水总管、干管、支管及暗渠、检查井、连接井进出水口等长度之和。

城市污水日处理能力 指污水处理厂每昼夜处理污水量的设计能力。

年末实有公共汽(电)车辆 指年底可参加营运的全部车辆数,包括年底营运车辆数和库存查封未参加营运的车辆,不包括非营运车辆,如架线车、油罐车、工程车、货车及其他专用车辆和借入的客运车辆。

营运线路长度 指设置的固定营运线路长度,包括郊区营运线路长度。不包括临时行驾的线路长度。

城市园林绿地面积 指城市公共绿地、专用绿地、生产绿地、防护绿地、郊区风景名胜区的全部面积。

公共绿地 指供游览休息的各种公园、动物园、植物园、陵园以及花园、游园和供游览休息用的林荫道绿地、广场绿地。不包括一般栽植的人行道树及林荫道的面积。

城市人口用水普及率、用气普及率指城市人口中的非农业人口用自来水、用煤气(包括人工煤气、液化石油气、天然气用气量)的普及情况。

十一、农　　业

农林牧渔业产值 是以货币表现的农、林、牧、渔业全部产品的总量,它反映一定时期内农业生产的总规模和总成果。

农、林、牧、渔四业的统计范围是:

(1)农业产值,包括农作物种植业、农民家庭兼营工业商品部分的产值和采集野生植物产值。农作物种植业,包括粮、棉、油料、糖料、麻类、烟叶、蔬菜、药材、瓜类和其他农作物的种植,以及茶园、桑园、果园的生产经营。

(2)林业,包括林木的栽培(不包括茶园、桑园和果园的栽培、管理和收获等活动)。林产品的采集和村及村以下(即原生产大队、生产队和社员)的竹木采伐。

(3)牧业,包括除渔业养殖以外的一切动物饲养和放牧以及捕猎野兽野禽产值。

(4)渔业,包括水生动物和海藻类植物的养殖和捕捞。

从经济类型看,包括国有单位的各种专业农(林、牧、渔)场和农业试验场、所;集体单位的农村各种经济组织经营的农林牧渔业;农民自营的农作物栽培、动物饲养及农民家庭兼营工业等。

农业总产值的计算方法通常是以农林牧渔业产品及其副产品的产量乘以该项产品的单位价格而得该项产品的产值,少数生产周期较长,当年没有产品或产品产量不易统计的则采用间接方法匡算产值。

1957年以前的农业总产值中包括了厩肥和农民自给性手工业(如农民自制衣服、鞋、袜,自己从事粮食初步加工等)。1958年及以后的农业总产值,林业中增加了村及村以下竹木采伐产值;牧业中取消了厩肥产值;副业中取消了农民自给性手工业产值,增加了村及村以下办的工业产值;渔业中增加了海洋捕捞水产品产值。1980年及以后的农业总产值,在副业中增加了农民家庭兼营工业商品性部分的产值。从1984年起村及村以下办工业产值划归工业。从1993年起取消副业,将采集野生植物产值和农民家庭兼营商品性工业产值划归农业产值,捕猎野兽、野禽产值划入牧业产值。

农林牧渔业增加值是指各种经济类型的农业生产单位和农户从事农业生产经营活动所提供的社会最终产品的货币表现。统计范围:

包括国营、集体和农户从事农、林、牧、渔业生产的生产的生产单位,但不包括农业科学试验机构,也不包括军事部门的军马生产等。

农林牧渔业增加值的计算方法:采用生产法和分配法(收入法)两种。

1、生产法计算公式:

农林牧渔业增加值 = 农林牧渔业总产值 - 农林牧渔业中间消耗

2、分配法计算公式:

农林牧渔业增加值 = 固定资产折旧 + 劳动者报酬 + 生产税净额 + 营业盈余

其中:生产税净额 = 生产税收—生产补贴

农林牧渔业中间消耗是指在农林牧渔业生产过程中投入(或消耗)的各种物质产品和劳务价值的总和。包括中间物质消耗和对非物质生产部门的劳务支出两部分。计算中间消耗有两个原则:一是计算的口径范围要与总产值保持一致。二是本期消耗的不属于固定资产的低值易耗品。某些小农具即使使用年限超过一年,但价值在50元以下,也作为中间物质消耗处理。

粮食产量 指全社会的粮食作物产量。包括国营农场等全民所有制经营的、集体统一经营的和农民家庭经营的粮食产量,还包括工矿企业家属办的农场和其他生产单位的产量。粮食除包括稻谷、小麦、玉米、高粱、谷子及其他杂粮外,还包括薯类和大豆。其产量计算方法,豆类按去豆荚后的干豆计算;薯类包括甘薯和马铃薯,不包括芋头和木薯。1963年以前按每4公斤鲜薯1公斤粮食计算,从1964年以后按5公斤鲜薯折1公斤粮食计算。其他粮食一律按脱粒后的原粮计算。

油料产量 指全部油料作物的生产量。包括花生、油菜籽、芝麻、向日葵籽、胡麻籽(亚麻籽)和其他油料。不包括大豆、木本油料和野生油料。花生以带壳干花生计算。

水产品产量 指人工养殖的水产品和天然生长的水产品的捕捞量。包括海水的鱼类、虾蟹类、贝类和藻类以及淡水的鱼类、虾蟹类和贝类,不包括淡水水生植物。

猪、牛、羊肉产量 指当年出栏并已屠宰的猪、牛、羊的肉产量。即屠宰后除去头蹄下水后带骨肉(即胴体重)的重量。

耕地面积 指年初可以用来种植农作物、经常进行耕锄的田地,包括熟地、当年新开荒地、连续撂荒未满三年的耕地和当年的休闲地(轮歇地),还包括以种植农作物为主并附带种植桑树、茶树、果树和其他林木的土地,以及沿海、沿湖地区已围垦利用的"海涂"、"湖田"等面积。

不包括属于专业性的桑园、茶园、果园、果木苗圃、林地、芦苇地、天然或人工草地面积。

农作物播种面积指实际播种或移植有农作物的面积。凡是实际种植有农作物的面积,不论种植在耕地上还是种植在非耕地上,均包括在农作物播种面积中。在播种季节基本结束后,因遭灾而重新改种和补种的农作物面积,也包括在内。

灌溉面积 指有效灌溉面积,即具有一定的水源,地块比较平整,灌溉工程或设备已经配套,在一般年景下半年能够进行正常灌溉的耕地面积。

农用化肥施用量 指本年内实际用于农业生产的化肥数量,包括氮肥、磷肥、钾肥和复合肥。化肥施用量要求按折纯量计算数量。折纯量是指把氮肥、磷肥、钾肥分别按含氮、含五氧化二磷、含氧化钾的百分之一百成份进行折算后的数量。复合肥按其所含主要成分折算。

农业机械总动力 指主要用于农、林、牧、副、渔业的各种动力机械的动力总和。包括耕作机械、排灌机械、收获机械、农产品加工机械、运输机械、植物保护机械、牧业机械、林业机械、渔业机械和其他农业机械(内燃机按引擎马力折成瓦(特)计算),电动机按功率折成瓦特计算。不包括专门用于乡办工业、基本建设、非农业运输、科学试验和教学等非农业生产方面用的动力机械与作业机械。

十二、工　　业

工业 指从事自然资源的开采,对采掘品和农产品进行加工和再加工的物质生产部门。具体包括:(1)对自然资源的开采,如采矿、晒盐、森林采伐等(但不包括禽兽捕猎和水产捕捞);(2)对农副产品的加工、再加工,如粮油加工、食品加工、轧花、缫丝、纺织、制革等;(3)对采掘品的加工、再加工,如炼铁、炼钢、化工生产、石油加工、机器制造、木材加工等,以及电力、自来水、煤气的生产和供应等;(4)对工业品的修理、翻新,如机器设备的修理、交通运输工具(包括小卧车)的修理等。

1984年以前农村的村及村以下办工业归属农业,1984年以后划归工业。

工业统计调查单位工业统计调查单位分为两类:独立核算法人工业企业和工业活动单位。

(1)独立核算法人工业企业:指从事工业生产经营活动的单位。独立核算法人工业企业应同时具备以下条件:①依法成立,有自己的名称、组织机构和场所,能够承担民事责任;②独立拥有和使用资产,承担负债,有权与其他单位签订合同;③独立核算盈亏,并能够编制资产负债表。

(2)工业活动单位:指在一个场所从事一种或主要从事一种工业生产活动的经济单位。它包括独立核算工业企业按主营业务活动(即工业生产活动)划分的主营业务活动单位和非工业企业所属的工业生产活动单位(即原非独立核算工业生产单位)。工业活动单位,一般应同时具备以下三个条件:①具有一个场所,从事一种或主要从事一种工业活动;②单独组织工业生产、经营或业务活动;③单独核算收入和支出。

国有经济工业(即过去的全民所有制工业或国营工业)指生产资料归国家所有的一种经济类型。包括中央和地方各级国家机关、部队、科研机构、学校、人民团体和国有经济企事业单位等举办的国有经济工业。1957年以前的公私合营和私营工业,后均改造为国营工业,1992年改为国有工业,这部分工业的资料不单独分列时,均包括在国有工业内。

集体经济工业指生产资料归公民集体所有的一种经济类型,是社会主义公有制经济的组成部分。包括城乡所有使用集体投资举办的企业,以及部分个人通过集资自愿放弃所有权并依法经工商行政管理机关认定为集体所有制的企业。

轻工业 指主要提供生活消费品和制作手工工具的工业。按其所使用的原料不同,可分为两大类:(1)以农产品为原料的轻工业,是指直接或间接以农产品为基本原料的轻工业。主要包括食品制造、饮料制造、烟草加工、纺织、缝纫、皮革和毛皮制作、造纸以及印刷等工业;(2)以非农产品为原料的轻工业,是指以工业品为原料的轻工业。主要包括文教体育用品、化学药品制造、合成纤维制造、日用化学制品、日用玻璃制品、日用金属制品、手工工具制造、医疗器械制造、文化和办公用机械制造等工业。

重工业 指为国民经济各部门提供物质技术基础的主要生产资料的工业。按其生产性质和产品用途,可以分为下列三类:(1)采掘(伐)工业,是指对自然资源的开采,包括石油开采、煤炭开采、金属矿开采、非金属矿开采和木材采伐等工业;(2)原材料工业,指向国民经济各部门提供基本材料、动力和燃料的工业。包括金属冶炼及加工、炼焦及焦炭化学、化工原料、水泥、人造板以及电力、石油和煤炭加工等工业;(3)加工工业,是指对工业原材料进行再加工制造的工业。包括装备国民经济各部门的机械设备制造工业、金属结构、水泥制品等工业,以及为农业提供的生产资料如化肥、农药等工业。

根据上述划分原则,修理业中以重工业产品为修理作业对象的划为重工业,反之划为轻工业。

工业总产值 是以货币表现的工业企业在一定时期内生产的已出售或可供出售工业产品总量,它反映一定时期内工业生产的总规模和总水平。包括在本企业内不再进行加工,经检验、包装入库(规定不需包装的产品除外)的成品价值,对外加工费收入,自制半成品、在产品期末期初差额价值。工业总产值采用"工厂法"计算,即以工业企业作为一个整体,按企业工业生产活动的最终成果来计算,企业内部不允许重复计算,不能把企业内部各个车间(分厂)生产的成果相加。但在企业之间、行业之间、地区之间存在着重复计算。

轻重工业总产值的划分也是按"工厂法"计算的,即一个工业企业在正常情况下生产的主要产品的性质属于轻工业,则该企业的全部总产值作为轻工业总产值;一个工业企业生产的主要产品的性质属于重工业,则该企业的全部总产值作为重工业总产值。

工业增加值 指工业行业在报告期内以货币表现的工业生产活动的最终成果。

固定资产原价 指企业在建造、购置、安装、改建、扩建、技术改造某项固定资产时所支出的全部货币总额。它一般包括买价、包装费、运杂费和安装费等。

固定资产净值 指固定资产原价减去历年已提折旧额后的净额。

流动资产 指可以在一年或者超过一年的一个营业周期内变现或者耗用的资产,包括现金及各种存款、短期投资、应收及预付货款、存货等。

总资产贡献率 反映企业全部资产的获利能力,是企业经营业绩和管理水平的集中体现,是评价和考核企业盈利能力的核心指标。计算公式为:

总资产贡献率(%)=(利润总额+税金总额+利息支出)/平均资产总额×100%

资产负债率 该指标既反映企业经营风险的大小,也反映企业利用债权人提供的资金从事经营活动的能力。计算公式为:

资产负债率(%)=负债总额/资产总额×100%

工业成本费用利润率 指在一定时期内实现的利润与成本费用之比,是反映工业生产成本及费用投入的经济效益指标,同时也是反映降低成本的经济效益的指标。计算公式为:

工业成本费用利润率(%)=利润总额/成本费用总额×100%

工业增加值率 指在一定时期内工业增加值占同期工业总产值的比重,反映降低中间消耗的经济效益。计算公式为:

工业增加值率(%)=工业增加值(现价)/工业总产值(现价)×100%

流动资产周转次数 指在一定时期内流动资产完成的周转次数,反映流动资产的周转速度。计算公式为:

流动资金周转次数=产品销售收入/全部流动资产平均余额

产品销售收入 指企业销售产品的销售收入和提供劳务等主要经营业务取得的收入总额。

产品销售成本 指企业销售产品和提供劳务等主要经营业务的实际成本。

产品销售税金及附加 指企业销售产品和提供工业性劳务等主要经营业务应负担的城市维护建设税、消费税、资源税和教育费附加。

产品销售利润 指企业销售产品和提供工业性劳务等主要经营业务收入扣除其成本、费用、税金后的利润。

利润总额 指企业实现的利润。

应交增值税 指企业在报告期内应交纳的增值税额。

产品销售率 指报告期工业销售产值与同期全部工业总产值之比,是反映工业产品已实现销售的程度,分析工业产销衔接情况,研究工业产品满足社会需求程度的指标。计算公式为:

产品销售率(%)=工业销售产值/工业总产值(现价)×100%

全员劳动生产率 指根据产品的价值量指标计算的平均每一个从业人员在单位时间内的产品生产量,是考核企业经济活动的重要指标,是企业生产技术水平、经营管理水平、职工技术熟练程度和劳动积极性的综合表现。目前我国的全员劳动生产率是将工业企业的工业增加值除以同一时期全部从业人员的平均人数来计算的。计算公式为:

全员劳动生产率=工业增加值/全部从业人员平均人数

为了使各年度的全员劳动生产率数字可以比较,1990年以前各年的全员劳动生产率均按指数换算成1990年不变价格。

实收资本 指企业实际收到的投资人投入的资本。按投资主体可分为国家资本、集体资本、法人资本、个人资本、港澳台资本和外商资本。

总资产 指企业拥有或控制的全部资产。包括流动资产、长期投资、固定资产、无形及递延资产、其他长期资产、递延税项等,即为企业资产负债表的资产总计项。

(1)流动资产:指企业可以在一年内或者超过一年的一个生产周期内变现或耗用的资产合计,包括现金及各种存款、短期投资、应收及预付款项、存货等。(2)固定资产:指企业固定资产净值、固定资产清理、在建工程、待处理固定资产损失所占用的资金合计。(3)无形资产:指企业长期使用而没有实物形态的资产，包括专利权、非专利技术、商标权、著作权、土地使用权、商誉等。

总负债 指企业承担并需要偿还的全部债务。包括流动负债和长期负债、递延税项等，即为企业资产负债表的负债合计项。

(1)流动负债：指企业在一年内或者超过一年的一个营业周期内需要偿还的债务合计，包括短期借款、应付及预收款项、应付工资、应交税金和应交利润等。

(2)长期负债：指企业在一年以上或者超过一年的一个生产周期以上需要偿还的债务合计，包括长期借款、应付债务、长期应付款项等。

所有者权益 指企业投资人对企业净资产的所有权。企业净资产等于企业全部资产减去全部负债后的余额，其中包括投资者对企业的最初投入，以及资本公积金、盈余公积金和未分配利润，对股份制企业即为股东权益。

十三、建 筑 业

建筑业 是国民经济中专门从事建筑安装工程施工的物质生产部门。建筑业生产就是以工农业产品为原料，经过建筑安装活动形成各种用途的固定资产。其主要活动包括：①各种房屋、建筑物和构筑物的建造；②各种线路、管道和机械设备的安装；③原有房屋、建筑物和构筑物的修理；④部分非标准设备的制造。

建筑业总产值 是以货币表现的建筑安装企业和附营施工单位在一定时期内生产的建筑业产品的总和。它是反映建筑业生产规模、发展速度、经营成果的重要标志，也是用以计算建筑业经济效益、劳动生产率和建筑业在国民经济中所占比重的依据。建筑业总产值包括：

(1)建筑工程产值：指列入建筑工程预算内的各种工程价值。

(2)设备安装工程产值：指设备安装工程价值，不包括被安装设备本身价值。

(3)房屋、构筑物修理产值：指房屋、构筑物修理所完成的价值，但不包括被修理房屋、构筑物本身的价值和生产设备的修理价值。

(4)非标准设备制造产值：指加工制造没有定型的、非标准的生产设备的加工费和原材料价值，以及附属加工厂为本企业承建工程制作的非标准设备的价值。

建筑业增加值 指建筑业企业在报告期内以货币表现的建筑业生产经营活动的最终成果。目前建筑业增加值采用分配法(收入法)计算，即从收入的角度出发，根据生产要素在生产过程中应得的收入份额计算。具体计算公式为：

建筑业增加值 = 本年提取的固定资产折旧 + 应付工资 + 应付福利费 + 管理费用中的劳动待业保险金、税金 + 工程结算税金及附加 + 工程结算利润

竣工产值 是指以货币表现的建筑业生产所形成的成品的价值，反映建筑业的成就，是考核建筑业施工速度和经济效益的依据之一。

竣工产值 包括范围应是报告期内竣工单位工程从开工到竣工的全部自行完成的价值。

房屋建筑面积是指房屋全部平面面积的总和。它从房屋的外墙线算起，包括可供使用的有效面积和墙柱等结构占用面积。多层房屋按各层(包括地下室)面积总合计算。旧房加层或改造，只计算增加的建筑面积；旧房拆除重建，计算其全部面积；临时房屋不计算建筑面积。房屋竣工面积是指在报告期内房屋建筑按照设计要求已全部完工，达到了使用条件，经检查验收鉴定合格的房屋建筑面积。

资产 是企业拥有或控制的能以货币计量的经济资源，包括各种财产、债权和其他权利。建筑业企业的资产其按流动性分为：流动资产、长期投资、固定资产、专项工程、无形及递延资产和其他资产。

固定资产原价 指企业在建造、购置、安装、改建、扩建、技术改造某项固定资产时所支出的全部货币总额。它一般包括买价、包装费、运杂费和安装费等。

工程结算收入 指本企业承包工程实现的工程价额结算收入以及向发包单位收取的除工程价款以外按规定列作营业收入的各种款项，如临时设施费、劳动保险费、施工机构调迁费等以及向发包单位收取的各种索赔款。

利润总额 指建筑施工企业在一定时期内所实现的利润。它包括工程结算利润、产品销售利润、作业销售利润、材料销售利润及其他销售利润、营业外收支差额。

工程结算利润指已结算工程实现的利润，如亏损以“-”号表示。计算公式为：

工程结算利润 = 工程结算收入 - 工程结算成本 - 工程结算税金及附加

十四、交通运输和邮电通讯业

铁路通车里程 指已经建成通车的铁路正线总长度。凡是全线或部分建成双线及以上的线路，以第一线的实际长

度计算；复线、站线、段管线、岔线和特别用途线以及不计算运费的联络线都不计算通车里程。铁路通车里程是反映铁路运输业基础设施发展水平的重要指标，也是计算客货周转量、运输密度和机车车辆运用效率等指标的基础资料。

公路通车里程 是指实际达到交通部制定的公路工程技术标准规定的等级的公路长度。它包括大中城市的郊区公路以及通过小城镇街道的公路里程，也包括桥梁、渡口的长度，但不包括城市的街道以及厂矿、林区和农业生产用道的里程。两条或多条公路共同经由同一路段，只计算一次，不得重复计算里程长度。公路里程是反映公路建设发展规模的重要指标，也是计算运输网密度等指标的基础资料。

内河航道里程也称内河通航里程，是指凡能通航机动船、木帆船以及运输排筏的河段均应纳入统计．包括天然河流及人工河渠，但不包括仅供木材流放的河道。内河航道里程是反映内河水运网规模、水平和发展情况的主要指标。

货(客)运量 指运输业实际运送的货物(旅客)数量。货运按吨计算，客运按人计算。货物不论运输距离长短，货物类别，均按实际重量统计；旅客不论行程远近或票价多少，均按一人一次作为客运量统计。半价票、小孩票也按一人统计。货(客)运量反映运输业为国民经济和人民生活服务的数量指标，也是制定和检查运输生产计划，研究运输发展规模和速度的重要指标。

货物(旅客)周转量 指运输业运送的货物(旅客)数量与其相应运输距离的乘积之总和，通常以吨公里和人公里为计算单位。计算货物周转量通常按发出站与到达站之间的最短距离，也就是计费距离计算。它是反映运输业生产总成果的重要指标，也是编制和检查运输生产计划、计算运输效率、劳动生产率以及核算运输单位成本的主要基础资料。

铁路货车静载重 指铁路货车在始发站静止状态下平均每车装载的货物重量。静载重的多少取决于运送货物的性质、种类、车辆的类型和装载技术的高低。根据货车的平均载重能力和静载重进行对比，可以反映货车载重能力的利用程度。计算公式为：

$$\text{货车静载重}=\frac{\text{货物发送吨数}}{\text{装车数}}$$

铁路货运机车平均日产量 指平均每台货运机车在一昼夜内所完成的总重吨公里数。它既包括载运货物的重量，也包括车辆本身的自重，它从时间和牵引能力两方面反映了机车运用效率的综合性指标。计算公式为：

$$\text{货运机车平均日产量}=\frac{\text{货运总重吨公里数}}{\text{货运机车台日数}}$$

沿海主要港口货物吞吐量 指由水运进出沿海主要港口港区范围，并经过装卸的货物数量。吞吐量可以分为进口、出口，又可以分为国内贸易和对外贸易。货物吞吐量的货种分类及其主要流向流量，反映了港口在国内外物资交流和对外贸易运输中的地位和作用。

邮电业务总量 指以货币表现的邮电部门为用户传递信息和提供其他邮电服务的总量。它用各种邮电分类业务量，如函件件数、电报份数、长话张数、市内电话和农村电话的年均户数、订销报刊累计份数等，分别乘以相应的平均单价(不变价)，加总后再加上出租电路和设备的收入、代用户维护电话交换机和线路等设备的收入、其他业务收入求得。邮电业务总量综合反映了一定时期邮电工作的总成果，是研究邮电业务量构成和发展趋势的重要指标。

移动电话用户 指在电信部门登记，通过移动电话交换机进入移动电话网、占有移动电话号码的电话用户。用户数量以实际办理登记手续进入电信部门移动电话网的户数进行计算，一部或一台移动电话统计为一户。

从1997年起，电话用户数和电话机部数分组调整为以用户所在区域划分为“城市电话用户”和“乡村电话用户”，与过去的按市内电话和农村电话划分方法不同。而总用户数、总电话机部数统计方法不变。

(1)城市电话用户：指直辖市、省辖市、地级市、县级市的市区、市郊区及县城(包括县人民政府所在地的县城关区或行政建制相当于县人民政府所在地的镇)范围内接入局用交换机的电话用户数，包括分布在农村地区的独立工矿区、林区、驻军等接入局用交换机的电话用户数。

(2)乡村电话用户：指县城关区以下的集镇和农村接入局用交换机的电话用户数。

(3)住宅电话：指话机装在居民住宅里的电话，包括私人付费、公费和免费三个部分。

(4)私人付费电话：指住宅居民自费安装并自己缴纳通话费的电话。

十五、批发零售贸易业和餐饮业

商品购进总额 指从本企业以外的单位和个人购进(包括从国外直接进口)作为转卖或加工后转卖的商品。本指标由从生产者购进额、从批发零售贸易业购进额、进口额和其他项目组成。这个指标反映批发零售贸易企业从国内、国外市场上购进商品的总量。

商品销售总额 指对本企业以外的单位和个人出售(包括对国外直接出口)的商品(包括售给本单位消费用的商品)。本指标由对生产经营单位批发额、对批发零售贸易业批发额、出口额及对居民和社会集团商品零售额项目组成。这个指标反映批发零售贸易企业在国内市场上销售商品以及出口商品的总量。

批发 指除零售以外的一切商品销售活动，包括对生产经营单位批发、对批发零售贸易业批发和出口。

对居民和社会集团的商品零售(即零售) 指售给城乡居民直接用于生活消费的商品和社会集团直接用于公用消费的商品。

期末库存 指批发零售贸易企业已取得所有权的全部商品。这个指标反映批发零售贸易企业的商品库存情况和对市场商品供应的保证程度。

社会消费品零售总额 指各种经济类型的批发零售贸易业、餐饮业、制造业和其他行业对城乡居民和社会集团的消费品零售额和农业生产者对非农业居民零售额的总和。

市 指中央直辖市,省、地辖市的市区和郊区以及县级市的市区。

县 指县城关镇地区。

县 以下指县城关区以及县级市的市区以外的集镇和农村。

城乡集市贸易成交额 指在农村集市和城市集市上买卖双方(包括农民、非农业居民、机关、团体、工商企业、个体商贩)成交的全部商品金额。

十六、对外经济贸易、旅游和开发区情况

进出口总额 是指实际进出我国国境的货物总金额。包括对外贸易实际进出口货物,来料加工装配进出口货物,国家间、联合国及国际组织无偿援助的物资和赠送品,华侨、港澳台同胞、外籍华人的捐赠品,租赁期满归承租人所有的租赁货物,进料加工进出口货物,边境地方贸易及边境地区小额贸易进出口货物(边民互市贸易除外),中外合资经营企业、中外合作经营企业、外商独资经营企业进出口货物和公用物品,到离岸价格在规定限额以上的进出口货样和广告品(无商业价值、无使用价值和免费提供出口的除外),从保税仓库提取在中国境内销售的进口货物,以及其他进出口货物。我国规定出口货物按离岸价格统计,进口货物按到岸价格统计。

利用外资 是指我国各级政府、部门、企业和其他经济组织通过对外借款、吸收外商直接投资以及用其他方式筹措的境外现汇、设备、技术等。

对外借款 包括我国通过外国政府贷款、国际金融组织贷款、外国银行商业贷款、出口信贷以及对外发行证券等方式,从国外和港澳台地区借用的资金。

外商直接投资 是指外国企业和经济组织或个人(包括华侨、港澳台胞以及我国在境外注册的企业)按我国有关政策、法规,用现汇、实物、技术等在我国境内开办外商独资企业、与我国境内的企业或经济组织共同举办中外合资经营企业、合作经营企业或合作开发资源的投资(包括外商从企业得到收益的再投资),以及经政府有关部门批准的项目投资总额内,企业从境外借入的资金。

对外承包工程 包括各对外承包公司以招标议标承包方式承揽的下列业务(1)承包的国外工程建设项目;(2)承包我国对外经援项目;(3)承包我国驻外机构的工程建设项目;(4)承包我国境内利用外资进行建设的工程项目;(5)与外国承包公司合营或联合承包工程项目时我国公司分包的部分;(6)以服务成果向业主收费的技术服务项目(包括承担的地形地貌测绘;地质资源勘探与普查;建设区域规划;提供设计文件、图纸、生产工艺技术资料和工程技术经济咨询;工程项目的可行性考察、研究和评估;进行技术指导和培训人员等);(7)对外承包兼营的房屋开发业务。对外承包工作的营业额是以货币表现的本期内完成的对外承包工程的工作量,包括以前年度签订的合同和本年度新签订的合同在报告期完成的工作量。

对外劳务合作 指以收取工资的形式向业主或承包商提供技术和劳动服务的活动。我国对外承包公司在境外开办的合营企业,中国公司同时又提供劳务的,其劳务部分也纳入劳务合作统计。劳务合作营业额按报告期内向雇主提交的结算数(包括工资、加班费和奖金等)统计。

对外设计咨询 指以服务成果向业主收费的技术服务项目。包括承担地形地貌测绘,地质资源勘探与普查,建设区域规划,提供设计文件、图纸、生产工艺技术资料和工程技术经济咨询,工程项目的可行性考察、研究和评估,进行技术指导和培训人员等;也包括承担国(境)内利用外资进行建设的工程项目的上述规定的设计咨询项目的收取外币部分。

旅游人数 包括入境国际旅游者人数、出境居民人数和国内旅游者人数。

(1)入境国际旅游者人数:指来中国参观、访问、旅行、探亲、访友、休养、考察、参加会议和从事经济、科技、文化、教育、宗教等活动的外国人、华侨、港澳和台湾同胞的人数。不包括外国在我国的常驻机构,如使领馆、通讯社、企业办事处的工作人员;来我国常住的外国专家、留学生以及在岸逗留不过夜人员。

(2)出境居民人数:指大陆居民因公务活动或私人事务短期出境的人数。公务活动出境居民人数包括在国际交通工具上的中国服务员工,因私出境居民人数不包括在国际交通工具上的中国服务员工。

(3)国内旅游者人数:指我国大陆居民和在我国常住1年以上的外国人、华侨、港澳台同胞离开常住地在境内其他地方的旅游设施内至少停留一夜,最长不超过6个月的人数。

十七、教育、科技、文化

普通高等学校　指按照国家规定的审批程序批准举办，通过全国统一招生考试，招收高级中等学校毕业生和具有同等学历者，实施高等教育，培养高等专门人才的学校。包括大学、专门学院、专科学校和短期职业大学。

成人高等学校　指按照国家规定的审批程序批准举办，招收在职高中毕业或同等学历者，利用多种形式对成人实施高等教育，培养相当普通高等学校专科或本科毕业水平的专门人才的学校。包括广播电视大学、职工高等学校、农民高等学校、干部管理学院、教育学院、独立函授学院以及普通高等学校举办的函授、夜大学等。

小学学龄儿童入学率　指调查范围内已入小学学习的学龄儿童占校内外学龄儿童总数（包括弱智儿童在内，但不包括盲聋哑儿童）的比重。计算公式是：

小学学龄儿童入学率＝已入学的小学学龄儿童数/校内外小学学龄儿童总数×100%

科技活动　是指在自然科学、农业科学、医药科学、工程与技术科学、人文与社会科学领域（简称科技技术领域）中与科技知识的产生、发展、传播和应用密切相关的有组织的活动。为核算科技投入的需要，科技活动可分为科学研究与试验发展（R&D）、科学研究与试验发展成果应用及相关的科技服务三类活动。

从事科技活动人员合计　指调查单位在报告年度直接从事科技活动、以及专门从事科技活动管理和为科技活动提供直接服务的人员。累计从事科技活动的实际工作时间占全年制度工作时间10%以下（不包含10%）的人员，不统计。(1)直接从事科技活动的人员包括：在独立核算的科学研究与技术开发机构、高等学校、各类企业及其他事业单位内设的研究室、实验室、技术开发中心及中试车间（基地）等机构中从事科技活动的研究人员、工程技术人员、技术工人及其它人员；虽不在上述机构工作，但编入科技活动项目（课题）组的人员；科技信息与文献机构中的专业技术人员；从事论文设计的研究生等。(2)专门从事科技活动管理和为科技活动提供直接服务的人员包括：独立核算的科学研究与技术开发机构、科技信息与文献机构、高等学校、各类企业及其他事业单位主管科技工作的负责人，专门从事科技活动的计划、行政、人事、财务、物资供应、设备维护、图书资料管理等工作的各类人员，但不包括保卫、医疗保健人员、司机、食堂人员、茶炉工、水暖工、清洁工等为科技活动提供间接服务的人员。

科技活动人员中科学家和工程师　指科技活动人员中具有高、中级技术职称（职务）的人员和不具有高、中级技术职称（职务）的大学本科及以上学历人员。

科技活动经费筹集额　指调查单位在报告期从各种渠道筹集到的计划用于科技活动的经费，包括政府资金、企业资金、事业单位资金、金融机构贷款、国外资金和其他资金等。

政府资金　指调查单位在报告期从各级政府部门获得的计划用于科技活动的经费，包括科学事业费、科技三项费、科研基建费、科学基金、教育等部门事业费中计划用于科技活动的经费以及政府部门预算外资金中计划用于科技活动的经费等。

企业资金　指报告期本企业从自有资金中提取或接受其他企业委托的、科研院所和高校等事业单位接受企业委托获得的，计划用于科研和技术开发的经费。不包括来自政府、金融机构及国外的计划用于科技活动的资金。

事业单位资金　指独立的科研院所、高等学校等事业单位在报告期从事业收入（不包括来自企业委托科研项目的收入）、经营收入、专项收入、其他收入中安排用于科技活动的资金，以及企业单位从事业单位获得的用于科研和技术开发活动的经费。不包括转拨经费以及来自政府、金融机构和国外的计划用于科技活动的经费。

金融机构贷款　指调查单位在报告期从各类金融机构获得的用于科技活动的贷款。

国外资金　指中国境外的企业、大学、国际组织、民间组织、金融机构及外国政府在报告期提供给在中国境内注册的各类单位用于科技活动的经费。

其他资金　指开展科技活动的单位从上述渠道以外获得的用于科技活动的经费，如来自民间非营利机构的资助和个人捐赠等。

科技活动经费支出总额　指调查单位在报告期实际支出的全部科技活动费用，包括来自科研渠道的经费、教育事业费、基本建设投资、技术改造投资等实际用于科技活动支出的费用。科技活动经费支出分为内部支出和外部支出。

科技经费内部支出　指调查单位在报告期用于内部开展科技活动实际支出的费用，包括外协加工费。科技活动经费内部支出按用途分为经常性支出和基本建设支出两类。

经常费支出　指调查单位在报告期为开展科技活动使用非基建项目资金支付的科技活动人员劳务费、设备购置费和其他日常支出。其他日常支出包括因开展科研活动而发生的各项管理费用和购买非资产性的材料、物资费用等。具体包括原料、材料、辅料、元器件、零配件、低值易耗品的费用（包括包装、运输、储存及各种杂费等）；房屋租金、水电费、燃料费、维修费；科研项目前期论证费、调研差旅费、资料费、计算机服务费、印刷费、邮寄费、专题技术及学术会议费、成果鉴定费；办公费、行政管理费、人事及财务管理费等。提供间接服务人员（如司机、保安人员、炊事人员、医疗保健人员等）的劳务费按其为科技活动提供服务的时间比例分摊计入本项支出。

科技经费外部支出　指调查单位在报告年度委托其他

单位或与其他单位合作开展科技活动而转拨给其他单位的科技经费，不包括外协加工费。

科技活动人员劳务费 指以货币或实物形式直接或间接支付给科技活动人员的劳动报酬及各种费用，包括各种形式的工资、补助工资、津贴、价格补贴、奖金、福利、失业保险、养老保险、医疗保险、工伤保险、人民助学金等。为科技活动提供间接服务人员的劳务费计入其他支出。

研究与试验发展经费支出 指报告年度在企业科技活动经费内部支出中用于基础研究、应用研究和试验发展三类项目以及这三类项目的管理和服务费用的支出。不论何种经费来源，只要实际用于上述三类项目的经费支出都应计算在内。具体计算办法：可将企业全部科技项目中确定为基础研究、应用研究和试验发展三类项目的经费支出加总，再加上按上述三类项目支出占全部科技项目经费支出比重计算分摊的科技管理和服务费用取得。上述三类项目经费支出包括的内容与科技活动经费内部支出按用途分组所列的支出项一致。

艺术表演场所 指由各级文化主管部门或文化单位举办的除部队系统外的其他部门举办的，具有观众厅、舞台、灯光设备，经常供专业艺术表演团体演出，在工商、税务部门登记，公开售票的营业场所。

公共图书馆 指文化部门举办的面向社会服务的图书馆。

群众艺术馆、文化馆、文化站 指从事群众文化工作的专业机构。不包括临时抽调人员组成、没有编制的农村和街道文化工作队、服务站等。

艺术创作机构 指有专职创作人员、独立建制的剧目创作室（组）、美术创作室（组）及各类画院等专门从事艺术创作的机构。不包括业余性质的文艺创作单位。

十八、卫生、体育、民政、司法、测绘、标准计量、环保

等级运动员人数 指经考核正式批准授予等级运动员称号的人数。运动员等级分为国际级运动健将、运动健将、一级运动员、二级运动员、三级运动员、少年级运动员。

等级裁判员人数 指经考核正式批准授予等级裁判员称号的人数。裁判员等级分为国际裁判、国家级裁判、一级裁判、二级裁判、三级裁判。

医院 指名称为医院，设有固定床位能收容病人住院并能为病人提供医疗、护理服务的医疗机构。包括县及县以上医院、农村乡卫生院、其他医院三部分。按所属性质分为卫生部门、工业及其他部门、集体所有制三类。其中县及县以上医院按业务性质分为综合医院和专科医院。

卫生技术人员 指卫生事业机构支付工资的全部固定职工和合同制职工中现任职务为卫生技术工作的人员。包括中医师、西医师、中西医结合高级医师、护师、中药师、西药师、检验师、其他技师、中医士、西医士、护士、助产士、中药剂士、西药剂士、检验士、其他技术士、其他中医、护理员、中药剂员、西药剂员、检验员、其他初级卫生技术人员。医生指经卫生部门审查合格，从事医疗工作的专业人员。分为中医医生和西医医生。包括卫生技术人员中的中医师、西医师、中西医结合高级医师、中医士、西医士和其他中医。

社会福利事业单位 指集中收养社会孤老、残、幼的机构，包括由民政部门管理的社会福利院、儿童福利院、精神病人福利院和城镇集体举办的福利院及农村集体举办的敬老院。社会福利事业单位收养人数包括民政部门管理和城镇、农村集体举办的社会福利事业单位中收养的老人、少年儿童、缺乏生活自理能力的残疾人员和精神病人。

社会福利企业单位 指以安置城镇有一定劳动能力的盲、聋、哑和肢体残疾人员就业为目的，享受国家减免税待遇的国有或集体企业。包括福利工厂、福利商业和服务业、假肢厂和安置农场等单位。

律师 指受聘参加法律顾问处工作，担任法律顾问、刑（民）事代理人、刑事辩护人，办理非诉讼事件、解答法律询问，代写法律事务文书等主要从事律师业务的专职法律工作者和兼职律师。

公证人员 指在国家公证机关依法办理公证事务的司法人员，包括公证员、助理公证员和在公证处工作的其他人员。

办理公证文书 指公证处在一定时期内办结的公证文书件数。公证文书按司法部规定或批准的格式制作，包括国内公证和涉外公证两部分。国内公证分为经济合同公证和民事法律关系公证两大类。

调解人员 指在人民调解委员会担负调解民间一般民事纠纷和轻微违法行为引起纠纷的工作人员，包括调解委员会的委员和调解小组的调解员。

工业废水排放量 指经过企业厂区所有排放口排到企业外部的工业废水量。包括生产废水、外排的直接冷却水、超标排放的矿井地下水和工业废水混排的厂区生活污水，不包括外排的间接冷却水（清污不分流的间接冷却水应计算在内）。

工业废水排放达标量 指各项指标都达到国家或地方排放标准的外排工业废水量，包括经过处理后外排达标的和未经处理外排达标的两部分。

工业废水处理量 指报告期内各种水治理设施实际处理的工业废水量，包括处理后外排的和处理后回用的工业废

水量。虽经处理但未达到国家或地方排放标准的废水量也应计算在内。

工业废气排放总量 指企业燃料燃烧和生产工艺过程中产生的各种排入空气的含有污染物的气体的总量，以标准状态计。

二氧化硫排放量 指企业在燃料燃烧和生产工艺过程中排入大气的二氧化硫总量。

工业烟尘排放量 指企业厂区内燃料燃烧产生的烟气中夹带的颗粒物的量。

工业固体废物产生量 指企业在生产过程中产生的固体状、半固体状和高浓度液体状废弃物的总量，包括危险废物、冶炼废渣、粉煤灰、炉渣、煤矸石、尾矿、放射性废物和其他废物等；不包括矿山开采的剥离废石和掘进废石（煤矸石和呈酸性或碱性的废石除外）。

工业固体废物处置量 指将固体废物焚烧或者最终置于符合环境保护规定要求的场所并不再回取的工业固体废物量（包括当年处置往年的工业固体废物累计贮存量）。

工业固体废物综合利用量 指通过回收、加工、循环、交换等方式，从固体废物中提取或者使其转化为可以利用的资源、能源和其他原材料的固体废物量（包括当年利用往年的工业固体废物累计贮存量）。如用作农业肥料、生产建筑材料、筑路等。

污染治理项目本年完成投资合计 指企业在报告期内实际用于治理废水、废气、固体废物、噪声和其他环境污染（如电磁波、恶臭等）的资金总额。

本年安排污染治理项目数 指报告期内由国家、部门、地方或企业单位安排的，并以治理污染、“三废”综合利用为主要目的治理废水、废气、固体废物、噪声和其他（如电磁波、恶臭等）环境污染的环境治理工程的总数。不包括“三同时”项目。

十九、基本单位普查

法人单位 是指具备以下条件的单位：

（一）依法成立，有自己的名称、组织机构和场所，能够独立承担民事责任；

（二）独立拥有和使用（或授权使用）资产、承担负债，有权与其他单位签订合同；

（三）会计上独立核算，能够编制资产负债表。

法人单位包括企业法人、事业单位法人、机关法人、社会团体法人和其他法人。

法人单位所属的产业活动单位 （简称：产业活动单位）是指具备以下条件的单位：

（一）在一个场所从事一种或主要从事一种社会经济活动；

（二）相对独立组织生产经营或业务活动；

（三）能够掌握收入和支出等业务核算资料。

产业活动单位按以下具体办法认定：

经过法定程序批准建立的、不能独立承担民事责任的单位，认定为产业活动单位。包括：由各级工商行政管理机关核准登记，领取《营业执照》的分支机构或经营单位；由各级登记主管机关备案，或依据相关法律法规由各级主管部门批准建立的事业单位分支机构和社会团体分支机构。未经法定程序批准在法人内部建立的机构，具备产业活动单位条件的认定为产业活动单位。

单产业法人 法人单位只位于一个场所并主要从事一种社会经济活动，称为单产业法人。单产业法人本身也是一个产业活动单位。

多产业法人 法人单位从事多种经济活动，或者位于多个地点，称为多产业法人。多产业法人由两个或两个以上产业活动单位组成。

中国统计出版社最新资料书简目

中国统计年鉴－2003
中国统计摘要－2003
2003 中国发展报告
中国城市统计年鉴－2002
中国农村统计年鉴－2003
中国劳动统计年鉴－2003
中国人口统计年鉴－2003
中国工业经济统计年鉴－2003
中国市场统计年鉴－2003
2002 中国城市发展报告
中国建筑业统计年鉴－2002
中国价格及城镇居民家庭收支调查统计年鉴－2003
国际统计年鉴－2003
中国对外经济贸易统计年鉴－2002
中国基本单位统计年鉴－2002
中国民政统计年鉴－2003
中国高技术产业统计年鉴－2003
中国第二次全国基本单位普查资料汇编
中国房地产行业名录
2000 人口普查分县资料

北京统计年鉴－2003
天津统计年鉴－2003
河北经济年鉴－2003
山西统计年鉴－2003
内蒙古统计年鉴－2003
辽宁统计年鉴－2003
吉林统计年鉴－2003
黑龙江统计年鉴－2003
上海统计年鉴－2003
江苏统计年鉴－2003
浙江统计年鉴－2003
安徽统计年鉴－2003
福建统计年鉴－2003
江西统计年鉴－2003
山东统计年鉴－2003
河南统计年鉴－2003
湖北统计年鉴－2003
湖南统计年鉴－2003
广东统计年鉴－2003
广西统计年鉴－2003
海南统计年鉴－2003
重庆统计年鉴－2003
四川统计年鉴－2003
贵州统计年鉴－2003
云南统计年鉴－2003

西藏统计年鉴－2003
陕西统计年鉴－2003
甘肃年鉴－2003
青海统计年鉴－2003
宁夏统计年鉴－2003
新疆统计年鉴－2003
新疆生产建设兵团统计年鉴－2003
石家庄统计年鉴－2003
唐山统计年鉴－2003
邯郸统计年鉴－2003
太原统计年鉴－2003
运城统计年鉴－2003
大同统计年鉴－2003
呼和浩特经济统计年鉴－2003
鄂尔多斯市统计年鉴－2003
包头统计年鉴－2003
赤峰统计年鉴－2003
沈阳年鉴－2003
大连统计年鉴－2003
鞍山统计年鉴－2003
长春统计年鉴－2003
吉林市社会经济统计年鉴－2003
四平统计年鉴－2003
延吉统计年鉴－2003
哈尔滨统计年鉴－2003
齐齐哈尔经济统计年鉴－2003
牡丹江统计年鉴－2003
大庆统计年鉴－2003
黑龙江垦区统计年鉴－2003
上海浦东新区统计年鉴－2003
南京统计年鉴－2003
连云港统计年鉴－2003
苏州统计年鉴－2003
无锡统计年鉴－2003
常州统计年鉴－2003
徐州统计年鉴－2003
南通统计年鉴－2003
盐城统计年鉴－2003
镇江统计年鉴－2003
杭州统计年鉴－2003
宁波统计年鉴－2003
绍兴统计年鉴－2003
台州统计年鉴－2003
舟山统计年鉴－2003
温州统计年鉴－2003
金华统计年鉴－2003

嘉兴统计年鉴－2003
湖州统计年鉴－2003
丽水统计年鉴－2003
合肥统计年鉴－2003
福州年鉴－2003
厦门经济特区年鉴－2003
福州经济技术开发区年鉴－2003
南昌经济社会统计年鉴－2003
九江经济统计年鉴－2003
济南统计年鉴－2003
青岛统计年鉴－2003
泰安统计年鉴－2003
淄博统计年鉴－2003
潍坊统计年鉴－2003
郑州统计年鉴－2003
洛阳统计年鉴－2003
三门峡统计年鉴－2003
平顶山统计年鉴－2003
南阳经济统计年鉴－2003
武汉统计年鉴－2003
宜昌统计年鉴－2003
十堰统计年鉴－2003
荆州统计年鉴－2003
广州统计年鉴－2003
东莞统计年鉴－2003
惠州统计年鉴－2003
深圳统计年鉴－2003
南宁统计年鉴－2003
桂林经济社会统计年鉴－2003
柳州经济统计年鉴－2003
柳州地区统计年鉴－2003
河池地区经济社会统计年鉴－2003
海口统计年鉴－2003
成都统计年鉴－2003
攀枝花统计年鉴－2003
广安统计年鉴－2003
贵阳统计年鉴－2003
昆明统计年鉴－2003
西安统计年鉴－2003
兰州年鉴－2003
西宁统计年鉴－2003
银川统计年鉴－2003
乌鲁木齐统计年鉴－2003
巴音郭楞统计年鉴－2003
吐鲁番统计年鉴－2003

编辑部电话:(010)63262276　63266600－30607
欲购以上图书请与中国统计出版社发行部联系。电话(010)63459084　同椑行书店电话:68585978
通讯地址:北京市西城区三里河月坛南街 75 号　邮政编码:100826

山东省文化厅

2002年，在省委、省政府领导的关心和支持下，全省文化工作以邓小平理论和“三个代表”重要思想为指导，认真学习党的十六大精神，继往开来，与时俱进，开拓创新，加快发展，取得了显著成绩。

在改革方面，一是强调确立文化企事业单位的独立法人地位，逐步简政放权，使各单位由被动改革变为主动改革。二是出台了用人制度的改革办法，逐步由任命制过渡到聘任制，扩大了聘任制和竞争上岗的范围。三是为了巩固、完善以往的改革成果，对各单位实行分配制度、演出场次补贴制，培养自己营销队伍的情况，进行了普通的检查，并划分出不同类别，进行分类指导，取得了明显效果。四是为了加快文化产业的发展，省电影公司组织了“院线制”改革，打破了原来的经营模式。五是积极引进市场方式举办文化活动，进行文艺创作。六是各地文企联姻工作有新进展。各地各级文化部门也都制定规划，采取有力措施，倡导和鼓励利用社会和企业资金，建立多渠道的筹资机制，尝试运用市场运作方式举办文化活动，进行文艺创作和演出，收到良好的效果。

经过努力，我省艺术创作取得了较大的成绩。今年，我省儿童剧《宝贝儿》获“文华大奖”，这是继吕剧《苦菜花》首次获“文华大奖”后又一次获得该奖；五音戏《腊八姐》获文华新剧目奖。省杂技团《蹬人》、《梦幻踢踏》在第四届全国青少年杂技比赛中双获“金狮奖”；《春秋霸主》获曹禺戏剧奖剧本奖。省歌舞剧院民族乐团赴奥地利维也纳金色大厅演出成功，使山东民乐首次走进了世界最高音乐艺术殿堂。2002年全省文化系统创作排演了吕剧《大地军魂》、《补天》、话剧《县委书记》、杂技主题晚会《禅》、话剧《寻找爸爸毛泽东》、吕剧《张裕魂》等一批优秀剧节目，丰富了全省的文艺舞台。今年，我省演员宋昌林、霍俊萍荣获了第19届“梅花奖”，并有多人在国家、省级专业比赛中多次获奖，为我省争得了荣誉。

今年以来，以繁荣艺术创作为中心，主要采取了以下措施：一是召开了全省艺术创作工作会议，制订创作规划，确定了全年重点加工的剧目。二是加强对全省重点作者的培养力度，在完善去年制度的基础上，对有发展前途的剧作者，送到京、沪等地学习，并采取有力措施及时解决优秀剧作者在创作中遇到的困难。三是对出现的优秀剧目，就立刻组织讨论，请专家指导，帮助修改。四是组织全省词作家、曲作家集中力量创作“三个代表”题材的歌曲，并在全省范围内征集歌颂“三个代表”的歌曲160首，并将部分优秀歌曲搬上舞台。

山东省交通厅

进入90年代以来，中国经济呈现出高速增长的良好态势。作为沿海开放省份的山东省，发展势头强劲，对交通基础设施建设提出了新的更高要求。山东省委、省政府从全省经济社会发展全局出发，以战略的眼光和超前的现代化意识，决定修建高速公路，1990年，山东第一条高速公路“济青路”破土动工，1993年12月18日，全长318公里的济青高速公路建成通车，实现了山东省高速公路零的突破。此后，山东省委、省政府又决定实施公路建设向以高速公路为主的战略转移。特别是1998年，中央作出扩大内需、加快公路等基础设施建设的战略决策后，山东省认真贯彻中央指示精神，抢抓机遇，快速行动，及时调整公路建设计划，加大投入，加快交通基础设施建设。同年11月，中央山东省第七次代表大会胜利召开，这次会议强调要坚定不移地贯彻中央实施的积极财政政策，进一步加强高速公路等基础设施建设，不断改善山东改革开放和经济发展环境。在这一精神指引下，山东高速公路建设进入了加速发展的黄金时期。从1998年至今，山东省连续实施了加快公路建设“四大战役”，高速公路建设迈上了四个大的台阶。省会济南与16市驻地实现高速连通，成为全国第一个实现市市通高速的省份。经国家级验收和质监部门初验，山东已建成的高速公路质量全部达到了优良级标准。

山东的高速公路建设，得到了党中央、国务院，国家有关部门和山东省委、省政府各级领导的高度重视和大力支持。山东省在加快公路建设的四大战役中，采取了坚决有力的措施。一是狠抓了规划计划和前期工作。山东之所以能够取得加快公路建设的主动权，很重要的一点，就是山东各级交通部门长期以来非常重视对公路建设的战略性研究，根据经济社会发展要求，制定一个科学完整的发展规划，“八五”、“九五”期间重点规划建设了“三纵三横一环”高等级公路主框架，“十五”期间重点规划完善“五纵连四横、一环绕山东”的高等级公路网络。同时，围绕规划，提前做好项目前期工作，项目储备充分。在加快建设过程中，省交通厅等有关部门、各项目业主单位和有关市地，都把抓项目准备和新上项目开工作为一项十分紧迫的任务，高度重视，急事争办，特事特办，集中进行攻关。对制约工程开工的项目审批和征地拆迁等问题，逐项分析，采取有针对性的措施，靠上专门班子，紧紧抓住不放，及时加以解决，保证了工作的按期开工建设。二是合理布局，突出重点，集中加快高等级公路主框架建设。本着先急后缓、保重点，保贯通的原则，集中力量加快公路主框架中的项目建设，打通主干线，主通道。尤其把事关全省大局的东西、南北高速公路大通道项目作为重中之重，实行重点突破，超常规加快建设，并注重发挥公路建设的整体效益，一干一条线，提高了网服务水平和整体通过能力。三是科学组织，统筹安排。对在建重点项目，加强调度指挥，实行分类指导，层层分解落实建设任务，一旬一旬地排，一天一天地抓，在保证质量的前提下，全面提速，能干多快干多快，能提前一天是一天，保证了各项目按期或提前完工。四是坚持质量责任重于泰山，确保工程质量。五是大力开展科技攻关，依靠科技进步、保质量、促速度。

在高速公路建设中，山东各级决策者和建设者们，始终从讲政治的高度，以对国家、对人民、对历史极端负责的精神和一丝不苟的态度，严格要求，严格管理，严格责任，把工程质量当作头等大事来抓，全面推行项目法人责任制、招标制、工程监理制和合同管理制，不断健全完善三级质量保证体系，严格执行基本建设程序，严格规范招标行为，严把市场准入关。为加强工程管理，按照交通部统一部署，从1999年开始，连续3年开展公路建设质量年活动，省交通厅先后制定出台了《山东省公路建设市场管理办法实施细则》、《山东省交通建设工程质量管理办法》等规范性文件，加大了依法管理制度。交通各级部门和质监、勘察设计、监理、施工等单位，切实增强全员质量意识，使“百年大计、质量第一”的思想和“质量重于生命、责任重于泰山”的观念深入到每一个环节、每一个工序、每一个职工。不断加大质量监督检查力度，工程管理和质量监督部门每年组织进行质量大检查，各建设单位对全部重点建设项目的每个合同段都进行拉网式大检查，对检查发现的问题和质量隐患，保证了工程质量。通过开展公路建设质量年活动，山东已建成和正在建设的高速公路项目质量都得到了有效控制，质量水平明显提高。工程质量合格率一直保持在100%，优良品率达95%以上。在交通部组织的1999—2001年全国公路建设质量年活动项目评优中，总共7个奖项山东省就获得6个。同时，还成为了全国高速公路养护管理十佳省份。

京福高速与曲菏高速相交

山东省在加快公路建设的四大战役中，采取了坚决有力的措施。一是狠抓了规划计划和前期工作。二是合理布局，突出重点，集中加快高等级公路主框架建设。三是科学组织，统筹安排。四是坚持质量责任重于泰山，确保工程质量。五是大力开展科技攻关，依靠科技进步，保质量、促进度。

日竹高速公路

加快高速公路建设，不仅极大地推进了交通现代化进程，而且有力地拉动了国民经济和相关产业发展，特别是几条高速公路大通道的贯通，极大地改善了改革开放的硬环境，优化了生产力布局，促进了城市化进程。高速公路的发展也促进了社会进步和精神文明建设，高速公路以其高速、快捷、舒适的交通条件加快了人流、物流、信息流，增强了人们的效率意识、市场意识和开放意识。

新世纪之初，山东省提出了今年交通发展的宏伟目标，就是在本世纪第一个10年，实现十大目标，围绕建设“五纵连四横、一环绕山东”的高等级公路网络，完成国道主干线山东段建设任务，打通省际高速通道，建设省内重要经济干线和交通繁忙路段，提高路网整体服务水平和技术含量。到“十五”末，全省高速公路通车里程达到3296公里。今明两年，集中力量加快竹园至曲阜、同三线莱西至汾水、206线黄山馆至潍莱路连接线等高速公路，济南顺河高架桥北延、济南东出口309线改造工程和滨州黄河二桥建设，今年建成通车高速公路333公里，实现省会济南到16个市驻地高速公路直接连通。明年高速公路总里程突破3000公里。在此基础上，再经过几年的努力，力争到2008年建成高速公路4000公里，形成布局合理、快速高效、安全舒适的高等级公路网络。高速公路通达全省110多个县市区，占全省县市区总数的80%以上，基本实现交通现代化，更好地为全省经济和社会发展服务。

京沪高速公路临沂段

济南黄河第二公路大桥

党组书记、局长　袁崇仁

山东黄河河务局

黄河是我国第二条大河，是中华民族的母亲河。黄河从东明县进入我省，流经菏泽、济宁、泰安、聊城、德州、济南、淄博、滨州、东营9市、25个县(市、区)，在垦利县注入渤海。

山东黄河河务局成立于1946年，是水利部黄河水利委员会在山东省的派出机构，负责山东黄河的治理开发和水资源管理工作。全局现有职工11921人，其中各类专业技术人员2109人。在沿黄市、县(市、区)均设有黄河河务(管理)局，有大一型施工企业1家，水利工程二级资质以上施工企业14家。

55年来，在中国共产党和人民政府的领导下，沿黄人民和治黄职工对黄河进行了大规模的治理开发，初步建成了较为完整的防洪工程体系。战胜了历年洪水，扭转了历史上黄河三年两决口的险恶局面，保证了黄河伏秋大汛岁岁安澜。积极开发利用黄河水资源，全省已有11个市、68个县(市、区)用上了黄河水，农业灌溉面积近3000万亩，农业年增产效益达30亿元。供给了沿黄城镇和胜利油田工业和生活用水，天津、青岛等地。为国民经济和社会发展做出了巨大贡献。

黄河大堤绿化

黄河麻湾分洪分凌闸

山东黄河险工、涵闸

山东省计划生育委员会

2002年，在省委、省政府正确领导下，全省各级坚持把人口与计划生育工作纳入国民经济与社会发展总体规划，实行党政一把手亲自抓、负总责，使人口与计划生育工作继续保持了在稳定中发展、在改革中前进的良好态势。到2002年末，全省总人口为9082万人，人口出生率为11.17‰，自然增长率为4.55‰；计划生育率、女性初婚晚婚率、育龄妇女综合避孕率、统计合格率等项工作质量指标均保持较高水平，据统计，出生婴儿性别比为107.15，连续四年稳步下降。

--各级领导力度进一步加大，省委常委会专题听取人口与计划生育工作汇报。省长办公会就解决向育龄群众提供免费避孕节育技术服务问题做出重大决策。省人大、省政协分别围绕人口与计划生育立法和建立完善城市计划生育管理体制进行了调查研究。省人口与计划生育领导小组认真组织实施对全省17个市的届末人口目标责任考核。省直有关部门采取与计生委联合发文、共同研究、共同培训等形式，进一步加大了政策推动、综合治理的力度。

省委书记张高丽同志听取全省人口与计划生育工作情况报告

--法制建设取得了重大进展。《山东省人口与计划生育条例》于9月28日重新颁布施行，标志着我省人口与计划生育工作开始全面进入依法管理、依法行政、优质服务的新阶段。省人大、省政府专门召开电视电话会议，动员部署全省广泛开展以《人口与计划生育法》和《山东省人口与计划生育条例》为主要内容的计划生育法制宣传月活动，掀起了学法、用法的群众热潮。

--基层基础工作得到稳定和加强。在乡镇机构改革和农村税费改革中，省委、省政府对计划生育工作给予了高度重视，省委组织部、省人事厅、省财政厅、省计生委等8部门联合下发文件，就稳定乡村计划生育网络提出要求。乡镇（街）计生办和计划生育服务部保持相对稳定，村级明确了专人抓计生工作。各地积极运用竞争机制选配计生工作人员，基本做到了有人管事、有章理事、有钱办事。

--综合改革取得了显著成效。省政府制定下发了《关于全面推进人口与计划生育综合改革的意见》。青岛、泰安、滨州、潍坊4个综合改革试点市加快改革创新进度，取得了新的成效。17个市和许多县（市、区）制定出台了综合改革实施方案，逐步建立健全对计划生育家庭的优先、优惠、奖励、救助、扶持政策，形成了抓改革、促发展、上水平的良好局面。

中华人民共和国《人口与计划生育法》和《山东省人口与计划生育条例》发布实施，各地掀起普法热潮

--以技术服务重点的优势服务全面推进。全省各地积极开展计划生育优质服务先进县创建和“宣传教育进村、婚育新风进家”、“建设新型生育文化、建设文明幸福家庭”活动，大力实施优质服务避孕节育知情选择、出生缺陷干预、生殖道感染干预“三大工程”，深入开展“调查研究年”、“作风建设年”活动，认真落实技术服务免费政策。全省共有48个县（市、区）经考核验收，被命名为“计划生育优质服务先进县”。全省17个市、139个县（市、区）建成了互联互通的计划生育信息专线网，实现了管理手段的现代化。

--今后我省人口与计划生育工作要坚持以党的十六大精神和“三个代表”重要思想为指导，深入贯彻落实党中央、国务院和省委、省政府的一系列指示要求及人口与计划生育法律、法规，紧紧围绕全面建设小康社会的奋斗目标，坚持解放思想、实事求是、与时俱进、开拓创新，以稳定低生育水平、提高出生人口素质和整体工作水平为中心，着力抓好党政领导责任体系、部门垂直负责体系和人、财、物保障体系建设，全面推进人口与计划生育综合改革，大力开展创建计划生育优质服务先进县活动，进一步完善“依法管理、村（居）民自治、优质服务、政策推动、综合治理”的管理机制，推动我省人口与计划生育工作更好地向前发展。

山东省民族事务委员会

省政协主席吴爱英为〝民族团结进步模范村〞颁奖。

2002年，在省委、省政府的正确领导下，全省各民族工作部门，认真学习“三个代表”重要思想，全面贯彻党的民族政策。各级党委、政府高度重视民族工作，把民族工作列入重要议事日程。主要领导亲自抓，分管领导靠上抓，在发展少数民族经济、教育等事业，促进民族关系健康发展，以及在机构设置，少数民族干部培养，经费保证等方面，做了大量促发展、有创新、有突破的工作，基本实现了制度化、规范化、法制化。全省各级民族工作部门，努力实践“三个代表”重要思想，因地制宜，积极扎实地为少数民族群众办好事、办实事，促进了少数民族经济的发展，促进了社会稳定和进步。全省少数民族生活水平的不断提高，使他们切实感受到了党和政府的亲切关怀和社会主义民族大家庭的温暖。

当前全省的民族工作应继续突出团结、发展两大主题。认真学习、宣传、落实“十六大”精神，贯彻党的民族理论和民族政策，在全社会加强民族团结教育、加强社会主义法制、道德和爱国主义教育，是维护社会稳定、促进经济发展的基础和保证。

发展不仅是经济问题，也是政治问题，发展是硬道理。面对新的挑战，新的发展形势，全省各民族工作部门，要用创新的精神，调整思路，扎扎实实地服务于全省民族经济的更快发展，努力实现六个转变：一要从传统观念向与时俱进的创新观念转变；二要从家族经营通过改制向现代化企业转变；三要从粗、散、重复的低水准生产向规模化、集约化、产业化生产转变；四要从劳动密集型向高科技密集和劳动密集相结合转变；五要从不规范经营向重质量、重信誉、遵纪守法的规范经营转变；六要从政府由简单放开向主动服务、积极引导、严格执法转变。

党的十六大号召，全党同志和全国各族人民，紧密团结在党中央周围，万众一心，奋发图强，把中国特色社会主义事业不断推向前进，共同创造我们的幸福生活和美好未来！

山东省民族事务委员会，将与全省各民族一道，扎扎实实实践“三个代表”重要思想，为建设“大而强、富而美”的社会主义新山东做出新的更大的贡献。

省海洋与渔业厅厅长　宋修武

山东省海洋与渔业厅

山东省海洋与渔业厅是经省政府批准的主管全省海洋事务和渔业行政的政府组成部门，设有办公室、政策法规处、人事处、计划财务处、科技与对外合作处、海域管理处、环境保护处、渔业处、经济贸易处等十个职能处室。负责贯彻执行国家有关海洋与渔业的方针政策和法律法规，编制制定全省海洋与渔业发展规划、计划和海洋功能区划，海域使用规划及科技进步措施；监督管理海岸带、海岛、内海、领海等管辖海域的作用；负责海洋与渔业水域生态环境保护工作；指导水产品加工流通，根据国家授权拟定渔船、渔机、网具制造规范和技术标准并监督实施；负责水生野生动物的防疫和水产养殖病害防治工作，参与渔用药物和饲料的监督管理；负责渔政管理、渔港监督和渔船检验工作，管理全省海监和渔业执法队伍，依法在全省渔港和管辖水域实施巡查监视、监督管理，查处违法活动，维护国家海洋与渔业权益；承办"海上山东"建设领导小组办公室的日常工作。拥有海洋水产、海水养殖、淡水水产三个省级研究所和省水产品质量检验中心，负责全省海洋与渔业新产品的开发、引进和重大课题的科技攻关及水产品质量的监督检验工作。

工厂化养殖

山东省物价局

山东省物价局是主管全省价格工作的行政机构，对全省商品、服务价格和行政事业性收费标准履行管理、调控、监督和服务等职能。近几年来，在省委、省政府的正确领导下，省物价局认真学习实践“三个代表”重要思想，按照省委、省政府提出的实施“四大战略”，抓好“三个坚持”、“三个关键”、“三个亮点”、“六个变化”的要求，大力深化价格改革，完善价格政策，积极运用价格杠杆调整结构、扩大内需，促进社会经济发展。按照边清理、边整顿、边规范的原则，加大对市场价格和收费秩序的整顿和规范力度，依法严肃查处各类价格违法案件，制止和规范各种不正当价格行为，优化经济发展环境，保证市场配置资源基础性作用的正常发挥。大力倡导公平、合法、诚实信用的价格竞争，以“诚实规范标价，制止价格欺诈”为主题，大力开展明码标价和执行价格计量政策法规最佳单位评选活动，推动了社会价格诚信体系建设。

不断拓宽价格服务领域，以面向社会服务的山东物价网站为依托，适时、快捷地向社会各界传送价格政策和市场信息。牢固树立执政为民思想，针对群众反映的价格热点难点问题，深入开展教育、医疗、医药、涉农价格收费等专项治理，加大对乱涨价、乱收费的监督检查力度，依法维护群众合法权益。

2001年以来，配合全省农村税费改革的进行，按照“价格管理透明、收费行为规范、监督检查有力、农民负担明显减轻”的目标，全面开展了涉农价格、收费清理整顿和公示工作，通过全面清理，全省共废止和取消涉农收费项目600余项，年减轻农民负担3亿多元；通过对农村水价、电价、药价的整顿和实现全省城乡居民生活用电同价等，年减轻农民负担20多亿元。在清理整顿的基础上，把涉农价格和收费公示作为提高农民收入、减轻农民负担、加强农村价格管理的“民心工程”和“阳光工程”来抓，采取多种形式，在县、乡镇收费单位和行政村的显著位置设立公示牌（栏），将收费项目、标准、计费单位、收费依据、投诉电话等向农民公开明示。涉农价格和收费公示制度的建立，提高了价格和收费政策的透明度，遏制了乱收费、乱涨价行为，规范了农村价格秩序，起到了“给农民一个明白，还干部一个清白”的效果，受到了广大农民和社会各界的热烈欢迎。全省物价系统建立的价格投诉举报制度，深受群众欢迎，12358价格举报电话成了为民排忧解难的热线。

新世纪、新阶段，省物价局将认真学习贯彻落实党的十六大精神，牢牢把握灵魂、围绕主题、领会精髓，以与时俱进、开拓创新的精神，把“三个代表”重要思想贯穿到整个物价工作中去，为促进全省经济社会发展作出更大的贡献。

民 航 山

民航山东省局党委书记、局长　江家萱

济南机场夜景

近几年，民航山东省局的发展过程，是一个与时俱进努力创新的过程，是一个眼睛向内不断深化管理的过程。从1997年至今，其发展过程可分为三个阶段：一是“稳中求进”，力争做到稳中求进，进中求好，好上再求快；二是实现了“三年良性循环”战略目标，使省局逐步走上了“安全、质量、效益”型的发展之路；三是面对将要加入WTO，以及进入新世纪迎来的新机遇，提出了“二次创业”的发展思路，强化内部管理，一步一个脚印的保安全、增效益、促服务，使民航山东省局

民航山东省局党委一班人

不断在探索中前进……

截止到2001年，民航山东省

局已连续实现了16个飞

行安全年，8个空防安全年；现

在全局经营航线164条，

其中地区、国际航线16条，有24

家航空公司逐鹿齐鲁航

空市场；已与国内各大城市，及

香港、澳门、日本、韩国、

泰国、新加坡、俄罗斯架起了空

中桥梁。青岛、济南机场

相继跨入了全国年旅客吞吐量

过百万人次机场的行

列；2001年，全局完成旅客吞吐

量495.3万人次，实现货

邮吞吐量9.2万吨。

东　　省　　局

民航山东省局的快速发展，得益于省局党委一直坚持正确的发展思路，把民航工作总体发展要求溶入到省局的建设和发展这一主题之中，坚持两个文明一起抓，实施“三年良性循环”战略，坚持走安全、质量、效益之路，稳中求进，脚踏实地，开拓进取：**安全，实现“双零”目标**。2000年该局第一次提出安全工作“双零”目标，即：事故为零，事故征候为零。现已连续两年实现了这一目标，创造了全新的安全纪录，全局各机场从允许发生“一定比例”的事故征候，到不让任何事故征候发生，标志着安全保障水平迈上了新台阶，标志着安全保障工作开始发生了质的变化。**效益，在“收支两条线”上做文章**。面对日益激烈的竞争态势，如何使省局各机场最活跃的经济因素活起来？该局始终坚持以经济效益为中心，进一步确立了八项制度为基本内容的管理体系，加强了以“九个所有”为指导原则的财务运行体系，提升了以航班架次为重点的市场竞争力，严格了以财务分析例会为总抓手的三产管理办法，省局整体运营态势良好。**服务，以创建为载体塑形象**。为了给旅客营造优美的候机环境，该局积极开展了精神文明创建工作，并以创建民航系统的文明机场和省市文明单位为契机，通过改造硬件，使服务设施更加完善；通过强化软件，提高了管理和服务水平；通过技术改造，使科技产生了效益；通过实施容貌工程，机场成景观，在1999年国庆前夕，济南机场被济南市民评为泉城90年代十大建筑景观之一；并在连续两次被济南市评为文明单位的基础上，2002年5月被山东省评为省级文明单位。

济南空港航线示意图

随着民航体制改革的不断深化，将为山东民航的发展提供新的机遇和动力，该局将继续坚持在巩固中发展，在创新中提高，以两个文明建设的辉煌成就，迎接山东民航灿烂的明天！

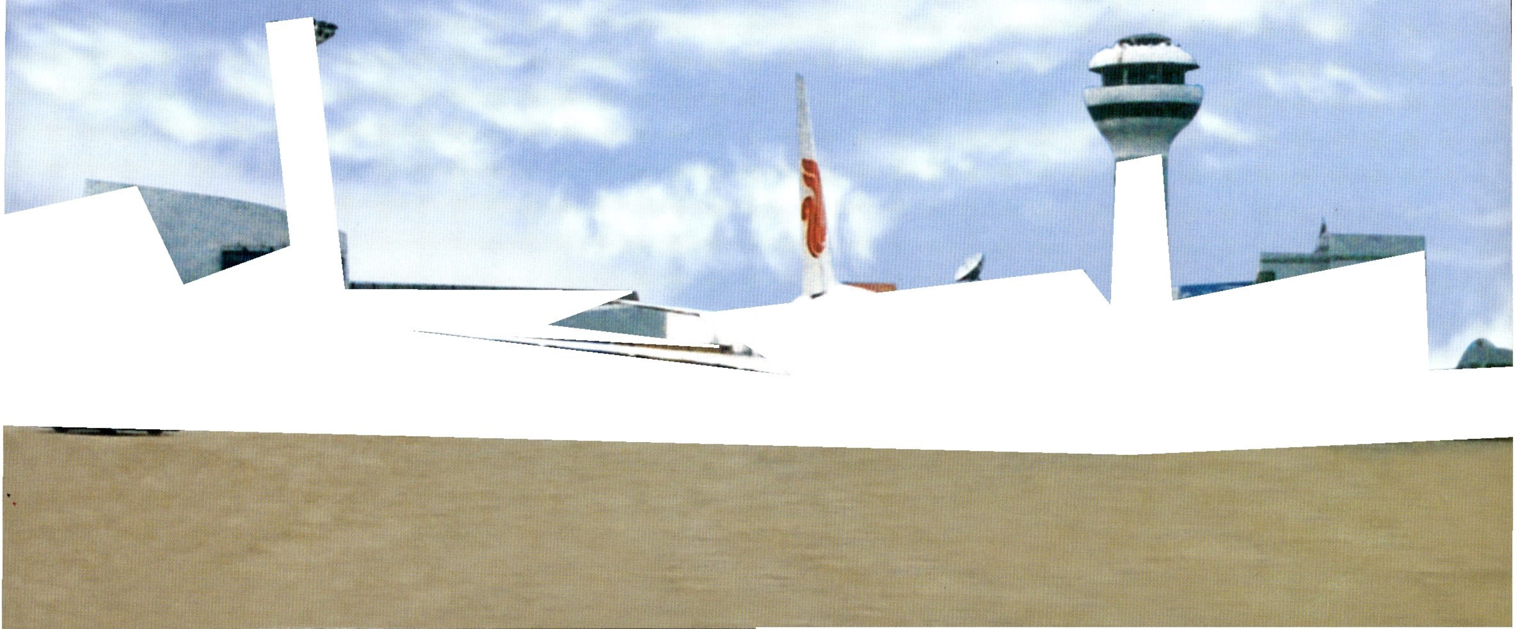

山 东 省

山东省是对原始森林开发利用较早的地区之一，在长期的历史发展进程中，由于自然、战乱、樵采和放牧等原因，原始植被破坏殆尽。至1949年，全省仅有残次林450万亩，森林覆盖率1.9%。

省林业局领导集体

建国初期，各级人民政府即发动群众，以山区为重点进行封山育林、造林，提出了“有林护林，无林护山”和“普遍护林，重点造林，封造并举”、“公私树木一律保护”的方针。1978年中共十一届三中全会后，农村经济体制发生变革，林权制度也相应变化。省委、省政府重申和制定了一系列保护和发展林业的政策，稳定山权林权，进一步落实和完善林业生产责任制，重新划分自留山和责任山，整顿集体林场，调整林业生产结构。林业生产的指导思想从过去单纯的经济观点，转变到生态效益与经济效益并重；从依靠国家、集体造林营林为主，转变到千家万户振兴林业，实行个人、集体、国家一起上；从过去粗放经营，靠天长树，转变到集约经营，提高效益，大力发展商品生产；从少数部门抓林业，转变到全党、全民抓林业。山东林业走上了快速发展的路子，初步建成了山区、平原两个绿化体系及用材林、经济林两个生产基地。1979—1983年平均年造林百万亩左右，1984年上升至200万亩以上，1985—1988年以增至300万亩左右。截至1988年底，全省有林地面积已达2401万亩，比1949年增长了4.3倍；林木覆盖率已达14.87%。

林业生产的发展，不但扩大了林木资源，改变了自然环境，增加了木材、果品和其他林副产品，而且在林业法制、政策、机制、科技、队伍等方面为今后林业的大发展奠定了基础。

沿海防护林

林　业　局

封山育林

随着我省林业的发展，全省上下逐步认识到，林业是一项富民兴鲁，造福子孙的伟大事业，也是一项复杂的社会性系统工程，必须依靠社会的力量办林业。因此，从1988年开始，省委、省政府广泛动员社会力量，以省长与市长、专员签定任期造林绿化目标责任状为契机，把造林绿化任务逐级落实到各级党委、政府的肩上。作为考核目标，对各市地的造林绿化情况，省政府每年都进行年度检查和通报。同时，省委书记、省长带头，省委、省人大党委会、省政府、省政协、省纪委、省顾委的主要领导先后建立了造林绿化示范点。在省领导的带动下，各级党政领导也先后办起造林绿化示范点，这些创造性措施，有力地推动了全省林业的快速发展。

为了进一步推动全省林业的发展，1991年省委、省政府作出了《关于学习广东，奋战10年，绿化山东的决定》，要求“各级党政和各行各业都要充分认识植树绿化的重要意义，增强责任感、使命感和紧迫感，把植树造林、绿化国土放到经济和社会发展的重要战略位置上，作为两个文明建设的一项巨大工程来抓。”要把广大人民群众和各行各业“进一步动员起来，发扬艰苦奋斗精神，向一切宜林荒山荒滩荒地进军，打一场植树造林的‘人民战争’，为实现10年绿化山东的宏伟目标而奋斗。”同时，省委、省政府制定了《山东省“八五”绿化标准和验收奖惩办法》。经过全省上下的共同努力，圆满完成了省委、省政府确定的任务，125个农业县（市、区）提前或按期达到“八五”绿化标准，兑现了奖惩。经国家有关部门检查验收，1995年党中央、国务院授予“实现造林绿化规划省”，同时全国绿化委员会授予我省“全国平原绿化先进省”。

“九五”以来，省委、省政府作出了一系列加快林业发展的重大战略部署，采取了许多重大措施。1999年省政府颁布《山东省封山育林管理办法》，2001年省委、省政府作出《关于加快平原绿化工作的意见》，省政府《关于贯彻国发[2000]31号文件进一步推进全省绿色通道建设的通知》和《关于深化林权制度改革的意见》等一系列政策性文件。同时，省委、省政府决定在全省实施三个林业重点工程，即封山育林工程、平原绿化工程和以绿色通道为主要内容的“三沿一环”（沿路、沿河、沿海和环城镇绿化工程）。随着林业重点工程的实施，造林质量逐年提高，造林合格率和当年成活率均比“八五”期间提高了10个百分点。到2000年末，全省有林地面积达到3412万亩，林木蓄积达到7659万立方米，森林覆盖率提高到18.8%。

森林公园

党组书记、局长　公茂泉

山东煤矿安全监察局

山东煤矿安全监察局成立于2000年6月16日，是由原山东煤炭工业管理局改组而来的隶属国家煤矿安全监察局垂直管理机构，实行国家煤矿安全监察局与山东省人民政府双重领导，以国家煤矿安全监察局为主的管理体制，是山东省中央驻鲁单位煤矿安全行政执法主体。山东煤矿安全监察局的主要职责是：贯彻落实国家关于煤矿安全生产的方针、政策和法律、法规及规章、规程；按照分级管理的原则和上级授权，组织查处煤矿伤亡事故；组织指导煤矿安全生产技术培训、职业危害防治、煤矿救护队及其应急救援工作；负责煤矿使用的设备、材料、仪器仪表的安全监察管理工作。查处不符合安全生产标准的煤炭企业；承办国家煤矿安全监察局交办的其他事项。

山东煤矿安全监察局设办公室（财务办公室）、人事培训处（机关党委）、纪检组（监察室）、安监一处、安监二处、事故调查处（行政复议处）、技术装备处（职业危害防治处）、老干部处8个机关处室，下设四个办事处，分别是淄博、泰安、济宁、枣庄四个办事处，还有龙口、临沂两个工作站。作为省局派出机构，办事处负责所划地区的煤矿安全监察和执法工作。另外，还有机关后勤服务中心、接待处、信息计算中心、鲁煤大厦四个直属事业单位；永兴集团公司、华泰煤炭销售总公司、多种经营总公司三个直属企业。

机关办公区花园一角

办公大楼

韩寓群省长参加我局组织的安全生产宣传活动

公茂泉局长在现场检查煤矿安全整治工作

截止2002年底，全局共有在职公务员147名，其中机关60名，四个办事处87名，机关离退休人员共有319人。直属事业单位共有在职人员324人，离退休人员56人，直属企业单位共有在职人员87人，退休人员87人。

自成立以来，山东煤矿监察局认真贯彻上级一系列关于安全生产的方针、政策，以＂三个代表＂重要思想为指导，坚持＂预防为主，安全第一＂的工作方针，开拓进取，勇于创新，不断加大执法监察工作力度，取得了明显成效，全省煤矿安全形势不断向好的方面发展。2002年省政府提出了“10151”目标，即遏制10人以上特大事故发生，大幅度降低一般性事故；全省煤矿年死亡人数比上年减少15%；通过1-2年的努力，使事故死亡人数降到100人以下，安全水平达到中等发达国家水平。2002年经过不断努力，提前实现了这一目标，安全水平走在全国前列。围绕这一目标的实现，建立并逐步完善了关口前移、“四位一体”的监察防范机制，率先在全国提出并建立了煤矿安全程度评价和重大安全事故隐患责任追究“两项制度”，加强法制化建设，促进煤矿企业提高认识、依法治矿，大幅度降低了煤矿安全事故的发生，煤矿伤亡人数呈现逐年递减的趋势。在监察工作中突出重点，大力开展安全责任制落实情况、新《规程》贯彻执行情况、煤矿安全技术保障专项监察、安全培训专项监察、煤矿安全救护、关闭矿井情况等六个方面的煤矿安全专项监察，坚持认真履行职责，切实为企业服务的思想，使执法监察与企业自律相结合、教育与惩处相结合，大大提高了煤矿的防灾抗灾能力。从健全制度，加强队伍和作风建设入手，不断提高执法人员的思想政治素质和行政执法水平，建设一支高素质的安全执法队伍。积极开展安全法制宣传活动，增强煤炭企业职工安全意识和事故防范水平，按照“四不放过”的原则，认真、严肃查处煤矿安全事故，促进了全省煤炭工业健康、稳定、持续发展，煤矿安全监察工作走上了正规化、法制化的道路。

安全生产现场接收记者采访

国家安全监察局局长王显政、副省长王仁元参加全省煤矿安全监察视频会议

整体规划 分段建设

创新发展的山东地方铁路局

Shandong Railway

山东省地方铁路局担负着全省地方铁路的规划建设和运营管理工作，同时又是独立核算、自负盈亏、以路养路的经济实体。

近几年来，山东省地方铁路局在搞好既有地方铁路运营管理，保持自身发展的基础上，按着“整体规划，分段建设，强抓机遇，加快发展，逐步完善我省铁路网结构”的思路，紧紧抓住国家扩大内需拉动经济增长这一有利时机，积极争取国债资金支持，多方筹集建设资金，成功地启动了德（州）烟（台）铁路大（家洼）莱（州）龙（口）段地方铁路的建设工程。

大莱龙铁路位于我省北部环渤海地区，西起益羊铁路的大家洼站，向东经海化、寿光、寒亭、昌邑、平度、莱州、招远至龙口，正线全长175公里，工程概算总投资11.42亿元，由大莱龙铁路有限责任公司负责承建及今后运营管理工作，是由山东省地方铁路局等8家股东组成的股份制铁路。该铁路自1999年开工建设以来，在国家计委、铁道部、山东省委、省政府的领导和支持下，经过公司及各股东方的共同努力，克服了筹集资金、协调各方等各种困难，按照国家计委关于98年国债项目今年销号，必须全线拉通的目标要求，山东省地方铁路局把确保今年拉通大莱龙铁路当作头等大事抓紧抓实，与大莱龙公司一起制定措施，采取层层签订责任状，倒排工期，制定网络施工计划，调整取消双休日节假日集中会战等措施，保证了工程按计划进行。至2002年12月25日，全线175公里已全部铺通。在抓工程进度的同时，公司狠抓了资金和质量管理，严格按照国债专项资金使用管理办法，管好用好国债，努力降低工程造价，减少非基建性支出，规范合同管理，每年都顺利通过法律授权会计、审计部门的年度审计，并取得无保留意见审计报告书。在质量管理中，认真贯彻“百年大计，质量为本”的方针，建立健全了工程质量检查、监督管理机构，落实了以监理单位牵头，监理、设计、施工单位共同把关的质量保证措施，严格执行了铁道部颁布的有关施工规范，按照《招标法》的规定，本着公开、公平、公正、合理原则对工程施工及物资采购进行公开招标。由于措施得力，经铁道部质检站鉴定认证，工程合格率100%，优良率80%以上。

大莱龙铁路带动了黄（骅）大（家洼）、龙（口）（烟台）段铁路的建设，龙烟铁路经省计委分段立项，2003年即可开工，黄大铁路前期工作也正在积极进行，这对于建成我省环渤海经济通道，完善路网结构，推动我省经济发展必将产生巨大的促进作用。

① 局长李邦秋在现场听取工程技术人员汇报

② 现场检查工作

③ 局机关干部在工地调研

④ 大莱龙铁路建设先进事迹报告会

⑤ 机械铺架大桥施工现场

②

④

DA-LAI-LONG SEGMENT

③

⑤

山东省气象局

中国气象局局长秦大河视察山东省气象局

山东省气象局是中国气象局的下属机构，又是山东省人民政府的工作部门，在中国气象局和山东省人民政府的领导下，依照《中华人民共和国气象法》管理山东省行政区的气象工作。省局机关设有9个内设机构、7个直属事业单位。截至2002年8月全省气象部门职工总数为2378人，其中干部占94%，工人占6%，高级工程师113人（其中正研级5人），工程师783人；研究生14人，本科430人，大专642人，中专764人。

全省现有气象台站123个，国家基准站4个，国家基本站19个。2002年，在上级领导部门的正确领导和全省气象职工的共同努力下，山东气象工作取得了新进展。对春播、三夏、三秋及汛期等关键季节以及重大灾害性、转折性、关键性天气的预报服务做到了及时准确，为全省工农业生产提供了有力保障。面对山东百年不遇的大旱，气象部门及时的预报信息、准确的决策建议和积极的人工增雨工作有效缓解了旱情，得到了各级政府和广大群众的一致好评。加大了气象现代化建设力度，初步建成了5部新一代天气雷达，并实现了全省雷达资料联网；气象自动站建设进展顺利，开展了面向全省经济建设服务的全方位、多层次气象服务工作，在努力提高气候预测预报准确率的基础上，开展了沙尘暴天气预测以及负氧离子、紫外线指数等项目的观测工作。由山东省气象局主持进行的“山东省人工防雹主要技术研究”、“山东省飞机人工增雨条件和催化部位的实施系统”两项科研成果分获“省科技进步奖”二等奖和三等奖。精神文明建设也喜获丰收，截至2002年11月，全省气象部门中有9个获“省级文明单位”称号、51个获“市级文明单位”称号，并涌现出一大批优秀党员和先进工作者。山东省政府连续第8年致函中国气象局，建议对省气象局给予表彰奖励。

中国气象局聘请两院院士为科学顾问

自动气象站建设现场

人工降雨

山东省民政厅

在省委、省政府的高度重视和正确领导下，民政工作认真贯彻落实党中央、国务院和省委、省政府的战略部署，围绕中心、服务大局，认真履行“上为政府分忧，下为百姓解愁”的工作宗旨，努力维护和保障广大人民群众根本利益，为群众办好事，积极适应新形势要求，与时俱进，改革创新，加快发展，不断创造辉煌业绩。

（一）社会救助工作成效显著。经过长期探索和实践，总结推广了烟台、德州、济宁等地的社会救助制度建设经验，在全国率先建起了以最低生活保障为主体、社会互助为辅助、临时救济和配套优惠政策为补充、基层社会组织为依托的城乡一体的社会救助制度。

（二）双拥优抚安置工作深入扎实。全省人民高举拥军旗帜，掀起了拥军新热潮，创造了科技拥军、政策拥军、法律拥军、社会拥军等一系列具有鲜明时代特色的新经验，获得了全国双拥模范城（县）评比“五连冠”。

（三）基层民主政治建设进一步加强。各地认真贯彻落实《村委会组织法》，普遍建立了村民自治制度，特别是比较圆满地完成了两届村委会的直选工作，保证了广大农民对村务决策、管理、监督的有效参与；加强了以党支部为核心的村级建设，促进了农村的稳定与发展。

党组书记、厅长　杨金镜

（四）民间组织管理走上了规范化轨道。按照培育发展与监督管理并重的方针，对社会团体进行了清理整顿，依法对全省民办非企业单位进行了复查登记，确立了登记管理机关和业务主管部门各负其责、密切配合的双重管理体制，重点培育了一批适应入世和经济社会发展需要的行业社团，注销了2500多个业务宽泛、类同、不易界定的社团，对气功组织进行了专项整顿，取缔了一批非法民间组织。

（五）勘界和区划调整工作卓有成效。勘定了4条省界、347条县界共2万多公里的行政边界线，为从根本上解决边界争议、维护边界地区社会稳定奠定了基础。

（六）社会福利事业蓬勃发展。加大了对福利事业的投入，推广了烟台等市社会福利社会化经验，出台了鼓励、扶持社会力量兴办社会福利事业的优惠政策，城市社会福利机构发展到238个，床位数1.3万余张，相当于1994年的4.3倍，其中，民办福利机构178个，床位8600多张。

（七）民政行风建设成效卓著。全省民政系统深入开展了“三讲”和“三个代表”教育，建立了管理、服务与内外监督相结合的工作运行机制，普遍实行了政务公开。学习推广了济南为民解难服务的经验，广泛开展了争创文明服务窗口、文明单位活动，干部职工的群众观念、依法行政观念和文明服务意识明显增强，工作质量、工作效率明显提高，树立了良好的社会形象。

与此同时，婚姻登记、殡葬改革、儿童收养、收容遣送、五保供养、地名管理、烈士褒扬等工作也都取得了突出成绩。

全省模范军嫂参观社区双拥工作

山东省福利彩票

国务委员司马义·艾买提听取山东汇报

福利彩票是经党中央、国务院批准，由民政部门组织发行的一种具有社会公益性质的彩票，其发行宗旨是“扶老、助残、救孤、济困”，即通过发行福利彩票募集的社会福利资金，主要用于发展为孤、老、残、幼服务的社会福利事业。

省领导出席“齐鲁风采”电脑福利彩票发行开通仪式

1987年，山东作为首批试点发行的十个省市之一，开始了福利彩票的发行。十几年来，福利彩票是在困难中起步，在竞争中存在，在创新中发展并逐步壮大起来的。特别是“齐鲁风采”电脑福利彩票在全省的发行，由于采用了国际流行的乐透型玩法，坚持公正、公平、公开的原则，科学经营，规范管理，获得了社会公众的普遍认可，为彩票业的发展开拓了道路。2001年全省福利彩票销售实现18.5亿元，创造了全国省域电脑彩票年销售额的最高纪录。司马义.艾买提国务委员专门题词嘉勉：“彩票事业，利国利民；齐鲁风采，再创佳绩”。今年以来，福彩发行有了新的突破，目前已经销售25亿多元，在全国继续保持了领先地位。

现代化的数据中心机房

发行管理中心

淄博市社会福利院

作为社会福利、社会救助事业的重要资金来源，福利彩票的发行不但弥补了财政对福利事业投入的不足，极大地推动了社会福利事业的发展，而且由于社会弱势群体的受助面逐步扩大，为维护社会稳定，树立党和政府在人民群众心目中的形象发挥了积极作用。截止到2001年底，山东省共发行福利彩票41.5亿元，募集福利资金12.4亿元，先后资助社会福利院、儿童福利院、荣军康复医院、乡镇敬老院、老年公寓、社会服务中心等福利项目4100多个，使社会上一大批困难群众得到了救助，有力地推动了社会福利事业的发展。按照民政部“社区老年福利服务星光计划”的要求，我省将在2到3年的时间内，用发行福利彩票募集的大部分福利资金，资助城市社会的老年人福利服务设施、活动场所和农村乡镇敬老院的建设，建立和完善社会老年服务网络。首批“星光计划”项目完成311个，各级福利资金投入8934.4万元，项目总面积达275933平方米。第二批747个项目正在建设中。

捐助仪式

随着电脑福利彩票的发行，其经济和社会意义也日渐显露出来。首先，增加了就业机会和渠道，提供了近万个左右的岗位，减轻了下岗职工再就业的压力。其次，增加了国家税收，有力地支持了国家建设。第三、拉动了消费需求。据调查，有72.3%的人将中大奖的资金直接投入消费。此外，彩票业还拉动了相关的设备制造、电信、造纸、印刷和广告业的发展等。

天桥区社区服务中心

山东省人民政府
外事办公室主要职责

省委书记张高丽亲切会见乌克兰总统库奇马及代表团一行

一、贯彻执行国家对外方针政策、涉外法规和省委、省政府关于外事工作的指示与原则。

二、当好省委、省政府在外事工作中的助手和参谋。研究拟定全省外事工作的规章制度；检查全省有关部门和单位贯彻执行中央对外方针政策和涉外法规的情况；协调全省重点涉外活动，负责处理或协助处理全省重大的涉外事务。

三、围绕全省经济建设和对外开放进行外事调查研究，为省委、省政府对外工作决出建议；利用对外交往渠道，为全省经济建设和社会发展服务。

韩寓群省长出席签字仪式

四、审核各部门、各单位报请省委、省政府审批的外事文件；承办省委、省人大、省政协领导人出访和邀请外国相应人员来访的具体报批事宜；在中央授权范围内，审批全省县级人员因公临时出国和搞清外国相应人员来访的有关事宜；审核全省正、副厅局级人员因公临邀外国相应人员来访的有关事宜；办理全省因公出国人员的护照、签证和应邀来访外国人士来电以及其他领事业务。

五、贯彻执行国家对港澳工作的方针、政策；负责因公赴香港、澳门人员的审核、签注等工作。

六、负责组织接待来我省访问的国宾、党宾和其他重要外宾；接待来我省进行公务活动的事宜。

省政府外事办公主任：张伟龄

山东储备物资管理局

张彤兵局长陪同国家计委领导视察储备仓库

山东储备物资管理局是中央直属的、承担山东省境内国家战略储备物资管理任务的职能部门。其主要职责是存储、管理国家用于防备战争、防备灾荒、防备国民经济重大比例失调和应对突发事件的储备物资。山东储备物资管理局下设综合物资、火工物资和油料物资储备仓库，在青岛、威海设有进口物资接、转办事处，门类较为齐全。该局管理的储备仓库都配备铁路专用线、大吨位龙门吊车、钗车等起重、运输设备；有健全的物资管理、安全管理、设备管理、财务管理等管理制度和工作规范；有干部职工长期积累的物资管理经验，是理想的物资存储、中转场所。在计划经济时期，山东储备物资管理局属国家一级保密单位，在社会上鲜为人知。改革开放以后，山东储备物资管理局顺应时代发展的潮流，实现了由封闭型向开放型、由单一管理型向管理与经营相结合的综合型转变，并按照“以储为主、多种经营”的方针，在完成国家战略储备物资管理任务的前提下，利用仓储优势，面向社会，积极开展代储、代管、代装、代卸业务，取得了较好的经济效益和社会效益，近几年来，山东储备物资管理局的干部职工以抓好物资管理、经营创收、安全保卫和基本建设为重点，以实现管理、效益和环境优化上的突破为目标，落实制度，规范管理，优化环境，内强素质，外树形象，上下同欲，争创效益，创造了政治稳定、经济发展、事业进步的良好局面。

综合物资仓库设备

从目前情况看，无论是基础设施，还是社会信誉，山东储备物资管理局基本具备了超常规、跨跃式发展的基础和条件。在管理方面，各单位积极开展管理“创一流”活动，从落实岗位规范ABC抓起，严格制度，规范管理，使各项管理工作步入了科学化、制度化、规范化的轨道。引进ISO-9000质量管理标准后，各项管理工作更加规范。在经营创收方面，以“四代”业为支柱性创收项目，面向社会，诚招客户，广揽货源，并按照“保质、保量、保安全、保急需”的国储物资管理与服务标准管理“四代”物资，切实做到为客户负责。工作中，以“吃服务饭，挣辛苦钱”为经营理念，诚信服务。近几年来，各储备仓库提出了“客户的需要是我们的服务内容、客户的满意是我们服务的标准”等服务措施，实行了“一站式”、“一条龙”服务、微笑服务，落实了“时间由您安排，工作我们完成”的服务承诺等。因此，赢得了“四代”客户的赞誉。目前，各储备仓库与国内多家大型钢铁公司、石油公司、饮品公司、印刷公司、电器公司建立了合作关系，并在当地建成了钢材、纸浆、棉花、油料、化工产品、家用电器、煤碳、酒水及饮品等货物存储和集散地。储备仓库的影响力和知名度越来越受到广大仓储客户的关注。在基础设施建设方面，近年来，该局已投资近亿元进行库房、货场建设并对起重、运输设备进行配套购置，使仓储功能有了大幅度提高。在安全管理方面，各储备仓库认真贯彻安全保卫工作制度，努力提高安防和技防能力，并与驻库武警部队和地方公安部门密切配合，建立起了齐抓共管的安全保卫工作网络，为客户存储物资提供了可靠的安全保障。各储备仓库软、硬环境的优化，为招商引资创造了条件、为储备仓库自身的发展创造了商机。

铁路专用线货場

良好的社会环境，为山东储备事业的快速发展提供了机遇。山东储备物资管理局干部职工热诚期望社会各界一如既往地关心、支持山东储备事业的发展。山东储备物资管理局全体干部职工将以储备仓库精良的仓储设施、丰富的管理经验、诚信的服务理念和优质服务措施满足仓储客户的需求，并在愉快的合作中凝聚力量，不断推进山东储备事业的发展，为建设“大而强、富而美”的新山东做出应有的贡献。

地址：山东省济南市经五路338号
电话：0531-7937800
邮编：250021

山东省档案局　山东省档案馆

山东省档案局是在中共山东省委、山东省人民政府领导下统一管理山东全省档案工作的行政管理部门，履行对山东全省档案工作统一规划、组织协调、监督检查和业务指导的职能。山东省档案馆是中共山东省委、山东省人民政府直属的文化事业机构，是永久保管山东省直机关、人民团体、企事业单位以及其它社会组织档案的基地，是科学研究和各方面利用档案史料的中心。山东省档案局（馆）同时也是全省档案科学研究和档案技术推广应用的中心，是面向全省提供档案技术服务和业务咨询的专业机构。

省档案局（馆）拥有一批高素质的档案专业干部队伍。现有工作人员90人，其中研究馆员4人，副研究馆员22人，馆员25人。在职人员全部为大专以上学历，其中本科64人，研究生及在读研究生4人。改革开放以来，山东省档案局（馆）更新观念，开拓创新，围绕党和政府中心工作，围绕人民群众利益的需要，积极地开展档案法制化、规范化、现代化、信息化建设，积极地开展档案工作理论研究及档案科学技术研究、开发、推广工作，积极地开展档案征集、管理、信息开发、利用工作，不断丰富馆藏，不断提高服务水平，为社会主义精神文明和物质文明建设做出了突出贡献。

山东省博物馆

山东省博物馆始建于1954年8月，是新中国第一座省级综合性地志博物馆。

山东省博物馆是全省文物及自然标本的收藏中心，共收藏各类文物、标本11万件，约占全省藏品三分之一。其中国宝级文物3件，一级藏品1395件，藏书12万册。馆藏文物居全国第七位，一级藏品居全国第四位。

藏品以历史文物为主，史前部分有距今四五十万年的沂源猿人头盖骨和牙齿化石。新石器时代收藏有大汶口文化、龙山文化精美的彩陶、白陶和蛋壳黑陶。5千余片商代甲骨文，是全国收藏甲骨文最多的省份之一。商代的亚醜、铜钺、祖辛方鼎，西周的颂簋、启卣，春秋战略的公孙壶、国子鼎等青铜器，以器形、铭文，为世人所瞩目。临沂银雀山出土的《孙子兵法》、《孙膑兵法》等西汉竹简，列本世纪中国十大考古发现。明鲁荒王朱檀墓出土的近千件文物，以唐琴宋画、珠宝玉翠而最为著名。此外，古生物化石中的山旺山东鸟、巨型山东龙等化石标本，也是自然标本中的稀世珍品。

丰富的藏品，全新的建筑，现代化的陈列手希，使山东省博物馆以崭新的姿态，面向社会和观众，展示齐鲁文化的熠熠风采。

山东省畜禽良种推广中心

引进的荷斯坦奶牛种公牛

山东省畜禽良种推广中心于1996年6月正式成立，隶属山东省畜牧办公室，为全民事业单位。其主要职责是：负责畜禽良种繁育新技术、新成果的推广，建立畜禽基因库，开展技术培训、技术服务和技术咨询，从事家畜人工授精技术和胚胎移植技术的科学研究。是农业部认定的国家级重点种畜禽生产单位。

引进的西门塔尔肉用种公牛

山东省畜禽良种推广中心下设种公牛站、良种羊繁育场、奶牛良种繁育场、胚胎实验室、良种畜禽基因库、综合科、业务部等部门。现有畜牧专业技术人员18人，具有大专以上学历的占80%，其中研究生、硕士、高级畜牧师等高层次专业技术人员6人。

山东省畜禽良种推广中心自成立以来，先后承担或参与了山东省《肉牛良种引进技术及产业化开发》、《肉羊良种引进及产业化开发》、《家畜胚胎移植实验室建设》、《高产奶牛胚胎移植开发与研究》和国家《肉牛规模化饲养及配套技术》等大型科研和开发项目。

山东省畜禽良种推广中心

五年来，农业部、省计委、省科委、省财政厅先后投资3000万元用于“中心”的建设和发展。“中心”现占地面积12公顷，建筑面积1.8万平方米。水电设施、饲养设施、办公生活设施和服务设施齐全。“中心”配置了世界上最先进的家畜细管冻精检验、制作设备和胚胎工程技术仪器设备。现存养从美国、加拿大等国引进的优良肉牛、奶牛、肉羊品种七个，数量达400多头（只）。到目前已累计推广肉牛、奶牛、肉羊细管冻精450万支，胚胎4000多枚，良种羊500多只，社会经济效益达16亿元，为山东省畜牧业增产，农民增收做出了贡献。

山东省畜禽良种推广中心愿与畜牧业的同行加强经济技术方面的交流与合作，共筑畜牧发展大业。

山东省无线电管理办公室

随着无线电技术规模化、数字化、网络化、市场化、全球化发展和我国电信市场逐步对外开放，在促进无线电事业发展的同时，也发生了“法轮功”等敌对势力利用无线电技术进行干扰破坏的事件，对无线电管理工作提出了更高的要求，工作更加重要、任务更加艰巨。

近年来，山东省无线电管理办公室在省委、省政府的领导下，依据《中华人民共和国无线电管理条例》，履行无线电行政管理职能，认真落实“十五”计划，加强以基础技术设施建设和管理规章制度建设为重点的综合管理能力建设，无线电监测网一期工程已于2002年7月通过验收，实现了省和济南、青岛、淄博、临沂的6个固定站、5个移动站的联网，二期工程也已完成政府采购和合同签订，将于2003年上半年完成安装调试；2002年11月28日，省政府第151号政府令发布了《山东省无线电管理办法》，初步形成了地方无线电管理法规体系系统，为无线电管理工作科学管理、依法行政提供了保障；为贯彻落实频率台站管理规定，合理规划、科学指配无线电频率，连续开展了卫星地球站清理、广播电视核查、三高治理和查处大功率无绳电话等专项治理活动，有效地减少了有害干扰的发生，维护了空中电波秩序。

通过科学管理，有力地促进了全省无线电管理事业的发展，无线电台站数量每年以30%以上的速度递增，至2002年底，全省共有无线电发射设备906万台，比上年增加122万台，在全国各省市区名列前茅。

面对改革开放和无线电事业飞速发展的形势，全省无线电管理系统将以十六大精神为指导，高举邓小平理论旗帜，认真实践三个代表，加强集中统一管理，开拓进取、努力工作，维护好空中电波秩序，为促进国民经济发展、维护国家安全，做出更大的贡献。

山东省国防科技工业办公室

我省国防科技工业包括航空、航天、兵器、船舶、核工业、民用爆破器材生产及流通等六大行业。近年来，全行业适应建立社会主义市场经济体制的要求，认真贯彻江泽民关于国防科技工业的一系列重要指示，坚持寓军于民、军民结合方针，按照中央和省政府的统一部署，全力以赴完成军品科研生产任务，千方百计推进民品开发工作，积极稳妥地深化企事业改革，各项事业均取得较好的成绩，军工经济保持较快发展，为新世纪我省国防科技工业发展奠定了坚实基础。

一、圆满完成军品科研生产任务。推行军品科研生产责任制，把抓进度、抓质量、抓安全、抓效益，落实到军品科研生产全过程。无论是军品订货数量、产品质量、预研水平，还是配套能力，均保持了历史最高水平。军品科研取得重大进展，有一大批项目通过鉴定，有一批项目通过设计定型实验，还有一批项目成功应用于高新技术国防武器装备，为国防现代化建设作出了积极努力，多次受到党中央、国务院、中央军委和国防科工委的表彰。

二、民品开发工作取得新的成效。通过艰苦的努力，我省国防科技工业在民品开发方面取得重大进展，已涉足现代航空技术产业、商用火箭与卫星应用技术产业、新型船舶与海洋工程制造技术产业、电子信息材料技术产业、环保与减灾卫星遥测技术产业、高精密测量技术产业、新型材料制造技术产业等军民两用技术产业领域，不仅为我省国民经济发展起到了推动作用，而且为国防武器装备发展提供了有力支撑。大批有市场、潜力大、发展前景广阔的军民两用技术成果实现了产业化生产和规模化经营。高性能新材料技术产业取得重大进展，高强度聚脂密封胶产品、氰酸脂树脂产品填补了国内空白。其中，高强度密封胶产品发展迅速，市场遍及全国除青海、西藏以外的20多个省、市、自治区。激光全息技术产业得到快速发展，已形成亚洲最大的激光全息宽幅模压科研生产基地。高精度测量技术取得长足发展，研制的三坐标测量仪是高技术高附加值产品，已列入国家“星火计划”。卫星遥测感技术在减灾防灾、防火防盗预警等领域得到推广应用，取得了良好的经济效益和社会效益。

三、船舶工业保持稳步发展的势头。改革开放以来，我省船舶工业发展加快。目前，已形成产品门类较为齐全、生产设备较为先进、基础较雄厚、竞争力较强的产业体系。全省现有修造船厂及配套企业235家（其中修造船企业192家），从业人员达到5万余人。其中，销售收入500万元以上82家，2001年预计实现工业总产值70亿元，工业增加值21亿元，销售收入60亿元，利税6.5亿元。主要船舶产品有高速电动船、高速游艇、多用途集装箱、化学品船、成品油船、超低温运输船、远洋捕捞加工船、玻璃钢救生艇、中小型军用舰船等20大类50多个品种。其中，3800吨起重铺管船、电力推进船已经进入世界海洋工程船舶制造先进行列；88米双体豪华游艇填补了国内空白；玻璃救生艇产销量居亚洲第一位、世界第四位。船舶配套产品主要有：船用中厚板、船用柴油机、船用锅炉及锚链等。其中，船用设备年产能力已达4100台，居国内第一位。锚链年产量2万吨，居国内第二位。修造船能力不断扩大，我省现有国内最大的20万吨级船坞1座，世界最大的2000吨固定式岸吊1座，2万吨大型油压机1台，10万吨级浮船坞1座，1-3.5万吨级船坞4座、船台2座；1000-3000吨级船台25座；3000-7000吨级船台9座。造船能力已达90万载重吨，居全国第四位。

四、民爆器材生产流通行业快速发展。民爆行业生产流通、结构调整、产品开发、安全管理等各项工作取得新的成效。适应市场的需求，不断调整优化产品结构，环保型、高性能、低消耗产品的产量增幅较大。无锑炸药、优质硝铵炸药产量均增长30%以上。电雷管、导爆管产量，均增长55%以上。研制开发了乳化炸药等20多种新技术产品，有9项技术通过鉴定。其中，乳化炸药及连续乳化技术、光面炸药等新技术达到世界先进水平。加强民爆器材流通管理，产、供、销一体化运行机制初步形成，为我省经济发展提供了安全、可靠的供给保障。

五、改革与管理得到进一步加强。按照政企分开的原则，积极推进国防科技工业体制改革。行业管理初见成效，宏观调控能力进一步增强。绝大多数企业完成了搬迁，行业布局得到优化。地方军工企业改革成效显著，各企业通过改制、兼并、破产等多种途径，基本实现了体制和机制创新，成为市场竞争主体。各单位结合改革，加强企业内部管理，学习邯钢、亚星经验，强化成本管理，结合生产进度，加强质量管理。同时，坚持“预防为主、教育为先”的方针，狠抓安全生产，落实安全生产责任制，有效地杜绝了各类事故的发生，确保了全行业持续、稳定、健康发展。

山东省中小企业办公室

主任：高永亮

山东省中小企业办公室是主管全省中小企业民营经济、乡镇企业的行政管理部门，同时挂山东省乡镇企业办公室和山东省个体私营经济工作领导小组办公室牌子，负责全省中小企业民营经济、乡镇企业的规划、指导、协调、服务工作。面对新世纪赋予中小企业民营经济、乡镇企业的历史重任，山东省中小企业办公室紧紧围绕省委、省政府的战略部署，高举邓小平理论伟大旗帜，坚持以"三个代表"重要思想为指导，与时俱进，开拓进取，全力推进体制创新、科技创新、管理创新和服务创新，全省中小企业民营经济、乡镇企业保持了持续快速稳定健康发展，在全省国民经济和社会发展中发挥了重要的不可替代的作用。

党的十六大描绘了全面建设小康社会的宏伟蓝图，提出了本世纪前二十年的发展目标和新型工业化的发展路子，我国的改革开放和现代化建设将进入一个新的发展时期。面对新形势、新机遇，我省中小企业民营经济、乡镇企业将以邓小平理论、"三个代表"重要思想和十六大精神为指导，坚持"一个中心，两个基本点"的基本路线，以加快发展为主题，以结构调整为主线，以改革开放和科技进步为动力，以加快转移农村劳动力和吸纳城市下岗职工、提高人民生活为根本出发点，正确处理改革、发展与稳定的关系，加快两个根本性转变，走新型工业化发展的路子，全面提高整体素质、竞争能力和运行质量，为我省提前实现现代化和全面建设小康社会做出新贡献。

省委、省府召开全省民营经济工作会议

地址：济南市玉函路25号
邮政编码：250002
联系电话：2024802

山东省人防办公室

团结实干的省人防办领导班子

全省人防工作在国家人防办和省委、省政府、两级军区的领导下，以邓小平理论和江泽民总书记"三个代表"重要思想为指导，以军委新时期军事战略方针为统揽，认真贯彻落实《人民防空法》、第四次全国人民防空会议和《中共中央、国务院、中央军委关于加强人民防空工作的决定》精神，解放思想，深化改革，开拓创新，与时俱进，人防事业发展一年一个新台阶，各项工作均创历史最高水平。经过几年的努力，实现了"六抓六突破"，年工程建设规模、通信警报建设、人防规费收缴和人防知识教育等四个方面的目标翻了一番还多，政府对人防的投入增加了近10倍，有力地推动了全省人防工作的开展。在本届政府的机构改革中，全省人防机构得到了加强，理顺了关系。人防指挥和通信、警报建设快速发展；人防工程建设和管理步伐加快；行政执法力度加大；人防宣传教育全面展开；机关"准军事化"建设深入进行；政府工作"提速"成效显著。

今年下半年的工作安排：

（一）深入贯彻落实中央9号文件精神
（二）加强人防组织指挥和通信警报建设
（三）加快人防工程防护林体系建设
（四）加大人防建设资金的筹措和管理力度
（五）大力推进人防法制建设
（六）用足用活优惠政策，进一步加强人防平战结合
（七）大力开展人防宣传教育
（八）深化人防机关"准军事化"建设

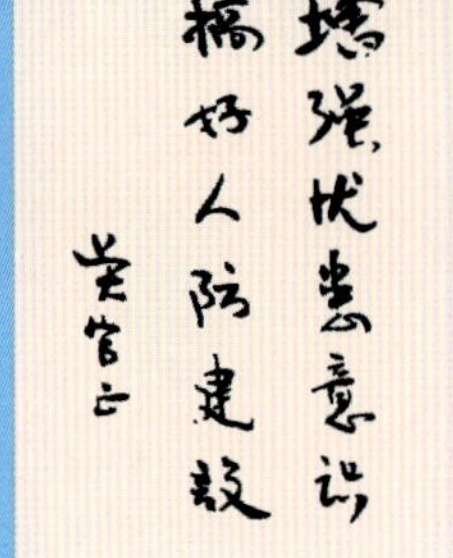

山东省“菜篮子工程”办公室

副食品供应，是关系国计民生的一件大事，“菜篮子”产品供应充裕、品种丰富、均衡上市、价格稳定，已成为城乡居民安居乐业的重要象征。这是在社会主义市场经济条件下，“菜篮子”生产超常规发展的巨大成就。1988年，国务院依据城镇居民生活水平迅速提高，副食品供需趋紧的新形势，果断决策由农业部在全国组织实施“菜篮子工程”建设，把肉蛋奶、水产品、水果、蔬菜的产供销作为一个整体，从政策、技术、资金、物资各个方面统一规划，集中力量系统解决全国副食品的生产与供给。我省各级政府抓住机遇，发挥优势，把“菜篮子工程”建设作为调整农业产业结构，培植农村经济新增长点的重头戏，把目标锁定在建设中国“大菜园”进而建设世界“大菜园”上，形成了农村经济中最具活力的四大支柱产业。经过13年的开拓进取，我省“菜篮子工程”从内涵到外延都取得了重大突破，获得了广阔的发展空间。

民以食为天，但城镇居民温饱无虑之后，为天之食则主要表现为副食需求的消费演进，在满足供应的基础上，目光更多地盯在吃好、吃优、吃新、吃健康上。因此，国务院把“菜篮子”市长负责制，作为一项长期制度，不断提出新的目标和要求。1992年以来，我省“菜篮子工程”建设率先进入一个新的发展阶段，大力推行了区域化布局、规模化发展、专业化生产、基地化供应，大力培育大生产、大市场、大流通的产销新格局，生产能力突飞猛进。2001年，全省瓜菜总产8829万吨、水果总产971万吨、肉蛋奶总产1065万吨、水产品总产686万吨，分别为1988年的5.2倍、3.7倍、3.7倍、4.8倍。不仅从根本上扭转了副食品长期短缺的局面，而且漫长的供应淡季一去不再复返，实现了常年均衡上市；不仅满足了省内日益增长的副食品需求，而且除奶以外的其它产品，60%~70%流通到省外市场，辐射到全国各地；不仅适应了多样化、多层次的消费需求发展趋势，而且以品种丰富、物美价廉对稳定物价、安定社会发挥了重大作用；不仅生产总量居全国第一位，而且产品优质安全方面也一直居全国前列，在已举办的五届中国农业博览会上，我省“菜篮子”产品及其加工品不仅获牌数最多，并被评为257个名牌产品，无公害、绿色食品、有机食品认证规模，也一直走在全国前头。“菜篮子”市场的日益繁荣，让所有消费者想吃就有，要买不贵，成为从下岗职工到高消费群体高满意度的重要构成。

保持农民收入的持续增长，保护和调动农民的积极性，是“菜篮子工程”建设健康发展的根本所在。十多年来，各种农产品价格此起彼落，各种农产品生产彼消此长，“菜篮子”产品却一直呈现出高速增长势头，成为我省高效农业的主体产业。同时，“菜篮子”产品生产，又是在加在资金投入和科技投入基础上的劳动密集型产业，对发挥劳动力资源优势，缓解严重的农村劳动力过剩问题，作用非常明显。这些企业推进了农业产业化经营的发展步伐，实现了产品转化增值，使大量农村劳动力转移到了二、三产业。

20世纪80年代后期，“菜篮子工程”出台之时，正是我国农业整体进入现代农业发展阶段的历史时期。但中国现代农业怎么搞，当时在认识和理论上都缺乏准确。我省十几年的“菜篮子工程”建设作出了成功探索。一是用产业化经营改造传统农业。农业产业化本质特征是按照市场经济理念发展现代农业。农业产业化起源于我省，起步于畜禽、蔬菜产销一体化，我省总结的四种基本模式，均以“菜篮子”产品生产、加工、流通为主体。我省农业产业化经营不断推进的历程，正是“菜篮子”产业化创新发展改造传统产销方式的过程。

“菜篮子”产品，是劳动密集型产品，是我省创汇农业的优势领域，“八五”以来一直保持着扩大出口的强劲势头。2001年，全省水产品出口13.27亿美元，肉类出口5.9亿美元，水果出口0.83亿美元，蔬菜类出口5.6亿美元，四类产品出口创汇占到全省农副产品出口创汇总额的57.3%，居全国第一位。其中蔬菜出口自1998年至2001年一直呈高速增长，年同比增幅分别为44%、40%、39%、31%，占全国出口总量的27%。“菜篮子”产品加工出口的主要特点是，一是加工企业向群众化、集团化、，跨区化发展，诸城外贸集团公司已拥有17家中外合资企业，82个分厂，总资产26亿元，年经营额38亿元。二是宣传促销力度加大。全省每年都组织几十批由农业主管部门和农产品出口企业组成的团组，参加在日本、法国、意大利等国家及国内举办的食品、农产品专业展销会、洽谈会、商贸会。三是全方位开拓国际市场。我省按照稳定主销市场，加快市场多元化步伐的思路，一方面加快技术改造步伐和产品研发，另一方面适应不同国家和地区消费要求，积极拓展国际市场。

我国加入世贸组织以来，“菜篮子”产销既受到了来自国内的严峻挑战，也受到了来自国外的巨大冲击。但我省“菜篮子”产销已经实现了历史性跨越，已经具备了比较雄厚的基础及市场化经验，挑战和冲击将逼使我们抬高发展起点，推出新的发展思路。我省将围绕发展高效农业、特色农业、创汇农业及率先基本实现农业现代化的要求，努力建成世界级的“菜篮子”强省。

济南市历下区

区委书记 李兴春

历下区是省城济南的老城区，历史悠久，人文荟萃，素有文化区、科技区、风景区之美誉。全区人口58万，辖10个街道办事处、1个镇。辖区内驻有50多个省市厅局机关，大中专院校56所，另驻省市科研单位50多家。

该区现有工业企业400家，“三资”企业109家，企业集团19家。初步形成了机械、电子、化工、生物制药等几大优势行业和白介素——2人体白细胞生长因子、汽车高效防雾灯等30多种主导产品。同时第三产业迅猛发展，商业经营日趋繁荣。

该区连续5年国内生产总值和财政收入都保持了较大的增长幅度。同时精神文明建设硕果累累，文化、教育、卫生、体育等事业蓬勃发展。5年间，获得省级以上荣誉称号就达72项。

区长 纪宝华

济南市历城区

济南市委常委、历城区委书记　郭作贵

历城区是济南市最大的市辖区，地处城郊结合部。南依泰山，北临黄河，总面积1298.57平方公里。辖4个街道办事处，14个乡镇，1个准乡镇级的大正科技工业示范区，51个居委会，655个行政村，总人口82.08万。

历城区自然风光优美，人文景观众多，文物古迹荟萃，是积淀深厚的"文化城"。区内旅游资源十分丰富。南部山区山峦绵延起伏，与泰山一脉相承，山清水秀；北部平原，荷花映日，莲叶接天。区内有著名的四门塔、神通寺、华山、锦绣川、红叶谷、野生动物园、药乡森林公园等大型旅游景区。

境内交通发达，胶济铁路横垮东西，济青、济王、济莱公路纵横贯通，绕城高速环穿历城。济南遥墙国际机场通航国内外诸大城市。近年来，在"济南五年大变样"和"四个创新"的推动下，以加快发展为主题，围绕农民增收、财政增长两个目标，在全区重点做好建设省城后花园、发展开放型经济、加快城市化进程、创新投资环境的"四篇文章"，实现了全区经济持续快速健康发展。农业结构调整成效显著，城市化进程和园区建设步伐加快，招商引资年年有新突破，工业运行质量逐年提高，财政收入快速增长。2002年全区预计实现国内生产总值102亿元，比上年增长14%；财政总收入9.68亿元，增长16.08%，地方财政收入7.25亿元，增长31.58%。随着党的十六大精神的深入贯彻落实，历城区现代化建设步伐必将进一步加快，全面建设小康社会的目标必定早日实现。

红叶谷风景区

洪楼广场

青 岛 市

全市基础教育工作会议会场

● 青岛市教育局党委书记、局长　杜小悌

城阳区夏庄云头崮小学

青岛二中风采

青岛海洋大学共建签字仪式

青岛市教育局是青岛市政府主管全市教育事业的工作部门，承担拟定全市教育发展规划、指导全市教育教学改革、负责市属高校、成人高校、中等专业学校布局调整、学校管理、招生及全市语言文字工作、组织开展全市教师队伍建设、教育对外交流合作等职能。

近年来，青岛市教育局以建设现代化教育强市为目标，全面贯彻党和国家教育方针，坚持德育工作首要位置，加强思想道德建设，努力培养“四有”新人；坚持以教育教学改革为中心，全面实施素质教育，促进学生健康成长；坚持以布局调整为重点，不断优化资源配置，大力改善办学条件；坚持以教育信息化带动教育现代化，全面提高教育技术装备水平，抢占教育制高点；坚持办学形式多元化，大力发展民办教育，努力增强办学活动力；坚持走对外开放之路，借鉴国外先进教育理念和办学模式，推进教育革新；坚持以提高素质为核心，不断加强教师队伍建设；坚持实行依法治教，加强教育立法、普法、执法和教育督导，全市教育呈现出良好的发展态势。2002年全市学前三年幼儿入园率为93%（市区99%），小学、初中、高中普及率分别为99.99%、99.98%和86%，高等教育毛入学率达20%；拥有省、市级示范幼儿园121处，规范化中小学250处，国家、省、市级重点职业学校36处，全国“211”工程重点建设院校1处，初步形成了各级各类教育横向贯通、纵向衔接、协调发展的教育格局。进入新世纪后，青岛市教育局提出要建设学习型、创新型、竞争型、服务型的教育局，确立了“开拓、创新、高效、廉洁、公正、透明”的工作理念，积极推进行政审批制度改革，全面推行政务公开制、首问责任制、处室联系学校制度等，局机关28个有对外职能的处室，全部建立了自己的服务理念，在打造教育服务名牌方面进行了积极探索，优化了教育发展环境。目前青岛已被列为全国“课程改革”、“教学实验标准化”、“社区教育”、“中小学心理健康教育”、“全国中小学课外文体活动”、“信息技术教育”、“早期儿童养育与发展”七大实验区。

青岛于2001年7月在市内四区进行义务教育课程改革实验，是全国最大的课程改革实验区，受到教育部领导和国内同行的充分肯定（图为青岛市基础教育课程改革实验开放周及教育部副部长王湛、基础教育司副司长朱慕菊等领导到青岛育才中学视察学生研究性学习情况。

近几年来，青岛民办教育蓬勃发展，2002年全市社会力量办学机构达479处，在校学生12.66万人，学校资产总值达14.09亿元。教育对外国际交流日益频繁，全市现有国际学校2处，中外合作办学项目21个，已与英国、美国、德国、日本、澳大利亚、加拿大、新西兰等国家在教育领域建立了联系（图为青岛2001年澳大利亚教育合作项目说明会及教育部－联合国儿童基金会“早期儿童保育与发展”合作项目编写“0-3”岁婴幼儿家庭教养指南”研讨会）。

青岛市城阳区

● 城阳区委书记　李增勇

城阳区设立于1994年6月，辖8个街道，230个行政村（居委会），总面积553.2平方公里，占青岛市市区面积的1/2，人口43万，海岸线78公里，气候宜人，属温带季风海洋性气候，年平均温度在12.6℃左右。

城阳区地处青岛近郊，是进出青岛市区的北大门。城内交通发达，民航流亭国际机场坐落区内；距青岛港18公里，距黄岛前湾港45公里；胶济铁路、环胶州湾高速公路、308国道、204国道、济青高速公路、烟青一级公路、青银高速公路贯穿其中，形成了极其便利的海、陆、空立体交通网络，是青岛通向国内外的必经之路，也是青岛连接欧亚大陆桥的重要交通枢纽。

城阳区经济实力雄厚，地处环胶州湾产业聚集带的中坚地带，是青岛市北部重要的现代工业基地和农副产品供应基地。建区8年来，全区坚持以实施农业现代化、农村工业化和农村城市化发展战略为主题，突出经济国际化、城市园林化和社会现代化三大重点，与时俱进，开拓创新，使国民经济连年保持高速增长，城乡面貌大为改观，社会事业全面进步，人民生活明显提高，实现了经济社会的超常规、跨越式发展。至2001年，全区综合经济实力已由建区时的全省50位开外进入山东10强行列，财政总收入、外贸出口、加工贸易等指标列全省第一位，并先后被命名为国家级星火技术密集区、全国科普工作示范区、全国“两基”教育工作先进区、省级社会治安模范区和省级精神文明建设先进区。

● 城阳区区长　李学海

城阳区最显著的经济特点是以工业经济为主，以外向型经济为主，以加工贸易为主，形成了乡镇企业、外资企业、国内引进企业、私营企业“四大工业群体”，电器机械、化工、食品饮料、木制品、新型建材、海洋生物医药、纺织七大行业为主体的工业体系，以及机电、水产品、纺织服装、鞋制品四大出口基地。拥有广源发集团、变压器集团、喜盈门集团、宏丰集团、特种汽车集团、正进集团、福宏集团、良木集团等一批重点骨干企业；空沧、丹山、金岭、玉皇岭、新城、河套六大工业园区和环海经济技术开发区、青岛海洋科技开发区建设规模不断扩大，功能进一步完善。农副产品供应基地建设稳步发展，形成了水产、蔬菜、畜牧、林果和花卉五大主导行业，规模化、基地化、产业化水平进一步提高。

为不断实现更高的发展目标，创造新的辉煌，当前和今后一个时期，城阳区将把建设青岛市北部现代工业基地、外贸出口加工基地、电子元器件生产加工基地，形成青岛市北部物流中心和城市中心，打造现代化市民品牌、公务员和基层干部队伍品牌、现代化教育品牌，构筑人才高地，作为提升区域核心竞争力的主要切入点，大力弘扬“开放、创新、诚信、和谐”的城市精神，加快建成青岛市北部的现代化经济中心。

城阳区人民广场

莱钢集团

董事长、党委书记　姜开文

莱钢始建于1970年1月。1999年5月18日，经山东省人民政府批准，莱芜钢铁总厂改制为莱芜钢铁集团有限公司（简称莱钢），并以其核心企业组建了莱钢集团。截至2002年底，莱钢集团有限公司共有23个子公司，9个直属单位，2个权属法人单位。有职工39390人，其中各类专业技术人员8874人。公司形成固定资产原值98.13亿元，净值61.31亿元。

莱钢钢铁主业现有转炉钢和电炉钢两个生产系统，具有年产400万吨钢综合生产能力。主业产品有型钢（H型钢、工字钢、槽钢、角钢、轻型薄壁H型钢）、中小型材、热轧圆钢、螺纹钢、带钢、无缝管、特殊钢等80余种400多个号类。非钢产业主要产品有钢结构、粉末冶金及制品、碳纤维、聚乙烯工程塑料、轻型防水墙板、新型管材、耐火材料、硫酸铜等。莱钢现有国优、部优、省优产品15个。其中船用Ⅱ级锚链钢获国优银牌，20锰硅螺纹钢、40铬热轧圆钢和铸造生铁获部优产品称号；锚链钢、40铬热轧圆钢和20锰硅热轧带肋钢筋被评为全国冶金“受用户欢迎的可信产品”；锚链钢被评为“山东名牌产品”和“国家级重点新产品”，并获中国、英国、日本、德国、韩国、挪威、法国七国船级社认证。

总经理　李名岷

美丽壮观的轧钢生产区

莱钢先后被评为中国大中型工业企业竞争力百强企业、中国工业技术开发实力百强企业、国家一级节能企业、国家一级计量单位、全国名优产品售后服务优秀企业、全国和山东省重合同守信用企业、山东省技术进步先进企业、山东省管理示范企业、山东省“AAA”级信誉企业、山东省节约能源标兵企业、中国冶金首批通过的ISO9002质量体系认证企业、ISO14001环境管理体系和OHSAS18001职业安全卫生管理体系国家认证企业，是全国冶金唯一拿到“三证”的企业。莱钢还被评为全国、全国冶金系统和山东省思想政治工作优秀企业，莱钢党委也被授予“山东省优秀基层党组织”荣誉称号。

H型钢产品

樱花园住宅小区

山东省标准化与编码技术研究所

山东省标准化与编码技术研究所，行政隶属于山东省质量技术监督局。同时山东省质量信息中心、中国物品编码中心山东分中心、中国WTO/TBT山东省咨询工作站设在所内。主要职责是：负责国内外标准文献、技术法规的收集、整理、加工、咨询服务，现馆藏国内外标准资料20万件；承担标准化研究、国家标准宣贯、咨询任务；负责全省标准图书的发行工作；承担WTO/TBT通报咨询任务，为出口企业提供产品出口国的标准、技术法规及符合性评定方面的咨询服务；负责组织、管理、协调全省的条码工作和条码印刷品的质量监督检验工作，组织办理我省中国商品条码系统成员的注册、续展、注销手续；负责我省组织机构代码登记及代码证书颁发和组织机构公共信息IC卡的发行及推广应用工作；负责全省质量技术监督系统信息化建设工作；为工商企业单位申请ISO9000、ISO14000、QS9000、OHSAS18000、HACCP、CMM认证提供咨询服务；从事条码、射频、IC卡、信息钮等自动识别技术的开发与服务工作；负责全省质量信息的收集、整理、加工、分析和发布，并通过《齐鲁质量》杂志和齐鲁电视台《齐鲁质量》专栏、山东省质量信息网等信息传播媒体向政府及社会提供全面、及时、准确的质量信息。

近年来，在社会主义市场经济条件下，我所坚持改革，开拓进取，各项业务工作都有了较快的发展，全所的技术力量与经济实力不断增强，为进一步发展打下了坚实的基础。

我所将继续坚持以经济建设为中心，围绕质量技术监督事业的发展，加强信息资源、信息服务手段的建设，提高科研开发水平，本着“始终让用户满意”的宗旨，以先进的设备、丰富的资源、精良的技术、现代化的管理，竭诚为社会各界提供高水平、全方位、高质量的服务。

地址：济南市历城区华能路西首　邮政编码：250100

电话：0531-8023986　**传真：**0531-8015971

网址：www.sdqts.gov.cn　www.stdinfo.org.cn

www.autoid.com.cn

《齐鲁质量》杂志

条码、代码服务

信息中心机房

院长　张志民

山东艺术学院

SHANDONGYISHUXUEYUAN

山东艺术学院始建于1958年8月，是山东省一所综合性高等艺术院校。学院占地160多亩，建筑面积12.2万多平方米。

学院现设有音乐系、美术系、戏剧系、音乐教育系、美术教育系、艺术设计系、艺术文化系、舞蹈系、戏曲系9个系，还有中专部和成人教育学院，共有11个教学单位，另外有艺术研究所、学报编辑部、图书馆、现代技术教育部4个科研、教辅单位。现有本科专业13个：音乐学、音乐学（师范）、作曲与作曲技术理论、音乐表演、表演、绘画、雕塑、美术学、美术学（师范）、艺术设计、戏剧影视美术设计、戏剧文学、文化艺术事业管理；专科专业5个：播音、导演、舞蹈、音乐教育、美术教育。绘画（油画）和音乐表演（中国乐器演奏）是山东省重点学科。

1998年经国务院学位委员会批准为硕士学位授予单位，现设音乐学、美术学、艺术学三个硕士点。

现有在职教职工680多人，其中教师460多人，有教授33人、副教授（高讲）135人。离退休教职工240多人，其中离休干部52人。享受政府特殊津贴的专家、省级拔尖人才、全国优秀教师、省级中青年学术骨干和学科带头人等30多人。

现在校学生（包括今年新招学生）3023人，其中本科生2297人，专科生726人，研究生43人，成人学生（本、专科）1510人，中专学生778人，还有外国留学生及港澳台学生9人。

建校44年来，在省委、省政府的正确领导和有关部门的大力支持、指导下，学院的办学规模、办学层次、教育质量、办学效益等都有了很大发展和提高，在教学、科研、艺术实践等方面取得了较多成果，不少曾获全国演展、比赛大奖。从科研项目、获奖成果、教学实力等情况看，可排全国同类艺术院校前列。共培养输送毕业生近7000名，很多已成为国内外较有影响的歌唱家、艺术家。在山东乃至全国的艺术教育事业和精神文明建设中，做出了一定的贡献。

按照江泽民总书记"三个代表"的重要思想，根据省委、省下设关于教育改革、发展的指示要求，今后，我们将进一步解放思想、更新观念，树立名校、名牌意识，着眼长远，加快改革和发展，扩大办学规模，提高办学层次，改善办学条件，不断提高教学教育质量和办学效益，争创全国一流艺术院校。

外籍教师在上课

戏剧系学生在演出小品

音乐系师生在排练节目

青岛大学

青岛大学是省属重点综合性大学，是山东省重点建设的学校之一。学校现有21个学院：文学院、艺术学院、美术学院、法学院、理工学院、医学院、纺织服装学院、机电工程学院、自动化工程学院、信息工程学院、国际商学院、经济学院、旅游学院、师范学院、外语学院、化工学院、国际交流学院、成人教育学院、高等职业技术学院、国际教育合作学院和海尔软件学院。共有65个本科专业，涵盖文、史、法、经、管、理、工、医、教育等学科。学校现有博士硕士学位点42个。有省级重点学科、重点实验室20个，省级工程技术研究中心3个。现有教职工3,391人，其中专任教师1,496人，有中国科学院院士1人，中国工程院院士2人，外聘院士5人，教授236人，副教授670人。在校全日制学生26,685人，其中研究生2900人。另有外国留学生570人，成人教育11,100余人。学校占地面积2560余亩，校舍面积86万平方米，拥有山东省建筑面积最大的图书馆，各校区图书馆藏书235万册，各类期刊4,700多种，设有多媒体阅览室和与北京图书馆直接连机的激光检索系统，校区教学科研网与国际互联网互联。

2002年是青岛大学实施"十五"改革与发展计划，实现学校快速发展的一年。一年来，全校教职员工更新观念，统一认识，认真学习并努力实践"三个代表"的重要思想，按照"十五"改革与发展计划的总体要求，遵循全年工作的指导思想，团结奋进，开拓创新，学校的各项事业呈现出良好的发展势头。一是解放思想，与时俱进，党建和思想政治工作成果显著。二是采取有效措施，全面提高人才培养质量。三是优化学科结构，努力提高学科建设水平。四是科研工作得到进一步加强。五是强化国际性办学特色，广泛开展对外学术交流与合作。

在崭新的21世纪，青岛大学将遵循"博学笃志、明德求真、守正出奇"校训精神，认真学习贯彻"十六大"精神，抓住机遇，加快发展，努力把学校建成国内知名的高水平综合大学。

办公大楼

海月广场

宇园

百卉广场

宣传部副部长、主席　王凤胜

党组书记、副主席　王承典

山东省文学艺术界联合会

山东省文学艺术界联合会（简称山东省文联）由全省性文艺家协会、各市文联和四大企业文联组成。该会作为团体会员加入中国文联。对山东省各市、大型企业文联负有联络、协调和服务的责任。

山东省文联在中国共产党的领导下，认真贯彻党的基本路线，坚持文艺为人民服务、为社会主义服务的方针，努力贯彻“百花齐放、百家争鸣”的方针，弘扬主旋律，提倡多样化，引导广大文艺工作者深入生活，组织并推动文艺创作和文艺理论研究活动，为人民群众提供更多更好的精神食粮，促进社会主义物质文明和精神文明建设，是党和政府联系广大文艺工作者的桥梁和纽带。

山东省文联采取各种切实的措施，积极发现和培养文艺新人，特别重视在群众文艺活动中发现和培养新生力量，壮大社会主义文艺队伍；对于文艺创作、表演及文艺管理的优秀人才和优秀作品，给予奖励和表彰。五十年来，在出作品、出人才，尤其是在推出精品力作方面，取得了显著成果。其成员先后多次获得“梅花奖”、“金鸡奖”、“金狮奖”、“牡丹奖”、“金像奖”、“金钟奖”、“山花奖”等全国大奖。

山东省文联负有加强与全国文艺界包括港、澳、台及世界各国作家、艺术家的联系的责任，促进文学艺术的交流，增进各国文艺家及人民之间的了解和友谊。

山东省文联成立于1951年，历届文联都为我省文艺建设做出了重要贡献。迄今已是第六届。文联机关设有办公室、人事处、组联部、机关党委等部门。下辖省戏剧家协会、省电影家协会、省音乐家协会、省美术家协会、省曲艺家协会、省舞蹈家协会、省民间文艺家协会、省摄影家协会、省书法家协会、省杂技艺术家协会、省电视艺术家协会等11个协会及创作研究室、《新聊斋》杂志社、《音乐大观》杂志社等单位。现有团体会员单位33个，全省各文艺家协会会员16000余人，中国各文艺家协会会员2600人。

与时俱进的济南水利

近年来，济南市水利局按照中央新时期治水方针和市委、市政府关于水利工作的战略部署，围绕建设安全可靠的防洪减灾体系，优化配置的水资源保障体系和生态良好的水环境保护体系，坚持与时俱进，开拓创新，走出了一条现代水利、可持续发展水利之路，先后完成了卧虎山水库续建、锦阳川综合治理、防洪调度中心建设、田山灌区节水改造等一大批关乎济南长远发展的省、市重点项目和标志性工程，为全市经济和社会可持续发展提供了强有力的支撑和保障。

2002年9月现任国务院总理温家宝视察刚刚完成续建工程的济南市卧虎山水库。图为济南市水利局刘新吉向总理汇报工程建设情况。

刘新吉局长带领局领导班子成员在水利工地现场办公。

2002年，投资5500万元完成卧虎山水库续建工程，水库兴利库容出3700万立方米增至6200万立方米，达到大型水库原设计标准，年可提供保泉水源5000万立方米以上，水库防洪、供水功能进一步提高，库区生态环境进一步改善。

2002年，完成田山电力引黄续建配套和节水改造二期工程、一级泵站实现了电气自动化，并达到了国家园林式先进泵站的要求。

2002年完成章丘市绣江河排蓄分洪工程，小清河、绣江河防洪能力大大提高。

院领导现场指导工作

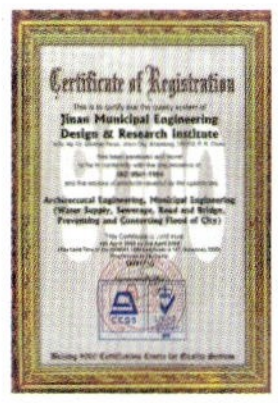

济南市市政工程设计研究院

济南市市政工程设计研究院始建于1948年10月。半个多世纪以来，在几代人的共同努力下，已发展成为具有市政公用甲级、工程总承包甲级、工程咨询甲级，集设计、科研、监理、工程总承包为一体的技术密集型市政设计研究单位。

我院拥有一支近200人的高素质人才队伍。各种专业门类齐全，设计勘测设备精良，计算机网络设施先进，办公自动化已具规模，为优质高效地完成各项业务打下良好基础。

五十年来，我院完成了省内外数千项市政工程设计项目，其中五十余项获国家、建设部、省、市优秀设计奖和科技进步成果奖。如纵贯泉城南北的大纬二路展宽工程获国家表扬奖、建设部优秀设计一等奖；济南市环城公园工程获部优二等奖；穿越繁华市区的顺河高架路获建设部优秀设计三等奖、中国市政工程金杯奖；青岛东部开发区热力工程获省优秀设计三等奖；乌鲁木齐市河滩路人行天桥获新疆维吾尔自治区优秀设计三等奖；济南市八一立交桥被评为泉城十大景观之首；山东莒县污水处理厂获济南市优秀设计一等奖；正在建设中的纬六路道桥工程，其主桥为三跨双塔双索面全漂浮体系预应力砼斜拉桥，长704米；新建的济南市兴济河污水处理厂，设计规模为20万立方米／日，投产后将彻底解决济南市区西部河水污染问题。

1992年以来，在邓小平南巡讲话精神的指引下，我院加大了改革开放的步伐，面对日趋激烈的竞争市场，实施了“两个开拓”、“两头延伸”的经营战略。两个开拓：一是专业领域开拓，从单纯的市政工程设计拓展到建筑、规划、热力、照明、景观、园林等专业设计；二是地域开拓，相继建立了青岛、黄岛、新疆、德州、连云港等分院。两头延伸：一是向设计前延伸，开展项目咨询工作，当好政府及业主的参谋；二是向设计后延伸，以技术管理优势，开辟了工程总承包、监理、检测、材料试验等业务。这些重要举措使我院在瞬息万变的市场中更好地站稳了脚跟，年产值逐年递增。

多年来，我院坚持物质文明、精神文明一起抓，全员素质普遍增强。先后获山东省、济南市勘察设计行业精神文明建设先进单位；1998年通过ISO9001标准质量体系认证；2000年档案管理达到国家一级标准。我院将依托雄厚的技术实力、现代化的管理水平，进一步加强与国内同行业的合作。本着“信誉第一、优质设计、精诚服务、顾客满意”的宗旨，竭诚为广大业主服务。

让我们携起手来，共创美好未来。

应力砼斜拉桥

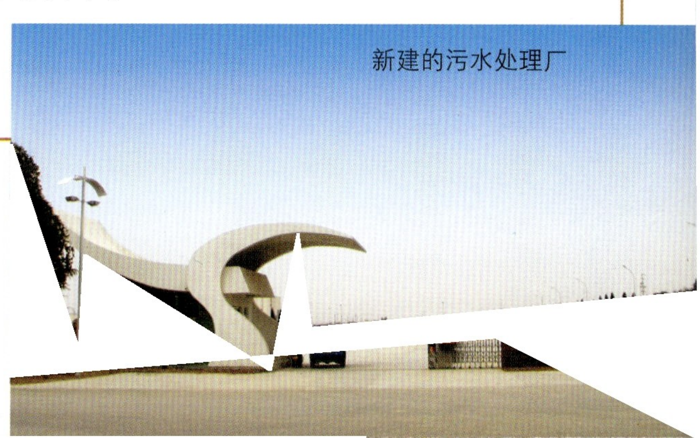

新建的污水处理厂

镇党委书记　孙德顺

镇长 刘善义

历城区王舍人镇

王舍人镇地处济南市东郊。总面积59.62平方公里，辖5个办事处，38处行政村，自有人口6万，辖总人口12.5万。伟大领袖毛主席1959年两次来此视察，全国第一届农民运动会在这里举行，是齐鲁乡镇之星，连续五年省级文明镇，首届中国乡镇投资环境资100强，全国体育工作先进单位，全国文明小城镇示范点。

王舍人镇地处鲁中平原，属北温带季风大陆性气候，水秀山明，人杰地灵。文明遐迩的大辛殷商文化遗址、鲍叔牙墓、梁家遗址、唐槐等十余处古文化遗迹隐于里、列泉城七十二名泉的白泉、花泉嵌于内，省名牌产品——普利斯矿泉水产于此；古与黄河、长江、淮河并称"四渎"的小清河流经域中；鲍山、大王山处东南一隅，似擎天二柱，为境内一胜境。胶济铁路，为境内一胜境。

胶济铁路、济青高速公路、工业北路、工业南路穿镇而过，镇东北2公里有济南国际机场。交通便捷，四通八达。

该镇是济南市五十年代确立的工业基地。境内济钢集团、小鸭集团、轻骑集团等40余家中央及省市大中型企业。千亩济南市农业示范园生机盎然，万亩水稻香飘四方，百家乡镇企业只争朝夕，第三产业蓬勃发展，全镇综合经济实力稳居济南市乡镇第二。

热烈欢迎国内外各界有识之士共谋发展!

地址：济南市工业北路59号
联系电话：(0531) 8980504
邮政编码：250101
网址: http://www.wshr.com.cn

鲁能瑞华电气有限公司

济南鸿腾工业园

临淄区召口乡

淄博市监淄区召口乡地处监淄、张店、桓台三县交界处，面积30.58平方公里，下辖20个行政村，人口2.5万，耕地面积2.9万亩，背靠风景秀丽的凤凰山，境内矿产资源丰富。近年来，召口乡党委、政府在上级党委、政府领导下，大力实施“工业立乡、结构优化、城镇带动”三大战略，全乡经济呈现出良好的发展势头，经济实力不断增强。2002年，全乡工业企业实现销售收入20.1亿元、利税32294万元、利润27247万元。山东宏鲁集团、山东北金集团、淄博顺达集团、召口建筑公司、天华实业公司五大骨干企业，技术先进，管理规范科学，技术实力雄厚，全乡形成了以采矿、热电、建筑、化工、造纸、微生物为主导的产业链。其中宏鲁集团已经成为年创产值15亿元、利税2亿元，职工3000余名的省级集团，税收连续几年在全区名列前茅，是中国农行山东省分行“AAA”级信用企业。农业发展突出“结构优化”这一特点，闯出了一条农业企业化的路子，目前已经形成了畜牧、蔬菜、林果三大特色，“万亩速生林”工程、南金村的“绿地”牌无公害蔬菜基地、北金的万头猪养殖场、赵家牧场的奶牛基地、4000亩优质果品基地都已形成较大规模，享有较高知名度。发展经济的同时，召口乡根据“大绿化、大空间”的要求，大力加强城镇建设，建成了南金新村、北金凤凰山庄、东召北三大高标准生活楼区，2002年重点实施了中心路绿地游园建设等五大工程，使召口的交通更便捷、环境更优美、基础设施更先进。2003年，全乡GDP将突破10亿元，财政收入突破3000万元，成为淄博市经济强乡镇。

环境优美的小城镇建设

依山傍水的市级重点工业园—品宏鲁工业园

迅猛发展的工业企业

团结奋进的召口乡党政领导班子

省委书记张高丽陪同全国人大
常委会副委员长姜春云到济钢视察

济南钢铁集团总公司

济南钢铁集团总公司是国家特大型企业，总资产121.9亿元。主要产品有：中板、中厚板、圆钢、螺纹钢、角钢、槽钢、球墨铸管等145个品种、2500多个规格。2002年实现销售收入118亿元，利税12.73亿元，利润5.44亿元。钢、铁、钢材产量分别达到393万吨、333万吨、371万吨。济钢集团总公司连续3年被评为全国质量效益型先进企业。本年度获全国质量管理奖鼓励奖，被国家经贸委确定为全国推行清洁生产试点企业，是全国冶金行业试点的唯一企业。

法人代表：李长顺
地址：济南市工业北路21号
邮编：250101
电话：0531-8869748
传真：0531-8982126
网址：http://www.jigang.com.cn

第九届、十届全国人大代表、全国劳动模范、
济钢集团总公司党委书记、总经理李长顺

120吨转炉炉台

中厚板精轧机

总经理　杨慈田

海阳市电业公司

HAIYANGSHIDIANYEGONGSI

海阳市电业公司是隶属于山东电力集团公司的直管趸售企业，是国家中型二类企业，担负着海阳市15个镇（街道、区）69万居民的供电任务，自1978年建局以来，不断发展，现有职工483人。拥有110KV变电站2座，35KV变电站11座，变电总容量18.9万KVA；110KV输电线路3条，104.82Km；35KV输电线路18条，173.4Km；10KV配电线路74条，1373Km；电网最高负荷5.8万KW，年售电量3.15亿KWh。

海阳市电业公司坚持科技进步，不断强化现代化管理。电力调度达到自动化、实用化标准。组建了以大型数据库为平台的管理信息系统（MIS），实现了用电管理、生产经营管理、财务管理、调度和办公自动化。13座变电站全部采用微机集控系统，达到了无人值班标准。先后与清华大学、山东大学等科研院校合作，研制成功了一系列变电站综合自动化系统，多次获山东省科技进步奖，所属“山东鲁能海阳电站自动化有限公司”是山东省内生产变电站微机保护设备最早的厂家。1997年被省科委授予“山东省高新技术企业”称号。

在抓好主业管理的同时，海阳市电业公司积极稳妥发展多种产业，现有变电站微机集控系统制造、电力安装、电锅炉销售、电线电缆加工等10多个门类，年利税400余万元，形成了主业与多种产业协调发展的格局。

海阳市电业公司弘扬“追求卓越，服务真诚”的山东电力企业精神，坚持“两个文明”一起抓，党员干部的先锋模范作用得到充分发挥。思想政治工作和企业文化建设形成制度，精神文明建设充满生机和活力。加强了行业作风建设，连续四年在全市行评中被评为第　名。被海阳市人人常委会授予“人民满意单位”，被原电力部评为“三为服务达标”单位，被山东省精神文明建设委员会授予“省级文明单位”荣誉称号，被省委宣传部评为“先进党员活动室”，被山东电力集团公司评为“2001年度山东农电先进集体”，被烟台市委市政府授予“双文明活动先进单位”荣誉称号。

海阳市电业公司自1999年以来，按照省集团公司的“三抓一创”的总体工作思路，以“高、严、细、实”的工作作风，以提高企业综合素质和综合管理水平为目的，明确目标，强化措施，全面发动，扎扎实实地开展了建设一流县级供电企业活动。经过全体干部职工的努力，海阳市电业公司于2002年4月被山东电力集团公司命名为”山东省一流管理县供电企业”。2002年10月通过了国家电力公司组织的建设一流县供电企业复查考核。

海阳市电业公司外景

国家电力公司农电部副主任王抒祥（右三），烟台电业局副局长吕学贵（左一）在公司总经理杨慈田的陪同下，到公司检查指导工作。

山东电力集团公司地方电力工作部主任曹守信（中）在杨慈田总经理陪同下到公司视察工作。

海阳市电业公司实施“彩虹工程”汇报暨座谈会

海阳市电业公司 2002 年供电所规范化管理工作会议

“彩虹工程”宣传月活动

高青县水务局

GAO QING XIAN SHUI WU JU

高青縣水利培訓中心

高青县水务局五年来始终按照“团结实干、锐意改革、整体推进”的方针，以改革为动力，以政策作保障，全力做好各项水务工作。1998年投资500万元完成了河道治理工程；投资450万元完成了沉沙池改建工程；1999年投资2500万元完成了大芦湖平原水库建设工程；2000年—2001投资1.1亿元完成了大芦湖水库扩容工程；2002年投资1600万元完成了城区供水管网工程；2003年投资4160万元实施污水处理厂建设工程，投资1600万元实施了城区供水管网二线工程。该局五年来先后获得“全省水利工作先进县”、“淄水杯”水利劳动竞赛“金杯奖”、“市级文明单位”、“全省水利综合经营先进单位”等荣誉称号。党委书记、局长耿瑞光同志被授予“富民兴鲁劳动奖章获得者”荣誉称号。

容3028万m^3的大芦湖平原水库